本书出版得到国家重点文物保护专项补助经费、南京大学人文基金、南京大学优秀博士研究生创新能力提升A、B计划资助。

马鞍山五担岗

安徽省文物考古研究所
南京大学历史学院考古文物系
马 鞍 山 市 文 物 局
马 鞍 山 市 博 物 馆

编著

主　　编：水　涛
副 主 编：叶润清　王　俊
执行主编：白国柱

文物出版社

图书在版编目（CIP）数据

马鞍山五担岗/安徽省文物考古研究所，南京大学历史学院考古文物系，马鞍山市文物局，马鞍山市博物馆编著．－北京：文物出版社，2015.12
ISBN 978-7-5010-4550-1

Ⅰ．①马… Ⅱ．①南… ②安… ③马… Ⅲ．①文化遗址－考古发掘－马鞍山市 Ⅳ．①K878.04

中国版本图书馆CIP数据核字(2016)第066804号

马鞍山五担岗

编　　著：安 徽 省 文 物 考 古 研 究 所
　　　　　南京大学历史学院考古文物系
　　　　　马 鞍 山 市 文 物 局
　　　　　马 鞍 山 市 博 物 馆

责任编辑：李克能　贾东营
责任印制：陈　杰
封面设计：张希广　李克能

出版发行：文 物 出 版 社
地　　址：北京市东直门内北小街2号楼
邮　　编：100007
网　　址：http://www.wenwu.com
邮　　箱：web@wenwu.com
制版印刷：北京荣宝燕泰印务有限公司
经　　销：新华书店
开　　本：889mm×1194mm　　1/16
印　　张：41.25
版　　次：2016年10月第1版
印　　次：2016年10月第1次印刷
书　　号：ISBN 978-7-5010-4550-1
定　　价：450.00元

目　录

第一章　概　述 ……………………………………………………………… 1

第一节　自然环境 ……………………………………………………… 1

一、地理位置 …………………………………………………………… 1

二、地理特征 …………………………………………………………… 1

（一）地貌 ……………………………………………………………… 1

（二）水系 ……………………………………………………………… 5

（三）土壤 ……………………………………………………………… 7

（四）气候 ……………………………………………………………… 8

（五）马鞍山地区全新世以来环境变化概述 ……………………… 8

三、植物与动物 ………………………………………………………… 9

（一）植物 ……………………………………………………………… 9

（二）动物 ……………………………………………………………… 10

四、矿产资源 …………………………………………………………… 10

（一）铁矿 ……………………………………………………………… 10

（二）硫铁矿 …………………………………………………………… 11

（三）石灰石矿 ………………………………………………………… 11

（四）铜矿 ……………………………………………………………… 11

（五）绿松石矿 ………………………………………………………… 11

（六）其他矿产 ………………………………………………………… 12

第二节　历史沿革 ……………………………………………………… 12

第三节　马鞍山地区早期遗址分布概要 …………………………… 16

一、马鞍山地区气候变化对早期遗址分布的影响 ………………… 16

二、马鞍山地区早期遗址的统计与分布 ·· 17

    （一）花山区 ·· 17

    （二）雨山区 ·· 18

    （三）博望区 ·· 20

    （四）当涂县 ·· 23

    （五）和县 ·· 26

    （六）含山县 ·· 28

第四节 发现发掘经过、资料整理与报告编写 ································ 30

一、发现发掘经过 ·· 30

    二、 资料整理 ·· 31

    （一）第一阶段 ··· 31

    （二）第二阶段 ··· 32

    （三）第三阶段 ··· 32

    （四）第四阶段 ··· 32

三、报告编写 ·· 33

第二章 地层堆积 ·· 34

第一节 探方分布 ·· 34

第二节 北部发掘区典型地层 ·· 34

一、北Ⅰ区 ·· 34

二、北Ⅱ区 ·· 39

三、北Ⅲ区 ·· 42

第三节 南部发掘区典型地层 ·· 43

一、南Ⅰ区 ·· 43

二、南Ⅱ区 ·· 44

三、南Ⅲ区 ·· 45

第三章 早期遗存 ·· 52

第一节 文化遗迹 ·· 52

一、灰坑 ·· 52

二、坑 ·· 111

三、灰沟 ·· 112

四、灶坑 …………………………………………………………………… 118

五、建筑遗存 ……………………………………………………………… 120

六、窑 ……………………………………………………………………… 124

七、水井 …………………………………………………………………… 125

八、墓葬 …………………………………………………………………… 125

第二节　文化遗物 …………………………………………………………… 127

一、铜器 …………………………………………………………………… 128

二、玉器 …………………………………………………………………… 131

三、骨器 …………………………………………………………………… 132

四、石器 …………………………………………………………………… 132

（一）制作工艺 ………………………………………………………… 132

（二）器类及器形 ……………………………………………………… 132

五、原始瓷器 ……………………………………………………………… 142

（一）概述 ……………………………………………………………… 142

（二）器类及型式 ……………………………………………………… 142

六、陶器 …………………………………………………………………… 149

（一）概述 ……………………………………………………………… 149

（二）器类及型式 ……………………………………………………… 156

第三节　典型遗迹—J1 ……………………………………………………… 292

一、叠压、打破关系 ……………………………………………………… 292

二、结构、堆积及出土遗物 ……………………………………………… 292

（一）J1K 堆积及出土遗物 …………………………………………… 296

（二）J1Q 堆积及出土遗物 …………………………………………… 303

三、水井各层文化特征 …………………………………………………… 337

（一）J1K 层 …………………………………………………………… 338

（二）J1Q ⑥层 ………………………………………………………… 339

（三）J1Q ⑤层 ………………………………………………………… 339

（四）J1Q ④层 ………………………………………………………… 339

（五）J1Q ③层 ………………………………………………………… 340

（六）J1Q ②层 ………………………………………………………… 341

（七）J1Q ①层 ……………………………………………………………………… 341

　　四、分期与年代 ……………………………………………………………………… 342

　　　（一）第一期 ………………………………………………………………………… 342

　　　（二）第二期 ………………………………………………………………………… 343

　　　（三）第三期 ………………………………………………………………………… 344

　　　（四）第四期 ………………………………………………………………………… 344

　　五、小结 ……………………………………………………………………………… 345

　　六、构造方法、滤水结构、取水器、取水方法及发现意义 ……………………… 345

　　　（一）构造方法 ……………………………………………………………………… 345

　　　（二）滤水结构 ……………………………………………………………………… 345

　　　（三）取水器及取水方法 …………………………………………………………… 346

　　　（四）发现意义 ……………………………………………………………………… 346

第四章　晚期遗存 …………………………………………………………………… 348

　第一节　文化遗迹 …………………………………………………………………… 348

　　一、灰坑 ……………………………………………………………………………… 348

　　二、灰沟 ……………………………………………………………………………… 353

　　三、建筑遗存 ………………………………………………………………………… 359

　　四、墓葬 ……………………………………………………………………………… 359

　第二节　文化遗物 …………………………………………………………………… 368

　　一、铜器 ……………………………………………………………………………… 368

　　二、瓷器 ……………………………………………………………………………… 368

　　三、陶器 ……………………………………………………………………………… 368

第五章　结　语 ……………………………………………………………………… 371

　第一节　遗址分期及文化特征 ……………………………………………………… 371

　　一、第一期的文化特征及相关比较 ………………………………………………… 371

　　　（一）第一期早段 …………………………………………………………………… 371

　　　（二）第一期晚段 …………………………………………………………………… 374

　　二、第二期的文化特征及相关比较 ………………………………………………… 375

　　　（一）第二期早段 …………………………………………………………………… 376

　　　（二）第二期晚段 …………………………………………………………………… 378

三、第三期的文化特征及相关比较 ·· 381

　　（一）第三期早段 ·· 381

　　（二）第三期中段 ·· 384

　　（三）第三期晚段 ·· 386

四、第四期的文化特征及相关比较 ·· 388

　　（一）第四期早段 ·· 388

　　（二）第四期中段 ·· 390

　　（三）第四期晚段 ·· 392

第二节　五担岗遗址早期遗存的分期意义 ······································ 393

一、遗址的时代上限问题 ·· 393

二、遗址出土物所反映的"湖熟文化"时代上限问题 ··························· 394

附　表 ·· 418

附　录 ·· 526

马鞍山五担岗遗址植物遗存鉴定报告 ··· 526

一、鉴定材料及方法 ·· 526

二、鉴定结果 ·· 526

三、分析与讨论 ·· 527

四、结　语 ·· 529

彩　版

图　版

插图目录

图一　　五担岗遗址在安徽省的位置图 ·· 2

图二　　五担岗遗址在马鞍山市的位置图 ·· 3

图三　　五担岗遗址在花山区的位置图 ·· 4

图四　　五担岗遗址地形及探方分布图 ·· 35

图五　　五担岗遗址早期遗迹分布图（T03～T05） ································ 36

图六　　五担岗遗址早期遗迹分布图（T07～T10） ································ 36

图七　　T03南壁剖面图 ··· 36

图八　　T08北壁剖面图 ··· 37

图九　　T10北壁剖面图 ··· 39

图一〇　五担岗遗址早期遗迹分布图（T12～T14） ································ 40

图一一　T13北壁剖面图 ··· 40

图一二　T14北壁剖面图 ··· 40

图一三　五担岗遗址早期遗迹分布图（T16～T17） ································ 41

图一四　T18西壁剖面图 ··· 42

图一五　五担岗遗址早期遗迹分布图（T22-T24） ································· 44

图一六　T23东壁剖面图 ··· 44

图一七　五担岗遗址早期遗迹分布图（T26～T30、T37～T38） ············· 46

图一八　五担岗遗址早期遗迹分布图（T31～T36） ································ 46

图一九　T29西壁剖面图 ··· 46

图二〇　T31东壁剖面图 ··· 47

图二一　T31南壁剖面图 ··· 49

图二二　T31西壁剖面图 ··· 49

图二三　T32北壁剖面图 ……………………………………………………… 49

图二四　T35西壁剖面图 ……………………………………………………… 50

图二五　H1平、剖面图 ………………………………………………………… 53

图二六　H2平、剖面图 ………………………………………………………… 54

图二七　H3~H5平、剖面图 …………………………………………………… 55

图二八　H6平、剖面图 ………………………………………………………… 56

图二九　H7平、剖面图 ………………………………………………………… 57

图三〇　H8、H9平、剖面图 …………………………………………………… 58

图三一　H10平、剖面图 ……………………………………………………… 59

图三二　H11平、剖面图 ……………………………………………………… 59

图三三　H15平、剖面图 ……………………………………………………… 60

图三四　H16平、剖面图 ……………………………………………………… 60

图三五　H17、H20平、剖面图 ………………………………………………… 61

图三六　H18平、剖面图 ……………………………………………………… 62

图三七　H19平、剖面图 ……………………………………………………… 62

图三八　H21平、剖面图 ……………………………………………………… 63

图三九　H22、 H23平、剖面图 ……………………………………………… 63

图四〇　H24平、剖面图 ……………………………………………………… 64

图四一　H25平、剖面图 ……………………………………………………… 64

图四二　H26、H27平、剖面图 ………………………………………………… 64

图四三　H28平、剖面图 ……………………………………………………… 66

图四四　H29平、剖面图 ……………………………………………………… 66

图四五　H30平、剖面图 ……………………………………………………… 67

图四六　H31平、剖面图 ……………………………………………………… 67

图四七　H34平、剖面图 ……………………………………………………… 68

图四八　H35平、剖面图 ……………………………………………………… 68

图四九　H36平、剖面图 ……………………………………………………… 70

图五〇　H37平、剖面图 ……………………………………………………… 70

图五一　H39平、剖面图 ……………………………………………………… 72

图五二　H40平、剖面图 ……………………………………………………………… 72

图五三　H41平、剖面图 ……………………………………………………………… 72

图五四　H42平、剖面图 ……………………………………………………………… 72

图五五　H43平、剖面图 ……………………………………………………………… 73

图五六　H46平、剖面图 ……………………………………………………………… 73

图五七　H47平、剖面图 ……………………………………………………………… 74

图五八　H49平、剖面图 ……………………………………………………………… 74

图五九　H50平、剖面图 ……………………………………………………………… 75

图六〇　H51平、剖面图 ……………………………………………………………… 75

图六一　H52平、部面图 ……………………………………………………………… 76

图六二　H53平、剖面图 ……………………………………………………………… 76

图六三　H55平、剖面图 ……………………………………………………………… 77

图六四　H56平、剖面图 ……………………………………………………………… 77

图六五　H57、H58平、剖面图 …………………………………………………… 78

图六六　H59平、剖面图 ……………………………………………………………… 79

图六七　H60平、剖面图 ……………………………………………………………… 79

图六八　H61平、剖面图 ……………………………………………………………… 80

图六九　H62平、剖面图 ……………………………………………………………… 80

图七〇　H63平、剖面图 ……………………………………………………………… 81

图七一　H64平、剖面图 ……………………………………………………………… 81

图七二　H65平、剖面图 ……………………………………………………………… 82

图七三　H66平、剖面图 ……………………………………………………………… 82

图七四　H67平、剖面图 ……………………………………………………………… 84

图七五　H68平、剖面图 ……………………………………………………………… 84

图七六　H69平、剖面图 ……………………………………………………………… 84

图七七　H70平、剖面图 ……………………………………………………………… 85

图七八　H71平、剖面图 ……………………………………………………………… 86

图七九　H73平、剖面图 ……………………………………………………………… 86

图八〇　H74平、剖面图 ……………………………………………………………… 87

图八一　H77平、剖面图 …………………………………………………………… 87

图八二　H78平、剖面图 …………………………………………………………… 87

图八三　H79平、剖面图 …………………………………………………………… 87

图八四　H80平、剖面图 …………………………………………………………… 89

图八五　H81平、剖面图 …………………………………………………………… 89

图八六　H82平、剖面图 …………………………………………………………… 90

图八七　H83平、剖面图 …………………………………………………………… 90

图八八　H84平、剖面图 …………………………………………………………… 90

图八九　H85平、剖面图 …………………………………………………………… 91

图九〇　H86平、剖面图 …………………………………………………………… 91

图九一　H87平、剖面图 …………………………………………………………… 92

图九二　H88平、剖面图 …………………………………………………………… 92

图九三　H89平、剖面图 …………………………………………………………… 93

图九四　H90平、剖面图 …………………………………………………………… 93

图九五　H91平、剖面图 …………………………………………………………… 94

图九六　H92平、剖面图 …………………………………………………………… 94

图九七　H93平、剖面图 …………………………………………………………… 95

图九八　H94、H95平、剖面图 …………………………………………………… 95

图九九　H96平、剖面图 …………………………………………………………… 96

图一〇〇　H97平、剖面图 ………………………………………………………… 96

图一〇一　H98平、剖面图 ………………………………………………………… 97

图一〇二　H99平、剖面图 ………………………………………………………… 97

图一〇三　H100平、剖面图 ……………………………………………………… 98

图一〇四　H101平、剖面图 ……………………………………………………… 98

图一〇五　H102平、剖面图 ……………………………………………………… 99

图一〇六　H103平、剖面图 ……………………………………………………… 99

图一〇七　H104平、剖面图 ……………………………………………………… 100

图一〇八　H105平、剖面图 ……………………………………………………… 100

图一〇九　H106平、剖面图 ……………………………………………………… 101

图一一○　H107平、剖面图 ……………………………………………………102

图一一一　H108平、剖面图 ……………………………………………………103

图一一二　H109平、剖面图 ……………………………………………………103

图一一三　H110平、剖面图 ……………………………………………………103

图一一四　H111平、剖面图 ……………………………………………………104

图一一五　H112平、剖面图 ……………………………………………………104

图一一六　H113平、剖面图 ……………………………………………………105

图一一七　H114、H119、H120、H122平、剖面图 ……………………………106

图一一八　H115平、剖面图 ……………………………………………………107

图一一九　H116、H117平、剖面图 ……………………………………………107

图一二○　H118平、剖面图 ……………………………………………………108

图一二一　H121平、剖面图 ……………………………………………………109

图一二二　H123平、剖面图 ……………………………………………………109

图一二三　H124平、剖面图 ……………………………………………………110

图一二四　H125平、剖面图 ……………………………………………………110

图一二五　H126、H127平、剖面图 ……………………………………………111

图一二六　K1平、剖面图 ………………………………………………………111

图一二七　G1平、剖面图 ………………………………………………………112

图一二八　G23平、剖面图 ……………………………………………………113

图一二九　G26、G28平、剖面图 ………………………………………………114

图一三○　G27平、剖面图 ……………………………………………………114

图一三一　G29平、剖面图 ……………………………………………………116

图一三二　G30平、剖面图 ……………………………………………………117

图一三三　G31平、剖面图 ……………………………………………………117

图一三四　G32平、剖面图 ……………………………………………………117

图一三五　G33平、剖面图 ……………………………………………………118

图一三六　Z1~Z4平、剖面图 …………………………………………………119

图一三七　F2与周围遗迹相互关系图 …………………………………………121

图一三八　F2所在平面垫土分布图 ……………………………………………121

图一三九　F2剖面图 ………………………………………………………………122

图一四〇　T09早期建筑遗存D1～D3 ………………………………………………123

图一四一　Y1平、剖面图 …………………………………………………………124

图一四二　M7平、剖面图 …………………………………………………………126

图一四三　M12平、剖面图 ………………………………………………………126

图一四四　M13平、剖面图 ………………………………………………………126

图一四五　M14平、剖面图 ………………………………………………………126

图一四六　五担岗遗址铜削 …………………………………………………………128

图一四七　五担岗遗址铜器 …………………………………………………………129

图一四八　五担岗遗址铜镞 …………………………………………………………130

图一四九　五担岗遗址玉器 …………………………………………………………131

图一五〇　五担岗遗址骨器 …………………………………………………………131

图一五一　五担岗遗址石锛 …………………………………………………………133

图一五二　五担岗遗址石锛 …………………………………………………………134

图一五三　五担岗遗址石凿 …………………………………………………………135

图一五四　五担岗遗址石斧 …………………………………………………………136

图一五五　五担岗遗址石铲 …………………………………………………………138

图一五六　五担岗遗址石刀 …………………………………………………………138

图一五七　五担岗遗址石器 …………………………………………………………139

图一五八　五担岗遗址石镞 …………………………………………………………140

图一五九　五担岗遗址石器 …………………………………………………………141

图一六〇　五担岗遗址残石器 ………………………………………………………142

图一六一　五担岗遗址原始瓷豆 ……………………………………………………144

图一六二　五担岗遗址原始瓷碗 ……………………………………………………146

图一六三　五担岗遗址原始瓷器 ……………………………………………………149

图一六四　五担岗遗址陶器纹饰 ……………………………………………………152

图一六五　五担岗遗址陶器纹饰 ……………………………………………………153

图一六六　五担岗遗址陶器纹饰 ……………………………………………………154

图一六七　五担岗遗址陶器纹饰 ……………………………………………………155

图一六八　五担岗遗址陶器刻划符号…………………………………………………155

图一六九　五担岗遗址硬陶豆……………………………………………………………157

图一七〇　五担岗遗址硬陶瓮、坛………………………………………………………157

图一七一　五担岗遗址硬陶大罐…………………………………………………………159

图一七二　五担岗遗址硬陶小罐…………………………………………………………160

图一七三　五担岗遗址硬陶器……………………………………………………………161

图一七四　五担岗遗址素面陶鬲…………………………………………………………162

图一七五　五担岗遗址素面陶鬲…………………………………………………………164

图一七六　五担岗遗址素面陶鬲（1类）………………………………………………165

图一七七　五担岗遗址素面陶鬲（1类）………………………………………………166

图一七八　五担岗遗址素面陶鬲（2类）………………………………………………167

图一七九　五担岗遗址素面陶鬲（2类）………………………………………………168

图一八〇　五担岗遗址素面陶鬲（3类）………………………………………………170

图一八一　五担岗遗址绳纹陶鬲…………………………………………………………171

图一八二　五担岗遗址绳纹陶鬲…………………………………………………………172

图一八三　五担岗遗址绳纹陶鬲…………………………………………………………173

图一八四　五担岗遗址绳纹陶鬲…………………………………………………………174

图一八五　五担岗遗址绳纹陶鬲…………………………………………………………175

图一八六　五担岗遗址绳纹陶鬲…………………………………………………………177

图一八七　五担岗遗址绳纹陶鬲（1类）………………………………………………177

图一八八　五担岗遗址绳纹陶鬲（1类）………………………………………………178

图一八九　五担岗遗址绳纹陶鬲（1类）………………………………………………179

图一九〇　五担岗遗址绳纹陶鬲（1类）………………………………………………180

图一九一　五担岗遗址绳纹陶鬲（2类）………………………………………………182

图一九二　五担岗遗址绳纹陶鬲（2类）………………………………………………183

图一九三　五担岗遗址绳纹陶鬲（2类）………………………………………………184

图一九四　五担岗遗址绳纹陶鬲（2类）………………………………………………185

图一九五　五担岗遗址绳纹陶鬲（2类）………………………………………………185

图一九六　五担岗遗址绳纹陶鬲（2类）………………………………………………186

图一九七 五担岗遗址绳纹陶鬲（3类）·································188

图一九八 五担岗遗址绳纹陶鬲（3类）·································189

图一九九 五担岗遗址绳纹陶鬲（3类）·································190

图二〇〇 五担岗遗址绳纹陶鬲（3类）·································191

图二〇一 五担岗遗址绳纹陶鬲（3类）·································192

图二〇二 五担岗遗址网纹陶鬲···193

图二〇三 五担岗遗址网纹陶鬲（1类）·································194

图二〇四 五担岗遗址网纹陶鬲（2类）·································194

图二〇五 五担岗遗址网纹陶鬲（3类）·································195

图二〇六 五担岗遗址陶鬲足（1类）···································196

图二〇七 五担岗遗址陶鬲足（2类）···································198

图二〇八 五担岗遗址陶鬲足（3类）···································199

图二〇九 五担岗遗址陶鬲足（3类）···································200

图二一〇 五担岗遗址陶鬲足（3类）···································202

图二一一 五担岗遗址陶鼎···203

图二一二 五担岗遗址陶鼎···205

图二一三 五担岗遗址陶鼎···206

图二一四 五担岗遗址陶鼎（足）·······································208

图二一五 五担岗遗址陶鼎（足）·······································209

图二一六 五担岗遗址陶鼎（足）·······································209

图二一七 五担岗遗址陶甗（甑部）·····································210

图二一八 五担岗遗址陶甗（甑部）·····································211

图二一九 五担岗遗址陶甗（甑部）·····································212

图二二〇 五担岗遗址陶甗（鬲部、箅）·································213

图二二一 五担岗遗址陶甗（腰）·······································214

图二二二 五担岗遗址陶甗（腰）·······································215

图二二三 五担岗遗址陶器（角把）·····································216

图二二四 五担岗遗址陶簋···217

图二二五 五担岗遗址陶豆···219

图二二六　五担岗遗址陶豆（盘）……………………………………………………220

图二二七　五担岗遗址陶豆（柄）……………………………………………………221

图二二八　五担岗遗址陶豆（柄）……………………………………………………222

图二二九　五担岗遗址陶豆（柄）……………………………………………………223

图二三〇　五担岗遗址陶豆（柄）……………………………………………………223

图二三一　五担岗遗址陶豆（柄）……………………………………………………225

图二三二　五担岗遗址陶豆（柄）……………………………………………………225

图二三三　五担岗遗址陶尊………………………………………………………………226

图二三四　五担岗遗址陶器………………………………………………………………226

图二三五　五担岗遗址陶器………………………………………………………………227

图二三六　五担岗遗址刻槽陶钵…………………………………………………………229

图二三七　五担岗遗址陶盆………………………………………………………………231

图二三八　五担岗遗址陶盆………………………………………………………………232

图二三九　五担岗遗址陶盆………………………………………………………………232

图二四〇　五担岗遗址陶盆………………………………………………………………234

图二四一　五担岗遗址陶盆………………………………………………………………235

图二四二　五担岗遗址陶盆………………………………………………………………236

图二四三　五担岗遗址陶盆………………………………………………………………237

图二四四　五担岗遗址陶盆（口沿）……………………………………………………238

图二四五　五担岗遗址陶盆（口沿）……………………………………………………239

图二四六　五担岗遗址鼓腹陶瓮…………………………………………………………241

图二四七　五担岗遗址鼓腹陶瓮…………………………………………………………242

图二四八　五担岗遗址鼓腹陶瓮…………………………………………………………243

图二四九　五担岗遗址弧腹陶瓮…………………………………………………………245

图二五〇　五担岗遗址弧腹陶瓮…………………………………………………………246

图二五一　五担岗遗址折肩陶瓮…………………………………………………………247

图二五二　五担岗遗址陶器………………………………………………………………248

图二五三　五担岗遗址双耳陶罐…………………………………………………………250

图二五四　五担岗遗址弧腹陶罐…………………………………………………………251

图二五五 五担岗遗址弧腹陶罐 …………………………………… 252

图二五六 五担岗遗址鼓腹陶罐 …………………………………… 252

图二五七 五担岗遗址鼓腹陶罐 …………………………………… 254

图二五八 五担岗遗址鼓腹陶罐 …………………………………… 255

图二五九 五担岗遗址鼓腹陶罐 …………………………………… 256

图二六〇 五担岗遗址鼓腹陶罐 …………………………………… 257

图二六一 五担岗遗址深腹陶罐 …………………………………… 258

图二六二 五担岗遗址陶小罐 ……………………………………… 261

图二六三 五担岗遗址陶罐（底） ………………………………… 263

图二六四 五担岗遗址陶钵 ………………………………………… 264

图二六五 五担岗遗址陶钵 ………………………………………… 266

图二六六 五担岗遗址陶钵 ………………………………………… 267

图二六七 五担岗遗址敞口陶盘 …………………………………… 269

图二六八 五担岗遗址侈口陶盘 …………………………………… 269

图二六九 五担岗遗址直口陶盘 …………………………………… 271

图二七〇 五担岗遗址直口陶盘 …………………………………… 272

图二七一 五担岗遗址微敛口陶盘 ………………………………… 274

图二七二 五担岗遗址微敛口陶盘 ………………………………… 274

图二七三 五担岗遗址陶器 ………………………………………… 276

图二七四 五担岗遗址陶器盖 ……………………………………… 278

图二七五 五担岗遗址陶器器耳 …………………………………… 280

图二七六 五担岗遗址陶器器耳 …………………………………… 281

图二七七 五担岗遗址陶器 ………………………………………… 283

图二七八 五担岗遗址陶器 ………………………………………… 285

图二七九 五担岗遗址陶网坠 ……………………………………… 287

图二八〇 五担岗遗址陶网坠 ……………………………………… 288

图二八一 五担岗遗址圆陶片 ……………………………………… 289

图二八二 五担岗遗址圆陶片 ……………………………………… 290

图二八三 五担岗遗址陶器 ………………………………………… 291

图二八四　J1开口平面图 ……………………………………………………… 293

图二八五　J1平面图（−1.2米） ……………………………………………… 293

图二八六　J1平面图（−4.2米） ……………………………………………… 294

图二八七　J1平面图（−6.4米） ……………………………………………… 294

图二八八　J1平面图（−8.2米） ……………………………………………… 295

图二八九　J1平面图（−9.0米） ……………………………………………… 295

图二九〇　J1平面图（−15.8米） …………………………………………… 296

图二九一　J1纵剖面图 ………………………………………………………… 297

图二九二　J1K石器、铜器 …………………………………………………… 299

图二九三　J1K陶器、原始瓷器 ……………………………………………… 301

图二九四　J1K陶器 …………………………………………………………… 302

图二九五　J1Q夹砂、泥质陶器 ……………………………………………… 304

图二九六　J1Q②石器、兽牙 ………………………………………………… 305

图二九七　J1Q②硬陶器 ……………………………………………………… 307

图二九八　J1Q②硬陶器 ……………………………………………………… 309

图二九九　J1Q②夹砂、泥质陶器 …………………………………………… 311

图三〇〇　J1Q③硬陶器 ……………………………………………………… 312

图三〇一　J1Q③夹砂、泥质陶器 …………………………………………… 313

图三〇二　J1Q③夹砂、泥质陶器 …………………………………………… 314

图三〇三　J1Q③夹砂、泥质陶器 …………………………………………… 316

图三〇四　J1Q③夹砂、泥质陶器 …………………………………………… 318

图三〇五　J1Q③夹砂、泥质陶器 …………………………………………… 319

图三〇六　J1Q④石器、陶器 ………………………………………………… 321

图三〇七　J1Q④夹砂、泥质陶器 …………………………………………… 322

图三〇八　J1Q④夹砂、泥质陶器 …………………………………………… 324

图三〇九　J1Q⑤铜器、陶器 ………………………………………………… 325

图三一〇　J1Q⑤夹砂、泥质陶器 …………………………………………… 326

图三一一　J1Q⑤夹砂、泥质陶器 …………………………………………… 328

图三一二　J1Q⑤夹砂、泥质陶器 …………………………………………… 330

图三一三　J1Q⑤夹砂、泥质陶器 ……………………………………………………………………………332

图三一四　J1Q⑤夹砂、泥质陶器 ……………………………………………………………………………334

图三一五　J1Q⑤鹿角器、卜甲、木器 ……………………………………………………………………335

图三一六　J1Q⑤龟甲、菌类、兽牙 ………………………………………………………………………336

图三一七　J1Q⑥夹砂、泥质陶器 ……………………………………………………………………………338

图三一八　J1陶器纹饰 …………………………………………………………………………………………340

图三一九　H12平、剖面图 ……………………………………………………………………………………349

图三二〇　H32平、剖面图 ……………………………………………………………………………………349

图三二一　H33平、剖面图 ……………………………………………………………………………………350

图三二二　H38平、剖面图 ……………………………………………………………………………………351

图三二三　H44平、剖面图 ……………………………………………………………………………………351

图三二四　H45平、剖面图 ……………………………………………………………………………………351

图三二五　H48平、剖面图 ……………………………………………………………………………………351

图三二六　H54平、剖面图 ……………………………………………………………………………………352

图三二七　H75平、剖面图 ……………………………………………………………………………………353

图三二八　H76平、剖面图 ……………………………………………………………………………………353

图三二九　G2平、剖面图 ………………………………………………………………………………………354

图三三〇　G3平、剖面图 ………………………………………………………………………………………354

图三三一　G4～G7平、剖面图 ………………………………………………………………………………355

图三三二　G8～G12平、剖面图 ………………………………………………………………………………356

图三三三　G13～G17平、剖面图 ……………………………………………………………………………356

图三三四　G18～G22平、剖面图 ……………………………………………………………………………357

图三三五　G24平、剖面图 ……………………………………………………………………………………358

图三三六　G25平、剖面图 ……………………………………………………………………………………358

图三三七　F1平、剖面图 ………………………………………………………………………………………359

图三三八　M1、M2探方位置及相互关系图 ………………………………………………………………360

图三三九　M3～M9、M11探方位置及相互关系图 ………………………………………………………360

图三四〇　M1平、剖面图 ……………………………………………………………………………………361

图三四一　M2平、剖面图 ……………………………………………………………………………………362

图三四二　　M3平、剖面图 ···362

图三四三　　M4平、剖面图 ···363

图三四四　　M5平、剖面图 ···364

图三四五　　M6平、剖面图 ···364

图三四六　　M8平、剖面图 ···365

图三四七　　M9平、剖面图 ···365

图三四八　　M10平、剖面图 ··366

图三四九　　M11平、剖面图 ··366

图三五○　　五担岗遗址铜钱拓片 ··367

图三五一　　五担岗遗址晚期文化遗物 ··369

图三五二　　五担岗遗址晚期文化遗物 ··369

图三五三　　五担岗遗址原始瓷豆分期图 ···395

图三五四　　五担岗遗址原始瓷碗分期图 ···396

图三五五　　五担岗遗址原始瓷器、硬陶器分期图 ··397

图三五六　　五担岗遗址陶鬲分期图 ···398

图三五七　　五担岗遗址陶鬲、鼎分期图 ···399

图三五八　　五担岗遗址陶鼎、甗分期图 ···400

图三五九　　五担岗遗址陶甗、簋、豆分期图 ··401

图三六○　　五担岗遗址陶豆分期图 ···402

图三六一　　五担岗遗址陶豆分期图 ···403

图三六二　　五担岗遗址陶尊、钵、盆分期图 ··404

图三六三　　五担岗遗址陶盆分期图 ···405

图三六四　　五担岗遗址陶盆、瓮分期图 ···406

图三六五　　五担岗遗址陶瓮分期图 ···407

图三六六　　五担岗遗址陶瓮、罐分期图 ···408

图三六七　　五担岗遗址陶罐分期图 ···409

图三六八　　五担岗遗址陶罐分期图 ···410

图三六九　　五担岗遗址陶罐分期图 ···411

图三七○　　五担岗遗址陶钵分期图 ···412

图三七一　　五担岗遗址陶钵、盘分期图·································413

图三七二　　五担岗遗址陶碗、器盖分期图·························414

图三七三　　五担岗遗址J1典型硬陶器分期图·······················415

图三七四　　五担岗遗址J1典型陶器分期图·························416

图三七五　　五担岗遗址J1典型陶器分期图·························417

彩版目录

彩版一　五担岗遗址2009年发掘区远景与完工照

彩版二　发掘现场

彩版三　T10北壁、南壁剖面

彩版四　早期遗迹

彩版五　早期灰坑

彩版六　早期灰沟

彩版七　早期建筑遗存和窑址

彩版八　早期水井

彩版九　早期水井出土器物现场

彩版一〇　早期墓葬

彩版一一　第一期早段陶器

彩版一二　第一期晚段玉器、陶器

彩版一三　第二期早段原始瓷器、陶器

彩版一四　第二期早段陶器

彩版一五　第二期早段陶器

彩版一六　第二期晚段玉器、原始瓷器、陶器

彩版一七　第二期晚段陶器

彩版一八　第二期晚段陶器

彩版一九　第三期早段铜器、原始瓷器、陶器

彩版二〇　第三期早段陶器

彩版二一　第三期中段玉器、原始瓷器、陶器

彩版二二　第三期晚段、第四期早段铜器、原始瓷器、陶器

彩版二三　　第四期早段陶器

彩版二四　　第四期早段陶器

彩版二五　　第四期中段原始瓷器、硬陶器

彩版二六　　第四期中段陶器

彩版二七　　第四期中段陶器

彩版二八　　第四期晚段硬陶器

彩版二九　　第四期晚段陶器

彩版三〇　　第四期晚段陶器

图版目录

图版一　　工作现场

图版二　　早期灰坑

图版三　　早期灰坑

图版四　　早期灰坑

图版五　　早期灰坑

图版六　　早期灰坑

图版七　　早期灰坑

图版八　　早期水井

图版九　　早期水井

图版一〇　早期水井

图版一一　早期建筑遗存及墓葬

图版一二　第二期早段陶器

图版一三　第二期早段陶器

图版一四　第二期早段陶器

图版一五　第二期早段陶器

图版一六　第二期晚段陶器

图版一七　第二期晚段陶器

图版一八　第二期晚段陶器

图版一九　第二期晚段、第三期早段陶器

图版二〇　第三期早段陶器

图版二一　第三期中段原始瓷器、陶器

图版二二　第三期中段陶器、第四期早段原始瓷器

图版二三　第四期早段陶器

图版二四　第四期早段陶器

图版二五　第四期早段陶器

图版二六　第四期早段陶器

图版二七　第四期早段陶器

图版二八　第四期早段陶器

图版二九　第四期中段原始瓷器

图版三○　第四期中段原始瓷器、陶器

图版三一　第四期中段陶器

图版三二　第四期中段陶器

图版三三　第四期中段陶器

图版三四　第四期中段陶器

图版三五　第四期中段陶器

图版三六　第四期中段陶器

图版三七　第四期中段陶器

图版三八　第四期中段陶器

图版三九　第四期中段陶器

图版四○　第四期中段陶器

图版四一　第四期中段陶器

图版四二　第四期中段陶器

图版四三　第四期中段陶器

图版四四　第四期中段陶器

图版四五　第四期晚段硬陶器

图版四六　第四期晚段硬陶器

图版四七　第四期晚段硬陶器

图版四八　第四期晚段硬陶器

图版四九　第四期晚段陶器

图版五○　第四期晚段陶器

图版五一　第四期晚段陶器

图版五二　　第四期晚段陶器

图版五三　　第四期晚段陶器

图版五四　　第四期晚段陶器

图版五五　　早期铜器、骨器

图版五六　　早期石器

图版五七　　早期石器

图版五八　　早期石器

图版五九　　早期石器

图版六〇　　早期石器

图版六一　　早期石器、陶器

图版六二　　早期陶器

图版六三　　早期陶器

图版六四　　早期陶器

图版六五　　早期陶器

图版六六　　J1出土遗物

图版六七　　J1出土早期遗物

图版六八　　晚期遗物

第一章 概述

第一节 自然环境[1]

一、地理位置

马鞍山市位于安徽省东部，地处北纬31°36′05″～31°46′42″与东经118°24′37″～118°41′41″之间。东临石臼湖与江苏省南京市溧水和高淳交界，西跨长江与巢湖相望，南与芜湖市接壤，北与南京市江宁区毗连。全市总面积1686平方千米，南北最大纵距54.4千米，东西最大横距46千米（图一）。

五担岗遗址地处马鞍山市花山区霍里镇丰收村窑头自然村西北200米处，西距长江10千米，总面积约20万平方米。属典型的台墩形遗址，台墩高于地面7、8米。遗址平面呈椭圆形，遗址中部被旅游大道穿过，北部建有民房，保存状况一般。遗址北部、东部、东南均为低矮丘陵，周围水网交错，河流纵横（图二、三）。

二、地理特征

（一）地貌

马鞍山市在地形上属宁镇山地的西缘部分，地势上东西两端高中间低，为安徽省沿江低山丘陵与平原混合区，整体可划分为东部丘陵区、西部丘陵区和长江两岸平原区三部分。东部丘陵区海拔相对较高，分布着海拔20～200米左右的丘陵；西部丘陵区与东部丘陵区情况近似，再向西进入环巢湖地带，山体平均海拔较东部丘陵区高，最高海拔400余米；长江两岸平原区总体是较为平坦宽阔、平均海拔在10米左右的冲积平原，平原内河渠纵横，湖塘密布，沿江地带也分布着一列东北—西南走向的低丘，在低丘与长江间分布着较狭长的阶地、河漫滩及沙洲。

1. 东部丘陵区

东部地带靠近宁镇山地，为低山丘陵或丘陵向平原过渡带，向东低山分布密度渐大，并一直延伸到江苏境内。处于最东部的是土山头，位于淮塘镇与江苏江宁县的分界线上，土山头以西是老牛山、铜坑山、仙人山、鹅山、笔架山、秀山和鹦鹉山等。东南部分布着一系列互相间断的山丘，如

---

[1] 注：本节内容多转引自马鞍山市地方志编纂委员会主编的《马鞍山市志》，黄山出版社，1992年。

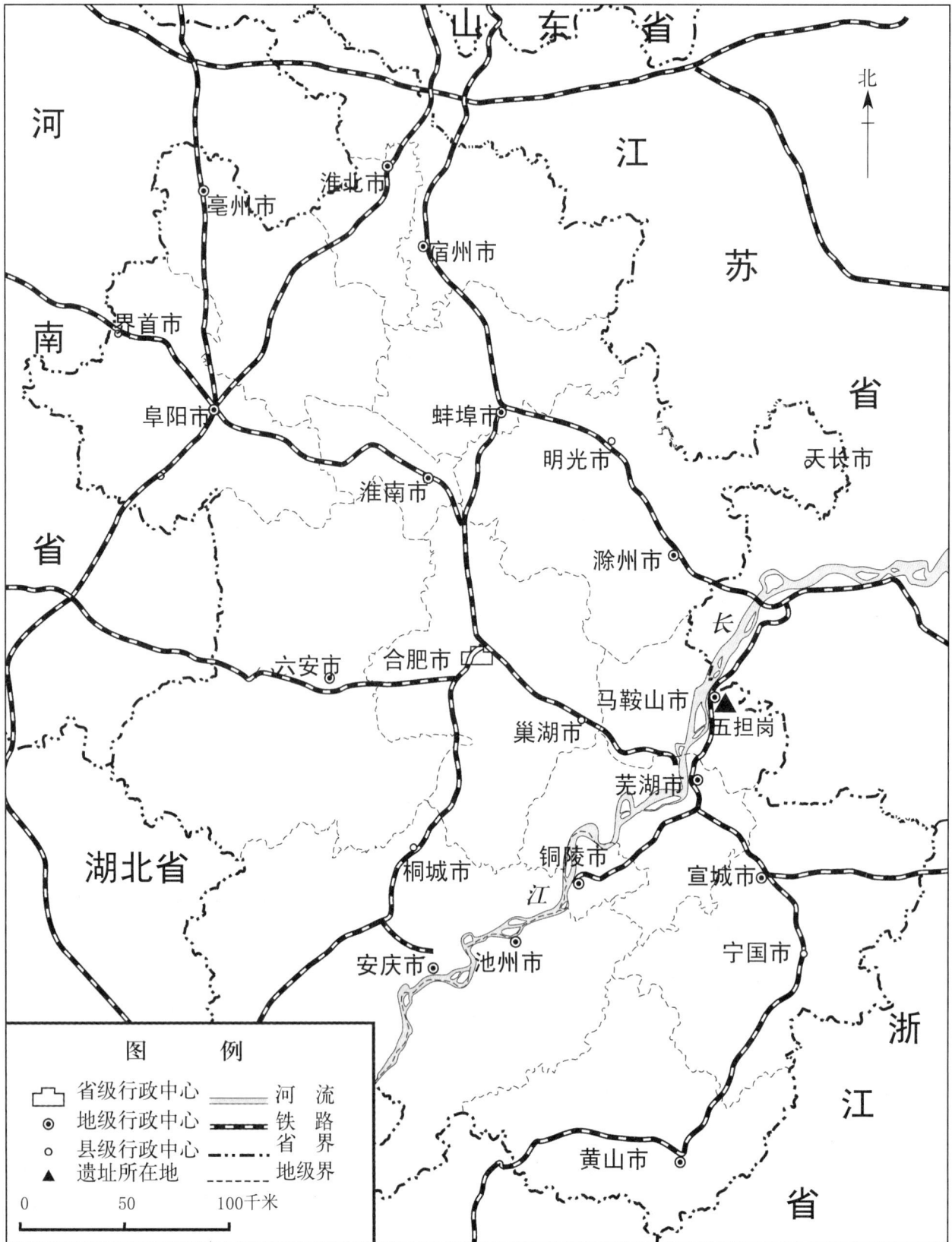

图一　五担岗遗址在安徽省的位置图

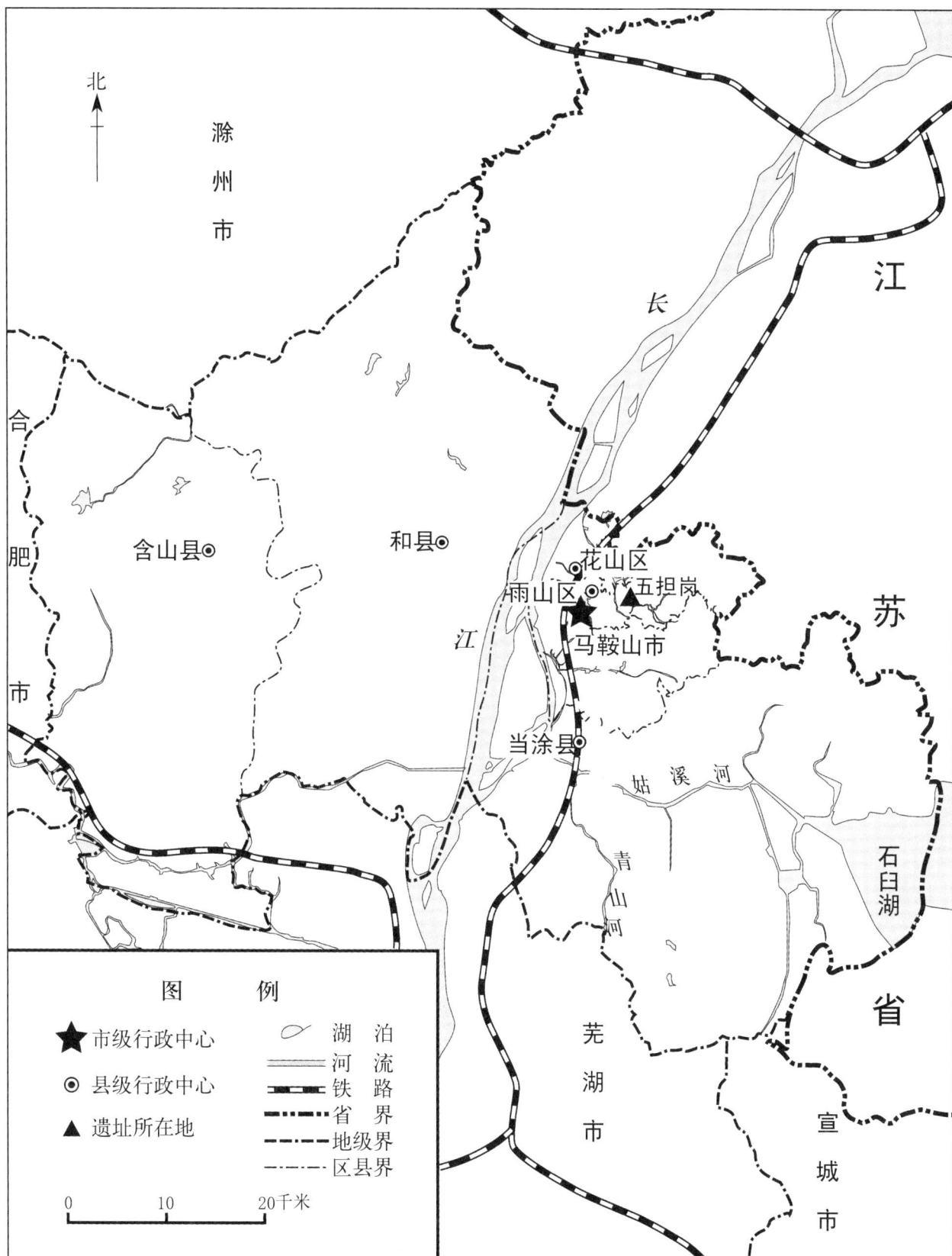

图二　五担岗遗址在马鞍山市的位置图

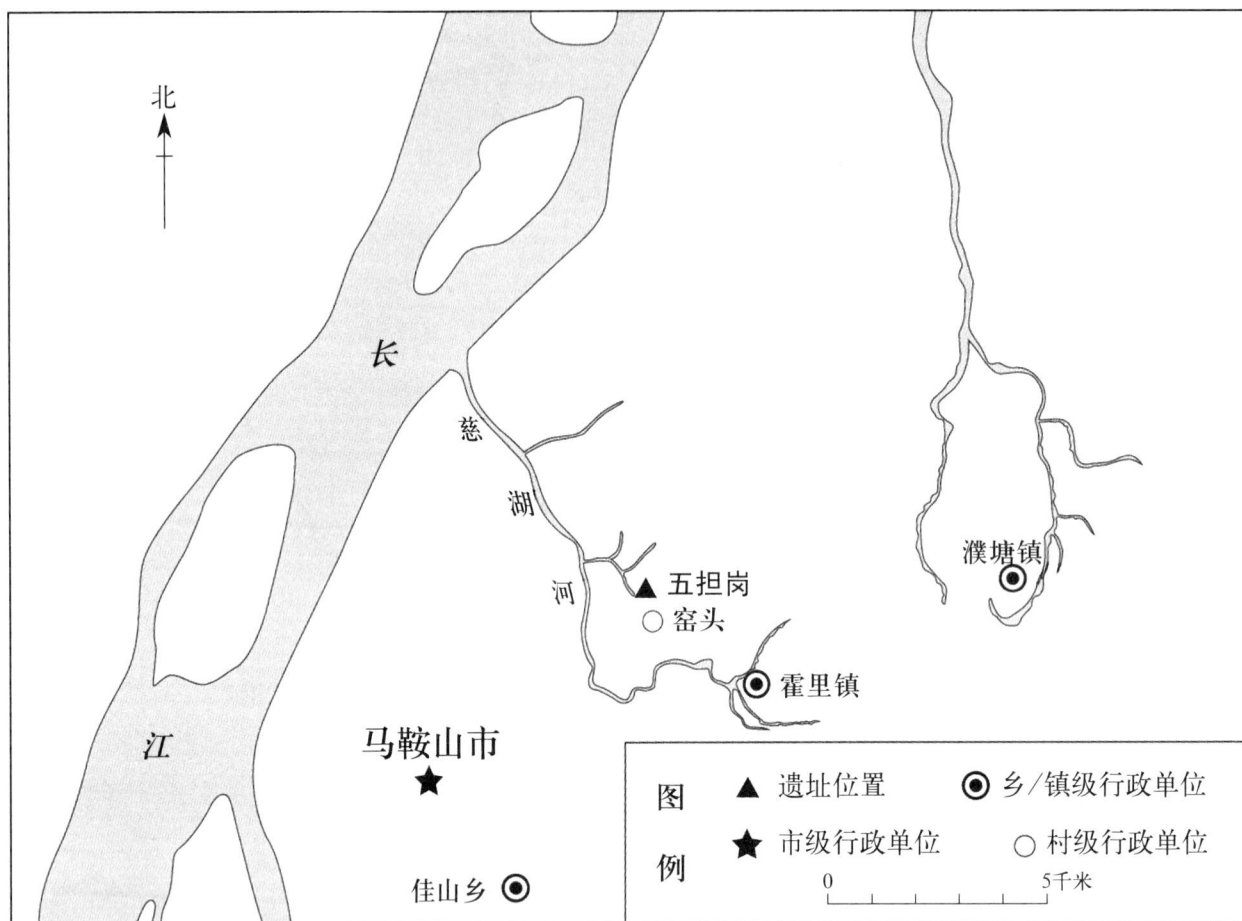

图三　五担岗遗址在花山区的位置图

大黄山、烤山、马山、大象山、龙王山、瓢儿山和董耳山等，还有因开矿已经或正在消失的南山、向山、凹山等。这里蕴藏着丰富的铁、硫、磷、钒、铜、绿松石等矿产资源，是马鞍山市最重要的矿区。

2. 西部丘陵区

分布着以双尖山和太湖山为主的低山丘陵，前者周围分布着许多低山，如老虎山、小尖山、黄鹰山、狮子山和独龙山等；后者周围分布着青山、竹林山、桂山、虎山、曹大山、爬山和太湖山等，由太湖山往南不远的平原区就分布着有名的凌家滩遗址。其他山体有狼窝山和黄山等。西部丘陵区亦有丰富的矿产资源，如铁、铜、铅、锰等金属矿和石灰石、石膏、白云石、黏土、萤石、重晶石、石英、磷、煤、泥炭、刀石等非金属矿，其中以石灰石矿、石膏矿和耐火黏土为主要矿藏。

3. 长江两岸平原区

长江东西两岸分布着面积较大的平原区，包括长江东岸低山之间的平原、长江东岸姑溪河以南石臼湖以西的低海拔平原（多为圩区）和长江西岸平原区。沿江地带亦分布着一列东北一西南走向的弧状小丘，如东梁山、西梁山、慈姥山、九华山、马鞍山、荷包山、白壁山(人头矶)、西山、望夫山、宝积山、翠螺山和东龙山等。马鞍山境内长江江岸伴随时代的变迁发生了很大的变化，江内沙洲位置及大小也随之变化，江岸的位置要根据时代的不同而不同。自春秋时期至今，江岸及沙洲的演变呈先宽后窄再宽的过程。春秋晚期时，长江西岸位于今安徽省马鞍山市和县县城内，古江岸渡口位于今和县一中附近，而现东岸部分地区则被江水或古丹阳湖吞没，可能仅于少数丘陵、岗地突兀于水面之上，江水连着湖水，水面极其宽阔。自汉代开始，长江西岸迅速淤积，东岸淤积较少，产生了西梁山、横江津、当利口等军事要津。唐天宝年间，长江东岸逐渐淤积，江堤到了当涂县北附近。到了宋代，长江西岸淤积更剧，右岸亦开始迅速淤积，河漫滩和堆积阶地向江心延展，江面变得极为狭窄。据载当时采石矶附近江面宽度仅在1千米左右，这也是有史以来江面最窄的时期。元、明之后，伴随江潮冲刷，江心沙洲不断合并扩大，江岸向两侧后退，江面逐渐变宽。自21世纪初至现在，马鞍山地长江两岸江堤未再发生大的变化。

（二）水系

1. 河流

马鞍山地处长江下游河网密集地带，长江是流经的最主要河流。长江在此地的流向已经不是自西向东，而是自西南向东北穿过马鞍山市。境内其他的主要河流有姑溪河、慈湖河、采石河、雨山河、六汾河、裕溪河、驻马河及德胜河等。

（1）长江

长江马鞍山河段上起东、西梁山，下至慈湖和尚港、石跋河口，主航道长约36千米，是马鞍山市最重要的水源。长江马鞍山河段，上承芜裕河段，下至新济洲河段，由于受东、西梁山和慈姥山、石跋河两组节点控制，两端缩窄，中间展宽，呈藕节状。江面最宽处达8.3千米（其中包括江心洲、泰兴洲），位于当涂县乙字河与和县姥下河口之间。江面最窄处只有880米，位于东、西梁山间。由于江心洲和小黄洲的分隔，使长江形成东西两水道。在江心洲西侧为江心洲水道，东侧为太平府水道；小黄洲东侧为人头矶水道，西侧为一小汊道。江心洲水道和人头矶水道为这段长江的主航道。江心洲水道宽阔顺直，洪水期航宽1000米以上，枯水期航宽600米，人头矶水道航宽约800～1800米。

（2）慈湖河

发源于东南部丘陵区的老脉岭，蜿蜒曲折向西北流经向山、霍里、冯桥、慈湖等处，在与江苏分界处的和尚港注入长江，全长26.13千米，流域面积126.64平方千米。慈湖河下游能通航1、2吨的货船，也是防汛排涝的重要地段。慈湖河在流经霍里镇时有五亩山河汇入其中，而五担岗遗址便是紧挨该河的南侧。该河发源于五亩山，长约7千米，是五担岗遗址附近最重要的水道（图三、四）。

（3）姑溪河

古称姑孰溪，又名姑浦，为长江下游支流。今姑溪河东起丹阳湖口小花津与运粮河相接，西至当涂城西金柱关注入长江。全长23.4千米，为马鞍山市当涂县境内的重要河道。姑溪河流域河网比较密集，向东经石臼湖可与南京秦淮河相通。姑孰城筑于孙武黄武年间，史书中所载"姑孰"一词最早见于《晋书》"太宁元年，敦移镇姑孰"。同时也是作为城的称谓出现的，而"姑孰"作为河的名称当较城为早。

(4) 采石河

又称外桥河，位于马鞍山市江东偏西。发源于当涂县龙山乡北部丘陵区，全长约18.13千米，河面宽30~100米不等，流域面积74平方千米。采石河上游有两条支流，北支流发源于苏皖交界之徐山，南支流发源于当涂之百峰，于和尚桥处两河相汇，自东向西流经薛津、向山、佳山和银塘等乡镇，于采石锁溪河处注入长江[1]。

(5) 雨山河

东南西北流向，全长约5.5千米。为雨山湖的泄水通道，东南与雨山湖相连，流经金家庄区南部，在人头矶与马鞍山山体间注入长江，流域面积约27.5平方千米。雨山河通至雨山河后再往南与采石河间有水道相连，在该水道的东侧便为烟墩山遗址。烟墩山遗址东侧、南侧有水道环绕，并向西汇入南北向水道。

(6) 锁溪河

古称采石新河。北宋熙宁三年（1070）人工开凿，环绕翠螺山南、东、北三面，南、北两端与长江相通，总长2.4千米。北宋时因采石矶突出江中不利舟楫停泊而开凿该河，开通后分长江之水从翠螺山东侧流过。南宋虞允文在此抗击金兵时，依靠采石新河隐蔽战舰之地利，出其不意发起攻击而获全胜，这也是中国历史上以少胜多的著名战例。

(7) 裕溪河

又名漕河，古称濡须水。西连巢湖，东入长江，流经马鞍山市和县和含山县境内，沿途有清溪河等支流注入，也是巢湖水系与长江连接的天然水道，在马鞍山地境内约长20千米，流域面积771平方千米。裕溪河平均水位达6.83米，可常年通航[2]。

(8) 驻马河

又名乌江。源出和县驷马山，下游沿南京市浦口区至乌江口入长江，全长36千米。

(9) 石跋河

发源于和县香泉，西北—东南流向，汇入长江，全长32千米，流域面积164平方千米，是和县北部圩区重要的灌溉河流。

(10) 得胜河

发源于含山县茅庐尖南麓，自西向东经和县至金河口入长江，全长50千米，流域面积427.3平方千米。

(11) 姥下河

发源于含山县梅山东麓，自西向东于姥桥镇汇入4条河流，汇入长江，全长20千米，流域面积158平方千米[3]。

---

[1] 中国科学技术大学科技史与科技考古系、中国科学技术大学博物馆等：《马鞍山采石河流域区域系统调查初步报告》，《东南文化》2010年第1期。

[2] 巢湖市地方志编纂委员会：《巢湖市志》，黄山书社，1992年。

[3] （清）赵灿、含山县地方办公室：《含山县志》，黄山书社，2008年。

除此之外，发源于安徽省合肥市肥东县南部的滁河，流经含山县与和县的边界，至江苏省南京市六合注入长江。东部丘陵区还有两条自南向北流向的江宁河支流，西支流发源于淮塘镇的柏木山，在马鞍山市境内长约6.5千米，流域面积近20平方千米；东支流发源于东方红水库的两侧丘陵，曲折北流经淮塘镇。在境内长约8千米，流域面积30平方千米左右。江宁河在南京市江宁北注入长江。

2. 湖泊

马鞍山市湖泊的面积普遍不大，但数量较多。其中较大的有雨山湖、阳湖塘、湖泊塘、沙塘、南塘、北塘、西塘、环峰塘等，东部丘陵区分布着东方红水库、分垄魄水库、尾沙坝等人工湖，西部丘陵区有长山水库、东山水库和昭关水库等人工湖。

（1）雨山湖

原名洼儿塘，又称娃娃塘，位于马鞍山市雨山区，湖分南北两湖，总面积0.725平方千米。雨山湖周围有雨山、佳山、花果山和马鞍山等9座山峰，有"九峰环一湖"之誉。与此同时，雨山湖也是沟通雨山河和采石河的重要通道。

（2）阳湖塘、东方红水库、湖泊塘、环峰塘

阳湖塘位于佳山乡，东方红水库位于濮塘镇，湖泊塘位于慈湖乡及含山县的环峰塘等，是马鞍山市郊区农业生产的重要水源和水产品养殖基地。

（三）土壤

马鞍山市地势东西高、近江地带低，地貌类型由两端的丘陵、岗地逐渐向西过渡为冲积平原区，土壤类型主要有黄棕壤土、水稻土、潮土和粗骨土等。丘陵的顶部岩石裸露较多，水土流失较为严重，其土壤以粗骨土、黄棕壤土、普通黄棕壤为主。丘陵区的岗地冲畈部分，土层厚，土质较黏，以粘盘黄棕壤、水稻土等耕种土壤为主。沿江洲地和冲积平原区，其间零星分布着一些低丘，植被覆盖率较高，沟塘交错。平原区土壤是由长江泥沙冲积而成，土层深厚，土质较轻，土壤类型以水稻土为主。沿江和江心洲地则以潮土为主，适宜种植旱粮作物。

1. 黄棕壤土

分布面积较大的土壤类型，广泛分布于马鞍山市境内，尤其以霍里、濮塘、杜塘境内居多，为红壤、黄壤向棕壤过渡的土壤类型。其中黄棕壤性土亚类主要分布于丘陵中上部位，遭侵蚀地段，土层厚度约30厘米，淀积层发育不明显。普通黄棕壤亚类分布在石质残丘的中下部，由多种岩石风化物发育而成，土层厚度约60厘米，表层腐殖质明显积累，受侵蚀较弱，淋溶淀积明显。粘盘黄棕壤亚类分布在平缓岗地，土体深厚，含有黄土层、枯盘层和网纹层等三个层段。土体结构不良，多为小块状，中下部常有铁锰斑块和结核。农业生产上，主要种植番薯、棉花、小麦、油菜和麻类等，也可以作为林业用地。

2. 水稻土

郊区面积最大的土类，分布在各区县的圩、冲、坂、塝和滩地。水稻土是各种地带性土壤和非地带性土壤经长期水耕熟化发育而成，一般呈中性和弱酸性，主要种植水稻、小麦和油菜等作物。

根据水稻土水型的不同，又可分为淹育型水稻土、潴育型水稻土和潜育型水稻土3个亚类。其中潴育型水稻土亚类分布最广，属良水型水稻土，地下水埋深1米左右。淹育型水稻土和潜育型水稻土分布范围较小。

3. 潮土

主要分布在山涧、山河沿岸、圩区外滩和两丘之间的谷地，呈零星断续分布，面积较小。潮土大多经旱耕熟化而成，形成与地下水关系密切，地下水位一般在1～3米。养分含量一般较高，土质黏重，pH值高低不均。农业生产上，主要种植棉花、油菜、小麦、花生和豆类等。

4. 粗骨土

石质丘陵上有分布，分布面积极小。该类土壤发育微弱，处在幼年发育阶段，土体浅薄，砾石含量多，风化碎屑层裸露，植被覆盖较差，可见于马鞍山小黄洲。

（四）气候

马鞍山市地处亚热带北部，属于北亚热带季风性湿润气候，四季分明，季风显著，温和湿润，梅雨集中。由于马鞍山市处于中纬度偏南位置，季风气候明显但有过渡特征。冬、夏两季长，春、秋两季短，春秋季是冬夏季交错过程中的季节；冬夏温差较显著；气流随季节的变化而发生明显的变化，冬季受西伯利亚大陆高压气团影响，盛行偏北的冬季风，夏季受太平洋副热带高压气团影响，盛行从海洋上来的东南风（夏季风）；每年春末夏初，雨带停滞江淮地区，形成降水集中的梅雨期。马鞍山市年平均气温15.8℃，属于温和气候型。冬季1月平均气温2.9℃，夏季7月平均气温28℃，年较差小于30℃。大陆性气候不明显，除少数年份外，一般寒冷期和酷热期均较短促。年平均降水量1080毫米，四季降水量分布分别为：春季（3～5月）降水量283毫米，占年降水量的26%；夏季（6～8月）降水量494毫米，占年降水量的46%；秋季（9～11月）降水量188毫米，占年降水量的17%；冬季（12～2月）降水量116毫米，占年降水量的11%。据资料统计，马鞍山市春温低于秋温，春雨多于秋雨。由于在气候上的过渡性，每年冷暖空气势力的强弱、季风活动的早迟，不仅影响了降水的季、月分配不均匀，而且降水的年际变化大，常有旱、涝、风、雹、霜、冻、高温、严寒等自然灾害发生[1]。

（五）马鞍山地区全新世以来环境变化概述[2]

距今11000～10500年，处于升温期，木本植物增多，草本植物减少。从距今10500～7200年，气候较之前更温暖，但期间有两个小冰期即距今8900～8400年和7800～7400年两个时间段。从距今7200年起开始进入早全新世到中全新世的过渡时期，气候波动比较大，但总体气温处于下降趋势，阔叶林明显减少[3]。距今6500年，马家浜中期文化断层时，长江下游地带湖泊众多，相当于中亚热

[1] 马鞍山市地方志编纂委员会：《马鞍山市志》，黄山出版社，1992年。

[2] 所用资料参考长江下游地区相关研究资料，马鞍山地区全新世以来的环境变化可能与此有一定出入。

[3] 王苏民等：《Environmental change of Gucheng Lake of Jiangsu in the past 15 ka and its relation to palaeomonsoon》，《Science in China, Ser. D》1996第39卷第2期。

带气候，气温比现在要高2～3℃，气候较潮湿，木本植物增多。在距今7200～6500年，海平面处于一种较高的状况。从距今6300～5600年，海平面处于一种较低的状况，此时长江下游地带特别是三角洲和丘陵地区广泛形成洪积～冲积相次生黄土堆积，如镇江、龙潭一带山麓，马鞍山境内亦很有这种可能。而到距今6000～5500年，也就是马家浜晚期和崧泽中期时文化断层形成时在气候上有一个波动，气温明显下降。在距今5000年，即崧泽晚期时气温又开始回升，年均气温比现在要高3～4℃。在距今5200～4900年期，海平面处于历史最高位，比现在要高2米左右。这一时期的苏北平原、镇江地区、太湖沿岸及沿海高地形成了沼泽相堆积。到距今4000年左右，良渚晚期年平均气温降低，比现在要低1℃左右。在距今4500～4000年为低海平面期，距今4300年左右有一次海平面上升情况，长江下游地带有很多遗址被淹没。该类遗址位于现地表之下1～5米，甚至遗址上面有淤泥或沼泽覆盖情况。自距今3800～3500年，为高海平面，此时地下水位抬高，许多遗址被淹没在湖泊之下。到距今3000～2500年，商周时期偏晚阶段气候相对干旱寒冷[1]，太湖可能形成于距今3000～2000年间。而在春秋前期丹阳大泽逐渐解体分化为更多较小的湖泊，如固城湖和石臼湖等，但当时的水域面积仍很大。孙吴时期伴随古丹阳湖水位下降，亦在湖区造田。此后直到西晋初期，气候均比较温暖，但之后气温又处于下降趋势。隋唐时期气候波动可能因多种因素波动较大。从宋代开始气候趋于稳定，气候变暖。距今1300～1100年（唐初至南宋）有一高海平面时期，许多湖泊便形成于此时，如阳澄湖、黄天荡和澄湖等。唐代时丹阳湖水域面积仍较大，自宋代开始不断造湖田，水域面积逐渐变小。自南宋末开始至19世纪中期（清末），处于小冰期内。从清末以后至现在，普遍认为到了现代温暖期。

三、植物与动物

（一）植物

马鞍山市植被在省内分布区划上，属安徽省中部常绿阔叶与落叶阔叶混交林地带的芜巢沿江沿湖植被区，在植被类型上具有常绿与落叶交替的过渡地带性。据89个样地调查统计，马鞍山市植物群落共有维管290种（含变种），隶属于198属，95科。其中蕨类植物4科4属4种，裸子植物7科16属27种，双子叶植物77科161属237种，单子叶植物7科17属22种；含10种及以上的科有5科，蔷薇科32种，禾本科11种，蝶形花科10种，壳斗科10种，柏科10种；6种以上10种以下的科有松科9种，木樨科8种，槭树科8种，榆科8种；2种以上5种以下的科有38科；单种科有43科[2]。

在丘陵岗地植被区，林木主要有马尾松、雪松、黑松、火炬松、圆柏、朴树、黄檀、白檀、桃树、梨树、苹果树、柿子树、悬铃木、垂柳、法桐、油桐、茅栗、禅树、榆树、枫杨、香樟、乌桕、椿树、榉树、国槐、池杉、白背叶野桐和大叶黄杨等。灌木有蕨类、野蔷薇、君迁子、猫耳刺、拔契、野竹类和野杜鹃等，草本植物有芝草、狗尾草、白芒草、狼尾草、蓉草和蒿类等，药材

---

[1] 申洪源等：《长江三角洲地区环境演变与环境考古学研究进展》，《地球科学进展》2003年第18卷第4期。
[2] 伊贤贵等：《安徽马鞍山城市园林植物群落物种多样性调查》，《安徽农业科学》2010年第1期。

有野山楂、苍耳子、紫苏、野菊花、金银花、蒲公英、枸杞子和夏枯草等，淀粉类植物有小麦、水稻、玉米、番薯和板栗等，油料作物有油菜、大豆、芝麻和花生等，农田杂草主要有红花草、马兰、田旋花、鸭舌草、荆三棱、牛毛草、野慈姑、野苋菜、看麦娘、稗和大菟丝子等，水生植物主要有藕、菱、荸荠、茭白、水花生、慈姑、狐尾藻、水葫芦、眼子菜、水浮莲、灯心草和芦苇等，产植物纤维的作物有棉花和麻等。

（二）动物

根据马鞍山的地理环境，野生动物资源主要分为飞禽类、水生动物和有害动物三大类。

飞禽类有家燕、啄木鸟、大杜鹃（布谷鸟）、喜鹊、画眉、白头翁及雀类等。鸭科和鹭科的湖中水禽，有黄嘴白鹭、小田鸡、白鹤等。水生动物主要有鲟、鲫、青鱼、草鱼、鲢、鳗、蟹、鳖、黄鳝、泥鳅、虾、蚌、扬子鳄、白鳍豚等，还有山溪湖泊小回游鱼类、江河半回游鱼类、过河口回游鱼类约70多种，以及大量的浮游、底栖动物。有害动物分布最广、数量较多的是鼠类、毒蛇类以及农作物害虫类[1]。水稻田中主要土壤动物有线虫、弹尾、螨、线引、蜘蛛、稻象虫、铁线虫、水蚤和二化螟等[2]。

四、矿产资源

马鞍山市是宁芜断陷盆地内5个构造岩浆成矿带（区）最重要的矿区，又是全国七大铁矿区之一。矿产资源储量大，种类较多，分布区域集中，靠近长江和铁路沿线，运输便利。

马鞍山地区在地质构造上，分布着一系列的断层或断裂带，断陷盆地就位于这些断裂带之间。这些断裂交叉所构成的断块形成了马鞍山地区地质构造的基本面貌，断裂或断裂带决定了矿床分布的基本情况。马鞍山地区中生代火山喷发活动，使融熔的岩浆沿着断裂及下扬子破碎带上升而喷溢出，形成该地区火山岩分布的格局同时，造就了马鞍山地区以火山岩铁矿(即玢岩铁矿)为主的丰富的矿产资源。主要矿产资源介绍如下。

（一）铁矿

马鞍山地区铁矿床往往围绕火山——侵入活动这一中心出现。玢岩铁矿模式，就是以中基性浅成侵入体为中心，在不同的地质环境，包括地下不同的围岩和地表环境中形成的一组矿床。这类矿床可概括为两大成因系列：一是以硅酸盐熔体熔离出的铁矿浆矿床；二是由岩浆分异演化后期的残浆、气液分层形成的铁矿床。前者有火山碎屑沉积、表成溢流和浅成侵入等不同产状，后者可分为岩浆后期的自变质型铁矿床、伟晶型铁矿、接触交代型铁矿和热液型铁矿床。它们各具特点，但又相互重叠，表现出成矿作用的多阶段性质。

---

[1] 马鞍山市地方志编纂委员会：《马鞍山市志》，黄山出版社，1992年。
[2] 张光生等：《马鞍山市水稻土土壤动物群落初步研究》，《国土与自然资源研究》1994年第3期。

铁矿资源是马鞍山最主要的矿产资源。主要分布在南山、姑山、黄梅山、桃冲、罗河5个矿区内约15座矿山，其中远景矿山7座。目前正在生产的铁矿山有南山矿区的凹山铁矿、南山铁矿和大、小东山铁矿，姑山矿区的姑山铁矿和钟山铁矿。远景矿山分别位于向山地区的高村与和尚桥，当涂县中部的白象山、钟九与太平山。这些铁矿资源，成为马鞍山市发展现代化钢铁工业坚实的物质基础。到1985年底，马鞍山及邻近地区已探明铁矿保有储量16.35亿吨以上，占安徽省铁矿总储量的57.32%。

马鞍山地区的铁矿床在成因上属火山岩型铁矿床，又称为玢岩铁矿。铁矿主要分为磁铁矿、赤铁矿、镜铁矿等几种类型。矿床品位为20%～50%左右不等，少数甚至高达60%，但富矿较少，约占总储量的10%左右。

（二）硫铁矿

硫铁矿资源总储量约2.62亿吨，约占安徽省硫铁矿储量的55.39%，主要分布在市郊东南部的向山和马山地区。马山硫铁矿为露天开采，基建工程已于1987年着手进行。在凹山、大小东山铁矿中的伴生硫资源约2085万吨，其中仅凹山采场及尾矿坝中折合品位为30%的硫约667.67万吨。

（三）石灰石矿

石灰石是重要的建筑材料和工业原料，也可用作冶炼熔剂，在马鞍山市主要分布于含山县和花山区。含山县境内主要分布于含南林头、东关、长岗、关镇和陶厂一带，其中含中清溪西苍山西南麓、庆家山口、东山的杨柳山、花山、褒山的冯山至尹家大山一带，含北茅芦尖至黄莺山、谭山一线，矿体总厚度达100米，含南及含中部分地区已探明的储量达1.7亿吨。花山矿区已探明储量8087万吨，其中特级品7697万吨，占95%。

（四）铜矿

总体来说，铜矿资源在所有矿藏资源中所占比例并不大，但铜矿资源相较其他资源有其相当的独特性。而宁芜中生代火山岩断陷盆地铜矿是马鞍山市铜矿的主要产地，以铁矿资源为主的大黄山和凹山，可开采到自然铜。在小佳山一带有延长800～100米、延深100～150米深的矿化带，秀山亦有延长约800米、延深近50米的矿化带。除此之外，在东山、天火山、徐山、德山、仙人山、大小泉塘、唐山、陆山—汪坳和小佳山—小铜山—德山一带均有铜矿的分布[1]。

（五）绿松石矿

绿松石矿的分布范围不大，主要发育在云台山、太平山、烤山、笔架山、凹山、丁山一带，其中丁山—凹山一带是绿松石矿化集中地段，并向北矿化至笔架山。主要产出地段为大黄山、丁山、

---

[1] 鲁国强：《马鞍山霍里地区铜（金）资源找矿潜力浅析》，《矿业快报》2008年12月第12期。

凹山、殿庵山、笔架山一带，该矿化带延伸长达2000米[1]。

（六）其他矿产

1. 金

1981年，808地质队在马鞍山望夫山西壁，发现一处金矿点，勘探查明4条含金矿体。其他金矿点主要有梅山、采石、东山、大泉塘、吴村、施塘、孙村等[2]。

2. 耐火黏土

主要分布于含山县中部和南部山区，储量超过4800万吨。

3. 磷

马鞍山地区磷矿资源储量大，品质高。在凹山铁矿的采场和尾矿坝中，折合30%品位的五氧化二磷矿石储量为1427万吨，约占安徽省磷矿储量的三分之一。

4. 镜铁（云母氧化铁）

分布在桃冲铁矿区，计算储量为503万吨，是制造高级防锈漆和其他涂料的重要原料。

5. 明矾石和高岭土

主要分布在向山地区的大黄山。明矾石矿储量达210万吨，含明矾品位38.71%，是提取明矾和制造钾肥、硫酸的原料。高岭土储量估算190万吨左右，五担岗遗址附近的凹山、南山、东山、徐山、小佳山、小铜山、德山和秀山存在一定储量的高岭土矿。

6. 钾长石

主要分布在市郊葛阳山西部，储量近100万吨。

7. 五氧化二钒

主要分布在凹山、大小东山、姑山、钟山、白象山、和尚桥等铁矿中，总储量约112万吨，其中凹山铁矿床中含有五氧化二钒38万吨。

除此之外，其他矿藏亦有所分布，但分布范围和产量均不太大，如萤石、白云石、建筑砂、磨刀石、煤矿和泥炭等。

第二节　历史沿革

马鞍山市是一座具有悠久历史的城市，自旧石器时代便有人类在这里繁衍生息，考古发现也印证了这一点。它东与南京市毗邻，是重要的军事要塞，有长江三大矶之称的采石矶便位于此，因此得"金陵屏障、建康锁钥"之誉。马鞍山地处历史上的江东之地，也有"江东第一城"之谓。相传开元年间李白出蜀顺江东下至天门山感叹江水至此转折北去，遂作《望天门山》一诗："天门中断楚江开，碧水东流至此回。两岸青山相对出，孤帆一片日边来。" 相传楚汉战争时，项羽被困垓下

---

[1] 魏道贵、管荣华：《马鞍山地区绿松石矿的分布、成因及标志》，《矿业快报》2003年10月第10期。
[2] 应本兴：《对马鞍山地区金矿找矿的再认识》，《矿业快报》2007年12月第12期。

后退至乌江。项羽败退乌江之处有学者做过相关考证，有指和县乌江者，亦有指南京浦口乌江者。

马鞍山在西周时属吴国，春秋战国时期先后改属越国和楚国，秦至西晋，均属丹阳县。东晋咸和四年(329年)，因淮河之滨的当涂县(今安徽怀远县境内)流民南徙，设侨置当涂县（今南陵一带），江南始有当涂县名，但非实体县。永和元年(345年)，江北豫州(今河南东南部，湖北东部)侨置牛渚(今采石)。南朝梁天监元年(502年)，分丹阳县置南丹阳郡，郡治采石。隋开皇九年(589年)，将侨置于皖南一带的当涂县徙姑孰(今当涂城关镇)，此是姑孰为当涂县城之始，迄今相沿不变。北宋太平兴国二年(977年)设太平州，治姑孰城，辖当涂、芜湖、繁昌三县。元改太平州为太平路。元至正十五年(1355年)，朱元璋率起义军攻占当涂，改太平路为太平府，辖县照旧。明清府治隶属不变。

马鞍山历史积淀厚重，史籍中可查的一些重要记载简列如下：

秦始皇元年（前221年），设九江郡丹阳县，治所丹阳镇，其时马鞍山地归丹阳县管辖。始皇三十七年（前210年）冬天，始皇南巡，由云梦（今湖北境内）沿江东下，渡牛渚（即采石矶，在马鞍山市西南郊滨江处），途经丹阳（今当涂小丹阳镇）去钱塘（今杭州）[1]。采石矶又叫牛渚矶、牛渚岩，因盛产彩色石料闻名，南朝刘宋时期 "采石"之名已是十分流行。采石矶由于扼居长江要冲、地势险要，素来为南京西侧的天然屏障。

西汉元年（前202年），设扬州丹阳郡丹阳县，治所丹阳镇。

东汉建置上沿袭西汉。东汉兴平元年（194年），扬州刺史刘繇设"牛渚营"，开始驻军防御。兴平二年（195年），袁术部将、折冲校尉孙策自历阳（今和县）渡江，攻占刘繇的牛渚营，缴获大批粮谷、战具，转而北攻秣陵（今江宁秣陵关）。刘繇遣手下将领樊能、于麋袭夺牛渚，旋被孙策击败。自是孙氏始据江东，奠定了与魏、蜀争霸的基础。

孙吴时期建置照旧。建安四年（199年），吴侯孙策遣居巢（今桐城南）长周瑜出备牛渚。建安九年（204年），孙权任命其从兄孙瑜为丹阳太守，自溧阳徙屯牛渚。建安二十年（215年），孙权遣奋勇校尉全琮领精兵万余人出屯牛渚，筑牛渚垒。孙吴黄武元年（222年），魏上军大将曹真率夏侯尚等攻吴，击破牛渚屯。黄武四年(225年)，吴建武将军、丹徒侯孙桓下督牛渚，作横江坞。

西晋太康元年（280年），晋大举伐吴，胜利后设丹阳县，治所丹阳镇。永康二年（301年）三月，赵王司马伦篡位，齐王司马冏起兵讨伐，召扬州刺史郗隆入援。郗隆迟疑不决，被部将杀于牛渚。永嘉元年（307年）二月，扬州刺史刘机出兵历阳，讨伐叛将陈敏。陈敏派其弟、历阳内史陈宏屯兵牛渚相拒，旋被刘机击败。

东晋咸和二年（327年）十二月，中书令庾亮遣左将军司马流率军驻慈湖，以拒叛将、历阳太守苏峻。苏峻遣将韩晃袭慈湖，司马流败死。咸和三年（328年）正月二十二日，苏峻率祖涣、许柳等二万人自横江浦（今和县境内）渡江，登牛渚，驻军陵口（今采石东北处），进逼建康（今南京）。咸和四年（329年）三月，骠骑将军温峤出兵平息苏峻叛乱后，由建康班师武昌，途经牛渚，闻矶下有水怪出没，遂燃犀角以照之。咸康元年（335年）四月，后赵主石虎游骑至历阳，东晋朝廷震恐，遂遣赵胤屯慈湖，路永屯牛渚，以备后赵。永和元年（345年），设南豫州，治所牛渚镇，其

---

[1] 《史记·秦始皇本纪》。

时赵胤出任刺史治理牛渚。永和三年（347年），安西将军谢尚任南豫州刺史，出镇牛渚，筑牛渚城，又名谢公城。隆安二年（398年）九月十日，谯王司马尚之在牛渚大败叛将、豫州刺史庾楷。另一方面，东晋时期北方战乱，难民南迁。成帝咸和四年(329年)，淮河之滨的当涂县(今安徽怀远县境内)流民南徙，遂于今南陵一带侨置当涂县，江南始有当涂县名，但非实体县。永和元年（345年），江北豫州(今河南东南部，湖北东部)侨置牛渚(今采石)。

南朝刘宋孝建元年（454年）四月，孝武帝刘骏遣抚军将军柳元景屯兵采石，以拒叛将、南郡王刘义宣。南齐永元元年（499年）十二月十二日，叛将、太尉陈显达在采石大败后军将军胡松，进逼建康。永元二年（500年）四月，豫州刺史萧懿奉诏举兵讨伐叛将、平西将军崔慧景，率军自历阳渡江登采石，击败崔慧景部将崔觉等数千人。梁天监元年（502年），分丹阳县地置南丹阳郡，郡治采石，领丹阳县。太清二年（548年）十月二十二日，河南王侯景率八千士兵、数百匹战马自溧阳渡江占领采石，驻军慈湖，继而攻陷建康。绍泰二年（556年）二月二十八日，叛将徐嗣徽与南豫州刺史任约密结北齐，袭夺采石，擒获采石守将、明州刺史张怀钧。陈至德二年（584年），陈后主命人采伐湘木以建宫殿，木筏至牛渚矶全部沉没。

隋开皇九年（589年）正月一日，庐州总管韩擒虎率五百精兵自横江浦夜渡长江，奇袭采石。这也是隋统一中国过程中的一次重要战役。遂设置宣州当涂县，治所姑孰镇。

唐武德元年（618年），设江南道宣州当涂县，治所姑孰镇。乾元二年（759年），置采石军，屯兵戍守。元和六年（811年）罢。建中二年（781年），卢复任采石军使，增营垒，习长兵，毁钟铸军器。乾符四年（877年）十月，唐末农民起义军王仙芝部围攻和州（今和县）。唐宣歙观察使王凝遣强弩手屯驻采石，阻止起义军渡江。又在采石江边树旆旗，命副将马频率水军乘夜大声鼓噪，虚张声势，以解和州之围。广明元年（880年）七月，唐末农民起义军领袖黄巢率六十万大军自采石渡江，进围天长、六合，声势大振。

五代吴天祚三年（937年），八月，吴丞相、齐王徐知诰（后建南唐，改名李昪）遣使矫诏杀吴王杨溥之弟、历阳公杨濛于采石。其时设宣州当涂县，治所姑孰镇。

北宋开宝七年（974年）闰十月十八日，宋大举伐南唐，大将曹彬水军攻克当涂，驻军采石。

北宋太平兴国二年(977年)设江南东路太平州，治姑孰城，辖当涂、芜湖、繁昌三县，治所当涂县。熙宁三年（1070年），采石新河（即今锁溪河）开通。该河由人工开凿而成，分长江水从翠螺山两侧流过。往来船只经新河航行，以避开采石矶前汹涌的水势。

南宋沿袭北宋旧置。建炎三年（1129年）十一月，金将宗弼（兀术）攻陷和州，欲渡江南侵。太平知州郭伟坚守采石，屡败金兵。宗弼乃改由马家渡（今和县境内）渡江，攻陷建康。绍兴三十一年（1161年）十一月八日，金主完颜亮大举南侵，是日自杨林渡（今和县境内）渡江。宋中书舍人虞允文指挥舟师隐蔽在采石新河内，伺金兵渡至江心，发起突袭，金兵大败。次日晨，虞允文率舟师进击杨林河口，再败金兵，完颜亮败走，为部将所杀。该役是中国历史上著名的以少胜多的战役，使南宋半壁江山得以延续一百年之久。

元代改太平州为太平路。至正十五年（1335年）六月二日，红巾军郭子兴部左副元帅朱元璋率军自历阳渡江，进攻牛渚矶，随后攻克太平（今当涂县城）。同时改太平路为太平府，辖县照旧。至正十六年（1356年）二月二十五日，常遇春在采石大败元军，进而攻克集庆（今南京），改集庆为应天府。

明废含山县属和州，其所属铜城乡八都、梅山乡四都之半划归庐州府。洪武二年（1369年），采石镇江口设采石巡检司，并在牛渚山、人头矶、望夫山、慈姥山各设烟墩一座，每座设富民二名，墩夫五名。洪武十三年复置含山县，县境东至和州祁门铺二十里，西至巢县界首铺四十里，南至无为州新涧圩八十里，北至和州后河南岸六十里。崇祯六年（1633年）于采石设采石营参将公署，以供过往官员歇宿，兼递送公文。永乐十六年（1418年），当涂县设立铺递，今马鞍山境内设采石铺、横城铺（在采石北十里）、慈湖铺。清末裁撤。永乐年间（1403～1424年），设安家寨于采石望夫山下，屯兵戍守。

清代咸丰三年（1853年）正月二十七日，太平天国翼王石达开率水师先锋军抵采石，然后分水陆两路，经慈湖进逼江宁。四年（1854年）八月二十一日，清军前提督邓绍良率军进攻当涂。太平军撤离县城，退守采石。邓绍良遣傅振邦、江长贵各军轮番进攻，二十九日采石陷落。五年（1855年）五月二十九日，清水师总兵吴全美进驻采石，攻打和州与当涂的太平军。八年（1858年）十月十六日，英国特使额尔金率舰艇六艘溯江寻衅，炮轰采石矶太平军营垒。

同治元年（1862年）四月五日，清水师总兵李成谋督水军进攻采石，焚毁采石江口太平军船只，登陆南攻金柱关（在采石南二十四里）。后太平军援军至，清军败走。七年（1868年）八月十三日，两江总督曾国藩乘江南制造总局制造的第一艘轮船"恬吉号"由江宁试航来采石矶。

宣统二年（1910年），当涂县划分自治区域，于今马鞍山境内设第二自治区和第三自治区。第二区公所设于采石，第三区公所设于慈湖。

民国时期裁府留县，当涂县直属安徽省。民国三年（1914年）设芜湖道，当涂属芜湖道。民国十七年（1928年）废道，仍直隶安徽省。

1949年4月当涂解放。

1954年2月设马鞍山镇，隶属当涂县。

1955年8月设马鞍山矿区政府（县级），隶属芜湖专区。

1956年10月12日，国务院批准设立马鞍山市，为省辖市。当涂县先后隶属芜湖专区(地区)、宣城地区。

1983年7月，当涂县(除大桥公社外)划归马鞍山市。

2011年8月，原巢湖市含山县、和县（不含沈巷镇）划归马鞍山市。

2012年9月，马鞍山市设博望区，管辖原当涂县博望、丹阳和新市三个乡镇。

第三节　马鞍山地区早期遗址分布概要[1]

一、马鞍山地区气候变化对早期遗址分布的影响

马鞍山市位于安徽省的东部，长江自西南向东北穿过，东西两端均为海拔较低的丘陵，沿丘陵向长江方向逐渐过渡为平原。河流分布较密集，除长江以外，姑溪河、裕溪河、德胜河等诸多河流汇聚，众多湖泊点缀其间。当涂县东部及东南部为历史上的古丹阳大泽地带，地势上较低洼，现多为圩区。值得注意的是沿当涂县江心乡沙洲往东南方向走直至东南圩区甚至到芜湖、宣城、高淳交界处，除大青山一带丘陵岗地发现邓家村和船村遗址外，平原地带均未发现先秦时期遗址，古时的丹阳大泽是否沿此方向与长江相通尚不明确。

自旧石器时代起至战国时期，马鞍山地区均有人类活动的迹象。从分布情况来看，从早至晚遗址点的分布情况呈现出由山间洞穴至丘陵与平原交界处再向平原发展的特征。旧石器时代遗址一般分布于低山的洞穴，多靠近溪流，但数量极少。马鞍山所发现的旧石器时代遗存亦是属于这种情况。进入新石器时代后，遗址多分布于丘陵向平原过渡地带或平原的岗地上，遗址的数量也有所增多。自新石器时代末至战国时期，遗址多位于平原区的岗地或土墩上，周围多近水且有低山，遗址的数量也陡然增多、密度变大。岗地多为由低山延伸而出形成，土墩多突兀于平原之间。

马鞍山地区发现的旧石器时代遗存稀少。

马鞍山地区目前所发现的新石器时代遗址数量较少，时代最早者相当于马家浜晚期，最迟距今6000年。马家浜时期整个江南气候均较湿热，局部地域有沼泽环境。该时期气候特征上呈现出湿度、温度及海平面均下降的趋势，尤其是马家浜文化晚期的湿度明显下降，地下水位下降，湖塘面积缩减，遗址多出现在水分条件充足的地方。崧泽早期海平面、气候条件与马家浜晚期差不多，在整个江南遗址往往与马家浜晚期遗址分布相似或重叠[2]。该时期发现的遗址多位于山前的岗地上，如船村、郑家村、孙家村、钓鱼台、立新和船墩头遗址等；也有位于平原中的高地者，如横山和石臼湖之间平原区上的釜山、朱岗渡和张家甸遗址等，这些遗址地处圩区之中的高地上，在新石器时期该处地处丹阳泽中。

从崧泽中期至晚期气温仍然较高，自崧泽晚期开始海平面上升、降水减少、湿度下降，许多沼泽区开始盐碱化，盐生植物明显增多。而此时，有些河流开始小规模游荡堆积，使得处于低洼区的崧泽文化层面临暴雨、河湖泛滥时开始出现淤土。崧泽时期遗址所处位置的现代海拔平均为3.8米，最低1.2米，最高11米。一般情况下，崧泽文化地层均埋于现代地表下1~5米左右。该时期发现的遗址数量不多，分布范围较小。釜山遗址周围的河湖开始泛滥，并形成了很厚的淤

---

[1]　该节所用到遗址数据和资料，多参考卞建秋、郑双武主编的《马鞍山市第三次全国文物普查成果汇编》。
[2]　张立等：《中国江南先秦时期人类活动与环境变化》，《地理学报》2000年第55卷第6期。

土层。但遗址上的先民仍然居住于此，并持续到崧泽末期。伴随水位下降，河湖地带逐渐变为洼地，处于河流密集处的烟墩山遗址和小山遗址变得更适宜居住和农耕。

自良渚早期开始，气候开始变得干凉，海平面下降，原本地势较低洼的沼泽、浅水地带逐渐暴露于地表，遗址点由地势较高处向地势较低处发展。此时低洼之地中的高爽处成为先民青睐的场所，这样取水更加便利、农作更加方便。从良渚中期开始，气温和湿度均有所增加，海平面略有上升，较少部分的遗址点淹没，平原中的高爽处仍然为定居的好场所。但自良渚晚期开始降水量骤增，海平面上升，长江以南时常发生洪泛。良渚末期更是中国近5000年来降水最多的一个时期，大量的遗址点淹没。地势低洼之处的良渚晚期遗址上多覆盖了一层较厚的淤泥，就是那时雨水过多造成的。广富林时期延续了良渚末期的降水情况，遗址一般为地势较高的地方。在整个良渚时期特别是早中期，长江下游地带文化遗址的分布范围很广，宁镇地区和安徽（特别是皖南一带）与太湖平原相近地段的文化遗址受良渚文化的影响特别大。良渚时期遗址的平均高度为3.9米，最低1.2米，最高则为45米。从良渚末期开始，受高水位的影响，太湖平原一带的遗址减少，西部靠近宁镇和皖南山地的遗址开始增多，马鞍山境内的文化遗址亦开始增多。

自此以后至夏中期之前，仍然维持了同良渚末期相似的多雨情况，海平面较高，长江下游一带仍然处于高水位状态，导致了该阶段的文化遗址相对海拔较高。而此时马鞍山境内所发现的可以确定为夏时期的遗址极少，应是发掘工作中未能辨识的缘故，更多夏时期文化遗址仍然等待进一步的工作确认。

自夏中期至商代中期，长江下游的降水仍然比较丰沛，但较良渚时期有了下降。平原中的高爽处又开始变得合适居住，周围的洼地也开始适合稻作农业的生产，如马鞍山霍里船墩和戴山遗址均发现了稻壳。此时的遗址中多发现三角形石犁、穿孔石刀及石镰，都证明了当时农业生产的发达。自商代中期以后，长江下游地带降水逐渐开始减少，遗址点的分布又开始向低洼带中的高爽处移动。数据显示，此时宁镇地区遗址主要分布在海拔9～10米左右的河流阶地上，多高出地表2～10米，遗址文化层相对较厚，这与当时的降水量是有明显关系的。

自西周至春秋战国时期，长江下游降水量进一步减少，海平面略降，洼地中高爽处遗址点增多，稻作生产的面积进一步扩大。而从西周时期至春秋战国时期，遗址点的海拔逐渐开始降低。据统计，春秋战国时期遗址的现代海拔平均为3.4米，较之前已经有了明显下降。因为自良渚末期至西周时期地下水位较高，很多遗址点到了春秋时期才开始变得合适居住，因此低洼地中的遗址开始重新得到利用。正是因为这个原因，很多遗址中可能会出现春秋战国文化层直接叠压良渚文化层的现象。

二、马鞍山地区早期遗址的统计与分布
（遗址文化面貌及主体时代仅供参考）

（一）花山区

花山区计有6处遗址。

1. 五担岗遗址

位于霍里街道丰收行政村窑头自然村五亩山河南侧的台墩上，面积约20万平方米（图四）。2002年和2009年经过发掘，遗址主体时代为商周时期。两次共发掘近7000平方米。发现灰坑、灰沟、建筑遗存、窑址、灶坑、坑、水井和墓葬等多种遗迹，并出土大量文化遗物。经过分期后，属于商代的遗存上限至少可至二里岗下层时期。

2. 邓家山遗址

位于霍里街道杨坝村的一处岗地上，面积约34600平方米。地表及局部断坡剖面可见红烧土堆积，并发现炭化稻壳。采集遗物有石锛、陶片等。陶质以夹砂红陶、褐陶为主。多素面陶，纹饰有刻划纹和绳纹等。陶器主要器类为鬲。属商周时期文化遗存。

3. 上北庄遗址

位于霍里街道凤山行政村上北庄自然村东北的台地上，面积约3700平方米。采集遗物有陶片和原始瓷片，陶质以夹砂红陶、硬陶为主。多素面陶，纹饰有绳纹、附加堆纹和回纹等。陶器器类有鼎、鬲、甗、豆和罐等。属商周时期文化遗存。

4. 神堆遗址

位于霍里街道张家山南300米处，由两个台墩组成，面积约22300平方米。采集遗物主要为陶片，以夹砂红陶、灰陶为主。多素面陶，纹饰有弦纹和绳纹等。陶器器类有鼎、鬲和甗等。属新石器、商周时期文化遗存。

5. 荒庙墩遗址

位于花山区霍里街道霍里行政村东孟队西山东侧50米的台地上。面积约5000平方米。采集遗物均为陶片，以夹砂红陶、夹砂褐陶和硬陶为主。多素面陶，纹饰有绳纹和回纹等。陶器器类有鬲、甗和豆等。属周代文化遗存。

6. 霍里船墩遗址

位于花山区霍里街道霍里行政村上溪自然村西南200米处的岗地上。面积约7100平方米。采集遗物均为陶片，以夹砂红陶和泥质灰陶为主。多素面陶，纹饰有绳纹。陶器器类有鬲、器盖等。属周代文化遗存。

（二）雨山区

雨山区计有12处遗址。

1. 船墩头遗址

位于银塘镇中心村红桥自然村西采石河南300米处的台地上。面积约18000平方米。文化层厚1～5米。采集遗物有石锛和陶器残片。陶器以夹砂红陶和硬陶为主。多素面陶，纹饰有指捺纹和方格纹。陶器器类主要为鼎、鬲和罐等。属新石器、周代文化遗存。

2. 烟墩山遗址

位于佳山乡平山行政村烟墩山自然村南的台地上，面积约19300平方米。遗址高出现代地表

4～8米，文化层厚2～5米。2003年经过发掘，发现崧泽中晚期墓葬9座、灰坑3个。出土玉人、石钺、石斧、石锛和陶器等文化遗物。陶器以夹砂红陶、泥质黑陶、泥质灰陶和泥质红陶为主。多素面陶。陶器器类有带把鼎、豆、罐和杯等。属崧泽中晚期文化遗存，在西周时期该遗址也曾延续使用。

3. 小山遗址

位于银塘镇宝庆行政村竿子自然村东侧的台地上，面积约8400平方米。遗址高出现代地表6～7米。2009年经过发掘，发现崧泽中期墓葬。出土较多石器，器类有钺、锛、凿、镞等，并出土大量陶器。遗址在西周中晚期至春秋时期亦有所沿用。

4. 毕家山遗址

位于银塘镇宝庆行政村竿子自然村东南侧的台地上，面积约11700平方米。2009年经过发掘。共清理灰坑56个、灰沟2条、房基3处、墓葬14座，出土各类文化遗物共191件。属良渚晚期、广富林、夏、商、周时期文化遗存。

5. 前头岗子遗址

位于向山镇石马行政村小迪里自然村荒坡山南的台地上，面积约20000平方米。采集遗物主要为陶片，主要为夹砂红陶，少量硬陶。多素面陶，纹饰有绳纹、篮纹、方格纹和曲折纹等，陶器器类有鼎、鬲和豆等。属新石器、周代文化遗存。

6. 小村遗址

位于银塘镇前进行政村小村自然村南的台地上，面积约6000平方米。2010年经过发掘，发现新石器时代末期、西周中晚期至春秋时期文化遗存。主要遗迹有灰坑和建筑类遗存等，文化遗物有石器、骨器、陶器和原始瓷器等。

7. 申东遗址

位于银塘镇前进行政村小安自然村的台地上，面积约54300平方米。2012年经过发掘。遗址北临采石河，东北临小山，文化层厚1～5米。清理遗迹有灰坑、灰沟和墓葬等。属崧泽晚期、夏、商、周时期文化遗存。

8. 超山遗址

位于银塘镇超山行政村印家自然村塘西河西南侧的台墩上，面积约8400平方米。采集遗物主要为陶片，以夹砂红陶、灰陶为主。多素面陶，纹饰有绳纹。属周代遗存。

9. 船子头遗址

位于银塘镇超山行政村塘西自然村西北50米处的台地上，面积约8500平方米，北距采石河1500米。采集遗物主要为陶片，以夹砂红陶和灰陶为主。多素面陶，纹饰有绳纹。属周代文化遗存。

10. 落星遗址

位于向山镇落星行政村落星自然村西北侧的岗地上。面积约25000平方米，相对高度1～10米。遗址东、北、西三面为山地。采集遗物主要为陶片，以夹砂红陶为主。多素面陶，纹饰有绳纹和指捺纹等。属商周时期文化遗存。

11. 戴山遗址

位于佳山乡马塘行政村小马塘自然村北侧的岗地上。面积约10300平方米。采集遗物均为陶片，以夹砂红陶、泥质黑陶和硬陶为主。多素面陶，纹饰有绳纹和席纹等。陶器器类有鬲和豆。属周代文化遗存。

12. 金条山遗址

位于佳山乡前庄行政村赤砚塘自然村南100米处。面积约1600平方米。采集遗物均为陶片，以夹砂红陶、夹砂灰陶和泥质黑陶为主。多素面陶，纹饰有绳纹。陶器器类有鬲和罐等。属周代文化遗存。

（三）博望区

博望区计有28处遗址。

1. 张家甸遗址

位于新市镇临川行政村张家甸自然村东南五里河西北岸边。面积约25600平方米。采集遗物均为陶片，以夹砂红陶为主。多素面陶，纹饰有指捺纹、附加堆纹。陶器器类有鼎和釜等。属新石器时代遗存。

2. 朱岗渡遗址

位于新市镇联三行政村朱岗渡自然村。面积约22600平方米。暴露遗迹有红烧土堆积。采集遗物有石器、陶器。陶器以夹砂红陶为主。多素面陶，纹饰有附加堆纹。陶器器类有鼎和罐。属新石器时代遗存。

3. 釜山遗址

位于新市镇釜山行政村釜山自然村的一处南高北低的台地上，在姑溪河注入石臼湖处，面积约10400平方米。地表可见有红烧土堆积。采集遗物主要为陶片，以夹砂红陶、褐陶为主。多素面陶，纹饰有弦纹。陶器器类有鼎和罐等，其中表面可见凹槽的正装鼎足较有特色。属新石器时代文化遗存。

4. 邹村遗址

位于新市镇新河行政村邹村自然村南的一处圆形土墩上，面积约10000平方米。地表可见红烧土堆积。采集到大量陶片，以夹砂红陶为主。多素面陶，纹饰有绳纹，陶器器类有鼎。属新石器时代、周代文化遗存。

5. 戎唐遗址

位于博望镇丁李行政村戎家自然村北的台地上，面积约6500平方米。采集到大量陶片，以夹砂红陶为主。多素面陶，纹饰有附加堆纹和方格纹等。属新石器、周代文化遗存。

6. 洪塘坝遗址

位于丹阳镇山河行政村山河村东，面积约2500平方米。地表可见红烧土堆积。采集大量陶片，以夹砂红陶和硬陶为主。多素面陶，纹饰有回纹和席纹等。陶器器类有罐。属新石器、周代遗存。

7. 锤墩山遗址

位于丹阳镇山河行政村芮家甸自然村东南丹阳河东岸的台地上，面积约7800平方米。采集遗物主要为陶片，以夹砂红陶为主。多素面陶，纹饰有绳纹和附加堆纹。陶器器类为鼎。属新石器时代、商周时期文化遗存。

8. 登庄遗址

位于丹阳镇近城行政村登庄自然村的台墩上，遗址东、西两侧为丹阳河支流，总面积约12300平方米。地表暴露红烧土堆积。采集遗物主要为陶片，以夹砂红陶为主。多素面陶，纹饰有绳纹和指捺纹等。陶器器类有鼎、鬲。属广富林、周代文化遗存。

9. 栗山遗址

位于丹阳镇山河行政村张村自然村西北处。面积约14000平方米，相对高度约8米。采集遗物主要为陶片，以夹砂红陶为主。多素面陶，纹饰有附加堆纹和绳纹。陶器器类有鼎、鬲、甗和罐等。属商周时期文化遗存。

10. 白马塘遗址

位于丹阳镇团结行政村白马塘自然村南，面积约4000平方米。采集遗物主要为陶片，以夹砂红陶和印纹硬陶为主。多素面陶，纹饰有附加堆纹、绳纹、菱形填线和叶脉纹等。陶器器类有鼎、鬲和罐等。属商周时期文化遗存。

11. 朱象村遗址

位于博望镇华富行政村朱象自然村。面积约14500平方米，相对高度约2.5米。采集遗物主要为陶片，以夹砂红陶为主。多素面陶，纹饰有绳纹和方格纹。属商周时期文化遗存。

12. 小岗头遗址

位于丹阳镇薛镇行政村小岗头自然村东50米处的岗地上，面积约3300平方米。遗址地处丘陵地带，西北1千米处为张山、陶山。地表可见红烧土堆积。采集遗物主要为陶片。陶质以夹砂红褐陶为主。多素面陶，纹饰有绳纹。陶器器类有鬲。属周代文化遗存。

13. 乌龟山遗址

位于丹阳镇近城行政村诸家坊自然村西北处，面积约4000平方米，相对高度约2米。采集遗物主要为陶片，以夹砂红陶、泥质红陶和硬陶为主。多素面陶，纹饰有绳纹和回纹等。属周代文化遗存。

14. 蝉上李小坟山遗址

位于丹阳镇董塘行政村蝉上李自然村西200米处的岗地上，面积约5700平方米，相对高度约3米。采集遗物为陶片，以夹砂红陶为主。多素面陶，陶器器类有鬲。属周代文化遗存。

15. 孙堡村遗址

位于博望镇联村行政村孙堡自然村东300米处。由两个土墩构成，面积约7000平方米。采集遗物为陶片，以夹砂红陶为主。多素面陶，以绳纹为主。属周代文化遗存。

16. 船墩山遗址

位于博望镇华富行政村柘塘头自然村南250米处。面积约13200平方米，相对高度约8米。采集遗物为陶片，以夹砂红陶、泥质黑陶为主。多素面陶，纹饰有弦纹和叶脉纹等。属周代文化遗存。

17. 柘墩头遗址

位于博望镇华富行政村柘塘头自然村南200米处。面积约2500平方米，相对高度约3米。采集遗物为陶片，以夹砂红陶为主。多素面陶，陶器器类有鬲。属周代文化遗存。

18. 廖家甸遗址

位于新市镇张茂行政村廖家甸自然村东北200米处。面积约4000平方米，相对高度约3米。采集标本为陶片，以夹砂红陶、褐陶为主。多素面陶，纹饰有绳纹。陶器器类有鼎。属商周时期文化遗存。

19. 东夏庄遗址

位于新市镇新禄行政村东夏庄自然村东南100米处。面积约6500平方米，相对高度约6米。采集遗物主要为陶片，陶质以夹砂红陶为主。多素面陶，纹饰有绳纹。陶器器类有鬲。属周代文化遗存。

20. 周村遗址

位于新市镇叶家桥行政村周村自然村南约50米处。面积约3800平方米，相对高度为3米。采集遗物为陶片，以夹砂红陶和硬陶为主。多素面陶，纹饰有绳纹。陶器器类有鬲。属周代文化遗存。

21. 袁岗遗址

位于新市镇叶家桥行政村袁岗自然村丹阳江支流东南300米处。面积约29700平方米，相对高度约5米。采集遗物主要为陶片，多夹砂红陶和泥质红陶。均为素面陶。推测为周代文化遗存。

22. 泉墩遗址

位于新市镇澄心行政村夏村自然村南500米处。面积约4000平方米，相对高度约4米。采集遗物均为陶片，以夹砂红陶和硬陶为主。多素面陶，纹饰有菱形填线纹。陶器器类有鬲。属周代文化遗存。

23. 安甸遗址

位于丹阳镇百峰行政村安甸自然村西北100米处。面积约4000平方米，相对高度约1米。采集遗物均为陶片，以夹砂红陶、夹砂褐陶和硬陶为主。多素面陶，纹饰以绳纹和小方格纹为主。陶器器类有鬲。属周代文化遗存。

24. 丹阳船墩遗址

位于丹阳镇团结行政村团结自然村南200米处。面积约2500平方米，相对高度约5米。采集遗物均为陶片，以夹砂红陶、泥质红陶和硬陶为主。多素面陶，纹饰有绳纹和方格纹等。陶器器类有鬲和罐。属周代文化遗存。

25. 三小村遗址

位于丹阳镇团结行政村三小自然村西，面积约17000平方米。采集遗物均为陶片，以夹砂红陶、泥质红陶、泥质黑陶和硬陶为主。多素面陶，纹饰有绳纹、回纹和席纹等。陶器器类有鬲和簋。属周代文化遗存。

26. 三甲村遗址

位于丹阳镇近城行政村三甲自然村的台墩上，面积约10500平方米。采集遗物均为陶片，以夹砂红陶、泥质红陶和泥质黑陶为主。多素面陶，纹饰有绳纹。陶器器类有鬲和豆。属周代文化遗存。

27. 吕村遗址

位于丹阳镇山河行政村吕村自然村的台地上。面积约5600平方米，相对高度约2米。采集遗物均为陶片，以夹砂红陶和硬陶为主。多素面陶，纹饰有方格纹。陶器器类有鬲。属周代文化遗存。

28. 营盘山遗址

位于博望镇四联行政村大袁自然村东200米处的岗地上，面积约15000平方米。采集遗物均为陶片，以夹砂红陶为主。多素面陶，依稀可见绳纹。陶器器类有鬲。属周代文化遗存。

（四）当涂县

当涂县计有27处遗址。

1. 钓鱼台遗址

位于姑孰镇凌云居委会凌云山东南约500米处姑溪河旁的岗地上。东、南、西三面环水，面积约15000平方米。采集遗物有石斧、石锛和大量陶片。陶片多夹砂红陶。多素面，纹饰有指捺纹、刻划纹和绳纹等。陶器器类主要有鼎、鬲、甗和罐等。其中以表面可见凹槽的正装鱼鳍状鼎足、表面带按窝的正装鼎足和表面带刻划纹的侧装三角鼎足比较有代表性。属崧泽早中期、西周至春秋时期文化遗存。

2. 立新遗址

位于姑孰镇松塘行政村立新自然村凤凰山的山南岗地上，面积约15000平方米。采集遗物主要为陶片，以夹砂红陶和硬陶为主。多素面陶，部分鼎足表面可见凹槽。印纹硬陶纹饰有席纹和米筛纹。陶器器类有鼎。属新石器、周代文化遗存。

3. 郑家村遗址

位于护河镇青山行政村郑家自然村大青山南麓的高岗上，面积约13000平方米。采集遗物有石器和陶片等。陶器以夹砂红陶和硬陶为主。多素面陶，纹饰有指捺纹。陶器器类有鼎、鬲和罐等。属新石器、周代文化遗存。

4. 船村遗址

位于太白镇太白行政村船村自然村北50米处，面积约5300平方米。采集遗物主要为陶片，以夹砂红陶为主。多素面陶，陶器器类有鼎、鬲等。属新石器、周代文化遗存。

5. 孙家村遗址

位于太白镇芮港行政村孙家自然村的一处土墩上。面积约15700平方米。采集遗物有石器和陶片等。陶质以夹砂和泥质红陶为主。多素面陶，纹饰有指捺纹、附加堆纹和绳纹等。陶器器类有鼎和鬲等。属新石器、周代文化遗存。

6. 杨塘坟遗址

位于姑孰镇灵墟行政村杨塘坟自然村南300米处的台地上，面积约60000平方米。采集遗物主要为陶片，陶质以夹砂红陶和硬陶为主。多素面陶，纹饰有回纹和雷纹等。陶器器类有鼎、鬲和罐等。属新石器、商、周代文化遗存。

7. 老坟山遗址

位于姑孰镇灵墟行政村小陶自然村十里长山西侧，面积约3600平方米。采集遗物主要为陶片，陶质以夹砂红陶和硬陶为主。器表多为素面，纹饰有附加堆纹、网纹、方格纹和曲折纹等。陶器器类有鼎和鬲。属新石器、周代文化遗存。

8. 老坝头遗址

位于姑孰镇洞阳行政村老坝头自然村南的一处河边台地上，面积约3000平方米。采集遗物主要为陶片，陶质以夹砂红陶为主。器表多为素面，纹饰有篮纹和刻划纹。陶器器类有鼎、鬲和圆陶片等。属新石器、周代文化遗存。

9. 四维村遗址

位于姑孰镇洞阳行政村老坝头自然村东南300米处的台地上，面积约13000平方米。采集遗物主要为陶片，陶质以夹砂红陶为主。多素面陶，纹饰有附加堆纹。陶器器类有鼎、鬲、陶球和纺轮等。属新石器时代晚期、商周时期文化遗存。

10. 船头村遗址

位于太白镇芮港行政村船头自然村，面积约9800平方米。采集遗物主要为陶片，陶质以夹砂红陶为主。多素面陶，纹饰有附加堆纹和绳纹。陶器器类有鼎和鬲。属新石器时代晚期、周代文化遗存。

11. 金牛遗址

位于太白镇永宁行政村金牛自然村北400米处。面积约10000平方米。采集遗物主要为陶片，陶质以夹砂红陶、硬陶为主。多素面陶，纹饰有绳纹、席纹和曲折纹等。陶器器类为鼎。属新石器时代末期、商周时期文化遗存。

12. 周陶村遗址

位于姑孰镇洞阳行政村周陶自然村东100米处的台地上，面积约24000平方米。采集遗物主要为陶片，以夹砂红陶和硬陶为主。多素面陶，纹饰有附加堆纹、绳纹和回纹等。陶器器类有鼎和鬲。属商周时期文化遗存。

13. 渡口遗址

位于太白镇振兴行政村渡口自然村青山河东，面积约23000平方米，文化层厚约4.5米。采集遗物主要为陶片，以夹砂红陶、泥质红陶和泥质灰陶为主。多素面陶，纹饰有绳纹和刻划纹等。陶器器类有鼎、鬲、罐、器盖、陶拍和纺轮等。属商周时期文化遗存。

14. 神墩头遗址

位于姑孰镇五联行政村前湖自然村陡灵山西南300米处的台墩上。面积约6600平方米，相对高度约3米。采集遗物主要为陶片，以夹砂红陶和硬陶为主。多素面陶，纹饰有弦纹和席纹等。陶器器类有鬲和罐。属周代文化遗存。

15. 坨塘遗址

位于姑孰镇五星行政村坨塘自然村白纻山南200米处的台墩上。面积约9000平方米，相对高度约4米。采集遗物主要为陶片，以夹砂红陶和硬陶为主。多素面陶，纹饰有绳纹和曲折纹。陶器器类有鬲。属周代文化遗存。

16. 章塘遗址

位于姑孰镇章塘行政村章塘自然村。面积约2300平方米，相对高度约2米。采集遗物主要为陶片，以夹砂红陶为主。多素面陶，纹饰为绳纹。陶器器类有鬲和器盖等。属周代文化遗存。

17. 前高遗址

位于姑孰镇松塘行政村前高自然村南400米处，南距姑孰河约2千米。面积约4700平方米，相对高度约2米。采集遗物主要为陶片，以夹砂红陶、夹砂灰陶和硬陶为主。多素面陶，纹饰有绳纹和回纹等。属周代文化遗存。

18. 公场遗址

位于太白镇太白行政村船村自然村西北80米处，东距大青山1500米，西距青山河530米。面积约2400平方米。遗址采集遗物均为陶片，以夹砂红陶、褐陶为主。多素面陶，纹饰有绳纹。属西周文化遗存。

19. 刘庄遗址

位于太白镇振兴行政村刘庄自然村西北400米处。面积约3000平方米，相对高度约3米。采集遗物均为陶片，以夹砂红陶为主。多素面陶，纹饰有绳纹。陶器器类有鬲。属周代文化遗存。

20. 小唐庄遗址

位于姑孰镇松塘行政村胜利自然村南500米处。面积约13200平方米，相对高度约2米。采集遗物均为陶片，以夹砂红陶和硬陶为主。多素面陶，纹饰有绳纹和回纹等。陶器器类主要有鬲。属周代文化遗存。

21. 陈墩遗址

位于姑孰镇灵墟行政村陈墩自然村。面积约4100平方米，相对高度约7米。暴露有红烧土堆积，采集遗物均为陶片，以夹砂红陶、泥质红陶和硬陶为主。多素面陶，纹饰有绳纹、指捺纹和网纹等。陶器器类有鬲、甗和罐等。属周代文化遗存。

22. 老坝遗址

位于姑孰镇洞阳行政村老坝头自然村南。面积约4200平方米，相对高度约1.5米。采集遗物均为陶片，以夹砂红陶、灰陶为主。多素面陶，纹饰有绳纹、指捺纹和叶脉纹等。陶器器类有鬲和甗。属周代文化遗存。

23. 前进村遗址

位于姑孰镇寺山行政村前进自然村东北的岗地上，西距寺山200米。面积约41000平方米，相对高度约5米。采集遗物均为陶片，以夹砂红陶、泥质红陶和硬陶为主。多素面陶，纹饰有绳纹和回纹等。陶器器类有鬲。属周代文化遗存。

24. 团山遗址

位于姑孰镇灵墟行政村小陶自然村东150米处。面积约2900平方米。暴露有红烧土堆积。采集遗物均为陶片，以夹砂红陶和硬陶为主。多素面陶，纹饰有绳纹、附加堆纹、弦纹、曲折纹和回纹等。陶器器类有鬲、瓿和罐等。属周代文化遗存。

25. 王大下遗址

位于护河镇园艺行政村王大下自然村的大青山东侧。面积约5000平方米，相对高度为4~5米。采集遗物均为陶片，以夹砂红陶和硬陶为主。多素面陶，纹饰有绳纹和回纹。陶器器类为鬲。属周代文化遗存。

26. 顾家坟遗址

位于护河镇园艺行政村薛村自然村东北处，面积约15000平方米。采集遗物均为陶片，以夹砂红陶、夹砂褐陶、泥质红陶和硬陶为主。多素面陶，纹饰有绳纹、曲折纹和回纹等。陶器器类有鬲和罐等。属周代文化遗存。

27. 大庙遗址

位于太白镇永宁行政村大庙自然村西约100米。面积约13000平方米，相对高度约6米。采集遗物主要为陶片，以夹砂红陶为主。多素面陶，纹饰有绳纹。陶器器类有鬲。属周代文化遗存。

（五）和县

和县计有15处遗址。

1. 和县人遗址

位于和县城北15公里汪家山北坡龙潭洞，洞穴发育于寒武纪白云岩层中。在遗址中发现获得一个猿人头盖骨、部分下颌骨和零星牙齿，另发现一些骨、角制品和烧过的骨、牙碎片。在同一层位上发现的大量脊椎动物化石经初步鉴定约有50种，其中爬行类有龟、鳖、扬子鳄等；鸟类有马鸡；哺乳类有田鼠、大鼠、硕猕猴、狼、北豺、狐、猪獾、水獭、中国鬣狗、剑齿虎、中华猫、豹、大熊猫、棕熊、东方剑齿象、马、中国貘、巨貘、小型猪、额鼻角犀、李氏野猪、葛氏斑鹿、肿骨鹿、居氏巨河狸、麋（四不像鹿）、野牛等，这些动物化石的地质时代为更新世中期。龙潭洞遗址的动物化石，种类多，分布密集，是一个南北之间过渡性的动物组合。和县猿人生活的时期该马鞍山地区是以森林兼草原的生态环境，气候偏凉，但不会很冷，汪家山西北一带有较大的水域，致使扬子鳄还能生存下来[1]。属旧石器时代文化遗存。

2. 王后城遗址

王后城遗址位于石杨镇王后城村北10米处，又称桐城子，椭圆形土墩。高约3米，面积约9262平方米。采集遗物有陶片和贝壳。陶片以夹砂红陶居多，灰陶次之，也有少量黑陶和硬陶。纹饰有绳

---

[1] 黄万波等：《安徽和县猿人化石及有关问题的初步研究》，《古脊椎动物与古人类》1982年第20卷第3期。

纹、回纹、网纹、席纹。陶器器类有鬲。属新石器时代遗存。

3. 乔家庄遗址

位于姥桥镇乔村境内的小山丘上，面积约20000平方米。采集遗物有陶片、龟甲、兽骨、石镞、石锛。陶片大多为泥质红陶。陶器器类有钵、罐，纹饰有弦纹、附加堆纹。属新石器时代遗存。

4. 陈兴祝遗址

位于沈巷镇大蒋行政村陈兴祝村北100米处，东南距长江300米。为一级阶地上的台型土墩，平面呈梯形。南北长140米，东西宽70米，相对高度为10米，面积9800平方米。采集遗物多为硬陶片。纹饰有回纹、方格纹、篮纹、卷云纹、叶脉纹。属西周时期文化遗存。

5. 黄墩遗址

位于历阳镇黄墩村，为河漫滩上土墩子。椭圆形，高出农田5米，东西长97米，南北宽82米，东距长江3千米，面积8000平方米。采集遗物均为陶片，多为素面陶。属商周时期文化遗存。

6. 小圩罗遗址

位于白桥镇大许行政村圩罗村西北200米，为椭圆形土墩。高约3.5米，面积约4800平方米，地表暴露有灰坑。采集遗物多为夹砂红陶和泥质红陶片，陶器器类有鬲和罐。纹饰有绳纹、席纹、网纹。属商周时期文化遗存。

7. 小胡村遗址

位于白桥镇周贵仕行政村小胡村东南50米。高约6米，面积约15000万平方米。文化层堆积厚约2米。采集遗物有夹砂红陶和硬陶片，器形有鬲、罐，纹饰有绳纹、席纹、回纹。属商周时期文化遗存。

8. 陈堡子遗址

位于功桥镇陈堡子村东南500米处，东近丰山新河。遗址为近河台地形土墩，南北长、东西宽，中心隆起，四周低缓，椭圆形。墩高约2.5米，面积约3000平方米，文化层堆积厚1.5米，采集遗物多为夹砂红陶片，陶器器类有鬲和罐，纹饰有绳纹。属西周时期文化遗存。

9. 胡陆村遗址

位于功桥镇胡陆村南300米，大体呈南北稍长、东西略窄，中心隆起的长方形土墩。高约2.5米，面积约23000平方米。文化层堆积厚1.5米。采集遗物多为夹砂红陶、硬陶片，陶器器类有鬲、罐、足，纹饰有绳纹等。属商周时期文化遗存。

10. 孙玉成遗址

位于功桥镇孙玉成村，东靠新河约600米。南北长、东西宽，为一椭圆形土墩。高约2米，面积约4807平方米。采集遗物多为硬陶、夹砂红陶、灰陶片。陶器器类有鼎、钵、罐、缸等。属西周时期文化遗存。

11. 团山遗址

位于姥桥镇李村的临河台地上，面积约15000平方米。采集遗物多为硬陶、夹砂红陶、灰陶片。陶器器类有鼎、罐、缸、钵、鬲等，纹饰以绳纹和方格纹为主。属夏商周时期文化遗存。

12. 目鱼墩遗址

位于历阳镇桃花村东南部河边。南北长18米，东西宽36米，面积648平方米。采集遗物有鬲、罐、钵等。属商周时期文化遗存。

13. 上庄遗址

位于白桥镇上庄村东3000米处。为长方形土墩，高约2.5米，面积约45000万平方米。采集遗物有多以硬陶、夹砂灰陶和红陶为主。陶器器类有鼎、罐、缸、钵等。为商周时期文化遗存。

14. 小陈村遗址

位于白桥镇红旗村委小陈村西30米处。长方形土墩，高约3米，面积5400平方米。采集遗物多为硬陶、夹砂红陶和灰陶片，陶器器类有鼎、罐、缸、钵等。属西周时期文化遗存。

15. 大城子遗址

位于香泉镇龙塘村委会章四科自然村西南，2013年7月起发掘，出土遗物主要为陶器，根据出土遗物判断为良渚晚期至商周时期文化遗存。

（六）含山县

含山县计有18处遗址。

1. 凌家滩遗址

位于铜闸镇凌家滩村，地处裕溪河中段北岸的滩地上，北靠太湖山和苍山。面积约160万平方米。1985年至2014年先后经过6次发掘[1]，发掘面积2550平方米。发现新石器时代晚期的氏族墓地1处、祭坛1座、红陶块铺筑的3000平方米神庙或宫殿遗迹1处、红陶块砌筑的水井1口、巨石遗迹3处，出土各种精美玉器与其他珍贵文物1500余件。时代距今约5600～5300年。

2. 大城墩遗址

位于仙踪镇柴庄村。遗址为长方形台地，面积约20000平方米。1979年至1984年先后进行4次发掘，共揭露面积550平方米。包含有相当于仰韶、龙山、二里头时期以及商代、西周、春秋、战国及隋唐等若干时期的文化遗存。遗址共分五期：第一期文化年代相当于大汶口文化中期；第二期文化相当于龙山文化时期；第三期年代相当于二里头文化时期；第四期文化相当于商代；第五期文化相当于西周时期。

3. 晋王城遗址

位于清溪中学北侧。遗址的东、西、北三面环绕着一条宽约3米、深2米的水沟（或是以前的护城河）。文化层厚8米，地层断面可见红烧土。安徽省考古所于1980年在此进行过小面积试掘。遗址地表散落陶片，纹饰有网纹、回纹、菱纹、绳纹等。遗址可能早至新石器时代。

4. 李洼遗址

位于铜闸镇长岗行政村李洼自然村东北200米一处圆形台地上。相对高度约4米，周长203米，面积达4860平方米。采集标本有较多红陶、黑陶、灰陶陶片和红烧土块。陶器器类有鼎、鬲等，纹饰有回纹、绳纹、菱纹、篮纹等。属商周时期文化遗存。

---

[1]　2014年发掘的详细情况未录入。

5. 王山遗址

位于昭关镇潭泉行政村王山自然村西100米处的一块台地上，面积18934平方米。地表散落着大量陶片，陶器器类有鬲、罐，纹饰有回纹、绳纹、菱纹、篮纹等。属商周时期文化遗存。

6. 闸口遗址

位于陶厂镇西山行政村闸口村东北50米处一台地上，面积约8823平方米。采集遗物主要为陶片，陶器器类有鬲、罐、盆、钵、壶，纹饰有回纹、绳纹、菱纹等。属商周时期文化遗存。

7. 马庄遗址

位于陶厂镇西塔行政村马庄村西150米处，面积5424平方米。采集遗物主要为陶片，陶器器类有鬲、罐、盘、钵等，纹饰有绳纹、篮纹、菱纹、回纹、水波纹等。属商周时期文化遗存。

8. 大张遗址

位于林头镇房圩行政村大张村200米处台地上。台地平面不规则，长410米，相对高度约5米，面积5589平方米。采集文化遗物主要为陶片，陶器器类有鬲、鼎。纹饰有绳纹、回纹、菱纹和篮纹等。属新石器到商周时期文化遗存。

9. 大岗遗址

位于环峰镇祁门行政村下垅村以南150米处叫做"大岗"的台地上。台地呈长方形，南北走向，东西略高、西北稍低，相对高度最高5米，总面积7510平方米。采集遗物主要为陶片，陶器器类有鬲，纹饰有回纹、菱纹、绳纹、篮纹、水波纹等。属商周时期文化遗存。

10. 南庄遗址

位于铜闸镇庆厂行政村南庄村北100米处的台地上。相对高度约2.5米，面积23006平方米。采集遗物主要为陶片，陶器器类有鼎、鬲、罐，纹饰有回纹、绳纹。属商周时期文化遗存。

11. 田嘴遗址

位于林头镇鼓山行政村田嘴村南200米一处圆形台地上。台地中部略高，四面渐低，当地村民称台地为"城墩"。采集遗物主要为陶片，陶器器类有鬲，纹饰有绳纹、回纹、菱纹等。属商周时期文化遗存。

12. 王庄遗址

位于环峰镇夏桥行政村王庄村西北200米处的长方形台地上。相对高度约3.2米，面积5552平方米。采集遗物主要为陶片，陶器器类有鬲、鼎、豆、罐、壶、盆等，纹饰有回纹、菱纹、绳纹等。属商周时期文化遗存。

13. 张庄遗址

位于环峰镇城北行政村张庄自然村西南100米处的长方形台地上。相对高度约3米，面积8685平方米。采集遗物主要为陶片，陶器器类有鼎、鬲等，纹饰有回纹、绳纹、篮纹、菱纹等。属商周时期文化遗存。

14. 黄泥塘遗址

位于环峰镇九连行政村黄泥塘村南500米处的椭圆形台地上。相对高度约1.8米，面积4239平方米。采集遗物主要为陶片，陶器器类有鬲、鼎等，纹饰有回纹、绳纹、菱纹等。属商周时期文化遗存。

15. 陈家岗遗址

位于环峰镇祁门行政村下垅村南200米处的台地上。平面呈不规则椭圆形，相对高度约3米，面积5371平方米。采集遗物主要为陶片，陶器器类有鬲、罐、盆、钵等，纹饰有回纹、菱纹、绳纹、篮纹、席纹等。属商周时期文化遗存。

16. 唐家岗遗址

位于环峰镇祁门行政村下垅村南300米处的台地上。平面圆形，中间略高，四周边缘稍低，相对高度约3米，总面积6334平方米。采集遗物主要为陶片，陶器器类有鼎、鬲等。属商周时期文化遗存。

17. 道人塘遗址

位于环峰镇夏桥行政村道人塘村东南200米处。平面为不规则长方形，相对高度约3米，面积约15843平方米。采集遗物主要为陶片，陶器器类有鬲，纹饰有绳纹、回纹、菱纹、篮纹等。属商周时期文化遗存。

18. 下毕遗址

位于清溪镇下毕自然村东南约150米处，面积约12400多平方米。曾在遗址采集到鹿角、石刀、陶片等文化遗物。地层断面发现灰坑。属商周时期文化遗存。

第四节　发现发掘经过、资料整理与报告编写

一、发现发掘经过

五担岗遗址是1984年全国第二次文物普查过程中发现的。根据在遗址地表采集遗物初步认为该遗址早期文化属性与湖熟文化有关。2002年，因马鞍山市修筑旅游大道，由安徽省文物考古研究所对遗址进行了抢救性发掘，并出土了较多重要文化遗物。

2009年，为配合马鞍山市旅游大道拓宽工程建设，受安徽省文物与考古研究所委托，由水涛教授主持，南京大学历史学院考古文物系（原南京大学历史学系考古专业）对五担岗遗址进行了再次发掘（彩版一，1）。由于工期紧张，发掘工作量巨大，遂邀请南京航空航天大学考古与艺术研究所、南京师范大学社会发展学院文物与博物馆学系合作进行工作。

田野发掘工作自3月开始，至10月结束。教师有南京大学水涛（领队）、张敬雷，南京航空航天大学车广锦、南京师范大学汤惠生；学生有南京大学2007级硕士研究生白国柱、陈学强，2009级硕士研究生李彦峰、余冰玉；南京航空航天大学2006级硕士研究生张华；南京师范大学2006级博士研究生李一全。参加考古短期发掘或其他工作的有中国社会科学院考古系2007级博士研究生徐峰和北京大学考古文博学院2009级博士生研究生陈玭。技工有刘志标、闫立新、王可兴、史浩善、史来

兴、祁玉庭、毛炳钧、张晓荣、杨三臣、王平武、吕龙、吕宏乐、刘胜蓝等。

与发掘同步，我们使用全站仪对遗址进行了全面的测绘工作（图版一，1），并对遗址周边的地形及河流分布进行了调查。结果表明，遗址处于慈湖河两条支流的交汇处的山前平原区，徒步探查发现遗址北面河道再西向汇入慈湖河之后再注入长江。遗址的北侧、东南侧存在类似壕的水域，东北侧、东侧及西南侧因近代取土行为是否存在壕沟并不明显。通过卫星地图测算遗址面积约20万平方米（不含壕沟）。遗址西侧地势低洼，以前可能存在洪水泛滥的情况，这与遗址西北慈湖河靠近遗址一侧大规模抬高堤坝的现象相对应，西侧低洼地带与北面河道早期可能连为一体。地形方面，遗址靠近村落的边缘处相对地面的高度较低甚至趋于平缓，较早修建的穿过遗址通往秀山村东北、西南方向的马路两端地形均较平坦，南侧靠近石桥村的遗址边缘地形亦较平坦。遗址东侧近100米处存在东西长近200米，南北宽近150米的台地，高度较五担岗遗址为低，在地表采集到许多商周时期原始瓷片、陶片。

结合发掘，我们发现遗址周边有环壕，西侧洼地因洪水淤积导致坡度较缓。从发掘的遗物判断遗址的主体时代为商早期至战国早期。发现的东周水井（J1）是最典型的遗迹，发掘时间也最长。J1于4月中旬最早发现于T26，最初仅暴露一四分之一圆大小的夯土面，随后在紧邻西侧的T27亦发现四分之一圆大小的夯土面。与此同时，在T26西南角、T27东南角发现一些石块，垒砌有规律，边缘呈圆形。从遗迹走向看，在T26、T27内已暴露出了遗迹的北边缘，但南边缘应该在这两个探方南侧。随后我们在T26、T27南侧进行了钻探，在确定遗迹边界后推测其平面应该为圆形，直径达14米左右。随后在夯土面上进行钻探，钻探到约6米深时被石块阻断，换钻孔后情况仍是如此。针对这种情况，考古队非常重视，在这两个探方的南侧再布T37和T38两个探方。当T37和T38内该项遗迹边界清理出来发现其平面近圆形，直径达13.5米左右（巧合的是后来定性的水井井筒正好位于T26、T27、T37和T38的关键柱上）。随后对T26和T27内该项遗迹进行了试掘，发现出土文化遗物的风格应为春秋时期，这不免联想到安徽近年来发现的春秋时期圆形墓葬，如凤阳卞庄1号墓和蚌埠双墩1号墓。为此，我们邀请了安徽考古与文物研究所的专家及国内同行前来考察，并于2009年6月中旬、7月中旬先后组织过两次专家论证会。在随后的发掘工作中，进行了多次钻探及物探工作（图版一，2），对出土的遗物不断进行分析研究，最后定性为水井。我们对水井内出土植物标本进行了采样，并进行了鉴定。在水井发掘完毕后，野外工作结束（彩版一，2）。

工地摄影主要由白国柱承担，李彦峰协助拍摄。

二 、 资料整理

总负责人：水涛。

该过程可以分四个阶段。

（一）第一阶段

2009年5月至2009年8月。主持工作者为张敬雷。在此期间，主要对前期出土器物进行修复及绘图。器物修复人员有技工闫立新、王可兴、史浩善、吕龙，绘图人员有白国柱、陈学强、李彦峰、余冰玉、张华、李一全，南京大学2008级硕士研究生陈中喜、曹栋洋及南京师范大学2008级博士研究生叶康宁加入并参与了绘图工作。在此期间，拓片工作主要有李彦峰、陈学强承担。

在整理期间，山东大学栾丰实、南京博物院张敏、南京市博物馆华国荣等曾亲临指导。

（二）第二阶段

2009年10月至2010年6月。主持工作者为白国柱。在此期间，对J1出土器物进行了整理。标本的选择、卡片制作、陶系统计、绘图、器物分期工作由白国柱完成，器物修复工作由技工刘志标、王可兴完成，南京大学2007级本科生王懿参与了硫酸纸制图工作。在此基础之上，白国柱完成硕士毕业论文《五担岗遗址水井陶器分期及相关研究》。

（三）第三阶段

2010年7月至2011年4月。主持工作者为陈中喜。在此期间，完成对遗址大部分陶器标本卡片的扫描、资料单位化等初步整理工作。参与者有余冰玉，南京大学2009级硕士研究生戴茜也加入其中。在此基础之上，陈中喜完成硕士毕业论文《五担岗遗址陶器分期研究》。

（四）第四阶段

2011年5月至2013年1月。主持工作者为白国柱（在成为南京大学考古专业2011级博士研究生后继续整理）。在此期间，完成对遗址资料的汇总、查遗补缺及核对工作，包括所有资料的扫描及文档化处理、线图电子化（Autocad、Photoshop）处理、描述文字规范化处理、表格制作及数据统计、补选补拍标本及卡片的制作、器物图清绘、文字及图样的校对等工作。参与者有2012级博士研究生王元，2011级硕士研究生张志清、许冠群和张卉颜。以上工作完成后，由白国柱对遗址资料进行整理、分期。

具体分工如下。

扫描、文档化、表格制作、数据统计：白国柱、王元、许冠群、张志清。

线图电子化：白国柱、王元、张志清、许冠群、张卉颜。

Autocad的成图、photoshop出图、校对：白国柱。

补选补拍标本及卡片的制作：白国柱。

器物图清绘工作：郝顺利（技工）、朱录乾（技工）、白国柱。

文字、图样校对工作：白国柱。

整理、分期工作：白国柱。

墓葬出土人类骨骼鉴定工作：张敬雷。

J1植物遗存鉴定工作：王育茜（安徽博物院）。

器物摄影工作：程京安（安徽省文物考古研究所）、白国柱。

三、报告编写

初步的整理工作结束后，由水涛教授拟定写作提纲，之后开始各章节的撰写工作。具体分工如下。

主编：水涛；副主编：叶润清、王俊；执行主编：白国柱；第一章第一节、第三节、第四节由白国柱执笔，第二节由王俊执笔；第二章、第三章、第四章、第五章由白国柱执笔；附录由王育茜执笔；附表由白国柱编制。毛敏、宾娟参与了第一章的第一节、第二节文献资料的初步整理，马强参与了第一章第三节遗址数据资料统计的初步整理，陈中喜参与了陶器的初步整理。报告所用封面地图、地形图及部分彩版的处理工作由张珊完成。审稿工作由水涛完成。

报告编写期间，前后发表《安徽省马鞍山市五担岗遗址东周水井发掘简报》和《安徽省马鞍山市五担岗遗址发掘简报》两篇简报。

需要说明的是，报告在编写、研究、出版等相关工作过程中得到南京大学人文基金、教育部985工程专项南京大学研究生创新项目（项目编号：2012CL02）、南京大学优秀博士研究生创新能力提升计划B（项目编号：201401B002）、南京大学优秀博士研究生创新能力提升计划A（项目编号：201501A002）资助，并在此基础上完成相关工作。

第二章　地层堆积

第一节　探方分布

　　根据旅游大道的施工情况，我们将遗址划分为北、南两个大发掘区。由于道路穿过遗址路段为弯道，加之遗址地表分布诸多池塘，使得探方之间并不能完全相接，布方方向也不尽相同。针对这种状况，我们将两个大发掘区再各自分了三个小区。北区中，T01～T11为北Ⅰ区，T12～T16为北Ⅱ区，T17～T21为北Ⅲ区，规格均为10米×10米，探方共计21个（T01～T21），加上扩方，实际发掘面积2107平方米；南区中，T22～T25为南Ⅰ区，T26～T30、T37～T38为南Ⅱ区，T31～T36为南Ⅲ区，除T22规格为10米×7米、T23、T24、T25与T38规格为10米×8米外，其余规格均为10米×10米，探方共计17个（T22～T38），实际发掘面积1550平方米。发掘结束之后，北部、南部两大发掘区总发掘面积约3657平方米（彩版一、彩版二）。清理灰坑120个，灰沟33条，坑2个，建筑遗存3处，墓葬14座，灶坑4个，陶窑1处，水井1眼。T19～T21发掘至第⑤层之后发现非常厚的淤泥层，属于遗址西侧的洪水淤积，钻探后未挖到底。T32第⑪层因施工原因未进行发掘，钻探后进行了记录工作（图四）。

　　各发掘区地形差别较大，个别区域存在高差较大的断坡，各发掘区堆积状况也有不同，以下选取各发掘区典型地层剖面进行介绍。

第二节　北部发掘区典型地层

北部发掘区地层堆积状况较复杂，按Ⅰ、Ⅱ、Ⅲ三个小区进行介绍。

一、北Ⅰ区

　　探方T01～T11，地层堆积自东向西逐渐变厚。T01～T06地层单薄，早期地层破坏严重，遗迹单位仅见少量灰坑、灰沟（图五）。自T07开始向西地层堆积明显加厚，早期遗迹种类增多（图六）。特别是T10和T11，向西是坡度较大的斜坡，堆积层特别厚。现以T03、T08、T10为例，介绍如下。

T03南壁剖面

第①层，耕土层。土色灰褐，土质略硬，夹杂红褐色土块，有一定黏性，并含有大量的植物根

图四 五担岗遗址地形及探方分布图

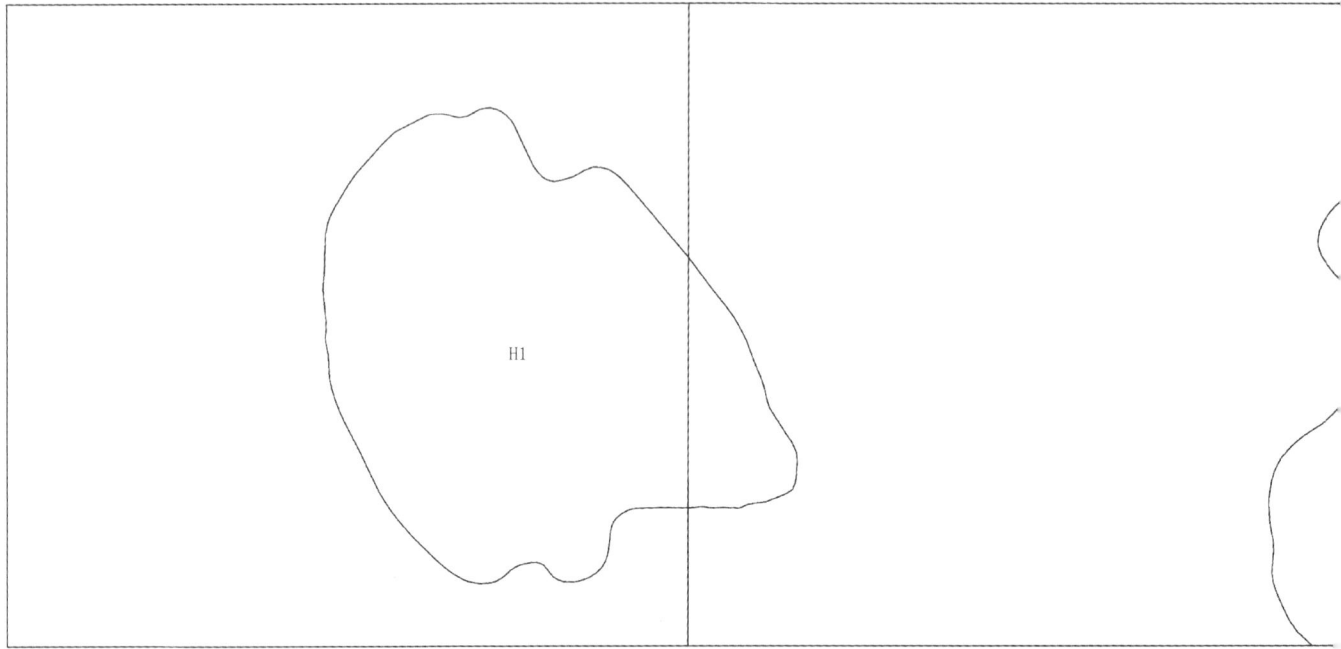

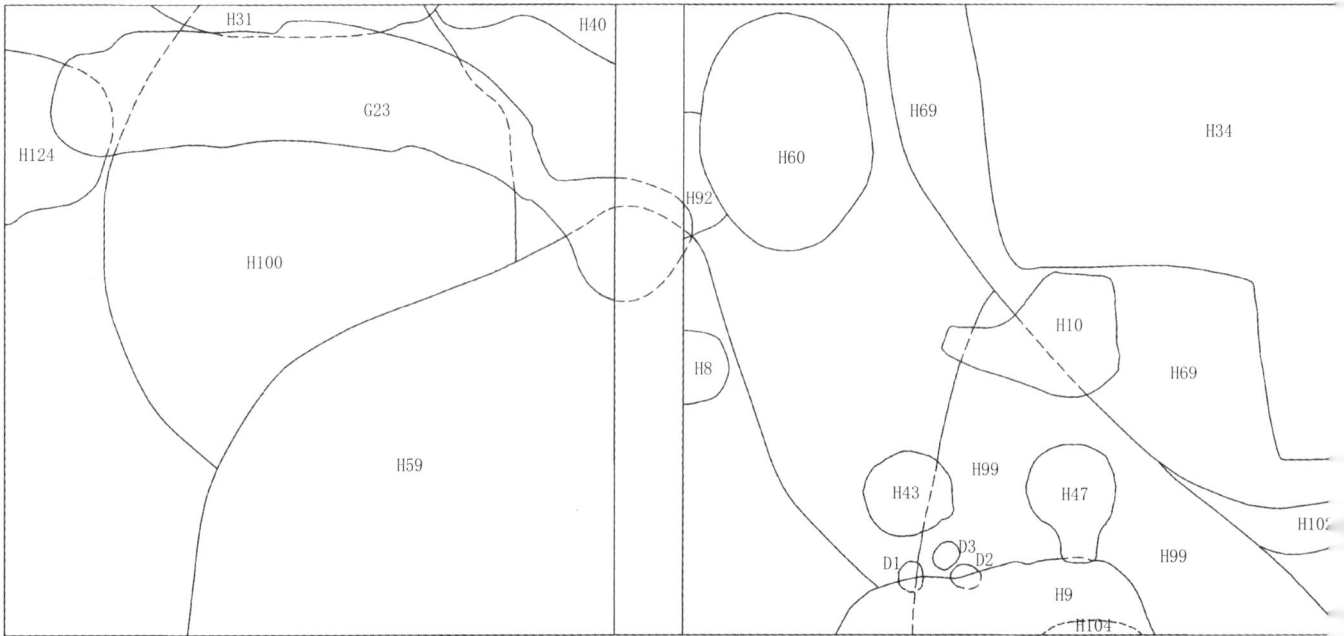

图六　五担岗遗址早期遗迹分布图（T07～T10）

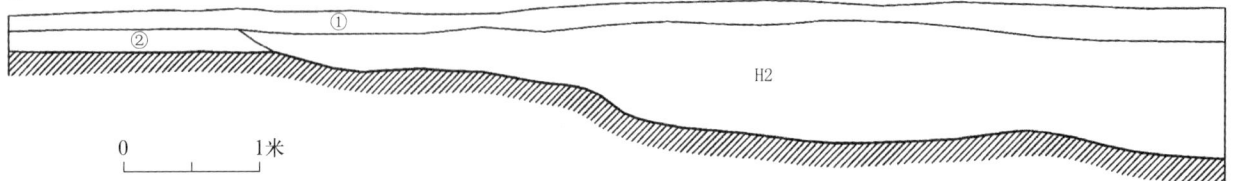

图七　T03南壁剖面图

北

H2

0   2米

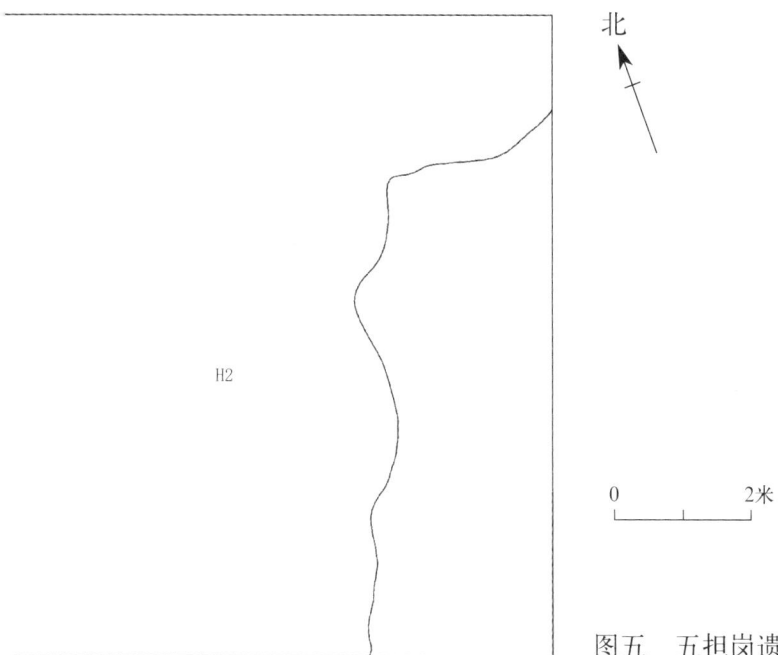

图五　五担岗遗址早期遗迹分布图（T03～T05）

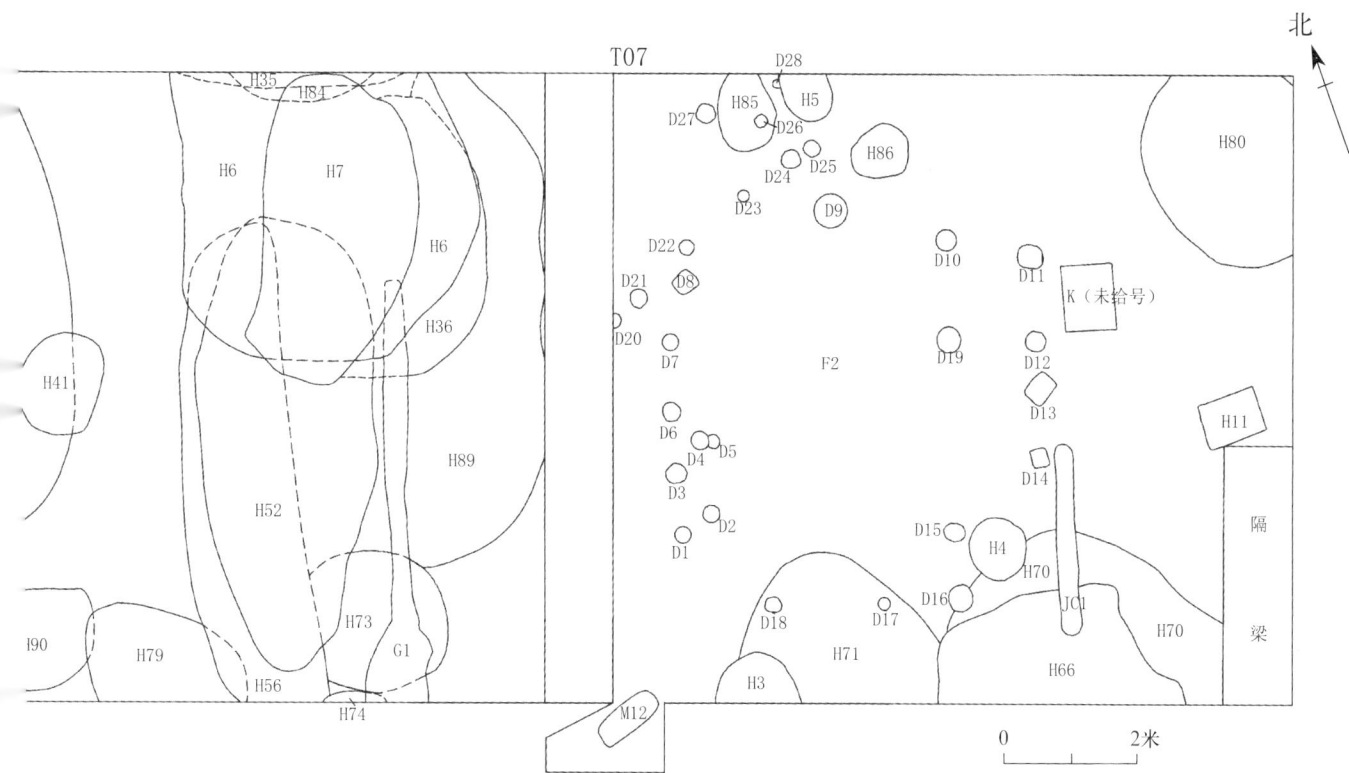

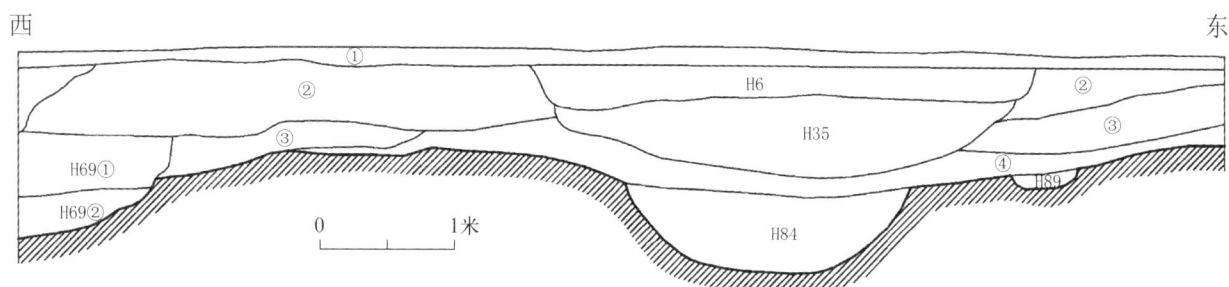

北

T07

D28
H35
H84
H85   H5
D27   D26
H6   H7   D24   D25   H86   H80
D23   D9
H6
D22   D10
D21   D8   D11   K（未给号）
H36
D20   D7   F2   D19   D12
H89   D6   D4   D5   D13   H11
H52   D3   D14   隔
D2   D15   H4   JC1   梁
H41   D1   H70   H70
H73   D16   H66
H90   H79   G1   D18   D17   H71
H56   H3
H74   M12

0   2米

西   东

①
②   H6   ②
③   H35   ③
H69①   ④   H89
H69②   H84

0   1米

图八　T08北壁剖面图

系及草木灰。厚0.12~0.24米。出土近现代瓷片、铁丝、塑料制品等文化遗物。开口于此层的遗迹单位有H2。

第②层，土色红褐，土质较硬，结构致密，发现少量红烧土颗粒。深0.12~0.32、厚0.15~0.18米。出土少量陶片。

以下是生土层（图七）。

T08北壁剖面

第①层，耕土层。土色灰褐，土质略硬，夹杂黄土块，有一定黏性。厚0.1~0.25米。本层叠压G1、H6、H7、H34和H35等。

第②层，分布于探方的大部分。土色灰褐，局部黄褐、浅灰土掺杂，土质较硬，结构紧密。深0~0.2、厚0.1~0.55米。出土铜镞、玉锥等小件器物。其他包含物有兽骨、红烧土颗粒和草木灰等。出土陶器多为夹砂陶，有少量硬陶。陶器器类有鬲、鼎、甗、豆、盆和罐等。本层叠压H41、H69。

第③层，分布探方北部和西部。土色灰褐，土质较硬，结构紧密。深0.35~0.5米、厚0.08~0.3米。内含红烧土、草木灰、料礓石和兽骨等。出土陶器多为夹砂陶，其次为泥质陶，硬陶和原始瓷所占比例较小。陶器器类有鬲、鼎、甗、簋、豆、刻槽钵、盆、球和圆陶片等。本层叠压H85。

第④层，分布于探方的大部分。土色深灰褐，土质硬，结构紧密。深0.2~0.5、厚0.1~0.45米。内含红烧土块、草木灰、铜矿渣和兽骨等。出土陶器绝大多数为夹砂陶，泥质陶只占较小比例，硬陶器比例更小。陶器器类有鬲、甗、豆、盆和罐等。本层叠压H36、H52、H56、H74和H79。

以下是生土层（图八）。

T10北壁、南壁剖面

第①层，耕土层。分布于探方的大部分。土色为黄褐、灰褐混杂，以黄褐为主。土质较硬，黏土性质，结构紧密，厚0.15~1.0米。包含物有陶片、石块等。本层叠压G23。

第②层，分布探方大部。土色灰褐，夹杂黄土颗粒，土质黏硬。深0.15~1.0、厚0.5~0.7米。出土较多陶片，大多为夹砂红褐陶。陶器器类有鬲、甗、豆、罐和钵等。本层叠压H31、H40、H59。

第③层，分布于探方的大部分。土色浅灰褐色，夹杂黄褐土颗粒。土质较硬，黏土性质。深0.45~0.7、厚0.45~1.0米。包含物有陶片、红烧土颗粒等，陶片以夹砂红、褐陶为主，器类有鬲、鼎、甗、豆、盆、瓮和罐等。

第④层，分布于探方的大部分。土色深灰褐色，土质较硬，黏土性质，结构致密。深0.8~1.45、厚0.2~0.5米。出土较多陶片，主要为夹砂陶，并有石器和残骨器发现。其他包含物有

西 东

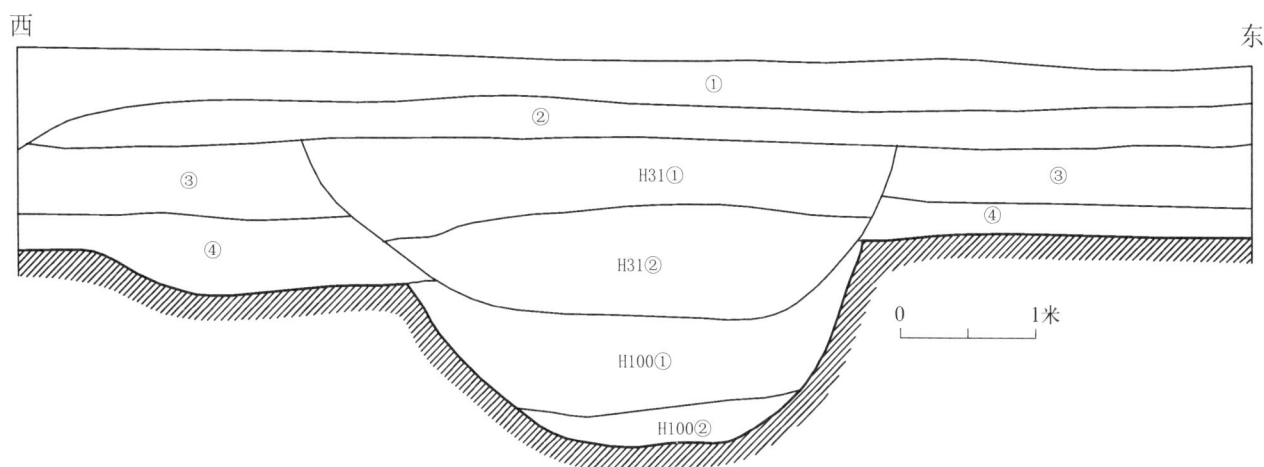

图九 T10北壁剖面图

烧土颗粒、草木灰等。本层叠压H100、H124。

以下是生土层（图九；彩版三，1、2）。

该小区地层破坏比较严重，T01～T06耕土层下最多叠压两层文化层。T01～T02破坏尤其，耕土层下叠压宋代墓葬，未见文化层。T03、T04叠压的H2、H1分别为春秋和西周遗迹，T06～T10年代在商中晚期至春秋初之间，因探方地层破坏程度不一或有断层。T11的年代则处于二里岗下层二期至西周时期。

二、北Ⅱ区

探方T12～T16，地势有逐渐降低迹象，其中T16地表为池塘。遗迹单位仅见少量灰坑、灰沟等（图一〇、一三）。现以T13、T14为例，介绍如下。

T13北壁剖面

第①层，耕土层，分布整个探方。土色深褐，黏土，土质结构较松散。厚0.05～0.15米。包含物有近代青花瓷片、烧土颗粒、石块及少量散落的早期陶片。

第②层，分布整个探方。土色灰褐，土质黏硬，夹杂大量的锈斑。深0.05～0.15、厚0.25～0.8米。包含物有石块、草木灰、烧土颗粒及少量陶片。陶器器类有鬲、豆、缸等。本层叠压G27。

第③层，分布在探方东部，土色黑褐，土质黏硬。深0.18～0.79、厚0～0.15米，包含物有烧土颗粒、草木灰和少量陶片。陶器器类有鬲、罐等。

以下是生土层（图一一）。

T14北壁剖面

第①层，耕土层，分布整个探方。土色深褐，黏土，土质结构较松散。厚0.05～0.25米。包含

T14　　　　　　　　　　　　　　　　　　　　　T13

G27

H67

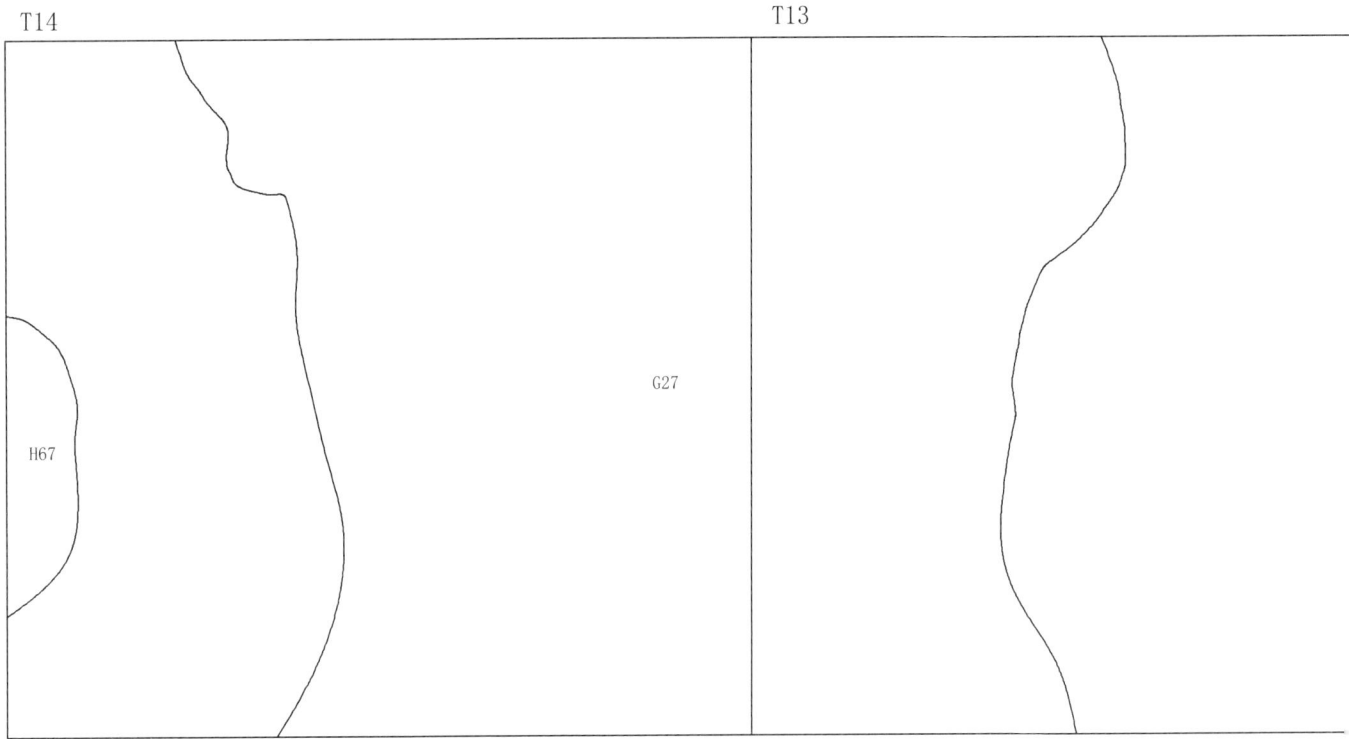

图一〇　五担岗遗址早期遗迹分布图（T12～T14）

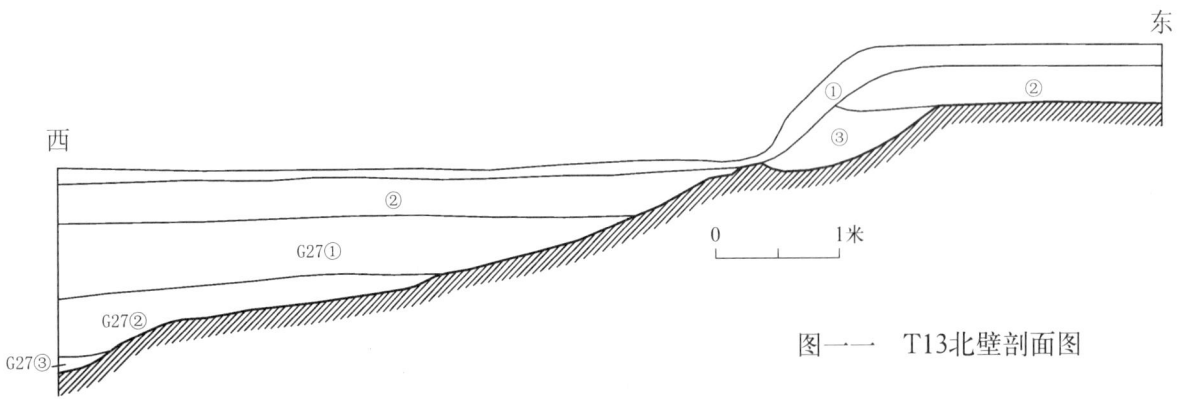

东

西

②

G27①

G27②

G27③

0　　　　　1米

图一一　T13北壁剖面图

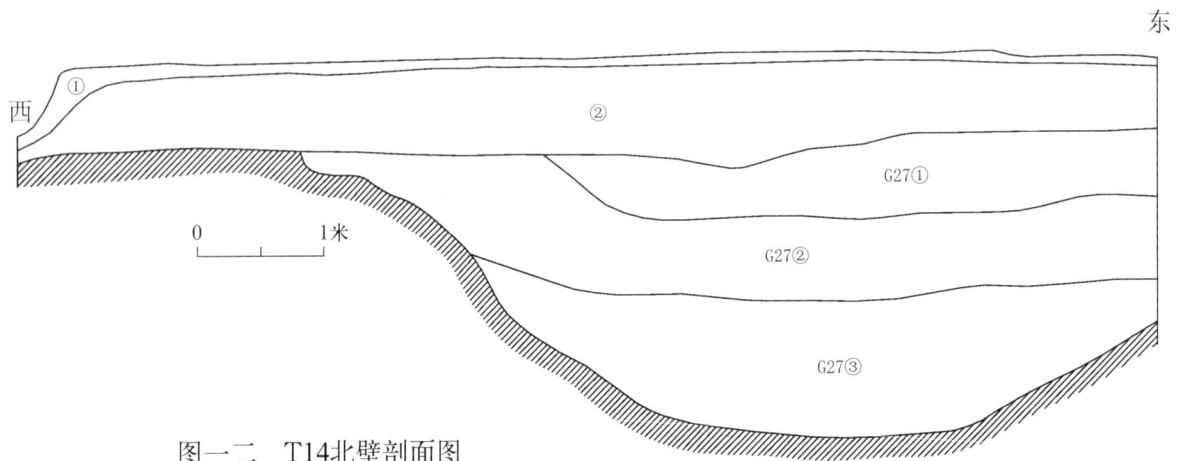

东

西

①

②

G27①

G27②

G27③

0　　　　　1米

图一二　T14北壁剖面图

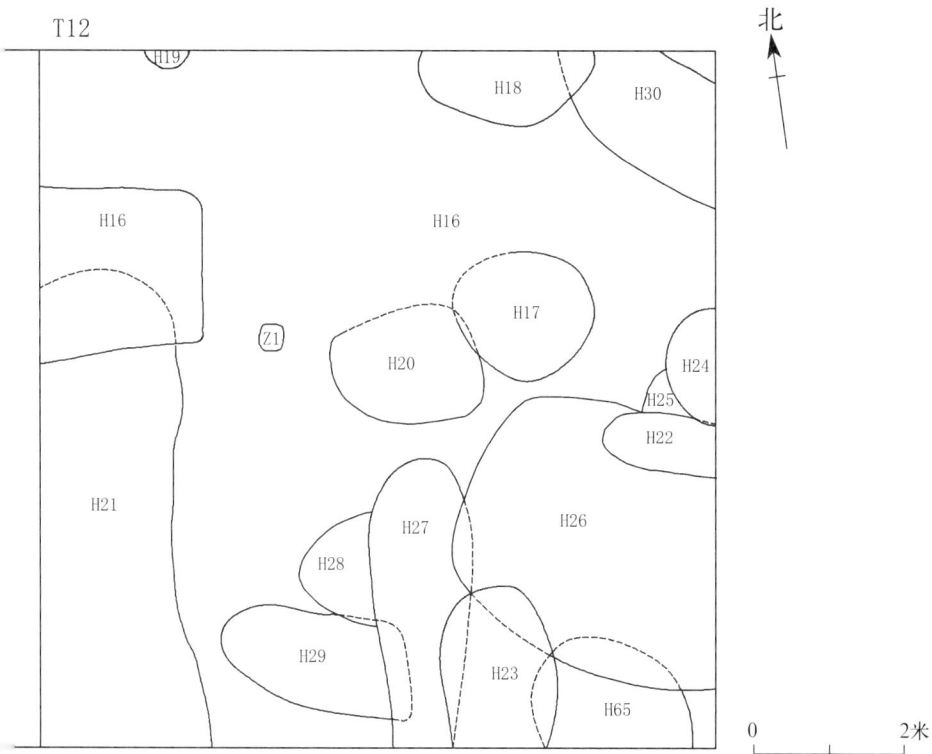

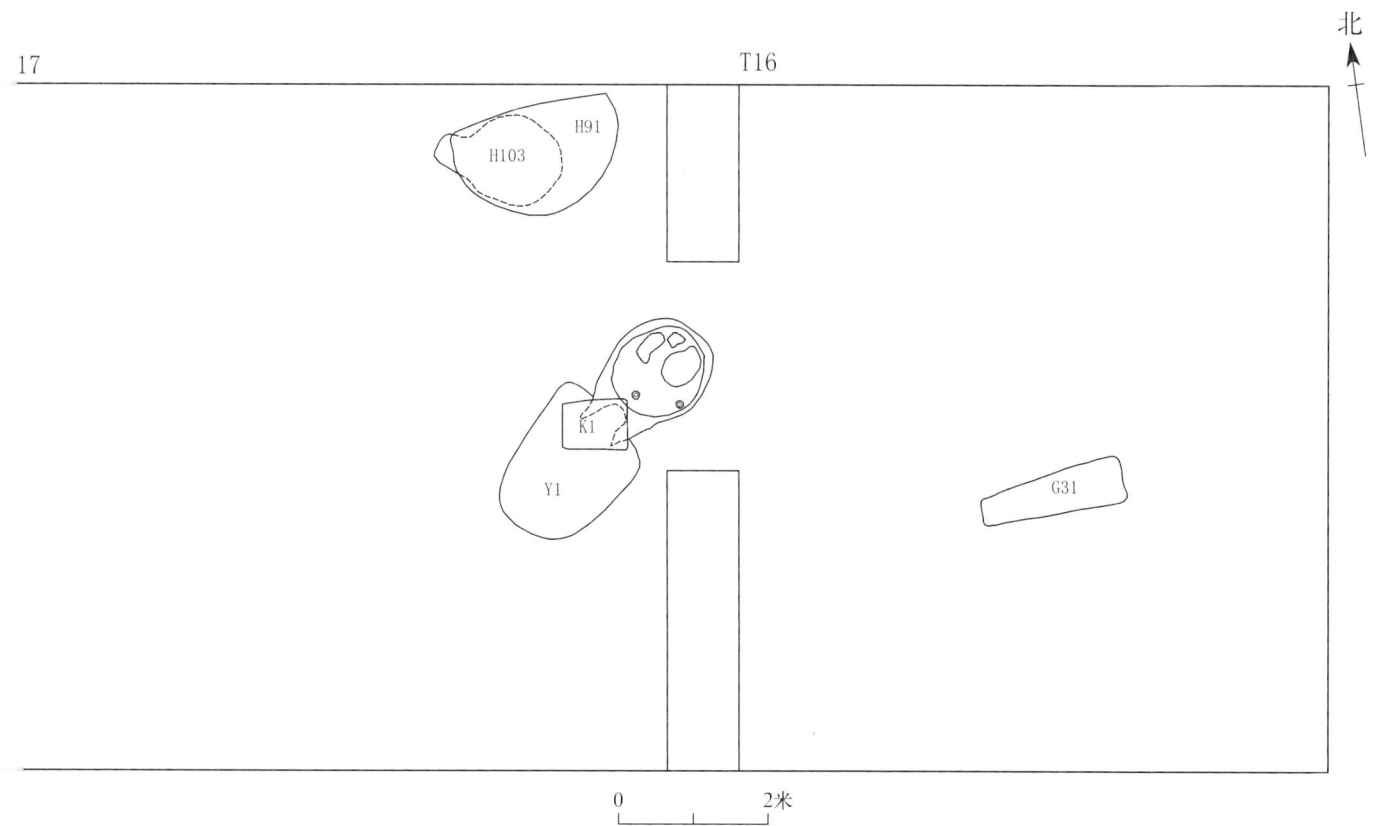

图一三 五担岗遗址早期遗迹分布图 (T16~T17)

物有近代瓷片、烧土、石块及少量早期陶片。

第②层，分布整个探方。土色灰褐，土质黏硬，夹杂大量的锈斑。深0.05~1.2、厚0.15~0.9米。包含物有草木灰、烧土及少量陶片。本层叠压G27、H67。

以下是生土层（图一二）。

该小区文化层相对较单薄。如T12早期文化层曾被宋代墓葬打破，T15、T16则被现代水塘打破。T13、T14第②层虽然叠压G27大型遗迹，但其上面的文化层也是很薄的。总体来讲，该小区的遗存年代是以春秋时期为主，主要为西周末期至春秋中晚期；T12第③层下遗迹可能更早，可能到商晚期。

三、北Ⅲ区

探方T17~T21，自南至北古地表降低，探方南侧应为古河岸。早期遗迹单位有H91、H103、G31、K1和Y1等。现以T18西壁剖面为例，介绍如下。

T18西壁剖面

第①层，耕土层。分布整个探方。土色灰褐色，土质松散。厚0.1~0.15米。内含大量的植物根系及近现代的瓷片、陶片、垃圾等。

第②层，分布整个探方。土色深灰褐色，土质较软。深0.1~1.2、厚0.1~0.8米，包含物有红烧土、木炭、陶片、瓷片等。此层叠压晚期遗迹单位G24。

第③层，分布于探方南部。土色浅灰色泛黄，土质疏松。深0.3~1.4、厚0~0.1米，包含物有青瓷片、陶片等。

第④层，分布于探方南部。土色浅黄色，土质疏松。深0.3~1.1、厚0.35~0.6米。出土少量陶片，陶器器类有鬲。

第⑤层，分布于探方南部。土色深褐，土质较硬。深1.05~1.85、厚0.1~0.45米。包含物可见

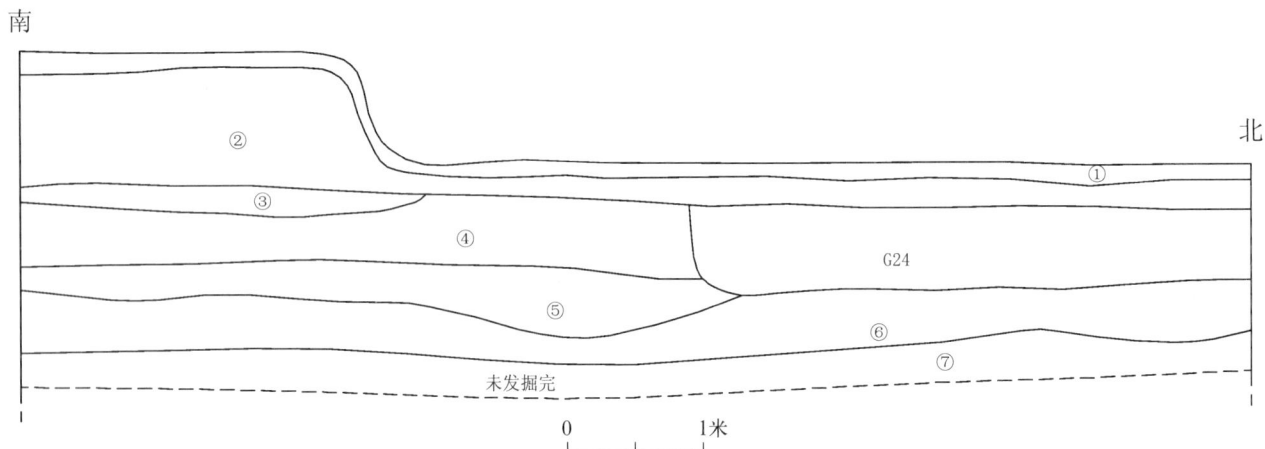

图一四　T18西壁剖面图

红烧土块和少量陶片。

第⑥层，分布于探方大部。深1.0～2.4、厚0～0.45米，土色深灰色，土质疏松，包含物以陶片为主。陶器器类有鬲、豆、刻槽钵、罐和钵等。

第⑦层，分布整个探方。土色青黑，土质黏软。淤泥。厚2.2米左右，经钻探后未发掘到底。出土少量陶片。陶器器类有盘。

以下是生土层（图一四）。

该小区T17、T18中地层堆积连续性稍好，以T17为佳，其年代可以自商代中晚期阶段一直延续至西周时期。T19～T21早期文化层年代偏晚些，主要集中在西周中晚期至春秋早中期阶段。

第三节　南部发掘区典型地层

一、南Ⅰ区

探方T22至T25。T22位于遗址的东缘，地势最高，往西至T25地势渐低，再往西为一陡坡。文化层暴露较浅，耕土层有时直接叠压早期遗迹单位。遗迹多为灰坑和灰沟，规格往往较大，近东缘处存在建筑迹象（图一五）。遗迹单位仅见少量灰坑、灰沟、柱洞等。现以T23东壁剖面为例，介绍如下。

T23东壁剖面

第①层，耕土层，分布于探方大部分。土色灰褐，土质疏松，富含腐殖质，厚0～0.12米，包含物为近现代陶瓷片。

第②层，分布于探方大部分，东壁不见土色黄红，土质纯净较致密。深0～0.45、厚0～0.36米。包含物少，少量陶片。

第③层，分布整个探方。土色黄褐色土，土质疏松。深0～0.65、厚0～0.4米。包含物丰富，以大量陶片为主，大部分为夹砂陶。另有硬陶和原始瓷。原始瓷器类主要为豆。陶器器类有鬲、鼎、甗、豆、盆、瓮、罐、钵、器盖等。

第④层，分布整个探方。土色黑灰，土质松软黏重。深0～0.7米、厚0～0.9米。包含物极多，主要为陶片，较第③层更多。可见硬陶和原始瓷。陶器器类有鬲、鼎、甗、簋、豆、盆、瓮、罐、钵、盘、坛、器盖、拍和纺轮等。本层叠压H46、H93、H101。

第⑤层，分布于探方东南角。深0.7～1.1、厚0～0.5米。土色青灰，土质较硬致密。包含物较少，可见少量陶片。陶器器类有鬲。

第⑥层，分布于探方西半部，东壁不见。深0.7～0.8、厚0～0.3米。土色黄夹黑斑，土质致密坚硬。包含物可见大量红烧土粒，并出土石器及较多陶片等。陶器器类有豆、钵。本层叠压G26。

以下是生土层（图一六）。

T24   T23

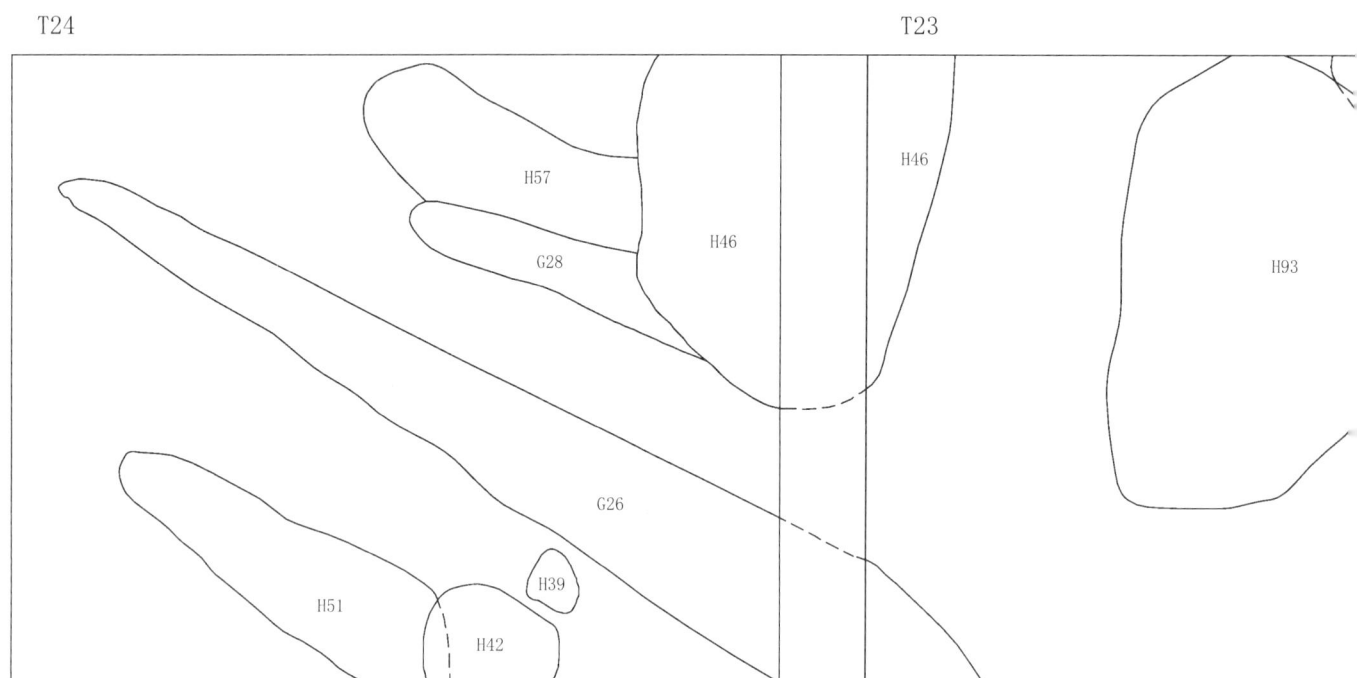

图一五 五担岗遗址早期遗迹分布图（T22–T24）

北   南

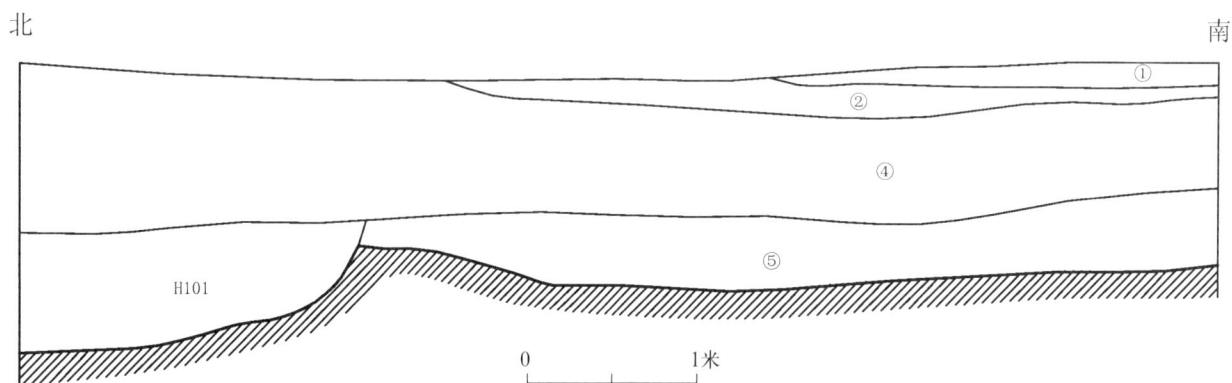

0   1米

图一六 T23东壁剖面图

该小区早期文化层较厚，延续性较强，年代在商中晚期至西周中晚期。未见春秋时期地层，应是因后世破坏的缘故。

二、南Ⅱ区

探方T26～T30、T37～T38。该小区是整个遗址破坏最严重的，遗址文化层已被现代大规模的农耕取土破坏，文化层非常单薄。T28～T30近贴探方南壁处早期地层较厚，呈倾斜状向南延伸。遗迹有灰坑、灰沟、墓葬等，其他可见水井（图一七）。现以T29西壁剖面为例，介绍如下。

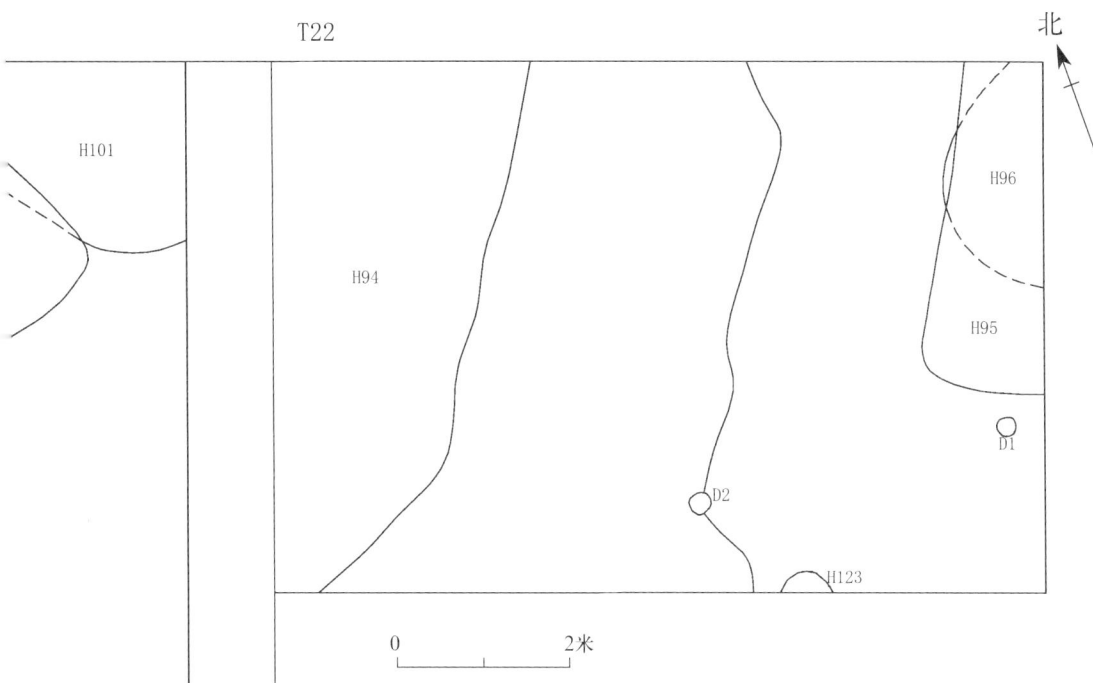

T29西壁剖面

第①层，耕土层，分布整个探方，在清理地表时部分被破坏。土色红黑相杂，土质疏松。堆积分布较均匀。深0～0.25、厚0～0.25米。包含大量植物根系、少量陶片。本层叠压晚期遗迹单位G18、G19、G20、G21、G22、H44、H45、H48等。

第②层，分布于探方大部分，北部分布较单薄。土色深灰，土质稍硬。深0.25～0.5、厚0.1～0.4米。地层内夹杂大量红烧土块、红烧土颗粒、大量炭屑、少量陶片。本层叠压H49、H50。

第③层，分布于探方南部，近北部已无分布。土色红黑相杂，土质坚硬。深0.4～0.9、厚0～0.5米。包含物有大量的红烧土粒、炭屑，另见少量陶片。

第④层，仅分布于探方南部，呈狭长的长条状。土色灰白，土质较疏松。深0.5～1.0、厚0.1～0.25米。包含物较少，可见红烧土及少量陶片。

第⑤层，仅分布于探方南部，呈狭长的长条状。土色灰黄，土质较硬。深0～0.75、0～0.5米。包含物可见红烧土、炭灰，另出土少量陶片。

以下是生土层（图一九）。

该小区早期文化层或遗迹的年代自商代早中期至春秋末战国初。各探方在延续性上不好，文化层年代断断续续。

三、南Ⅲ区

探方T31～T36。该小区是遗址文化层自二里岗上层时期至西周早期延续性保持最好的区域，特

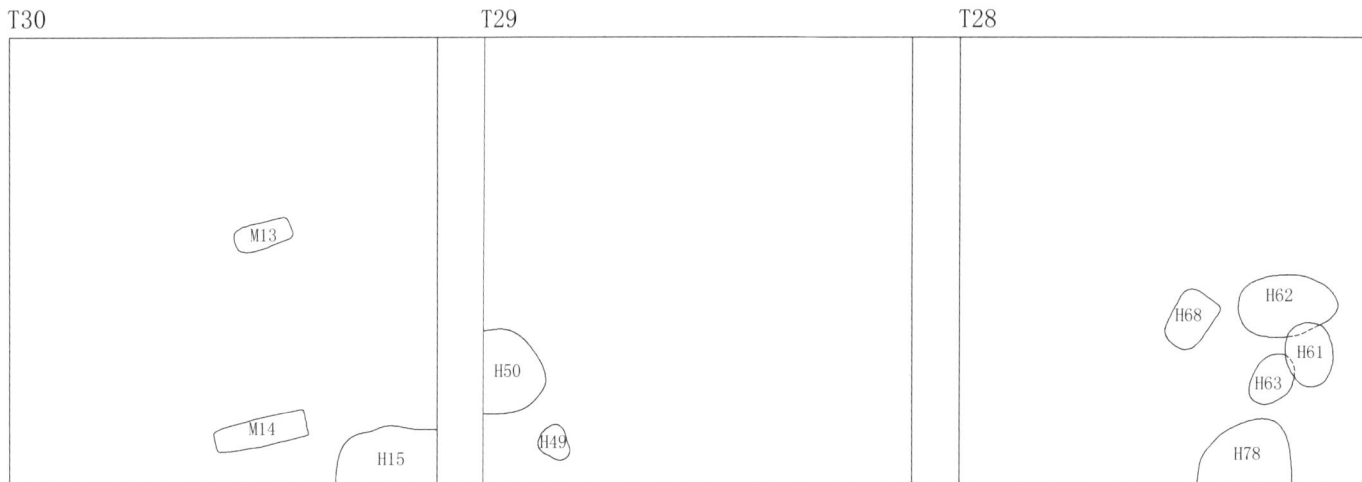

图一七　五担岗遗址早期遗迹分布图（T26～T30、T37～T38）

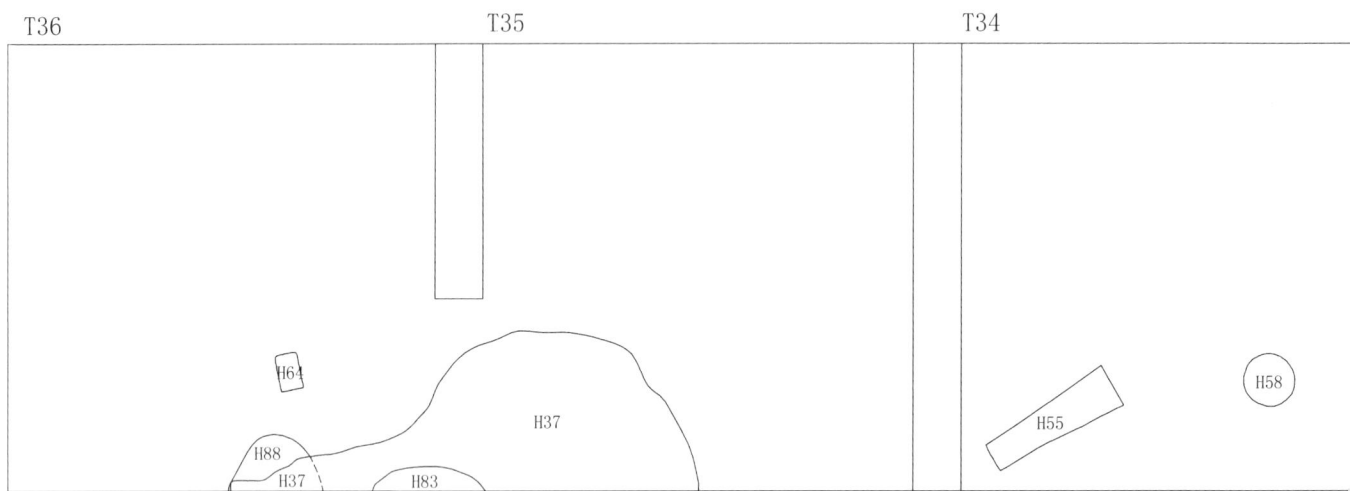

图一八　五担岗遗址早期遗迹分布图（T31～T36）

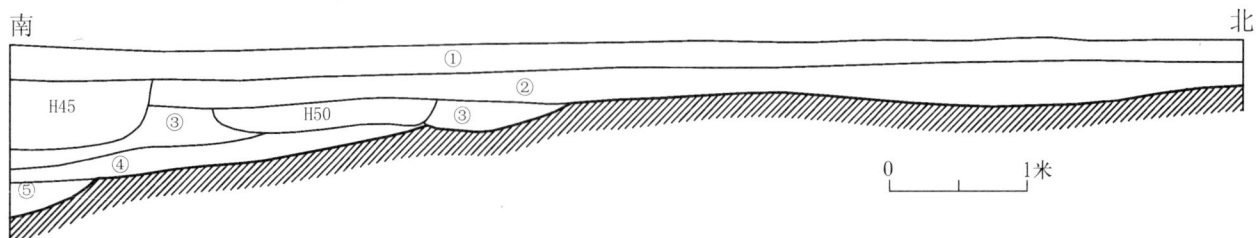

图一九　T29西壁剖面图

北

北

T26

T38　　　　　　T37

T32　　　　　　　　T31

H82

Z3

H81

H87

H108

G32

H97

H97

H121

G30

G33

H109

H119

H118

H113

H115

H74

H125

H72

H117

H126

H98

H106

H122

H112

H110

H111

H105

M7

H116

H120

H127

H107

G29

北　　　　　　　　　　　　　　　　　　　　南

① ③ ⑤ ⑥ ⑦ ⑧ ⑨

G31

H115

H126

H127

H107

0　　　　1米

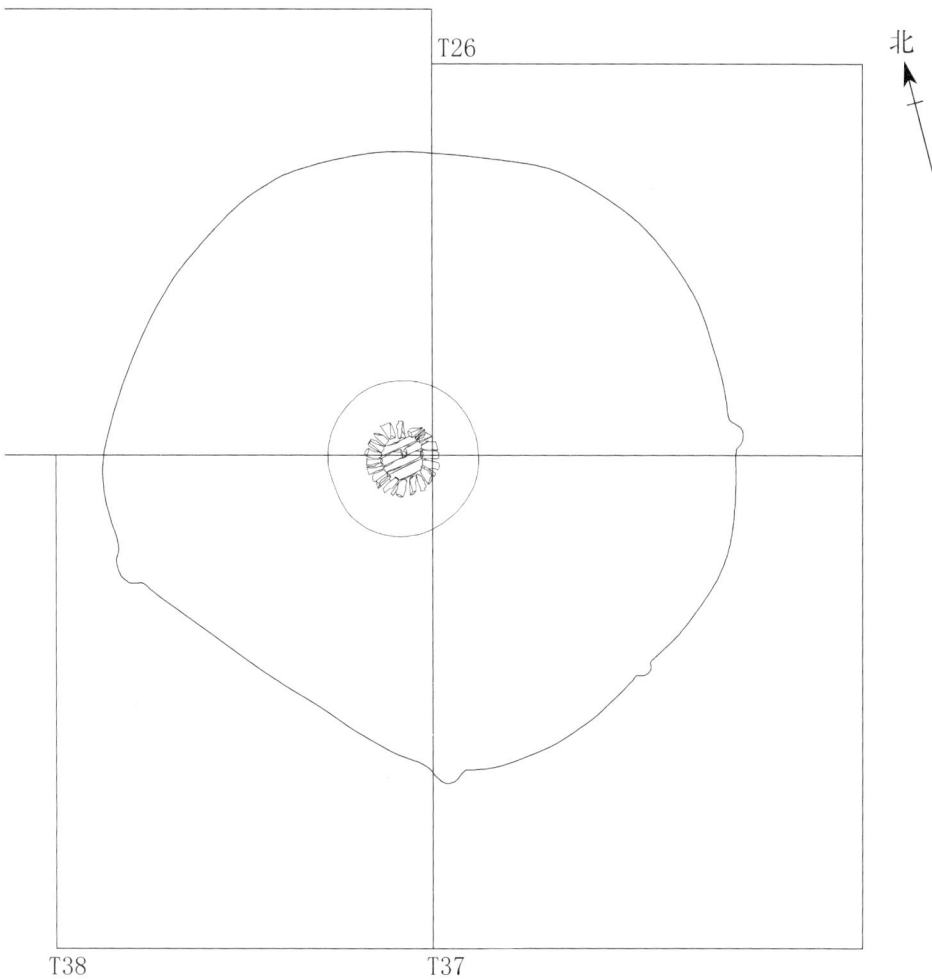

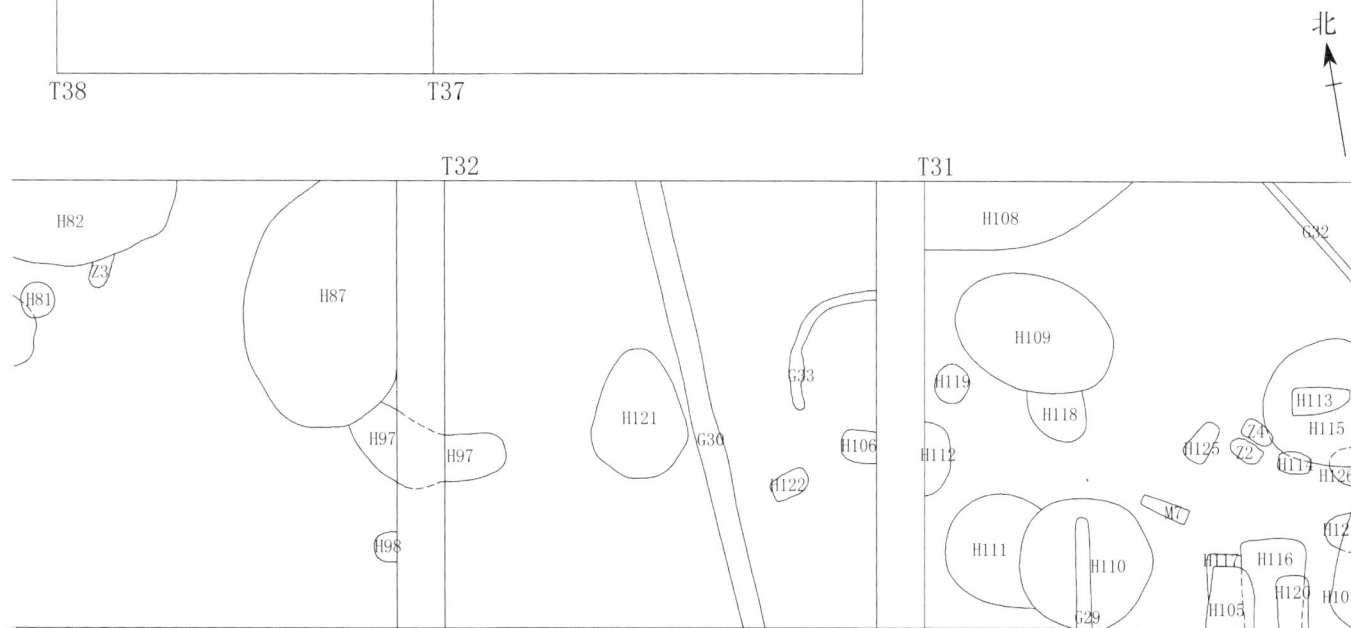

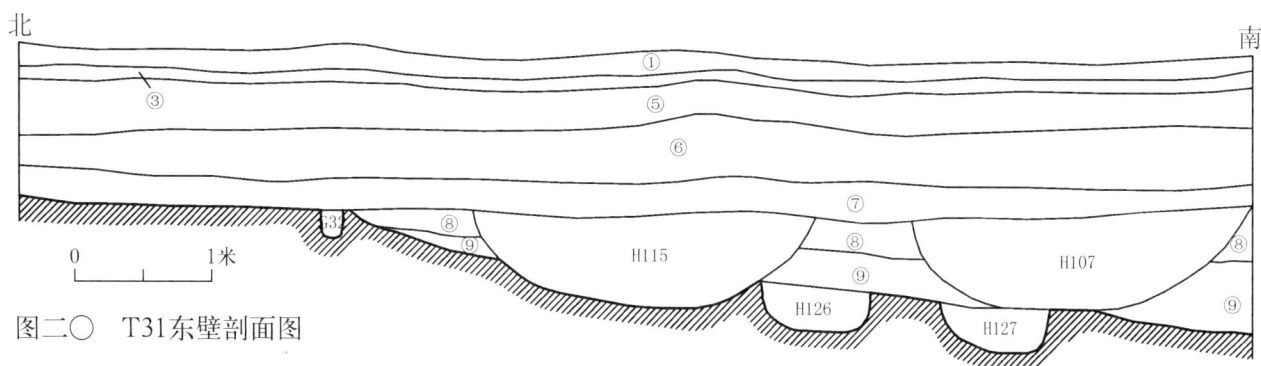

图二〇　T31东壁剖面图

别是T31、T32保存最好，T33保存相对较好。T31、T32由北往南早期地层向下倾斜、越来越深，这一点有些类似T28～T30的情况。早期文化层在分布上可能往南更厚一点，因此追寻更早的文化层应注意T31～T32南侧的区域。该小区发现了诸多早期的遗迹单位，多为灰坑、灰沟等，另有灶坑、墓葬等（图一八）。T31第⑦层下曾发现大面积的红烧土，因无特殊的迹象，发掘时作了灰坑编号处理。H110是个较为特殊的单位，其壁较直，包含物绝大多数为烧灰，其性质更可能是较大的烧坑。附近存在Z2、Z4两个性质明显的灶坑，并不存在柱洞或其他与建筑相关的迹象。T31南部、东南部遗迹单位密集。因此，寻找更有价值的线索需往这两个方向突破。T31第⑦层下遗迹单位应与北Ⅱ区T17第⑤层时代保持一致，所发现的窑址（Y1）应与T31这些早期遗迹有非常密切的关系。现以T31、T32、T35相关剖面为例，介绍如下。

T31东壁、南壁、西壁剖面

第①层，耕土层，分布整个探方。土色灰褐，土质较松软。厚0.07～0.23米。包含物有陶片和近现代瓷片等。

第②层，近现代扰土层，分布探方西南部。土色浅灰褐，土质松软。深0.07～0.25、厚0～0.15米。包含物有陶片、石块和瓷片等。

第③层，近代文化层，分布整个探方。土色青灰，土质较松软。深0.07～0.25、厚0.04～0.25米。包含物有陶片、红烧土块和青花瓷片等。

第④层，分布探方西南部。土色灰褐，土质较硬。深0.35～0.5、厚0～0.17米。包含物有陶片、青瓷片、“开元通宝”铜钱等。属唐宋文化层。

第⑤层，分布整个探方。土色深褐，土质较硬。深0.2～0.75、厚0.15～0.45米。包含物有陶片、硬陶片和原始瓷片等。属唐宋文化层。本层叠压晚期遗迹单位H38，灰坑内发现宋代瓷器。

第⑥层，分布整个探方。土色青灰，土质较硬。深0.4～1.0、厚0.17～0.5米。发现大量陶片，大多为夹砂陶，可见硬陶和原始瓷。其他包含物有红烧土颗粒、炭灰等。原始瓷器类有豆。夹砂、泥质陶器类有鬲、鼎、甗、豆、刻槽钵、钵、瓮、罐和圆陶片等。本层叠压G29。

第⑦层，分布整个探方。土色灰黑，土质较硬。深0.85～1.3、厚0.1～0.35米。包含物多为陶片、红烧土颗粒、炭灰等。多夹砂陶，存在较少硬陶、原始瓷。原始瓷器类不可辨。陶器器类有鬲、鼎、甗、豆、刻槽钵、盆、罐和器盖等。本层叠压H105、H107、H108、H109、H110、H111、H112、H113、H114、H115、H116、H117、H118、H119、H120、G32、Z2、Z4（彩版四，1）等。

第⑧层，分布探方南半部。土色黄褐，土质较硬。深1.05～1.75、厚0～0.65米。包含物有陶片、红烧土颗粒等，陶片比第⑦层少很多。多为夹砂陶，余为泥质陶。陶器器类有鬲、盆、罐等。

第⑨层，分布探方南半部。土色青灰，土质较松软。深1.0～2.0、厚0～0.7米。包含物有陶片、红烧土颗粒、炭灰等。陶片多为夹砂陶，少数泥质陶，硬陶更少。陶器器类有鬲、鼎、甗、豆、盆、瓮、罐、器盖和圆陶片等。本层叠压H125、H126、H127、M7。

东 西

①
②
③
⑤
④
⑥
⑦ ⑦
G29
H120 H105
⑧ ⑧
H116 H117
⑨

0 1米

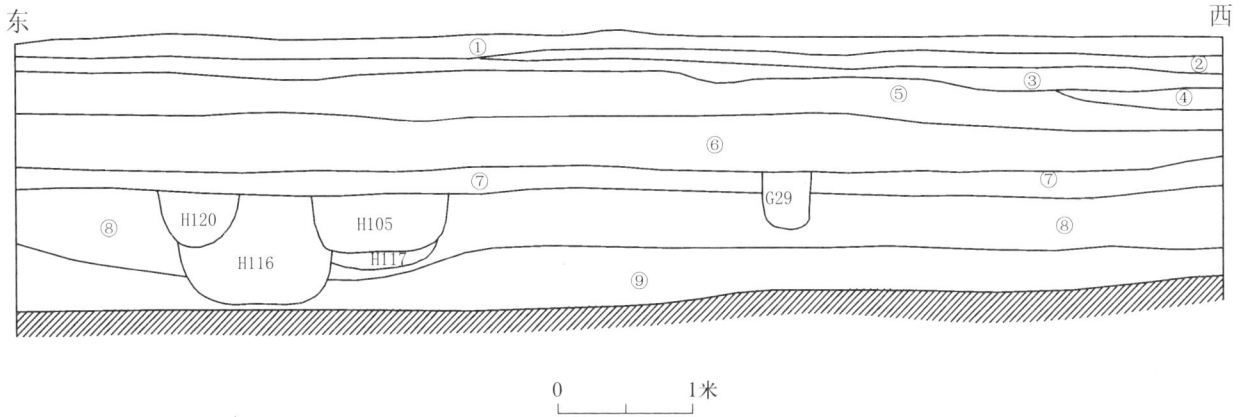

图二一 T31南壁剖面图

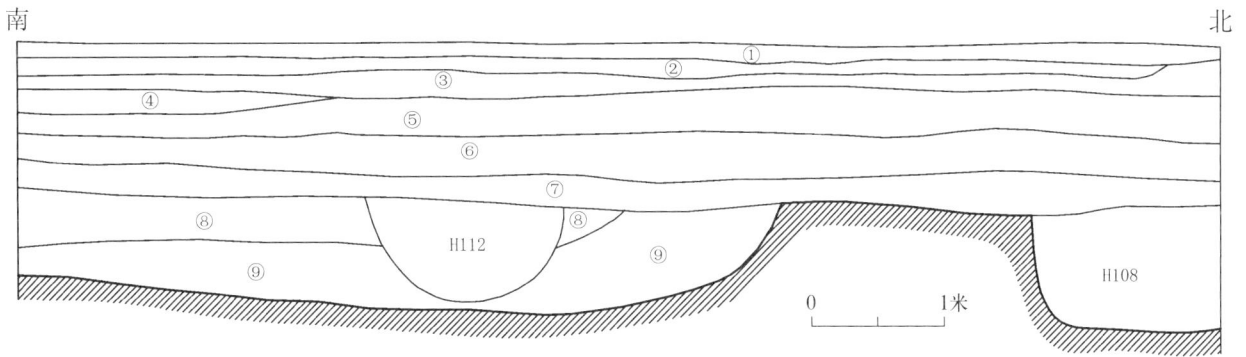

南 北

①
②
③
④
⑤
⑥
⑦
⑧ ⑧
H112
⑨ ⑨
H108

0 1米

图二二 T31西壁剖面图

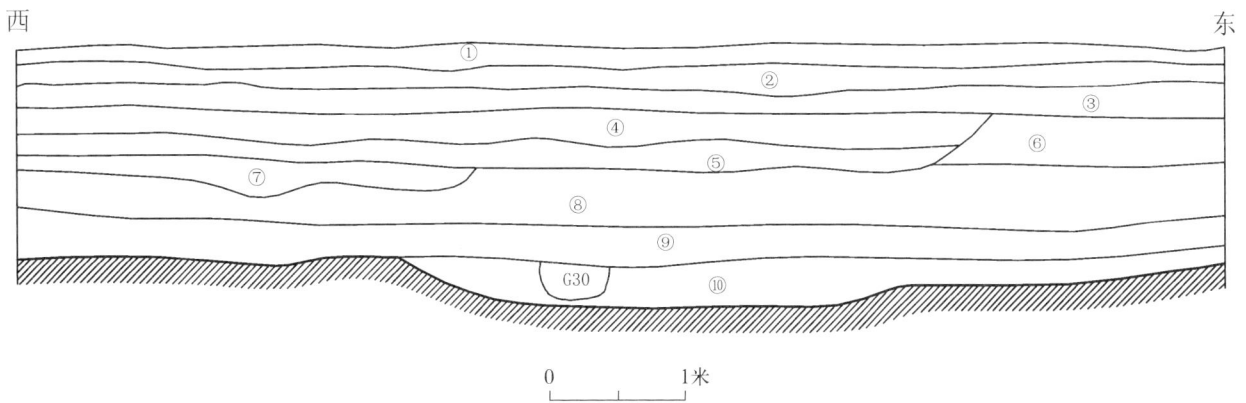

西 东

①
②
③
④
⑤ ⑥
⑦
⑧
⑨
G30 ⑩

0 1米

图二三 T32北壁剖面图

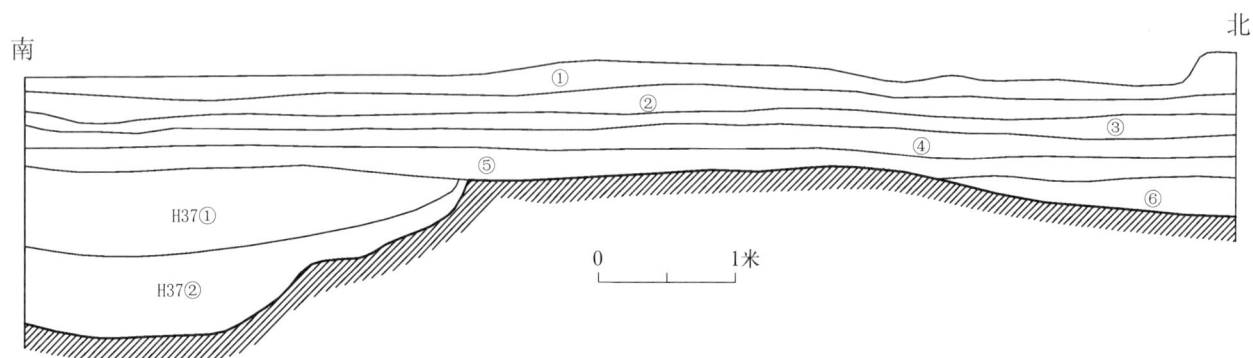

图二四　T35西壁剖面图

以下是生土层（图二〇、二一、二二）。

T32北壁剖面

第①层，耕土层，分布整个探方。土色灰褐，土质较松散。厚0.05～0.2米。包含物有少量陶、瓷片。

第②层，近现代扰土层，分布整个探方。土色浅灰褐，土质松散。深0.05～0.2、厚0.07～0.23米。包含物有较多红烧土块、瓷片、陶片、瓦片等。

第③层，近代文化层，分布整个探方。土色灰褐，土质较硬。深0.2～0.38、厚0.07～0.27米。包含物有较多陶片、红烧土块、炭灰等。

第④层，分布于探方西北大部。土色浅灰褐，土质较硬。深0.3～0.5、厚0～0.26米。包含物有少量碎陶片、红烧土颗粒、炭灰等。属唐宋文化层。

第⑤层，分布于探方西北大部。土色深褐，土质较硬。深0.5～0.75、厚0～0.27米。出土较多陶片，陶器器类有鬲、罐。属唐宋文化层。

第⑥层，分布于探方中、东部。土色青灰，土质较硬。深0.38～0.5、厚0～0.35米。包含物有较多红烧土颗粒、炭灰，出土少量陶片。

第⑦层，分布于探方中、西部。土色灰白，土质较硬。深0.6～0.8、厚0～0.26米。属水淤积层。包含物有零星红烧土颗粒，极少碎陶片等。

第⑧层，分布整个探方。土色灰黑，土质较硬。深0.65～0.9、厚0.18～0.5米。包含物有红烧土颗粒、炭灰。出土大量陶片，大多为夹砂陶，少数为泥质陶，极少数硬陶。陶器器类有鬲、鼎、甗、豆、刻槽钵、瓮、罐、钵、盘、器盖、圆陶片等。本层叠压H97、H106。

第⑨层，分布整个探方。土色黄褐，土质较硬。深1.0～1.26、厚0.2～0.45米。包含物有大量红烧土颗粒、炭灰。出土较多陶片，但少于第⑧层很多。多为夹砂陶，少量泥质陶，极少硬陶。陶器器类有鬲、鼎、甗、豆、罐、器盖等。本层叠压G30、G33（彩版四，2）。

第⑩层，分布于探方中、东、南部。土色青灰，土质较松软。深1.43～1.55、厚0～0.35米。地层局部分散红烧土，并有部分青灰色烧结区，伴随有大量炭灰。出土陶片更少，多为夹砂陶，少数泥质陶，极少硬陶。陶器器类有鬲、鼎、甗、豆、刻槽钵、盆、罐和器盖等。

第⑩层下仍有一层，因施工原因未发掘。

再往下是生土层（图二三）。

T35西壁剖面

第①层，耕土层，分布整个探方。土色灰褐，土质松散。厚0.1～0.15米。

第②层，近现代扰土层，分布整个探方。土色浅灰，土质较紧密，深0.1～0.15、厚0.1～0.2米。出土近代青花瓷片、陶片。

第③层，近代文化层，分布整个探方。土色深青灰，土质紧密黏硬。深0.23～0.35、厚0.08～0.13米。出土少量陶片。

第④层，分布整个探方。土色黄褐，土质较紧密。深0.35～0.45、厚0.1～0.18米。包含物有较多红烧土块、陶片，并于西北部出土"开元通宝"铜钱1枚。属唐宋文化层。

第⑤层，分布整个探方。土色深褐，土质较紧密。深0.5～0.63、厚0.1～0.23米。包含物有较多陶片，另见少量红烧土块、炭灰等。本层叠压H37，探方北部已见生土。

第⑥层，分布于探方北部。土色黑褐，土质紧密。深0.7～0.75、厚0～0.3米。地层中出土少量陶片，多为夹砂陶，其他包含物有红烧土块、石块、炭灰等。陶器器类有鬲、鼎等。

以下是生土层（图二四）。

从出土文化遗物来看，本探方第①～④层属唐宋之后堆积，第⑤层下遗迹单位H37已经进入春秋早中期，而第⑥层的时代则略早一点。

如前所述，T31、T32早期文化层在年代上可自商代早期延续至西周早期。除此之外，T33、T34则可从西周早期延续至西周中晚期，T35、T36从西周晚期延续至春秋早中期。

第三章　早期遗存

早期遗存是指五担岗遗址早期阶段的地层、文化遗迹，其时代大约从商早期延续至战国时期。它是遗址的主体遗存，存续时间长，出土物也多。出土部分具有二里头文化特征的遗物，多出现于时代相对较晚些的地层或遗迹中。遗址地层堆积状况已于第二章单独介绍，在此不再赘述。兹按文化遗迹、文化遗物分别予以介绍，然后讨论遗存的分期与年代。出自晚期地层、遗迹中的早期文化遗物归到本章第二节。

第一节　文化遗迹

早期遗存遗迹种类较多，有灰坑、灰沟、坑、建筑遗存、灶坑、窑、水井和墓葬等。主要分布在T07～T17、T22～T24、T26～T27、T31～T38共23个探方内，尤其以T07～T10、T22～T24、T31～T32最为密集。遗迹种类以灰坑、灰沟为主，数量也最多。

一、灰坑

早期灰坑共发现110个，分布于发掘区大部分区域（附表三）。

H1

位于T04西部、T05东部（图五）。平面不规则，最大径6.7、深0.7米（图二五）。弧壁，大圆底。开口于第①层下，打破第②层及生土层，坑口距地表0.25米。该灰坑为一次性堆积形成，土色深灰色，土质松软，填土中可见较多红烧土块、炭灰、石器及大量陶片等。经统计，出土陶片共2785块。以夹砂陶为主，占72.8%，其中红、褐陶占41.2%；次为泥质陶，占17.6%，其中红陶占7.6%；硬陶再次之，占9.3%；原始瓷占0.3%。坑内所出陶片，素面陶最多，1561块。占56.1%；纹饰以绳纹为主，共837块，占30.1%。其余纹饰有弦纹、梯格纹、网纹、方格纹、附加堆纹、云雷纹、指捺纹、刻划纹、叶脉纹、曲折纹、席纹、回纹、复线回纹、三角填线纹、菱形填线纹等，组合纹饰有弦纹+席纹、弦纹+回纹、弦纹+复线菱纹、曲折纹+弦纹、曲折纹+回纹、回纹+席纹、回纹+叶脉纹、回纹+复线菱纹、回纹+三角填线纹、云雷纹+复线回纹、复线回纹+窗格纹、复线菱纹+窗格纹等。石器器类有刀。原始瓷器器类有豆。陶器器类有鬲、鼎、甗、簋、豆、刻槽钵、盆、罐、钵、盘、坛和器盖等。典型陶器有D型素面鬲、C型鼎（足）、C型Ⅲ式甗、Bc型Ⅲ式豆（柄）、Db型Ⅰ式盆、Ac型Ⅱ式鼓腹罐和Cb型Ⅳ式钵等。

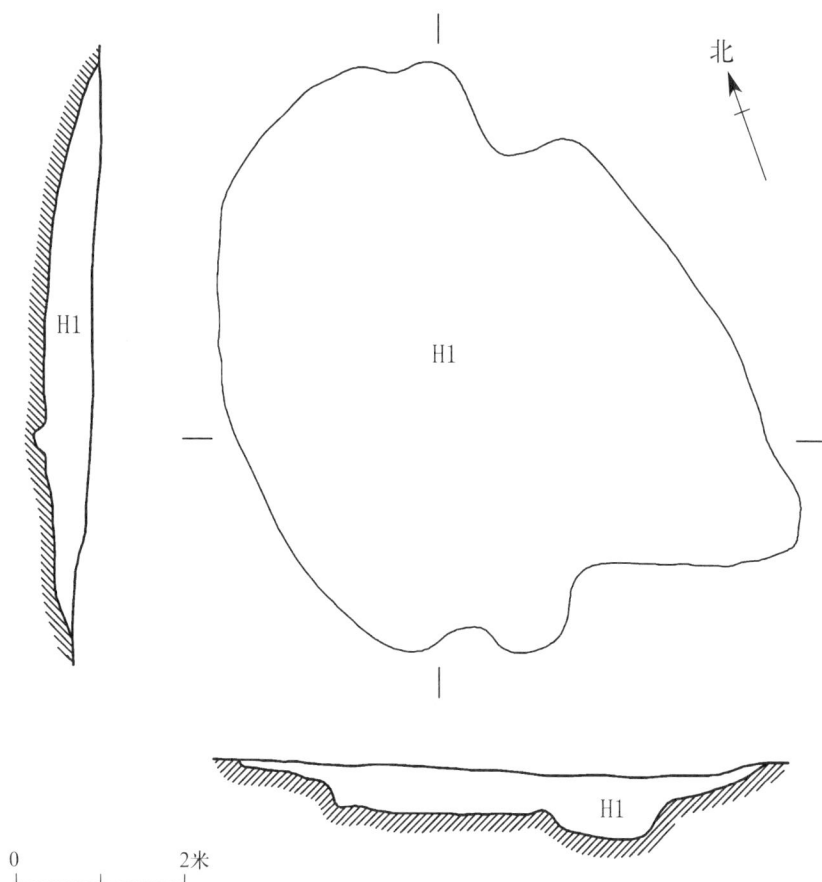

图二五　H1平、剖面图

H2

位于T03西侧大部、T04东南部，两端延伸进入北壁、南壁内（图五）。灰坑较大，发掘范围内平面呈带状，南北长9.0、东西长6.2～9.3、深1.4米。坑底不平，局部较深（图二六）。开口于第①层下，打破第②层及生土层。坑口距地表0.1米。该灰坑为一次性堆积形成，土色深灰，土质松软，出土大量陶片。另可见石器。经统计，出土陶片共3832块。以夹砂陶为主，占48.1%，其中红、褐陶占33.4%；泥质陶次之，占42.6%，其中灰陶占25.6%；硬陶再次之，占8.5%；原始瓷占0.8%。坑内所出陶片，素面陶最多，占49.7%；纹饰以绳纹为主，占19.4%；其次为间断绳纹，占17.2%；其他纹饰有弦纹、梯格纹、方格纹、篮纹、附加堆纹、曲折纹、刻划纹、云雷纹、叶脉纹、指捺纹、网纹、圆圈纹、复线圆圈纹、三角填线纹、回纹、复线回纹、席纹、窗格纹等，组合纹饰有弦纹+席纹、弦纹+曲折纹、弦纹+方格纹、弦纹+穗状纹、方格纹+菱形填线纹、方格纹+附加堆纹、席纹+附加堆纹、篮纹+附加堆纹、曲折纹+回纹、回纹+复线菱纹、菱纹+圈点纹等。石器器类有锛、刀和镞。原始瓷器器类有碗、盘。陶器器类有鬲、鼎、甗、簋、豆、刻槽钵、盆、瓮、罐、钵、盘、缸、坛、碗、陶拍、网坠、圆陶片等。典型陶器有E型Ⅱ式绳纹鬲、2类Bb型绳纹鬲（口沿）、Ab型弧腹瓮、B型Ⅱ式弧腹罐、Ca型Ⅲ式小罐、Ca型Ⅲ式钵和Bc型微敛口盘等。

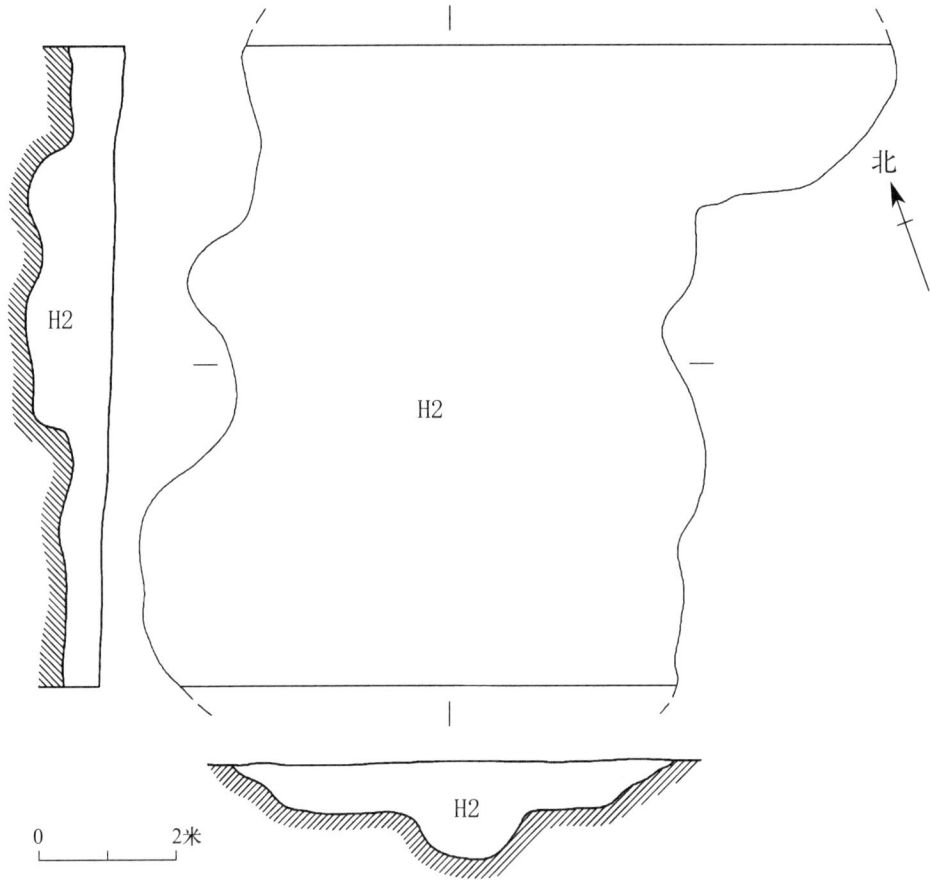

图二六　H2平、剖面图

H3

位于T07西南部，并延伸入南壁内（图六）。据发掘部分推测其原平面略呈椭圆形，最大径1.0、深0.53米。斜壁平底，坑壁有加工痕迹。开口于第①层下，打破第②层、第③层至生土，同时打破H71（图二七，1）。坑口距地表0.1～0.15米。该灰坑堆积分两层。第①层，厚0.26米，土色灰褐，土质略硬，有少量陶片；第②层，厚0.27米，土色浅灰褐色，土质略软，内含较多红烧土颗粒和草木灰，无陶片出土，坑底填土含沙量非常大。经统计，出土陶片共16块。以夹砂陶为主，占93.8%，红、褐陶占68.8%；泥质陶次之，占6.2%。坑内所出陶片，素面陶最多，占56.3%；纹饰仅见绳纹，占43.7%。陶器器类有鬲、鼎和豆等。

H4

位于T07的东南部（图六）。平面近圆形，直径0.88、深0.35米。直壁平底，坑壁有明显加工痕迹。开口于第②层下，打破H70、第③层及生土层（图二七，2）。开口距地表约0.1～0.2米。该灰坑为一次性堆积形成，土色灰褐，土质略硬。包含物少见文化遗物，主要有红烧土、木炭、草木灰烬及少量陶片。经统计，出土陶片共44块。以夹砂陶为主，占95.4%，其中红、褐陶占65.9%；

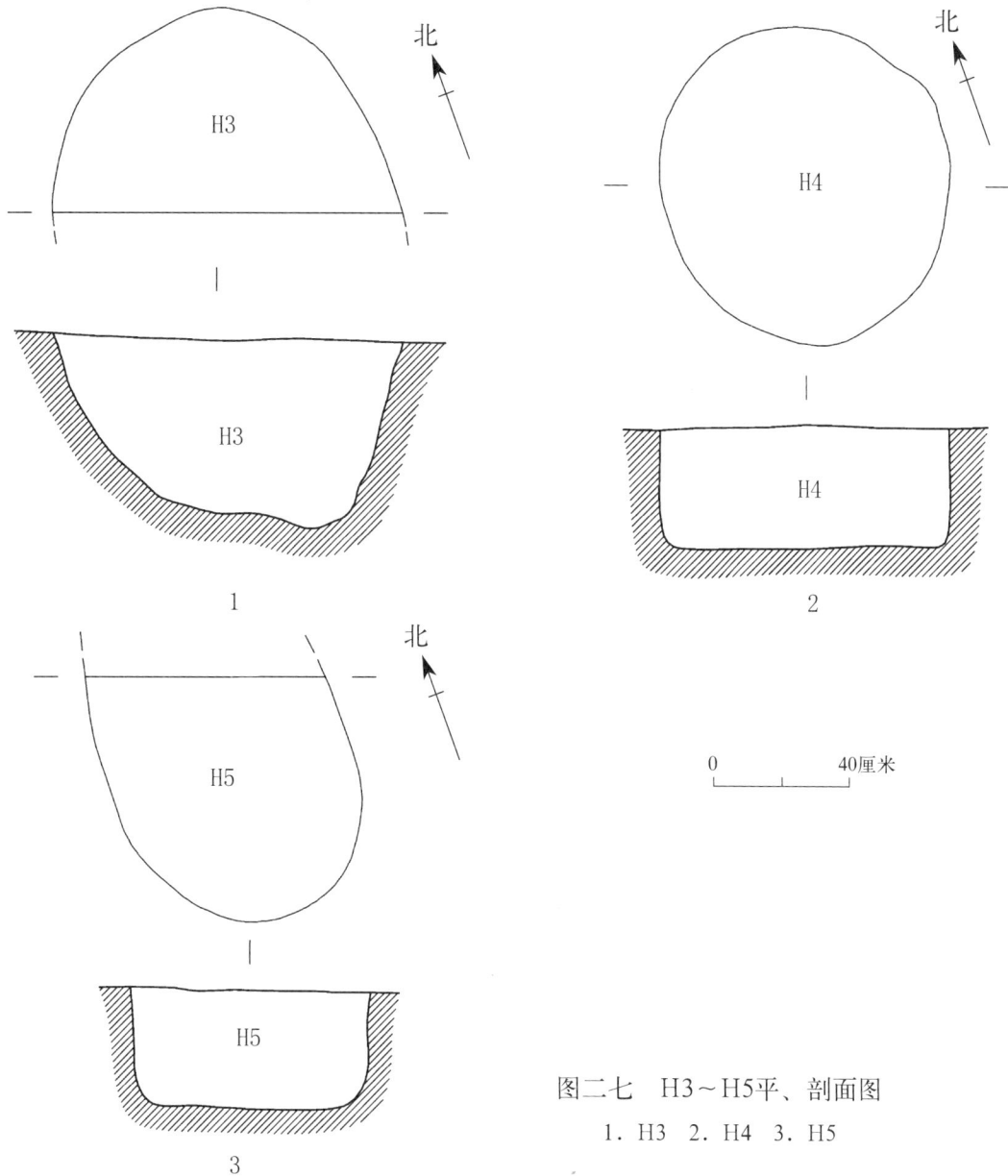

图二七　H3～H5平、剖面图
1. H3　2. H4　3. H5

泥质陶、硬陶次之，各占2.3%。坑内所出陶片，素面陶最多，占54.6%；纹饰以绳纹为主，占38.6%，其他纹饰有间断绳纹、刻划纹等。陶器器类有鬲、甗等。

H5

位于T07的西北部，并延伸入北壁（图六）。据发掘部分推测其平面略呈椭圆形，直径0.7～0.8、深0.33米。直壁平底，坑壁有明显加工痕迹（图二七，3）。开口于第①层下，打破第②层及生土层。坑口距地表0.1米。该灰坑为一次性堆积形成，土色灰褐、局部黄色，土质略硬。未出土陶片。

H6

位于T08的北部、东北部，并延伸入北壁内（图六）。平面不规则，边界略呈圆弧状。最大径

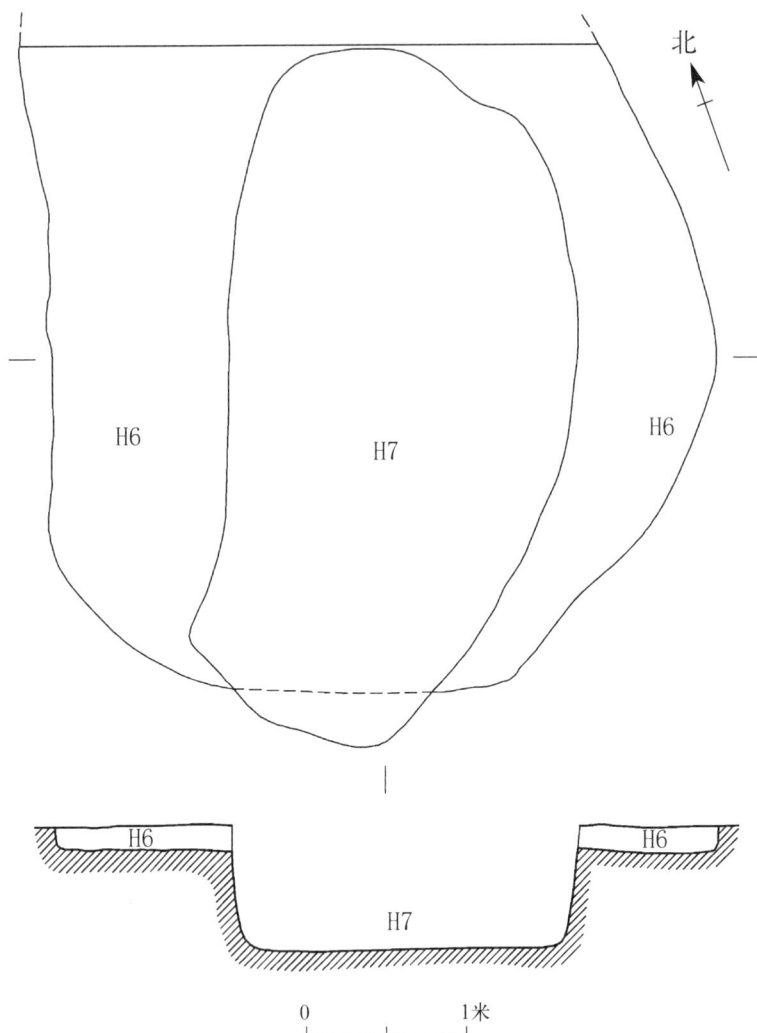

图二八　H6平、剖面图

4.36、深0.13~0.16米。直壁平底，未发现加工痕迹。开口于第①层下，打破G1、第②层，并被H7打破（图二八）。坑口距地表0.1米。该灰坑为一次性堆积形成，土色灰褐、局部黄褐，土质较硬。填土中可见大量红烧土块、红烧土渣，其间可见少量陶片。经统计，共出土陶片90块。以夹砂陶为主，占54.4%，其中夹砂红、褐陶占43.3%；硬陶次之，占32.2%；泥质陶再次之，占13.3%。坑内所出陶片，素面陶最多，占44.4%；纹饰以绳纹为主，占21.1%，其他纹饰有间断绳纹、方格纹、云雷纹、曲折纹、回纹、复线回纹、三角填线纹、菱形填线纹、窗格纹等。陶器器类有鬲、鼎和罐等。

H7

位于T08的北部（图六）。平面呈椭圆形，最大径4.38、深0.82米。斜壁平底，未发现加工痕迹（图二九）。开口于第①层下，打破第②层至生土层，同时打破H6、H36、H52。坑口距地表0.15米。该灰坑为一次性堆积形成，土色灰褐，局部灰色或黄色，土质较硬，结构紧密。填土中可见红

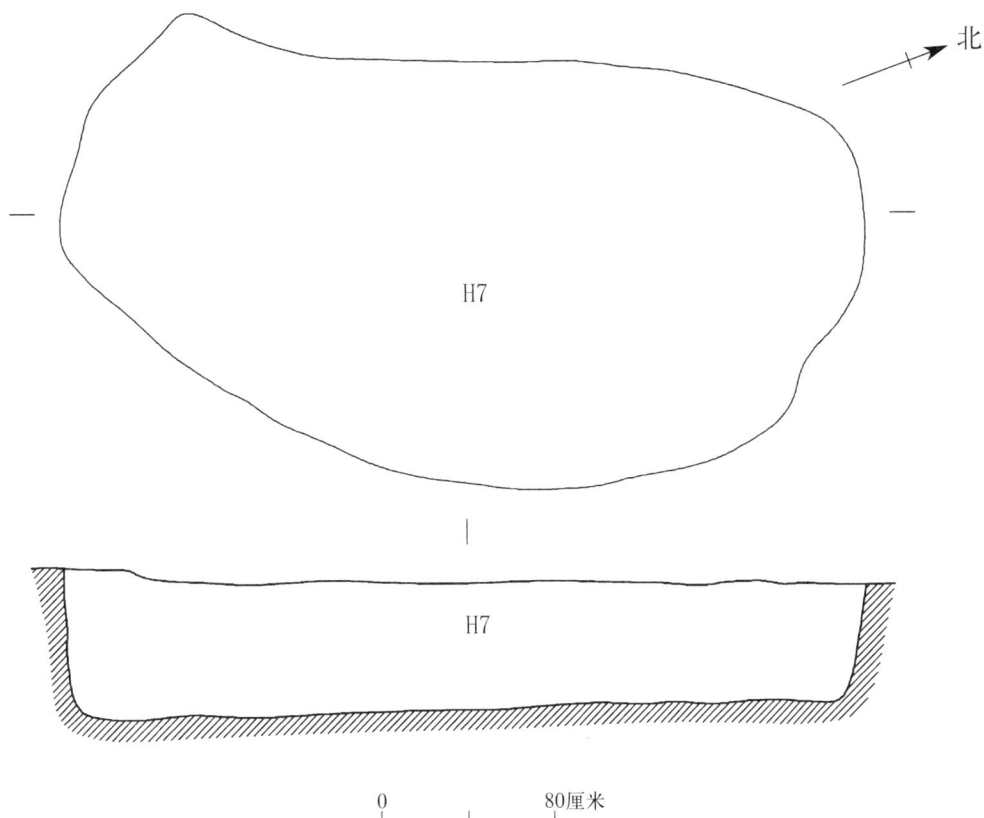

图二九　H7平、剖面图

烧土颗粒、草木灰、兽骨、蚌壳及石器等，并出土大量陶片。经统计，出土陶片共427块。以夹砂为主，占74.9%，均为红、褐陶；次为泥质陶，占21.8%，其中泥质灰陶占12.9%，硬陶占3.3%。坑内所出陶片，素面陶最多，共228块，占53.4%；纹饰以绳纹为主，占36.5%。其他纹饰有间断绳纹、弦纹、方格纹、指捺纹、附加堆纹、刻划纹、折线纹、曲折纹、席纹、回纹、复线回纹等，组合纹饰有绳纹+附加堆纹、方格纹+窗格纹、曲折纹+回纹、弦纹+绳纹等。石器器类有锛、刀。骨器器类有梭形器和镞。陶器器类有鬲、鼎、甗、罐、钵和窝形器等。

H8

位于T09的西部，并延伸进入西壁内（图六）。据发掘部分推测其平面略呈圆形，最大径1.05、深0.5米。斜壁平底，未见加工痕迹（图三〇，1）。开口于第①层下，打破第②层及H59。坑口距地表0.1米。该灰坑为一次性堆积形成，土色黄褐，土质较硬。填土稍纯净。出土陶片4块。2块为夹砂红褐陶。可见纹饰有间断绳纹、绳纹+指捺纹。陶器器类有鬲、甗、罐等。典型陶器有B型甗（腰）、Ab型Ⅴ式鼓腹罐和A型Ⅰ式双耳罐。

H9

位于T09的南部，并延伸入南壁内（图六）。发掘部分平面不完整，边界略呈圆弧形。现长4.63、宽1.07、深0.7~1.3米。斜壁，底部不平，未见加工痕迹。开口于第①层下，打破第②层、第③层，同时打破H59、H99、H104，并被H47打破（图三〇，2）。坑口距地表0.1米。该灰坑为

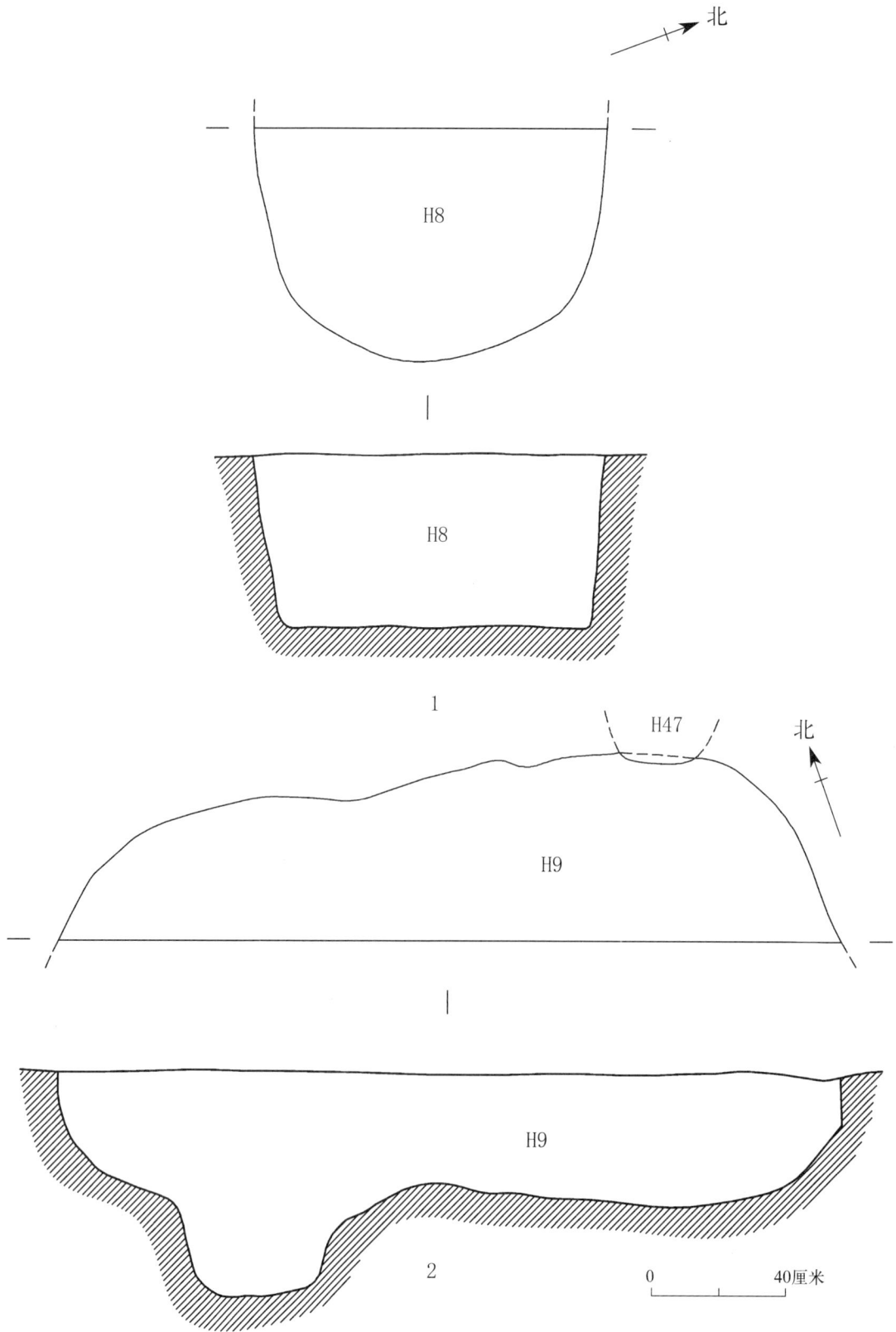

北

H8

H8

1

H47　　　北

H9

H9

2　　　　　　　　0　　　40厘米

图三○　H8、H9平、剖面图

1.H8　2.H9

一次性堆积形成，土色黄褐，土质较硬，结构紧密。经统计，出土陶片共25块。以夹砂陶为主，占76%，其中红、褐陶占48%；泥质陶次之，占16%，均为黑陶；余为硬陶。素面陶器数量较多，占56%，纹饰有绳纹、间断绳纹、弦纹、曲折纹、云雷纹等。陶器器类有鬲、鼎和罐等。

H10

位于T09的中部（图六）。平面不规则，最长2.67、深0.1~0.16米。直壁，底部略平，未见加工痕迹（图三一）。开口于第①层下，打破第②层。坑口距地表0.2米。该灰坑为一次性堆积形成，土色黑褐，土质较软，结构较疏松。填土内可见红烧土颗粒、炭灰、兽骨及碎陶片等。陶器可见纹饰有绳纹，器类不可辨。

H11

位于T07的东部（图六）。平面呈长方形，长0.85、宽0.65、深0.26米。直壁平底，未见加工痕迹（图三二）。开口于第①层下，打破第②层及生土层。坑口距地表0.1米。该灰坑为一次性堆积形成，土色浅灰褐色，土质松软，未出土陶片。

H15

位于T30东南角，并延伸进入东壁、南壁内（图一七）。发掘部分平面不完整，长2.0、宽1.2、深0.52米。斜壁，底部斜平，未见加工痕迹（图三三）。开口于第②层下，打破第③、第④层。坑口距地表0.3米。该灰坑为一次性堆积形成，土色黑灰，土质较软，结构疏松。填土中可见红烧土颗粒、炭灰、石器及较多陶片。经统计，灰坑出土陶片共135块。以夹砂陶为主，占74.1%，其中灰陶占36.3%，红、褐陶占27.4%；其次为泥质陶，占25.2%，其中灰陶占14.8%；原始瓷占0.8%。素面陶器数量较多，占31.9%；纹饰以间断绳纹为主，占46.7%；绳纹占14.1%；另有弦纹、网纹、圆圈纹、席纹、菱形填线纹等。石器器类有斧。原始瓷器器类有碗。陶器器类有鬲、鼎、甗、豆、刻

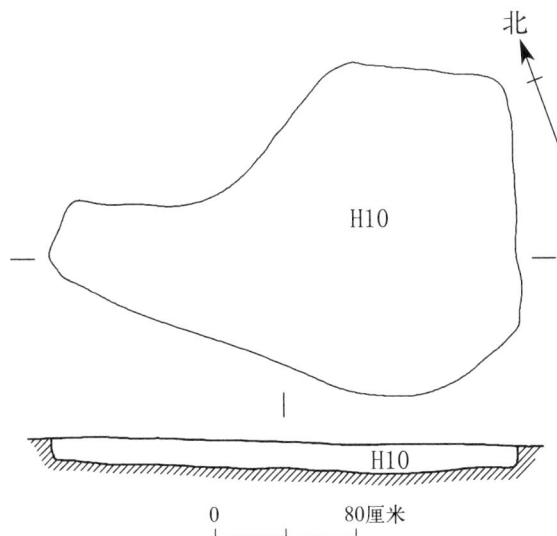

图三一　H10平、剖面图

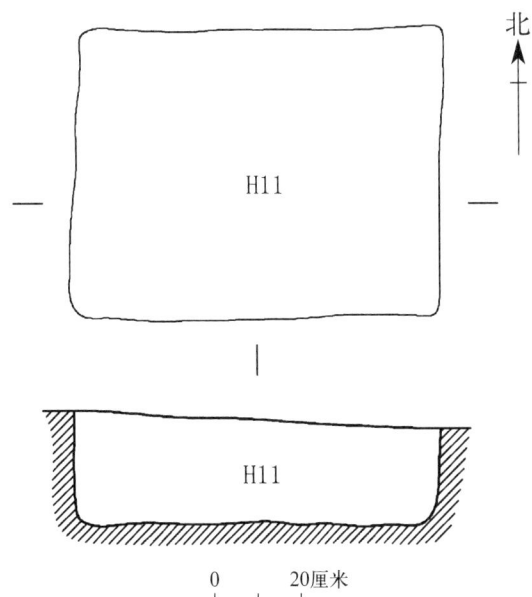

图三二　H11平、剖面图

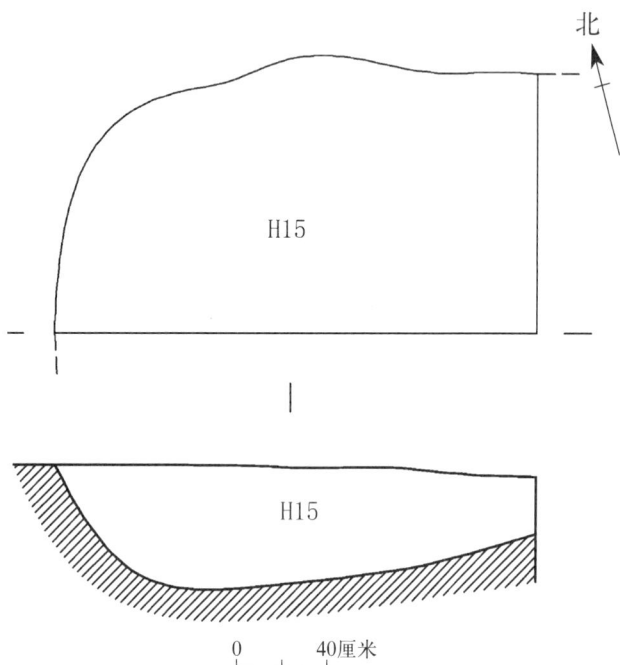

图三三　H15平、剖面图

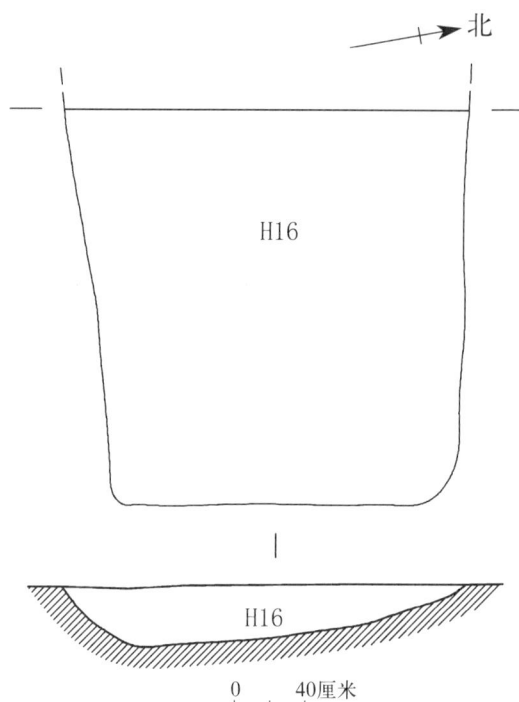

图三四　H16平、剖面图

槽钵、盆、瓮、罐、钵、器盖和圆陶片等。典型陶器有C型绳纹鬲、1类Ab型绳纹鬲（口沿）、2类Ab型绳纹鬲（口沿）、B型Ⅳ式甗（甑部）、B型Ⅱ式双耳罐和Ac型Ⅲ式鼓腹罐等。

H16

位于T12的西部，并延伸进入西壁（图一〇）。据发掘部分推测其原平面为长方形，长2.2、宽1.8～2.3、深0.32米。斜壁，底部呈倾斜状，未见加工痕迹（图三四）。开口于第②层下，打破H21及生土层。坑口距地表0.55米。该灰坑为一次性堆积形成，土色浅灰，土质较软，结构疏松。经统计，出土陶片共76块。以夹砂陶为主，占56.6%，其中红、褐陶占36.8%；泥质陶次之，占38.2%，其中红、褐陶占22.4%；另有少量硬陶。坑内所出陶片，素面陶较多，占51.3%。纹饰以绳纹和间断绳纹为主，分别占23.7%和14.5%；其他纹饰有附加堆纹、指捺纹、曲折纹、回纹、三角填线纹、复线回纹等。陶器器类有盆、罐等。

H17

位于T12的中东部（图一〇）。据发掘部分推测其原平面近圆形。直径1.72、宽1.55、深0.3米。斜壁，底近平，未见加工痕迹（图三五，1）。开口于第②层下，打破H20及生土层，被晚期墓葬M1打破。该灰坑为一次性堆积形成，土色深灰，土质较软，结构疏松。填土中可见红烧土颗粒、木炭及零星陶片等。经统计，出土陶片共9块。其中6块为夹砂红、褐陶。可见纹饰有绳纹、附加堆纹。陶器器类有鬲。

H18

位于T12的东北部，并延伸进入北壁内（图一〇）。据发掘部分推测其原平面为椭圆形。最大

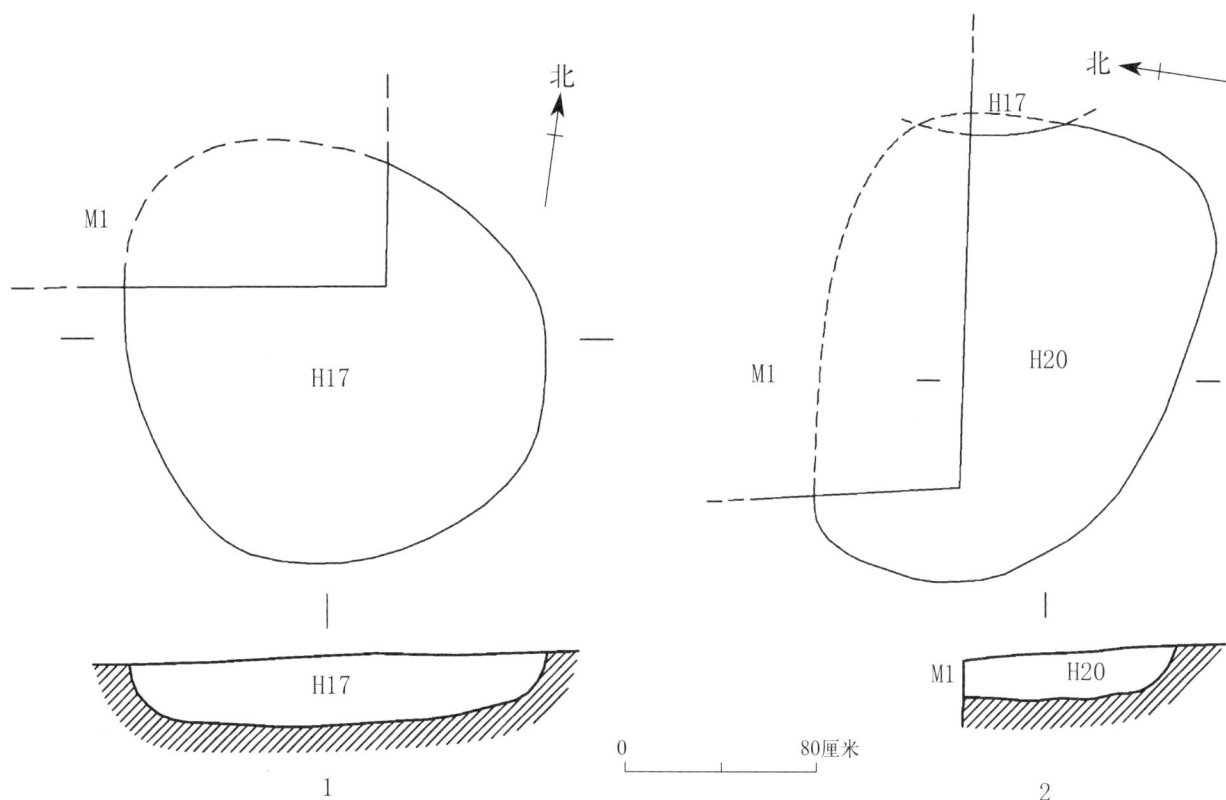

图三五　H17、H20平、剖面图

1.H17　2.H20

径2.28、深0.35米。斜壁，底近平，未见加工痕迹（图三六）。开口于第②层下，打破H30及生土层。坑口距地表约0.3米。该灰坑为一次性堆积形成，土色深灰，土质较软，结构疏松。填土中可见红烧土颗粒、炭灰、石器及较多陶片。经统计，出土陶片共98块。以夹砂陶为主，占81.6%，其中红褐陶占67.3%；泥质陶次之，占18.3%，其中黑陶占10.2%。坑内所出陶片，素面数量较多，占67.3%。纹饰以绳纹为主，占26.5%，其他纹饰有弦纹、复线回纹、指捺纹等。石器器类有锛。陶器器类有鬲、甗和豆等。

H19

位于T12的西北部，并延伸进入北壁内（图一〇）。据发掘部分推测其原平面为椭圆形。最大径0.58、深0.33米。直壁，底近平，未见加工痕迹（图三七）。开口于第②层下，打破生土层。坑口距地表约0.3米。该灰坑为一次性堆积形成，土色深灰，土质较软，结构疏松。填土中可见红烧土颗粒、炭粒及较少碎陶片。陶片以夹砂红褐陶为主，泥质灰陶次之。陶器可见纹饰为绳纹，器类不可辨。

H20

位于T12的中部（图一〇）。发掘部分平面不完整，边界圆弧形。最大径1.9、深0.2米。斜壁，底近平，未见加工痕迹（图三五，2）。开口于第②层下，打破生土层，被H17及晚期墓葬M1打破。该灰坑为一次性堆积形成，土色灰，土质黏软，结构疏松。填土中可见有红烧土颗粒、炭灰等，未

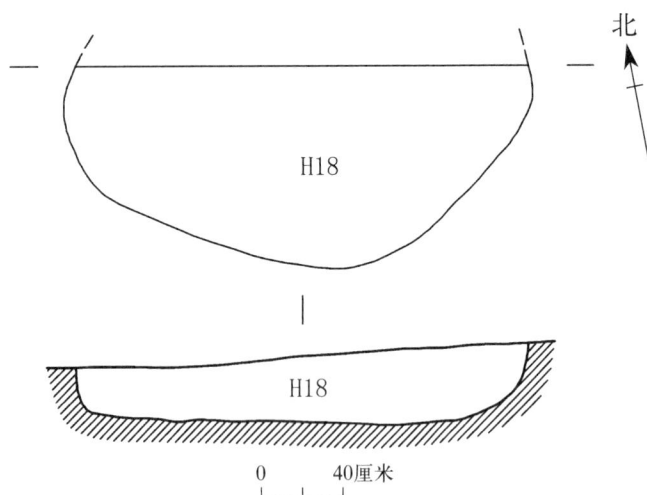

图三六　H18平、剖面图

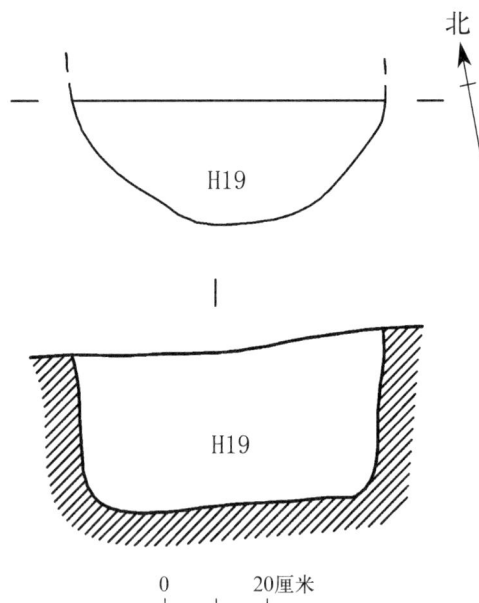

图三七　H19平、剖面图

见陶片。

H21

位于T12的西南部，并延伸进入西壁和南壁内（图一〇）。发掘部分平面不完整，长5.2、宽1.75～2.28、深0.51米。斜壁，底近平，未见加工痕迹（图三八）。开口于第②层下，打破生土层，被H16打破。坑口距地表约0.3米。该灰坑为一次性堆积形成，土色深灰，土质较软，结构疏松。经统计，出土陶片共216块。以夹砂陶为主，占65.3%，红、褐陶占61.1%；泥质陶次之，占27.8%，灰陶占14.9%；有少量硬陶。坑内所出陶片，素面居多，占73.1%。纹饰以绳纹为主，占18.1%，其他有间断绳纹、附加堆纹、指捺纹、席纹、回纹、复线回纹等。陶器器类有甗。

H22

位于T12的东部，并延伸进入东壁内（图一〇）。据发掘部分推测其原平面为长椭圆形。最大径1.6、深0.37米。斜壁圜底，未见加工痕迹（图三九，1）。开口于第②层下，打破H25、H26及生土层，并被H24打破。坑口距地表约0.3米。该灰坑为一次性堆积形成，土色灰，土质较软，结构疏松。经统计，灰坑内陶片共43块。以夹砂陶为主，占58.2%，红、褐陶占51.2%；泥质陶次之，占39.6%，其中黑陶占32.6%。所出陶片素面居多，占46.5%。纹饰以绳纹为主，占51.2%，有少量间断绳纹。陶器器类有豆、罐、钵等。典型陶器有Ca型Ⅱ式钵。

H23

位于T12的东南部，并延伸进入南壁内（图一〇）。据发掘部分推测其原平面为椭圆形。最大径2.0、深0.25米。斜壁，底部近平，未见加工痕迹（图三九，2；彩版五，1）。开口于第③层下，打破H26、H27、H65及生土层。坑口距地表约0.2米。该灰坑为一次性堆积形成，土色灰，土质较

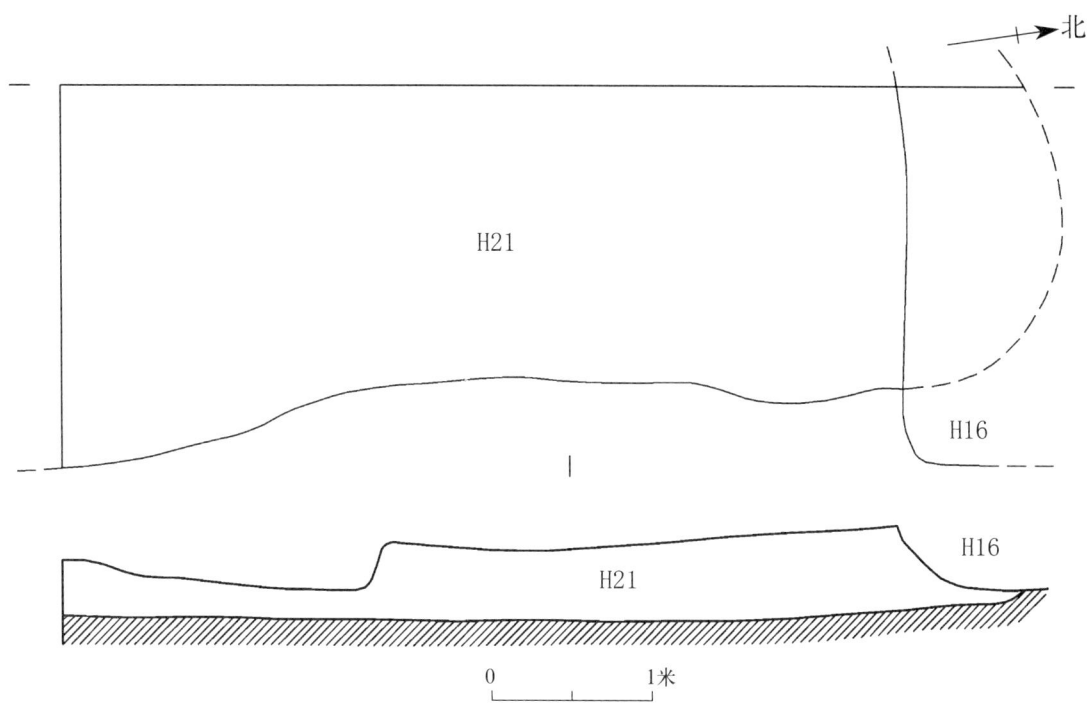

图三八　H21平、剖面图

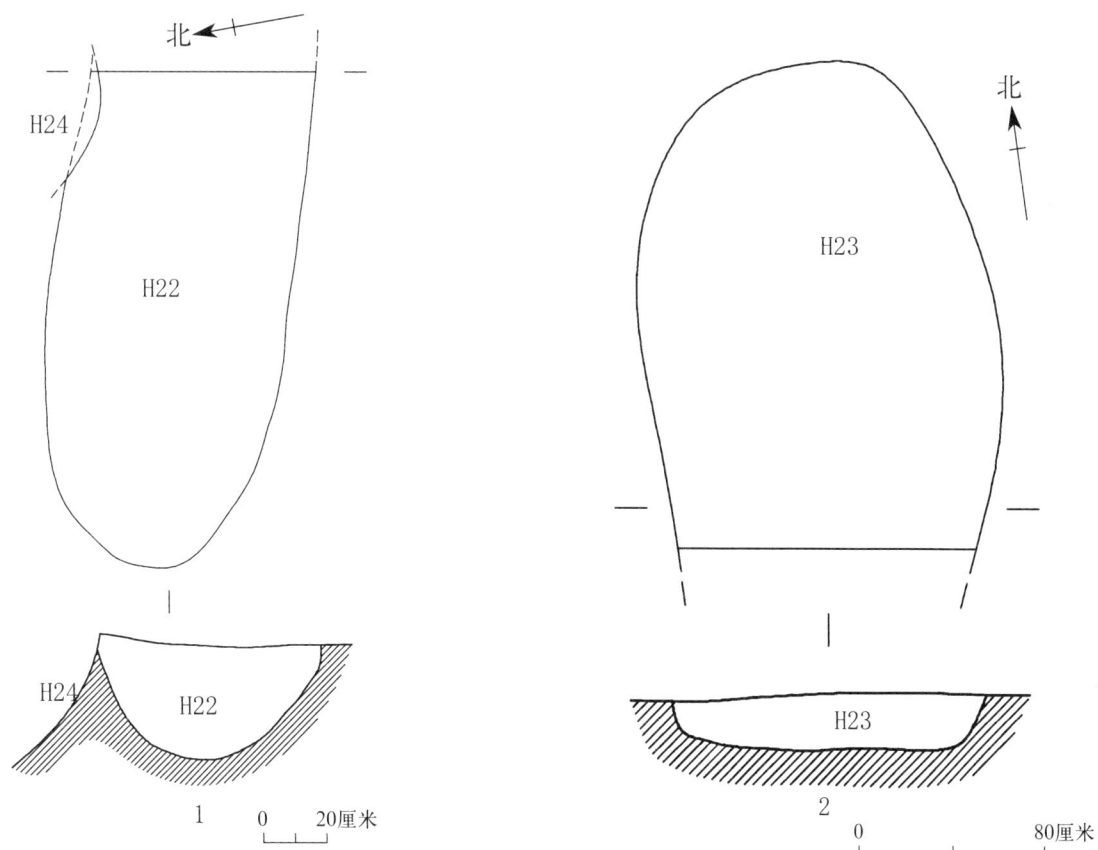

图三九　H22、H23平、剖面图
1.H22　2.H23

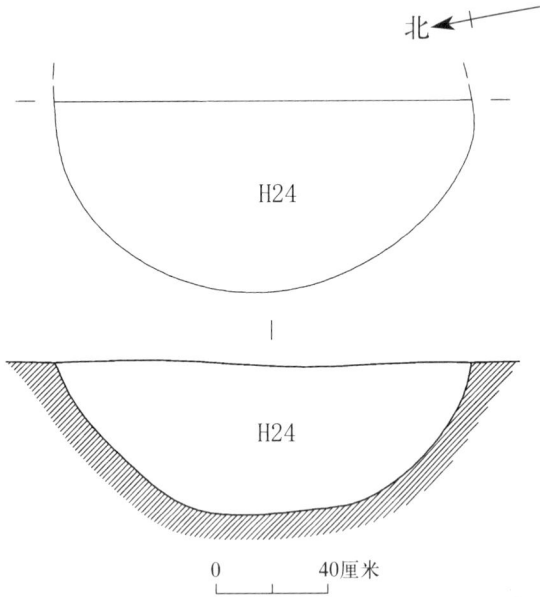

图四〇　H24平、剖面图

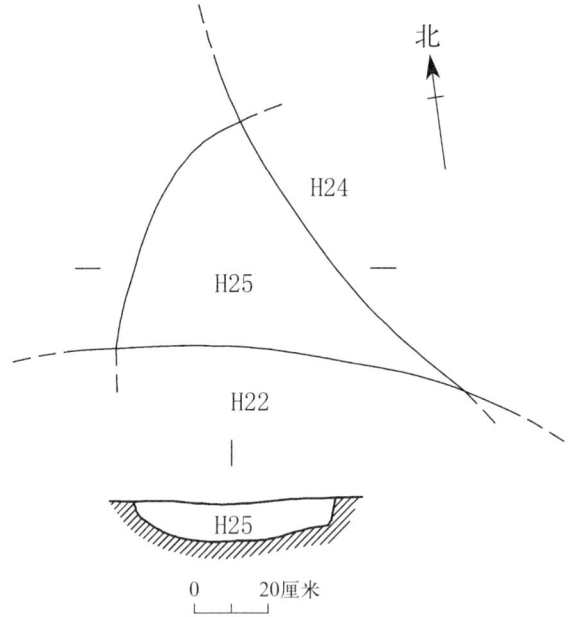

图四一　H25平、剖面图

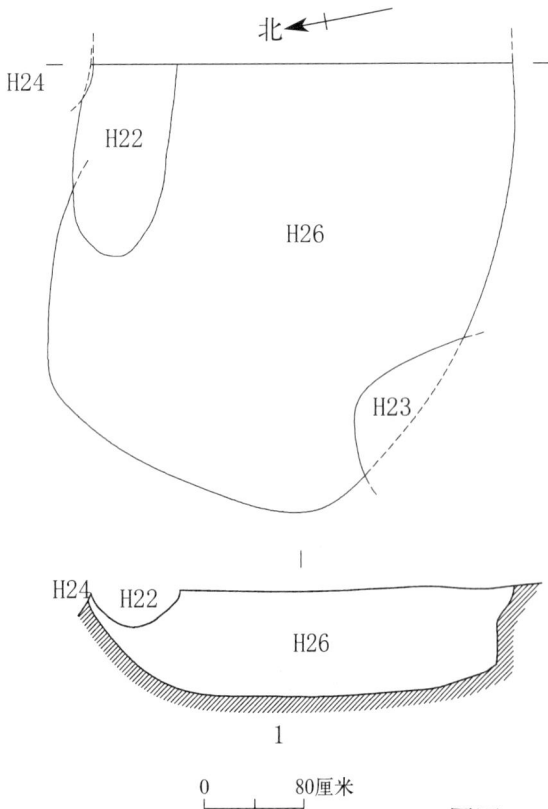

1

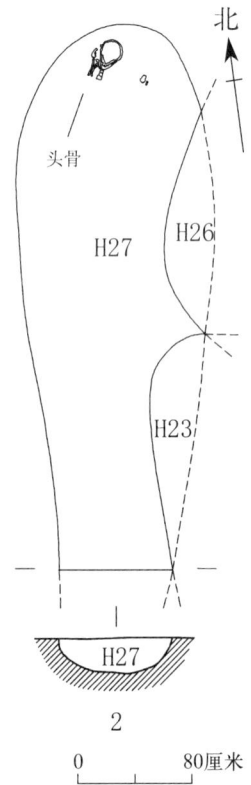

2

图四二　H26、H27平、剖面图
1．H26　2．H27

软，结构疏松。经统计，出土陶片共94块。以夹砂陶为主，占46.9%，其中红、褐陶占42.6%；泥质陶次之，占53.1%。所出陶片素面居多，占73.4%。可见纹饰为绳纹，占26.6%。陶器器类有鬲、甗、豆、罐和器盖等。典型陶器有Cb型Ⅰ式器盖。

H24

位于T12的东部，并延伸进入东壁内（图一〇）。据发掘部分推测其原平面为圆形。最大径1.5、深0.51米。斜壁圜底，未见加工痕迹（图四〇）。开口于第③层下，打破H22、H25，被近代墓葬打破。坑口距地表约0.25米。该灰坑为一次性堆积形成，土色灰褐，土质较软，结构疏松。出土陶片共21块。以夹砂红、褐陶为主，占81%；泥质陶次之，占19%。所出陶片素面陶器居多，占47.6%。纹饰仅见绳纹，占52.4%。陶器器类不可辨。

H25

位于T12的东部（图一〇）。发掘部分平面不完整，呈不规则状。最长1.02、深0.12米。斜壁，底部不平，未见加工痕迹（图四一）。开口于第③层下，被H22、H24打破。该灰坑为一次性堆积形成，土色灰，土质较软，结构疏松。出土陶片共21块。以夹砂红、褐陶为主，占90.5%；泥质灰陶次之，占9.5%。所出陶片素面为多，占33.3%。纹饰以绳纹为主，占57.1%；有少量间断绳纹。陶器器类不可辨。

H26

位于T12的东南部，并延伸进入东壁内（图一〇）。发掘部分不完整，推测其原平面为椭圆形。最长3.85、最宽3.36、深0.82米。斜壁，底部近平，未见加工痕迹（图四二，1）。开口于第③层下，打破H27、H65，被H22、H23打破。坑口距地表约0.5米。该灰坑为一次性堆积形成，土色灰，土质较软，结构疏松。经统计，出土陶片共374块。以夹砂红、褐陶为主，占51.6%；泥质陶次之，占47.3%，其中黑陶占32.1%。坑内所出陶片，素面数量较多，占63.6%。纹饰以绳纹为主，占33.2%，其他纹饰有回纹、水波纹（曲折纹）、网纹、附加堆纹、指捺纹等。陶器器类有鬲、豆、罐等。

H27

位于T12的南部，并延伸进入南壁内（图一〇）。发掘部分不完整，推测其原平面为长椭圆形。现最长3.65、最宽1.35、深0.25米。斜壁圜底，未见加工痕迹（图四二，2）。开口于第③层下，打破H28、H29及生土层，被H23、H26打破。坑口距地表约0.2米。灰坑为一次性堆积形成，土色灰，土质较软，结构疏松。包含物有红烧土颗粒、炭灰、石器及较少陶片，另见有人类头骨。出土陶片共74块。以夹砂红、褐陶为主，占83.8%；泥质灰陶次之，占10.8%；少量硬陶。素面陶较多，占59.5%。纹饰以梯格纹和绳纹为主，分别占21.6%和13.5%；其他纹饰有刻划纹、网纹、菱形填线纹和叶脉纹等。石器器类有斧和刮削器。陶器器类有鬲、瓮、罐和钵等。典型陶器有Ab型深腹罐和B型Ⅰ式钵。

H28

位于T12南部（图一〇）。发掘部分不完整，推测其原平面为椭圆形。现最长1.45、最宽0.95、

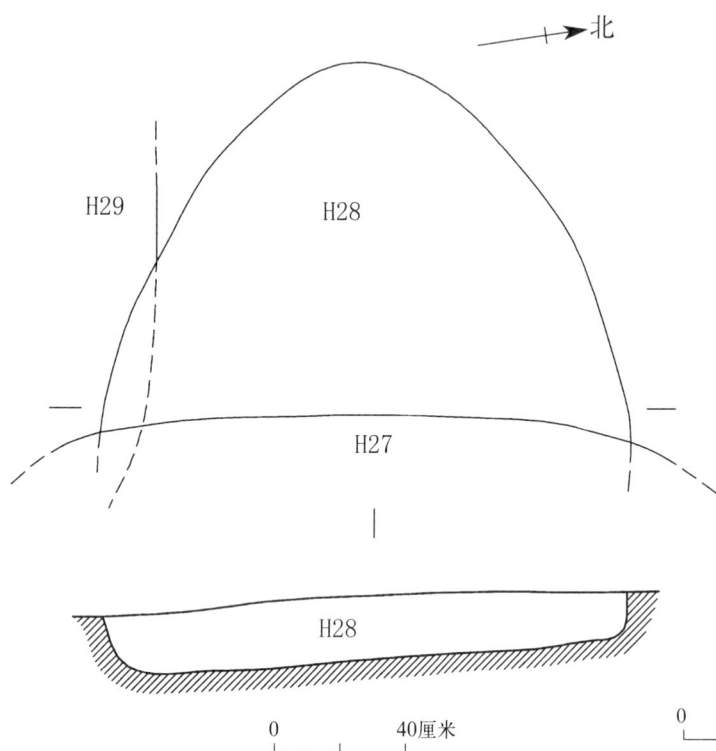

图四三　H28平、剖面图

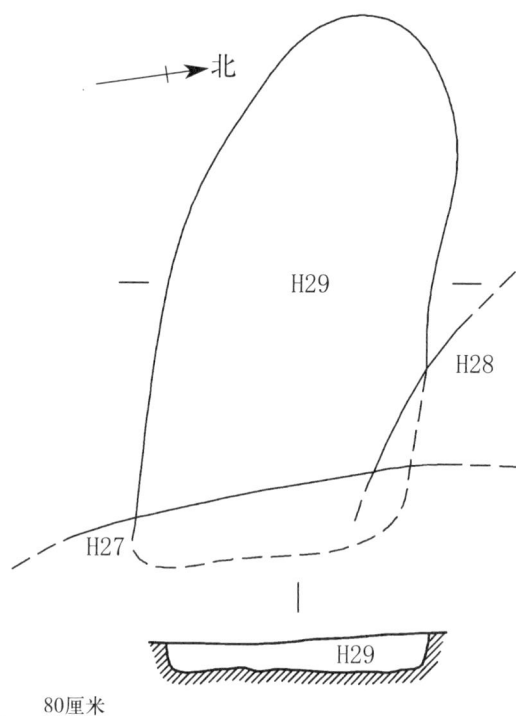

图四四　H29平、剖面图

深0.22米。斜壁，底部呈倾斜状，未见加工痕迹（图四三）。开口于第③层下，打破H29，被H27打破。该灰坑为一次性堆积形成，土色灰，土质较软，结构疏松。填土中可见红烧土颗粒、炭粒及零星陶片。经统计，出土陶片共9块。以夹砂陶为主，占77.7%，其中夹砂红、褐陶占44.4%；泥质灰陶、硬陶次之，各占11.1%。坑内所出陶片，素面数量较多，占88.9%。纹饰仅见绳纹，占11.1%。陶器器类不可辨。

H29

位于T12的南部（图一〇）。发掘部分平面不完整，推测原平面为椭圆形。现最长2.5、最宽1.3、深0.36米。斜壁，底部近平，未见加工痕迹（图四四）。开口于第③层下，打破生土层，被H27、H28打破。坑口距地表约0.2米。该灰坑为一次性堆积形成，土色灰褐，土质较软，结构疏松。经统计，出土陶片共88块。以夹砂红、褐陶为主，占53.4%。泥质陶次之，占45.4%，还有少量硬陶。坑内所出陶片，素面数量较多，占63.6%。纹饰以绳纹为主，占34.1%，其他纹饰有附加堆纹、指捺纹等。陶器器类有豆、罐等。

H30

位于T12的东北角，并延伸进入东壁、北壁内（图一〇）。发掘部分平面不完整，推测其原平面为卵圆形。现最长2.5、最宽1.5、深0.4米。斜壁圜底，未见加工痕迹（图四五）。开口于第②层下，打破生土层，被H18打破。坑口距地表约0.2米。该灰坑为一次性堆积形成，土色灰，土质较软，结构疏松。填土中可见红烧土颗粒、炭灰、石器及较多陶片。出土陶片共184块。以

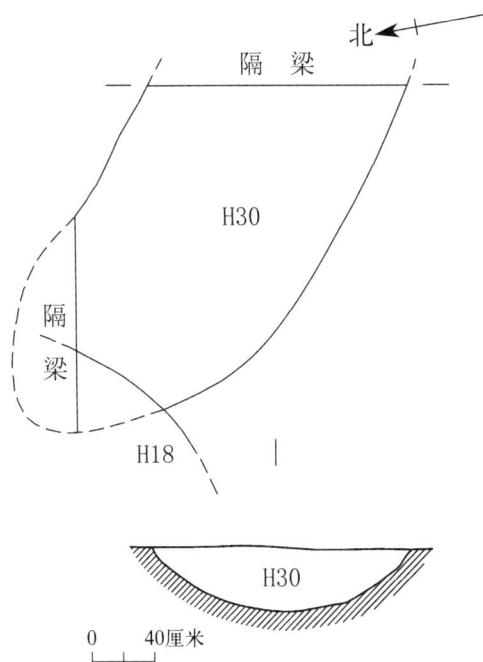

图四五　H30平、剖面图

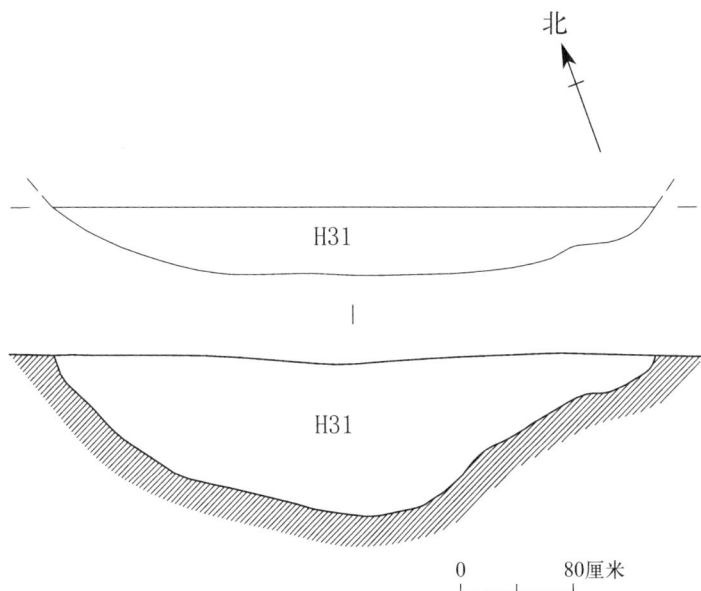

图四六　H31平、剖面图

夹砂红、褐陶为主，占83.2%；泥质陶次之，占15.7%；少量硬陶。所出陶片素面数量居多，占79.3%。纹饰以绳纹为主，占19.6%，其他纹饰有云雷纹、水波纹等。石器器类有刀。陶器器类有甗、豆等。

H31

位于T10的北部，并延伸进入北壁内（图六）。发掘部分平面不完整，边界圆弧形。发掘部分最大径4.23、最宽0.45、深1.07米。斜壁，底部不平，未见加工痕迹（图四六）。开口于第②层下，打破H40、H100及第③、第④层。坑口距地表深0.5~1.0米。该灰坑为两次堆积形成，分两层。第①层，厚0.3~0.8米，土色浅灰褐色，土质较硬，结构紧密。填土中可见红烧土颗粒及少量陶片；第②层，厚0.2~0.5米，土色灰褐，土质较软，结构较疏松。填土中可见红烧土颗粒、草木灰及少量陶片。两层出土陶片共23块。以夹砂陶为主，占69.6%，其中红、褐陶占52.2%；硬陶次之，占21.7%；泥质陶占8.7%。所出陶片素面居多，占65.2%。纹饰以绳纹为主，占21.7%，其他纹饰有刻划纹、回纹等。陶器器类有鬲、罐、钵和器盖等。典型陶器有Aa型Ⅲ式器盖。

H34

位于T08西北部、T09东北部，并延伸进入北壁内（图六）。发掘部分平面不完整，呈不规则状。最长6.46、最宽6.26、深1.55米。斜壁平底，未见加工痕迹（图四七）。开口于第①层下，打破第②层和H40。坑口距地表0.5~1.0米。该灰坑为一次性堆积形成，土色黄褐，土质较硬，结构紧密。填土中可见红烧土颗粒、草木灰、石器及少量陶片等。经统计，出土陶片共46块。以夹砂陶

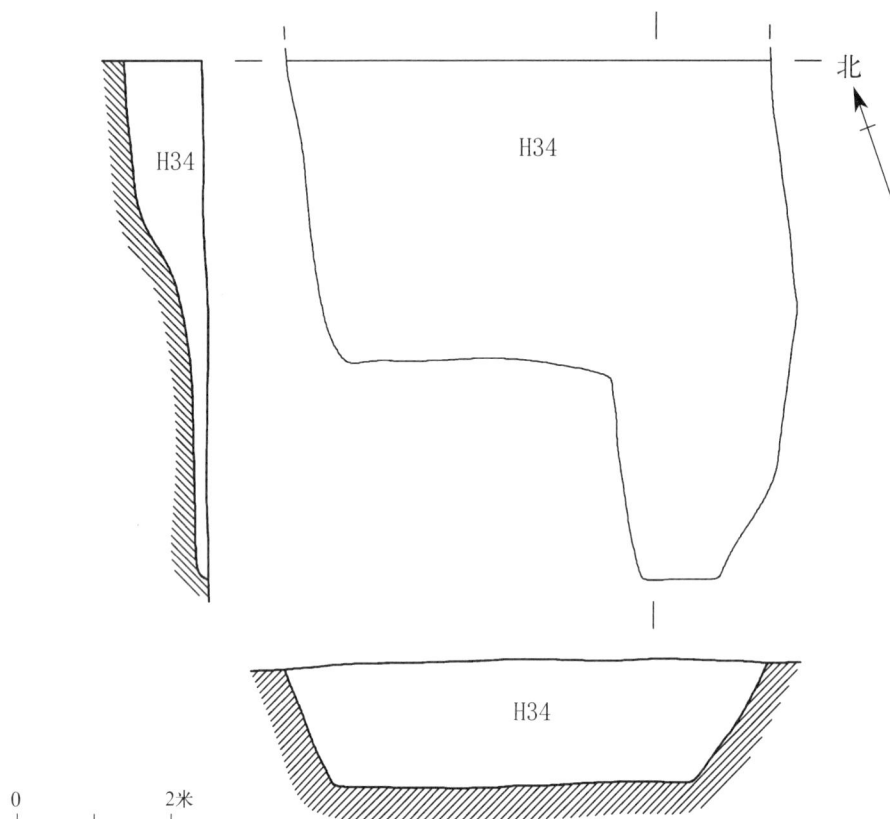

图四七　H34平、剖面图

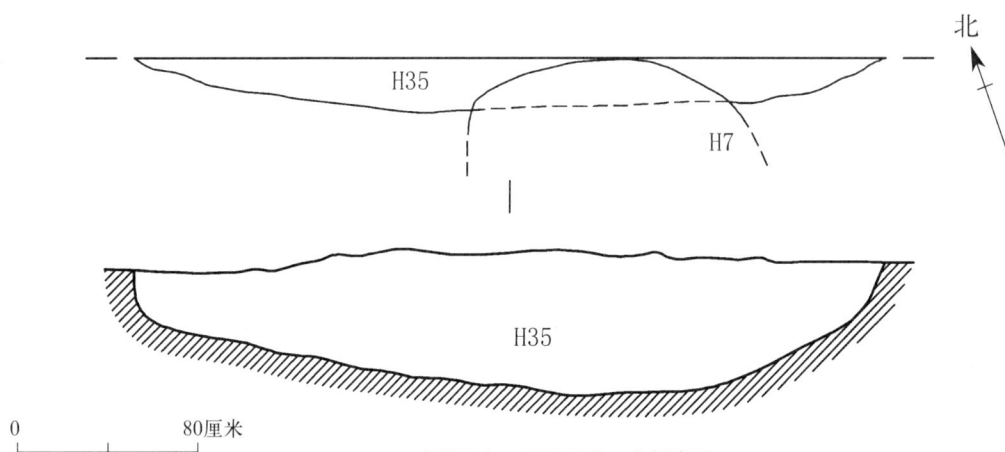

图四八　H35平、剖面图

为主，占73.9%，其中夹砂红、褐陶占47.8%；泥质陶次之，占26.1%，其中红陶占17.4%。坑内所出陶片以素面为多，占69.6%。纹饰以绳纹为主，占19.6%，其他有曲折纹、附加堆纹和间断绳纹等。石器器类为凿。陶器器类有鬲、盆、钵等。典型陶器有2类B型鬲（足）、3类Cb型鬲（足）和E型Ⅳ式盆等。

H35

位于T08的北部，并延伸进入北壁内（图六）。发掘部分平面不完整，边界圆弧形。最大径3.2、最宽0.25、深0.62米。斜壁，圜底，未见加工痕迹（图四八）。开口于第①层下，打破第②、第③、第④层，并被H7打破。坑口距地表0.3米。该灰坑为一次性堆积形成，土色黄灰褐色，土质略硬，结构紧密。填土中可见红烧土颗粒、草木灰及较少陶片。经统计，出土陶片共45块。以夹砂陶为主，占82.2%，其中夹砂红、褐陶占68.9%；泥质灰陶次之，占17.8%。坑内所出陶片，素面数量较多，占71.1%。纹饰以绳纹为主，占26.7%。另有指捺纹等。陶器器类有鬲、甗和罐等。

H36

位于T08的东北部（图六）。发掘部分平面不完整，推测其原平面应为椭圆形。最大径3.77、最宽1.03、深0.7米。斜壁圜底，未见加工痕迹（图四九）。开口于第③层下，打破第④层、H52和H89，并被H7打破。坑口距地表0.6米。灰坑堆积分两层：第①层厚0.3～0.55米，土色灰褐，土质较软，结构紧密。填土中可见红烧土颗粒、草木灰及蚌壳等，出土陶片较多；第②层厚0～0.2米，土色浅灰褐色，土质略软，结构紧密。填土中可见草木灰、料礓石及少量陶片等。经统计，出土陶片共311块。以夹砂陶为主，占78.5%，其中红、褐陶占77.2%；泥质陶次之，占19.9%，其中灰陶占10.6%；另有少量硬陶。坑内所出陶片，素面数量较多，占49.8%。纹饰以绳纹为主，占42.1%，其他有间断绳纹、弦纹、网纹、指捺纹、刻划纹、回纹、复线菱纹等，组合纹饰有绳纹+附加堆纹、绳纹+指捺纹、网纹+刻划纹、回纹+圈点纹等。陶器器类有鬲、甗、豆、罐、钵、拍等。典型陶器有3类Ba型素面鬲（口沿）、3类Ab型绳纹鬲（口沿）和Ca型Ⅰ式钵等。

H37

位于T35西南部、T36东南部，并延伸进入南壁内（图一八）。发掘部分平面不完整，呈不规则状。发掘部分最长9.8、最宽3.23、深1.23米。斜壁，底部高低不平，未见加工痕迹（图五〇）。开口于第⑤层下，打破H88，被H83打破。坑口距地表深0.7米。灰坑堆积分三层：第①层，仅分布在H37的中部，厚0～0.42米，土色灰黄，土质松散，填土中可见红烧土颗粒、小石块、木炭块及陶片等。第②层，分布于H37的大部，厚0.45～1.0米不等，土色灰，土质松散，填土中可见红烧土颗粒、小石块、炭灰、兽骨及陶片等。第③层，只在H37东南部有发现，坡状分布，厚0～0.95米，土色灰褐，土质松散，填土中可见红烧土颗粒、小石块及陶片等。该灰坑出土陶片极多。经统计，出土陶片共1713块。以夹砂陶为主，占58.8%，其中，夹砂红、褐陶占41.2%；泥质陶次之，占39.4%，其中灰陶占18.3%，红陶占11.6%；另有少量硬陶和原始瓷。坑内所出陶片，素面较多，占44.2%。纹饰以绳纹和间断绳纹为主，分别占23.7%和26.1%，其他纹饰有弦纹、网纹、梯格纹、云雷纹、刻划纹、附加堆纹、圆圈纹、席纹、回纹、复线回纹、菱形填线纹、窗格纹等，组合纹饰有绳纹+附加堆纹、网纹+指捺纹等。铜器器类有销。原始瓷器器类有豆。陶器器类有鬲、鼎、甗、豆、刻槽钵、盆、瓮、罐、钵、盘、器盖、拍和圆陶片等。典型陶器有Aa型Ⅳ式绳纹鬲、Ba型Ⅲ式绳纹鬲、F型绳纹鬲、B型Ⅵ式鼎、B型Ⅳ式甗、A型甗（腰）、Bd型Ⅳ式豆（柄）、Da型Ⅷ式盆、Db型Ⅱ式盆、Bb型Ⅱ式鼓腹瓮、Ab型Ⅵ式鼓腹罐、Ca型Ⅳ式钵和A型Ⅰ式敞口盘等。

北

H36　H7　H36

H7　H36

0　　　　80厘米

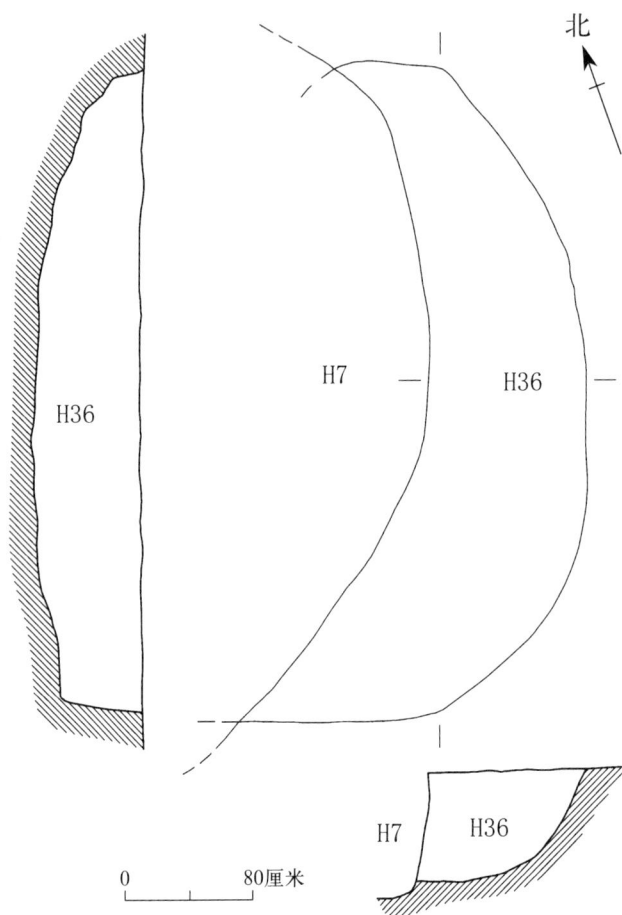

图四九　H36平、剖面图

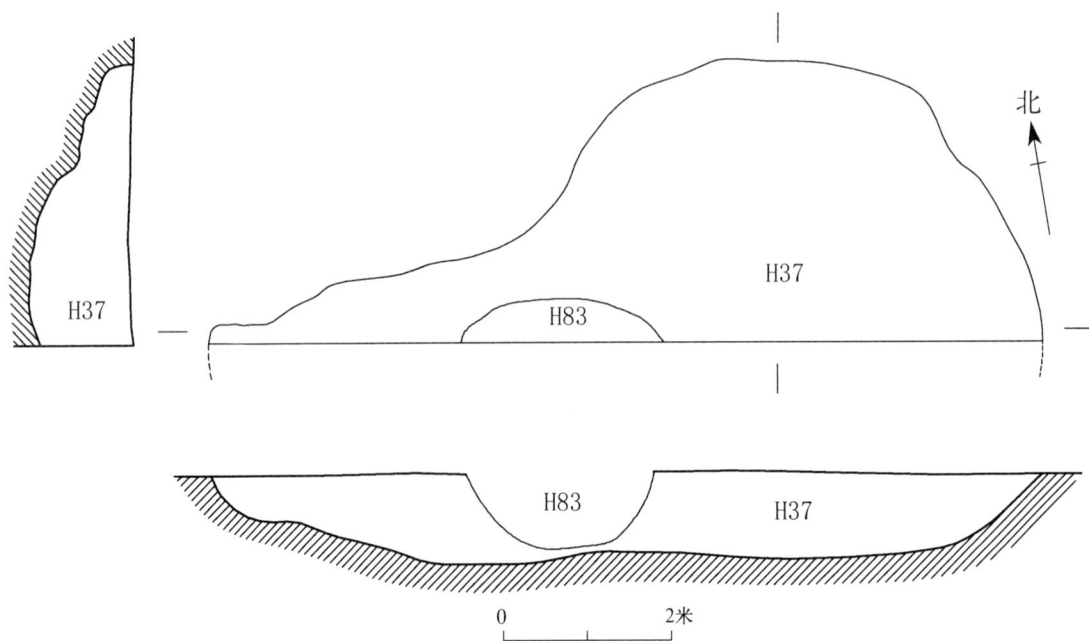

北

H37

H37　H83

H83　H37

0　　　　2米

图五〇　H37平、剖面图

H39

位于T24的东南部（图一五）。平面不规则。最大径0.75、深0.21米。斜壁圜底，未见加工痕迹（图五一）。开口于第③层下，打破生土层。坑口距地表0.7米。灰坑为一次性堆积形成，填土土色灰色，土质黏软。包含物不丰富，仅有少量陶片。经统计，坑内共出陶片23块。以夹砂陶为主，占56.4%，其中红、褐陶占39.1%；泥质陶次之，占39.1%；另有少量硬陶。坑内所出陶片，素面较多，占73.9%。纹饰以绳纹为主，占17.4%，其他纹饰有间断绳纹、复线回纹等。铜器器类有镞。陶器器类有鬲、罐等。

H40

位于T10的东北角，并延伸进入东壁、北壁内（图六）。发掘部分平面不完整，边缘呈不规则圆弧形。最长2.2、最宽0.78、深0.37米。直壁平底，未见加工痕迹（图五二）。开口于第②层下，打破第③层，被H31打破。坑口距地表1.0米。该灰坑为一次性堆积形成，土色灰褐，土质较硬，结构紧密。填土中可见红烧土块、草木灰及少量陶片。经统计，出土陶片共29块。以夹砂红、褐陶为主，占41.4%；硬陶次之，占31%；泥质陶再次之，占24.1%，其中灰陶占20.7%；另有少量原始瓷。坑内所出陶片，素面较多，占69%。纹饰有绳纹、弦纹和回纹等。原始瓷器类有豆。陶器器类有鬲、鼎、甗、豆、盆、瓮和盘等。典型陶器有C型鼎（足）和Ba型Ⅳ式鼓腹瓮。

H41

位于T08的西部（图六）。平面近椭圆形。直径1.2~1.5、深0.15米。斜壁平底，未见加工痕迹（图五三）。开口于第③层下，打破第④层。坑口距地表0.65米。该灰坑为一次性堆积形成，土色灰黑，土质较软，结构疏松。填土中可见红烧土块、红烧土颗粒、草木灰、石器及较少陶片等。经统计，出土陶片共52块。以夹砂陶为主，占88.5%，其中红、褐陶占53.9%；硬陶占17.3%。坑内所出陶片，素面数量较多，占42.3%。纹饰以绳纹为主，占26.9%，其他纹饰有网纹、弦纹、刻划纹、曲折纹、复线菱纹、三角填线纹等，组合纹饰有绳纹+附加堆纹、弦纹+绳纹、复线回纹+云雷纹等。石器器类有凿。陶器器类有鬲、鼎、罐、纺轮等。

H42

位于T24的南部，并延伸进入南壁（图一五）。发掘部分平面不完整，推测其原平面近圆形。最大径1.58、深0.25米。斜壁，近圜底，未见加工痕迹（图五四）。开口于第④层下，打破H51、第⑤层及生土层。坑口距地表0.88米。该灰坑为一次性堆积形成，土色灰黑，土质黏软，结构疏松。填土中可见含红烧土颗粒、炭灰及少量陶片等。经统计，出土陶片共49块。以夹砂陶为主，占67.3%，其中红、褐陶占55.1%；泥质陶次之，占32.7%，其中黑陶占20.4%。坑内所出陶片，素面占67.3%。纹饰以绳纹为主，占20.4%，其他纹饰有梯格纹、附加堆纹等，组合纹饰有篮纹+雷纹。陶器器类有鬲。

H43

位于T09的西南部（图六）。平面近圆形。直径1.27、深0.52米。斜壁，底部斜直，未见加工痕迹（图五五）。开口于第①层下，打破第②、第③层。坑口距地表0.25米。该灰坑为一次性堆积形

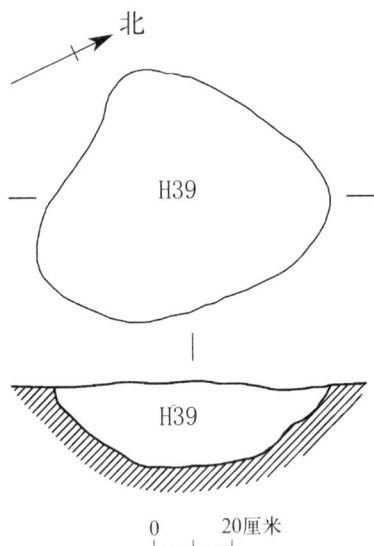

图五一　H39平、剖面图

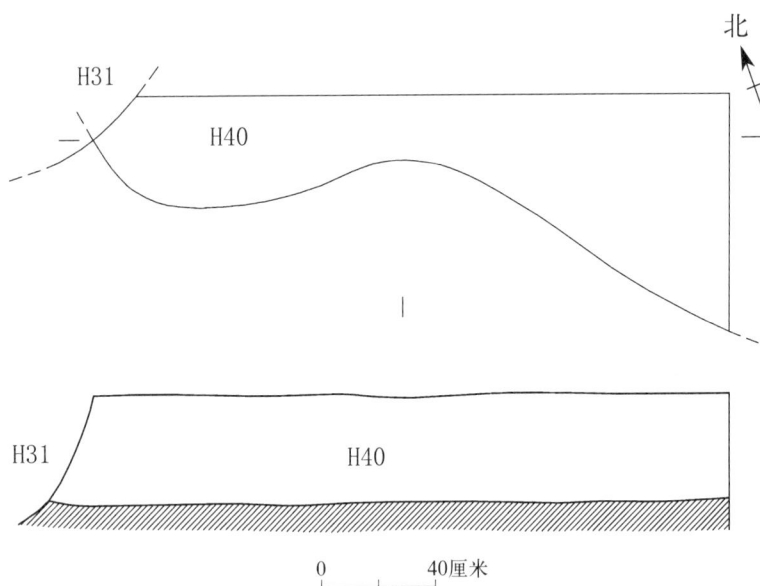

图五二　H40平、剖面图

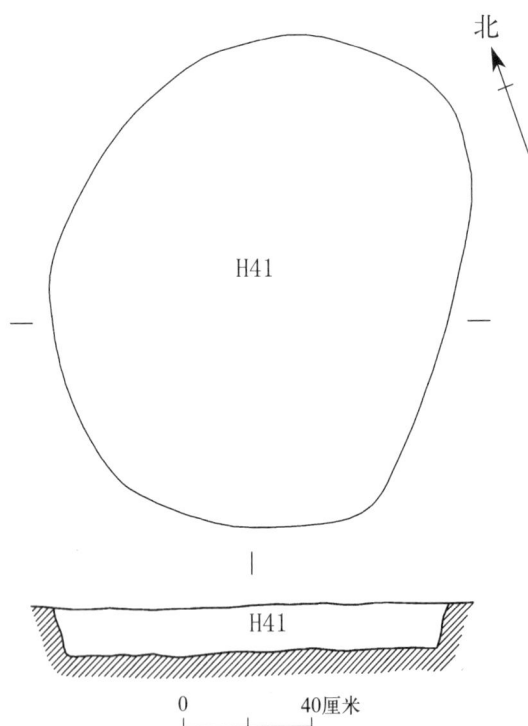

图五三　H41平、剖面图

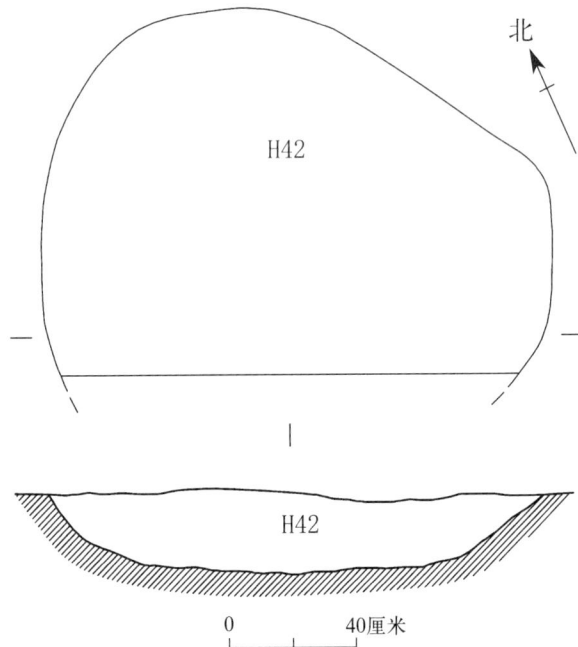

图五四　H42平、剖面图

成，土色黄色，土质黏硬，结构紧密。填土较纯净，未见陶片或其他文化遗物。

H46

位于T23的西北部、T24的东北部，并延伸进入北壁内（图一五）。发掘部分平面不完整，推

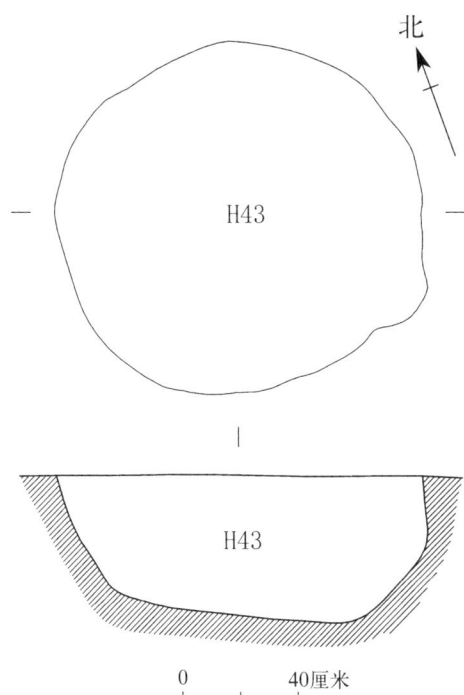

图五五 H43平、剖面图

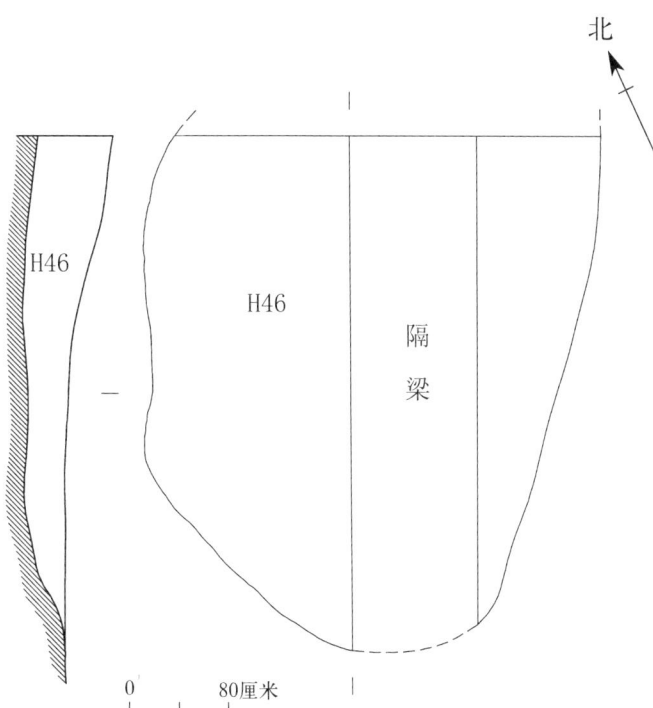

图五六 H46平、剖面图

测其原平面为椭圆形。发掘部分最长4.47、最宽3.53、深0.6米。坡壁，圆底，未见加工痕迹（图五六）。开口于第⑤层下，打破H57、G28及生土层。坑口距地表0.8~0.95米。该灰坑为一次性堆积形成，土色灰黑，土质黏软，结构疏松。填土中可见红烧土块、炭屑、兽骨、石器及大量陶片等。经统计，出土陶片共555块。以夹砂陶为主，占74.2%，其中红、褐陶占62.9%；泥质陶次之，占24.9%，其中灰陶占11.7%；还有少量硬陶和原始瓷。坑内所出陶片，素面最多，占58.4%。纹饰以绳纹为主，占34.2%，其他纹饰有间断绳纹、弦纹、梯格纹、指捺纹、方格纹、叶脉纹、附加堆纹等，组合纹饰有绳纹+附加堆纹、间断绳纹+附加堆纹、曲折纹+绳纹、曲折纹+回纹等。石器器类有锛、凿、镞等。陶器器类有鬲、鼎、甗、簋、豆、盆、罐、圆陶片等。典型陶器有1类E型素面鬲（口沿）、2类D型素面鬲（口沿）、1类B型绳纹鬲（口沿）、2类Bb型绳纹鬲（口沿）、B型Ⅲ式甗（甑部）、带角把陶器、A型簋（足）、Aa型Ⅱ式盆、Ab型Ⅰ式盆、C型Ⅱ式盆和E型Ⅱ式盆等。

H47

位于T09的东南部（图六）。平面不规则。最长1.67、最宽1.31、深0.7米。直壁平底，未见加工痕迹（图五七；彩版五，2）。开口于第①层下，打破第②、第③层及H9。坑口距地表0.25米。该灰坑为一次性堆积形成，土色黄，土质黏硬，结构紧密。填土较纯净，未出陶片或其他文化遗物。

H49

位于T29的西南部（图一七）。平面不规则。最长0.73、深0.16米。斜壁，平底，未见加工痕迹（图五八）。开口于第②层下，打破第③层。坑口距地表0.4米。该灰坑为一次性堆积形成，土色深灰，土质松软，结构疏松。填土中可见少量红烧土颗粒、炭屑及少量陶片等。经统计，出土陶片共9

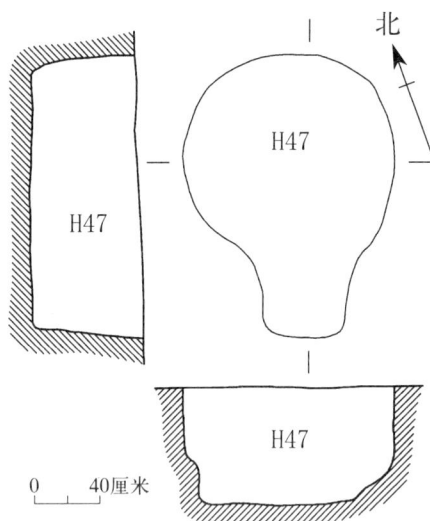

图五七　H47平、剖面图

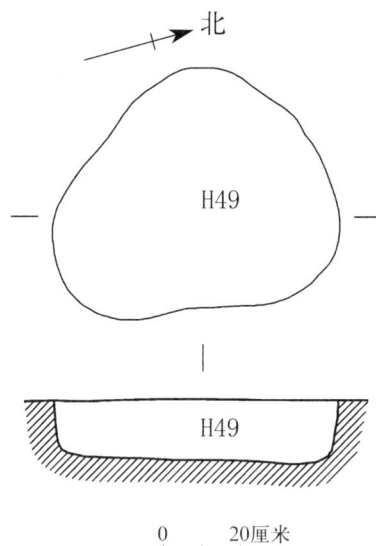

图五八　H49平、剖面图

块。多为夹砂陶。可见纹饰仅见绳纹。陶器器类有鬲、豆、罐等。

H50

位于T29的西南部，并延伸进入西壁内（图一七）。发掘部分平面不完整，推测其原平面为椭圆形。发掘部分最长1.71、最宽1.31、深0.41米。直壁，局部稍斜，底部斜直，未见加工痕迹（图五九）。开口于第②层下，打破第③层。坑口距地表0.4米。该灰坑为一次性堆积形成，土色深灰，土质黏软，结构疏松。填土中可见少量红烧土颗粒、炭屑及陶片等。经统计，出土陶片共25块。以泥质陶为主，占52%，其中红陶占36%；夹砂陶次之，占44%，其中红褐、陶占32%；余为硬陶。坑内所出陶片，素面较多，占56%。纹饰以绳纹为主，占36%，另有少量窗格纹和方格纹等。陶器器类有鬲、豆、罐等。

H51

位于T24的南部，并延伸进入南壁内（图一五）。发掘部分平面不完整，推测其原平面为不规则带状。最长约4.35、最宽约1.3、深0.3米。斜壁，底不平，未见加工痕迹（图六○）。开口于第④层下，打破生土层，被H42打破。坑口距地表0.85米。该灰坑为一次性堆积形成，土色灰黑，土质黏软，结构疏松。填土中可见红烧土颗粒、炭屑、兽骨及少量陶片等。经统计，出土陶片共32块。以夹砂陶为主，占78.2%，其中红、褐陶占59.4%；泥质陶次之，占21.8%，其中红陶占15.6%。坑内所出陶片，素面较多，占84.4%。纹饰仅见绳纹和戳印纹，分别占9.4%和6.2%。陶器器类仅见罐。

H52

位于T08的中部、南部（图六）。发掘部分平面不完整，推测其原平面为椭圆形。最长4.8、最宽2.6、深0.68米。斜壁平底，未见加工痕迹（图六一）。开口于第③层下，打破第④层及H56，被

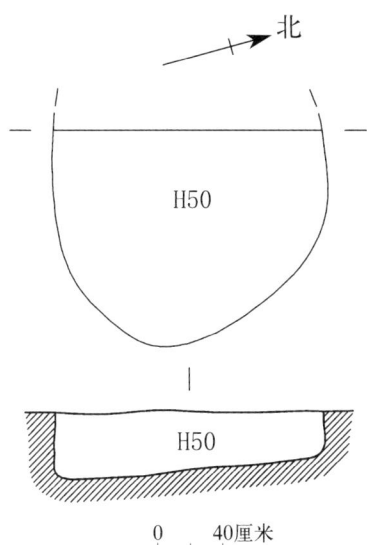

图五九　H50平、剖面图

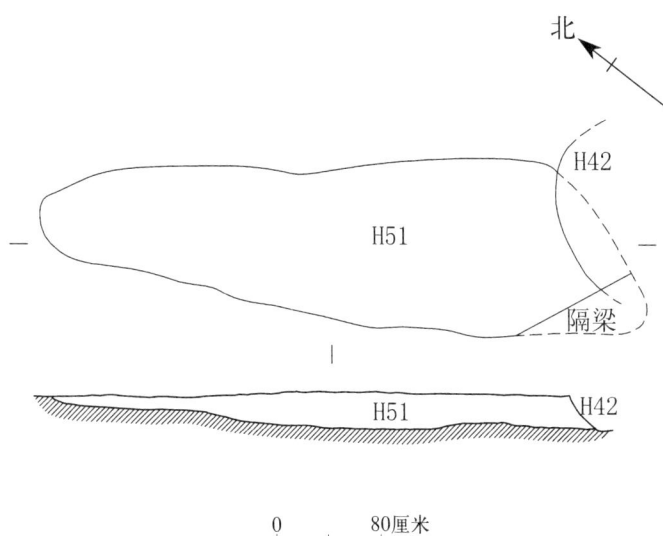

图六○　H51平、剖面图

H6、H7、H36打破。坑口距地表0.7米。该灰坑为一次性堆积形成，土色灰褐、黄褐混杂，局部浅灰、浅黄色，土质较软，结构疏松。填土内可见含草木灰、兽骨、蚌壳、石器及大量陶片等。经统计，出土陶片共572块。以夹砂陶为主，占72.4%，其中泥质红、褐陶占46.2%；泥质陶次之，占26.9%，其中红陶占7.3%，灰陶占8.6%；硬陶占0.7%。坑内出陶片，以素面为主，占49.3%；纹饰以绳纹为主，占38.3%，其他纹饰有间断绳纹、弦纹、云雷纹、指捺纹、曲折纹、回纹、复线回纹等，组合纹饰仅见绳纹+附加堆纹。石器器类有锛和夯具。陶器器类有鬲、鼎、甗、簋、豆、盆、瓮、罐、钵、纺轮和圆陶片等。典型陶器有1类A型素面鬲（口沿）、Da型Ⅰ式绳纹鬲、A型Ⅲ式甗（鬲部）、A型簋（足）和Aa型Ⅱ式弧腹罐等。

H53

位于T25的西南角并延伸进入南壁及西壁内。发掘部分平面不完整，边缘呈不规则圆弧形。发掘部分最大径1.58、深0.56米。斜壁，发掘未至最底部，未见加工痕迹（图六二）。开口于第②层下，打破生土层。坑口距地表约0.55米。该灰坑为一次性堆积形成，土色浅灰，土质略硬，结构疏松。填土中填土中可见红烧土颗粒、炭灰、石器及少量陶片等。经统计，出土陶片共54块。以夹砂陶为主，占53.8%，其中红、褐陶占51.9%；泥质陶次之，占35.2%，其中灰陶占33.3%；硬陶最少，占11.0%。坑内所出陶片，素面占61.1%。纹饰以绳纹和间断绳纹为主，分别占13%和11.1%，其他纹饰有方格纹、回纹、席纹和指捺纹等。石器器类有凿。陶器器类有鬲、鼎等。

H55

位于T34的西南部（图一八）。平面大致呈梯形。长2.87、宽0.62～1.15、深0.7米。斜壁，圆底近平，未见加工痕迹（图六三）。开口于第⑤层下，坑口距地表0.75米。该灰坑为一次性堆积形成，土色灰黑，土质松软。填土中包含有红烧土块、炭渣及较多陶片等。经统计，出土陶片共133块。以夹砂陶为主，占88.7%，其中灰陶占43.6%，红、褐陶占37.6%；硬陶占7.5%；还有少量

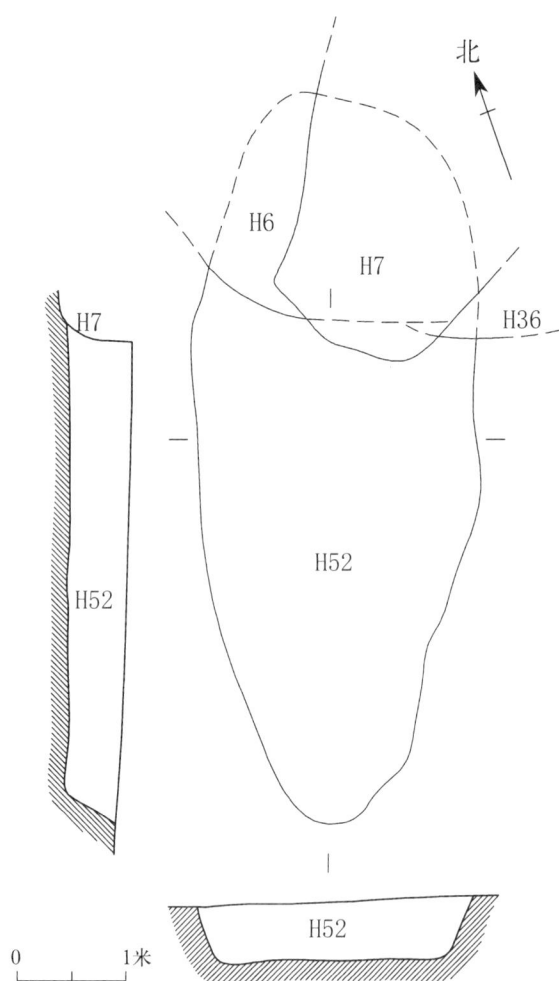

图六一　H52平、部面图

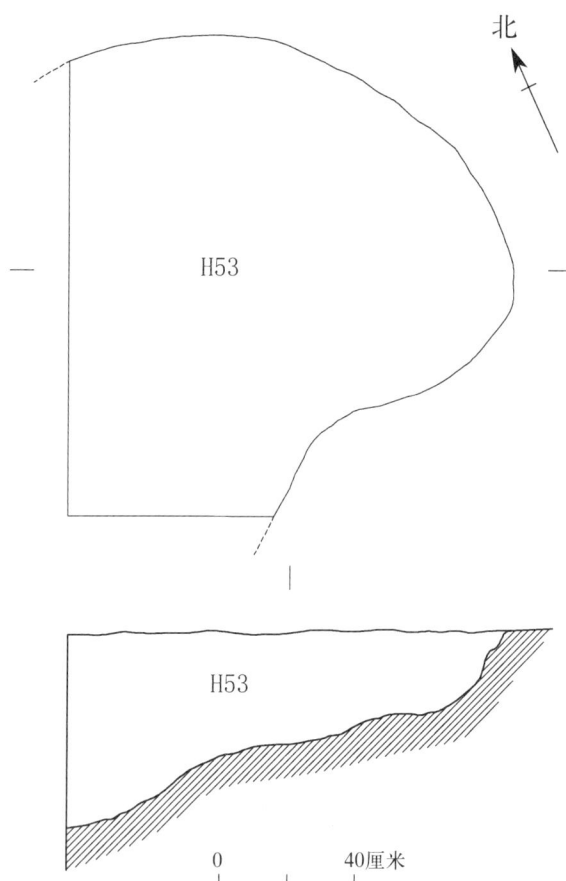

图六二　H53平、剖面图

泥质灰陶。所出陶片素面居多，占80.5%。纹饰以绳纹为主，占11.3%，其他纹饰有附加堆纹、席纹、回纹、复线回纹等。陶器器类有鬲、鼎和甗等。典型陶器有A型Ⅳ式鼎。

H56

位于T08的偏东、偏南处，并延伸进入南壁内（图六）。发掘部分不完整，平面不规则。长6.8、宽1.61、深0.78米。斜壁，圜底，未见加工痕迹（图六四；图版二，1）。开口于第③层下，打破第④层、H73、H79及生土层，并被H6、H52、H74打破。坑口距地表0.7米。该灰坑分两层。第①层厚0.58～0.68米，土色黄褐，夹杂少量灰色，土质略硬，结构稍紧密，填土中可见红烧土颗粒、草木灰、兽骨、石块及大量陶片。第②层厚约0.2～0.6米，土色浅灰，局部黄褐，土质坚硬，结构紧密，呈浅灰色。填土中可见红烧土颗粒、料礓石、石器及较多陶片等。经统计，出土陶片共764块。以夹砂陶为主，占86.9%，其中夹砂红、褐陶占65.6%；泥质陶次之，占12.7%；还有少量硬陶、原始瓷。坑内所出陶片，素面数量比较多，占55.2%，磨光陶占2.8%。纹饰以绳纹为主，占35.4%，其他纹饰有间断绳纹、梯格纹、席纹、弦纹、回纹、附加堆纹、指捺纹、网纹、方格纹等。石器器类有锛。陶器器类有鬲、甗、簋、豆和罐等。典型陶器有Ab型素面鬲、2类Bb型绳纹鬲

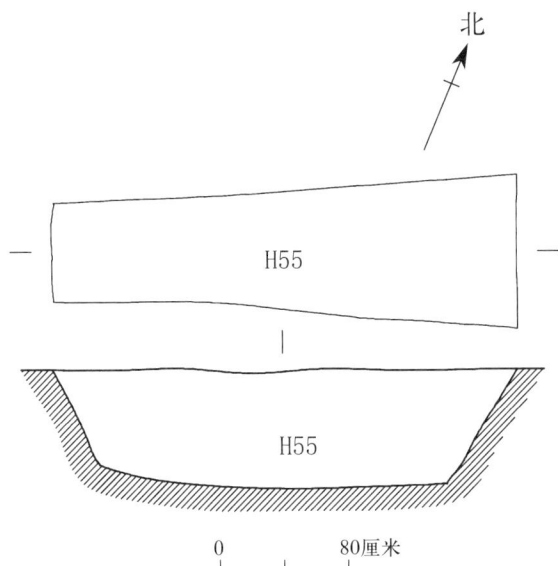

图六三　H55平、剖面图

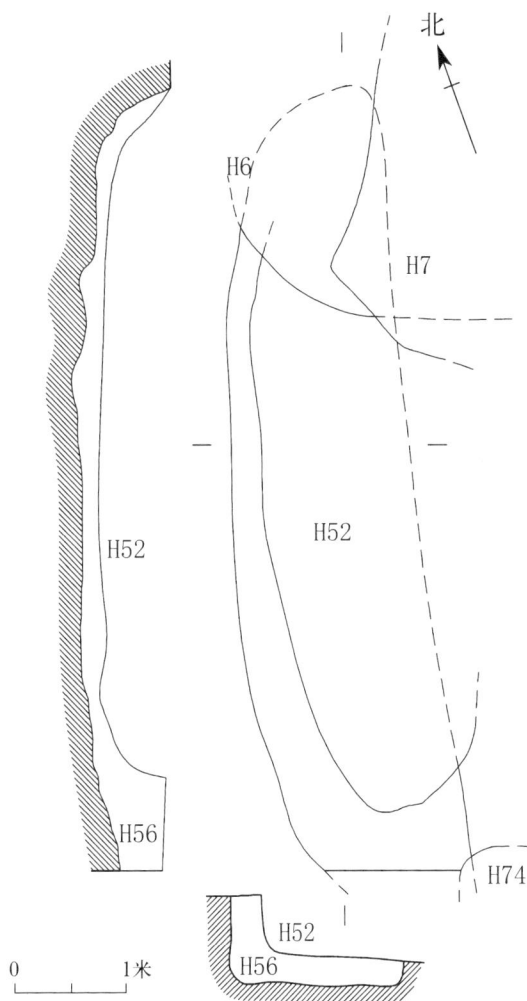

图六四　H56平、剖面图

（口沿）、3类Ab型绳纹鬲（口沿）和Aa型Ⅱ式豆（柄）等。

H57

位于T24的东北部（图一五）。发掘部分不完整，平面不规则，边缘呈不规则圆弧形。长3.69、宽1.44、深0.33米。斜壁圜底，未见加工痕迹（图六五，1）。开口于第⑤层下，打破生土层，被H46、G28打破。坑口距地表0.85米。该灰坑为一次性堆积形成，土色黄褐，土质黏软，结构疏松。出土遗物较少，填土中填土中可见红烧土颗粒、炭屑及零星陶片。经统计，出土陶片共8块。都为夹砂陶。陶片多素面，纹饰仅见绳纹和附加堆纹。陶器器类有鬲、鼎等。

H58

位于T34的东南部（图一八）。平面呈圆形。直径1.07、深0.28米。弧壁圜底，未见加工痕迹（图六五，2）。开口于第⑥层下，打破生土层。坑口距地表0.85米。该灰坑为一次性堆积形成，土色黑褐，土质松软。填土中包含有红烧土块、木炭块及少量陶片等。经统计，出土陶片共15块。多为夹砂红、褐陶。陶片多素面，纹饰有绳纹、梯格纹等。陶器器类有豆、钵和器盖等。典型陶器有Ca型Ⅱ式器盖。

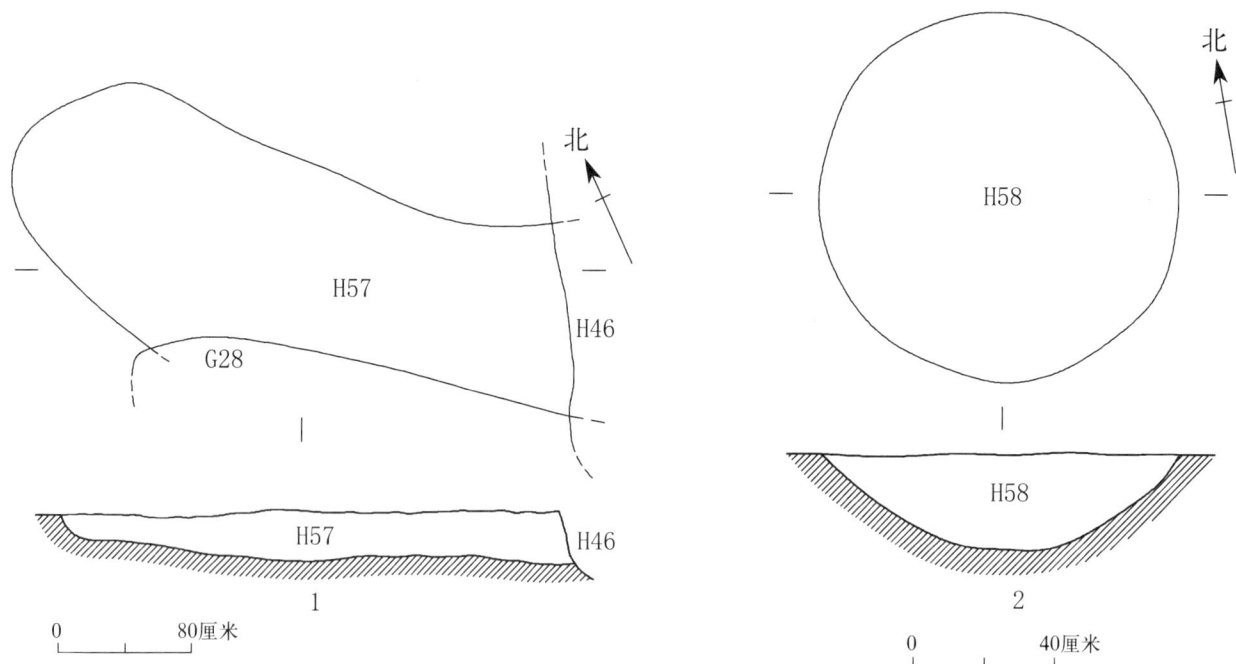

图六五　H57、H58平、剖面图
1.H57　2.H58

H59

位于T09西南部、T10东南部，并延伸进入南壁内（图六）。发掘部分不完整，平面不规则，边缘多圆弧形。发掘部分最长9.23、深3.09米。斜壁，近圜底，未见加工痕迹（图六六；图版二，2）。开口于第②层下，打破H92、H100、第③、第④层及生土，并被H9打破。坑口距地表0.5～0.7米。该灰坑分三层：第①层，厚0.5～1.0米，土色灰，土质黏硬，结构紧密。填土中包含红烧土颗粒及较多陶片。第②层，厚0.5～1.0米，土色灰褐，土质黏软，结构疏松。填土中包含较多红烧土颗粒及陶片。第③层，厚1.0～1.5米，土色浅灰，土质黏硬。填土中包含红烧土颗粒、木炭、兽骨及较多陶片，该层出土1件较完整的鼎（图版三，2）。经统计，出土陶片共432块。以夹砂陶为主，占72.7%，其中红、褐陶占48.4%；泥质陶次之，占13.4%，其中黑陶占11.8%；还有少量硬陶、原始瓷。坑内所出陶片，素面占34.7%。纹饰以绳纹为主，占50.5%，其他纹饰有弦纹、方格纹、附加堆纹、指捺纹、云雷纹、回纹、席纹、复线回纹、菱形填线纹、曲折纹、三角填线纹、复线菱纹等，组合纹饰有曲折纹+回纹、回纹+复线菱纹、回纹+复线菱纹、复线回纹+窗格纹、叶脉纹+复线回纹等。原始瓷器器类有豆。陶器器类有鬲、鼎、甗、簋、豆、盆、瓮、罐、钵、盘和器盖等。典型陶器有3类Ab型绳纹鬲（口沿）、3类Ba型绳纹鬲（口沿）、3类C型绳纹鬲（口沿）、A型Ⅲ式鼎、A型Ⅳ式甗（鬲部）、Fa型Ⅰ式盆、Bb型Ⅲ式鼓腹瓮、Bb型Ⅱ式鼓腹罐、Aa型Ⅱ式直口盘和B型Ⅱ式器盖等。

H60

位于T09的西北部（图六）。平面呈椭圆形。直径2.52～3.36、深0.9米。斜壁，局部坡壁，

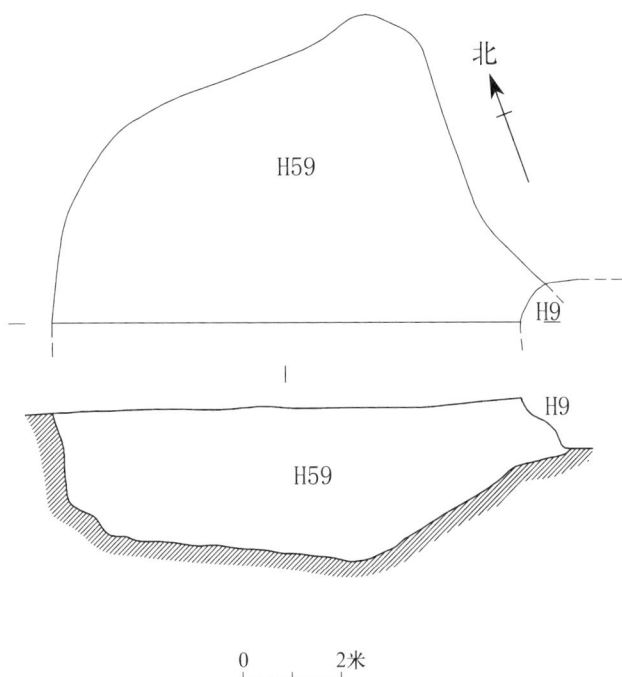

图六六　H59平、剖面图

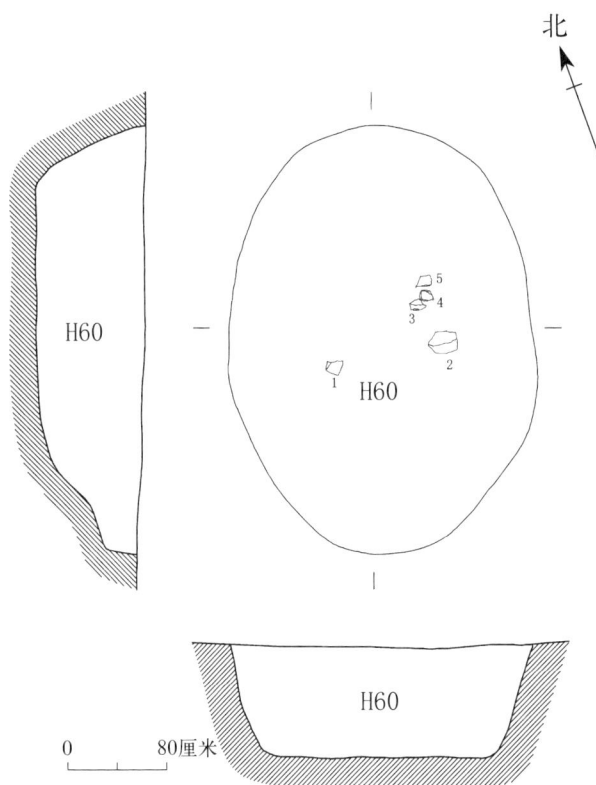

图六七　H60平、剖面图
1~5.石块

平底，有人为加工痕迹（图六七；图版三，1）。开口于第②层下，打破H92、H99、第③层、第④层、生土层。坑口距地表0.4米。该灰坑为一次性堆积形成，土色灰褐，土质较软，结构疏松。填土中可见红烧土颗粒、草木灰及许多陶片。坑底有五块石头，大小不等，排列无规律。坑壁有白灰痕迹。经统计，出土陶片共259块。绝大部分为夹砂陶，占96.6%，其中红、褐陶占64.9%，黑陶占19.3%，灰陶占12.4%；泥质陶、硬陶较少，比例分别为1.9%、1.6%。坑内所出陶片，素面陶最多，占60.6%；纹饰以绳纹为主，占34%；其他有间断绳纹、雷纹和回纹等。陶器器类有鬲、盆和罐等。典型陶器有1类B型绳纹鬲（口沿）、2类Ab型绳纹鬲（口沿）、3类Aa型绳纹鬲（口沿）、3类Ab绳纹鬲（口沿）、1类C型鬲（足）和B型Ⅵ式盆等。

H61

位于T28的东南部（图一七）。平面呈椭圆形。直径1.0~1.32、深0.3米。斜壁，底部近平，未见加工痕迹（图六八）。开口于第②层下，打破H61、H62及生土层。坑口距地表约0.46米。该灰坑为一次性堆积形成，土色灰褐，土质较软，结构疏松。填土中可见红烧土颗粒、炭渣及少量陶片等。经统计，出土陶片共73块。以红、褐陶为主，占80.8%；泥质陶次之，占16.5%；还有少量硬陶。坑内所出陶片，素面较多，占83.6%。纹饰以绳纹为主，占8.2%，其他纹饰有间断绳纹、方格纹等。陶器器类有鬲、罐等。

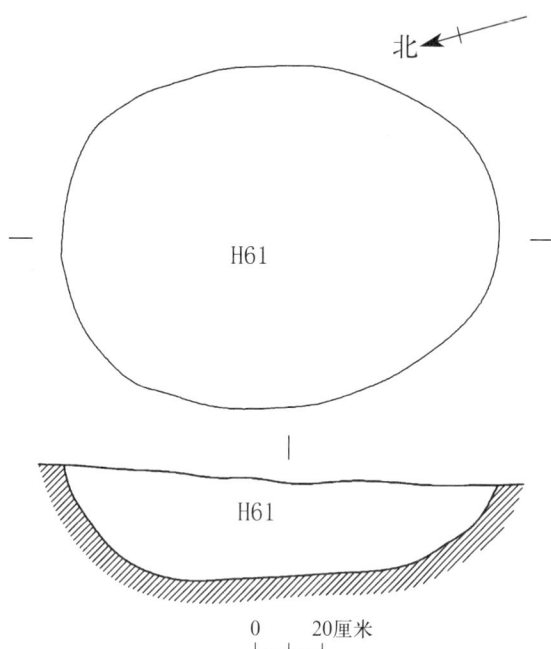

图六八　H61平、剖面图

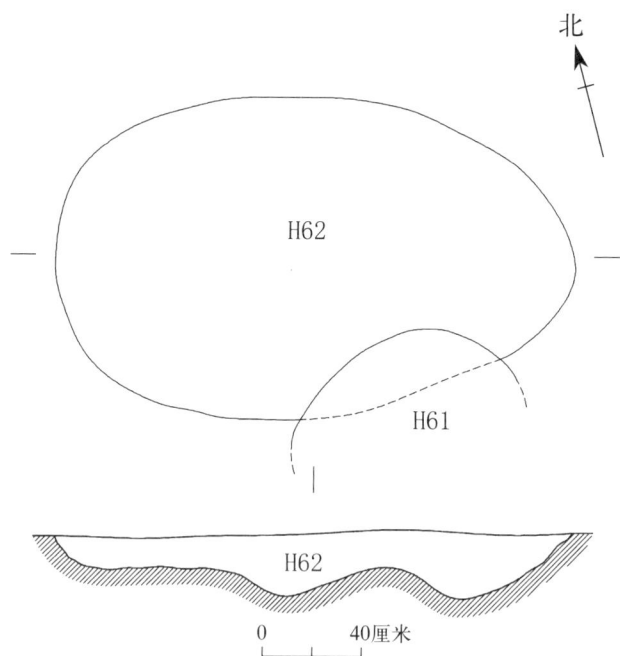

图六九　H62平、剖面图

H62

位于T28的东南部（图一七）。平面近椭圆形。直径1.26~2.08、深0.28米。斜壁，底部高低不平，未见加工痕迹（图六九）。开口于第②层下，打破生土层，被H61打破。坑口距地表约0.46米。该灰坑为一次性堆积形成，土色灰褐，土质较软，结构疏松。填土中填土中可见红烧土颗粒、木炭渣及少量陶片等文化遗物。经统计，出土陶片共75块。以夹砂陶为主，占78.7%，其中红、褐陶占73.3%；泥质陶次之，占13.1%，其中灰陶占8%；还有少量硬陶。坑内所出陶片，素面数量较多，占60%。纹饰以绳纹为主，占16%，其他纹饰有梯格纹、叶脉纹、方格纹、云雷纹、席纹、曲折纹、网纹等，组合纹饰有绳纹+附加堆纹、梯格纹+网纹等。陶器器类有鬲、鼎、豆、罐等。

H63

位于T28的东南部（图一七）。平面呈椭圆形。直径0.82~1.05、深0.28米。斜壁，底部斜平，未见加工痕迹（图七〇）。开口于第②层下，打破生土层，被H61打破。坑口距地表约0.46米。该灰坑为一次性堆积形成，土色灰褐，土质较软，结构疏松。填土中可见红烧土颗粒和炭渣，未出土陶片。

H64

位于T36的东南部（图一八）。平面呈圆角长方形。长0.73、宽0.47、深0.5米。斜壁，底近平，未见加工痕迹（图七一）。开口于第⑥层下，打破生土层。坑口距地表约0.8米。该灰坑为一次性堆积形成，土色灰褐，土质较软，结构疏松。填土中可见红烧土颗粒、木炭渣及零星陶片等。以夹砂红、褐陶为主，均为素面。陶器器类有罐。

H65

位于T12的东南角，并延伸进入南壁内（图一〇）。发掘部分平面不完整，推测其原平面为椭

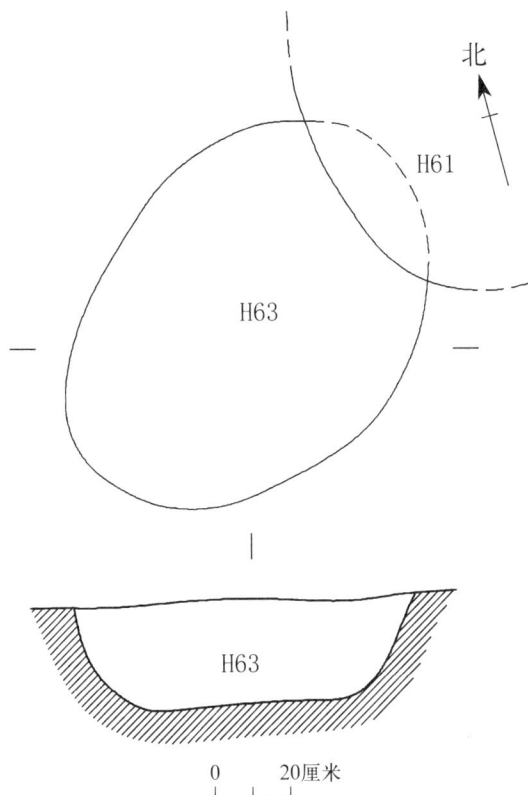

图七〇 H63平、剖面图

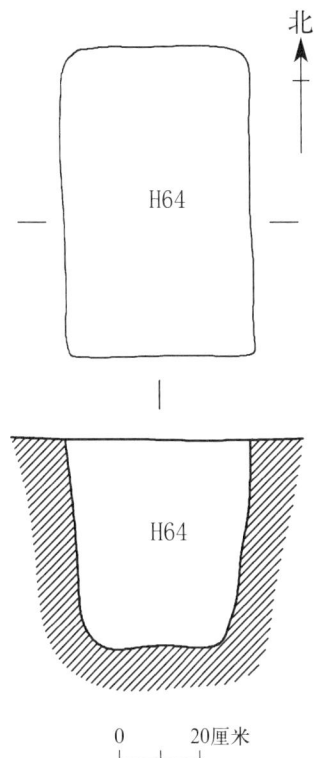

图七一 H64平、剖面图

圆形。发掘部分最长2.2、深0.54米。斜壁，圜底，未见加工痕迹（图七二）。开口于第③层下，打破生土层，并被H23、H26打破。坑口距地表约0.2米。该灰坑为一次性堆积形成，土色灰，土质较软，结构疏松。填土中可见红烧土颗粒、炭粒及零星陶片。经统计，出土陶片共6块。以夹砂陶为主，占66.7%，其中，夹砂灰白陶占50%；泥质陶次之，占33.3%。坑内所出陶片，素面数量较多，占33.3。纹饰仅见绳纹，占66.7%。陶器器类有豆。

H66

位于T07的东南部，并延伸入南壁内（图六）。发掘部分平面不完整，长3.9、宽1.72、深0.62米。斜壁圜底，未见加工痕迹（图七三）。开口于第②层下，打破H70、H71及生土层，被J C1打破。坑口距地表0.1米。该灰坑分两层。第①层厚0.29~0.5米，土色黄褐、灰褐混杂，土质略硬，结构稍紧密。填土中可见红烧土颗粒、草木灰和少量陶片，其他遗物有动物牙齿、鹿角和铜炼渣等。第②层厚0.2米，土色灰褐，土质坚硬，结构紧密。填土内可见水锈斑，包含有红烧土颗粒、料礓石及较多陶片等。经统计，出土陶片共125块。以夹砂陶为主，占89.6%，其中红褐、陶占67.2%；泥质灰陶次之，占10.4%；坑内所出陶片，素面数量比较多，占45.6%。纹饰以绳纹为主，占44.8%，其他纹饰有弦纹、间断绳纹、梯格纹、复线菱纹等，组合纹饰有绳纹+附加堆纹、绳纹+刻划纹、间断绳纹+乳钉纹等组合纹饰。陶器器类有鬲、鼎、豆、罐、钵、纺轮等。典型陶器有1类Aa型绳纹鬲（口沿）、C型Ⅱ式豆（柄）和Ca型Ⅲ式鼓腹罐等。

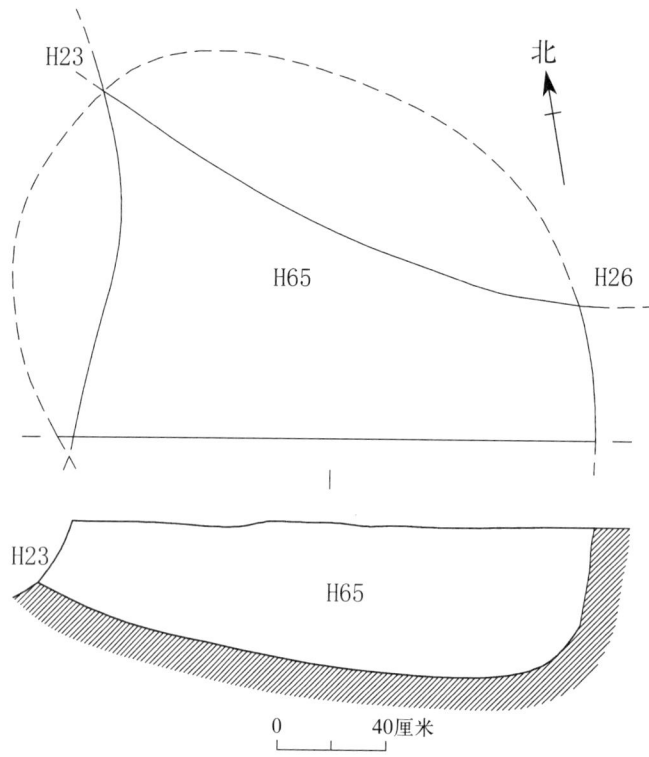

图七二　H65平、剖面图

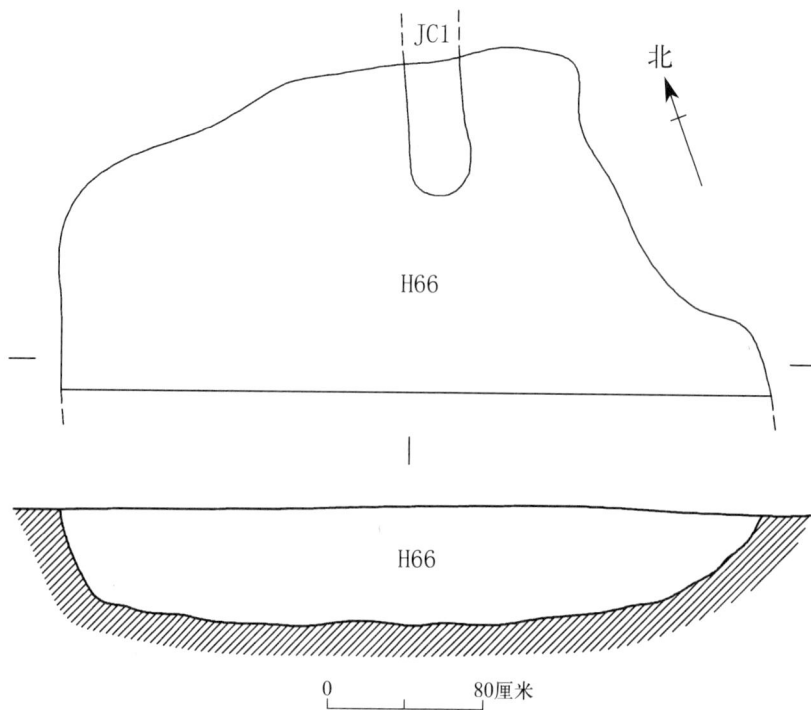

图七三　H66平、剖面图

H67

位于T14的西部，并延伸进入西壁内（图一〇）。发掘部分平面不完整，推测其原平面为椭圆形。最大径3.88、深0.45米。弧壁，圜底，未见加工痕迹（图七四）。开口于第②层下，打破生土层。坑口距地表约0.25米。该灰坑为一次性堆积形成，土色灰褐，土质较软，结构疏松。填土中可见红烧土颗粒、草木灰、石器及较多陶片。经统计，出土陶片共59块。以夹砂红、褐陶为主，占67.8%；泥质陶次之，占18.7%，其中灰陶占13.6%。坑内所出陶片，素面数量较多，占74.6%。纹饰以绳纹为主，占18.6%，其他纹饰有席纹、曲折纹、复线菱纹等。石器器类有铲和镞。陶器器类有鬲、甗、豆、罐和钵等。典型陶器有1类A型鬲（足）和Ba型豆（盘）等。

H68

位于T28的中部偏南处（图一七）。平面呈圆角梯形。长1.2、宽0.7~0.84、深0.28米。直壁圜底，未见加工痕迹（图七五）。开口于第②层下，打破生土层。坑口距地表约0.46米。该灰坑为一次性堆积形成，土色灰褐，土质略硬，结构疏松。填土中可见红烧土颗粒和炭渣等，无陶片出土。

H69

位于T08的西北部、T09的东北部，并延伸进入北壁内（图六）。发掘部分平面不完整，推测其原平面近椭圆形。最长10.26、最宽7.18、深2.1米。直壁，近圜底，未见加工痕迹（图七六；图版四，1）。开口于第②层下，打破H99、H102、第③层、第④层及生土层，被H10、H34、H41打破。坑口距地表0.4米。该灰坑分三层：第①层，厚0.35~0.85米，土色褐色，填土土质略硬、略黏，结构较紧密。填土中可见红烧土颗粒、草木灰和陶片；第②层，厚约0.25~0.4米，土色黄褐，土质较硬，结构紧密。填土中可见水锈斑，包含有红烧土颗粒、料礓石及较多陶片等；第③层，厚0.35~0.85米，土色灰褐，土质黏硬，结构较紧密。填土中可见红烧土颗粒、草木灰、兽骨和陶片等。经统计，出土陶片共172块。以夹砂陶为主，占84.9%，其中红、褐陶占82.6%；泥质陶次之，占14%，其中红、褐陶占12.2%；有少量硬陶片。坑内所出陶片，素面较多，占40.7%。纹饰以绳纹为主，占43%，其他纹饰有间断绳纹、网纹、弦纹、梯格纹、云雷纹、刻划纹、复线菱纹等，组合纹饰有绳纹+附加堆纹。原始瓷器器类有豆。陶器器类有鬲、鼎、甗、豆、盆、瓮、罐、碗、盘、碗和拍等。典型陶器有A型Ⅲ式素面鬲、1类D型素面鬲（口沿）、3类Ab型素面鬲（口沿）、Db型Ⅱ式绳纹鬲、2类Ab型绳纹鬲（口沿）、C型Ⅲ式浅盘鼎、A型甗（腰）、Ba型Ⅱ式豆、Da型Ⅴ式盆、Ba型Ⅲ式鼓腹瓮、Ca型Ⅱ式鼓腹瓮、Ab型Ⅲ式鼓腹罐、Ba型Ⅲ式鼓腹罐、Bb型深腹罐和B型碗等。

H70

位于T07的东南部，并延伸入东壁、南壁内（图六）。发掘平面不完整，最长4.1、深0.18米。斜壁，近平底，未发现加工痕迹（图七七）。开口于第②层下，打破第③层、第④层及生土层，被H4、H66、JC1和D16打破。该灰坑为一次性堆积形成，土色黄褐、灰褐混杂，土质略硬，结构紧密。填土中可见红烧土颗粒和较多陶片。经统计，出土陶片共157块。以夹砂陶为主，占78.3%，其中夹砂红、褐陶占70%；次为泥质陶，占15.3%；另有少量硬陶。坑内所出陶片，素面陶最多，占

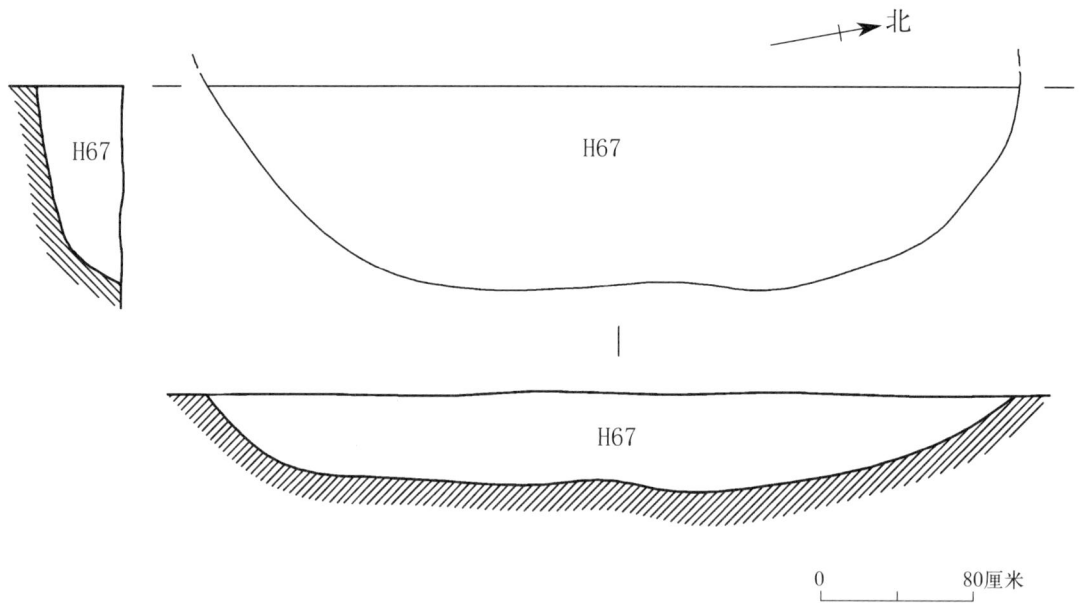

图七四　H67平、剖面图

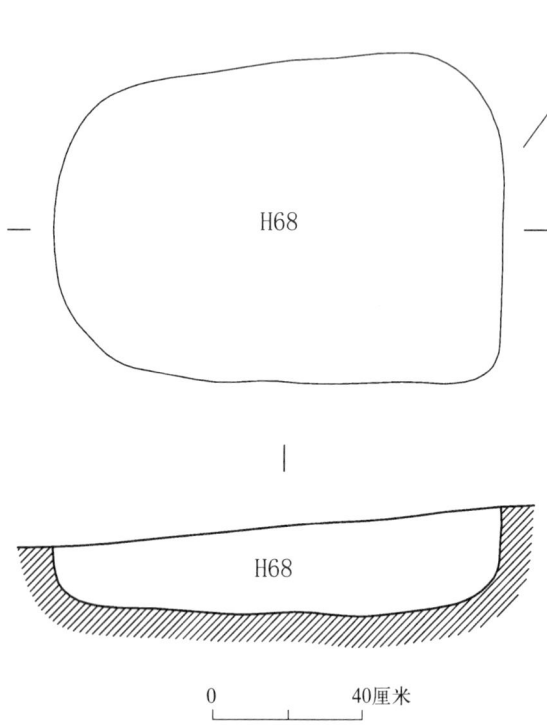

图七五　H68平、剖面图

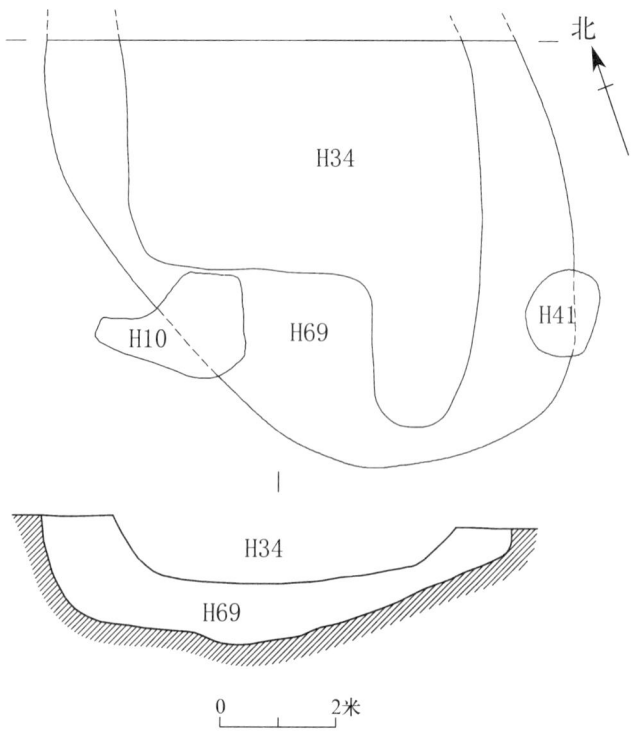

图七六　H69平、剖面图

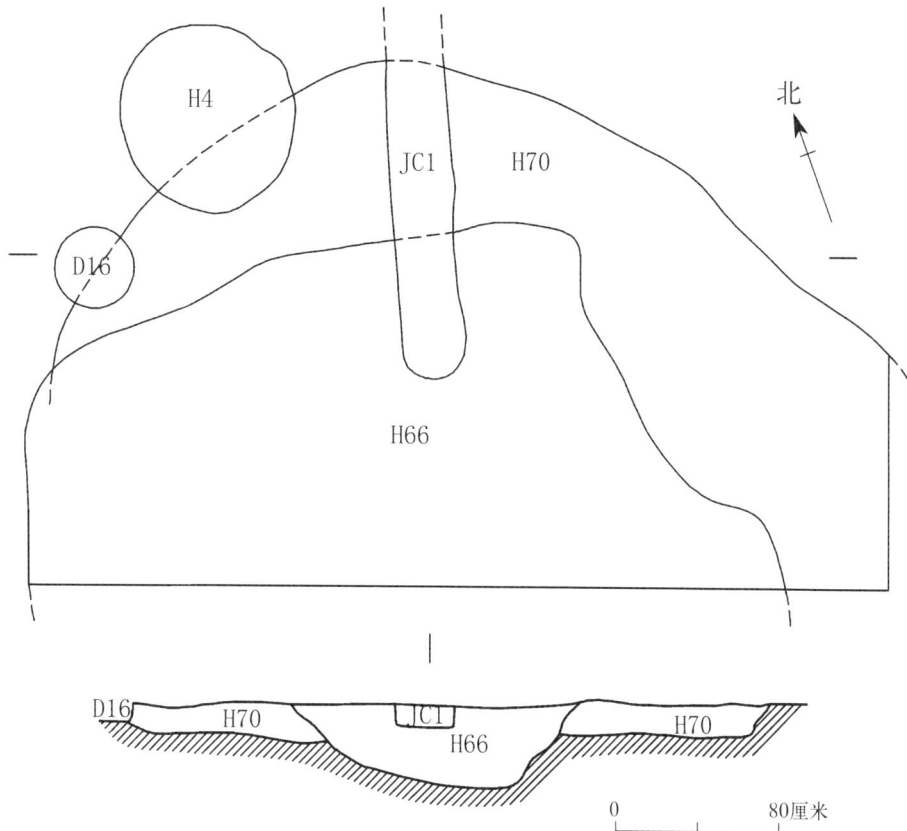

图七七　H70平、剖面图

54.1%。纹饰以绳纹为主，占23.6%，间断绳纹次之，占10.8%，其余纹饰有梯格纹、刻划纹、曲折纹、云雷纹、方格纹、窗格纹、复线回纹等，组合纹饰有绳纹+附加堆纹、绳纹+刻划纹、弦纹+方格纹等。陶器器类有鬲、簋、豆、盆、罐等。典型陶器有Aa型Ⅱ式素面鬲和A型簋（足）。

H71

位于T07的西南部，并延伸入南壁内（图六）。发掘部分平面不完整，最长4.3、深0.7米。斜壁平底，未发现加工痕迹（图七八）。开口于第②层下，被H3、H66、D17、D18打破。该灰坑可分三层：第①层，厚0.2～0.3米，土色灰褐，土质略硬，结构稍紧，填土中可见红烧土颗粒、草木灰及少量陶片等。第②层，厚0.12～0.2米，土色黄褐，土质略软，结构疏松，内含草木灰、兽骨及少量陶片等；填土中草木灰较多，堆积自西向东呈倾斜状；第③层，厚0.16～0.22米，土色黄褐、灰白及灰褐混杂，土质略硬，填土中内含红烧土颗粒、草木灰及少量陶片等。经统计，出土陶片共75块。以夹砂陶为主，占94.6%，其中红褐陶占81.3%；有少量泥质陶和硬陶。坑内所出陶片，素面比较多，占61.3%。纹饰以绳纹为主，占34.7%，其他纹饰有云雷纹、席纹和刻划纹等。陶器器类有鬲、甗、罐等。

H73

位于T08的东南部（图六）。发掘部分平面不完整，推测原平面呈圆形。直径2.0、深0.51米。

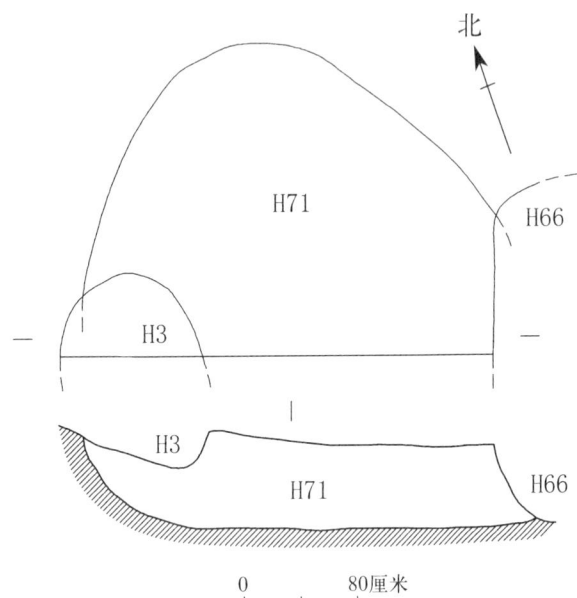

图七八　H71平、剖面图

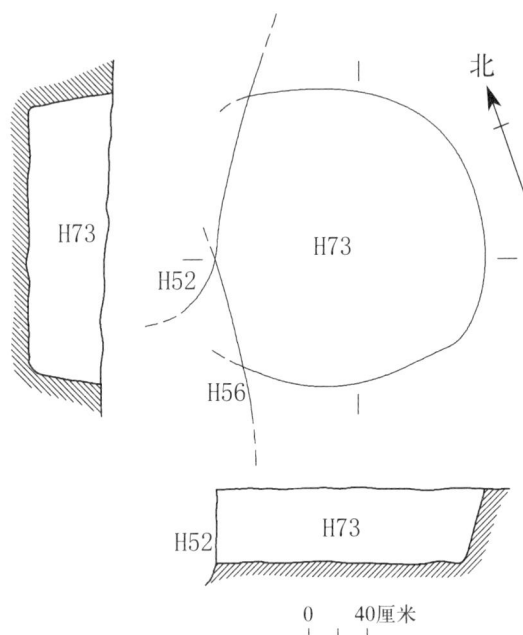

图七九　H73平、剖面图

斜壁平底，未见加工痕迹（图七九）。开口于第④层下，打破H89及生土层，并被H52、H56打破。坑口距地表1.1米。该灰坑为一次性堆积形成，土色灰褐，土质略软，结构疏松。填土中可见红烧土颗粒、草木灰、料礓石、兽骨、蚌壳、石器及较多陶片等。经统计，出土陶片共253块。以夹砂陶为主，占82.2%，其中红、褐陶占62.3%；泥质陶次之，占17.8%。坑内所出陶片，素面数量比较多，占64.4%。纹饰以绳纹为主，占30.4%，其他有间断绳纹、弦纹、附加堆纹、指捺纹、方格纹等。石器器类有锛和凿等。陶器器类有鬲、鼎、甗、簋、尊、盆、罐、钵、垫等。典型陶器有1类B型鬲（足）、B型Ⅱ式鼎、宽卷沿尊和A型Ⅱ式钵等。

H74

位于T08的南部，并延伸入南壁内（图六）。发掘部分平面不完整，边缘呈圆弧形。最大径0.95、最宽0.15、深0.49米。斜壁平底，未见加工痕迹（图八〇）。开口于第③层下，打破第H56、第④层及生土层。坑口距地表0.9米。该灰坑为一次性堆积形成，土色灰褐，土质较软，结构疏松。填土内可见红烧土颗粒、草木灰等，未出土陶片。

H77

位于T33的西北部、T34的东北部（图一八）。根据发掘部分推测其平面卵圆形。长3.55、最宽1.93、深0.73米。斜壁圜底，未见加工痕迹（图八一；图版四，2）。开口于第⑦层下，打破生土层，并被H81打破。坑口距地表1.22米。该灰坑为多次堆积形成，分三层。第①层，厚0~0.23米，土色灰褐，土质略软，结构疏松，填土内含有少量陶片；第②层，厚0~0.3米，土色灰黑，土质略软，结构疏松，填土内含较多陶片、炭灰等；第③层，厚0~0.32米，土色深青灰色，土质略软，结构疏松。填土内含有少量陶片及兽骨等文化遗物。经统计，出土陶片共73块。以夹砂红、褐陶为主，占84.9%；泥质灰陶次之，占12.3%；还有少量硬陶。坑内所出陶片，素面数量较多，占

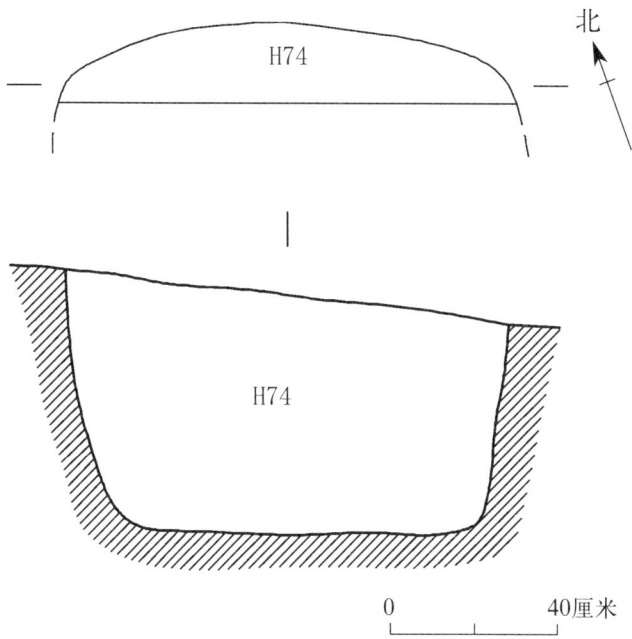

图八〇　H74平、剖面图

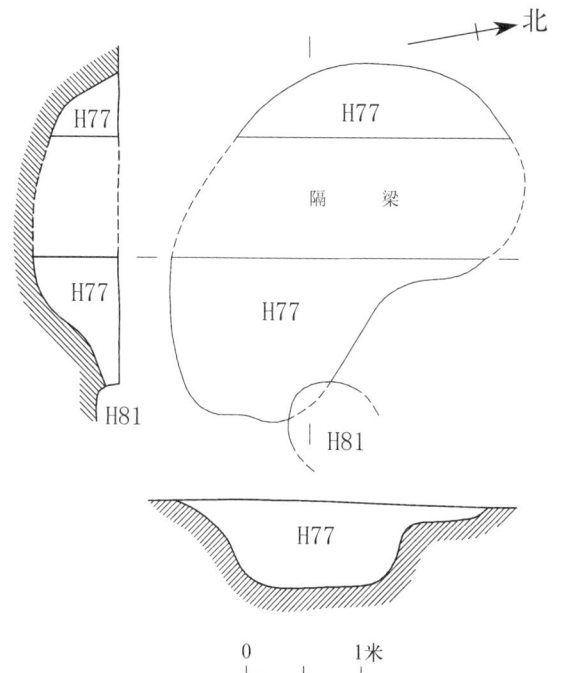

图八一　H77平、剖面图

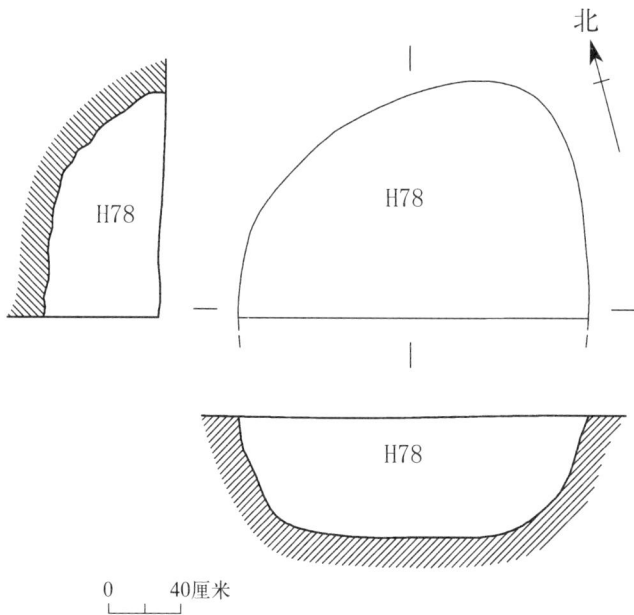

图八二　H78平、剖面图

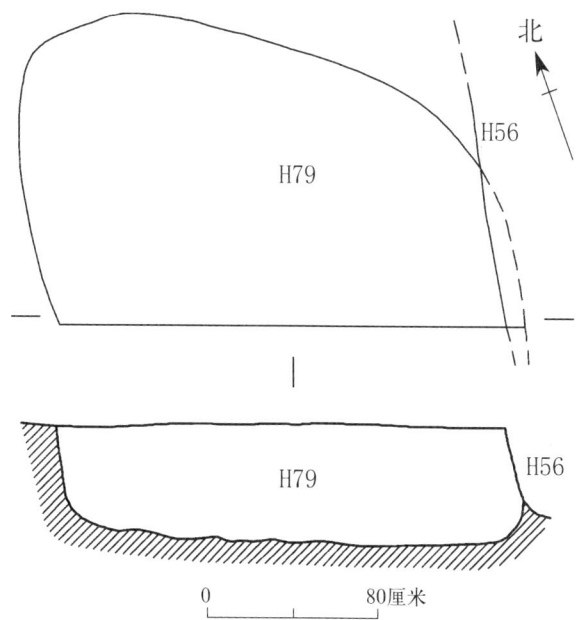

图八三　H79平、剖面图

69.9%，纹饰以绳纹为主，占27.4%，还有少量网纹。陶器器类有鬲、豆、器盖等。典型陶器有Ca型
I式器盖。

H78

位于T28的东南部，并延伸进入南壁内（图一七）。发掘部分平面不完整，推测原平面为椭圆

形。最长1.96、深0.53米。斜壁，圜底近平，未见加工痕迹（图八二）。开口于第③层下，打破第④层及生土层。坑口距地表0.88米。该灰坑为一次性堆积形成，土色黄褐，土质略硬。填土中可见红烧土颗粒、炭屑及少量陶片。经统计，出土陶片共65块。以夹砂红、褐陶为主，占92.3%；泥质陶占7.7%。坑内所出陶片，素面较多，占92.3%。纹饰有绳纹、指捺纹、方格纹、附加堆纹等，组合纹饰有绳纹＋附加堆纹。陶器器类有鬲、鼎、豆和缸等。典型陶器有带按窝的侧装鼎、Ａa型Ⅰ式豆（盘）、Bd型Ⅰ式豆（柄）和大口篮纹缸等。

H79

位于T08的西南部，并延伸入南壁内（图六）。发掘部分平面不完整，推测其原平面略呈椭圆形。最长2.15、深0.5米。斜壁平底，未发现加工痕迹（图八三）。开口于第③层下，打破H90及生土层，并被H56打破。该灰坑为一次性堆积形成，土色灰褐，土质较硬，结构紧密。填土中可见红烧土颗粒、草木灰和骨渣等，并有较多陶片。经统计，出土陶片共172块。以夹砂陶为主，占84.9%，其中红、褐陶占82.6%；泥质陶占14%，其中红、褐陶占12.2%；还有少量硬陶，占1.2%。坑内所出陶片，素面数量较多，占41.3%。纹饰以绳纹为主，占43%，间断绳纹占8.7%，其他纹饰有弦纹、网纹、梯格纹、云雷纹、刻划纹、复线菱纹等，组合纹饰有绳纹＋附加堆纹。陶器器类有鬲、豆、罐、缸、圆陶片等。典型陶器有3类Ab型绳纹鬲（口沿）。

H80

位于T06的西北角、T07的东北角，并延伸进入北壁内（图六）。发掘部分平面不完整，推测其原平面为椭圆形。最大径3.16、深0.42米。斜壁，圜底，底部高低不平，未见加工痕迹（图八四）。开口于T06第①层下、T07第②层下，打破生土层。坑口距地表0.27米。该灰坑为一次性堆积形成，土色深灰，土质松软，填土内含红烧土、炭屑、草木灰、石器及较多陶片。经统计，出土陶片共160块。以夹砂陶为主，占90%，其中红、褐陶占82.5%；泥质陶次之，占7.5%，其中灰陶占6.9%；还有少量硬陶，少量为釉陶。坑内所出陶片，素面数量较多，占64%。纹饰以绳纹为主，占27.5%，其他有间断绳纹、弦纹、方格纹、梯格纹、刻划纹、指捺纹、叶脉纹、三角填线纹等，组合纹饰有绳纹＋附加堆纹。石器器类有锛。陶器器类有鬲、甗、豆、罐等。典型陶器有Ａa型Ⅱ式豆（盘）。

H81

位于T33的西北部（图一八）。平面近圆形。最大径0.72、深0.22米。斜壁，底部近平，未见加工痕迹（图八五）。开口于第⑦层下，打破H77及生土层。坑口距地表1.2米。该灰坑为一次性堆积形成，土色灰黑，土质松软。填土内可见内含红烧土、草木灰、兽骨及零星碎陶片等。坑内所出陶片，以夹砂陶为主。纹饰以绳纹为主。陶器器类有鬲、盆等。

H82

位于T33的西北角，并延伸进入西壁、北壁内（图一八）。发掘部分平面不完整，边缘呈圆弧形。最大径4.25、宽1.8、深0.48米。斜壁，近圜底，未见加工痕迹（图八六）。开口于第⑦层下，打破Z2及生土层。坑口距地表1.25米。该灰坑为一次性堆积形成，土色灰，土质松软，内含红

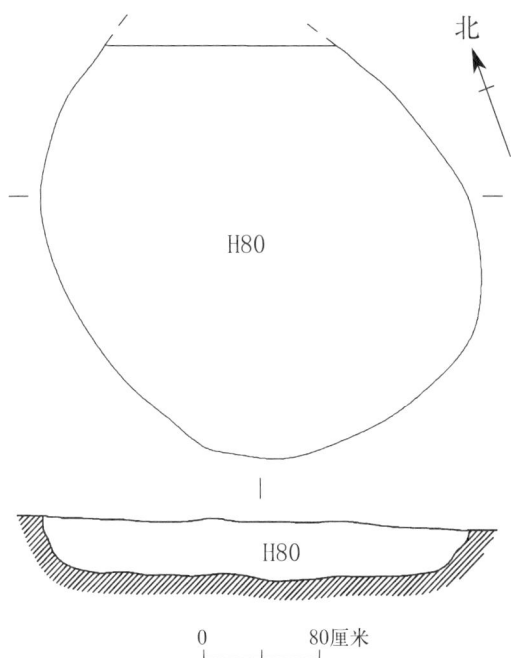

图八四　H80平、剖面图

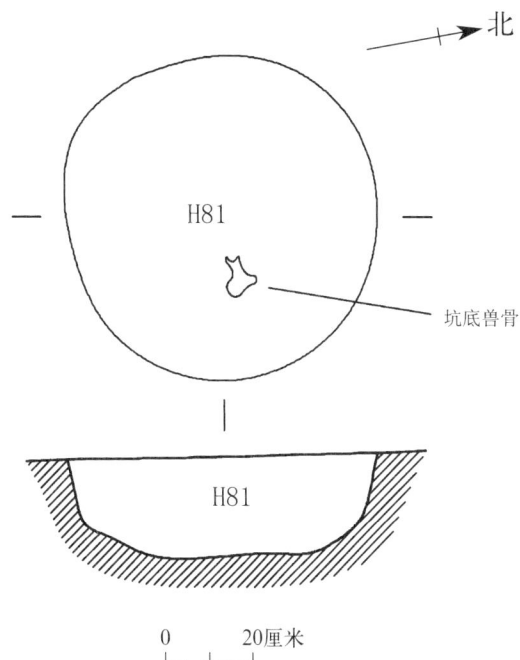

图八五　H81平、剖面图

烧土、草木灰、兽骨、石器及较多陶片等。经统计，出土陶片共181块。以夹砂红、褐陶为主，占72.9%；泥质陶次之，占24.3%，其中黑陶占12%；另有少量硬陶。坑内所出陶片，素面较多，占51.4%。纹饰以绳纹为主，占45.3%，其他纹饰有间断绳纹、网纹等。石器器类有凿、铲。陶器器类有鬲、盆等。

H83

位于T36的东南角，并延伸进入南壁内（图一八）。发掘部分平面不完整，边缘呈圆弧形。最大径2.4、深1.08米。弧壁圜底，未见加工痕迹（图八七）。开口于第⑥层下，打破H37及生土层。坑口距地表1.25米。该灰坑为一次性堆积形成，土色深灰褐色，土质松软，填土内含大量草木灰、红烧土颗粒及少量陶片。经统计，出土陶片共57块。以夹砂陶为主，占49.1%，其中红、褐陶占29.8%；泥质陶次之，占47.4%，其中灰陶占21.1%。坑内所出陶片，素面数量较多，占35.1%。纹饰以绳纹和间断绳纹为主，分别占26.3%和24.6%，其他纹饰有指捺纹、弦纹、刻划纹、方格纹、附加堆纹等，组合纹饰有弦纹+回纹组合纹饰。陶器器类有鬲、甗、缸和钵等。

H84

位于T08的北部，并延伸入北壁内（图六）。发掘部分平面不完整，边缘呈圆弧形。发掘部分最大径2.15、深0.6米。弧壁圜底，未见加工痕迹（图八八）。开口于第④层下，打破生土层，坑口距地表0.95米。该灰坑为一次性堆积形成，土色灰褐，土质略软，结构稍松，填土内含较多红烧土、草木灰、兽骨及较多陶片等。经统计，出土陶片共148块。以夹砂陶为主，占66.9%，其中夹砂红、褐陶占54.7%；泥质陶次之，占17.5%，其中，泥质红、褐陶占10.1%；硬陶再次之，占12.2%；

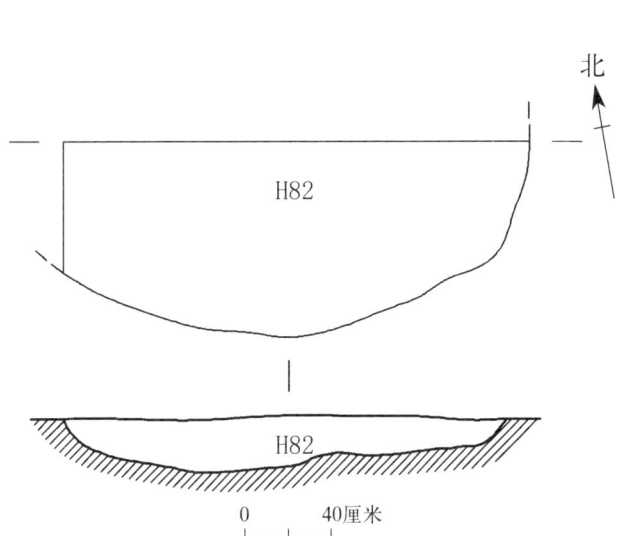

图八六　H82平、剖面图

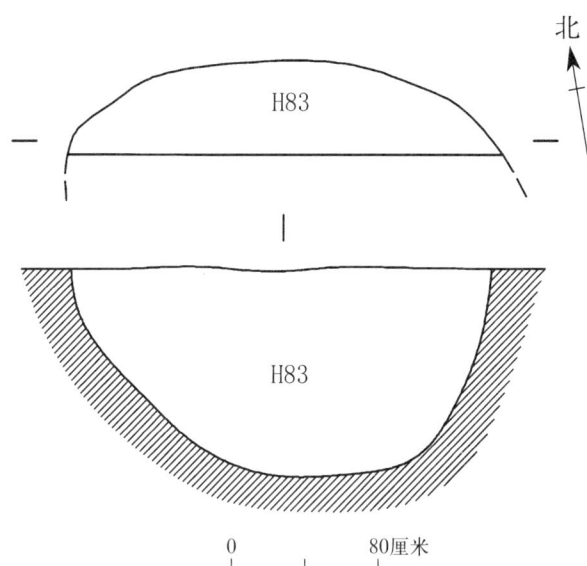

图八七　H83平、剖面图

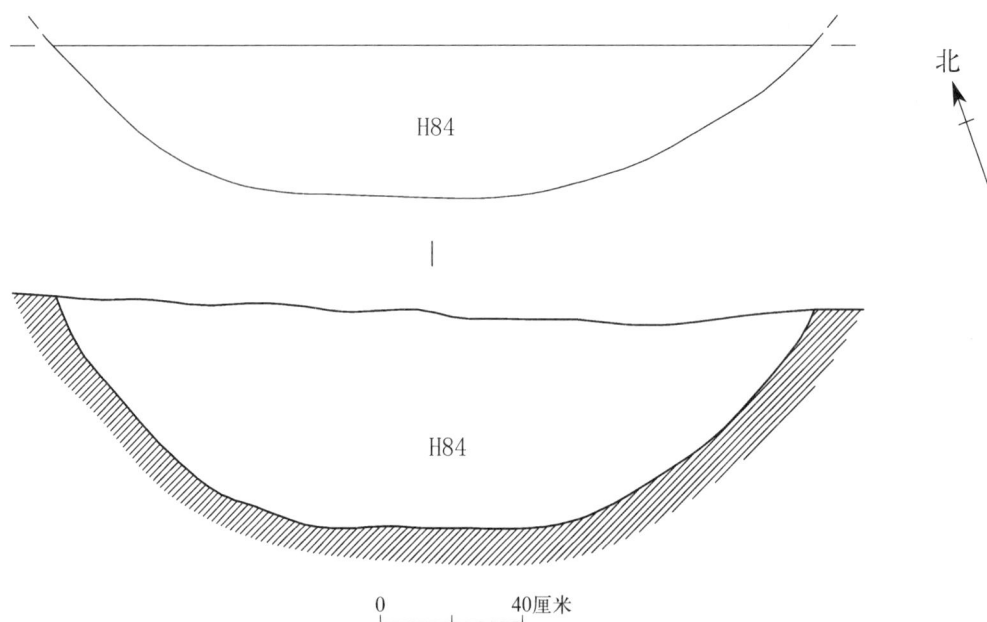

图八八　H84平、剖面图

还有少量原始瓷。坑内所出陶片，素面数量较多，占54.1%，部分经过磨光处理。纹饰以绳纹为主，占21%，其他纹饰有梯格纹、附加堆纹、间断绳纹、席纹、窗格纹、复线回纹、叶脉纹、曲折纹、雷纹、回纹、菱形纹、方格纹等，组合纹饰有弦纹+复线回纹、曲折纹+回纹。陶器器类有鬲、鼎、豆和罐等。

　　H85

　　位于T07的西北部，并延伸入北壁内（图六）。发掘部分平面不完整，推测其原平面略呈椭圆

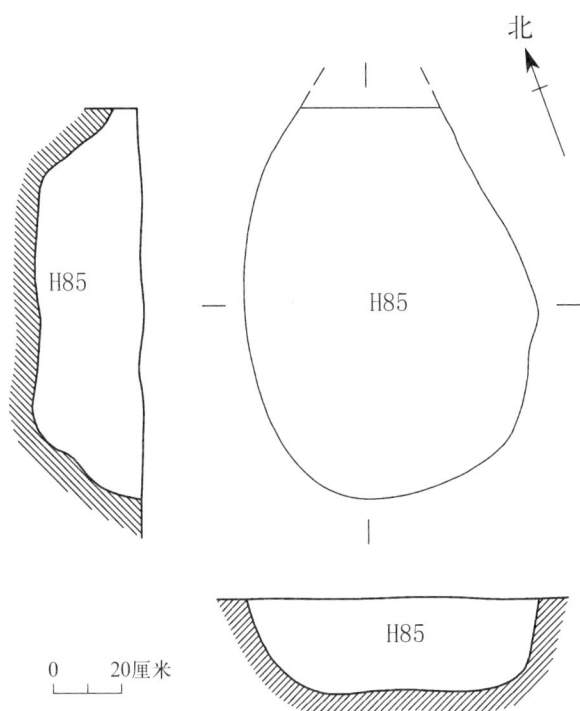

图八九　H85平、剖面图

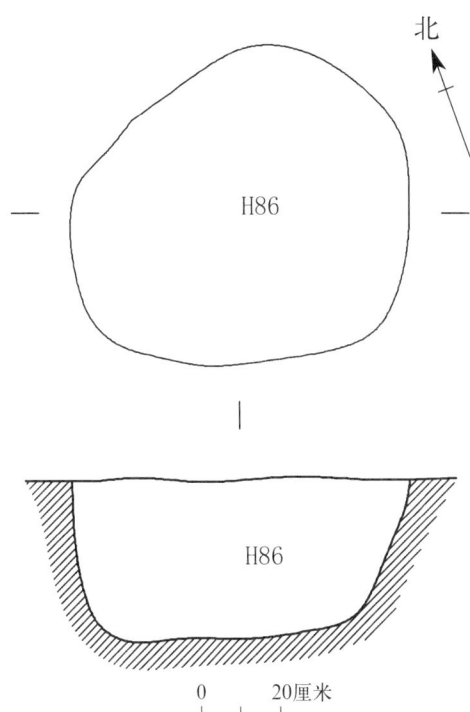

图九〇　H86平、剖面图

形。最大径1.1、深0.33米。斜壁，局部坡壁，底部近平，未发现加工痕迹（图八九）。开口于第③层下，被探方西北角建筑遗存D26打破，同时打破生土层。坑口距地表0.6米。该灰坑为一次性堆积形成，土色黄褐，土质略硬，结构紧密。出土少量陶片。经统计，出土陶片共25块。仅见夹砂陶，其中红、褐陶占64%，黑褐陶占28%。坑内所出陶片，素面数量比较多，占60%。纹饰以绳纹为主，占28%，其他纹饰有间断绳纹、弦纹、指捺纹等，组合纹饰有绳纹+指捺纹。陶器器类有鬲等。

H86

位于T07的西北部（图六）。平面近似椭圆形。最大径0.89、深0.4米。斜壁，底部斜平，未发现加工痕迹（图九〇）。开口于第④层下，打破生土层。该灰坑为一次性堆积形成，土色黄褐，土质略硬，结构稍紧。无陶片出土。

H87

位于T33的东北部，并延伸进入东壁和北壁内（图一八）。发掘部分平面不完整，推测其原平面呈椭圆形。最大径5.4、深0.71米。斜壁圜底，未见加工痕迹（图九一；图版五，1）。开口于第⑦层下，打破H97及生土层。坑口距地表1.4米。该灰坑为一次性堆积形成，土色灰黑，土质松软。填土内含红烧土颗粒、石块、木炭块及大量陶片等。经统计，出土陶片共2392块。以夹砂陶为主，占82%，其中红、褐陶占73.6%；夹砂陶次之，占12.4%，另有少量硬陶和原始瓷。坑内所出陶片，素面数量最多，占69.3%。纹饰以绳纹为主，占23.5%，其他有间断绳纹、弦纹、云雷纹、指捺纹、

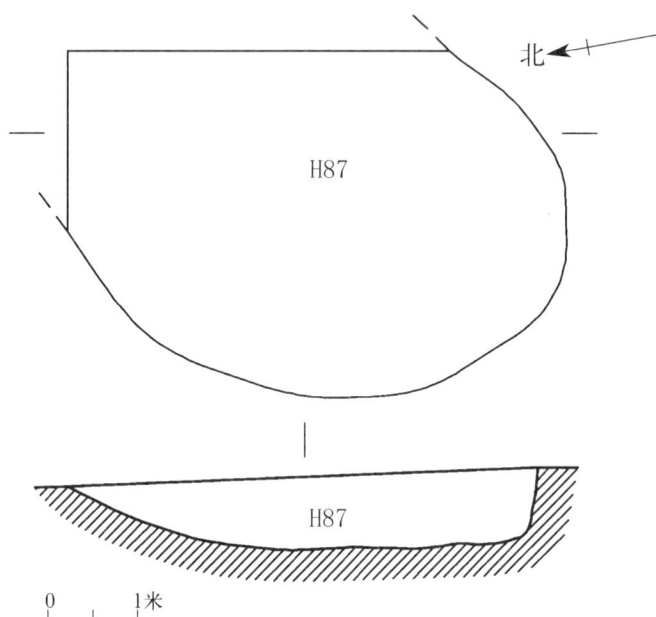

图九一　H87平、剖面图

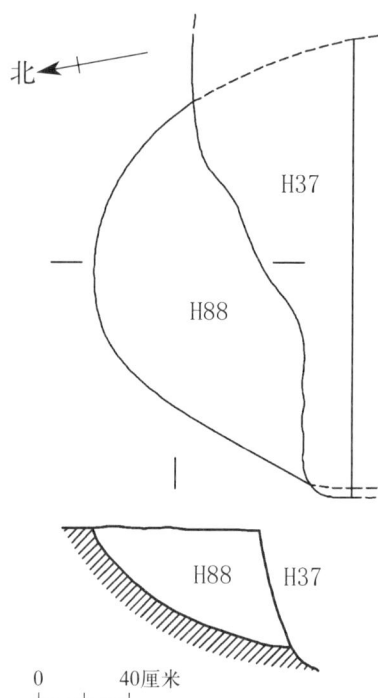

图九二　H88平、剖面图

曲折纹、方格纹、附加堆纹、席纹、回纹、复线回纹、三角填线纹、菱形填线纹等。玉器器类有串饰。石器器类有锛。原始瓷器器类有豆。陶器器类有鬲、豆、盆、罐、钵、拍、纺轮和网坠等。典型陶器有2类Ab型绳纹鬲（口沿）、Fb型Ⅱ式盆、A型Ⅳ式钵、B型Ⅱ式钵和A型拍等。

H88

位于T36的南部，并延伸入南壁内（图一八）。发掘部分平面不完整，推测其原平面呈椭圆形。最大径1.69、深0.53米。斜壁，底部被打破，未见加工痕迹（图九二）。开口于第⑥层下，打破生土层，并被H37打破。坑口距地表0.53米。该灰坑为一次性堆积形成，土色黄褐，土质较硬。填土内含较多红烧土颗粒、草木灰及少量陶片等。经统计，出土陶片共33块。以泥质陶为主，占48.5%，其中灰陶占21.2%；夹砂陶次之，均为红褐陶，占42.4%；另有少量硬陶。坑内所出陶片，素面较多，占63.6%。纹饰主要有绳纹、间断绳纹、回纹等，组合纹饰有绳纹+附加堆纹、席纹+菱纹等。陶器器类有鬲、豆和盆等。典型陶器有Bc型Ⅴ式豆（柄）和A型敞口盆（口沿）。

H89

位于T08的东部，并延伸进入北壁内（图六）。发掘平面不完整，推测其原平面为椭圆形。最长7.0、宽2.56、深0.92米。斜壁，圆底近平，未见加工痕迹（图九三）。开口于第④层下，打破生土层，并被H36、H52和H73打破。坑口距地表0.85米。该灰坑为一次性堆积形成，土色灰褐，土质较硬，结构紧密。填土内含较多红烧土颗粒、草木灰、兽骨、石器、铜渣及大量陶片等。经统计，出土陶片共579块。以夹砂陶为主，占79.4%，其中，夹砂红、褐陶占76%；泥质陶次之，占20.2%，其中泥质灰陶占11.9%；另外存在少量硬陶。坑内所出陶片，素面数量较多，占54.1%。纹饰以绳纹为

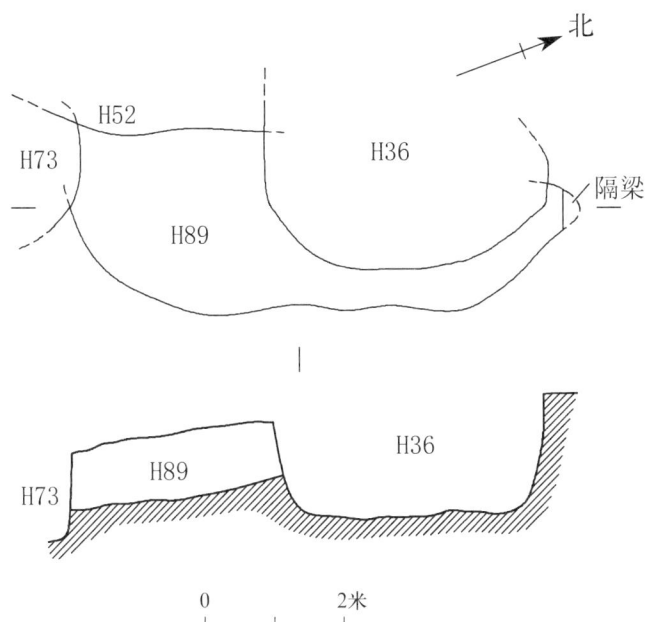

图九三　　H89平、剖面图

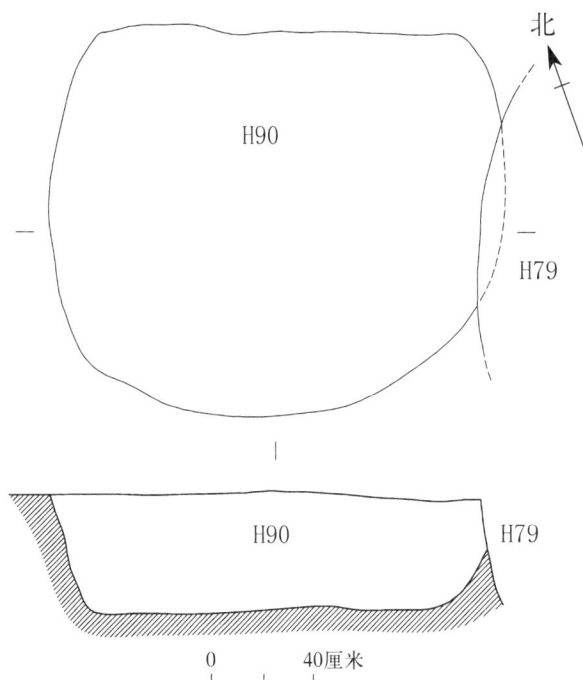

图九四　　H90平、剖面图

主，占33.7%，其他纹饰有间断绳纹、弦纹、指捺纹、刻划纹、曲折纹、回纹等，组合纹饰有绳纹＋附加堆纹、绳纹＋指捺纹、弦纹＋梯格纹、弦纹＋复线三角纹、弦纹＋乳钉纹、弦纹＋三角填线纹＋乳钉纹等。铜器器类为锛。石器器类为锛。陶器器类有鬲、鼎、甗、簋、豆、盆、罐、窝形器和圆陶片等。典型陶器有A型Ⅱ式绳纹鬲、窝形器。

H90

位于T08的西南角（图六）。平面近圆形，北侧边缘较直。最大径1.7、深0.45米。斜壁平底，未见加工痕迹（图九四）。开口于第④层下，打破生土层，并被H79打破。坑口距地表0.8米。该灰坑为一次性堆积形成，土色灰褐，土质较硬，结构紧密。该灰坑遗物出土较少，填土内含少量红烧土颗粒、草木灰、兽骨及碎陶片等。经统计，出土陶片共15块。主要为夹砂红、褐陶，其余为泥质褐陶。可见纹饰有绳纹、间断绳纹、刻划纹、复线菱纹等，组合纹饰有弦纹＋刻划纹、弦纹＋网纹等。陶器器类有鬲、盆、罐等。

H91

位于T17的东北部（图一三）。发掘部分平面不完整，推测其原平面近圆形。直径2.24、深0.27米。弧壁平底，未见加工痕迹（图九五）。开口于第③层下，打破第④层，并被晚期遗迹G24打破。坑口距地表0.8米。该灰坑为一次性堆积形成，土色深灰，局部红、黄、褐色混杂，土质较硬，结构紧密，填土内含大量红烧土颗粒、草木灰及少量陶片，并出土1件较完整的鬲（图版五，2）。经统计，出土陶片共52块。以夹砂陶为主，占84.6%，其中红、褐陶占76.9%；泥质陶次之，占15.4%。坑内所出陶片，素面数量较多，占46.2%。纹饰以曲折纹和绳纹为主，分别占17.3%和11.5%。其他纹饰有间断绳纹、弦纹、梯格纹、网纹、方格纹、附加堆纹等。陶器器类有鬲、罐等。典型陶器有

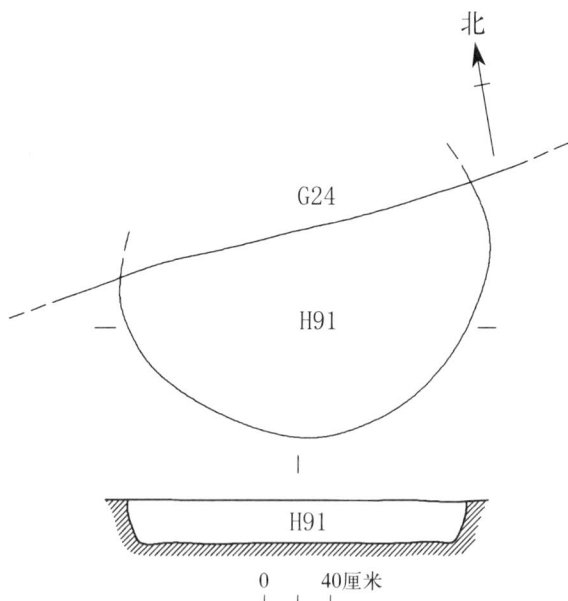

图九五 H91平、剖面图

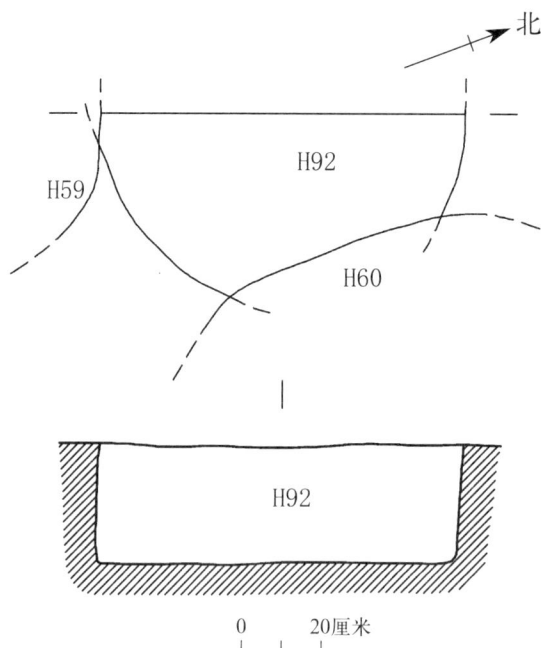

图九六 H92平、剖面图

Aa型Ⅲ式绳纹鬲。

H92

位于T09的西部，并延伸进入西壁内（图六）。发掘部分平面不完整，呈不规则状。最大径0.9、深0.3米。直壁平底，未见加工痕迹（图九六；图版六，1）。开口于第③层下，打破生土层，被H59、H60打破。坑口距地表0.6米。该灰坑可分两层。第①层，厚0.2～0.3米，土色灰褐，土质黏软，结构疏松。包含物极少，填土中可见红烧土颗粒和少量陶片。第②层，厚0.3～0.4米，土色灰，土质黏软，结构疏松。包含物较少，填土中可见红烧土颗粒和少量陶片。经统计，出土陶片共21块。主要为夹砂红褐陶。可见纹饰有绳纹、间断绳纹和附加堆纹等。陶器器类有鬲、簋和盆等。

H93

位于T23的中北部，并延伸进入北壁内（图一五）。平面不规则。最大径5.66、深0.68米。斜壁，局部弧壁，平底，未见加工痕迹（图九七）。开口于第④层下，打破H101、第⑥层及生土层。坑口距地表0.7～0.9米。该灰坑为两次堆积形成，两层。第①层，厚0.5米，土色灰黑，结构疏松，出土较多陶片；第②层，土色黄褐，土质较硬，出土陶片亦较多。经统计，出土陶片共605块。以夹砂陶为主，占72.2%，其中红、褐陶占63.3%；泥质陶次之，占27.1%，其中红陶、灰陶各占10.4%、10.9%；另有少量硬陶和原始瓷。坑内所出陶片，素面数量较多，占41.5%。纹饰以绳纹为主，占49.4%，其他纹饰有间断绳纹、弦纹、云雷纹、指捺纹、刻划纹、附加堆纹、回纹、席纹等，组合纹饰有绳纹+附加堆纹、弦纹+绳纹等。陶器器类有鬲、鼎、甗、簋、豆、刻槽钵、盆、瓮、罐、钵、器盖、纺轮和圆陶片等。原始瓷器器类有豆。典型陶器有B型Ⅱ式素面鬲、1类B型绳纹鬲（口沿）、1类E型绳纹鬲（口沿）、2类Ab型绳纹鬲（口沿）、2类Bb型绳纹鬲（口沿）、3类Aa型绳纹鬲（口沿）、3类Ab型绳纹鬲（口沿）、A型鼎（足）、E型鼎（足）、带角把陶器、A型簋（足）、Ba型Ⅰ式豆、Bd型Ⅱ式豆（柄）、A型Ⅳ式刻槽钵（口沿）、Ab型Ⅲ式盆和Ca型Ⅱ式钵等。

H94

位于T22的西部，并延伸进入北、西、南壁内（图一五）。发掘部分平面不完整，边缘近圆弧形。最大径约5.66、深1.15米。坡壁，发掘未到底部，未见加工痕迹（图九八，1）。开口于第①层下，打破第②、第③、第④层至生土层。坑口距地表0～0.15米。该灰坑为三次堆积形成，共三层。第①层，厚0～0.5米，土色灰黑，土质较软，填土内含红烧土颗粒、草木灰及少量陶片等。经统计，第①层共出陶片79块。以夹砂红、褐陶为主，占73.4%；泥质陶次之，占26.6%，其中黑陶占13.9%。坑内所出陶片，素面数量较多，占67.1%。纹饰以绳纹为主，占19%，其他纹饰有间断绳纹、弦纹和方格纹等，组合纹饰有弦纹+附加堆纹、绳纹+附加堆纹等。陶器器类有鬲、豆、瓮和罐等。第②层，厚0.2～0.4米，土色灰黄，土质较软，填土内含红烧土颗粒、草木灰及大量陶片等。第②层共出陶片356块。以夹砂陶为主，占79.8%，其中红、褐陶占72.8%；泥质陶次之，占19.7%，其中红、褐陶占10.4%；另有少量硬陶。坑内所出陶片，素面数量较多，占56.7%。纹饰以绳纹为主，占33.4%，其他纹饰有弦纹、方格纹、指捺纹、刻划纹、附加堆纹、回纹等，组合纹饰有绳纹+附加堆纹、弦纹+附加堆纹、弦纹+方格纹、弦纹+绳纹等。陶器器类有鬲、鼎、甗、簋、豆、瓮、

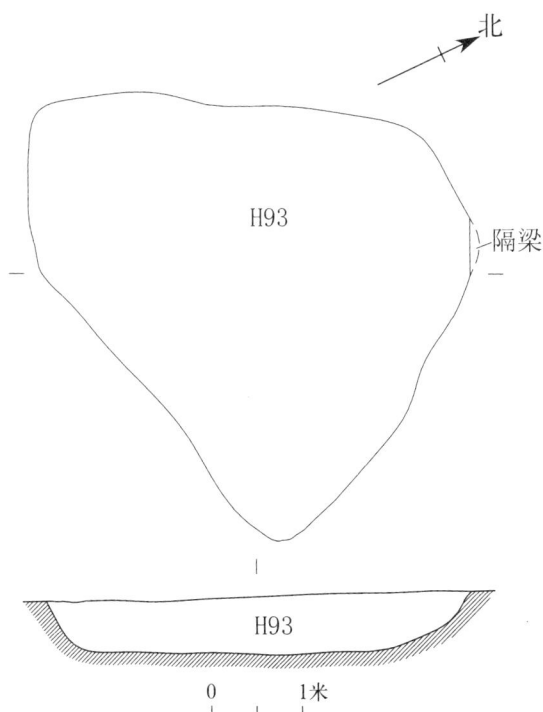

图九七　H93平、剖面图

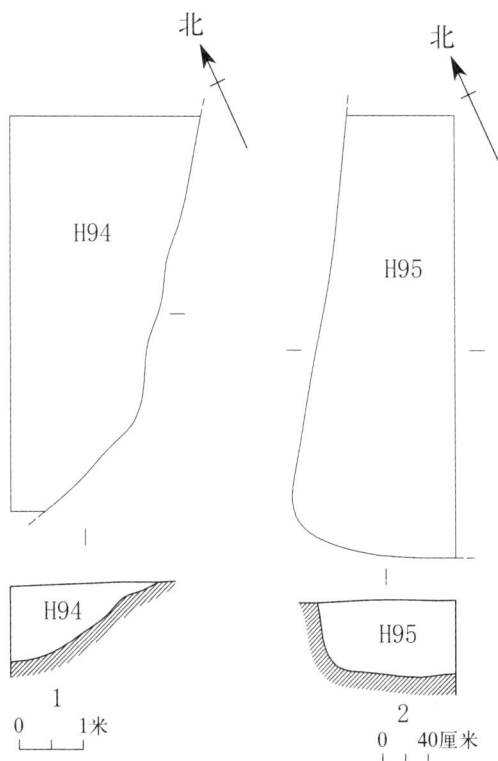

图九八　H94、H95平、剖面图
1. H94　2.H95

罐和球等。第③层，厚0～0.55米，土色灰，土质较软，填土内含红烧土颗粒、草木灰、炭屑及零星陶片。第③层内共出陶片6块。以夹砂红、褐陶为主。陶器器类有鬲等。典型陶器有Aa型Ⅳ式素面鬲、Bc型Ⅳ式豆（柄）和Aa型Ⅳ式弧腹瓮等。

H95

位于T22的东北部，并延伸进入东壁和北壁内（图一五）。发掘部分平面不完整，最长3.7、深0.45米。斜壁圜底，未见加工痕迹（图九八，2）。开口于第③层下，打破第④层及生土层。坑口距地表0.5～0.6米。该灰坑为一次性堆积形成，土色灰黄，土质较硬，结构紧密，填土内含红烧土颗粒、草木灰及少量陶片等。经统计，出土陶片共33块。以夹砂陶为主，占69.7%，其中红、褐陶占57.6%；泥质陶次之，占30.3%，其中灰陶占18.2%。坑内所出陶片，素面数量较多，占69.8%。纹饰有绳纹、篮纹、附加堆纹、戳印纹等，组合纹饰有绳纹＋附加堆纹。陶器器类有鬲、鼎、盆和罐等。

H96

位于T22的东北部，并延伸进入东壁和北壁内（图一五）。发掘部分平面不完整，边缘圆弧形，最大径2.55、深约0.57米。斜壁，发掘未至最底部，未见加工痕迹（图九九）。开口于第④层下，打破生土层，被H95叠压。坑口距地表1.1～1.2米。该灰坑为两次堆积形成，分两层。第①层，土色灰黑，土质较软，结构紧密，填土内含少量陶片，炭灰较多；第②层，土色灰，土质较软。填土内含红烧土颗粒、草木灰及少量陶片。陶器纹饰及器类不可辨。

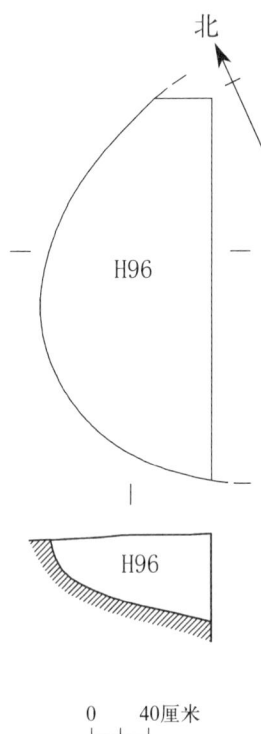

图九九　H96平、剖面图　　　　　　　　　图一〇〇　H97平、剖面图

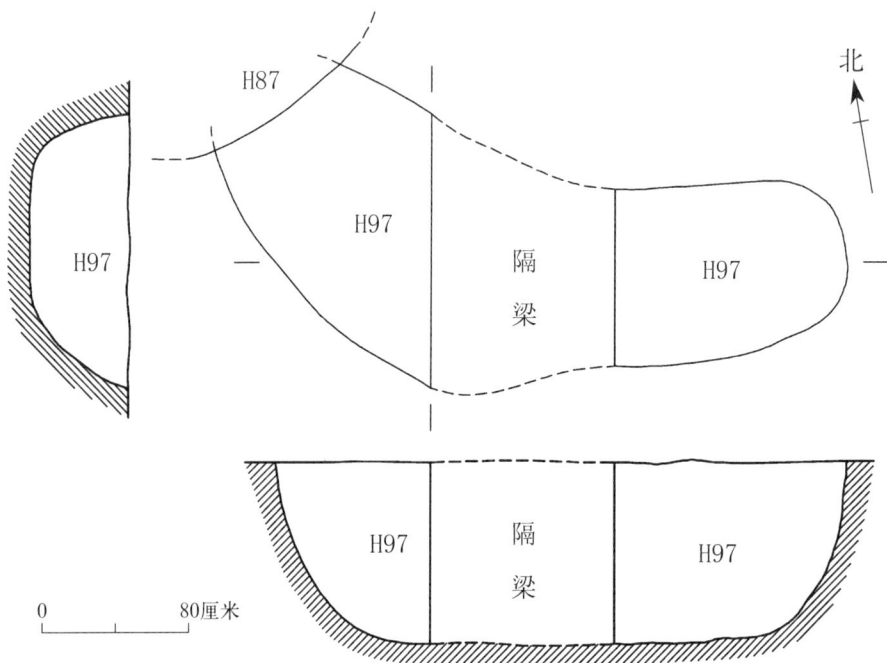

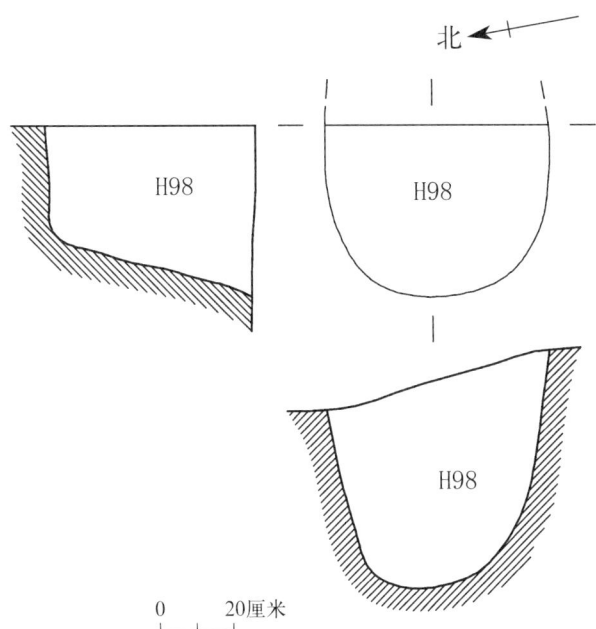

图一〇一　H98平、剖面图

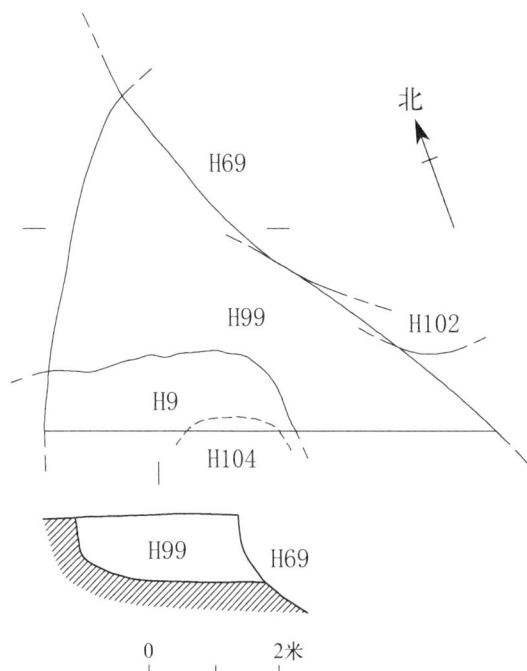

图一〇二　H99平、剖面图

H97

位于T32的西南部、T33的东南部（图一八）。据发掘部分推测其平面为环形。最长3.52、深0.95米。斜壁平底，未见加工痕迹（图一〇〇）。开口于第⑧层下，打破生土层，并被H87打破。坑口距地表1.48米。该灰坑为一次堆积形成，土色灰褐，土质松软，填土内包含红烧土颗粒、炭灰、兽骨、石器及陶片等。经统计，出土陶片共109块。以夹砂红、褐陶为主，占90.8%；泥质陶次之，占8.2%。坑内所出陶片，素面数量较多，占74.3%。纹饰以绳纹为主，占22%，其他纹饰有方格纹、弦纹、间断绳纹等，组合纹饰有绳纹+附加堆纹。石器器类有锛。陶器器类有鬲、甗和罐等。

H98

位于T33的东南部，并延伸进入东壁内（图一八）。据发掘部分推测其平面为椭圆形。最长0.65、深0.64米。斜壁，圜底，局部平底，未见加工痕迹（图一〇一）。开口于第⑧层下，打破生土层。坑口距地表1.47米。该灰坑为两次堆积形成，共两层。第①层，土色灰，土质松软，填土内包含红烧土颗粒、炭灰及碎陶片等；第②层，土色灰黄，土质较紧密，填土内包含红烧土颗粒及少量碎陶片等。坑内所出陶片，以夹砂陶为主，纹饰以绳纹为主。陶器器类有鬲、鼎和盆等。

H99

位于T09的中部及南部，并延伸进入南壁内（图六）。发掘部分平面不完整，最长7.5、最深1.03米。斜壁平底，未见加工痕迹（图一〇二）。开口于第③层下，打破H102、第④层至生土层，并被H9、H69和H104打破。坑口距地表0.7~0.75米。该灰坑为一次性堆积形成，土色灰褐，土质黏硬，结构紧密。填土中可见红烧土颗粒及少量碎陶片。坑内所出陶片，以夹砂陶为主。可见纹饰为绳纹。陶器器类有鬲、盆、罐和盘等。

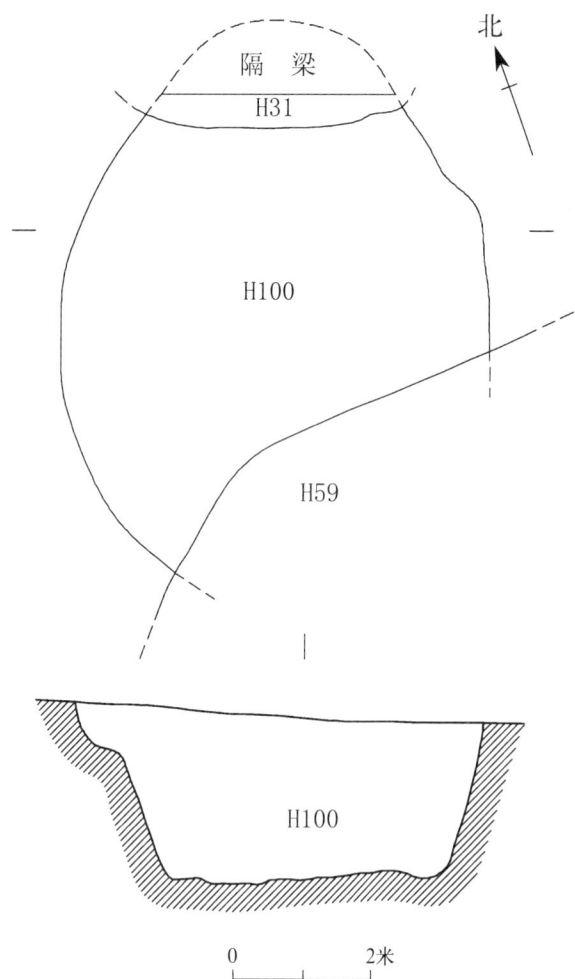

图一〇三　H100平、剖面图

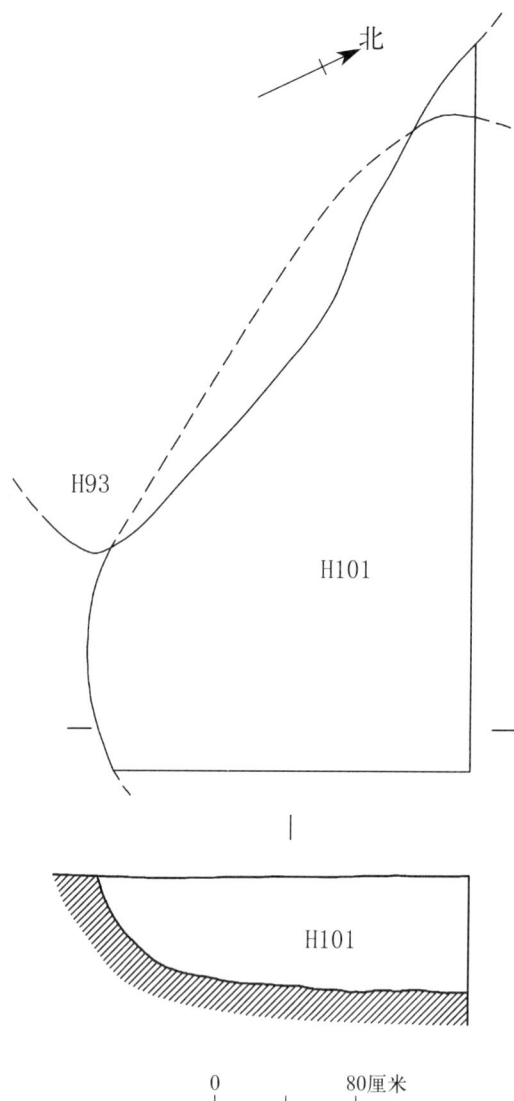

图一〇四　H101平、剖面图

H100

位于T10的中部及北部，并延伸进入北壁内（图六）。发掘部分平面不完整，推测其原平面应为椭圆形。最大径7.25、深2.4米。斜壁，局部坡壁，底部近平，未见加工痕迹（图一〇三；图版六，2）。开口于第④层下，打破生土层，被H31、H59打破。坑口距地表1.25～1.65米。该灰坑为两次堆积形成，分两层。第①层，厚0.75～1.0米，土色深灰褐色，土质黏硬，结构紧密，填土中可见红烧土颗粒及大量陶片；第②层，厚1.25～1.45米，土色浅灰褐与黄色混杂，土质黏硬，结构紧密。填土中包含有兽骨及大量陶片等。经统计，出土陶片共1322块。以夹砂陶为主，占89.2%，其中红、褐陶占64.2%；泥质陶次之，占7.4%；另有少量硬陶、原始瓷。坑内所出陶片，素面数量较多，占58.1%。纹饰以绳纹为主，占36.9%，其他纹饰有间断绳纹、弦纹、梯格纹、云雷纹、指捺纹、刻划纹、曲折纹、方格纹、附加堆纹、席纹、回纹、复线回纹等，组合纹饰有绳纹＋附加堆纹、曲折纹+回纹、复线回纹+云雷纹、复线回纹+菱形填线纹、回纹+复线回纹+窗格纹等。原始瓷器器类有豆。陶器器类有鬲、鼎、甗、簋、豆、盆、瓮、罐、钵和盘等。典型陶器有1类Bb型素面鬲（口沿）、2类Ab型素面鬲（口沿）、Ba型Ⅰ式绳纹鬲、1类Ab型绳纹鬲（口沿）、1类B型绳纹鬲（口沿）、1类C型绳纹鬲（口沿）、2类Ba型绳纹鬲（口沿）、2类C型绳纹鬲（口沿）、3类Aa型绳纹鬲（口沿）、B型Ⅰ式簋、B型Ⅱ式簋、Bb型Ⅰ式豆（柄）、B型Ⅲ式盆、C型Ⅰ式盆、Da型Ⅲ式盆、Ab型Ⅱ式鼓腹瓮、Ab型Ⅲ式鼓腹瓮、Aa型Ⅱ式鼓腹罐、Ab型Ⅰ式鼓腹罐、Ba型Ⅰ式鼓腹罐、Ca型Ⅱ式鼓腹罐、Ba型深腹罐、Aa型Ⅰ式小罐、Ca型Ⅰ式钵和Da型Ⅱ式钵等。

H101

位于T23的东北部，并延伸进入东壁和北壁内（图一五）。发掘部分平面不完整，边缘圆弧形。最大径4.05、深0.63米。斜壁，圜底近平，未见加工痕迹（图一〇四）。开口于第④层下，打破生土层，并被H93打破。坑口距地表深0.8～1.0米。该灰坑为一次性堆积形成，填土内包含大量草木灰及白灰，其中白灰的比较土质细腻，近底处灰土较多。经统计，出土陶片共58块。以夹砂陶为主，占86.2%，其中红、褐陶占56.9%；泥质陶次之，占10.3%；另有少量硬陶。坑内所出陶片，素面数量较多，占67.2%。纹饰以绳纹为主，占24.1%，其他纹饰有弦纹、刻划纹、回纹等，组合纹饰有刻划纹+乳钉纹等。陶器器类有鬲、豆和罐等。典型陶器有2类A型鬲（足）、2类C型鬲（足）。

H102

位于T08的西南部、T09的东南部（图六）。发掘部分平面不完整，边缘圆弧形。最长3.6、深1.02米。斜壁，底部近平，未见加工痕迹（图一〇五）。开口于第③层下，打破第④层及生土层，

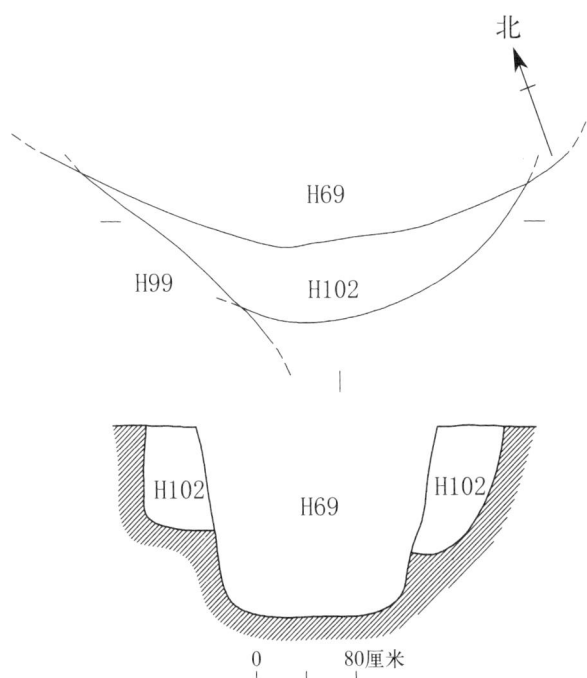

图一〇五　H102平、剖面图

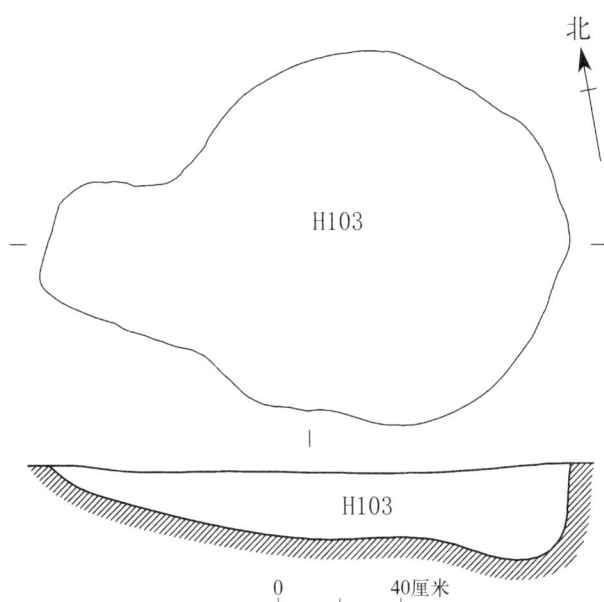

图一〇六　H103平、剖面图

并被H69、H99打破。坑口距地表0.35米。该灰坑为一次性堆积形成，土色深灰褐色，土质黏硬，结构紧密。填土内夹杂较多红烧土颗粒及少量陶片等。经统计，出土陶片共90块。以夹砂陶为主，占83.3%，其中红、褐陶占57.8%；泥质陶次之，占14.5%；还有少量硬陶。坑内所出陶片，素面数量较多，占63.3%，纹饰以绳纹为主，占23.3%，其他纹饰有间断绳纹、网纹、梯格纹、弦纹、方格纹、复线菱纹等。陶器器类有鬲、甗、豆、刻槽钵、盆、罐和碗等。典型陶器有2类Ab型绳纹鬲（口沿）、Aa型Ⅳ式盆、Ab型Ⅱ式鼓腹罐和Aa型Ⅱ式碗等。

H103

位于T17的东北部（图一三）。平面不规则。最长1.74、深0.31米。斜壁，底部高低不平，未见加工痕迹（图一〇六）。开口于第④层下，被H91叠压，打破第⑤层。该灰坑为一次堆积形成，土色深灰，土质松软，填土内包含有红烧土颗粒、草木灰及少量陶片等文化遗物。经统计，出土陶片共23块。以夹砂陶为主，另有少量泥质陶、硬陶和原始瓷。纹饰以绳纹为主，其他纹饰有间断绳纹、弦纹、席纹、云雷纹、方格纹等。原始瓷器类有豆。陶器器类有鼎、豆、尊、盆、瓮、罐和盘等。典型陶器有A型鼎（足）、B型Ⅳ式盆和Bb型Ⅰ式微敛口盘等。

H104

位于T09的南部，并延伸进入南壁内（图六）。发掘部分平面不完整，边缘圆弧形。最大径1.45、深0.86米。斜壁，底部不规则，未见加工痕迹（图一〇七）。开口于第③层下，被H9叠压打破，打破H99及生土层。坑口距地表0.75米。该灰坑为两次堆积形成，共两层。第①层，厚0.4~0.6米，土色黄，土质黏硬、纯净，结构紧密，不见陶片。第②层，厚0.3~0.44米，土色浅灰褐，土质黏软，结构疏松，填土中夹杂红烧土颗粒，并有少量炭粒和极少陶片渣。陶器纹饰及器类不可辨。

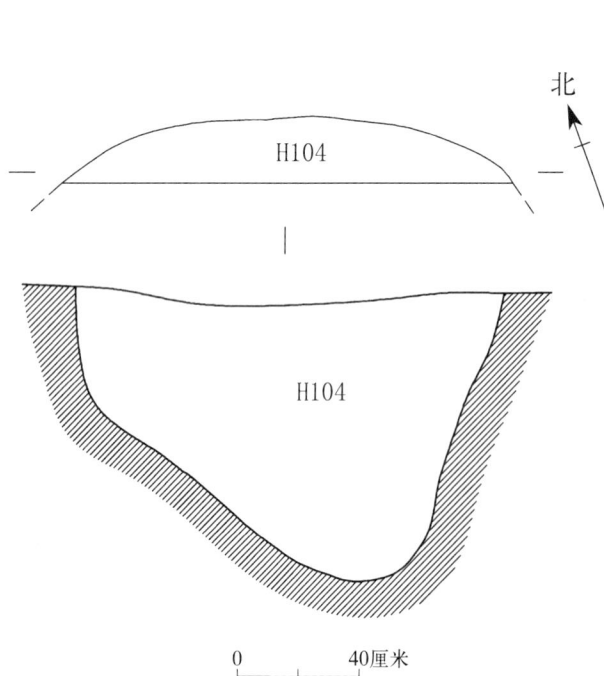

图一〇七　H104平、剖面图

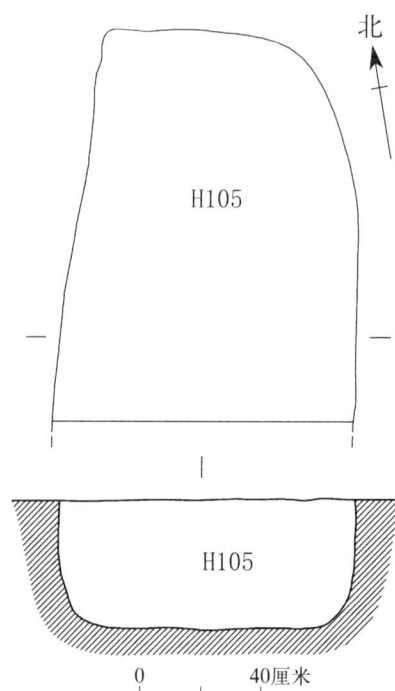

图一〇八　H105平、剖面图

H105

位于T31的南部，并延伸进入南壁内（图一八）。发掘部分平面不完整。现长1.27、宽0.68～1.0、深0.42米。直壁平底，未见加工痕迹（图一〇八）。开口于第⑦层下，打破H116、H117及第⑧层。坑口距地表1.1米。该灰坑为一次堆积形成，土色深灰，土质松软，填土中可见红烧土颗粒、草木灰及较少陶片。经统计，出土陶片共19块。以夹砂陶为主，占78.9%，红、褐陶占52.6%；泥质灰陶次之，占15.8%；还有少量硬陶。坑内所出陶片，素面占84.2%。纹饰仅见绳纹和刻划纹。陶器器类有鬲、甗、豆、刻槽钵和罐等。

H106

位于T32的东部，并延伸进入东壁内（图一八）。发掘部分平面不完整。现长0.74、宽0.62、深0.46米。直壁圜底，未见加工痕迹（图一〇九）。开口于第⑧层下，打破第⑨、第⑩层及生土层。坑口距地表1.15米。该灰坑为一次堆积形成，土色灰褐，土质较硬，填土中包含有大量红烧土颗粒、草木灰及零星陶片等。经统计，出土陶片共5块。其中4片为夹砂红、褐陶，1片为泥质灰陶。纹饰仅见绳纹。陶器器类有鬲、甗。

H107

位于T31的东南部，并延伸进入东壁内（图一八）。发掘部分平面不完整。现最长2.5、深0.64

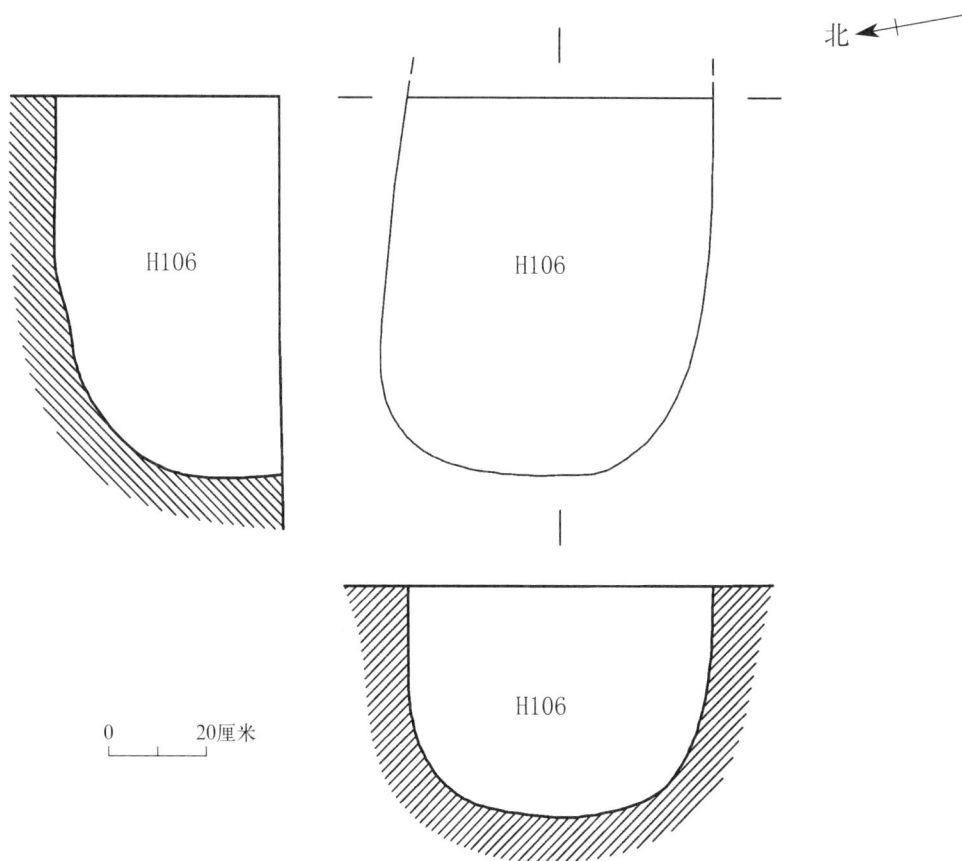

图一〇九　H106平、剖面图

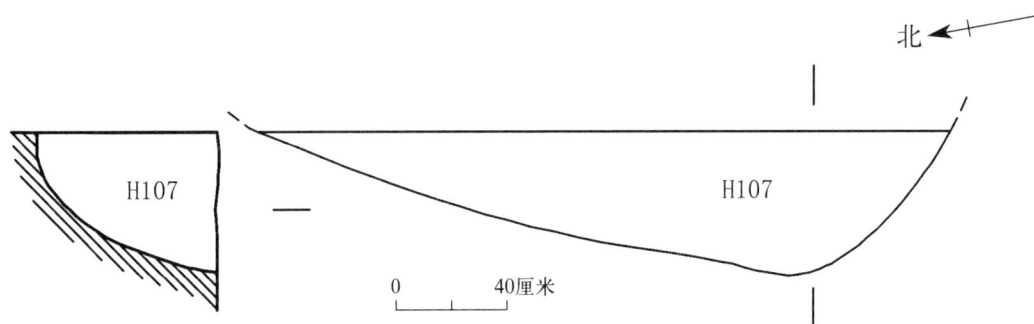

图一一〇　H107平、剖面图

米。直壁，未挖掘至灰坑最底部，未见加工痕迹（图一一〇）。开口于第⑦层下，打破H127、第⑧、第⑨层。坑口距地表1.1米。该灰坑为一次堆积形成，土色灰褐，土质松软，填土内包含有红烧土颗粒、草木灰及少量陶片等。经统计，出土陶片共37块。以夹砂陶为主，占56.8%，红、褐陶占51.4%；泥质陶次之，占29.7%；硬陶再次之，占13.5%，部分为釉陶。素面陶器数量较多，占70.3%。纹饰以绳纹为主，占13.5%，其他纹饰有间断绳纹、弦纹、梯格纹、曲折纹和回纹等。陶器器类有鬲、鼎、甗、豆和罐等。

H108

位于T31的西北部，并延伸进入西壁和北壁内（图一八）。发掘部分平面不完整，边缘呈圆弧形。最大4.57、深0.9米。弧壁圜底，未见加工痕迹（图一一一）。开口于第⑦层下，打破生土层。坑口距地表1.23米。该灰坑为一次堆积形成，土色浅灰褐色，土质松软，填土内包含有红烧土颗粒、草木灰及较多陶片等。经统计，出土陶片共159块。以夹砂陶为主，占72.3%，其中红、褐陶占63.5%；泥质陶次之，占20.1%；还有少量硬陶和原始瓷，比例分别为6.9%和0.6%。坑内所出陶片，素面数量较多，占59.8%。纹饰以绳纹为主，占18.2%，其他纹饰有间断绳纹、弦纹、网纹、梯格纹、刻划纹、云雷纹、叶脉纹、篮纹、方格纹、席纹、回纹、三角填线纹等，组合纹饰有弦纹+绳纹、弦纹+三角填线纹等。陶器器类有鬲、鼎、甗、豆、盆、瓮、罐、钵、器盖和圆陶片等。典型陶器有2类Ba型绳纹鬲（口沿）、B型Ⅱ式盆、Bb型Ⅰ式弧腹瓮和Ab型器盖等。

H109

位于T31的西北部（图一八）。平面呈椭圆形。直径2.32～3.42、深1.02米。直壁圜底，未发现加工痕迹（图一一二）。开口于第⑦层下，打破H118、第⑧层、第⑨层及生土层。坑口距地表1.2米。该灰坑为一次堆积形成，土色灰褐，土质松软，填土中包含有红烧土颗粒、草木灰及较多陶片等。经统计，出土陶片共227块。以夹砂陶为主，比例为64.3%，其中红、褐陶占63.9%；泥质陶次之，占30.4%。另有少量硬陶，比例为5.3%。坑内所出陶片，素面数量较多，占43.2%。纹饰以绳纹为主，占33.9%，其他有间断绳纹、弦纹、网纹、梯格纹、云雷纹、曲折纹、刻划纹、篮纹、席纹等，组合纹饰有绳纹+附加堆纹、弦纹+绳纹、弦纹+绳纹+乳钉纹、弦纹+复线三角纹+叶脉纹+乳钉纹、弦纹+圆圈纹+绳纹+乳钉纹等。陶器器类有鬲、鼎、甗、豆、刻槽钵、罐、瓮、

北

H108

H108

0　　　　　80厘米

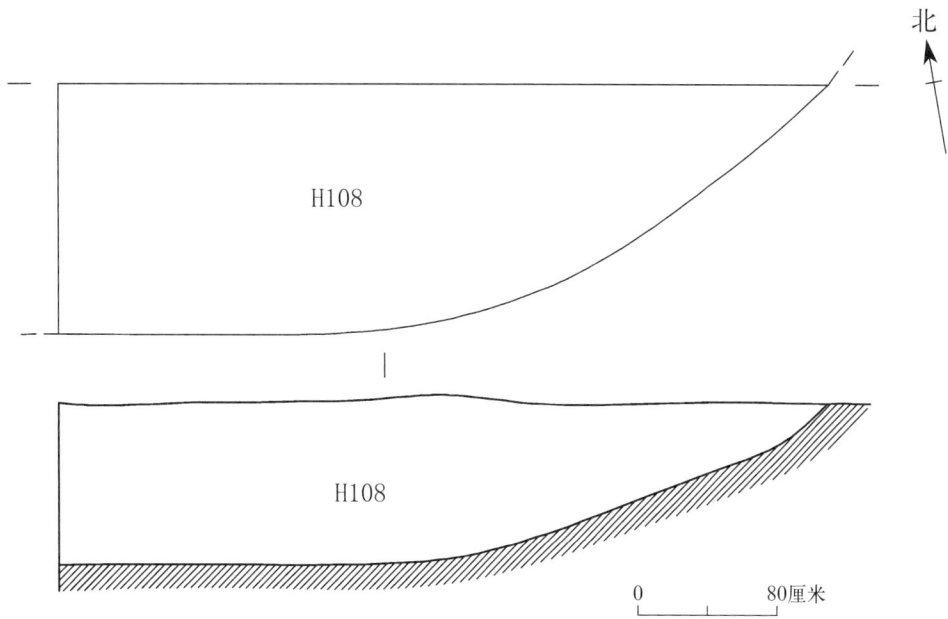

图一一一　　H108平、剖面图

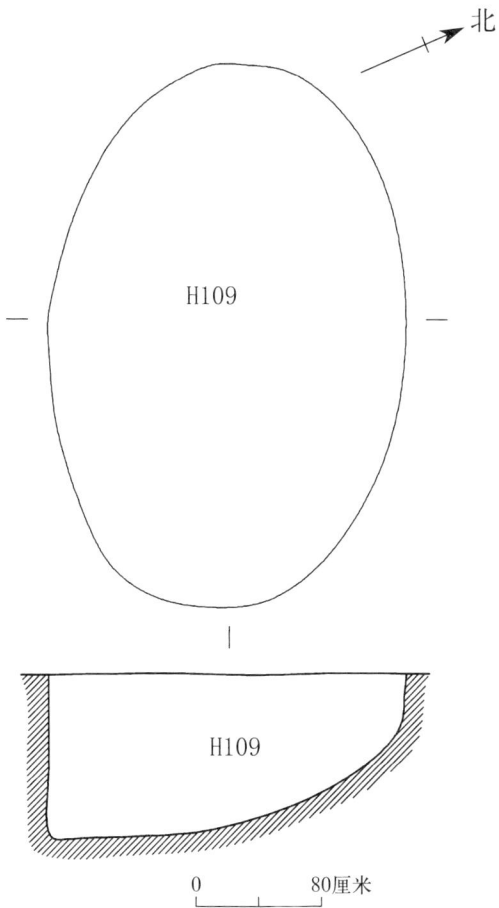

北

H109

H109

0　　　　　80厘米

图一一二　　H109平、剖面图

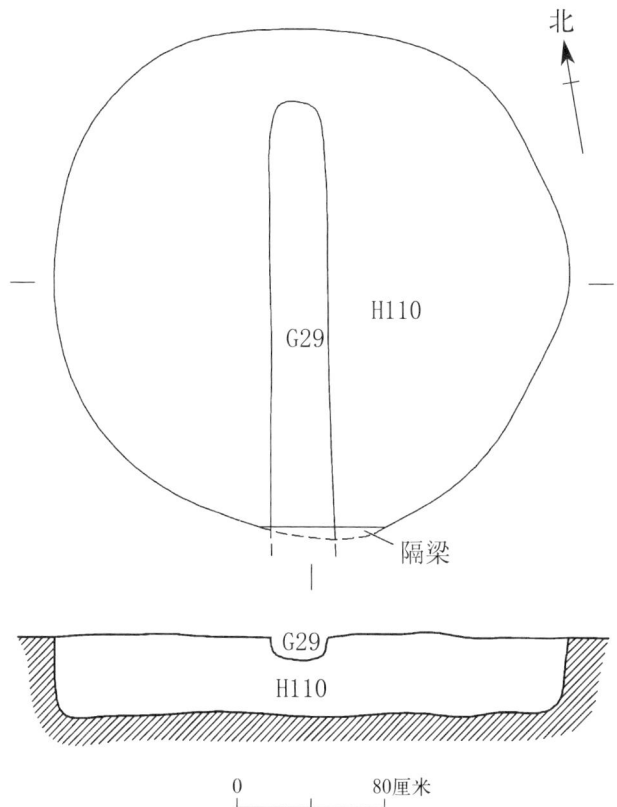

北

G29

H110

隔梁

G29

H110

0　　　　　80厘米

图一一三　　H110平、剖面图

罐、钵、器盖等。典型陶器有2类Ba型素面鬲（口沿）、2类Ba型绳纹鬲（口沿）、2类Bb型绳纹鬲（口沿）、3类Ba型绳纹鬲（口沿）、B型Ⅱ式甗（甑部）、Ba型Ⅰ式弧腹瓮、Aa型Ⅰ式鼓腹罐和Cb型Ⅱ式钵等。

H110

位于T31的南部偏西处，并延伸进入南壁内（图一八）。平面近圆形。直径2.6～2.8、深0.45米。直壁，底部近平，壁面及底部经过处理（图一一三；图版七，1）。开口于第⑦层下，打破H111、第⑧层，并被G29打破。坑口距地表1.15米。该灰坑为一次堆积形成，土色灰褐，土质松软，结构松散，填土内包含有大量比较细的炭灰，并有较多炭粒，另可见大量陶片。经统计，出土陶片共345块。以夹砂陶为主，占63.8%，其中，红、褐陶占55.7%；泥质陶次之，占30.4%；还有少量硬陶，占5.8%。坑内所出陶片，素面数量较多，占52.5%。纹饰以绳纹为主，占16.2%，梯格纹占9.3%，其他纹饰有间断绳纹、弦纹、网纹、指捺纹、曲折纹、穗状纹、席纹、复线菱纹等，组合纹饰有绳纹+附加堆纹、弦纹+云雷纹、贝纹+梯格纹、弦纹+梯格纹+网纹组合纹饰。陶器器类有鬲、鼎、甗、豆、刻槽钵、盆、瓮、罐、钵和器盖等。典型陶器有C型素面鬲、Bb型绳纹鬲、2类Ba型绳纹鬲（口沿）、3类Ab型绳纹鬲（口沿）、2类A型网纹鬲（口沿）、2类B型网纹鬲（口沿）、A型Ⅱ式甗（鬲部）、A型Ⅰ式豆、B型Ⅰ式刻槽钵（口沿）、Da型Ⅱ式盆、Aa型Ⅰ式弧腹瓮、B型折肩瓮、Db型Ⅰ式钵和Aa型Ⅱ式器盖等。

H111

位于T31的西南角（图一八）。据发掘部分推测其平面为椭圆形。最大径2.5、深0.5米。直壁圜

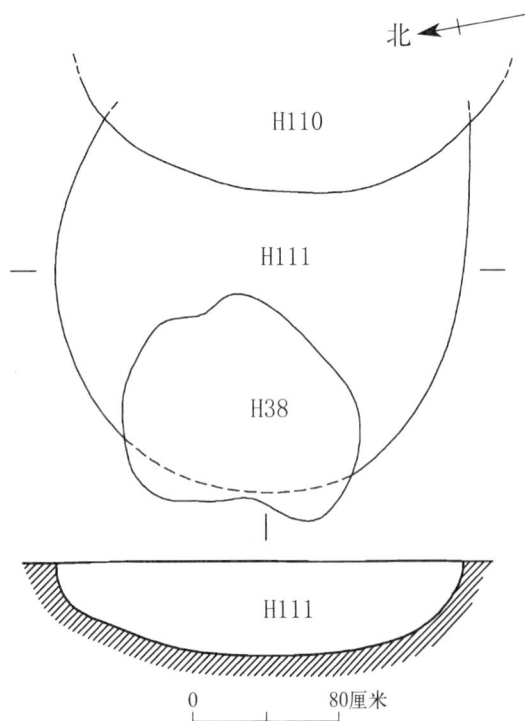

图一一四　H111平、剖面图

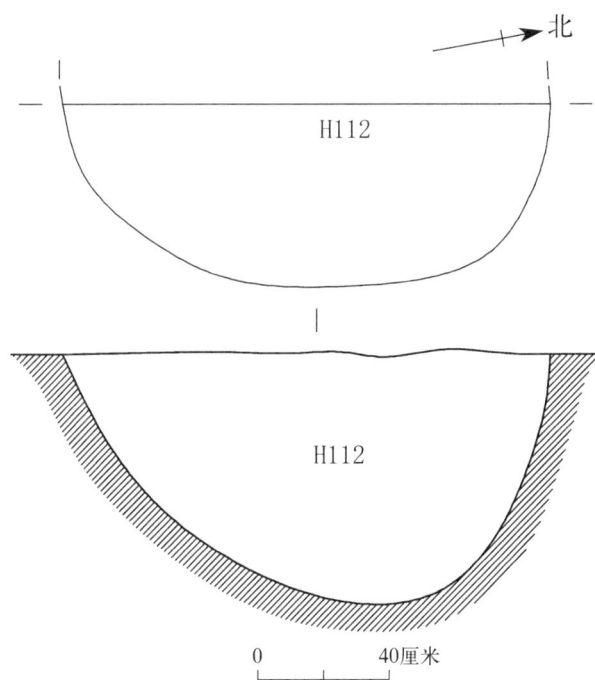

图一一五　H112平、剖面图

底，未见加工痕迹（图一一四）。开口于第⑦层下，打破第⑧层，并被H110及晚期灰坑H38打破。坑口距地表1.1米。该灰坑为一次堆积形成，土色深灰，土质松软，结构松散，填土内包含有红烧土颗粒、草木灰及少量碎陶片。所出陶片均为素面，陶质为夹砂或泥质陶。陶器器类有豆、罐、器盖等。典型陶器有Aa型Ⅱ式器盖。

H112

位于T31的西部，并延伸进入西壁内（图一八）。据发掘部分推测其原平面应为圆形。最大径1.5、深0.77米。弧壁圜底，未见加工痕迹（图一一五）。开口于第⑦层下，打破第⑧、第⑨层。坑口距地表深1.2米。该灰坑为一次堆积形成，土色灰褐，土质松软，结构松散，填土中包含有红烧土颗粒、草木灰及较多陶片等。经统计，出土陶片共135块。以夹砂陶为主，占83.7%，其中红、褐陶占80.7%；泥质陶次之，占10.4%；还有少量硬陶，占5.9%。坑内所出陶片，素面数量较多，占66.7%。纹饰以绳纹为主，占17%，其他纹饰有间断绳纹、网纹、梯格纹、篮纹、云雷纹、指捺纹、叶脉纹、穗状纹、菱形填线纹等，组合纹饰有绳纹+附加堆纹、弦纹+网纹、弦纹+云雷纹+绳纹、弦纹+梯格纹+网纹+乳钉纹等。陶器器类有鬲、鼎、甗、豆、刻槽钵、瓮、罐和纺轮等。典型陶器有1类C型鬲（足）、B型Ⅰ式刻槽钵（口沿）、B型瓮（底）和Ba型Ⅰ式小罐等。

H113

位于T31的东部（图一八）。平面近圆角梯形。长1.2、宽0.22~0.55、深0.21米。直壁，底近平，未见加工痕迹（图一一六）。开口于第⑦层下，打破H115及第⑧层。坑口距地表1.2米。该灰坑为一次堆积形成，土色浅黄褐，土质较软，结构松散。填土中可见红烧土颗粒、炭灰等，未见陶片。

H114

位于T31的东部（图一八）。平面为圆角长方形。长0.68、宽0.46、深0.15米。直壁平底，未见加工痕迹（图一一七，1）。开口于第⑦层下，打破H115及第⑧层。坑口距地表1.2米。该灰坑为一次堆积形成，土色浅灰，土质较硬，结构松散，填土中包含有少量红烧土颗粒、炭灰及零星陶片等。陶片仅见3块。均为素面夹砂红、褐陶。陶器器类不可辨。

H115

位于T31的东部，并延伸进入东壁内（图一八）。发掘部分平面不完整，推测其原平面应为椭圆形。最大径2.63、深0.66米。斜壁圜底，未见加工痕迹（图一一八；图版七，2）。开口于第⑦层下，打破第⑧、第⑨层及生土层，并被H113、H114、Z4打破。坑口距地表1.15米。该灰坑为一次堆积形成，土色深灰，土质松软，填土

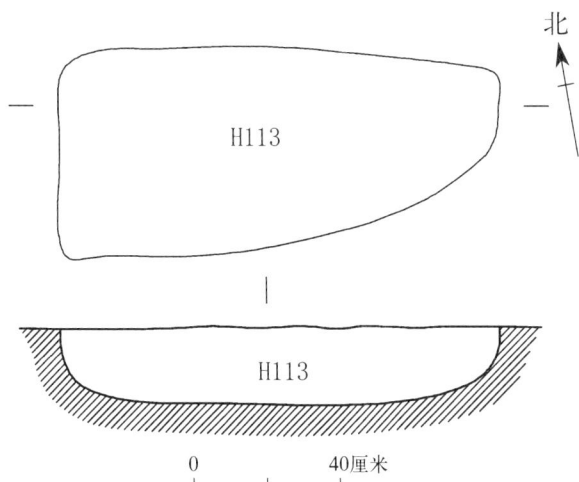

图一一六　H113平、剖面图

北

H114

H114

1

北

H119

H119

2

北

H120

H120

3

北

H122

H122

0　　　　40厘米

4

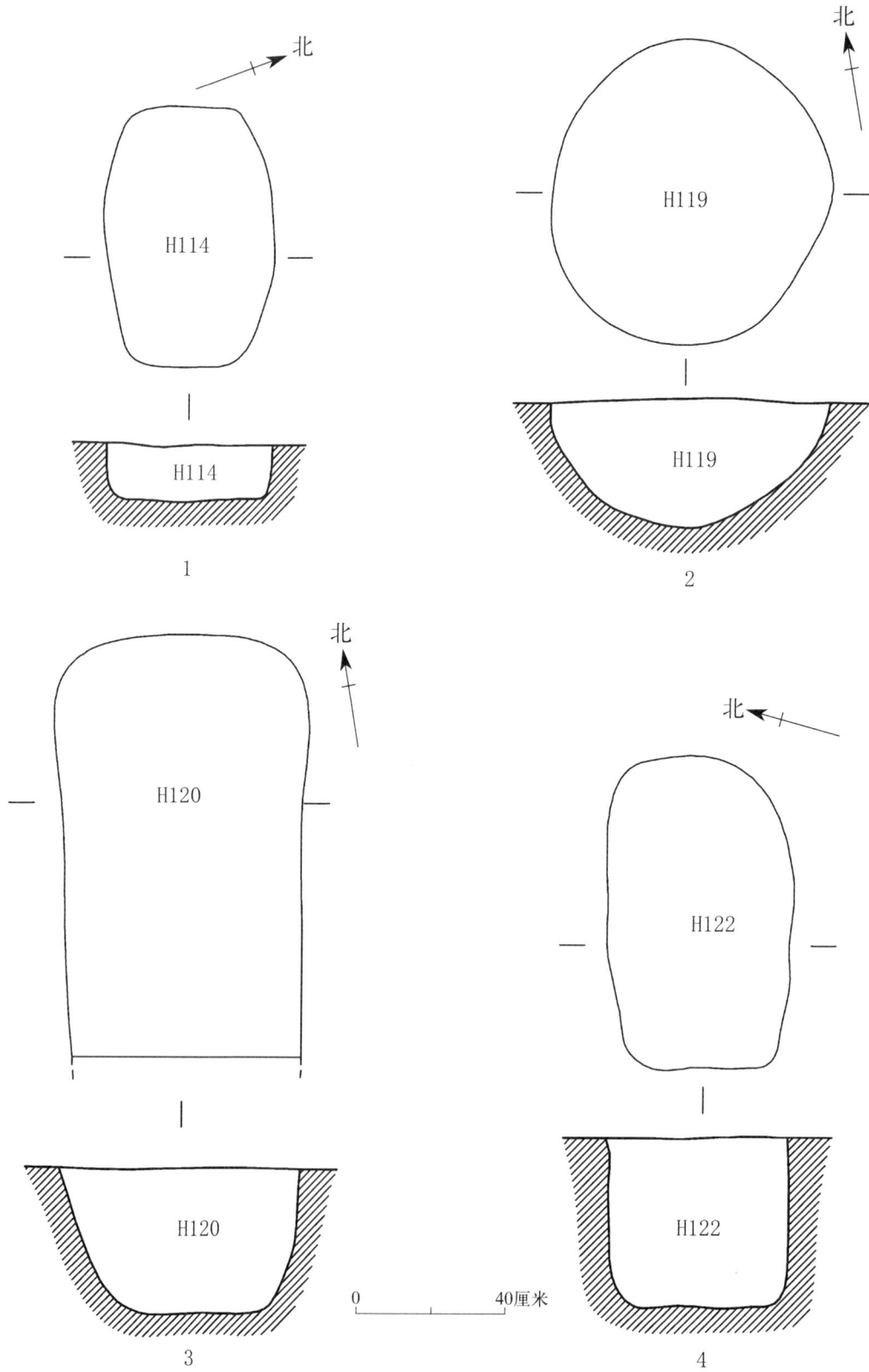

图一一七　H114、H119、H120、H122平、剖面图
1. H114　2.H119　3.H120　4.H122

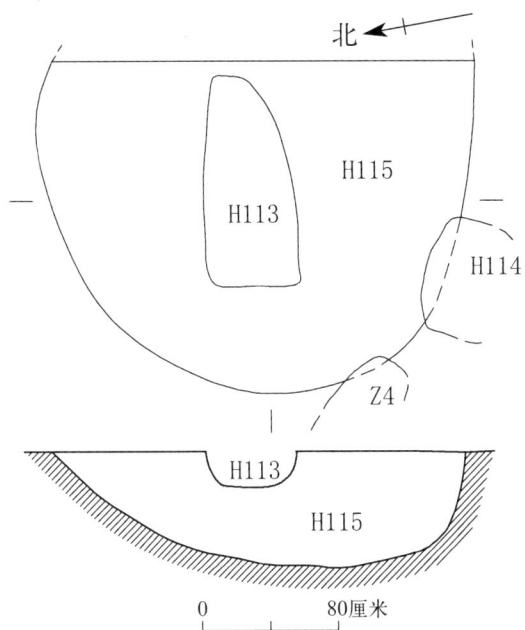

图一一八　H115平、剖面图

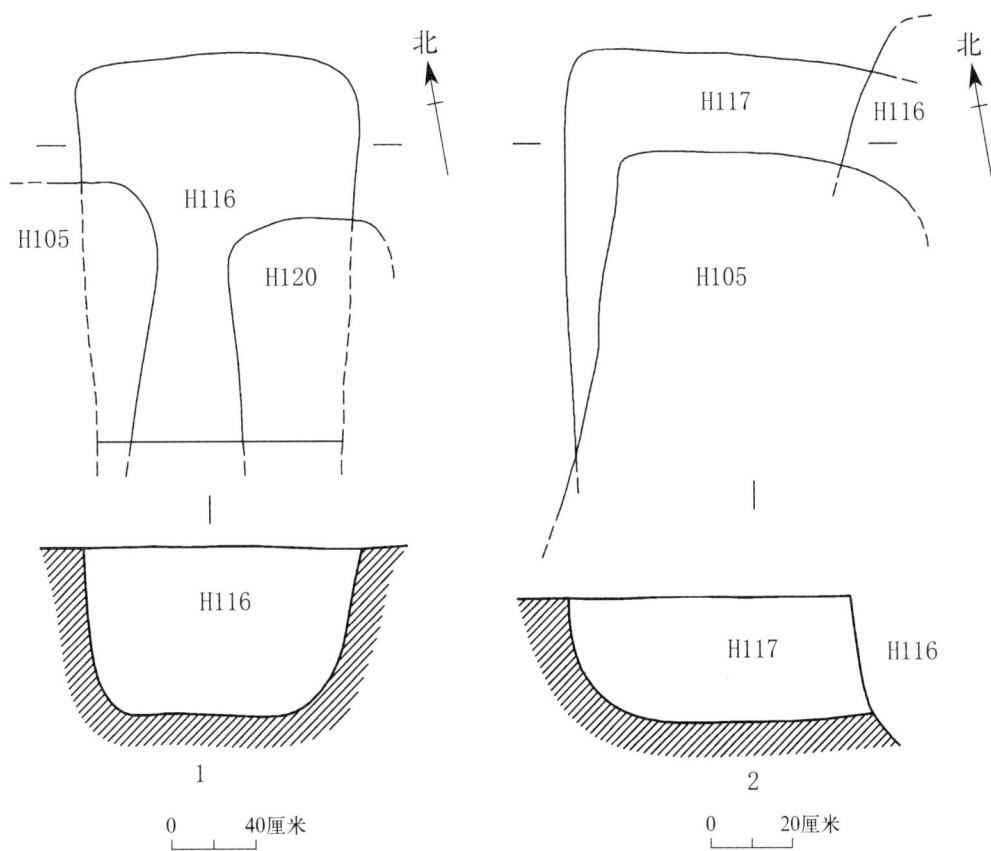

图一一九　H116、H117平、剖面图

1. H116　2.H117

中包含有红烧土颗粒、大量草木灰及零星陶片渣等。陶片均素面，夹砂、泥质参半，器类不可辨。

H116

位于T31的东南部，并延伸进入南壁（图一八）。发掘部分平面不完整，推测其原平面为圆角长方形。长1.8、宽1.35、深0.8米。斜壁，底部近平，未见加工痕迹（图一一九，1）。开口于第⑦层下，打破H117、第⑧层、第⑨层及生土层，并被H105、H120打破。坑口距地表深1.1米。该灰坑为一次堆积形成，土色黄褐，土质松软，填土中包含有红烧土颗粒、草木灰及少量陶片渣等。坑内所出陶片，多为泥质灰陶，器类不可辨。

H117

位于T31的东南部（图一八）。发掘部分平面不规则。长0.94、宽0.63、深0.3米。直壁平底，未见加工痕迹。开口于第⑦层下，打破第⑧层，并被H105、H116打破（图一一九，2）。坑口距地表1.1米。该灰坑为一次堆积形成，土色黄褐，土质略硬，包含物有红烧土颗粒、木炭灰及零星陶片渣等。陶器器类不可辨。

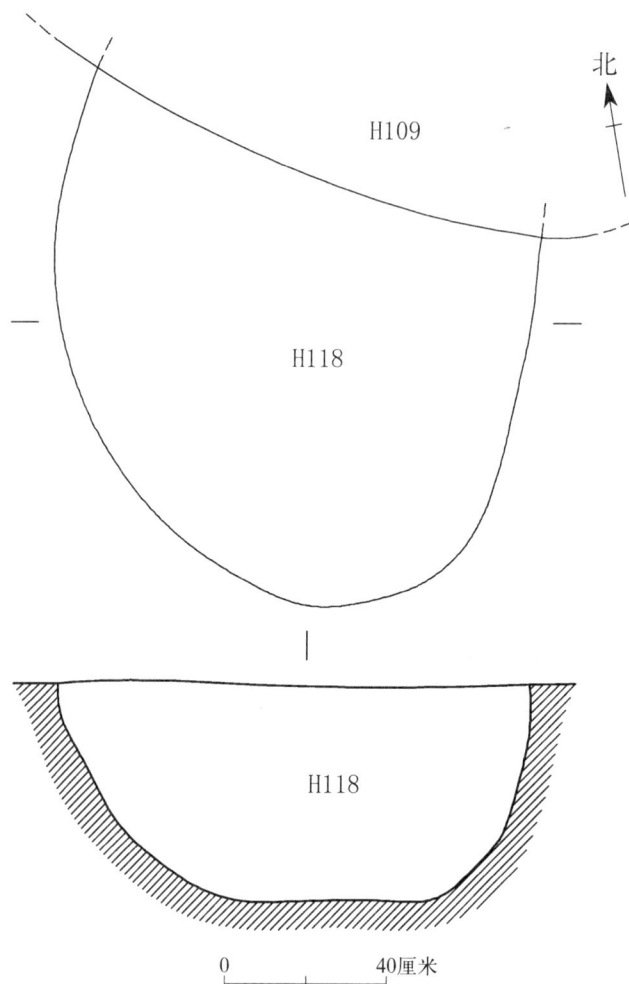

图一二〇　H118平、剖面图

H118

位于T31的中西部（图一八）。发掘部分平面不完整，推测其原平面呈椭圆形。最大径1.46、深0.52米。弧壁，局部直壁，底部近平，未见加工痕迹。开口于第⑦层下，打破第⑧层，并被H109打破（图一二〇）。坑口距地表1.2米。该灰坑为一次堆积形成，土色深灰，土质松软，填土中包含有红烧土颗粒、草木灰、木炭渣及零星陶片等。坑内所出陶片，多为夹砂红、褐陶，可见纹饰有绳纹。陶器器类有纺轮。

H119

位于T31的西部（图一八）。平面近圆形。直径0.74～0.78、深0.34米。斜壁，圜底，未见加工痕迹（图一一七，2）。开口于第⑦层下，打破第⑨层。坑口距地表1.15米。该灰坑为一次堆积形成，土色灰褐色，土质松软，填土中仅见少量红烧土块及炭灰，未见陶片。

H120

位于T31的东南部，并延伸进入南壁（图一八）。发掘部分不完整，推测其原平面为圆角长方形。发掘部分长1.08、宽0.62～0.69、深0.38米。斜壁平底，未见加工痕迹（图一一七，3）。开口于第⑦层下，打破H116、第⑧层、第⑨层及生土层。坑口距地表1.15米。该灰坑为一次堆积形成，土色浅灰褐，土质松软，填土内包含有红烧土颗粒、炭粒及零星陶片渣等。陶器器类不可辨。

H121

位于T32的中部（图一八）。平面近椭圆形。最大径3.23、深0.3米。斜壁平底，未见加工痕迹（图一二一）。开口于第⑨层下，打破第⑩层及生土层。坑口距地表1.5米。该灰坑为一次堆积形

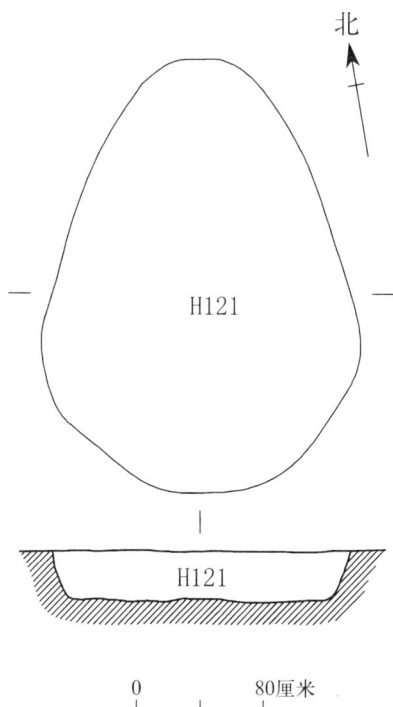

图一二一　H121平、剖面图

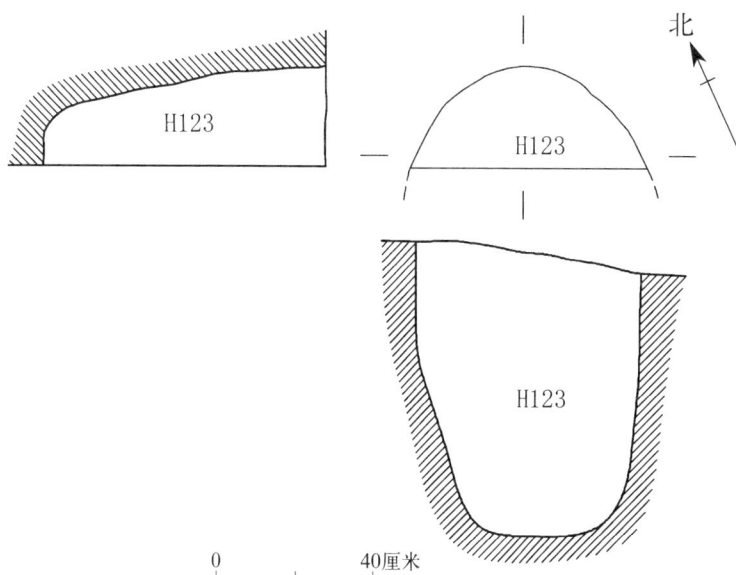

图一二二　H123平、剖面图

成，土色灰褐，土质松软，填土内包含有红烧土块、炭灰及较多陶片等。经统计，出土陶片共176块。以夹砂陶为主，占72.2%，其中红、褐陶占59.1%；泥质陶次之，占17.6%；还有少量硬陶和原始瓷。坑内所出陶片，素面较多，占55.1%。纹饰以绳纹为主，占21.6%，其他纹饰有间断绳纹、弦纹、梯格纹、曲折纹、云雷纹、篮纹、方格纹、回纹、菱形填线纹等，组合纹饰有绳纹+附加堆纹、绳纹+指捺纹、绳纹+弦纹+指捺纹等。原始瓷器器类有钵。陶器器类有鬲、鼎、甗、豆、盆、罐和钵等。

H122

位于T32的东南部（图一八）。平面呈圆角长方形。长0.8、宽0.5、深0.45米。直壁平底，未见加工痕迹（图一一七，4）。开口于第⑨层下，打破第⑩层。坑口距地表1.35米。该灰坑为一次堆积形成，土色青灰，土质松软，填土内包含有大量草木灰、红烧土颗粒及极少碎陶片。陶器器类不可辨。

H123

位于T22的南部，并延伸进入南壁内（图一五）。从发掘部分推测其原平面应为圆形。最大径0.6、深0.72米。斜壁，平底，未见加工痕迹（图一二二）。开口于第③层下，打破第④层及生土层。坑口距地表0.75～0.95米。该灰坑为一次堆积形成，土色红褐，土质稍硬，未见陶片。

H124

位于T10的西北部，并延伸入西壁内（图六）。发掘部分平面不完整，边缘呈不规则圆弧形。最大径2.5、深0.5米。近弧壁，平底，未见加工痕迹（图一二三）。开口于第④层下，坑口距地表1.75米。坑内填土为一次性堆积，土色灰褐，土质黏硬，结构紧密。填土中可见少量红烧土颗粒、

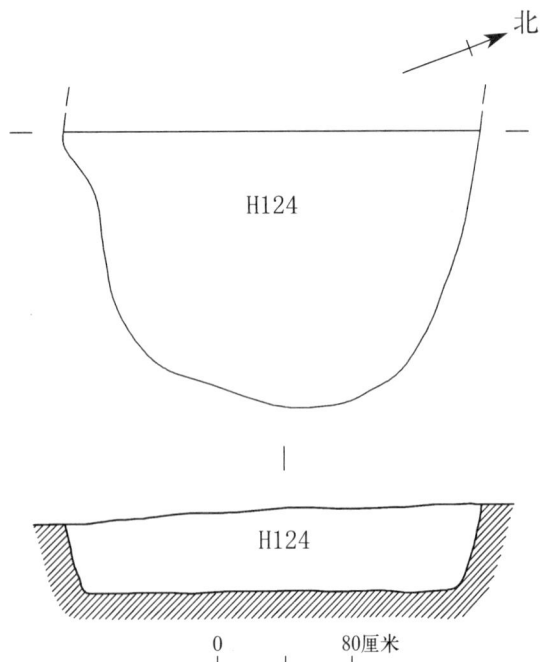

图一二三　H124平、剖面图

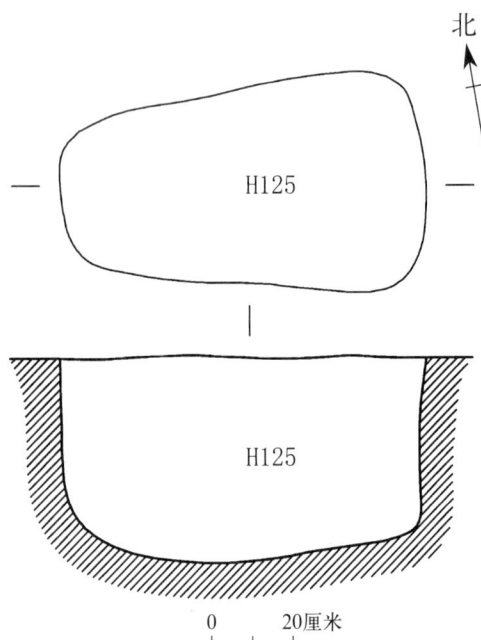

图一二四　H125平、剖面图

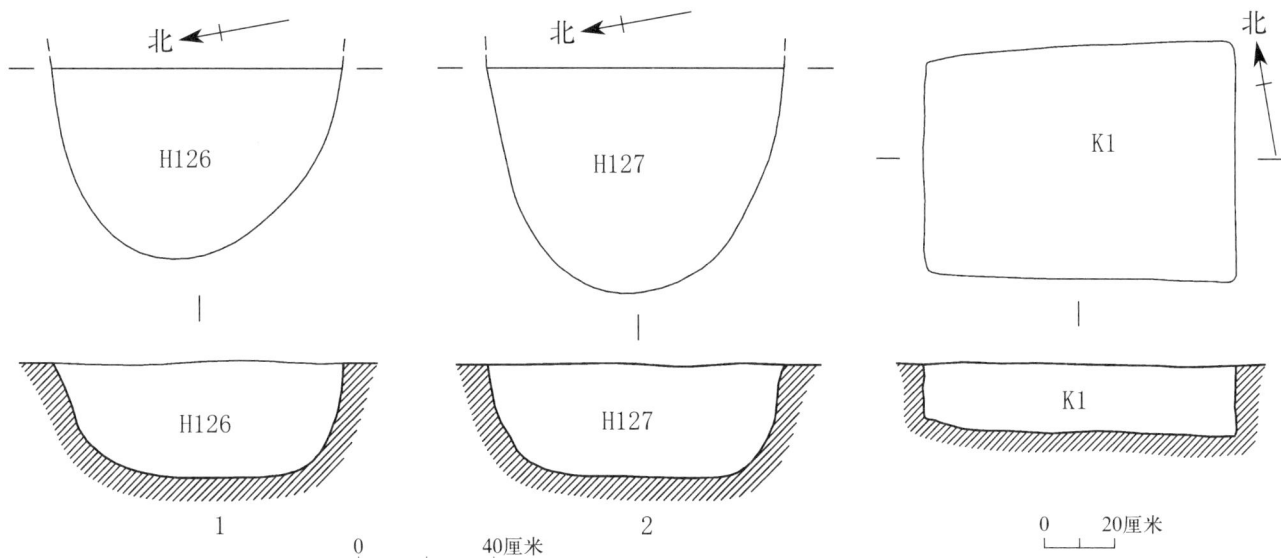

图一二五　H126、H127平、剖面图
1. H126　2.H127

图一二六　K1平、剖面图

炭灰及少量陶片等。出土陶片共16块。夹砂陶、泥质陶各半，陶片多素面，纹饰有绳纹、刻划纹、指捺纹和附加堆纹等。陶器器类有鬲和罐等。典型陶器有1类D型素面鬲（口沿）。

H125

位于T31的中东部（图一八）。平面呈圆角梯形。长0.88、宽0.3~0.5、深0.47米。开口于第⑨层下，打破生土层。坑口距地表1.65米。直壁，圆底，未见加工痕迹（图一二四）。该灰坑为一次堆积形成，土色灰褐，土质较软，结构松散。填土内包含有红烧土颗粒、褐色土块、草木灰等。未见陶片出土。

H126

位于T31的东南部，并延伸入东壁内（图一八）。从发掘部分推测其原平面为椭圆形。最大径0.8、深0.31米。弧壁，局部斜壁，圆底，壁面光滑，未见加工痕迹（图一二五，1）。开口于第⑨层下，被H115叠压，并打破生土层。坑口距地表1.6米。该灰坑为一次性堆积形成，土色浅灰，土质较软，结构松散。填土内包含有红烧土颗粒、草木灰和炭灰等。未出土陶片。

H127

位于T31的东南部，并延伸入东壁内（图一八）。从发掘部分推测其原平面为椭圆形。最大径0.8、深0.32米。弧壁，平底，壁面未见加工痕迹（图一二五，2）。开口于第⑨层下，被H107叠压，并打破生土层。坑口距地表1.75米。该灰坑为一次堆积形成，土质较软，结构松散，土色浅灰。填土内包含有红烧土颗粒、草木灰和炭灰等。未出土陶片。

二、坑

共2个。仅K1编号，T07内F2东侧的坑未编号。

K1

位于T17东部（图一三）。平面呈梯形。长0.9、宽0.58~0.66、深0.2米。直壁，坑底近平，不见加工痕迹。开口于第④层下，打破Y1及第⑤层（图一二六）。坑口距地表0.4米。该坑为一次性堆积形成，土色浅灰，土质松软，填土内包含有红烧土颗粒、草木灰及陶片渣等。陶器器类不可辨。

三、灰沟

共10条（附表四）。

G1

位于T08的东部、东南部，并延伸进入南壁内（图六）。平面总体呈长条状，一端呈喇叭状开口。长6.0、宽0.26~0.96、深0.2米。斜壁平底，坑壁、坑底无加工痕迹。开口于第①层下，打破第②层，并被H6打破（图一二七）。灰沟为一次性堆积形成，土色灰褐，局部黄褐色，土质硬而散，填土内包含有大量红烧土颗粒、草木灰和较少小块料礓石等，另见少量陶片。经统计，共出陶片66块。以夹砂陶为主，所占比例为78.8%，其中红、褐陶占12.1%，黑陶占60.6%；次为泥质陶，比例为16.7%；再次为硬陶，比例分别为4.6%。沟内所出陶片，素面陶最多，共34块，占51.5%。纹饰以绳纹为主，占27.3%，其他纹饰有间断绳纹、指捺纹、席纹和叶脉纹等，组合纹饰有间断绳纹+附加堆纹、云雷纹+复线回纹等。陶器器类有鬲、鼎、甗和钵等。

G23

位于T10的北部、东北部，并向东延伸进入T09内（图六）。平面呈不规则带状。最长15.8、宽0.46~2.15、深0.54米。斜壁，底不平，在清理过程中没有发现加工痕迹。开口于第①层下，打破H59、第②层，并被近现代建筑F1打破（图一二八）。开口距地表约0.05~0.1米。G23内堆积不分层，为一次性堆积，土色黄褐，土质较硬较黏，结构较紧密，夹杂较多红烧土颗粒。经统计，灰沟共出陶片70块。以夹砂陶为主，占85.7%，其中红、褐陶占47.1%，夹砂黑陶占34.3%；次为泥质陶，占7.1%，其中红、褐陶占5.7%；硬陶比例亦为7.1%。沟内所出陶片，以绳纹陶为主，占

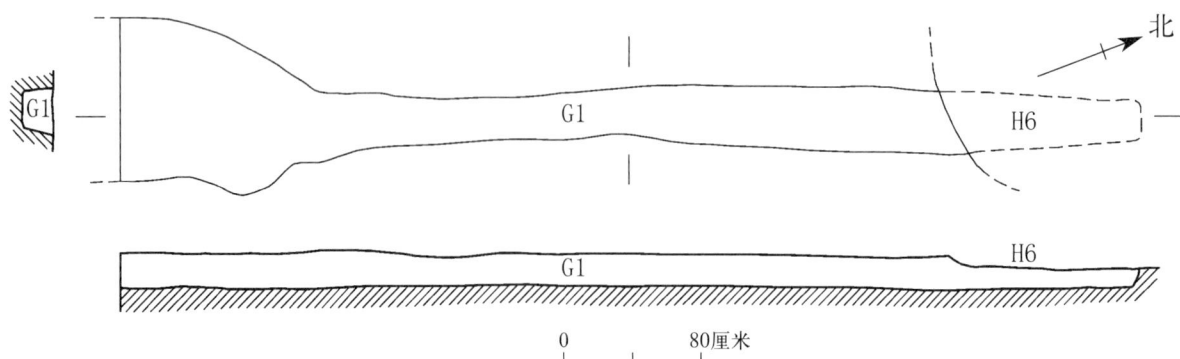

图一二七　G1平、剖面图

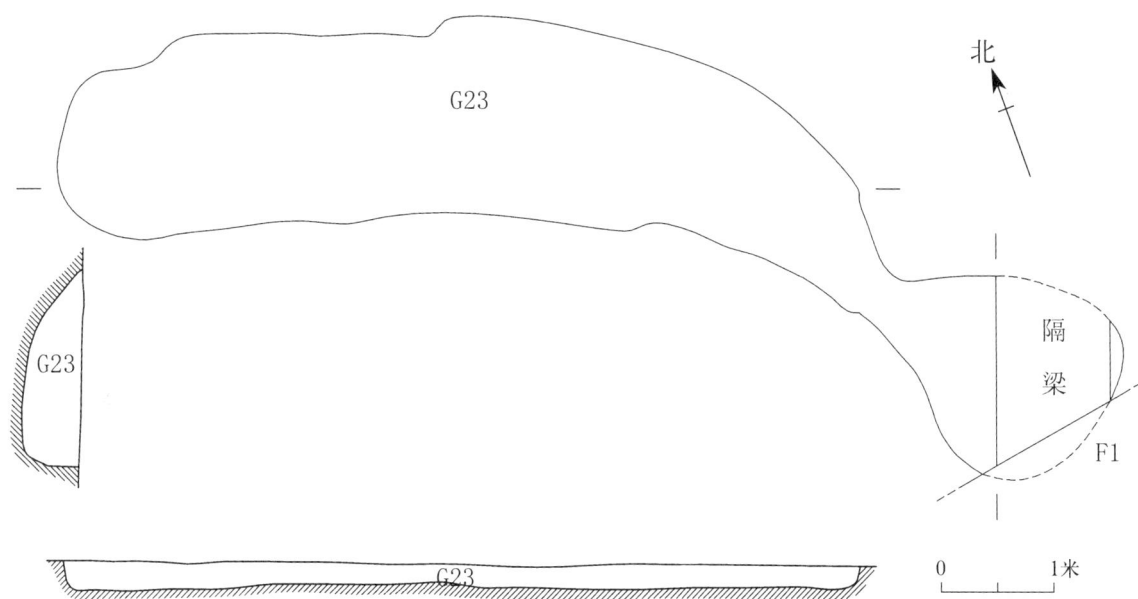

图一二八 G23平、剖面图

51.4%；素面陶次之，占34.3%；其他纹饰有弦纹、方格纹、网纹、刻划纹和回纹等。陶器器类有鬲、甗、簋和罐等。典型陶器有2类C型绳纹鬲（口沿）和B型Ⅳ式簋等。

G26

位于T23西南角、T24中部及东南部（图一五）。平面呈长条状，一头宽，一头窄。长12.4、深0.95米。弧壁，底部斜直，由西北往东南方向逐渐变深（图一二九，1）。开口于第⑤层下，打破生土层。开口距地表约0.79米。沟内堆积不分层，为一次性堆积。土色灰黑，局部发黄，土质黏软，填土内包含有红烧土块、石器及较多陶片等。经统计，灰沟共出陶片270块。以夹砂陶为主，占83.3%，其中红、褐陶占78.9%，夹砂黑陶、灰陶各占2.2%；次为泥质陶，占15.9%，其中红陶占9.6%；硬陶所占比例为0.7%。沟内所出陶片，素面陶最多，占77.4%；绳纹陶次之，占7.4%；其他纹饰有弦纹、梯格纹、篮纹、乳钉纹、圆圈纹、方格纹、附加堆纹、回纹等，组合纹饰有绳纹+附加堆纹、弦纹+羽纹等。石器器类有锛和凿。陶器器类有鬲、甗、豆、杯和罐等。典型陶器有1类Ba型素面鬲（口沿）、2类Ca型素面鬲（口沿）和Bc型Ⅰ式豆（柄）等。

G27

位于T13西部、T14东部（图一〇）。开口于第②层下，打破生土层。平面呈带状，南北方向均向外延伸至探方外。南北长9.0、南北宽8.9～12.4、最深3.1米。开口距地表0.4～0.45米。总体来看，东侧坡度较缓，西侧坡度相对较陡。底部不平整，近圜底（图一一、一二、一三〇；彩版六，1、2）。沟内堆积层较厚，分三层。

第①层，厚0～0.7米。土色红褐，土质较硬。包含有炭灰、红烧土颗粒、石块及大量陶片。经统计，第①层共出陶片254块。以泥质陶为主，占38.6%，其中灰陶占24.8%；次为夹砂陶，占35.8%，其中红、褐陶比例为26.8%；硬陶再次之，占24.8%；其余为原始瓷，占0.8%。该层所出陶

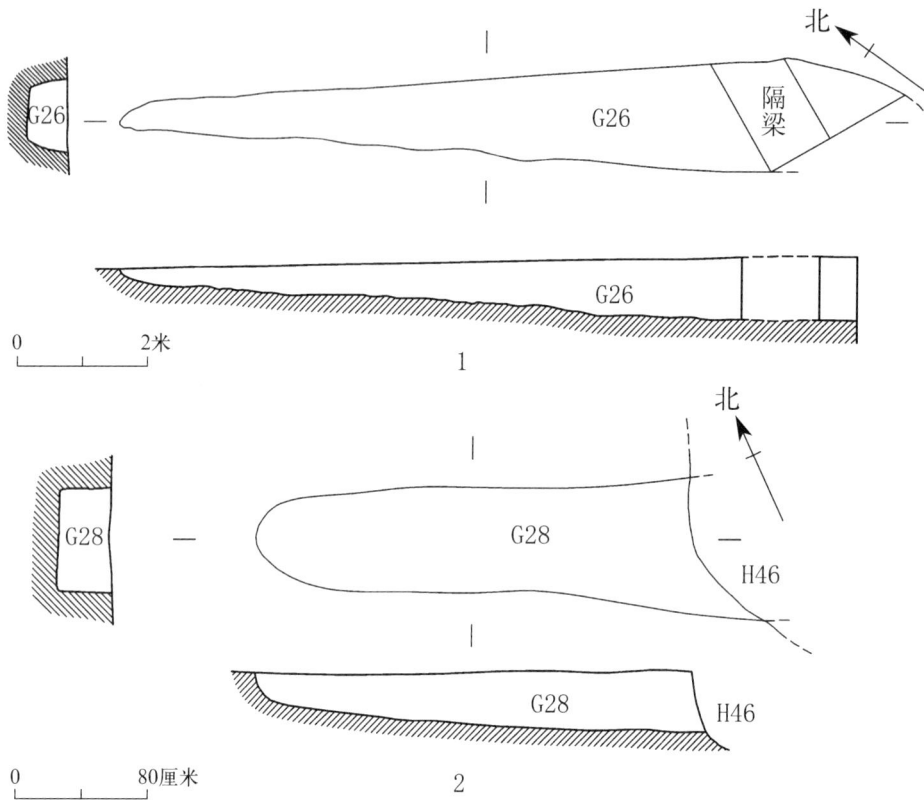

北

G26

隔梁

G26

G26

0　　　2米

1

北

G28

G28

H46

G28　　H46

0　　　80厘米

2

图一二九　G26、G28平、剖面图

1．G26　2．G28

北

G27

G27

G27

0　　　2米

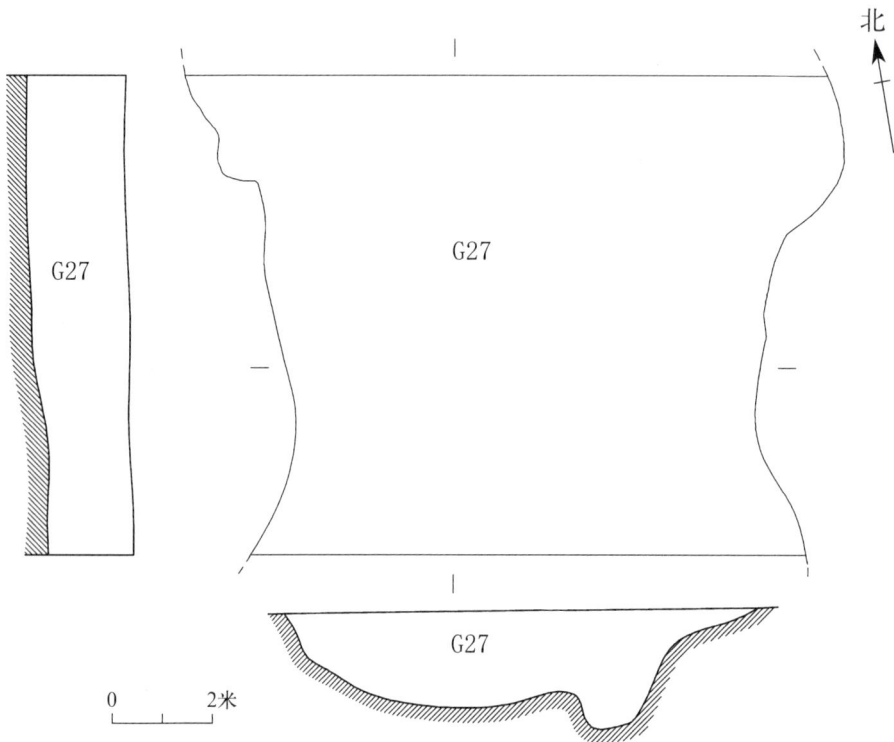

图一三〇　G27平、剖面图

片，素面陶最多，占42.5%；纹饰以绳纹、间断绳纹并重，所占比例分别为16.5%和16.1%；其他纹饰有弦纹、云雷纹、小方格纹、曲折纹、附加堆纹、回纹、菱形填线纹和三角填线纹等。陶器器类有鬲、鼎、甗、豆、盆、罐和钵等。典型陶器有3类Ba型鬲（足）、3类Cb型鬲（足）和A型敞口盆（口沿）等。

第②层，厚0~1.3米。土色褐色，土质较硬。包含有腐殖质、石块、兽骨及大量陶片。该层出土陶片极多。经统计，第②层共出陶片4148块。另出土石器。以夹砂陶为主，占58.1%，其中红、褐陶占35.2%，灰陶占22.9%；次为泥质陶，占37.3%，红陶、灰陶所占比例分别为17.1和16.9%；硬陶再次之，占3.4%；原始瓷所占比例极少，占1.3%。该层所出陶片，素面陶最多，占47.5%；纹饰主要为间断绳纹，比例为36.1%；其次为绳纹，比例为11.6%；其余纹饰所占比例较小，分别为弦纹、附加堆纹、网纹、方格纹、梯格纹、曲折纹、回纹、菱形填线纹等，组合纹饰有回纹+窗格纹、席纹+菱形填线纹等。石器器类有砺石。骨器器类有锥。原始瓷器器类有罐和碗等。陶器器类有鬲、鼎、甗、豆、盆、瓮、罐、坛、钵、盘、瓶、拍、网坠和圆陶片等，其中鬲的比例达到了71.8%。典型陶器有Aa型Ⅴ式绳纹鬲、Ba型Ⅱ式绳纹鬲、C型绳纹鬲、D型Ⅳ式绳纹鬲、2类Bb型绳纹鬲（口沿）、2类Db型绳纹鬲（口沿）、3类Ab型绳纹鬲（口沿）、3类Ba型绳纹鬲（口沿）、3类D型绳纹鬲（口沿）、1类C型网纹鬲（口沿）、A型Ⅵ式鼎、C型Ⅳ式鼎、A型Ⅲ式甗（甑部）、E型Ⅵ式盆、Cb型Ⅱ式鼓腹瓮、C型鼓腹瓮、Aa型Ⅳ式弧腹罐、Ab型Ⅱ式弧腹罐、Ab型Ⅵ式鼓腹罐、Ad型鼓腹罐、Bb型Ⅳ式鼓腹罐、Cb型Ⅱ式鼓腹罐、A型Ⅴ式钵、B型Ⅲ式钵、A型Ⅱ式敞口盘、B型Ⅱ式敞口盘、Aa型Ⅳ式直口盘、Ba型Ⅱ式直口盘、Bb型Ⅱ式直口盘、Aa型Ⅱ式微敛口盘、Aa型Ⅱ式敛口盘、Ab型Ⅱ式敛口盘和Ba型敛口盘等。

第③层，厚0~1.1米。土色灰褐，土质黏硬，结构紧密。出土极多陶片，仅次于第②层。填土中可见较多炭灰、红烧土块，另可见石器等。经统计，第③层共出陶片2927块。以夹砂陶为主，占48.3%，其中红、褐陶占26.8%，灰陶占21.5%；次为泥质陶，占47.9%，其中灰陶占25.1%，红陶占20.9%；硬陶再次之，占3.8%；原始瓷器所占比例极少，占0.1%左右。该层所出陶片，素面陶占37.6%.纹饰以间断绳纹为主，比例为41.4%；再次为绳纹，比例为15.3%；其余纹饰所占比例较小，有弦纹、附加堆纹、网纹、梯格纹、曲折纹、刻划纹、方格纹、回纹、席纹、菱形填线纹、小方格纹、三角填线纹、窗格纹等。组合纹饰有弦纹+复线菱纹、回纹+窗格纹、菱形填线纹+叶脉纹、叶脉纹+席纹、弦纹+席纹等。石器器类有刀。原始瓷器器类有罐和碗。陶器器类有鬲、鼎、甗、豆、盂、盆、瓮、罐、钵、盘、碗、器座、拍、纺轮和圆陶片等，其中鬲的比例占59.6%。典型陶器有2类Aa型素面鬲（口沿）、Ab型绳纹鬲、Ba型Ⅱ式绳纹鬲、Da型Ⅲ式绳纹鬲、E型Ⅰ式绳纹鬲、1类B型绳纹鬲（口沿）、1类Da型绳纹鬲（口沿）、1类Db型绳纹鬲（口沿）、2类Ab型绳纹鬲（口沿）、3类Ab型绳纹鬲（口沿）、3类D型绳纹鬲（口沿）、A型网纹鬲、C型网纹鬲、B型Ⅴ式鼎、A型Ⅱ式豆、Aa型Ⅲ式豆（盘）、Ab型豆（盘）、Bb型豆（盘）、Aa型Ⅲ式豆（柄）、Ba型Ⅳ式豆（柄）、泥质灰陶鼓腹盂、Da型Ⅶ式盆、E型Ⅴ式盆、Cb型Ⅰ式鼓腹瓮、A型Ⅱ式双耳罐、B型Ⅰ式双耳罐、Aa型Ⅳ式弧腹罐、Ab型Ⅰ式弧腹罐、Ab型Ⅵ式鼓腹罐、Cc型Ⅱ式鼓腹罐、Aa型Ⅱ式小

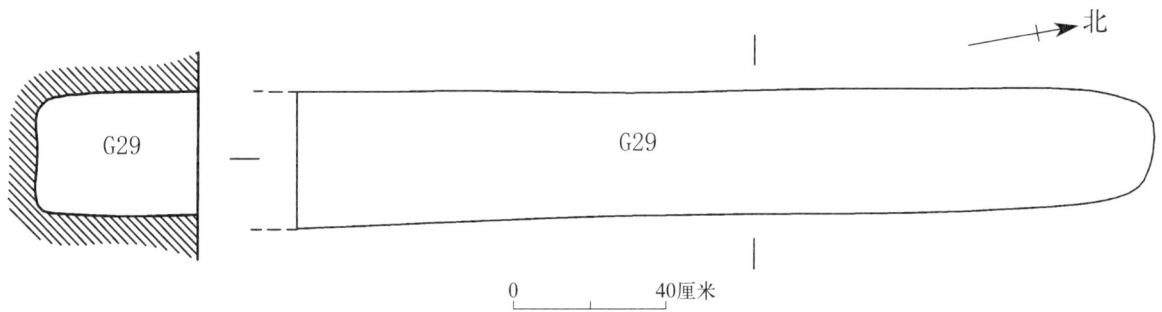

图一三一　G29平、剖面图

罐、A型Ⅴ式钵、Db型Ⅲ式钵、A型Ⅰ式敞口盘、B型Ⅰ式敞口盘、B型侈口盘、Aa型Ⅲ式直口盘、Bb型Ⅰ式直口盘、Aa型Ⅰ式微敛口盘、Bb型Ⅱ式微敛口盘、Ba型敛口盘、Bb型Ⅱ式敛口盘、Ab型碗和Ac型碗等。

G28

位于T24东北部（图一五）。西北、东南方向。平面呈带状。长3.2、宽0.45～0.65、深0.4米。坑壁较直，坑底较平。开口于第⑤层下，打破H57及生土层，并被H46打破（图一二九，2）。开口平面距地表0.85米。灰沟为一次性堆积形成，土色灰黄，填土黏软，包含红烧土块、炭屑以及较少的陶片。经统计，灰沟共出陶片28片，主要为夹砂红、褐陶，占96.4%。所出陶片素面最多，占89.3%；纹饰有弦纹和戳印纹。陶器器类有鬲、罐和钵等。典型陶器有A型罐（底）和Cb型Ⅰ式钵。

G29

位于T31西南部，向南延伸进入南壁内（图一八）。长条状。长2.2、宽0.4、深0.42米。直壁，平底，壁面有加工痕迹。开口于第⑥层下，打破H110、第⑦层、第⑧层（图一三一）。开口平面距地表1.0米。灰沟为一次性堆积形成，土色灰，土质细腻，结构松散,靠近上部土色愈灰白且颗粒愈小。填土中包含有红烧土块、草木灰和陶片等。经统计，共出土陶片47块。以夹砂陶为主，占80.8%，其中红、褐陶占72.3%，灰陶占8.5%；次为泥质陶，占12.7%，其中红陶占10.6%；其余为硬陶，占6.4%。沟内所出陶片，素面最多，占72.3%；纹饰以绳纹为主，占10.6%；梯格纹次之，占4.3%；其他有间断绳纹、方格纹、叶脉纹、席纹、菱形填线纹和复线三角纹等。陶器器类有鬲、鼎、簋、豆、瓮、罐和钵等。典型陶器有3类Ba型鬲（足）。

G30

位于T32中部，南北向，两端均延伸至探方外（图一八）。平面呈带状。长9.0、宽0.42～0.5、深0.26～0.28米。沟壁平直、光滑，底部平坦（图一三二）。开口于第⑨层下，打破第⑩层及生土层。开口平面距地表1.3米。土色青灰，土质较硬，填土内包含有红烧土颗粒和极少量碎陶片。陶器器类不可辨。

G31

位于T16的中部（图一三）。平面为细长的梯形。长2.0、宽0.34～0.62、深0.04～0.18米。斜壁，圆底，无加工痕迹（图一三三）。开口于第⑤层下，打破生土层。开口平面距地表1.3米。灰沟

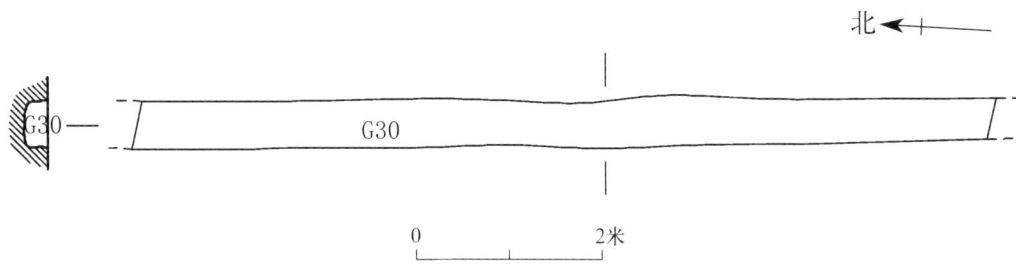

图一三二 G30平、剖面图

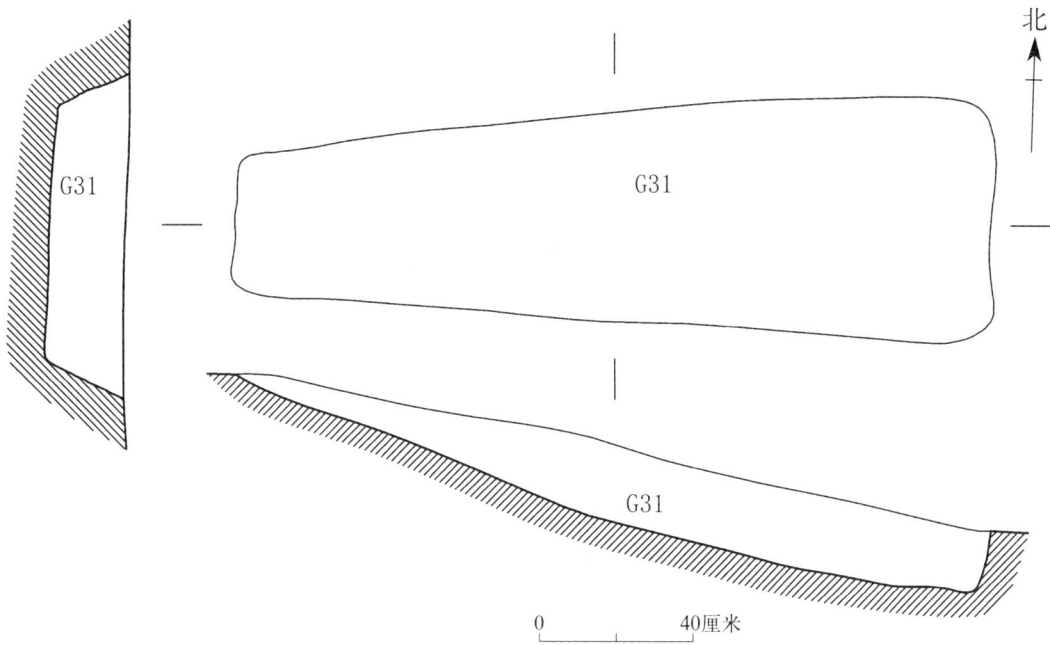

图一三三 G31平、剖面图

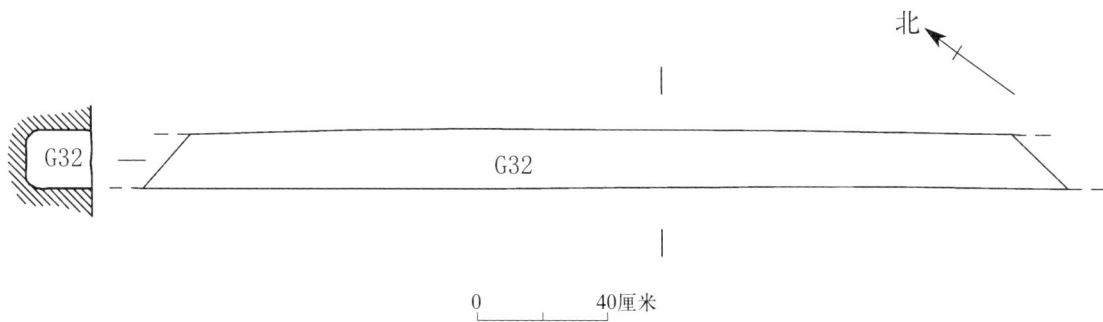

图一三四 G32平、剖面图

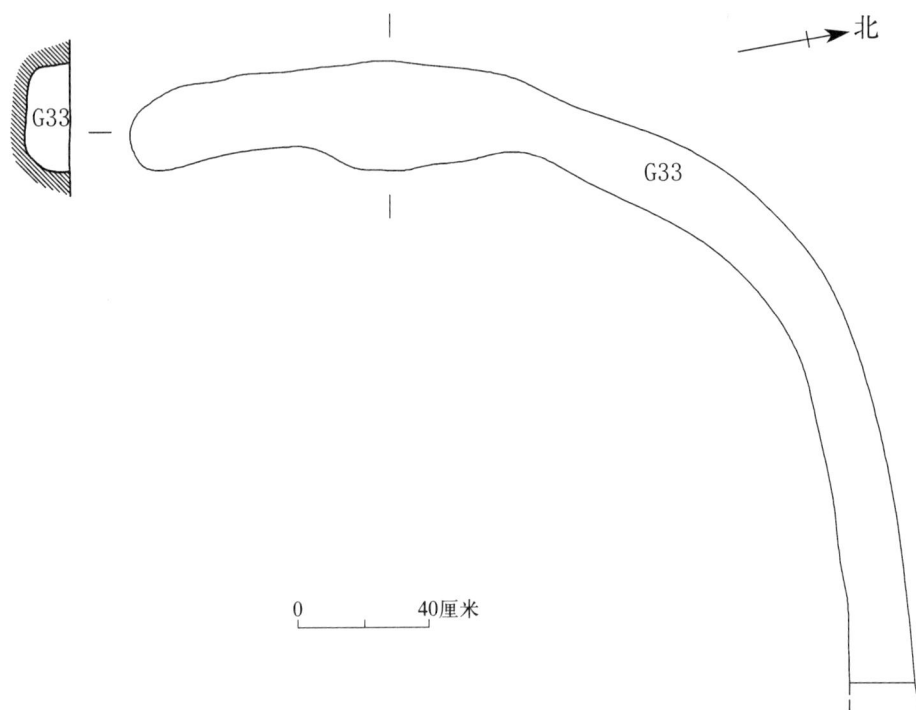

图一三五　G33平、剖面图

为一次性堆积形成，土色灰黑，土质黏软，结构疏松。未出土陶片。

G32

位于T31东北部，西北方向延伸进入北壁内、东南方向延伸进入东壁内（图一八）。平面长条状。长2.9、宽0.15、深0.2米。沟壁较直，未见加工痕迹（图一三四）。开口于第⑦层下，直接打破生土层。开口平面距地表1.05米。土色深灰，土质较松软。填土内包含有零星红烧土颗粒及少量炭屑，无其他文化遗物出土。

G33

位于T32东部，一端延伸入东壁内（图一八）。四分之一圆环状。最大径2.85、宽0.18～0.32、深0.15米。沟壁较直，底部平整（图一三五）。开口于第⑨层下，打破第⑩层及生土层。开口平面距地表1.4米。近东壁灰沟周边有较多红烧土分布。灰沟为一次性堆积，土色浅灰，土质较松散，填土内包含有较多红烧土颗粒、炭灰及陶片渣等，无其他文化遗物出土。陶器器类不可辨。

四、灶坑

共4个。

Z1

位于T12中部偏西处（图一〇）。残存平面近圆角长方形。长0.36、宽0.34、深0.1米。斜壁，

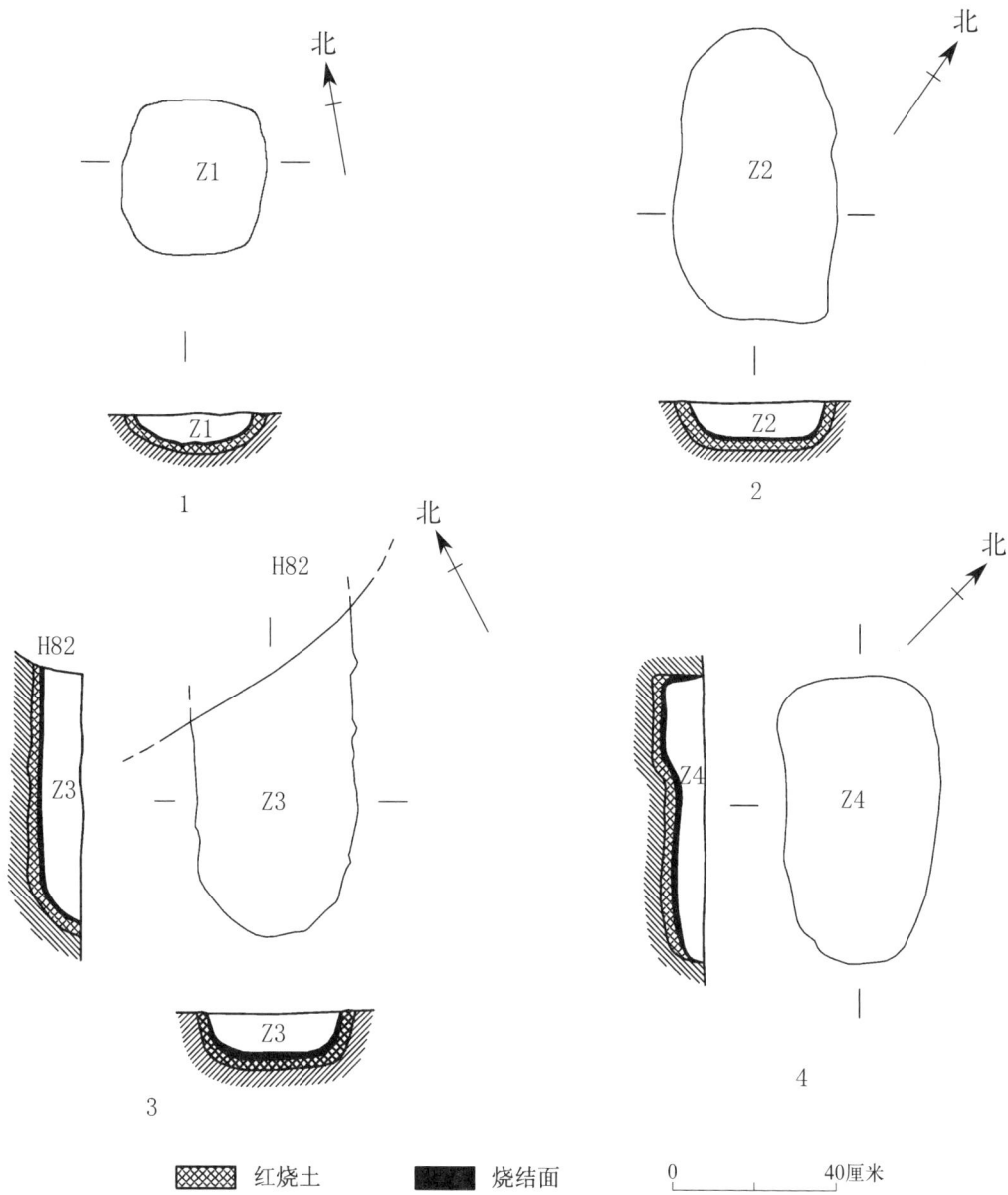

图一三六　Z1~Z4平、剖面图

1.Z1　2.Z2　3.Z3　4.Z4

圆底（图一三六，1）。开口于第②层下，打破生土。有一层烧结面，红烧土壁厚0.03~0.04米。灶坑内填土土色灰褐，土质较软，包含有红烧土块及大量炭灰、炭渣，未见其他文化遗物。

Z2

位于T31东部，东北方向与Z4相邻（图一八）。上部不存，残存平面近长方形。长0.68、宽0.34、深0.1米。斜壁，平底（图一三六，2）。开口于第⑧层下，打破第⑨层。灶坑底部及壁有一层红褐色烧结面，厚0.03~0.04米。填土灰褐色，土质较软，包含物有红烧土块及炭灰等，未见陶片等其他文化遗物。

Z3

位于T33西北部（图一八）。上部不存，北侧被H82打破，残存平面不完整。其东侧0.75米处发现有直径0.3米左右的红烧土范围，局部烧结。另在H82的底部偏东位置发现两处红烧土范围。残长0.76、宽0.4、深0.15米。斜壁，平底（图一三六，3）。开口于第⑦层下，打破生土层。开口距地表1.2米。底及壁有一层红褐色烧结面，厚0.03米。灶坑内填土土色灰黑，土质松散，填土中包含有较多红烧土块及大量炭灰、炭渣等，未见其他文化遗物。

Z4

位于T31东部，西南方向与Z2相邻（图一八）。上部不存，残存平面近圆角梯形。长0.68、宽0.4、深0.1～0.15米。斜壁，平底但前后有高度差（图一三六，4）。开口于第⑧层下，打破H115及第⑧层。底及壁有一层红褐色烧结面，厚0.03～0.04米。灶坑内填土土色灰褐，土质较软，包含有较多红烧土块及大量炭灰，未见其他文化遗物出土。

五、建筑遗存

共4处。

F2

主体位于T07内，活动面延伸到T08内（图六；彩版七，2）。T07北部第②层下局部已至生土，开口于该层下的遗迹较多。东北角为H80，西南角为M12，南部有H4、H66、H70、H71等几个灰坑分布（图一三七）。F2亦开口于第②层下，平面近长方形，发现柱洞、基槽、垫土层。长4.65、宽4.53米。共清理柱洞28个，编号为D1～D28（附表六）。柱洞多圆形，方形和长方形数量较少。柱坑多直壁、圆底，部分斜壁。其中D1～D18应归属F2，D19～D28应归属于另一处建筑，F2与该建筑关系密切。柱洞尺寸多在直径0.18～0.5、深0.05～0.3米之间。柱洞内填土多为黄花土，部分经过夯打。清理基槽一个，编号为JC1，位于房址东南侧。长2.7米，宽0.25～0.3米，深0.12米。填土结构较紧密，硬度较小，含较多红烧土颗粒及草木灰。中部发现较明显的黄土踩踏面，长3.4米、宽1.5、厚0～0.08米。填土结构紧密、硬度高，包含物纯净，无烧烤痕迹，应为居住面。黄土面南北侧、西侧、西北及西南侧分布一红褐土踩踏面，厚较薄，表面有极少的黄土，应是在铺垫黄土居住面的同时在撒了少量黄土踩踏而成的活动面。在该房址的东半侧及西侧的小部分区域内，有一灰褐色土分布区，面积较大，大多数柱洞分布在此活动面上（图一三八）。F2垫土层共分三层（图一三九）。第①层，厚0～0.3米，黄褐色土，局部黄色、灰色、灰褐色，土质较硬，局部可见踩踏痕迹。踩踏面长、宽均超过9.0米，并延伸至探方外。填土内包含有红烧土、兽骨和草木灰等。出土的文化遗物主要为陶器，另可见石器和铜器等。陶器以夹砂红陶为主，器类有鬲、甗、簋等。第②层，厚0～0.4米，灰褐色土，局部灰色、黄褐色，土质稍硬，结构紧密，未发现踩踏痕迹，填土内包含有红烧土、草木灰等。出土文化遗物主要为陶器，以夹砂红陶为主，器类有碗等。第③层，厚0～0.55米，黄色土。土质较硬，结构紧密，包

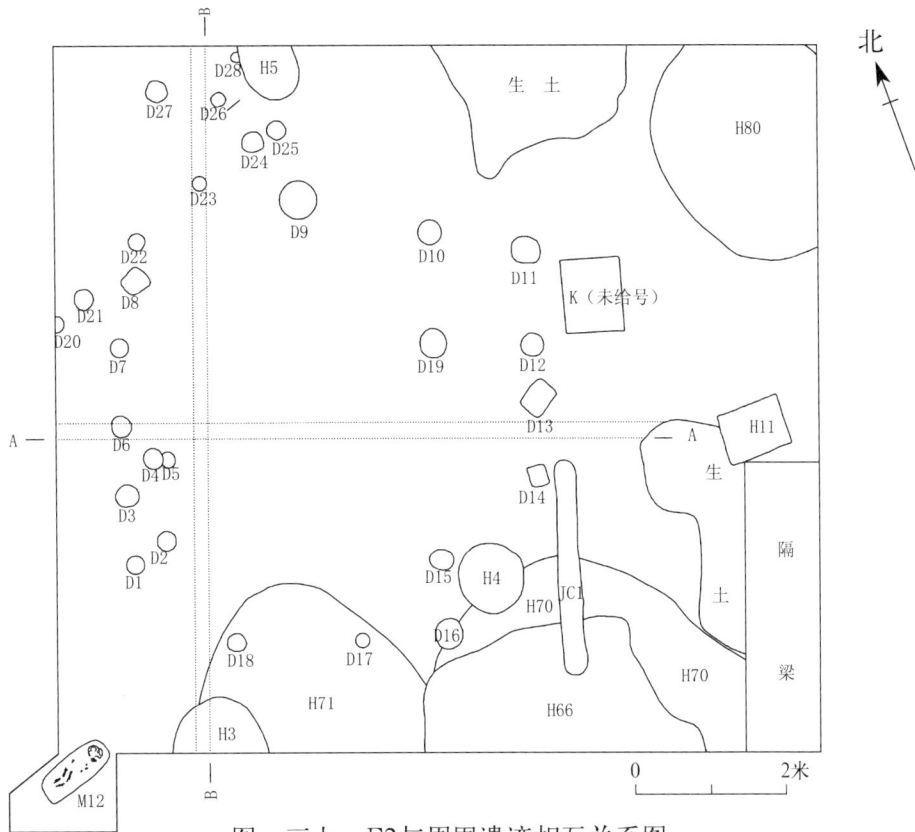

图一三七　F2与周围遗迹相互关系图

图一三八　F2所在平面图垫土分布图

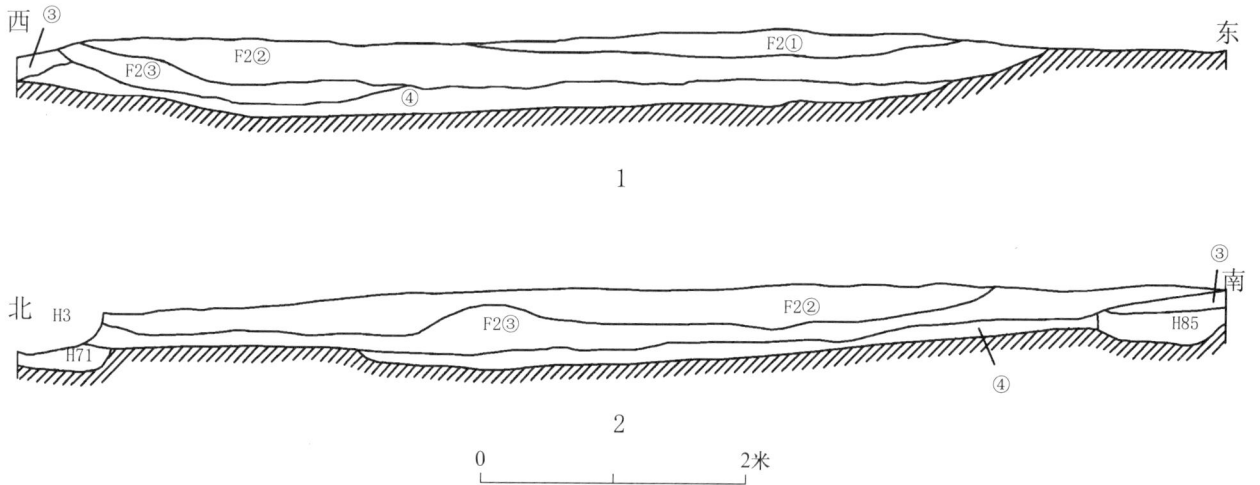

图一三九　F2剖面图

1. 东西向剖面图（A-A）　2. 南北向剖面图（B-B）

含物较少，可见少量陶片，陶质多为夹砂红陶。东北角的坑（K）未编号，长0.7、宽0.6、深0.3米，坑内为黄花土。

据统计，F2共出土陶片1296块。夹砂陶占76.2%，其中红、褐陶占63%，黑陶占11.1%，灰陶占2.2%；次为泥质陶，占22.9%，其中红陶占13.4%，黑陶、灰陶所占比例分别为4.7%和4.9%；硬陶再次之，占0.9%。所出陶片，素面陶最多，共722块。占55.7%；纹饰以绳纹为主，占37%；再次为间断绳纹，占2.3%；其他纹饰有弦纹、网纹、梯格纹、指捺纹、方格纹、云雷纹、涡纹、附加堆纹、复线菱纹等，比例均小于1%；组合纹饰有如绳纹+附加堆纹、间断绳纹+附加堆纹、刻划纹+附加堆纹、绳纹+附加堆纹+乳钉纹等，但所占比例极小。铜器器类有锥形器。石器器类有锛、凿和斧。陶器器类有鬲、甗、簋、豆、钵、碗、盆、瓮、罐、碗、纺轮、网坠、圆陶片和陶饰等。典型陶器有2类Ba型绳纹鬲（口沿）、2类Bb型绳纹鬲（口沿）、1类B型网纹鬲（口沿）、1类C型鬲（足）、Da型Ⅳ式盆、Ab型Ⅰ式鼓腹瓮、Bb型Ⅰ式鼓腹罐、Ca型Ⅲ式鼓腹罐和Aa型Ⅰ式碗等。

T07内其他建筑遗存

位于T07西南角（图一三七）。共9个柱洞，编号为D20～D28（附表六）。存在类似F2的褐色踩踏面，柱洞D20～D25在一条直线上，应与D26、D27、D28属同一座建筑。自D20向西延伸进入T08，D25、D26、D28方向向北延伸入T07北壁，说明该建筑主体位于T07探方以北。该柱洞群所在活动面存在垫土层，其情形大致同F2。从地层、出土遗物及相互关系来看，其时代应与F2相同。

T09建筑遗存

仅见柱洞。位于T09西南部（图一四〇，1）。共3个，编号分别为D1、D2、D3（附表六）。三个位置相连，均开口于第②层下，打破第③层、第④层。平面多为近椭圆形，圜底（图一四〇，2）。填土多灰褐色，土质较硬，结构紧密。柱洞内遗留有木柱残蚀后的年轮痕迹，可以见到分层填入的黄粘、褐色黏土。从现存情况看，三柱洞的南侧存在相对较晚的H9，建筑遗存的主体同样更可

北

H60

H69

H59

D1 D3 D2

H9

0　　　　2米

北

D3

D2

D1

1

D1

D2

D3

0　　　40厘米

2

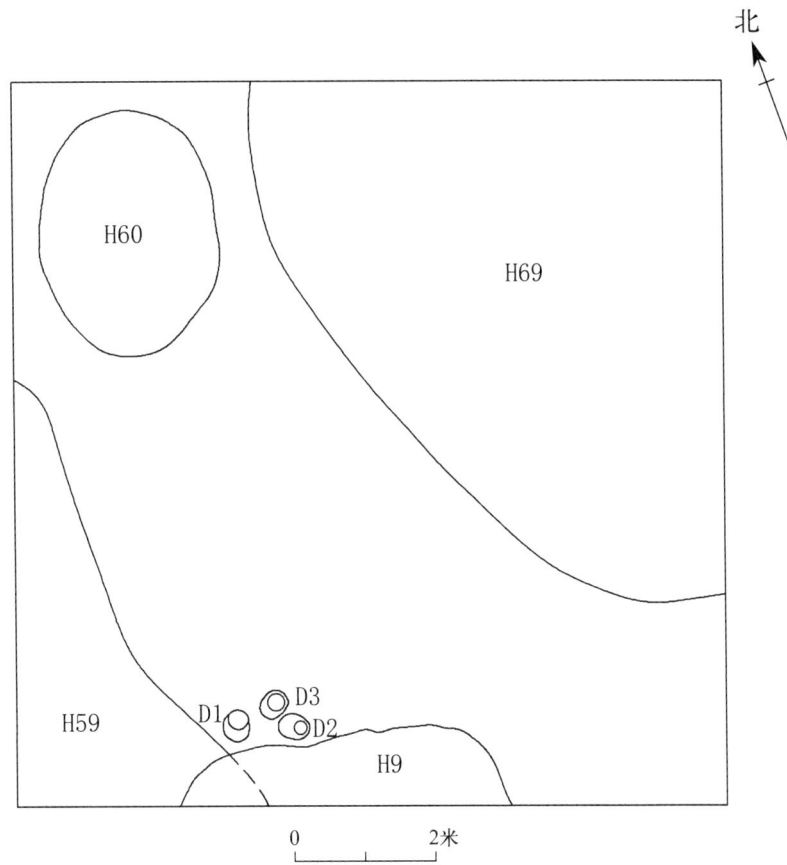

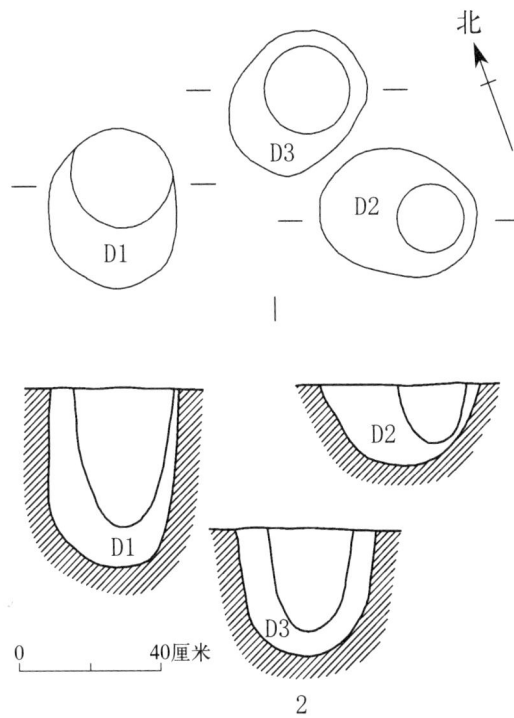

图一四〇　T09早期建筑遗存D1～D3

1.D1～D3位置图　2. D1～D3平、剖面图

能位于南侧，柱洞应是建筑遭破坏后的残留。柱洞直径均不大，采用0.15～0.2米的柱子，D2、D3仍然清晰可见到树木遗留的年轮迹象（图版一一，1）。

T22建筑遗存

位于T22东部。分布于探方东侧，开口第③层下，可见垫土层、基槽及柱洞等。东侧存在较大的踩踏面，但边界不甚明显，土色黄褐，土质较硬，出土的碎陶片较多。垫土层在东侧区域均有分布，东南部更厚些。并存在较窄的基槽，土色较黄，土质较硬。发现柱洞2个，编号分别为D1、D2（图一五；附表六）。从现存情况判断，该建筑类遗存应向探方东、南侧延伸，极可能为开放性的简单木构建。

六、窑

1座。

Y1

位于T17东部（图一三）。起建于第⑥层，由窑室和火膛两部分组成。总长3.5、最宽1.5米。窑室残。平面呈圆形，直径约1.15米，由火门、火道、窑箅、火眼组成（图一四一；彩版七，1）。

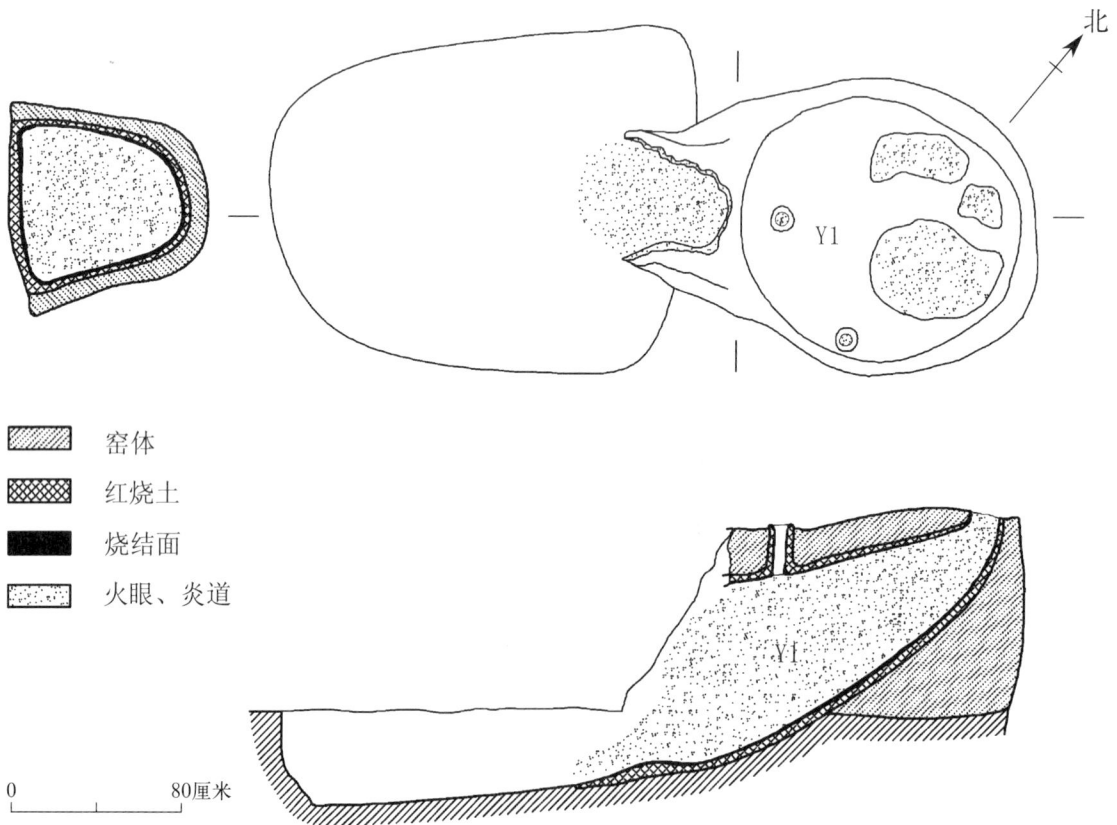

图一四一　Y1平、剖面图

火门位于操作室与窑体连接处，长0.76、宽0.5、高0.46米；火道由三个分火道组成，长0.66、宽0.5~1.24、高0.4~0.46米；从火门至火道方向逐渐上倾，窑壁坚硬呈红褐色，局部青灰色。窑箄近圆形，顶部分布2个近圆形火眼，火眼口径0.06~0.07、深0.2米。火膛位于窑室西南部，平面呈圆角梯形，长1.9、宽0.84~1.48、深0.45~0.6米，底部倾斜，愈接近窑室愈浅。窑室和火膛内填土相近，土色深灰、土质疏松，包含大量红烧土。窑内包含物主要为陶片，共计52片。以夹砂红褐陶为主，比例为71.2%；泥质黑陶次之，比例为9.2%。陶片以素面为主，比例为28.9%。绳纹占19.2%，席纹占15.4%，网纹占11.5%，其他纹饰有刻划纹、梯格纹、弦纹、曲折纹和附加堆纹等。陶器器类有甑、刻槽钵和罐等。典型陶器有A型Ⅰ式甑（甑部）、A型Ⅰ式刻槽钵（口沿）和Ca型Ⅰ式鼓腹罐等。

七、水井

1座。

J1

位于南Ⅱ区T26、T27、T37、T38内（图一七）。开口于耕土层下，由井口坑和井圈两部分组成。西南侧开口部位被水塘破坏，其中井口坑破坏较大，现残存平面近圆形，最大径13.5米。井圈由石材砌筑，顶部亦有少量缺损。井口坑剖面呈圆锥状，壁面存在运土凹槽及攀援脚窝，填土经过层层夯打，可能每夯打一层均要经过简单的火烧。井内堆积共分六层，其中第二至六层为使用期。出土大量的陶器，其中多为陶器。动植物遗存同样数量很多，其中以植物遗存为大宗，并存在木器和草编器等制品；动物遗存中有卜甲、骨角器、牙齿、骨骼等；发现昆虫羽衣及真菌类遗存。铜器、石器和原始瓷器亦有出土，但数量相对较少。从出土陶器来看，器类较单一，多为罐、壶和瓿等。从堆积层及陶器的变化来看，水井的使用经历了一个比较长的过程。具体详见本章第四节。

八、墓葬

4座。均为竖穴土坑墓。编号分别为M7、M12、M13、M14（附表五）。

M7

位于T31的中南部（图一八）。平面呈圆角梯形，方向120°。东北侧紧临H125，西南侧紧临H110。长1.0、宽0.2~0.3、深0.37米。开口于第⑨层下，打破生土层。开口面距地表深2.0米。墓壁较规整，墓壁平直、光滑，未见加工痕迹。填土为灰色花土，土质较硬，包含物夹杂炭灰、红烧土颗粒及零星碎陶片等。发现骨架一具，保存较差，仰身直肢，头向东南，无随葬品（图一四二）。

M12

位于T07西南角并延伸入南壁（图六）。平面呈圆角长方形。方向78°。位于F2西南侧不远处。长1.0、宽0.3、深0.5~0.55米。开口于第②层下，打破第③、第④层。直壁，底略倾斜。开口面距地

北

M7

M7

0　　　　　40厘米

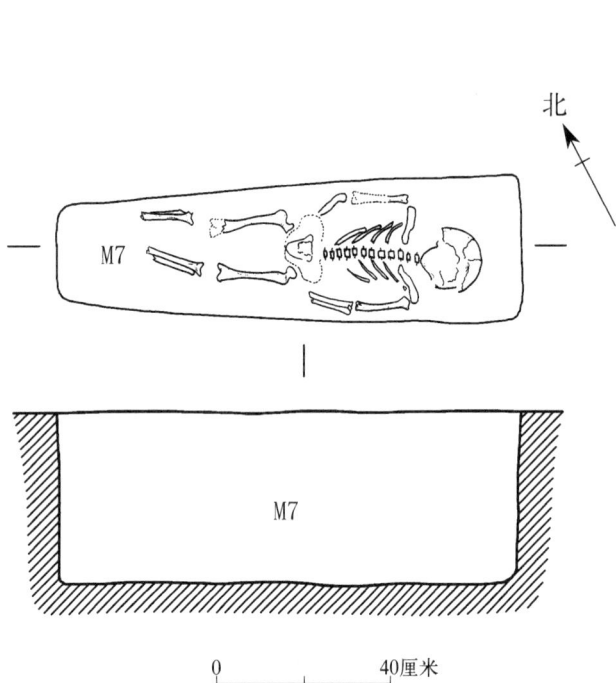

图一四二　M7平、剖面图

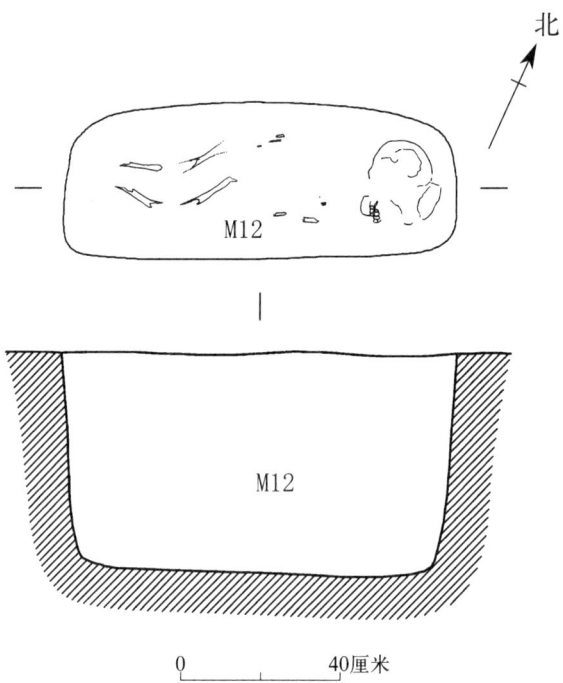

北

M12

M12

0　　　　　40厘米

图一四三　M12平、剖面图

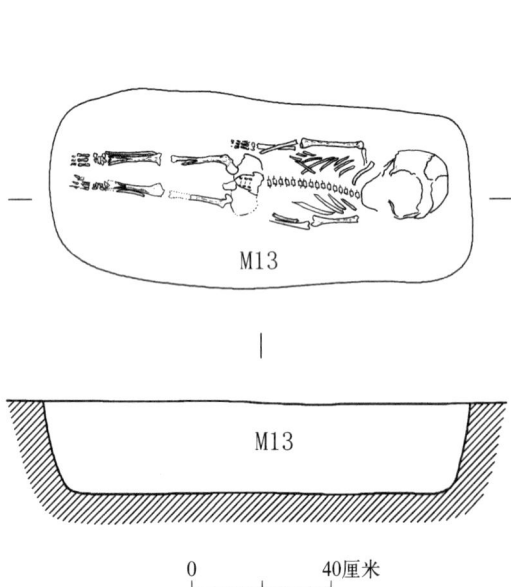

北

M13

M13

0　　　　　40厘米

图一四四　M13平、剖面图

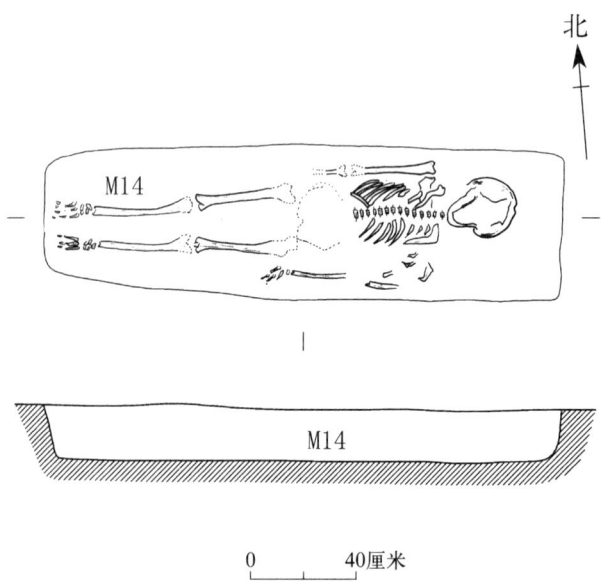

北

M14

M14

0　　　　　40厘米

图一四五　M14平、剖面图

表深0.3~0.35米。墓壁较规整，填土为灰色花土，土质较硬。清理出人骨架一具，仰身屈肢，头向东北。骨架保存较差，不见葬具及随葬品（图一四三；彩版一〇，1）。从墓葬的大小及形制来看，推测为小儿墓。

M13

位于T30中部偏北处（图一七）。平面呈圆角长方形。方向80°。位于M14北侧不远处。长1.2、宽0.54、深0.26米。开口于第④层下，打破生土层。开口面距地表约0.5米。西部墓壁略鼓，墓壁墓底部较为平直。填土黑黄色花土夹杂，土质松散，包含物有少量烧土颗粒和炭屑等。清理出人骨架一具，仰身直肢，头向东北，初步判断为2岁左右的婴幼儿。骨架保存基本完整，清理过程中未发现葬具及随葬品（图一四四；彩版一〇，2）。

M14

位于T30南部（图一七）。平面为近长方形。方向80°。位于M13南侧、H15西北侧。长1.94、宽0.4~0.57、深0.21米。开口于第④层下，打破生土层。开口距地表约0.8米。墓坑东部略宽，西部略窄，墓壁、墓底比较平直。填土为黑黄色花土，土质松软，包含有少量红烧土颗粒和炭屑。清理出人骨架一具，仰身直肢，头向东北。骨架保存稍差，初步判断为30岁左右的男性个体，在清理过程中未发现葬具及随葬品（图一四五，图版一一，2）。

从地层叠压关系及出土相关文化遗物的时代来，4座墓葬属两个时间段。M7的时代要早些，墓葬方向为西北——东南走向；M12、M13和M14位置相近，墓葬方向均为东北—西南走向，三者同处遗址中部位置，时代也基本一致。M12所在的T07及M13、M14所在的T30之间有近40米的距离，该处2002年修建旅游大道时挖掘过，但具体资料仍未公布。M12处于T07的南侧最边缘处，而北发掘区其他探方并未发现早期墓葬。我们推测，T07与T30之间应该存在一定规模的墓葬区。

第二节　文化遗物

陶器是五担岗遗址出土最丰富的遗物，数量大，器类也比较多。从统计数据来看，遗址出土的陶片近6万片。陶片数量极多，我们在尽可能的情况下拼对成较完整的器物，之后再进行陶系和纹饰的统计，以求统计数据更接近反映遗址各阶段的文化内涵。在选择标本的过程中，本着能多选多画的原则，在最大限度上挑选标本。受自身能力所限，可能会存在遗漏的器类。陶器可以分为两大类，即硬陶和夹砂、泥质陶。前者虽然在数量上处于从属地位，但一直贯穿遗址发展的各个阶段。它较夹砂、泥质陶烧造难度更大，可以在一定程度上反映当时遗址的生产、生活水平，因此具有重要的意义。原始瓷器数量较硬陶器更少，它伴随硬陶器的烧制而逐渐发展，制作工艺从早至晚逐渐成熟。泥质、夹砂陶器数量大，在分期、断代方面体现了它的重要价值。它与同出的其他文化遗物可以在时代上相互印证，这对研究长江下游商周时期的文化分布是有很大参考价值的。另外，遗址还出土有其他多种遗物，铜器、玉器、石器、骨角器、木器和草编器等。现按种类分别介绍（J1出土器物于第四节单独介绍）。

一、铜器

铜器出土数量不多，均为小件制品。共计18件，包括J1出土的3件。在遗址H66填土中曾发现铜炼渣，估计当时已经可以制造铜制品。遗址所发现的铜器器类有削、锥形器、钻、鱼钩、剑和镞等，以镞的数量最多。

削

共3件。根据背部特征，可分二型。

A型　直刃直背。1件。

标本G27③：26　残。由柄及刀身组成，柄首长方形。刀身平背，截面扁三角形，较薄，尖端残。刃部微内弧。长16.7、最宽1.8厘米（图一四六，1；彩版二二，4）。

B型　弧刃弧背。共2件。

标本H37：1　残。由柄及刀身组成，柄部细长无首。柄表面有两道凸棱。刀身弧背，截面扁三角形，较薄，尖端残。刃部内弧。长10.9、最宽1.2厘米（图一四六，2；彩版二二，5）。

标本T11⑤：2　残。刀身尖端及刀柄残。刀身弧背，截面扁圆顶三角形，较薄。刃部内弧。长4.5、宽1.4厘米（图一四六，3）。

锥形器

共2件。未分型式。

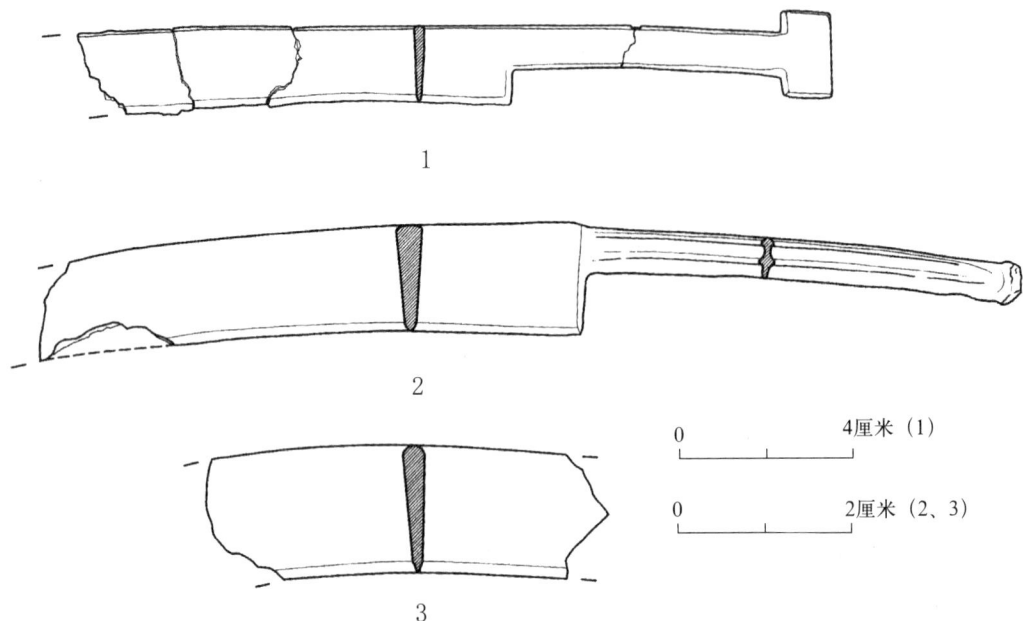

图一四六　五担岗遗址铜削

1.A型（G27③：26）　　2、3.B型（H37：1、T11⑤：2）

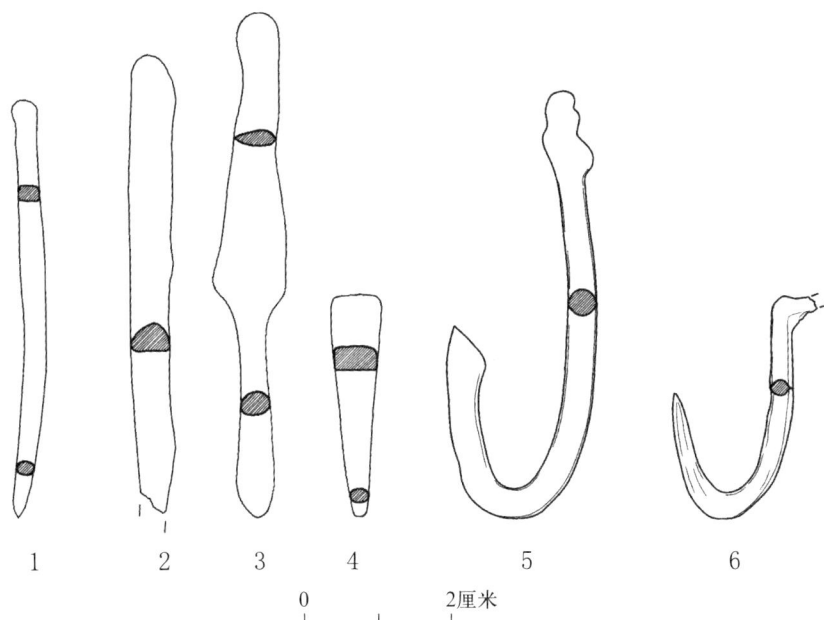

图一四七 五担岗遗址铜器

1、2.锥形器（F2：9、T21⑥：1） 3.A型钻（T31⑧：2） 4.B型钻（T33⑦：4）
5.A型鱼钩（T20⑥：1） 6.B型鱼钩（T33⑦：7）

标本F2：9 体较细长，略弯曲。近顶部截面长方形，近尖端截面呈扁圆形。素体。长5.6厘米（图一四七，1）。

标本T21⑥：1 残。形态较细长，末端残缺，中部截面近三角形。素体。长6.1厘米（图一四七，2）。

钻

共2件。可分二型。

A型 长度稍长，镞形。1件。

标本T31⑧：2 整体形态扁平，镞身及铤部截面均呈扁圆形，通体布满绿锈。长6.7、宽1.0厘米（图一四七，3）。

B型 长度稍短，平顶。1件。

标本T33⑦：4 平面呈三角形。顶部平面近长方形，近尖端截面呈扁圆形，末端圆钝。素体。长2.95厘米（图一四七，4；图版五五，1）。

鱼钩

共2件。根据整体形态，可分为二型。

A型 较细长。1件。

标本T20⑥：1 钩形，截面圆形较长，顶部有系线凹槽。钩深较大，钩尖微内撇。长5.7厘米（图一四七，5）。

B型 较短。1件。

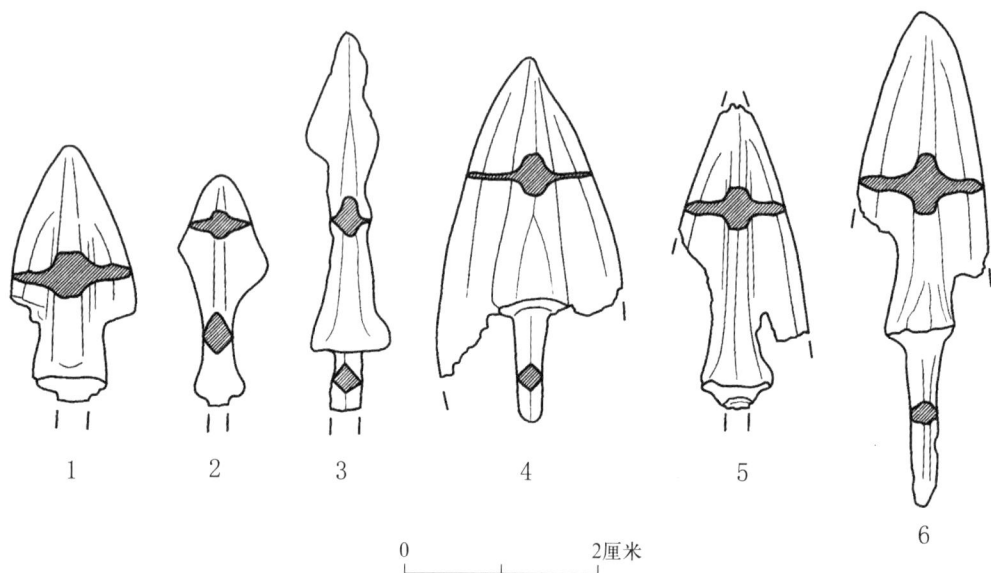

图一四八　五担岗遗址铜镞

1、2.Aa型（T36⑤：1、T36⑤：2）　　3.Ab型（H39：1）　　4～6.B型（T24②：1、T08②：2、T11④：1）

标本T33⑦：7　残。钩形，截面扁圆形，顶部有系线实突。钩深相对较小，尖端锋利外撇。长3.0厘米（图一四七，6；彩版一九，1）。

镞

共6件。根据整体形态差异可分为二型。

A型　镞身呈三角形，无翼。3件。可分三亚型。

Aa型　形态稍短，有脊。共2件。

标本T36⑤：1　镞中部有脊，器身较薄，双翼刃部较锋利，外缘带刃，两刃向前聚成锋，中脊向后出铤，铤部残缺。长2.6、宽1.3厘米（图一四八，1；图版五五，2）。

标本T36⑤：2　铤中部有脊，两侧分叶，外缘带刃，两刃向前聚成锋，中脊向后出铤，铤部残缺。通体锈蚀。长2.3、宽0.95厘米（图一四八，2）。

Ab型　形态较长，有脊。1件。

标本H39：1　镞中部有脊，上有尖锋，中脊向后出铤，铤身截面菱形。锈蚀严重。长3.8、宽0.8厘米（图一四八，3）。

B型　铤部两侧有翼。共3件。

标本T24②：1　残。薄匕式，铤中部有脊，两侧分叶，外缘带刃，两刃向前聚成锋，中脊向后形成倒刺，中脊向下伸出为铤，铤身截面呈菱形，通体锈蚀。长3.7、宽2.0厘米（图一四八，4；图版五五，3）。

标本T08②：2　残。薄匕式，铤中部有脊，两侧分叶，外缘刃锋利，两刃向前聚成锋，向后形成倒刺，中脊向下伸出为铤，通体锈蚀。长3.1、宽1.3厘米（图一四八，5；图版五五，4）。

标本T11④：1　残。薄匕式，铤中部有脊，两侧分叶，外缘带刃，两刃向前聚成锋，中脊向后

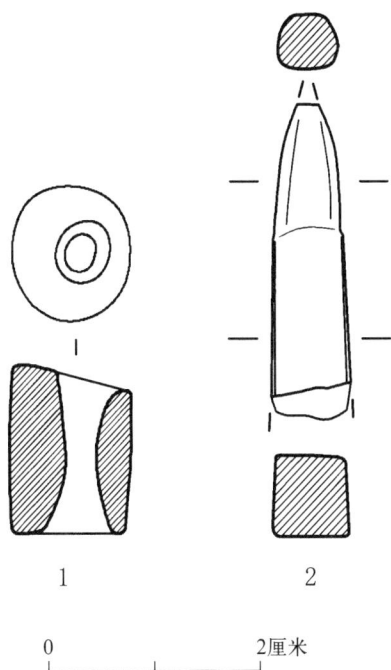

图一四九　五担岗遗址玉器
1.串饰（H87：2）　2.锥形器（T08②：1）

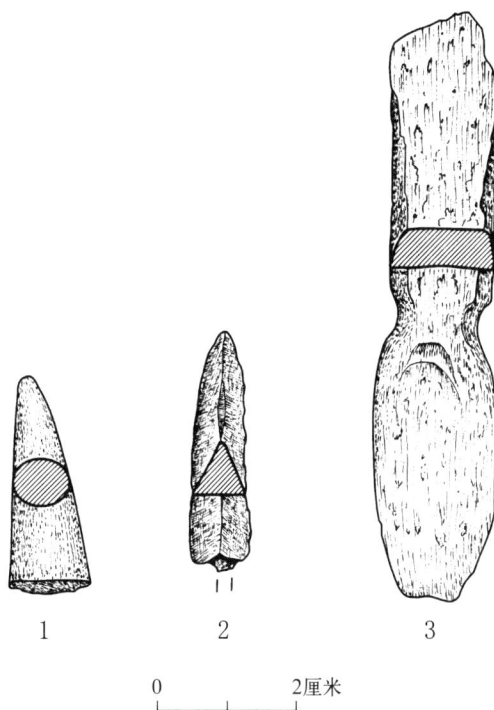

图一五〇　五担岗遗址骨器
1.锥形器（G27②：7）　2.镞（H7：5）　3.梭形器（H7：4）

形成倒刺，中脊向下伸出为铤，铤身截面呈扁圆形，通体锈蚀。长5.0、宽1.3厘米（图一四八，6；图版五五，5）。

二、玉器

共3件。器类有串饰、锥形器和圆形饰。

串饰

1件。

标本H87：2　通体绿色，略带白色杂质。圆柱形，精磨，中间有双面对钻的穿孔。高1.5、宽1.15、上孔径0.6、下孔径0.65厘米（图一四九，1；彩版一六，1）。

锥形器

1件。

标本T08②：1　残。通体黄绿色，土质坚硬。整体呈尖锥形，精磨。尖端截面呈扁圆形，末端略残截面呈方形。长2.8、宽0.8厘米（图一四九，2；彩版二一，1）。

圆形饰

1件。

标本T32⑨：9　绿松石装饰。近圆形。蓝绿色。精磨。应为镶嵌于某种器物上的装饰性玉器。

直径0.5、厚0.25厘米（彩版一二，1）。

三、骨器

出土3件。器类分别为锥形器、梭形器和镞。

锥形器

1件。

标本G27②：7　残。象牙白色。圆锥形，磨制，截面扁圆形，尖端有使用痕迹。长3.2、宽1.2厘米（图一五〇，1；图版五五，9）。

镞

1件。

标本H7：5　残。灰褐色。三棱状，镞身截面菱形。铤部残缺，长3.4、宽0.9厘米（图一五〇，2）。

梭形器

1件。

标本H7：4　残。黄褐色。平面近长方形，中部内凹。两面较平，截面近梯形。长8.4、宽1.8、厚0.75厘米（图一五〇，3；图版五五，10）。

四、石器

数量较多，共计67件。

（一）制作工艺

存在两种石器，即打制和磨制石器。打制石器数量较少，以石球、夯石、砍砸器和刮削器为代表。该类石器首先由石料打制成形，部分进行琢制处理。磨制石器以锛、凿、斧、铲、刀、镰和镞为代表。该类石器先由石料打制成欲成形石器的石坯，然后进行磨制（多为通体磨制），部分进行琢制处理。从石器加工情况来看，在加工石铲的过程中采用了对钻技术。大部分磨制石器的顶部和刃部，残存使用痕迹。

（二）器类及器形

石器器类有锛、凿、斧、铲、刀、镰、球、夯石、砺石、镞、砍砸器和刮削器等，以锛的数量最多。

锛

共16件。单面刃。一般通体磨光。根据平面形态的区别，可分为二型。

A型　平面略呈长方形。7件。可分为二亚型。

Aa型　器身相对较短。共6件。

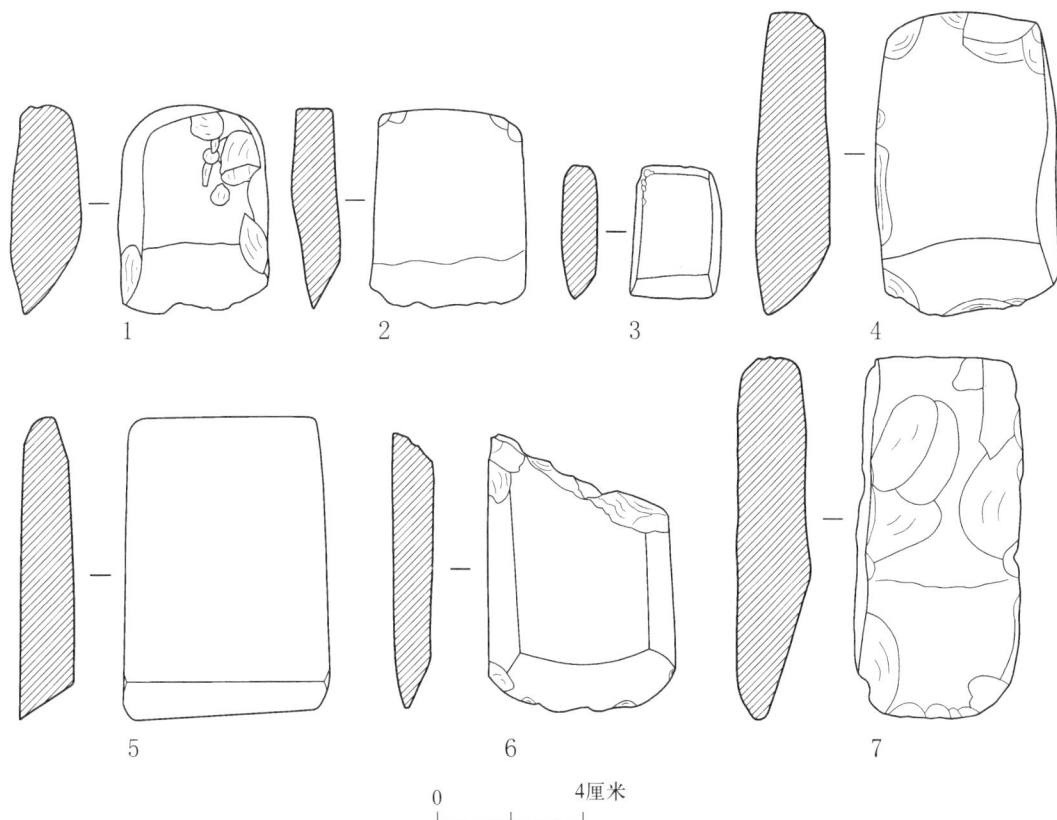

图一五一　五担岗遗址石锛

1~6.Aa型（H46：2、G24：3、T24⑤：1、H97：1、F2：5、H73：4）

7.Ab型（H80：1）

标本H46：2　青灰色。局部残损。长5.5、宽4.1、厚2.0厘米（图一五一，1；图版五六，1）。

标本G24：3　黑色。局部残损。长5.2、宽4.2、厚1.3厘米（图一五一，2；图版五六，2）。

标本T24⑤：1　青灰色。局部残损。长3.6、宽2.5、厚1.0厘米（图一五一，3；图版五六，3）。

标本H97：1　青灰色。顶部、刃部残损较甚。长8.1、宽5.0、厚2.1厘米（图一五一，4；图版五六，4）。

标本F2：5　青绿色。长8.0、宽5.7、厚1.5厘米（图一五一，5；图版五六，5）。

标本H73：4　青灰色。顶部部分残缺。长7.3、宽5.1、厚1.1厘米（图一五一，6）。

Ab型　器身相对较长。1件。

标本H80：1　青灰色。器表残损严重。长9.6、宽4.6、厚2.0厘米（图一五一，7）。

B型　平面略呈梯形。共9件。可分为二亚型。

Ba型　器身相对较短。5件。

标本H12：1　青灰色。长5.6、宽4.4、厚1.9厘米（图一五二，1；图版五六，6）。

标本H89：10　青灰色。长6.1、宽4.8、厚1.9厘米（图一五二，2）。

标本G26：1　青灰色。长4.6、宽3.7、厚1.6厘米（图一五二，3；图版五七，1）。

标本T32⑨：1　青灰色。长6.0、宽5.0、厚1.2厘米（图一五二，4）。

标本H52：4　残。青灰色。长3.9、宽2.5、厚1.3厘米（图一五二，5）。

Bb型　器身相对较长。共4件。

标本H7：3　青灰色。长7.5、宽4.9、厚2.6厘米（图一五二，6）。

标本H18：1　褐色。长6.3、宽3.7、厚1.8厘米（图一五二，7）。

标本H56：1　红褐色。长7.4、宽4.5、厚2.2厘米（图一五二，8；图版五七，2）。

标本T19⑤：1　青灰色。长6.9、宽4.1、厚1.6厘米（图一五二，9）。

凿

共9件。均通体磨制而成。根据整体形态的区别，可分为二型。

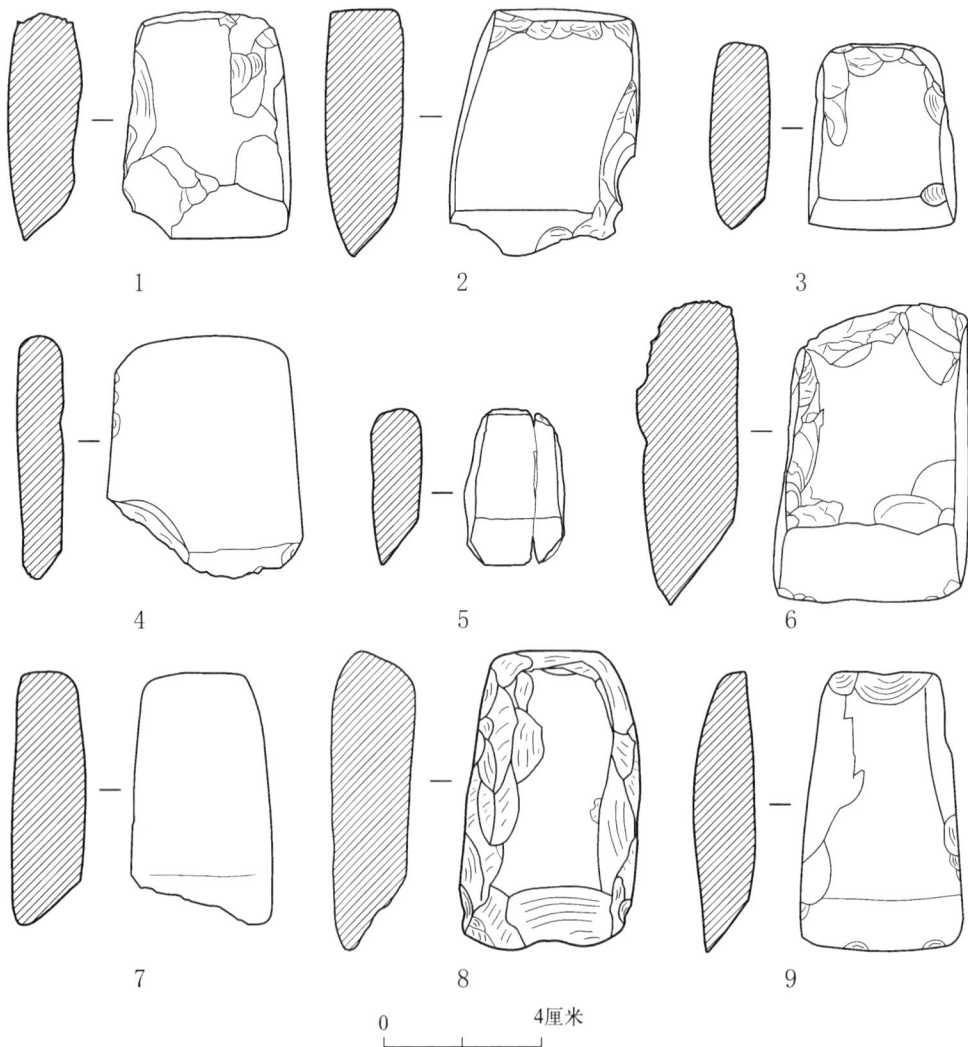

0　　　　　　4厘米

图一五二　五担岗遗址石锛

1～5.Ba型（H12：1、H89：10、G26：1、T32⑨：1、H52：4）　　6～9.Bb型（H7：3、H18：1、H56：1、T19⑤：1）

A型　剖面较厚。共8件。

标本H34：2　青灰色。长8.9、宽2.0、厚2.5厘米（图一五三，1；图版五七，3）。

标本H41：1　青灰色。长7.3、宽1.8、厚2.7厘米（图一五三，2；图版五七，4）。

标本H46：3　青灰色。长9.4、宽2.2、厚2.8厘米（图一五三，3；图版五七，5）。

标本H73：5　黄绿色。长4.9、宽1.9、厚1.9厘米（图一五三，4；图版五七，6）。

标本H82：2　黑色。长7.4、宽2.0、厚2.7厘米（图一五三，5）。

标本G26：2　青灰色。长9.5、宽1.9、厚2.8厘米（图一五三，6；图版五七，7）。

标本F2：3　青灰色。长8.9、宽2.7、厚2.8厘米（图一五三，7；图版五七，8）。

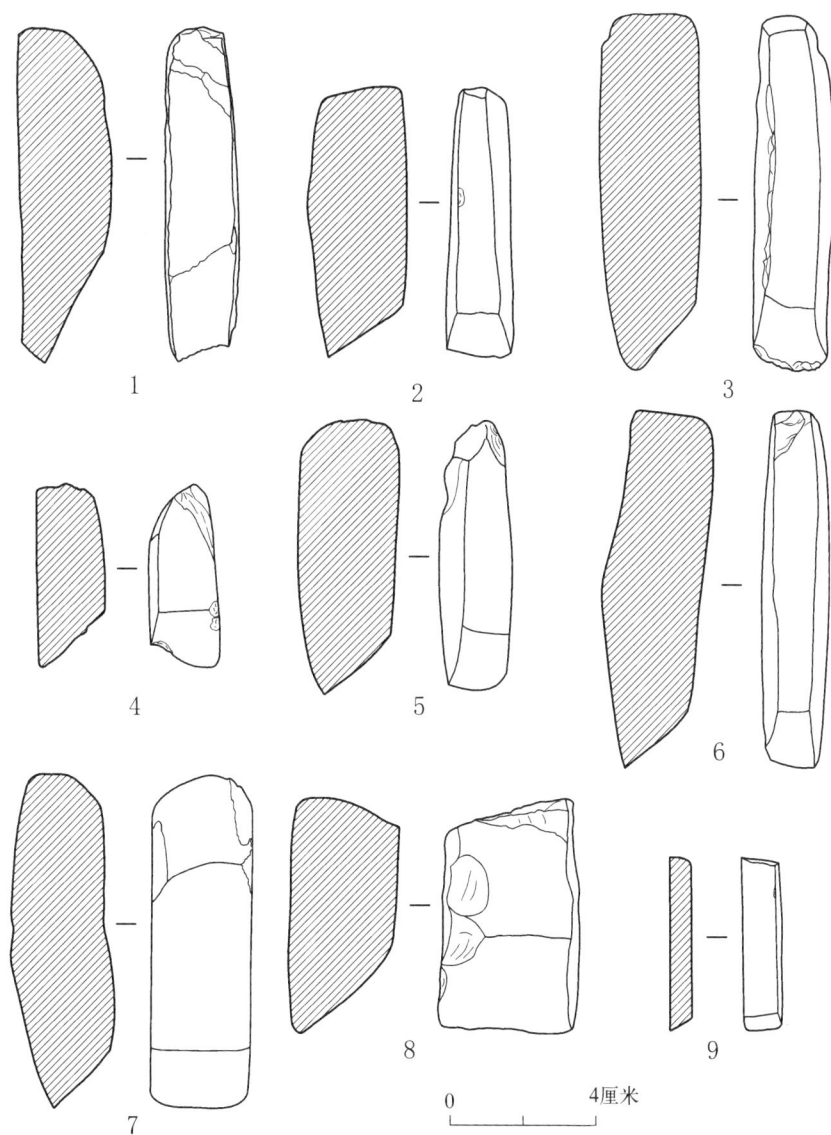

图一五三　五担岗遗址石凿

1~8.A型（H34：2、H41：1、H46：3、H73：5、H82：2、G26：2、F2：3、
H53：1）　9.B型（T34③：1）

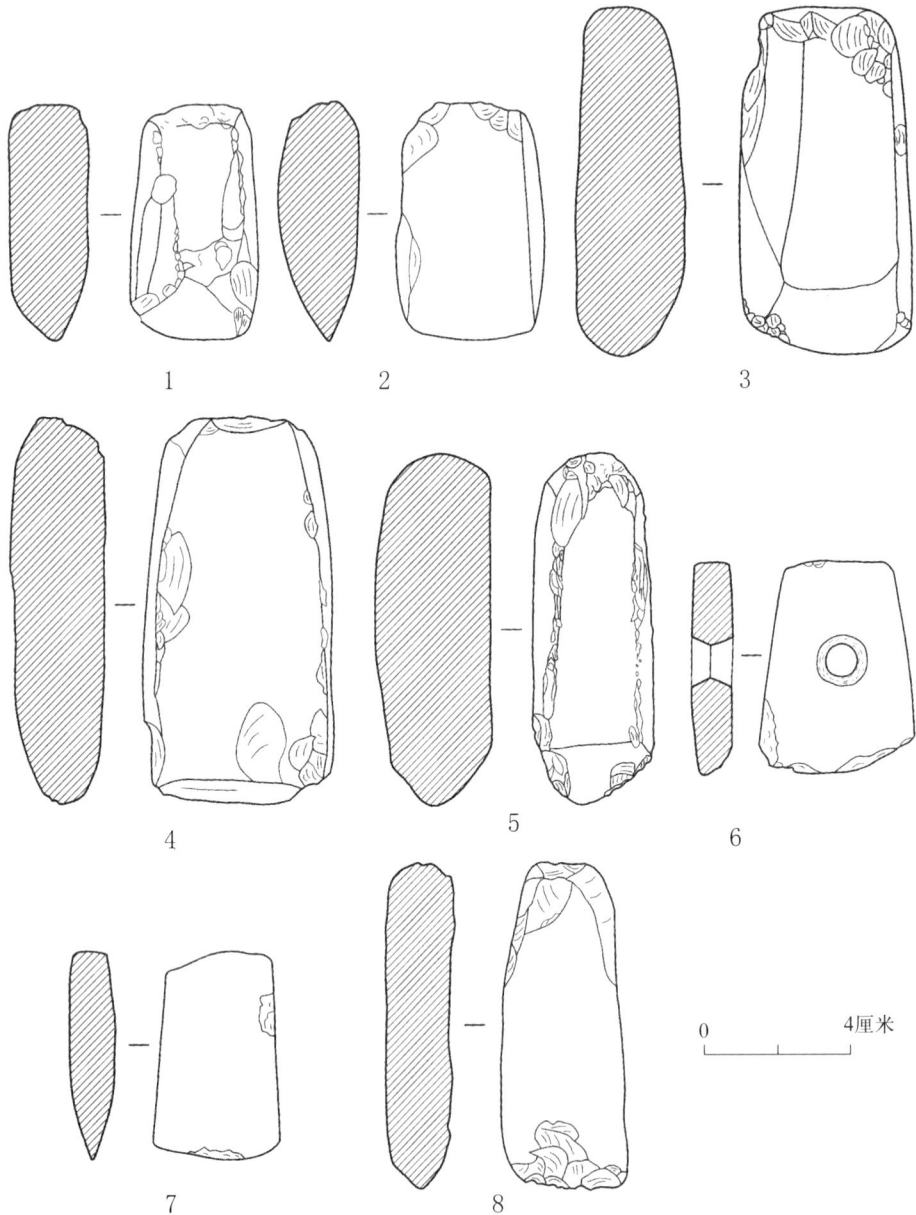

图一五四　五担岗遗址石斧

1、2.Aa型（H27：1、T19⑥：1）　　3、4.Ab型（T26①：1、T29②：3）　5.Ac型
（T32⑨：3）　　6、7.Ba型（F2：4、F2：7）　8.Bb型（H15：2）

标本H53：1　青灰色。长6.2、宽3.8、厚3.0厘米（图一五三，8；图版五八，1）。

B型　剖面较薄。1件。

标本T34③：1　象牙白色。长4.6、宽1.1、厚0.6厘米（图一五三，9；图版五八，2）。

斧

共8件。均为磨制。部分加工稍显粗糙。根据平面形态特征的不同，可分为二型。

A　型　平面呈长方形或近似长方形的梯形。共5件。可分为二亚型。

Aa型　器身较短，器体较厚。2件。

标本H27：1　青灰色。舌状，双面弧刃。长6.3、宽3.5、厚2.2厘米（图一五四，1；图版五八，3）。

标本T19⑥：1　灰色。舌状，双面刃。高6.5、宽4.1、厚2.2厘米（图一五四，2；图版五八，4）。

Ab型　器身较长。2件。

标本T26①：1　青灰色。舌状，圆角弧刃。长9.5、宽4.7、厚3.1厘米（图一五四，3；图版五八，5）。

标本T29②：3　青灰色。舌状，圆角弧刃。长10.4、宽5.4、厚2.6厘米（图一五四，4；图版五八，6）。

Ac型　长条形。1件。

标本T32⑨：3　青灰色。舌状，双面弧刃。长9.5、宽3.3、厚3.2厘米（图一五四，5）。

B型　平面呈梯形，器体较薄。共3件。可分为二亚型。

Ba型　器身较短。2件。

标本F2：4　青灰色。顶部圆方形，中部有钻孔，对钻，弧刃。长5.7、宽4.3、厚1.2、孔径0.8厘米（图一五四，6；图版五八，7）。

标本F2：7　青绿色。顶部圆方形，双面刃，舌状。长5.6、宽3.6、厚1.2厘米（图一五四，7；图版五八，8）。

Bb型　长梯形。1件。

标本H15：2　青灰色。顶部为弧面，双面刃。长8.6、宽3.4、厚2.0厘米（图一五四，8；图版五九，1）。

铲

共4件。根据平面形态特征的不同，可分为三型。

A型　平面呈长方形。1件。

标本H30：1　残。青灰色。双面刃。长10.3、宽6.1、厚1.2厘米（图一五五，1；图版五九，3）。

B型　平面呈梯形。2件。

标本H67：2　黑色。顶部圆方形，刃部有一定弧度。长10.0、宽6.4、厚1.4厘米（图一五五，2；图版五九，4）。

标本H82：1　灰色。顶部圆方形，刃部微弧。长8.4、宽6.4、厚0.6厘米（图一五五，3；图版五九，5）。

C型　平面呈亚腰形。1件。

标本T33⑦：6　灰色。器体扁平，刃部呈舌状。长8.1、宽8.0、厚1.2厘米（图一五五，4；图版五九，6）。

刀

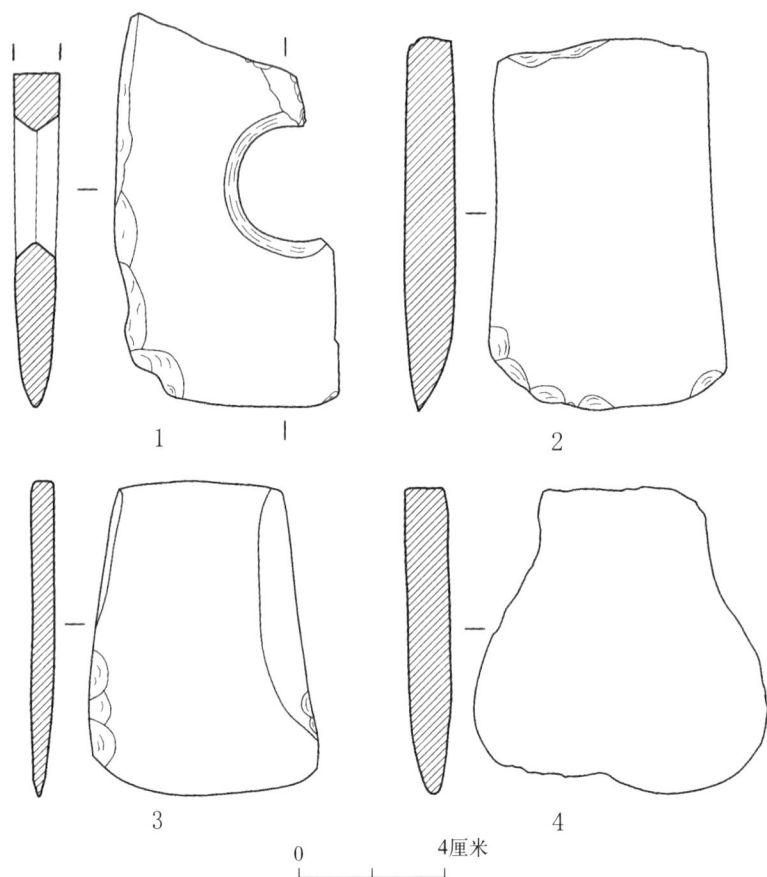

图一五五　五担岗遗址石铲

1.A型（H30：1）　2、3.B型（H67：2、H82：1）　4.C型（T33⑦：6）

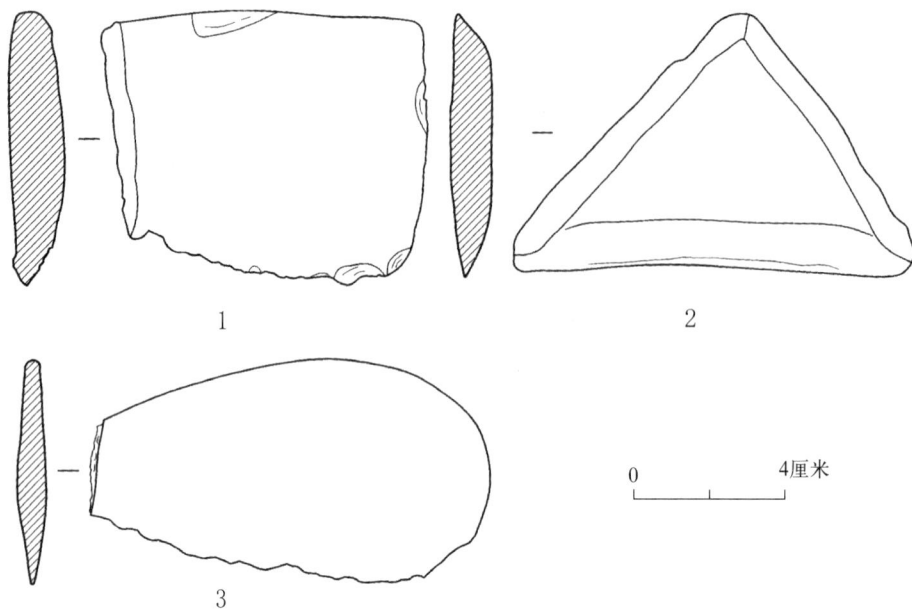

图一五六　五担岗遗址石刀

1.A型（H7：1）　2.B型（G27③：21）　3.C型（H1：5）

共3件。均通体磨光。根据平面体形状的不同，可分为三型。

A型 近长方形。1件。

标本H7∶1 残。灰褐色。直背，双面刃，刃微弧。残长8.7、宽7.0、厚1.5厘米（图一五六，1；图版五九，8）。

B型 三角形。1件。

标本G27③∶21 灰色。单面刃，刃部较直缓。长10.6、宽6.7、厚1.1厘米（图一五六，2；图版六〇，10）。

C型 扁圆三角形。1件。

标本H1∶5 残。褐色。刃部微弧。残长10.8、宽5.8、厚0.8厘米（图一五六，3；图版六〇，11）。

镰

1件。

标本T10②∶2 残。紫色。扁三角形。刃部内弧。残长10.7、宽5.8、厚1.2厘米（图一五七，1；图版六〇，12）。

球

共2件。

标本T07④∶2 青灰色。近圆形。最大径5.6厘米（图一五七，2；图版六〇，8）。

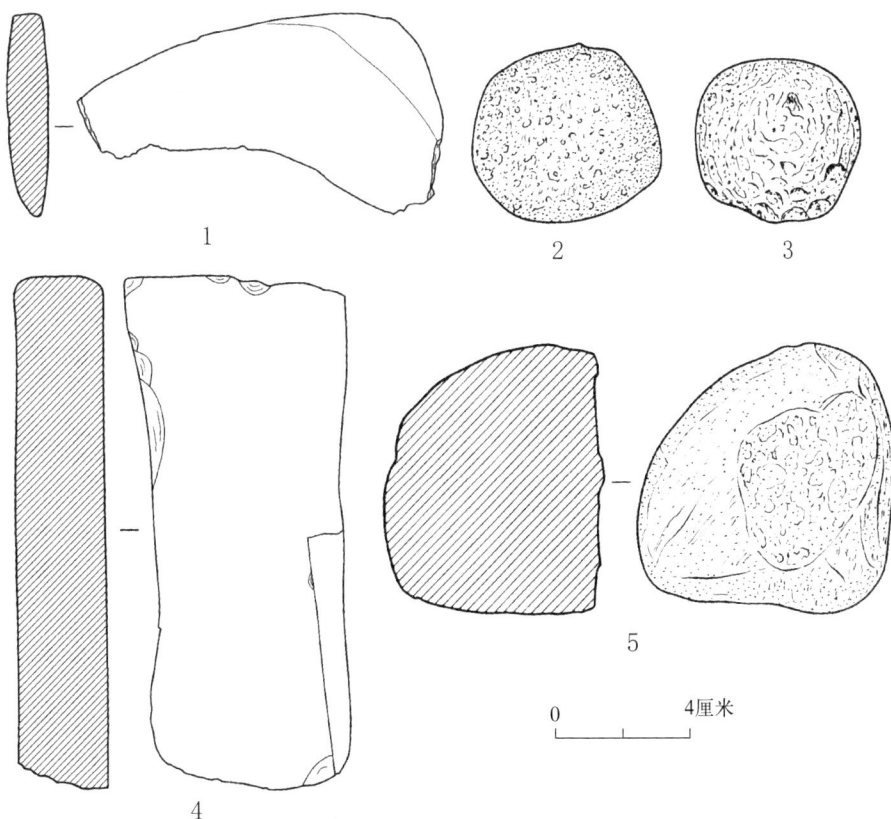

图一五七 五担岗遗址石器

1.镰（T10②∶2） 2、3.球（T07④∶2、T24⑤∶2） 4.砺石（G27②∶5） 5.夯石（H52∶2）

标本T24⑤：2　青灰色。近圆形。最大径4.9厘米（图一五七，3；图版六〇，9）。

砺石

1件。

标本G27②：5　灰色。磨制，长舌状，剖面长方形。长14.6、宽6.4、厚2.6厘米（图一五七，4；图版六〇，7）。

夯石

1件。

标本H52：2　红褐色。最长7.7、最宽7.7、厚6.4厘米（图一五七，5）。

镞

共5件。均为磨制。按剖面不同分二型。

A型　镞身平面呈三角形。3件。根据镞身剖面不同分为二亚型。

Aa型　镞身剖面呈菱形。2件。

标本H2：14　青灰色。镞身起脊明显。铤残，剖面呈椭圆形。残长6.2、宽3.4厘米（图一五八，1；图版六〇，1）。

标本T20⑤：1　黑色。镞身上部残缺，整体稍扁，中部起脊，铤剖面呈椭圆形。残长6.5、宽1.7厘米（图一五八，2；图版六〇，2）。

Ab型　镞身剖面呈梯形。1件。

标本H67：1　黑色。镞身细长，整体稍扁。铤较粗壮，剖面呈扁圆形。长6.5、宽1.2厘米（图一五八，3；图版六〇，3）。

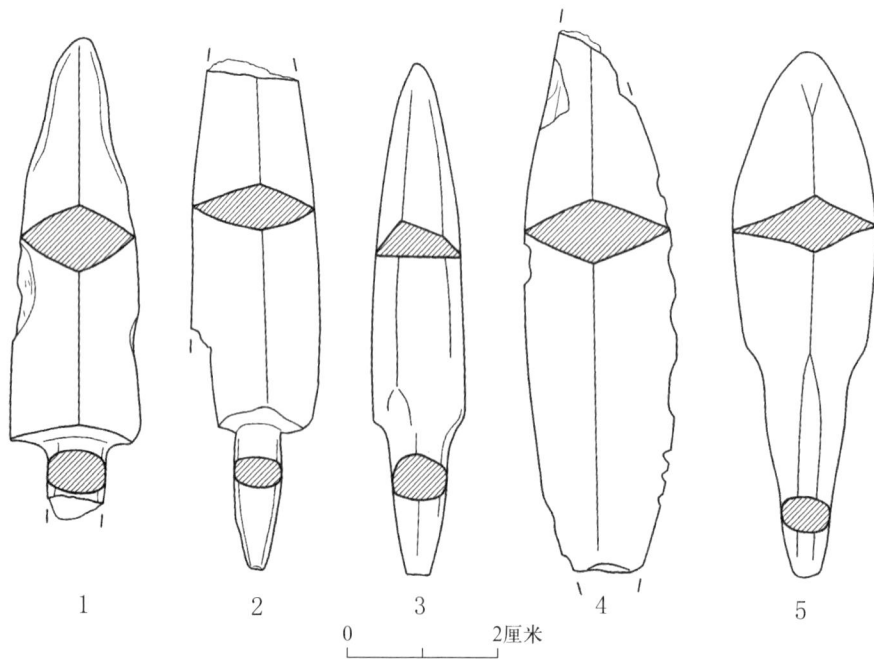

图一五八　五担岗遗址石镞

1、2.Aa型（H2：14、T20⑤：1）　3.Ab型（H67：1）　4.Ba型（H46：1）　5.Bb型（T32⑧：1）

B型　共2件。镞身平面呈柳叶形。根据镞身平面形态的区别又分为二亚型。

Ba型　镞身相对较长。1件。

标本H46：1　青灰色。镞身起脊明显。铤残。长7.0、宽2.0厘米（图一五八，4；图版六〇，4）。

Bb型　镞身相对较短。1件。

标本T32⑧：1　青灰色。镞身中部起脊。铤部粗壮，剖面呈椭圆形。长6.7、宽1.9、厚0.65厘米（图一五八，5；图版六〇，5）。

砍砸器

共2件。

标本G24：1　灰色。打制。舌状。长7.7、宽4.5厘米（图一五九，1）。

标本T31⑨：2　青灰色。打制。长9.5、宽5.4厘米（图一五九，2）。

刮削器

共2件。

标本G24：2　灰色。打制。长9.3、宽4.1厘米（图一五九，3；图版六一，1）。

标本H27：3　灰色。打制。长8.3、宽5.5厘米（图一五九，4；图版六一，2）。

残石器

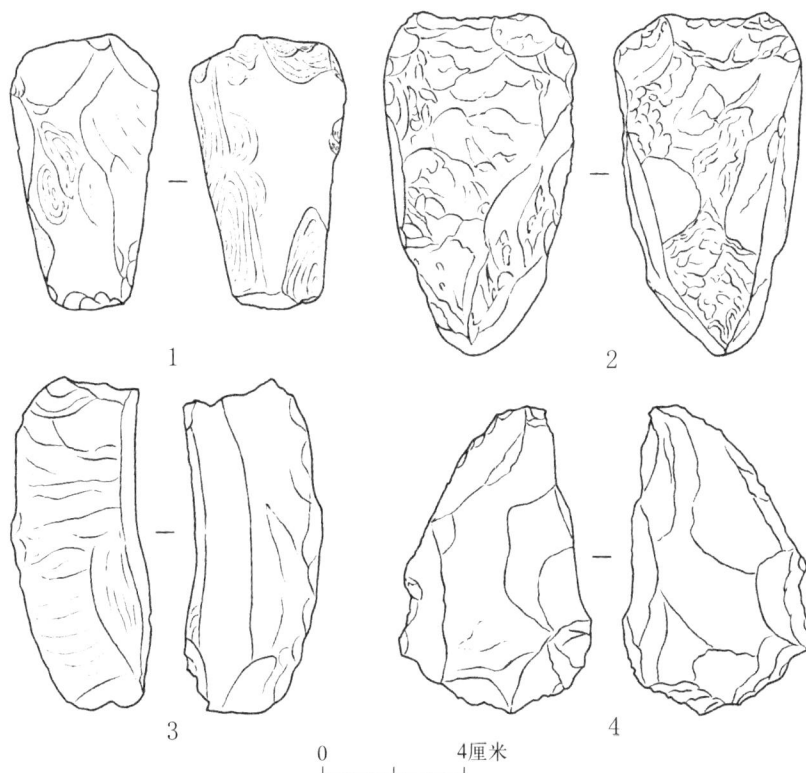

图一五九　五担岗遗址石器

1、2.砍砸器（G24：1、T31⑨：2）　3、4.刮削器（G24：2、H27：3）

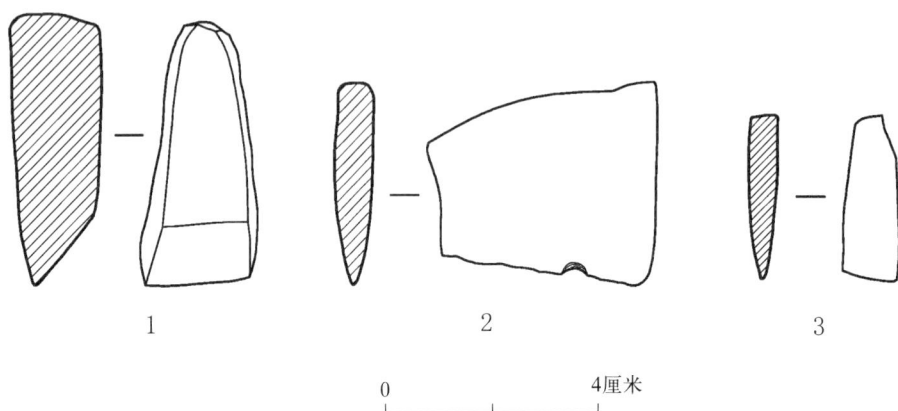

图一六〇　五担岗遗址残石器
1～3.残石器（H87：6、H30：2、T33⑤：2）

共3件。均为磨制。

标本H87：6　残损严重。黑色。单面刃，器体较厚。残长5.0、宽3.2、厚1.6厘米（图一六〇，1；图版六一，3）。

标本H30：2　残损严重。灰白色。器身中部有一较大双面钻圆孔，边侧有砸击痕迹，刃部双面磨制而成，器身光滑。残长4.3、宽3.8、厚0.7厘米（图一六〇，2）。

标本T33⑤：2　残损严重。青黑色。双面刃。残长3.0、宽1.0、厚0.6厘米（图一六〇，3；图版六一，4）。

五、原始瓷器

（一）概述

共出土44件，个体均不大。胎多呈灰白色，泛黑点。土质紧密，多薄胎，釉多为黄绿或青绿色。早期器物多爆点状釉，釉层不明显，釉与胎之间结合不紧密，经常出现剥落现象。晚期器物多有明显的釉层，釉层厚薄不均，剥釉现象存在但相对减少。制作方法以轮制为主，器物大多较规整，存在一定程度的变形、鼓烧现象。器表多见快轮修整线，内壁也多见多道轮旋痕，部分器物外底有线割痕。

（二）器类及型式

器类有豆、碗、盘、罐等，其中以豆、碗最为常见。

豆

共20件。豆盘以上较完整者共19件。均折腹。根据整体特征的不同，可分为三型。

A型　敞口。16件。根据口部特征的区别，可分三亚型。

Aa型　大敞口，上腹和下腹间夹角较大。共出土6件。可分四式。

I式　上腹斜，束腰，上、下腹均深，圜底。2件。

标本H100②：4　尖唇，内沿面微折。折腹部位靠中下，上下腹均微弧。圈足极矮外撇较甚。灰白胎，施黄褐薄釉且大面积泛白，局部存在剥釉现象，内底面饰多圈细密轮旋纹。口径14.9、底径6.3、高6.3厘米（图一六一，1；彩版一六，2）。

标本T10④：5　残。尖唇，折腹部位靠中下，上下腹均微弧。灰白胎，施黄绿色薄釉，内底面饰多圈细密轮旋纹。口径15.0、高4.6厘米（图一六一，2）。

II式　上腹斜，矮直圈足，上腹深、下腹极浅，平底。1件。

标本H87：7　尖唇，折腹部位靠下，上下腹均较直，上腹较深。矮直圈足略外撇。灰白胎，施黄绿色薄釉，内底面饰多圈细密轮旋纹。口径12.2、底径5.4、高5.2厘米（图一六一，3；彩版一六，3）。

III式　上腹斜，局部变直，上下腹深均较浅，下腹圜底。共2件。

标本T10②：6　残。尖唇，折腹部位近盘中部。灰白胎，施黄绿色薄釉，上腹器表及内底面饰多圈细密轮旋纹。口径14.4、高4.2厘米（图一六一，4）。

标本T23③：8　残。尖圆唇，盘口大且浅，折腹部位靠下。灰白胎，施黄绿色薄釉，内底面饰多圈细密轮旋纹。口径16.5、高3.9厘米（图一六一，5）。

IV式　上、下腹均内曲，口部外撇明显，上腹深、下腹极浅。1件。

标本H1：12　残。圆唇，内沿面微折。折腹部位靠下，上下腹均内弧。上腹较深，下腹极浅。灰白胎，施黄绿色薄釉，内底面饰多圈细密轮旋纹。口径15.4、高3.8厘米（图一六一，6）。

Ab型　敞口，上腹和下腹间夹角多较小。共出土8件。可分二式。

I式　上腹下部较直，总体内曲，盘口外撇。共5件。

标本T23④：1　尖唇，折腹部位靠下，上腹内弧。圈足较矮。灰白胎，施黄绿色薄釉，釉层大部分已剥落，上腹器表及内底面饰多圈细密轮旋纹。口径13.0、底径6.3、高6.3厘米（图一六一，7；彩版一九，2）。

标本T23④：5　尖唇，折腹部位靠下，上腹内弧。圈足较矮。灰白胎，施黄绿色薄釉，釉层均匀，上腹器表及内底面饰多圈细密轮旋纹。口径12.1、底径5.7、高5.8厘米（图一六一，8；彩版一九，3）。

标本T23④：24　残。尖唇，内沿面微折。折腹部位靠下，上腹内弧。灰白胎，施黄绿色薄釉，釉层均匀，上腹器表饰多圈细密轮旋纹。口径12.3、高3.4厘米（图一六一，9）。

标本H69①：15　残。尖唇，折腹部位靠下，上腹内弧。灰白胎，施黄绿色薄釉，上腹器表及内底面饰多圈细密轮旋纹。口径11.5、高3.3厘米（图一六一，10）。

标本H69①：21　残。圆唇，折腹部位靠下，上腹内弧。灰白胎，施黄绿色薄釉，内底面饰多圈细密轮旋纹。口径11.3、高3.7厘米（图一六一，11）。

II式　盘口外撇甚，下腹深变大。共3件。

标本H1：6　尖唇，折腹部位中上，上腹明显内弧。圈足较矮。灰白胎，施黄绿色薄釉，局部存在剥釉，内底面饰多圈细密轮旋纹。口径14.5、底径6.2、高5.8厘米（图一六一，12；图版二一，1）。

标本H69①：1 尖圆唇，折腹部位居中上，上腹明显内弧。圈足较矮。灰白胎，施黄绿色薄釉，剥釉现象严重，内底面饰多圈细密轮旋纹。口径13.3、底径6.0、高6.3厘米（图一六一，13；图版二一，2）。

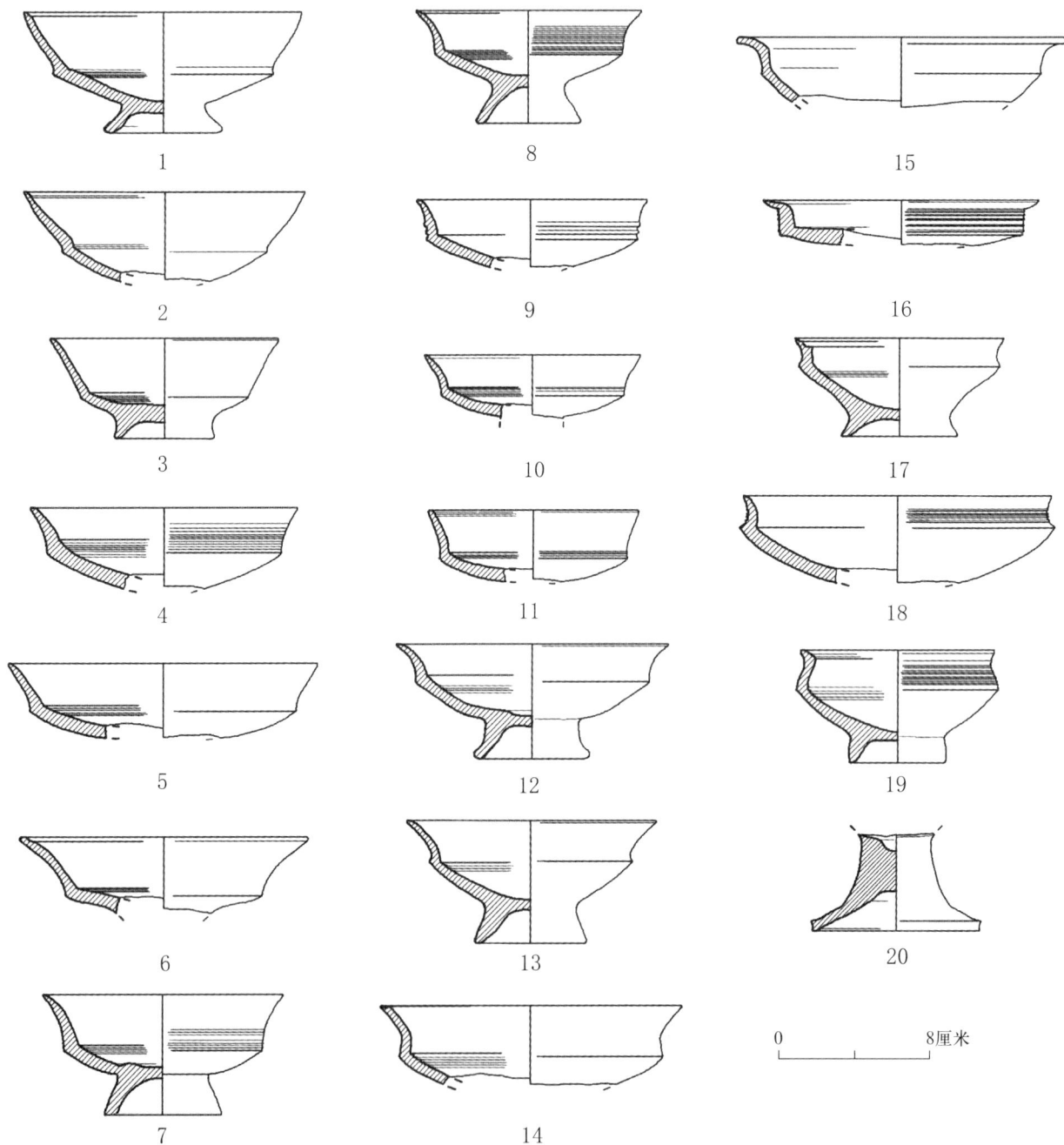

图一六一 五担岗遗址原始瓷豆

1、2.Aa型Ⅰ式（H100②：4、T10④：5） 3.Aa型Ⅱ式（H87：7） 4、5.Aa型Ⅲ式（T10②：6、T23③：8）
6.Aa型Ⅳ式（H1：12） 7~11.Ab型Ⅰ式（T23④：1、T23④：5、T23④：24、H69①：15、H69①：21）
12~14.Ab型Ⅱ式（H1：6、H69①：1、H37：62） 15.Ac型（G27③：82） 16.Ad型（H1：11）
17、18.B型（T17⑤：4、T27③：3） 19.C型（H69①：2） 20.豆柄（T31⑥：2）

标本H37：62　残。尖唇，内沿面微折。折腹部位居中，上腹明显内弧。灰白胎，外壁面剥釉严重，釉色呈褐色。内底面饰多圈细密轮旋纹。口径16.0、高4.2厘米（图一六一，14）。

Ac型　敞口，卷沿。1件。

标本G27③：82　残。圆唇，折腹部位居中上。灰白胎，施黄绿色薄釉。口径17.5、高3.7厘米（图一六一，15）。

Ad型　敞口，浅盘。1件。

标本H1：11　尖唇，内斜沿，折腹部位靠下，上、下腹间夹角近90°。灰白胎，施黄绿色薄釉，上腹器表饰多圈细密轮旋纹。口径14.6、高2.2厘米（图一六一，16）。

B型　直口微侈，折腹。共2件。

标本T17⑤：4　尖唇，折腹部位靠上。上腹较直，外壁面略内弧，下腹斜直。圈足极矮，外撇甚。灰白胎，施黄绿色薄釉，釉层基本剥落。上腹器轮旋纹隐约可见，内壁面亦饰多圈细密轮旋纹。口径11.0、底径6.3、高5.0厘米（图一六一，17；彩版一三，1）。

标本T27③：3　尖唇，折腹部位靠上。上腹较直，外壁面略内弧，下腹向外略鼓。灰白胎，施黄绿色薄釉，上腹器表饰多圈细密轮旋纹。口径16.3、高4.5厘米（图一六一，18）。

C型　敛口。1件。

标本H69①：2　尖圆唇，内斜沿，折腹部位靠上。上腹腹壁较直有折角，下腹微外鼓。圈足极矮。灰白胎，施黄绿色薄釉，上腹器表及内壁饰多圈细密轮旋纹。口径10.2、底径5.0、高5.8厘米（图一六一，19；彩版二一，2）。

豆柄

1件。

标本T31⑥：2　柄较高，圈足呈喇叭形。灰白胎，施黄绿色薄釉。底径8.9、高5.0厘米（图一六一，20；彩版一九，4）。

碗

出土数量较多，共17件。根据整体形态的区别，可分二型。

A型　敞口。共11件。按整体形态差异，可分三亚型。

Aa型　大敞口。共4件。可分二式。

Ⅰ式　弧腹。1件。

标本T21⑤：12　尖唇，腹部微鼓，腹收较急，平底微内凹。灰白胎，施黄绿釉，釉层较薄，釉层基本脱落。内壁面近底处可见多道因轮旋产生的凸棱，器底可见线割痕。口径16.9、底径7.5、高5.0厘米（图一六二，1）。

Ⅱ式　腹部微弧近斜直。1件。

标本G27②：1　尖方唇，唇面有两周凹槽。腹收较急，平底微内凹。灰白胎，施黄绿釉，釉层较薄，剥釉现象严重。内壁面近底处可见多道因轮旋产生的凸棱，器底可见线割痕。口径14.7、底径7.0、高4.5厘米（图一六二，2；图版二九，1）。

Ⅲ式　斜腹，上、下腹间夹角明显。2件。

标本H2：18　尖唇，上腹斜直，下腹微弧急收，平底。灰白胎，施黄绿薄釉，釉层基本脱落。内壁面可见多道因轮旋产生的凸棱，器底可见线割痕。口径12.5、底径5.6、高4.6厘米（图一六二，3；图版二九，2）。

标本H2：19　尖方唇，上腹局部内曲，下腹微弧急收，平底内凹。灰白胎，施黄绿薄釉，存在剥釉现象。外表挂薄釉。内壁面可见成组轮旋纹，器底可见线割痕。口径12.8、底径5.4、高4.6厘米（图一六二，4；图版二九，3）。

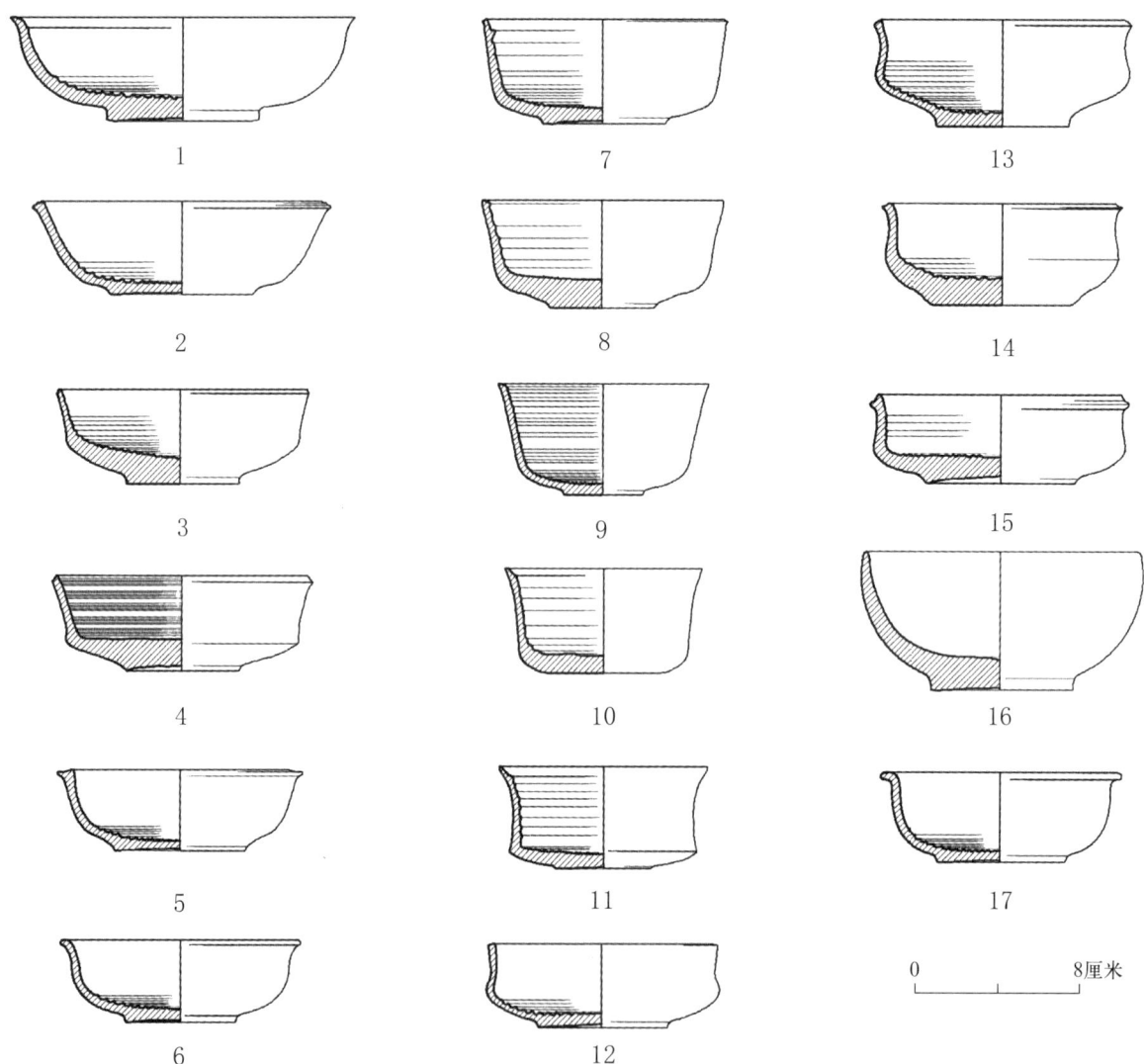

图一六二　五担岗遗址原始瓷碗

1.Aa型Ⅰ式（T21⑤：12）　2.Aa型Ⅱ式（G27②：1）　3、4.Aa型Ⅲ式（H2：18、H2：19）　5、6.Ab型Ⅰ式（G27②：20、G27②：30）　7、8.Ab型Ⅱ式（H2：22、H2：24）　9.Ac型Ⅰ式（G27②：17）　10、11.Ac型Ⅱ式（H2：20、H2：27）　12.Ba型Ⅰ式（G27③：31）　13、14.Ba型Ⅱ式（G27②：18、G27②：22）　15.Ba型Ⅲ式（H2：28）　16.Bb型Ⅰ式（T21⑤：1）　17.Bb型Ⅱ式（G27②：23）

Ab型　敞口，腹深较小。共4件。可分二式。

Ⅰ式　弧腹。共2件。

标本G27②：20　尖圆唇，腹收较急，平底微内凹。灰白胎，施黄褐釉，釉层较均匀。内壁面可见多道因轮旋产生的凸棱，器底可见线割痕。口径12.1、底径6.4、高3.8厘米（图一六二，5；彩版二五，1）。

标本G27②：30　尖圆唇，腹收较急，平底微内凹。灰白胎，施青灰薄釉，剥釉现象明显。内壁面近底处可见多道因轮旋产生的凸棱，器底可见线割痕。口径11.9、底径5.5、高4.0厘米（图一六二，6；图版二九，4）。

Ⅱ式　斜直腹。共2件。

标本H2：22　尖方唇，腹收较急，平底微内凹。灰白胎，施黄绿薄釉，釉层均匀。内壁面口部有一周折棱，近底处可见多道因轮旋产生的窄凸棱。口径12.1、底径6.1、高5.0厘米（图一六二，7；彩版二五，2）。

标本H2：24　尖方唇，腹微内曲，急收，平底。灰白胎，施黄绿薄釉，釉层均匀。器表可见细密轮旋纹，内壁面可见多道凸棱，器底可见线割痕。口径11.8、底径5.0、高5.1厘米（图一六二，8；图版二九，5）。

Ac型　敞口，腹深较大。共3件。可分二式。

Ⅰ式　斜直腹。1件。

标本G27②：17　尖圆唇，腹收较急，平底。灰白胎，施黄绿薄釉，釉层均匀。器表可见细密轮旋纹，内壁面可见成组轮旋纹，器底可见线割痕。口径10.3、底径3.9、高5.4厘米（图一六二，9；彩版二五，3）。

Ⅱ式　腹部内曲。2件。

标本H2：20　尖唇，腹收较急，平底。灰白胎，施黄绿薄釉，剥釉现象严重。器表可见细密轮旋纹，内壁面可见多道窄凸棱，器底可见线割痕。口径9.5、底径6.3、高4.9厘米（图一六二，10；图版二九，6）。

标本H2：27　尖圆唇，腹收较急，平底微内凹。灰白胎，施黄绿薄釉，釉层均匀。器表可见细密轮旋纹，内壁面可见多道窄凸棱，器底可见线割痕。口径10.2、底径4.7、高4.9厘米（图一六二，11；图版三〇，1）。

B型　直口或直口微侈。共6件。按腹部形态差异，可分二亚型。

Ba型　垂腹。共4件。可分三式。

Ⅰ式　直口，上、下腹间夹角较大。1件。

标本G27③：31　圆方唇，垂腹，急收，平底微内凹。灰白胎，施黄绿薄釉，釉层均匀。器表可见细密轮旋纹，内壁面近底处可见多道凸棱，器底可见线割痕。口径11.2、底径6.4、高4.0厘米（图一六二，12；图版二二，3）。

Ⅱ式　直口微侈，上、下腹间夹角未见明显变化。2件。

标本G27②：18　斜方唇，垂腹，急收，平底。灰白胎，施黄褐釉，釉层均匀。器表可见细密轮旋纹，内壁面可见多道窄凸棱，器底可见线割痕。口径12.4、底径6.4、高5.0厘米（图一六二，13；彩版二五，4）。

标本G27②：22　方唇，平底。灰白胎，施青绿釉，釉层均匀。器表可见细密轮旋纹，内壁面近底处可见多道窄凸棱，器底可见线割痕。口径11.5、底径6.5、高4.8厘米（图一六二，14；彩版二五，5）。

Ⅲ式　直口微侈，上、下腹间夹角变小。1件。

标本H2：28　尖圆唇，垂腹，急收，平底内凹。灰白胎，施黄褐釉，釉层均匀。器表可见细密轮旋纹，内壁面可见多道窄凸棱，器底可见线割痕。口径12.6、底径7.2、高4.2厘米（图一六二，15；图版三〇，2）。

Bb型　弧腹。共2件。可分二式。

Ⅰ式　直口，腹深较大。1件。

标本T21⑤：1　敞口，尖圆唇，直口，弧腹，饼状足，施薄青釉不及底。口径13.4、底径6.8、高6.6厘米（图一六二，16；图版二二，4）。

Ⅱ式　直口，微卷沿，腹深变小。1件。

标本G27②：23　圆唇，弧腹缓收，平底微内凹。灰白胎，施青绿釉，表面多黄褐色斑块。内壁面近底处可见多道窄凸棱，器底可见线割痕。口径11.6、底径6.2、高4.2厘米（图一六二，17；图版三〇，3）。

盘

共4件。

基本完整者　3件。按整体形态差异，可分二型。

A型　腹部微弧。1件。

标本G27③：24　方唇，弧腹缓收，平底微内凹。灰白胎，施黄褐釉，釉层均匀，局部存在剥釉现象。器表可见细密轮旋纹，器底可见线割痕。口径17.2、底径9.9、高4.8厘米（图一六三，1；图版二二，5）。

B型　腹部较直，上、下腹间有夹角。共2件。

标本H2：21　尖圆唇，腹较直微弧，急收，平底。灰白胎，施黄褐釉，釉层极薄，局部剥釉。器表可见细密轮旋纹，内壁面可见多道窄凸棱，器底可见线割痕。口径13.2、底径7.0、高3.3厘米（图一六三，2；图版三〇，4）。

标本H2：47　残。尖唇，唇面有一周凹槽。上腹斜直略内曲，下腹微弧急收。灰白胎，施黄绿釉。器表可见多道凸棱。口径16.7、高3.6厘米（图一六三，3）。

盘底

1件。

标本H2：17　残。弧腹急收。平底内凹。灰白胎，施黄绿釉。器表可见细密轮旋纹，内壁面可

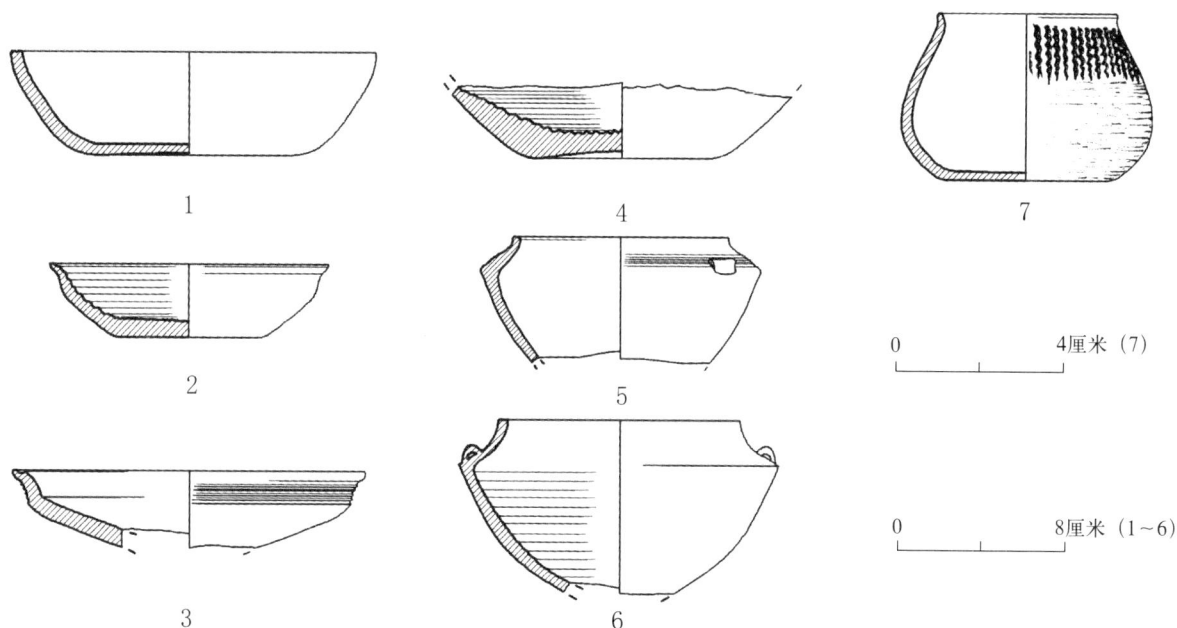

图一六三　五担岗遗址原始瓷器

1.A型盘（G27③：24）　2、3.B型盘（H2：21、H2：47）　4.盘底（H2：17）
5、6.A型罐（T17⑤：13、G27③：69）　7.B型罐（G27③：23）

见多道窄凸棱，器底可见线割痕。底径8.8、高3.5厘米（图一六三，4）。

罐

出土3件。整体形态差异，可分二型。

A型　折肩深腹。2件。

标本T17⑤：13残。矮直口微敛，圆方唇。折肩起棱，桥形扁耳，弧腹急收。灰白胎，施黄绿釉。肩部可见多道低矮窄凸棱。口径10.1、高5.8厘米（图一六三，5）。

标本G27③：69　残。敛口，方唇。折肩起棱，桥形扁耳，弧腹急收。灰白胎，施黄绿釉。肩部及内壁面可见多道低矮窄凸棱。口径11.3、高8.0厘米（图一六三，6）。

B型　垂腹，腹深较小。1件。

标本G27③：23　尖圆唇，溜肩，平底微内凹。灰白胎，施黄绿釉。饰纵向曲折纹。口径4.3、底径4.0、高3.8厘米（图一六三，7；彩版二二，6）。

六、陶器

（一）概述

五担岗遗址出土的早期遗物非常丰富，其中绝大部分为陶器。陶器出自地层及各类遗迹中，种类多样。器类上既有造型相对简单的罐、盆、钵、碗、盘，也有相对复杂的三足、高柄类器物，较多由口沿、颈、腹、底、足等部分组合而成。

1. 陶系

陶质主要为夹砂、泥质陶，另外存在一定数量的硬陶器。泥质陶多用于制作豆、钵、盆、罐类的器物，部分器物为细泥陶。夹砂陶分夹粗砂和夹细砂两种，一般用来制作鬲、鼎、甗、罐等炊器和盛储器。部分夹砂陶陶胎中夹蚌，多见于鬲和鼎。也有加石灰羼料的情况，多见于罐。硬陶器陶胎的细密程度一般与器物的大小有关，个体较小的器物胎土淘洗次数更多、土质更细腻，器形较大的器物胎土中杂质较多。

2. 陶色

陶色主要分红褐、黑、灰三种。在某些器物上，会呈现出不同的陶色，有的是因为烧制过程中产生的，有的是因使用过程中改变的。因为埋藏条件的不同，在拼对陶片时也会出现陶色截然不同的陶片可以拼接的情况。红陶类器物陶色多为红色或红褐色，存在同一件器物上红色和褐色并存的情况，灰陶或黑陶类器物存在因陶窑密封性不好而出现局部红色或红褐色的情况。部分三足器底部有因日常使用火烧留下来的烟炱痕，有时会因为这个原因导致陶色不纯正。存在陶胎颜色内外不一即所谓"夹心陶"的情况，以灰胎红心或黑胎红心较多见。部分磨光黑陶因使用过程或埋藏条件的原因黑衣脱落暴露出陶胎的颜色，陶色因此变为灰黑色甚至灰色。

硬陶器豆类器皿陶胎一般呈灰白色，胎质比较细腻。罐、瓿和坛类陶胎一般呈灰褐色或紫褐色，器形越大含砂粒的情况越多，颗粒也越大。存在一定数量的烧制变形情况，而陶胎中存在气泡或是器表局部因气泡凸起的情况更是多见。部分器物肩部以上存在厚薄不均的釉，有的则是以釉点、釉斑的形式出现。釉色一般以褐为主，其他可见黄绿、酱绿。

3. 制法

陶器制法以模制、轮制为主，手制为辅。大部分陶器器形较规整，陶胎厚相对均匀，器物多在口沿部位经过轮修，许多陶器存在刮削或打磨痕迹。部分陶器表面局部突出有气泡，可能烧制时温度不均。也存在烧制变形的情况，如器形扭曲、口沿平面高低不平或形状变形较大等。

鬲、鼎的足多模制，肩部以上手制轮修。鬲的表面有的施以纹饰，有的为素面。有纹饰者特别是绳纹鬲存在肩腹部贴塑泥条的情况，鬲足纹饰多模糊不清，有时可见到刮削痕。如G27③：34。鼎基本为素面，和素面鬲相似，器表多比较平整，有时可见明显的打磨或刮削痕迹。

甗上部（甑部）多为轮制，下部（鬲部）多为模制。甑部器表多贴塑泥条以附加堆纹的方式出现，泥条多有斜向的划纹并有基本均匀的按窝。甑部与鬲部结合处多以泥条加固并抹平，来增强器体牢固的程度。遗址中发现少量陶算，是单独出现的，多为圆形，有上下贯通的孔。

豆和簋类器物采取将盘和柄分别成形然后再黏结在一起的方法，相接的地方也是用泥抹平。遗址中多见豆盘与豆柄分离的状况，豆盘底部多见因断裂剥离形成的与器表不同颜色的断面痕迹。许多器物表面可见泥条盘筑痕迹，亦可见到轮旋、打磨及刮削痕迹。

瓮、盆类器物个体较大，采用泥条盘筑成形，然后以轮修辅助将肩部以上制作完成。内壁面常见横行方向的手捺痕迹，有时会见到明显垫痕。器壁一般较厚，下腹部壁厚向器底方向有加厚趋势。器底可见泥条盘筑痕迹，器壁上的泥条痕迹多经过刮削、打磨后多不明显。

个体较大的罐多采用泥条盘筑成形，肩部以上辅以轮修的方法，颈部与上腹之间常见明显的接痕，内壁可见陶垫因承托拍打形成的浅窝以及手捺痕迹。颈部多见因轮修形成的抹痕，本已拍印纹饰的器物因轮修原因颈部纹饰多只能隐约可见或抹平成素面。颈部多有高颈、矮颈、束颈和缩颈等差别，亦是因为轮修器物过程中采用不同的手法所致。颈部形态的差别除了刻意为之外，存在一定程度的偶然性。

钵、盘等陶器多采用泥条盘筑法直接成形，然后再用木片或竹刀对器壁进行修整。器物底部可见泥条盘筑痕迹，外壁多见因刮削形成的细密轮旋痕。

部分陶器采用手捏法制作，如小型陶器、陶塑及相对粗糙的陶器等。陶器外形一般不甚规整，口部平面时常呈不规则圆形。

硬陶器制法上以轮制为主，部分器皿存在肩部以上泥条盘筑辅以轮修加工的情况。陶器内壁多见指窝、手纹等承垫痕迹，亦可见到指纹，肩部与颈部交界处有时可见泥条圈筑的接痕。素面陶器多器表有时可见因轮制而形成的轮旋痕，豆的柄内壁可见泥条圈筑痕迹。

4. 纹饰

夹砂、泥质、陶器表面多经过修整，常见方法有打磨、磨光、刮削和装饰纹样等。打磨即在陶坯制作完成后将器物表面修整相对平滑，磨光是在器表经过一般处理之后随后进行的进一步加工，经过此法处理后器表多有光泽。刮削是指用竹刀或其他类似工具对器物表面进行的修整，多在器表留下刮削痕。装饰有多种方法，一般采取滚压、拍打、刻划和贴塑等途径对器物内外表面进行装饰。

器物表面以素面或素面磨光最常见，装饰纹样中绳纹（图一六四，1~3）最多，其中包含一部分间断绳纹（图一六四，4~8）。绳纹的装饰方法应是采用绕麻绳圆棍滚压形式，部分器物口沿处、颈部被手捺或打磨，颈部的绳纹多隐约可见。器表滚压的绳纹有时会轮旋抹断（即间断绳纹），可能是出于加固陶器强度或加大摩擦力的考虑。部分陶器如甗、盆等会在器表贴塑泥条，泥条上或用指甲按压，或经过陶拍拍打，泥条上的纹饰多以斜向的平行浅凹槽或凸棱的方式出现（图一六五，5、6）。贴塑于甗的位置多位于腰部，有的直接抹平。有的则以凸出的腰箍形式出现来加固甑部与鬲部的连接。附加堆纹贴塑于盆的位置多位于肩、腹部，一般不会低于腹的中部。在泥条表面所施纹样的方法与甗的相同，其作用也是为了加固器物本身强度。网纹（图一六五，7~12）也比较多见，商代之前的装饰方法多以刻划出现，进入春秋时期则多以拍印法出现。许多器物口沿沿面、颈部、肩部存在器壁加工时留下的轮旋痕迹，也存在刻意留下的凸棱或凹槽。其他纹饰所占比例较小，如梯格纹（图一六四，9、10）、叶脉纹（图一六四，11、12）、曲折纹（图一六四，16）、席纹（图一六六，1~4）、回纹、复线回纹、平行划纹（图一六五，1）、云雷纹、贝纹、复线三角纹（图一六七，1）、篮纹、指捺纹、云雷纹、方格纹、乳钉纹、圆圈纹、穗状纹、菱纹、复线菱纹、篮纹、涡纹、夔纹、锥刺纹、戳印纹、三角镂孔纹等。有的纹饰多以组合的方式出现，如弦纹+羽纹（图一六五，2）、弦纹+圆圈纹（图一六五，3）、弦纹+圆弧纹（图一六五，4）、网纹+叶脉纹（图一六五，15）、弦纹+复线三角纹（图一六七，2）、弦纹+三角填线纹（图一六七，3~5）、弦纹+云雷纹、弦纹+复线回纹、绳纹+网纹、绳纹+曲折纹、绳纹+刻划纹、绳纹+指捺

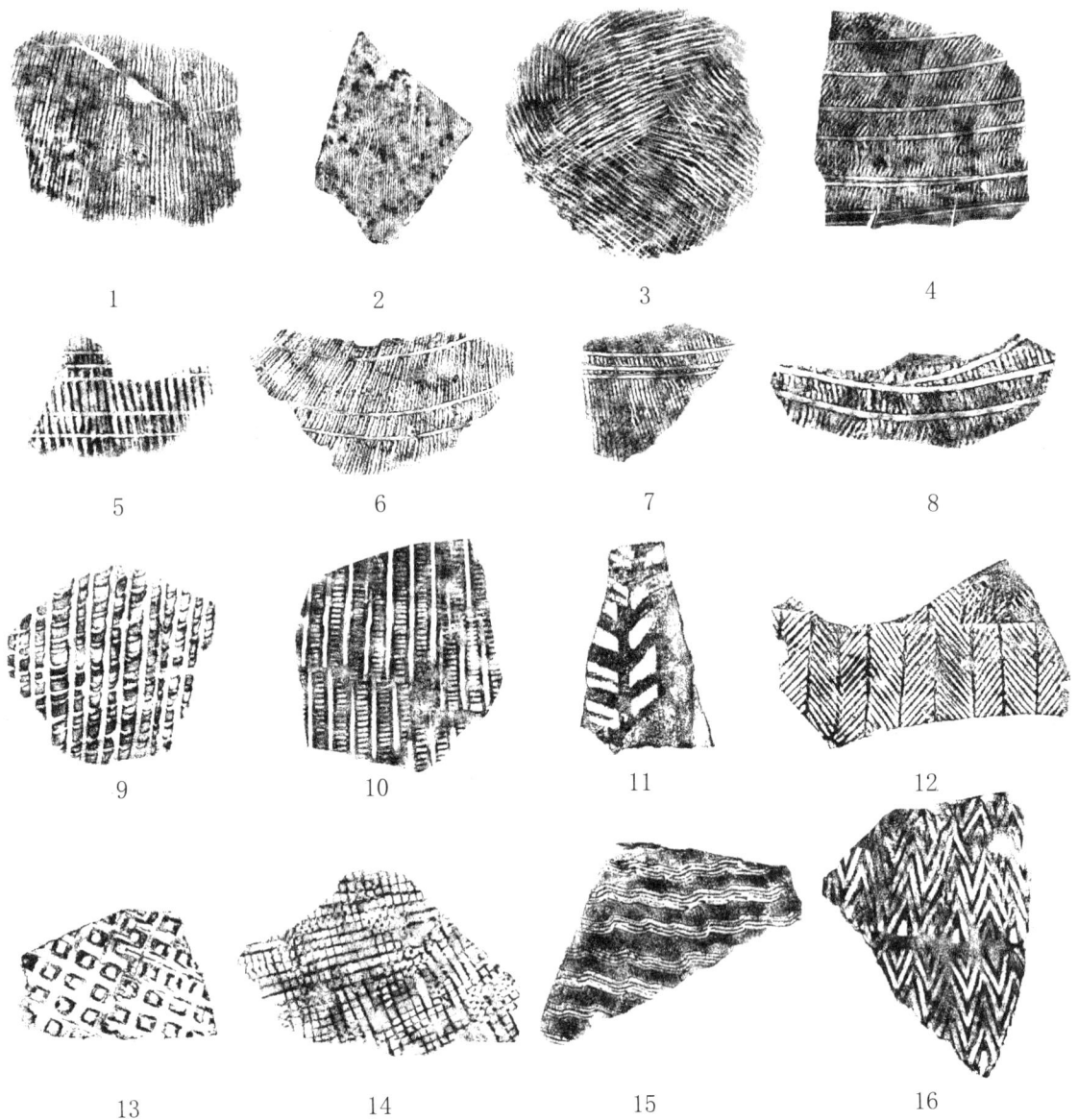

图一六四　五担岗遗址陶器纹饰

1～3.绳纹（H93：24、T24⑤：22、H2：66）　4～8.间断绳纹（G27③：125、H1：41、H37：66、H46：29、
T24⑤：23）　9、10.梯格纹（H2：67、T17④：10）　11、12.叶脉纹（T11⑦：7、T19⑥：4）
13、14.方格纹（G27③：116、H1：43）　15、16.曲折纹（H1：33、T18⑥：11）

纹、绳纹+乳钉纹、弦纹+乳钉纹、间断绳纹+网纹、复线菱纹+网纹、贝纹+梯格纹、篮纹+附加堆
纹、刻划纹+附加堆纹等。有时甚至会出现三种以上纹饰组合的情况，弦纹+三角填线纹+乳钉纹等
（图一六七，6）、弦纹+圆圈纹+绳纹、弦纹+云雷纹+绳纹、弦纹+绳纹+指捺纹、弦纹+绳纹+网
纹、弦纹+梯格纹+网纹等。也会出现四种以上纹饰组合的情况，如弦纹+复线三角纹+叶脉纹+乳钉
纹、弦纹+圆圈纹+绳纹+乳钉纹弦纹+梯格纹+网纹+乳钉纹等。

　　硬陶器分素面和有纹饰者两种，其中素面陶多以小型器皿的形式出现。器物纹饰多因器物大小

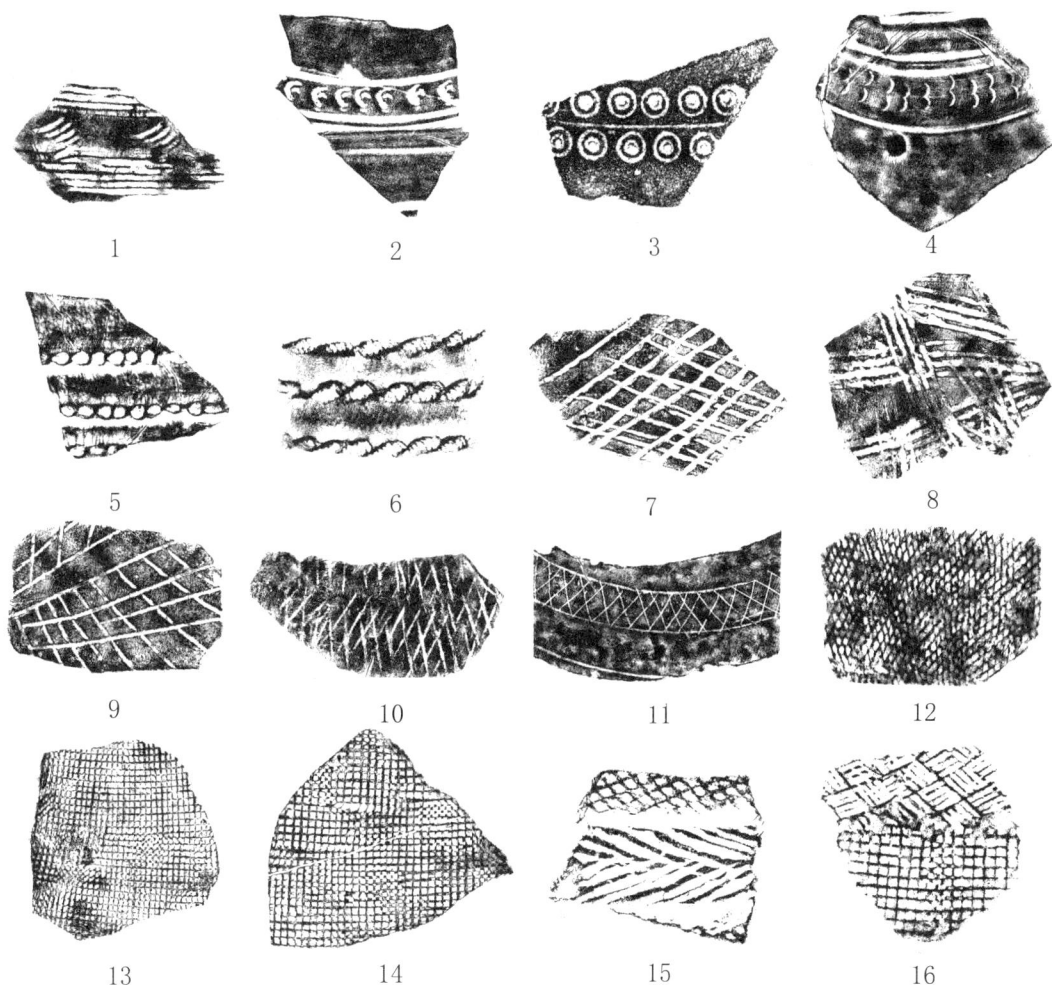

图一六五　五担岗遗址陶器纹饰

1.平行划纹（T25②：7）　　2.弦纹+羽纹（G26：6）　　3.弦纹+圆圈纹（T19⑥：5）　　4.弦纹+圆弧纹（T34⑦：3）

5、6.附加堆纹（F2：27、H37：64）　　7~12.网纹（H2：59、H2：60、H2：68、H27：7、H93：25、T07③：4）

13、14.小方格纹（G27③：104、G27③：113）　　15.网纹+叶脉纹（T20⑥：2）　　16.方格纹+席纹（T24③：5）

的不同在组合上有差别，接近口沿和器底处一般做抹平处理，颈部或唇面有时会存在凸棱或凹槽。从装饰工艺看，个体较小的器物纹饰多较单一，一般是通体拍印一种纹饰，如席纹、方格纹（图一六四，13、14）、小方格纹（图一六五，13、14）、回纹（图一六六，5~7）、复线回纹（图一六六，8、9）、曲折纹（图一六四，15）、窗格纹（图一六六，10、11）、叶脉纹（图一六四，12）、复线菱纹（图一六七，7）、云雷纹、圆圈纹、三角填线纹、菱形填线纹等。个体较大的器物纹饰表现多样，除单一纹饰外，更多以组合纹饰的形式出现，如方格纹+席纹（图一六五，16）、弦纹+窗格纹（图一六六，12）、回纹+窗格纹（图一六六，13、14）、回纹+曲折纹（图一六六，15）、回纹+复线菱纹（图一六六，16）、弦纹+刻划纹、云雷纹+复线回纹、复线回纹+菱形填线纹、复线回纹+窗格纹、复线菱纹+窗格纹、菱形填线纹+叶脉纹、叶脉纹+席纹、弦纹+席纹、席纹+菱形填线纹、方格纹+菱形填线纹、方格纹+附加堆纹、弦纹+方格纹、复线回纹+圈点纹、菱纹+圈

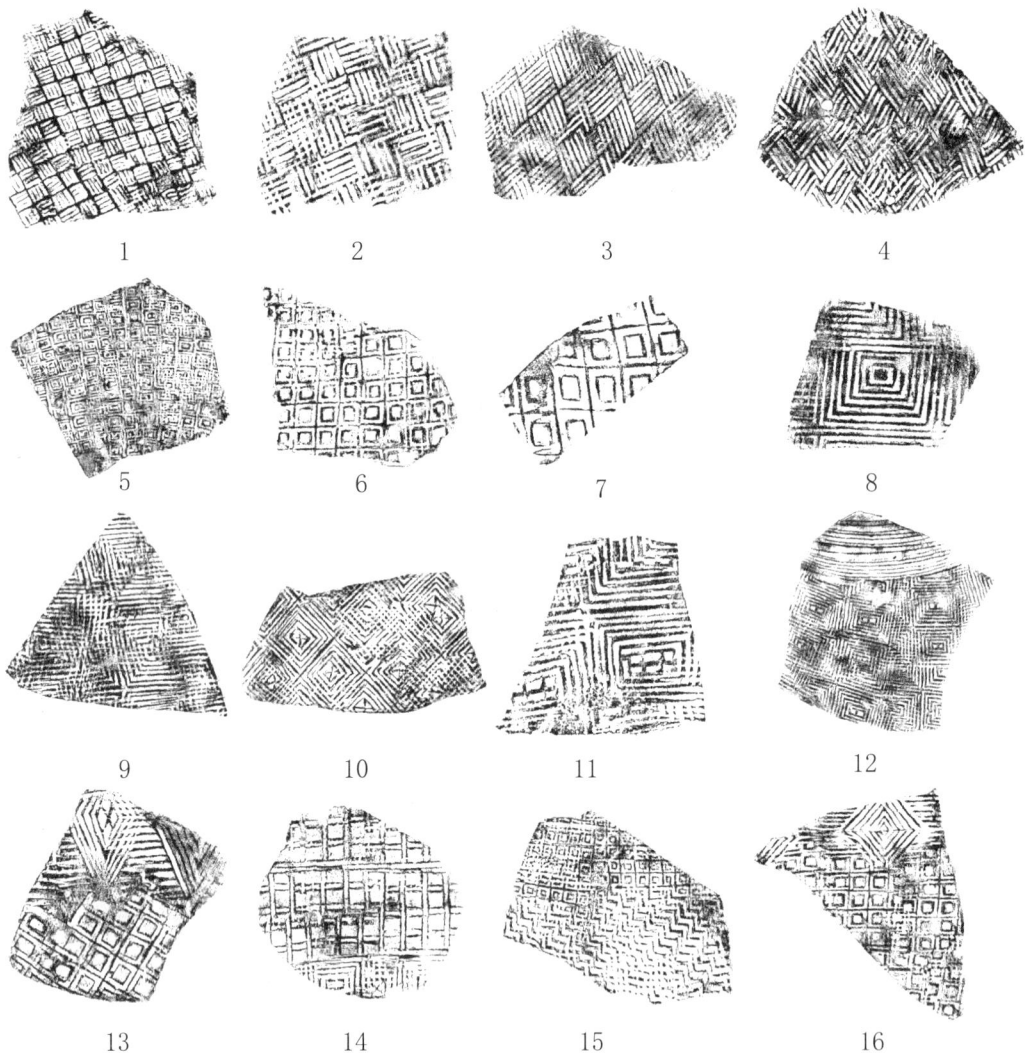

图一六六　五担岗遗址陶器纹饰

1~4.席纹（G27③：122、H1：56、、H41：1、T10②：11）　　5~7.回纹（G27③：101、G27③：109、G27③：118）

8、9.复线回纹（H1：34、T10②：13）　　10、11.窗格纹（G27③：103、H2：91）　　12.弦纹+窗格纹（T09③：6）

13、14.回纹+窗格纹（G27③：102、G27②：103）　　15.回纹+曲折纹（H2：89）　　16.回纹+复线菱纹（H2：61）

点纹等。有时甚至会出现三种以上纹饰组合的情况，如弦纹+回纹+复线菱纹（图一六七，8）、回纹+复线菱纹+窗格纹、弦纹+曲折纹+三角填线纹等。除拍印纹饰外，有时会在器物的肩部贴塑纹饰，如涡状饰。

5. 刻划符号

五担岗遗址出土器物中可以见到一些刻划符号，全部见于陶器上面。这些刻划符号均见于器底，其中多数是在外底，少数是在内底。刻划符号的图案均不复杂，有的可能存在一定的含义。图案主要有四种，即涡形（图一六八，1）、椭圆形（图一六八，2）、"十"字形（图一六八，3、5）和三叉形（图一六八，4）。

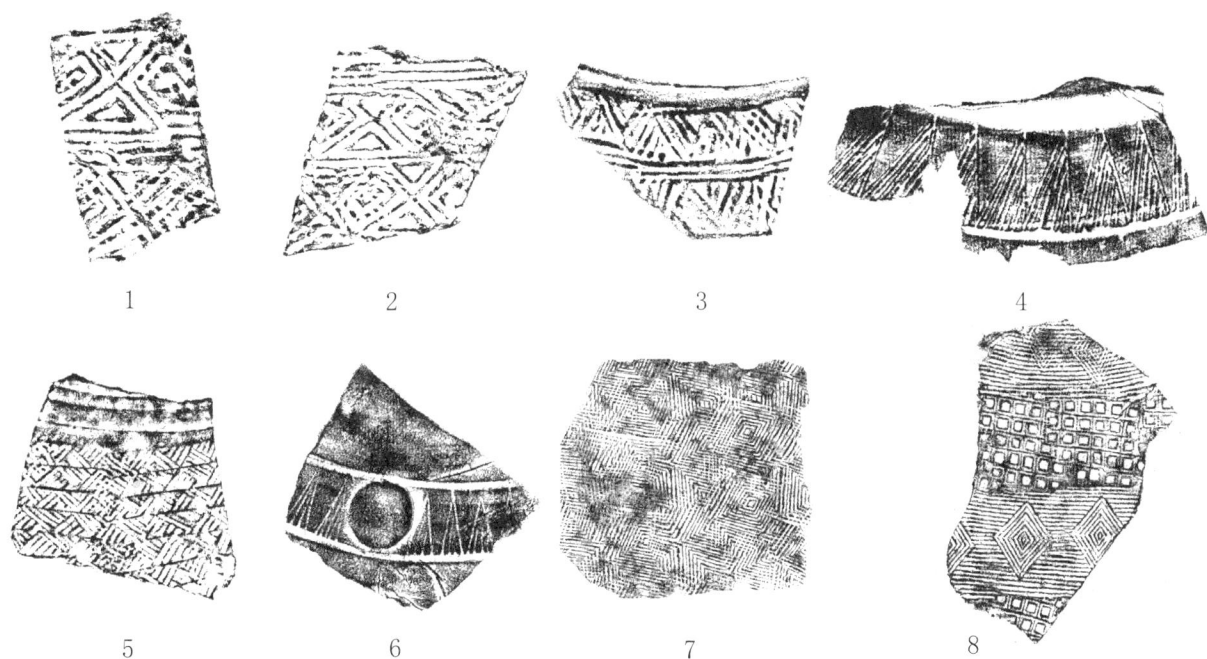

图一六七　五担岗遗址陶器纹饰

1.复线三角纹（T31⑨：13）　2.弦纹+复线三角纹（H12：5）　3~5.弦纹+三角填线纹（T33⑦：14、T33⑦：13、T28④：3）
6.弦纹+三角填线纹+乳钉纹（T33⑦：12）　7.复线菱纹（T10④：7）　8.弦纹+回纹+复线菱纹（T24③：10）

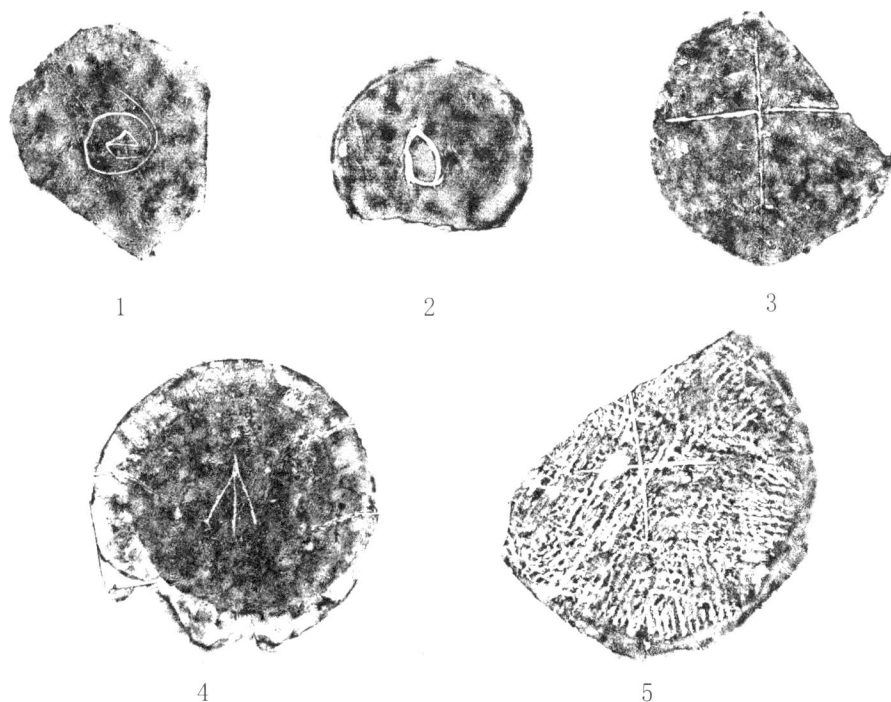

图一六八　五担岗遗址陶器刻划符号

1.涡形（G27③：96）　2.椭圆形（H100①：36）　3、5."十"字形（T23④：27、T23④：28）　4.三叉形（T23④：29）

（二）器类及型式

从修复及统计过程来看，陶器的器类主要有鬲、鼎、甗、簋、豆、刻槽钵、盆、盉、斗、尊、杯、缸、瓮、罐、坛、钵、盘、碗、瓿、器座、器盖、窝形器、拍、垫、纺轮、网坠、球、圆陶片和饰品等。以下按硬陶和夹砂、泥质陶两大类分别来介绍。

1. 硬陶器

出土数量不多，个体多较小。陶质方面，个体较大者多不致密，器物经常出现变形现象，表面有时可见到明显的气泡；个体较小者，胎质多致密，接近原始瓷胎土，多灰白色，也会出现烧制变形、鼓烧状况。存在部分釉陶器，时代愈晚愈多见。纹饰方面，因时代不同所表现的手法、纹样不一，个体较大的陶器器表多拍印复杂的纹饰来辅助加固器物的强度，个体较小的陶器基本没有复杂的纹饰，多以素面辅以轮旋纹和小方格纹的形式出现。口沿部位有时会贴塑桥形的扁耳。器类方面，以罐和瓿最多，其他可见豆、瓮、坛和器盖等。除J1出土的器物相对完整外，其他多较散碎。分述如下。

豆

出土极少，共2件。制法上豆柄为泥条盘筑，豆盘直接轮制成形。豆盘底部和豆柄上部连接处一般加粗，再用泥抹平。器表和柄内壁面有时可见泥条盘筑形成的凹凸棱。根据腹部、柄部差异可分二型。

A型　腹深较大，柄较高。1件。

标本H110：19　残。灰色，圈足部分红色，胎质坚硬。深弧腹，圜底近平，喇叭形高圈足。圈足壁较厚，底部有抹平现象。豆盘表面光素，豆柄表面有一周较粗的凸棱，柄内壁面亦可见数道凸棱。器物可见鼓烧而形成的气泡。底径13.6、高12.7厘米（图一六九，1；彩版一三，2）。

B型　腹深较小，柄较矮。1件。

标本T31⑦：5　残。灰色，部分器表红色。胎质坚硬。弧腹，圜底近平，喇叭形圈足。底径8.9、高6.3厘米（图一六九，2；彩版一六，4）。

瓮

共3件。

标本H103：4　残。红褐色，尖唇，束颈，鼓腹，饰方格纹。口径22.0、高8.8厘米（图一七〇，1）。

标本T30⑤：6　残。红褐色。圆方唇，矮弧颈，鼓腹。器表拍印席纹。口径20.2、高12.6厘米（图一七〇，2）。

标本T36②：3　残。红褐色。方唇，矮弧颈，鼓腹。颈部可见轮旋痕，颈部以下拍印席纹。口径18.5、高5.2厘米（图一七〇，3）。

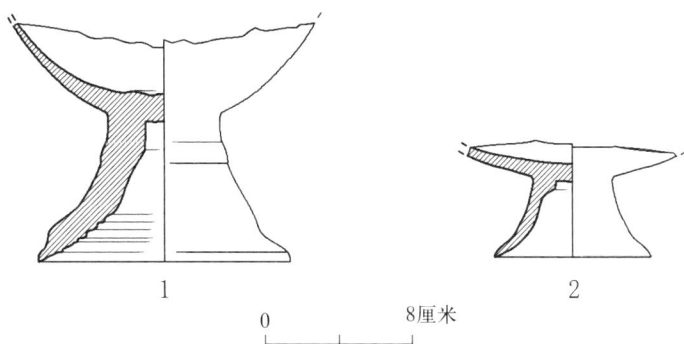

图一六九　五担岗遗址硬陶豆

1. A型（H110：19）　　2.B型（T31⑦：5）

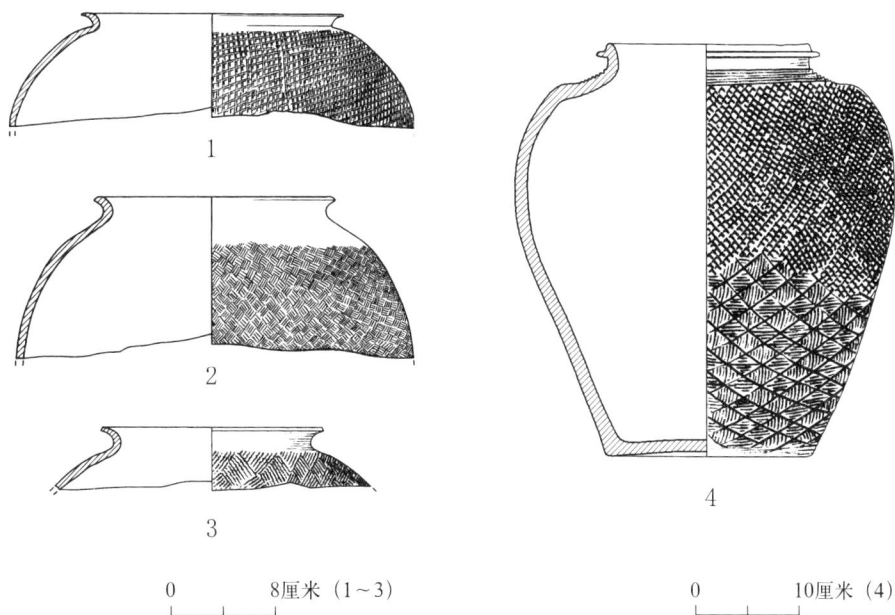

图一七〇　五担岗遗址硬陶瓮、坛

1~3.瓮（H103：4、T30⑤：6、T36②：3）　　4.坛（H2：32）

坛

1件。

标本H2：32　红褐胎，器表灰褐色。外翻沿，尖圆唇，矮弧颈，肩微耸，深弧腹，平底内凹。颈部、肩部交接处可见多道凸棱，上腹拍印斜向方格纹，下腹拍印菱形填线纹。口径23.0、底径21.6、高41.8厘米（图一七〇，4；彩版二五，6）。

罐

除J1出土的硬陶罐外，共14件。陶胎均较硬，陶色主要为灰色和褐色。个体较大的罐一般先以泥条盘筑法做肩部以下部分，肩部以上轮修成形。个体较小的罐，一次轮制成形。纹饰上以弦纹为主，主要表现为轮制形成的凸棱或凹槽。部分器物器表拍印方格纹、席纹、回纹、三角填线纹和窗格纹等。颈部多不施其他纹饰，多以制作过程中留下的细密轮旋纹为主。个别器物肩部有饰耳。按整体形态及制作上存在的差异，分大罐和小罐（包含肩腹部有弦纹但腹部素面者）两类进行介绍。

大罐

共6件。多印纹。个体稍大。无完整器，按罐口沿、罐底、罐耳和陶片四类介绍。

罐口沿

共3件。根据口部特征的不同，可分为三型。

A型　卷沿。共4件。

标本T08③：5　残。褐色，尖圆唇，略束颈，鼓腹。外沿下至颈部饰平行折线纹，肩腹部拍印三角填线纹。肩腹交界处器表及沿面均可见多道凸棱。口径11.8、高5.7厘米（图一七一，1）。

B型　平沿。1件。

标本H87：12　残。器表红褐色，胎紫褐色。沿面微鼓，圆方唇，窄肩，腹微鼓，器表拍印席纹，颈部可见明显轮旋痕。口径17.6、高4.5厘米（图一七一，2）。

C型　直口。1件。

标本H59①：2　残。褐色。直口外侈，尖唇，内沿面肥大上有两道凸棱，鼓腹。器表拍印窗格纹。口径11.8、高5.7厘米（图一七一，3）。

罐底

1件。

标本H108：3　残。红褐色。鼓腹，平底。饰席纹不到底。底径8.6、高10.6厘米（图一七一，4）。

罐耳

1件。

标本H87：10　红褐色。桥形耳，表面光素。器表拍印复线回纹。高8.4厘米（图一七一，5）。

陶片

1件。

标本T19⑥：2　灰色。胎质坚硬，器表饰数道曲折纹，肩部饰两道凸棱。高4.0厘米（图一七一，6）。

小罐

共8件。按口部特征不同可分为二型。

A型　直口。共5件。按肩部特征差异可分二亚型。

Aa型　肩部近折。共2件。可分二式。

Ⅰ式　肩部夹角较大，腹深较小。1件。

标本T31⑨：4　器表灰色，局部红色。圆方唇，弧腹急收，平底。颈部至肩部、内壁面均可见多道凸棱。口径10.2、底径6.0、高5.6厘米（图一七二，1；彩版一一，1）。

Ⅱ式　肩部夹角较小，腹深变大。1件。

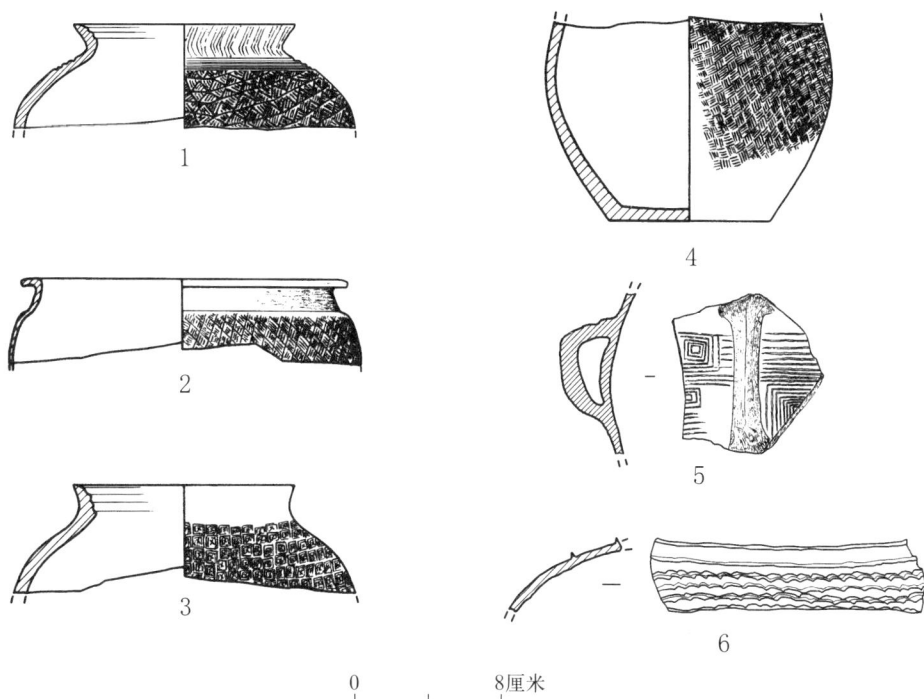

图一七一　五担岗遗址硬陶大罐

1.A型口沿（T08③：5）　　2.B型口沿（H87：12）　　3.C型口沿（H59①：2）　　4.罐底
（H108：3）　5.罐耳（H87：10）　6.陶片（T19⑥：2）

标本G27③：85　残。灰色。圆方唇，肩部较丰，弧腹急收。肩部及内壁面可见多道凸棱。口径12.0、高6.4厘米（图一七二，2）。

Ab型　圆肩。共3件。可分二式。

Ⅰ式　腹深较小。1件。

标本T31⑨：3　器表灰色和红色夹杂。尖圆唇，肩部较丰，弧腹急收，小平底。器表光素，内壁面可见因轮旋形成的多道凸棱。口径9.9、底径4.9、高6.2厘米（图一七二，3；彩版一一，2）。

Ⅱ式　腹深变大。2件。

标本H110：3　器表褐色，局部黑褐，器壁较厚。圆唇，弧腹急收，小平底。器表光素，内壁面可见因轮旋形成的多道凸棱。口径8.3、底径4.8、高6.8厘米（图一七二，4；彩版一三，3）。

标本H110：4　器表灰色。方唇，桥形耳，弧腹较鼓收稍缓，小平底较厚。肩部及内壁面可见多道凸棱。口径10.8、底径5.7、高9.6厘米（图一七二，5；彩版一三，4）。

B型　卷沿。共3件。可分二式。

Ⅰ式　束颈。1件。

标本T09③：5　残。灰褐色。尖唇，束颈，弧腹急收。口径16.3、高5.2厘米（图一七二，6）。

Ⅱ式　弧颈。2件。

标本H1：1　紫褐色，胎质坚硬。尖圆唇，弧颈较长，弧腹急收，平底微内凹。肩部及内壁面

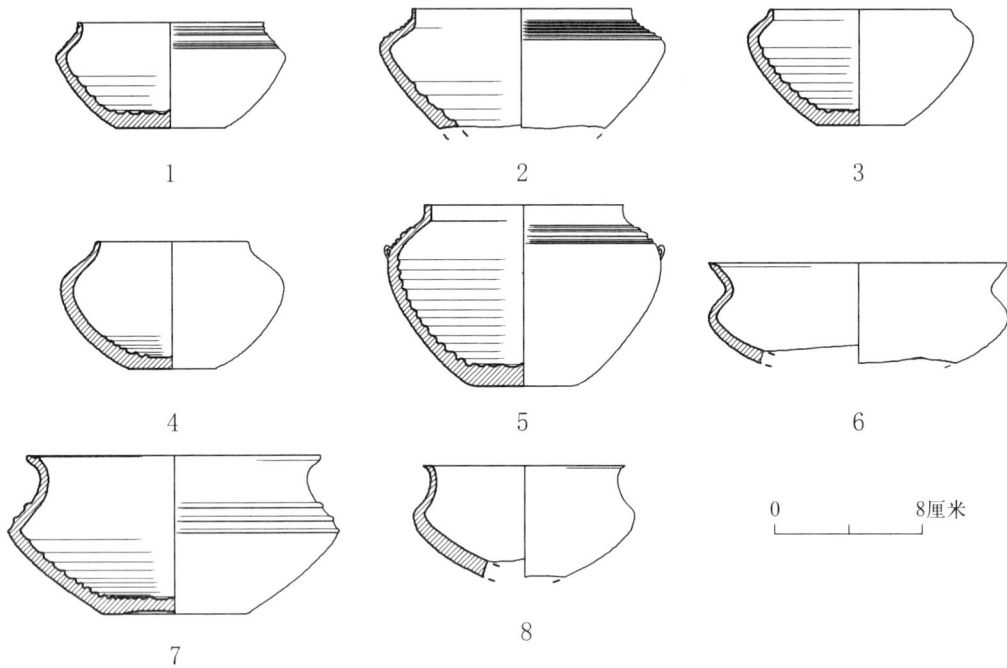

图一七二　五担岗遗址硬陶小罐

1.Aa型Ⅰ式（T31⑨：4）　2.Aa型Ⅱ式（G27③：85）　3.Ab型Ⅰ式（T31⑨：3）　4、5.Ab型Ⅱ式
（H110：3、H110：4）　6.B型Ⅰ式（T09③：5）　7、8.B型Ⅱ式（H1：1、H1：28）

可见多道凸棱。口径16.1、底径7.9、高8.4厘米（图一七二，7；图版二一，3）。

标本H1：28　残。灰色。沿微卷，尖唇，圆肩，弧腹急收。口径10.9、高5.9厘米（图一七二，8）。

器盖

仅出土1件。

标本T24⑤：6　残。器表灰色，胎灰白色，胎质坚硬。方唇，唇面有凹槽。弧腹较浅，饰扁平耳。器表光素，内壁面可见因轮旋形成的凸棱。口径21.2、高4.6厘米（图一七三，1）。

除以上器类比较明确的硬陶器外，另存在部分因残缺过甚而无法具体明确器形的口沿和器底，它们应属于瓮或坛的其中一类。

口沿

4件。

标本H59①：14　残。卷平沿，沿面有一周凹槽。长弧颈，饰三角填线纹被弦纹间断。颈部可见轮旋痕及多道凸棱。口径22.0、高7.9厘米（图一七三，2）。

标本T08②：7　残。红褐色。卷平沿，方唇，唇面有凹槽。颈部可见三道凸棱。口径27.1、高5.0厘米（图一七三，3）。

标本G27②：45　残。红褐色。卷沿外翻较甚，沿面有两周凹槽，方唇。颈部可见多道凹槽。口径26.6、高6.6厘米（图一七三，5）。

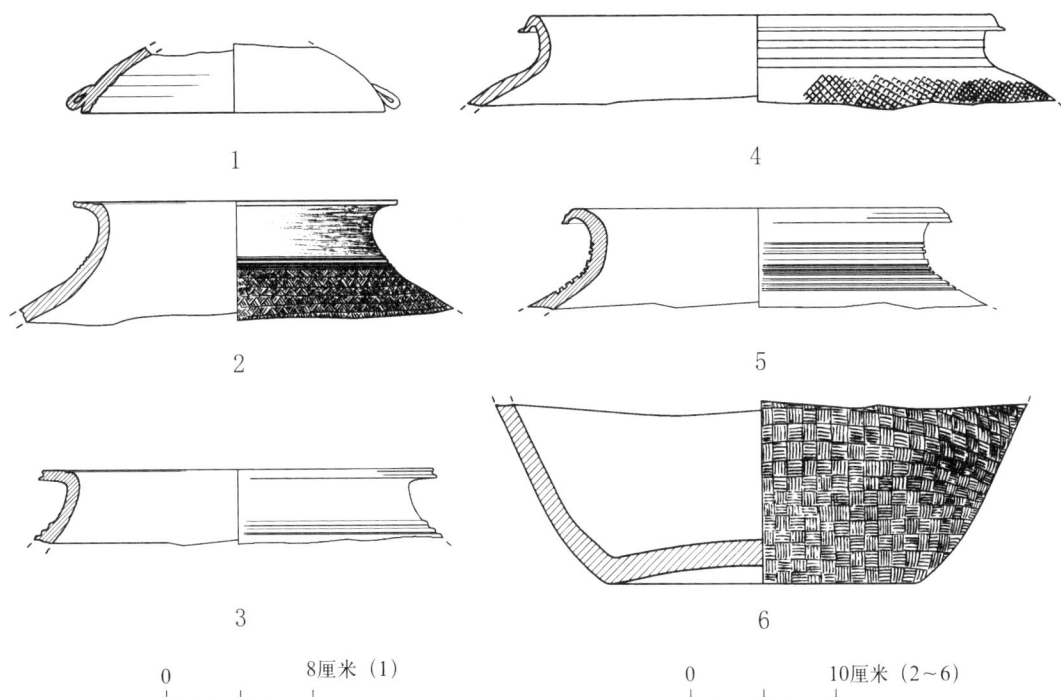

图一七三　五担岗遗址硬陶器

1.器盖（T24⑤：6）　　2～5.口沿（H59①：14、T08②：7、G27②：100、G27②：45）　　6.器底（G27③：48）

标本G27②：100　残。红褐色。卷沿外翻较甚，尖唇，颈部可见三道窄凸棱，肩部拍印方格纹。口径33.2、高6.2厘米（图一七三，4）。

器底

1件。

标本G27③：48　残。红褐色。弧腹，平底内凹。饰席纹。底径21.4、高12.2厘米（图一七三，6）。

2. 夹砂、泥质陶器

鬲

出土数量较多。根据陶鬲器表加工方式及所饰纹饰特征差异，将其分为素面鬲、绳纹鬲和网纹鬲三类。在对各类陶鬲进行介绍时，将按完整器（或有典型特征者）、口沿和鬲足进行介绍。因口沿大小差异较大、数量又多，又按规格再行分类。鬲足较特殊，因为在制作陶鬲时并不特意对足施加纹饰，多以竹刀刮削、打磨的方法对其进行修整，各类陶鬲在足部特征上多有重合。因此将鬲足置于最后介绍。

素面鬲

不含鬲足在内，选取标本43件。可分完整器、口沿两类介绍。

完整器

共8件。按总体特征差异，可分为三型。

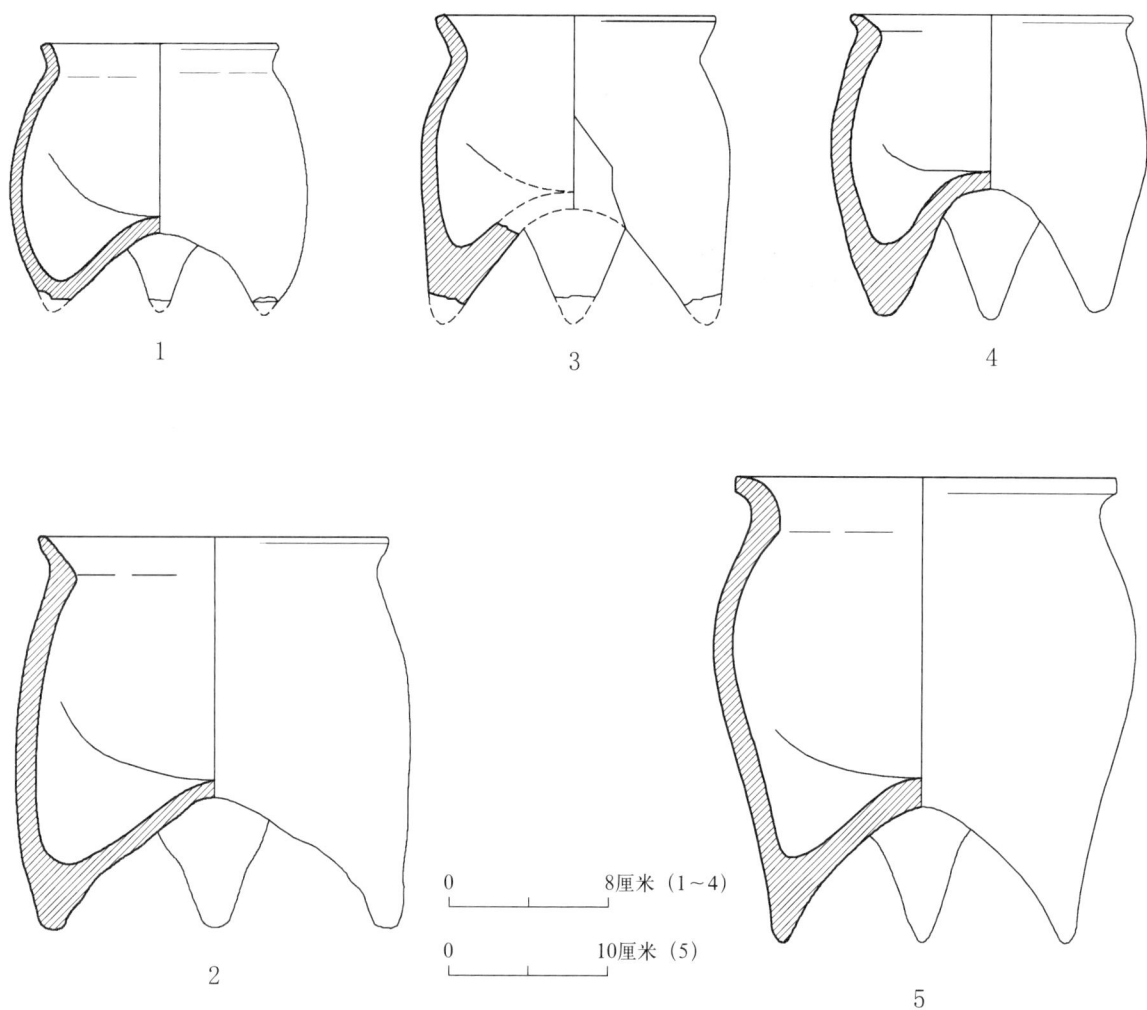

图一七四　五担岗遗址素面陶鬲

1.Aa型Ⅰ式（T18⑥：1）　2.Aa型Ⅱ式（H70：1）　3.Aa型Ⅲ式（H69③：1）　4.Aa型Ⅳ式（H94②：2）　5.Ab型（H56：3）

　　A型　鼓腹，口径小于腹径，分裆或弧裆。按腹深大小差异，可分二亚型。

　　Aa型　腹深相对较小，共4件。可分为四式。

　　Ⅰ式　微卷沿，最大腹径居下，矮弧裆，袋足较肥大，矮实足内收，足跟较矮。1件。

　　标本T18⑥：1　夹砂红褐陶，局部黑褐色。圆唇，外侧看近直口，足尖残缺。口径12.1、最大腹径15.0、残高12.4厘米（图一七四，1；彩版一三，5）。

　　Ⅱ式　折沿，最大腹径居下，裆高较大，瘦狭袋足，实足外斜，足跟稍变高。1件。

　　标本H70：1　夹砂红褐陶，器表大部分黑褐色。宽沿，尖圆唇，内折棱凸出，束颈，斜鼓腹。微分裆，矮实足，足跟粗壮。三足间距较大。口径17.7、最大腹径19.8、高19.0厘米（图一七四，2；图版一六，1）。

　　Ⅲ式　折沿近卷，唇下沿直接拉至肩部，最大腹径居中，裆高继续变大，袋足更瘦狭呈锥状，实足外斜，足跟变更高，足跟粗壮。1件。

标本H69③：1　夹砂红褐陶，器表大部分黑褐色。宽沿，圆方唇。束颈，斜腹，弧裆部分残缺。足跟粗壮，足尖残，足间距较大。口径14.0、最大腹径15.6、残高13.7厘米（图一七四，3；图版一九，4）。

Ⅳ式　折沿，最大腹径偏中下，短颈，窄弧裆更高，瘦狭袋足内斜，足跟更粗壮。1件。

标本H94②：2　夹砂红陶，局部黑褐色，器壁较厚。折沿，圆唇，束颈，足跟粗壮。口径14.2、最大腹径15.9、高14.8厘米（图一七四，4；彩版二一，3）。

Ab型　腹深较大。1件。

标本H56：3　夹砂红褐陶，器表大面积黑红色。卷折沿，方唇，矮束颈，最大腹径居中。弧裆，裆高相对较大。瘦狭袋足，高实足尖略外撇，足间距离较大，足尖有磨损。口径23.9、最大腹径26.4、高28.3厘米（图一七四，5；彩版一六，5）。

B型　鼓腹，口径、腹径相近。共2件。可分二式。

Ⅰ式　沿下角较小，高实足。1件。

标本T31⑨：5（复原器形，仅供参考）夹砂红陶。宽折沿，圆唇，近唇部有一个窄台面。沿面略内凹，沿下略鼓，束颈。高锥实足，足窝较浅。三足足间间距较小。口径17.3、复原高度17.3厘米（图一七五，1）。

Ⅱ式　沿下角变大，矮实足。1件。

标本H93：2　夹砂红褐陶。宽折沿，沿面局部内凹。方唇，最大腹径居中，瘦狭袋足斜内收。弧裆，足尖磨损微外撇。口径16.8、最大腹径16.0、残高16.7厘米（图一七五，2；彩版一六，6）。

C型　直腹微弧，口径约同于腹径。1件。

标本H110：2　夹砂红陶。微卷沿，圆唇，溜肩，深腹呈筒状。矮分裆，袋足外撇，足间距较大，矮实足，足尖脱落。口径24.2、最大腹径26.9、残高26.0厘米（图一七五，3；彩版一三，6）。

D型　斜腹。1件。

标本H1：2　夹砂红陶。折沿，尖圆唇，窄肩，腹内斜。弧裆稍高，锥形足较粗壮，足窝较深，足尖残。口径14.0、残高12.4厘米（图一七五，4；图版二一，4）。

口沿

共35件。按个体大小差异不同分为三类介绍。

1类

个体较大。共13件。按肩、腹特征差异，可分为五型。

A型　鼓腹，口径小于腹径。共2件。按口部特征差异，可分为二亚型。

Aa型　卷沿。1件。

标本H52：7　残。夹砂红褐陶，器表大面积黑褐色。卷折沿，沿面较宽。尖圆唇，弧颈。深腹，最大腹径居中。口径24.8、高18.4厘米（图一七六，1；图版一六，2）。

Ab型　折沿。1件。

标本T23③：2　残。夹砂红陶。尖圆唇，束颈，深腹往下内收。口径30.4、高8.2厘米（图

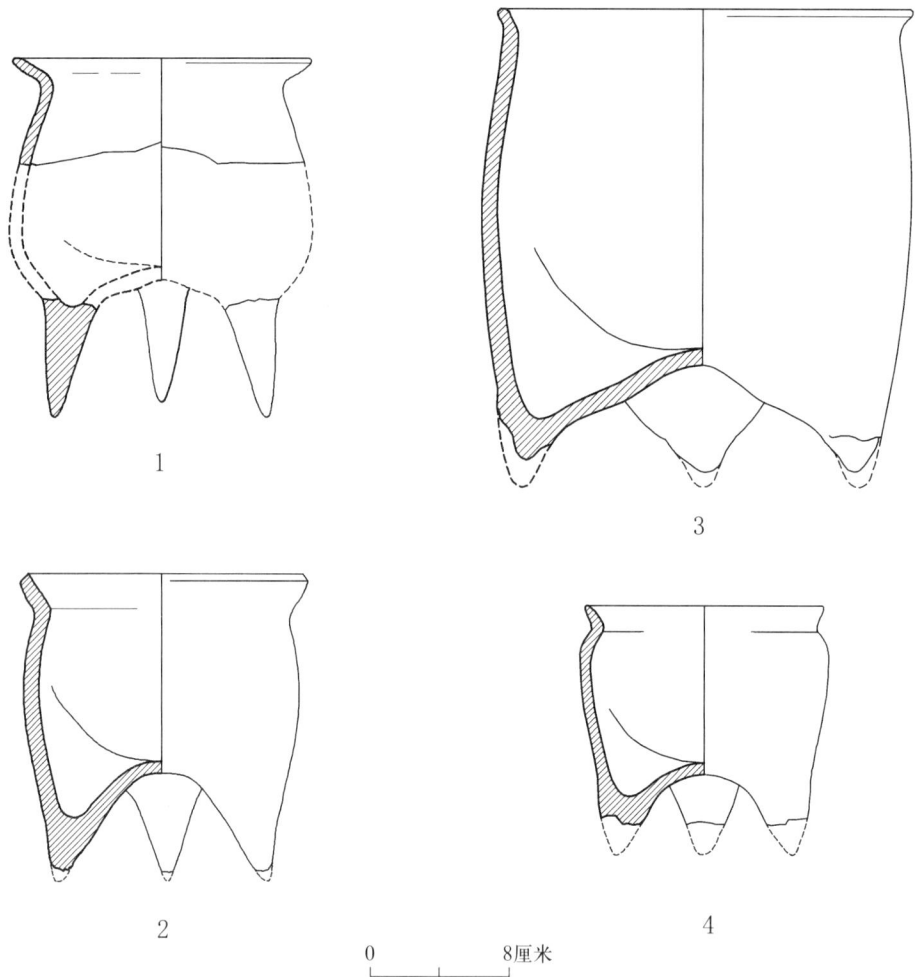

图一七五　五担岗遗址素面陶鬲

1.B型Ⅰ式（T31⑨：5）　　2.B型Ⅱ式（H93：2）　　3.C型（H110：2）　　4.D型（H1：2）

一七六，2）。

　　B型　鼓腹或微鼓腹，口径约同于腹径。共4件。根据口部特征差异，可分为二亚型。

　　Ba型　卷沿。2件。

　　标本T27②：6　残。夹砂红陶。尖圆唇，沿下微鼓。束颈，颈部有折棱，腹部较鼓。口径28.4、高6.8厘米（图一七六，3）。

　　标本G26：5　残。夹砂红陶。尖圆唇，矮束颈，腹部微鼓。口径25.4、高8.4厘米（图一七六，4）。

　　Bb型　折沿。2件。

　　标本H56：5　残。夹砂红陶。方唇，沿面较宽，内折棱凸出。弧颈，溜肩，腹部微鼓。口径26.1、高8.4厘米（图一七六，5）。

　　标本H100①：2　残。夹砂红陶。圆唇，内折棱凸出。束颈，腹部较鼓。口径33.8、高11.2厘米（图一七六，6）。

C型　鼓腹或微鼓腹，口径明显大于腹径。共4件。按口部特征差异，可分为二亚型。

Ca型　卷沿或卷折沿。共3件。

标本T10④：2　残。夹砂红陶。宽卷沿，沿面有一周浅槽。斜方唇，长弧颈，微鼓腹。口径28.3、高7.3厘米（图一七六，7）。

标本T10④：10　残。夹砂褐陶。大口，尖圆唇，沿微卷，沿面有一周凸棱，溜肩，微鼓腹。口

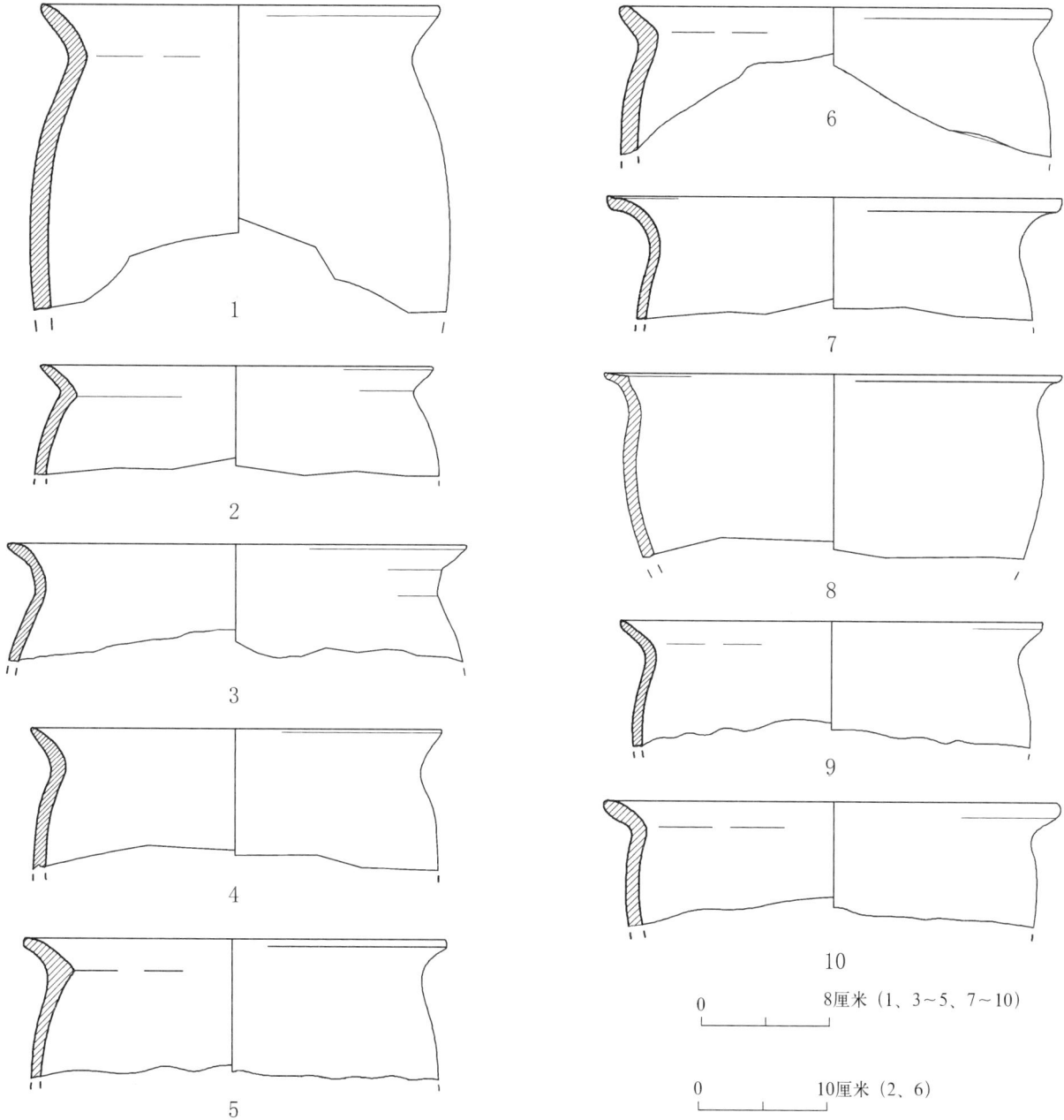

图一七六　五担岗遗址素面陶鬲（1类）

1.Aa型（H52：7）　　2.Ab型（T23③：2）　　3、4.Ba型（T27②：6、G26：5）　　5、6.Bb型（H56：5、H100①：2）
7～9.Ca型（T10④：2、T10④：10、T28②：2）　　10.Cb型（T24⑤：18）

径28.4、高11.0厘米（图一七六，8）。

标本T28②：2 残。夹砂褐陶。卷折沿，沿面较宽。圆唇较厚，束颈，鼓腹。口径26.3、高7.6厘米（图一七六，9）。

Cb型 折沿。1件。

标本T24⑤：18 残。夹砂红陶。斜方唇，沿面较宽。微鼓腹。口径28.8、高7.4厘米（图一七六，10）。

D型 窄肩，斜腹，肩径大于腹径。2件。

标本H69①：39 残。夹砂褐陶。卷折沿，沿较宽，圆唇，矮束颈，腹微弧。口径32.9、高10.4厘米（图一七七，1）。

标本H124：1 残。夹砂红褐陶。卷沿，斜方唇，矮束颈，弧腹。口径31.3、高9.1厘米（图一七七，2）。

E型 直腹微弧。1件。

标本H46：13 残。夹砂红陶。圆唇，溜肩，深腹。口径25.9、高11.6厘米（图一七七，3）。

2类

个体较小。共14件。按肩、腹特征差异，可分为五型。

A型 鼓腹，口径小于腹径。共5件。按口部特征差异，可分为二亚型。

Aa型 卷沿。1件。

标本G27③：74 残。夹砂红陶。卷沿，方唇，束颈。口径22.7、高7.8厘米（图一七八，1）。

Ab型 折沿。4件。

标本H100①：14 残。夹砂红陶。内斜沿，折棱凸出。方唇，束颈。深腹，最大腹径居中。口径22.4、高10.4厘米（图一七八，2）。

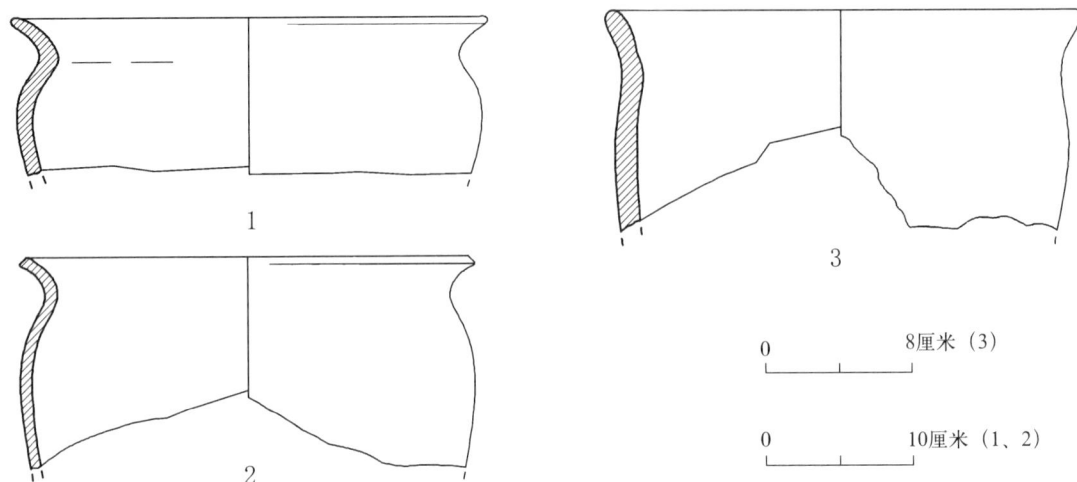

图一七七 五担岗遗址素面陶鬲（1类）
1、2.D型（H69①：39、H124：1） 3.E型（H46：13）

标本T23③：4　残。夹砂红陶。内斜沿，折棱凸出。方唇，束颈。口径20.3、高6.0厘米（图一七八，3）。

标本T23③：6　残。夹砂灰陶。内斜沿，沿面较宽，沿下角较大，折棱凸出。斜方唇，束颈，深腹。口径21.5、高8.1厘米（图一七八，4）。

标本T21⑤：4　残。夹砂红陶。大宽沿，折棱凸出。尖圆唇，束颈，深腹。口径22.5、高9.5厘米（图一七八，5）。

B型　鼓腹，口径约同于腹径。共2件。可分二亚型。

Ba型　卷沿。1件。

标本H109：12　残。泥质灰陶，陶质较硬。圆唇，鼓腹，斜长颈。口径22.7、高7.1厘米（图一七八，6）。

Bb型　折沿。1件。

标本T21⑤：8　残。夹砂褐陶。内斜沿，折棱凸出。方唇，鼓腹，束颈，腹部圆鼓。口径24.0、高7.8厘米（图一七八，7）。

C型　鼓腹或微鼓腹，口径明显大于腹径。共4件。按口部特征差异，可分为二亚型。

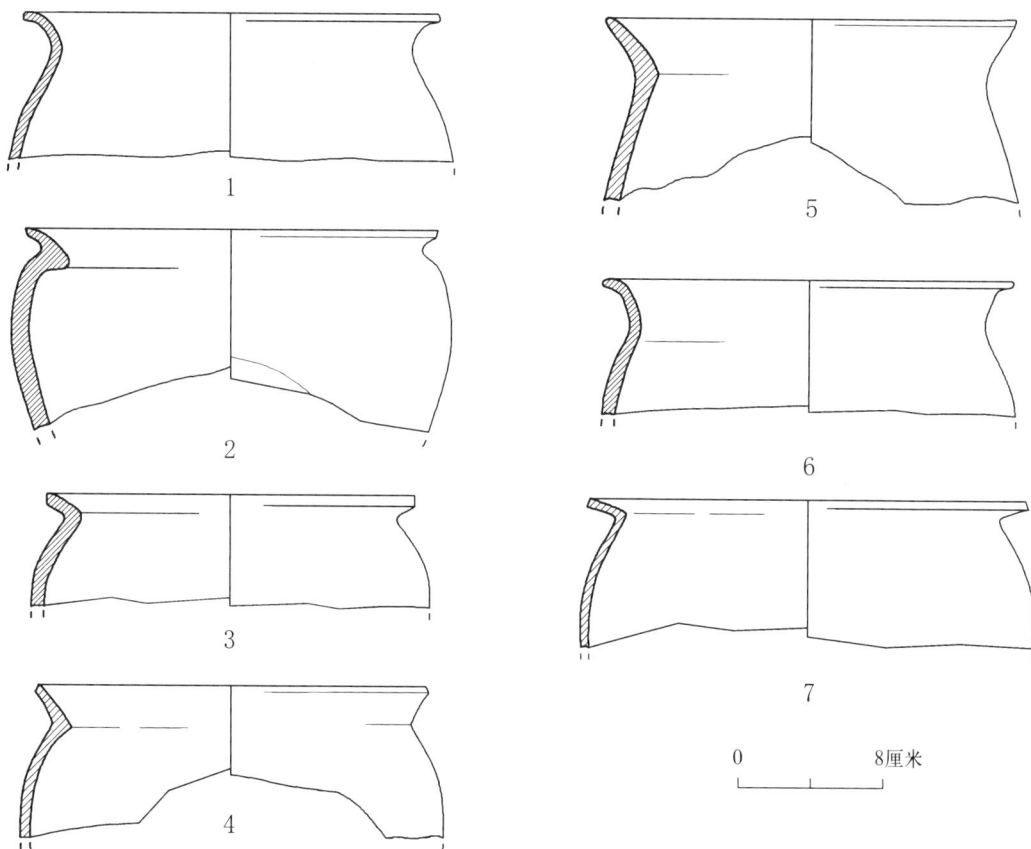

图一七八　五担岗遗址素面陶鬲（2类）

1.Aa型（G27③：74）　　2～5.Ab型（H100①：14、T23③：4、T23③：6、T21⑤：4）　　6.Ba型（H109：12）

7.Bb型（T21⑤：8）

　　Ca型　卷沿。2件。

　　标本G26：3　残。夹砂红陶。沿面较宽。圆唇，长弧颈。腹微鼓，腹深较大，最大腹径偏上。口径24.0、高12.6厘米（图一七九，1）。

　　标本T25②：5　残。夹砂灰陶。尖圆唇，微束颈，溜肩。腹微鼓，腹深较大，最大腹径偏上。口径23.4、高10.1厘米（图一七九，2）。

　　Cb型　折沿。2件。

　　标本T28④：1　残。夹砂红陶。方唇，沿面较宽，束颈。鼓腹，最大腹径居中。口径21.6、高9.2厘米（图一七九，3）。

　　标本T23④：17　残。夹砂红陶。卷折沿，方唇，腹深相对较大。口径21.0、高7.6厘米（图一七九，4）。

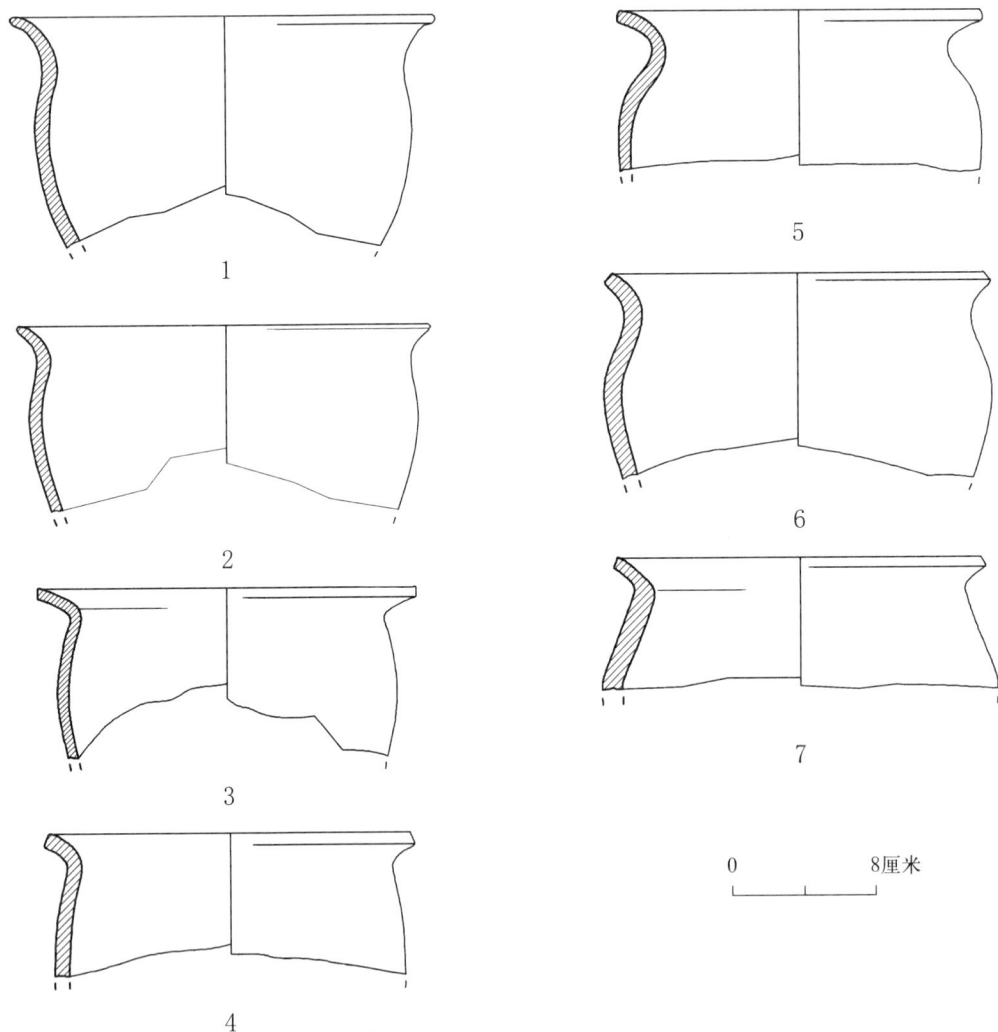

图一七九　五担岗遗址素面陶鬲（2类）

1、2.Ca型（G26：3、T25②：5）　3、4.Cb型（T28④：1、T23④：17）　5、6.D型（H46：27、T34⑦：1）
7.E型（H1：9）

D型　圆窄肩，斜腹，肩径大于腹径。2件。

标本H46：27　残。夹砂红陶。卷沿较甚，圆方唇。矮弧颈，束颈甚。自肩部往下腹内斜，深腹。口径20.1、高8.8厘米（图一七九，5）。

标本T34⑦：1　残。夹砂褐陶。口径约同于肩径。微卷沿，方唇，束颈，窄肩，深腹内斜甚。口径21.6、高11.2厘米（图一七九，6）。

E型　折肩，斜腹，肩径大于口径。1件。

标本H1：9　残。夹砂红陶。折沿，方唇，下腹斜内收。口径20.7、高7.2厘米（图一七九，7）。

3类

个体更小。共8件。按肩、腹特征差异，可分为四型。

A型　鼓腹，口径小于腹径。共2件。可分为二亚型。

Aa型　微卷沿。1件。

标本T24⑤：17　残。夹砂红陶。微卷沿，口沿外侧近似直口。尖圆唇，束颈，最大腹径居中。口径18.6、高7.8厘米（图一八〇，1）。

Ab型　折沿。1件。

标本H69①：22　残。夹砂红陶。内折棱凸出，沿面稍鼓。尖圆唇，束颈。深腹，最大腹径居中。口径18.7、高8.7厘米（图一八〇，2）。

B型　鼓腹或微鼓腹，口径约同于腹径。共3件。可分二亚型。

Ba型　卷沿。2件。

标本T23④：16　残。夹砂褐陶。口径相对较小。方唇，微束颈，微鼓腹，腹深较大。口径16.6、高7.0厘米（图一八〇，3）。

标本H36①：3　残。夹砂红陶。口径相对较小。方唇，微束颈，微鼓腹，腹深较大。最大腹径居中。口径16.0、高12.4厘米（图一八〇，4）。

Bb型　折沿。1件。

标本T24⑤：16　残。夹砂红陶。内斜沿，沿面微鼓，折棱凸出。方唇，束颈，最大腹径居中。口径17.3、高6.3厘米（图一八〇，5）。

C型　微鼓腹，口径明显大于腹径。共2件。可分为二亚型。

Ca型　微卷沿。1件。

标本T28②：3　残。夹砂红陶。圆唇，长弧颈。深腹，最大腹径居中。口径16.4、高8.4厘米（图一八〇，6）。

Cb型　折沿。1件。

标本T23③：9　残。夹砂红陶。内斜沿，沿面较宽，上有一周浅凹槽。方唇，内折棱凸出，束颈。深腹，最大腹径居中。口径16.4、高9.6厘米（图一八〇，7）。

D型　折肩，肩径明显大于口径。1件。

标本T08③：7　残。泥质灰陶。内折沿，沿面内凹，折棱凸出。方唇，沿下微鼓，缩颈。最大

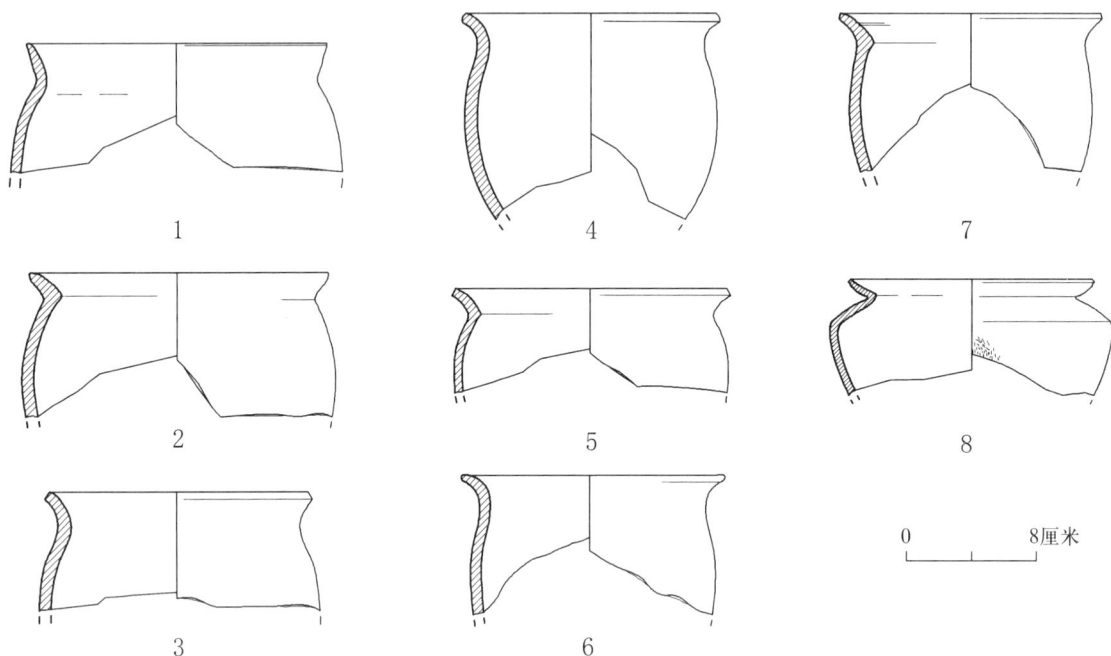

图一八〇　　五担岗遗址素面陶鬲（3类）

1.Aa型（T24⑤：17）　　2.Ab型（H69①：22）　　3、4.Ba型（T23④：16、H36①：3）　　5.Bb型（T24⑤：16）
6.Ca型（T28②：3）　　7.Cb型（T23③：9）　　8.D型（T08③：7）

径于肩部，腹部往下内斜，裆上腹际内瘪。口径15.4、肩径17.6、高7.0厘米（图一八〇，8；图版一九，5）。

绳纹鬲

不含鬲足在内，共选取129件标本。可分完整器和口沿两类介绍。

完整器

26件。按整体特征差异，可分为六型。

A型　鼓腹，口径小于腹径。共7件。其中6件可分为二亚型。

Aa型　腹深相对较小。5件。可分为五式。

Ⅰ式　微卷沿，最大腹径居中上，足跟粗壮，足窝较浅。1件。

标本T11⑦：1　夹砂红陶。卷沿，圆唇，腹部鼓出明显，裆部残缺。锥足较矮，足尖残。三足间距较大。饰粗绳纹，足部经过打磨。口径28.8、最大腹径35.0、残高23.2厘米（图一八一，1）。

Ⅱ式　折沿，略束颈，最大腹径居中，高弧裆，瘦狭袋足，足跟变稍细，足窝变深。1件。

标本H89：1　夹砂红褐陶。内斜沿，沿面内凹，折棱凸出。尖圆唇。矮锥足，足尖残缺。饰右斜绳纹，局部有交错。裆、足局部经过打磨有刮削痕。口径22.0、最大腹径22.8、残高18.6厘米（图一八一，2；彩版一四，1）。

Ⅲ式　折平沿，最大腹径略偏下，矮弧裆，袋足更瘦狭，足跟呈矮锥足状。1件。

标本H91：1　夹砂红褐陶，局部黑褐色。尖唇，溜肩，裆上腹际内瘪。饰绳纹被一周轮旋浅槽间断，颈部亦可见轮旋痕。裆、足部经过修整、打磨，足跟与腹有分界，实足跟粗壮。口径16.6、最大腹径18.2、高17.4厘米（图一八一，3；彩版一九，5）。

Ⅳ式　仰折沿，束颈甚，最大腹径居中，平裆，足跟变为柱状，足尖外撇。1件。

标本H37：5　夹砂褐陶，器表部分灰褐色。沿面微内凹，折棱凸出。圆唇，沿下有明显夹角。高柱足，足窝较浅。饰左斜绳纹被数道轮旋纹间断，足部可见明显刮削痕。口径16.0、最大腹径17.8、高16.4厘米（图一八一，4；彩版二三，1）。

Ⅴ式　折平沿，斜长颈，平裆，柱足内斜。1件。

标本G27②：43　夹砂红陶，器表黑褐色。圆方唇，腹深较小。高柱足，足窝较浅。饰交错绳纹并被数道轮旋纹间断，颈部绳纹抹平。足经过刮削、打磨。口径17.9、最大腹径19.1、高19.2厘米（图一八一，5；彩版二六，1）。

Ab型　腹深很大。1件。

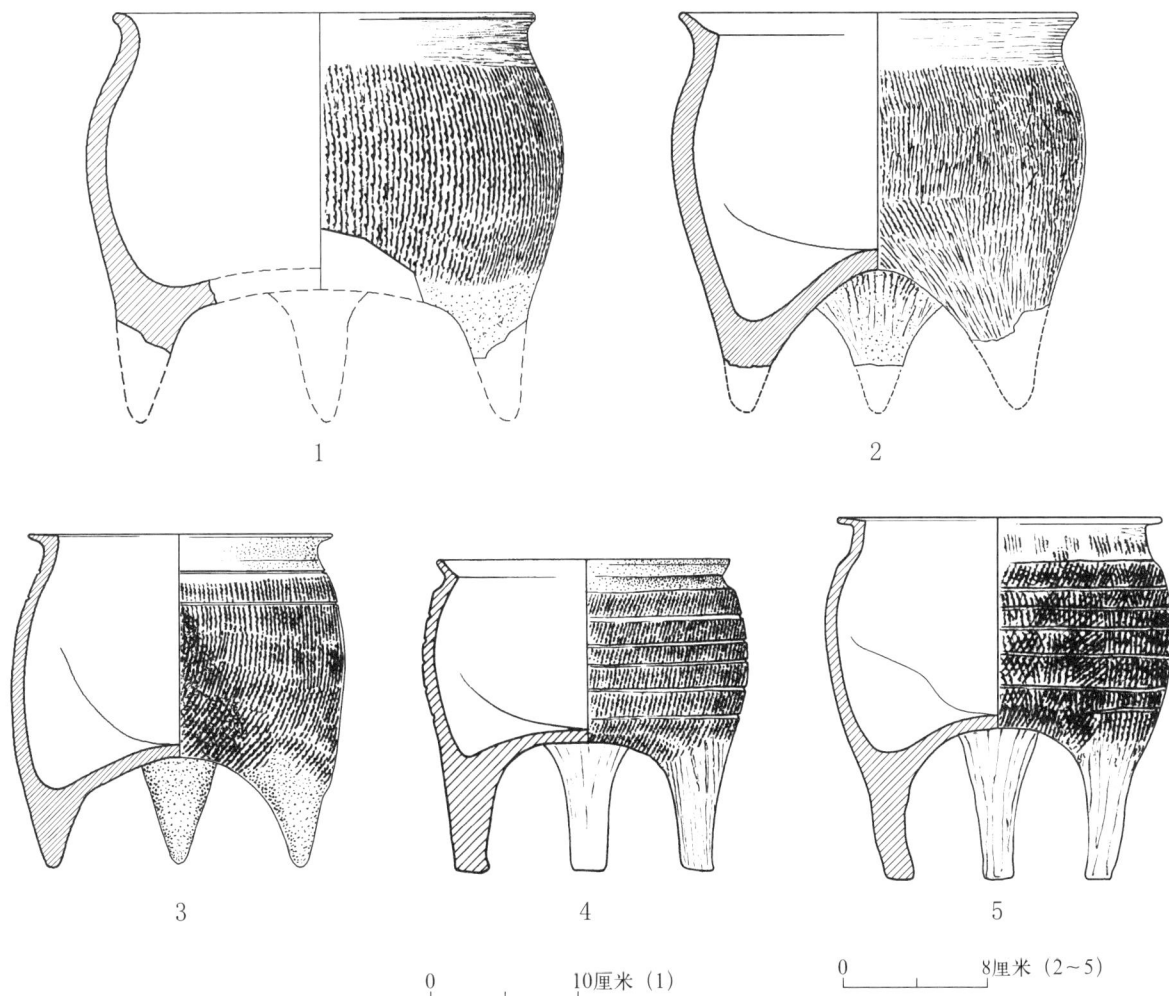

图一八一　五担岗遗址绳纹陶鬲

1.Aa型Ⅰ式（T11⑦：1）　2.Aa型Ⅱ式（H89：1）　3.Aa型Ⅲ式（H91：1）　4.Aa型Ⅳ式（H37：5）
5.Aa型Ⅴ式（G27②：43）

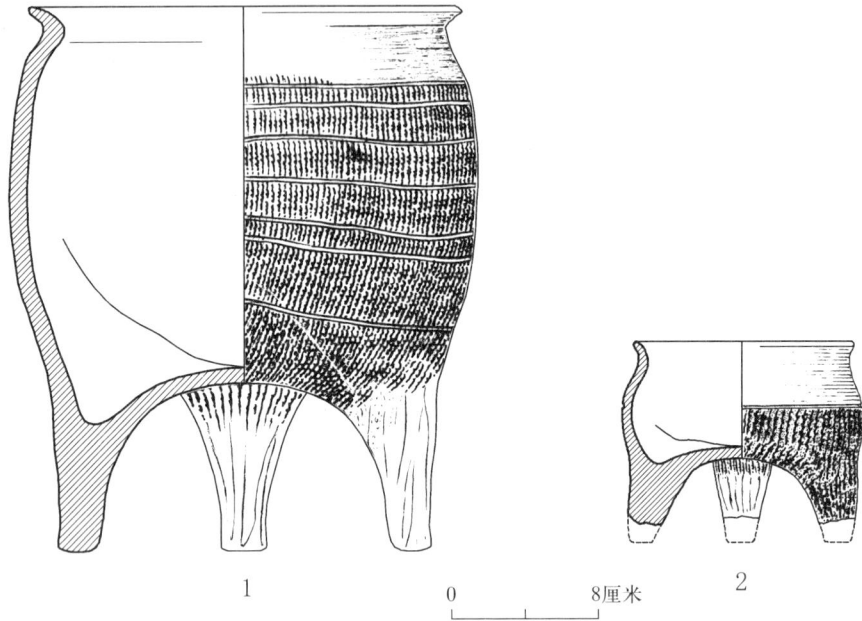

图一八二　五担岗遗址绳纹陶鬲
1.Ab型（G27③：39）　　2.鬲（G27②：24）

标本G27③：39　夹砂红褐陶，器表部分灰褐色，足红色。卷折沿，尖圆唇，沿下角较大，短斜颈，最大腹径居中。弧裆近平，高柱足。足窝较浅，足尖微外撇。饰绳纹被数道轮旋纹间断，足部经过打磨、刮削。口径23.6、最大腹径25.7、高28.8厘米（图一八二，1；彩版二三，2）。

1件个体极小，未分型式。

标本G27②：24　夹砂红褐陶，局部黑褐色。微卷沿，圆唇，弧颈，最大腹径居中，腹深较小，弧裆。足相对较高较粗壮，足尖残缺。饰粗绳纹，肩部有一周凹弦纹。足部经过打磨、刮削。口径12.0、最大腹径13.3、残高9.3厘米（图一八二，2；彩版二六，2）。

B型　鼓腹，口径约同腹径。共6件。其中5件可分为二亚型。

Ba型　腹深相对较小。4件。可分为三式。

Ⅰ式　卷沿，长弧颈，最大腹径偏下，弧裆，锥形足较粗壮。1件。

标本H100②：2　夹砂红陶。圆唇，裆腹际内瘪。足内斜，足尖残。饰粗绳纹，器表局部抹平。口径16.7、最大腹径16.9、残高14.6厘米（图一八三，1；彩版一七，1）。

Ⅱ式　卷折沿，短斜颈，沿下角较大。1件。

标本H37：10　夹砂灰陶，足红色。圆方唇，弧裆，高柱足外撇。饰交错绳纹被数道轮旋纹间断，足部经过打磨、刮削。口径24.1、最大腹径24.2、高20.3厘米（图一八三，2；图版二三，1）。

Ⅲ式　折沿或折平沿，束颈，沿下角变小，最大腹径居中，平裆或弧裆近平，柱足。2件。

标本G27③：33　夹砂褐陶，局部灰褐。内斜沿，沿面较宽。斜方唇，弧腹，最大腹径居中上。裆下腹际内瘪。弧裆近平，柱足稍内斜。饰左斜绳纹被数道轮旋纹间断，颈部绳纹抹平。口径

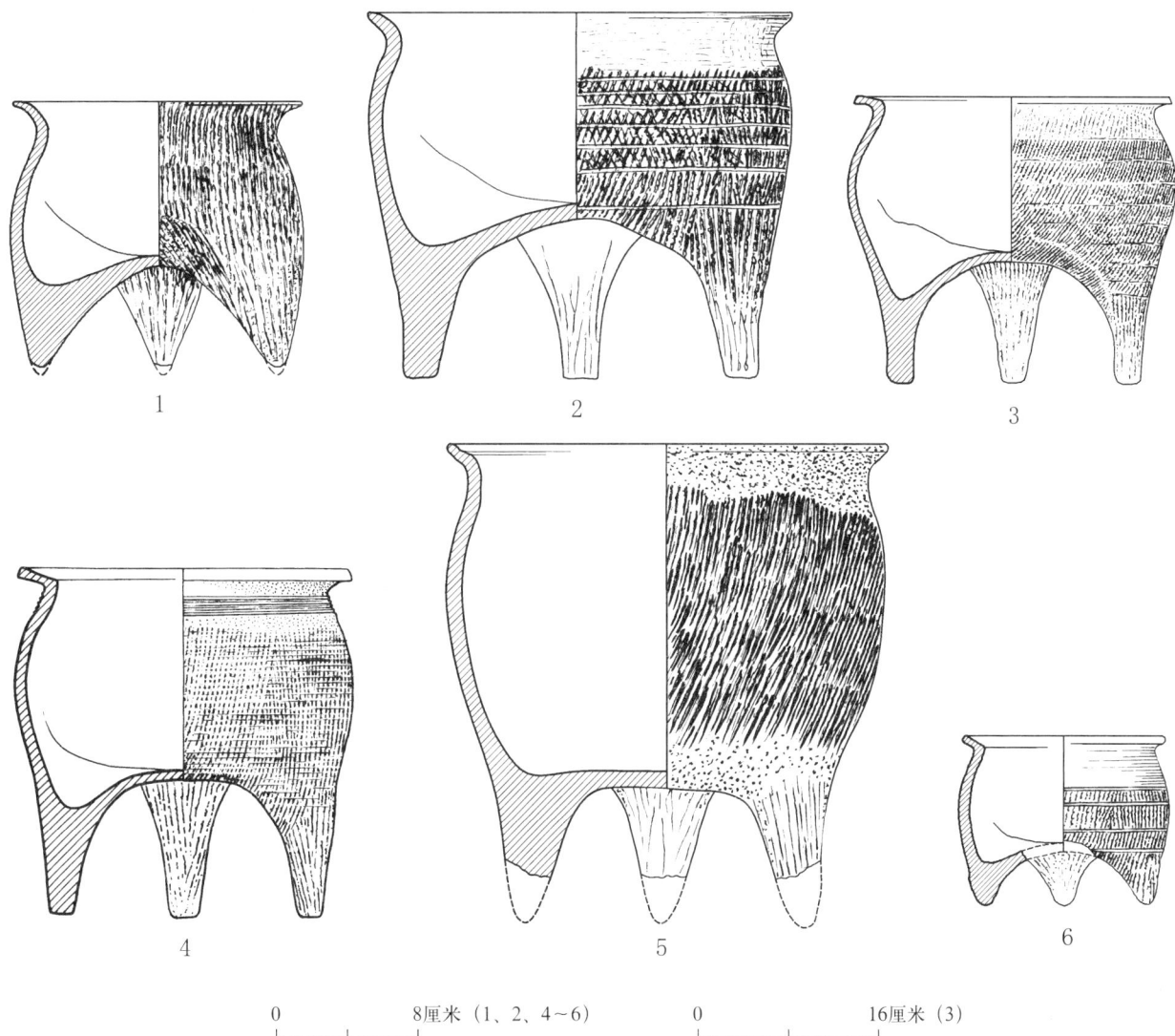

图一八三　五担岗遗址绳纹陶鬲

1.Ba型Ⅰ式（H100②：2）　2.Ba型Ⅱ式（H37：10）　3、4.Ba型Ⅲ式（G27③：33、G27②：35）
5.Bb型（H110：1）　6.鬲（G27③：35）

28.1、最大腹径29.1、高24.4厘米（图一八三，3；彩版二三，3）。

标本G27②：35　夹细砂灰陶。内折沿，沿面较宽，折棱凸出。方唇，平裆，高柱足微内斜。饰细绳纹被细密轮旋纹间断，颈部亦可见多道浅凸棱。足经过打磨。口径19.2、最大腹径19.5、高19.4厘米（图一八三，4；彩版二六，3）。

Bb型　腹深很大。1件。

标本H110：1　夹砂红陶。卷折沿，沿面内凹。圆唇，鼓腹，平裆较矮。尖锥足略外撇，足较粗壮，足尖残。饰斜直绳纹类似篦纹，器表、足部经过打磨、刮削。口径25.2、最大腹径25.2、残高24.0厘米（图一八三，5；彩版一四，2）。

1件个体极小，未分型式。

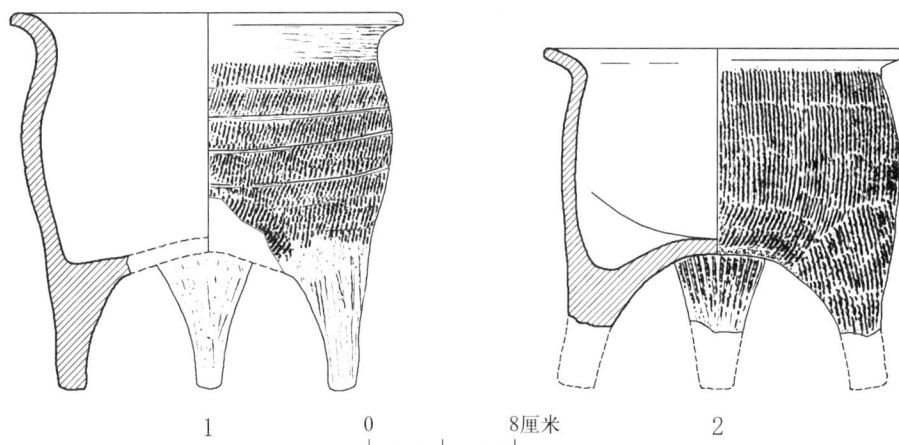

图一八四　五担岗遗址绳纹陶鬲

1.Ca型（H15：3）2.Cb型（G27②：40）

标本G27③：35　夹粗砂褐陶，胎质较硬。内折沿，折棱凸出。圆方唇，最大腹径居中，矮弧裆，裆部分残缺。足较矮。饰绳纹被三道轮旋纹间断。局部经过修整、打磨。口径11.6、最大腹径12.1、高9.4厘米（图一八三，6；图版二三，4）。

C型　鼓腹，口径明显大于腹径。共2件。按口部特征可分为二亚型。

Ca型　卷沿。1件。

标本H15：3　夹砂灰陶。卷沿，圆方唇，长弧颈，裆部残。高柱足，足尖内勾。饰左斜绳纹被数道轮旋纹间断，足部可见明显的刮削痕迹。口径20.4、最大腹径19.3、残高18.9厘米（图一八四，1；图版二三，2）。

Cb型　折沿。1件。

标本G27②：40　夹砂灰陶。折沿，圆方唇，弧裆。高柱足，部分残缺。口径18.4、最大腹径17.5、残高14.2厘米（图一八四，2；图版三〇，5）。

D型　有较明显的肩部，腹部一般较突出。共8件。按整体形态差异，可分为二亚型。

Da型　肩部相对较宽，裆部一般较宽。共6件，其中4件可分四式。

Ⅰ式　卷平沿，颈部相对较长，最大腹径居中。1件。

标本H52：1　夹砂红陶，局部褐色。沿面相对较卷，斜方唇。鼓腹，腹深较大。弧裆较高，裆腹际微内瘪。瘦狭袋足，足跟呈锥状。饰绳纹被两道轮旋纹间断，颈部绳纹隐约可见并有一周浅槽。裆部、足部表面经过打磨、修整可见刮削痕迹。口径26.0、最大腹径28.6、高26.8厘米（图一八五，1；彩版一七，2）。

Ⅱ式　折沿，缩颈，最大腹径偏中上。1件。

标本T23④：4　夹砂褐陶，局部黑褐色。内斜沿，折棱凸出。圆方唇，鼓腹，矮弧裆。矮锥足，足尖残缺。饰绳纹局部抹平。口径15.6、最大腹径17.7、残高14.0厘米（图一八五，2；彩版二〇，1）。

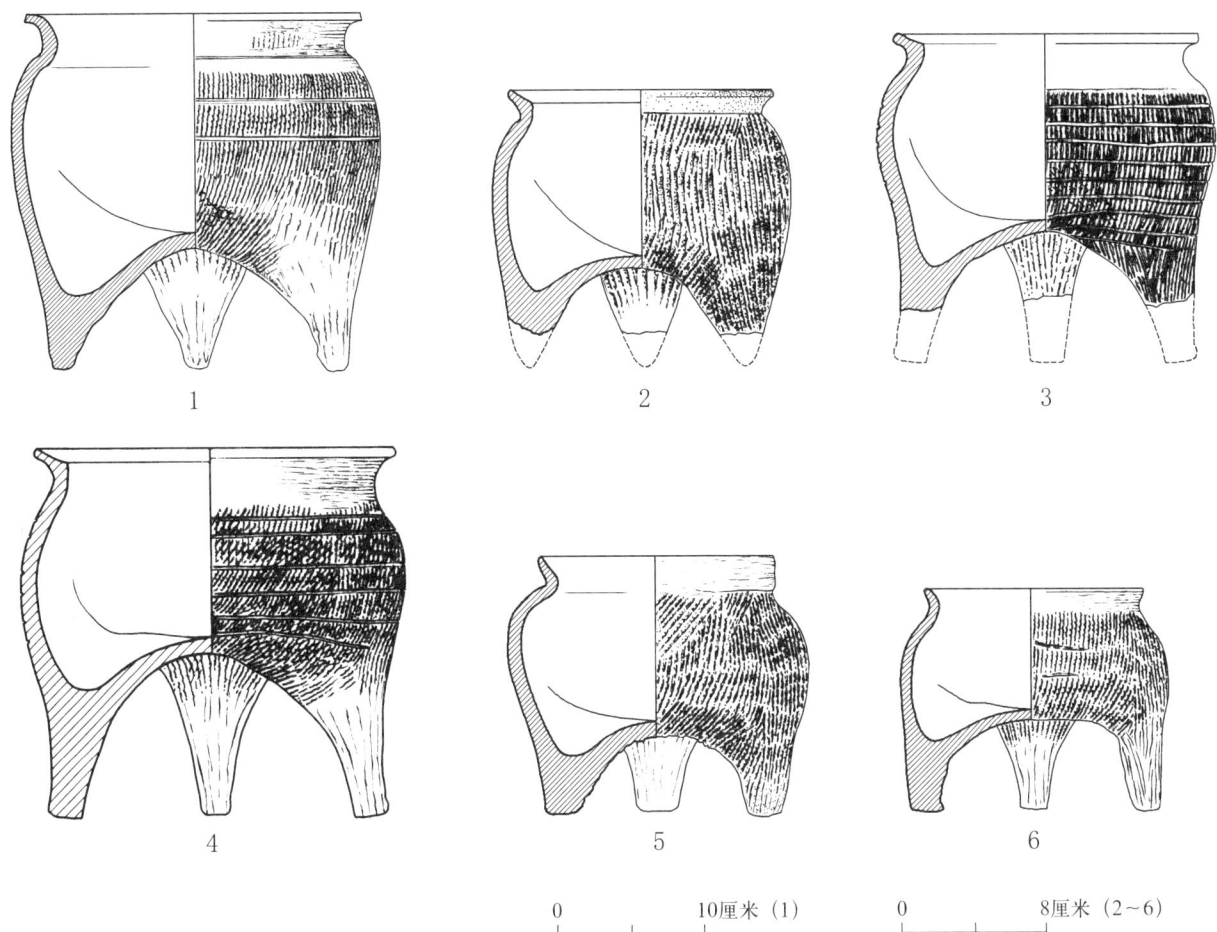

图一八五 五担岗遗址绳纹陶鬲

1.Da型Ⅰ式（H52：1） 2.Da型Ⅱ式（T23④：4） 3.Da型Ⅲ式（G27③：7） 4.Da型Ⅳ式（G27②：32）
5、6.鬲（H100①：1、G27③：6）

Ⅲ式 折沿，束颈，颈部较短。1件。

标本G27③：7 夹砂灰陶，足灰红色。内斜沿，折棱凸出。方唇，鼓腹，裆部相对较宽较高。柱足外撇，部分残缺。足间距较大。饰绳纹被数道轮旋纹间断。口径18.6、最大腹径20.6、残高16.3厘米（图一八五，3；图版二三，3）。

Ⅳ式 折沿，颈部变长。1件。

标本G27②：32 夹砂灰陶，陶胎红色。内斜沿，折棱凸出。方唇，鼓腹，弧裆较高。高柱足外撇，足尖灰红色。足间距较大。饰绳纹被数道轮旋纹间断，足部表面经过打磨、刮削。口径20.7、最大腹径22.3、高20.6厘米（图一八五，4；彩版二六，4）。

2件未分式。

标本H100①：1 夹砂褐陶，局部黑色。仰折沿，局部直口，尖圆唇，肩部突出较甚，最大腹径偏中上。弧裆较窄较矮，矮粗状柱足。所饰绳纹较粗，器表经过修整。口径12.8、腹径16.0、最大腹径16.5、高13.6厘米（图一八五，5；彩版一七，3）。

标本G27③：6　夹砂灰陶，器表局部黑色。微卷沿，尖圆唇。腹部鼓出但与足几乎在一条直线上。最大腹径居中下。宽平裆。柱足外撇，足尖内勾。足间距较大。器表经过打磨、刮削。口径12.0、最大腹径14.8、高11.6厘米（图一八五，6；彩版二三，4）。

Db型　肩部相对较窄，裆部一般较窄较高。共2件，可分二式。

Ⅰ式　卷折沿，没有明显的沿下角。1件。

标本T11⑤：1　夹砂红褐陶，腹表黑褐色，足红色。圆唇，束颈，窄肩，腹内斜。窄弧裆，高弧裆。袋足瘦狭，足跟呈锥形。器表经过修整，足光素。口径15.6、最大腹径16.0、高15.2厘米（图一八六，1；彩版一七，4）。

Ⅱ式　折沿，沿下角较明显。1件。

标本H69③：4　夹砂红褐陶。沿面内凹，内折棱凸出。圆唇，缩颈，肩部极窄，深弧腹内斜，裆腹际内瘪。弧裆，袋足瘦狭，足跟呈锥形，足尖外撇。三足间距较大。腹部表面饰绳纹经过打磨后纹饰较模糊，裆部、足表刮削痕明显。口径24.0、最大腹径24.4、高24.6厘米（图一八六，5；彩版一九，6）。

E型　斜腹。2件。可分为二式。

Ⅰ式　束颈，沿下角明显，弧裆近平。1件。

标本G27③：3　夹砂灰陶。内折沿，沿面较宽，折棱凸出。圆方唇，斜直腹局部微鼓。裆较宽，裆下腹际内瘪。高柱足外撇，足窝相对较深。饰绳纹被五道轮旋纹间断，足面有明显的刮削痕。口径25.0、最大腹径23.3、高20.0厘米（图一八六，3；彩版二三，5）。

Ⅱ式　无沿下角，平裆。1件。

标本H2：15　夹砂褐陶，足部呈红色。侈口，尖圆唇，斜直腹，宽平裆，圆柱状实足外撇，足窝不明显。饰绳纹被三道轮旋纹间断，足光素。口径19.4、高15.7厘米（图一八六，4；彩版二六，5）。

F型　折肩鬲。1件。

标本H37：57　泥质红陶。折沿，口部残。缩颈，斜腹，上腹微弧，下腹斜直。高弧裆部分残缺，裆中腹际内瘪。锥足内斜，足尖略外撇，器表经过刮磨，局部纹饰不清。最大腹径15.1、残高11.6厘米（图一八六，2；图版二三，5）。

口沿

共103件。按个体大小差异分三类介绍。

1类

个体较大。共22件。按肩、腹特征差异，可分为五型。

A型　鼓腹，口径小于腹径。共4件。按口部特征差异可分为二亚型。

Aa型　卷沿。1件。

标本H66①：5　残。夹砂红陶。尖唇，束颈。腹部鼓出明显，腹深较大。口径26.0、高9.5厘米（图一八七，1）。

Ab型　折沿。3件。

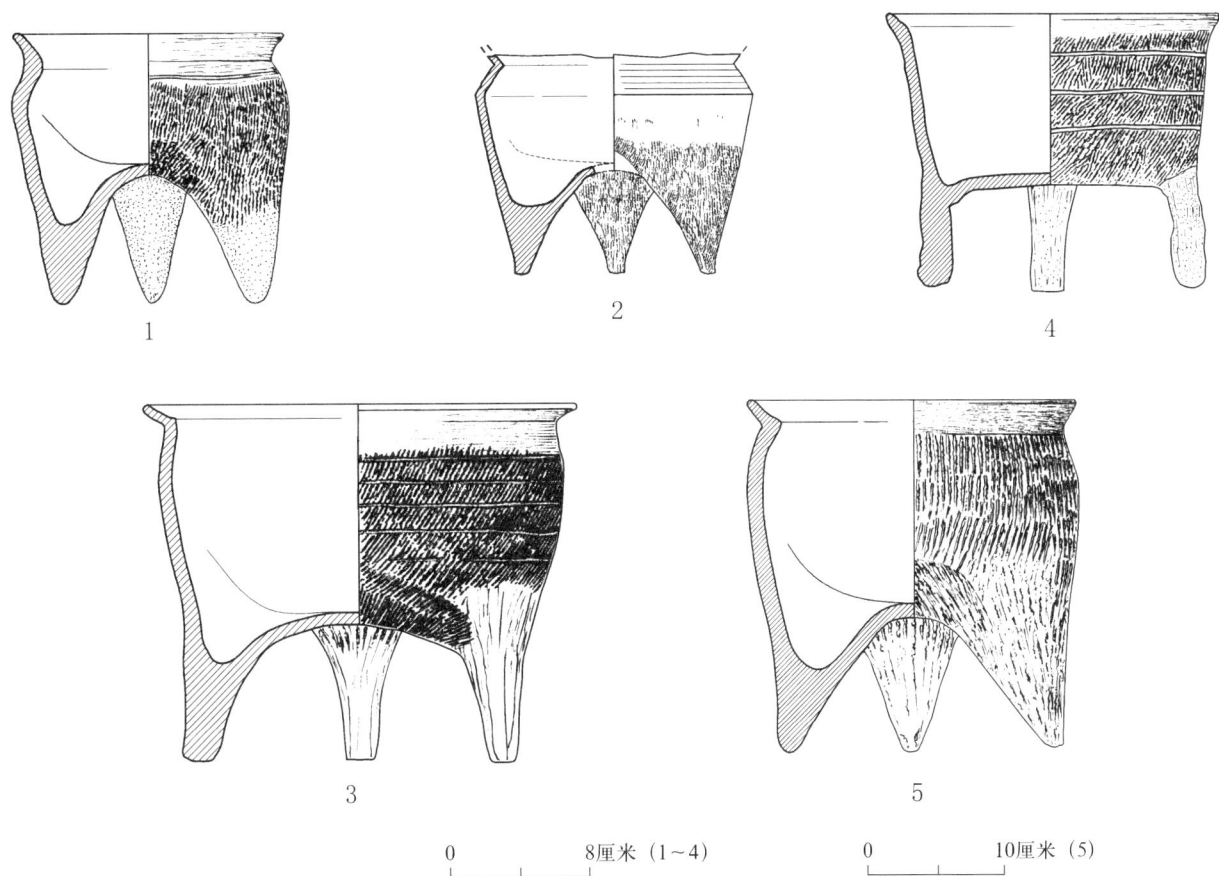

图一八六　五担岗遗址绳纹陶鬲

1.Db型Ⅰ式（T11⑤：1）　2.F型（H37：57）　3.E型Ⅰ式（G27③：3）　4.E型Ⅱ式（H2：15）　5.Db型Ⅱ式（H69③：4）

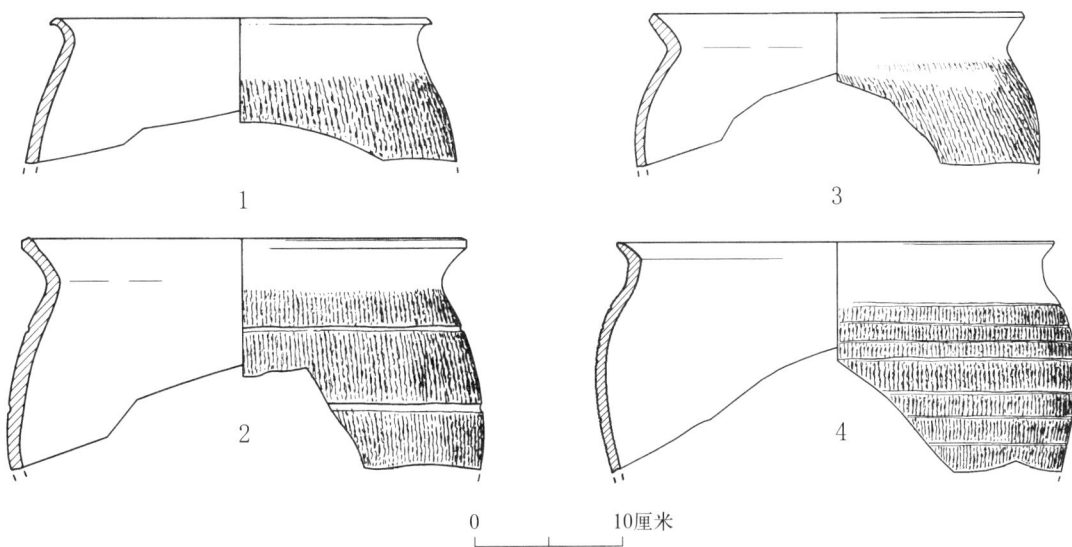

图一八七　五担岗遗址绳纹陶鬲（1类）

1.Aa型（H66①：5）　2~4.Ab型（T23④：19、H100①：28、H15：10）

标本T23④：19　残。夹砂红陶。大宽沿，圆方唇，束颈甚，腹深较大。饰绳纹被两道轮旋纹间断。口径30.4、高15.5厘米（图一八七，2）。

标本H100①：28　残。夹砂红陶。大宽沿，方唇，束颈甚，沿下角明显。腹部鼓出呈球状。饰绳纹局部抹平。口径26.0、高10.0厘米（图一八七，3）。

标本H15：10　残。夹砂灰陶。斜折沿，内折棱凸出，尖圆唇。沿下角较大，长斜颈，腹深较大。饰绳纹被数道轮旋纹间断。口径30.3、高15.4厘米（图一八七，4）。

B型　鼓腹，口径约同腹径。共9件。

标本T24⑤：4　残。夹砂灰陶。斜折沿，内折棱凸出，圆方唇，束颈。口径32.6、高5.8厘米（图一八八，1）。

标本H100①：25　残。夹砂红陶。卷折沿，沿面较宽，方唇，束颈。口径28.5、高8.0厘米（图一八八，2）。

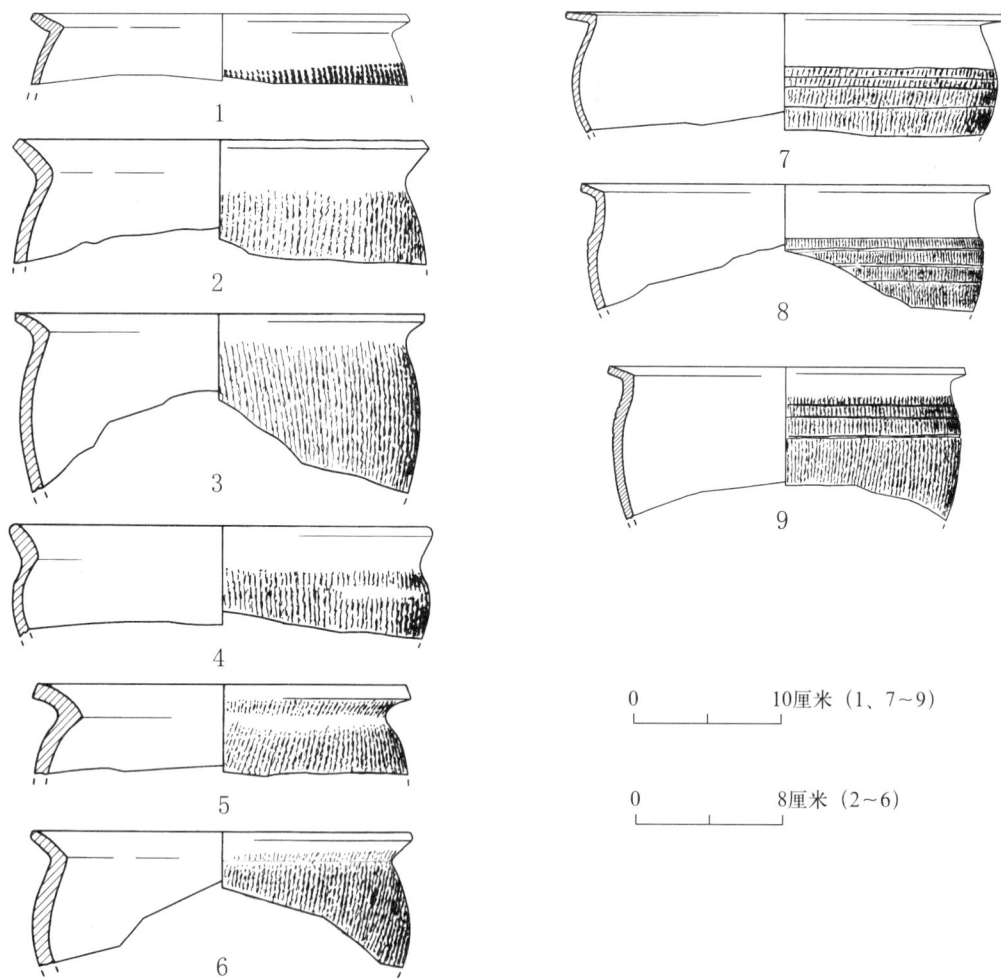

图一八八　五担岗遗址绳纹陶鬲（1类）

1～9.B型（T24⑤：4、H100①：25、H93：18、H46：5、H60：2、T23③：25、G27③：62、H37：32、H37：56）

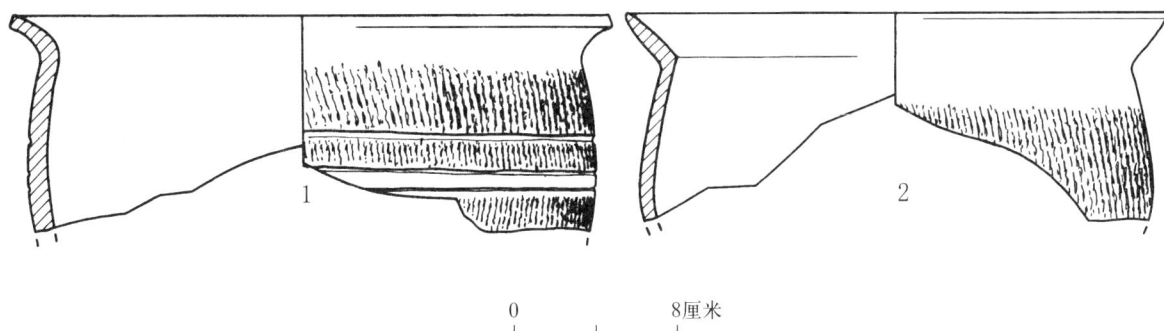

图一八九　五担岗遗址绳纹陶鬲（1类）

1、2.C型（H100②：12、H100①：22）

标本H93：18　残。夹砂红陶。内斜沿，折棱凸出。方唇，唇面较鼓。束颈。口径28.0、高11.8厘米（图一八八，3）。

标本H46：5　残。夹砂红陶。卷折沿，沿面较厚微弧，圆唇，腹收较急。口径28.9、高6.6厘米（图一八八，4）。

标本H60：2　残。夹砂红陶。内斜沿，沿面较宽、较厚，折棱凸出。方唇，束颈，窄肩。口径26.0、高6.0厘米（图一八八，5）。

标本T23③：25　残。夹砂红陶，器壁较厚。内斜沿，沿面较宽。折棱凸出，方唇，束颈。口径26.2、高9.0厘米（图一八八，6）。

标本G27③：62　残。泥质褐陶。内斜沿，折棱凸出，圆方唇。束颈甚。饰绳纹被数道轮旋纹间断。口径37.4、高10.0厘米（图一八八，7）。

标本H37：32　残。夹砂黑陶。斜折沿，内折棱凸出，方唇，长斜颈。饰绳纹被三道轮旋纹间断。口径34.5、高10.5厘米（图一八八，8）。

标本H37：56　残。夹砂灰陶。斜折沿，内折棱凸出，方唇，短斜颈。饰绳纹被三道轮旋纹间断。口径30.4、高12.6厘米（图一八八，9）。

C型　口径明显大于腹径。2件。

标本H100②：12　残。夹砂红陶。卷折沿，方唇，弧颈。饰绳纹被三道轮旋纹间断。口径29.6、高10.4厘米（图一八九，1）。

标本H100①：22　残。夹砂红陶。折沿，沿面较宽。尖唇，沿下略鼓，沿下角较大，束颈。口径26.8、高10.0厘米（图一八九，2）。

D型　圆窄肩，斜腹。5件。按口部特征差异，可分为二亚型。

Da型　卷沿。3件。

标本T10②：8　残。夹砂红陶。大宽沿，圆唇，唇缘倒钩。束颈，颈内斜。肩部凸出，腹部内斜较甚。最大径位于肩部。口径31.3、高9.2厘米（图一九○，1）。

标本G27③：51　残。夹砂灰陶。微卷沿，圆方唇，长弧颈，肩部微耸。最大径于肩部。饰绳纹局部抹平。口径29.0、高8.0厘米（图一九〇，2）。

标本H37：19　残。泥质红陶。微卷沿，圆方唇，长弧颈，腹部斜甚。饰绳纹被数道轮旋纹间断。口径30.2、高8.0厘米（图一九〇，3）。

Db型　折沿。2件。

标本T24⑤：9　残。泥质灰陶。内斜沿，方唇，沿面微鼓。束颈，颈部斜直，肩部微耸，深腹。口径略小于肩径。饰绳纹被数道轮旋纹间断，颈部绳纹抹平。口径26.0、高8.5厘米（图一九〇，4）。

标本G27③：53　残。夹砂褐陶。折平沿，方唇，束颈，耸肩，深腹。饰绳纹被数道轮旋纹间断。口径25.3、高10.5厘米（图一九〇，5）。

E型　直腹。2件。

标本T31⑧：3　残。夹砂灰陶。折沿，沿面较宽，折棱明显。圆方唇，翻贴缘。腹深较大，最大腹径靠下。上腹开始内瘪。饰绳纹，局部绳纹交错。沿下贴塑一周附加堆纹泥条。口径27.6、高16.0厘米（图一九〇，6）。

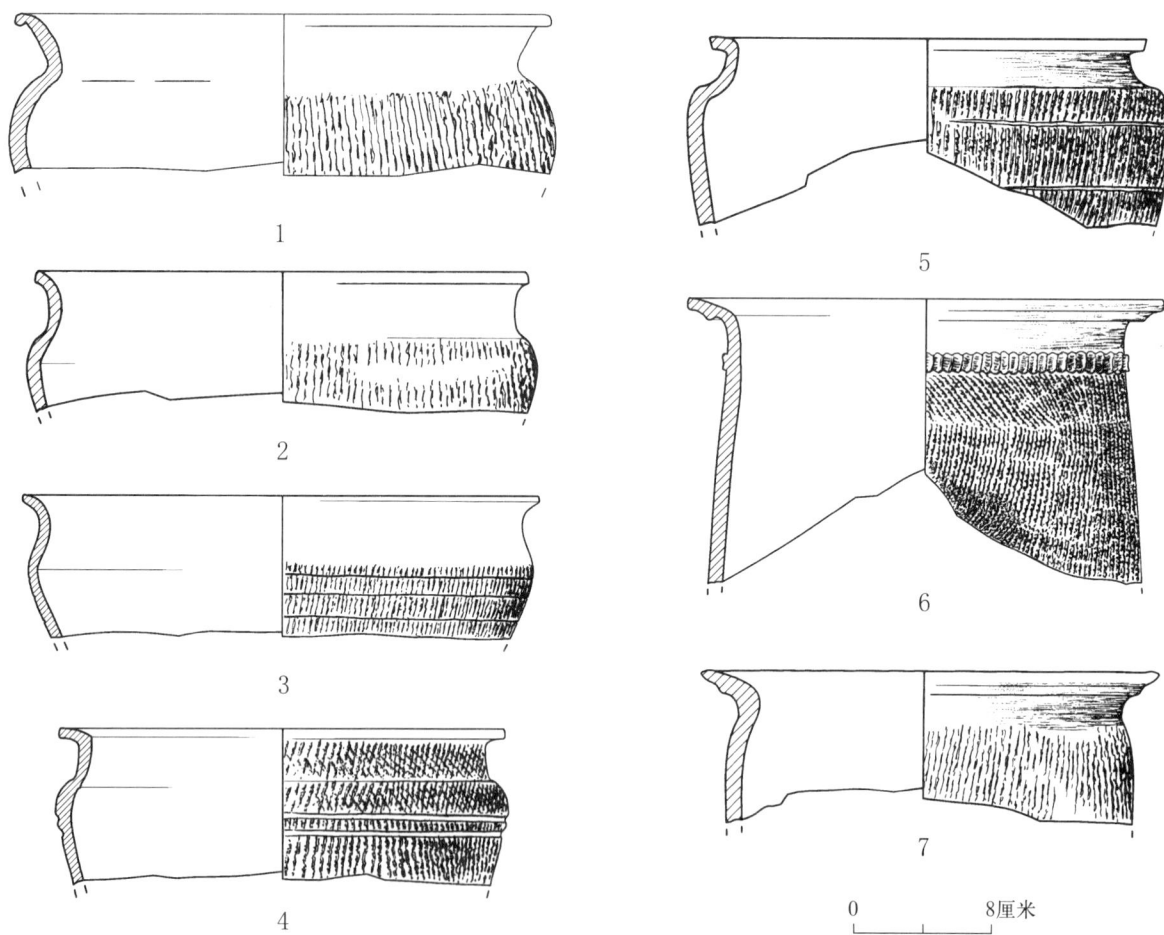

图一九〇　五担岗遗址绳纹陶鬲（1类）

1~3.Da型（T10②：8、G27③：51、H37：19）　4、5.Db型（T24⑤：9、G27③：53）

6、7.E型（T31⑧：3、H93：10）

标本H93∶10　残。夹砂灰陶。折沿，沿面较宽，折棱明显。尖圆唇，翻贴缘。深腹。饰绳纹局部抹平。口径26.5、高8.6厘米（图一九〇，7）。

2类

个体较小。共43件。按肩、腹特征差异，可分为六型。

A型　鼓腹，口径小于腹径。共12件。按口部特征差异，可分为二亚型。

Aa型　卷沿。2件。

标本T24⑤∶14　残。夹砂红陶。卷沿，圆唇，束颈，腹部明显突出。腹深较大，最大腹径居中。口径24.8、高10.4厘米（图一九一，1）。

标本T23③∶1　残。夹砂红陶。微卷沿，圆唇。束颈，腹部较鼓。口径23.2、高11.4厘米（图一九一，2）。

Ab型　折沿。10件。

标本H93∶19　残。夹砂红陶。内斜沿，尖圆唇，束颈。口径25.2、高6.8厘米（图一九一，3）。

标本H87∶11　残。夹砂红陶。内斜沿，折棱凸出。方唇，唇面较鼓。束颈。腹部圆鼓，腹深较大。口径23.7、高12.2厘米（图一九一，4）。

标本H60∶1　残。夹砂红陶。卷折沿，方唇，束颈甚，鼓肩。饰绳纹，颈部绳纹抹平。口径22.4、高9.1厘米（图一九一，5）。

标本H102∶3　残。夹砂红陶。卷折沿，圆唇，束颈甚，鼓肩。口径21.0、高9.2厘米（图一九一，6）。

标本H69①∶42　残。夹砂黑陶。内斜沿，沿面较宽，沿面微鼓。圆方唇，束颈。口径24.6、高9.2厘米（图一九一，7）。

标本G27③∶50　残。夹砂灰陶。内斜沿，沿面较窄，折棱凸出，方唇。束颈。饰绳纹被两道轮旋纹间断。口径20.3、高9.5厘米（图一九一，8）。

标本T21⑤∶3　残。夹砂褐陶。内斜沿，沿面较宽。折棱凸出，方唇，缩颈。口径23.0、高8.2厘米（图一九一，9）。

标本H15∶12　残。夹砂灰陶。内斜沿，沿面较窄。折棱凸出，尖唇，长斜颈。饰绳纹被数道轮旋纹间断，颈、肩交界处因抹平而有一道折棱。口径24.2、高7.6厘米（图一九一，10）。

标本H37∶20　残。夹砂红陶。内斜沿，方唇，束颈，腹部圆鼓。饰绳纹被数道轮旋纹间断，颈部绳纹抹平。口径20.1、高6.2厘米（图一九一，11）。

标本T36②∶2　残。夹砂红陶。内斜沿，尖圆唇，束颈，腹部鼓出明显。口径20.2、高8.0厘米（图一九一，12）。

B型　鼓腹，口径约同腹径。共18件。按口部特征差异，可分为二亚型。

Ba型　卷沿。共5件。

标本H109∶2　残。夹砂褐陶。卷平沿，厚方唇，矮弧颈。口径21.6、高6.8厘米（图一九二，1）。

标本H110∶7　残。夹砂红陶。微卷沿，圆唇，束颈，裆上腹际内瘪。口径20.0、高9.9厘米

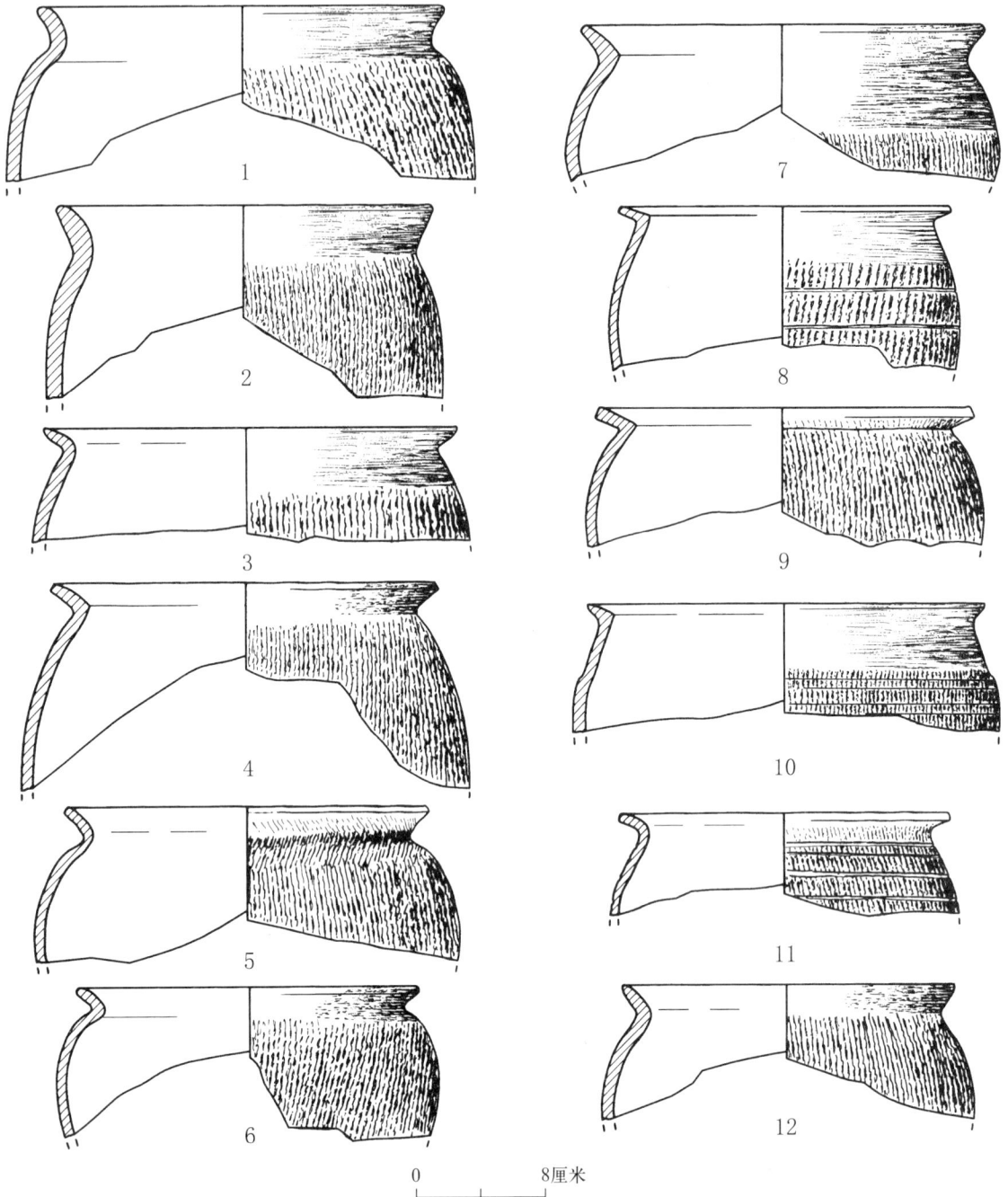

0　　　　　　8厘米

图一九一　五担岗遗址绳纹陶鬲（2类）

1、2.Aa型（T24⑤：14、T23③：1）　3~12.Ab型（H93：19、H87：11、H60：1、H102：3、H69①：42、G27③：50、T21⑤：3、H15：12、H37：20、T36②：2）

（图一九二，2）。

标本H100①：7　残。夹砂红陶。微卷沿，方唇，束颈。口径23.2、高10.2厘米（图一九二，3）。

标本F2：27　残。夹砂灰陶。卷沿，方唇，束颈。饰绳纹被一道轮旋纹间断。口径24.8、高9.4厘米（图一九二，4）。

标本H108：4　残。夹砂红陶。圆唇，长弧颈，腹微鼓近直，最大腹颈靠下，足内斜。中腹开

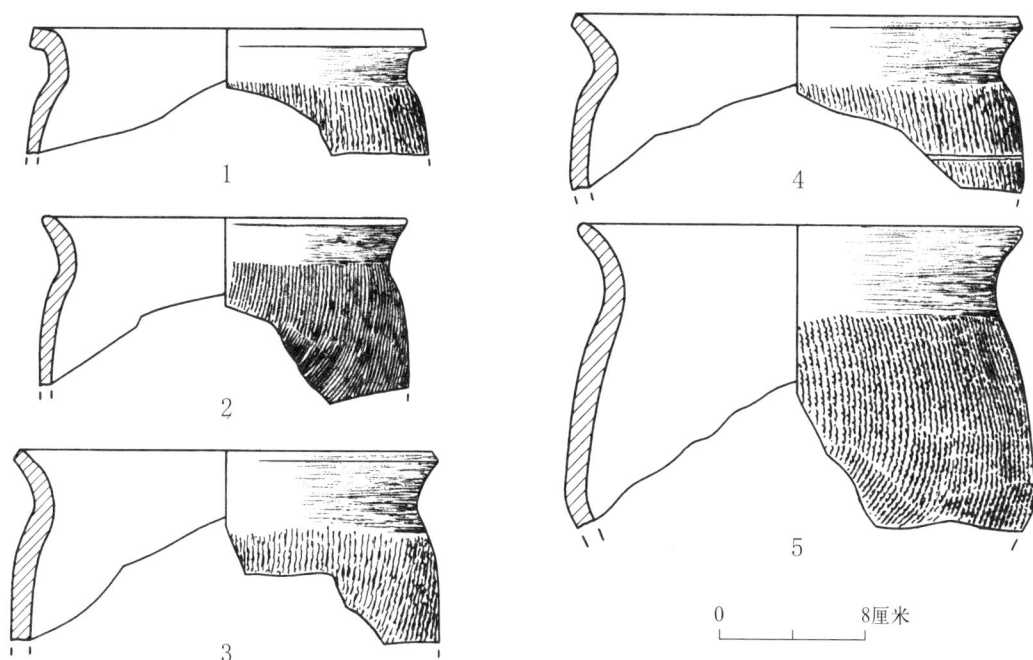

图一九二　五担岗遗址绳纹陶鬲（2类）

1. Ba型（H109：2、H110：7、H100①：7、F2：27、H108：4）

始内瘪。口径24.5、高16.2厘米（图一九二，5）。

Bb型　折沿。共13件。

标本H109：4　残。夹砂红陶。方唇，弧颈。口径20.2、高4.8厘米（图一九三，1）。

标本T24⑤：13　残。夹砂红陶。折平沿，圆方唇，束颈，深腹。口径22.3、高8.4厘米（图一九三，2）。

标本H56：8　残。夹砂红陶。内斜沿，沿面较宽、较鼓，折棱凸出。方唇，唇面内凹，束颈。口径22.6、高8.8厘米（图一九三，3）。

标本H46：20　残。夹砂红陶。内斜沿，方唇，折棱凸出，束颈。口径20.0、高9.6厘米（图一九三，4；图版一六，3）。

标本H46：24　残。夹砂红陶。窄斜沿，圆方唇，唇缘加厚，束颈甚。口径20.1、高7.2厘米（图一九三，5）。

标本H93：21　残。夹砂红陶。内斜沿，沿面较宽，尖圆唇，束颈。饰绳纹，局部抹光。口径20.2、高10.4厘米（图一九三，6）。

标本T07③：3　残。夹砂褐陶。内斜沿，沿面较宽，折棱凸出。方唇，束颈，腹部微鼓。裆中腹际内瘪。饰绳纹，局部抹平。口径21.6、高12.0厘米（图一九三，7）。

标本F2：25　残。夹砂褐陶。卷沿，沿面较宽。圆方唇，束颈甚。口径22.9、高6.7厘米（图一九三，8）。

标本G27②：53　残。夹砂灰陶。折平沿，方唇，沿下内凹，长弧颈。饰绳纹被数道轮旋纹间

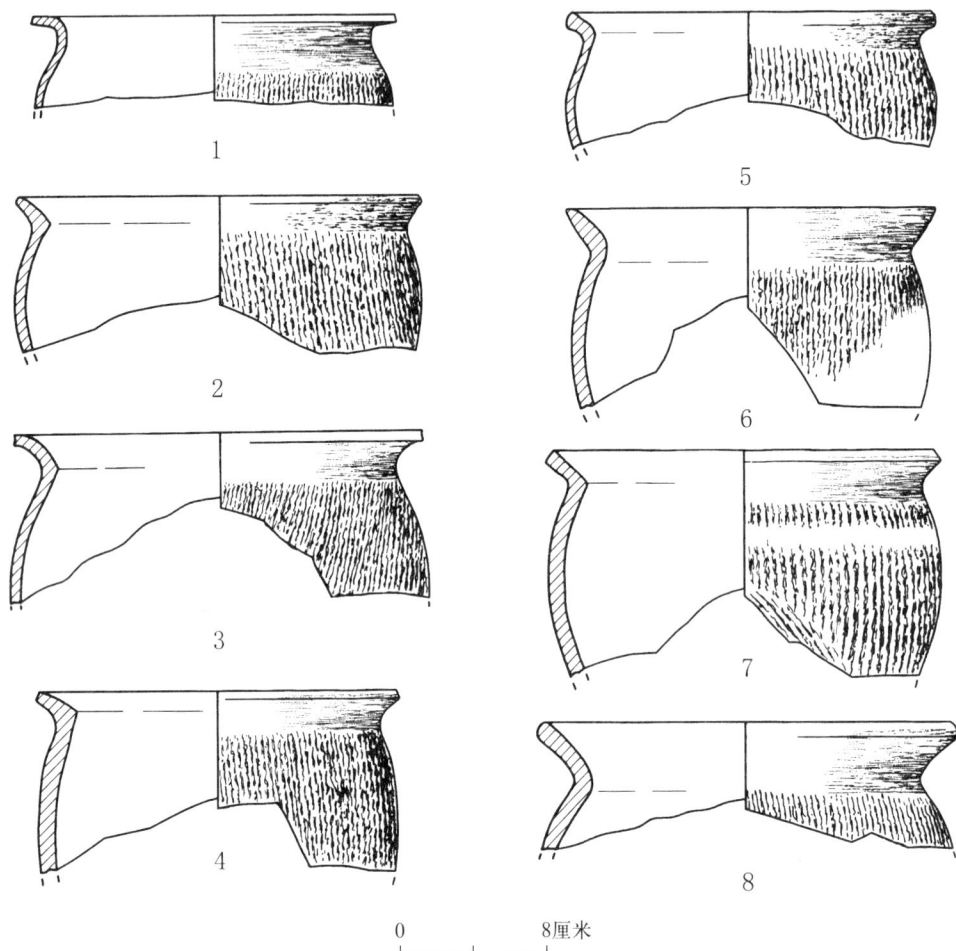

图一九三　五担岗遗址绳纹陶鬲（2类）

1~8.Bb型（H109：4、T24⑤：13、H56：8、H46：20、H46：24、H93：21、T07③：3、F2：25）

断，颈部绳纹抹平。口径23.6、高10.0厘米（图一九四，1）。

标本G27②：62　残。夹砂褐陶。折平沿，沿面较宽。圆方唇，长斜颈，深腹。饰绳纹被数道轮旋纹间断，颈部绳纹抹平。口径23.0、高9.6厘米（图一九四，2）。

标本H2：35　残。夹砂灰陶。内斜沿，沿面较宽、较鼓，折棱凸出，方唇唇面内凹。束颈，深腹。口径22.2、高9.0厘米（图一九四，3）。

标本H37：15　残。夹砂黑陶。折平沿，沿面较窄。方唇，长斜颈。饰绳纹被数道轮旋纹间断。口径20.1、高8.0厘米（图一九四，4）。

标本H37：23　残。夹砂红陶。内斜沿，沿面较宽，折棱凸出。圆唇，矮束颈，窄肩。口径24.8、高4.1厘米（图一九四，5）。

C型　口径明显大于腹径。共5件。

标本T11⑦：3　残。夹砂红陶。折平沿，斜方唇，斜颈。饰绳纹被数道轮旋纹间断。口径20.3、高5.9厘米（图一九五，1）。

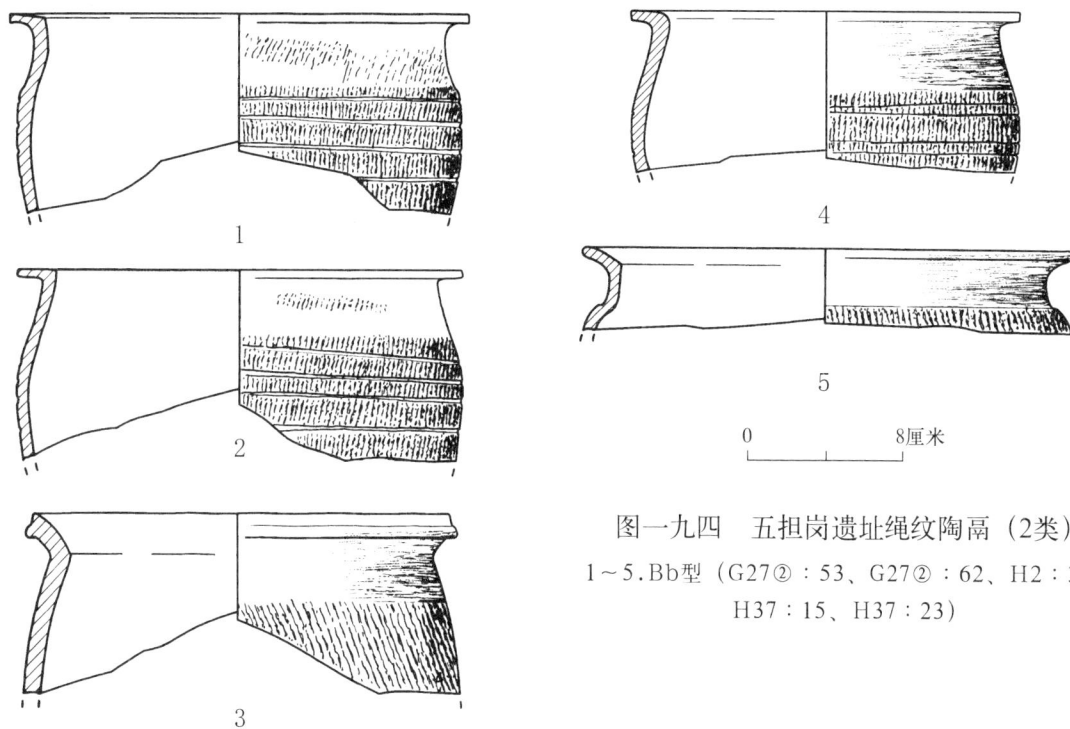

图一九四　五担岗遗址绳纹陶鬲（2类）

1～5.Bb型（G27②：53、G27②：62、H2：35、
　　　　H37：15、H37：23）

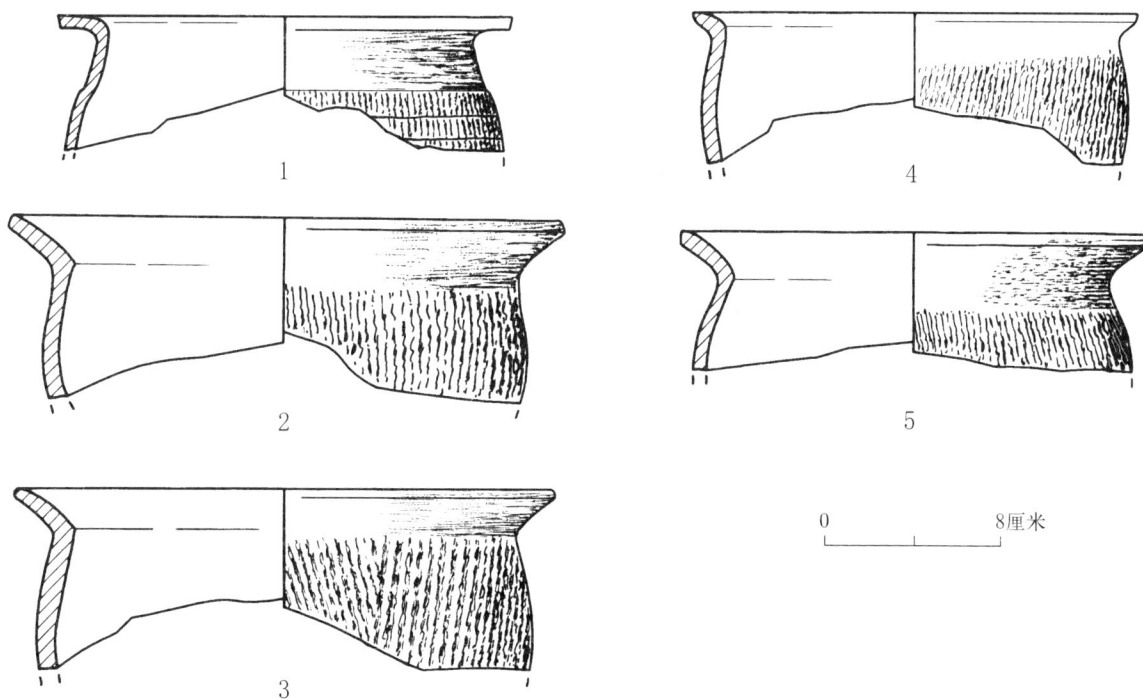

图一九五　五担岗遗址绳纹陶鬲（2类）

1～5.C型（T11⑦：3、H46：28、H100①：18、G23：2、H37：25）

标本H46：28　残。夹砂红陶。宽斜沿，内折棱凸出，方唇，束颈。口径24.8、高7.8厘米（图一九五，2）。

标本H100①：18　残。夹砂红陶。内斜沿，沿面较宽、较鼓，折棱凸出。圆方唇，束颈甚。口径24.2、高8.0厘米（图一九五，3）。

标本G23：2　残。夹砂灰陶。内斜沿，沿面较窄、稍鼓。尖圆唇，束颈。口径20.2、高6.6厘米（图一九五，4）。

标本H37：25　残。夹砂灰陶。内斜沿，沿面较宽，沿面较鼓。折棱凸出，方唇，束颈甚。口径21.1、高6.0厘米（图一九五，5）。

D型　窄肩，斜腹。5件。按口部特征差异，可分为二亚型。

Da型　卷沿，最大腹径居上，最大。3件。

标本T24⑤：20　残。夹砂灰陶。尖圆唇，矮束颈，深腹。口径22.1、高8.3厘米（图一九六，1）。

标本H56：7　残。夹砂红陶。圆唇，矮束颈，深腹。口径22.2、高9.8厘米（图一九六，2）。

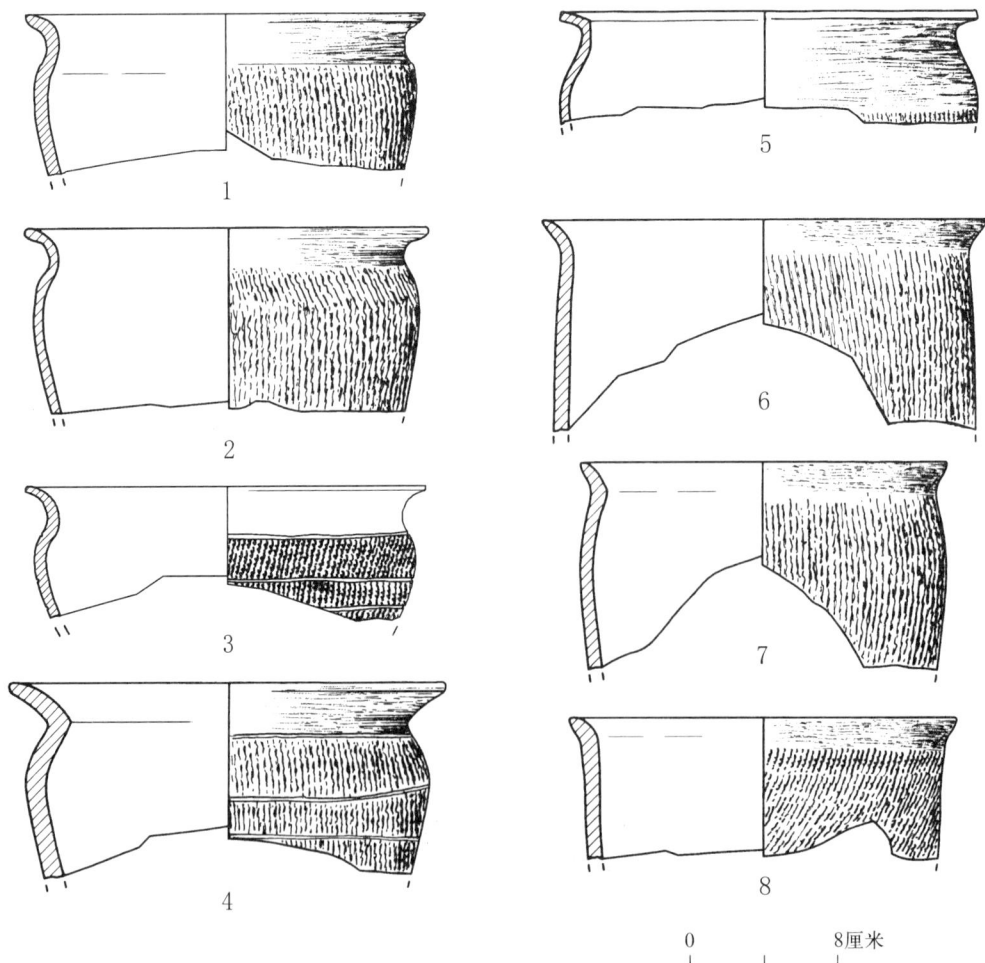

图一九六　五担岗遗址绳纹陶鬲（2类）

1～3.Da型（T24⑤：20、H56：7、G27③：83）　4、5.Db型（H69①：51、G27②：60）　6.Ea型（H37：54）
7、8.Eb型（T32⑨：4、T32⑧：2）

标本G27③：83　残。夹砂褐陶。大口，窄方唇，大卷沿，束颈。饰绳纹被数道轮旋纹间断口径22.1、高7.1厘米（图一九六，3）。

Db型　折沿。2件。

标本H69①：51　残。夹砂红陶，内斜沿，沿面较宽、稍鼓，折棱凸出。圆方唇，束颈甚，深腹。饰绳纹被数道轮旋纹间断。口径24.1、高10.0厘米（图一九六，4）。

标本G27②：60　残。夹砂褐陶。内斜沿，折棱凸出。方唇，束颈，颈短斜。口径22.7、高6.0厘米（图一九六，5）。

E型　直腹。3件。可分为三亚型。

Ea型　卷沿。1件。

标本H37：54　残。夹砂黑陶。沿微卷，尖圆唇，直腹外斜。深腹，最大腹径居中下。口径24.3、高11.2厘米（图一九六，6）。

Eb型　折沿。2件。

标本T32⑨：4　残。夹砂红陶。微卷沿，尖圆唇。腹微弧。口径20.0、高11.0厘米（图一九六，7）。

标本T32⑧：2　残。夹砂褐陶。微卷沿，尖圆唇。直腹。口径21.0、高7.5厘米（图一九六，8）。

3类

个体更小。共38件。按肩、腹特征差异，可分为四型。

A型　鼓腹，口径小于腹径。共19件。可分为二亚型。

Aa型　卷沿。共5件。

标本H93：9　残。夹砂灰陶。宽沿，沿面有一周浅凹槽。圆方唇，束颈，深腹。颈部因抹平可见一道折棱。口径15.2、高11.2厘米（图一九七，1）。

标本H100①：23　残。夹砂红陶。尖圆唇，束颈，腹部较鼓。饰绳纹，颈部绳纹抹平。口径18.8、高6.2厘米（图一九七，2）。

标本H60：5　残。夹砂红陶。宽沿，卷沿较甚。圆方唇，矮束颈，腹部鼓出呈球状。饰绳纹，局部抹平。口径18.0、高9.2厘米（图一九七，3）。

标本T23③：18　残。夹砂灰陶。宽沿，方唇，束颈甚，腹部鼓出呈球状。口径14.1、高7.0厘米（图一九七，4）。

标本T23③：21　残。夹砂灰陶。圆方唇，束颈。口径18.4、高6.8厘米（图一九七，5）。

Ab型　折沿。共14件。

标本H79：2　残。夹砂灰陶。大宽沿，沿面较宽，内折棱凸出。斜方唇，束颈较甚。口径17.2、高6.2厘米（图一九八，1）。

标本H110：13　残。夹砂红陶。圆唇，束颈，深腹。裆中腹际内瘪。饰绳纹较竖直类似篦纹。口径16.0、高11.8厘米（图一九八，2；图版一二，1）。

标本H93：5　残。夹砂黑陶。沿面较宽，方唇，沿下饰两周凸棱，束颈甚，腹壁较直。饰绳纹

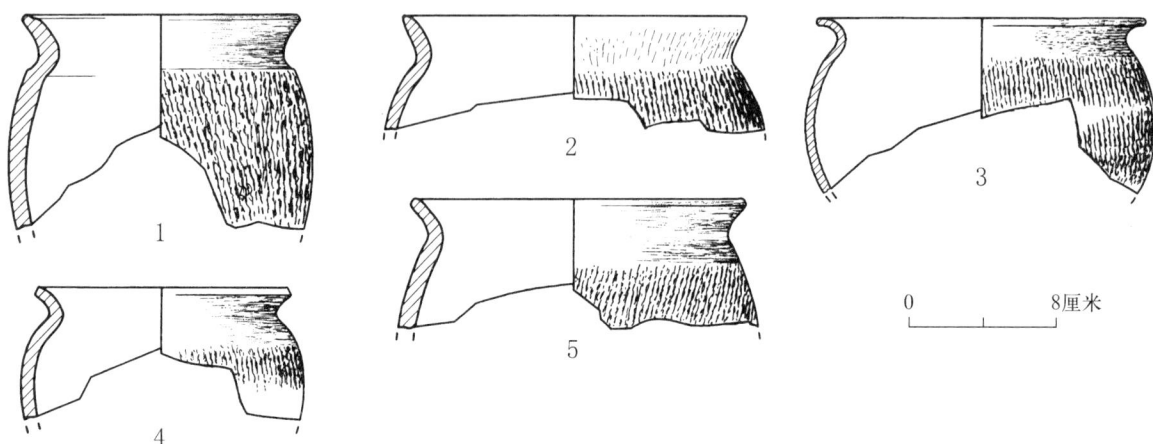

图一九七　五担岗遗址绳纹陶鬲（3类）

1~5.Aa型（H93：9、H100①：23、H60：5、T23③：18、T23③：21）

局部抹平。口径13.8、高10.4厘米（图一九八，3）。

　　标本H36①：5　残。夹砂红陶，器壁较厚。方唇，束颈甚，腹部圆鼓。口径14.3、高7.2厘米（图一九八，4）。

　　标本H56：6　残。夹砂红陶。夹砂褐陶。内斜沿，沿下角较大。折棱凸出，方唇。深腹，腹微鼓。口径19.2、高8.8厘米（图一九八，5）。

　　标本H60：3　残。夹砂红陶。内斜沿，沿面较宽、较鼓。圆方唇，束颈，腹部圆鼓。口径17.4、高8.0厘米（图一九八，6）。

　　标本T17④：6　残。夹砂褐陶。折平沿，方唇，唇面有一周凹槽。深腹，裆中腹际内瘪。口径13.6、高11.2厘米（图一九八，7）。

　　标本T23④：6　残。夹砂褐陶。内斜沿，沿下角较大。沿面略鼓，折棱凸出。方唇，束颈，腹部圆鼓。口径17.4、高8.3厘米（图一九八，8）。

　　标本T23④：15　残。夹砂灰陶。宽斜沿，方唇，折棱凸出，束颈甚，腹部圆鼓。口径17.2、高8.9厘米（图一九八，9）。

　　标本T23④：22　残。夹砂褐陶。内斜沿，沿面稍鼓，折棱凸出。方唇，束颈甚，腹部圆鼓。口径18.7、高10.6厘米（图一九八，10）。

　　标本H59①：4　残。夹砂红陶。宽折沿，沿下角较大。沿面较宽，折棱凸出。方唇，束颈，腹部圆鼓。口径16.0、高4.8厘米（图一九八，11）。

　　标本G27③：77　残。夹砂黑陶。窄斜沿，折棱凸出，方唇，束颈，腹部圆鼓。饰绳纹被数道轮旋纹间断，颈部可见多道凸棱。口径17.9、高10.0厘米（图一九八，12）。

　　标本G27②：67　残。夹砂褐陶。折平沿，沿面较窄、略鼓，折棱凸出。方唇，长斜颈，溜肩，深腹。饰绳纹被数道轮旋纹间断。口径18.0、高10.4厘米（图一九八，13）。

　　标本H75：3　残。夹砂红陶。尖圆唇，束颈，腹部圆鼓。口径19.4、高6.8厘米（图一九八，14）。

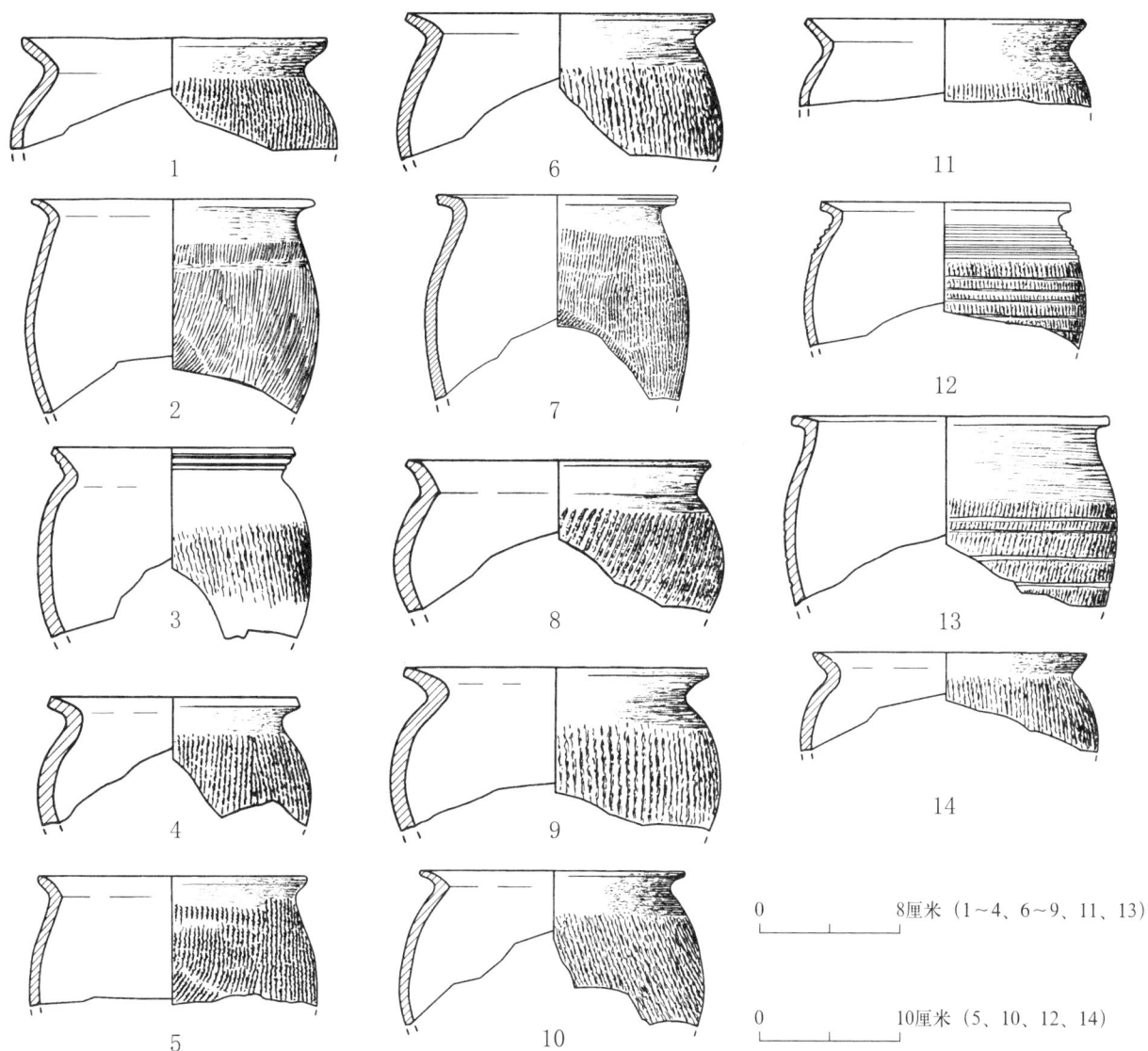

图一九八　五担岗遗址绳纹陶鬲（3类）

1～14.Ab型（H79：2、H110：13、H93：5、H36①：5、H56：6、H60：3、T17④：6、T23④：6、
T23④：15、T23④：22、H59①：4、G27③：77、G27②：67、H75：3）

B型　鼓腹，口径约同腹径。共14件。按口部特征差异，可分为二亚型。

Ba型　卷沿。共8件。

标本T24⑤：15　残。夹砂红陶。大口，沿微卷，圆唇，束颈。口径19.4、高7.8厘米（图一九九，1）。

标本H109：3　残。夹砂褐陶。宽沿，卷沿较甚，圆方唇。束颈，弧颈相对较长，窄肩。饰绳纹被轮旋纹间断。口径18.0、高7.0厘米（图一九九，2）。

标本H109：5　残。夹砂红陶，器壁较厚。宽沿，圆唇，束颈，腹部圆鼓。口径16.2、高7.4厘米（图一九九，3）。

标本H46：15　残。夹砂红陶。宽沿，尖圆唇，长斜颈，腹部较鼓。颈部绳纹抹平后有一周折棱。口径19.6、高8.2厘米（图一九九，4）。

标本H59①：7　残。夹砂红陶。沿微卷，圆唇，束颈，深腹微鼓。口径16.2、高8.3厘米（图一九九，5）。

标本T09②：4　残。夹砂灰陶。沿微卷，方唇，束颈，溜肩，深腹较鼓。口径16.2、高7.4厘米（图一九九，6）。

标本G27②：54　残。夹砂灰陶。大口，卷沿甚，斜方唇，束颈，腹部圆鼓。饰绳纹被三道轮旋纹间断。口径19.5、高9.0厘米（图一九九，7）。

标本G27②：61　残。夹砂褐陶。大口，卷沿甚，斜方唇，矮束颈，腹部圆鼓。饰绳纹被一道轮旋纹间断。口径17.8、高6.8厘米（图一九九，8）。

Bb型　折沿。共6件。

标本H46：12　残。夹砂红陶。方唇，束颈，腹部圆鼓，裆中腹际内瘪。颈部因抹平有一周折棱，上腹部局部绳纹抹平。口径15.8、高7.2厘米（图二〇〇，1）。

标本H46：23　残。夹砂红陶。大宽沿，沿面较宽上有一道浅凹槽。圆方唇，束颈甚，深腹。上腹部局部绳纹抹平。口径15.8、高8.3厘米（图二〇〇，2）。

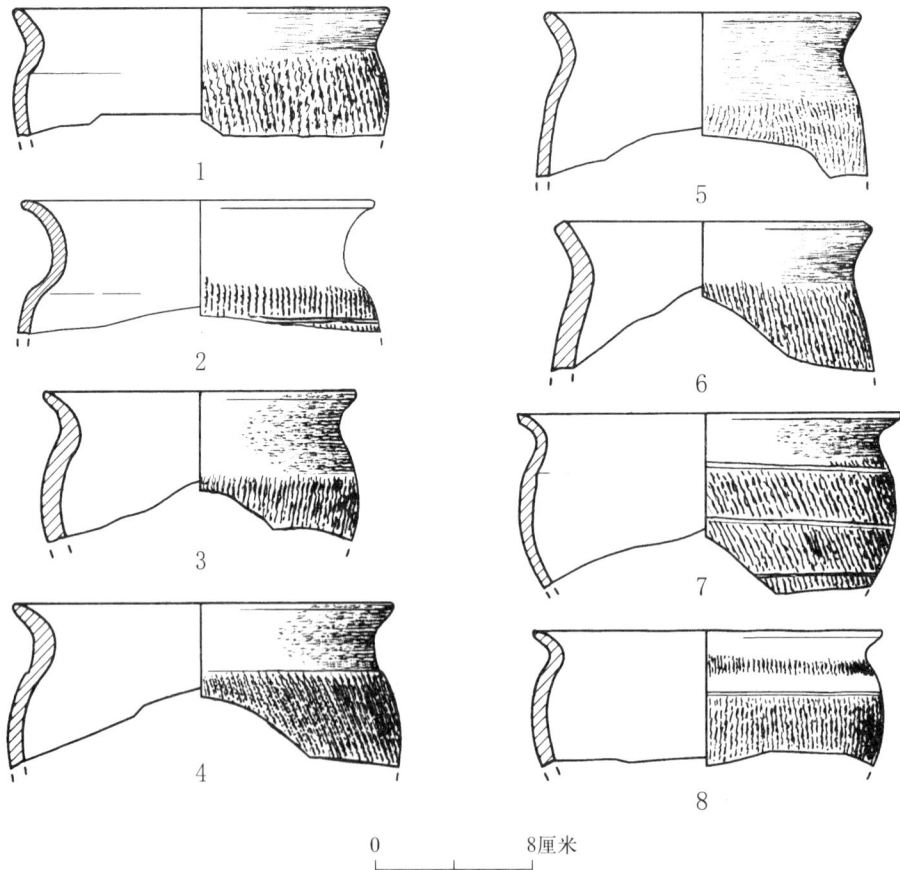

图一九九　五担岗遗址绳纹陶鬲（3类）

1~8.Ba型（T24⑤：15、H109：3、H109：5、H46：15、H59①：7、T09②：4、G27②：54、G27②：61）

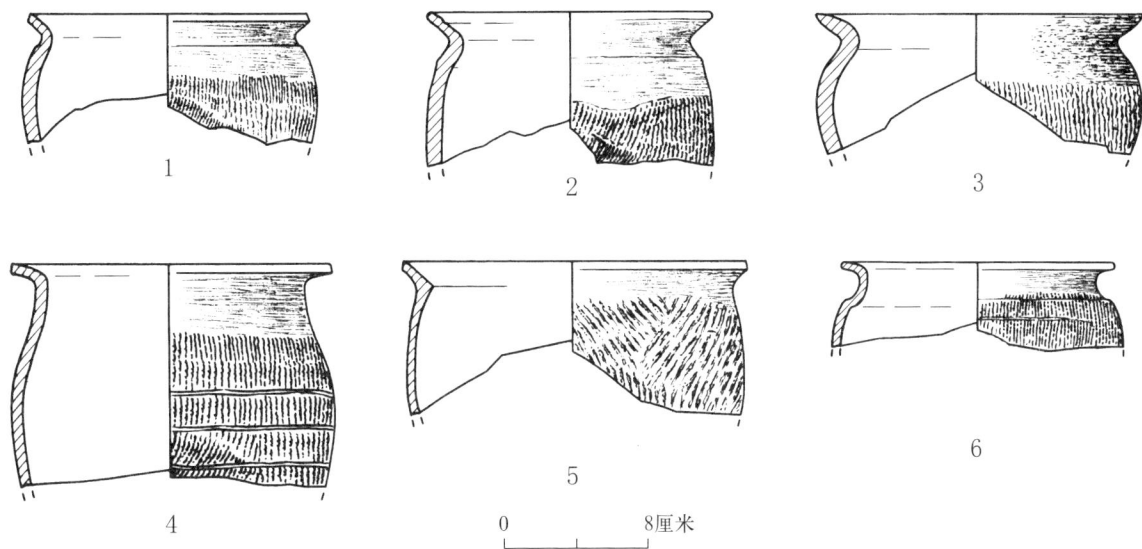

图二〇〇　五担岗遗址绳纹陶鬲（3类）

1~6.Bb型（H46：12、H46：23、T23③：20、G27③：79、T21⑤：2、H37：40）

标本T23③：20　残。夹砂灰陶。大宽沿，尖唇，束颈甚。腹部圆鼓，上腹部局部绳纹抹平。口径18.4、高7.6厘米（图二〇〇，3）。

标本G27③：79　残。夹砂褐陶。折平沿，方唇。内折棱凸出，长斜颈，溜肩，深腹。裆中腹际内瘪。饰绳纹被数道轮旋纹间断。口径18.0、高12.0厘米（图二〇〇，4）。

标本T21⑤：2　残。夹砂红陶。内斜沿，沿面较宽、稍鼓，折棱凸出，方唇。裆中腹际内瘪。饰交错绳纹。口径19.2、高8.4厘米（图二〇〇，5）。

标本H37：40　残。夹砂黑陶。折平沿，圆方唇，矮束颈，窄肩。饰绳纹被轮旋纹间断。口径15.4、高4.8厘米（图二〇〇，6）。

C型　口径明显大于腹径。1件。

标本H59①：11　残。夹砂红陶。大宽沿，沿面较宽，内折棱凸出。尖圆唇，束颈，溜肩。口径18.2、高6.4厘米（图二〇一，1）。

D型　折肩，肩较窄。3件。

标本G27③：52　残。夹砂黑陶。折平沿，方唇，沿下内凹，长斜颈，深腹。饰绳纹被数道轮旋纹间断。口径16.2、高7.6厘米（图二〇一，2）。

标本G27②：58　残。夹砂灰陶。平沿，圆方唇，斜长颈，深腹。饰绳纹被数道轮旋纹间断，颈部绳纹抹平。口径17.2、高7.0厘米（图二〇一，3）。

标本T23③：22　残。夹砂红陶。宽折沿，沿面稍鼓。方唇，束颈，颈部短斜。深腹。颈部有多道凸棱。口径14.1、高5.3厘米（图二〇一，4）。

E型　直腹外斜。1件。

标本H46：17　残。夹砂红陶。宽折沿，方唇，束颈，溜肩。饰绳纹被两道轮旋纹间断。口径

18.4、高9.0厘米（图二〇一，5）。

网纹鬲

不含鬲足在内，共12件。可分完整器和口沿两类介绍。

完整器

共3件。按整体特征差异，可分为三型。

A型　鼓腹，口径小于腹径。1件。

标本G27③：34　夹砂灰陶，足红褐色。大口，窄斜沿，尖圆唇，束颈。腹部圆鼓，最大腹径居中。平裆，柱足内斜，足窝较浅。所饰网格较细密，柱足有明显刮削痕迹。口径18.4、最大腹径23.2、高18.3厘米（图二〇二，1；彩版二三，6）。

B型　腹部较鼓，口径约同腹径。1件。

标本T17⑤：2　夹砂红褐陶。卷沿，尖圆唇，束颈，颈部短斜。腹部微鼓，最大腹径居中上。圜底，窄裆，足窝较浅，足尖残。颈部饰一道凹弦纹，所饰网纹较宽疏，足素面。口径13.8、最大腹径14.2、残高13.3厘米（图二〇二，2；彩版一四，3）。

C型　斜腹。1件。

标本G27③：17　夹砂灰陶。大口，宽折沿，沿面较鼓，尖圆唇，束颈。腹深较小，最大腹径居上。宽弧裆近平，三足外撇，足间距较大。所饰网纹细密，足部刮削痕迹明显。口径20.4、高15.8厘米（图二〇二，3；图版二三，6）。

口沿

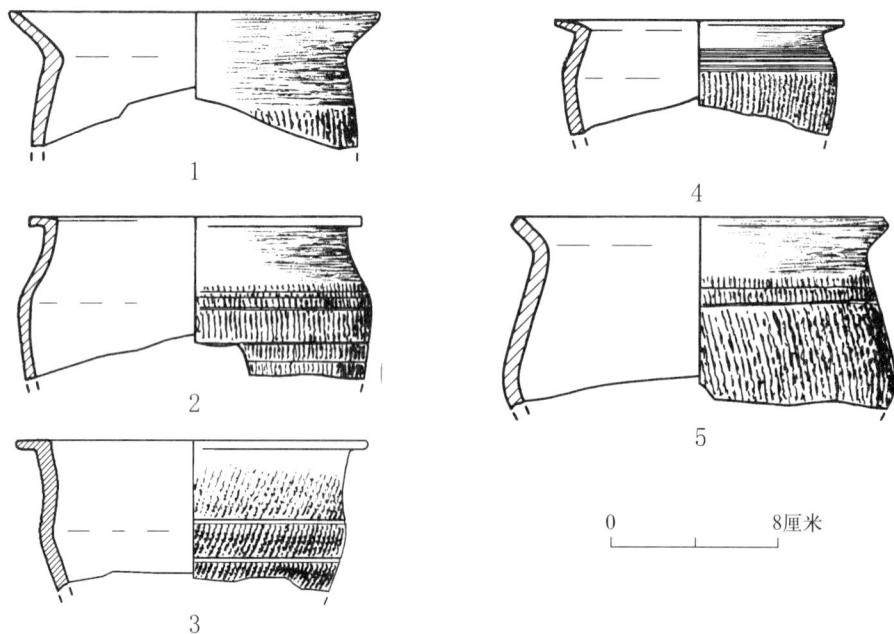

图二〇一　五担岗遗址绳纹陶鬲（3类）

1.C型（H59①：11）　　2~4.D型（G27③：52、G27②：58、T23③：22）　　5.E型（H46：17）

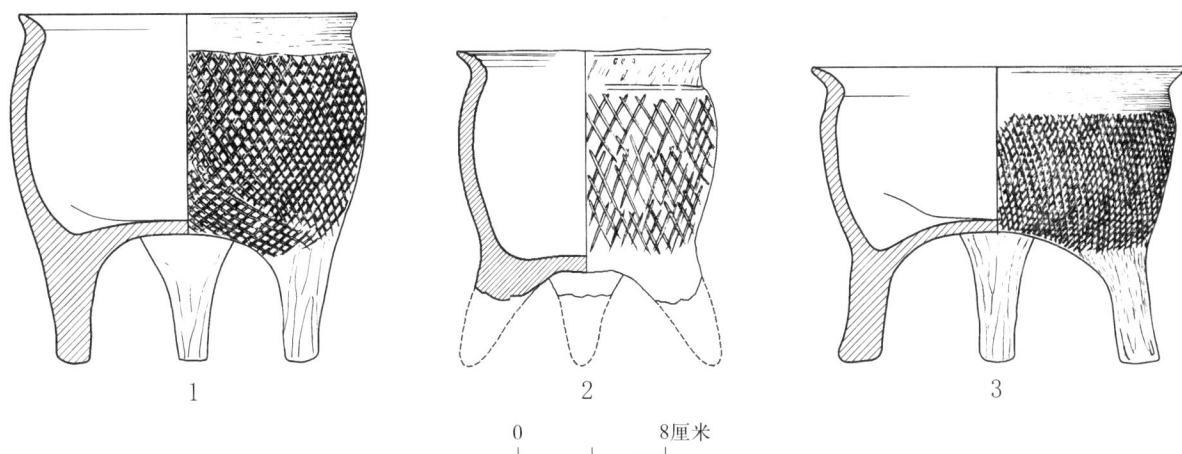

图二〇二　五担岗遗址网纹陶鬲

1.A型（G27③：34）　　2.B型（T17⑤：2）　　3.C型（G27③：17）

9件。按个体差异可再分为三类。

1类

个体最大。3件。按腹部形态不同，可分为三型。

A型　鼓腹，口径小于腹径。1件。

标本G27③：66　残。夹砂灰陶。折沿，沿下角较大，圆唇。颈部斜长，饰一周凸棱。腹部圆鼓。所饰网纹较细密。口径26.5、高8.3厘米（图二〇三，1）。

B型　腹部较鼓，口径约同腹径。1件。

标本F2：21　残。夹砂褐陶。卷沿，方唇，唇面内凹。束颈，溜肩，深腹。所饰网纹非常细密。口径25.4、高9.0厘米（图二〇三，2）。

C型　腹部微鼓，口径明显大于腹径。1件。

标本G27②：92　残。夹砂灰陶。大宽沿，折沿近卷，圆唇。束颈，溜肩，腹深较小。所饰网纹较细密。口径32.8、高10.0厘米（图二〇三，3）。

2类

个体较大。3件。按腹部形态不同，可分为三型。

A型　鼓腹，口径小于腹径。1件。

标本H110：18　残。夹砂褐陶。卷沿，圆唇，束颈。所饰网纹较细密。口径21.6、高5.2厘米（图二〇四，1）。

B型　腹部微鼓，口径约同腹径。1件。

标本H110：10　残。夹砂红陶。折沿，沿下角较大。方唇，长斜颈，深腹。主体纹饰为纵向的划纹，然后局部饰左斜划纹形成较稀疏的网纹。口径24.8、高14.0厘米（图二〇四，2；图版一二，2）。

C型　腹部微鼓，口径明显大于腹径。1件。

标本G27③：80　残。夹砂红陶。折平沿，沿面较宽。圆方唇，束颈，颈部短斜。所饰网纹较细

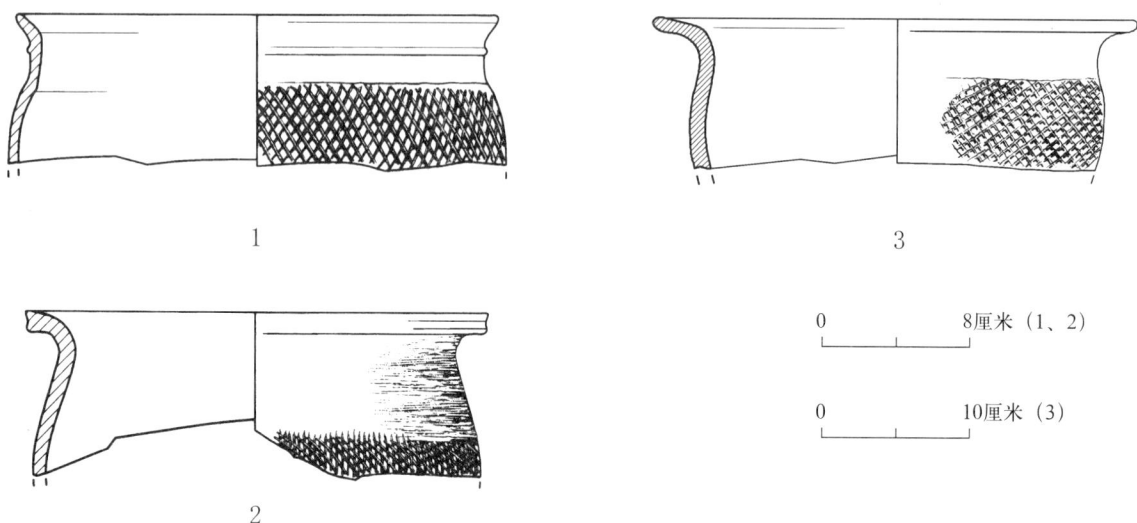

图二〇三　五担岗遗址网纹陶鬲（1类）

1.A型（G27③：66）　2.B型（F2：21）　3.C型（G27②：92）

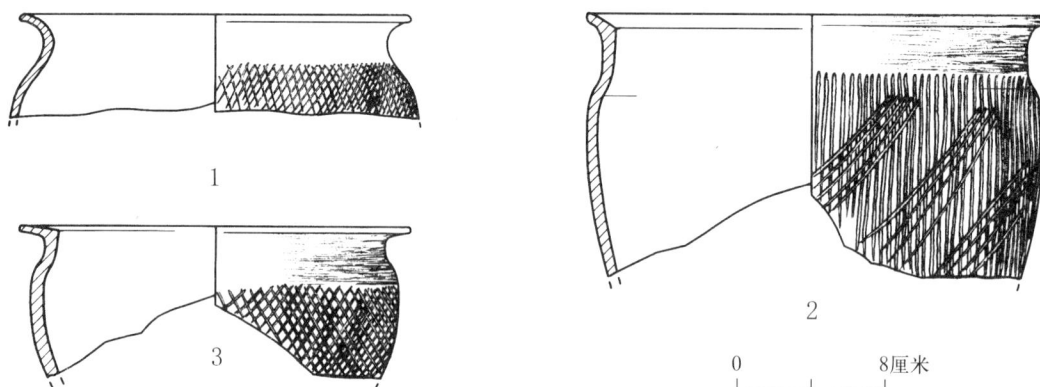

图二〇四　五担岗遗址网纹陶鬲（2类）

1.A型（H110：18）　2.B型（H110：10）　3.C型（G27③：80）

密。口径21.4、高8.0厘米（图二〇四，3）。

3类

个体最小。3件。按腹部形态不同，可分为二型。

A型　鼓腹，口径小于腹径。1件。

标本T17④：5　残。夹砂红陶。卷折沿，沿面较宽。尖唇，束颈，腹部圆鼓。所饰网纹稍细密。口径20.1、高8.3厘米（图二〇五，1）。

B型　腹部较鼓，口径明显大于腹径。2件。

标本T31⑦：2　残。夹砂褐陶。卷平沿，圆方唇，束颈，溜肩，深腹。所饰网纹较稀疏。口径18.8、高8.0厘米（图二〇五，2）。

标本G27③：95　残。夹砂灰黑陶。折沿，方唇，沿下略鼓。束颈，腹部圆鼓。所饰网纹稍稀

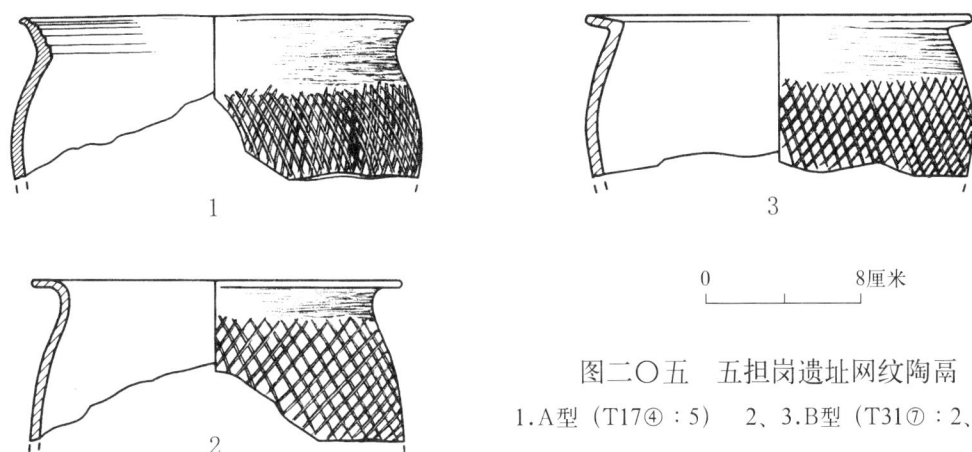

图二〇五　五担岗遗址网纹陶鬲（3类）

1.A型（T17④：5）　　2、3.B型（T31⑦：2、G27③：95）

疏。口径19.8、高8.0厘米（图二〇五，3）。

此外，五担岗遗址所出土的陶鬲残件中包含大量鬲足。鬲足以素面的居多，部分表面经过修整，有的仍可见刮削的痕迹。选取标本109件。按特征差异，可分三类介绍。

1类

袋足。共23件。可分三型。

A型　实足尖较矮。5件。

标本H67：4　夹砂褐陶，局部黑色。素面。高12.5厘米（图二〇六，1；图版六一，6）。

标本T18⑥：6　夹砂红陶。素面。高5.6厘米（图二〇六，2）。

标本H52：9　夹砂灰陶。素面。高2.7厘米（图二〇六，3）。

标本H108：2　夹砂红陶。素面。高4.0厘米（图二〇六，4）。

标本T32⑨：8　夹砂灰陶。素面。高5.9厘米（图二〇六，5）。

B型　实足尖较长。3件。

标本H100①：33　夹砂红陶。素面。高9.0厘米（图二〇六，6）。

标本T33⑤：3　夹砂褐陶。饰绳纹。高10.5厘米（图二〇六，7）。

标本H73：6　夹砂红陶。素面。高6.1厘米（图二〇六，8）。

C型　实足尖更长。15件。

标本H100①：5　夹砂红陶。素面。高11.7厘米（图二〇六，9）。

标本T18⑥：10　夹砂红陶。饰绳纹。高6.8厘米（图二〇六，10）。

标本H100①：31　夹砂红陶。素面。高11.4厘米（图二〇六，11）。

标本H60：6　夹砂红陶。素面。高10.0厘米（图二〇六，12）。

标本H69①：38　夹砂红陶。素面。高11.8厘米（图二〇六，13）。

标本F2：19　夹砂红陶。足尖较细。素面。高11.6厘米（图二〇六，14）。

标本H69①：34　夹砂红陶。素面。高8.8厘米（图二〇六，15）。

标本T28②：1　夹砂红陶。足尖较粗壮。素面。高10.7厘米（图二〇六，16）。

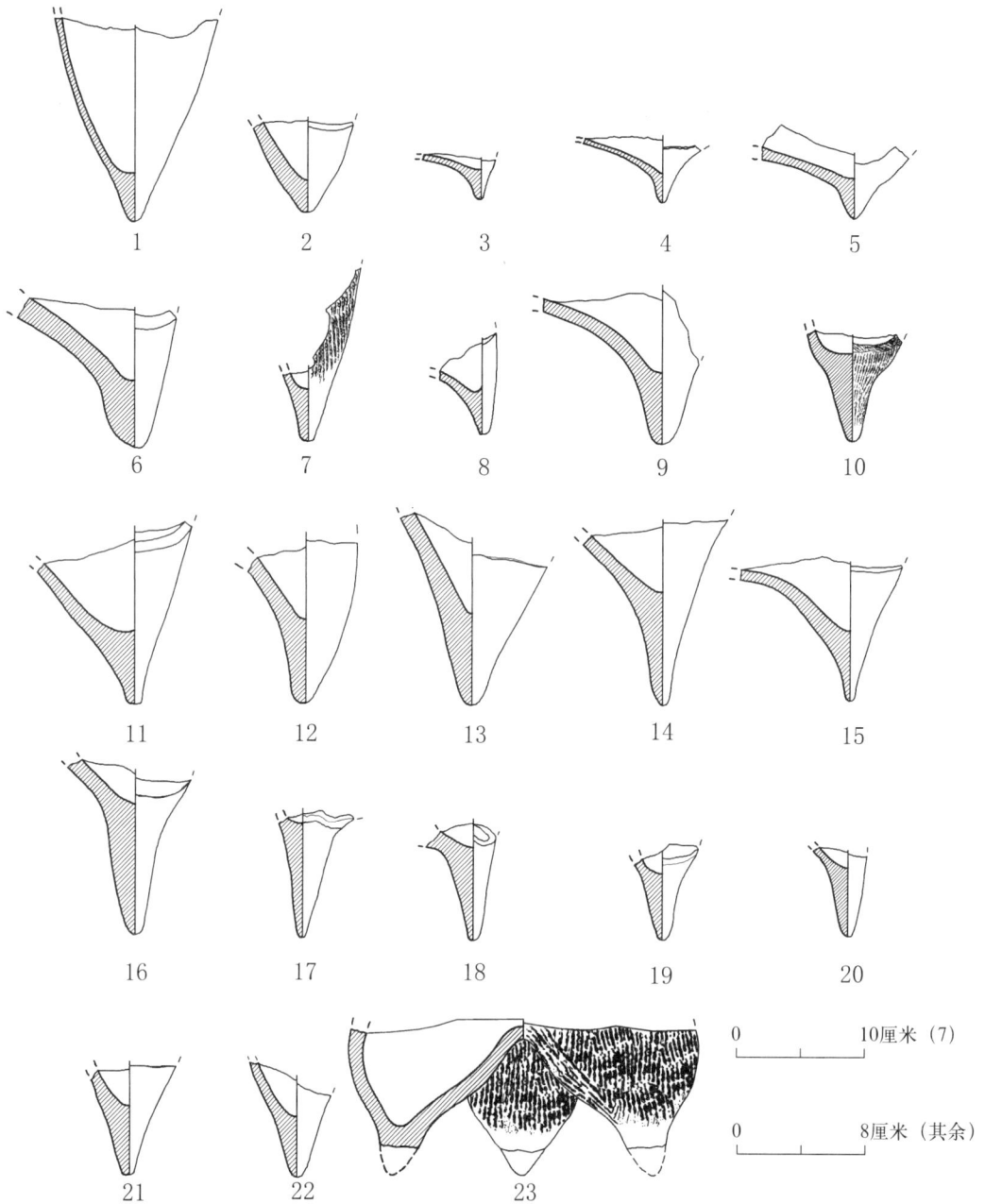

图二〇六　五担岗遗址陶鬲足（1类）

1~5.A型（H67：4、T18⑥：6、H52：9、H108：2、T32⑨：8）　6~8.B型（H100①：33、T33⑤：3、H73：6）
9~23.C型（H100①：5、T18⑥：10、H100①：31、H60：6、H69①：38、F2：19、H69①：34、T28②：1、
H112：5、T11⑥：3、H112：4、T09②：5、H1：13、H1：17、T22④：1）

标本H112：5　夹砂红陶。袋足大部分残，仅存足尖。素面。高8.0厘米（图二〇六，17）。

标本T11⑥：3　夹砂红陶。袋足大部分残，仅存足尖。素面。高7.2厘米（图二〇六，18）。

标本H112：4　夹砂红陶。袋足大部分残，仅存足尖。高5.9厘米（图二〇六，19）。

标本T09②：5　夹砂红陶。袋足大部分残，仅存足尖。素面。高5.6厘米（图二〇六，20）。

标本H1：13　夹砂红陶。素面。高6.8厘米（图二〇六，21）。

标本H1：17　夹砂红陶。素面。高7.1厘米（图二〇六，22）。

标本T22④：1　夹砂褐陶。腹壁斜直，最大腹径居下。高分档。足尖残。饰粗绳纹。高8.0厘米（图二〇六，23）。

2类

锥足。20件。按足窝深浅分三型。

A型　足根较长，足窝较浅。7件。

标本G27②：93　夹砂褐陶。足跟粗壮。素面。高12.3厘米（图二〇七，1）。

标本H37：34　夹砂红褐陶。足尖外撇。素面。高11.0厘米（图二〇七，2）。

标本H48：6　夹砂红陶。足跟粗壮，足尖外撇。素面。高11.6厘米（图二〇七，3）。

标本H62：1　夹砂红陶。足跟粗壮，足尖圆钝。素面。高10.8厘米（图二〇七，4）。

标本H75：1　夹砂红陶。足跟粗壮，足尖圆钝。素面。高12.4厘米（图二〇七，5）。

标本H101：2　夹砂红陶。素面。高10.8厘米（图二〇七，6）。

标本T33⑦：9　残。夹砂红陶。平底。高锥实足，足间距较大。高9.6厘米（图二〇七，20；图版六一，7）。

B型　足窝较深。7件。

标本H69①：4　夹砂灰陶。足较长，足跟粗壮。素面。高11.1厘米（图二〇七，7）。

标本H34：5　夹砂红陶。足较长，足跟粗壮。素面。高10.8厘米（图二〇七，8）。

标本T08④：2　夹砂红陶。足较矮。素面。高17.0厘米（图二〇七，9）。

标本H37：33　夹砂红陶。足较细。素面。高9.6厘米（图二〇七，10）。

标本H34：3　夹砂红陶。足粗壮。素面。高7.2厘米（图二〇七，11）。

标本H69①：31　夹砂红陶。足粗壮。饰绳纹。高10.1厘米（图二〇七，12）。

标本H69①：26　夹砂红陶。足粗壮。素面。高10.1厘米（图二〇七，13）。

C型　足窝更深。6件。

标本H69①：10　夹砂灰陶。素面。高7.2厘米（图二〇七，14）。

标本H69①：32　夹砂灰陶。足较粗壮。素面。高7.9厘米（图二〇七，15）。

标本H37：28　夹砂红陶。足尖外撇。素面。高10.4厘米（图二〇七，16）。

标本H101：1　夹砂红陶。足较粗壮。素面。高9.1厘米（图二〇七，17）。

标本T09②：1　夹砂红陶。足较粗矮。素面。高6.0厘米（图二〇七，18）。

标本H69①：45　夹砂红陶。足较粗矮。素面。高6.0厘米（图二〇七，19）。

3类

柱足。66件。可分为三型。

A型　高足细长，足窝较浅。3件。

标本H1：14　夹砂红陶。素面。高13.0厘米（图二〇八，1）。

标本G27②：76　夹砂红陶。素面。高11.4厘米（图二〇八，2）。

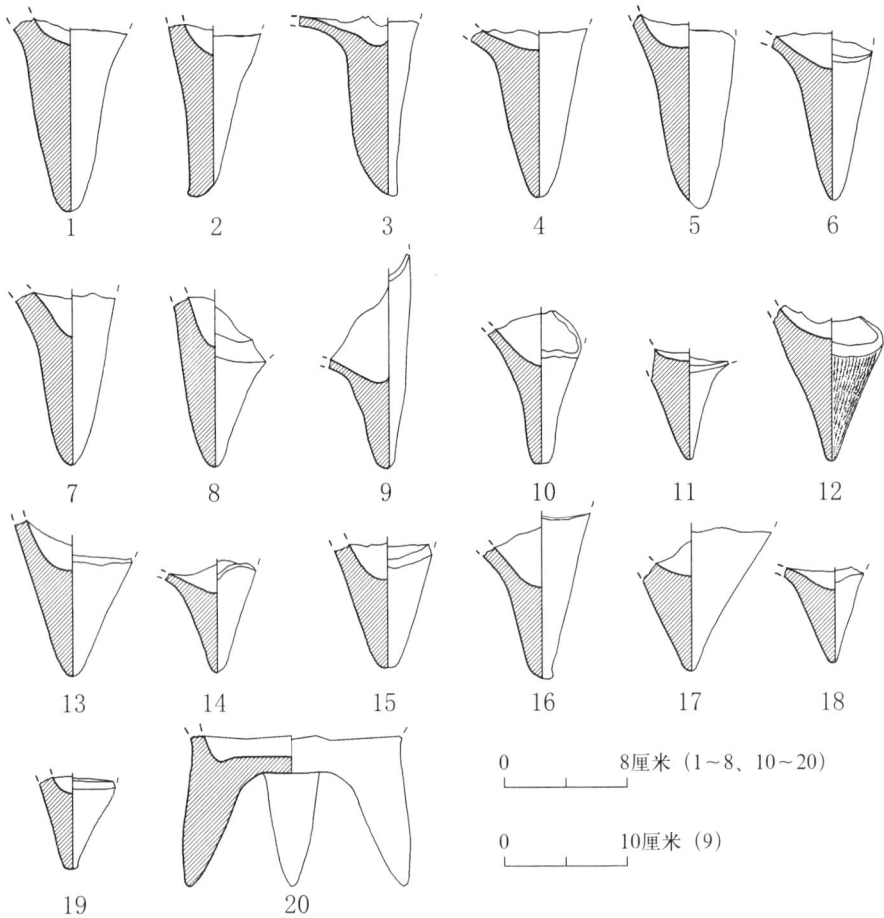

图二〇七　五担岗遗址陶鬲足（2类）

1~6、20.A型（G27②：93、H37：34、H48：6、H62：1、H75：1、H101：2、T33⑦：9）

7~13.B型（H69①：4、H34：5、T08④：2、H37：33、H34：3、H69①：31、H69①：26）

14~19.C型（H69①：10、H69①：32、H37：28、H101：1、T09②：1、H69①：45）

标本H37：47　夹砂褐陶。饰绳纹。高16.6厘米（图二〇八，3）。

B型　柱足较高，足窝较深。37件。按足窝深浅，可分为二亚型。

Ba型　足窝较深。15件。

标本G27①：2　夹砂红陶。素面。高12.2厘米（图二〇八，4）。

标本G27②：74　夹砂红陶。素面。高8.2厘米（图二〇八，5）。

标本H15：8　夹砂灰陶。素面。高10.0厘米（图二〇八，6）。

标本G23：1　夹砂红陶。素面。高11.0厘米（图二〇八，7）。

标本H69①：25　夹砂红陶。素面。高13.2厘米（图二〇八，8）。

标本H69①：14　夹砂红陶。素面。高8.3厘米（图二〇八，9）。

标本H69①：16　夹砂红陶。素面。高10.6厘米（图二〇八，10）。

标本H69①：6　夹砂红陶。素面。高8.6厘米（图二〇八，11）。

标本H100①：30　夹砂红陶。素面。高13.2厘米（图二〇八，12）。

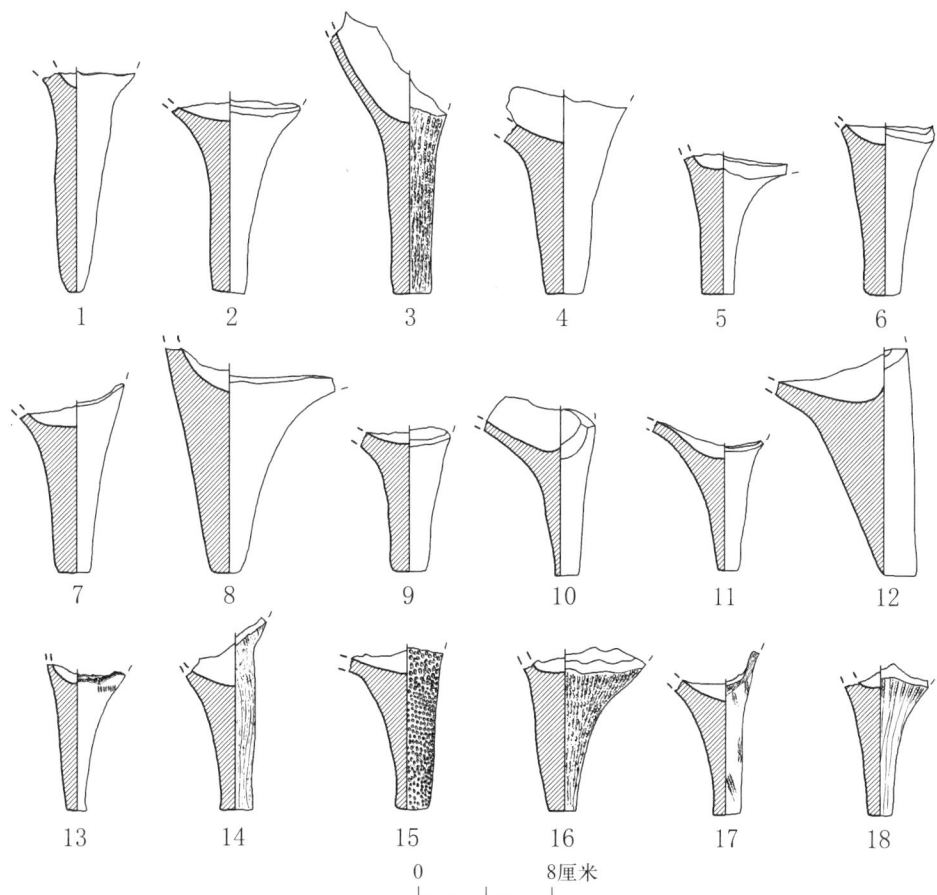

图二〇八　五担岗遗址陶鬲足（3类）

1~3.A型（H1：14、G27②：76、H37：47）　　4~18.Ba型（G27①：2、G27②：74、H15：8、G23：1、H69①：25、H69
①：14、H69①：16、H69①：6、H100①：30、G27③：87、G29：1、H2：44、G27②：86、G27③：90、H69①：8）

标本G27③：87　夹砂灰陶。足上部靠近裆部饰戳印纹。高8.5厘米（图二〇八，13）。

标本G29：1　夹砂浅灰陶。足上部饰绳纹，下部有刮削痕。高11.2厘米（图二〇八，14）。

标本H2：44　夹砂灰陶。饰戳印纹。高9.6厘米（图二〇八，15）。

标本G27②：86　夹砂灰陶。饰绳纹。高9.6厘米（图二〇八，16）。

标本G27③：90　夹砂褐陶。饰绳纹后抹光，局部纹饰隐约可见。高9.6厘米（图二〇八，17）。

标本H69①：8　夹砂红陶。足素面，可见刮削痕。高8.8厘米（图二〇八，18）。

Bb型　足窝较Ba型略深。22件。

标本G27②：69　夹砂褐陶。素面。高12.5厘米（图二〇九，1）。

标本G27③：89　夹砂褐陶。足跟粗壮。素面。高13.8厘米（图二〇九，2）。

标本G27③：92　夹砂红陶。素面。高12.0厘米（图二〇九，3）。

标本H2：43　夹砂灰陶。素面。高11.8厘米（图二〇九，4）。

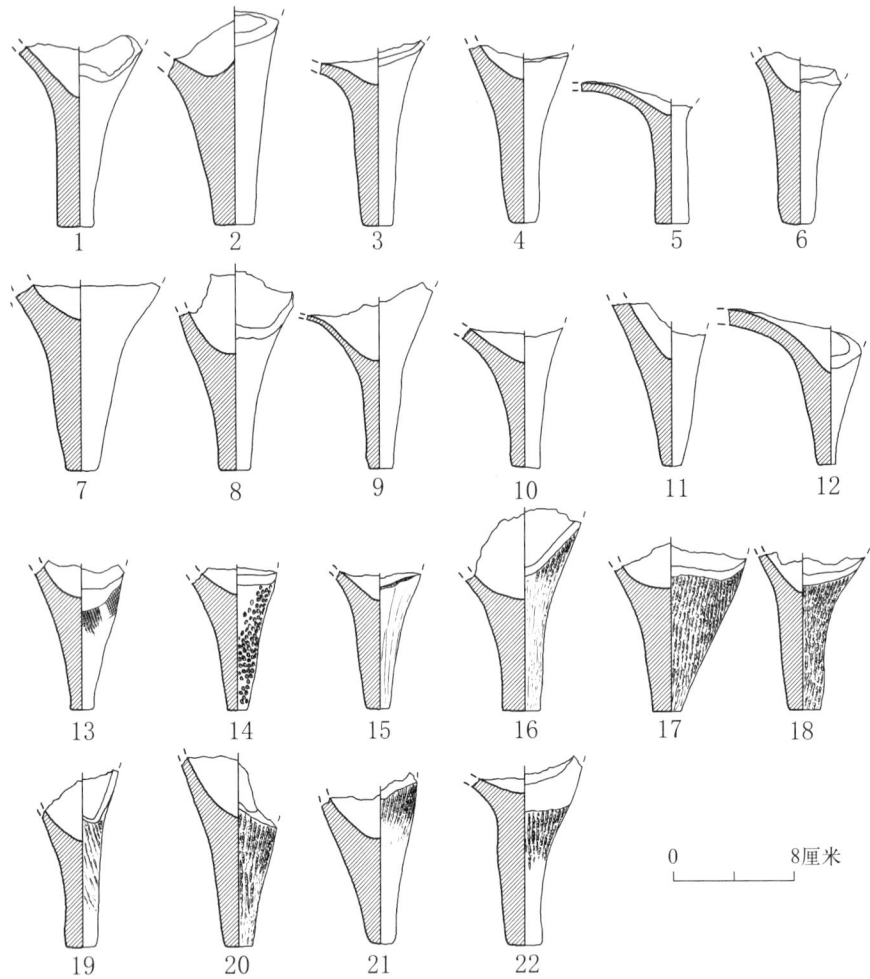

图二〇九　五担岗遗址陶鬲足（3类）

1~22.Bb型（G27②：69、G27③：89、G27③：92、H2：43、H15：4、H37：24、H37：46、G27①：8、G27③：86、T24⑤：19、H69①：30、H69①：13、H2：37、H2：39、H37：27、G27②：66、G27②：75、G27②：87、H37：42、H37：30、H69①：53、T21⑤：6）

标本H15：4　夹砂灰陶。足跟较细。素面。高9.4厘米（图二〇九，5）。

标本H37：24　夹砂红陶。素面。高11.2厘米（图二〇九，6）。

标本H37：46　夹砂红褐陶。足跟粗壮。素面。高12.2厘米（图二〇九，7）。

标本G27①：8　夹砂红陶。素面。高12.9厘米（图二〇九，8）。

标本G27③：86　夹砂红陶。素面。高12.1厘米（图二〇九，9）。

标本T24⑤：19　夹砂灰陶。素面。高9.0厘米（图二〇九，10）。

标本H69①：30　夹砂红陶。素面。高10.7厘米（图二〇九，11）。

标本H69①：13　夹砂红陶。弧裆。素面。高10.0厘米（图二〇九，12）。

标本H2：37　夹砂红陶。足上部饰绳纹，近足尖处光素。高9.6厘米（图二〇九，13）。

标本H2：39　夹砂红陶。饰戳印纹。高9.2厘米（图二〇九，14）。

标本H37：27　夹砂红陶。可见刮削痕。高8.8厘米（图二〇九，15）。

标本G27②：66　夹砂褐陶。足上部饰绳纹，下部可见刮削痕。高13.2厘米（图二〇九，16）。

标本G27②：75　夹砂褐陶。足跟粗壮。饰绳纹。高10.8厘米（图二〇九，17）。

标本G27②：87　夹砂红陶。饰绳纹。高10.0厘米（图二〇九，18）。

标本H37：42　夹砂灰陶。足跟较细。饰绳纹。高11.6厘米（图二〇九，19）。

标本H37：30　夹砂红陶。饰绳纹。高12.4厘米（图二〇九，20）。

标本H69①：53　夹砂红陶。足跟粗矮。足上部饰绳纹，下部光素。高11.2厘米（图二〇九，21）。

标本T21⑤：6　夹砂灰陶。足上部饰绳纹，下部光素。高12.2厘米（图二〇九，22）。

C型　柱足较矮，足窝更深。26件。按足窝深浅，可分为二亚型。

Ca型　足窝较深。7件。

标本G27②：56　夹砂褐陶。束腰。素面。高8.2厘米（图二一〇，1）。

标本H56：2　夹砂红陶。素面。高10.2厘米（图二一〇，2）。

标本H69①：12　夹砂红陶。素面。高8.4厘米（图二一〇，3）。

标本H100①：27　夹砂红陶。素面。高11.6厘米（图二一〇，4）。

标本H2：42　夹砂灰陶。足跟粗壮。饰戳印纹。高7.6厘米（图二一〇，5）。

标本H15：6　夹砂灰陶。足跟粗壮。饰绳纹。高7.9厘米（图二一〇，6）。

标本T32⑧：12　夹砂灰陶。饰绳纹。高7.9厘米（图二一〇，7）。

Cb型　足窝较Ba型略深。19件。

标本H1：23　夹砂红陶。素面。高7.4厘米（图二一〇，8）。

标本G27①：1　夹砂红陶。素面。高7.4厘米（图二一〇，9）。

标本H1：18　夹砂红陶。素面。高7.1厘米（图二一〇，10）。

标本H34：6　夹砂红陶。足跟粗矮。素面。高7.4厘米（图二一〇，11）。

标本H37：29　夹砂红陶。足跟粗壮。素面。高12.6厘米（图二一〇，12）。

标本G27③：91　夹砂红陶。素面。高12.8厘米（图二一〇，13）。

标本H69①：3　夹砂红陶。素面。高9.6厘米（图二一〇，14）。

标本H69①：47　夹砂红陶。足跟粗壮。素面。高11.6厘米（图二一〇，15）。

标本T23③：27　夹砂红陶。足跟较矮。素面。高12.2厘米（图二一〇，16）。

标本H1：16　夹砂红陶。足根较短，足窝浅，素面。高10.4厘米（图二一〇，17）。

标本T24④：3　夹砂灰陶。足跟粗壮。素面。高8.8厘米（图二一〇，18）

标本G23：3　夹砂红陶。足跟粗壮。素面。高9.6厘米（图二一〇，19）。

标本H37：61　夹砂灰陶。足上部饰戳印纹。高6.9厘米（图二一〇，20）。

标本T08②：4　夹砂灰陶。饰绳纹，部分被抹光。高6.9厘米（图二一〇，21）。

标本T09②：2　夹砂红陶。足跟粗矮。素面。高9.5厘米（图二一〇，22）。

标本H2：45　夹砂红陶。足跟较矮。素面。高14.5厘米（图二一〇，23）。

标本H73：9　夹砂红陶。足跟较矮。高14.8厘米（图二一〇，24）。

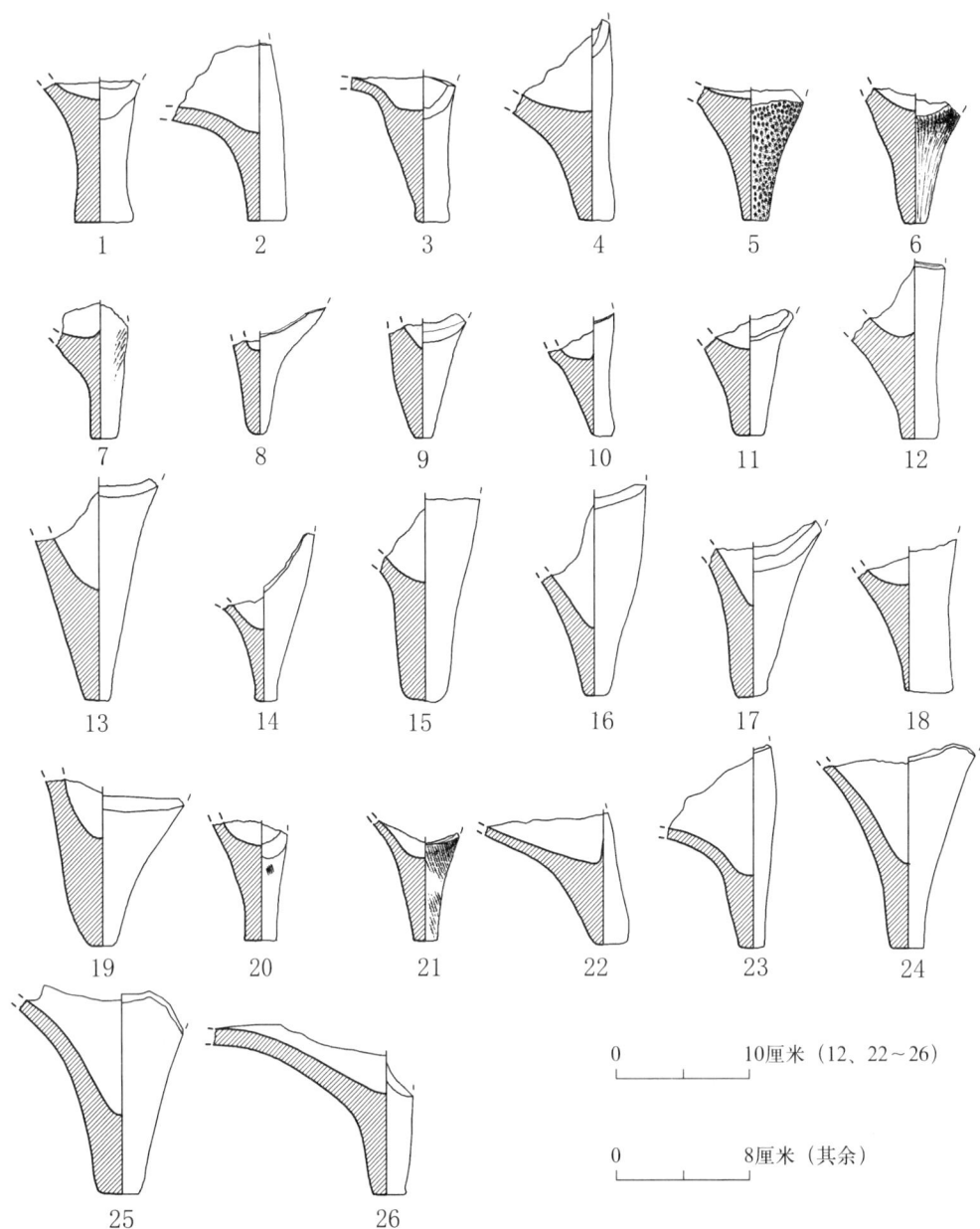

图二一〇　五担岗遗址陶鬲足（3类）

1~7.Ca型（G27②：56、H56：2、H69①：12、H100①：27、H2：42、H15：6、T32⑧：12）　　8~26.Cb型（H1：23、G27①：1、H1：18、H34：6、H37：29、G27③：91、H69①：3、H69①：47、T23③：27、H1：16、T24④：3、G23：3、H37：61、T08②：4、T09②：2、H2：45、H73：9、T17⑤：14、H100①：26）

标本T17⑤：14　夹砂红陶。足跟粗矮。素面。高15.1厘米（图二一〇，25）。

标本H100①：26　夹砂红陶。素面。高12.4厘米（图二一〇，26）。

鼎

遗址出土该类器物数量较多，共44件。陶质以夹砂陶为主，其次为泥质陶。制法上，口腹部多轮制，足多模制。器物一般不刻意施纹饰，器表多光素。所见纹饰多以轮旋形成的弦纹为主，其他纹饰可见绳纹、刻划纹，部分鼎足两侧按捺指窝纹。可分口、腹较完整者及鼎足两类介绍。

口、腹较完整者

共19件。可见器形。按整体形态差异可分为四型。

A型 口径相对较大，腹深较小。共6件。可分六式。

Ⅰ式 沿下肥厚，沿下角较大。1件。

标本T32⑨：2 夹砂陶，器表黑褐色相间，足红色。窄折沿，圆唇，溜肩，弧腹，圜底。圆柱状足。饰错拍绳纹。口径22.0、高21.3厘米（图二——，1；彩版一二，2）。

Ⅱ式 沿下较薄，沿下角变稍大。1件。

标本T24⑤：21 残。夹砂灰陶。窄折沿，尖圆唇，口沿直接下拉至腹。溜肩，弧腹。素面。口径20.4、高6.8厘米（图二——，2）。

Ⅲ式 沿下稍厚，沿下角变小。1件。

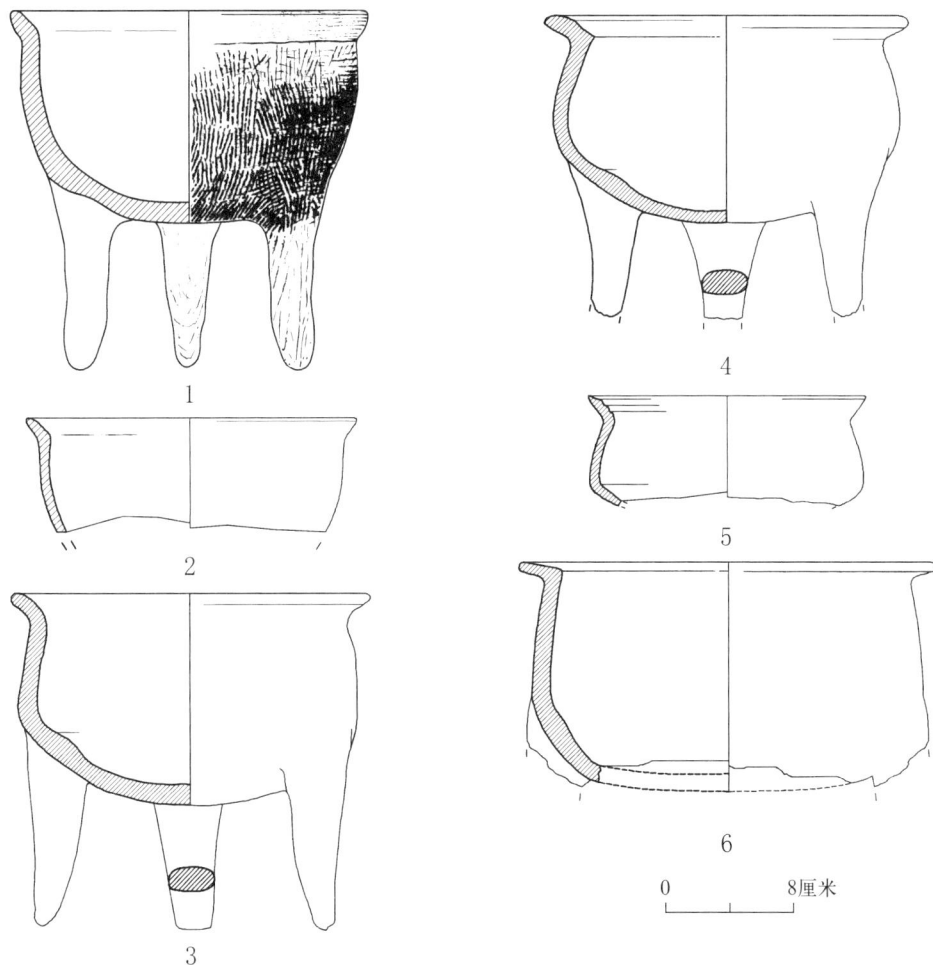

图二—— 五担岗遗址陶鼎

1.A型Ⅰ式（T32⑨：2） 2.A型Ⅱ式（T24⑤：21） 3.A型Ⅲ式（H59③：1） 4.A型Ⅳ式（H55：1）
5.A型Ⅴ式（T21⑤：10） 6.A型Ⅵ式（G27②：47）

标本H59③：1　夹砂红陶，器壁较厚，器表有烟熏黑㾗。卷沿，圆唇，沿面较宽，束颈。上腹斜直较浅，近腹中处内折形成圜底。扁足，横剖面椭圆形。器表光素。口径22.2、腹径22.2、高20.2厘米（图二一一，3；彩版二一，4）。

Ⅳ式　沿下内抹，沿下角继续变小。1件。

标本H55：1　残。夹砂红陶。宽折沿，沿面较宽。厚圆唇，束颈甚，上腹较弧于近腹中处急收形成大圜底。鸭嘴形扁足，足尖残缺，横剖面椭圆。器表光素。口径22.6、腹径21.6、高18.2厘米（图二一一，4；彩版二二，1）。

Ⅴ式　沿下较薄，沿下角变稍大。1件。

标本T21⑤：10　残。夹砂红陶。宽折沿，尖唇，沿面可见两周凸棱，束颈。上腹较弧于近腹底处急收，近腹底部可见明显折角。器表光素。口径17.4、残高6.5厘米（图二一一，5）。

Ⅵ式　沿下角变小，下腹变更浅。1件。

标本G27②：47　残。夹砂红陶。折沿近平，沿面较宽，圆方唇，束颈。上腹斜直于近腹底处急收，折角较大。扁足大部分残缺，横剖面椭圆形。口径26.0、残高13.2厘米（图二一一，6）。

B型　口径相对较小，腹深相对较大。共6件。可分六式。

Ⅰ式　沿下稍厚，沿下角较大。1件。

标本T31⑨：10　残。夹砂褐陶。微卷沿，方唇，溜肩，直腹微弧，腹收较缓。素面。口径16.9、高9.0厘米（图二一二，1）。

Ⅱ式　沿下内抹，沿下角变稍小。1件。

标本H73：3　残。夹砂红陶。微卷沿，圆方唇，溜肩，直腹微鼓，腹收稍急。饰绳纹被数道轮旋纹间断。口径14.0、高7.8厘米（图二一二，2）。

Ⅲ式　沿下变稍厚，沿下角变稍小。1件。

标本T10④：4　残。夹砂褐陶。折沿，尖圆唇，溜肩，弧腹收较缓。素面。口径23.2、高9.3厘米（图二一二，3）。

Ⅳ式　沿下内抹，沿下角变稍大。1件。

标本T08②：8　残。夹砂褐陶。折沿，沿面较宽。尖圆唇，腹部斜直。素面。口径22.4、高4.9厘米（图二一二，4）。

Ⅴ式　沿下内抹甚，沿下角变小。1件。

标本G27③：32　残。夹砂红陶，器形不规整。器表部分红褐。折沿，内折棱凸出。尖圆唇，沿面内曲，束颈。上腹较弧于近腹底处急收。扁足大部分残缺，横剖面椭圆形。器表光素。口径14.4、残高8.9厘米（图二一二，5；彩版二四，1）。

Ⅵ式　沿下内抹甚，沿下角变小。1件。

标本H37：36　残。夹砂红陶。卷折沿，沿面较宽。圆方唇，上腹微弧较深，近腹底处急收。口径19.6、高9.1厘米（图二一二，6）。

C型　浅盘鼎。共6件。可分四式。

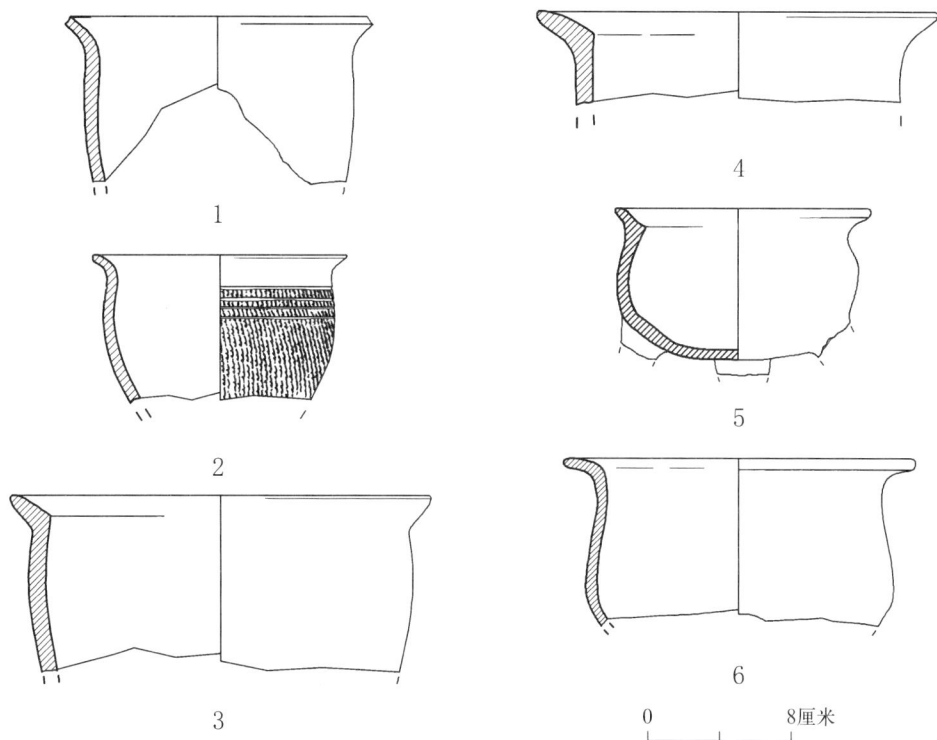

图二一二　五担岗遗址陶鼎

1.B型Ⅰ式（T31⑨：10）　2.B型Ⅱ式（H73：3）　3.B型Ⅲ式（T10④：4）　4.B型Ⅳ式（T08②：8）
5.B型Ⅴ式（G27③：32）　6.B型Ⅵ式（H37：36）

Ⅰ式　高足，圜底。2件。

标本T07④：1　泥质灰陶。敞口，窄平沿。圆唇，沿面略内凹。上腹内曲，下腹弧收，上下腹间有折角。圜底。高足外撇，足横剖面圆形。器表光素，颈部饰一周折棱，足尖有捏痕。口径16.9、高13.8厘米（图二一三，1；彩版一四，4）。

标本T17⑤：11　残。泥质陶，灰胎黑衣。上下腹间有折角，下腹弧收。圜底。高足外撇，足横剖面圆形。器表光素。高13.0厘米（图二一三，2；图版一二，3）。

Ⅱ式　足稍变矮，平底。1件。

标本T31⑦：1　夹砂红陶，局部红褐，器表可见较多砂粒。窄平沿，直口，方唇，短颈，直腹。厚平底。圆锥足较粗壮。素面。口径18.4、底径17.4、高10.1厘米（图二一三，3；彩版一七，5）。

Ⅲ式　足变更矮，圜底近平。1件。

标本H69①：20　残。泥质灰陶，器壁较厚。弧腹，圜底。矮扁足。素面。高3.6厘米（图二一三，4）。

Ⅳ式　平底。2件。

标本G27②：21　夹细砂红陶。窄折沿，圆唇，弧腹缓收，圜底。扁圆足外撇，器表光素。口径19.8、高9.6厘米（图二一三，5；图版三一，1）。

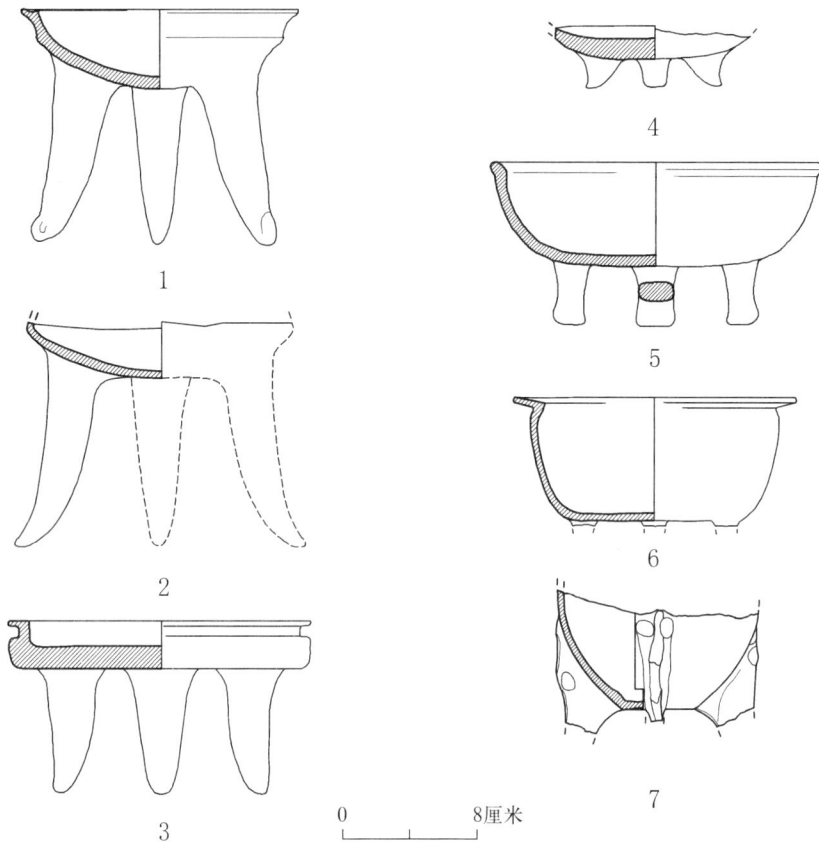

图二一三　五担岗遗址陶鼎

1、2.C型Ⅰ式（T07④：1、T17⑤：11）　3.C型Ⅱ式（T31⑦：1）　4.C型Ⅲ式（H69①：20）
5、6.C型Ⅳ式（G27②：21、G27②：16）　7.D型（H77：2）

标本G27②：16　泥质灰陶。宽折沿，方唇，缩颈，弧腹缓收。平底。矮扁圆足，足部分残缺。素面。口径17.0、底径10.4、残高7.5厘米（图二一三，6；图版三〇，6）。

D型　罐形。1件。

标本H77：2　残。夹砂红褐陶，夹蚌。弧腹，平底微内凹，侧装鼎足。器表光素，足两侧饰对称按窝，足尖残。底径4.4、残高8.4厘米（图二一三，7；图版六一，5）。

鼎足

共25件。按整体形态差异，可分五型。

A型　平面长方形，正装足。2件。

标本H93：12　夹砂黑陶。足中部略束腰，足剖面扁圆形。素面。高10.7厘米（图二一四，1）。

标本H103：2　夹砂褐陶。足剖面扁圆形。足外侧表面有五道刻划浅槽。高7.1厘米（图二一四，2）。

B型　平面梯形，正装足。共7件。按平面、横剖面差异，可分二亚型。

Ba型　足跟较平，足横剖面扁圆形。4件。

标本H69①：29　夹砂红陶。足跟外撇。素面。高12.4厘米（图二一四，3）。

标本T07④：5　夹砂红陶。足跟外撇。素面。高13.2厘米（图二一四，4）。

标本T17⑤：8　夹砂红陶。足跟外撇。素面。高13.7厘米（图二一四，5）。

标本T17⑤：16　夹砂灰陶。足跟外撇。近腹部饰绳纹。高13.4厘米（图二一四，6）。

Bb型　足跟圆钝，足上部横剖面扁圆形，近足跟处圆形。3件。

标本G27③：46　夹砂红陶。近腹部饰绳纹。素面。高11.9厘米（图二一四，7）。

标本G27③：47　夹砂红陶。圆锥状。素面。高13.3厘米（图二一四，8）。

标本T21⑤：7　夹砂红陶。圆锥状，足跟外撇。素面。高14.8厘米（图二一四，9）。

C型　平面三角形，正装足。6件。

标本H1：21　夹砂红陶。横剖面扁圆形。素面。高14.1厘米（图二一五，1）。

标本H37：35　夹砂红陶。横剖面扁圆形。素面。高13.9厘米（图二一五，2）。

标本H40：1　夹砂红陶。横剖面扁圆形。素面。高10.5厘米（图二一五，3）。

标本H69①：46　夹砂红陶。横剖面扁圆形。素面。高12.8厘米（图二一五，4）。

标本G27②：59　夹砂红陶。横剖面扁圆形。素面。高10.5厘米（图二一五，5）。

标本H69①：5　夹砂红陶。横剖面扁圆形。足跟外撇。素面。高10.9厘米（图二一五，6）。

D型　侧扁三角形鼎足，侧装足。5件。

标本H78：1　夹砂红陶。足面光素，足两侧饰一对按窝。素面。高6.5厘米（图二一五，7）。

标本T31⑨：7　夹砂红陶。足两侧饰两对按窝。足两侧饰一对按窝。高9.2厘米（图二一五，8）。

标本T17④：3　夹砂红陶。足面光素，足两侧饰三对按窝。高9.6厘米（图二一五，9）。

标本T25②：2　夹砂红陶。足面光素，足两侧饰两对按窝。高6.6厘米（图二一五，10）。

标本T28④：2　夹砂红陶。足面光素，饰两个按窝。器表光素，足两侧饰对称按窝。高6.4厘米（图二一五，11）。

E型　圆锥形足。5件。

标本T17⑤：12　泥质灰陶。足跟外撇甚。素面。高13.7厘米（图二一六，1）。

标本T23③：24　泥质黑陶。足尖残。素面。高11.6厘米（图二一六，2）。

标本H2：38　泥质灰陶。足尖残。素面。高11.6厘米（图二一六，3）。

标本T10②：10　泥质红陶。足跟外撇甚，有捏痕。素面。高10.8厘米（图二一六，4）。

标本H93：22　泥质黑陶，较粗壮。足跟外撇甚，有捏痕。高13.7厘米（图二一六，5）。

甗

出土数量不多，拣选标本31件。陶质多夹砂陶，陶色多红褐色。制法上轮制辅以模制，局部手制。甑部多为轮制，鬲部多为模制，两者接缝的甗腰处多贴以泥条抹平。有的抹平处辅以指捺纹加固。纹饰以绳纹比较多见，其次为网纹。其他纹饰所占比例较小，有附加堆纹、曲折纹、指捺纹和轮旋纹等。

根据整体形态的差异，可分甗部、鬲部、甑腰和箅四类介绍。

甗部

共12件。按腹部形态差异，可分为三型。

A型 口径相对较大，肩、腹部多突出。3件。可分三式。

Ⅰ式 鼓腹，最大腹径偏中上。1件。

标本Y1：3 残。夹砂红陶。卷沿，沿下微鼓，圆唇，矮束颈。肩部鼓出，腹部收较缓，细腰，深腹。所饰网纹稀疏。口径30.5、最大腹径33.2、高22.6厘米（图二一七，1；图版一二，4）。

Ⅱ式 鼓腹，最大腹径居中。1件。

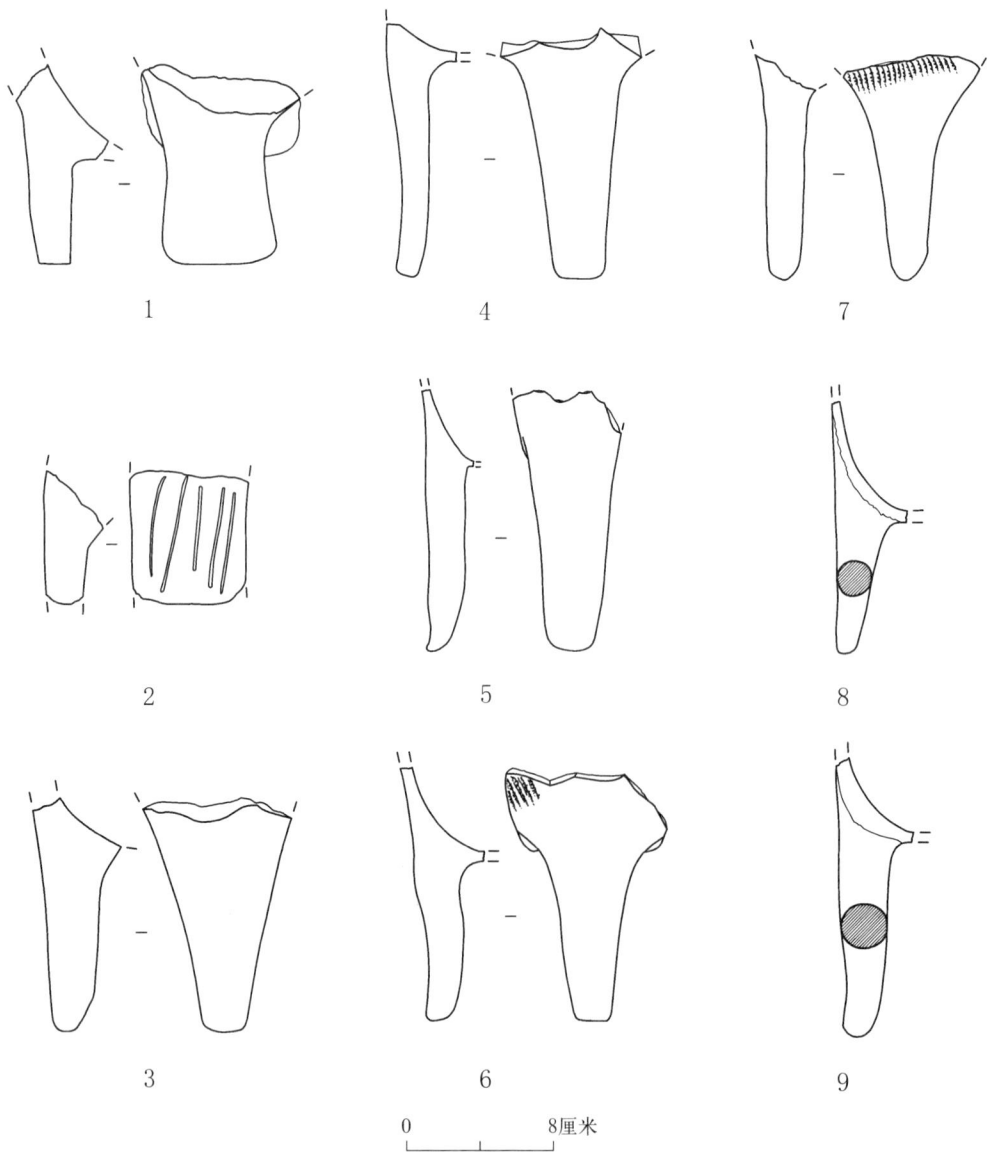

图二一四 五担岗遗址陶鼎（足）

1、2.A型（H93：12、H103：2） 3~6.Ba型（H69①：29、T07④：5、
T17⑤：8、T17⑤：16） 7~9.Bb型（G27③：46、G27③：47、T21⑤：7）

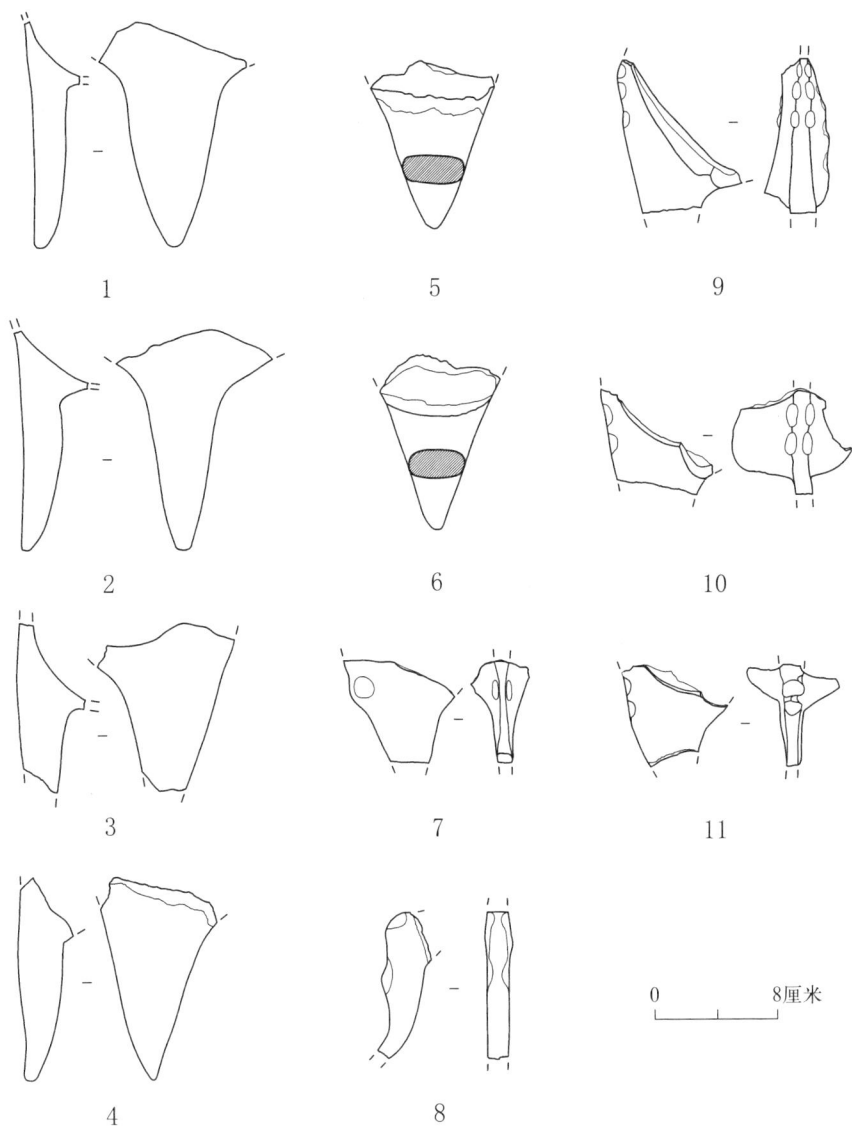

图二一五 五担岗遗址陶鼎（足）

1~6.C型（H1：21、H37：35、H40：1、H69①：46、G27②：59、H69①：5）
7~11.D型（H78：1、T31⑨：7、T17④：3、T25②：2、T28④：2）

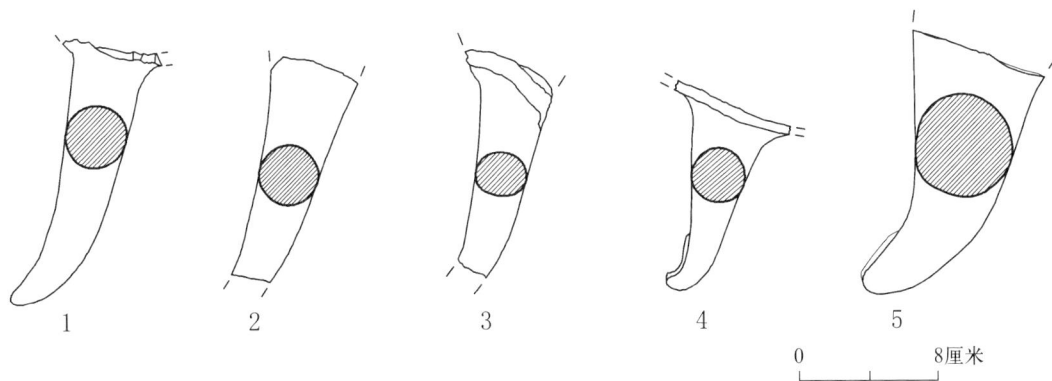

图二一六 五担岗遗址陶鼎（足）

1~5.E型（T17⑤：12、T23③：24、H2：38、T10②：10、H93：22）

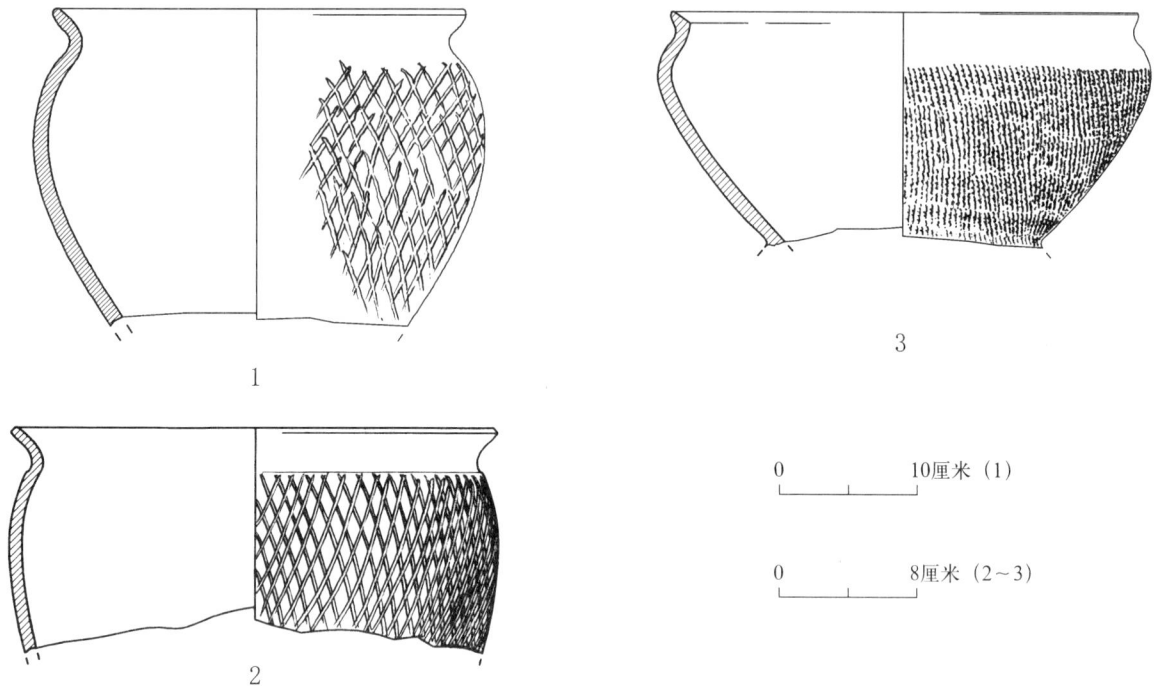

图二一七　五担岗遗址陶甗（甑部）

1.A型Ⅰ式（Y1：3）　　2.A型Ⅱ式（T31⑦：4）　　3.A型Ⅲ式（G27②：55）

标本T31⑦：4　残。夹砂褐陶。大口，卷沿，方唇，束颈，腹部圆鼓，腹收较缓。所饰网纹较稀疏。颈部因抹平可见一道折棱。口径28.7、最大腹径28.8、高12.8厘米（图二一七，2；图版一六，4）。

Ⅲ式　肩部突出，最大腹径偏上。

标本G27②：55　残。夹砂褐陶。仰折沿，尖唇。束颈，颈短斜。腹深较小，腹收较急。饰绳纹。口径27.4、最大腹径28.8、高13.3厘米（图二一七，3）。

B型　口径相对较大，溜肩。共6件。可分四式。

Ⅰ式　厚圆唇，唇腹分界不清晰，沿下角较大，弧腹斜收。1件。

标本T07④：3　残。夹砂陶，胎质红色，器表灰色。微卷沿，圆方唇，腹收较缓，腹深较大。饰粗绳纹被数道轮旋纹间断。口径41.0、高28.3厘米（图二一八，1；彩版一四，5）。

Ⅱ式　唇腹分界清晰，上腹稍直微鼓，沿下角变小，下腹收稍急。2件。

标本T17⑤：6　残。夹砂红陶。卷折沿，唇面稍鼓。尖圆唇，溜肩，深腹。饰右斜粗绳纹。口径34.2、高11.4厘米（图二一八，2）。

标本H109：6　残。夹砂红陶。窄斜沿，内折棱凸出，圆方唇，溜肩，深腹。饰粗绳纹局部交错。口径28.3、高8.0厘米（图二一八，3）。

Ⅲ式　唇部直接下拉至腹，沿下角变大，微弧腹较直。1件。

标本H46：22　残。夹砂红陶。宽折沿，沿面较鼓，内折棱凸出，方唇，溜肩，深腹。饰粗绳纹。口径36.0、高9.2厘米（图二一八，4）。

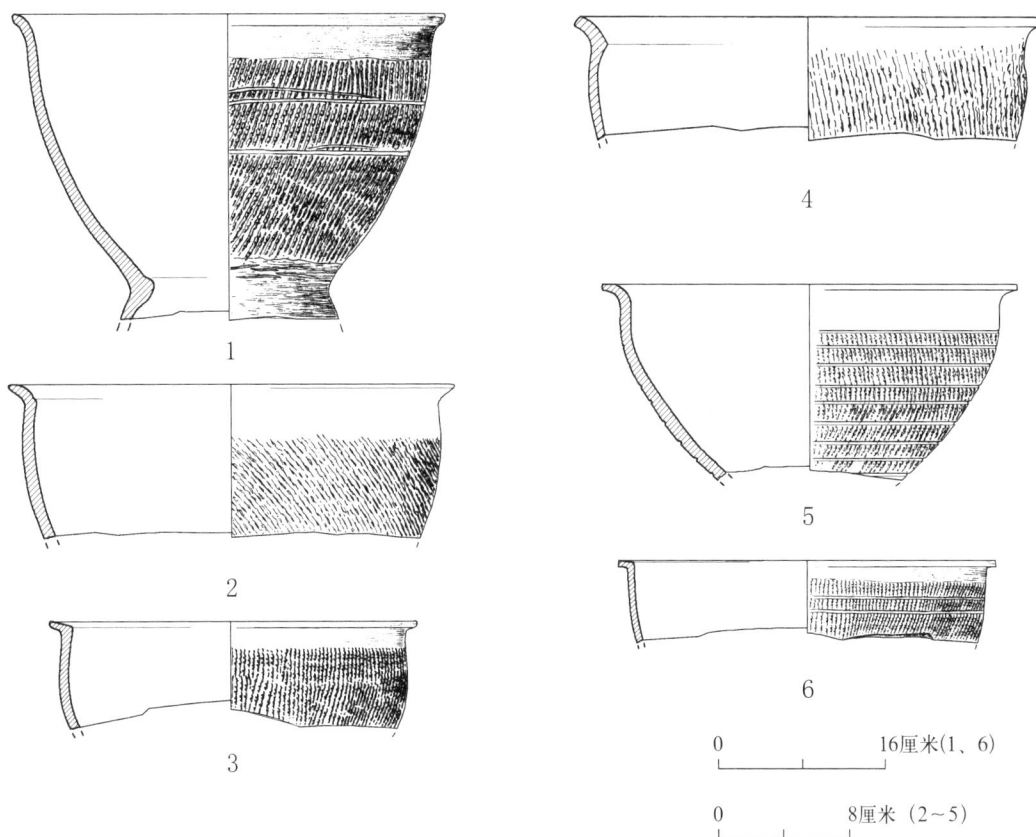

图二一八 五担岗遗址陶甗（甑部）

1.B型Ⅰ式（T07④：3） 2、3.B型Ⅱ式（T17⑤：6、H109：6） 4.B型Ⅲ式（H46：22）
5、6.B型Ⅳ式（H15：7、H37：12）

Ⅳ式 唇腹分界清晰，沿下角变小，上腹较直或稍斜，下腹急收。2件。

标本H15：7 残。夹砂褐陶。卷平沿，方唇，溜肩，上腹较直，腹收较急。饰绳纹被数道轮旋纹间断。口径32.1、高14.6厘米（图二一八，5）。

标本H37：12 残。夹砂灰陶。窄平沿，内折棱凸出，方唇。溜肩，上腹稍斜。饰绳纹被两道轮旋纹间断。口径36.2、高7.7厘米（图二一八，6）。

C型 口径相对A、B型较小，整体形态较细长。3件。可分三式。

Ⅰ式 卷沿，弧颈微束，腹微鼓，最大腹径居上。1件。

标本T07④：4 残。夹砂红褐陶。尖圆唇，束颈，腹深较大。束腰。饰曲折纹。口径32.0、高29.5厘米（图二一九，1；彩版一四，6）。

Ⅱ式 卷沿甚，束颈明显，腹部较鼓，最大腹径居中。1件。

标本T17⑤：1 残。夹砂红褐陶。大宽沿，方唇，弧颈，颈、肩交界处有一周折棱，腹深较大。饰网纹被三道轮旋纹抹断。口径30.3、高26.5厘米（图二一九，2；图版一二，5）。

Ⅲ式 窄斜沿，唇腹分界模糊，斜腹微弧，最大腹径居上。1件。

标本H1：25 残。夹砂红陶。窄斜沿，尖圆唇，溜肩，深腹。饰绳纹。口径32.2、高19.6厘米

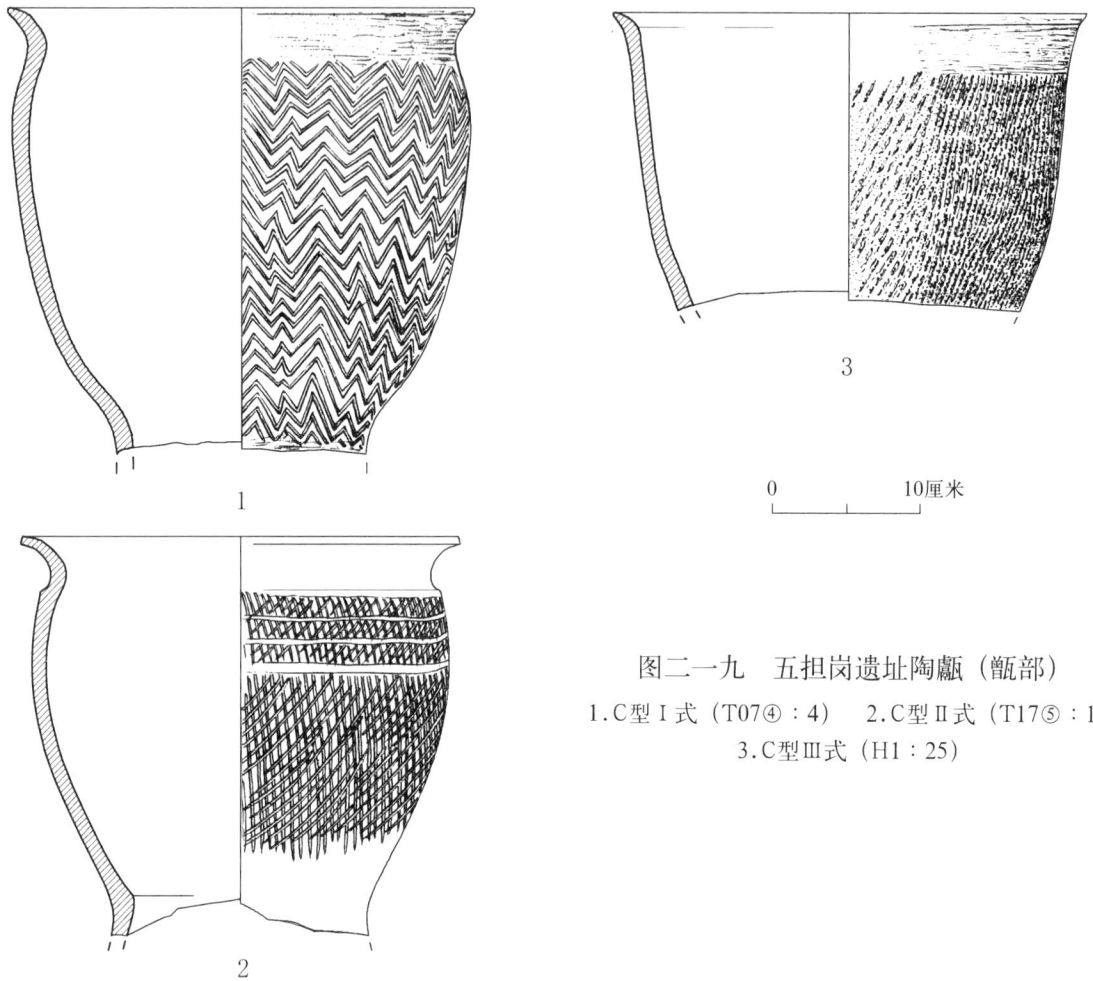

图二一九　五担岗遗址陶鬶（甗部）
1.C型Ⅰ式（T07④：4）　　2.C型Ⅱ式（T17⑤：1）
3.C型Ⅲ式（H1：25）

（图二一九，3）。

鬲部

5件。可分二型。

A型　细腰。4件。可分四式。

Ⅰ式　炮弹形袋足外斜。1件。

标本T31⑦：3　残。夹砂红陶。大袋足深乳状，尖锥状实足突，高分裆。素面。高34.7厘米（图二二○，1；彩版一一，3）。

Ⅱ式　乳状袋足外斜，末端内撇。1件。

标本H110：9　残。夹砂红陶。乳状大袋足较深，窄弧裆。近甗腰处饰一周指捺纹，器表其他部分光素。高16.8厘米（图二二○，2）。

Ⅲ式　有明显肩部，瘦狭袋足内收，足尖微外撇。1件。

标本H52：15　残。夹砂红褐陶。窄肩，深腹，足窝较深。饰绳纹，肩部以下经过抹平、打磨后有许多刻划痕。高25.0厘米（图二二○，3；图版一六，5）。

Ⅳ式　有明显肩部，瘦狭袋足外斜。1件。

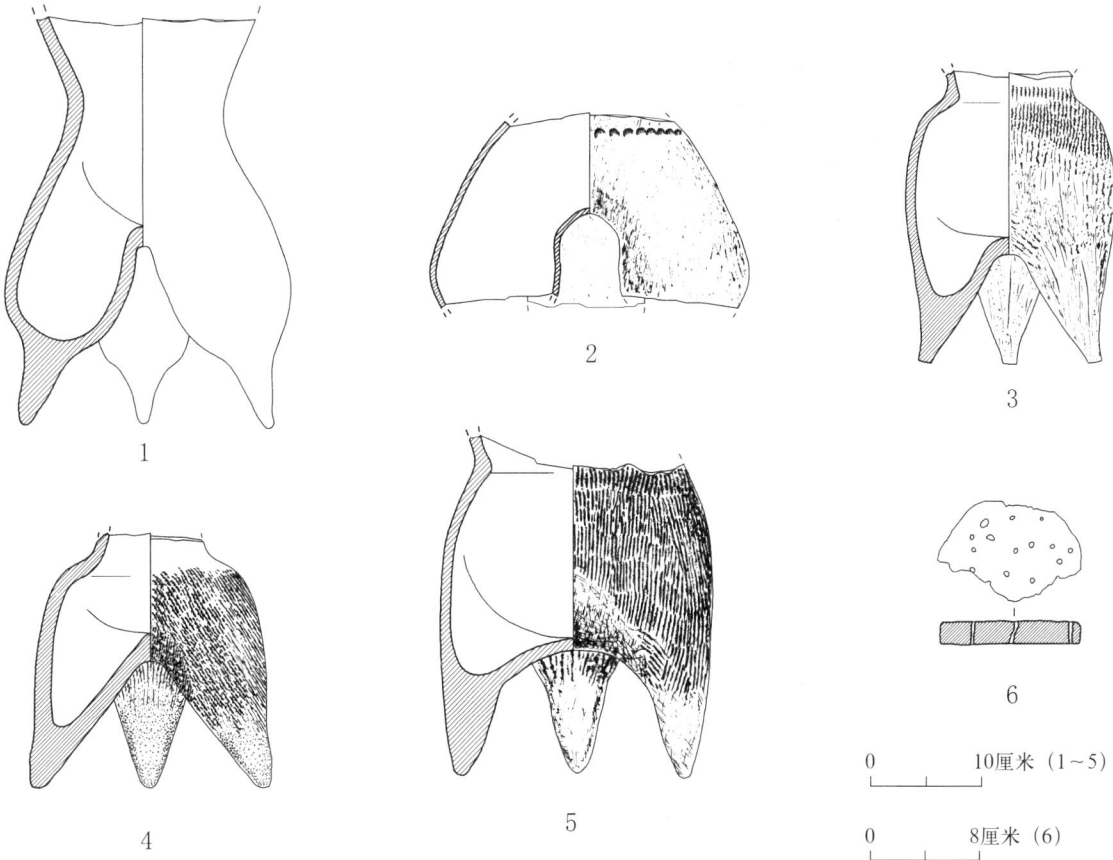

图二二〇　五担岗遗址陶鬲（鬲部、箅）

1.A型Ⅰ式（T31⑦：3）　2.A型Ⅱ式（H110：9）　3.A型Ⅲ式（H52：15）　4.A型Ⅳ式（H59①：5）
5.B型（T17③：1）　6.箅（H55：2）

标本H59①：5　残。夹砂红陶。深袋足，锥状足尖，足尖圆钝。饰绳纹，鬲腰及足尖部分光素。高21.8厘米（图二二〇，4）。

B型　粗腰。1件。

标本T17③：1　残。夹砂红褐陶。宽弧裆，锥形高实足，足窝相对较浅。饰绳纹。裆部及足面光素，大部分经过打磨。高29.0厘米（图二二〇，5；彩版二一，6）。

箅

1件。

标本H55：2　夹砂褐陶。残。平面呈圆形，剖面扁平，有多个不规整穿孔。素面。宽10.0、厚1.6厘米（图二二〇，6）。

鬲腰

共13件。选取的多为腰部残片，其中5件可分型。

A型　鬲腹相对较深，形态上较细长。4件。

标本H37：18　夹砂黑陶。束腰。饰绳纹被数道轮旋纹间断。腰箍被抹平。上有指窝。高13.2厘米（图二二一，1）。

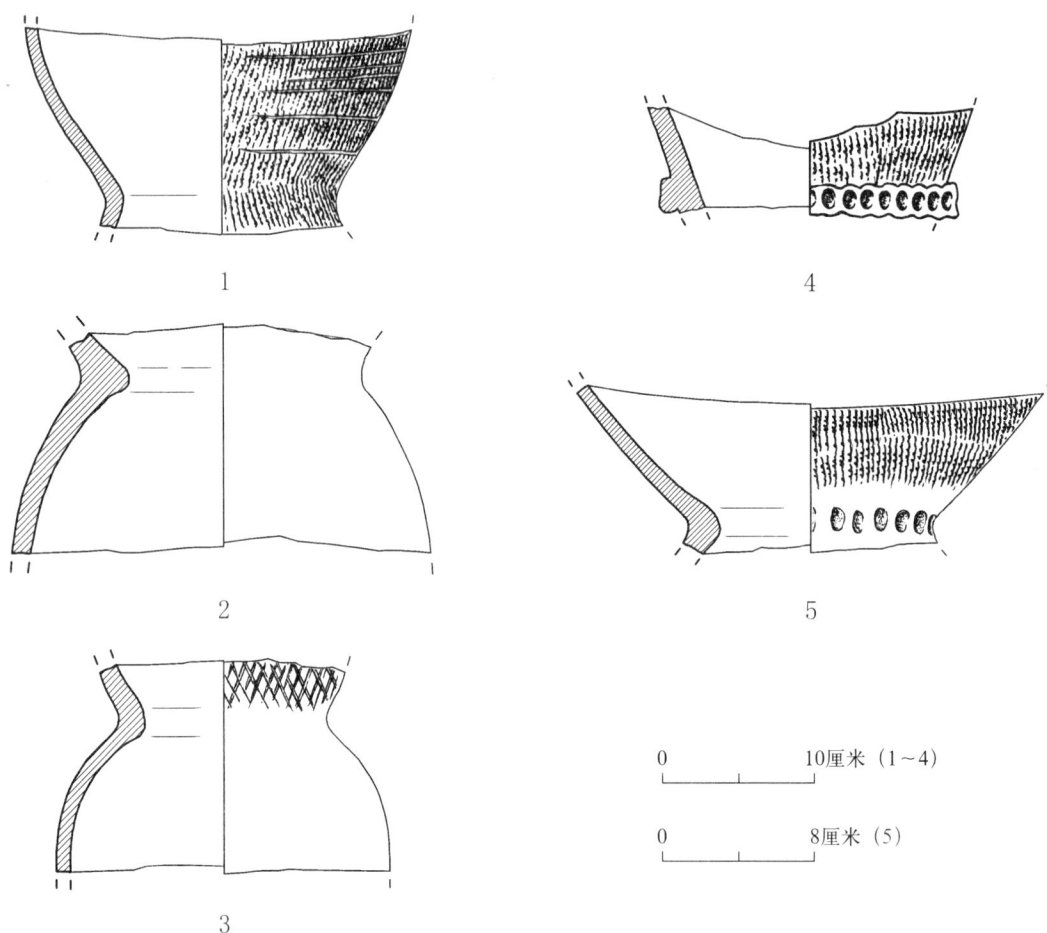

图二二一　五担岗遗址陶甗（腰）

1~4.A型（H37：18、F2：18、T11⑦：5、H69①：49）　5.B型（H8：2）

标本F2：18　夹砂红陶。束腰，不见腰箍。素面。高14.2厘米（图二二一，2；图版一六，6）。

标本T11⑦：5　夹砂红褐陶。束腰，甑部饰网纹，鬲部素面。高13.5厘米（图二二一，3；彩版一二，3）。

标本H69①：49　夹砂红陶。饰绳纹。附加堆纹腰箍，上有指窝。高6.8厘米（图二二一，4）。

B型　甑腹相对较浅，形态上呈浅腹盆形。1件。

标本H8：2　夹砂红陶。束腰甚，饰绳纹。腰箍被抹平。上有指窝。高11.0厘米（图二二一，5）。

陶片8件。未分型。

标本H75：2　夹砂红陶。束腰，腰部有一圈圆形指窝。鬲部饰绳纹。高6.0厘米（图二二二，1）。

标本H46：6　夹砂灰陶。束腰，饰绳纹被抹断。附加堆纹腰箍。高10.0厘米（图二二二，2）。

标本G27②：51　泥质褐陶。束腰，无腰箍。饰网纹，腰部表面光素。高18.7厘米（图

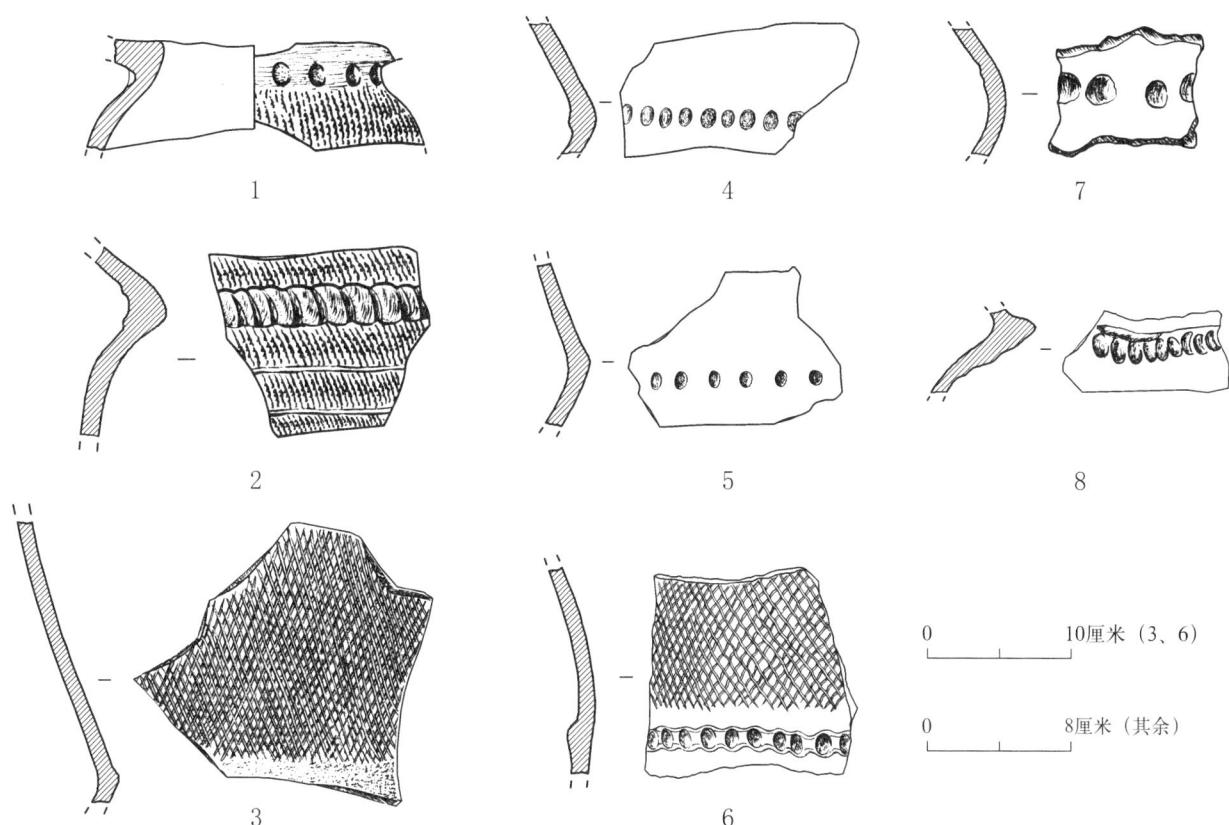

图二二二　五担岗遗址陶甗（腰）

1~8.陶片（H75：2、H46：6、G27②：51、T24⑤：12、H100①：16、G27①：10、H46：10、G27①：3）

二二二，3）。

标本T24⑤：12　夹砂红陶。附加堆纹腰箍，上有指窝。高6.8厘米（图二二二，4）。

标本H100①：16　夹砂红陶。腰箍被抹平。上有指窝。高8.6厘米（图二二二，5）。

标本G27①：10　夹砂褐陶。饰网纹。附加堆纹腰箍，上有指窝。高13.5厘米（图二二二，6）。

标本H46：10　夹砂红陶。附加堆纹腰箍，上有指窝。高6.8厘米（图二二二，7）。

标本G27①：3　夹砂红陶。束腰，腰部有指窝。高4.4厘米（图二二二，8）。

角把

出土数量很少，共4件。应是鬲或盉等器物的把手，个别也可能为足。按整体特征差异，可分为二型。

A型　末端翘起呈鹰嘴或羊角状。3件。按有无饰按窝，可分二亚型。

Aa型　根部饰按窝。2件。

标本H33：2　夹砂红陶。剖面圆形。末端起翘。长11.6厘米（图二二三，1）。

标本H46：11　夹砂红陶。剖面圆形。末端残缺。残长6.8厘米（图二二三，2）。

Ab型　根部无按窝。1件。

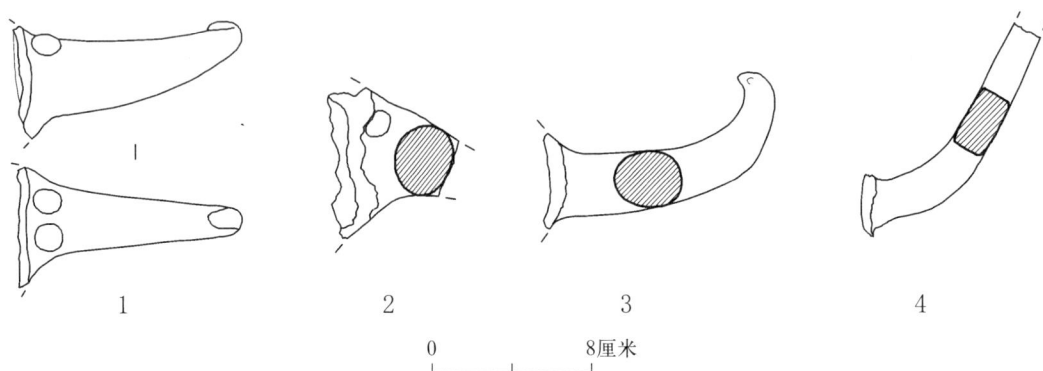

图二二三　五担岗遗址陶器（角把）

1、2.Aa型（H33：2、H46：11）3.Ab型（T17④：7）4.B型（H93：23）

标本T17④：7　夹砂红陶。剖面扁圆形。素面。长11.6厘米（图二二三，3）。

B型　方扁形。1件。

标本H93：23　夹砂灰陶。剖面扁长方形，素面。也有可能为鼎足。长12.8厘米（图二二三，4）。

簋

出土数量较少。共9件。可分口、腹部相对完整者及足两类介绍。

口、腹部相对完整者

5件。根据口部特征差异，可分二型。

A型　卷沿。1件。

标本H52：8　残。泥质黑陶。钵形，方唇，弧腹较浅。饰绳纹，局部经过刮削。口径21.1、高9.6厘米（图二二四，1）。

B型　折沿。4件。可分四式。

Ⅰ式　沿下角较大，口沿较窄。1件。

标本H100②：5　泥质黑陶，器表磨光。敞口，圆方唇，宽斜沿，深弧腹急收成束腰状圈足，略圆底。腹部较深，表面可见多道因轮制形成的凸棱。口径21.0、底径13.8、高12.1厘米（图二二四，2；彩版一七，6）。

Ⅱ式　沿下角变小，口沿较宽。1件。

标本H100①：4　残。夹砂红陶。圆方唇，大宽折沿，唇面较鼓。弧腹微鼓，腹深较大。素面。口径16.4、高5.6厘米（图二二四，3）。

Ⅲ式　沿下角变更小。1件。

标本T24④：1　残。夹砂红陶。圆方唇，微折沿。腹部较鼓，腹深较大。表面饰绳纹被数道轮旋纹间断。口径14.0、高7.0厘米（图二二四，4）。

Ⅳ式　沿下角变大，口沿较宽。1件。

标本G23：4　残。夹砂褐陶。方唇，腹部微鼓，腹深较大。饰绳纹。口径16.4、高6.8厘米（图二二四，5）。

足

4件。可分二型。

A型　圈足较矮，无明显束腰。3件。

标本H70：2　残。泥质红陶，器壁较厚，器表磨光。弧腹较鼓，圜底。圈足外撇。素面。底径15.4、高8.4厘米（图二二四，6）。

标本H93：13　残。泥质黑陶，器表磨光。弧腹较鼓，圜底。圈足斜直。素面。底径14.8、高5.4厘米（图二二四，7）。

标本H46：7　残。夹砂黑陶。弧腹，圜底。圈足外撇。素面。底径14.5、高4.8厘米（图二二四，8）。

B型　圈足较矮，束腰。1件。

标本T23④：18　残。泥质黑陶，器表磨光。微鼓腹，底较平，喇叭状圈足。素面。底径11.6、高6.2厘米（图二二四，9）。

豆

出土数量较多，共46件。完整者较少。可分较完整者、盘、柄、残圈足四类介绍。

较完整者8件。

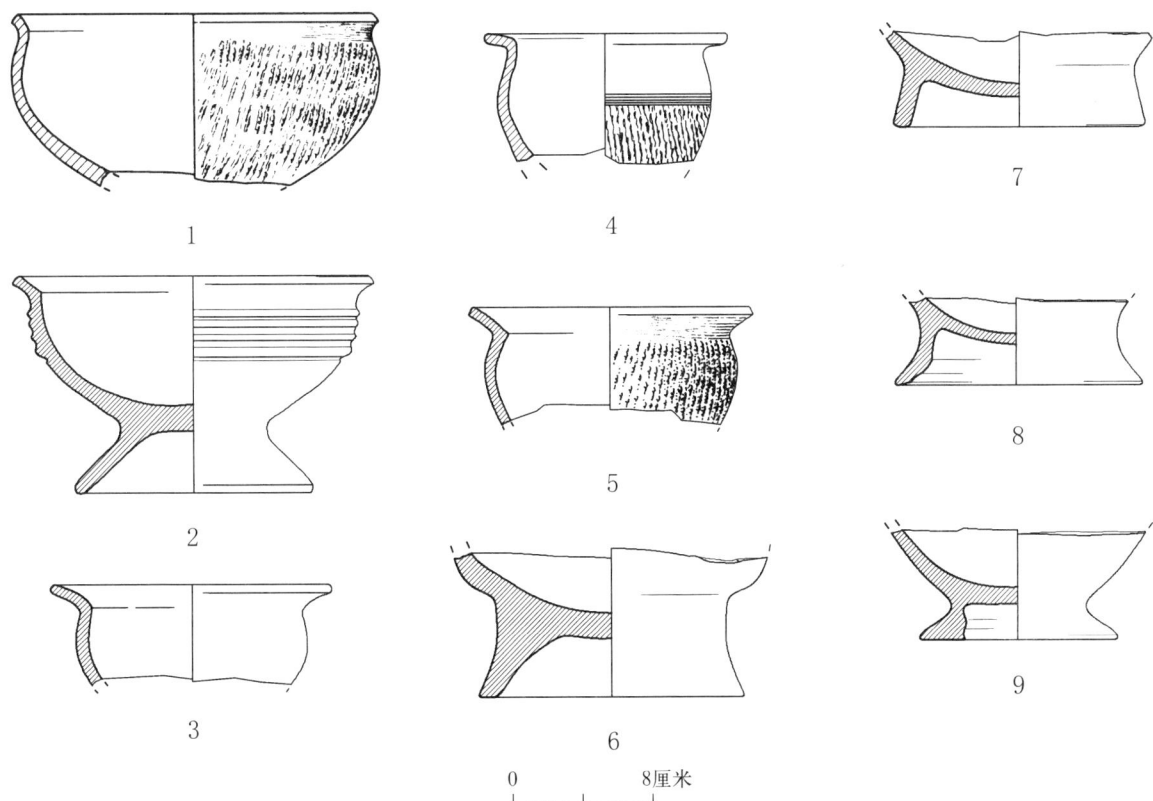

图二二四　五担岗遗址陶簋

1.A型（H52：8）　2.B型Ⅰ式（H100②：5）　3.B型Ⅱ式（H100①：4）　4.B型Ⅲ式（T24④：1）
5.B型Ⅳ式（G23：4）　6～8.A型足（H70：2、H93：13、H46：7）　9.B型足（T23④：18）

共出土6件。按柄的形态特征差异，可分为二型。

A型　细高柄。共3件。可分二式。

Ⅰ式　柄相对较矮，且有凸棱。1件。

标本H110：11　残。泥质红陶。敞口，外翻沿，圆方唇，弧腹较浅，圜底，圈足部分残缺。口径20.2、高10.8厘米（图二二五，1）。

Ⅱ式　柄相对较高，无凸棱，柄上部靠近豆盘部位明显变粗。

标本G27③：29　泥质黑陶。敞口，尖圆唇，浅弧腹，圜底，喇叭形圈足。素面。口径21.2、底径14.0、高18.8厘米（图二二五，2；彩版二四，2）。

标本G27③：30　泥质灰陶。敞口，圆唇，浅弧腹，圜底近平，高圈足。素面。口径19.6、底径10.4、高16.2厘米（图二二五，3；图版二四，1）。

B型　粗柄。共5件。按柄部形态不同，可分为二亚型。

Ba型　有沿，柄相对较高。共2件。可分二式。

Ⅰ式　沿下角较大，腹深较小。1件。

标本H93：3　泥质黑陶，器表磨光。方唇，卷折沿，沿面较宽，上腹较直。圜底近平。喇叭形圈足，外撇较甚。素面。口径19.0、底径12.7、高13.1厘米（图二二五，4；彩版一八，1）。

Ⅱ式　沿下角变小，腹深变大。1件。

标本H69③：2　泥质陶，灰胎黑衣，陶衣大多脱落。圆方唇，宽沿且沿面微鼓。腹部近折，腹部微弧急收。圜底近平。喇叭形圈足。素面。口径19.4、底径14.5、高12.7厘米（图二二五，5；彩版二〇，2）。

Bb型　无沿，柄相对较矮。共3件。可分三式。

Ⅰ式　腹部较弧，柄相对较矮。1件。

标本T23⑥：2　泥质红陶。敛口，圆唇，浅弧腹，圜底，圈足外撇。素面。口径14.4、底径10.4、高7.2厘米（图二二五，6；彩版一五，1）。

Ⅱ式　腹部斜直，柄相对变高。1件。

标本T23④：3　泥质灰陶。直口微敛，尖圆唇，浅腹，平底。上腹器表饰一周因轮旋形成的凹弦纹。口径13.8、底径9.6、高8.3厘米（图二二五，7；彩版二〇，3）。

Ⅲ式　腹部鼓出，柄变极矮。1件。

标本T10②：1　泥质灰陶。直口微侈，圆唇，弧腹较深，圈足外撇。素面。口径16.8、底径8.8、高6.2厘米（图二二五，8；彩版二二，2）。

盘

共出土9件。按盘腹形态特征差异，可分为二型。

A型　敞口。共6件。可分二亚型。

Aa型　有沿。共5件。可分二式。

Ⅰ式　平沿。1件。

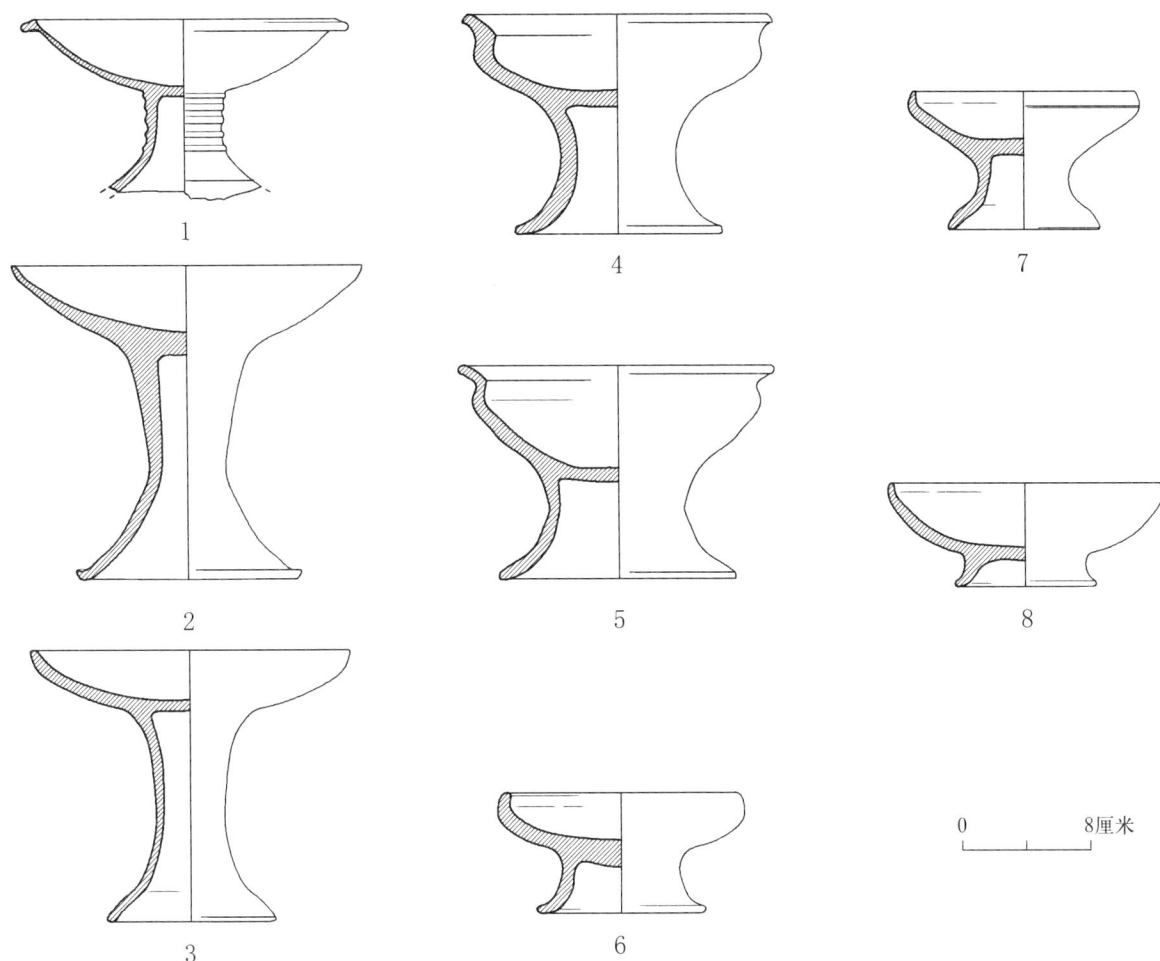

图二二五　五担岗遗址陶豆

1.A型Ⅰ式（H110：11）　　2、3.A型Ⅱ式（G27③：29、G27③：30）　　4.Ba型Ⅰ式（H93：3）　　5.Ba型Ⅱ
式（H69③：2）　　6.Bb型Ⅰ式（T23⑥：2）　　7.Bb型Ⅱ式（T23④：3）　　8.Bb型Ⅲ式（T10②：1）

标本H78：3　残。泥质褐陶。圆方唇，宽沿，弧腹，圜底，细柄。素面。口径17.2、高6.6厘米（图二二六，1）。

Ⅱ式　内斜沿。1件。

标本H80：1　残。泥质灰陶，圆唇，沿内侧有一折棱，弧腹。素面。口径20.3、高5.4厘米（图二二六，2）。

Ⅲ式　卷折沿或折沿。共3件。

标本G27③：56　残。泥质黑陶，器表磨光。折沿，大浅盘，方唇且唇面上有浅槽，腹部近折。平底。素面。口径21.2、高6.0厘米（图二二六，3）。

标本G27③：82　残。泥质灰陶。卷折沿，方唇，折腹，圜底近平。细柄。素面。口径17.4、高3.6厘米（图二二六，4）。

标本G27③：73　残。泥质黑陶，器表磨光。斜折沿，尖唇，折腹，腹深较大。素面。口径

17.0、高4.9厘米（图二二六，5）。

　　Ab型　无沿。1件。

　　标本G27③：84　残。泥质灰陶。圆唇，弧腹较深，圜底。素面。口径20.8、高6.2厘米（图二二六，6）。

　　B型　直口。共2件。可分二亚型。

　　Ba型　窄斜沿。1件。

　　标本H67：3　残。泥质灰陶。尖唇，折腹，圜底近平。细柄。素面。口径15.5、高6.1厘米（图二二六，7）。

　　Bb型　无沿。1件。

　　标本G27③：65　残。泥质褐陶。盘口较大，圆唇，浅弧腹，圜底。素面。口径24.0、高6.4厘米（图二二六，8）。

　　C型　敛口。1件。

　　标本T23④：20　残。泥质陶，灰胎黑衣，器表磨光。圆方唇，折腹，腹深较大。腹表饰多道因轮旋形成的凸棱，其他部位光素。口径22.4、高7.3厘米（图二二六，9）。

　　柄

　　共出土29件。按整体形态特征差异，可分为三型。

　　A型　细高柄。共5件。按高矮不同，可分二亚型。

　　Aa型　高柄。共4件。可分三式。

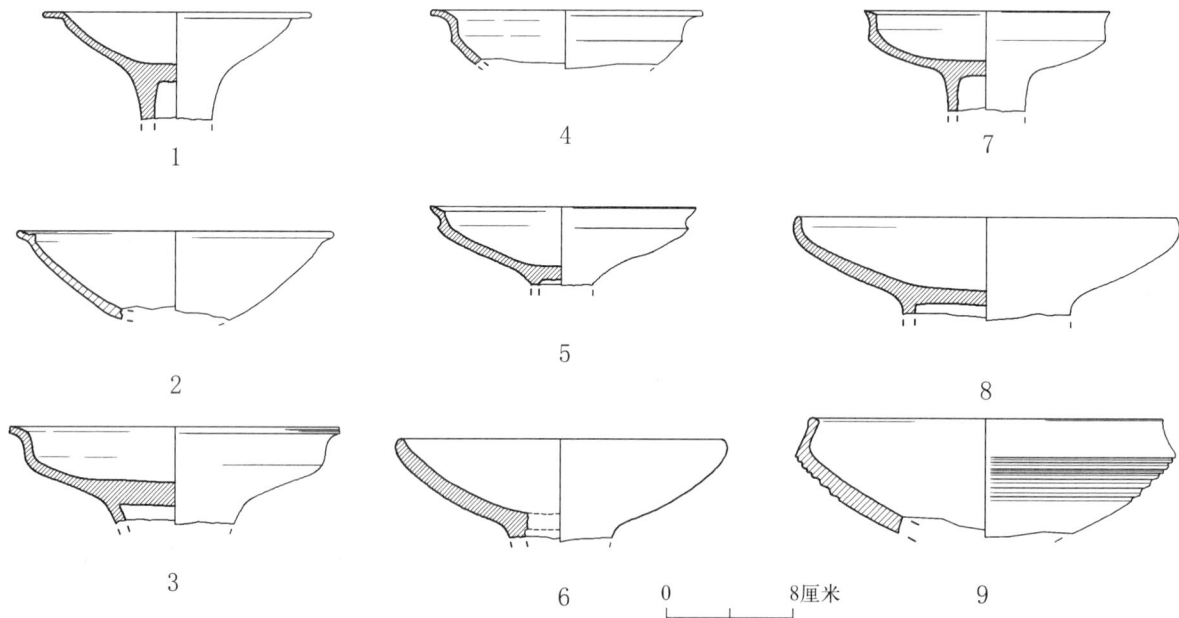

图二二六　五担岗遗址陶豆（盘）

1.Aa型Ⅰ式（H78：3）　2.Aa型Ⅱ式（H80：1）　3～5.Aa型Ⅲ式（G27③：56、G27③：82、G27③：73）　6.Ab型（G27③：84）　7.Ba型（H67：3）　8.Bb型（G27③：65）　9.C型（T23④：20）

Ⅰ式　柄相对较直，向上略外倾。1件。

标本T08④：1　残。泥质红陶。平底，柄中部有一周凸棱，其他部位光素。喇叭形圈足。底径11.4、高13.6厘米（图二二七，1）。

Ⅱ式　柄相对较直。1件。

标本H56：4　残。泥质黑陶，器表磨光。小圜底近平，喇叭形圈足。素面。底径10.6、高11.4厘米（图二二七，2）。

Ⅲ式　柄向上外倾较甚。2件。

标本G27③：54　残。泥质黑陶，器表磨光。柄上部饰三周指捺纹。覆钵状圈足。底径10.8、高10.0厘米（图二二七，3）。

标本G27③：49　残。泥质黑陶，器表磨光。弧腹，圜底，柄表面内弧，喇叭形大圈足。素面。底径13.8、高18.5厘米（图二二七，5）。

Ab型　柄相较Aa型略粗。共1件。

标本T27②：3　残。泥质灰陶。弧腹，圜底近平。柄面内弧，向下渐粗。喇叭形圈足。底径13.2、高11.2厘米（图二二七，4）。

B型　粗柄。共18件。按整体特征不同，可分为三亚型。

Ba型　整体粗而高。共5件。可分四式。

Ⅰ式　柄自上而下直径渐大呈喇叭状，靠近底部有一周凸棱。1件。

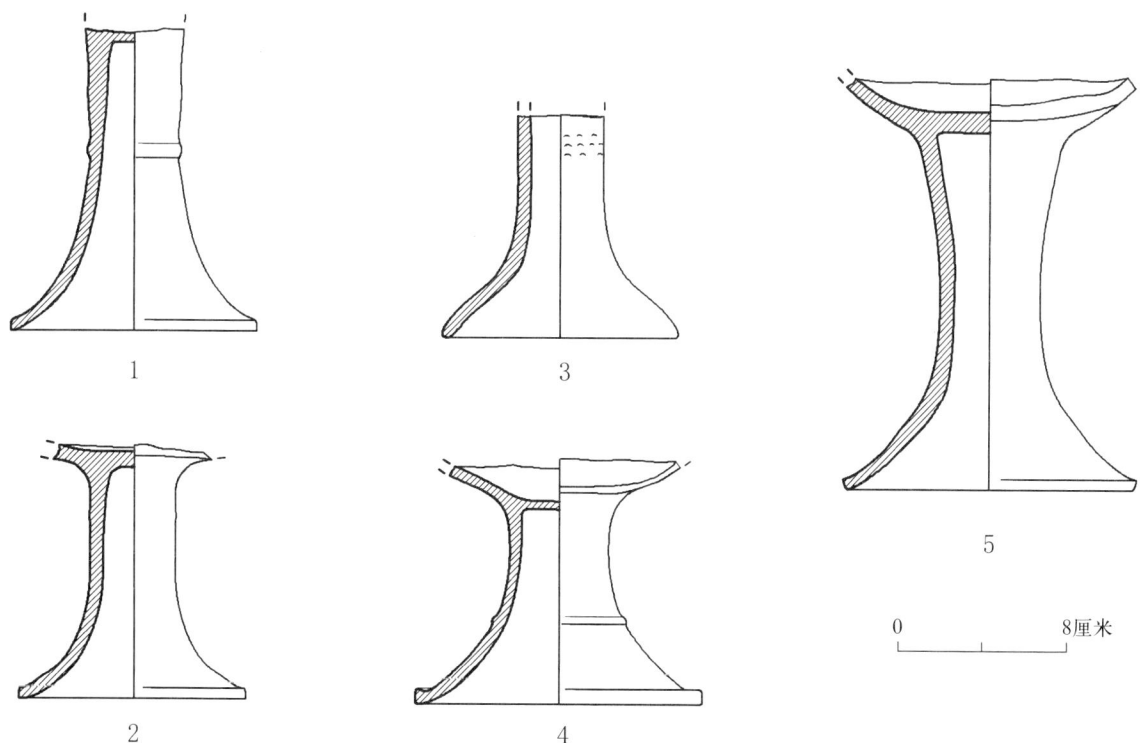

图二二七　五担岗遗址陶豆（柄）

1. Aa型Ⅰ式（T08④：1）　2. Aa型Ⅱ式（H56：4）　3、5. Aa型Ⅲ式（G27③：54、G27③：49）　4. Ab型（T27②：3）

标本T11⑥：4 残。泥质灰陶。圜底近平，体态较高。器表除一周凸棱外其他位置光素。底径10.3、高10.3厘米（图二二八，1）。

Ⅱ式 柄中部较直，圈足呈喇叭状，顶部近盘腹处或外撇。2件。

标本T33⑦：10 残。泥质褐陶。圜底。柄大部较直，往下近底部突然外撇呈喇叭状。素面。底径10.4、高9.6厘米（图二二八，2）。

标本T23④：12 残。泥质红陶。柄中部较直，两端外撇。素面。底径11.4、高10.1厘米（图二二八，3）。

Ⅲ式 底部呈大喇叭口状，柄中间有明显凸棱。1件。

标本H1：29 残。泥质灰陶。柄上凸棱明显，圈足呈喇叭形。底径13.6、高8.2厘米（图二二八，4）。

Ⅳ式 柄斜直往下有收分，近底处突然放大呈喇叭口状。1件。

标本G27③：72 残。泥质灰陶。素面。底径12.8、高11.2厘米（图二二八，5）。

Bb型 柄更粗，较Ba型略矮。2件。可分二式。

Ⅰ式 柄上部外撇。1件。

标本H100①：29 残。泥质黑陶，器表磨光。圜底近平。素面。高9.1厘米（图二二九，1）。

Ⅱ式 柄上部外撇甚。1件。

标本H69③：5 残。泥质陶，灰胎黑衣，器表磨光。弧腹，喇叭形圈足。素面。底径15.4、高9.9厘米（图二二九，2）。

Bc型 柄较粗矮，无明显束腰。共6件。可分五式。

Ⅰ式 柄自上而下直径渐大呈喇叭状，靠近底部有两周凸棱。1件。

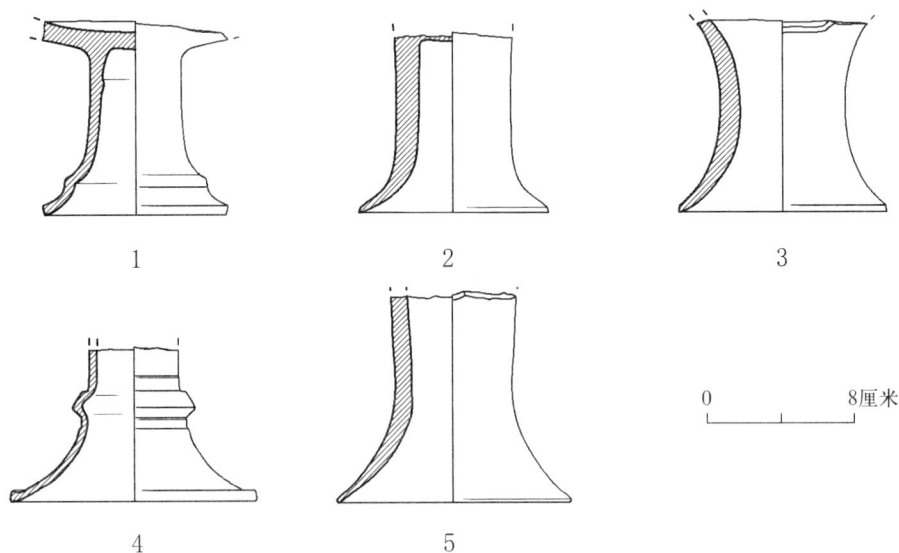

图二二八 五担岗遗址陶豆（柄）

1.Ba型Ⅰ式（T11⑥：4） 2、3.Ba型Ⅱ式（T33⑦：10、T23④：12） 4.Ba型Ⅲ式（H1：29） 5.Ba型Ⅳ式（G27③：72）

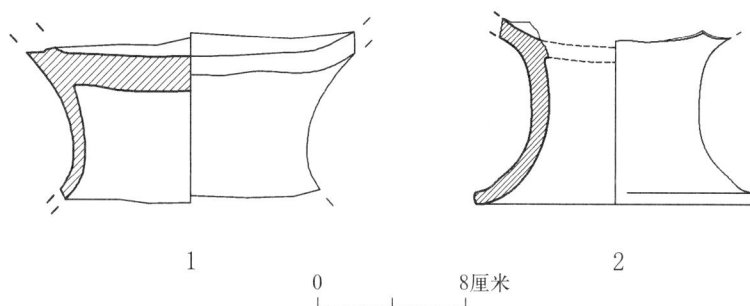

二二九　五担岗遗址陶豆（柄）

1.Bb型Ⅰ式（H100①：29）　　2.Bb型Ⅱ式（H69③：5）

标本G26：4　残。泥质红陶。柄表面除饰凸棱外其他位置光素。底径11.6、高8.4厘米（图二三〇，1）。

Ⅱ式　柄中部较直，两端外撇，底部呈大喇叭口状。1件。

标本T08③：4　残。泥质灰陶，器壁较薄。轮制痕迹明显，内外壁均有明显的凹凸痕。底径12.1、高6.5厘米（图二三〇，2）。

Ⅲ式　底部喇叭口变小。1件。

标本H1：27　残。泥质红陶。略圜底，圈足外撇不明显。素面。底径9.2、高7.2厘米（图二三〇，3）。

Ⅳ式　柄部变粗矮，外下方向外撇，底部喇叭口变大，外撇明显。2件。

标本H94②：4　残。夹砂红陶，器壁较厚。弧腹，圜底较平。柄外壁饰两道凸棱。底径12.2、高8.0厘米（图二三〇，4）。

标本T27②：4　残。泥质灰陶。柄内外壁均可见因轮旋制作形成的凹凸棱。底径16.0、高6.8厘

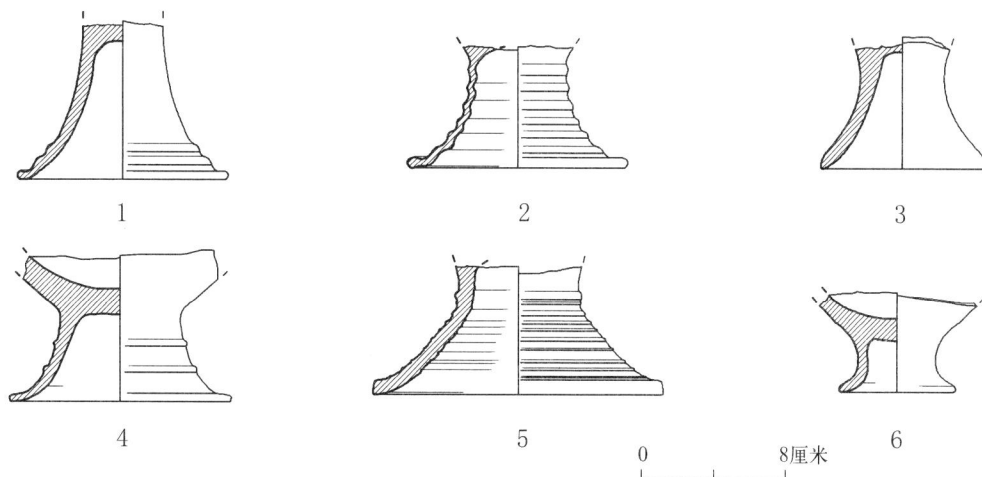

图二三〇　五担岗遗址陶豆（柄）

1.Bc型Ⅰ式（G26：4）　2.Bc型Ⅱ式（T08③：4）　3.Bc型Ⅲ式（H1：27）

4、5.Bc型Ⅳ式（H94②：4、T27②：4）　6.Bc型Ⅴ式（H88：3）

米（图二三〇，5）。

V式　柄大部较直，底部放大呈喇叭口状。1件。

标本H88：3　残。泥质红陶，器壁较厚。弧腹，圜底。素面。底径6.4、高5.3厘米（图二三〇，6）。

Bd型　矮粗柄，束腰明显。共4件。可分四式。

Ⅰ式　束腰明显，柄极矮，圈足外撇明显。1件。

标本H78：2　残。夹砂红陶。弧腹，圜底近平。素面。底径8.8、高3.6厘米（图二三一，1）。

Ⅱ式　束腰明显，柄变粗壮，体态略高，圈足外撇程度变小。1件。

标本H93：14　残。泥质灰陶。弧腹，圜底近平。腹饰多道因轮旋形成的凸棱。口径8.1、高5.4厘米（图二三一，2）。

Ⅲ式　束腰，柄更高，圈足外撇程度变大。1件。

标本T23④：21　残。泥质灰陶，器壁较厚。弧腹，圜底。素面。底径10.2、高6.6厘米（图二三一，3）。

Ⅳ式　束腰，有较明显的短直柄，圈足外撇程度更大。1件。

标本H37：26　残。泥质黑陶，器表磨光。弧腹，平底，素面。底径8.0、高4.1厘米（图二三一，4）。

残圈足

1件。

标本T21⑤：13　残。泥质陶，灰胎黑衣，器表磨光。圈足外撇甚。素面。底径10.6、高4.1厘米（图二三一，5）。

C型　豆柄上部实心。共6件。可分三式。

Ⅰ式　有明显的细长柄，柄上部表面或饰一周凸棱。共3件。

标本T17⑤：19　残。夹砂陶，红胎黑衣。柄中部较直，喇叭形圈足。素面。底径12.2、高15.7厘米（图二三二，1；图版一二，6）。

标本T17⑤：18　残。夹砂红陶。柄中部稍弧，喇叭形圈足。素面。高15.8厘米（图二三二，2）。

标本T18⑥：9　残。夹砂灰陶。柄上部表面饰一周凸棱，其他位置光素。高12.0厘米（图二三二，3）。

Ⅱ式　柄部变短，往下渐外撇，柄上部表面或饰凸棱。2件。

标本H66①：3　残。泥质黑陶，器表磨光，器壁较厚。柄顶端饰多道凸棱。高9.1厘米（图二三二，4）。

标本T32⑧：3　残。泥质红陶。弧腹。柄较粗壮。素面。高7.5厘米（图二三二，5）。

Ⅲ式　柄变细长。1件。

标本H69③：6　残。泥质黑陶，器表磨光。素面。高12.2厘米（图二三二，6）。

尊

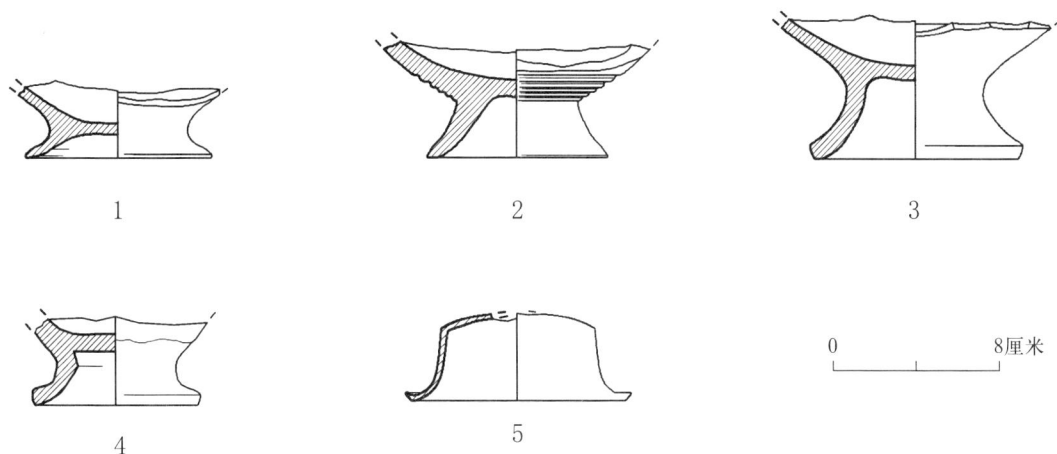

图二三一　五担岗遗址陶豆（柄）

1.Bd型Ⅰ式（H78∶2）　2.Bd型Ⅱ式（H93∶14）　3.Bd型Ⅲ式（T23④∶21）
4.Bd型Ⅳ式（H37∶26）　5.残圈足（T21⑤∶13）

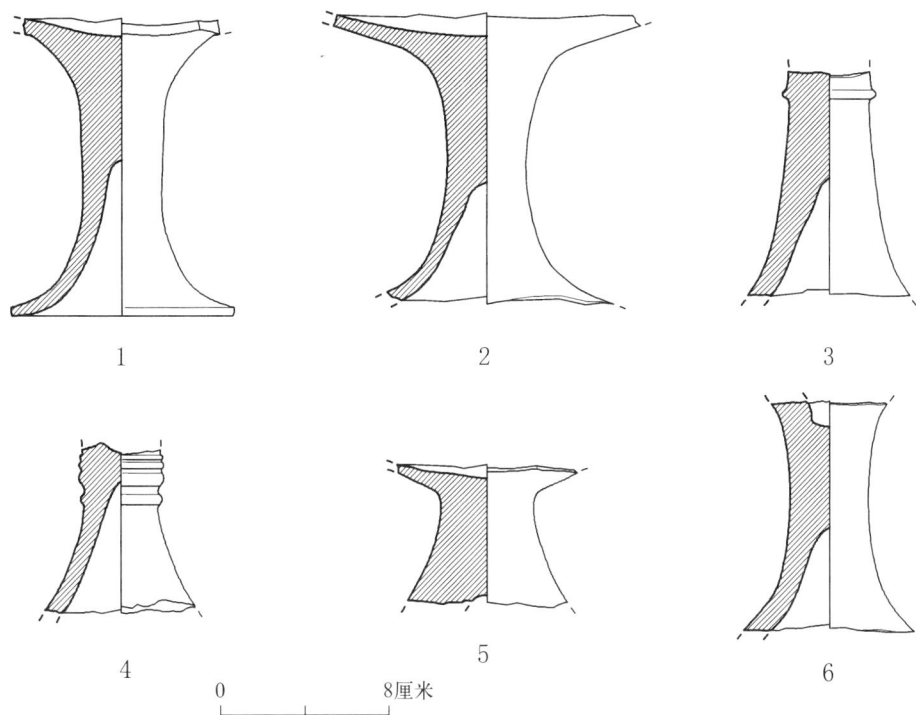

图二三二　五担岗遗址陶豆（柄）

1~3.C型Ⅰ式（T17⑤∶19、T17⑤∶18、T18⑥∶9）　4、5.C型Ⅱ式（H66①∶3、T32⑧∶3）　6.C型Ⅲ式（H69③∶6）

共2件。可分二式。

Ⅰ式　卷沿较甚。1件。

标本H73∶8　残。泥质灰陶。大宽沿，方唇，束颈，颈长弧状，窄肩。颈部饰绳纹。口径30.3、高6.2厘米（图二三三，1）。

Ⅱ式　微卷沿。1件。

标本T08④：3　残。泥质灰陶。沿面较宽，圆方唇，斜颈较短，窄肩。饰绳纹被一周轮旋纹间断。口径32.2、高6.9厘米（图二三三，2）。

三足器

不能完全确定其器类。共3件。

标本H46：19　残。夹砂红陶。腰部贴塑一周泥条，泥条上饰纵向平行划槽。腰部往上可见饰耳痕，推测器类应为甗、鬲或盉。高14.0厘米（图二三四，1；图版一七，1）。

采：1　残。夹砂红陶。素面。推测器类应为甗、鬲或盉。高11.2厘米（图二三四，2；图版六一，8）。

标本F2：20　残。夹砂红陶。素面。推测器类应为爵或斝。高4.4厘米（图二三四，3）。

觚形杯

1件。

标本G26：6　残。泥质褐陶。敞口，深直腹微内曲，近底处残缺。表面有多道凹槽。高16.6厘米（图二三五，1；图版六二，1）。

盉

1件。

标本G27③：43　残。泥质灰陶。敞口，方唇，高颈，鼓腹，管状流部分残缺。裆部位置较高，

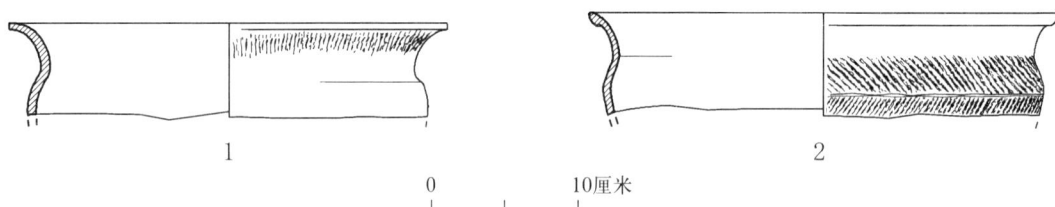

图二三三　五担岗遗址陶尊

1. Ⅰ式（H73：8）　2. Ⅱ式（T08④：3）

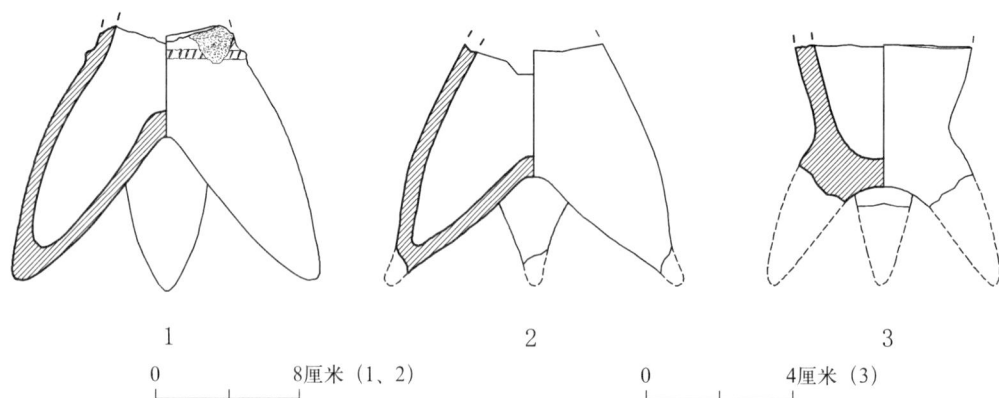

图二三四　五担岗遗址陶器

1～3.三足器（H46：19、采：1、F2：20）

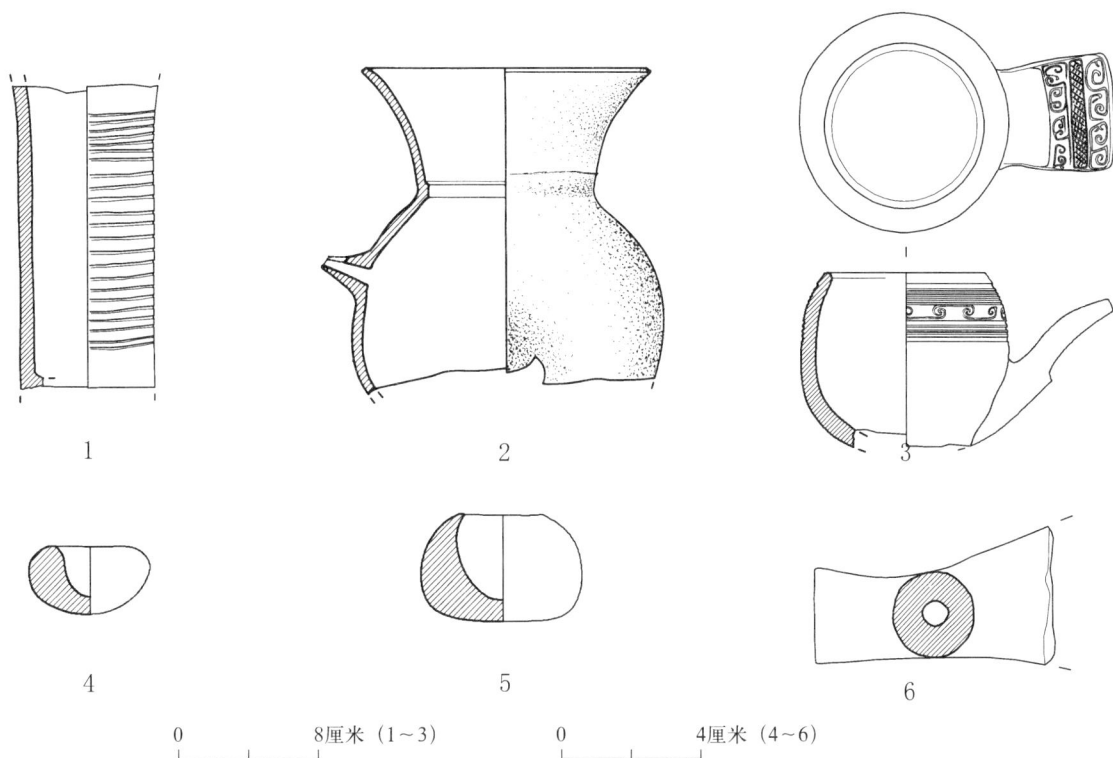

图二三五　五担岗遗址陶器

1.觚形杯（G26：6）　2.盉（G27③：43）　3.斗（H38：2）　4、5.窝形器（H89：4、H7：2）　6.器流（T17④：4）

三足残缺。素面。颈部可见明显接痕。口径16.4、高17.9厘米（图二三五，2；彩版二四，3）。

斗

1件。

标本H38：2　残。泥质灰陶，敛口，圆唇，鼓腹，扁长方柄，下腹近底部分残缺。上腹可见两处呈凹槽状的弦纹带，中间饰以云纹。器柄饰以夔纹与菱格纹的纹饰组合。口径9.2、高9.6厘米（图二三五，3；图版六二，2、3、4）。

刻槽钵

或称擂钵、刻槽盆、研磨盆，其功能为研磨或澄滤一类的陶器。遗址出土该类器物数量较少，共14件。可复原为完整器者3件。陶质以夹砂陶为主，其次为泥质陶。纹饰以绳纹为主，梯格纹与素面所占比例相当。按照出土陶器的特征，分完整器和口沿两类分别进行介绍。

完整器

数量较少，共出土3件。按柄的形态特征差异，可分为三式。

Ⅰ式　弧腹较深，小平底。1件。

标本T32⑩：1　夹砂红陶。直口，圆唇，深弧腹，厚平底微内凹。短狭流。器表素面，内壁饰成组刻划网状纹。口径25.5、底径9.4、高15.2厘米（图二三六，1；彩版一一，4）。

Ⅱ式　弧腹较鼓，平底。1件。

标本T27②：1　泥质红陶。敛口，尖唇，窄沿面内凹，平底微内凹。宽短流，流两侧各饰一个乳钉，口沿下可见两周凸棱，器表其他部位饰梯格纹，内壁饰成组刻划网状纹。口径25.8、底径9.6、高16.2厘米（图二三六，2；图版一三，1、2）。

Ⅲ式　弧腹较浅，圜底。1件。

标本T31⑥：1　夹砂红陶。直口，圆唇稍内勾，短狭流。器表饰绳纹，内壁饰成组刻划网状纹。口径32.5、高14.0厘米（图二三六，3；图版二〇，1、2）。

口沿

数量较多，共11件。按口部特征不同，可分为三型。

A型　敛口，圆唇或尖圆唇。共6件。可分四式。

Ⅰ式　敛口唇内勾。共2件。

标本T18⑥：7　残。泥质红陶。圆唇，弧腹较深。饰绳纹被数道轮旋纹间断，内壁饰成组刻划网状纹。高5.9厘米（图二三六，4）。

标本Y1：2　残。夹砂红陶。圆唇，沿下有一周凹槽，弧腹较深。饰绳纹，内壁饰成组刻划网状纹。高7.7厘米（图二三六，5）。

Ⅱ式　敛口较甚，肩腹部近折。共2件。

标本T29④：2　残。泥质红陶。尖唇，唇面有一凹槽，弧腹较浅。沿下有一周浅槽，肩腹部有两周凸棱。器表其他部位饰绳纹，内壁饰成组刻划网状纹。口径29.4、高7.2厘米（图二三六，6）。

标本H37：22　残。夹砂红陶。尖圆唇，弧腹较浅。饰绳纹被数道轮旋纹间断，内壁饰成组刻划网状纹。口径29.8、高5.6厘米（图二三六，7）。

Ⅲ式　敛口较甚，肩部圆鼓。1件。

标本T32⑧：9　残。泥质红陶。圆唇，弧腹，器表光素，内壁饰成组刻划网状纹。口径22.4、高4.2厘米（图二三六，8）。

Ⅳ式　口微敛，唇略内勾。1件。

标本H93：11　残。泥质灰陶。圆唇，弧腹较深。器表光素，内壁饰成组刻划网状纹。口径28.0、高8.5厘米（图二三六，9）。

B型　敛口或微敛口，多方唇。共4件。可分二式。

Ⅰ式　方唇。2件。

标本H110：8　残。泥质红陶。敛口，弧腹较深。沿下饰数道凸棱，器表其他部位饰梯格纹，内壁饰成组刻划网状纹。口径24.8、高10.0厘米（图二三六，10）。

标本H112：2　残。泥质红陶。微敛口，弧腹较深。沿下贴塑乳钉，往下饰一周凸棱，器表其他部位饰梯格纹，内壁饰成组刻划网状纹。口径24.0、高7.5厘米（图二三六，11）。

标本T17⑤：9　残。夹砂红陶。微敛口，唇面中部起棱。沿下可见多道凸棱，器表其他部位饰绳纹被数道轮旋纹间断，内壁饰成组刻划网状纹。口径27.6、高8.3厘米（图二三六，12）。

Ⅱ式　尖方唇。

标本T17④：1　残。夹砂红陶。直口微敛，尖方唇，沿下有一周浅凹槽，弧腹较深。饰绳纹，内壁饰成组刻划网状纹。口径30.0、高8.6厘米（图二三六，13）。

C型　敞口。共1件。

标本T17⑤：17　残。夹砂红陶。方唇，弧腹较深。饰绳纹，内壁饰成组刻划网状纹。口径28.0、高7.0厘米（图二三六，14）。

盆

遗址出土该类器物数量较多，共59件。陶质以夹砂陶为主，其次为泥质陶。制法上均为轮制。纹饰以绳纹为主，其次为素面。其他纹饰所占比例较小，有附加堆纹、网纹、梯格纹、戳印纹和轮旋纹等。附加堆纹常与绳纹组合出现，较少单独饰于陶盆的情况。根据整体形态的差异，可分六型。另存在只有口沿残片而不能采取复原画法的器物，简要列举于后。

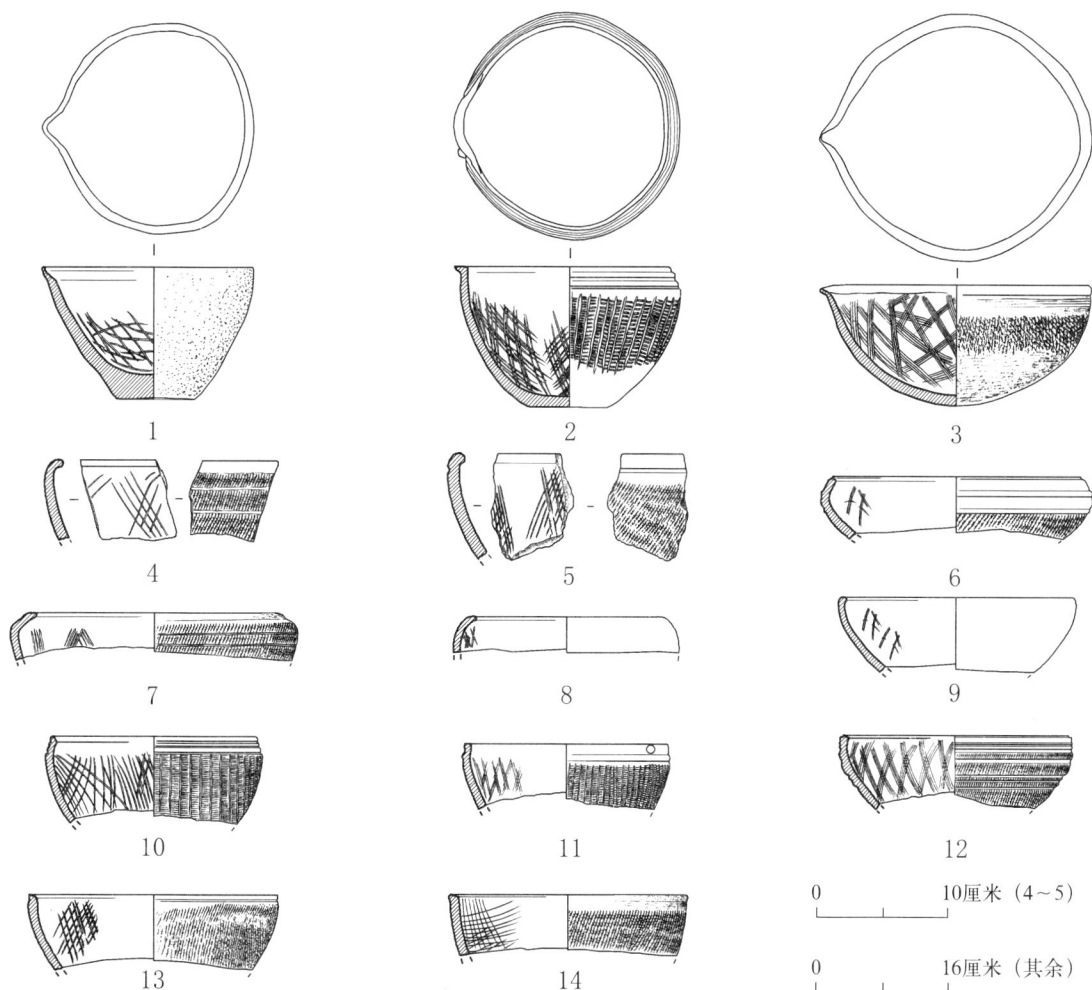

图二三六　五担岗遗址刻槽陶钵

1. I式（T32⑩：1）　2. II式（T27②：1）　3. III式（T31⑥：1）　4、5. A型I式口沿（T18⑥：7、Y1：2）　6、7. A型II式口沿（T29④：2、H37：22）　8. A型III式口沿（T32⑧：9）　9. A型IV式口沿（H93：11）　10~12. B型I式口沿（H110：8、H112：2、T17⑤：9）　13. B型II式口沿（T17④：1）　14. C型口沿（T17⑤：17）

　　A型　大口，总体特征为斜弧腹，多宽沿。共6件。根据腹部特征差异，可分二亚型。

　　Aa型　腹深相对较大。共4件。可分四式。

　　Ⅰ式　沿下角较大。1件。

　　标本T31⑨：11　残。夹砂红陶。大宽沿，沿内斜，方唇，溜肩，弧腹急收，素面。口径33.8、高6.7厘米（图二三七，1）。

　　Ⅱ式　沿下角变小。1件。

　　标本H46：25　残。泥质黑陶，器表磨光。卷平沿，圆唇，弧腹收较急，素面。口径40.0、高7.8厘米（图二三七，2）。

　　Ⅲ式　沿下角变更小。1件。

　　标本T23④：26　残。泥质黑陶，器表磨光。宽卷沿，圆方唇，弧腹急收，素面。口径32.6、高5.4厘米（图二三七，3）。

　　Ⅳ式　沿下角变大。1件。

　　标本H102：2　残。夹砂红陶。大宽沿，沿内斜，沿面略鼓，沿内侧贴有一层泥片。方唇，溜肩，弧腹收较急，素面。口径44.8、高10.2厘米（图二三七，4）。

　　Ab型　腹深相对较小。共2件。可分二式。

　　Ⅰ式　沿下角较大。1件。

　　标本H46：18　残。夹砂红陶。宽折沿，圆唇，溜肩，弧腹略鼓，饰绳纹局部交错。口径38.4、高8.4厘米（图二三七，5）。

　　Ⅱ式　沿下角变稍小。1件。

　　标本T10④：1　残。夹砂褐陶。宽卷沿，沿内侧有一层泥片。方唇，溜肩，弧腹急收，弧腹内收，饰绳纹。口径30.2、高7.8厘米（图二三七，6）。

　　B型　口径相对较小，总体特征为斜弧腹。共7件。可分七式。

　　Ⅰ式　沿下角相对较大。1件。

　　标本T07④：7　残。夹砂红陶。大宽沿，沿内斜，方唇，束颈。肩部略鼓，深腹。素面。口径41.0、高17.4厘米（图二三八，1）。

　　Ⅱ式　沿下角变大。1件。

　　标本H108：5　残。夹砂黑陶。宽折沿，沿面略内凹。方唇，沿下略凸起。溜肩，深腹，素面。口径41.8、高11.1厘米（图二三八，2）。

　　Ⅲ式　沿下角变更大。2件。

　　标本H100②：1　残。夹砂红陶。窄折沿，圆唇，溜肩，斜弧腹近直，腹收较急，深腹，平底。饰绳纹局部交错。口径37.5、底径14.8、高27.5厘米（图二三八，3；彩版一八，2）。

　　标本H93：16　残。夹砂褐陶。窄折沿，方唇，溜肩，弧腹稍鼓，腹收较急，深腹。饰绳纹局部交错。口径27.2、高13.5厘米（图二三八，4）。

　　Ⅳ式　沿下角变稍小。1件。

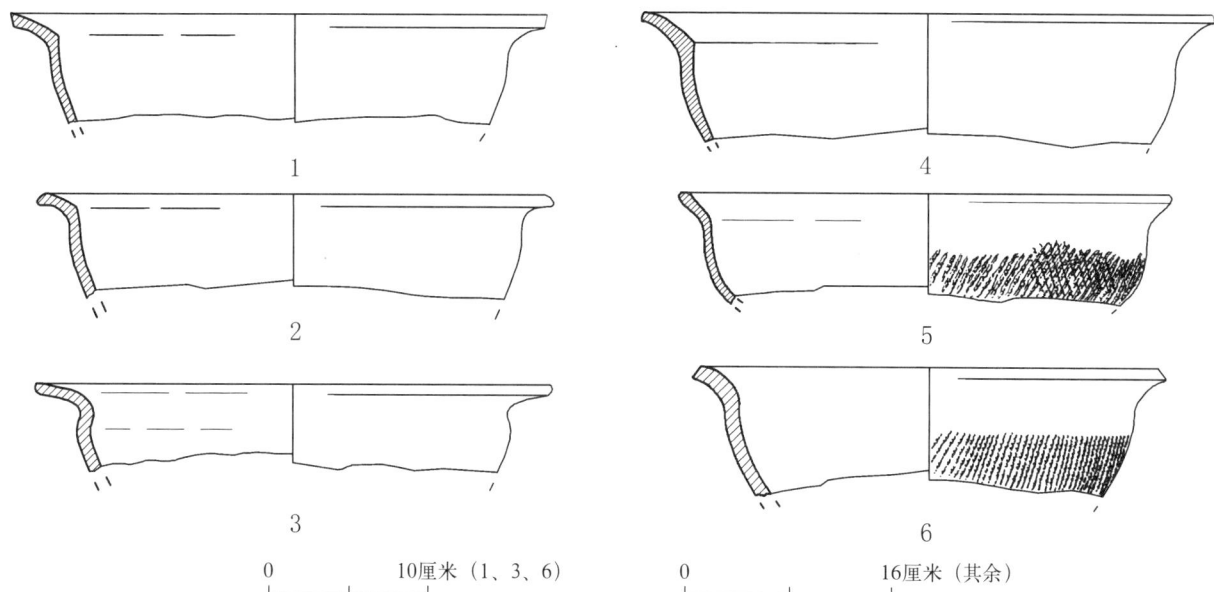

图二三七　五担岗遗址陶盆

1.Aa型Ⅰ式（T31⑨：11）　　2.Aa型Ⅱ式（H46：25）　　3.Aa型Ⅲ式（T23④：26）　　4.Aa型Ⅳ式（H102：2）
5.Ab型Ⅰ式（H46：18）　　6.Ab型Ⅱ式（T10④：1）

标本H103：3　残。泥质褐陶。宽折沿，方唇，束颈，斜弧腹近直，深腹。饰绳纹被数道轮旋纹间断。口径28.3、高11.7厘米（图二三八，5）。

Ⅴ式　沿下角变稍大。1件。

标本T08③：8　残。夹砂灰陶。微卷沿，方唇，束颈，上腹较直。饰绳纹。口径38.4、高7.7厘米（图二三八，6）。

Ⅵ式　沿下角变大。1件。

标本H60：4　残。夹砂红陶。宽折沿，方唇，溜肩，弧腹收较急，素面。口径33.5、高9.0厘米（图二三八，7）。

C型　鼓腹，束颈，口径约同于腹径。共4件。可分三式。

Ⅰ式　沿下角较大。1件。

标本H100②：17　残。夹砂红陶。方唇，饰绳纹，肩腹部贴塑一周附加堆纹泥条。口径36.3、高11.9厘米（图二三九，1）。

Ⅱ式　沿下角变大。1件。

标本H46：9　残。夹砂褐陶。方唇，肩部贴塑一周附加堆纹泥条。口径35.1、高11.4厘米（图二三九，2）。

Ⅲ式　沿下角变小。2件。

标本T10③：2　残。泥质黑陶，器表磨光。宽折沿，尖圆唇，束颈甚，饰上下两组对称平行刻划纹并用轮旋纹间断。口径24.4、高6.0厘米（图二三九，3）。

标本T10③：5　残。夹砂红陶。宽卷沿，沿面有两道凸棱。圆方唇，唇面有一周浅槽。弧颈。

0　　　　　　16厘米（1~3、6）　　　0　　　　　　10厘米（其余）

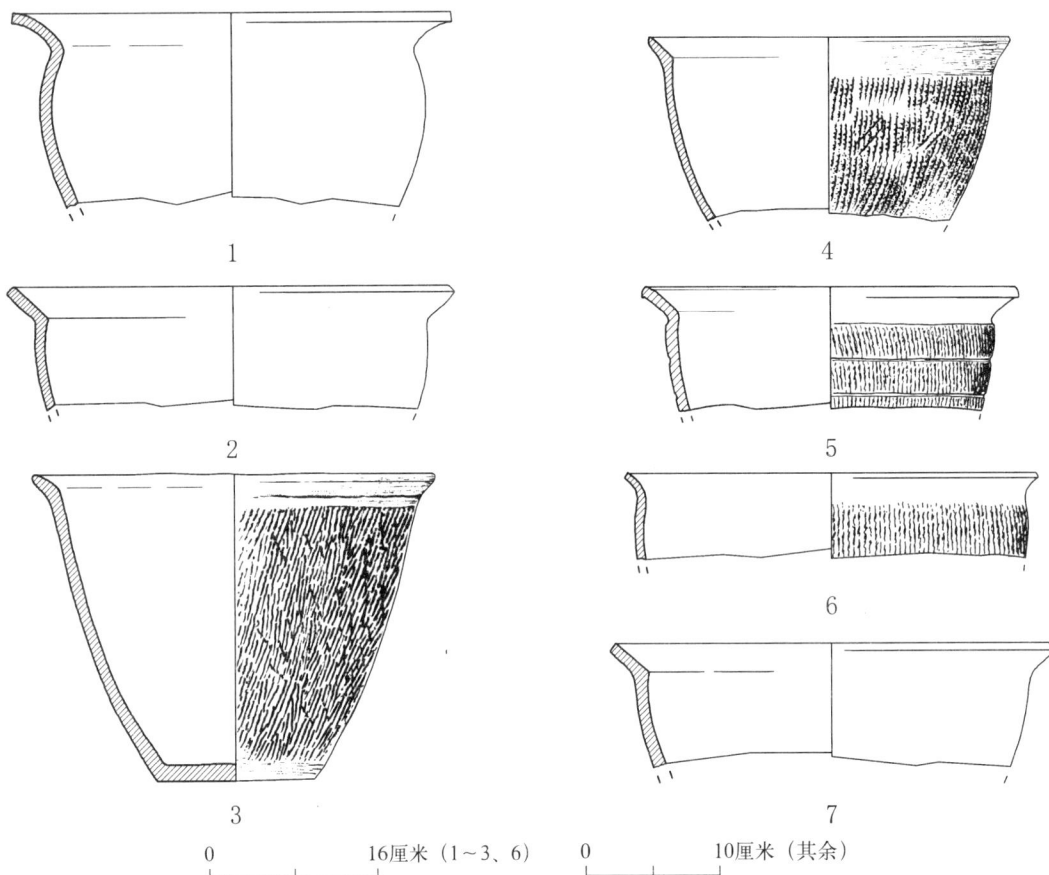

图二三八　五担岗遗址陶盆

1.B型Ⅰ式（T07④：7）　　2.B型Ⅱ式（H108：5）　　3、4.B型Ⅲ式（H100②：1、H93：16）

5.B型Ⅳ式（H103：3）　　6.B型Ⅴ式（T08③：8）　　7.B型Ⅵ式（H60：4）

0　　　　　10厘米

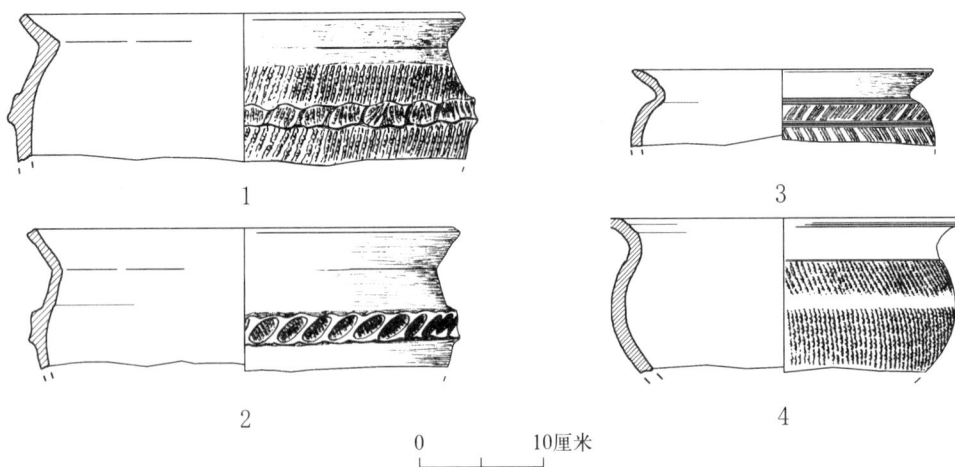

图二三九　五担岗遗址陶盆

1.C型Ⅰ式（H100②：17）　　2.C型Ⅱ式（H46：9）　　3、4.C型Ⅲ式（T10③：2、T10③：5）

饰绳纹局部抹平。口径28.5、高12.0厘米（图二三九，4）。

D型　弧腹微鼓，口径多大于腹径。共14件。按腹部特征差异，可分二亚型。

Da型　口径相对较大。共12件。可分八式。

Ⅰ式　微卷沿，沿下角较大。1件。

标本T32⑩：3　残。夹砂红陶。微卷沿，方唇，溜肩，垂腹，腹深较小。素面。口径24.8、高10.4厘米（图二四〇，1）。

Ⅱ式　卷沿，沿面较宽，沿下角变小。1件。

标本H110：14　残。夹砂红陶。方唇，素面。口径31.2、高12.0厘米（图二四〇，2；图版一三，3）。

Ⅲ式　卷沿或折沿，沿下角变大。3件。

标本H100②：18　残。夹砂红陶。卷沿近折，沿内侧有一层泥片。圆唇，弧腹略鼓缓收，溜肩，腹深较小。素面。口径30.6、高8.5厘米（图二四〇，3）。

标本T17④：2　残。泥质灰陶。宽卷沿，方唇，束颈，溜肩，弧腹收较缓，素面。口径32.6、高8.3厘米（图二四〇，4）。

标本T25②：4　残。夹砂红陶。宽折沿，方唇，束颈，溜肩。颈部有一周浅凹槽，腹部饰指捺纹。口径29.2、高8.7厘米（图二四〇，5）。

Ⅳ式　大宽沿，沿下角继续变大。1件。

标本F2：17　残。夹砂褐陶。大宽沿，圆唇内勾，束颈，颈部斜长。饰粗绳纹被两道轮旋纹抹断。口径38.6、高10.6厘米（图二四〇，6）。

Ⅴ式　沿微卷，沿下角变小。3件。

标本T17④：8　残。夹砂红陶。圆方唇，沿面较宽，溜肩，腹深相对较小。饰梯格纹。口径28.0、高7.6厘米（图二四〇，7）。

标本T25②：3　残。夹细砂红陶。方唇，沿面较宽，溜肩，深弧腹略鼓，腹深相对较小。肩腹部饰一周平行戳印纹饰。口径24.4、高8.2厘米（图二四〇，8）。

标本H69③：8　残。夹砂灰陶。圆方唇，长弧颈，溜肩，饰绳纹被数道轮旋纹间断，颈部绳纹抹平。口径28.5、高9.8厘米（图二四〇，9）。

Ⅵ式　沿微卷，窄沿，沿下角较小。1件。

标本T08②：9　残。夹砂褐陶。方唇，沿内侧有一附加泥条。腹深相对较小。素面。口径30.0、高8.3厘米（图二四〇，10）。

Ⅶ式　沿下角变大。1件。

标本G27③：75　残。泥质灰陶。圆方唇，长斜颈，溜肩，弧腹急收。腹深相对较小。饰绳纹被多道轮旋纹间断，颈部绳纹抹平。口径28.2、高12.0厘米（图二四〇，11）。

Ⅷ式　沿面变宽，沿下角变小。1件。

标本H37：17　残。夹砂褐陶。方唇，长斜颈，溜肩，深弧腹略鼓。饰绳纹被数道轮旋纹间

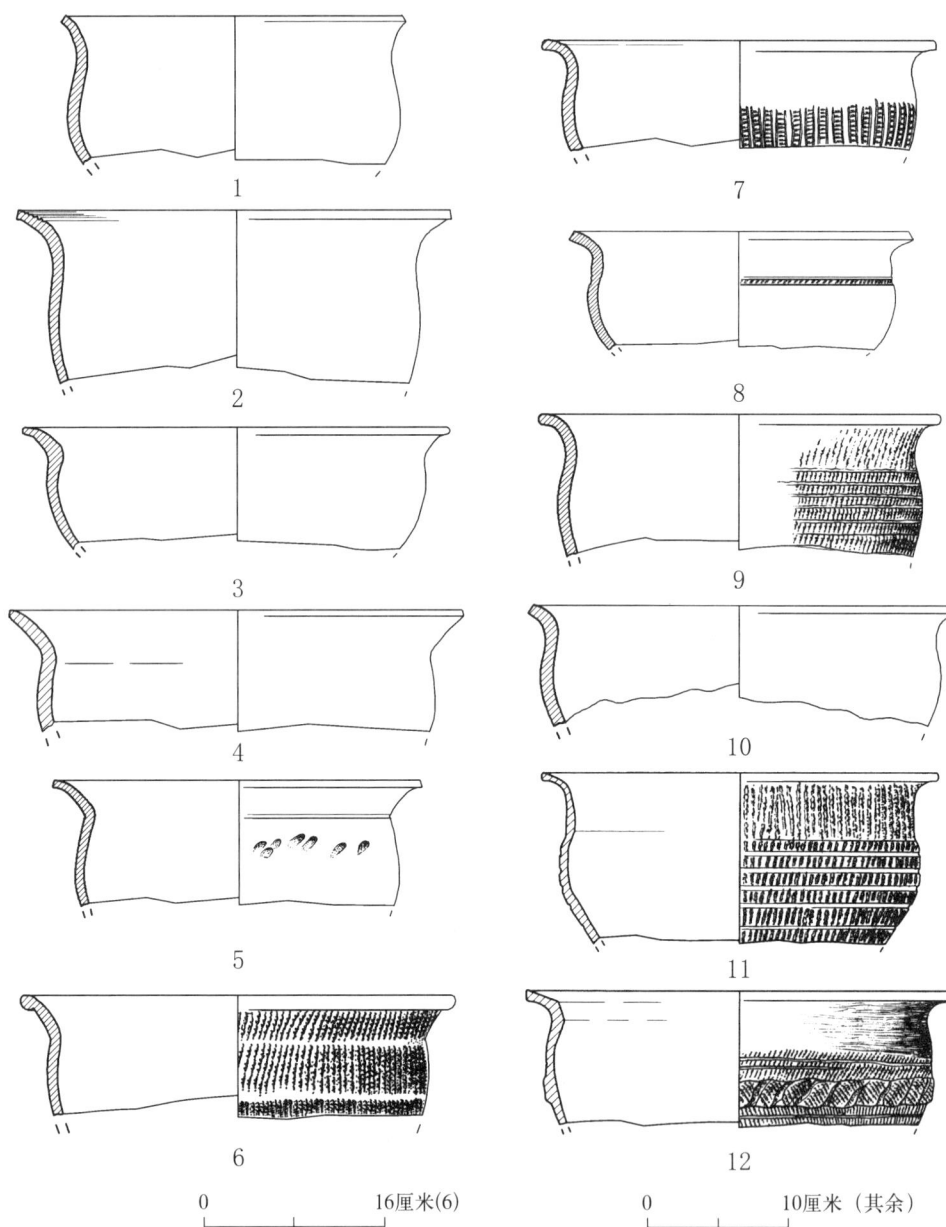

图二四〇　五担岗遗址陶盆

1.Da型Ⅰ式（T32⑩：3）　2.Da型Ⅱ式（H110：14）　3~5.Da型Ⅲ式（H100②：18、T17④：2、T25②：4）
6.Da型Ⅳ式（F2：17）　7~9.Da型Ⅴ式（T17④：8、T25②：3、H69③：8）10.Da型Ⅵ式（T08②：9）　11.Da型Ⅶ式
（G27③：75）　12.Da型Ⅷ式（H37：17）

断，肩部贴塑一周附加堆纹泥条。口径30.3、高9.3厘米（图二四〇，12）。

　　Db型　口径相对较小。共2件。可分二式。

　　Ⅰ式　沿面较窄，沿下角较大。1件。

　　标本H1：10　残。夹砂红陶。卷折沿，斜方唇，溜肩，弧腹收较急。口径19.8、高11.2厘米
（图二四一，1）。

　　Ⅱ式　沿面变宽，沿下角变小。1件。

标本H37：16　残。夹砂黑陶。宽折沿，方唇，溜肩，弧腹收较缓。口径20.0、高7.6厘米（图二四一，2）。

E型　肩部多稍鼓，腹部弧收，多浅腹。共8件。可分六式。

Ⅰ式　沿下角较大。1件。

标本T31⑧：1　泥质红陶。窄折沿，圆方唇，沿面可见多周凸棱。束颈，颈部有一周凸棱，凸棱下饰一周夔纹纹饰。弧腹收较缓，平底。饰粗绳纹局部交错。口径24.6、底径14.2、高13.5厘米（图二四二，1；彩版一二，4）。

Ⅱ式　沿下角变大。1件。

标本H46：21　残。夹砂红陶。折沿，沿面相对较宽，方唇，束颈，肩部凸出明显，腹收较急。饰粗绳纹被数道轮旋纹间断，颈部亦可见细密轮旋痕。口径26.9、高12.8厘米（图二四二，2）。

Ⅲ式　沿下角变小。1件。

标本T08③：6　残。泥质红陶。卷折沿，方唇，束颈甚，肩部凸出。饰粗绳纹，肩、腹部贴塑附加堆纹泥条。口径32.0、高9.0厘米（图二四二，3）。

Ⅳ式　沿下角变稍大。1件。

标本H34：4　残。泥质黑陶。卷折沿，方唇，束颈，腹收较急。饰绳纹，肩部贴塑附加堆纹泥条。口径36.5、高10.8厘米（图二四二，4）。

Ⅴ式　沿下角变小。1件。

标本G27③：18　夹砂灰陶。折沿，沿面较宽，内折棱凸出。方唇，缩颈，肩部鼓出明显，腹深较小，腹收较急。平底。饰粗绳纹局部交错，颈部可见一周浅槽。口径19.4、底径11.4、高10.6厘米（图二四二，5；彩版二四，4）。

Ⅵ式　沿下角变大。3件。

标本G27②：33　夹砂灰陶。折沿，沿面较宽，内折棱凸出。方唇，束颈，肩部微鼓，腹深不大，平底。饰细绳纹被数道轮旋纹间断，颈部可见三周浅槽。口径29.6、底径14.4、高17.1厘米（图二四二，6；图版三一，2）。

标本G27②：29　夹砂红陶。平沿较宽，圆唇，束颈，肩部短斜，肩部凸出近折。浅腹，平底。

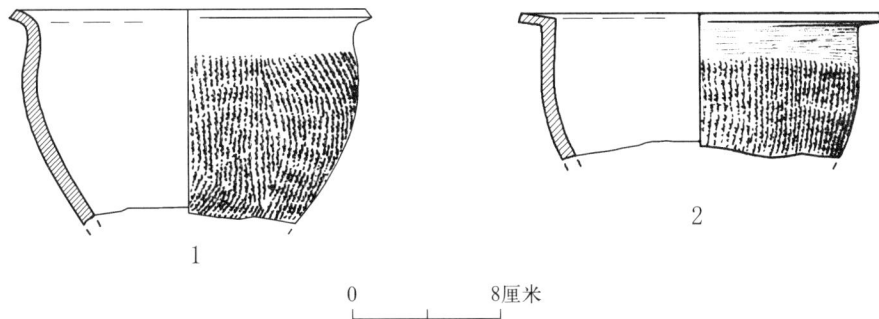

图二四一　五担岗遗址陶盆

1.Db型Ⅰ式（H1：10）　2.Db型Ⅱ式（H37：16）

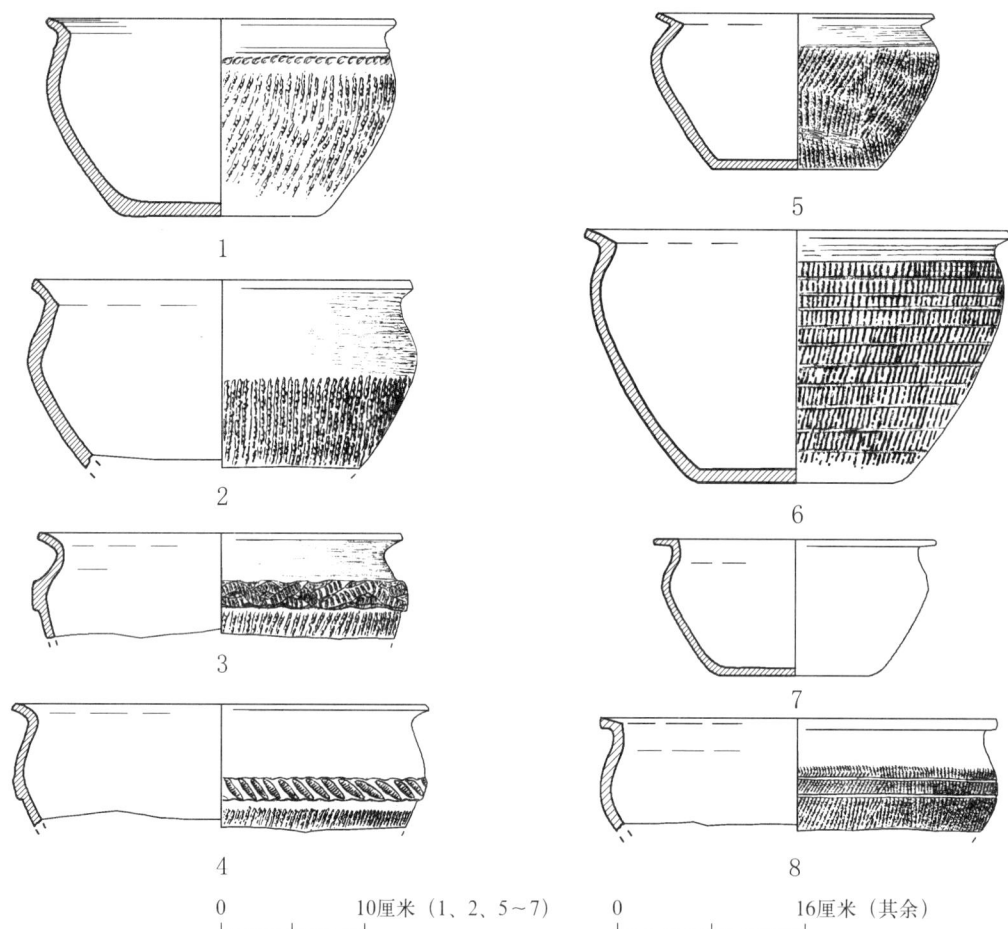

图二四二　五担岗遗址陶盆

1.E型Ⅰ式（T31⑧：1）　2.E型Ⅱ式（H46：21）　3.E型Ⅲ式（T08③：6）　4.E型Ⅳ式（H34：4）
5.E型Ⅴ式（G27③：18）　6~8.E型Ⅵ式（G27②：33、G27②：29、G27②：78）

素面。口径19.8、底径11.0、高9.4厘米（图二四二，7；彩版二六，6）。

标本G27②：78　残。夹砂褐陶。窄折沿，内折棱凸出，方唇，束颈，颈部短斜。饰绳纹被两道轮旋纹间断。口径34.1、高9.4厘米（图二四二，8）。

F型　折肩。共5件。按口部特征差异，可分二亚型。

Fa型　口径相对较大。3件。可分三式。

Ⅰ式　沿下角较小。1件。

标本H59①：12　残。泥质黑陶，器表磨光。宽折沿，斜方唇，束颈甚，肩部凸出明显。腹收较急。颈部、肩部各有一组细密轮旋纹，二者之间饰成组平行戳印纹。口径26.0、高7.3厘米（图二四三，1）。

Ⅱ式　沿下角变大。1件。

标本T21⑤：5　残。泥质褐陶。宽折沿，内折棱凸出。方唇，束颈，肩部微凸。饰绳纹被轮旋纹间断，颈部亦饰一周浅凹槽。口径32.0、高10.0厘米（图二四三，2）。

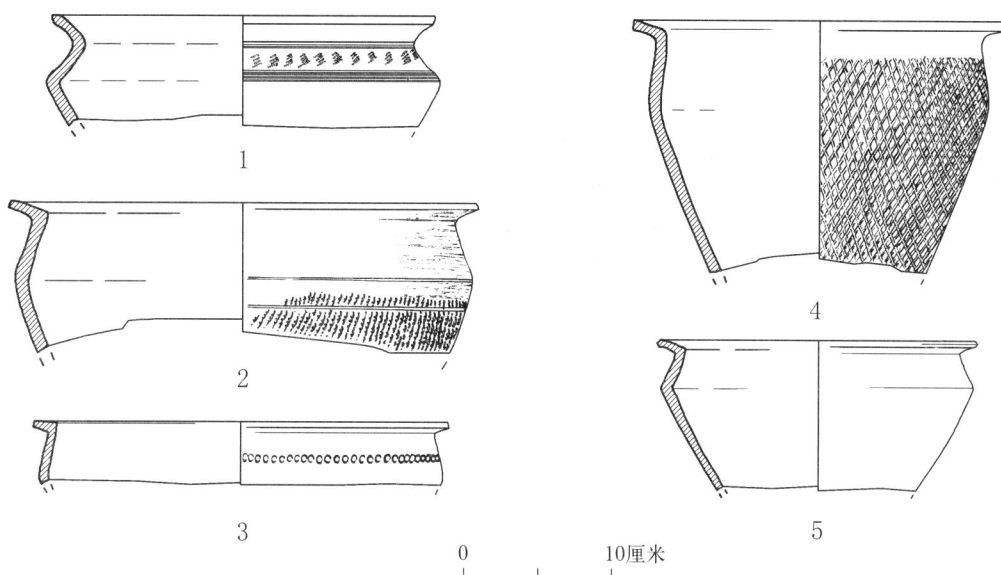

图二四三　五担岗遗址陶盆

1.Fa型Ⅰ式（H59①：12）　2.Fa型Ⅱ式（T21⑤：5）　3.Fa型Ⅲ式（H37：41）
4.Fb型Ⅰ式（T07③：1）　5.Fb型Ⅱ式（H87：13）

Ⅲ式　沿下角变更大。1件。

标本H37：41　残。夹砂红陶。窄折沿，方唇，束颈，腹收较急。肩部饰一周戳印圆圈纹。口径28.4、高4.2厘米（图二四三，3）。

Fb型　口径相对较小。2件。可分二式。

Ⅰ式　沿下角较大。1件。

标本T07③：1　残。夹砂褐陶。沿面较宽，内折棱凸出，方唇，束颈，深腹，饰网纹稍稀疏。口径25.6、高16.7厘米（图二四三，4）。

Ⅱ式　沿下角变小。1件。

标本H87：13　残。泥质黑陶，器表磨光。折沿较宽，尖方唇，束颈甚，深腹收较急。素面。口径22.2、高10.0厘米（图二四三，5）。

盆口沿陶片15件，口径不知。可分为二型。

A型　敞口。共4件。

标本H52：11　残。夹砂褐陶。折沿，方唇，斜弧腹。饰绳纹，肩部贴塑附加堆纹泥条。高17.1厘米（图二四四，1）。

标本H88：2　残。夹砂褐陶。折沿，斜方唇，弧腹，腹收稍急。饰绳纹，肩部贴塑附加堆纹泥条。高9.3厘米（图二四四，4）。

标本G27①：6　残。夹砂褐陶。宽折沿，方唇，斜弧腹。饰绳纹被轮旋纹间断，颈部绳纹抹平。高8.0厘米（图二四四，3）。

标本G27①：7　残。夹砂褐陶。卷折沿，方唇，弧腹。饰绳纹被数道轮旋纹间断。高7.0厘米

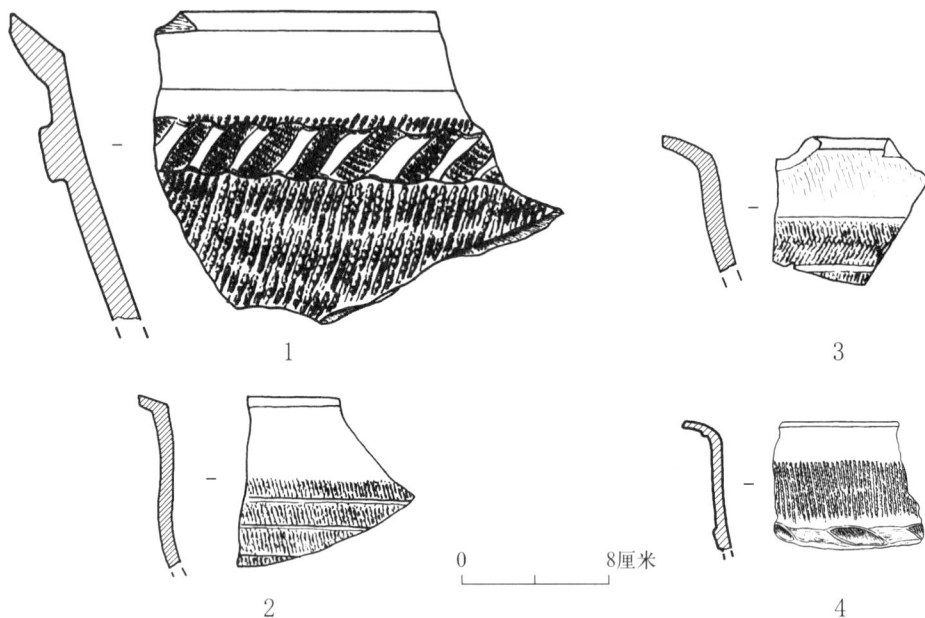

图二四四　五担岗遗址陶盆（口沿）

1~4.A型（H52∶11、G27①∶7、G27①∶6、H88∶2）

（图二四四，2）。

B型　敛口或近直口。共11件。

标本T23④∶13　残。夹砂红陶。微卷沿，方唇，束颈，肩部凸出，鼓腹，腹收稍急。饰绳纹，肩部贴塑附加堆纹泥条。高11.0厘米（图二四五，1）。

标本H2∶34　残。夹砂红陶。卷折沿，圆方唇，束颈，弧腹急收。饰绳纹被数道轮旋纹间断，颈部绳纹抹平。高8.0厘米（图二四五，2）。

标本H69①∶36　残。宽折沿，方唇，束颈，鼓腹。饰绳纹，肩部贴塑附加堆纹泥条。高11.0厘米（图二四五，3）。

标本H37∶31　残。夹砂褐陶。卷折沿，圆方唇，微鼓腹。饰绳纹。高9.2厘米（图二四五，4）。

标本T24⑤∶10　残。夹砂褐陶。宽折沿，方唇，溜肩，微鼓腹。饰绳纹，肩部贴塑附加堆纹泥条。高7.9厘米（图二四五，5）。

标本H69①∶50　残。大宽沿，沿内折，内折棱明显。圆唇，束颈。颈部饰绳纹，肩部贴塑附加堆纹泥条。高10.0厘米（图二四五，6）。

标本T33⑤∶5　残。夹砂褐陶。宽折沿，圆唇，微鼓腹。饰绳纹被数道轮旋纹间断，颈部绳纹抹平。高7.2厘米（图二四五，7）。

标本G27②∶49　残。夹砂红陶。窄折沿，方唇。束颈，颈长斜。弧腹，腹收较急。饰绳纹，肩部贴塑附加堆纹泥条。高9.1厘米（图二四五，8）。

标本G27②∶63　残。泥质灰陶。卷折沿，方唇。束颈，颈长斜。弧腹，腹收较急。饰绳纹被数道轮旋纹间断，颈部绳纹抹平。高10.0厘米（图二四五，9）。

标本G27②：50　残。夹砂褐陶。折平沿，方唇，长斜颈，弧腹收较急。饰绳纹被数道轮旋纹间断。高8.9厘米（图二四五，10）。

标本T09③：4　残。折沿，圆方唇，肩部近折。肩部贴塑附加堆纹泥条。高8.4厘米（图二四五，11）。

瓮

遗址出土该类器物数量较多，个体一般较大，共47件。以陶片为主，完整器较少，仅2件。陶质上夹砂陶和泥质陶所占比例相当。纹饰以绳纹为主，所占比例超过60%。其他纹饰所占比例较小，有轮旋纹（弦纹）、梯格纹、回纹、乳钉纹、连珠纹、复线三角刻划纹、复线回纹、曲折纹和戳印圆圈纹等。许多器物腹部不施纹饰，常在颈部有明显的轮旋纹，多以凸棱或凹槽的形式出现。轮旋纹也常与其他纹饰组合出现，将器物纹饰分为几个区域。在制法上多先将肩部之下以泥条盘筑法轮制成形，肩部以上辅以轮修。器物内壁常见按窝和指印，肩腹交界处多见接痕。按整体形态差异，可分为鼓腹、弧腹和折肩三类介绍。另存在部分瓮底，介绍时只进行分型，不进行分式。

鼓腹瓮

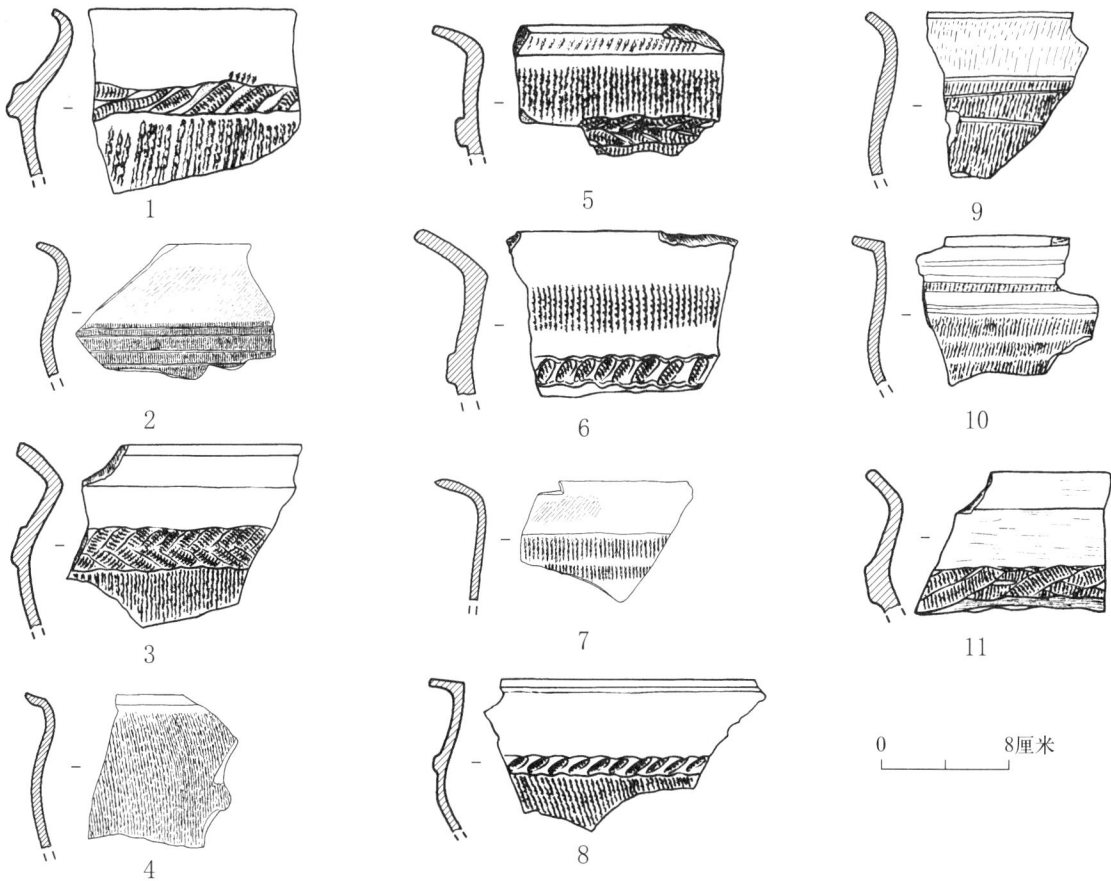

图二四五　五担岗遗址陶盆（口沿）

1~11.B型（T23④：13、H2：34、H69①：36、H37：31、T24⑤：10、H69①：50、T33⑤：5、G27②：49、G27②：63、G27②：50、T09③：4）

腹部圆鼓，共23件。按口径相对大小差异，可分三型。

A型　口径相对最大。共8件。按口部形态差异，可分二亚型。

Aa型　卷沿。2件。

标本T27②：5　残。泥质灰陶。宽卷沿，方唇，沿面及唇面均有浅槽，束颈。饰绳纹。口径40.4、高6.5厘米（图二四六，1）。

标本T10③：6　残。夹砂褐陶。微卷沿，沿面较窄，尖圆唇。素面。口径22.3、高4.0厘米（图二四六，2）。

Ab型　折沿。6件。可分四式。

Ⅰ式　宽折沿，沿面内凹成榫状。1件。

标本F2：15　残。夹砂红陶。圆唇，唇外侧有浅槽，束颈。饰绳纹。口径30.3、高6.4厘米（图二四六，3）。

Ⅱ式　沿面略鼓，内折棱明显，沿下角略变小。2件。

标本H100①：20　残。夹砂红陶。内斜沿，方唇，束颈。饰绳纹。口径26.9、高6.5厘米（图二四六，4）。

标本T10④：6　残。夹砂褐陶。内斜沿，沿面略鼓，方唇，束颈。饰绳纹。口径25.4、高6.3厘米（图二四六，5）。

Ⅲ式　内折棱更明显，沿下角变更小。2件。

标本T23③：3　残。夹砂红陶。内斜沿，折棱凸出，圆唇较厚，束颈。饰绳纹。口径28.0、高7.0厘米（图二四六，6）。

标本H100①：3　残。夹砂红陶。内斜沿，折棱凸出，方唇，沿面略鼓，矮束颈。素面。口径25.9、高4.9厘米（图二四六，7）。

Ⅳ式　沿下角继续变小，内折棱非常凸出，颈部呈缩颈状。1件。

标本H1：26　残。泥质灰陶。内斜沿，折棱凸出，方唇，沿面略内凹，缩颈。素面。口径24.8、高5.6厘米（图二四六，8）。

B型　口径相对较大。共9件。按口部形态差异，可分二亚型。

Ba型　卷沿。6件。可分三式。

Ⅰ式　近直口或弧颈，沿微侈或微卷。2件。

标本T17⑤：15　残。夹砂红陶。口微侈，沿面有一道凸棱，尖圆唇。颈部近直，肩部微耸，腹深较大收较急。饰曲折纹，颈部可见细密轮旋痕，肩部亦可见一周浅槽。口径21.2、高18.5厘米（图二四七，1；图版一三，4）。

标本T17⑤：7　残。夹砂红陶。微卷沿，尖圆唇，沿面可见两周浅槽。弧颈，窄肩，腹深较大。饰曲折纹，颈部亦可见三周浅凹槽。口径24.4、高10.4厘米（图二四七，2）。

Ⅱ式　卷沿，沿面较宽，束颈，沿下角较大。1件。

标本T23④：9　残。泥质灰陶。方唇，腹深较大。饰绳纹。口径23.5、高9.4厘米（图

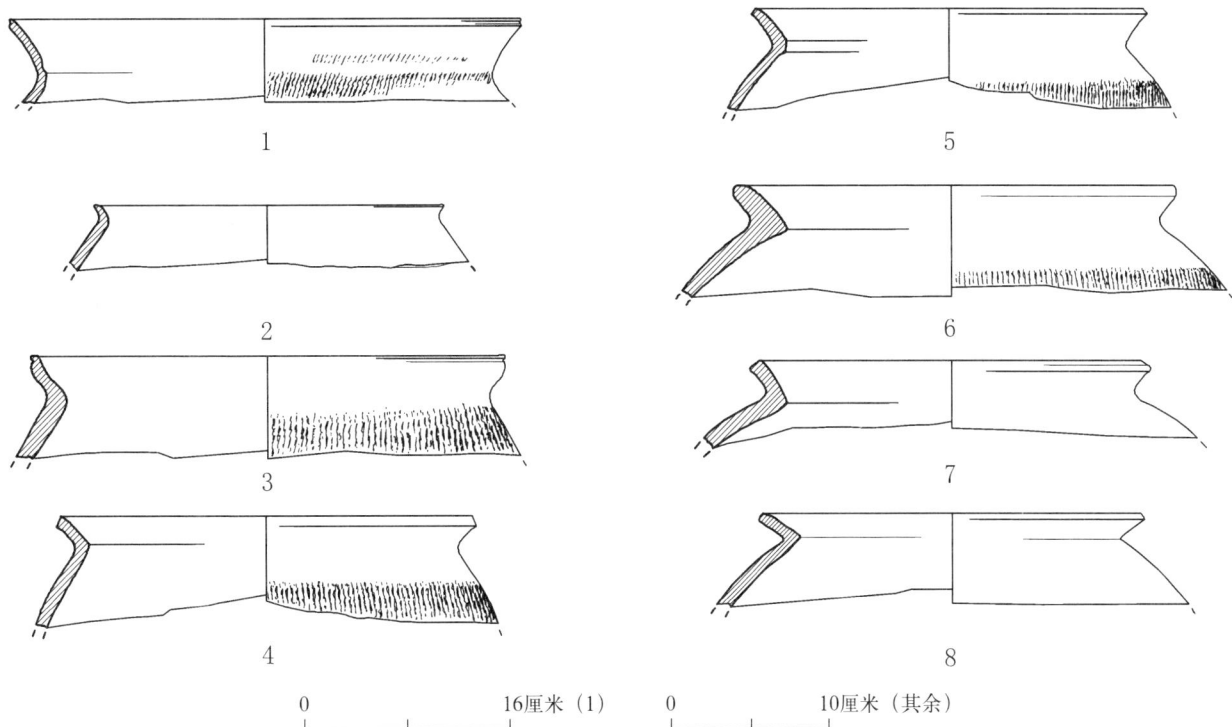

图二四六　五担岗遗址鼓腹陶瓮

1、2.Aa型（T27②：5、T10③：6）　　3.Ab型Ⅰ式（F2：15）　　4、5.Ab型Ⅱ式（H100①：20、T10④：6）
6、7.Ab型Ⅲ式（T23③：3、H100①：3）　　8.Ab型Ⅳ式（H1：26）

二四七，3）。

Ⅲ式　卷沿，沿面变窄，束颈，沿下角变小。1件。

标本H69①：24　残。夹砂红陶。方唇，内壁沿下可见明显接痕。素面。口径23.7、高5.8厘米（图二四七，4）。

Ⅳ式　卷沿，沿下角变大。1件。

标本H40：2　残。泥质灰陶。方唇，唇缘加厚。饰绳纹被轮旋纹间断。口径27.2、高8.6厘米（图二四七，5）。

卷沿鼓腹瓮。1件。未分型分式。

标本T27③：4　残。泥质褐陶。方唇，唇面内凹，矮束颈。饰绳纹被数道轮旋纹间断。口径30.0、高7.8厘米（图二四七，9）。

Bb型　折沿。3件。可分三式。

Ⅰ式　沿下角较大。1件。

标本T30⑤：5　残。夹砂褐陶。内斜沿，折棱凸出。斜方唇，弧颈较长，腹深较大。饰绳纹被数道轮旋纹间断。口径20.0、高14.8厘米（图二四七，6）。

Ⅱ式　沿下角变小。1件。

标本T08③：3　残。泥质灰陶。内斜沿，沿下微鼓。尖唇，缩颈，腹深较大。饰绳纹被数道轮

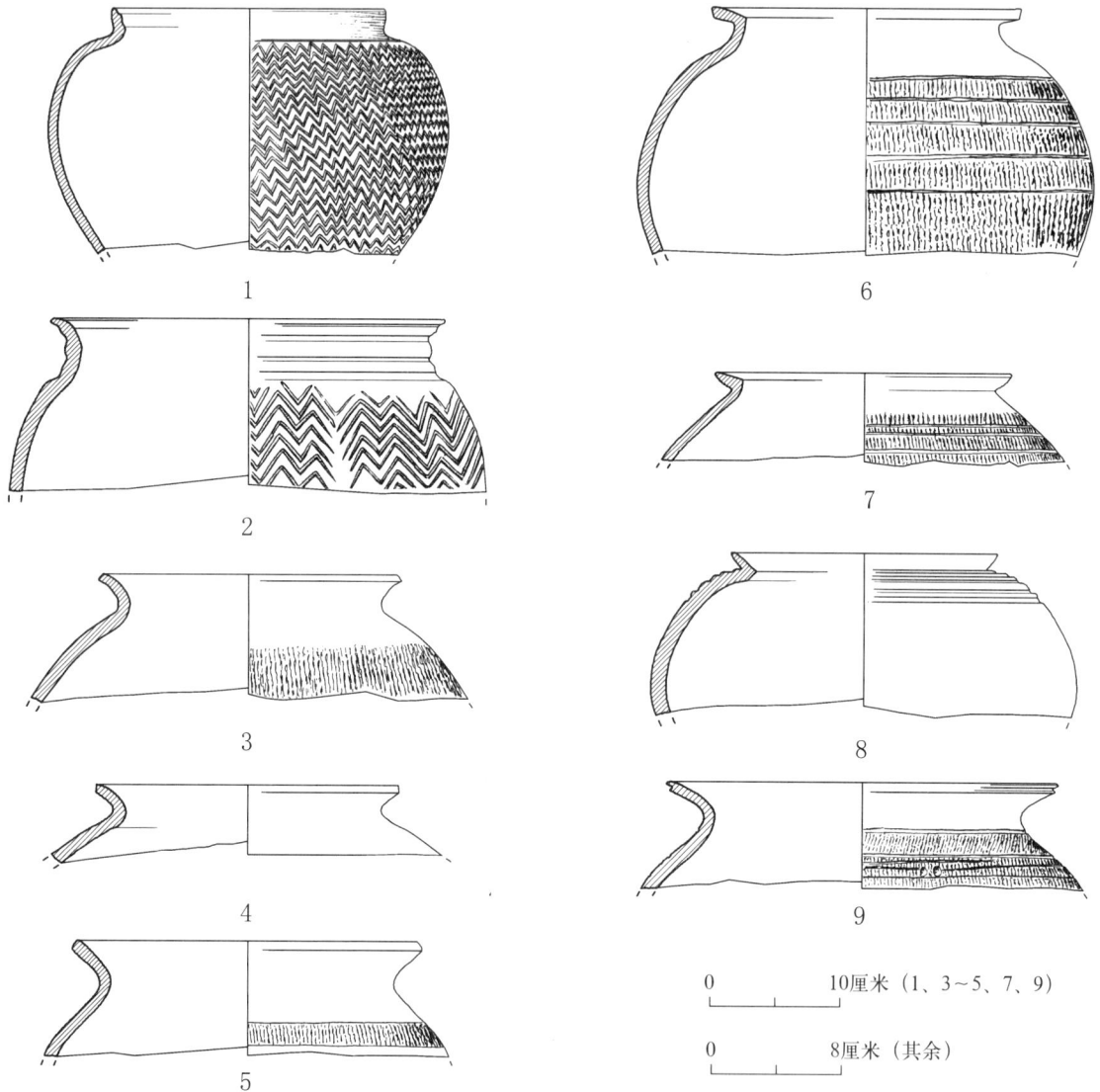

图二四七　五担岗遗址鼓腹陶瓮

1、2.Ba型Ⅰ式（T17⑤：15、T17⑤：7）　3.Ba型Ⅱ式（T23④：9）　4.Ba型Ⅲ式（H69①：24）　5.Ba型Ⅳ式（H40：2）
6.Bb型Ⅰ式（T30⑤：5）　7.Bb型Ⅱ式（T08③：3）　8.Bb型Ⅲ式（H59①：15）　9.卷沿鼓腹瓮（T27③：4）

旋纹间断。口径22.8、高6.5厘米（图二四七，7）。

Ⅲ式　仰折沿。1件。

标本H59①：15　残。泥质褐陶。内斜沿，尖唇，缩颈，肩部微耸，腹深较大。肩腹部可见多道因轮旋形成的凸棱，器表其他部分光素。口径16.4、高9.8厘米（图二四七，8）。

C型　口径相对较小。共6件。按口部形态差异，可分二亚型。

Ca型　卷沿。2件。可分二式。

Ⅰ式　大卷沿，沿面较宽。1件。

标本T24④：2　残。夹砂红陶。方唇，沿面有浅凹槽。长弧颈，表面饰两周戳印圆圈纹柄被一道浅凹槽隔开。口径30.0、高6.0厘米（图二四八，1）。

Ⅱ式　卷沿，沿面较小。1件。

标本H69①：48　残。夹砂灰陶。卷沿，尖方唇，矮束颈，腹深较大。饰绳纹局部错拍。口径18.3、高16.4厘米（图二四八，2）。

Cb型　折沿。4件。可分二式。

Ⅰ式　口沿内斜，夹角较大。3件。

标本H37：49　残。泥质褐陶，器表磨光。内斜沿，折棱凸出，圆方唇。束颈。素面。口径17.5、高9.6厘米（图二四八，3）。

标本G27③：64　残。泥质灰陶。内斜沿，折棱凸出。尖圆唇，沿下微鼓。短颈。素面。口径18.0、高7.4厘米（图二四八，4）。

标本G27③：88　残。夹砂灰陶。内斜沿，沿面较鼓，折棱凸出。圆方唇，束颈，腹深较大。素面。口径15.7、高14.9厘米（图二四八，5）。

Ⅱ式　口沿内斜夹角变小成为折平沿。1件。

标本G27②：90　残。泥质黑陶，器表磨光。折沿近平，折棱凸出。方唇，短斜颈。素面。内壁面沿下有明显接痕。口径17.6、高6.9厘米（图二四八，6）。

弧腹瓮

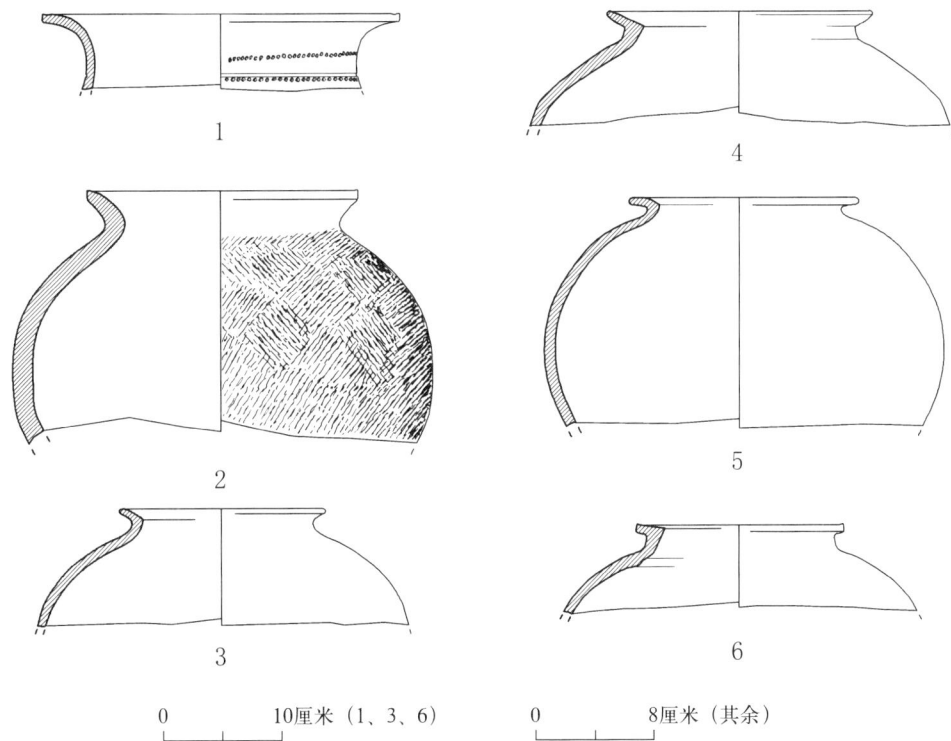

0　　　　10厘米（1、3、6）　　　　0　　　　8厘米（其余）

图二四八　五担岗遗址鼓腹陶瓮

1.Ca型Ⅰ式（T24④：2）　2.Ca型Ⅱ式（H69①：48）　3～5.Cb型Ⅰ式（H37：49、G27③：64、G27③：88）
6.Cb型Ⅱ式（G27②：90）

肩部较圆，弧腹较深。共13件。按口径相对大小差异，可分三型。

A型　口径相对较大。6件。按口部形态差异，可分二亚型。

Aa型　卷沿。5件。可分四式。

Ⅰ式　卷沿，束颈甚，肩部圆耸，肩径很大。2件。

标本H110：15　残。泥质红陶。方唇，颈部较矮，肩部较丰。饰梯格纹。口径22.8、高16.0厘米（图二四九，1）。

标本T17⑤：10　残。夹砂红陶。方唇，矮颈，颈与肩因抹平形成一道凸棱。器表不平整。饰绳纹并被轮旋纹间断。口径19.2、高8.3厘米（图二四九，2）。

Ⅱ式　宽卷沿，高束颈，肩部圆耸，肩径变小。1件。

标本H48：5　残。夹砂红陶。方唇，唇面内凹。弧颈，表面可见一周浅凹槽。饰错拍绳纹，局部抹平。内壁面沿下可见明显泥条接痕。口径24.2、高10.5厘米（图二四九，3）。

Ⅲ式　卷沿更宽，高颈，颈部向上方向外倾，肩部下垂，最大径下移。1件。

标本T34⑦：2　残。夹砂黑陶。方唇，弧颈，溜肩，腹深较大。饰曲折纹。口径24.2、高14.0厘米（图二四九，4）。

Ⅳ式　宽卷沿，束颈甚，肩部圆耸，肩径很大。1件。

标本H94①：1　残。泥质灰陶。方唇，矮颈，肩部较丰。饰绳纹并被数道轮旋纹间断。口径24.0、高12.6厘米（图二四九，5）。

Ab型　折沿。束颈，颈部因抹平有一周凹槽呈耸肩状。1件。

标本H2：36　残。泥质灰陶。内斜沿，折棱凸出。肩部微耸。颈部饰绳纹并抹平。纹饰隐约可见。口径22.0、高6.0厘米（图二四九，6）。

B型　口径相对较小。7件。按口部形态差异，可分二亚型。

Ba型　卷沿。4件。可分二式。

Ⅰ式　高颈，斜弧肩。1件。

标本T11⑦：6　残。泥质红陶。圆方唇，肩部较丰。饰绳纹被数道轮旋纹间断，颈部绳纹抹平。口径20.0、高12.3厘米（图二五〇，1）。

Ⅱ式　斜长颈。2件。

标本H109：1　残。泥质红陶。方唇，肩部较丰。腹深较大，平底内凹。肩部饰轮旋纹、复线三角划线纹及穗状纹的组合纹饰，并贴塑乳钉。下腹部饰绳纹并被三道轮旋纹间断，局部绳纹错拍。口径16.8、底径14.6、高29.2厘米（图二五〇，2；彩版一五，2）。

标本H109：8　残。泥质黑陶，素面部分磨光。圆方唇，肩部较丰，腹深较大。颈部、肩部饰凹弦纹与戳印连珠纹的组合纹饰，柄贴塑乳钉，腹部饰凹弦纹与绳纹的组合纹饰。口径18.9、高18.7厘米（图二五〇，3）。

Ⅲ式　颈稍变矮，斜肩内曲。1件。

标本T21⑤：9　残。泥质红陶。方唇，唇面有浅凹槽，肩部较丰。饰复线回纹，颈部可见细密

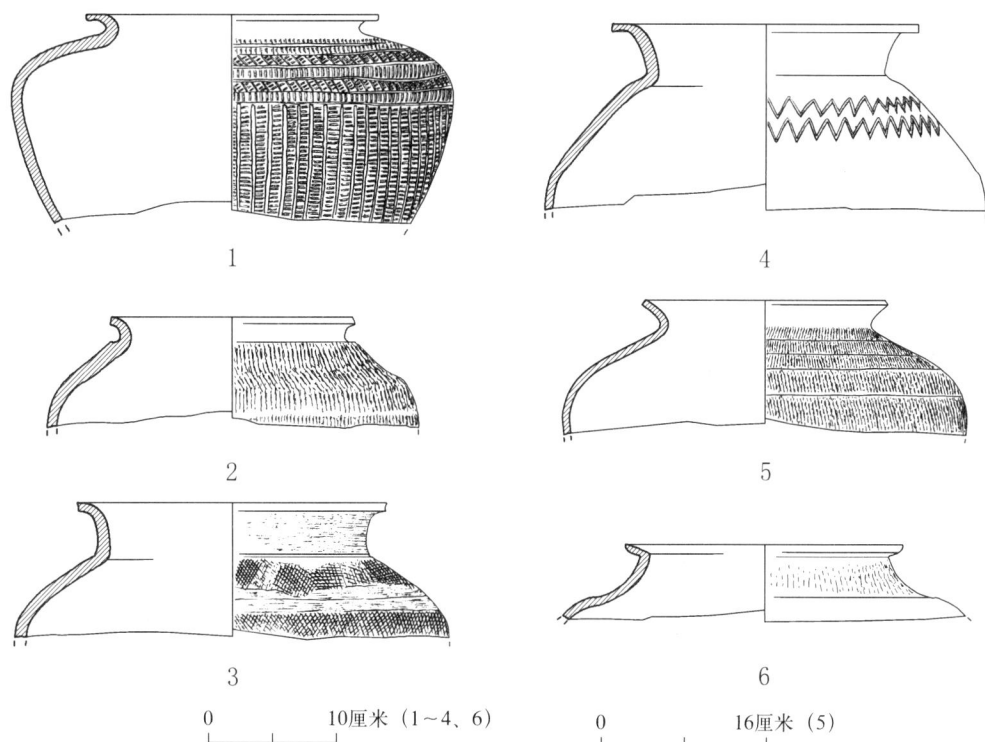

图二四九　五担岗遗址弧腹陶瓮

1、2.Aa型Ⅰ式（H110：15、T17⑤：10）　3.Aa型Ⅱ式（H48：5）　4.Aa型Ⅲ式（T34⑦：2）
5.Aa型Ⅳ式（H94①：1）　6.Ab型（H2：36）

轮旋痕。口径19.0、高6.5厘米（图二五〇，4）。

Bb型　折沿。2件。可分二式。

Ⅰ式　窄斜沿，沿面较窄，颈部微斜.1件。

标本H108：1　泥质灰陶。圆方唇，短颈，腹深较大，平底微内凹。饰绳纹被多道轮旋纹间断，颈部和腹部近器底表面可见细密轮旋痕迹。口径19.6、底径16.0、高30.5厘米（图二五〇，5；彩版一五，3）。

Ⅱ式　斜折沿，沿面变宽，颈部更斜。1件。

标本H37：58　残。泥质灰陶。尖圆唇，短斜颈。饰绳纹被数道轮旋纹间断。口径17.4、高8.2厘米（图二五〇，6）。

Bc型　矮直口。1件。

标本T32⑧：5　残。泥质灰陶。方唇，肩部隆起较丰。素面。口径17.5、高2.8厘米（图二五〇，7）。

折肩瓮

肩部明显较折。共6件。

口沿　2件。

按口部形态差异，可分二型。

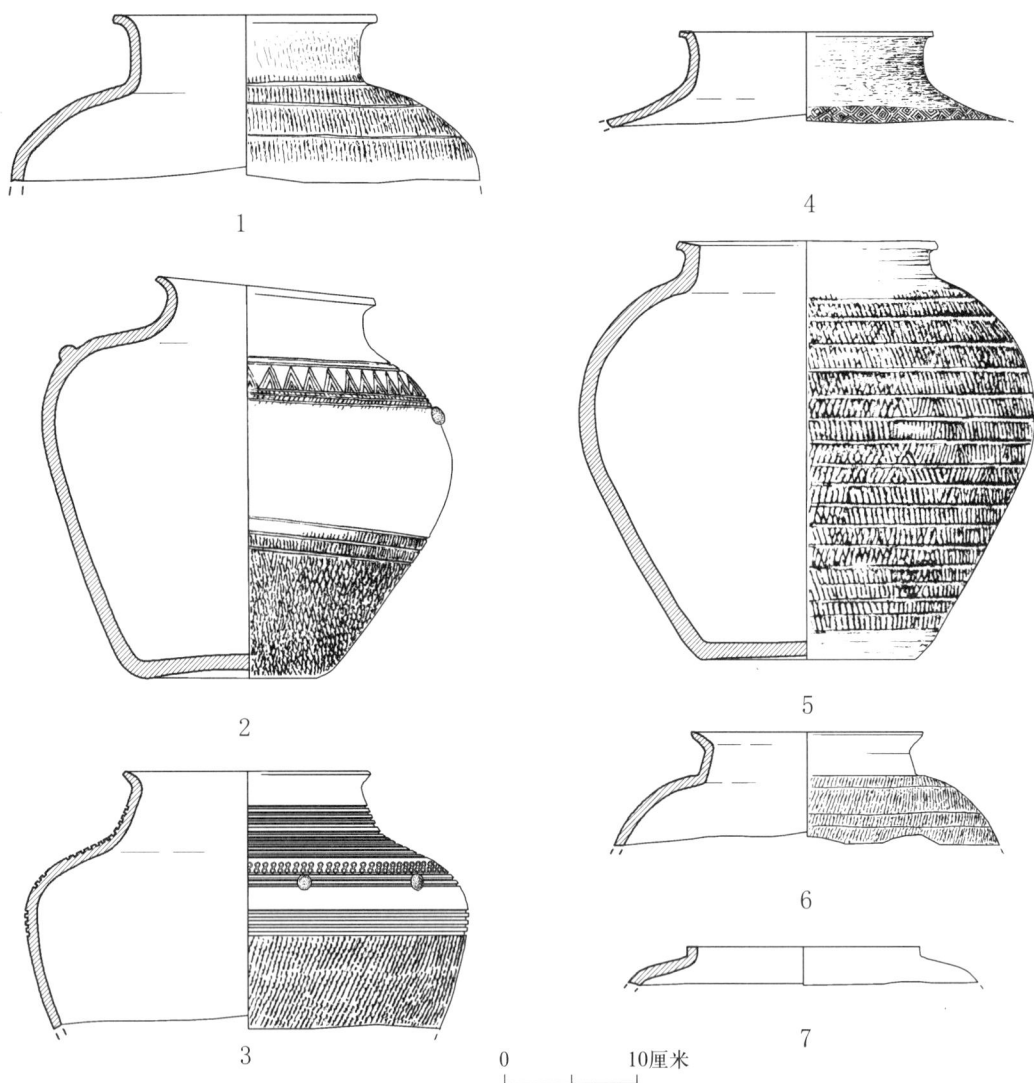

图二五〇　五担岗遗址弧腹陶瓮

1.Ba型Ⅰ式（T11⑦：6）2、3.Ba型Ⅱ式（H109：1、H109：8）　4.Ba型Ⅲ式（T21⑤：9）　5.Bb型Ⅰ式（H108：1）
6.Bb型Ⅱ式（H37：58）　7.Bc型（T32⑧：5）

A型　卷沿。1件。

标本T10③：4　残。夹砂褐陶。沿面有一周浅凹槽圆唇。圆唇，束颈，颈部与肩部交界处有一周折棱。肩部较丰。饰绳纹，局部绳纹错拍。口径21.2、高9.7厘米（图二五一，1）。

B型　折沿。1件。

标本H110：6　残。泥质红陶。内斜沿，沿面微鼓，折棱凸出。圆唇，沿下微鼓，缩颈，肩部较丰。饰梯格纹。口径20.6、高5.8厘米（图二五一，2）。

陶片

口部残缺，均为肩部。共4件。

标本T24⑤：5　残。夹砂红陶。方形錾，表面光素。肩腹部有一周浅槽。饰绳纹。高12.7厘米

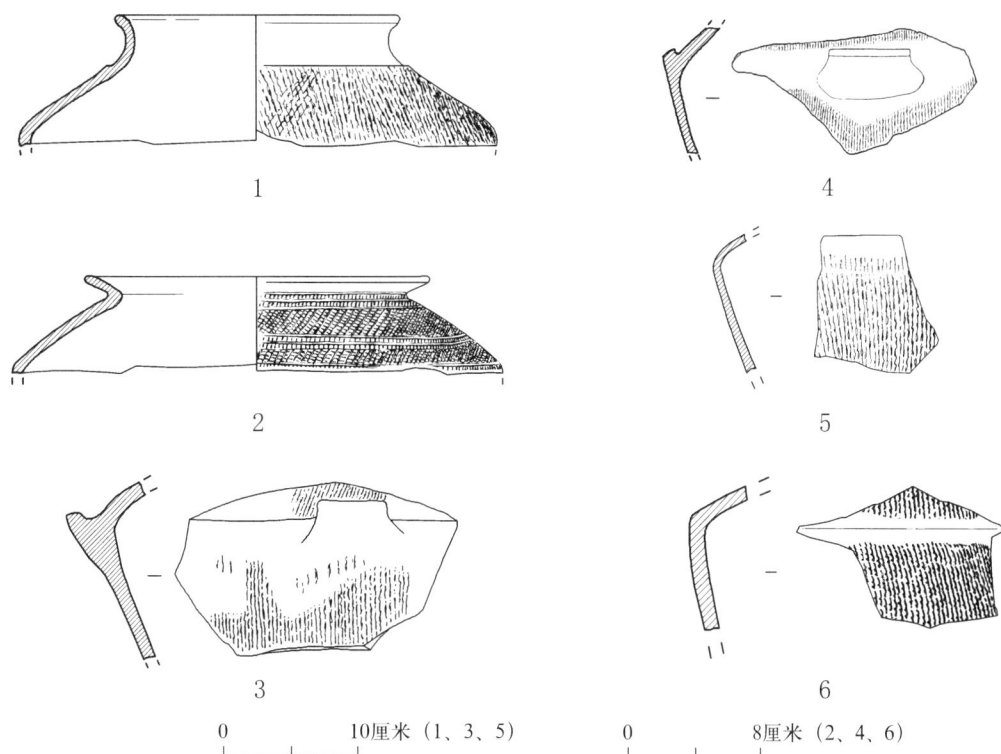

图二五一　五担岗遗址折肩陶瓮

1.A型（T10③：4）　　2.B型（H110：6）　　3~6.陶片（T24⑤：5、T11⑥：5、T23④：14、T28③：3）

（图二五一，3）。

标本T11⑥：5　残。泥质灰陶。方形錾，表面光素。饰绳纹。高7.2厘米（图二五一，4）。

标本T23④：14　残。夹砂褐陶。饰绳纹。高10.0厘米（图二五一，5）。

标本T28③：3　残。夹砂褐陶。饰绳纹。高8.3厘米（图二五一，6）。

底

5件。根据腹部形态差异，可分二型。

A型　腹收较缓。3件。按底径相对大小差异。可分为二亚型。

Aa型　底径相对较大。1件。

标本T31⑥：3　残。泥质褐陶。斜腹微弧，深腹。平底内凹。饰绳纹被数道轮旋纹间断。底径19.2、高15.5厘米（图二五二，1）。

Ab型　底径相对较小，腹收较缓。2件。

标本H52：14　残。泥质灰陶。深鼓腹，平底。饰交错绳纹。底径12.5、高14.5厘米（图二五二，2）。

标本G27③：78　残。泥质灰陶。深鼓腹，平底。素面。底径12.4、高10.0厘米（图二五二，3）。

B型　腹收较急。2件。

标本H109：9 残。泥质褐陶。斜腹微弧，平底。饰绳纹被数道轮旋纹间断。底径18.4、高11.0厘米（图二五二，4）。

标本H112：6 残。夹砂红陶。斜直腹，平底。饰绳纹被数道轮旋纹间断。底径26.2、高7.8厘米（图二五二，5）。

缸

1件。

标本H78：4 残。夹砂红陶。直口，方唇，唇面有一凹槽，斜直腹。腹饰篮纹，上腹饰附加堆纹。口径34.4、高13.0厘米（图二五二，6）。

罐

遗址出土该类器物数量较多，个体一般较小，不含水井出土者共90件。陶质以夹砂陶为主，其次为泥质陶。制法上多为轮制。纹饰以绳纹为主，所占比例约为50%；其次为轮旋纹，所占比例亦较大。其他纹饰所占比例较小，有附加堆纹、网纹、指捺纹、梯格纹和戳印纹等。绳纹+附加堆纹组合出现。许多器物腹部不施纹饰，常在颈部有明显的轮旋纹，多以凸棱或凹槽的形式出现。较大个体的罐在制法上先将肩部之下以泥条盘筑法轮制成形，肩部以上辅以轮修。器物内壁常见按窝和指印，肩腹交界处多见接痕。较小个体的罐一般直接轮制成形，也存在手捏成形的情况。按整体形态差异，可

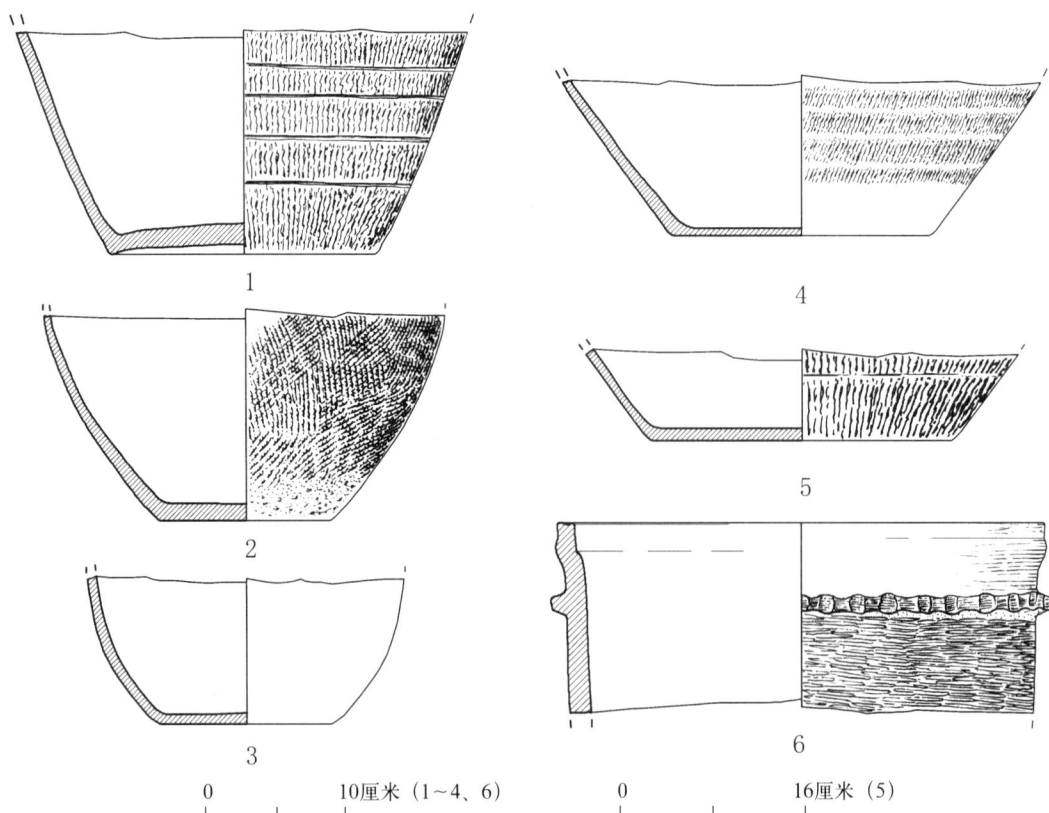

图二五二 五担岗遗址陶器

1.Aa型瓮底（T31⑥：3） 2、3.Ab型瓮底（H52：14、G27③：78） 4、5.B型瓮底（H109：9、H112：6） 6.缸（H78：4）

分为双耳罐、弧腹罐、鼓腹罐、深腹罐和小罐等五类介绍。另存在部分器底,介绍时只进行分型,不进行分式。

双耳罐

肩部饰环耳。共7件。按整体特征差异,可分三型。

A型 鼓腹。共3件。可分二式。

Ⅰ式 折沿,缩颈,腹径非常大。1件。

标本H8:4 残。泥质红陶。内斜沿,卷沿微鼓,圆唇,束颈,肩部较鼓,腹深较大。素面。内壁面局部可见因轮旋形成的凸起。口径20.3、高13.0厘米(图二五三,1)。

Ⅱ式 卷沿或折沿。短斜颈或弧颈,相对腹径较Ⅰ式小。2件。

标本G27③:57 残。泥质黑陶,器表磨光。卷沿,圆方唇,矮弧颈。肩部较鼓。素面。内壁可见因轮旋形成的凸棱。口径16.5、高11.0厘米(图二五三,2)。

标本G27③:67 残。泥质灰陶。窄斜沿,尖唇,短斜颈,深鼓腹。环耳部分残缺。饰绳纹被三道轮旋纹间断。口径12.5、高14.0厘米(图二五三,3)。

B型 弧腹,肩部较圆。共3件。可分为二式。

Ⅰ式 折沿,束颈,颈短斜。1件。

标本G27③:27 夹细砂红褐陶。圆唇,弧颈,腹深较大,平底。饰绳纹被多道轮旋纹间断,上腹部光素。口径14.6、底径11.0、高19.7厘米(图二五三,4;彩版二四,5)。

Ⅱ式 窄平沿,束颈,深腹。2件。

标本G27②:64 残。夹砂褐陶。方唇,短斜颈。饰绳纹被两道轮旋纹间断。口径19.8、高9.8厘米(图二五三,5)。

标本H15:5 残。夹砂灰陶。方唇,短斜颈,肩部圆耸。环耳部分残缺不完整,腹深较大。饰绳纹被两道轮旋纹间断。口径14.2、高9.3厘米(图二五三,6)。

C型 窄肩,弧腹。1件。

标本G27②:37 残。夹砂灰陶。方唇,短斜颈。环耳部分残缺。深腹,平底。饰网纹,局部错拍。颈部可见细密轮旋痕。口径12.3、底径9.7、高14.1厘米(图二五三,7;图版三一,3)。

弧腹罐

无饰耳。圆肩,深腹。共10件。按口径相对大小,可分二型。

A型 卷沿或折沿,口径相对较大。共8件。按口部形态差异,可分二亚型。

Aa型 卷沿。5件。可分四式。

Ⅰ式 卷平沿,束颈,沿下角较小,肩部较鼓。1件。

标本T24⑤:11 残。夹砂灰陶。沿面近唇处较平,尖圆唇,腹深较大。饰绳纹被数道轮旋纹间断。口径17.4、高20.8厘米(图二五四,1)。

Ⅱ式 卷沿,束颈,沿下角变大,肩部斜弧,肩径变大。1件。

标本H52:12 残。泥质黑陶。尖圆唇,肩部较丰。饰绳纹被数道轮旋纹间断,局部抹平。口

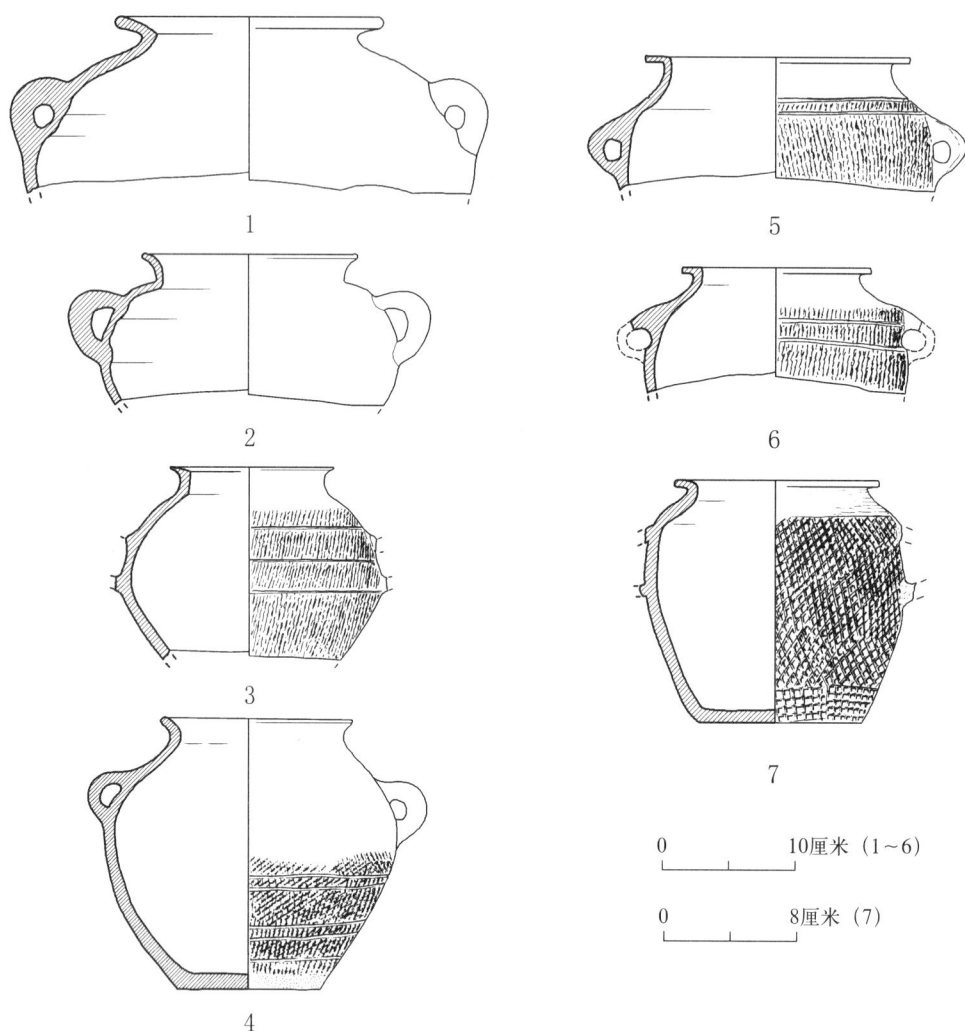

图二五三　五担岗遗址双耳陶罐

1.A型Ⅰ式（H8∶4）　　2、3.A型Ⅱ式（G27③∶57、G27③∶67）　　4.B型Ⅰ式（G27③∶27）
5、6.B型Ⅱ式（G27②∶64、H15∶5）　　7.C型（G27②∶37）

径16.5、高9.8厘米（图二五四，2）。

Ⅲ式　宽卷沿，束颈，沿下角变更大，肩部圆鼓，肩径小于口径。1件。

标本T19⑥∶3　残。夹砂红褐陶。沿面近唇处较平，方唇，唇缘加厚，腹深较大。饰绳纹被数道轮旋纹间断，肩部贴塑一周泥条。沿下内壁面有泥条接痕。口径20.5、高10.7厘米（图二五四，3）。

Ⅳ式　卷沿，束颈，沿下角变小，肩径变大，远大于口径。2件。

标本G27③∶68　残。泥质灰陶。圆方唇，肩部较丰。饰绳纹被数道轮旋纹间断。口径18.0、高5.7厘米（图二五四，4）。

标本G27②∶48　残。泥质褐陶。沿面较宽，斜方唇。饰绳纹被数道轮旋纹间断。口径18.0、高5.5厘米（图二五四，5）。

Ab型　折沿。3件。可分二式。

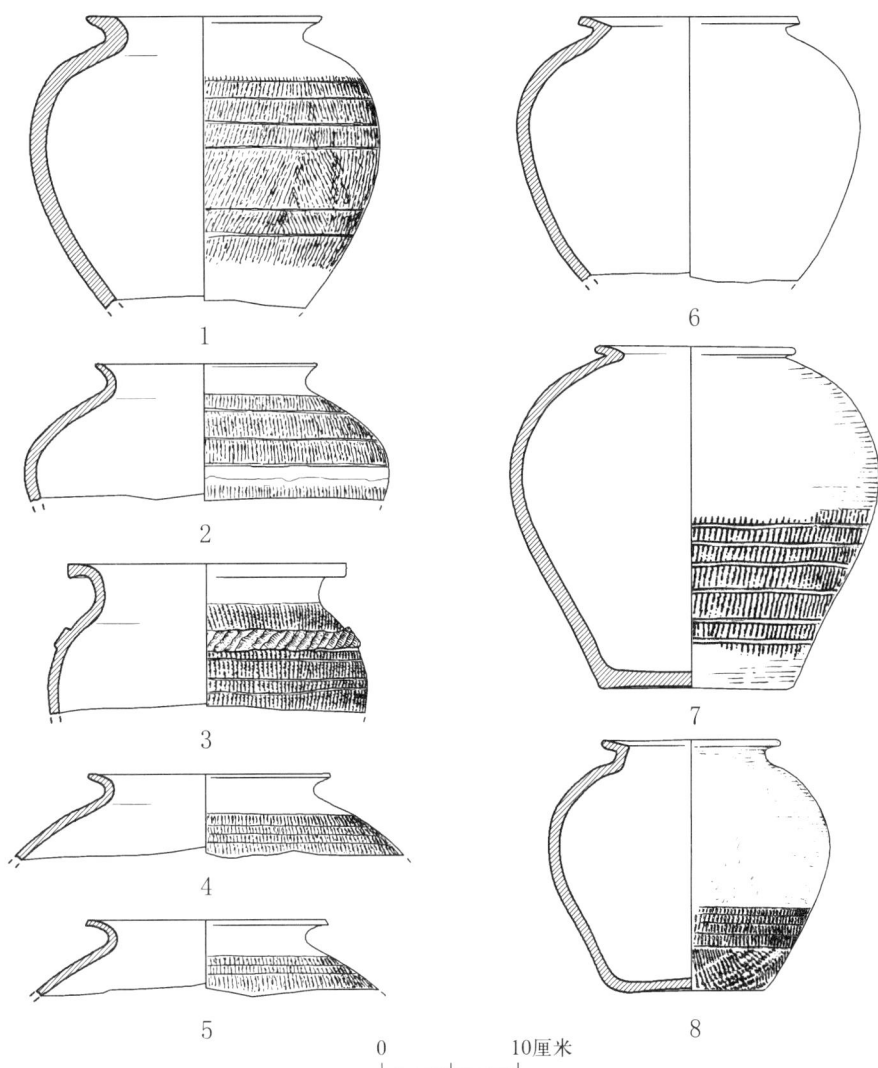

图二五四　五担岗遗址弧腹陶罐

1.Aa型Ⅰ式（T24⑤：11）　2.Aa型Ⅱ式（H52：12）　3.Aa型Ⅲ式（T19⑥：3）　4、5.Aa型Ⅳ式（G27③：68、G27②：48）　6、7.Ab型Ⅰ式（G27③：58、G27③：37）　8.Ab型Ⅱ式（G27②：38）

Ⅰ式　缩颈，沿下角较小。2件。

标本G27③：58　残。泥质灰陶。内斜沿，折棱凸出，斜方唇，腹深较大收较急。素面。口径16.5、高19.0厘米（图二五四，6）。

标本G27③：37　残。泥质灰褐陶。内斜沿，折棱凸出，圆唇，沿面略鼓，唇缘加厚。肩部圆鼓，腹深较大收较急，平底微内凹。饰绳纹被数道轮旋纹间断，器表其他位置经过打磨，可见细密轮旋痕。口径15.0、底径14.3、高24.4厘米（图二五四，7；图版二四，2）。

Ⅱ式　短斜颈，沿下角变大。1件。

标本G27②：38　泥质灰陶。敛口，内斜沿，折棱凸出，圆方唇，腹深较大收较急，平底微内凹。下腹器表饰绳纹被数道轮旋纹间断，近底部绳纹错拍，其他位置光素有打磨痕迹。口径13.3、底径11.8、高17.9厘米（图二五四，8；图版三一，4）。

B型　窄平沿，颈部总体较高。口径相对较小。共2件。可分二式。

Ⅰ式　窄平沿，近直口，肩部斜弧。1件。

标本T32⑧：7　残。泥质红陶。尖圆唇，斜长颈，腹深较大。饰绳纹被数道轮旋纹间断。口径13.3、高7.7厘米（图二五五，1）。

Ⅱ式　斜平沿，沿面变宽，肩部有抹平现象呈一周凸棱状。1件。

标本H2：51　残。泥质灰陶。尖唇，直颈，斜长颈，肩部微耸。饰绳纹被数道轮旋纹间断。口径15.2、高7.9厘米（图二五五，2）。

鼓腹罐

腹部圆鼓。无饰耳。共41件。按口径相对大小，可分三型。

A型　口径相对最大。共22件。按口部形态差异，可分四亚型。

Aa型　卷沿。共6件。可分四式。

Ⅰ式　大卷沿，沿面较宽，束颈甚。1件。

标本H109：7　残。泥质红陶。斜方唇，唇面略内凹。饰绳纹中间被抹断。口径21.0、高5.5厘

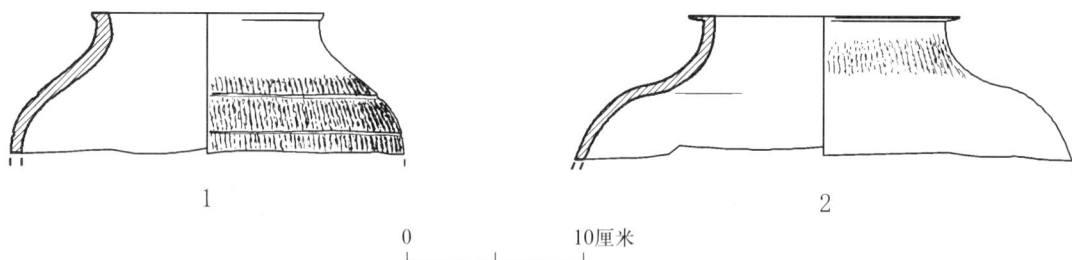

图二五五　五担岗遗址弧腹陶罐
1.B型Ⅰ式（T32⑧：7）　2.B型Ⅱ式（H2：51）

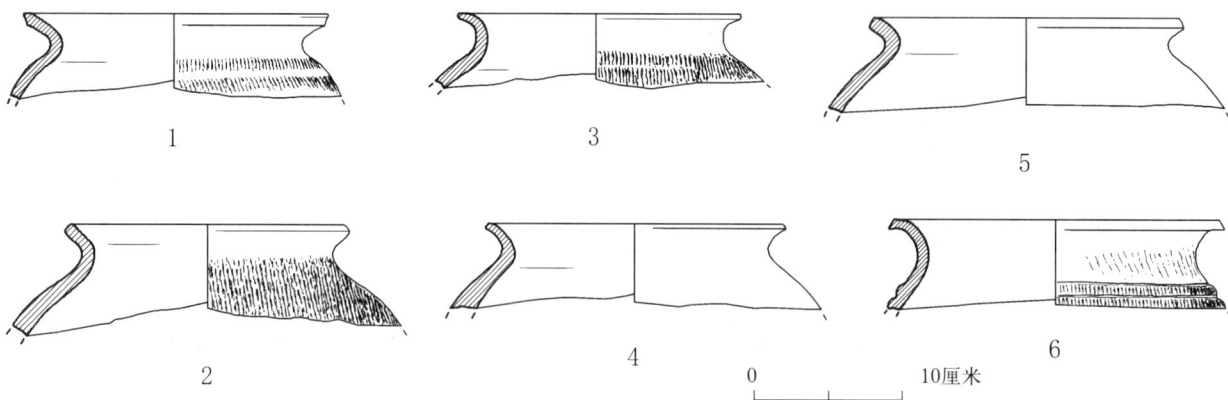

图二五六　五担岗遗址鼓腹陶罐
1.Aa型Ⅰ式（H109：7）　2.Aa型Ⅱ式（H100①：13）　3.Aa型Ⅲ式（T23④：10）　4.Aa型Ⅳ式（T08②：6）
5.Aa型Ⅴ式（T10②：1）　6.卷沿鼓腹罐（T10②：3）

米（图二五六，1）。

Ⅱ式　沿面变窄，束颈，颈部变长。1件。

标本H100①：13　残。夹砂红陶。圆方唇，器壁往下逐渐变厚。饰绳纹。口径19.7、高6.8厘米（图二五六，2）。

Ⅲ式　沿面变更窄，束颈，颈部变更长。1件。

标本T23④：10　残。泥质褐陶。圆唇，矮颈。饰绳纹局部被抹断。口径19.5、高5.0厘米（图二五六，3）。

Ⅳ式　沿面变宽，束颈，颈部变短。1件。

标本T08②：6　残。泥质红陶。圆方唇，器壁往下逐渐变厚。素面。口径20.5、高5.6厘米（图二五六，4）。

Ⅴ式　沿面变窄，束颈更甚。1件。

标本T10②：1　残。夹砂红陶。圆方唇。素面。径21.4、高5.8厘米（图二五六，5）。

1件未分式。

标本T10②：3　残。夹砂红陶。方唇，高颈。饰绳纹被两道轮旋纹间断，颈部绳纹抹平。口径23.0、高5.8厘米（图二五六，6）。

Ab型　折沿。共11件。可分五式。

Ⅰ式　沿面较窄，沿下角较小。1件。

标本H100①：19　残。夹砂红陶。内斜沿，折棱凸出。尖圆唇较厚，缩颈。素面。口径18.5、高5.2厘米（图二五七，1）。

Ⅱ式　沿面变宽，束颈甚。1件。

标本H102：4　残。夹砂红陶。方唇，沿面较鼓，高束颈。素面。口径27.6、高6.3厘米（图二五七，2）。

Ⅲ式　沿面变窄，束颈，颈部变长。1件。

标本T23③：29　残。夹砂红陶。内斜沿，沿面微鼓，折棱凸出。斜方唇，唇缘较厚，束颈。素面。口径18.4、高8.1厘米（图二五七，3）。

标本H69①：35　残。夹砂红陶。尖方唇，器壁较厚。饰绳纹。口径22.3、高5.2厘米（图二五七，4）。

Ⅳ式　沿面变更窄，缩颈，沿下角变更小。1件。

标本T08②：3　残。泥质灰陶。内斜沿，折棱凸出。圆唇，器壁往下逐渐变厚。素面。口径16.1、高4.1厘米（图二五七，5）。

Ⅴ式　折沿近平，缩颈。1件。

标本H8：1　残。泥质褐陶。内斜沿，沿面略内曲。素面。口径18.5、高3.1厘米（图二五七，6）。

Ⅵ式　平沿或微折沿，束颈，颈部多短斜。5件。

标本G27③：63　残。泥质褐陶。窄平沿，方唇，短斜颈。饰绳纹被数道轮旋纹间断。口径

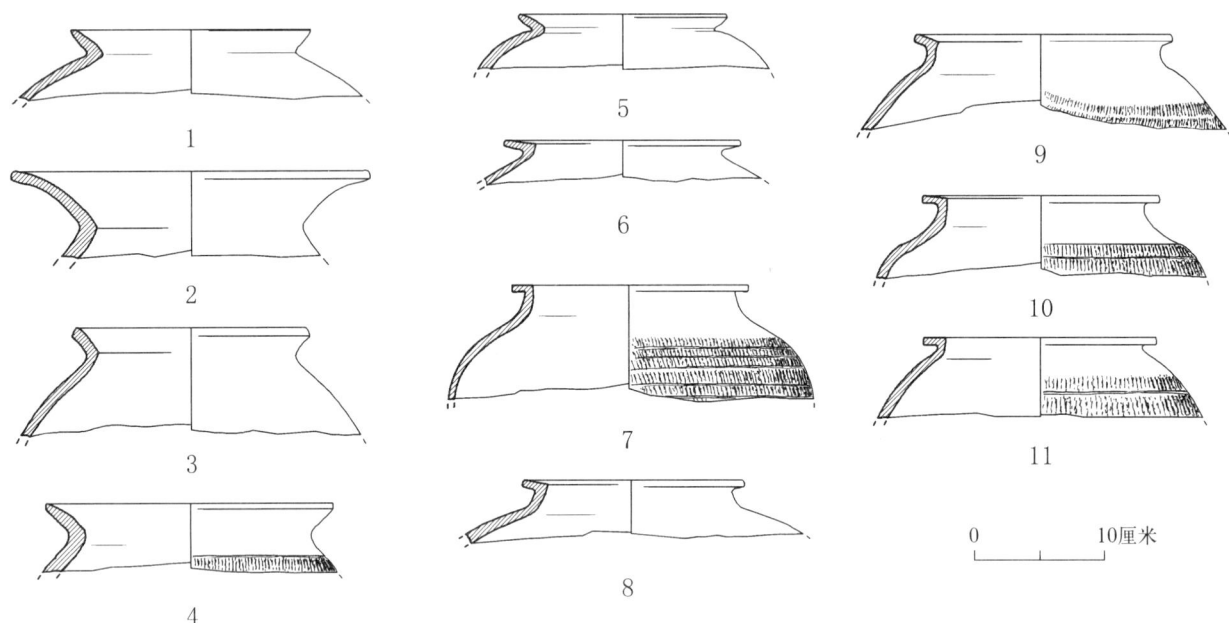

图二五七　五担岗遗址鼓腹陶罐

1.Ab型Ⅰ式（H100①：19）　2.Ab型Ⅱ式（H102：4）　3、4.Ab型Ⅲ式（T23③：29、H69①：35）　5.Ab型Ⅳ式（T08②：3）　6.Ab型Ⅴ式（H8：1）　7~11.Ab型Ⅵ式（G27③：63、G27②：52、G27②：68、H37：39、H37：51）

18.4、高8.8厘米（图二五七，7）。

标本G27②：52　残。泥质灰陶。内斜沿，折棱凸出。圆方唇，短斜颈。素面。口径17.3、高4.3厘米（图二五七，8）。

标本G27②：68　残。夹砂灰陶。内斜沿，折棱凸出。方唇，矮颈。素面。饰绳纹被抹断。沿下内壁面可见泥条接痕。口径20.1、高7.2厘米（图二五七，9）。

标本H37：39　残。泥质灰陶。内斜沿，折棱凸出。方唇，短斜颈。饰绳纹被一道轮旋纹间断。口径18.4、高6.2厘米（图二五七，10）。

标本H37：51　残。泥质灰黑陶。窄平沿，方唇，颈极矮。饰绳纹被一道轮旋纹间断。口径18.0、高6.0厘米（图二五七，11）。

Ac型　直口外侈。共4件。可分四式。

Ⅰ式　口微侈，沿下角较大。1件。

标本T08③：9　残。夹砂红陶。圆方唇。饰绳纹。口径20.0、高7.0厘米（图二五八，1）。

Ⅱ式　侈口，沿下角变小，有明显的内折棱。1件。

标本H1：15　残。夹砂红陶。尖唇较厚，沿面略内曲。饰绳纹。口径17.2、高6.0厘米（图二五八，2）。

Ⅲ式　口外侈，沿下角变大。2件。

标本T36②：1　残。泥质灰陶。尖圆唇，沿面略鼓。饰绳纹，颈部可见一周凸棱。口径16.0、高4.6厘米（图二五八，3）。

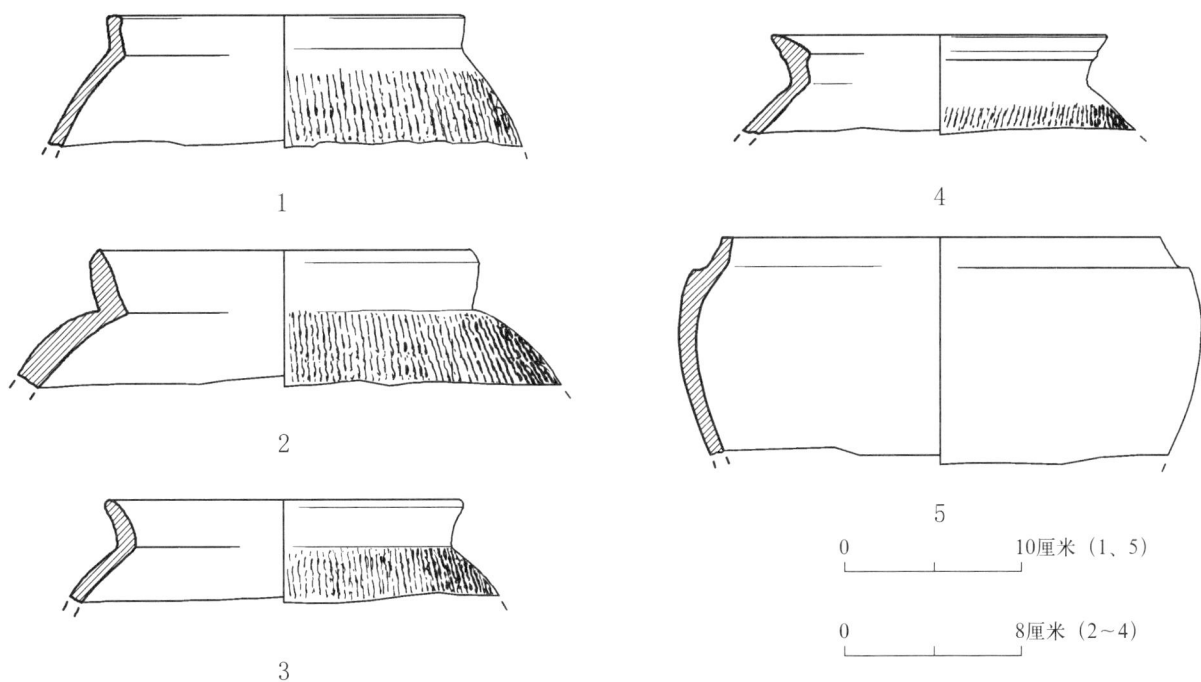

图二五八　五担岗遗址鼓腹陶罐

1.Ac型Ⅰ式（T08③：9）　　2.Ac型Ⅱ式（H1：15）　　3、4.Ac型Ⅲ式（T36②：1、H15：11）　　5.Ad型（G27②：77）

标本H15：11　残。泥质褐陶。窄斜沿，尖唇。饰绳纹。口径15.0、高4.1厘米（图二五八，4）。

Ad型　子母口。1件。

标本G27②：77　残。泥质灰陶。敛口，方唇，颈有一周折棱。素面。口径24.5、高12.3厘米（图二五八，5）。

B型　口径相对较小。共8件。按口部形态差异，可分二亚型。

Ba型　卷沿。共4件。可分四式。

Ⅰ式　大卷沿，束颈甚。1件。

标本H100①：12　残。夹砂红陶。方唇。饰绳纹被轮旋纹间断。口径19.2、高6.9厘米（图二五九，1）。

Ⅱ式　大卷沿，束颈，颈变长。1件。

标本T23④：25　残。夹砂红陶。方唇，弧颈。饰绳纹。口径17.6、高5.2厘米（图二五九，2）。

Ⅲ式　卷沿，矮束颈。1件。

标本H69①：18　残。泥质黑陶。圆方唇。饰绳纹。口径16.8、高4.3厘米（图二五九，3）。

Bb型　折沿。共4件。可分四式。

Ⅰ式　折沿较甚，沿下角较大。1件。

标本F2：16　残。磨光黑陶。沿面较鼓，方唇，弧颈。素面。口径18.8、高6.2厘米（图二五九，4）。

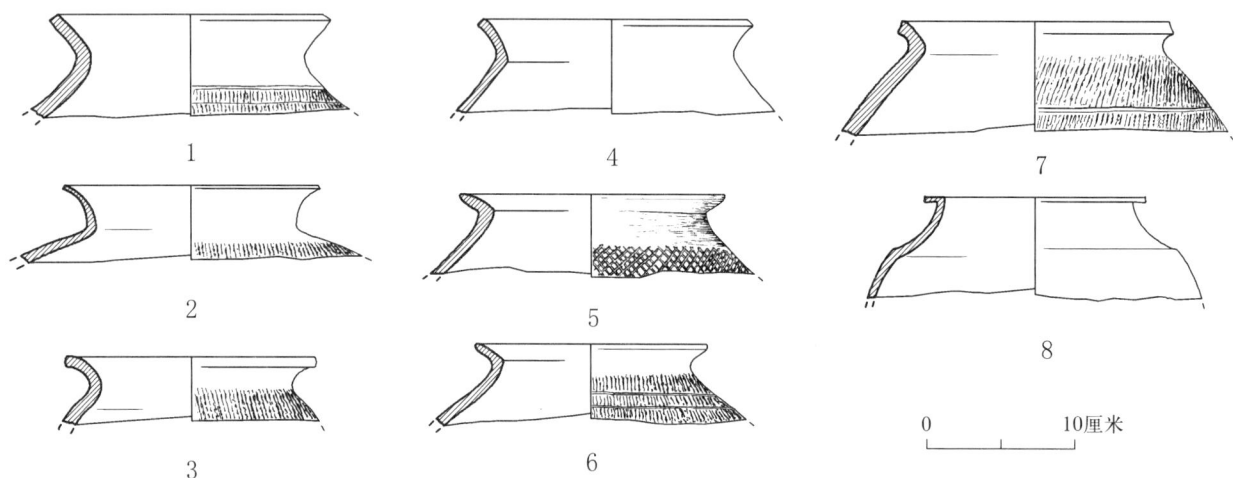

图二五九　五担岗遗址鼓腹陶罐

1.Ba型Ⅰ式（H100①：12）　2.Ba型Ⅱ式（T23④：25）　3.Ba型Ⅲ式（H69①：18）　4.Bb型Ⅰ式（F2：16）
5、6.Bb型Ⅱ式（H59①：3、T23④：11）　7.Bb型Ⅲ式（T10②：7）　8.Bb型Ⅳ式（G27②：46）

Ⅱ式　折沿，沿下角变小。2件。

标本H59①：3　残。夹砂黑陶。尖圆唇较厚，沿下略鼓，短斜颈。饰网纹，沿下、颈部可见细密轮旋纹。口径18.2、高5.5厘米（图二五九，5）。

标本T23④：11　残。泥质褐陶。尖圆唇，卷沿，束颈。饰绳纹被两道轮旋纹间断。口径16.0、高5.4厘米（图二五九，6）。

Ⅲ式　折沿，沿下角变大。1件。

标本T10②：7　残。夹砂红陶。方唇，唇面略内凹，束颈。器壁较厚，腹深较大。饰绳纹被一道轮旋纹抹断，沿下内壁面亦可见泥条接痕。口径18.8、高7.3厘米（图二五九，7）。

Ⅳ式　折平沿。1件。

标本G27②：46　残。泥质灰陶。沿面较窄，方唇，短斜颈。窄肩微耸，可见一周浅槽。口径15.2、高6.9厘米（图二五九，8）。

C型　口径相对较小。共9件。按口部形态差异，可分三亚型。

Ca型　卷沿。共4件。可分四式。

Ⅰ式　卷沿较甚，沿面较宽，矮颈。1件。

标本Y1：1　残。夹砂灰陶。方唇，唇面有一周浅凹槽。腹深较大。饰方格纹，颈部可见细密轮旋纹。口径16.0、高6.7厘米（图二六〇，1）。

Ⅱ式　卷沿，矮颈。1件。

标本H100②：19　残。夹砂红陶。尖唇，腹深较大。口径12.3、高7.0厘米（图二六〇，2）。

Ⅲ式　卷沿，长弧颈。2件。

标本F2：24　残。夹砂红陶。尖圆唇，沿面可见两周浅凹槽。饰绳纹，颈部绳纹抹平。口径20.2、高6.7厘米（图二六〇，3）。

标本H66①：4　残。夹砂褐陶。卷折沿，圆方唇，长弧颈。饰绳纹被数道轮旋纹间断，颈、肩部贴塑一乳钉形泥饼。口径18.5、高6.5厘米（图二六〇，4）。

Ⅳ式　卷折沿，束颈甚。1件。

标本T23③：17　残。夹砂灰陶，方唇。饰绳纹，颈部饰指捺纹并可见细密轮旋纹。口径17.0、高5.6厘米（图二六〇，5）。

Cb型　折沿。共2件。可分二式。

Ⅰ式　折沿较甚。1件。

标本T10③：1　残。夹砂红陶。内斜沿，尖圆唇。束颈。腹深较大。饰绳纹。口径15.3、高7.8厘米（图二六〇，6）。

Ⅱ式　折平沿。1件。

标本G27②：57　残。夹砂灰陶。内斜沿，圆方唇，长斜颈。饰绳纹，颈部可见三道凸棱。口径15.5、高6.4厘米（图二六〇，7）。

Cc型　直口微侈。共2件。可分二式。

Ⅰ式　口部微侈。1件。

标本T09③：2　残。泥质灰陶。方唇，唇面有一周浅凹槽。素面。口径12.4、高7.8厘米（图

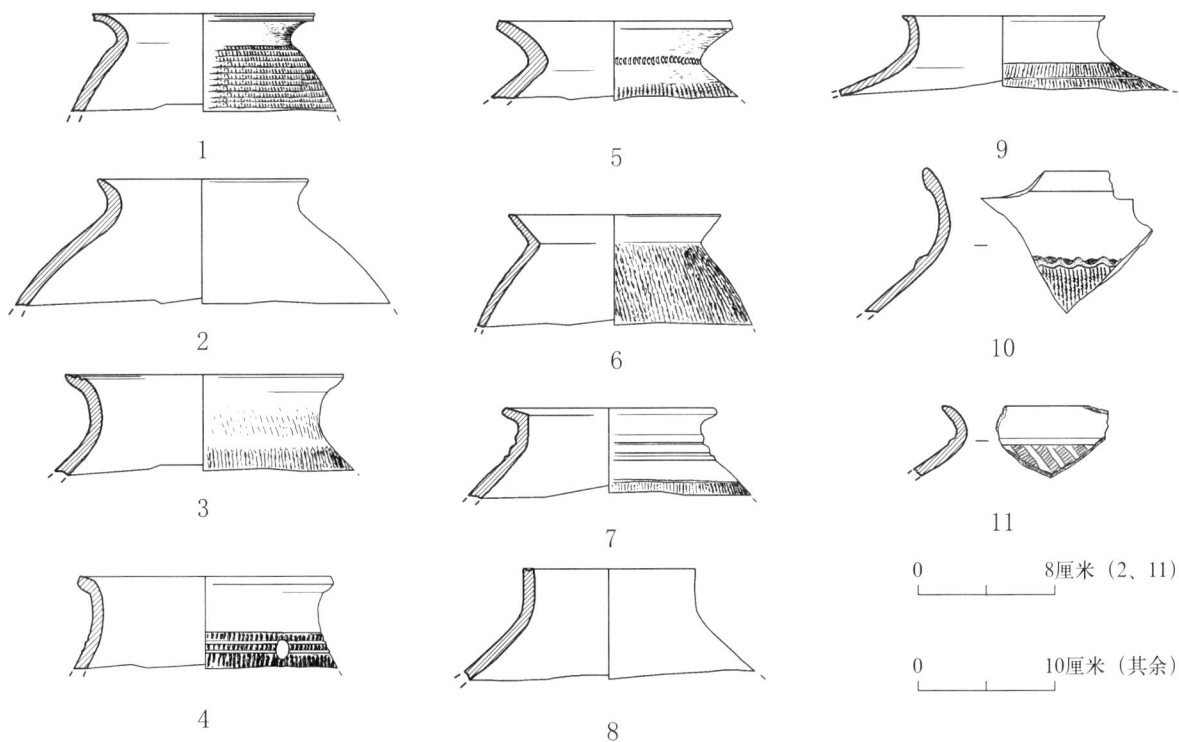

图二六〇　五担岗遗址鼓腹陶罐

1.Ca型Ⅰ式（Y1：1）　2.Ca型Ⅱ式（H100②：19）　3、4.Ca型Ⅲ式（F2：24、H66①：4）　5.Ca型Ⅳ式（T23③：17）　6.Cb型Ⅰ式（T10③：1）　7.Cb型Ⅱ式（G27②：57）　8.Cc型Ⅰ式（T09③：2）　9.Cc型Ⅱ式（G27③：59）　10、11.口沿（H59①：6、H62：2）

二六〇，8）。

Ⅱ式　口部外侈甚。1件。

标本G27③：59　残。泥质灰陶。沿面极窄，尖唇，长弧颈。饰绳纹被轮旋纹间断。口径15.0、高5.2厘米（图二六〇，9）。

口沿　2件。口径不知。未分型式。

标本H59①：6　残。卷沿，圆唇，长弧颈。饰绳纹，肩部贴塑泥条。高10.0厘米（图二六〇，10）。

标本H62：2　残。卷沿，尖圆唇，矮颈。饰梯格纹，颈部可见凸棱。高4.0厘米（图二六〇，11）。

深腹罐

溜肩或窄肩，腹深较大。无饰耳。出土数量较少，共5件。按口径相对大小，可分二型。

A型　口径相对较大。2件。根据腹部形态差异，可分二亚型。

Aa型　口径小于腹径。1件。

标本T17④：9　残。夹砂红陶，器壁厚薄不均。卷沿，束颈，方唇。饰梯格纹。口径30.5、高26.4厘米（图二六一，1）。

Ab型　口径大于腹径。1件。

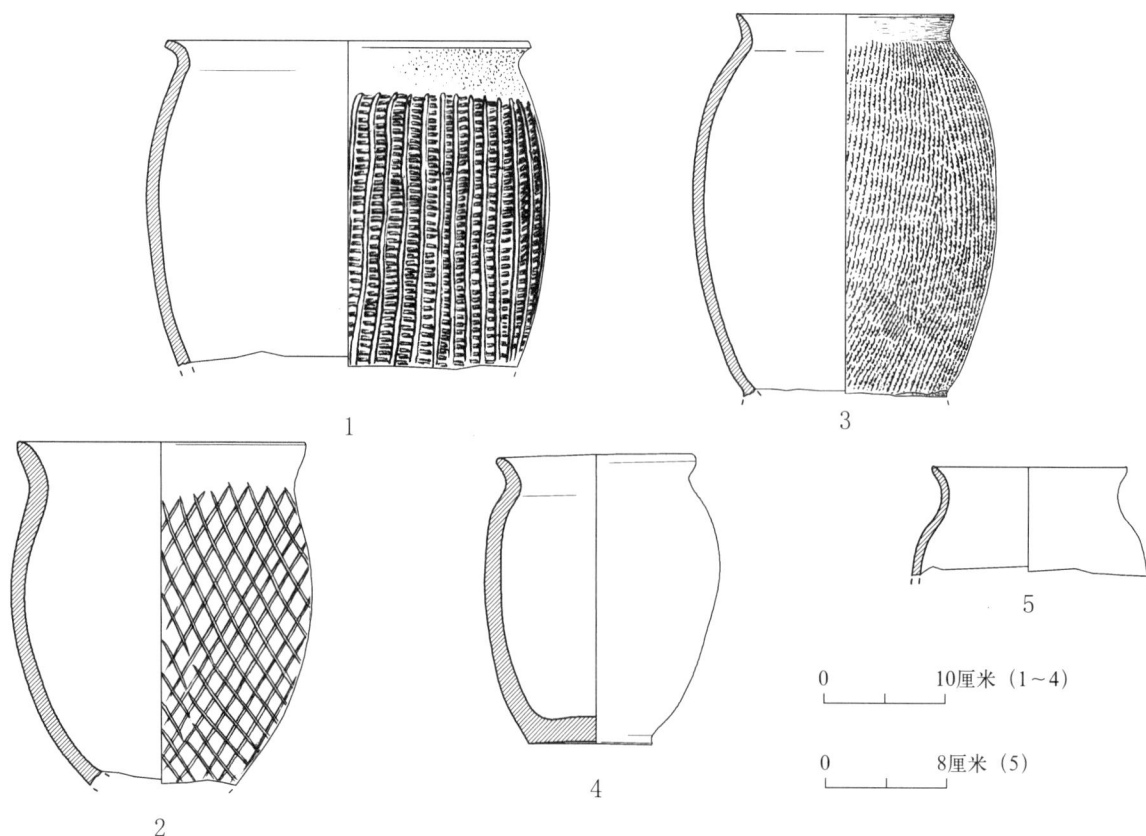

图二六一　五担岗遗址深腹陶罐

1.Aa型（T17④：9）　2.Ab型（H27：5）　3.Ba型（H100②：24）　4、5.Bb型（H69③：3、T32⑩：2）

标本H27：5　残。夹砂红陶。尖圆唇较厚，腹收较急。弧颈。饰网纹。口径23.8、高27.4厘米（图二六一，2）。

B型　口径相对较小。根据腹部形态差异，可分二亚型。

Ba型　腹深较大，整体呈椭圆形。1件。

标本H100②：24　残。夹砂红陶，局部黑褐。矮直口微侈。尖唇。饰绳纹，局部绳纹错拍。颈部可见细密轮旋纹。口径18.0、高30.6厘米（图二六一，3；彩版一八，3）。

Bb型　腹深较Ba型略小。2件。

标本H69③：3　残。夹砂红陶，局部红褐，器壁较厚。圆唇，略束颈。腹收较急，平底微内凹。素面。口径16.7、底径10.4、高23.2厘米（图二六一，4；彩版二〇，4）。

标本T32⑩：2　残。夹砂红陶。卷沿，尖圆唇，弧颈器表光素。口径12.9、高7.0厘米（图二六一，5）。

小罐

个体较小。出土数量不多，共18件。按口径相对大小，可分四型。

A型　圆肩弧腹。共4件。按整体形态差异，分为三亚型。

Aa型　卷沿。共2件。可分二式。

Ⅰ式　沿面较窄，最大径位于肩部。1件。

标本H100②：6　夹砂黑陶，器壁较厚。尖圆唇，矮束颈。腹深较大收较缓，平底。素面。口径11.9、底径9.2、高12.9厘米（图二六二，1；彩版一八，4）。

Ⅱ式　沿面较宽，最大径下移。1件。

标本T23③：12　残。泥质黑陶，器表磨光，器壁较厚。尖圆唇，弧颈，腹深较大收较急。素面，腹部有抹痕。口径10.4、高7.0厘米（图二六二，2）。

Ab型　直口微侈。1件。

标本G27③：70　残。泥质黑陶。尖唇，肩部较丰，腹深较大收较急。肩部可见两道轮旋纹。口径12.0、高7.1厘米（图二六二，3）。

Ac型　口沿微卷，折肩。1件。

标本H100②：7　夹砂红褐陶，器壁往下逐渐变厚。尖圆唇，腹深较大收较缓，平底。饰绳纹。口径9.5、底径7.3、高11.2厘米（图二六二，4；彩版一八，6）。

B型　鼓腹。共5件。按口部形态差异，可分三亚型。

Ba型　卷沿。共2件。可分二式。

Ⅰ式　束颈甚。1件。

标本H112：1　残。夹砂红陶。尖圆唇，略束颈。素面。口径8.8、高3.9厘米（图二六二，5）。

Ⅱ式　略束颈。1件。

标本T23③：19　残。夹砂灰陶，器壁较厚。尖唇，矮弧颈。素面。口径13.2、高5.9厘米（图二六二，6）。

Bb型　折沿。共2件。可分二式。

Ⅰ式　沿下角较小。1件。

标本T18⑥：3　泥质陶，红胎黑衣，器表局部泛红。内斜沿，折棱凸出。方唇，沿面较窄，矮束颈，腹深较大收较缓，平底。素面。口径11.4、底径6.4、高11.0厘米（图二六二，7；彩版一五，4）。

Ⅱ式　沿下角变大。1件。

标本H2：33　残。夹砂灰陶。仰折沿，沿面内曲，内折棱凸出，尖唇。腹深较大。饰绳纹被轮旋纹间断。口径11.7、高5.8厘米（图二六二，8）。

Bc型　直口微侈。1件。

标本H2：49　残。泥质红陶。尖圆唇，腹深较大。口径12.0、高5.9厘米（图二六二，9）。

C型　扁弧腹。共7件。按口部形态差异，可分三亚型。

Ca型　卷沿。共3件。可分三式。

Ⅰ式　最大径于肩，腹急收。1件。

标本T29④：1　泥质红陶，胎质较硬。尖唇，腹深较小收较急，平底。素面。口径13.9、底径7.0、高6.1厘米（图二六二，10；图版一三，5）。

Ⅱ式　最大径下移，腹中部变直且有折棱，缓收。1件。

标本T22③：1　泥质陶，红胎黑衣，陶衣部分脱落。尖圆唇，肩腹部可见两道折棱，腹深相对较大，平底。素面。口径9.6、底径5.2、高6.0厘米（图二六二，11；彩版二〇，5）。

Ⅲ式　最大径于肩，腹有折棱，浅腹急收。1件。

标本H2：26　泥质红陶，胎质较硬。尖唇，肩腹部可见两道折棱，腹深较小，平底。内壁面可见因轮旋形成的多道凸棱。口径11.9、底径7.0、高6.2厘米（图二六二，12；图版三一，5）。

Cb型　直口。共2件。可分三式。

Ⅰ式　沿下角较小。2件。

标本T17⑤：3　泥质陶，陶色不均，器表可见褐色、黑色和红色。方唇，腹深较小收较急。平底。素面。口径13.5、底径10.9、高8.2厘米（图二六二，13；图版一三，6）。

标本H33：1　残。泥质陶，褐胎黑衣，陶衣部分脱落。圆方唇，肩部较丰，腹收较急。素面。口径12.4、高6.2厘米（图二六二，14）。

Ⅱ式　沿下角较大。1件。

标本T29②：8　残。泥质灰陶，胎质较硬。方唇，腹收较急。素面，肩部可见接痕。口径10.3、高5.2厘米（图二六二，15）。

Cc型　敛口。1件。

标本T18⑥：4　泥质红陶，器表局部黑色。圆唇，肩部近折，腹深较浅收较急，平底微内凹。口径8.6、底径5.8、高5.5厘米（图二六二，16；图版一四，1）。

D型　溜肩深腹。共2件。可分二式。

Ⅰ式　仰折沿，沿面较窄。1件。

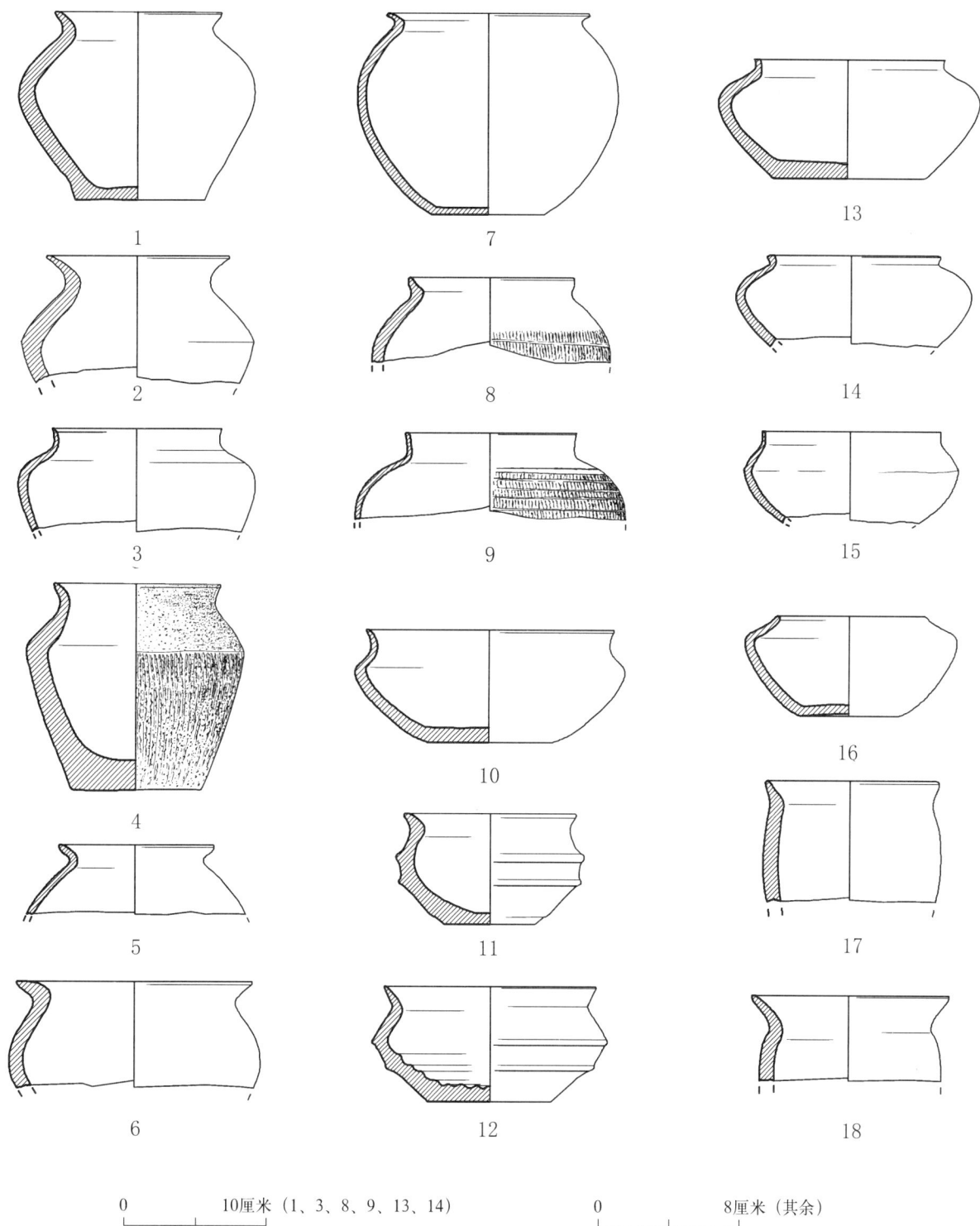

0　　　10厘米（1、3、8、9、13、14）　　　　0　　　8厘米（其余）

图二六二　五担岗遗址陶小罐

1.Aa型Ⅰ式（H100②:6）　2.Aa型Ⅱ式（T23③:12）　3.Ab型（G27③:70）　4.Ac型（H100②:7）　5.Ba型Ⅰ式
（H112:1）　6.Ba型Ⅱ式（T23③:19）　7.Bb型Ⅰ式（T18⑥:3）　8.Bb型Ⅱ式（H2:33）　9.Bc型（H2:49）
10.Ca型Ⅰ式（T29④:1）　11.Ca型Ⅱ式（T22③:1）　11.Ca型Ⅲ式（H2:26）　13、14.Cb型Ⅰ式（T17⑤:3、
H33:1）　15.Cb型Ⅱ式（T29②:8）　16.Cc型（T18⑥:4）　17.D型Ⅰ式（T31⑨:9）　18.D型Ⅱ式（T10④:7）

标本T31⑨：9　残。泥质红陶。尖圆唇，微弧腹。素面。口径10.0、高6.6厘米（图二六二，17）。

Ⅱ式　卷沿，沿面较宽。1件。

标本T10④：7　残。夹砂褐陶。尖圆唇，颈部抹平有浅槽。素面。口径11.3、高4.7厘米（图二六二，18）。

存在一些陶罐底部，共9件。现单独列出。根据腹部形态差异，可分二型。

A型　腹收较缓，底径相对较大。5件。

标本G27③：55　残。夹砂灰陶。弧腹近直。平底。饰绳纹被一道轮旋纹间断。底径12.0、高6.0厘米（图二六三，1）。

标本G28：1　残。夹砂红陶。深鼓腹。平底内凹。素面。底径11.6、高8.2厘米（图二六三，2）。

标本H100①：32　残。夹砂红陶。深鼓腹。平底，内壁底腹相接处有一凹槽。素面。底径13.1、高7.4厘米（图二六三，3）。

标本H37：52　残。夹砂灰陶。深腹。平底。腹饰间断绳纹，近底部饰圆点纹。底径12.3、高4.0厘米（图二六三，4）。

标本T31⑨：12　残。夹砂红陶。深腹，平底。饰绳纹。底径12.0、高5.1厘米（图二六三，5）。

B型　腹收较急。底径相对较小。4件。

标本H37：48　残。泥质褐陶，器表磨光。鼓腹。平底。素面。底径6.2、高3.5厘米（图二六三，6）。

标本T11⑦：4　残。泥质黑陶。深鼓腹，器壁较薄。厚平底。素面。底径6.2、高6.3厘米（图二六三，7）。

标本T23③：26　残。夹砂红陶。深鼓腹。小平底。素面。底径5.2、高5.0厘米（图二六三，8）。

标本G27③：60　残。泥质黑陶，器表磨光。深腹，近底急收。小平底。素面。底径5.6、高4.1厘米（图二六三，9）。

钵

陶钵数量较多，形制上相对简单。共出土34件。陶质以泥质陶为主，所占比例为91%；其余为夹砂陶。器物多为素面，少数器表拍印绳纹，其他多以轮旋形成的凸棱或凹槽出现。个别器物肩部贴塑乳钉。制法上为轮制，内、外壁面大多可见轮旋纹。按整体形态差异，可将器物分为四型。介绍如下。

A型　敛口，剖面形态为框形。共9件。可分五式。

Ⅰ式　腹深较小。1件。

标本T23⑥：1　泥质灰黑陶。窄肩，上腹斜直，下腹急收。器表光素，内壁面可见因轮旋形成的凸棱。口径6.6、底径3.3、高5.0厘米（图二六四，1；图版一四，2）。

Ⅱ式　腹深变稍大。1件。

标本H73：1　泥质褐陶，局部黑色。尖圆唇，弧腹收稍急，平底微内凹。肩部隐约可见抹平绳纹。口径11.6、底径6.2、高6.9厘米（图二六四，2；彩版一五，5）。

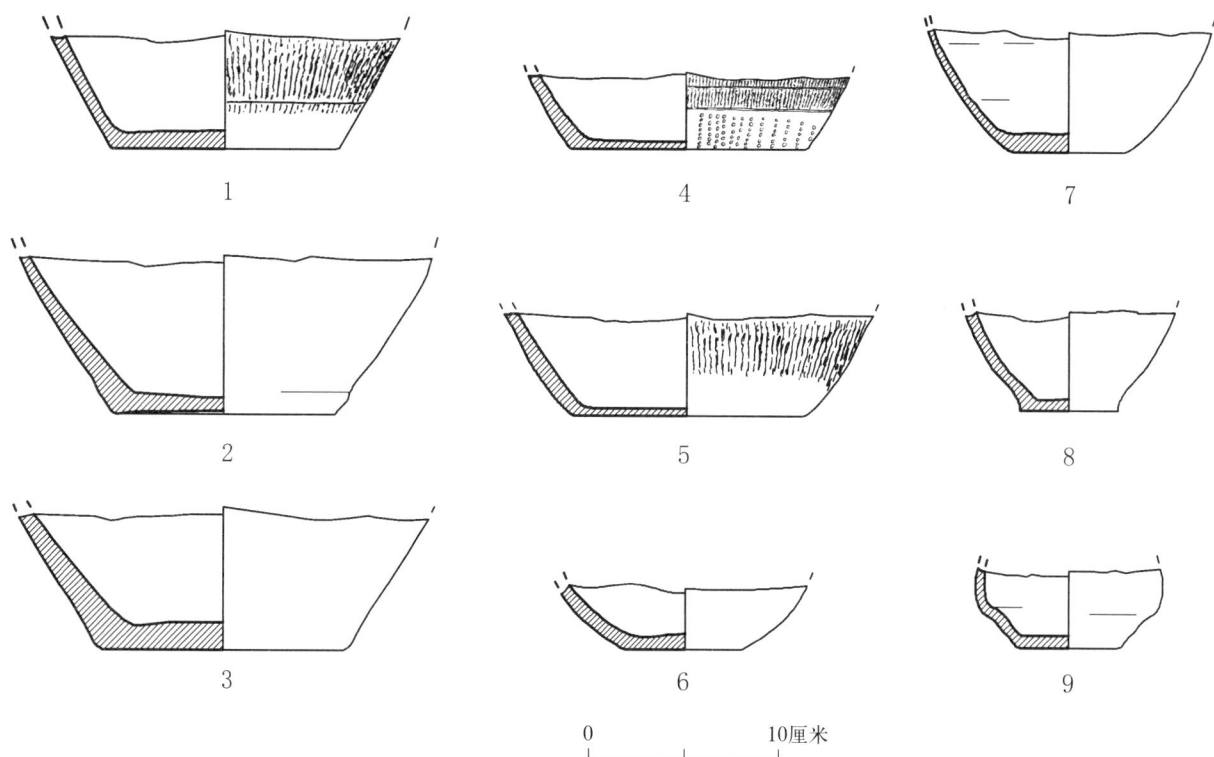

图二六三　五担岗遗址陶罐（底）

1～5.A型（G27③：55、G28：1、H100①：32、H37：52、T31⑨：12）　　6～9.B型（H37：48、T11⑦：4、
T23③：26、G27③：60）

Ⅲ式　腹深变更大。2件。

标本T18⑥：2　泥质陶，灰胎黑衣，陶衣局部脱落。圆唇，弧腹收较缓，平底。口径8.7、底径5.0、高6.7厘米（图二六四，3；彩版一五，6）。

标本H2：50　残。泥质灰陶。圆方唇，微鼓肩，弧腹收较缓。素面。口径14.2、高7.6厘米（图二六四，4）。

Ⅳ式　腹深变小。1件。

标本H87：9　泥质灰陶。窄肩，上腹斜直，下腹急收，器表光素。口径11.3、底径7.0、高5.5厘米（图二六四，5；图版一七，2）。

Ⅴ式　腹深变大，底径相对变大。4件。

标本G27②：11　泥质灰陶。尖圆唇，窄肩，腹部斜直，近底处急收。平底。素面。口径12.8、底径8.5、高7.8厘米（图二六四，6；图版三一，6）。

标本G27②：12　泥质红褐陶，从磨损痕迹看应有黑衣。圆唇，弧腹，平底。素面。口径15.6、底径10.8、高7.9厘米（图二六四，7；图版三二，1）。

标本G27③：20　泥质褐陶，从磨损痕迹看应有黑衣。圆唇，弧腹，平底。素面。口径16.0、底径10.7、高8.9厘米（图二六四，8；图版二四，3）。

标本G27③：25　泥质灰陶。尖圆唇，弧腹，平底，素面。口径13.8、底径10.0、高8.8厘米

（图二六四，9）。

B型　敛口甚，折肩。共3件。可分三式。

Ⅰ式　方唇内凹。1件。

标本H27：4　泥质灰陶。折肩起棱，弧腹急收，平底微内凹。内壁面可见多道凸棱。口径13.7、底径6.6、高5.3厘米（图二六四，10；图版一七，3）。

Ⅱ式　方唇。1件。

标本H87：8　泥质陶，褐胎灰衣。窄肩，弧腹急收。平底。饰绳纹，局部错拍。口径14.8、底径7.6、高8.0厘米（图二六四，11；图版一七，4）。

Ⅲ式　圆方唇。1件。

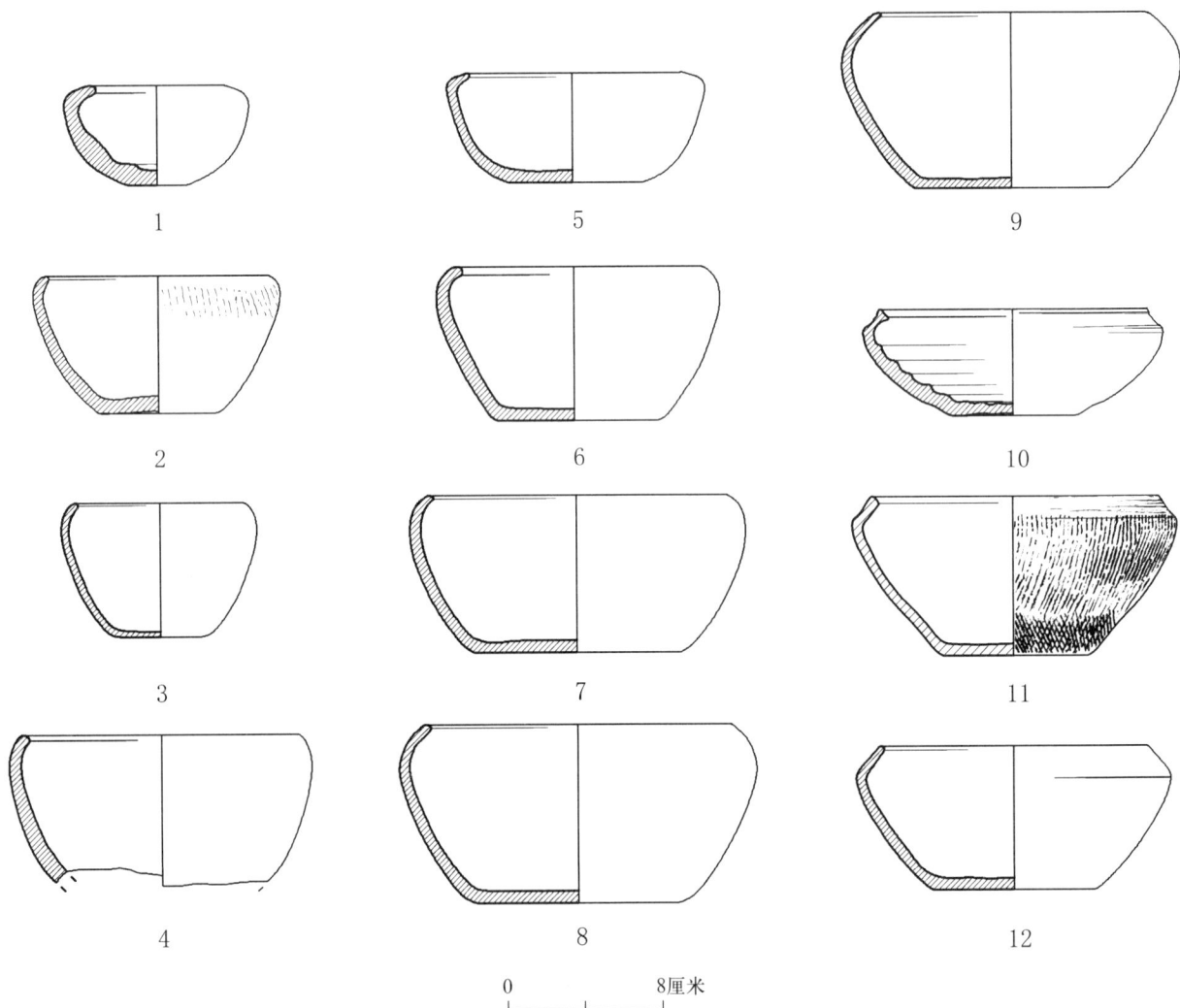

1　　　　　　　　　5　　　　　　　　　9

2　　　　　　　　　6　　　　　　　　　10

3　　　　　　　　　7　　　　　　　　　11

4　　　　　　　　　8　　　　　　　　　12

0　　　　　8厘米

图二六四　五担岗遗址陶钵

1.A型Ⅰ式（T23⑥：1）　2.A型Ⅱ式（H73：1）　3、4.A型Ⅲ式（T18⑥：2、H2：50）　5.A型Ⅳ式（H87：9）
6～9.A型Ⅴ式（G27②：11、G27②：12、G27③：20、G27③：25）　10.B型Ⅰ式（H27：4）
11.B型Ⅰ式（H87：8）　12.B型Ⅲ式（G27②：25）

标本G27②：25　泥质灰陶。敛口，圆唇，耸肩，斜腹直下收，平底。素面。口径13.8、底径8.6、高7.2厘米（图二六四，12；彩版二七，1）。

C型　敛口，底径相对较小。共16件。根据腹部形态差异，可分为二亚型。

Ca型　腹深相对较大。共11件。可分四式。

Ⅰ式　方唇内凹，腹收较缓。3件。

标本H36①：1　泥质灰陶。弧腹，平底。素面。口径14.0、底径7.2、高8.4厘米（图二六五，1；图版一七，5）。

标本H36①：2　泥质灰陶。弧腹急收，平底。素面。口径14.0、底径6.3、高7.3厘米（图二六五，2；图版一七，6）。

标本H100①：17　残。泥质黑陶，器表磨光。方唇，弧腹急收。素面。口径21.6、高8.0厘米（图二六五，3）。

Ⅱ式　尖圆唇，腹收稍急。3件。

标本H22：1　泥质灰陶。弧腹急收，平底。口径9.2、底径4.0、高5.5厘米（图二六五，4；图版一八，1）。

标本H93：4　泥质红陶。弧腹急收，近底部壁面略内曲，平底。素面。口径11.0、底径5.0、高6.8厘米（图二六五，5；图版一八，2）。

标本T23④：23　残。夹砂红陶。弧腹急收。素面。口径11.2、高5.0厘米（图二六五，6）。

Ⅲ式　圆方唇或方唇，腹收更急。4件。

标本T23③：5　残。泥质黑陶，器表磨光。圆唇，弧腹急收。素面。口径12.2、高5.7厘米（图二六五，7）。

标本T23③：7　残。泥质灰陶。方唇，弧腹急收。素面。口径12.3、高6.6厘米（图二六五，8）。

标本T23③：28　残。泥质黑陶，器表磨光。方唇，弧腹急收。素面。口径13.0、高5.1厘米（图二六五，9）。

标本H2：52　残。泥质红陶。方唇，弧腹急收。素面。口径14.0、高7.2厘米（图二六五，10）。

Ⅳ式　尖方唇。1件。

标本H37：9　泥质灰陶。唇面内凹，弧腹急收。平底。素面。口径15.4、底径6.6、高8.0厘米（图二六五，11；图版二四，4）。

Cb型　腹深相对较小。共5件。可分五式。

Ⅰ式　腹收较急。1件。

标本G28：2　残。泥质褐陶。圆唇。素面。口径20.1、高5.0厘米（图二六五，12）。

Ⅱ式　腹收变缓。2件。

标本H109：11　残。泥质红陶。尖圆唇。窄肩。饰绳纹，口部、肩部贴塑乳钉，器表另可见三道浅凹槽。口径15.2、高7.0厘米（图二六五，13）。

标本T24⑤：3　残。泥质黑陶。圆方唇。素面。口径13.2、高5.4厘米（图二六五，14）。

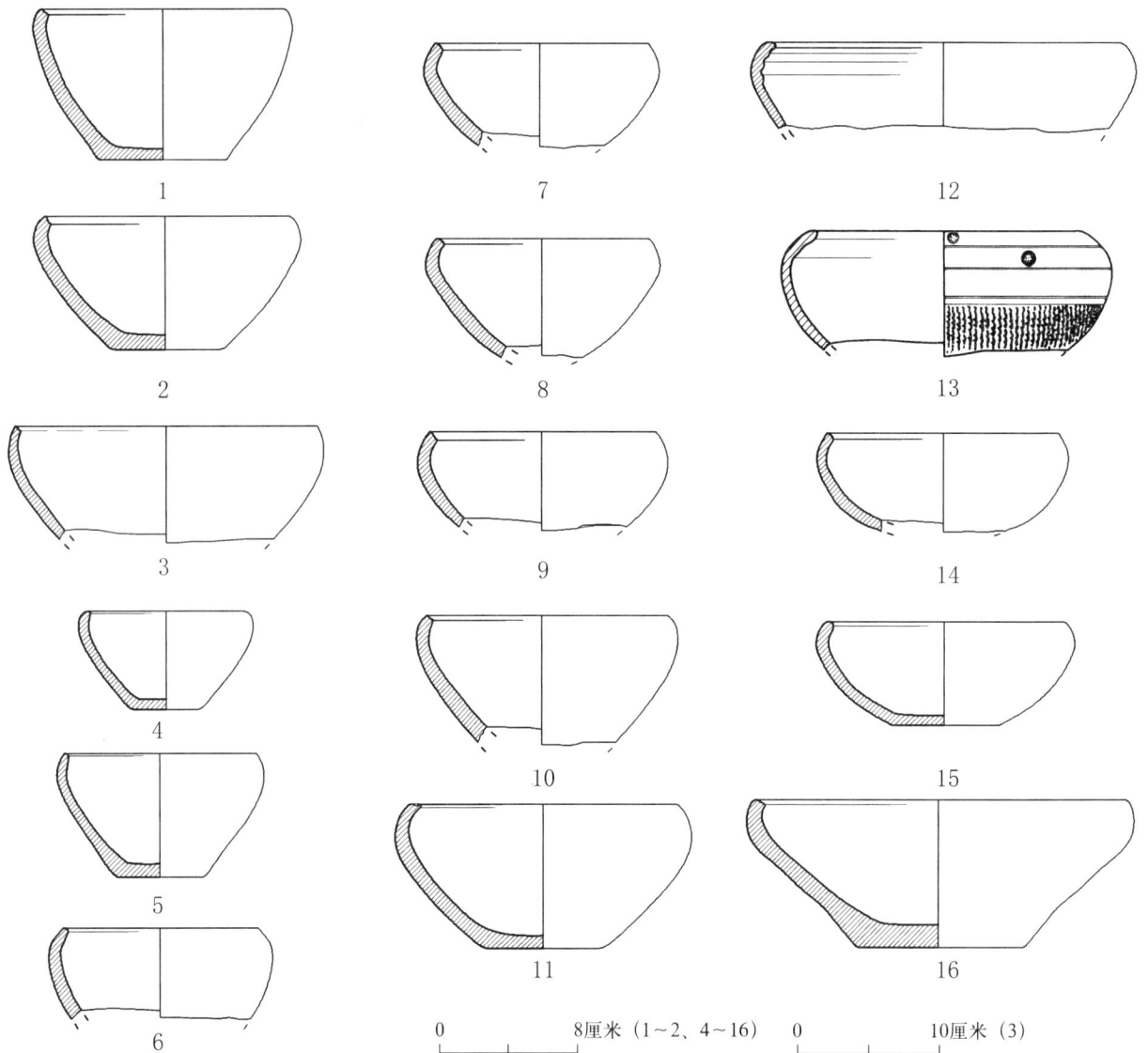

图二六五　五担岗遗址陶钵

1~3.Ca型Ⅰ式（H36①：1、H36①：2、H100①：17）　4~6.Ca型Ⅱ式（H22：1、H93：4、T23④：23）
7~10.Ca型Ⅲ式（T23③：5、T23③：7、T23③：28、H2：52）　11.Ca型Ⅳ式（H37：9）　12.Cb型Ⅰ式（G28：
2）　13、14.Cb型Ⅱ式（H109：11、T24⑤：3）　15.Cb型Ⅲ式（T33⑦：2）　16.Cb型Ⅳ式（H1：4）

Ⅲ式　腹收稍急。1件。

标本T33⑦：2　夹细砂陶，红褐胎黑衣，陶衣部分脱落。圆唇。素面。平底。口径13.6、底径6.2、高5.8厘米（图二六五，15；图版二〇，3）。

Ⅳ式　内曲腹，腹收较急。1件。

标本H1：4　泥质红陶。腹部内曲，急收。平底。素面。口径21.2、底径9.5、高8.1厘米（图二六五，16；图版二一，5）。

D型　敛口，底径相对较大。共6件。根据腹部形态差异，可分二亚型。

Da型　腹深相对较大。2件。可分二式。

Ⅰ式　敛口较甚，尖唇。1件。

标本T30⑤：2　泥质陶，红胎黑衣，陶衣部分脱落。弧腹，平底。素面。口径9.8、底径7.0、高5.2厘米（图二六六，1；图版一八，3）。

Ⅱ式　敛口曲度变小，尖圆唇，腹深变大。1件。

标本H100②：3　泥质红陶，器表局部黑褐。口微敛，弧腹，平底。素面。口径11.4、底径7.0、高6.4厘米（图二六六，2；图版一八，4）。

Db型　腹深相对较小。4件。可分四式。

Ⅰ式　整体敛口状，但口部仰折沿。1件。

标本H110：12　残。泥质灰陶。弧腹稍鼓，腹收稍缓。素面。口径18.4、高5.2厘米（图二六六，3）。

Ⅱ式　敛口较甚，圆唇。1件。

标本T29②：4　泥质红陶。弧腹，平底。素面。口径8.7、底径5.4、高3.7厘米（图二六六，4）。

Ⅲ式　敛口程度变小，圆方唇。1件。

标本G27③：11　夹细砂陶，褐胎黑衣，陶衣部分脱落。弧腹，平底。素面。口径22.0、底径12.4、高11.2厘米（图二六六，5；图版二四，5）。

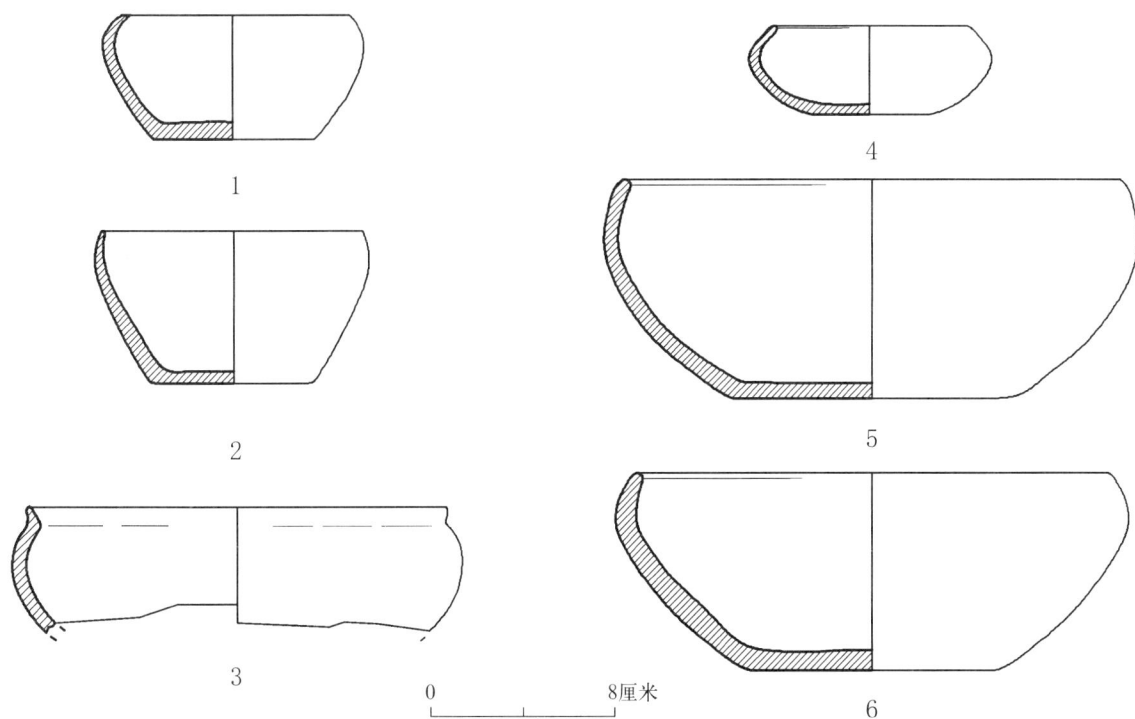

0　　　　　　　8厘米

图二六六　五担岗遗址陶钵

1.Da型Ⅰ式（T30⑤：2）　2.Da型Ⅱ式（H100②：3）　3.Db型Ⅰ式（H110：12）　4.Db型Ⅱ式（T29②：4）
5.Db型Ⅲ式（G27③：11）　6.Db型Ⅳ式（H37：3）

Ⅳ式 尖圆唇。1件。

标本H37：3 泥质灰陶。弧腹急收，平底。素面。口径20.8、底径11.0、高8.4厘米（图二六六，6）。

盘

遗址出土陶盘数量较多，共50件。陶质以泥质陶为主，少数为夹砂陶。制法上均为轮制。纹饰上基本为素面，存在极少数绳纹。因制法原因，一些器物表面和内壁面还存在因轮旋形成的弦纹。根据口部特征的差异，可分敞口、侈口、直口、微敛口和敛口盘五类。

敞口盘

均为大敞口。共出土6件。按底径大小的区别，可分二型。

A型 底径相对较大。共4件。可分四式。

Ⅰ式 尖唇或尖圆唇，腹收较急。2件。

标本H37：6 泥质灰陶，局部灰黄色。尖唇。器壁较薄，微弧腹，平底。素面。口径19.0、底径9.2、高4.0厘米（图二六七，1；图版二四，6）。

标本G27③：38 残。泥质陶，褐胎黑衣，陶衣基本脱落。尖圆唇。弧腹近直，平底。素面。口径18.0、底径8.6、高4.2厘米（图二六七，2；图版二五，1）。

Ⅱ式 圆唇，腹收变缓。2件。

标本G27②：26 泥质灰陶。弧腹，大平底。素面。口径19.2、底径10.6、高4.2厘米（图二六七，3；图版三二，3）。

标本H2：30 泥质灰陶。器壁较厚，弧腹，平底。素面。口径19.6、底径9.8、高4.5厘米（图二六七，4；图版三二，4）。

B型 底径相对较小。2件。可分二式。

Ⅰ式 尖圆唇。收腹较缓。1件。

标本G27③：4 泥质陶，红胎黑衣。弧腹，平底。素面。口径17.0、底径7.6、高4.4厘米（图二六七，5；图版二五，2）。

Ⅱ式 尖圆唇。收腹较急。1件。

标本G27②：88 残。夹砂灰陶。弧腹急收。素面。口径17.6、高3.2厘米（图二六七，6）。

侈口盘

数量较少，共3件。按底径大小的区别，可分二型。

A型 口沿下圆钝。2件。可分为二式

Ⅰ式 腹收较急。1件。

标本T30⑤：4 残。泥质灰陶。尖唇，微弧腹。素面。口径21.6、高4.3厘米（图二六八，1）。

Ⅱ式 腹收变缓。1件。

标本H2：16 泥质陶，红胎灰衣，陶衣局部脱落。器壁较厚。尖圆唇。弧腹，素面。口径18.8、底径7.9、高5.6厘米（图二六八，2；图版三二，5）。

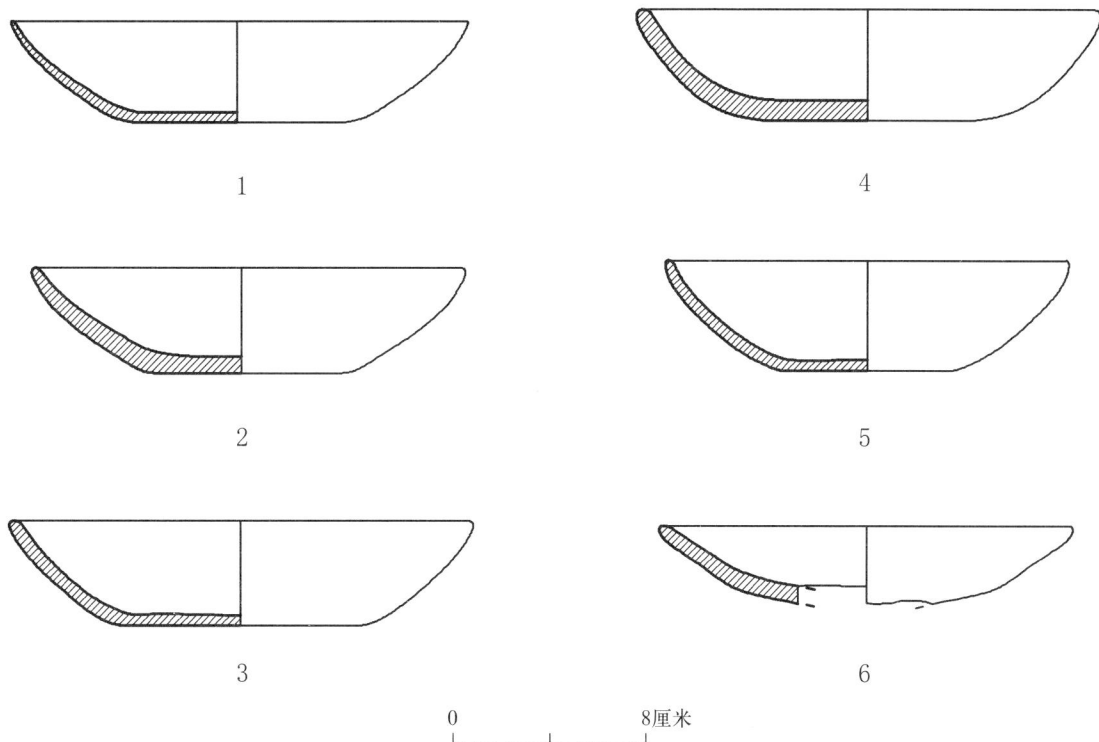

图二六七 五担岗遗址敞口陶盘

1、2.A型Ⅰ式（H37：6、G27③：38） 3、4.A型Ⅱ式（G27②：26、H2：30） 5.B型Ⅰ式（G27③：4）
6.B型Ⅱ式（G27②：88）

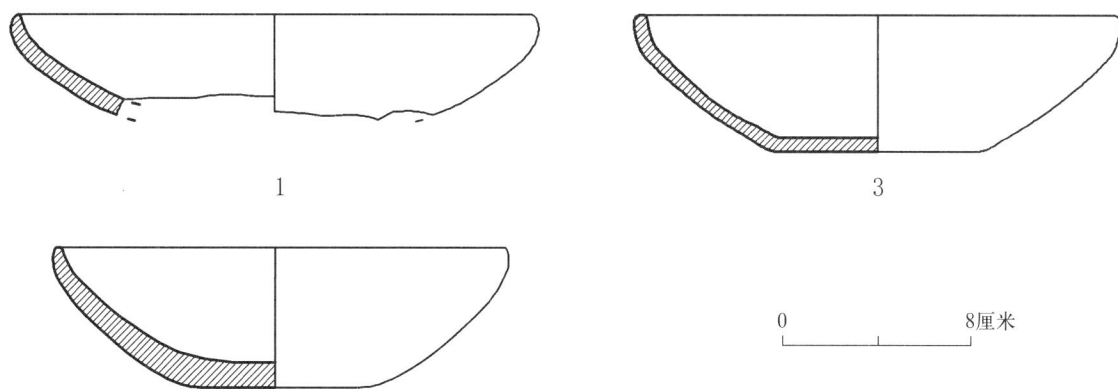

图二六八 五担岗遗址侈口陶盘

1.A型Ⅰ式（T30⑤：4） 2.A型Ⅱ式（H2：16） 3.B型（G27③：8）

B型 口沿下斜直，与腹部有夹角。1件。

标本G27③：8 泥质灰陶。侈口近敞，圆唇，弧腹，平底。素面。口径20.2、底径9.2、高5.6厘米（图二六八，3；图版二五，3）。

直口盘

共出土15件。按腹部形态区别，可分二型。

A型　弧腹。共9件。

Aa型　口部与腹部内壁面之间有夹角，底相对较大。共7件。可分五式。

Ⅰ式　弧腹收稍急，腹深较小。1件。

标本T18⑦：1　泥质陶，红胎黑衣，器表磨光。器壁较厚。直口，圆唇。局部微敛。平底。腹部光素可见细密轮旋纹痕迹，接近器底处饰绳纹，器底饰一"三叉形"刻划符号。口径19.9、底径10.8、高4.8厘米（图二六九，1；图版一四，3、4）。

Ⅱ式　弧腹收变缓，腹深变大。1件。

标本H59③：2　泥质陶，红胎黑衣，陶衣大部分脱落。器壁较厚。直口微敛，圆方唇，弧腹收较缓，平底。饰绳纹。口径22.8、底径13.6、高6.8厘米（图二六九，2；图版二一，6）。

Ⅲ式　斜腹微弧，腹深变小。2件。

标本H37：4　泥质灰陶。微弧腹，平底。尖圆唇。越靠近口部器壁越薄。腹收较急。器表光素，内壁面可见数道因轮制形成的凸棱。口径19.2、底径9.5、高4.0厘米（图二六九，3；图版二五，4）。

标本G27③：15　泥质陶，灰胎黑衣，器表磨光。器壁较薄。平底。素面。口径18.8、底径8.9、高4.4厘米（图二六九，4；图版二五，5）。

Ⅳ式　弧腹。3件。

标本G27②：4　泥质红陶。直口微敛，尖圆唇，平底。素面。口径18.7、底径9.9、高4.6厘米（图二六九，5；图版三三，1）。

标本G27②：39　泥质红陶，局部有黑色陶衣。圆方唇，平底。素面。口径18.2、底径9.3、高3.9厘米（图二六九，6；图版三三，2）。

标本G27②：42　泥质陶，胎质红色，陶衣灰褐色。尖圆唇，器壁较厚，平底。素面。口径19.3、底径9.5、高4.7厘米（图二六九，7；图版三三，3）。

Ⅴ式　弧腹变稍鼓，腹收较缓。1件。

标本T36③：1　泥质灰陶。器壁较厚，平底。素面。口径17.0、底径7.0、高5.1厘米（图二六九，8；图版六二，5）。

Ab型　大平底，腹深极小。1件。

标本G27③：2　泥质陶，红胎黑衣，陶衣大部分脱落。尖圆唇，弧腹较浅收较缓。素面。口径21.1、底径14.8、高3.6厘米（图二六九，9；图版二六，1）。

Ac型　口部与腹部内壁面夹角不明显，腹收较缓。1件。

标本G27③：41　泥质陶，红胎黑衣。圆方唇，弧腹收较缓，平底。素面。口径19.1、底径11.2、高5.0厘米（图二六九，10；图版二六，2）。

B型　斜腹较直。共6件。按整体特征差异，可分三型。

Ba型　底径相对较大。3件。可分二式。

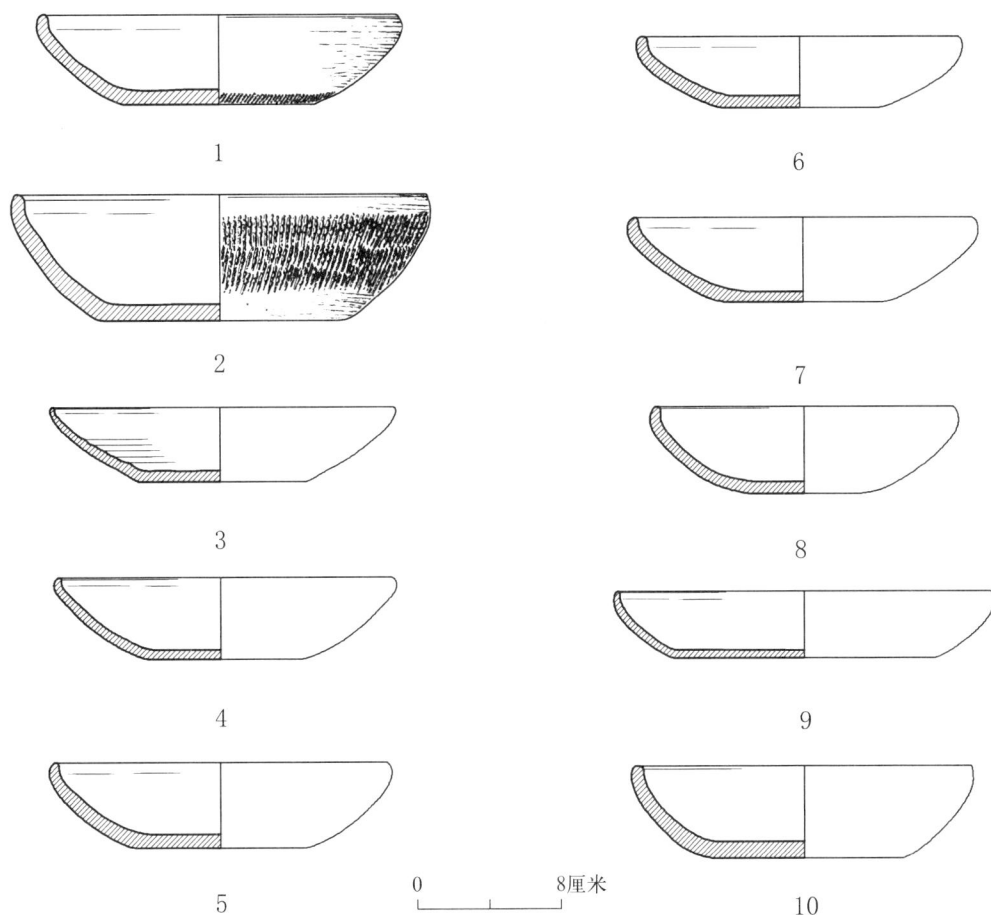

图二六九　五担岗遗址直口陶盘

1.Aa型Ⅰ式（T18⑦：1）　2.Aa型Ⅱ式（H59③：2）　3、4.Aa型Ⅲ式（H37：4、G27③：15）　5~7.Aa型Ⅳ式
（G27②：4、G27②：39、G27②：42）　8.Aa型Ⅴ式（T36③：1）　9.Ab型（G27③：2）
10.Ac型（G27③：41）

Ⅰ式　腹收较急。1件。

标本H37：38　残。夹砂红陶。直口微敛，尖圆唇。素面。口径19.8、高4.0厘米（图二七〇，1）。

Ⅱ式　腹收变稍缓。1件。

标本G27②：31　泥质陶，灰红胎，黑色陶衣。圆方唇。平底。素面。口径20.6、底径12.0、高4.0厘米（图二七〇，2；图版三三，4）。

Bb型　底径相对较小。3件。可分二式。

Ⅰ式　腹深较大。1件。

标本G27③：14　泥质陶，灰红胎，黑色陶衣，陶衣局部脱落。方唇。腹收稍急。平底。素面。口径16.9、底径7.0、高4.5厘米（图二七〇，3；图版二六，3）。

Ⅱ式　腹深相对变小。2件。

标本G27②：14　泥质陶，红胎黑衣，陶衣局部脱落。圆方唇。腹收较缓，平底。素面。口径

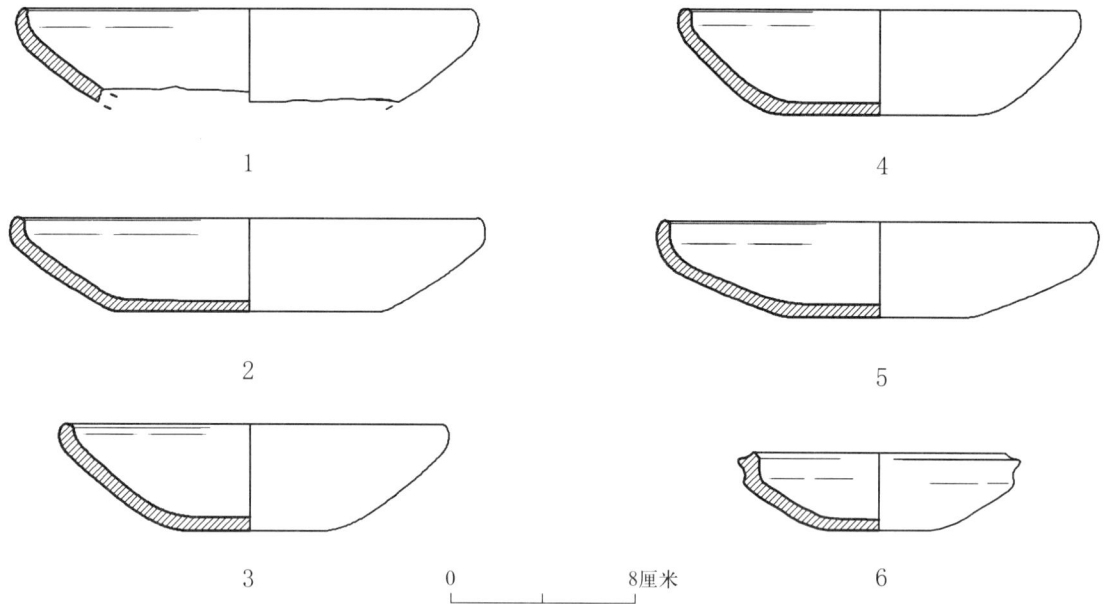

图二七〇　五担岗遗址直口陶盘

1.Ba型Ⅰ式（H37：38）　　2.Ba型Ⅱ式（G27②：31）　　3.Bb型Ⅰ式（G27③：14）

4、5.Bb型Ⅱ式（G27②：14、G27②：34）　6.Bc型（G27②：10）

17.3、底径9.6、高4.5厘米（图二七〇，4；图版三三，5）。

标本G27②：34　泥质陶，灰胎黑衣。尖圆唇。腹收较急，平底。素面。口径18.8、底径8.5、高4.1厘米（图二七〇，5；图版三三，6）。

Bc型　子母口。1件。

标本G27②：10　泥质陶，灰胎黑衣。直口，圆方唇，折腹，平底。素面。口径12.2、底径5.0、高3.3厘米（图二七〇，6；图版三四，1）。

微敛口盘

共出土14件。按腹部特征差异，可分二型。

A型　弧腹。共9件。按底径相对大小，可分二亚型。

Aa型　底径相对较大。共5件。可分三式。

Ⅰ式　腹收稍缓。3件。

标本H37：7　泥质灰陶。尖圆唇，腹收较缓，平底。素面。口径19.2、底径8.6、高6.0厘米（图二七一，1；图版二六，4）。

标本G27③：1　泥质陶，红胎黑衣，陶衣局部脱落，器表磨光。方唇，腹收较缓，平底。素面。口径17.6、底径9.5、高5.6厘米（图二七一，2；图版二六，5）。

标本G27③：12　泥质陶，红胎黑衣，陶衣部分脱落。圆方唇，腹收较缓，平底。口径17.4、底径9.3、高4.8厘米（图二七一，3；图版二六，6）。

Ⅱ式　腹收稍急。2件。

标本G27②：19　泥质陶，红胎黑衣，陶衣部分脱落。尖圆唇，腹收较缓，平底。素面。口径19.3、底径10.4、高5.0厘米（图二七一，4；图版三四，3）。

标本G27②：15　泥质陶，红胎黑衣，陶衣基本脱落。圆唇，腹收较缓，平底。素面。口径20.7、底径10.8、高4.5厘米（图二七一，5；图版三四，2）。

Ab型　底径相对较小。共3件。

标本H37：37　残。夹砂灰陶。尖圆唇。斜腹微弧。腹收较急，腹深较小。素面。口径22.2、高3.9厘米（图二七一，6）。

标本G27③：9　泥质陶，红褐胎黑衣，陶衣局部脱落。尖圆唇，弧腹。腹收较急，小平底。素面。口径16.7、底径5.5、高4.8厘米（图二七一，7；图版二七，1）。

标本G27③：44　泥质灰陶。圆唇，弧腹。腹收较急，平底。素面。口径17.2、底径8.6、高4.0厘米（图二七一，8；图版二七，2）。

B型　弧腹近直。共5件。按底径相对大小，可分三亚型。

Ba型　底径相对较大。1件。

标本H37：11　泥质陶，红胎黑衣，陶衣部分脱落。圆唇。腹收稍缓，平底。素面。口径18.4、底径11.6、高4.2厘米（图二七一，9；图版二七，3）。

Bb型　底径相对较小。3件。可分二式。

Ⅰ式　腹深较小。1件。

标本H103：1　泥质陶，灰胎黑衣。方唇，腹收较急。平底。素面。口径19.8、底径10.8、高4.8厘米（图二七一，10；图版一八，5）。

Ⅱ式　腹深变大。1件。

标本G27③：13　夹砂陶，褐胎黑衣，陶衣大部分脱落。圆唇。腹收稍缓，平底。素面。口径18.6、底径10.8、高5.9厘米（图二七一，11；图版二七，4）。

Ⅲ式　腹深变小。1件。

标本H2：25　泥质陶，红胎黑衣，陶衣部分脱落。圆方唇。弧收稍急，平底。素面。口径18.4、底径9.2、高4.9厘米（图二七一，12；图版三四，4）。

Bc型　大平底，浅盘。1件。

标本H2：23　泥质灰陶。圆唇，弧深极小收稍缓，底微内凹。素面。口径20.7、底径18.3、高2.8厘米（图二七一，13；图版三四，5）。

敛口盘

敛口，共出土12件。按腹部特征差异，可分二型。

A型　弧腹。共6件。按底径相对大小，可分二亚型。

Aa型　底径相对较大。共4件。可分二式。

Ⅰ式　腹深较大。1件。

标本H1：3　泥质陶，褐胎黑衣。尖唇，腹收较缓，平底。素面。口径18.4、底径10.8、高4.8

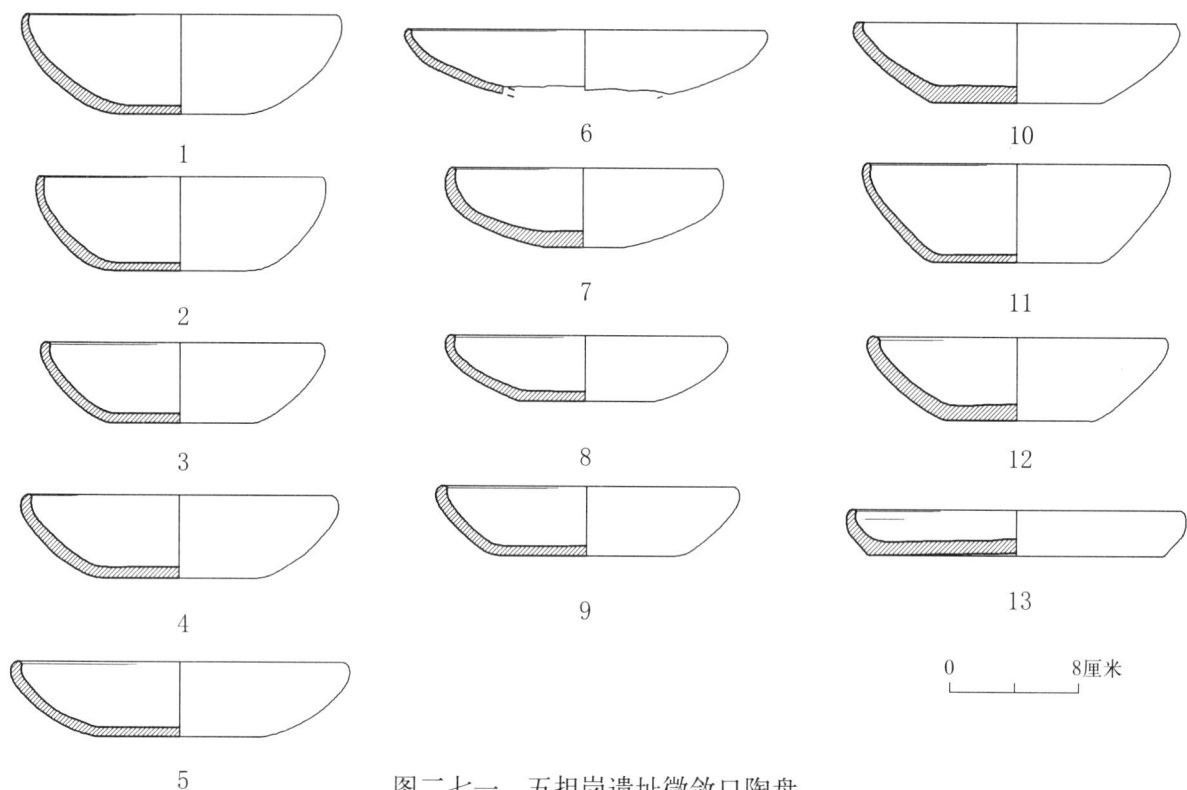

图二七一 五担岗遗址微敛口陶盘

1～3.Aa型Ⅰ式（H37：7、G27③：1、G27③：12） 4、5.Aa型Ⅱ式（G27②：19、G27②：15） 6～8.Ab型（H37：37、G27③：9、G27③：44） 9.Ba型（H37：11） 10.Bb型Ⅰ式（H103：1） 11.Bb型Ⅱ式（G27③：13） 12.Bb型Ⅲ式（H2：25） 13.Bc型（H2：23）

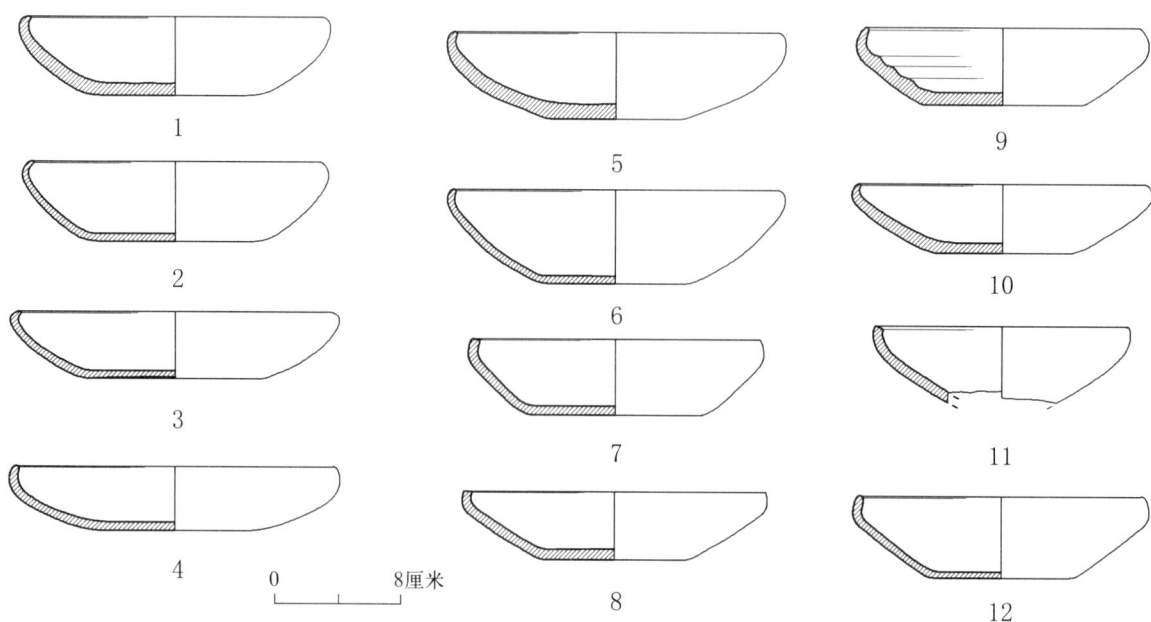

图二七二 五担岗遗址微敛口陶盘

1.Aa型Ⅰ式（H1：3） 2～4.Aa型Ⅱ式（G27②：28、G27②：9、G27②：36） 5.Ab型Ⅰ式（T17⑤：5） 6.Ab型Ⅱ式（G27②：27） 7～10.Ba型（G27③：16、G27②：13、G27②：41、T16③：1） 11.Bb型Ⅰ式（T32⑧：8） 12.Bb型Ⅱ式（G27③：10）

厘米（图二七二，1；图版二二，1）。

Ⅱ式　腹深变小。3件。

标本G27②：9　夹砂灰陶。尖唇，腹收较急，平底微内凹。素面。口径19.7、底径11.4、高4.5厘米（图二七二，3；图版三四，6）。

标本G27②：28　泥质陶，灰胎黑衣，器表磨光。尖圆唇，腹收较缓，平底。素面。口径18.2、底径11.2、高4.9厘米（图二七二，2；图版三五，1）。

标本G27②：36　泥质陶，红胎黑衣，陶衣局部脱落。圆唇，腹收较急，平底。素面。口径20.1、底径10.4、高3.8厘米（图二七二，4；图版三五，2）。

Ab型　底径相对较小。共2件。可分二式。

Ⅰ式　腹深稍大。1件。

标本T17⑤：5　泥质灰陶。尖圆唇，腹收较急，平底。素面。口径20.5、底径8.5、高5.2厘米（图二七二，5；图版一四，5）。

Ⅱ式　腹深变大。1件。

标本G27②：27　夹砂陶，红胎黑衣，陶衣大部分脱落。尖圆唇，腹深较大收较急，平底。素面。口径20.5、底径9.4、高5.6厘米（图二七二，6；图版三五，3）。

B型　弧腹近直。共6件。按底径相对大小，可分二亚型。

Ba型　底径相对较大。共4件。

标本G27③：16　夹砂陶，褐胎黑衣，陶衣部分脱落。方唇。腹深较大收较缓，平底。素面。口径17.8、底径11.0、高4.5厘米（图二七二，7；图版二七，5）。

标本G27②：13　泥质黑陶。方唇。腹深较小收较急，平底。素面。口径18.8、底径9.2、高4.0厘米（图二七二，8）。

标本G27②：41　泥质陶，灰胎黑衣。尖圆唇。腹深较大收较急，平底。器表光素，内壁面可见因轮旋形成的凸棱。口径17.2、底径10.4、高4.6厘米（图二七二，9；图版三五，4）。

标本T16③：1　泥质灰陶。尖圆唇。腹深较小收较急，平底。素面。口径18.0、底径8.7、高4.0厘米（图二七二，10；图版六二，6）。

Bb型　底径相对较小。共2件。可分二式。

Ⅰ式　腹深较大。1件。

标本T32⑧：8　残。夹砂灰陶。方唇。腹收较急。素面。口径15.8、高4.6厘米（图二七二，11）。

Ⅱ式　腹深变小。1件。

标本G27③：10　夹砂灰陶，局部橘红色。圆唇。腹收较急。素面。口径17.8、底径9.2、高4.8厘米（图二七二，12；图版二七，6）。

碗

出土数量较少，共5件。根据口部特征不同，可分二型。

A型　敞口。共4件。根据整体特征差异，可分三亚型。

Aa型　敞口较小。2件。可分二式。

Ⅰ式　弧腹收较急。1件。

标本F2：14　夹砂红褐陶。尖圆唇，腹微弧，腹深较大，平底。素面。口径12.0、底径4.5、高8.3厘米（图二七三，1；彩版一八，5）。

Ⅱ式　弧腹收较缓。1件。

标本H102：1　夹砂褐陶，局部黑色。敞口近直，圆唇，腹深较大，平底。素面。口径13.0、底径7.5、高9.0厘米（图二七三，2；图版一九，6）。

Ab型　大敞口。1件。

标本G27③：42　泥质红陶。圆唇，斜直腹，平底，素面。口径18.1、底径7.6、高7.4厘米（图二七三，3；图版二八，1）。

Ac型　圈足碗。1件。

标本G27③：19　泥质陶，红胎黑衣，器表磨光。敞口，尖唇，弧腹较深，璧形底。素面。口径22.6、底径12.3、高11.6厘米（图二七三，4；彩版二四，6）。

B型　敛口。1件。

标本H69②：1　夹砂黑褐陶。口微敛，圆方唇，弧腹较深微鼓，小平底。素面。口径18.6、底径9.8、高13.2厘米（图二七三，5；图版二二，2）。

瓿

1件。

标本G27②：8　泥质陶，红胎黑衣。敛口，圆唇，斜弧腹，平底。饰绳纹，上腹腹有两道刻划

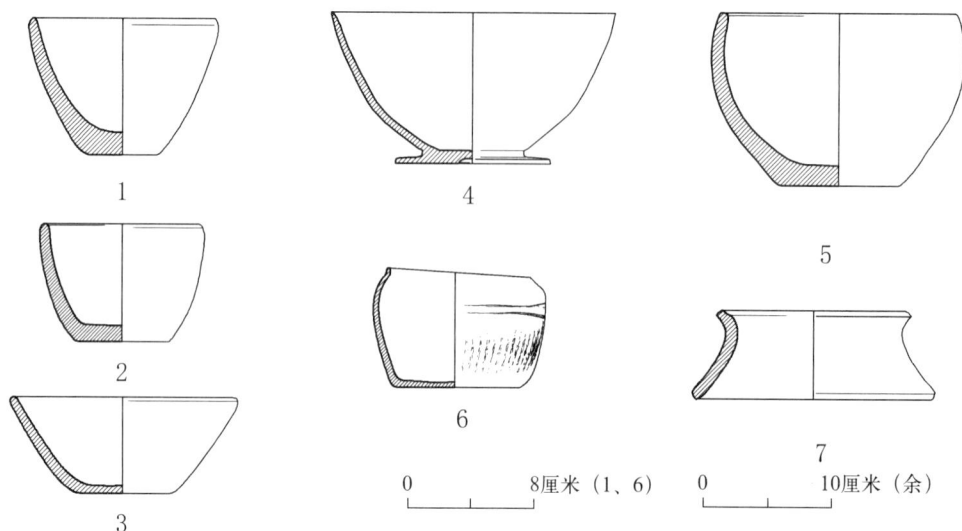

图二七三　五担岗遗址陶器

1.Aa型Ⅰ式碗（F2：14）　2.Aa型Ⅱ式碗（H102：1）　3.Ab型碗（G27③：42）　4.Ac型碗（G27③：19）
5.B型碗（H69②：1）　6.瓿（G27②：8）　7.器座（G27③：36）

浅槽。口径9.2、底径8.2、高7.4厘米（图二七三，6；图版三五，5）。

器座

1件。

标本G27③：36 泥质灰陶。方唇，器壁内弧，圈足外撇甚。素面。顶径15.4、底径19.4、高6.8厘米（图二七三，7）。

器盖

遗址出土一定数量的器盖，时代相对较早，共17件。陶质以泥质陶为主，所占比例为81%；其次为夹砂陶，所占比例为19%。纹饰上基本为素面与轮旋纹的组合，存在极少数绳纹。根据口部特征的差异，可分三型。

A型 敛口。共6件。按腹深大小差异，可分二亚型。

Aa型 腹深较大。5件。可分三式。

Ⅰ式 尖圆唇，盘腹微弧。1件。

标本T31⑨：8 残。泥质灰陶。捉手部分残缺，子母口。器表素面。口径15.2、高4.8厘米（图二七四，1）。

Ⅱ式 尖方唇，盘腹微鼓。3件。

标本H110：20 残。泥质灰陶，胎色发红。捉手部分残缺，子母口。器表素面。口径15.0、高5.3厘米（图二七四，2；图版一四，6）。

标本H111：1 残。泥质灰陶。捉手部分残缺，子母口。器表可见多道凸棱。口径16.6、高5.6厘米（图二七四，3；图版一五，1）。

标本T28③：1 残。泥质陶，灰胎黑衣。捉手残缺。子母口。器表素面，近口缘处贴塑圆形乳丁，内壁面可见多道因轮旋而成的凸棱。口径17.6、高5.5厘米（图二七四，4；图版一五，2）。

Ⅲ式 尖圆唇，盘腹微弧，盘口折角不明显。1件。

标本H31：2 残。泥质黑陶，器表磨光。素面。口径15.8、高3.3厘米（图二七四，5）。

Ab型 腹深相对较小。1件。

标本H108：10 残。泥质红陶。尖圆唇，素面。口径24.0、高3.0厘米（图二七四，6）。

B型 直口。2件。可分二式。

Ⅰ式 方唇。1件。

标本T32⑧：4 残。泥质红陶。直口较矮。素面。口径18.0、高2.7厘米（图二七四，7）。

Ⅱ式 尖唇。1件。

标本H59①：13 残。泥质黑陶，器表磨光。捉手部分残缺，尖唇，矮直口微敛。素面。口径20.4、高5.2厘米（图二七四，8）。

C型 敞口。9件。按捉手特征的差异，可分四亚型。

Ca型 捉手较小，顶部有明显凹陷。2件。可分二式。

Ⅰ式 腹深较大。1件。

标本H77：1 夹砂红陶。方唇，腹部内弧。素面。口径22.5、高8.5厘米（图二七四，9；图版一八，6）。

Ⅱ式 腹深变浅。1件。

标本H58：1 泥质黑陶。圆方唇，腹部微弧。素面。顶径4.0、口径16.0、高5.6厘米（图二七四，10）。

Cb型 捉手较大，顶部浅平。2件。可分二式。

Ⅰ式 腹深较大。1件。

标本H23：1 夹砂红陶。圆唇，器壁较厚，腹部内弧。素面。顶径6.8、口径16.5、高6.9厘米（图二七四，11）。

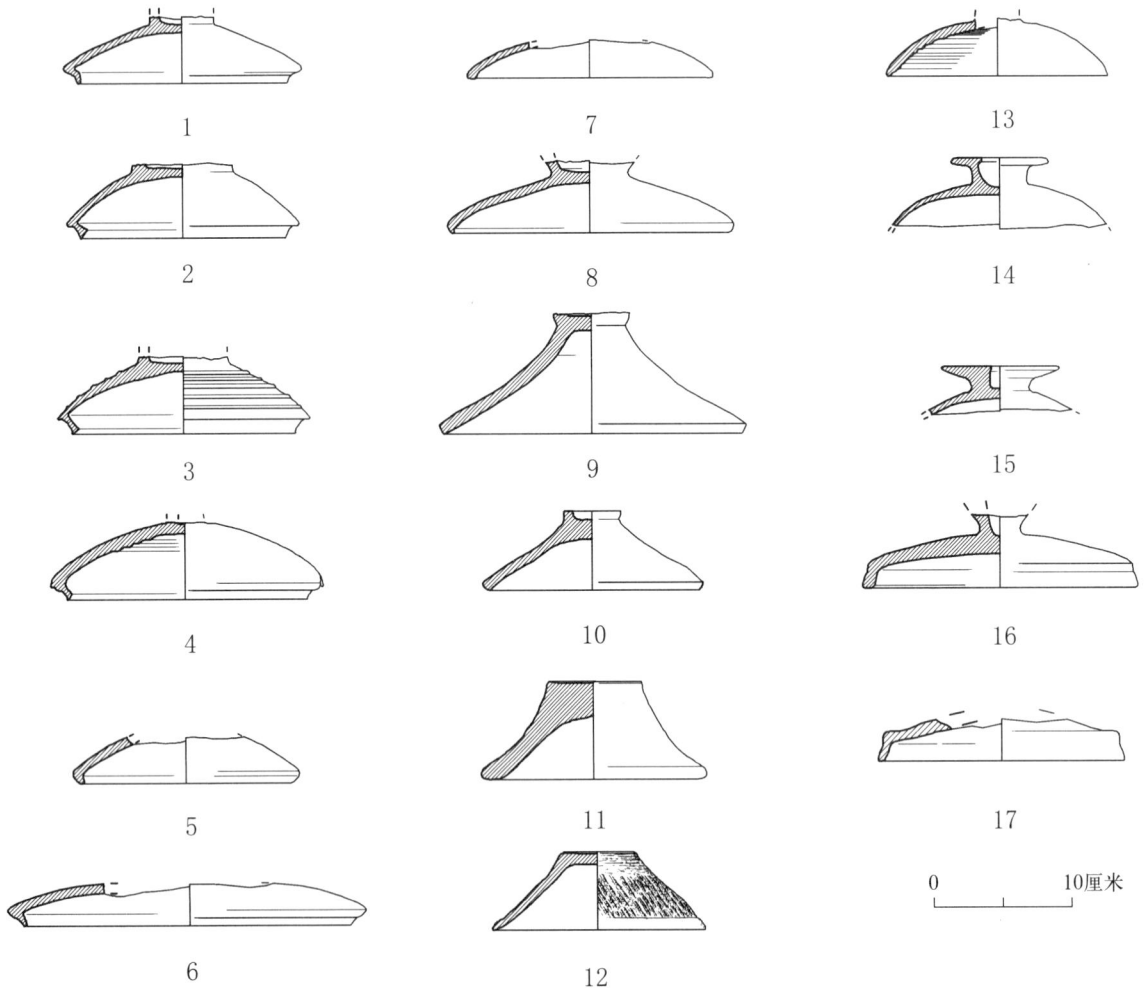

图二七四 五担岗遗址陶器盖

1.Aa型Ⅰ式（T31⑨：8） 2~4.Aa型Ⅱ式（H110：20、H111：1、T28③：1） 5.Aa型Ⅲ式（H31：2）
6.Ab型（H108：10） 7.B型Ⅰ式（T32⑧：4） 8.B型Ⅱ式（H59①：13） 9.Ca型Ⅰ式（H77：1）
10.Ca型Ⅱ式（H58：1） 11.Cb型Ⅰ式（H23：1） 12.Cb型Ⅱ式（T23④：8） 13、14.Cc型Ⅰ式（T32⑨：6、T32⑨：7） 15.Cc型Ⅱ式（H1：19） 16、17.Cd型（T32⑧：13、T32⑧：6）

Ⅱ式　腹深变浅。1件。

标本T23④：8　夹砂红陶。敞口，尖圆唇，斜腹。腹部饰粗绳纹。顶径5.5、口径15.6、高5.5厘米（图二七四，12）。

Cc型　捉手大多矮颈、出沿，腹较鼓。2件。可分二式。

Ⅰ式　腹深较大。2件。

标本T32⑨：6　残。泥质灰陶。尖圆唇，器表素面，内壁面可见多道因轮旋形成的凸棱。口径16.2、高5.6厘米（图二七四，13）。

标本T32⑨：7　残。泥质褐陶，器表磨光。素面。顶径7.2、高5.1厘米（图二七四，14）。

Ⅱ式　腹深变浅。1件。

标本H1：19　残。泥质灰陶。素面。顶径8.7、高3.7厘米（图二七四，15）。

Cd型　大浅盘，矮颈。2件。

标本T32⑧：13　残。泥质灰陶。捉手部分残缺。器表大部分光素，近底部有一周浅槽。口径20.0、高5.2厘米（图二七四，16）。

标本T32⑧：6　残。泥质灰陶。捉手残缺。素面，近底部有一周浅槽。口径18.0、高3.0厘米（图二七四，17）。

器耳

出土器耳数量较多，共20件。从形态上看，多为罐耳，也有其他器类的器耳。陶质上以夹砂陶为主，陶色多为灰色。耳部表面多光素，个别会饰绳纹。按耳的形态差异，可分二型。

A型　盲耳，均为横錾耳。共3件。可分二亚型。

Aa型　平面长方形，出沿较窄。2件。

标本H73：7　夹砂红陶。素面。高4.4厘米（图二七五，1）。

标本H100①：9　夹砂红陶。饰间断绳纹，耳素面。高8.0厘米（图二七五，2）。

Ab型　平面半月形，出沿较宽。1件。

标本F2：23　夹砂红陶。素面。高5.7厘米（图二七五，3）。

B型　耳有穿孔。共17件。按器耳形态差异，可分四亚型。

Ba型　环耳。共9件。

标本G27②：82　泥质灰陶。饰绳纹，耳素面。高7.5厘米（图二七五，4）。

标本H1：20　夹砂红陶。耳饰绳纹。高9.2厘米（图二七五，5）。

标本H2：32　泥质灰陶。饰间断绳纹，耳素面。高12.5厘米（图二七五，6）。

标本H2：46　泥质灰陶。素面。高8.3厘米（图二七五，7）。

标本H2：55　泥质灰陶。耳饰绳纹。高6.6厘米（图二七五，8）。

标本H2：56　泥质灰陶。素面。高6.8厘米（图二七五，9）。

标本H37：13　泥质灰陶。素面。高5.6厘米（图二七五，10）。

标本H37：45　泥质灰陶。饰绳纹。高6.9厘米（图二七五，11）。

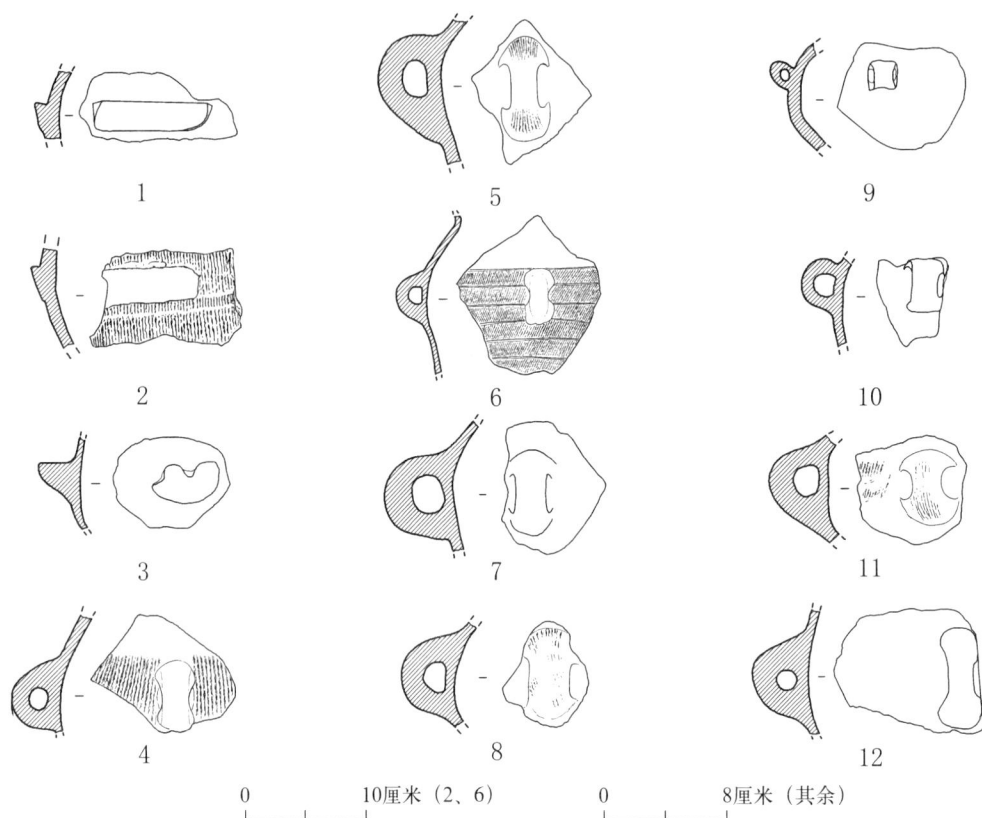

图二七五　五担岗遗址陶器器耳

1、2.Aa型（H73：7、H100①：9）　3.Ab型（F2：23）　4～12.Ba型（G27②：82、H1：20、H2：32、H2：46、
H2：55、H2：56、H37：13、H37：45、H69①：33）

　　标本H69①：33　夹砂红陶。素面。高7.9厘米（图二七五，12）。

　　Bb型　桥形耳。共6件。

　　标本G27②：80　泥质灰陶。素面。高6.0厘米（图二七六，1）。

　　标本G27②：81　泥质黑陶。饰间断绳纹，耳素面。高10.9厘米（图二七六，2）。

　　标本G27②：83　泥质灰陶。饰间断绳纹，耳素面。高7.0厘米（图二七六，3）。

　　标本G27②：91　夹砂灰陶。饰绳纹，耳素面。高8.9厘米（图二七六，4）。

　　标本H2：57　泥质红陶。耳穿孔较小。饰绳纹，耳素面。高8.6厘米（图二七六，5）。

　　标本T07③：2　夹砂褐陶。耳素面，耳旁贴塑二乳钉，其他位置光素。高6.8厘米（图
二七六，6）。

　　Bc型　扁宽耳。1件。

　　标本T07④：6　夹砂红陶。耳穿孔较小。饰绳纹，耳素面。高5.6厘米（图二七六，7）。

　　Bd型　不规则耳。1件。

　　标本F2：22　夹砂褐陶。耳旁贴塑乳钉。耳上部贴塑附加堆纹泥条，下部饰绳纹。高8.2厘米
（图二七六，8）。

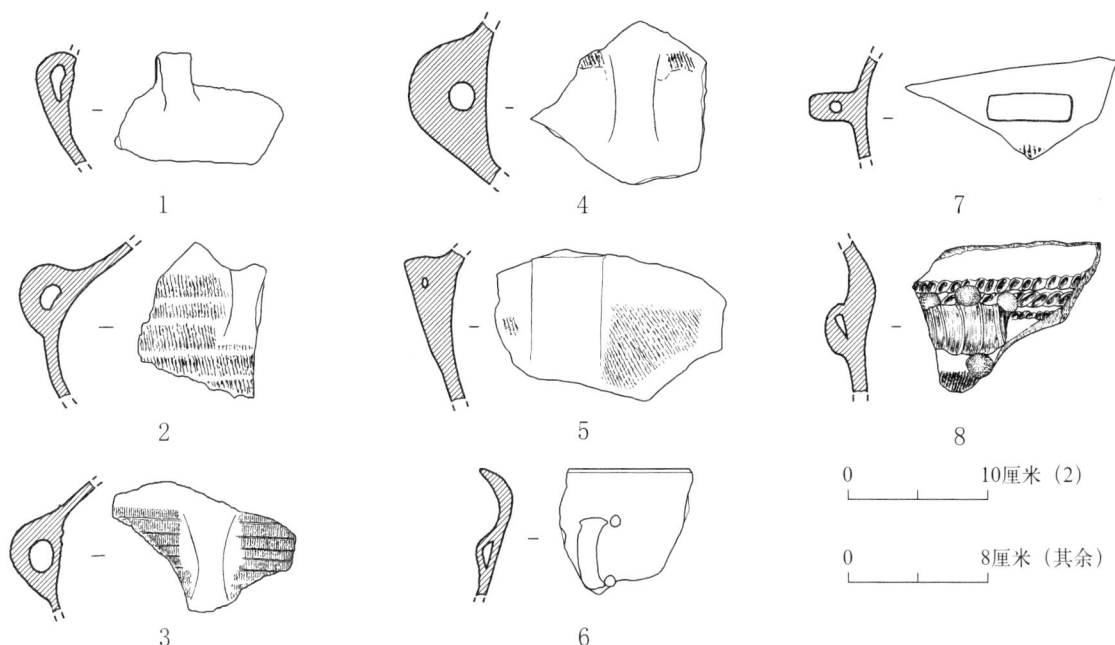

图二七六　五担岗遗址陶器器耳

1~6.Bb型（G27②：80、G27②：81、G27②：83、G27②：91、H2：57、T07③：2）　7.Bc型（T07④：6）
8.Bd型（F2：22）

窝形器

2件。

标本H7：2　泥质红陶。敛口，尖唇，鼓腹，圜底近平。素面。口径3.2、高3.0厘米（图二三五，5；彩版二二，3）。

标本H89：4　泥质红陶。侈口，厚圆唇，弧腹，圜底。素面。口径3.3、高1.9厘米（图二三五，4；图版一五，3）。

器流

1件。

标本T17④：4　泥质灰陶。素面。残长7.0厘米（图二三五，6）。

拍

出土数量较少，共14件。陶质均为夹砂陶，表面多有刻槽。根据整体形态差异，可分为六型。

A型　平面椭圆形。共4件。

标本T11⑥：1　夹砂红陶。纵剖面呈中间略鼓的长条形。一面饰横、竖线条构成的刻划方格纹，一面饰刻划叶脉纹。长9.0、宽7.5、厚1.3厘米（图二七七，1；图版一五，4）。

标本T11⑥：2　残。夹砂褐陶。纵剖面呈中间略厚的圆角长方形。一面饰横竖相交的刻划方格纹，一面饰十列戳印的米粒纹。残长6.2、宽7.6、厚1.5厘米（图二七七，2；图版一五，5）。

标本G27③：71　残。夹砂红陶。纵剖面呈中间略厚的圆角长方形。一面饰刻划叶脉纹，一面素面。长10.3、宽7.9、厚1.5厘米（图二七七，3；图版二八，2）。

标本H87：4　残。夹砂褐陶。纵剖面呈中间略鼓的长条形。两面均饰网纹。残长5.2、宽3.4、厚1.7厘米（图二七七，4）。

B型　平面圆角方形。共4件。

标本T19④：1　夹砂褐陶。纵剖面呈扁条形，一面微鼓，一面较平。两面均饰交错刻划方格纹。长7.7、宽5.9、厚1.7厘米（图二七七，5）。

标本G27③：28　夹砂红褐陶。纵剖面呈一面内凹的扁条形。一面饰有横、竖线条构成的网纹，一面素面。长8.2、宽6.4、厚1.5厘米（图二七七，6；图版二八，3）。

标本H2：11　残。夹砂红陶。纵剖面呈扁方形。两面均饰交错刻划纹。残长5.1、宽6.0、厚2.1厘米（图二七七，7）。

标本G27③：47　残。泥质褐陶。纵剖面呈扁条形。一面饰横竖相交的刻划纹，一面素面。长5.4、宽4.8、厚0.8厘米（图二七七，8；图版二八，4）。

C型　平面近长方形。共2件。

标本G27②：6　夹砂褐陶。纵剖面呈长条形。正反两面均饰刻划叶脉纹。长9.0、宽5.8、厚1.6厘米（图二七七，9；图版四四，4）。

标本H37：60　残。夹砂褐陶。纵剖面呈中间厚的圆角长方形。正反两面均饰网纹和指捺纹相间的纹饰。长6.4、宽4.1、厚1.9厘米（图二七七，10）。

D型　平面梯形。1件。

标本H69①：23　残。夹砂红陶。纵剖面呈圆角长方形。一面饰刻划曲折纹，一面素面。残长5.5、宽6.0、厚2.0厘米（图二七七，11）。

E型　平面圆形。1件。

标本H69①：44　残。夹砂红陶。纵剖面呈内凹的圆角扁条形。一面饰刻划曲折纹，一面素面。直径10.8、厚1.2厘米（图二七七，12）。

F型　平面圆角梯形，环耳。1件。

标本H37：2　夹砂褐陶。素面。残长8.0、宽4.8厘米（图二七七，13；图版二八，5）。

G型　拍首圆形，长柄。1件。

标本T23④：7　残。夹砂灰陶。素面。直径9.3、高6.5厘米（图二七七，14；彩版二〇，6）。

垫

1件。

标本H73：2　夹砂红褐陶。圆饼状。素面。直径11.9、厚1.3厘米（图二七七，15；图版一五，6）。

纺轮

共出土14件。根据整体形态的差别，可分二型。

A型　算珠形。共8件。平面基本呈圆形，侧缘外凸起棱呈算珠状。按剖面形态的差异，可分二亚型。

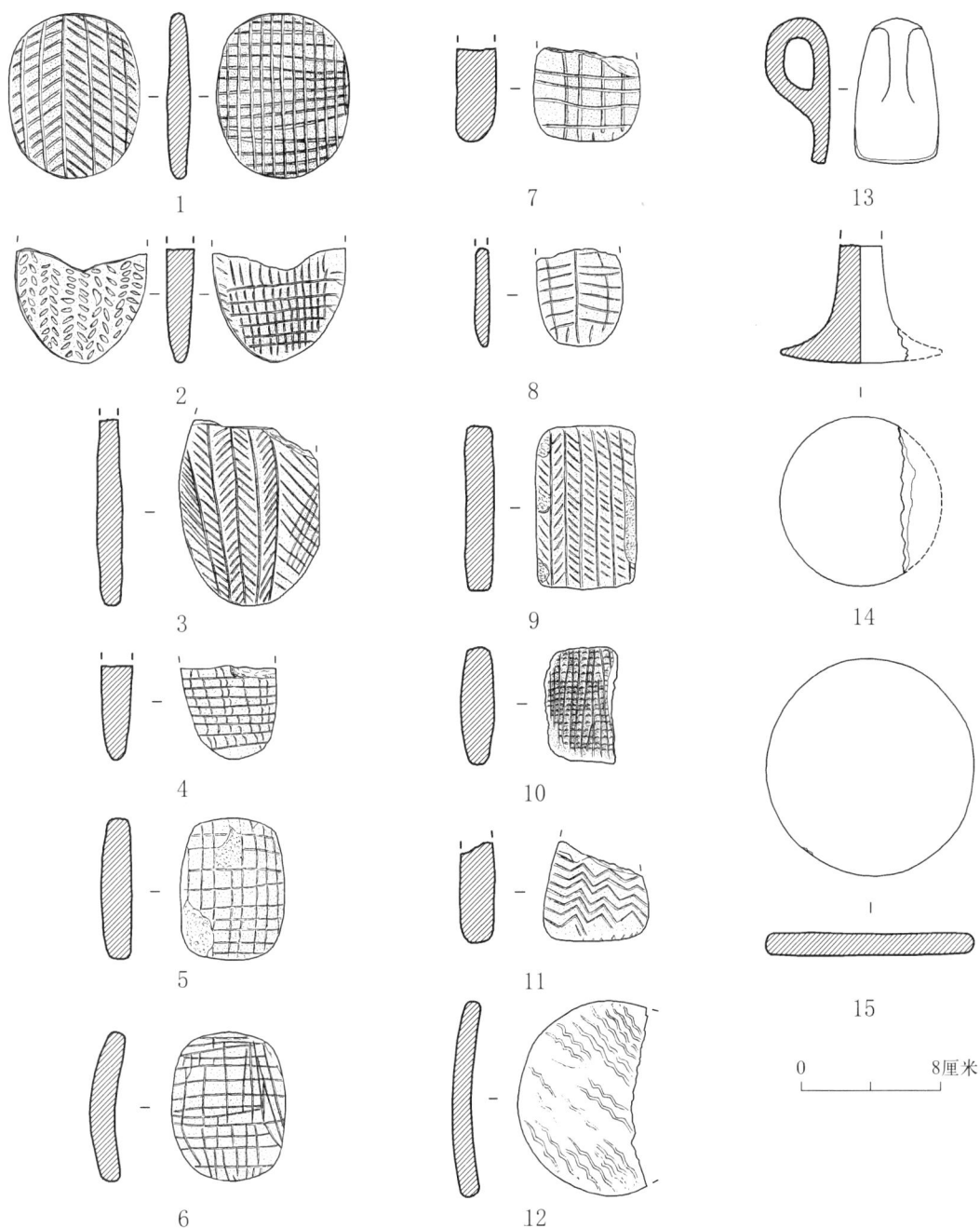

图二七七　五担岗遗址陶器

1~4.A型拍（T11⑥：1、T11⑥：2、G27③：71、H87：4）　5~8.B型拍（T19④：1、G27③：28、H2：11、
G27③：47）　9、10.C型拍（G27②：6、H37：60）　11.D型拍（H69①：23）　12.E型拍（H69①：44）
13.F型拍（H37：2）　14.G型拍（T23④：7）　15.垫（H73：2）

Aa型　上、下两面平直。较厚。共4件。

标本F2：13　泥质红陶。穿孔较大。素面。直径3.6、厚2.4、孔径0.7厘米（图二七八，1；图
版六三，1）。

标本H87：1　夹砂褐陶。穿孔较小。素面。直径3.1、厚1.8、孔径0.2厘米（图二七八，2；图

版六三，2）。

标本H87：5　泥质黑陶。近圆形，穿孔较大。素面。最大径4.2、厚2.3、孔径0.6厘米（图二七八，3；图版六三，3）。

标本H118：1　泥质红陶。穿孔较大。侧缘表面可见刮痕。直径3.1、厚2.1、孔径0.4厘米（图二七八，4；图版六三，4）。

Ab型　上、下两面平直，剖面厚较小。1件。

标本T23④：2　泥质红陶。穿孔较大。素面。直径4.8、厚1.4、孔径0.6厘米（图二七八，5；图版六三，5）。

Ac型　上、下两面内凹。共3件。

标本G27③：5　夹砂红褐陶。穿孔较大。素面。直径3.0、厚1.6、孔径0.4厘米（图二七八，6；图版六三，6）。

标本H2：13　泥质红陶。穿孔较大。素面。直径3.9、厚2.3、孔径0.5厘米（图二七八，7；图版四四，5）。

标本T33⑦：5　夹细砂红陶。穿孔较小。素面。直径5.0、厚3.0、孔径0.4厘米（图二七八，8；图版六三，7）。

B型　圆饼状，上、下两面较平直，剖面呈扁长条形。共6件。

标本H27：2　夹砂褐陶。边缘竖直，部分残缺。穿孔较大。素面。直径3.1、厚1.0、孔径0.3～0.4厘米（图二七八，9；图版六三，8）。

标本H52：3　泥质红陶。残。边缘圆钝。穿孔较大。素面。直径4.1、厚0.8、孔径0.4～0.5厘米（图二七八，10）。

标本H52：6　夹砂红陶。平面部分缺损。边缘竖直。穿孔较大，对钻。素面。直径5.0、厚1.0、孔径0.6～1.0厘米（图二七八，11）。

标本H2：12　泥质红陶。边缘圆钝。上、下两面均饰一圈半圆形指捺纹。直径4.8、厚1.0、孔径0.9厘米（图二七八，12；图版四四，6）。

标本H41：2　夹砂红陶。边缘竖直。穿孔较大，对钻。一面饰绳纹，一面素面。直径3.1、厚0.8、孔径0.3～1.2厘米（图二七八，13）。

标本H93：1　泥质黑陶。边缘竖直，局部圆钝。穿孔较大，对钻。一面饰间断绳纹，一面素面。应为碎陶片打磨而成。直径3.6、厚0.6、孔径0.5～0.7厘米（图二七八，14；图版六三，9）。

球

出土2件。

标本H94②：1　泥质红陶。椭圆球形。最大径4.8厘米（图二七八，15；彩版二一，5）。

标本T08③：2　泥质红陶。椭圆球形。最大径6.2厘米（图二七八，16）。

网坠

共出土26件。根据整体形态差异，可分四型。

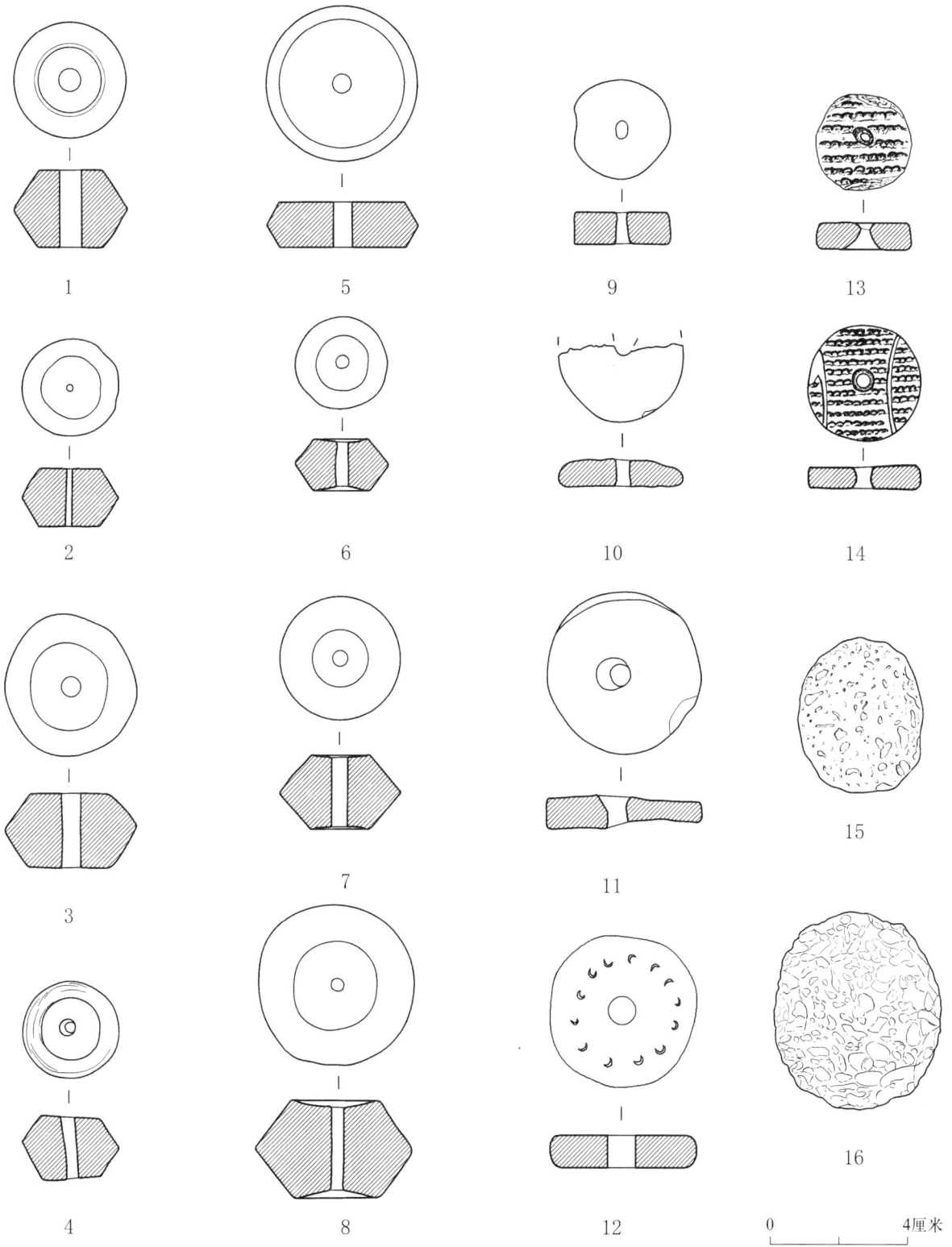

图二七八 五担岗遗址陶器

1~4.Aa型纺轮（F2：13、H87：1、H87：5、H118：1） 5.Ab型纺轮（T23④：2） 6~8.Ac型纺轮（G27③：5、
H2：13、T33⑦：5） 9~14.B型纺轮（H27：2、H52：3、H52：6、H2：12、H41：2、H93：1） 15、16.球
（H94②：1、T08③：2）

A型　个体较大。均为双槽，深凹面。共14件。按平面形态不同，可分二亚型。

Aa型　两端圆头，侧壁圆鼓，侧壁近两端处各有一道纵凹槽。共8件。

标本G27②：3　夹砂红褐陶。素体。长5.8、宽3.8、厚2.4厘米（图二七九，1）。

标本H2：1　泥质红褐陶。素体。长8.1、宽4.0、厚3.0厘米（图二七九，2）。

标本H2：3　泥质红褐陶。素体。长8.3、宽4.4、厚3.3厘米（图二七九，3）。

标本H2：31　泥质红陶。素体。长7.4、宽4.1、厚2.8厘米（图二七九，4；图版六三，12）。

标本H2：5　泥质红陶。素体。长7.1、宽4.3、厚2.9厘米（图二七九，5）。

标本H2：8　泥质红陶。素体。长6.8、宽4.4、厚3.2厘米（图二七九，6）。

标本H2：10　残。泥质红陶。素体。残长6.4、宽5.0、厚3.4厘米（图二七九，7）。

标本F2：8　残。泥质红陶。素体。残长3.6、宽2.5、厚1.2厘米（图二七九，8）。

Ab型　两端平，两侧壁较直，侧壁近两端处各有一道纵凹槽。共6件。

标本H2：4　泥质红陶。素体。高6.2、宽4.6、厚2.7厘米（图二七九，9）。

标本H2：33　泥质红陶。素体。高7.1、宽4.8、厚3.4厘米（图二七九，10）。

标本H66②：1　泥质红陶。素体。高7.0、宽4.2、厚2.0厘米（图二七九，11；图版六四，1）。

标本H2：6　泥质红陶。素体。长7.6、宽4.6、厚3.3厘米（图二七九，13；图版六四，2）。

标本H2：7　泥质红褐陶。素体。长7.0、宽3.9、厚3.2厘米（图二七九，12；图版六四，3）。

标本H2：9　泥质红陶。残。素体。残长4.9、宽4.2、厚2.5厘米（图二七九，14）。

B型　平面圆形或椭圆形，周圈有凹槽。共3件。按剖面形态差异，可分为二亚型。

Ba型　相对较薄。2件。

标本H66①：2　泥质红陶。平面椭圆形。素体。直径2.6~3.2、厚1.9厘米（图二八〇，1；图版一九，1）。

标本T07②：1　泥质红陶。平面圆形。局部残损。素体。直径2.9、厚1.3厘米（图二八〇，2；图版六四，4）。

Bb型　相对较厚。1件。

标本H2：29　泥质黑陶。平面椭圆形。素体。直径3.2~4.1、厚3.0厘米（图二八〇，3；图版六四，5）。

C型　平面长扁圆形。共7件。按平面形态差异，可分二亚型。

Ca型　两端较圆钝。共3件。

标本F2：10　泥质红陶。素体。长3.4、宽1.5、厚0.7厘米（图二八〇，4）。

标本T30⑤：3　泥质红陶。素体。长2.5、宽1.2、厚0.6厘米（图二八〇，5）。

标本T33⑤：1　泥质红陶。素体。长2.1、宽0.8、厚0.4厘米（图二八〇，6）。

Cb型　两端较尖。共4件。

标本T33⑦：3　泥质红陶。素体。长2.3、宽0.75、厚0.45厘米（图二八〇，7；图版二〇，4）。

标本H87：3　泥质红陶。素体。长2.1、宽0.7、厚0.45厘米（图二八〇，8）。

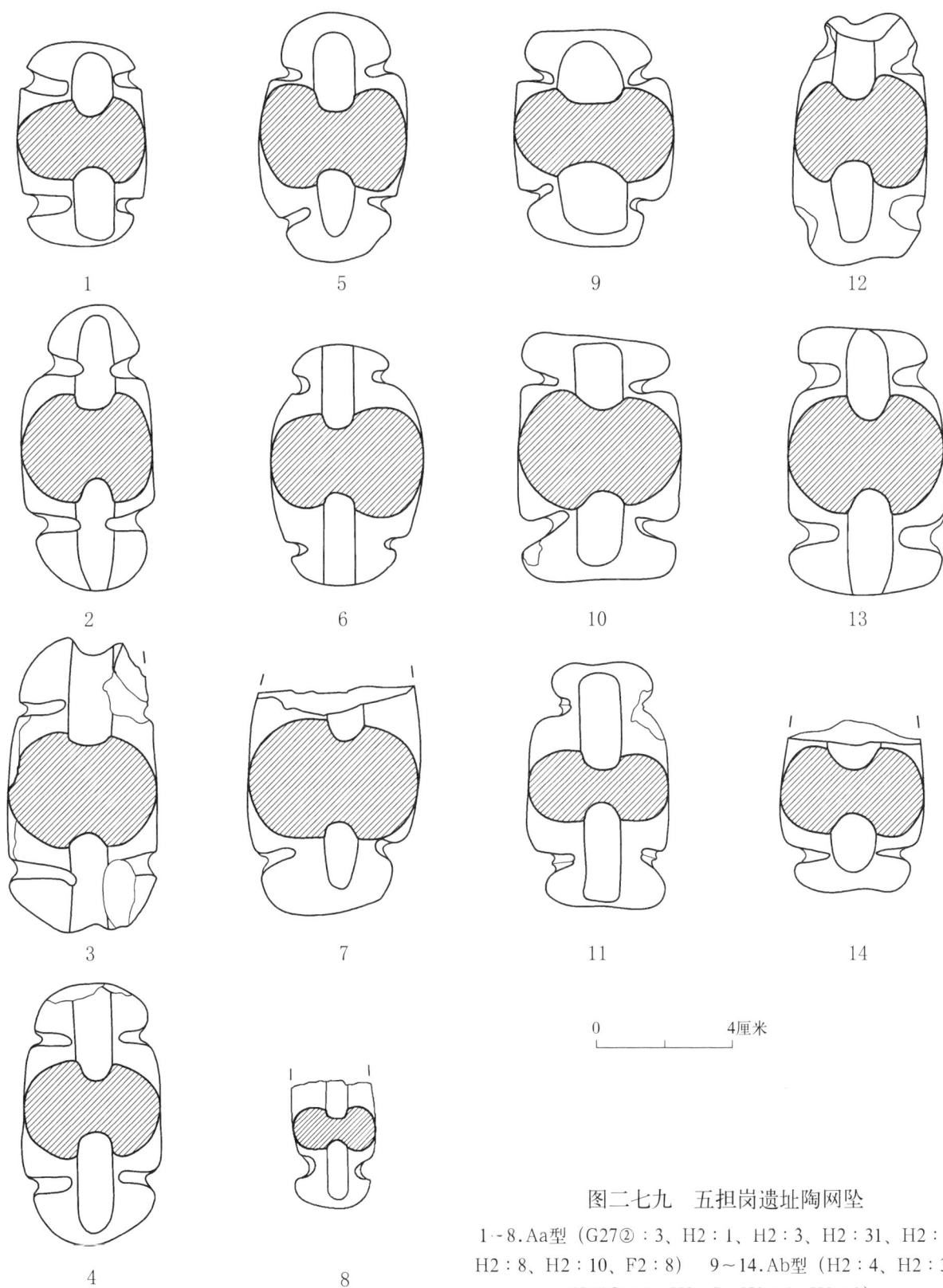

图二七九　五担岗遗址陶网坠

1~8.Aa型（G27②：3、H2：1、H2：3、H2：31、H2：5、H2：8、H2：10、F2：8）　9~14.Ab型（H2：4、H2：33、H66②：1、H2：7、H2：6、H2：9）

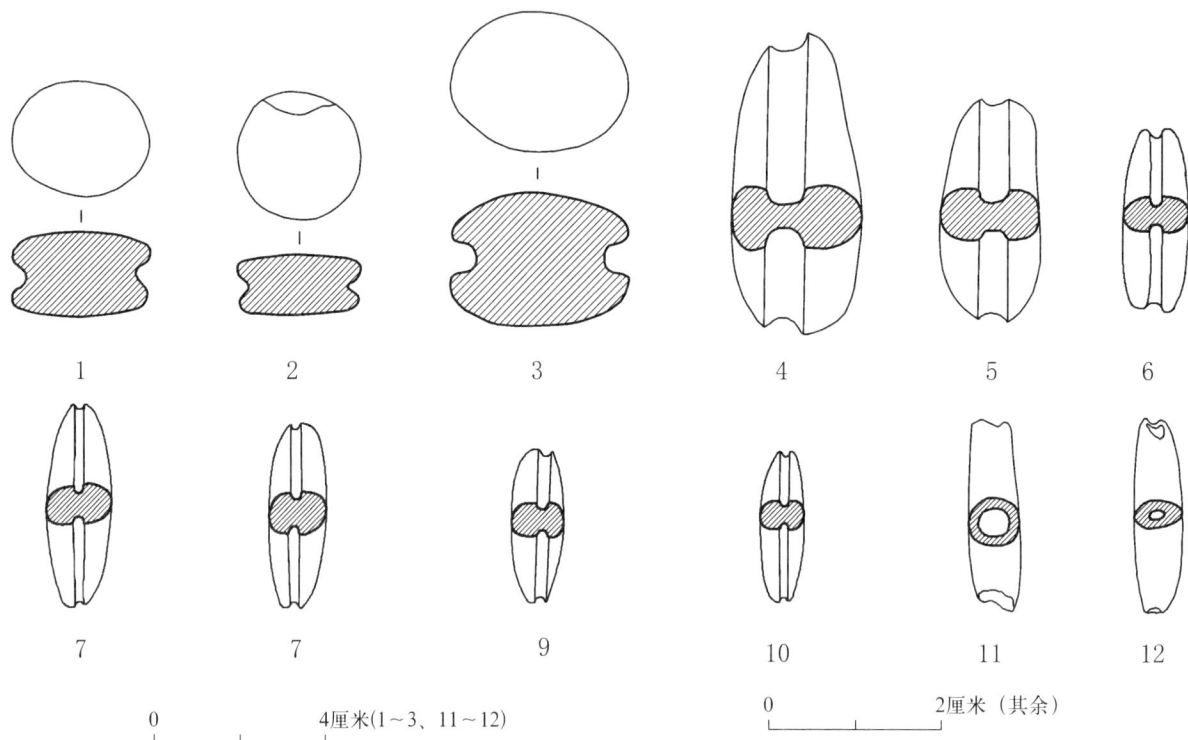

图二八○　五担岗遗址陶网坠

1~3.Ba型（H66①：2、T07②：1）　2.Bb型（H2：29）　4~6.Ca型（F2：10、T30⑤：3、T33⑤：1）
7~10.Cb型（T33⑦：3、H87：3、H87：15、H87：16）　11、12.D型（T33⑦：1、T33⑦：8）

标本H87：15　泥质红陶。素体。长1.7、宽0.6、厚0.4厘米（图二八○，9）。

标本H87：16　泥质红陶。素体。长1.7、宽0.5、厚0.3厘米（图二八○，10）。

D型　中间穿孔。共2件。

标本T33⑦：1　夹砂红陶。两端相对较平。穿孔较大。素体。长4.3、孔径0.7厘米（图二八○，11；图版二○，5）。

标本T33⑦：8　夹砂细红陶。两端相对较尖。穿孔较大。素体。长4.4、孔径0.2~0.35厘米（图二八○，12）。

圆陶片

出土数量较多，共27件。形制相对单一，平面多呈圆形，剖面多为扁长方形。陶质以泥质为主，少数夹细砂。部分圆陶片周边有凹槽，暂时未探明是何用途。按圆陶片周边是否有凹槽，可分二型。

A型　圆饼状，周圈有凹槽。共11件。

标本F2：6　泥质红陶。局部残缺。一面饰半月形指捺纹，一面素面。直径4.4、厚1.1厘米（图二八一，1）。

标本F2：11　泥质红陶。上、下两面均饰有漩涡状纹饰。直径4.3、厚1.8厘米（图二八一，2；图版一九，2）。

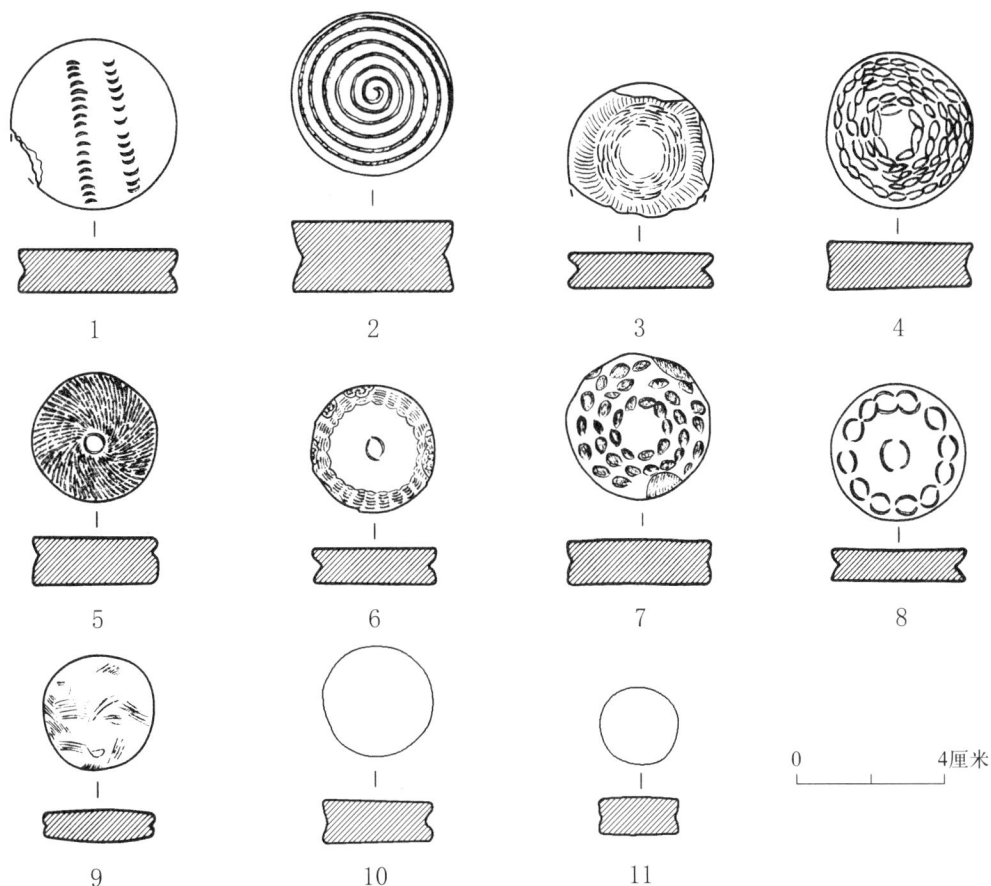

图二八一　五担岗遗址圆陶片

1~11.A型（F2：6、F2：11、H46：4、H48：2、H48：3、H52：5、T08③：1、T29②：2、T18⑥：5、H48：1、H89：6）

标本H46：4　泥质红陶。部分残缺。一面饰半月形指捺纹，一面素面。直径3.9、厚0.9厘米（图二八一，3；图版一九，3）。

标本H48：1　泥质红陶，胎质坚硬。素面。直径2.9、厚1.1厘米（图二八一，10）。

标本H48：2　泥质红陶。上、下两面均饰多圈对称半月形指捺纹纹。最大径4.0、厚1.2厘米（图二八一，4）。

标本H48：3　泥质灰陶。上、下两面均饰以圆心为旋转中心的羽状涡纹。直径3.4、厚1.2厘米（图二八一，5；图版六五，6、7）。

标本H52：5　泥质红陶。一面边缘饰多圈半月形指捺纹，近中心部位饰对称指捺纹，另一面素面。直径3.3、厚0.9厘米（图二八一，6）。

标本H89：6　泥质红陶。素面。直径2.1、厚1.0厘米（图二八一，11）。

标本T08③：1　泥质红陶。两面均饰半月形对称指捺纹。直径3.8、厚1.1厘米（图二八一，7；图版二〇，6）。

标本T18⑥：5　泥质褐陶。一面饰刻划纹，一面素面。直径3.0、厚0.8厘米（图二八一，9）。

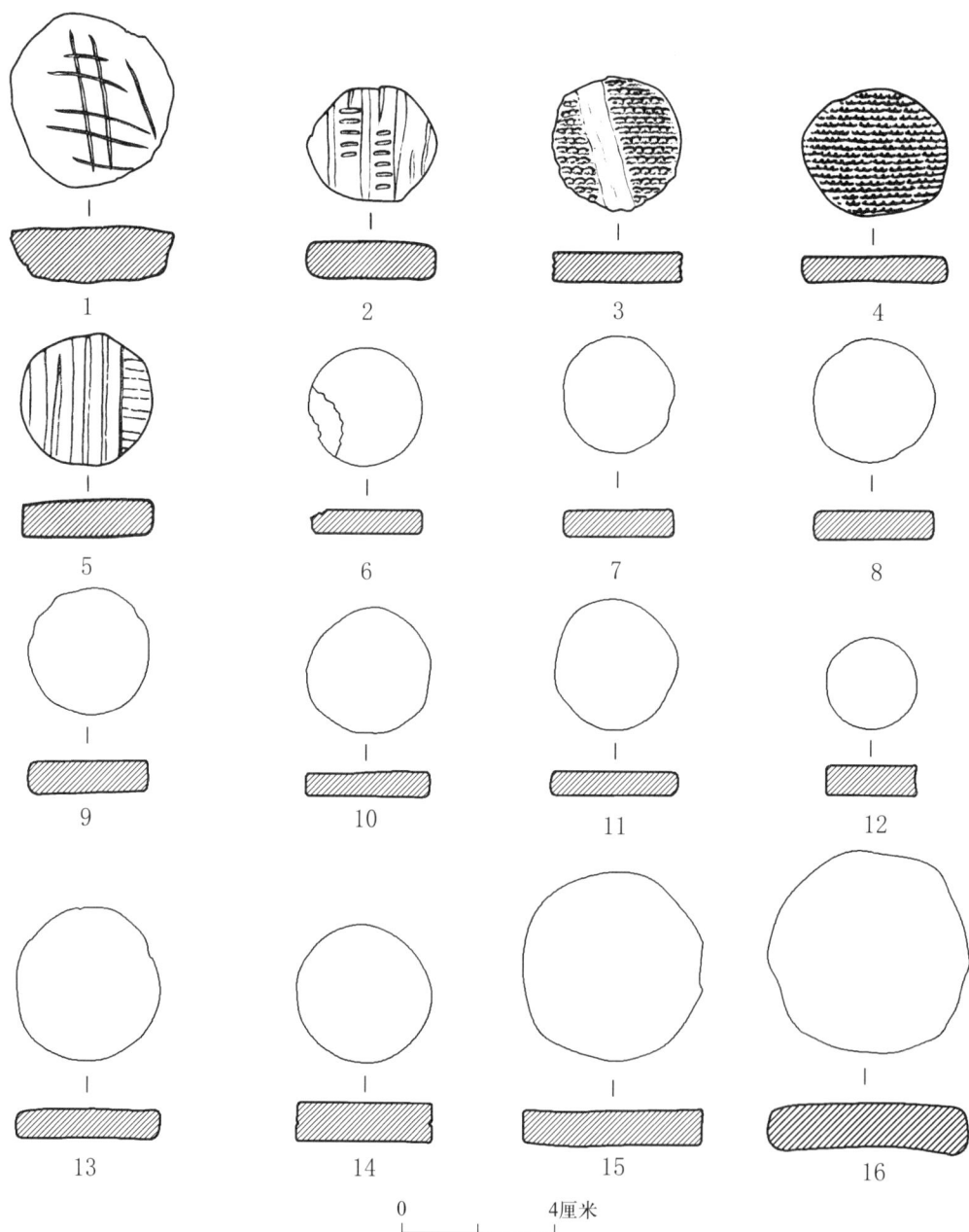

图二八二　五担岗遗址圆陶片

1～16.B型（G27③：46、H2：22、H15：1、H79：1、T24⑤：7、F2：12、G27②：2、G27②：93、
G27②：94、H37：8、T31⑨：1、T29②：1、H2：23、H89：8、T24⑤：8、T32⑧：11）

标本T29②：2　泥质红陶，胎质较硬。一面边缘饰一周对称半月形指捺纹，近中心处饰对称指捺纹，另一面素面。直径3.7、厚0.8厘米（图二八一，8；图版六五，4、5）。

B型　圆饼状，周圈无凹槽。共16件。

标本G27③：46　夹砂红陶。边缘不规则。一面饰刻划网纹，一面素面。最大径4.4、厚1.4厘米（图二八二，1）。

标本H2：22　泥质红陶。边缘圆钝。一面饰梯格纹，一面素面。最大径3.4、厚1.0厘米（图二八二，2）。

标本H15：1　夹砂红陶。边缘略内曲，局部存在凸棱。一面饰间断绳纹，一面素面。直径3.4、厚0.8厘米（图二八二，3）。

标本H79：1　泥质红陶。边缘圆钝。一面饰绳纹，一面素面。直径3.8、厚0.7厘米（图二八二，4）。

标本T24⑤：7　泥质灰陶。边缘竖直。一面饰多道弦纹，一面素面。直径3.4、厚1.0厘米（图二八二，5）。

标本F2：12　泥质红陶。局部残损。边缘竖直。素面。直径2.9、厚0.6厘米（图二八二，6）。

标本G27②：2　夹砂红陶。边缘竖直。素面。直径2.9、厚0.6厘米（图二八二，7）。

标本G27②：93　夹砂红陶。边缘竖直。素面。直径3.1、厚0.7厘米（图二八二，8）。

标本G27②：94　夹砂红陶。边缘竖直，局部圆钝。素面。直径3.2、厚0.8厘米（图二八二，9）。

标本H37：8　夹砂陶，灰胎黑衣。边缘竖直。素面。直径3.3、厚0.6厘米（图二八二，10）。

标本T31⑨：1　泥质陶，红胎黑衣。一面稍鼓，一面内凹。素面。直径3.4、厚0.6厘米（图二八二，11）。

标本T29②：1　泥质灰褐陶。边缘圆钝。素面。直径2.3、厚0.8（图二八二，12）。

标本H2：23　泥质红陶。边缘竖直，局部内凹。素面。直径3.9、厚0.8厘米（图二八二，13）。

标本H89：8　泥质红陶。边缘圆钝。素面。直径3.5、厚1.0厘米（图二八二，14）。

标本T24⑤：8　泥质红陶。边缘竖直，局部内凹。素面。直径4.8、厚0.9厘米（图二八二，15）。

标本T32⑧：11　夹砂红陶。两面均部平整。素面。直径5.4、厚1.1厘米（图二八二，16）。

陶饰

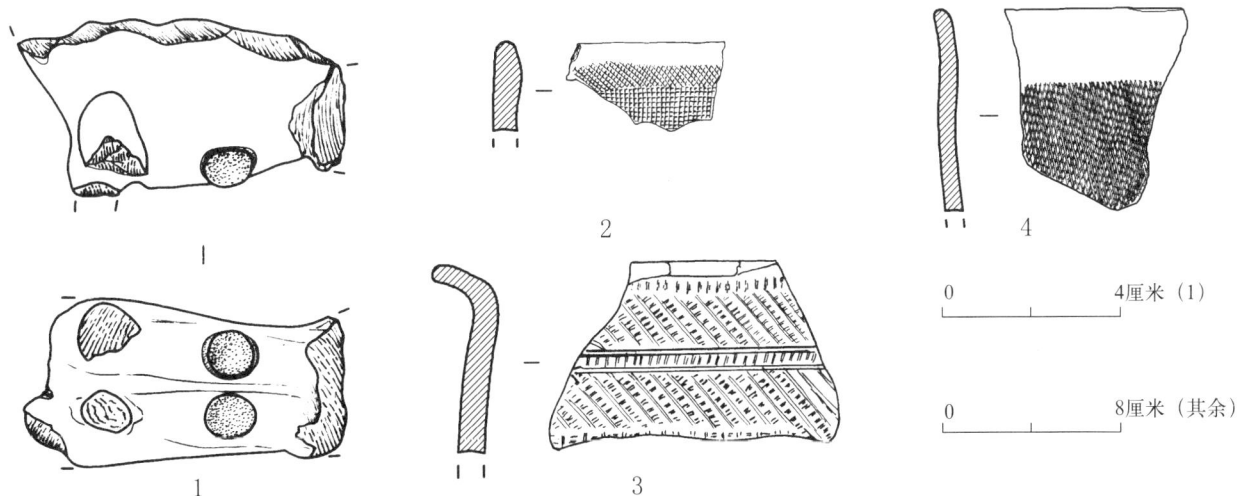

图二八三　五担岗遗址陶器

1.饰品（F2：26）　　2~4.口沿（G27②：85、H110：17、T33⑤：4）

1件。

标本F2：26　残。泥质红陶。长7.2、宽3.6、高3.7厘米（图二八三，1）。

除此之外，遗址出土了一些比较典型的陶口沿，未分型式，介绍如下。

标本G27②：85　残。夹砂褐陶。圆唇。饰方格纹。高3.8厘米（图二八三，2）。

标本H110：17　残。泥质红陶。圆方唇，溜肩。饰梯格纹。高8.0厘米（图二八三，3）。

标本T33⑤：4　残。夹砂红陶。圆唇。饰网纹。高8.6厘米（图二八三，4）。

第三节　典型遗迹—J1

J1位于遗址东南部，分布于T26、T27、T37和T38等四个探方（图四；图一七；彩版八，1），出土大量以陶器为主的文化遗物。

一、叠压、打破关系

遗址东南部受近现代农作活动破坏较大，地层堆积较薄，所见遗迹较少。

第①层：耕土层。土质较软、黄褐色土，厚0.2～0.4米。该层叠压J1。

第①层以下为生土。

J1被近现代遗迹G6打破。

二、结构、堆积及出土遗物

从J1最初清理的平面来看，水井是由井口坑（J1K）和井圈（J1Q）两部分组成（图二八四；彩版八，1）。井口坑开口平面近圆形，井圈亦是由花岗岩石块堆砌成圆形。开口平面近圆形，最大径13.5米。在挖掘过程中，考虑到实际的安全问题，我们并未采取事先挖掘井圈内部堆积再挖掘井口坑堆积的方法，而是采取对半解剖的方式进行发掘。在距井口1.2（图二八五；图版八，1）、4.2（图二八六）、6.4（图二八七；图版八，2）、8.2（图二八八；图版九，1）、9.0（图二八九，图版九，2）、15.8（图二九〇；彩版八，2）米深各清理出一个平面，并以135°—215°方向为基线作了纵向的解剖，观察剖面为南侧壁面（图二九一；图版一〇，1）。

J1K是砌筑井圈之前挖好的井口坑。从挖掘情况来看，J1K纵剖面为圆锥状，口大底小（彩版八，2）。井口坑东壁、东南壁、南壁和西南壁上各有一宽0.3～0.4米的凹槽，从上至下槽深渐浅。西南壁壁面平整，纵向分布10个脚窝。自井口平面至J1K底部，大致深16.6米。在发掘过程中，我们发现在北侧局部壁面存在过坍塌迹象，可能是当时塌方造成。口部存在明显的打破现象，井圈内部堆积中亦能见到不少水井废弃之后的残井圈石料。由这些迹象推断，J1K原开口平面直径更大，井口坑深要超过16.6米，可能到18米左右。

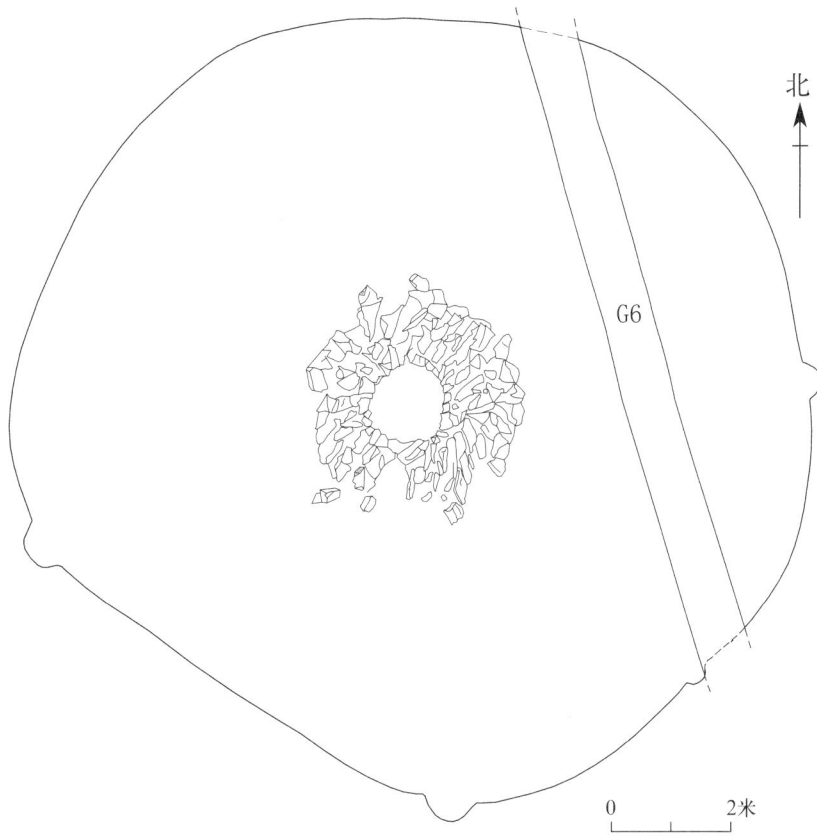

图二八四　J1开口平面图

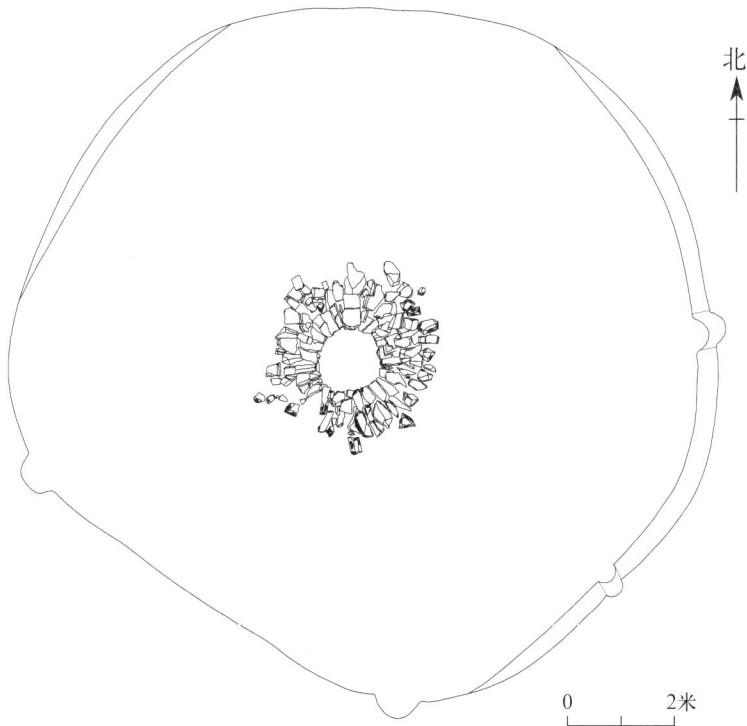

图二八五　J1平面图（-1.2米）

北

0   2米

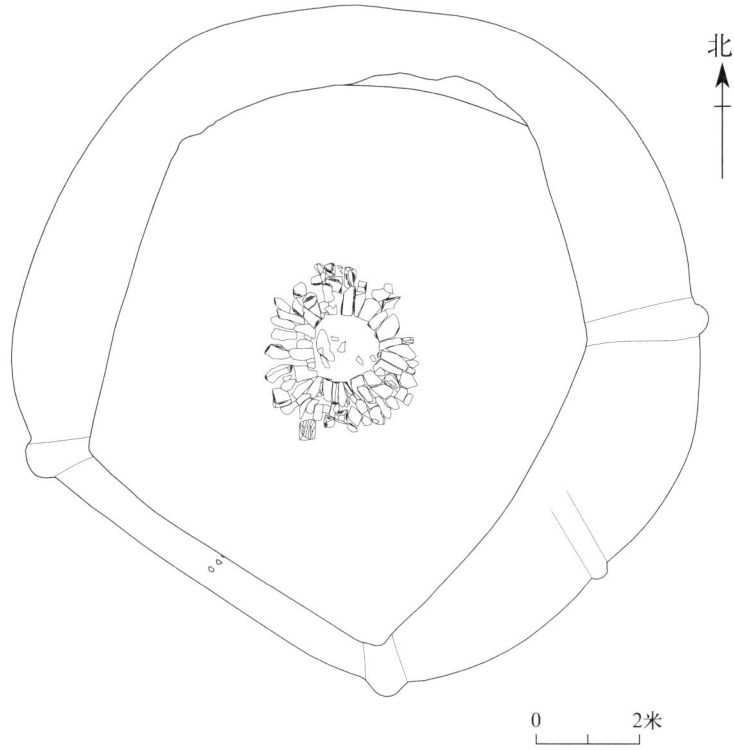

图二八六　J1平面图（-4.2米）

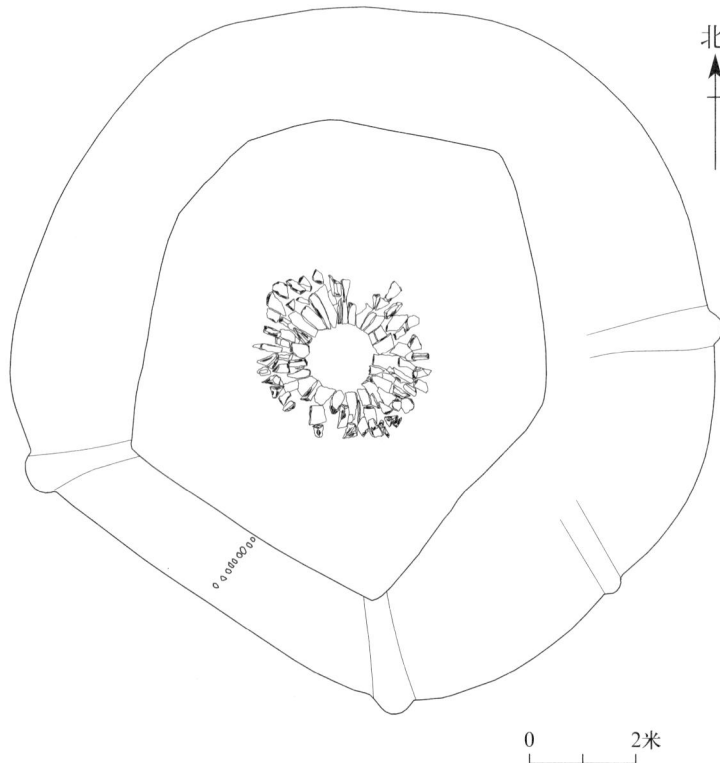

北

0   2米

图二八七　J1平面图（-6.4米）

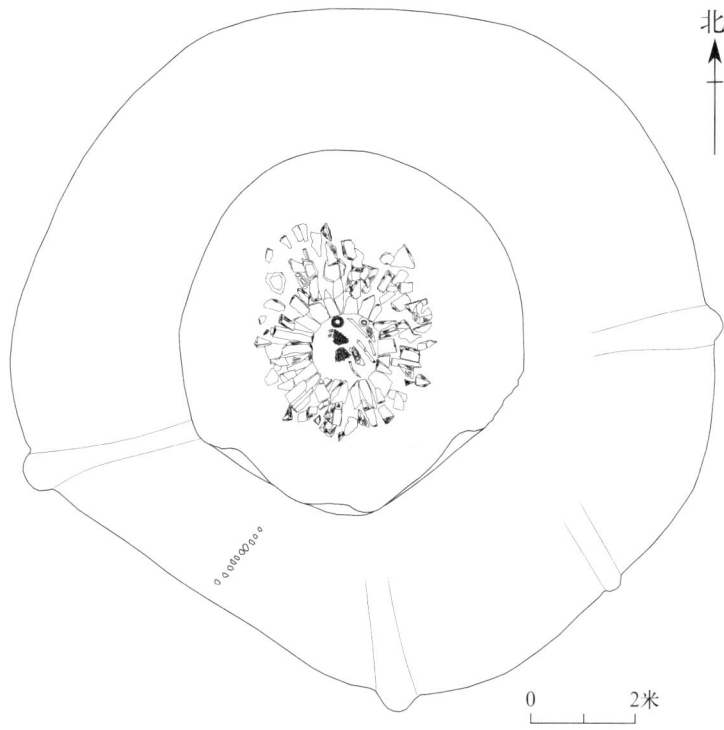

北

0　　2米

图二八八　J1平面图（-8.2米）

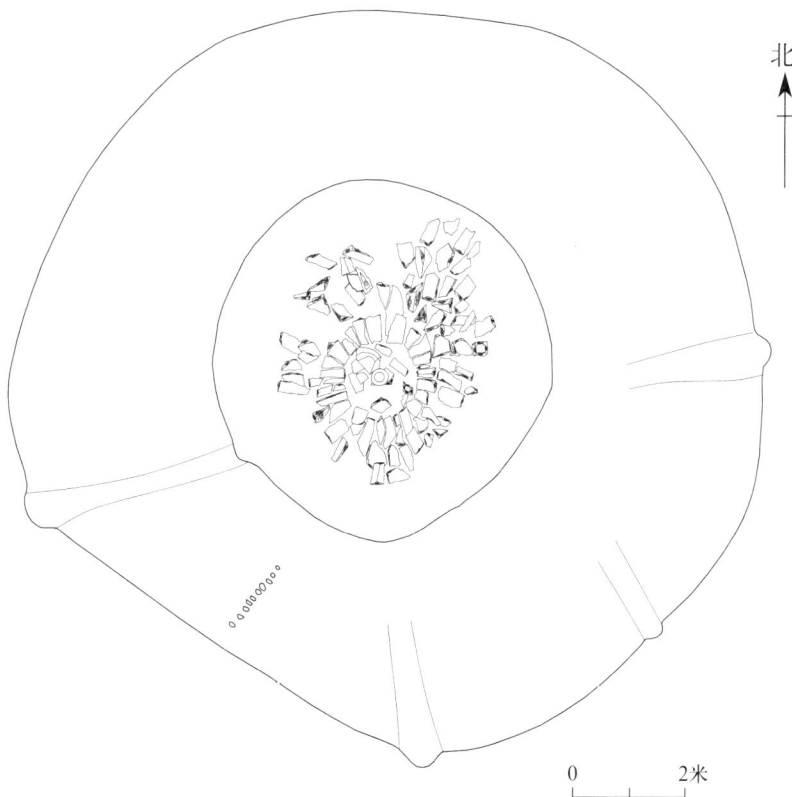

北

0　　2米

图二八九　J1平面图（-9.0米）

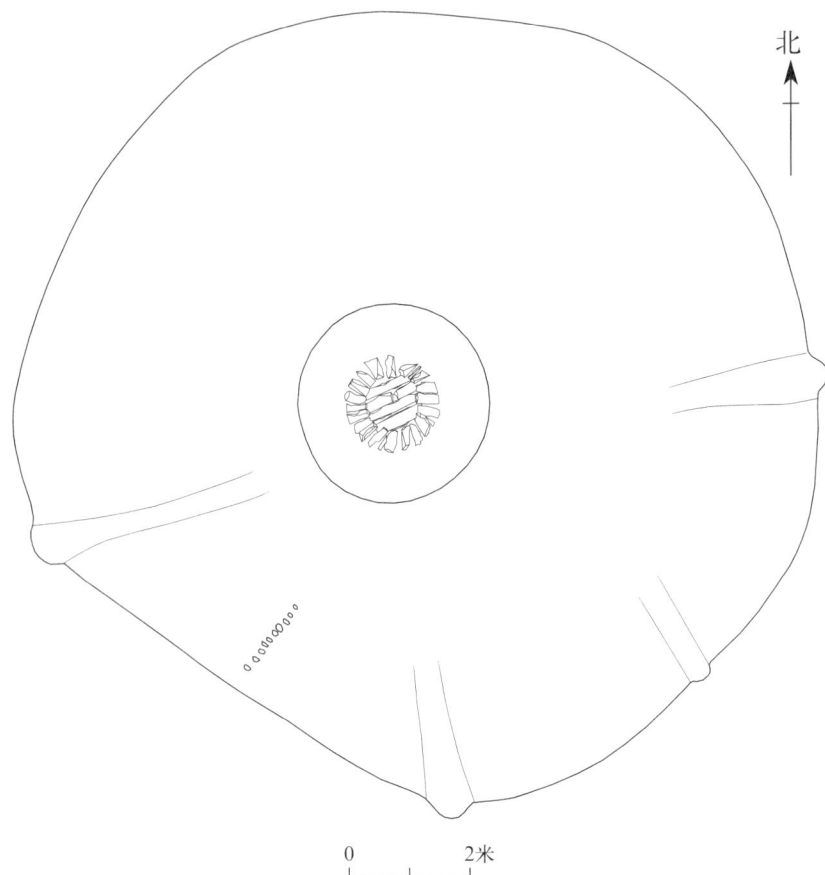

北

0　　　　2米

图二九〇　J1平面图（-15.8米）

　　J1Q位于井坑中央，为J1K修好后在中间逐渐抬高砌筑而成的井圈。材料为修整过的玄武岩石块。J1Q在各个平面上靠近中心部分略呈圆形，越靠近周边则越散乱。J1Q纵向剖面呈圆筒状，中部略宽，两端略窄，直径在0.85~1.2米之间。在不同的深度上，周边均有石块分布，越向中心越密集。石块的堆砌是采取每铺一层然后在间隙以土填实并加以夯打的方式，靠近井圈中央的几周石块越靠近井圈中心越上倾。自深13.3米~15.0米处，J1K与J1Q间、石材间隙开始以较细的砂粒填充，砂粒的填充是与填土混合并夯实在一起的。挖掘到15.8米深时，到达井内底部。底部是经过加工更好的长条形石板砌成的，周边被井圈压住。井底铺砌石板，石板下为砂粒层。井圈口径0.95、底径0.55、最大腹径1.3、深15.8米。

（一）J1K堆积及出土遗物

　　J1K内堆积可分为三大层。第一大层为相对纯净的夯土层，深0.2~14.4、厚11.5~14.2米，共分43小层，层厚0.15~0.55米，从上至下渐薄，夯层之间可见草木灰痕迹。夯打方式是棍束夯，每砌筑一层便夯打平面。第二大层为约1.6米厚的混合层，由五花土、石块和细砂粒组成并经过夯打。第三大层为厚约0.8米的粗砂粒层。分布于井底石板下至最深16.6米之间。J1K出土的文化遗物较

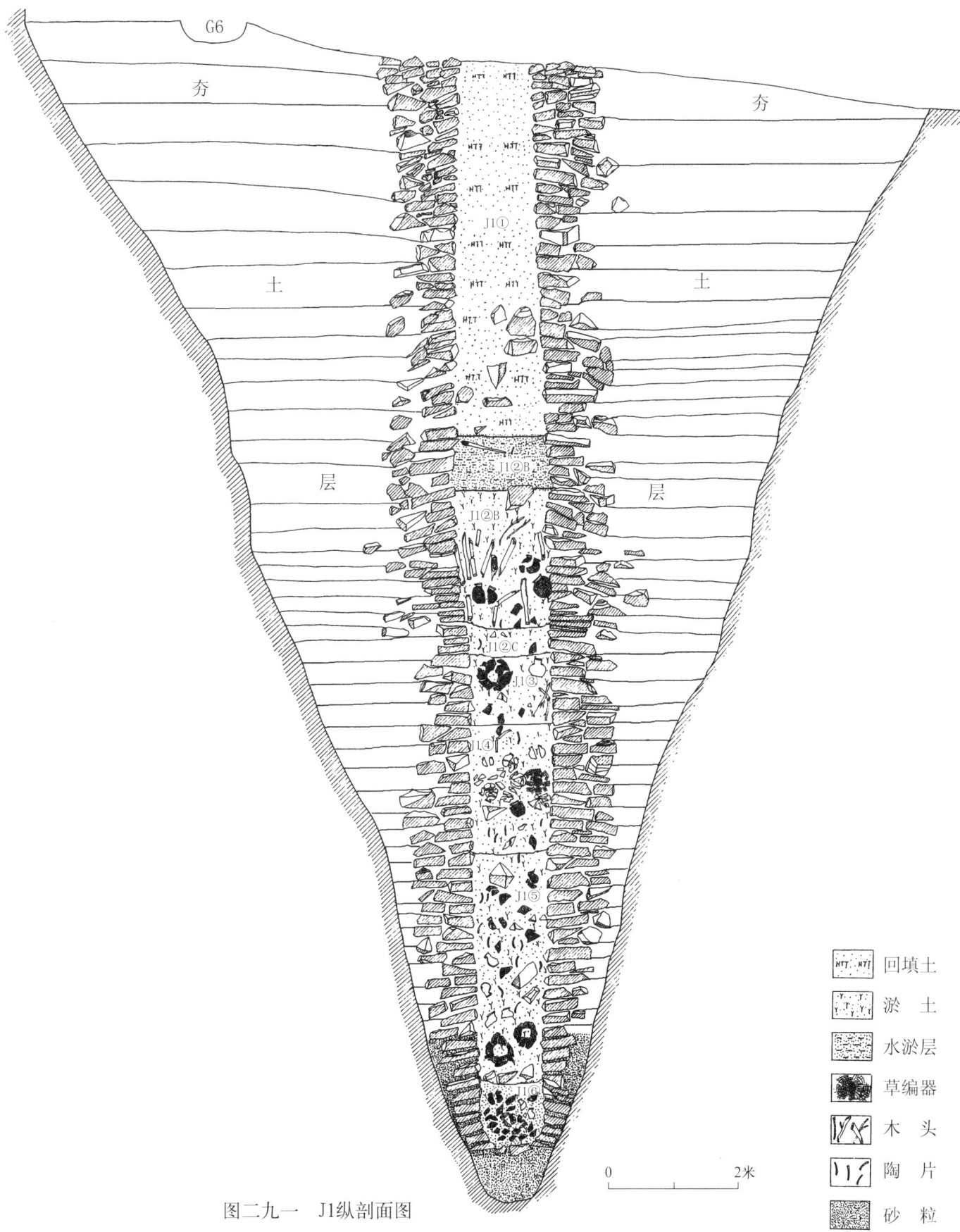

图二九一　J1纵剖面图

丰富，主要有铜器、石器、陶器、原始瓷器和木器等。其中陶片共计出土1235块，以夹砂、泥质陶为主，少量硬陶，极少原始瓷。夹砂、泥质陶中，以夹砂陶为主。铜器器类有镞。石器器类有钺、斧、锛和镞等。器类有鬲、鼎、甗、豆、盘、钵、罐、器盖、纺轮、网坠、圆陶片等，原始瓷器器类有碗，木器器类有耒。介绍如下。

1. 铜器

共2件。器类仅见镞。

标本J1K：2　镞身呈长三角形。镞中有脊，器身较薄，双翼刃部较锋利。铤部较长，断面呈菱形，末段较尖呈锥状。通体布满绿锈。长6.2、宽1.5厘米（图二九二，8；图版五五，6）。

标本J1K：4　镞身呈薄匕状。镞中有脊，两侧分叶，外缘刃锋利，两刃向前聚为锋，向后形成倒刺，中脊向下伸出为铤，铤断面呈菱形。长6.1、宽1.8厘米（图二九二，7；图版五五，7）。

2. 石器

共6件。器类有钺、斧、锛、凿、镞等。

钺

1件。

标本J1K：1　残。青灰色粉砂质板岩。磨制。体形扁薄，平顶，弧刃。残长8.8、宽8.1、厚1.0厘米。中间偏上部对钻一圆孔，孔径分别为2.0和1.1厘米。（图二九二，1；图版五九，7）。

斧

1件。

标本J1K：3　残。青灰色粉砂质板岩。磨制。平面近长方形，表面有多处残痕，顶部斜平，双面刃，刃呈弧形。长12.5、宽4.3、厚4.4厘米（图二九二，2；图版五九，2）。

锛

2件。

标本J1K：27　青灰色砂岩。磨制。平面较宽。平面略呈长方形。单面刃，刃部使用痕迹明显。长4.35、宽3.4、厚1.05厘米（图二九二，3）。

标本J1K：29　残。青灰色砂岩。磨制。平面呈长条形，剖面呈梯形。平面较窄。局部打击疤痕仍可见到，刃部残。残长5.6、宽2.9、厚1.65（图二九二，4）。

凿

1件。

标本J1K：28　青灰色砂岩。磨制。平面呈长条形。单面刃，局部可见打击痕。长5.65、宽1.9、厚1.8厘米（图二九二，5）。

镞

1件。

标本J1K：6　残。青灰色砂岩。精磨而成。平面呈长三角形，剖面呈菱形。刃部锋利，铤部缺失。长3.6、宽1.5厘米（图二九二，6；图版六〇，6）。

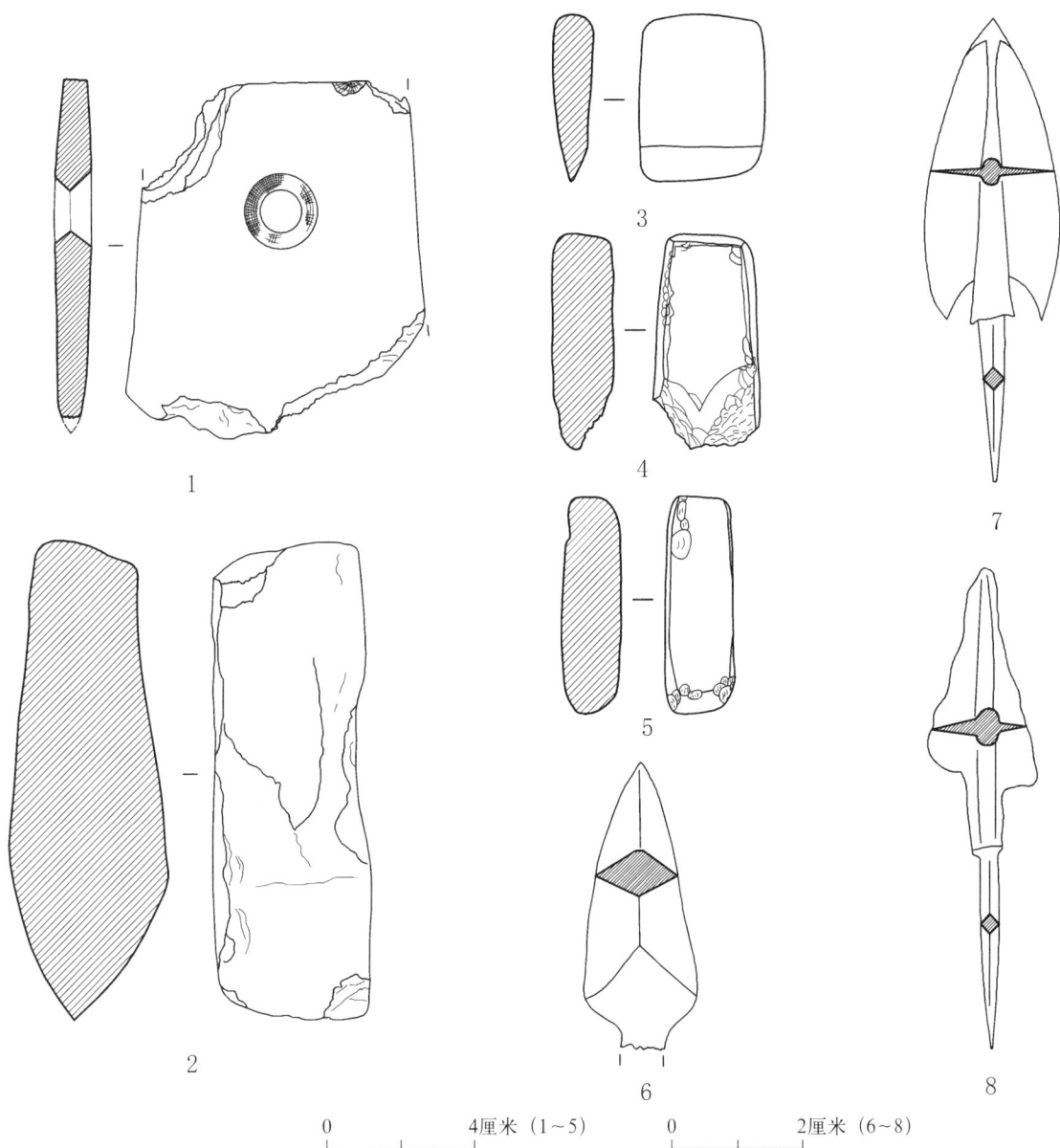

图二九二 J1K石器、铜器

1.石钺（J1K：1） 2.石斧（J1K：3） 3、4.石锛（J1K：27、J1K：29） 5.石凿（J1K：28） 6.石镞（J1K：6）
7、8.铜镞（J1K：4、J1K：2）

3. 木器

1件。器类为耒。

标本J1K：37 柄上部残缺。长31.5、宽12.2、柄径4.0厘米（图版六七，1）。

4. 原始瓷器

1件。器类为碗。

标本J1K：21 残。胎质较细腻，胎色灰白，通体施釉，釉层薄且均匀，釉色青黄。弧腹，平底。内壁可见整齐的轮旋纹，底部有弧线切割痕迹。底径10.4、高3.3厘米（图二九三，16）。

5. 陶器

大多为夹砂、泥质陶，少量硬陶。因硬陶未见器形，仅选取夹砂、泥质陶标本26件。器类有鬲、鼎、甗、豆、钵、盆、罐、器盖、纺轮、圆陶片等。

鬲

4件。仅见鬲足。

标本J1K：23　锥形足。夹砂红陶，足窝较浅。素面。高6.0厘米（图二九三，2）。

标本J1K：25　柱足。夹砂红陶，足窝较浅，柱足较高。素面。高11.9厘米（图二九三，1）。

标本J1K：24　柱足。夹砂红陶，柱足较矮，足窝较深。素面。高6.4厘米（图二九三，3）。

标本J1K：35　柱足。夹砂红陶，素面。高7.4厘米（图二九三，4）。

鼎

2件。仅见鼎足。

标本J1K：22　高圆柱足。泥质陶，灰胎黑衣。角状，剖面圆形。素面。高4.6厘米（图二九三，5）。

标本J1K：36　侧装鼎足。夹砂红陶。足外侧饰两对按窝。高11.0厘米（图二九三，13）。

甗

1件。仅见甗腰。

标本J1K：33　夹砂红陶。饰绳纹，腰部有按窝。高7.8厘米（图二九三，14）。

豆

2件。仅见豆盘、豆柄。

标本J1K：13　豆盘。泥质黑陶，磨光。敞口，弧腹内曲。腹部可见两道突棱，其他位置光素。口径19.8、高5.0厘米（图二九三，15）。

标本J1K：18　豆柄。泥质黑陶，磨光。弧腹，圜底，细高柄，喇叭口圈足。高11.3厘米（图二九三，9）。

钵

1件。

标本J1K：8　泥质灰陶。敛口，圆唇，弧腹，上腹近折，下腹急收，腹深较小，平底。素面。口径11.0、底径7.0、高4.0厘米（图二九四，1；图版三二，2）。

盆

2件。仅见口沿。

标本J1K：14　夹砂红陶。卷沿，方唇，长弧颈。饰绳纹。高6.6厘米（图二九四，9）。

标本J1K：15　夹砂褐陶，夹蚌。折沿，方唇，鼓腹。素面。高6.5厘米（图二九四，10）。

罐

7件。无完整器。

标本J1K：10　泥质黑陶，磨光。卷沿，圆方唇，矮束颈，折腹。素面。口径12.0、高6.3厘米

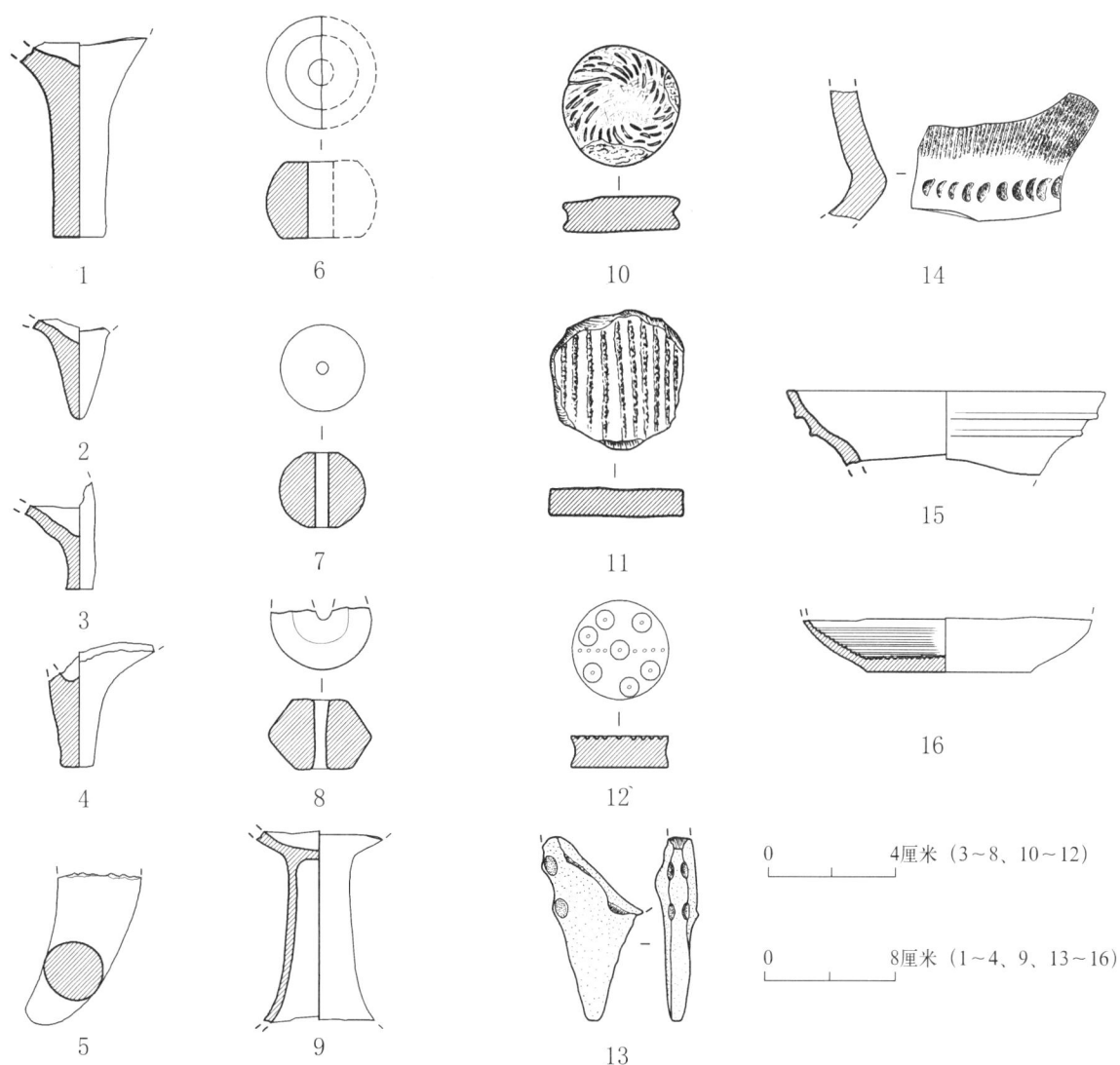

图二九三　J1K陶器、原始瓷器

1~4.鬲足（J1K：25、J1K：23、J1K：24、J1K：35）　　5、13.鼎足（J1K：22、J1K：36）　　6~8.纺轮（J1K：12、J1K：7、J1K：31）　　9、15.豆（J1K：18、J1K：13）　　10~12.圆陶片（J1K：30、J1K：26、J1K：5）　　14.甗腰（J1K：33）　　16.原始瓷碗（J1K：21）

（图二九四，3）。

标本J1K：11　泥质灰陶。小口，外斜沿，高束颈。素面。口径14.5、高7.5厘米（图二九四，5）。

标本J1K：16　泥质灰陶。矮直口，肩部突出，腹急收。素面。高4.5厘米（图二九四，8）。

标本J1K：17　泥质红陶。仰折沿，圆唇，束颈，鼓腹。饰席纹。口径25.9、高5.6厘米（图二九四，6）。

标本J1K：19　泥质灰陶。小口，口、颈部残缺。扁鼓腹，平底。饰间断绳纹，局部磨光，局部纹饰交错。底径12.5、高16.5厘米（图二九四，11）。

标本J1K：20　夹砂红陶。卷沿，方唇，矮束颈，鼓腹，盲耳。素面。高7.5厘米（图一九四，7）。

标本J1K：34　泥质红陶。宽卷沿，斜方唇，高束颈，弧腹微鼓，腹深较大。素面。口径13.7、高5.6厘米（图二九四，4）。

器盖

1件。

标本J1K：9　泥质红陶。敞口，弧腹，浅腹。素面。顶径4.8、口径13.0厘米（图二九四，2；图版三五，6）。

纺轮

共3件。

标本J1K：7　泥质红陶。扁圆形。正反两面为平面，中有圆孔。外径2.6、孔径0.4、厚2.2厘米（图二九三，7；图版六三，10）。

标本J1K：12　残。泥质红陶。扁圆形。正反两面为平面，中有圆孔，。外径3.0、孔径0.8、厚2.3厘米（图二九三，6）。

标本J1K：31　残。泥质红陶。算珠形。正反两面为平面，中有圆孔。外径3.2、孔径0.35～0.4、厚2.1厘米（图二九三，8）。

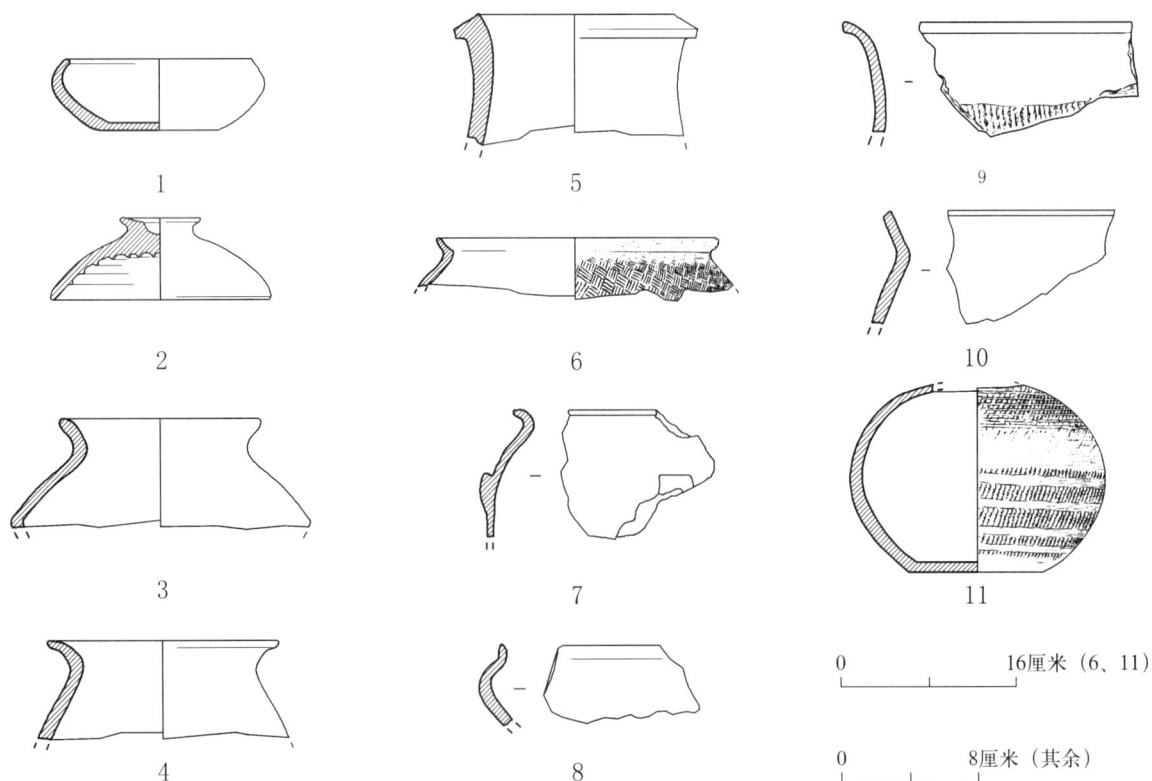

图二九四　J1K陶器

1.钵（J1K：8）　2.器盖（J1K：9）　3～8、11.罐（J1K：10、J1K：34、J1K：11、J1K：17、J1K：20、J1K：16、J1K：19）　9、10.盆（J1K：14、J1K：15）

圆陶片

共3件。

标本J1K：5　泥质红陶。圆形，周边有凹槽。正面饰七个同心圆纹且有一排圆孔，背面光素。直径3.0、厚0.9厘米（图二九三，12；图版六五，3）。

标本J1K：26　夹砂红陶。近圆形，薄饼状，周边无凹槽。饰绳纹，背面光素。直径4.4、厚0.8厘米（图二九三，11）。

标本J1K：30　泥质红陶。近圆形，周边有凹槽。饰涡状戳印纹。直径3.6、厚1.0厘米（图二九三，10）。

（二）J1Q堆积及出土遗物

发掘清理时把J1Q堆积分为①～⑥层，其中第②层又可细分为A、B、C三小层。J1Q⑤、J1Q⑥出土陶器，J1Q②与J1Q③出土陶器，各自特征比较相近，可分别视为两大层。共出土陶片3646块。现对J1Q堆积状况及出土遗物进行介绍。

第①层

自开口平面至深6.0米。该层为回填土，为水井废弃之后填埋，应来源于遗址文化层。土色深灰、土质粘硬、结构致密。包含物杂乱，包括陶片、动物碎骨、草木灰、红烧土、石块等。石块分布于深6.0米处，比较散乱，石材同井圈，应是水井废弃之后遭破坏填埋所致。出土陶片426块，多为夹砂、泥质陶器，有少量硬陶，极少原始瓷。原始瓷器类有碗。陶器器类有鬲、鼎、甗、豆、刻槽钵、盆、罐、钵和碗等。

陶器

选取标本均为夹砂、泥质陶器，硬陶器标本未选取。夹砂、泥质陶器共4件。器类有鬲、盆和罐等。

鬲

1件。仅见鬲足。

标本J1Q①：4　夹砂红陶。锥形足，足窝较深。饰细绳纹。高12.0厘米（图二九五，1）。

盆

2件。

标本J1Q①：2　泥质红陶。宽卷沿，弧颈，腹微鼓。饰间断绳纹，颈部绳纹抹平。高7.0厘米（图二九五，4）。

标本J1Q①：3　夹砂红陶。折沿，溜肩，弧腹急收。素面。高10.7厘米（图二九五，3）。

罐

1件。

标本J1Q①：1　泥质灰陶。折沿，圆方唇，束颈，折腹。素面。口径18.6、高6.4厘米（图二九五，2）。

第②层

深自6.0米至9.0米。土色灰，土质较软。依埋藏特点又可将该堆积划分为②A、②B和②C三个亚层，厚分别为0.8、1.8、0.4米。

第②A层：深自6.0～6.8米。土色灰，土质较疏松。包含物主要是未经加工的树枝、木段、树叶、竹子、草叶、水生动物甲壳及哺乳动物碎骨等，出土大量陶片，以硬陶居多（彩版九，2），其中不乏完整者，泥质、夹砂陶相对较少。

第②B层：深自6.8～8.6米。土色灰，土质较疏松，有一定沙性，水淤质。亦可分若干小层，各小层包含物相对纯净，有少量树枝和树叶。自深7.4米处起沿内壁均匀排列32根直径0.03～0.05、长约1.2米的木桩（图二九一），部分已断并垮塌。木桩下端斜平，桩间间隙不大。周边木桩应为水井滤水结构，这也是商周时期普遍采用的方法。发现少量硬陶片。

第②C层：深自8.6～9.0米。土色灰，土质较疏松。包含物主要有完整陶器、陶片、石器、树枝（图版六七，3）、不明植物花苞（带种子）、木段、桃核（图版六六，4）、动物骨骼（图版六七，5～6）、动物牙齿、布甲类羽衣（图版六七，2）等。

整体来说，第②层出土陶片较多，动植物遗存非常多，偶尔看见散落的石器。出土陶片共计217块，完整器较多。其中半数以上为硬陶，夹砂、泥质陶器次之，原始瓷仍极少。石器器类有锛、斧、锤等。原始瓷器类有碗。陶器器类有鬲、鼎、瓿、罐、钵和网坠等。

1. 石器

共3件。

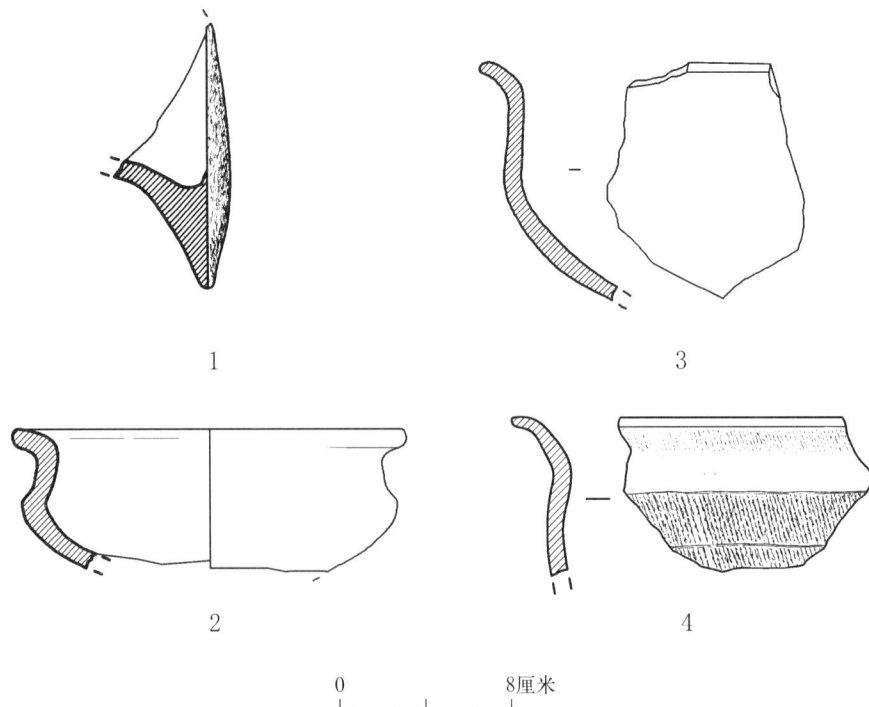

图二九五　J1Q夹砂、泥质陶器

1.鬲足（J1Q①∶4）　2.罐（J1Q①∶1）　3、4.盆（J1Q①∶3、J1Q①∶2）

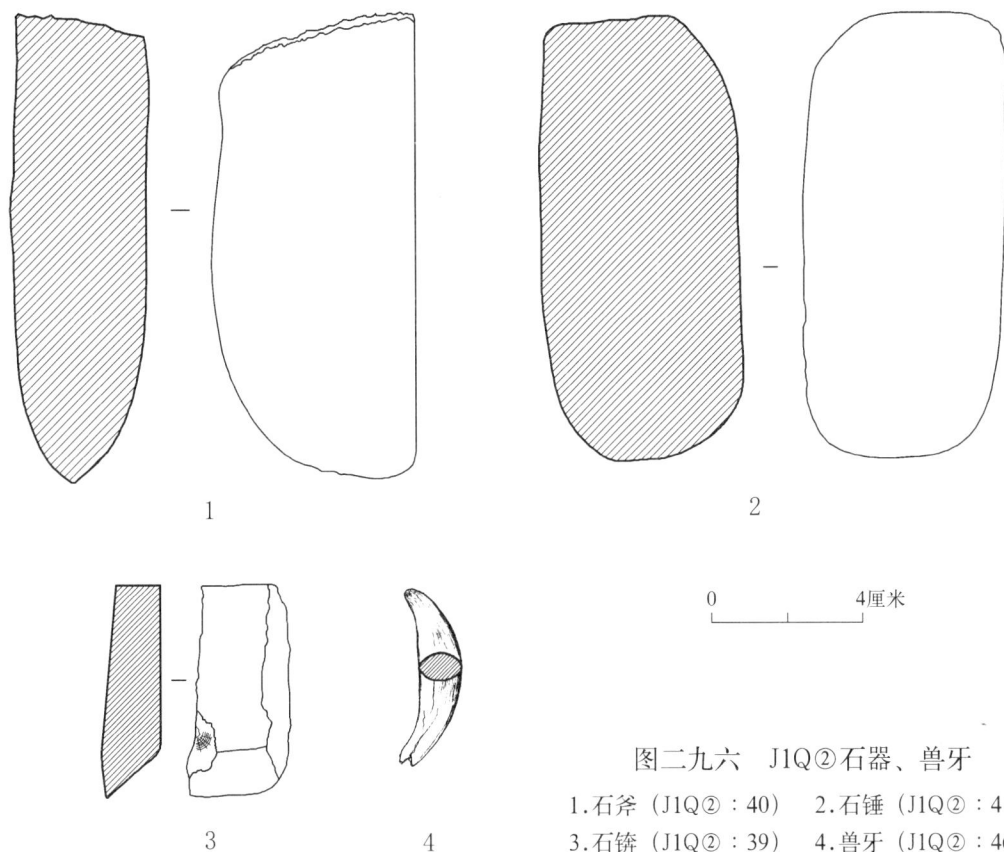

图二九六　J1Q②石器、兽牙
1.石斧（J1Q②：40）　2.石锤（J1Q②：41）
3.石锛（J1Q②：39）　4.兽牙（J1Q②：46）

锛

1件。

标本J1Q②：39　残。青灰岩。磨制。平面呈梯形，上窄下宽。刃部有使用痕迹。长5.4、宽2.7、厚1.5厘米（图二九六，3）。

斧

1件。

标本J1Q②：40　青灰岩，顶部残。平面近长方形，磨制。双面刃，有使用痕迹。长11.9、宽5.3、厚3.6厘米（图二九六，1）。

锤

1件。

标本J1Q②：41　红褐砂岩。平面呈长方形，磨制。有使用痕迹。长11.3、宽5.3厘米（图二九六，2）。

2. 动物牙齿

兽牙

1件。

标本J1Q②：46　犬类牙齿。长4.6厘米（图二九六，4；图版六六，4）。

3. 硬陶器

硬陶器数量较多。

选取标本28件，器类有罐、瓴。器表多拍印竖向或斜向小方格纹，胎质较细，陶胎、器表多为灰色或橘红色，部分器表肩部以上微褐色，部分灰色。器类有罐和瓴两类。

罐

共24件。多平底，极少饰三足。均饰小方格纹。

标本J1Q②：1　器表和胎色灰色，器底局部红色，胎质较细。敛口甚，扁鼓腹，平底。口径12.4、底径11.4、高12.8厘米（图二九七，14；图版四八，3）。

标本J1Q②：4　上腹褐色。矮直口，微弧腹，肩部突出，平底。口径13.4、底径11.0、高12.6厘米（图二九七，6；图版四七，1）。

标本J1Q②：5　褐色。矮直口，微弧腹，肩部鼓出，下腹较直，腹深相对较小。平底。口径12.7、底径13.4、高14.6厘米（图二九七，4；图版四七，2）。

标本J1Q②：6　肩部褐色。矮直口，斜肩。微弧腹，肩部突出。平底。口径12.2、底径11.8、高13.8厘米（图二九七，7）。

标本J1Q②：7　褐色。直口极矮，圆肩，双复系贯耳，弧腹缓收。平底。口径9.8、底径10.0、高11.0厘米（图二九八，4；彩版二八，4）。

标本J1Q②：8　器表和胎色均为灰色，腹底和器底局部红色，胎质较细。直口外倾，口沿内凹。肩部短斜突出，深腹微弧近直。双复系贯耳。平底。口径10.6、底径10.0、高17.5厘米（图二九八，6；图版四六，3）。

标本J1Q②：9　器表及胎质均为灰色。矮直口，圆肩弧腹，腹收较缓。平底。口径13.2、底径13.4、高14.4厘米（图二九七，8；图版四七，3）。

标本J1Q②：10　肩部褐色。矮直口，肩部突出，弧腹较深。平底。口径10.6、底径12.0、高14.8厘米（图二九七，9）。

标本J1Q②：11　肩部褐色。矮直口外倾，沿面内凹。肩部突出，弧腹，平底。口径16.0、底径14.8、高16.8厘米（图二九七，5；图版四七，4）。

标本J1Q②：12　胎灰色，肩部以上微褐色，其余灰色，胎质较细。矮直口外倾，肩部短斜，深弧腹收较缓，平底饰三乳钉足。口径8.8、底径8.2、足高0.8厘米、通高13.4厘米（图二九八，7；图版四六，4）。

标本J1Q②：13　灰色。矮直口，肩部圆鼓，双复系贯耳，弧腹，腹收稍缓。口径11.9、底径11.4、高13.8厘米（图二九八，2；图版四五，5）。

标本J1Q②：14　肩部褐色。矮直口，圆肩弧腹，双复系贯耳，腹深较大。平底。口径13.6、底径11.2、高15.0厘米（图二九八，1；图版四五，6）。

标本J1Q②：15　灰胎，器表肩部以上微褐色。肩部突出，双复系贯耳，弧腹收稍缓。平底。口径12.2、底径10.4、高14.8厘米（图二九八，3；图版四六，1）。

标本J1Q②：16　肩部灰褐。矮直口，圆肩弧腹，腹深较小。平底。口径13.0、底径12.6、高13.2厘米（图二九七，10；图版四六，5）。

标本　J1Q②：17　肩部褐色，器底红色。矮直口外倾，圆肩，弧腹相对较浅。平底。口径

图二九七　J1Q②硬陶器

1~14.罐（J1Q②：31、J1Q②：32、J1Q②：33、J1Q②：5、J1Q②：11、J1Q②：4、J1Q②：6、J1Q②：9、
J1Q②：10、J1Q②：16、J1Q②：17、J1Q②：21、J1Q②：22、J1Q②：1）

13.7、底径13.5、高13.5厘米（图二九七，11；图版四六，6）。

标本 J1Q②：21　灰褐色。直口极矮，圆肩，弧腹相对较浅。平底。口径13.7、底径13.5、高13.5厘米（图二九七，12；图版四七，5）。

标本J1Q②：22　器表及胎质均为橘红色。矮直口，肩部突出较甚，弧腹收稍急。平底。口径14.4、底径11.8、高14.7厘米（图二九七，13；图版四七，6）。

标本J1Q②：23　器表和胎色灰色，胎质较细。敛口，扁鼓腹，平底。口径9.2、底径6.0、高6.2厘米（图二九八，8；彩版二八，6）。

标本J1Q②：24　器表和胎色灰色，胎质较细。敛口，扁鼓腹，平底。口径8.6、底径6.0、高6.7厘米（图二九八，9；图版四八，4）。

标本J1Q②：25　器表和胎色灰色，胎质较细，器壁较薄。敛口，鼓腹，平底。口沿、腹底纹饰抹平。口径8.7、底径5.8、高7.0厘米（图二九八，10；图版四八，5）。

标本J1Q②：26　器表及胎质均为灰色。直口极矮，圆肩，双复系贯耳，弧腹局部斜直，腹收较缓。平底。口径7.8、底径8.2、高10.3厘米（图二九八，5；图版四六，2）。

标本J1Q②：31　橘红色。矮直口，肩部突出，腹收较缓。平底。口径13.2、底径11.4、高13.6厘米（图二九七，1；彩版二八，5）。

标本J1Q②：32，肩部褐色。矮直口外倾，肩部突出，弧腹收稍急。平底。口径14.8、底径12.9、高14.4厘米（图二九七，2；图版四八，1）。

标本J1Q②：33　灰色，局部灰褐色。矮直口，圆肩，弧腹稍鼓。平底。口径13.4、底径12.8、高15.6厘米（图二九七，3；图版四八，2）。

瓿

共4件。均为扁鼓腹，平底，双复系贯耳，饰小方格纹。

标本J1Q②：19　胎灰色，器表局部褐色，胎质较细。口径8.8、底径12.0、高12.2厘米（图二九八，12；图版四五，2）。

标本J1Q②：20　灰褐色。口径8.8、底径9.6、高10.6厘米（图二九八，13；图版四五，3）。

标本J1Q②：35　褐色，局部灰色。口径9.3、底径12.2、高10.6厘米（图二九八，14；图版四五，4）。

标本J1Q②：36　灰色。口径10.6、底径14.4、高14.6厘米（图二九八，11；彩版二八，3）。

4. 夹砂、泥质陶器

共选取标本14件。器类有鼎、钵、罐、网坠等。

鼎

3件。均为鼎足。

标本J1Q②：43　夹砂红陶。圆柱足，足尖残。素面。高10.9厘米（图二九九，1）。

标本J1Q②：44　夹砂红陶。扁圆形足。足尖尖斜。素面。高15.5厘米（图二九九，2）。

标本J1Q②：45　夹砂灰陶。扁圆形足。素面。足尖残。高13.8厘米（图二九九，3）。

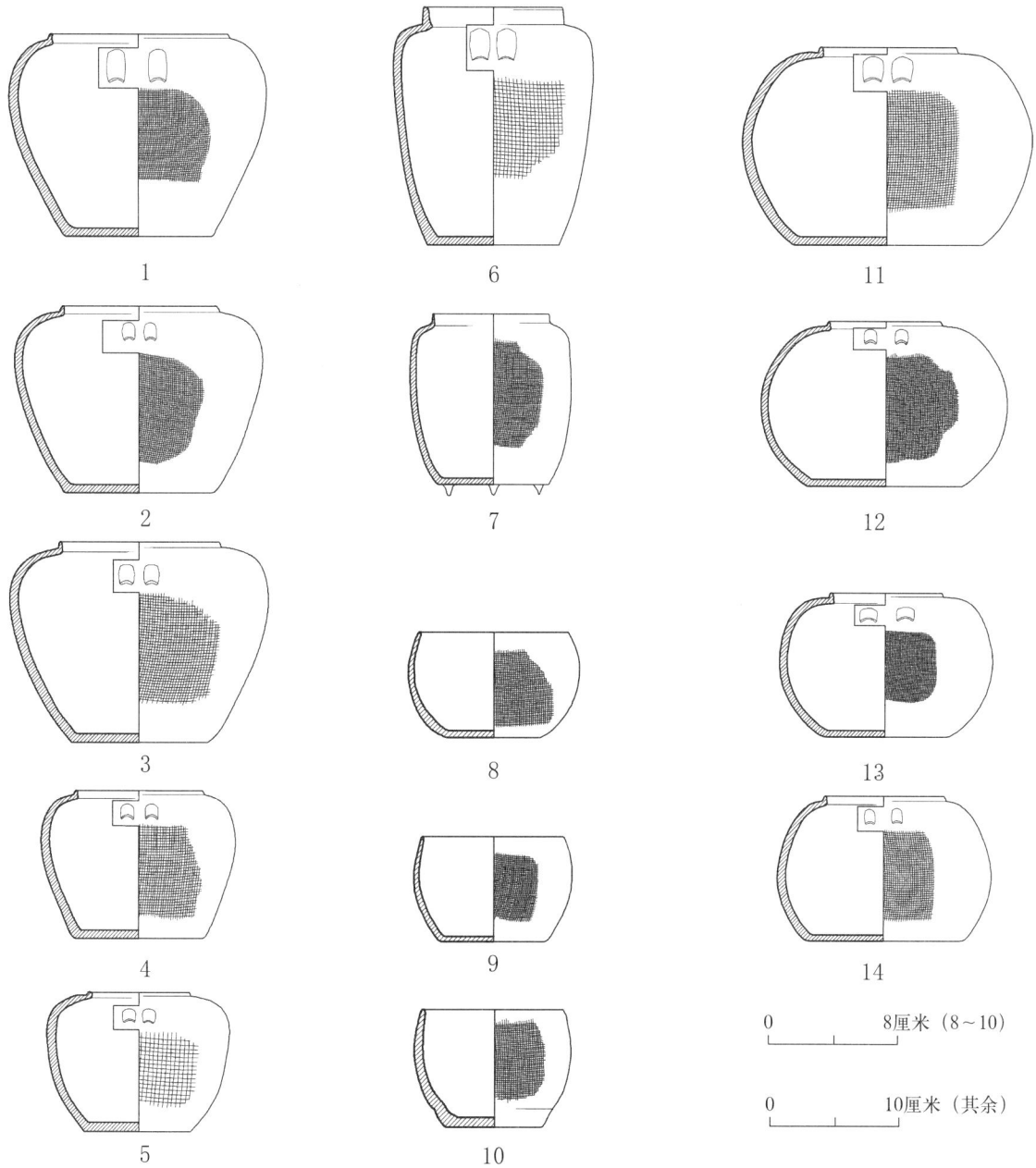

图二九八 J1Q②硬陶器

1~10.罐（J1Q②：14、J1Q②：13、J1Q②：15、J1Q②：7、J1Q②：26、J1Q②：8、J1Q②：12、J1Q②：23、J1Q②：24、J1Q②：25） 11~14.瓿（J1Q②：36、J1Q②：19、J1Q②：20、J1Q②：35）

钵

2件。

标本J1Q②：2 泥质陶，灰胎黑衣，磨光。敛口，尖圆唇，弧腹较浅，平底。饰间断绳纹。口径13.0、底径11.0、高7.2厘米（图二九九，4；图版四九，1）。

标本J1Q②：27 泥质灰陶，矮直口，斜肩，弧腹收较急，小平底。素面。口径12.4、底径7.0、高5.2厘米（图二九九，5；图版四九，2）。

罐

共7件。

标本J1Q②：3　泥质黑陶，磨光。直口，浅弧腹，肩部突出，大平底。素面。口径12.4、底径11.3、高11.8厘米（图二九九，6；彩版三〇，5）。

标本J1Q②：18　泥质黑陶，磨光。矮直口，鼓腹，肩部突出，腹深较大。环耳，平底。饰间断绳纹。口径12.9、底径12.8、高15.2厘米（图二九九，7）。

标本J1Q②：28　泥质灰陶。微敛口，深弧腹，肩部突出。环耳，平底。饰绳纹。口径12.6、底径11.4、高16.8厘米（图二九九，8）。

标本J1Q②：29　夹砂黑陶，胎质坚硬。敛口，口径较小。扁鼓腹，大平底。饰间断绳纹。口径10.3、底径16.0、高15.2厘米（图二九九，9；彩版三〇，4）。

标本J1Q②：30　泥质黄褐陶，胎质致密。微敛口，扁鼓腹，环耳，平底。饰绳纹。口径11.3、底径12.4、高10.6厘米（图二九九，10；图版五四，3）。

标本J1Q②：34　泥质黄褐陶，胎质致密。微敛口，弧腹较深，肩部突出。环耳，平底。饰绳纹。口径9.2、底径10.4、高11.4厘米（图二九九，11；彩版三〇，6）。

标本J1Q②：37　夹砂黄褐陶。敛口，扁鼓腹，大平底。素面。口径15.6、底径16.8、高13.3厘米（图二九九，12；图版五四，4）。

网坠

2件。四面微弧，两端及中部有凹槽。

标本J1Q②：38　泥质红陶。扁椭圆形。素面。长5.6、宽4.1、厚2.0厘米（图二九九，13；图版六五，1）。

标本J1Q②：42　泥质红陶，胎质坚硬。扁椭圆形。素面。长6.2、宽3.7、厚2.6厘米（图二九九，14；图版六五，2）。

第③层

深自9.0～10.0米。填土土色灰黑，土质粘软。陶片数量大增，动植物标本数量亦增多，在深9.2米（图版一〇，2）和9.5米处发现草编器（彩版九，1）。经统计，共出土陶片963块，以夹砂、泥质陶为主，并有少量硬陶，原始瓷极少。陶器中以泥质黑陶最有特点，并存在部分暗纹陶。原始瓷器类有碗。陶器器类有鬲、鼎、豆、壶、瓿、罐和碗等。

1. 硬陶器

共3件。器类有罐和瓿。

罐

1件。

标本J1Q③：37　红褐色。卷沿，方唇，唇面有一周凹槽。矮颈，颈部因抹平可见一周凸棱。圆肩，弧腹较鼓。平底。饰席纹。口径12.0、底径11.2、高15.0厘米（图三〇〇，1；彩版二八，2）。

瓿

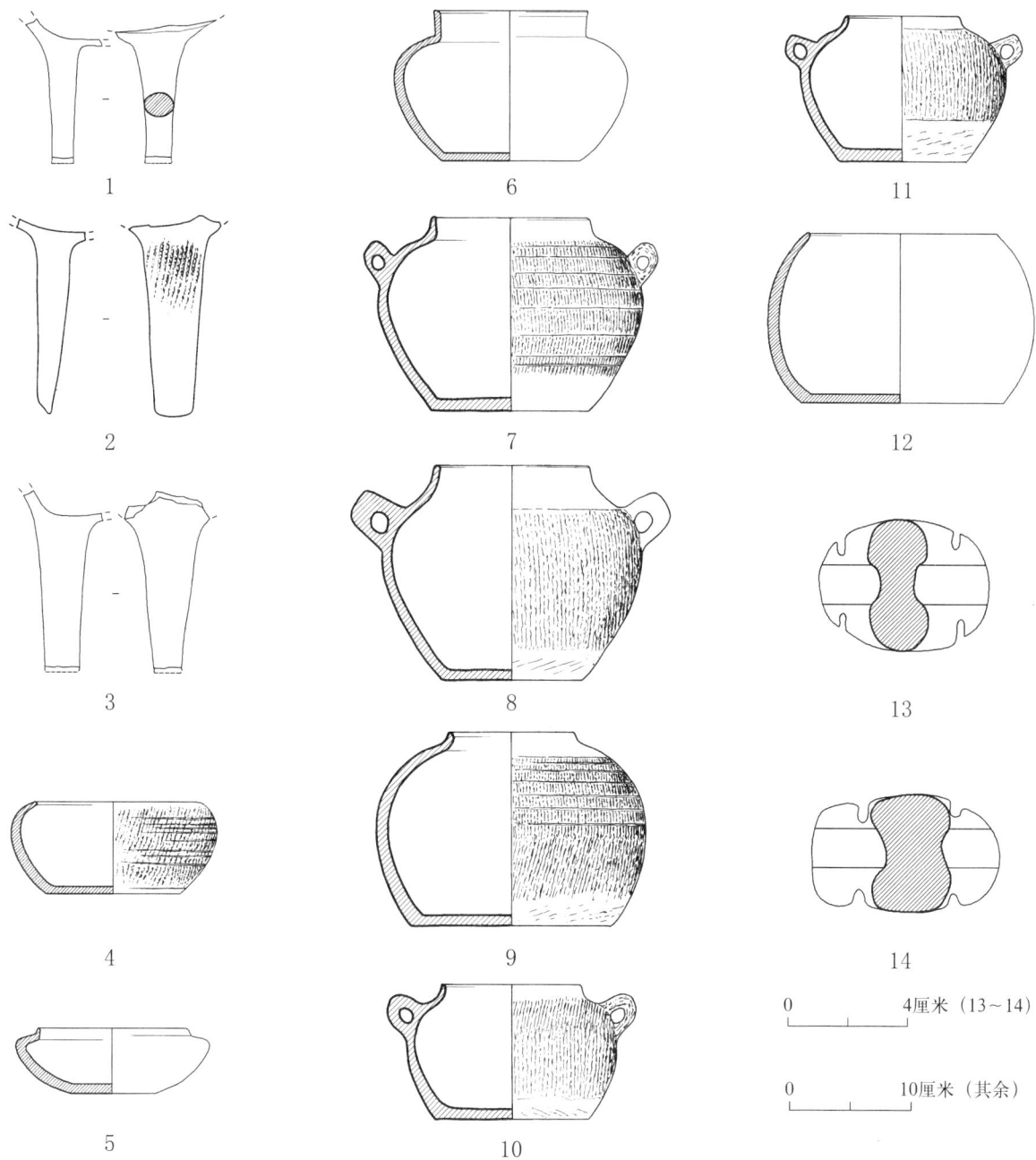

图二九九　J1Q②夹砂、泥质陶器

1～3.鼎足（J1Q②：43、J1Q②：44、J1Q②：45）　4、5.瓿（J1Q②：2、J1Q②：27）　6～12.罐（J1Q②：3、J1Q②：18、J1Q②：28、J1Q②：29、J1Q②：30、J1Q②：34、J1Q②：37）　13、14.网坠（J1Q②：38、J1Q②：42）

均为扁鼓腹，肩部有双复系贯耳，器表饰小方格纹。2件。

标本J1Q③：1　器表灰色，胎及器底红色。平底饰三乳钉足。口径8.8、底径13.9、足高1.1、通高12.8厘米（图三〇〇，2；图版四五，1）。

标本J1Q③：8　灰色。平底。口径9.6、底径13.0、高11.4厘米（图三〇〇，3；彩版二八，1）。

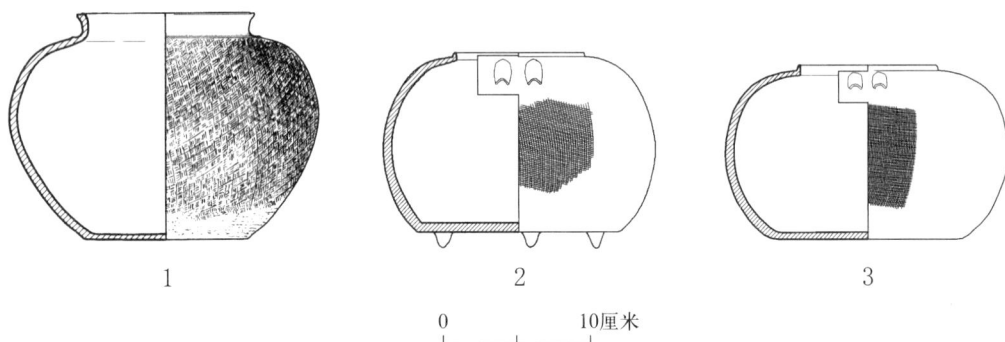

图三〇〇　J1Q③硬陶器

1.罐（J1Q③：37）　2、3.瓶（J1Q③：1、J1Q③：8）

2. 夹砂、泥质陶器

选取标本54件。器类有鬲、鼎、壶、罐和网坠等。

鬲

共3件。仅见鬲足。

标本J1Q③：54　夹砂红陶，夹少量云母。细高柱足，足窝较浅，足尖残。素面。高12.3厘米（图三〇一，1）。

标本J1Q③：55　夹砂灰褐陶。高柱足，足窝较浅。足表面可见多道刮削痕。高13.0厘米（图三〇一，2）。

标本J1Q③：56　夹砂红陶，夹少量云母。矮柱足，足跟粗壮，足窝较深。素面。高6.7厘米（图三〇一，3）。

鼎

1件。仅见鼎足。

标本J1Q③：57　夹砂红陶，夹少量云母。扁圆形足，足尖残。素面。高12.4厘米（图三〇一，4）。

壶

共15件。也是第③层的典型器。陶质泥质灰或灰黑，均为高领、扁腹。多饰牛鼻耳，耳表面有纵向浅凹槽。器底多饰三乳钉足。器表饰以三到四组成对的突棱为特色，肩部突棱间饰以复线圆圈纹，部分突棱间无纹饰，个别素面。纹饰中复线圆圈纹分整圆和和半圆两类。

其中较完整者共14件，分平底无饰足者和平底附三乳钉足者两类。

平底无饰足者

3件。高领外倾，弧腹或鼓腹。

标本J1Q③：9　灰黑陶，局部灰白色。鼓腹。耳残。器表饰三组成对突棱，肩部与腹部突棱之间饰戳印同心短圆纹。口径8.0、底径10.9、高12.4厘米（图三〇二，12；图版五〇，4）。

标本J1Q③：31　灰黑陶，局部灰白色。弧腹。牛鼻耳。器表饰三组成对突棱，肩部与腹部突棱之间饰戳印同心短圆弧纹。口径9.4、底径10.8、高14.4厘米（图三〇二，2；图版四九，6）。

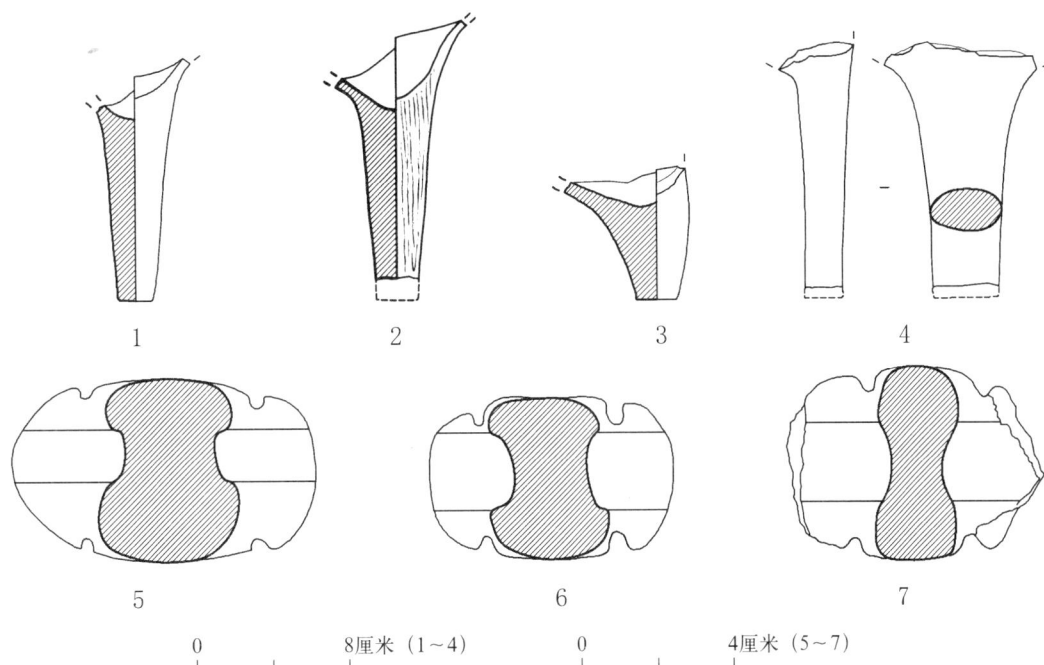

图三〇一　J1Q③夹砂、泥质陶器

1~3.鬲足（J1Q③：54、J1Q③：55、J1Q③：56）　　4.鼎足（J1Q③：57）　　5~7.网坠（J1Q③：38、J1Q③：39、J1Q③：40）

　　标本J1Q③：33　灰陶。弧腹。耳残。器表饰三组成对突棱，肩部与腹部突棱之间饰戳印同心圆纹。口径8.7、底径9.7、高12.5厘米（图三〇二，11）。

　　平底附三乳钉足者

　　11件。弧腹或鼓腹，多饰牛鼻耳。

　　标本J1Q③：5　灰陶。口残。弧腹，牛鼻耳。器表饰三组成对突棱，肩部与腹部突棱之间饰戳印同心短圆弧纹。底径9.8、足高0.2、残高9.6厘米（图三〇二，8）。

　　标本J1Q③：7　灰黑陶。高领外倾，弧腹，牛鼻耳。肩部饰两组成对突棱，腹部饰一道突棱。口径9.4、底径10.2、足高0.15、通高12.6厘米（图三〇二，1；图版五〇，3）。

　　标本J1Q③：11　黑陶。口残。弧腹，牛鼻耳。器表饰三组成对突棱，肩部与腹部突棱之间饰戳印同心短圆纹。底径11.1、足高0.3、残高10.2厘米（图三〇二，9）。

　　标本J1Q③：16　黑陶。口残。鼓腹，器表饰三组突棱。底径10.6、足高0.6、残高9.8厘米（图三〇二，14）。

　　标本J1Q③：22　灰黑陶。耳残。高领微侈，器表饰四道突棱。口径9.7、底径12.2、足高0.8、通高14.8厘米（图三〇二，10；图版四九，3）。

　　标本J1Q③：24　灰黑陶，局部灰白色。高领微侈，弧腹，牛鼻耳。器表饰三组成对突棱，肩部与腹部突棱之间素面，第二组突棱表面饰左斜向平行划纹，腹部隐约可见竹刀痕。口径8.0、底径11.8、足高0.6厘米、通高12.2厘米（图三〇二，3；彩版二九，4）。

　　标本J1Q③：25　灰黑陶，局部灰白色。高领微侈，鼓腹，牛鼻耳。口径8.5、底径11.2、足高

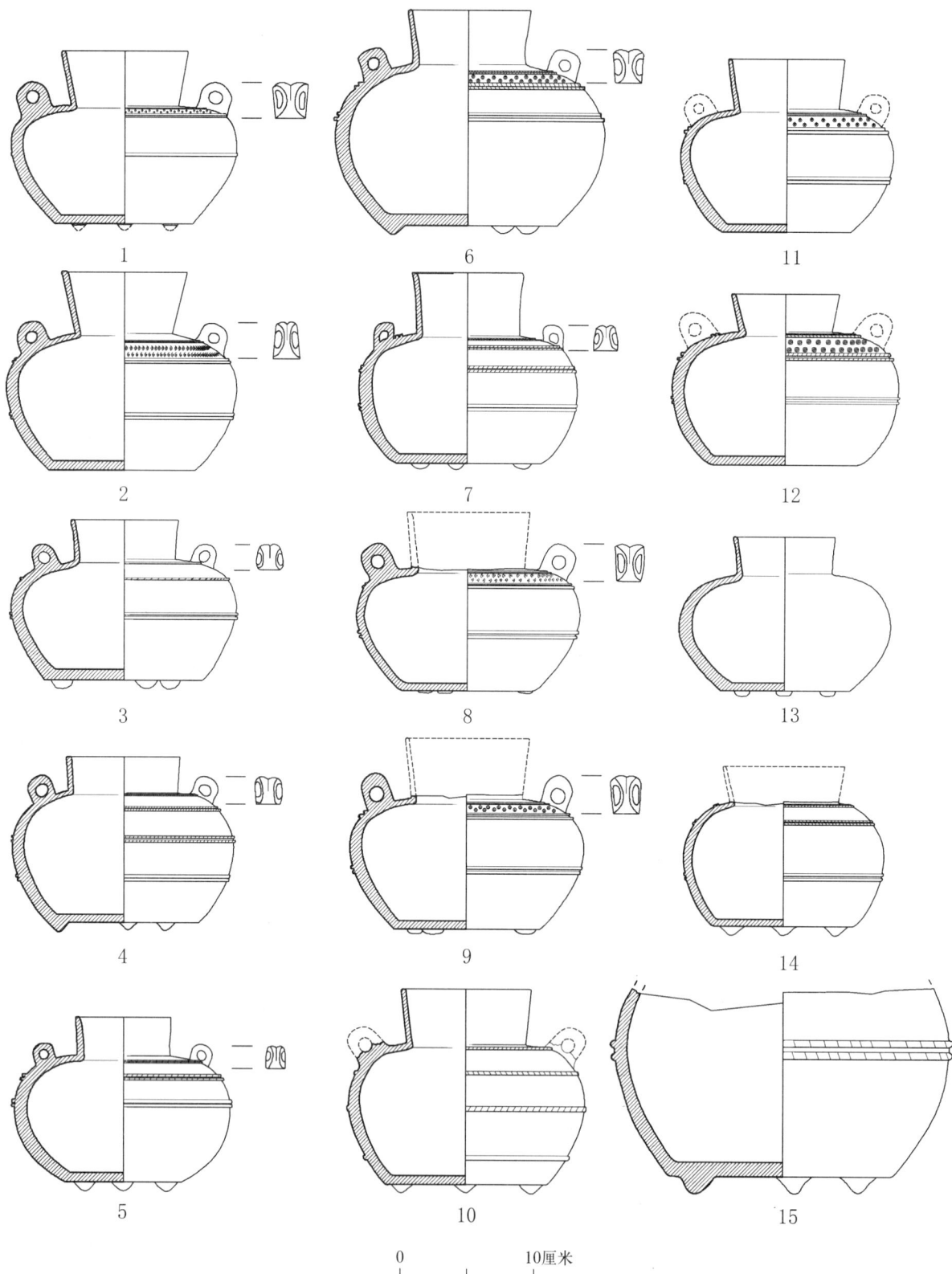

0　　　　　　　10厘米

图三〇二　J1Q③夹砂、泥质陶器

1~15.壶（J1Q③：7、J1Q③：31、J1Q③：24、J1Q③：25、J1Q③：26、J1Q③：32、J1Q③：34、J1Q③：5、
J1Q③：11、J1Q③：22、J1Q③：33、J1Q③：9、J1Q③：27、J1Q③：16、J1Q③：51）

0.5、通高12.6厘米（图三〇二，4；图版四九，4）。

标本J1Q③：26　灰黑陶，局部灰白色。高领微侈，鼓腹，牛鼻耳。器表饰三组成对突棱，第一组突棱表面饰右斜向平行划纹，第二组突棱表面饰左斜向平行划纹。口径7.4、底径8.8、足高0.4、通高12.6厘米（图三〇二，5；图版四九，5）。

标本J1Q③：27　黑陶。高领微侈，鼓腹，无饰耳。素面。口径7.6、底径9.6、通高11.6厘米（图三〇二，13）。

标本J1Q③：32　灰黑陶，局部灰白色。高领微侈，鼓腹。牛鼻耳。器表饰三组成对突棱，肩部与腹部突棱之间饰戳印同心圆纹，腹部可见明显的竹刀痕。口径9.2、底径13.2、足高0.6、通高16.3厘米（图三〇二，6；图版五〇，1）。

标本J1Q③：34　灰黑陶。高领微侈，鼓腹。牛鼻耳器表饰三组成对突棱。口径8.4、底径10.9、足高0.4、通高14.2厘米（图三〇二，7；图版五〇，2）。

单独的口部陶片标本残甚未选取，底部标本选取1件。

底

1件。上腹及口部残缺。

标本J1Q③：51　黑陶。鼓腹。器表可见一组突棱。底径16.8、足高1.2、残高15.0厘米（图三〇二，15）。

罐

共32件。包含完整器、口沿及底三类标本。

完整者

共20件。

标本J1Q③：2　泥质陶，灰胎黑衣。直口外倾，弧腹，肩腹交界处突出。环耳，平底。饰细绳纹并被数道轮旋纹抹断，颈部绳纹抹平。口径10.8、底径9.8、高13.4厘米（图三〇三，1；图版五一，6）。

标本J1Q③：3　泥质黑陶，磨光。直口稍残。突肩，深斜腹，双复系贯耳，大平底。素面。内壁有比较明显的轮旋痕迹。口径13.3、底径17.4、高19.0厘米（图三〇四，4；图版五四，1）。

标本J1Q③：4　泥质黑陶，磨光。直口，突肩，弧腹较深，双复系贯耳，平底。素面。内壁有比较明显的轮旋痕迹。口径12.8、底径17.2、高17.6厘米（图三〇四，5；彩版二九，5）。

标本J1Q③：6　泥质黑陶。耳残。直口，弧腹，肩腹交界处突出，平底。饰绳纹并被数道轮旋纹抹断。口径10.7、底径9.6、高11.6厘米（图三〇三，2；图版五三，6）。

标本J1Q③：10　泥质陶，灰胎黑衣。敛口，鼓腹，贯耳，平底。饰数道曲折形暗纹。口径10.2、底径7.5、高10.6厘米（图三〇四，3；彩版二九，6）。

标本J1Q③：12　泥质灰陶。窄平沿，方唇，斜颈。弧腹，肩腹交界处突出，环耳，平底。饰绳纹并被数道轮旋纹抹断，颈部绳纹抹平。口径13.5、底径12.6、高16.0厘米（图三〇三，7；图版五二，1）。

图三○三　J1Q③夹砂、泥质陶器

1~15.罐（J1Q③：2、J1Q③：6、J1Q③：14、J1Q③：23、J1Q③：19、J1Q③：17、J1Q③：12、J1Q③：18、
J1Q③：15、J1Q③：21、J1Q③：28、J1Q③：35、J1Q③：29、J1Q③：13、J1Q③：36）

　　标本J1Q③：13　泥质灰陶。直口，鼓腹，环耳，平底。饰绳纹并被三道轮旋纹抹断。口径11.4、底径10.6、高16.4厘米（图三○三，14；彩版三○，1）。

　　标本J1Q③：14　泥质黑陶。直口微卷，扁鼓腹，环耳，平底。饰绳纹并被数道轮旋纹抹断。口径11.4、底径10.6、高13.0厘米（图三○三，3；图版五二，2）。

标本J1Q③：15　泥质灰陶。窄平沿，圆方唇，弧腹肩部较鼓。环耳，平底。饰绳纹并被数道轮旋纹抹断。口径12.2、底径12.4、高16.0厘米（图三〇三，9；图版五二，3）。

标本J1Q③：17　泥质黑陶。直口微侈，弧腹，肩腹交界处突出，环耳，平底微内凹。饰绳纹被数道轮旋纹间断。口径12.8、底径12.8、高15.4厘米（图三〇三，6；图版五二，4）。

标本J1Q③：18　泥质黑陶。直口微卷，弧腹，肩腹交界处突出，环耳，平底。饰绳纹并被数道轮旋纹抹断。口径12.4、底径11.2、高15.6厘米（图三〇三，8；图版五二，5）。

标本J1Q③：19　泥质灰陶。直口，鼓腹，环耳，平底。饰绳纹并被三道弦纹抹断。口径11.8、底径10.8、高14.0厘米（图三〇三，5；图版五二，6）。

标本J1Q③：20　泥质灰陶。敛口，斜颈，折肩，深垂腹，圜底。饰绳纹，并被数道轮旋纹抹断，局部绳纹交错。口径9.8、高18.6厘米（图三〇四，2；图版五四，2）。

标本J1Q③：21　泥质灰黑陶。耳残。卷平沿，方唇。长弧颈，圆肩弧腹，平底。饰绳纹并被数道轮旋纹抹断，颈部绳纹抹平。口径15.8、底径10.9、高19.8厘米（图三〇三，10；图版五三，5）。

标本J1Q③：23　泥质黑陶。直口，鼓腹，环耳，平底。饰绳纹并被数道轮旋纹抹断。口径10.8、底径9.2、高14.6厘米（图三〇三，4；彩版三〇，2）。

标本J1Q③：28　泥质黑陶。直口，弧腹，肩腹部较突出。环耳，平底。饰绳纹并被数道轮旋纹抹断。口径11.2、底径10.6、高13.2厘米（图三〇三，11；图版五三，1）。

标本J1Q③：29　泥质黑陶。窄平沿，圆唇，斜颈。弧腹，肩腹部较突出。环耳，平底。饰绳纹并被数道轮旋纹抹断。口径12.2、底径11.8、高15.4厘米（图三〇三，13；图版五三，2）。

标本J1Q③：30　泥质灰黑陶。敛口，尖圆唇，鼓腹，大平底。饰方格纹。口径12.4、底径17.6、高18.4厘米（图三〇四，1；彩版三〇，3）。

标本J1Q③：35　泥质灰黑陶。窄平沿，尖圆唇。扁鼓腹，环耳，平底。饰绳纹并被数道轮旋纹抹断。口径12.2、底径12.6、高14.0厘米（图三〇三，12；图版五三，3）。

标本J1Q③：36　泥质黑陶。直口微卷，鼓腹，环耳，平底。饰绳纹并被数道弦纹抹断。口径13.0、底径11.2、高16.4厘米（图三〇三，15；图版五三，4）。

口沿

5件。

标本J1Q③：43　泥质黑陶。口沿下残缺。直口微侈，鼓腹。肩部饰暗纹。口径12.8、高6.4厘米（图三〇五，1）。

标本J1Q③：45　泥质灰黑陶。口沿下残缺。卷折沿，矮弧颈。饰间断绳纹。口径18.6、高6.4厘米（图三〇五，2）。

标本J1Q③：49　泥质灰黑陶。底部残。敛口，贯耳。器表可见因轮旋形成的凸棱。口径8.0、高8.8厘米（图三〇五，5）。

标本J1Q③：52　泥质灰陶。口沿下残缺。窄折沿，矮束颈，鼓腹。饰间断绳纹，颈部绳纹抹平。口径15.4、高8.4厘米（图三〇五，3）。

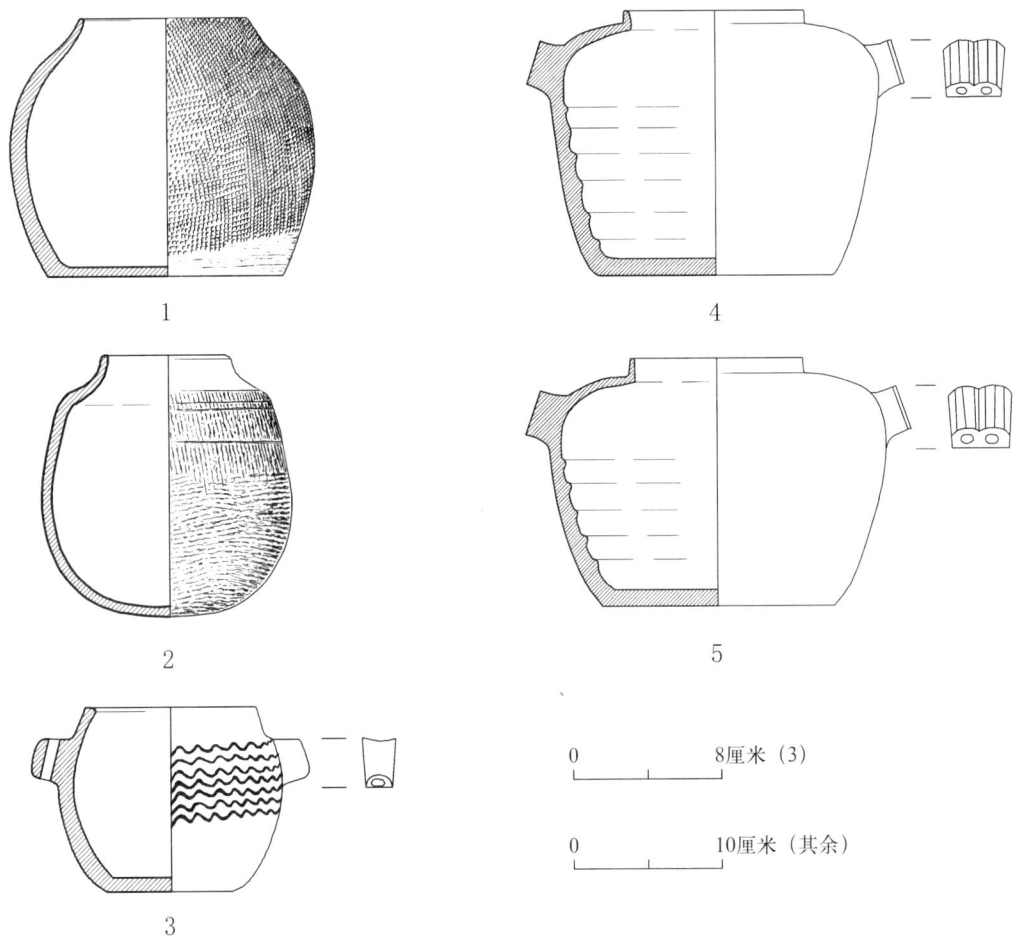

图三〇四　J1Q③夹砂、泥质陶器

1~5.罐（J1Q③：30、J1Q③：20、J1Q③：10、J1Q③：3、J1Q③：4）

　　标本J1Q③：53　泥质灰陶。口沿下残缺。窄平沿，斜颈，鼓腹。饰间断绳纹。口径12.4、高8.8厘米（图三〇五，4）。

　　底

　　7件。

　　标本J1Q③：41　泥质黑陶。肩腹以上残。弧腹，平底。饰间断绳纹。底径12.8、高12.3厘米（图三〇五，8）。

　　标本J1Q③：42　泥质灰黑陶。鼓腹，平底。饰间断绳纹。底径12.8、高12.2厘米（图三〇五，10）。

　　标本J1Q③：44　泥质灰黑陶，肩腹交界处磨光。弧腹，平底。饰间断绳纹。底径10.6、高12.2厘米（图三〇五，9）。

　　标本J1Q③：46　泥质灰陶。弧腹，平底。饰间断绳纹。底径12.8、高12.0厘米（图三〇五，11）。

　　标本J1Q③：47　泥质灰陶。鼓腹，环耳，平底。饰间断绳纹。底径12.0、高11.4厘米（图三〇五，6）。

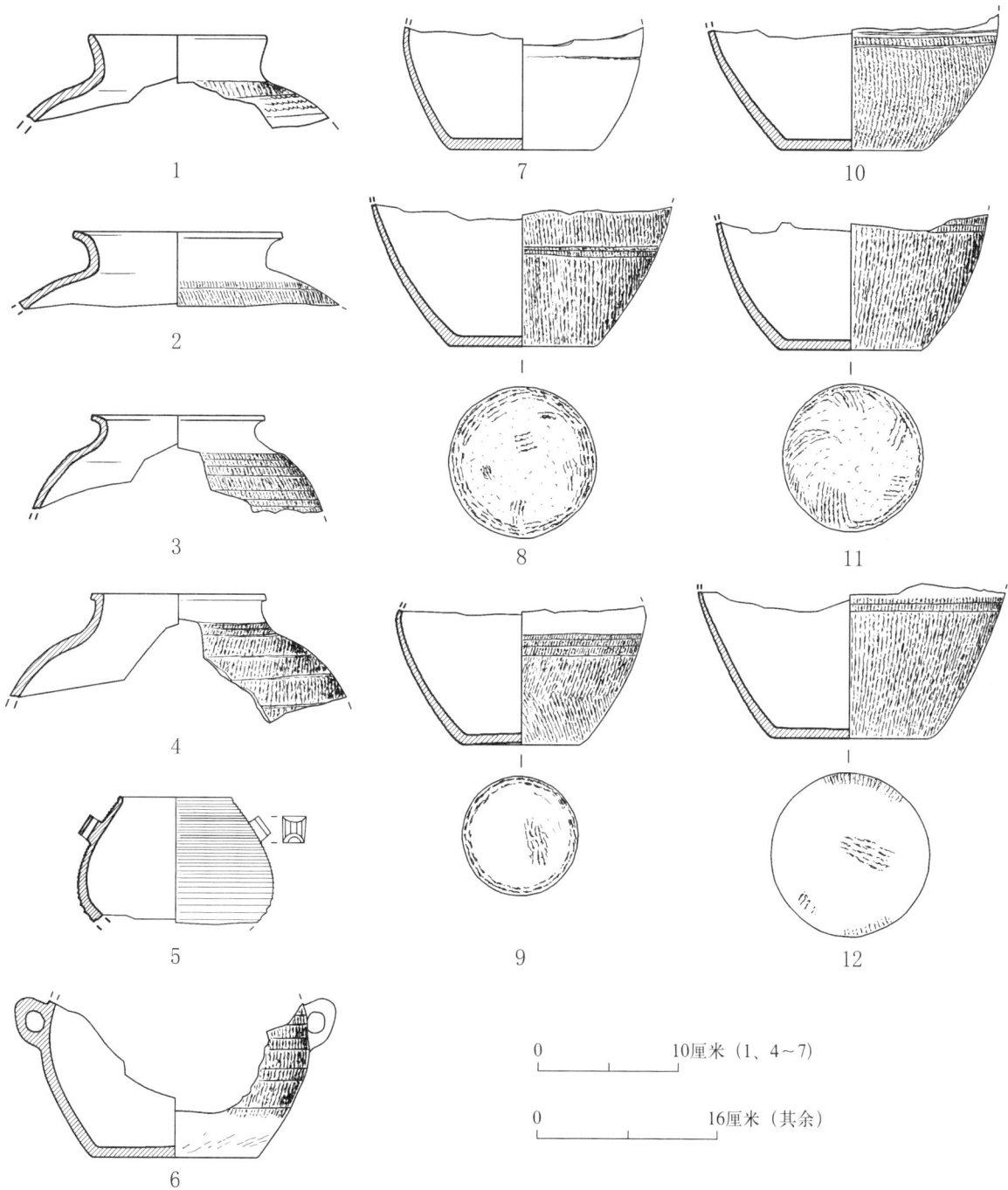

图三〇五　J1Q③夹砂、泥质陶器

1～5.罐口沿（J1Q③：43、J1Q③：45、J1Q③：52、J1Q③：53、J1Q③：49）　6～12.罐底（J1Q③：47、
J1Q③：50、J1Q③：41、J1Q③：44、J1Q③：42、J1Q③：46、J1Q③：48）

标本J1Q③：48　泥质灰陶，肩腹交界处磨光。弧腹，平底。饰间断绳纹。底径14.0、高12.8厘米（图三〇五，12）。

标本J1Q③：50　泥质黑陶。磨光，平底，底径10.4、高8.4厘米（图三〇五，7）。

网坠

两端及中部有凹槽。3件。

标本J1Q③：38　泥质红陶，胎质坚硬。扁椭圆形。素面。长8.0、宽4.6、厚3.8厘米（图三〇一，5；图版六四，8）。

标本J1Q③：39　泥质红陶。扁圆方形。素面。长6.5、宽4.1、厚3.1厘米（图三〇一，6；图版六四，9）。

标本J1Q③：40　泥质红陶。残。扁圆形。素面。残长6.8、宽4.9、厚2.2厘米（图三〇一，7）。

第④层

深自10.0～11.8米。土色灰黑，土质湿软。在深10.0米～10.8米处堆积中分布大量石块。该层出土大量陶片，动植物标本也较多，亦有石器出土。据统计出土陶片共985片，以夹砂、泥质陶为主，少量硬陶，原始瓷极少。石器器类有锛。原始瓷器器类有豆和碗。陶器以夹砂、泥质陶为主，亦有少量硬陶。陶器器类有鬲、鼎、豆、壶、盆、罐、碗、纺轮、网坠和圆陶片等。介绍如下。

1. 石器

1件。器类为锛。

标本J1Q④：18　绿砂岩。磨制，刃部有使用痕迹。长7.8、宽3.6、厚2.8厘米（图三〇六，1）。

2. 陶器

选取标本均为夹砂、泥质陶器，共27件。器类有鬲、鼎、豆、罐、纺轮、网坠、圆陶片等。

鬲

1件。仅见鬲足。

标本J1Q④：26　夹砂灰褐陶。高柱足，足窝较浅。素面。高10.6厘米（图三〇六，2）。

鼎

2件。仅见鼎足。

标本J1Q④：27　夹砂红陶。平面三角形，剖面椭圆形。素面。高13.6厘米（图三〇六，4）。

标本J1Q④：28　夹砂红褐陶。平面梯形，足两侧内曲。素面。高12.0厘米（图三〇六，3）。

豆

1件。仅见豆柄。

标本J1Q④：25　泥质黑陶，磨光。喇叭形大圈足。素面。底径14.7、高12.6厘米（图三〇六，5）。

罐

共17件。分较完整者、口沿、底三类标本。

较完整者共11件，可分平底附三乳钉足者和平底不附足者两类。

平底附三乳钉足者

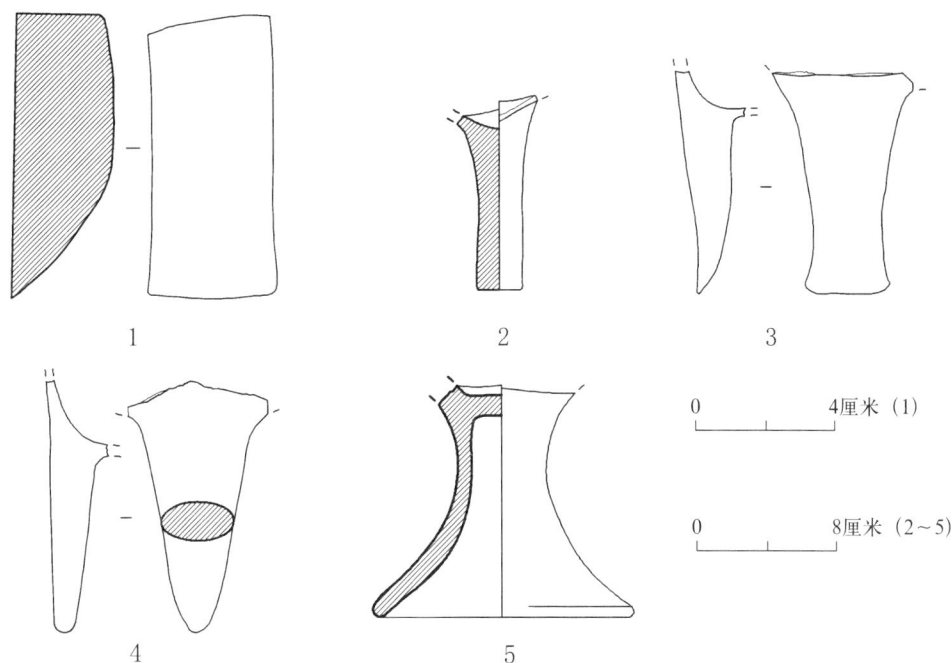

图三〇六　J1Q④石器、陶器

1.石锛（J1Q④：18）　2.陶鬲足（J1Q④：26）　3、4.陶鼎足（J1Q④：28、J1Q④：27）　5.陶豆（J1Q④：25）

2件。

标本J1Q④：10　泥质陶，灰胎黑衣。环耳部分残缺。直口微卷，方唇。垂腹，腹深较小。肩部饰两组轮旋纹，轮旋纹之间饰平行戳印纹。口径10.8、底径14.4、足高0.3、通高13.2厘米（图三〇七，8）。

标本J1Q④：11　泥质黑陶。直口微卷，圆方唇。扁鼓腹，贯耳。器表可见多道因轮旋形成的突棱。口径7.6、底径10.4、足高1.0、通高10.5厘米（图三〇七，11；彩版二九，2）。

平底不附足者

9件。

标本J1Q④：1　泥质陶，灰胎黑衣。折沿，方唇，缩颈。弧腹，肩腹交界处突出。环耳。腹收较缓，平底。饰绳纹被多道轮旋纹间断。口径14.9、底径14.4、高19.1厘米（图三〇七，1；图版五一，1）。

标本J1Q④：2　泥质陶，灰胎黑衣。微卷沿，圆方唇。扁弧腹，腹部突出。贯耳。大平底。肩部有多道细轮旋纹，其他位置光素。口径11.8、底径13.8、高12.0厘米（图三〇七，9；彩版二九，1）。

标本J1Q④：3　泥质黑陶.窄平沿，圆方唇。短斜颈，扁鼓腹。环耳，平底。饰绳纹被多道轮旋纹间断。口径12.4、底径11.4、高12.8厘米（图三〇七，5；图版五〇，6）。

标本J1Q④：4　泥质陶，灰胎黑衣。微卷沿，圆唇。扁弧腹，腹部突出。贯耳。大平底。颈部饰纵向暗纹，其他位置光素。口径12.0、底径14.4、高10.8厘米（图三〇七，10；图版五〇，5）。

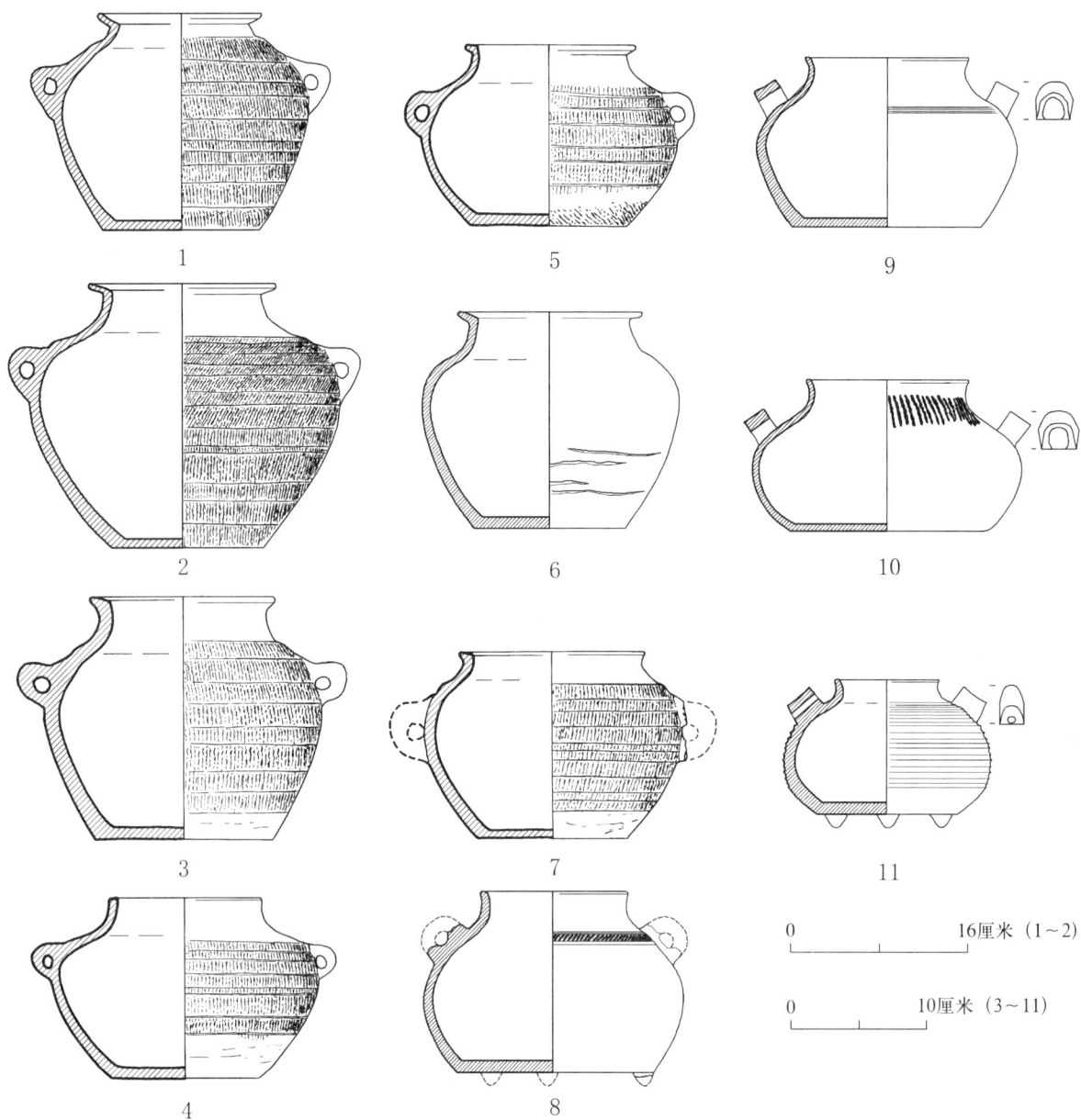

图三〇七　J1Q④夹砂、泥质陶器

1~11.罐（J1Q④：1、J1Q④：5、J1Q④：9、J1Q④：6、J1Q④：3、J1Q④：8、J1Q④：7、J1Q④：10、J1Q④：2、
J1Q④：4、J1Q④：11）

　　标本J1Q④：5　泥质陶，红胎黑衣。折沿，方唇。束颈，颈短斜。深弧腹，肩部突出。环耳。平底。饰绳纹被多道轮旋纹间断。口径17.0、底径14.0、高23.2厘米（图三〇七，2；图版五一，2）。

　　标本J1Q④：6　泥质陶，红胎灰黑衣。直口微敛，浅弧腹，肩部突出。环耳，平底。饰绳纹被多道轮旋纹间断。口径11.4、底径10.8、高13.0厘米（图三〇七，4；图版五一，3）。

　　标本J1Q④：7　泥质陶，红黄胎黑衣。仰折沿，沿面较窄。扁鼓腹，环耳部分残缺。平底。

饰绳纹被多道轮旋纹间断，颈部绳纹抹平。绳纹较粗。口径13.6、底径10.8、高13.2厘米（图三〇七，7；图版五一，4）。

标本J1Q④：8　泥质灰陶，磨光。折沿，斜方唇，短斜颈。深弧腹，肩部突出。环耳，平底。器表可见数道划痕。口径13.6、底径10.8、高15.4厘米（图三〇七，6；彩版二九，3）。

标本J1Q④：9　泥质陶，灰胎黑衣。仰折沿，尖圆唇，束颈。弧腹，肩部较鼓。环耳，平底。饰绳纹被多道轮旋纹间断。口径13.7、底径13.0、高17.2厘米（图三〇七，3；图版五一，5）。

口沿

3件。

标本J1Q④：20　泥质灰陶。卷折沿，圆唇，束颈，肩部较鼓。饰间断绳纹，颈部绳纹抹平。口径16.2、高8.4厘米（图三〇八，1）。

标本J1Q④：22　泥质灰陶。折沿，方唇，束颈，肩部较鼓。饰间断绳纹。口径14.0、高8.4厘米（图三〇八，2）。

标本J1Q④：23　泥质灰陶。窄折沿，方唇，束颈，肩部较鼓。饰间断绳纹，颈部绳纹抹平。口径15.5、高10.1厘米（图三〇八，3）。

底

3件。

标本　J1Q④：19　夹砂灰黑陶。弧腹，平底。腹表局部磨光。饰间断绳纹。底径12.8、高12.0厘米（图三〇八，5）。

标本　J1Q④：21　夹砂灰黑陶。弧腹，平底。饰间断绳纹，底径16.0、高10.8厘米（图三〇八，4）。

标本J1Q④：24　泥质灰陶。弧腹，平底。饰间断绳纹。底径13.6、高11.4厘米（图三〇八，6）。

纺轮

1件。

标本J1Q④：13　泥质红陶，胎质坚硬。算珠形。正反两面为平面，中有圆孔。外径5.2、孔径0.8、厚2.1厘米（图三〇八，8；图版五四，5）。

网坠

4件。两端及中部有凹槽。

标本J1Q④：14　残。泥质红褐陶。扁圆形。素面。残长6.2、宽4.0、厚2.4厘米（图三〇八，11）。

标本J1Q④：15　泥质红陶。扁方形。素面。长6.3、宽3.9、厚1.9厘米（图三〇八，9；图版六四，6）。

标本J1Q④：16　残。泥质红陶。扁方形。素面。残长4.2、宽3.8、厚2.1厘米（图三〇八，12）。

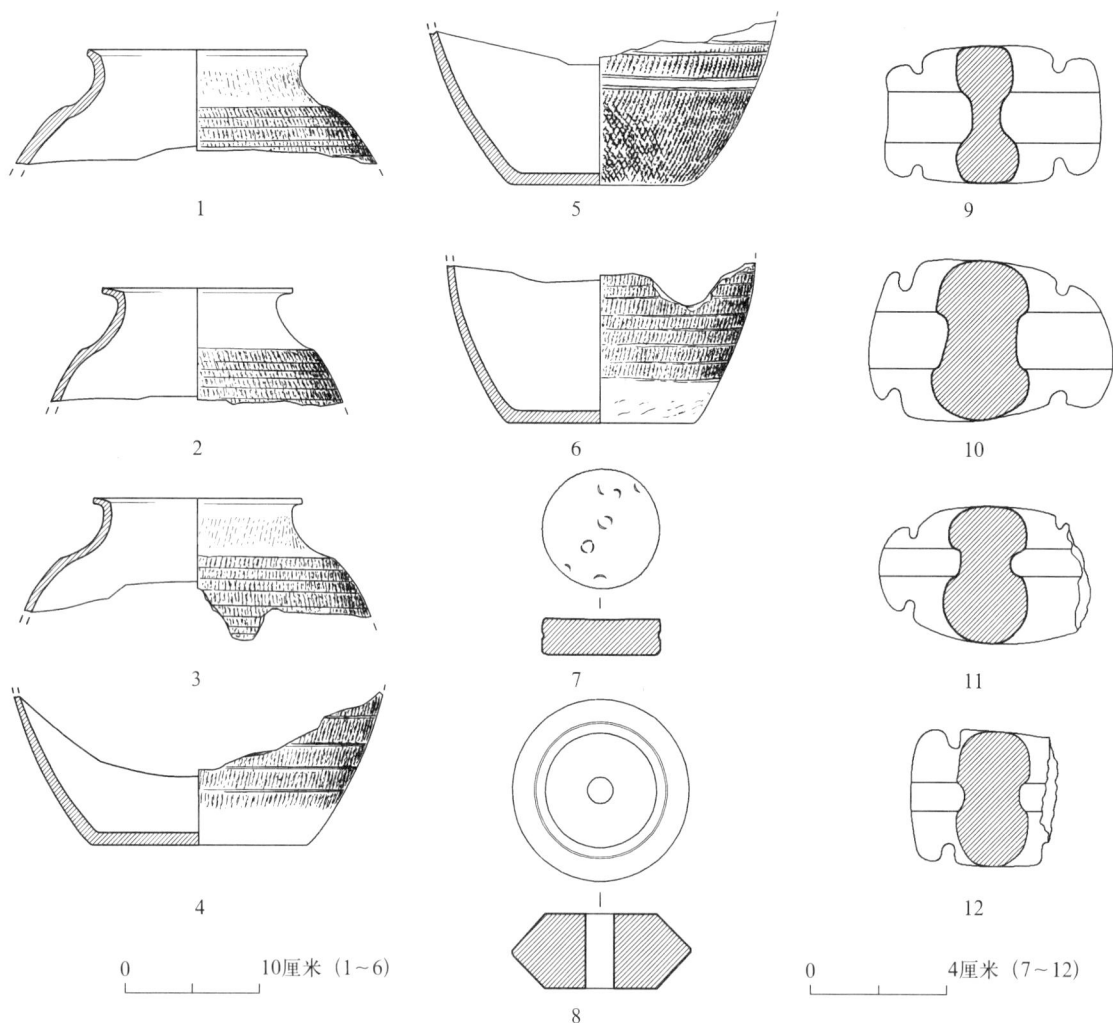

图三〇八　J1Q④夹砂、泥质陶器

1~3.罐口沿（J1Q④：20、J1Q④：22、J1Q④：23）　4~6.罐底（J1Q④：21、J1Q④：19、J1Q④：24）　7.圆陶片（J1Q④：12）　8.纺轮（J1Q④：13）　9~12.网坠（J1Q④：15、J1Q④：17、J1Q④：14、J1Q④：16）

标本J1Q④：17　泥质红陶。不规则扁圆形。素面。长7.2、宽4.6、厚3.1厘米（图三〇八，10；图版六四，7）

圆陶片

1件。

标本J1Q④：12　泥质红陶。周边有凹槽。正面饰不规则指捺纹。直径3.4、厚1.0厘米（图三〇八，7；图版五四，6）。

第⑤层

深自11.8~14.8米。土色灰黑。土质较黏软。包含物相较纯净，以陶片为主，另可见龟甲、兽牙（图版六六，3）、菌类、树枝（图版六七，3）和桃核（图版六七，4）等动植物遗存。出土的文化遗物较多，包括陶器、铜器、鹿角器、卜甲和木器等。陶器完整者较多，碎陶片数量相较第④、

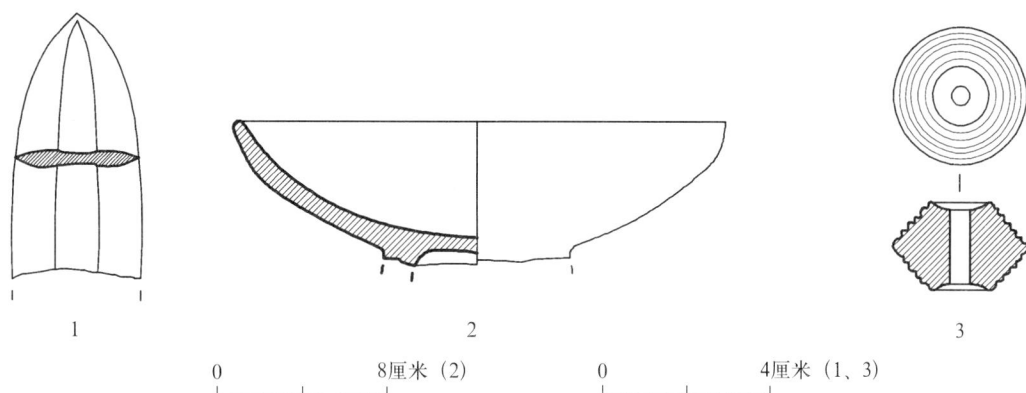

图三〇九　J1Q⑤铜器、陶器

1.铜剑（J1Q⑤：57）　2.陶豆（J1Q⑤：61）　3.陶纺轮（J1Q⑤：58）

第③层有所下降。据统计，共出土陶片675块。以夹砂、泥质陶较多，少量硬陶，极少原始瓷。夹砂、泥质陶中以泥质陶居多。铜器器类有剑。陶器器类有鬲、豆、罐和纺轮等。介绍如下。

1. 铜器

1件。器类为剑。

剑

1件。

标本J1Q⑤：57　残。剑首及剑身不存，仅存前锋。双刃较平直，前锋收狭，中有较宽血槽。长6.0、宽3.0、厚0.3厘米（图三〇九，1；图版五五，8）。

2. 陶器

共选取夹砂、泥质陶标本68件。器类有豆、罐和纺轮，绝大部分为罐。

豆

1件。仅见豆盘。

标本J1Q⑤：61　泥质黑陶，磨光。敞口，圆唇，浅弧腹。素面。口径23.2、高6.4厘米（图三〇九，2）。

罐

共65件。包含较完整者、口沿及底三类标本。

较完整者

55件。

标本J1Q⑤：1　泥质灰陶。折沿近平，方唇。缩颈，扁鼓腹。环耳，小平底。饰绳纹被多道轮旋纹间断，颈部绳纹抹平。口径11.8、底径8.8、高13.6厘米（图三一〇，1；图版三六，6）。

标本J1Q⑤：2　泥质灰陶。仰折沿，扁鼓腹。环耳，平底。饰绳纹被多道轮旋纹间断。口径12.2、底径8.7、高14.4厘米（图三一〇，2；图版二八，1）。

标本J1Q⑤：3　泥质陶，红胎黑衣。窄折沿，方唇，束颈。弧腹，肩、腹部较鼓。环耳，平

图三一○　J1Q⑤夹砂、泥质陶器

1～13.罐（J1Q⑤：1、J1Q⑤：2、J1Q⑤：3、J1Q⑤：5、J1Q⑤：8、J1Q⑤：9、J1Q⑤：11、J1Q⑤：22、J1Q⑤：25、
J1Q⑤：31、J1Q⑤：21、J1Q⑤：23、J1Q⑤：32）

底。饰绳纹被多道轮旋纹间断，颈部绳纹抹平。口径14.5、底径11.2、高14.8厘米（图三一○，3；
图版三八，2）。

标本J1Q⑤：4　泥质灰陶。仰折沿，束颈，扁鼓腹。环耳，平底。饰绳纹被多道轮旋纹间断。
口径15.2、底径12.4、高16.8厘米（图三一一，1；图版三八，3）。

标本J1Q⑤：5　泥质陶，红灰胎黑衣。卷折沿，斜方唇，矮束颈。深弧腹，肩腹部鼓出。环耳，平底。饰绳纹被多道轮旋纹间断。口径12.8、底径10.0、高15.2厘米（图三一〇，4；图版三八，4）。

标本J1Q⑤：6　泥质陶，灰胎，器表大部黑色，局部灰色。卷折沿，方唇，矮束颈。深弧腹，肩部鼓出。环耳，平底。饰绳纹被多道轮旋纹间断，颈部绳纹抹平。口径14.0、底径9.0、高17.9厘米（图三一一，2；图版三八，5）。

标本J1Q⑤：7　泥质陶，橘红胎灰黑衣。宽折沿，圆方唇，缩颈。弧腹，肩腹部鼓出。环耳，平底。饰绳纹被多道轮旋纹间断，颈部绳纹抹平。口径14.0、底径11.0、高18.0厘米（图三一一，3；图版三八，6）。

标本J1Q⑤：8　夹砂陶，灰胎黑衣。折沿近平，方唇。束颈，颈短斜。弧腹，肩部较鼓。环耳，平底。饰绳纹，颈部有抹平迹象。口径12.0、底径10.2、高15.2厘米（图三一〇，5；图版三九，1）。

标本J1Q⑤：9　泥质陶，灰胎黑衣。卷折沿，圆方唇。束颈，弧颈相较高。深弧腹，肩部鼓出。环耳，平底。饰绳纹被多道轮旋纹间断，颈部绳纹抹平。口径19.2、底径14.4、高25.6厘米（图三一〇，6；图版三九，2）。

标本J1Q⑤：10　泥质陶，灰胎黑衣。仰折沿，尖唇。缩颈，圆鼓腹。环耳，平底。饰绳纹被多道轮旋纹间断。口径11.2、底径11.2、高17.2厘米。（图三一一，4；图版三九，3）

标本J1Q⑤：11　泥质陶，灰胎黑衣。卷折沿，方唇，矮束颈。弧腹，肩腹部较鼓。耳残，平底。饰绳纹被多道轮旋纹间断，颈部绳纹抹平。口径19.0、底径16.0、高21.8厘米（图三一〇，7）。

标本J1Q⑤：12　泥质陶，灰胎黑衣，器表磨光。微卷沿，圆唇。扁弧腹，贯耳，大平底。肩部可见多道细轮旋纹，颈部饰交错暗纹。口径12.9、底径12.2、高12.0厘米（图三一三，6；彩版二七，5）。

标本J1Q⑤：13　泥质陶，灰胎黑衣。个体较小。折沿，尖方唇，束颈。扁弧腹，环耳，平底。饰绳纹被四道轮旋纹间断。口径10.8、底径7.0、高8.6厘米（图三一三，12；图版三九，4）。

标本J1Q⑤：14　泥质陶，红灰胎黑衣。卷折沿，尖唇，束颈。深鼓腹，环耳，平底。饰绳纹被三道轮旋纹间断。口径14.4、底径10.7、高17.2厘米（图三一一，5；图版三九，5）。

标本J1Q⑤：15　夹砂灰陶，器表局部黑色。窄折沿，方唇，束颈。弧腹较鼓，环耳，平底。饰绳纹被多道轮旋纹间断。口径12.8、底径10.8、高17.0厘米（图三一一，6；图版三九，6）。

标本J1Q⑤：16　泥质陶，灰胎，器表大部灰色局部黑色。仰折沿，尖唇，短斜颈。圆鼓腹，环耳，平底。饰绳纹被细密轮旋纹间断。口径12.4、底径9.0、高17.2厘米（图三一一，7；图版四〇，1）。

标本J1Q⑤：17　夹砂灰陶。折沿，方唇，束颈。深弧腹，肩腹部鼓出。环耳，平底。饰绳纹被多道轮旋纹间断。口径13.2、底径9.6、高16.8厘米（图三一一，8；图版四〇，2）。

图三一一　J1Q⑤夹砂、泥质陶器

1～15.罐（J1Q⑤：4、J1Q⑤：6、J1Q⑤：7、J1Q⑤：10、J1Q⑤：14、J1Q⑤：15、J1Q⑤：16、J1Q⑤：17、
J1Q⑤：19、J1Q⑤：20、J1Q⑤：24、J1Q⑤：27、J1Q⑤：33、J1Q⑤：36、J1Q⑤：40）

　　标本J1Q⑤：18　泥质灰陶。卷折沿，圆唇，束颈，扁弧腹。环耳残，平底。饰绳纹。口径17.0、底径10.8、高15.0厘米（图三一三，14）。

　　标本J1Q⑤：19　泥质灰陶，窄斜沿，方唇，束颈。弧腹，肩腹部较鼓，环耳部分残缺。平底。饰绳纹被多道轮旋纹间断，颈部绳纹抹平。口径16.0、底径12.0、高18.7厘米（图三一一，9；图版四〇，3）。

标本J1Q⑤：20　泥质陶，灰白胎灰黑衣。窄斜沿，圆方唇。束颈，颈短斜。弧腹，肩腹交界处较突出。环耳，大平底。饰绳纹被多道轮旋纹间断，颈部绳纹抹平。口径13.8、底径14.0、高18.6厘米（图三一一，10；图版四〇，4）。

标本J1Q⑤：21　泥质陶，红黄胎灰衣。卷折沿，沿面较宽。尖方唇，束颈甚。深鼓腹，环耳，平底。饰交错绳纹被数道轮旋纹间断。口径20.0、底径14.0、高23.0厘米（图三一〇，11；图版四〇，5）。

标本J1Q⑤：22　泥质灰陶。折平沿，圆方唇，束颈。弧腹，肩腹交界处较鼓。环耳大部分残缺，平底。饰绳纹被细密轮旋纹间断。口径17.2、底径14.4、高21.4厘米（图三一〇，8）。

标本J1Q⑤：23　夹砂黄褐陶。宽折沿，斜方唇。束颈，颈斜长。深弧腹，肩部较突出。环耳，平底。饰绳纹被多道轮旋纹间断，颈部绳纹抹平。罐底错拍绳纹。口径19.6、底径15.6、高27.4厘米（图三一〇，12；图版四〇，6）。

标本J1Q⑤：24　夹砂陶，灰褐胎黑衣。折平沿，沿面较宽，方唇。扁弧腹，腹部突出。环耳，大平底。饰绳纹被多道轮旋纹间断。口径14.8、底径14.1、高15.4厘米（图三一一，11；图版四一，1）。

标本J1Q⑤：25　泥质陶，红胎黑衣。折平沿，斜方唇。束颈，颈短斜。扁弧腹，腹深很小，肩部特别突出。环耳，平底。饰绳纹被多道轮旋纹间断。口径13.0、底径9.8、高10.8厘米（图三一〇，9；图版四一，2）。

标本J1Q⑤：26　泥质陶，灰黄胎黑衣，陶衣部分脱落。微卷沿，圆唇。扁弧腹，贯耳，平底。肩部饰多道细密轮旋纹，颈部饰纵向暗纹。口径10.8、底径10.8、高10.4厘米（图三一三，7；图版三七，1）。

标本J1Q⑤：27　泥质陶，灰黄胎黑衣。宽折沿，圆方唇，束颈。深弧腹，肩部稍鼓。环耳，平底。饰绳纹被多道轮旋纹间断。口径12.4、底径10.0、高18.6厘米（图三一一，12；图版四一，3）。

标本J1Q⑤：28　泥质陶，灰胎黑衣，陶衣大部分脱落。捏制，口部平面呈椭圆形。卷沿，方唇，矮束颈。深鼓腹，环耳，平底。素面。口径9.0～11.0、底径8.3、高16.0厘米（图三一三，13；图版三七，5）。

标本J1Q⑤：29　泥质陶，灰胎黑衣，器表磨光。直口微侈，扁弧腹，肩腹交界处突出。贯耳，平底。肩部饰多道细密轮旋纹，颈部饰纵向暗纹。口径12.8、底径12.4、高11.9厘米（图三一三，8；图版三七，2）。

标本J1Q⑤：30　泥质陶，灰黄胎黑衣。直口，扁弧腹，肩部突出。贯耳，平底。肩部饰多道细密轮旋纹，颈部饰纵向暗纹。口径11.4、底径9.6、高10.4厘米（图三一三，9；图版三七，3）。

标本J1Q⑤：31　泥质灰陶。耳残。宽折沿，斜方唇，束颈。深弧腹，肩部突出。环耳，平底。饰绳纹被多道轮旋纹间断。口径16.0、底径12.2、高23.2厘米（图三一〇，10；图版四一，4）。

标本J1Q⑤：32　泥质灰陶。口部平面近椭圆形。折平沿，方唇，束颈。弧腹，肩腹交界处较

鼓。环耳，平底。饰绳纹被多道轮旋纹间断，颈部绳纹抹平。口径17.0～20.0、底径12.4、高19.0
厘米（图三一〇，13；图版四一，5）。

标本J1Q⑤：33　泥质灰陶。卷折沿，沿面较宽。尖方唇，束颈。深弧腹，肩部突出。环耳，大
平底。饰绳纹被多道轮旋纹间断，颈部绳纹抹平。口径14.0、底径11.6、高16.2厘米（图三一一，
13；图版四一，6）。

图三一二　J1Q⑤夹砂、泥质陶器

1～14.罐（J1Q⑤：34、J1Q⑤：37、J1Q⑤：38、J1Q⑤：39、J1Q⑤：43、J1Q⑤：44、J1Q⑤：46、J1Q⑤：47、
J1Q⑤：49、J1Q⑤：51、J1Q⑤：54、J1Q⑤：53、J1Q⑤：56、J1Q⑤：55）

标本J1Q⑤：34　泥质灰黑陶。平沿，斜方唇，束颈。深鼓腹，环耳，平底。饰绳纹被多道轮旋纹间断，颈、肩部隐约可见抹平的绳纹。口径11.4、底径9.0、高16.4厘米（图三一二，1）。

标本J1Q⑤：35　泥质陶，灰黄胎黑衣，器表磨光。卷沿，圆方唇，束颈。贯耳，平底。素面。颈部有抹痕。口径12.0、底径10.2、高13.6厘米（图三一三，10；图版三七，4）。

标本J1Q⑤：36　夹砂陶，灰白胎灰黑衣。宽卷沿，斜方唇，束颈甚。深弧腹，肩部较鼓。环耳，平底。饰绳纹被多道轮旋纹间断，颈部绳纹抹平。口径16.0、底径11.6、高20.2厘米（图三一一，14；彩版二七，6）。

标本J1Q⑤：37　泥质陶，灰胎黑衣。卷折沿，圆方唇，束颈。圆鼓腹，环耳，平底。饰绳纹被多道轮旋纹间断。口径13.0、底径9.8、高14.8厘米（图三一二，2；图版四二，1）。

标本J1Q⑤：38　泥质陶，灰胎黑衣，陶衣部分脱落。折沿近平，方唇，束颈，颈斜长。弧腹，肩腹交界处突出。环耳，平底。饰绳纹被多道轮旋纹间断，颈部绳纹抹平。口径16.1、底径13.8、高21.2厘米（图三一二，3；图版四二，2）。

标本J1Q⑤：39　泥质陶，灰胎灰黑衣。窄折沿，斜方唇，束颈。鼓腹，环耳，平底。饰交错绳纹被多道轮旋纹间断。口径16.1、底径12.0、高19.4厘米（图三一二，4；图版四二，3）。

标本J1Q⑤：40　泥质灰陶。折沿，方唇，束颈。肩腹部稍鼓，环耳，平底。饰绳纹被多道轮旋纹间断，颈部绳纹抹平。口径14.4、底径10.7、高18.5厘米（图三一一，15；图版四二，4）。

标本J1Q⑤：41　泥质陶，灰红胎黑衣。卷折沿，方唇，束颈甚。深鼓腹，环耳，平底。饰绳纹被多道轮旋纹间断。口径14.7、底径19.8、高17.4厘米（图三一三，1；图版四二，5）。

标本J1Q⑤：42　泥质陶，灰胎黑衣。折沿，圆方唇，矮束颈。深弧腹，肩腹交界处突出。环耳，平底。饰绳纹被多道轮旋纹间断，颈部绳纹抹平。口径14.6、底径11.5、高18.5厘米（图三一三，2；图版四二，6）。

标本J1Q⑤：43　泥质陶，灰胎黑衣，器表局部黄褐色。仰折沿，沿面较窄，尖圆唇。扁鼓腹，环耳，平底。饰绳纹被多道轮旋纹间断，颈部绳纹抹平。口径12.4、底径10.4、高14.0厘米（图三一二，5；图版四三，1）。

标本J1Q⑤：44　泥质灰陶，局部黄褐色。仰折沿，尖唇，束颈。深弧腹，肩部突出。环耳，平底。器表可见数道划痕。口径9.6、底径9.2、高14.0厘米（图三一二，6；图版四三，2）。

标本J1Q⑤：45　夹砂陶，红褐胎黑衣，陶衣绝大部分已脱落，从内壁看原应有黑陶衣。折沿，方唇，束颈。弧腹，肩腹交界处较鼓。环耳，平底。饰绳纹被多道轮旋纹间断。口径15.5、底径12.8、高17.1厘米（图三一三，3；图版四三，3）。

标本J1Q⑤：46　泥质陶，黄褐胎黑衣。折沿，尖方唇，束颈。扁鼓腹，环耳，平底。饰绳纹被多道轮旋纹间断，颈部绳纹抹平。口径13.6、底径10.2、高12.4厘米（图三一二，7；图版三七，6）。

标本J1Q⑤：47　泥质灰陶。折沿，尖方唇，束颈。深弧腹，大环耳，平底。饰绳纹被多道细密轮旋纹间断，颈部绳纹抹平。口径15.3、底径14.0、高22.2厘米（图三一二，8；图版四三，4）。

　　标本J1Q⑤：48　夹细砂陶，灰胎黑衣。卷折沿，沿面较宽，圆方唇，束颈甚。圆鼓腹，大环耳，平底。饰绳纹。口径15.8、底径11.9、高19.0厘米（图三一三，4；图版四三，5）。

　　标本J1Q⑤：49　泥质灰陶，黄褐胎。折沿，尖唇，束颈。扁鼓腹，环耳，平底。饰绳纹被七道

图三一三　J1Q⑤夹砂、泥质陶器

1~14.罐（J1Q⑤：41、J1Q⑤：42、J1Q⑤：45、J1Q⑤：48、J1Q⑤：52、J1Q⑤：12、J1Q⑤：26、J1Q⑤：29、
J1Q⑤：30、J1Q⑤：35、J1Q⑤：50、J1Q⑤：13、J1Q⑤：28、J1Q⑤：18）

轮旋纹间断，颈部绳纹抹平。口径11.4、底径10.8、高12.4厘米（图三一二，9；图版四三，6）。

标本J1Q⑤：50　泥质陶，灰黄胎黑衣，器表磨光。卷沿，方唇，束颈。鼓腹，环耳，平底。下腹饰绳纹被两道轮旋纹间断。口径12.0、底径9.6、高14.0厘米（图三一三，11；彩版二七，4）。

标本J1Q⑤：51　夹砂灰陶。折沿，方唇，束颈。深鼓腹，环耳，平底饰绳纹被多道轮旋纹间断。口径11.4、底径9.0、高14.9厘米（图三一二，10）。

标本J1Q⑤：52　夹砂陶，灰胎黑衣，器表局部黄褐色。折沿，圆唇，束颈。深鼓腹，环耳，平底。环耳位置特别靠上。饰绳纹被五道弦纹间断。口径15.0、底径10.8、高21.0厘米（图三一三，5；彩版二七，3）。

标本J1Q⑤：53　泥质陶，灰胎黑衣，器表磨光。卷折沿，沿面很宽。束颈甚，颈高弧。尖唇，深弧腹，肩部较鼓。环耳，平底，素面。口径12.0、底径9.4、高13.0厘米（图三一二，12；图版四四，1）。

标本J1Q⑤：54　夹细砂灰陶。折沿，圆方唇，束颈。鼓腹，环耳，平底。饰绳纹被多道细密轮旋纹间断。口径13.6、底径10.8、高14.8厘米（图三一二，11）。

标本J1Q⑤：55　夹砂陶，灰胎，器表黑色，局部红色。折沿，方唇，束颈。深弧腹，肩近折。环耳部分残缺，平底内凹。饰绳纹被四道轮旋纹间断，颈部绳纹抹平。口径11.4、底径9.3、高16.8厘米（图三一二，14；图版四四，2）。

标本J1Q⑤：56　夹砂灰陶。矮直口微侈，方唇。扁鼓腹，环耳，平底。饰绳纹。口径11.4、底径12.6、高12.6厘米（图三一二，13；图版四四，3）。

口沿

3件。均饰间断绳纹，颈部绳纹抹平。

标本J1Q⑤：60　夹砂黑陶。仰折沿，沿面很窄。尖唇，束颈。鼓腹，环耳。口径14.7、高11.2厘米（图三一四，1）。

标本J1Q⑤：67　泥质灰陶。仰折沿，沿面较窄。尖唇，束颈。弧腹，肩部较鼓。环耳。口径12.0、高10.8厘米（图三一四，2）。

标本J1Q⑤：69　泥质黑陶。仰折沿，沿面较窄。方唇，束颈。腹部较鼓。环耳。口径11.6、高8.3厘米（图三一四，5）。

底

7件。

标本J1Q⑤：59　泥质灰陶。腹部较鼓，平底。饰间断绳纹。底径12.4、高10.8厘米（图三一四，7）。

标本J1Q⑤：62　泥质灰陶。深弧腹，肩部较鼓。环耳，平底。饰间断绳纹。底径10.8、高17.6厘米（图三一四，3）。

标本J1Q⑤：63　夹砂灰陶。腹部较鼓，平底。饰绳纹，腹中部可见两道轮旋纹。底径11.2、高10.4厘米（图三一四，8）。

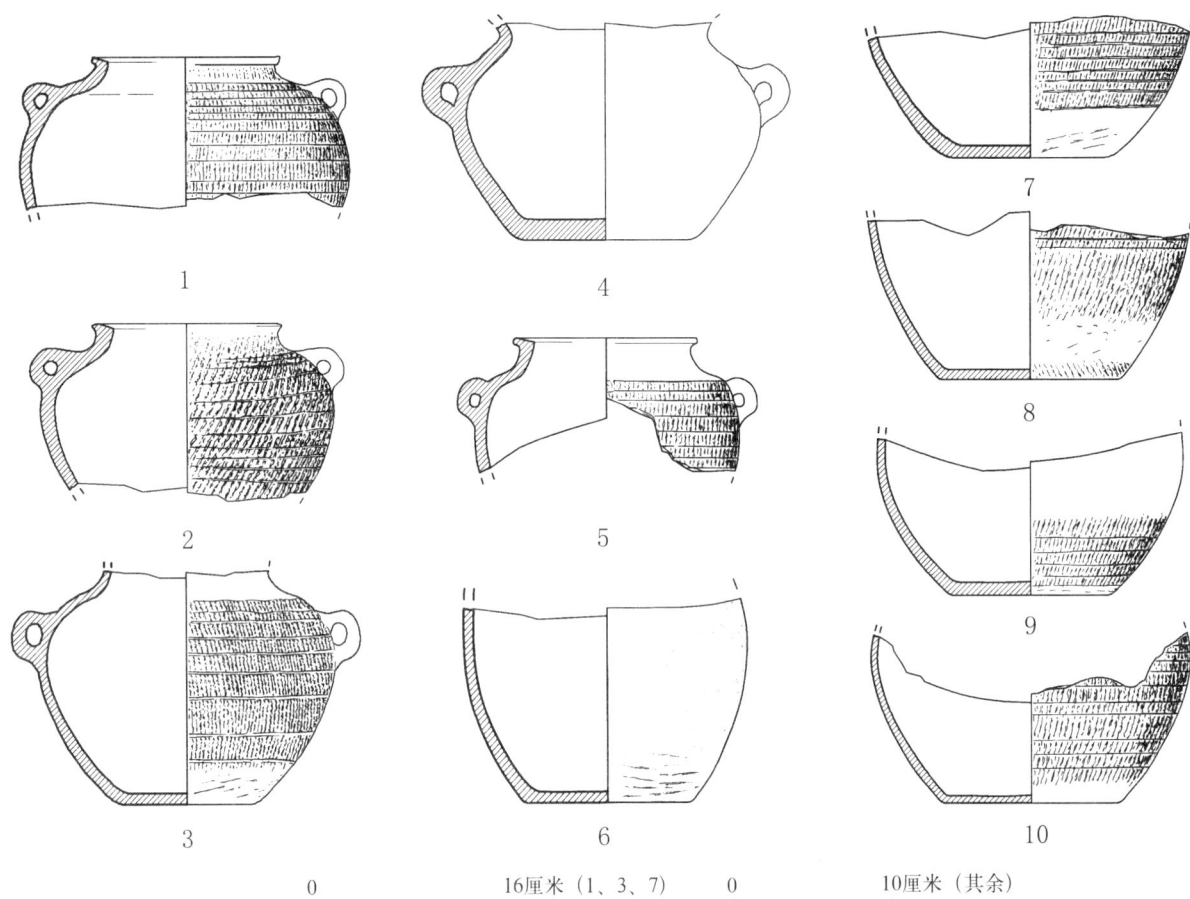

图三一四　J1Q⑤夹砂、泥质陶器

1、2、5.罐口沿（J1Q⑤：60、J1Q⑤：67、J1Q⑤：69）　3、4、6~10.罐底（J1Q⑤：62、J1Q⑤：68、J1Q⑤：64、

J1Q⑤：59、J1Q⑤：63、J1Q⑤：65、J1Q⑤：66）

　　标本J1Q⑤：64　泥质灰陶，胎质坚硬。深鼓腹，平底。素面。底径10.4、高12.4厘米（图三一四，6）。

　　标本J1Q⑤：65　泥质灰陶，胎质坚硬。鼓腹，腹中上部素面，下部饰间断绳纹。底径10.0、高10.0厘米（图三一四，9）。

　　标本J1Q⑤：66　泥质灰陶。鼓腹，平底。饰间断绳纹。底径11.2、高10.4厘米（图三一四，10）。

　　标本J1Q⑤：68　泥质灰黑陶。弧腹，肩腹交界处较鼓，平底。素面。底径11.1、高13.4厘米（图三一四，4）。

　　纺轮

　　1件。

　　标本J1Q⑤：58　泥质灰陶。算珠形。正反面内凹。斜面可见多道凸棱。外径3.2、孔径0.5、厚3.0厘米（图三〇九，3；图版六三，11）。

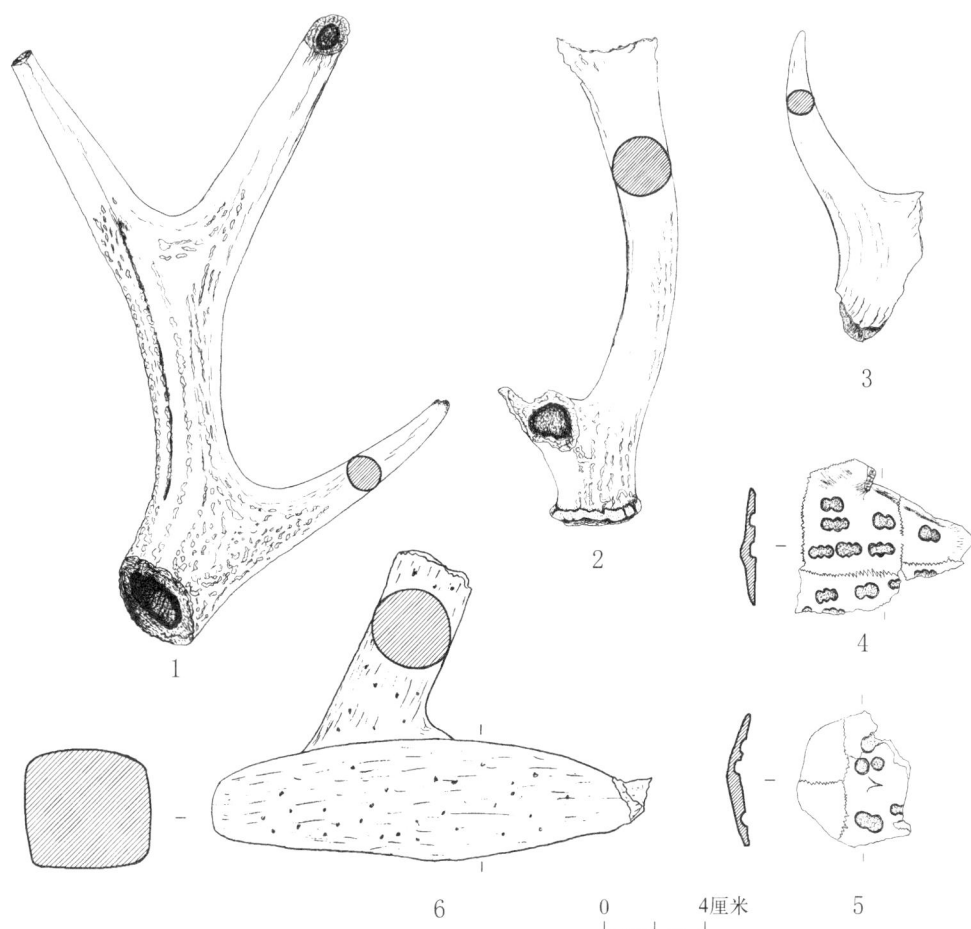

图三一五　J1Q⑤鹿角器、卜甲、木器

1～3.鹿角器（J1Q⑤：78、J1Q⑤：79、J1Q⑤：80）　4、5.卜甲（J1Q⑤：81、J1Q⑤：82）　6.木器（J1Q⑤：77）

3.鹿角器

3件。

标本J1Q⑤：78　残。表面有使用痕迹。长24.2厘米（图三一五，1；图版五五，11）。

标本J1Q⑤：79　残甚。长18.5厘米（图三一五，2）。

标本J1Q⑤：80　残甚，仅存一角肢。长11.9厘米（图三一五，3）。

4.卜甲

2件。

标本J1Q⑤：81　残。内侧有圆形钻孔，孔内有灼。现存圆形钻孔5列，每列数量在2～10个之间，孔径约0.5～0.8厘米，圆孔多2个或3个成一组。长6.7、宽5.9、厚0.7厘米（图三一五，4；图版六六，1、2）。

标本J1Q⑤：82　残。有钻有灼，孔径约0.5～0.8厘米，圆孔单个或2个成一组。长4.6、宽5.2、厚0.6厘米（图三一五，5）。

5. 木器

1件。

标本J1Q⑤：77　残。有柄，两头小中间大，剖面呈圆角矩形，器表经过加工、修整。长17.0厘米（图三一五，6；图版六六，5）。

6. 动物标本

共8件。有龟甲和兽牙两类。

龟甲

共7件。

标本J1Q⑤：83　残。背甲。长3.2、厚0.3厘米（图三一六，1）。

标本J1Q⑤：84　残。背甲。长3.9、厚0.4厘米（图三一六，2）。

标本J1Q⑤：85　残。背甲。长3.9、厚0.6厘米（图三一六，3）。

标本J1Q⑤：86　残。腹甲。长4.6、厚0.3厘米（图三一六，4）。

标本J1Q⑤：87　残。背甲。长8.1、厚0.4厘米（图三一六，6）。

标本J1Q⑤：89　残。龟背甲。长4.2、厚0.6厘米（图三一六，5）。

标本J1Q⑤：90　残。长5.2、厚0.4厘米（图三一六，7）。

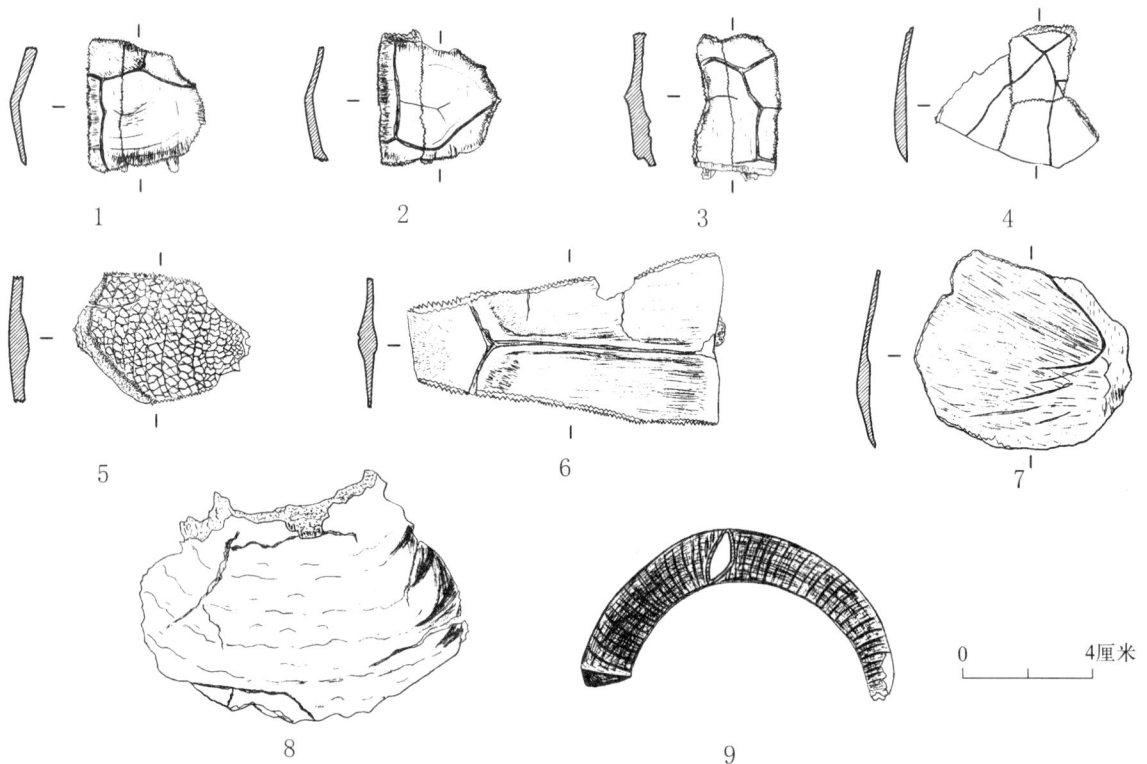

图三一六　J1Q⑤龟甲、菌类、兽牙

1～7.龟甲（J1Q⑤：83、J1Q⑤：84、J1Q⑤：85、J1Q⑤：86、J1Q⑤：89、J1Q⑤：87、J1Q⑤：90）

8.菌类（J1Q⑤：88）　9.兽牙（J1⑤：91）

兽牙

1件。

标本J1Q⑤：91　长7.9厘米（图三一六，9；图版六六，3）。

7. 菌类

1件。

标本J1Q⑤：88　基本完整。长10.3厘米（图三一六，8）。

第⑥层

深自14.8～15.8米。土色灰黑，土质较致密。包含物以陶片为主，但数量已较第⑤层大大降低。底部细砂粒较多，应是为过滤水源采取的措施。据统计，共出土陶片380块，多为夹砂、泥质陶器，有少量硬陶，不见原始瓷。陶器器类有鬲和罐。

共7件。选取标本均为夹砂、泥质陶，器类均为罐。

标本J1Q⑥：1　泥质陶，灰胎黑衣。窄斜沿近平，尖方唇。鼓腹，环耳，平底。绳纹施于罐体中部，并被多道轮旋纹间断，颈部绳纹后抹平。口径13.4、底径9.2、高15.4厘米（图三一七，1；图版三六，1）。

标本J1Q⑥：2　泥质陶，灰胎黑衣，器表局部黄褐色。卷折沿，沿面较宽。圆方唇，束颈甚。弧腹，肩腹交界处较鼓。环耳，平底。饰绳纹被多道轮旋纹间断，近器底有修整迹象。口径12.4、底径10.4、高15.2厘米（图三一七，6；图版三六，2）。

标本J1Q⑥：3　泥质灰陶，灰白胎。窄平沿，尖方唇。束颈，颈短斜。鼓腹，环耳，平底。饰绳纹被多道轮旋纹间断，颈部绳纹抹平。口径13.4、底径11.2、高17.4厘米（图三一七，3；图版三六，3）。

标本J1Q⑥：4　泥质陶，红胎黑衣。宽折沿，方唇。束颈，颈斜长。鼓腹，环耳，平底。饰绳纹被多道轮旋纹间断，颈部绳纹抹平。口径16.4、底径13.4、高21.2厘米（图三一七，4；图版三六，4）。

标本J1Q⑥：5　夹细砂灰陶。卷折沿，方唇，束颈。深弧腹，肩部突出。环耳，平底内凹。饰绳纹，肩部、腹部靠上部分被多道轮旋纹间断。口径18.5、底径14.0、高23.1厘米。（图三一七，5；图版三六，5）

标本J1Q⑥：6　泥质灰陶，局部红褐色。宽折沿，方唇，缩颈。鼓腹，环耳，平底。饰绳纹被多道轮旋纹间断。口径14.5、底径10.3、高13.9厘米。（图三一七，2；彩版二七，2）

标本J1Q⑥：7　残，底部不存。夹砂红陶。仰折沿，沿面内凹。圆方唇，束颈，鼓腹。饰绳纹。口径10.7、高8.1厘米（图三一七，7）。

三、水井各层文化特征

包含井口坑在内，J1实际共可分为7个层位。有的相邻层位陶器特征可能区别明显，而有的层位

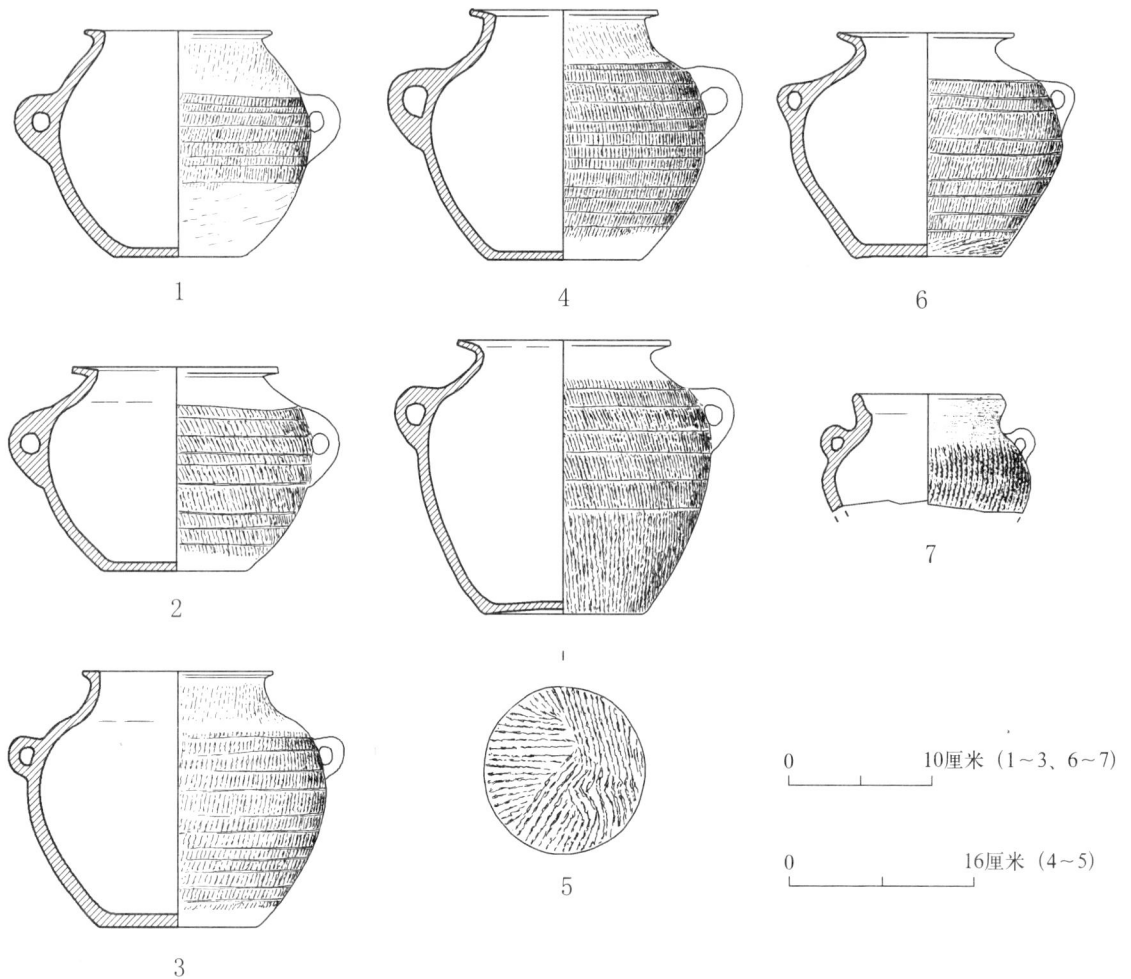

图三一七　J1Q⑥夹砂、泥质陶器

1~7.罐 (J1Q⑥：1、J1Q⑥：6、J1Q⑥：3、J1Q⑥：4、J1Q⑥：5、J1Q⑥：2、J1Q⑥：7)

之间可能时代接近，陶器特征区别较小。各个层位的堆积特点甚至是包含物都是有自身特点的，有联系也有区别。堆积状况不再赘述，各层陶器特点可分述如下。

（一）J1K层

本层陶器主体为夹砂陶，泥质陶仍较少。夹砂陶所占比例为73.8%，其中红、褐陶占68.3%，部分胎质较疏松，渗水性较强，多见夹蚌陶器；泥质陶占24%，其中红陶占10.9%，灰陶占7.1%，其他为黑陶；硬陶比例较小，为2%；原始瓷更少，比例仅为0.16%。陶器以素面为主，占59.3%；其次为绳纹，所占比例为30%，间断绳纹占1.6%。其他纹饰有弦纹、网纹、曲折纹（图三一八，6）、云雷纹（图三一八，5）、席纹（图三一八，11）、刻划纹、指捺纹、涡纹、附加堆纹、方格纹、梯格纹、叶脉纹、圆圈纹、回纹、菱形填线纹、复线菱纹等，组合纹饰有绳纹+附加堆纹。陶器器类有鬲、鼎、甗、豆、刻槽钵、盆、罐、器盖、纺轮、圆陶片等。原始瓷器类有豆和碗。鬲、鼎、甗、豆、刻槽钵、钵、罐比例分别为53.8%、2.3%、8.1%、5.2%、9.8%、2.3%、12.7%。典型陶器有高柱足鬲、细高柄弧腹豆、宽卷沿盆、折沿鼓腹盆、深折腹罐、深弧腹罐、鼓腹罐、小口鼓腹罐和敛口浅腹钵等。

（二）J1Q⑥层

夹砂陶占17.1%，红褐、黑、灰三色比例分别为0.3%、7.9%、9.0%；泥质陶占82.9%，黑、灰色比例分别为18.4%、61.6%，不见红陶；硬陶占2.9%，均为褐色陶。素面陶占30.1%，绳纹占6.1%，间断绳纹占60.5%，其它纹饰有云雷纹、方格纹、席纹、菱形填线纹和复线菱纹等。陶器器类有鬲、罐，比例分别为26.8%、73.2%。典型陶器有环耳弧腹罐（深腹）、环耳鼓腹罐和环耳扁鼓腹罐等。

自J1K至J1Q⑥，夹砂陶比例自73.8%下降至17.1%，泥质陶比例自24.0%上升至82.9%，两者呈现互为增减的变化。纹饰上种类有变化较小，更重要的还是体现在陶器器类的减少上，而罐呈现大幅增长状态。考虑到水井遗迹的特点，陶器的功能更多体现在取水方面，因此反映在陶质、器类方面的变化上应与地层出土物实际的变化有较大差异。

（三）J1Q⑤层

夹砂陶占14.7%，红褐、黑、灰三色比例分别为4.9%、4.0%、5.8%；泥质陶占84.0%，红、黑、灰三色比例分别为3.0%、24.0%、57.0%；硬陶占1.2%；极少原始瓷。素面陶占11.9%，间断绳纹占85.8%，不见绳纹，其他纹饰有弦纹、云雷纹、方格纹、圆弧纹（图三一八，1）、刻划纹、回纹（图三一八，2）、菱形填线纹、复线菱纹，组合纹饰有弦纹+曲折纹、叶脉纹+席纹。陶器主要器类有鬲、豆、罐，比例分别为10.4%、1.5%、87.4%。典型陶器有高颈罐、缩颈罐、直口罐、小口深腹罐、溜肩深腹罐。

J1Q⑥至J1Q⑤，陶质上未发生大的变化；装饰上主要体现在素面、绳纹向间断绳纹的转变上，后者比例提升25.3%；器类上主要体现为罐的比例变化上，其比例上升自73.2%上升至87.4%，上升14.2%。

（四）J1Q④层

本层陶器主体为夹砂陶，泥质陶仍较少。夹砂陶所占比例为18.6%，其中红、褐陶占7.7%，黑陶占2.5%，灰陶占8.3.%；泥质陶比例为78.1%，其中红陶占1.7%，黑陶占57.7%，灰陶占18.7%；硬陶比例较小，为2.5%；原始瓷更少，比例仅为0.8%。陶器中素面比例下降，占18.1%；其次为间断绳纹，所占比例为78.1%，弦纹占1.7%。其他纹饰有云雷纹、曲折纹（图三一八，9）、指捺纹、刻划纹、席纹（图三一八，12）、米筛纹（图三一八，8）、小方格纹（图三一八，4）、回纹（图三一八，3）、菱形填线纹（图三一八，7）、三角填线纹（图三一八，10）等，组合纹饰有弦纹+曲折纹、弦纹+三角填线纹。陶器器类有鬲、鼎、豆、壶、碗、盆、罐等。原始瓷器类有豆和碗。鬲、鼎、豆、壶、碗、盆、罐比例分别为5.3%、3.3%、2.0%、1.3%、2.6%、2.0%、83.6%。典型

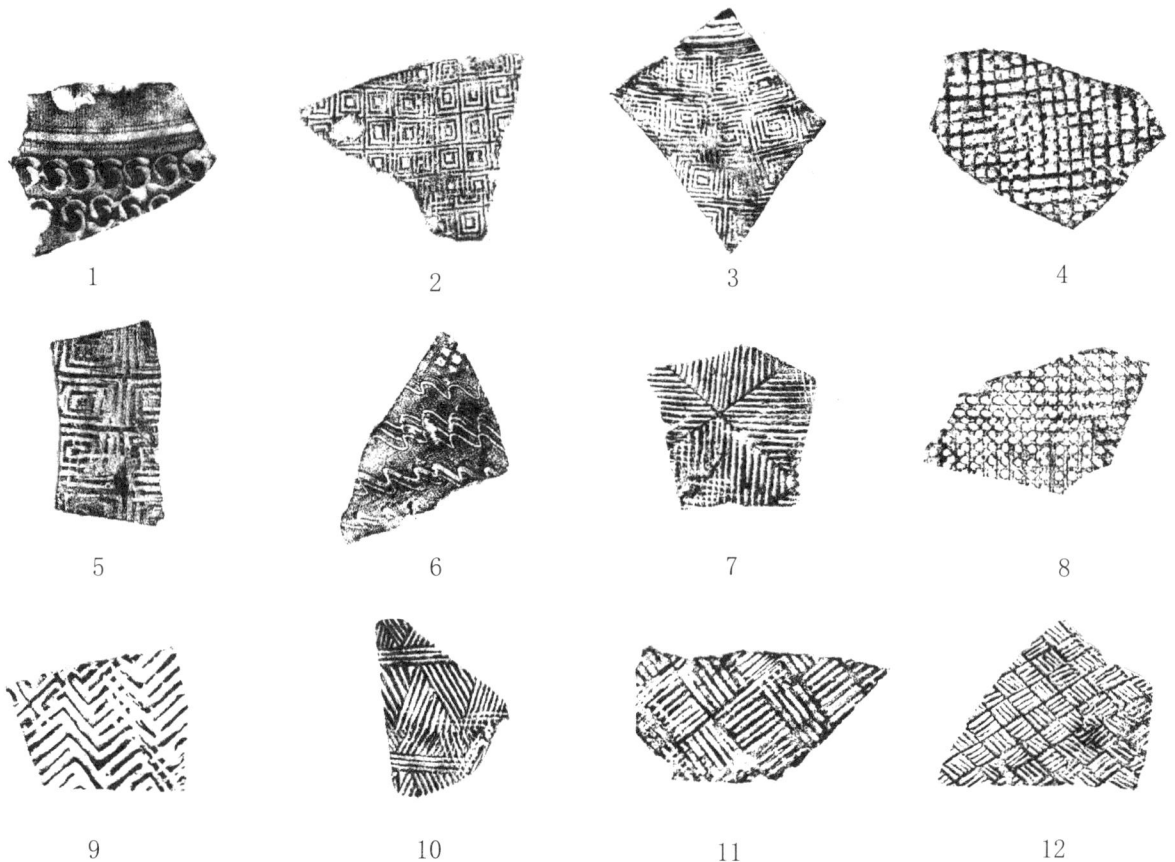

图三一八　J1陶器纹饰

1.圆弧纹（J1Q⑤：94）　　2、3.回纹（J1Q⑤：93、J1Q④：30）　　4.小方格纹（J1Q④：31）　　5.云雷纹（J1K：28）
6、9.曲折纹（J1K：29、J1Q④：33）　　7.菱形填线纹（J1Q④：34）　　8.米筛纹（J1Q④：29）
10.三角填线纹（J1Q④：35）　　11、12.席纹（J1K：27、J1Q④：32）

陶器有高柱足鬲、宽扁足鼎、扁三角足鼎、环耳弧腹罐（深腹）、环耳弧腹罐（鼓腹）、环耳弧腹罐（扁腹）、贯耳扁腹磨光罐（平底无足）、贯耳扁腹磨光罐（乳钉足）、环耳扁腹磨光罐（乳钉足）、无耳弧腹罐（深腹）和溜肩深腹罐等。

该层泥质陶、夹砂陶、硬陶所占的比例相较J1Q⑤变化为小。但是在泥质陶中黑陶的比例突然上升，灰陶的比例突然下降；黑陶从J1Q⑤的24.0%上升到57.7%，灰陶从57.0%下降到18.7%。素面陶比例略有上升，间断绳纹陶器比例则略有上升。器类较J1Q⑤变化小，主要体现在器物特征的变化上，如罐底开始有附足现象。

（五）J1Q③层

夹砂陶所占比例为14.1%，其中红、褐陶占4.2%，黑陶占4.1%，灰陶占8.9%；泥质陶比例为80.7%，其中红陶占0.9%，黑陶占74.3%，灰陶占5.5%；硬陶占2.0%；原始瓷占0.2%。素面陶占24.3%，间断绳纹占69.9%，弦纹占1.4%，其他纹饰有云雷纹、曲折纹、方格纹、小方格纹、席纹、菱形填线纹，组合纹饰有间断绳纹+曲折纹、弦纹+复线圆圈纹。原始瓷器器类有碗。硬陶器器类有罐、瓿。夹砂、泥质陶器器类有鬲、鼎、豆、壶、罐、网坠等。鬲、鼎、豆、壶、碗、罐、瓿比例分别为4.3%、5.0%、1.4%、15.0%、1.4%、69.3%、1.4%。典型陶器有微卷沿鼓腹硬陶罐、扁鼓腹双复系硬陶瓿（平底无足）、扁鼓腹双复系硬陶瓿（乳钉足）、高柱足鬲、矮柱足鬲、扁圆足鼎、高领壶、环耳弧腹罐（深腹）、环耳弧腹罐（扁腹）、深弧腹圜底罐、深鼓腹大平底罐、矮直口磨光黑陶罐和敛口鼓腹罐等。

与J1Q④相比，泥质、夹砂陶、硬陶所占比例变化不大。泥质陶中黑陶由J1Q④的57.7%上升至74.3%，提高16.8%；灰陶比例由18.7%下降至5.5%，降低23.2%。素面比例继续下降，较J1Q④的降低6.2%；间断绳纹比例继续上升，较J1Q④的提高8.2%。器类有了一定变化，主要体现在罐的比例有所下降，而壶的比例却大幅上升；硬陶器中也出现新的器类即瓿。

（六）J1Q②层

夹砂陶所占比例为19.4%，红褐陶占10.6%，灰陶占8.8%，不见黑陶；泥质陶比例为26.3%，其中红陶占1.8%，黑陶占0.5%，灰陶占24.0%；硬陶占53.9%；原始瓷占0.5%。素面陶占8.3%，绳纹占5.1%，间断绳纹占30.9%，小方格纹占52.5%，其他纹饰有篮纹、回纹和菱形填线纹。原始瓷器器类有碗。硬陶器器类有罐、瓿。夹砂、泥质陶器器类有鬲、鼎、钵、罐、网坠等。鬲、鼎、钵、碗、罐、瓿比例分别为3.8%、5.7%、3.8%、1.9%、73.6%、7.6%。典型陶器有矮直口深弧腹硬陶罐（平底无足）、矮直口深弧腹硬陶罐（乳钉足）、敛口鼓腹硬陶罐、敛口鼓腹硬陶罐（小）、扁鼓腹双复系硬陶瓿、高柱足鬲、圆柱足鼎、宽扁足鼎、矮直口磨光黑陶罐、扁鼓腹大平底罐、环耳弧腹罐（深腹）、环耳弧腹罐（扁腹）和弧腹钵等。

与J1Q③相比，夹砂陶中红褐陶小幅下降，黑陶甚至不见；泥质陶中黑陶由J1Q③的74.3%骤降至0.5%，灰陶由5.5%上升至8.8%；硬陶比例由J1Q③的2.0%骤升至53.9%。素面比例由J1Q③的24.3%下降至8.3%，降低了16%；间断绳纹由69.9下降至30.9%，降低39%；小方格纹由0.2%骤升至52.5%，提高52.3%。器类上最大的变化是硬陶器中瓿的增多，夹砂、泥质陶器中罐的比例略有下降。陶器已不见附足现象。

（七）J1Q①层

夹砂陶所占比例为39.4%，红褐陶占26.3%，灰陶占13.2%，仍不见黑陶；泥质陶比例为57.3%，其中红陶占11.3%，灰陶占46.0%，也不见黑陶；硬陶占2.6%；原始瓷占0.7%。素面陶占33.3%，绳纹占17.4%，间断绳纹占33.6%，弦纹占3.3%，附加堆纹占5.4%，其他纹饰有云雷纹、网纹、回纹、复线回纹、小方格纹、菱形填线纹、窗格纹等。原始瓷器器类有碗。硬陶器器类有罐。夹砂、泥质陶器器类有鬲、鼎、甗、豆、刻槽钵、钵、盆、罐等。鬲、鼎、甗、豆、刻槽钵、钵、碗、盆、罐比例分别为19.1%、10.8%、7.0%、8.3%、12.1%、1.3%、1.9%、1.3%和38.2%。典型陶器有锥足鬲、宽卷沿鼓腹盆、溜肩深腹盆和折腹罐等。

与J1Q②相比，陶器特征发生了非常大的变化，体现在各个方面上。夹砂陶由J1Q②的19.4%上升至39.4%，提高20%；泥质陶由26.3%上升至57.3%，提高31%；硬陶由53.9%下降至2.6%，降低了51.3%。陶器装饰纹样种类又开始增多，素面陶、绳纹陶比例回升。陶器器类增多，有取水用途的罐比例下降，而鬲、鼎、甗等生活中日常用陶器增多。

四、分期与年代

J1所在区域文化层较薄，局部直接叠压于耕土层之下，因此根据地层叠压关系来判断其年代不现实。要想了解水井的建造年代必须首先从井口坑出土的文化遗物——特别是陶器入手。而井圈内部堆积层出土的陶器，首先按照层位建立其先后关系，再与其他遗址相近年代出土的陶器作对比。这样，水井的年代便大致确定了。J1Q⑥出土的器物与J1K出土的器物年代是不是衔接，这也是重点关注的地方。

水井上部虽破坏严重，但主体保存相对较好。J1K内填土层层夯筑，从发掘过程可以推断水井为一次性构筑。J1K出土的文化遗物主要为陶器，并存在石器、铜器、木器等遗物。铜器器类仅有铜镞，石器、木器时代特征不明显，因此靠后三者均断定年代存在较大偏差。其构筑年代我们按照J1K和J1Q⑥的出土陶器来分析，废弃时代则主要考虑J1Q②出土陶器的年代。

J1K相对特殊，它的年代要早于水井第⑥层或约略与之同时。对于井内堆积，根据堆积特点的不同，将其分为六层。第⑥层陶片非常集中、数量非常大，第⑤层完整器较多、碎陶片较少。第⑤层虽然也出现卷沿、扁腹罐，但无三足，从第④层开始扁腹罐底有了三乳钉足。第③层开始出现小型硬陶器，数量在第②层达到高峰，两层陶器特点相近但有所不同。第③层典型器为高领壶，少见于其他层位；硬陶器有附足现象，第②层不见。第①层为水井为废弃后堆积，出土的遗物较少。

按照出土陶器特征，我们将其分为四期，J1K、J1Q⑥、J1Q⑤为第一期，J1Q④为第二期，J1Q③、J1Q②为第三期，J1Q①为第四期。从更大的时空观看，可将J1Q④与J1Q③、J1Q②合并视为一期。按更小的时空观来看，水井个各个层位都可以视为一个时段。

（一）第一期

J1出土陶器相对单一，绝大部分为取水器，另存在少量的其他生活用器。我们从这部分相较残缺的生活用器中着重拣选了鬲、豆这种相较典型的陶器，再加上罐来作为辅助进行对比后发现该段陶器特征与G27②的接近，二者特征非常相似。如高柱足鬲J1K：25与G27②：32，深弧腹罐J1Q⑤：55与G27②：37。与五担岗该段年代相近的周边遗址较少，更多的只能从更远的地区寻找类似的器物。如湖北广水巷子口遗址、湖北老河口杨营遗址等，其中以巷子口遗址所出陶器比较接近。

五担岗罐（J1K：5）、（J1K：11）与上海戚家墩罐（J1：2）[1]相似；五担岗罐（J1Q⑤：12）

---

[1]　上海市文物保管委员会：《上海市金山县戚家墩遗址发掘简报》，《考古》1973年第1期，第21页，图七，15。

与戚家墩罐（T1：4）[1]相似。

五担岗豆（J1K：18）与邳州九女墩豆（M6：5）[2]豆柄形态接近；五担岗罐（J1Q⑤：53）与九女墩罐（M6：7）[3]形态相近。

五担岗罐（J1K：5）、（J1K：11）与吴县通安（J2：2）[4]形态相近，但后者为圜底。

五担岗鬲足（J1K：24）与湖北广水巷子口Ａa型Ⅱ式鬲（H4②：2）[5]相似；五担岗豆（J1Q⑤：61）与巷子口Ａ型Ⅰ式豆（H5③：3）[6]盘腹特征相似；五担岗罐（J1Q⑤：52）与巷子口Ａb型Ⅰ式罐（H5②：2）[7]相似，与（H10①：7）[8]也相似，均为长颈、溜肩、深腹。

五担岗鬲足（J1K：24）与湖北老河口杨营（H12①：17）[9]足部特征相近；五担岗豆（J1Q⑤：61）与杨营（T08③：1）[10]盘腹特征相近；五担岗罐（J1Q⑤：9）与杨营（J4②：4）[11]特征相近。

J1K与J1Q⑥出土器物实际上是一定差异的，如J1K有一定数量的红陶素面器而到J1Q⑥时则没有，至J1Q⑤时出现的素面器则均为黑陶。自J1K至J1Q⑤虽然在陶器特征上有所变化，但是整体仍然处在春秋中期至春秋晚期之前这个时段。因此，我们将第一期定为春秋中期偏晚阶段。

（二）第二期

自该期开始，长江下游地区同时期遗存丰富了起来。与五担岗遗址时代相近的有南京江宁陶吴、仪征胥浦甘草山、上海戚家墩、苏州新庄、吴县澄湖、吴县通安、湖北广水巷子口等。

五担岗罐（J1Q④：4）与南京江宁陶吴罐（K3：7）[12]形态相近，后者附三足；五担岗罐（J1Q④：9）与陶吴罐（K2：6）[13]形态相似。

五担岗陶鼎足（J1Q④：28）与上海戚家墩鼎足（T1：63）[14]相似。

五担岗罐（J1Q④：11）与苏州新庄罐（J1：15）[15]形态相似。

五担岗罐（J1Q④：11）与吴县澄湖罐（74WchJ46：6）[16]相似。

五担岗豆（J1Q④：25）与湖北广水巷子口豆（H5①：4）[17]圈足特征相似；五担岗罐（J1Q④：

[1]　上海市文物保管委员会：《上海市金山县戚家墩遗址发掘简报》，《考古》1973年第1期，第21页，图七，9。
[2]　徐州博物馆、邳州博物馆：《江苏邳州市九女墩春秋墓发掘简报》，《考古》2003年第9期，第18页，图一〇，2。
[3]　徐州博物馆、邳州博物馆：《江苏邳州市九女墩春秋墓发掘简报》，《考古》2003年第9期，第18页，图一〇，3。
[4]　吴县文物管理委员会：《吴县通安古井清理简报》，《东南文化》1978年第1期，第20页，图四，4。
[5]　湖北省文物考古研究所等：《湖北广水巷子口遗址发掘简报》，《江汉考古》2008年第1期，第23页，图一一，8。
[6]　湖北省文物考古研究所等：《湖北广水巷子口遗址发掘简报》，《江汉考古》2008年第1期，第30页，图一八，2。
[7]　湖北省文物考古研究所等：《湖北广水巷子口遗址发掘简报》，《江汉考古》2008年第1期，第26页，图一四，7。
[8]　湖北省文物考古研究所等：《湖北广水巷子口遗址发掘简报》，《江汉考古》2008年第1期，第26页，图一四，8。
[9]　湖北省文物考古研究所等：《湖北老河口杨营遗址发掘简报》，《江汉考古》2003年第3期，第22页，图八，7。
[10]　湖北省文物考古研究所等：《湖北老河口杨营遗址发掘简报》，《江汉考古》2003年第3期，第27页，图一二，12。
[11]　湖北省文物考古研究所等：《湖北老河口杨营遗址发掘简报》，《江汉考古》2003年第3期，第24页，图一〇，7。
[12]　南京市博物馆、江宁区博物馆：《南京江宁春秋时期大型土墩墓发掘简报》，《东南文化》2011年第3期，第46页，图二〇三，4。
[13]　南京市博物馆、江宁区博物馆：《南京江宁春秋时期大型土墩墓发掘简报》，《东南文化》2011年第3期，第45页，图二〇一，4。
[14]　上海市文物保管委员会：《上海市金山县戚家墩遗址发掘简报》，《考古》1973年第1期，第21页，图七，19。
[15]　苏州市博物馆：《苏州新庄东周遗址试掘简报》，《考古》1987年第4期，第314页，图四，19。
[16]　南京博物院、吴县文管会：《江苏吴县澄湖古井群的发掘》，《文物资料丛刊》第9辑，第10页，图一四，2。
[17]　湖北省文物考古研究所等：《湖北广水巷子口遗址发掘简报》，《江汉考古》2008年第1期，第30页，图一八，12。

7）与湖北广水巷子口罐（H2：12）[1]形态相近。巷子口H2：12是由Ａb型Ⅰ式罐发展而来，它的年代要晚于H5②：2和H10①：7，年代为春秋晚期。

从该期开始弧腹罐浅腹情况变多，个体有变小趋势，口沿渐窄，最大径下移，腹深变浅，并开始出现罐底附三乳钉足的现象，泥质陶中黑陶逐渐取代灰陶。该期的时代较第一期略晚，我们将其定为春秋晚期。

（三）第三期

与该期年代大致同时的周边遗址相较多见。如江苏六合程桥、六合和仁、胥浦甘草山、上海戚家墩、上海马桥、丹徒北山顶、苏州新庄、吴县澄湖、吴县通安、邳州九女墩、浙江绍兴里谷社、绍兴袍谷、绍兴凤凰山、绍兴漓渚、绍兴洪家墩、上虞羊山、安吉笔架山、长兴鼻子山、安徽青阳龙岗、江西清江牛头山、贵溪仙岩等地。出土的硬陶器时代较明确，发现地也多。

五担岗壶（J1Q③：34）与苏州新庄壶[2]形态相似；五担岗罐（J1Q③：3、J1Q③：4）与新庄瓿（J3：4）[3]特征相近；五担岗硬陶罐（J1Q②：25）与新庄杯（H1：2）[4]相似。

五担岗壶（J1Q③：32）与上海戚家墩罐（T5：2）[5]相似；五担岗硬陶罐（J1Q②：26）与戚家墩罐（M2：15）[6]器形相近。

五担岗罐（J1Q③：2）与邳州九女墩罐（DⅡM：52）[7]形态相似；五担岗罐（J1Q②：15）与九女墩硬陶罐（M3：68）[8]形态相似；五担岗硬陶瓿（J1Q③：1）与九女墩硬陶罐（M3：71）[9]形态相似。

五担岗罐（J1Q③：3、J1Q③：4）与浙江绍兴袍谷罐（T6③：15）[10]形态几乎一致；

五担岗硬陶罐（J1Q②：15）与浙江安吉笔架山（D130M1：14）[11]相似；五担岗硬陶罐（J1Q②：1）与笔架山（D131M6：1）[12]相似。

根据以上资料的对比，我们将五担岗遗址水井第三期年代定为春秋末至战国初期。

（四）第四期

水井废弃期。包含物较杂乱，不见典型陶器，年代推测为战国初期之后。

[1] 湖北省文物考古研究所等：《湖北广水巷子口遗址发掘简报》，《江汉考古》2008年第1期，第26页，图一四，10。
[2] 苏州市博物馆：《苏州新庄东周遗址试掘简报》，《考古》1987年第4期，第314页，图四，5。
[3] 苏州市博物馆：《苏州新庄东周遗址试掘简报》，《考古》1987年第4期，第314页，图四，21。
[4] 苏州市博物馆：《苏州新庄东周遗址试掘简报》，《考古》1987年第4期，第315页，图五，2。
[5] 上海市文物保管委员会：《上海市金山县戚家墩遗址发掘简报》，《考古》1973年第1期，第21页，图七，10。
[6] 上海市文物保管委员会：《上海市金山县戚家墩遗址发掘简报》，《考古》1973年第1期，第21页，图七，13。
[7] 南京博物院等：《江苏邳州市九女墩二号墩发掘简报》，《考古》1999年第11期，第33页，图七，8。
[8] 孔令远等：《江苏邳州市九女墩三号墩的发掘》，《考古》2002年第5期，第26页，图一三，4。
[9] 令远等：《江苏邳州市九女墩三号墩的发掘》，《考古》2002年第5期，第26页，图一三，3。
[10] 绍兴县文物保护管理所：《浙江绍兴袍谷遗址发掘简报》，《考古》1989年第9期，第801页，图四，4。
[11] 浙江省文物考古研究所、安吉县博物馆：《浙江安吉笔架山春秋战国墓葬发掘简报》，《东南文化》2009年第1期，第53页，图八，2。
[12] 浙江省文物考古研究所、安吉县博物馆：《浙江安吉笔架山春秋战国墓葬发掘简报》，《东南文化》2009年第1期，第52页，图七，8。

五、小结

在对水井出土器物进行分期后，我们发现它的使用期是从春秋中晚期一直延续至春秋末战国初期。各个层位均有典型陶器发现，如J1K的小口罐、J1Q⑤的深腹罐、J1Q④的附足罐、J1Q③的高领壶及J1Q②的小方格纹硬陶器等，它们各自代表了其不同时代生活中所常用的取水陶器。从陶器的陶质演变分析来看，有从泥质灰陶向泥质黑陶再向硬陶过渡的趋势；从陶器的大小形态演变上分析来看，陶器个体有变小、变扁的趋势；从陶器的装饰特征演变分析来看，纹饰逐渐由素面向间断绳纹过渡，再向小方格纹过渡。

六、构造方法、滤水结构、取水器、取水方法及发现意义

（一）构造方法

结构上分为两部分，即由井口坑和井圈组成。在构造上，首先起建漏斗形井口坑，在于其间逐层砌筑石井圈，填土逐层夯打。夯层之间有烧灰痕迹，应是夯打时采取的加固措施。井圈材料为加工过的玄武岩石块，不仅砌筑井圈，在周圈外围也有分布，但相较零散。石块由外向内逐渐密集，靠近井圈内壁一侧石块略上倾。井底以石块铺平，石块下为小石子和砂粒。井口坑东壁、东南壁和西南壁面上各有一浅槽，应为出土用。西南壁面平整，从上至下分布有10个脚窝，应为攀援用。

深筒式水井一直发现不多，在商周时期也较少见。我们在河南新郑祭祀遗址、山东济宁张山、湖北荆州颠倒屋台、湖北襄阳邓城韩岗、湖北大冶五里界、荆州荆南寺、江西德安陈家墩、山西天马—曲村遗址曾有数十例类似水井的发现。深井的构筑应当借助类似垂球的工具，以便保持水井的垂直度。五担岗遗址虽未发现，但从江西德安陈家墩水井内木质垂球、标镦的发现来看，该水井在构筑时可能存在类似的工具。J1K夯土中出土木耜，推测为挖掘、出土工具。结合井口坑壁面的浅槽来看，当初在井底有人挖掘出土倒入草编袋或筐一类的工具中，再由地面上的人借助绳子将其拉上去。石料的运输途径亦可以反过来推测。在商周特别是春秋晚期，土井与木构架结合的方式经常出现。石砌井圈目前发现的最早实例时代为西周时期的，如江苏省东海县焦谷庄遗址水井。进入战国以后，陶井圈才开始有了更多使用。

（二）滤水结构

水井井圈选用石材，其自身就具有一定的过滤水质作用。此外，井内发现了较多的木材及竹子。特别是在水井第②层，由一周木材组成的滤水结构。此外加之井底厚约0.8米的砂石层，亦是起到洁净水质作用。

从目前考古资料来看，战国之前的水井滤水结构多是采用井内设置植物构架的方式。广富林遗址东周石圈水井J38中也在石井圈内设置表面打孔的木井圈。这种情况可以证明植物材料的井圈

滤水、渗水性能要好于石制和陶制材料。在一些实例中，一些植材型井圈渗、滤水的功能目的要超过支承井圈壁面本身。渗、滤水体系中除井圈外，还存在其他多种构造设施。如在井圈与井坑壁面间填充瓦片、青白膏泥，井圈周壁设置芦苇、竹或木桩，或在井底铺设比较厚的砂粒层、石块及堆积大量陶片，或于井底搭建木构架、井盘，另外还要考虑陶井圈、木井圈的打孔及用瓦片覆盖小孔保护的情况等。这些均应归属于水井的滤、渗水系统。比较典型的实例有郑州商城二里岗期水井89ZD93、河北藁城台西商代水井J1和J2、江西九江神墩遗址商代水井85J1、湖北黄陂郑家嘴东周水井ZJ1、江苏常州武进寺墩春秋水井J1和襄樊邓城战国中晚期水井J4等。如郑州商城89ZD93，在近井底2.0米深的位置设置木构井框构架，井框由圆木构建，交接位置为榫卯结构。井框底部为四块粗大的长方木构成的井盘，四角相套处为子母榫咬合结构。且在方木的两端穿孔，再纵向插入圆木，形成坚固的榫卯结构。其上可以连接井框，下可以固定井盘。井盘内侧底部沙土层上铺有0.2~0.25米厚的陶片，井框周围为掺有料礓石和螺壳的青膏泥。这样的结构可以防止井壁垮塌及有效对井水进行过滤。藁城台西J2的井盘为内外两重，内盘高0.24、外盘高0.64米。均由东西和南北方向的圆木交互搭叠而成。圆木两端削尖，四角交接处空隙用木楔填塞。内外盘四角均插木桩加以固定。台西J1的结构与J2类似。九江神墩85J1于水井底部设二层台，存在与郑州商城、台西水井相似的构造，不同的是其底部铺设竹编，上放竹篮。部分水井壁面涂抹膏泥，如黄陂郑家嘴J1，于藤编井圈于井壁间设10~15厘米厚的由细砂粒构成的滤、渗水层。

从五担岗水井的发现来看，该井滤水结构主要由石井圈、井底砂石层和井内木结构等三部分组成。可以看出，当地先民对饮水的的要求有了很大提高。

（三）取水器及取水方法

陶器主要为罐、壶和瓿，也是最主要的取水器皿。值得注意的是，在水井的不同层位发现草编器以及具有明显是用痕迹的鹿角器，个别陶罐的颈部发现草绳捆绑痕迹，应与取水方式有关。

从相关资料看，取水器主要为罐、壶、桶、瓿、盂、钵、盆、瓶等多种器类，取水的工具主要有钩子、鹿角、草编器、竹篮等辅助工具，另外还包括直接用麻绳或草绳捆绑器物颈部取水的情况。相关发现如台西商代水井J2、陈家墩遗址商代水井J3和J4、苏州新庄遗址东周水井J1和吴县澄湖古井群。台西J2陶罐颈部发现有绳索迹象，陈家墩J3和J4发现竹编痕迹，新庄J1近井底处发现棕麻绳和树钩桠等。

五担岗水井应是用井绳捆绑取水器直接取水或是将取水器放置于草编器内的方式来进行取水。因开口层受到破坏，未发现与与取水相关的井上建筑遗存。商周时期甲骨文已存在"井录"二字，垣曲古城东关东周水井曾在近井底处发现类似辘轳的构件，说明当时很可能就已经存在辘轳类的取水工具。

（四）发现意义

五担岗遗址东周水井结构复杂，井内堆积层极厚、文化内涵丰富，对于先秦时期水井结构的研究及长江下游春秋中晚期至战国初期的陶器研究方面有一定的补充作用。

第一，以大型井口坑和井圈构筑的大型水井存在较少，构造均较复杂，工程量很大，多发现于大型的城址中，在大中型聚落中还是首次发现。

第二，水井以石材作为井圈者，含五担岗水井在内目前仅发现三例且均分布于长江下游近海或沿江地带。以加工过的石材作为井圈，一般均有相应的生产工具。而此类材料的大量应用，对应着生产工具方面有了较大程度的进步。

第三，水井以石井圈、井内木构架和井底铺砂石的三重过滤结构，证明了当时先民对生活环境要求方面有了很大提高。水井建于台墩之上，高出周围地面数米，且滤水构造采取井底铺细砂粒和井圈内部设木构架的双重体系，具有一定的特殊性。考虑到遗址周边有环濠，且周围河流直抵长江，并不缺乏水源，在相对位置较高的遗址上面挖掘水井应是对水源的要求有了提高。

第四，该水井规模庞大，结构复杂。先以挖掘大型井坑后在坑内砌筑井圈的方式构筑而成，井坑内填土以棍束夯的方式分层夯筑。与其构造形式类似的有郑州商城89ZDJ3和92ZSC8H104，均有大型井坑，但较该遗址所发现水井小很多。与之时代相近的有天马-曲村墓地水井和潜江龙湾放鹰台3号台水井，规模及复杂程度上也不及五担岗遗址水井。　这种大型水井均出现于大型城址甚至非常重要的墓地遗址附近。它的出现代表生产力已经到达一定阶段，对应着遗址及周边应有较大规模的聚落，这对研究水井发展史及春秋晚期长江下游的社会生产生活都有较大的实证作用。

第四章 晚期遗存

晚期遗存是指遗址在年代上时间偏晚的地层、遗迹及出土的文化遗物等，按照遗址的实际情况，晚期遗存的地层非常单薄，仅拣选有代表性的文化遗迹进行介绍。

第一节 文化遗迹

晚期遗迹数量不多，主要类型有灰坑、灰沟、建筑遗存和墓葬四类。灰坑、灰沟中出土的文化遗物时代比较杂乱，出土物时代有早有晚。建筑遗存的时代相较晚，应属近现代所建造。墓葬时代相对集中，多集中在北宋时期，少数时代为五代时期，个别则属近现代。

一、灰坑

共10个。

H12

位于T26西北部和T27东北部，并延伸进入北壁。发掘部分平面不规则。最长14.5、深1.25米。斜壁，底部呈倾斜状，未发现加工痕迹（图三一九）。开口于第②层下，打破生土层。坑口距地表深0.45米。该灰坑为一次性堆积而成，土色灰褐，土质较软，结构疏松，包含物有红烧土颗粒、炭粒及大量陶片。出土陶器时代有早有晚，并发现近代瓷片。推测其性质可能为近代的水塘。

H32

位于T28西部并延伸进入西壁内。发掘部分平面不规则，边缘局部圆弧状。最长2.3、深0.3米。直壁平底，未发现加工痕迹（图三二○）。开口于第①层下，打破生土层。坑口距地表深0.25米。该灰坑为一次性堆积而成，土色灰黑，土质略软，结构紧密。包含物有红烧土颗粒、木炭渣及少量陶片。

H33

位于T28西部并延伸进入西壁内。发掘部分平面呈梯形。长4.8、宽2.5～3.6、深0.27米。直壁，底部高低不平，未发现加工痕迹（图三二一）。开口于第①层下，打破生土层，被G16打破。坑口距地表深0.25米。该灰坑为一次性堆积而成，土色灰黑，土质略软，结构紧密。包含物有红烧土块、炭粒及少量陶片。

H38

位于T31西南部。平面呈椭圆形，直径0.9～1.2、深1.1米。斜壁，底部近平，未发现加工痕

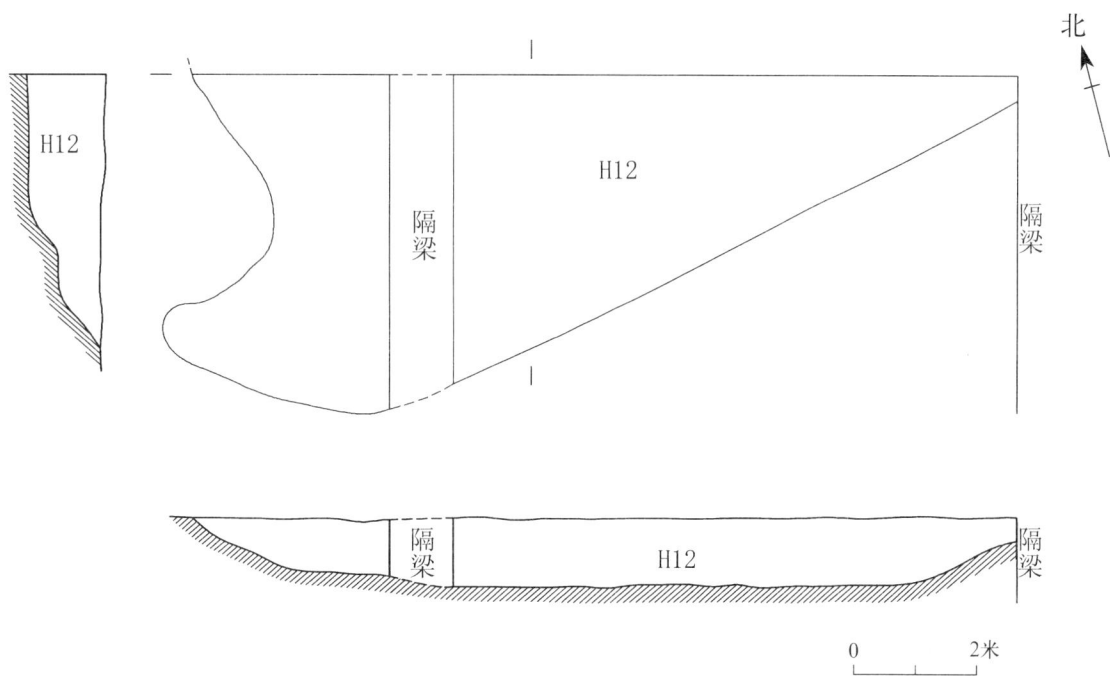

图三一九 H12平、剖面图

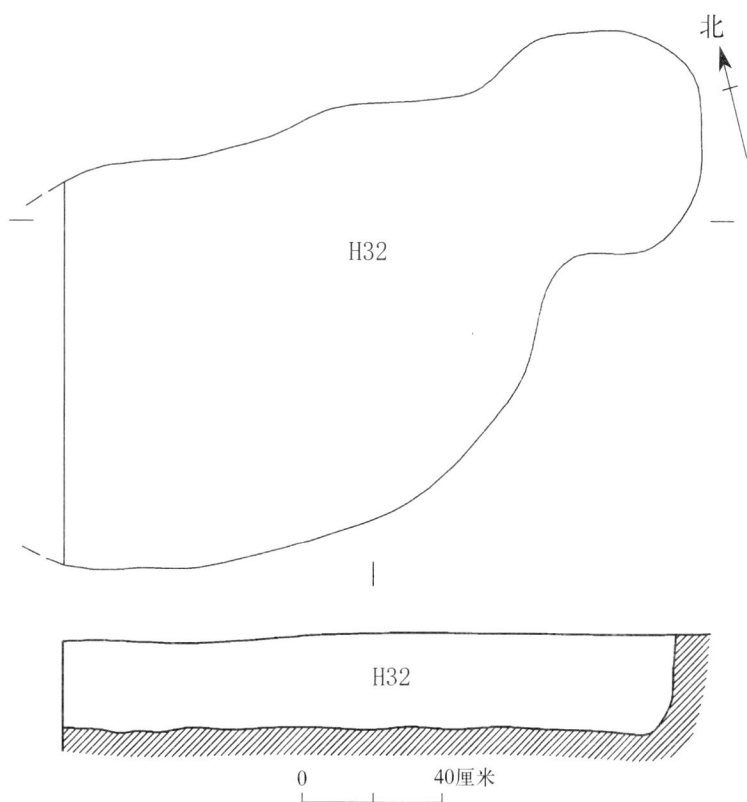

图三二〇 H32平、剖面图

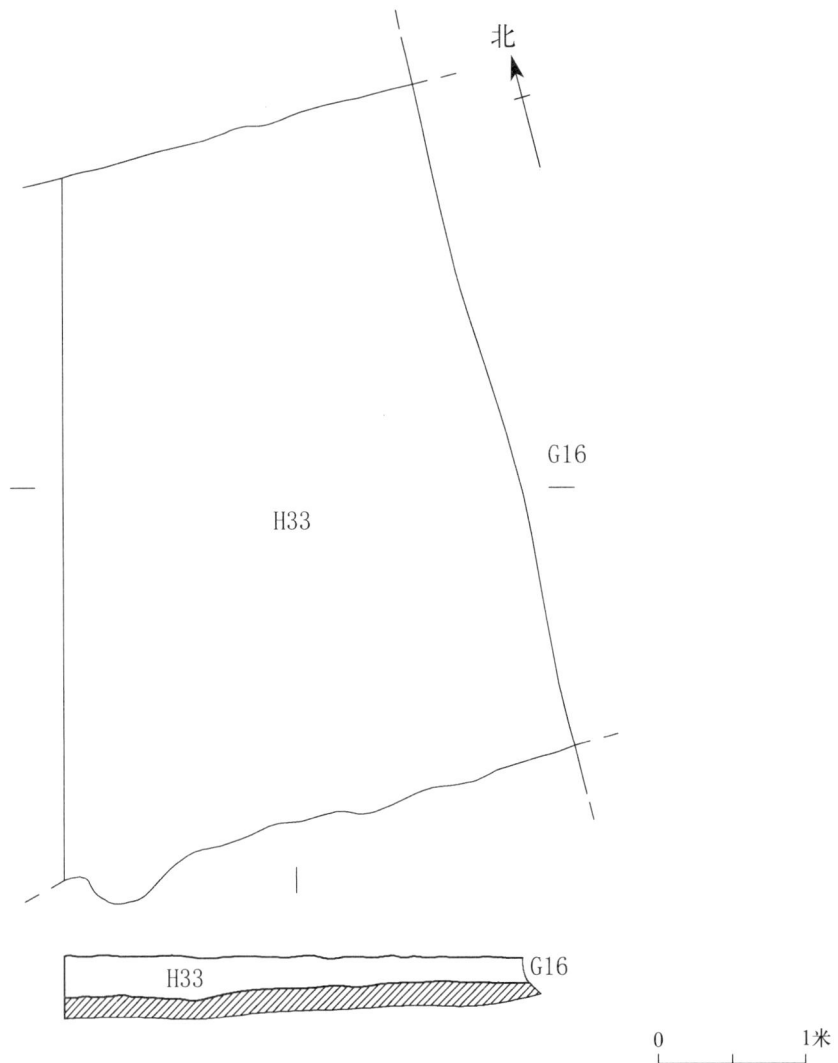

图三二一　H33平、剖面图

迹。开口于第⑤层下，打破第⑥层、第⑦层、第⑧层，并打破H111（图三二二）。坑口距地表深0.46米。该灰坑为一次性堆积而成，土色深灰，土质松散，包含物有烧土颗粒、木炭渣、青白瓷片、黑瓷片及少量陶片。

H44

位于T29西部。平面近椭圆形，直径0.45～1.3、深0.27米。斜壁圜底，未发现加工痕迹（图三二三）。开口于第①层下，打破第②层。坑口距地表深0.2米。该灰坑为一次性堆积而成，土色深灰，土质松软，结构疏松。内含少量红烧土颗粒及零星陶片。

H45

位于T29的西南角并延伸进入西壁、南壁。发掘部分平面不规则，边缘呈圆弧形。最大径1.07、深0.6米。弧壁平底，未发现加工痕迹（图三二四）。开口于第①层下，打破第②层。坑口距地表深0.2米。该灰坑为一次性堆积而成，土色深灰，土质松软，结构疏松。内含少量红烧土颗粒、炭屑及较多陶片。

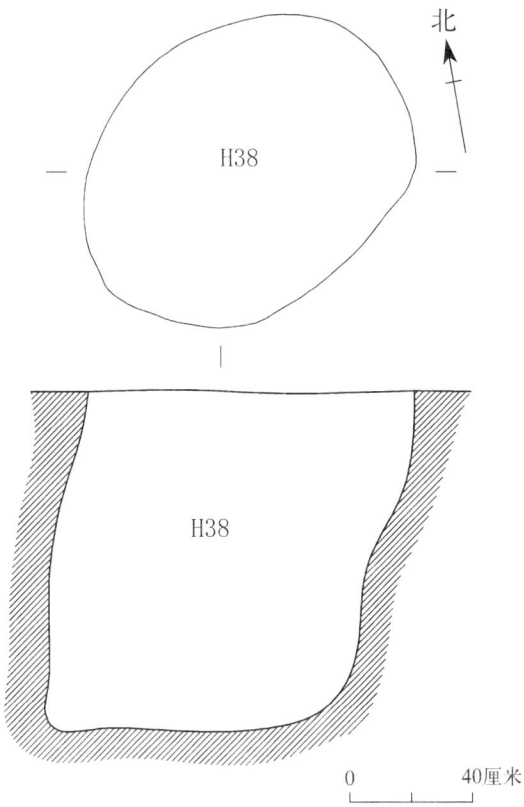

图三二二　H38平、剖面图

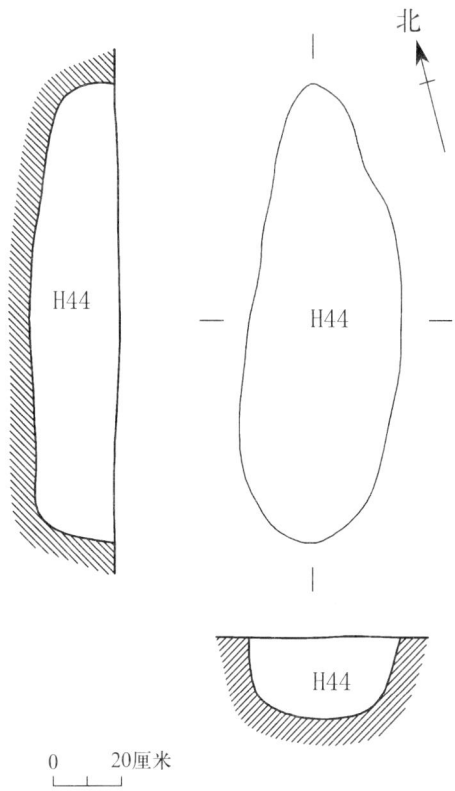

图三二三　H44平、剖面图

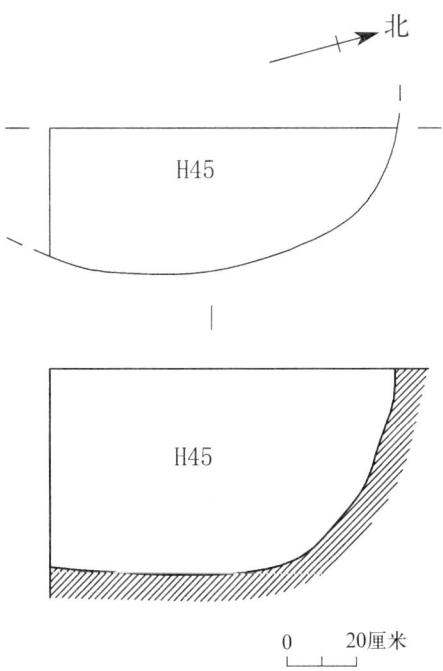

图三二四　H45平、剖面图

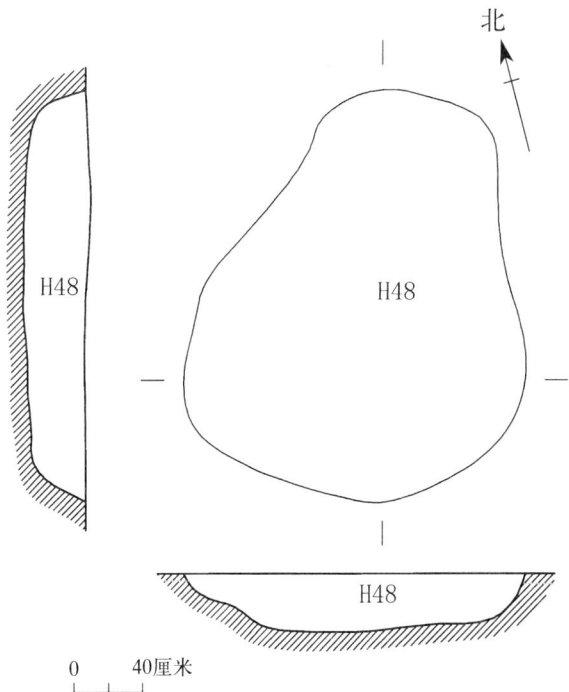

图三二五　H48平、剖面图

H48

位于T29中南部。平面呈圆角梯形。长2.3、深0.39米。斜壁，底部不平，未发现加工痕迹（图三二五）。开口于第①层下，打破第②层。坑口距地表深0.3米。该灰坑为一次性堆积而成，土色深灰，土质松软，结构疏松。内含少量红烧土颗粒、炭屑、兽骨及大量陶片。

H54

位于T28东部。平面呈不规则长方形，长3.2、宽1.95～2.3、深0.48米。直壁，底部不平，未发现加工痕迹（图三二六）。开口于第①层下，打破生土层。坑口距地表约0.27米。该灰坑为一次性堆积而成，土色黑灰，土质略软，结构疏松。包含物有红烧土颗粒、草木灰、木炭渣、陶片及板瓦等。

H75

位于T36的北部并延伸进入北壁内。发掘部分平面呈半圆形。最大径2.2、最宽处0.76、深0.48米。弧壁圜底，没有发现加工痕迹。开口于第④层下，打破H76及生土层（图三二七）。坑口距地表深约0.3米。该灰坑为一次性堆积而成，土色灰褐，土质松软。出土少量陶片。

H76

位于T36的西北角并延伸进入西壁、北壁内。发掘部分平面不规则，边缘呈圆弧形。最长5.2、宽1.66、深0.6米。弧壁圜底，没有发现加工痕迹。开口于第④层下，打破生土层，被H75打破（图三二八）。坑口距地表深约0.3米。该灰坑为一次性堆积而成，土色深灰褐色，土质松软。出土较多陶片。

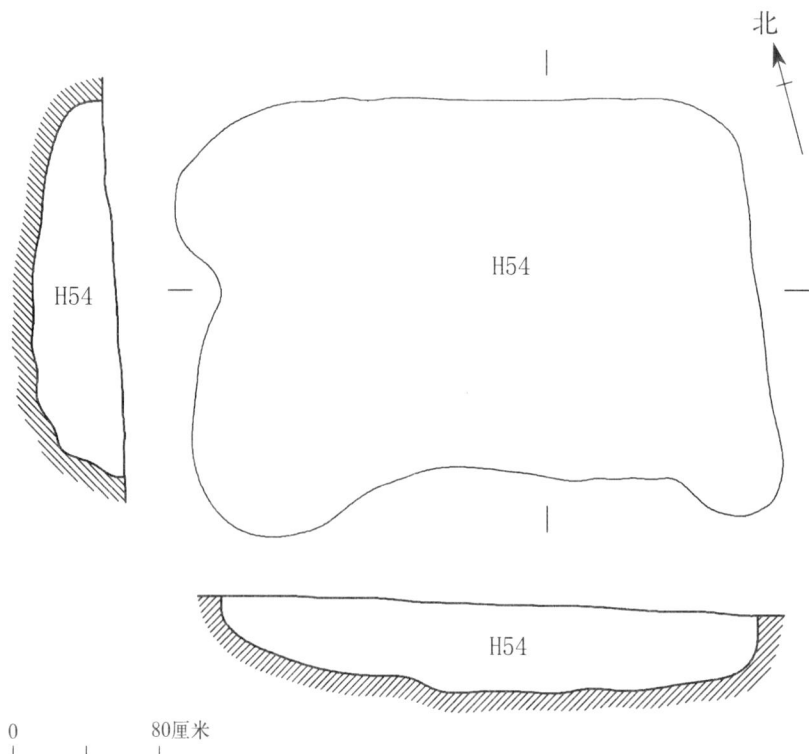

图三二六　H54平、剖面图

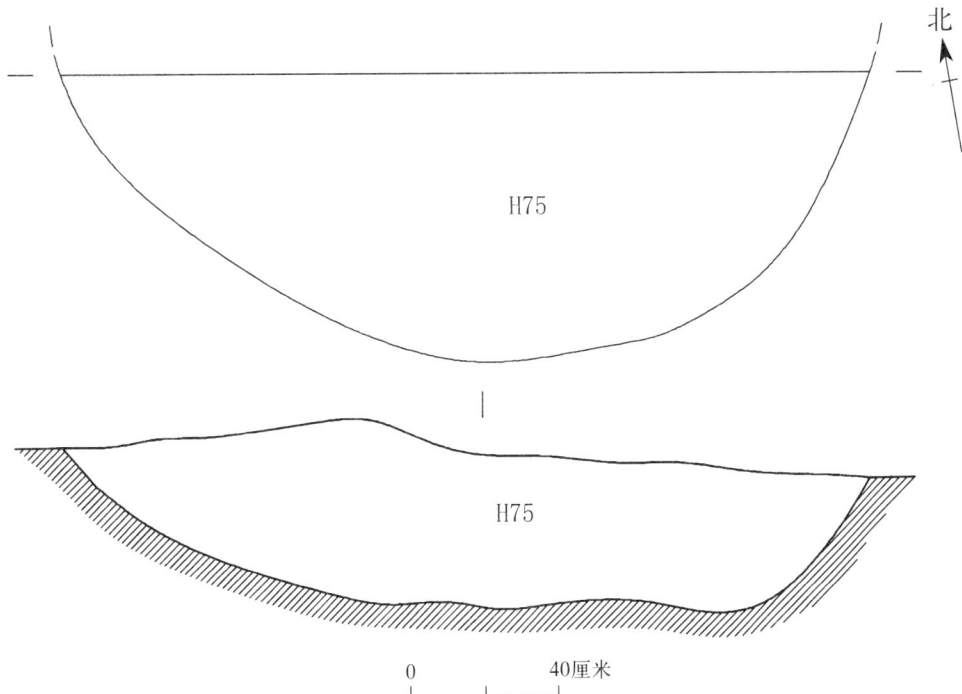

图三二七　H75平、剖面图

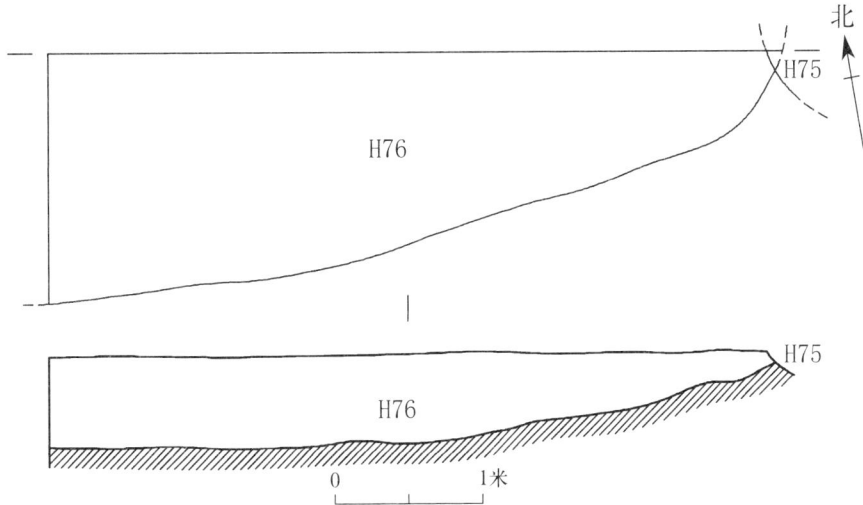

图三二八　H76平、剖面图

二、灰沟

共发现23条。时代均为近代。

G2

位于T36中部。平面呈带状，南北向，南侧延伸至南壁内。长7.8、宽0.48、深0.14米。斜壁圜底，沟壁较光滑（图三二九）。开口于第①层下，打破②层。灰沟为一次性堆积形成，土色浅青灰色，土质较松散。出土有少量青花瓷片和陶片，另含较多炭屑。推测其性质为近现代排水沟。

　　G3

　　位于T04南部。平面不规则带状，南北向。最长7.0米，宽1.65、深0.5米。斜壁，底部高低不平，未发现加工痕迹（图三三〇）。开口于第①层下，打破生土。开口距地表0.2米。灰沟为一次性堆积形成，沟底局部有较薄的细淤沙且有水冲刷痕迹。填土浅灰褐色、黄褐色混杂，土质疏松。出土青砖和近现代青花瓷残片等，并有少量早期陶片。从沟内出土的遗物和堆积状况来看，应为近现代灌溉用的排水沟。

　　G4~G7

　　位于T26、T37（仅绘制T26内部分）内。平面呈带状，南北向，沟与沟之间大致平行。长分别为7.7、8.5、8.5和4.4米，宽0.8~1.0不等，深0.2~0.35米。灰沟斜壁或直壁，平底或圜底（图三三一）。开口于第①层下，打破第②层及生土。开口距地表深约0.25米。灰沟均为一次性堆积形成。土色灰褐、黄褐色混杂，土质疏松。包含物有炭屑、碎瓦、青花瓷片、砖块和碎陶片等。推测

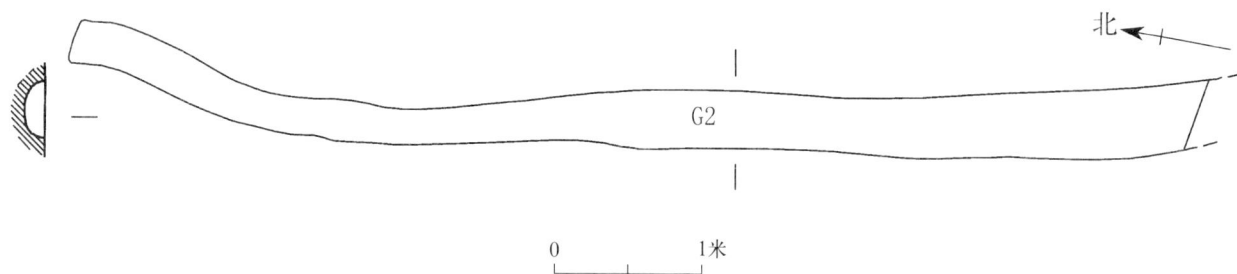

图三二九　G2平、剖面图

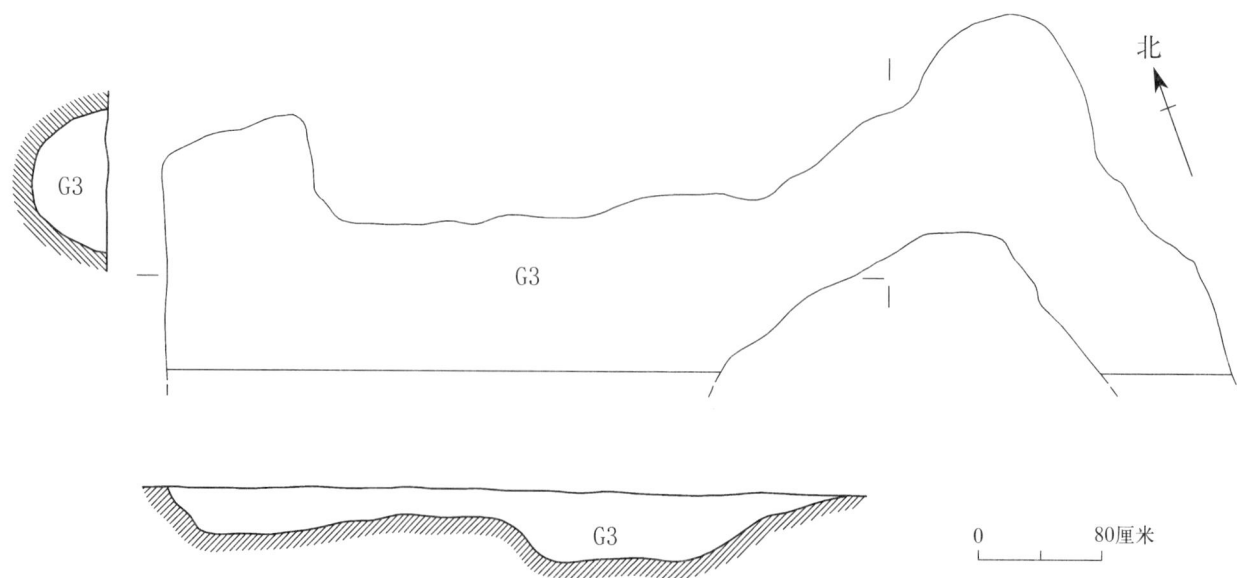

图三三〇　G3平、剖面图

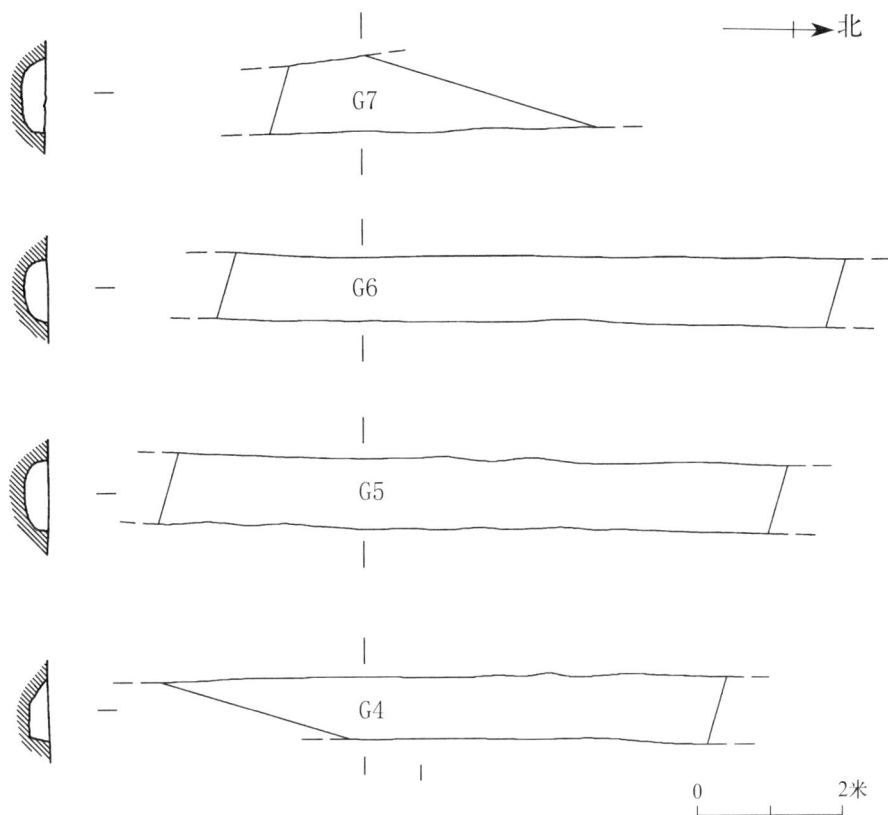

图三三一　G4~G7平、剖面图

其性质为近现代排水沟。

G8~G12、G13~G17

位于T27、T28、T38（仅绘制T27内部分）内。平面呈带状，南北向，沟与沟之间大致平行。长分别为9.7、9.8、9.8、9.7、9.6、9.3、4.4、9.6、9.5和4.5米，宽0.2~1.05米不等，深0.15~0.5米。灰沟斜壁或直壁，平底或圜底（图三三二，图三三三）。均开口于第①层下，打破第②层及生土，其中G16打破H33。开口距地表约0.25米。为一次性堆积形成。土色灰褐、黄褐混杂，土质疏松。包含物内含水泥、铁渣、红烧土块、碎青花瓷片、板瓦和陶片等近现代遗物。推测其性质为近现代排水沟。

G18~G22

位于T28、T29内。平面呈带状，南北向，沟与沟之间大致平行。长9.6、9.6、9.3、9.6和4.2米，宽0.1~0.98不等，深0.1~0.36米。均开口于第①层下，打破第②层及生土。灰沟斜壁或直壁，平底或圜底（图三三四）。开口距地表约0.2米。沟壁较斜，平底，局部圜底。土色深灰，土质粘软、松散。推测其性质为近现代排水沟。

G24

位于T17~T21内。平面不规则，东西跨五个探方继续向西、北方向延伸，从发掘情况仅能看到遗迹南侧边缘及向北延展的一部分。斜壁，底部平面不知（图三三五）。开口于第②层下，打破第

→北

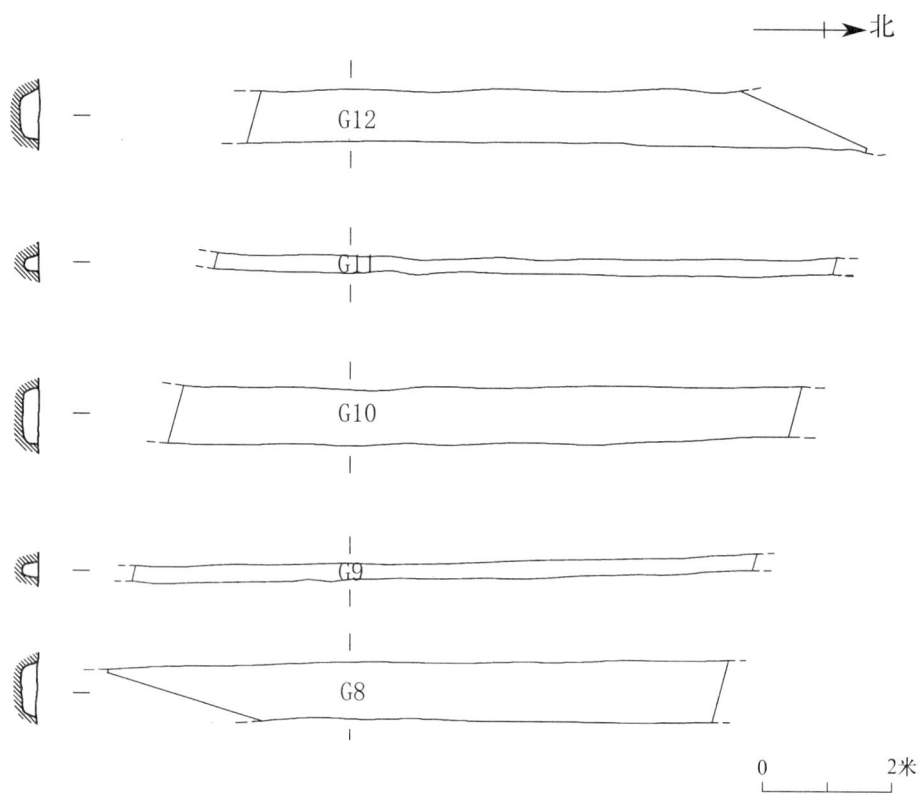

图三三二 G8~G12平、剖面图

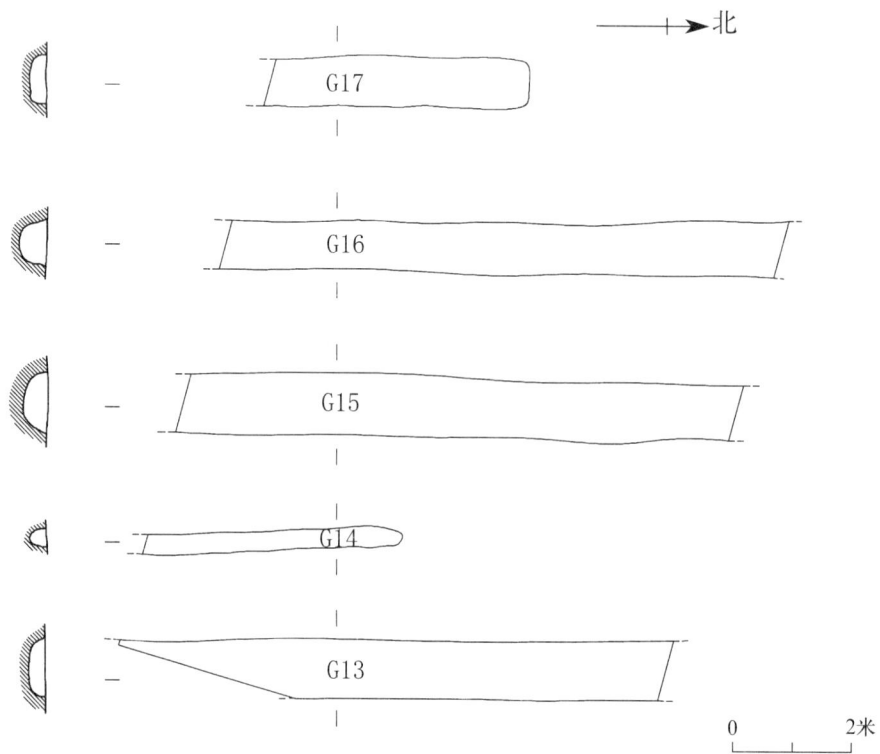

→北

图三三三 G13~G17平、剖面图

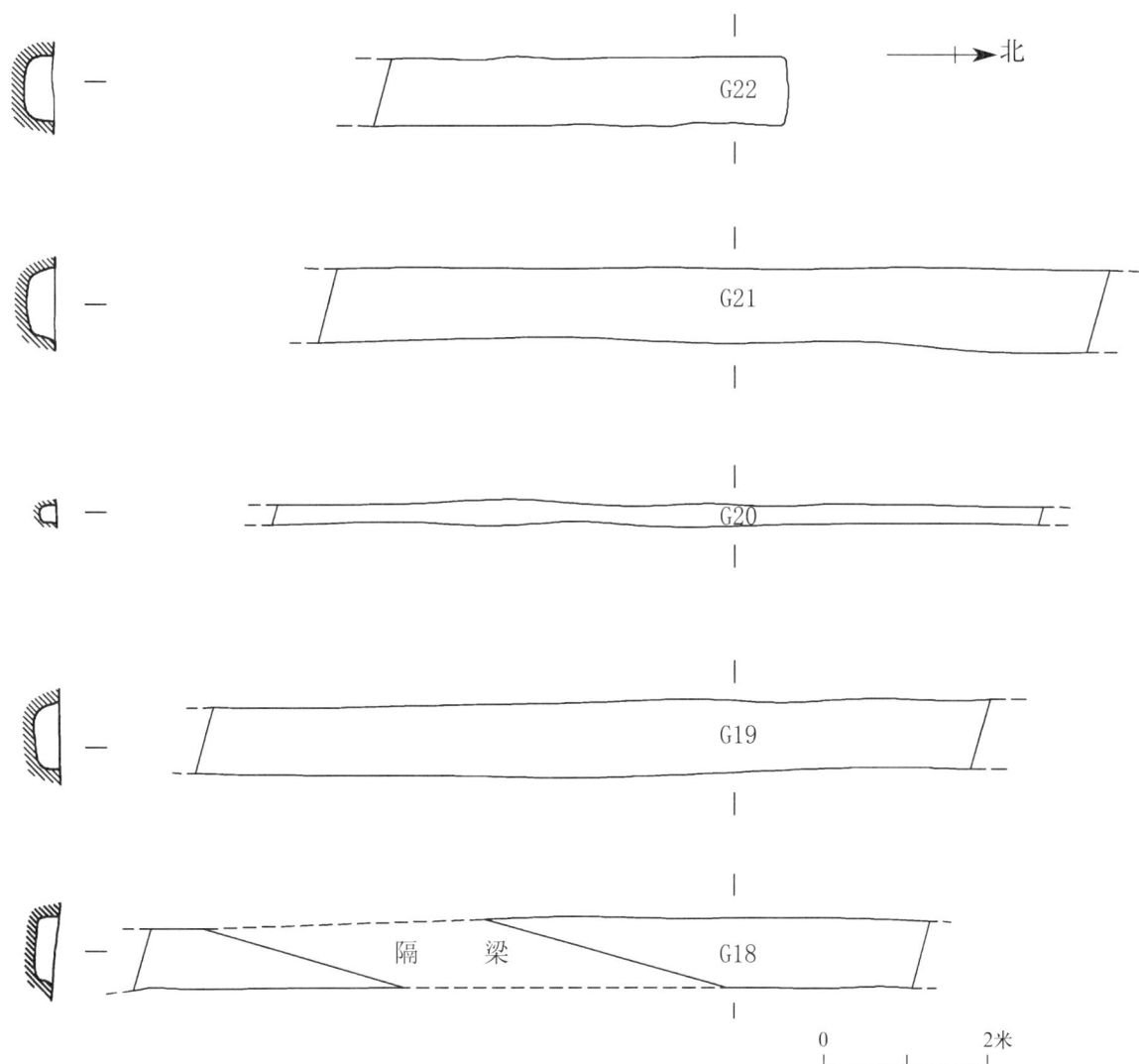

图三三四　G18～G22平、剖面图

③、第④层。开口距地表0.9米。土色浅黄泛灰，土质松散，淤土质。东西最大跨度达49.9米，探方内宽0～9.0米，深0.5～0.75米。从其形状、规模及相关情况来看，应为近代地势较低洼的凹地经水淤形成。包含物有草木灰、红烧土颗粒、石块、陶片和青白瓷片等。另夹杂草木灰等腐殖物，可见水锈，沟底部有明显的水淤层及水流痕迹。推测其性质为宋代洼地。

G25

位于T26～T28、T37～T38内。发掘平面不完整，推测为圆形。弧壁，圆底，不见加工痕迹。开口于第①层下，打破生土。开口平面距地表0.3～0.35米，暴露最大径为24.2米，最深3.2米（图三三六）。堆积分两层。第①层，厚0～0.8米，土色深灰褐，土质软，结构疏松，内含大量腐殖物，出土少量陶片及近现代瓷片。第②层，深0.8～3.2米，厚0～2.4米，土色深黑，局部黑褐，土质软，结构松粘、细腻。出土较少陶片及晚清至民国时期瓷片等。根据该遗迹形状结构以及出土遗物分析，其性质应是水塘，后期废弃后回填耕作。

北

隔梁　　　　隔梁　　　　G24　　　　　隔梁

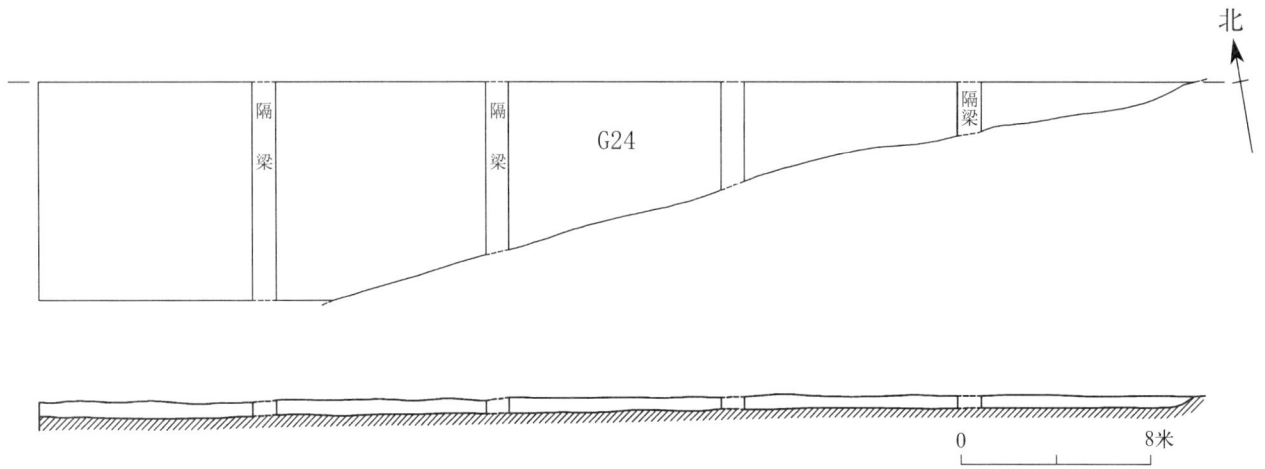

图三三五　　G24平、剖面图

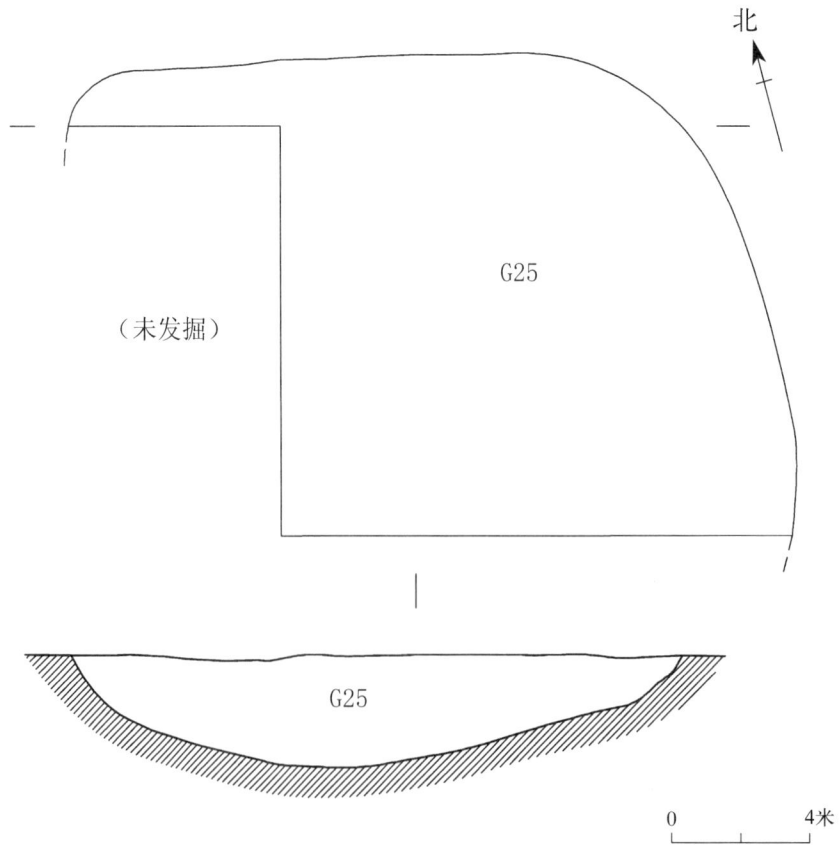

0　　　　　　8米

北

（未发掘）　　　　　G25

G25

图三三六　　G25平、剖面图

0　　　　4米

三、建筑遗存

1处。

F1

位于T9、T10内。平面长方形，方向170°。房址破坏较严重，仅剩基槽。从残存情况看，平面应为长方形，门道应位于南侧。基槽直壁、平底。开口于地表，打破第①、第②层。填土灰褐色，土质较软。东西总长15.5、宽7.85、基槽深0.2～0.3米。共分三间，从东到西分为第一至第三间。第一间长7.85、内宽2.78米；第二间残长7.38、残内宽6.0米；第三间残长3.56、残内宽4.45米（图三三七）。填土中夹杂大量的红烧土块、石块、炭灰、白灰渣、青花瓷片等。

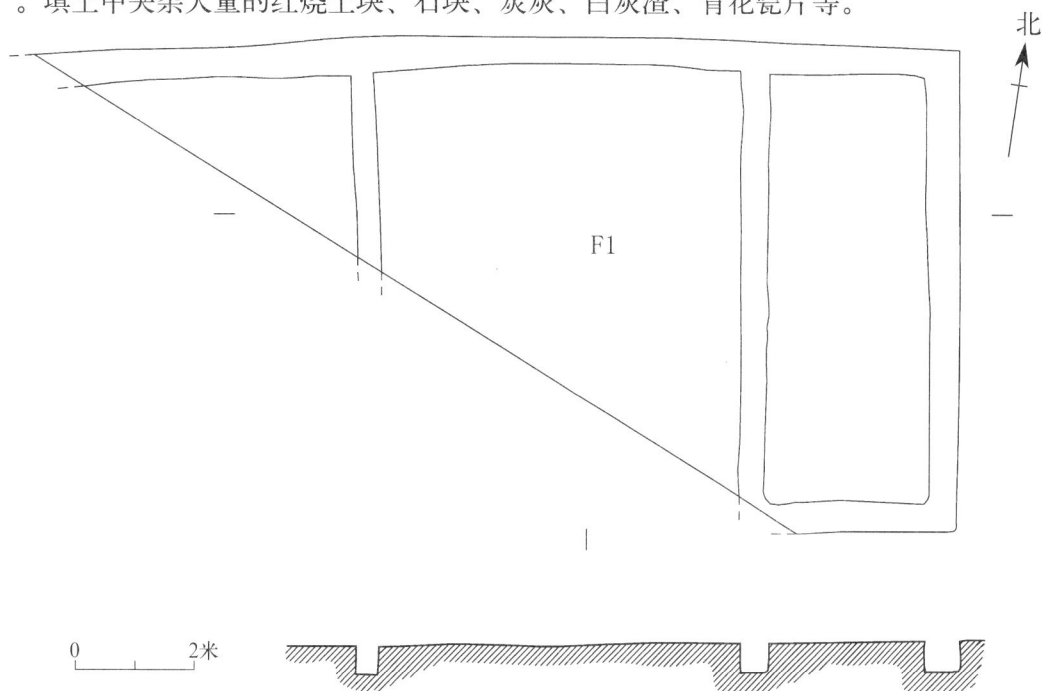

图三三七　F1平、剖面图

四、墓葬

共10座。其中M1、M2处于遗址西部T12内（图三三八），M3～M9、M11处于遗址东部T01、T02内（图三三九）。

M1

长方形土坑竖穴墓。位于T12中部偏北处（图三三八），处于一个东高西低的斜坡上，方向30°。墓壁较直，底近平。开口于第②层下，打破生土，另打破H17、H20。墓坑长2.5、宽0.9～1.03、深1.05～1.2米。填土红褐色，土质较硬。墓底可见棺痕，棺痕上残留棺钉铁渣，棺底局部可见骨渣。棺痕长1.95、宽0.48～0.52米（图三四〇）。随葬品1件，为陶质韩瓶（图三五二，1），瓶口覆残灰陶瓦。

北

M2

M1

0　　　2米

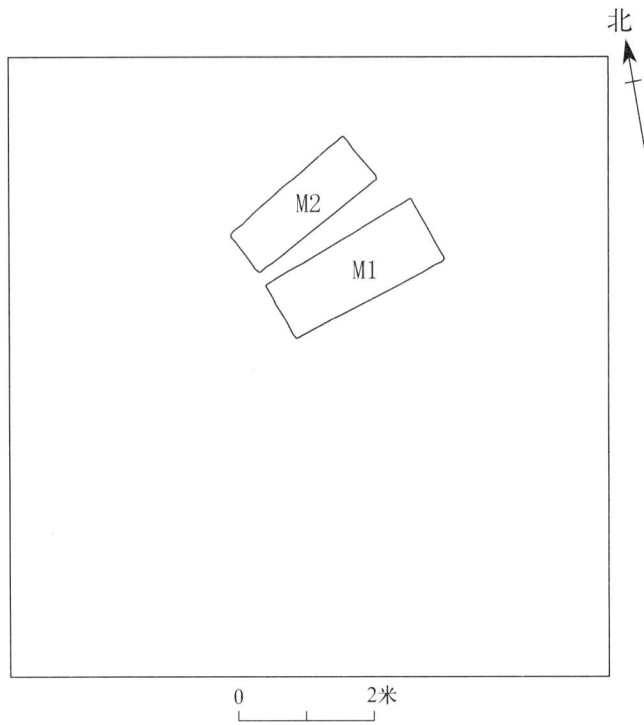

图三三八　M1、M2探方位置及相互关系图

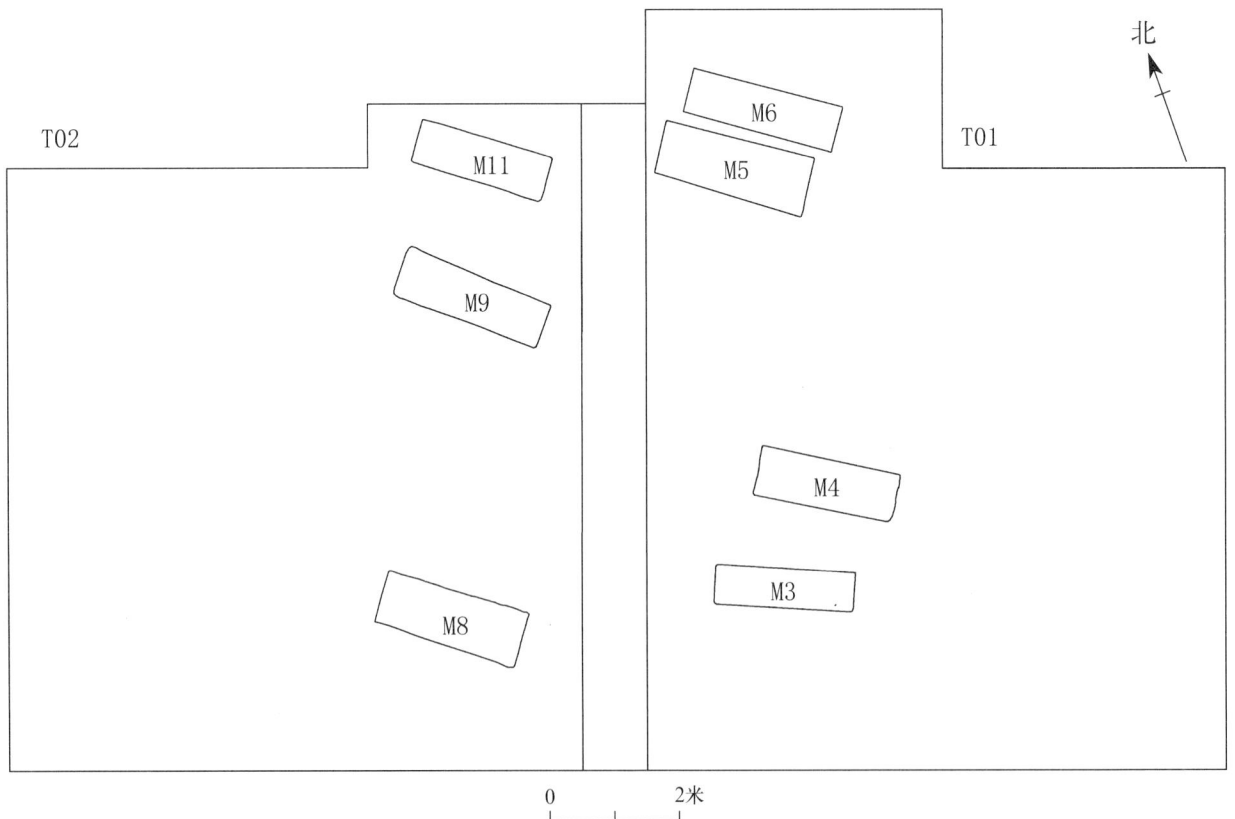

北

T02

T01

M6

M5

M11

M9

M4

M3

M8

0　　　2米

图三三九　M3～M9、M11探方位置及相互关系图

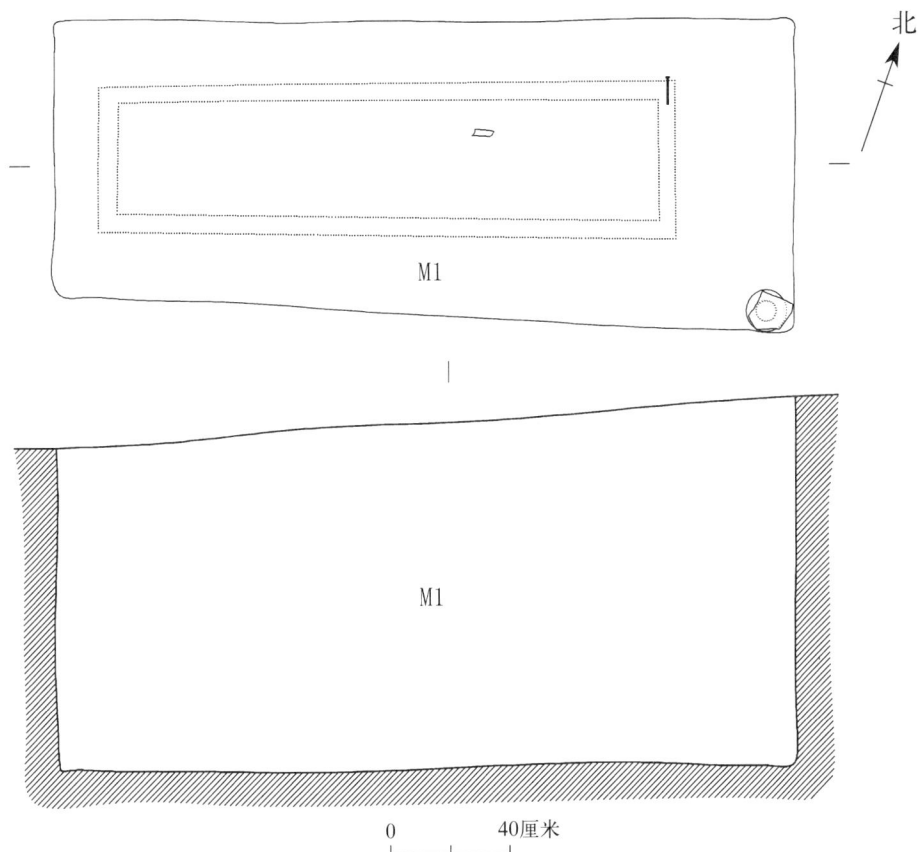

图三四〇　M1平、剖面图

M2

长方形土坑竖穴墓。位于T12北部，南侧紧邻M1，方向39°。墓壁较直，底近平。开口于第②层下，打破生土。墓坑长2.23、宽0.71~0.8、深0.75~0.85米。填土红褐色，土质较硬。棺痕模糊不清，可见少量骨渣（图三四一）。未见随葬品。

M3

长方形土坑竖穴墓。位于T01西南部，方向274°。壁较直，底近平，东侧有生土二层台。开口于第①层下，打破生土。墓坑长2.16、宽0.6、深0.41~0.46米。二层台宽0.24、高0.27米。填土红褐色、黄褐色混杂，土质较硬。棺痕长1.7、宽0.31~0.38米（图三四二）。随葬品2件。1件为酱釉陶罐（图三五二，4），放置于二层台上；1件为"咸平通宝"铜钱，置于棺东南部填土中。

M4

长方形土坑竖穴墓。位于T01中西部，方向282°。墓壁较直，底近平。开口于第①层下，打破生土。墓坑长2.18、宽0.73~0.76、深0.41~0.46米。填土红褐色，土质较硬。墓底可见棺痕，棺底局部可见骨渣。棺痕长1.8米（图三四三）。随葬品2件，均为铜钱，1件为"元符通宝"，1件残损严重字不可辨。

M5

长方形土坑竖穴墓。位于T01西北角，部分延伸入所扩小方。方向284°。墓壁较直，底近平。

北

M2

M2

0　　　　40厘米

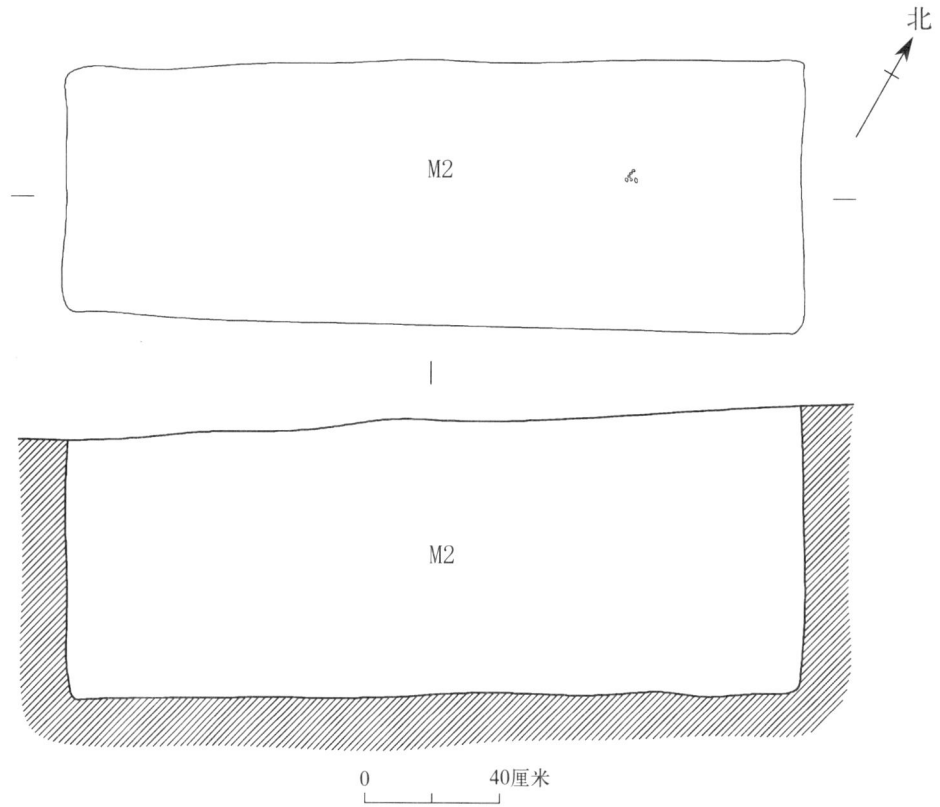

图三四一　M2平、剖面图

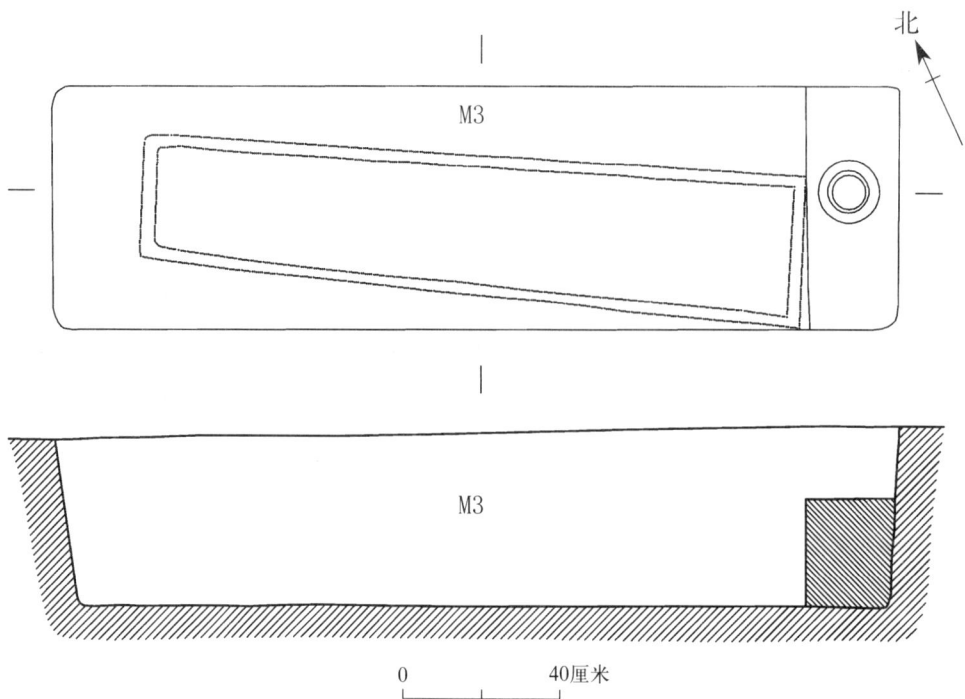

北

M3

M3

0　　　　40厘米

图三四二　M3平、剖面图

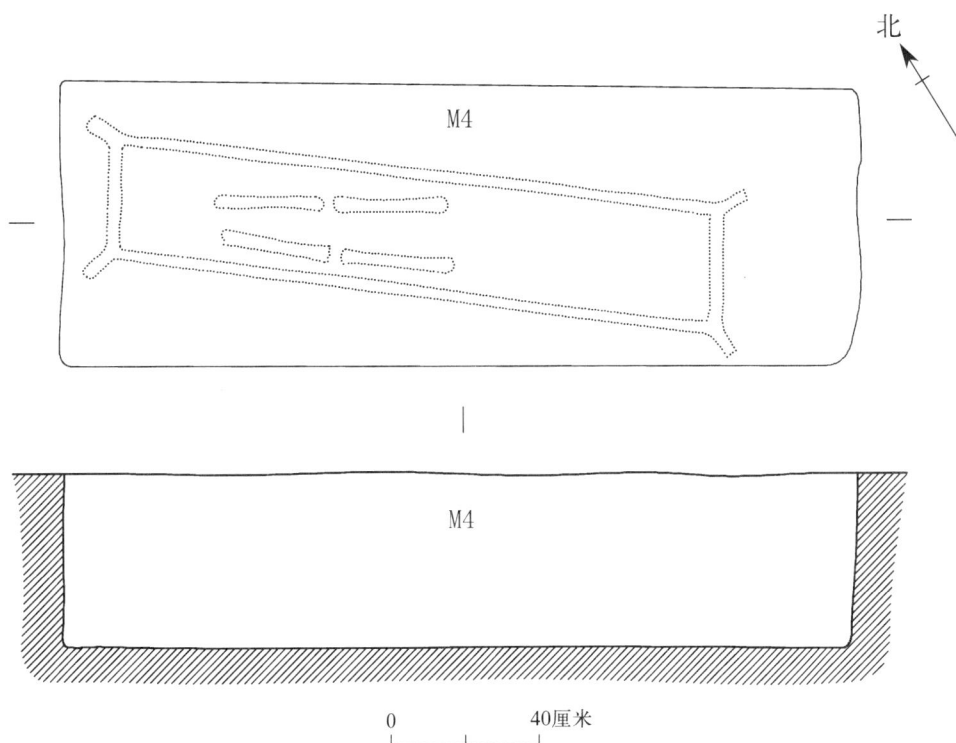

图三四三　M4平、剖面图

开口于第①层下，打破生土。墓坑长2.37、宽0.82~0.92、深0.59米。填土红褐色，土质较硬。墓底可见棺痕，长2.19米（图三四四）。随葬品1件，为圆形铜镜（图三五二，5），已残损不完整。

M6

长方形土坑竖穴墓。位于T01西北部所扩小方，与M5紧邻，方向285°。墓壁较直，东部一侧有生土二层台，底近平，有腰坑。开口于第①层下，打破生土。墓坑长2.38、宽0.68~0.7、深0.68米。腰坑直径0.17、深0.07米。填土红褐色，土质较硬。墓底可见棺痕，长2.07米（图三四五）。随葬品2件。1件为陶质韩瓶（图三五二，2），放置于二层台上；1件为青瓷碗（图三五一，2），放置于腰坑内。

M8

长方形土坑竖穴墓。位于T02东南部，方向288°。墓壁较直，底近平。开口于第①层下，打破生土。墓坑长2.3、宽0.81~0.87、深0.26米。填土红褐色，土质较硬。墓底可见棺痕，长1.88米（图三四六）。随葬品8件，均为"元祐通宝"铜钱（图三五〇，1；图版六八，8），1件置于棺外偏东位置填土中，其他置于棺内中部偏北处。

M9

长方形土坑竖穴墓。位于T02东北部，方向291°。靠东部一侧有生土二层台，墓壁较直，底近平。开口于第①层下，打破生土。墓坑长2.4、宽0.7~0.8、深0.85米。二层台宽0.32、高0.42米。填土红褐色，土质较硬。墓底可见棺痕，长1.99米（图三四七）。随葬品2件。1件为釉陶四系罐

北

M5

铜镜

M5

0　　　　40厘米

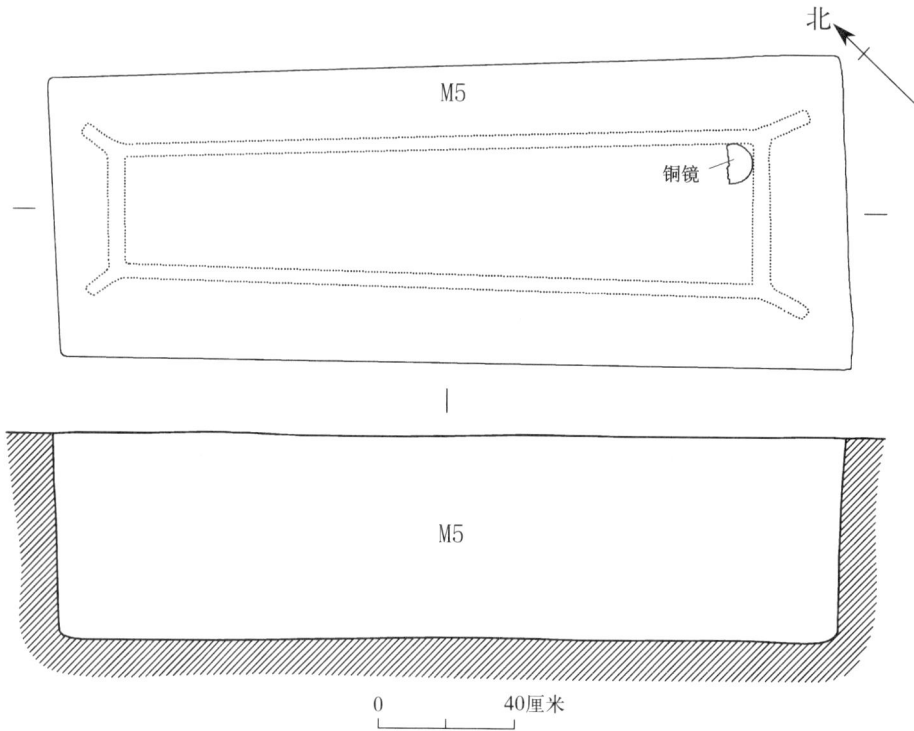

图三四四　M5平、剖面图

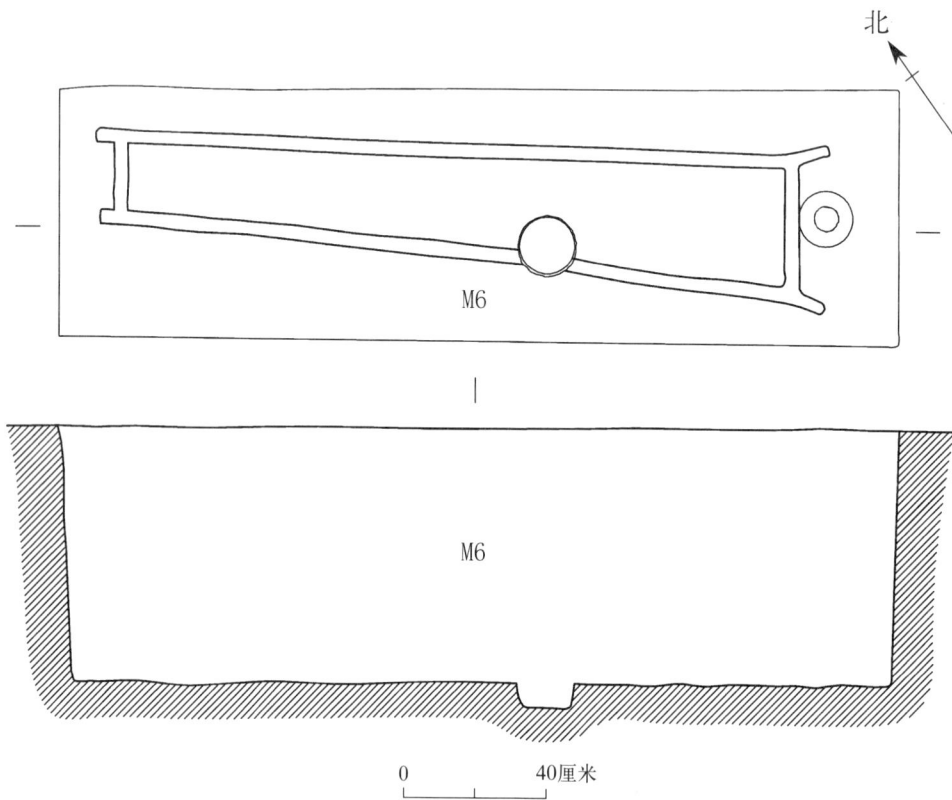

北

M6

M6

0　　　　40厘米

图三四五　M6平、剖面图

北

M8

M8

0　　　　40厘米

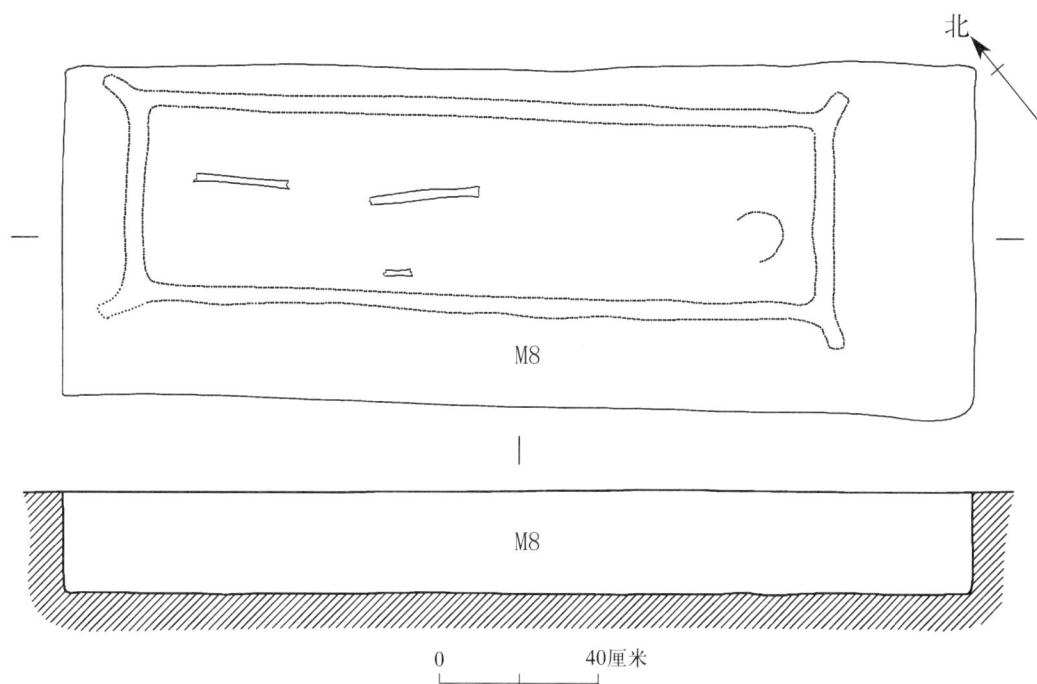

图三四六　M8平、剖面图

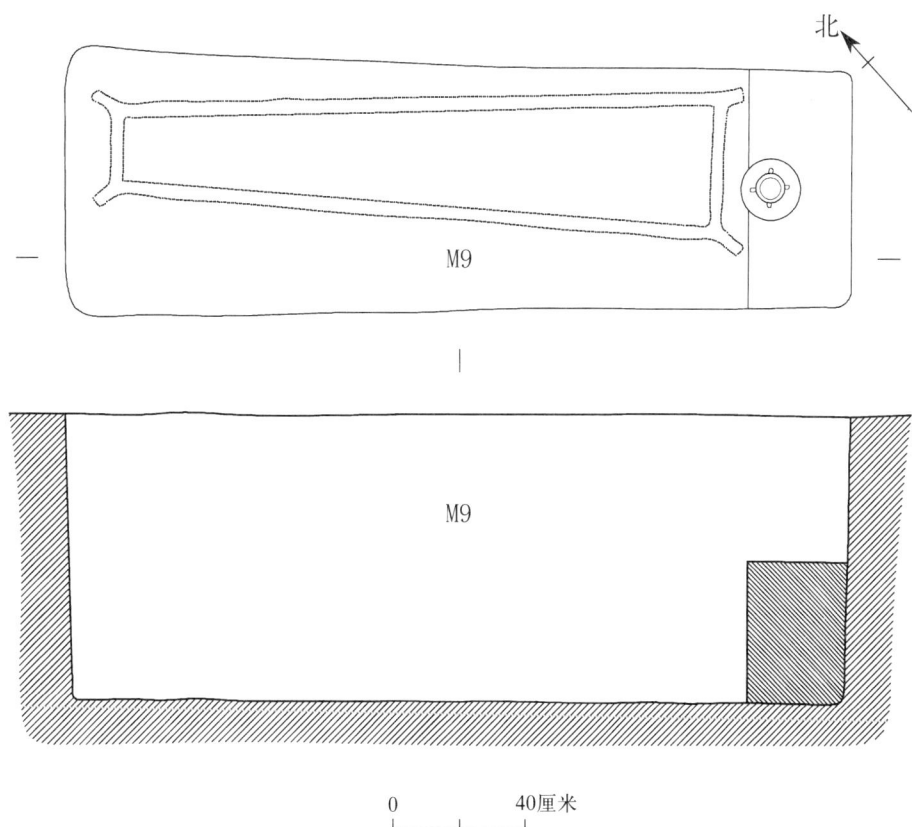

北

M9

M9

0　　　　40厘米

图三四七　M9平、剖面图

北

M10

M10

0　　　　　　80厘米

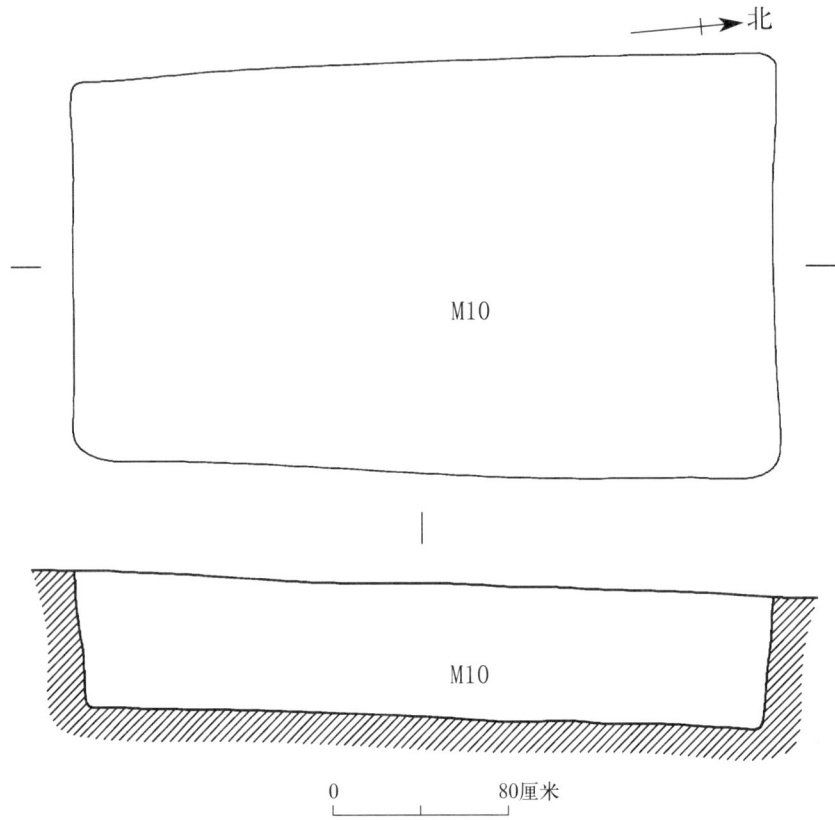

图三四八　M10平、剖面图

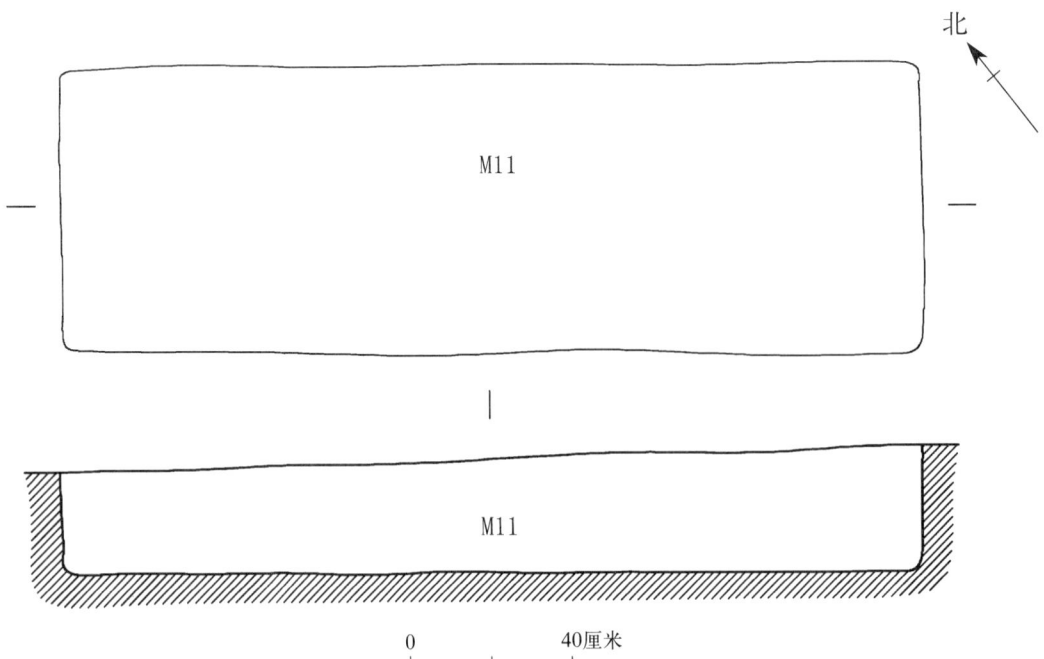

北

M11

M11

0　　　　　　40厘米

图三四九　M11平、剖面图

（图三五二，3），置于东部二层台上；1件为"至道元宝"（图三五〇，2；图版六八，9）铜钱，置于棺外偏东位置填土中。

M10

长方形土坑竖穴墓。位于T02中部偏西处，方向19或341°。墓壁较直，底近平。开口于第①层下，打破生土。墓坑长3.25、宽1.7～1.9、深0.6米（图三四八）。填土红褐色，土质较硬。包含物可见青花瓷片。不见随葬品。

M11

长方形土坑竖穴墓。位于T02东北部并延伸至北壁，方向286°。墓壁较直，底近平。开口于第①层下，打破生土。墓坑长2.11、宽0.67、深0.24～0.3米（图三四九）。填土红褐色，土质较硬。不见随葬品。

以上墓葬，墓葬除M10以外，年代相较集中，大致处于五代至北宋时期。这些墓葬大体可分两处，其中M1、M2位于北Ⅱ区T12，其余位于遗址北Ⅰ区T1、T2。根据T13～T21的发掘情况，可知在T12所处位置为遗址的西部，再往西是深浅不一的洼地。而M1、M2恰是位于遗址西部的坡地上，成组出现，该位置未再发现其他同时代墓葬的分布。从现有情况来看，该处坡地应为当时的一处墓葬区，其年代与M1、M2相近，推测北部应还有其他同时期墓葬分布。M3～M6、M8、M9、M11共七座墓葬位于紧靠遗址东缘的台地上，其中M3、M4为一组，M5、M6为一组，M9、M11为一组，M8单独出现。从墓葬分布、形制来看，两处墓地在年代上不一，但具有延续性。西区墓地墓向偏东北，墓坑相对较深；东区墓地墓向则偏东南，墓坑相对较浅。从所出铜钱的年代分布范围来看，西区墓葬要略早于东区墓葬。T31第④层与T35第④层均出土"开元通宝"铜钱，两个探方与T12相近，而M1出土的韩瓶在形制上略早些。东区墓葬的年代大致处于北宋至道到元符年间（公元995～1100），出土的铜钱均分布在此时期。除此之外，T24第②层亦发现"大观通宝"铜钱（图三五〇，3；图版六八，10）。而T24与T1、T2相距不远，同处于遗址的东部，可以推断在这是北宋时期的一处墓地。

结合探方的晚期文化层，特别是T24②、T31④和T35④，五担岗遗址从五代至北宋时期人类活动较多，时代有可能到唐代晚期。而从H38、M1、M2及M3～M9、M11的出土物看，在北宋时期至道到元符年间人类活动更频繁些。

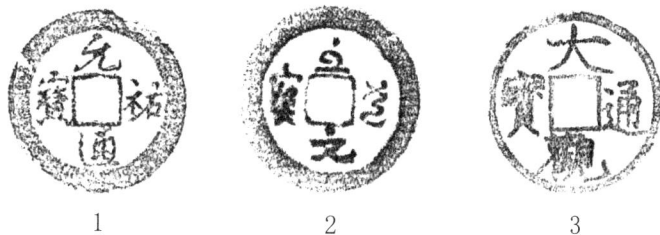

图三五〇　五担岗遗址铜钱拓片

1～3.铜钱拓片（M8：1、M9：2、T24②：1）

第二节　文化遗物

唐宋至近代遗存中出土的晚期遗物数量不多，可分为铜器、瓷器和陶器等三类。现择要分类介绍如下。

一、铜器

铜镜

共1件。

标本M5：1　残。平面呈圆形，背部有一桥形钮。素面。直径11.9、厚0.2厘米（图三五二，5；图版六八，6）。

二、瓷器

碗

共2件。

标本M6：2　敞口。圆唇，沿面较宽，内折棱凸出。弧腹，腹深较小。底内凹。青釉，器表因轮制形成数道凹凸纹。口径16.4、底径6.2、高6.0厘米（图三五一，2；图版六八，7）。

标本H38：3　残。敞口。尖唇，沿面较宽，内折棱凸出。弧腹稍深。青白釉，饰模印莲花纹。口径17.1、高6.1厘米（图三五一，3）。

三、陶器

韩瓶

共2件。根据整体形态差异可分为二型。

A型　有肩，腹中部较直。1件。

标本M1：1　灰白胎，厚圆唇，唇部外鼓，窄肩，深腹，小平底。近腹底处可见三道凸棱。口径10.9、底径7.6、高30.5厘米（图三五二，1；图版六八，2）。

B型　溜肩，腹中部微弧。1件。

标本M6：1　残。灰白胎。饰耳残损。深腹，小平底。器表可见因轮旋形成的多道凸棱。底径6.0、残高28.6厘米（图三五二，2；图版六八，3）。

瓮

1件。

H38：1　釉陶器。直口，圆唇外翻，矮弧颈。圆肩，深鼓腹，平底。施釉不均。釉色发黄。饰

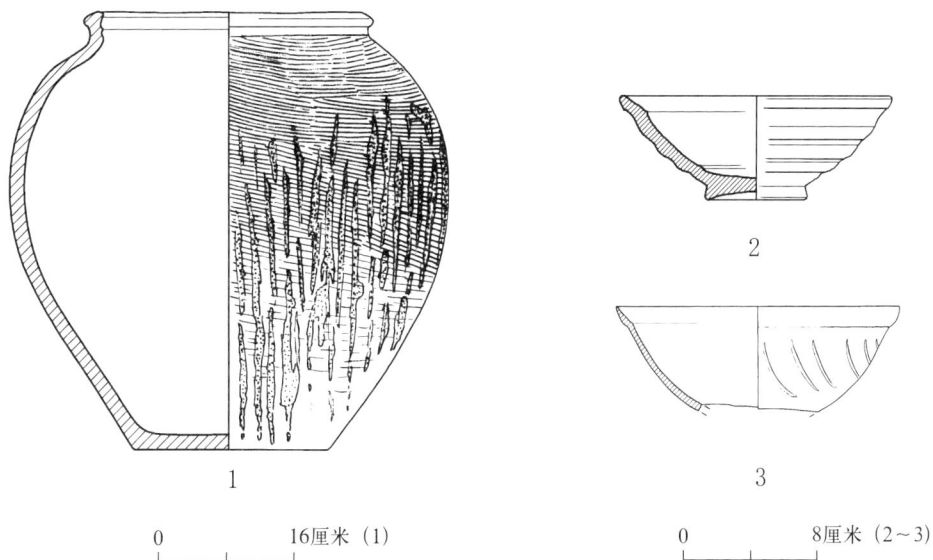

0 16厘米（1）

0 8厘米（2～3）

图三五一 五担岗遗址晚期文化遗物

1.陶瓮（H38：1） 2、3.青瓷碗（M6：2、H38：3）

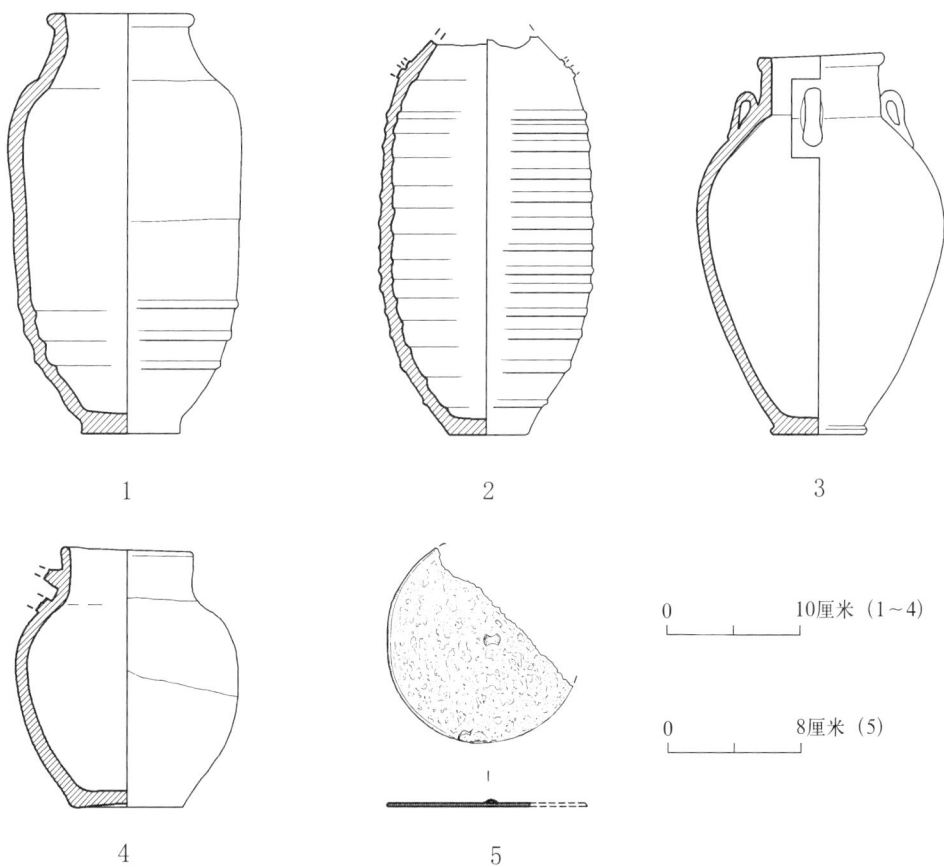

0 10厘米（1～4）

0 8厘米（5）

图三五二 五担岗遗址晚期文化遗物

1.A型陶韩瓶（M1：1） 2.B型陶韩瓶（M6：1） 3.A型陶罐（M9：1） 4.B型陶罐（M3：1） 5.铜镜（M5：1）

篮纹。口径34.5、底径23.3、高50.4厘米（图三五一，1；图版六八，1）。

罐

共2件。根据整体形态的不同可分为二型。

A型　深腹急收，四系。1件。

标本M9：1　釉陶器。直口，圆唇。高颈，溜肩，深弧腹，饼状底。通体施酱釉。口径9.6、底径7.3、高27.4厘米（图三五二，3；图版六八，4）。

B型　腹较鼓，双系。1件。

标本M3：1　釉陶器，灰胎。直口微侈，圆唇。高直颈，弧肩，深腹，平底内凹，耳饰残损。酱釉，施釉不及底。口径10.0、底径8.3、高18.6厘米（图三五二，4；图版六八，5）。

第五章 结 语

五担岗遗址2009年度的发掘，揭示出遗址的主体内涵为商周时期文化遗存。存在数量较少二里头文化特征的遗物，较地层或遗迹反映的时代要早。从地层关系和器物形制演变方面来看，对该遗址不同时期考古学文化的构成情况有了更清楚的认识，这对于研究当时中原地区及其他地域与宁镇地区的文化交流方面具有重要意义。

第一节 遗址分期及文化特征

一、第一期的文化特征及相关比较

第一期遗存，分布范围非常大，可见于大部分探方，包括地层堆积、遗迹和遗物，以T31、T32的保存最为完整。

第一期遗存，在所发掘区域内遗存较少，主要分布于T29、T31和T32三个探方，包括地层堆积、遗迹和遗物。依据地层关系、遗迹打破关系及陶器特征把第一期分为早、晚二段。

（一）第一期早段

1.文化特征

遗迹有灰坑和墓葬两类，代表单位有T11⑦、T28④、T31⑨、T32⑩、H125、H126和H127等（附表二），T31⑨和T32⑩后实际为相同一个层位，后者探方比前者多一灰白土层（T32⑦）。

遗迹有灰坑和墓葬两类。灰坑有3个。其中H125平面为圆角梯形，H126和H127不完整，均延伸入T31东壁。坑壁相对较直，坑底平底或略圜底。墓葬1座，土坑墓，一头略窄，一头略宽，无随葬品。

未发现青铜器。

石器仅发现1件，为砍砸器。

陶器以夹砂陶为主，所占比例为82.19%，其中77.74%为红褐陶，4.11%为黑陶，0.34%为灰陶；次为泥质陶，所占比例为11.29%，1.71%为红陶，3.42%为黑陶，6.16%为灰陶；再次为硬陶器，所占比例为6.51%。陶器多为素面，所占比例为58.22%，存在少量磨光陶。单一纹饰以绳纹最多，占15.07%；次为梯格纹和弦纹，所占比例均为3.77%；再次为网纹，所占比例为2.4%。其他纹饰有曲折纹、指捺纹、云雷纹、篮纹、叶脉纹、席纹、间断绳纹、戳印纹和复线三角纹等；组合纹饰以绳纹+附加堆纹比例最高，占7.53%；其他有绳纹+刻划纹、弦纹+三角填线纹及绳纹+戳印纹等。主要器类以鬲最多，比例为56.16%；次为罐，比例为19.18%；其他依次为豆（8.22%）、鼎（6.85%）、甗（4.11%）、盆（2.74%）、刻槽钵（1.37%）和瓮（1.37%）。小件陶制品有器盖和圆陶片。陶器夹砂素面陶所占比例极大，仅少数陶器有装饰纹样。陶器上的特点，一是夹砂红褐陶比例大，硬陶器较少；二是素面陶所占比例最大，绳纹占一定比例，间断绳纹、梯格纹、叶脉纹、三角纹均有发现。三是浅窝高实足鬲的出现，足较细长；鼎多模仿中原青铜器造型，口部多折沿、腹部多微鼓；所见刻槽钵为素面平底器。器盖为浅盘子母口。鬲、盆多大宽沿，鬲的内沿可见一周窄平台。硬陶器多个体较小，多矮直口扁体，部分陶色不均，器壁上多见灰色和红褐色混杂。典型陶器有高实足跟袋足鬲、深腹鼎、素面平底刻槽钵、大口宽沿盆、高领深弧腹翁浅盘子母口器盖和矮直口扁体硬陶罐等。

2. 五担岗遗址第一期早段与其它遗址的比较

五担岗第一期早段遗存发现并不多，但其文化组成非常复杂。从目前的状况来看，我们发现了约当于二里岗下层二期阶段的地层，以及具有明显的更早时代特征的遗物。至少有四种文化因素在此发生了碰撞和交流，一是早已扎根于此受中原龙山文化强烈影响而形成的土著文化因素，二是一度南下的岳石文化因素，三是来自豫东地区的文化因素，四是来自环太湖地区的文化因素。时代稍早的具有二里头文化特征的陶器是经过改良后的产物，而稍后便受到了商文化因素的冲击。来自岳石文化因素的影响随着时代呈逐渐加强的态势，然后逐渐融合到土著文化中。以硬陶器为代表的太湖流域因素似乎表现并不强劲，这可能与目前的认识程度有关，伴随着发掘资料的丰富，可能会发生改变。五担岗遗址一期早段的陶器非常少，陶系统计表所展现的数据可能存在一定误差。总体来看，素面陶因素一直占据重要地位。有商文化因素影响的鬲，在一期早段便已出现了。周边典型遗址有上海马桥、湖州昆山、湖州南山、含山大城墩和肥东吴大墩等。

五担岗B型Ⅰ式素面鬲（T31⑨：5）与含山大城墩陶器（T17⑧：195）[1]口、腹部相似，鬲足与大城墩鬲（T18：221）[2]的很相似。

五担岗Ａa型Ⅰ式弧腹盆（T31⑨：5）与湖州昆山盆（G1④：48）[3]器形相似；五担岗Ａa型Ⅰ式硬陶罐（T31⑨：4）、Ａb型Ⅰ式硬陶罐（T31⑨：3）与昆山硬陶钵（G1④：148）[4]器形相似；五担岗B型Ⅰ式鼎（T31⑨：10）与昆山绰墩B型鼎（H36：4）相似[5]。

五担岗Ａa型Ⅰ式绳纹鬲（T11⑦：1）与郑州南关外陶器（C11H153：4）[6]相似。

[1]　安徽省文物考古研究所、含山县文物管理所：《安徽含山大城墩遗址第四次发掘报告》，《考古》1989年第2期，第111页，图八，10。

[2]　安徽省文物考古研究所、含山县文物管理所：《安徽含山大城墩遗址第四次发掘报告》，《考古》1989年第2期，第111页，图八，1。

[3]　浙江省文物考古研究所、湖州市博物馆：《昆山》，文物出版社，2006年，第360页，图二四一，7。

[4]　浙江省文物考古研究所、湖州市博物馆：《昆山》，文物出版社，2006年，第360页，图二四一，9。

[5]　苏州市考古研究所：《昆山绰墩遗址》，文物出版社，2011年，第163页，图一八，9。

[6]　河南省文物考古研究所：《郑州商城——1953-1985年考古发掘报告》，文物出版社，2001年，第624页，图四二六，4。

五担岗Ba型Ⅰ式弧腹瓮（T11⑦：6）与郑州南关外瓮（C9.1T106②：34）[1]相似。

五担岗B型Ⅰ式素面鬲（T31⑨：5）与郑州南关外鬲（C9.1H115：27）[2]口、腹部特征相似。

五担岗B型Ⅰ式鼎（T31⑨：10）与郑州南关外鼎（C5T92②：63）[3]器形相似。

五担岗Aa型Ⅰ式盆（T31⑨：11）与郑州南关外盆（C9.1H142：58）[4]相似；五担岗Da型Ⅰ式盆（T32⑩：1）与郑州南关外盆（C5H17：19）[5]相似。

五担岗B型Ⅰ式鼎（T31⑨：10）与青州益都郝家庄鼎（H14：48）[6]口、腹部相似；五担岗Aa型Ⅰ式盆（T31⑨：11）与郝家庄深腹盆（H6：6）[7]器形基本一致。

五担岗B型Ⅰ式素面鬲（T31⑨：5）与济南大辛庄鬲（Ⅱ2J2：8）[8]口、腹部形态相似；五担岗A型Ⅰ式 （T31⑦：3）与大辛庄甗（Ⅱ2J2：9）[9]相似。

3. 年代

经过甄别后，我们认为T11⑦是五担岗遗址最早的地层，陶器也呈现出较早的时代特征。虽然在陶器特征上仍残留有二里头文化晚期的特色，但笔者认为将该地层的年代定在二里岗下层二期更为合适，或许仍存在上溯的空间。在分期上，我们将其仍然归入一期早段，这也是需要注意的地方。二里岗上层一期特征的陶器在该遗址中表现得更活跃一些，地方特色也更加明显。在年代方面，我们主要参考了豫东、鲁西地区同时期的遗址，这也是与其文化来源分不开的；环太湖流域当然也是遗址早期文化的主要成因，可作为另外一个参考对象。

我们也发现了崧泽晚期龙山早中期、二里头二、三期的陶器，但均发现于较晚的地层当中。出现这种情况并不意外，宁镇、环太湖地区与江淮、中原及山东半岛的文化交流在更早的时间便已开始了。五担岗遗址是否会发现更早时期的地层或遗迹，这是在以后的工作中是很值得期待的。

五担岗第一期早段陶器大宽沿、斜方唇、外斜腹微鼓的特征与郑州二里岗上层一期的陶器相似。出土的扁腹、矮直口的硬陶器，特征也与昆山G1第五阶段出土的相似。同时，该段陶器在特征上与济南大辛庄第一期相似，两者时代上也是很接近的。除此之外，与之时代近似的还有马桥遗址第3段、南山窑早中期等。因此，我们将五担岗遗址一期早段遗存的年代定为二里岗下层二期至二里岗上层一期。

[1] 河南省文物考古研究所：《郑州商城——1953－1985年考古发掘报告》，文物出版社，2001年，第649页，图四四三，3。
[2] 河南省文物考古研究所：《郑州商城——1953－1985年考古发掘报告》，文物出版社，2001年，第724页，图四九一，1。
[3] 河南省文物考古研究所：《郑州商城——1953－1985年考古发掘报告》，文物出版社，2001年，第720页，图四八九，3。
[4] 河南省文物考古研究所：《郑州商城——1953－1985年考古发掘报告》，文物出版社，2001年，第772页，图五二三，2。
[5] 河南省文物考古研究所：《郑州商城——1953－1985年考古发掘报告》，文物出版社，2001年，第662页，图四五三，3。
[6] 吴玉喜：《岳石文化地方类型初探——郝家庄岳石遗存的发现谈起》，《考古学文化论集（三）》，文物出版社，1993年，第274页，图二，36。
[7] 吴玉喜：《岳石文化地方类型初探——从郝家庄岳石遗存的发现谈起》，《考古学文化论集（三）》，文物出版社，1993年，第273页，图一，9。
[8] 山东大学历史系考古专业、山东省文物考古研究所等：《1984年秋济南大辛庄遗址试掘述要》，《文物》1995年第6期，第20页，图一七，1。
[9] 山东大学历史系考古专业、山东省文物考古研究所等：《1984年秋济南大辛庄遗址试掘述要》，《文物》1995年第6期，第20页，图一七，3。

（二）第一期晚段

1. 文化特征

分布范围有所扩大，遗迹种类变多，有灰坑和灰沟两类。代表单位有T31⑧、T32⑨、G26、H78和H121等（附表二）。灰坑数量较少，多不完整，平面形状多为近圆形和圆角方形。坑壁多较直，亦有斜直壁。坑底有平底、斜底和圜底三种。沟均为长条状，平底或斜平底。

第一期晚段遗存中发现青铜器，器类为镞。

玉器仅见一小颗精磨过的绿松石，应为某种器物表面的嵌饰。

石器数量变多，器类有锛和斧。

原始瓷器发现较少，仅在H121发现3片。

陶器以夹砂陶为主，所占比例为81.49%，其中74.23%为红褐陶，4.07%为黑陶，3.19%为灰陶；次为泥质陶，所占比例为15.64%，其中6.94%为红陶，3.52%为黑陶，5.18%为灰陶；另有较少硬陶器，所占比例为2.53%；原始瓷极少，所占比例为0.33%。夹砂陶器以红褐陶为主，器表颜色不均匀。陶器多为素面，所占比例为75.22%。纹饰以绳纹最多，占9.47%；次为弦纹，所占比例为2.53%；再次为间断绳纹，比例为1.65%；梯格纹比例为1.21%，其他纹饰有网纹（1.47%）、圆圈纹（1.32%）、篮纹（1.32%）、方格纹（1.1%）、附加堆纹（0.99%）、曲折纹（0.77%）、刻划纹、叶脉纹（0.87%）、指捺纹、乳钉纹、云雷纹、回纹、席纹、菱形填线纹、复线回纹和复线菱纹等。另存在一些组合纹饰，如绳纹+附加堆纹、绳纹+乳钉纹、绳纹+刻划纹、绳纹+指捺纹、间断绳纹+附加堆纹、弦纹+戳印纹、弦纹+圆弧纹、篮纹+附加堆纹、弦纹+圆圈纹+绳纹及绳纹+弦纹+指捺纹等。主要器类以鬲为主，所占比例为59.72%；其次是罐，所占比例为18.96%；再次为豆，所占比例为9.48%。其他有甗（3.32%）、鼎（2.84%）、盆（2.84%）钵（1.9%）、缸（0.47%）和觚形杯（0.47%）等，其他小件生产生活陶制品仅见器盖。第一期晚段遗存陶器的典型特点发生了一些变化。一是夹砂灰陶、泥质陶比例有了一定程度提高，硬陶比例下降，开始出现原始瓷。二是素面陶比例大幅上升，绳纹比例下降，圆圈纹或菱纹为母题的纹饰开始出现。三是鼎的比例有所下降，其他器类波动不大。四是在鬲、鼎和盆的口部流行厚尖圆唇或厚圆唇的作风，腹部多鼓出。开始出现颈部变长、敛口的细高体鬲，沿下有加一周凸棱的做法。仿铜圆柱足鼎应来源自中原商文化，但在马桥文化区也能见到。存在高柄、曲腹、浅盘的平沿豆和矮束腰的粗柄豆。广肩深腹的瓮或罐肩与腹部开始变折，但折的程度不大。此时的大口直腹缸多饰横向的篮纹，唇部有一圈浅凹槽。

2. 五担岗遗址第一期晚段与其他遗址的比较

第一期晚段遗存分布仍较单薄，但较一期早段有了明显增多。该段遗存文化因素的组成是一期早段的延续，来自商文化因素的影响似乎陷入比较胶着的状况，来自岳石文化因素的影响加强了不少。从统计数据看，绳纹陶因素和硬陶因素均有所下降，应是受岳石文化的强烈影响所致。尽管如此，以绳纹陶为代表的商文化因素却是五担岗该段遗存的重要组成部分，其趋势或变化是基本与商文化的发展同步的，只是在自身发展过程中掺杂了更多的地方特点；但却是不可忽视的。如仿铜陶鼎和小件青铜器的出现，都可以证明商文化因素的影响并未实质降低。需要注意的是，这种商文化因素具有更多地方特色，与中原商王朝核心地带的商文化差别已很大。如灰陶与褐陶比例、绳纹与素面比例。周边典型遗址有上海马桥、湖州昆山、湖州南山、含山大城墩和肥东吴大墩等。

五担岗Ⅰ类E型绳纹鬲（T31⑧：3）与含山大城墩鬲（T1：5：3）[1]口、腹部相似，但腹部更鼓一些；五担岗缸（H78：4）与大城墩坩埚（采：13）[2]形态相似，纹饰也一致。

五担岗A型Ⅰ式鼎（T32⑨：2）与马桥遗址陶鼎（ⅡT1132③B：12）[3]口部、腹部及底部特征相似，不同的是前者为仿铜鼎圆柱足，后者为扁足；五担岗Ba型Ⅱ式弧腹盆(T31⑧：1)与马桥Ⅱ式盆(T111：11)[4]相似。

五担岗2类Ca型鬲（G26：3）与郑州白家庄陶器（C8T1②：19）[5]口、腹部特征相似；五担岗1类A型鬲足（T32⑨：8）与郑州白家庄鬲（C8T4②：5）[6]足部特征相似。

五担岗Ⅰ类E型绳纹鬲（T31⑧：3）与大辛庄鬲（Ⅱ6T76⑧：1）[7]相似。

五担岗Ba型Ⅱ式弧腹盆(T31⑧：1)与吴城Ⅳ式浅腹盆（1973QSWT6③：3）[8]形态特征相似，不同的是后者为内凹底。

3. 年代

五担岗第一期晚段陶鬲斜直腹不鼓的特征与大辛庄二期陶鬲相似，具有二里岗上层二期的特征；五担岗微鼓腹、圜底、圆柱足仿铜陶鼎，处于由深腹向浅腹、斜腹向弧腹过渡的阶段，年代上也更接近二里岗上层二期。而其厚唇、翻贴沿的特点与铜山丘湾下层鬲、大城墩鬲（T1：5：3）的特征接近，在年代上与花园庄阶段陶器特征已开始接近。而此时以三角纹、圆圈纹、乳钉纹作为装饰纹样的现象开始流行起来，这与台西遗址的情况是相似的。五担岗遗址此阶段部分陶器颈部开始出现颈部加长的迹象，鬲的袋足变瘦狭，足窝变深，这种情况在大城墩、吴城、潘庙等遗址中表现得非常明显。由此可知，五担岗第一期晚段遗存年代大致相当于二里岗上层二期，与吴城一期晚段、大辛庄二期比较接近，下限或已进入洹北花园庄偏早阶段。

二、第二期的文化特征及相关比较

第二期遗存，分布范围非常大，可见于大部分探方，包括地层堆积、遗迹和遗物，以T31、T32

[1] 安徽省文物考古研究所：《安徽含山大城墩遗址发掘报告》，《考古学集刊》第6集，中国社会科学出版社，1989年，第88页，图六，3。
[2] 安徽省文物考古研究所：《安徽含山大城墩遗址发掘报告》，《考古学集刊》第6集，中国社会科学出版社，1989年，第91页，图七，10。
[3] 上海市文物管理委员会：《马桥——1993-1997年发掘报告》，上海书画出版社，第129页，图一五〇，5。
[4] 上海市文物管理委员会：《上海马桥遗址第一、二次发掘》，《考古学报》1978年第1期，第130页，图二二，7。
[5] 河南省文物考古研究所：《郑州商城》，文物出版社，2001年，第867页，图五七九，7。
[6] 河南省文物考古研究所：《郑州商城》，文物出版社，2001年，第857页，图五七二，6。
[7] 山东大学历史系考古专业、山东省文物考古研究所等：《1984年秋济南大辛庄遗址试掘述要》，《文物》1995年第6期，第20页，图一七，11。
[8] 江西省文物考古研究所、樟树市博物馆：《吴城——1973～2002年考古发掘报告》，科学出版社，第216页，图一三二，6。

的保存最好。依据地层关系、遗迹打破关系及陶器特征把第二期分为早、晚二段。

（一）第二期早段

1. 文化特征

从该段开始，地层堆积和遗迹数量大幅增加，处于一个非常明显的上升阶段。典型地层及遗迹单位有T07④、T17⑤、T24⑤、T28③、T29④、H73、H84、H89、H108、H109、H110和H112等（附表二）。遗迹有灰坑和墓葬两类，灰坑数量不多，平面形状以近圆形或椭圆形为主。坑壁多弧壁，亦有直壁、坡壁，坑底多平底和圜底。

第二期早段遗存中未发现青铜器。

石器数量较少，器类有锛、凿和球等。

原始瓷发现数量依旧较少，器类有豆和罐。

陶器以夹砂陶为主，所占比例为74.63%，其中66.64%为红褐陶，5.56%为黑陶，2.43%为灰陶；次为泥质陶，所占比例为20.89%，其中7.82%为红陶，5.39%为黑陶，7.68%为灰陶；另有较少硬陶器，所占比例为4.11%，施釉硬陶所占比例为0.12%；原始瓷所占比例为0.22%。陶器多为素面，所占比例为58.01%。纹饰以绳纹最多，占23.75%；次为间断绳纹，所占比例为4.0%；再次为复线菱纹，所占比例为1.84%。其他纹饰有弦纹1.62%、回纹0.87%、梯格纹1.62%、方格纹、网纹1.2%、云雷纹、刻划纹、席纹、曲折纹、指捺纹、篮纹、窗格纹、附加堆纹、叶脉纹、圆圈纹、复线回纹、菱纹、菱形填线纹和三角填线纹等，另存在一些组合纹饰，如绳纹+附加堆纹（0.61%）、绳纹+网纹、绳纹+指捺纹、间断绳纹+网纹、弦纹+绳纹、弦纹+梯格纹、弦纹+三角填线纹、弦纹+复线三角纹、弦纹+乳钉纹、复线菱纹+网纹、曲折纹+回纹、云雷纹+回纹、弦纹+复线回纹、弦纹+绳纹+网纹、弦纹+绳纹+乳钉纹、弦纹+梯格纹+网纹、弦纹+云雷纹+绳纹、弦纹+三角填线纹+乳钉纹、弦纹+圆圈纹+绳纹+乳钉纹和弦纹+复线三角纹+叶脉纹+乳钉纹等。器类以鬲为主，所占比例为60.14%；其次是罐，所占比例为12.46%；再次为豆，比例为9.86%，其他依次为甗（5.51%）、鼎（4.06%）、瓮（2.46%）、盆（2.03%）、刻槽钵（1.01%）、钵（1.3%）、簋（0.72%）、尊（0.14%）、盘（0.14%）和缸（0.14%）等。小件生产生活制品有器盖、陶垫、窝形器、纺轮和圆陶片等。第二期早段遗存陶器特征发生了一些变化。一是夹砂陶比例下降较大，与此相反，泥质陶比例上升；硬陶比例上升，少数器表施釉。二是陶器中素面比例有了明显下降，绳纹所占比例明显上升，部分陶器肩部磨光饰圆圈纹、复线三角纹、乳钉纹，这几种纹饰多与弦纹、绳纹组合出现，也有在器物的口部贴塑乳钉的做法，梯格纹饰于盆、罐的情况比较多见，曲折纹多见于甗、瓮等个体较大的器物上。三是鬲、豆比例几无变化，鼎、甗比例略有上升，罐比例下降，高足浅盘鼎在鼎中所占比例上升。带角把陶器多见，应多施于肩部。流行在器物肩、腹部施以折棱，这一点在鬲、浅盘鼎、瓮和罐上可以见到，原始瓷器中的豆和小罐也存在这种情况。部分鬲的颈部开始变长并且外折呈盘状，尖圆唇、口沿折棱明显剖面呈扁三角形的情况变多，鬲的实足跟变得更加瘦狭。仿铜鼎基本延续了上段的形态特征，腹部略有些鼓。该段浅盘鼎均为浅盘圆柱形高足，足跟往往有明显的捏痕。至少存在两种类型的甗，一种为大口盆形，一种为深腹筒形。粗柄豆豆柄变高，细柄豆豆柄部分实心，均习惯在豆柄上加饰或粗或细的凸棱；豆多为曲腹，腹深往往比较大，部分呈现出口沿外侈特征，出现肩部折痕明显的瓮或罐，原始瓷器器类主要集中在个体较小的器物上，如豆和罐。该段遗存最突出的特点便是部分陶器颈部继续变长，甚至出现颈部外斜的情况。典型陶器有高实足跟袋足鬲、浅盘鼎、刻槽钵、小口圆肩弧腹瓮、深斜腹盆和大口宽沿盆等。

2. 第二期早段与其他遗址的比较

从该段开始，岳石文化因素影响变弱。来自商文化因素的影响继续加大，处于剧烈上升期。与五担岗相近的该时期遗址发现较多，典型遗址有南京北阴阳营、南京江宁点将台、镇江丹徒赵家窑团山、句容城头山、金坛新浮、铜陵师姑墩、含山大城墩、霍邱绣鞋墩、常熟钱底巷、江阴佘城、江阴花山、苏州绰墩、上海马桥、上海查山、上海亭林、湖州昆山和湖州邱城等。其中五担岗的许多鬲、豆、盆、缸、瓮和罐等器类可在大城墩见到几近相似者，这种商文化因素来源更接近郑州人民公园商文化遗存；而特征较典型的浅盘鼎、细高柄豆、刻槽钵、硬陶小罐等典型器在马桥文化相关遗址中可互见，这种因素则可能通过太湖南、北两侧通道传播而来；吴城文化因素也是五担岗该段遗存中不可忽视的，虽然属于该段遗存的陶器大多破碎，但是可从鬲、盆、瓮和罐等陶器的器形、纹饰上见到端倪。参考宁镇地区的新浮、团山、城头山、北阴阳营甚至太湖南侧的昆山、邱城等遗址，许多文化因素在一定程度上体现出了一致性。

五担岗Ａａ型Ⅱ式绳纹鬲（H89∶1）与南京北阴阳营Ⅲ型鬲（H48∶60）[1]口、腹部相似，但一为弧裆，一为分裆；五担岗Ｃ型Ⅰ式浅盘鼎（T07④∶1、T17⑤∶11）与北阴阳营Ⅰ型三足盘（T364③∶33）[2]在形态上相似；五担岗Ａ型Ⅰ式豆与北阴阳营Ⅱ型豆（T582③∶13）相似；五担岗Ｂ型Ⅰ式刻槽钵口沿（H110∶8、H112∶2、T17⑤∶9）与北阴阳营Ⅰ型研钵（T373③∶83）[3]口、腹部相似；五担岗Ｂ型Ⅱ式圆肩弧腹瓮（H109∶1、H109∶8）与北阴阳营（T23②∶Ⅰ1348）[4]相似。

五担岗Ｃ型素面鬲（H110∶2）与南京江宁点将台Ⅰ式鬲（T408③∶8）[5]相似，但后者腹部更鼓一些，为细高实足。

五担岗Ｂｂ型绳纹鬲（H110∶1）与丹徒赵家窑团山Ⅰ1a式鼎（H9∶2）[6]在口、腹和足部等形态上相似，不同的是后者无足窝；五担岗Ａ型Ⅱ式甗的鬲部（H110∶9）与团山2b式甗（H9∶3）[7]在形态上相似；五担岗陶器（H109∶12）与团山Ⅰ1a式鬲（H13∶17）[8]、Ⅰ1b式鬲（H13∶1）[9]的口、腹部特征相似。

[1]　南京博物院：《北阴阳营》，文物出版社，1993年，第150页，图六三，3。
[2]　南京博物院：《北阴阳营》，文物出版社，1993年，第151页，图六四，16。
[3]　南京博物院：《北阴阳营》，文物出版社，1993年，第154页，图六五，1。
[4]　南京博物院：《北阴阳营》，文物出版社，1993年，第156页，图六六，11。
[5]　南京博物院：《江宁汤山点将台遗址》，《东南文化》1987年第3期，第43页，图七，1。
[6]　团山考古队：《江苏丹徒赵家窑团山遗址》，《东南文化》1989年第1期，第83页，图十三，2。
[7]　团山考古队：《江苏丹徒赵家窑团山遗址》，《东南文化》1989年第1期，第82页，图十二，4。
[8]　团山考古队：《江苏丹徒赵家窑团山遗址》，《东南文化》1989年第1期，第80页，图十，1。
[9]　团山考古队：《江苏丹徒赵家窑团山遗址》，《东南文化》1989年第1期，第80页，图十，2。

五担岗Ａ型Ⅱ式甗的鬲部（H110：9）与句容城头山甗（H2：5）[1]相似；五担岗Ｂ型Ⅰ式刻槽钵口沿（H110：8、H112：2、T17⑤：9）与城头山Ⅱ式刻槽盆（H2：14）形态相似；五担岗Ａａ型Ⅱ式圆肩弧腹瓮（H110：15）与城头山Ⅱ式罐（H2：15）[2]相似。

五担岗2类Ｅc型绳纹鬲口沿（H108：4）与含山大城墩鬲（T3：5A：13）[3]口、腹部特征相似；五担岗Ｂ型Ⅱ式斜弧腹盆（H108：5）与大城墩（T3：5A：57）[4]器形一致；五担岗Ｂb型Ⅰ式圆肩弧腹瓮（H108：1）与大城墩瓮（T3：5A：18）[5]几近相似。

五担岗Ｃ型Ⅰ式甗（T07④：4）与新浮Ｂb型夹砂罐（T1④：62）[6]口部、腹部形态相近，纹饰也相同；五担岗Ｂ型Ⅰ式刻槽钵（H110：8、H112：2）与新浮Ｂa型泥质刻槽盆（T1④：69）[7]相似；五担岗Ｄ型Ⅱ式弧腹盆（H110：14）与新浮Ｃ型夹砂盆（T1④：41）[8]极近似。

五担岗Ｂ型Ⅰ式刻槽钵口沿（H110：8、H112：2、T17⑤：9）与花山澄滤器（G2：19、G2：18、G2：65）[9]极相似；五担岗Ｂ型折肩瓮（H110：6）与花山Ⅱ型罐（G2：b31）[10]在形态上相似。

五担岗Ｄ型Ⅰ式浅盘鼎（T17⑤：11）与绰墩三足盘（H75标：4）[11]形态相似。

3. 年代

五担岗遗址第二期早段遗存非常丰富，同时期遗存在长江下游南岸一线分布较多。这种遗存非常有地方特色，几种文化因素融合在了一起，为其他地域所不见。遗址所出该段陶器与大城墩遗址相似者甚多，尤其是大口宽沿盆、斜弧腹盆和小口圆肩弧腹瓮的器形几乎一致。当然其差别也存在，如鬲的器形相近，但五担岗更多卷沿，而大城墩则是折沿、卷沿参半且流行斜向附加堆纹；大城墩多见的假腹豆则未见于五担岗。与此同时，商文化的势力已经于山东半岛扎根稳固，当地的岳石文化已被商文化逐渐替代。长江下游地区也呈现出了这种趋势，这种现象可从五担岗红褐夹砂素面陶大量减少而绳纹陶大量增加的情况而见其端倪。来自马桥文化圈的影响继续存在，但一些商文化因素也出现在了马桥文化的遗址中，这些因素在五担岗及马桥文化相关遗址中可互见。从地层关系和相关出土器物来看，约当于吴城第二期早段，与之相近的还有团山H13和H9、大城墩T3第5A层和新浮第4层，有的器物甚至具有稍晚些的时代特征。因此，五担岗遗址第二期早段年代大致定在洹北花园庄阶段至属殷墟早期阶段。

（二）第二期晚段

1. 文化特征

该段地层堆积和遗迹数量不多，遗迹有灰坑、灰沟、房址、灶和墓葬五种，典型地层及遗迹

[1] 刘建国、刘兴：《江苏句容城头山遗址试掘简报》，《考古》1985年第4期，第295页，图六，10。
[2] 刘建国、刘兴：《江苏句容城头山遗址试掘简报》，《考古》1985年第4期，第296页，图七，22。
[3] 安徽省文物考古研究所：《安徽含山大城墩遗址发掘报告》，《考古学集刊》第6集，第91页，图七，2。
[4] 安徽省文物考古研究所：《安徽含山大城墩遗址发掘报告》，《考古学集刊》第6集，第91页，图七，21。
[5] 安徽省文物考古研究所：《安徽含山大城墩遗址发掘报告》，《考古学集刊》第6集，第91页，图七，13。
[6] 南京博物院：《江苏金坛新浮遗址的试掘》，《考古》2008年第10期，第8页，图九，27。
[7] 南京博物院：《江苏金坛新浮遗址的试掘》，《考古》2008年第10期，第10页，图一〇，15。
[8] 南京博物院：《江苏金坛新浮遗址的试掘》，《考古》2008年第10期，第10页，图一〇，1。
[9] 江苏花山遗址联合考古队：《江阴花山夏商文化遗址》，《东南文化》2001年第9期，第28页，图一三，1~3。
[10] 江苏花山遗址联合考古队：《江阴花山夏商文化遗址》，《东南文化》2001年第9期，第25页，图一一，2。
[11] 苏州市考古研究所：《昆山绰墩遗址》，文物出版社，2011年，第44页，图三六，3。

单位有T07③、T08④、T31⑦、T32⑧、F2、H36、H46、H52、H56、H66、H70、H79、H87、H93、H100和M12等（附表二）。灰坑数量不多，平面形状多圆形、椭圆形和不规则。坑壁多弧壁，坑底多圆底，少数平底。灰沟为长条状，平底。房址遗存近似圆形，简单搭建。灶均为斜壁，略圆底，残留红烧土底面。墓葬为土坑竖穴墓，四角略圆，不见葬具和随葬品。

第二期晚段遗存中所发现的青铜器数量较少，器类有锥形器和镞等。

石器数量不多，器类有锛、凿和斧等。

原始瓷所占比例依旧较小。

陶器以夹砂陶为主，所占比例为79.21%，其中66.09%为红褐陶，6.8%为黑陶，6.32%为灰陶；次为泥质陶，所占比例为17.46%，其中6.85%为红陶，3.83%为黑陶，6.78%为灰陶；另有较少硬陶器，所占比例为3.09%；原始瓷所占比例为0.24%。陶器多为素面，所占比例为57.8%。纹饰以绳纹最多，占32.03%；次为间断绳纹，占2.8%；再次为弦纹，比例为1.0%；其他纹饰有梯格纹、回纹、附加堆纹、网纹、云雷纹、指捺纹、方格纹、三角填线纹、刻划纹、篮纹、复线回纹、穗状纹、曲折纹、菱形填线纹、席纹、复线菱纹、叶脉纹、乳钉纹、圆圈纹、夔纹、锥刺纹、涡纹、三角镂孔纹等，另存在一些组合纹饰，如绳纹+附加堆纹、绳纹+刻划纹、绳纹+指捺纹、间断绳纹+附加堆纹、弦纹+绳纹、弦纹+复线三角纹、弦纹+方格纹、刻划纹+附加堆纹、刻划三角纹+乳钉纹、曲折纹+绳纹、曲折纹+回纹、网纹+刻划纹、回纹+圈点纹、云雷纹+复线回纹、复线回纹+菱形填线纹、绳纹+附加堆纹+乳钉纹和回纹+复线回纹+窗格纹等。器类以鬲为主，所占比例为66.73%；其次是罐，所占比例为17.52%；再次为豆，比例为5.94%；其他依次为甗（3.76%）、钵（1.7%）、盆（1.7%）、簋（0.91%）、鼎（0.79%）、瓮（0.36%）、刻槽钵（0.3%）、盘（0.12%）、尊（0.06%）和碗（0.06%）等。其他小件生产生活陶器有陶饰品、器盖、陶拍、纺轮、网坠和圆陶片等。第二期晚段遗存陶器特征与上段相比发生了一些变化。一夹砂陶比例略有上升，但其中灰陶的比例下降。泥质陶、硬陶和原始瓷比例未见明显变化。二是素面陶与上段基本持平，装饰纹样中绳纹比例继持续上升，其他纹样比例仍较小，但种类变多。多见以绳纹为主体纹样的陶器，有时会以弦纹间断，仍然流行于器物肩部贴塑乳钉。梯格纹、三角填线、复线三角纹、圆圈纹和乳钉纹继续流行；硬陶器纹饰种类增多，如回纹、席纹、菱纹和方格纹等，复线纹饰亦增多。三是鬲和罐的比例上升，鼎、豆、瓮的比例下降。鬲的造型不一，窄折沿鬲开始变多，早期存在部分大宽沿，晚期出现大卷沿束颈窄肩鬲。腹径最大值有从下往上发展的趋势。袋足多较瘦狭，实足跟矮小粗壮，晚期则过渡到矮柱足。浅盘鼎腹深极小，平底，三足微外撇。甗的甑部作深腹盆形，腹由曲腹逐渐过渡斜直腹。簋多为折沿，矮圈足，腹部多凸棱，部分束腰。盆的特征变化与甗的甑部相近，均为斜折沿沿、深腹。瓮、罐口径大小不一，但均流行束颈的做法，肩部往往较宽。钵似乎较流行大敛口，盘则未见典型器。本段较典型的陶器有大宽沿素面鬲、宽卷沿窄肩鬲、浅盘鼎、凸弦纹簋、高柄浅盘曲腹豆、斜腹盆、圆底刻槽钵等。

2. 第二期晚段与其他遗址的比较

该段遗存同上段相比，有了较明显的变化。该段遗存所见器物与含山大城墩所出相似，部分器物其至基本相同。与五担岗位置相近的其他典型遗址有镇江丹徒赵家窑团山、句容城头山、南京江浦蒋城子、仪征甘草山、铜陵师姑墩、霍邱绣鞋墩、寿县斗鸡台等。

五担岗Ａａ型Ⅱ式豆盘（H80：1）与丹徒赵家窑团山Ⅱ2式豆（T405（10）：26）[1]相似。五担岗Ac型Ⅲ式绳纹鬲（H100②：2）与城头山鬲（T15④：11）[2]相似。

五担岗Da型Ⅰ式绳纹鬲（H52：1）与南京江浦蒋城子AⅡ鬲（T201（9）：2）[3]相似。

五担岗Da型Ⅰ式绳纹鬲（H52：1）与仪征甘草山鬲（H2：?）[4]形态相似。

五担岗Ａａ型Ⅰ式素面鬲（T18⑥：1）与含山大城墩Ⅲ式鬲（T4：4：3）[5]相似；五担岗B型Ⅰ式甗（H100②：5）与大城墩甗（T4：4：13）[6]口、腹部相似；五担岗Bb型Ⅰ式小罐（T18⑥：3）与大城墩瓮（T4：4：19）[7]形态相似；五担岗Ba型Ⅰ式豆（H93：3）与大城墩豆（T4：4：10）[8]相似，从口及柄部特征看，前者年代应比后者稍晚些；五担岗Ａａ型Ⅱ式鼓腹瓮（F2：15）与大城墩瓮（T8：5：1）[9]口部、颈部特征相似。

五担岗Da型Ⅰ式绳纹鬲（H52：1）与铜陵师姑墩A型绳纹鬲（F2：52、T6⑧：2）[10]腹、足部相似；2类Da型绳纹鬲口沿（H56：7）亦与师姑墩晚期A型绳纹鬲（F2：52）口、腹部相似。

五担岗Da型Ⅰ式绳纹鬲（H52：1）与霍邱绣鞋墩大口Ⅰ式鬲口沿（T1⑤：23）[11]口、肩部形态相似；五担岗B型Ⅲ式盆（H100②：1）与绣鞋墩Ⅰ式盆（T1⑤：64）[12]口、腹特征相似；五担岗Ａａ型Ⅱ式鼓腹瓮（F2：15）与绣鞋墩中口罐（T1⑤：18）[13]口、腹部特征相似。

五担岗3类绳纹鬲口沿（H93：9）与寿县斗鸡台鬲（T1②：15）[14]口、腹部极相似；五担岗Ab型Ⅰ式大口斜弧腹盆（H46：18）与斗鸡台盆（T2②：5）[15]相似；五担岗Da型Ⅳ式鼓腹盆（F2：17）与斗鸡台盆（T1②：13）[16]基本相似；五担岗1类C型鬲足（F2：19）、五担岗1类B型鬲足

[1] 团山考古队：《江苏丹徒赵家窑团山遗址》，《东南文化》1989年第1期，第93页，图二〇三，4。
[2] 张敏：《宁镇地区青铜文化研究》，《长江流域青铜文化研究》，科学出版社，第282页，图九，6。
[3] 南京市博物馆、南京大学历史系：《江苏江浦蒋城子遗址》，《东南文化》1990年Z1，第220页，图十二，2。
[4] 江苏省驻仪征化纤公司文物工作队：《仪征胥浦甘草山遗址的发掘》，《东南文化》1986年第1期，第5页，图五，2。
[5] 安徽省文物考古研究所：《安徽含山大城墩遗址发掘报告》，《考古学集刊》第6集，第94页，图九，2。
[6] 安徽省文物考古研究所：《安徽含山大城墩遗址发掘报告》，《考古学集刊》第6集，第94页，图九，5。
[7] 安徽省文物考古研究所：《安徽含山大城墩遗址发掘报告》，《考古学集刊》第6集，第94页，图九，9。
[8] 安徽省文物考古研究所：《安徽含山大城墩遗址发掘报告》，《考古学集刊》第6集，第94页，图九，16。
[9] 安徽省文物考古研究所：《安徽含山大城墩遗址发掘报告》，《考古学集刊》第6集，第94页，图九，4。
[10] 安徽省文物考古研究所：《安徽铜陵县师姑墩遗址发掘简报》，《文物》2013年第6期，第13页，图二四，1、11。
[11] 北京大学考古学系 商周组、安徽省文物工作队：《安徽省霍邱、六安、寿县考古调查试掘报告》，《考古学研究（三）》，科学出版社，1997年，第246页，图五，1。
[12] 北京大学考古学系 商周组、安徽省文物工作队：《安徽省霍邱、六安、寿县考古调查试掘报告》，《考古学研究（三）》，科学出版社，1997年，第246页，图五，2。
[13] 北京大学考古学系 商周组、安徽省文物工作队：《安徽省霍邱、六安、寿县考古调查试掘报告》，《考古学研究（三）》，科学出版社，1997年，第246页，图五，5。
[14] 北京大学考古学系 商周组、安徽省文物工作队：《安徽省霍邱、六安、寿县考古调查试掘报告》，《考古学研究（三）》，科学出版社，1997年，第295页，图四一，1。
[15] 北京大学考古学系 商周组、安徽省文物工作队：《安徽省霍邱、六安、寿县考古调查试掘报告》，《考古学研究（三）》，科学出版社，1997年，第295页，图四一，2。
[16] 北京大学考古学系 商周组、安徽省文物工作队：《安徽省霍邱、六安、寿县考古调查试掘报告》，《考古学研究（三）》，科学出版社，1997年，第295页，图四一，5。

（H100①：33）、绳纹鬲（H100①：1）足分别与斗鸡台Ⅰ式鬲足（T1②：133）[1]、Ⅲ式鬲足（T1②：1）[2]、Ⅳ式鬲足（T1②：6）[3]、相似。

五担岗Ａa型Ⅱ式素面鬲（H70：1）与河南罗山县蟒张天湖墓地鬲（M40：2）[4]腹、足部特征近似，但前者为折沿裆也略高，时代应比后者早些；五担岗Ｃa型Ⅲ式鼓腹罐（F2：24、H66：3）与天湖（M1：48）[5]口、颈部特征相似。

五担岗Ａa型Ⅱ式豆盘（H80：1）与吴城Ⅳ式矮柄盘（1993ＺＷ(Ｘ)T2H1：7）[6]口、腹部相似，只不过命名有差异。

3. 年代

五担岗遗址该期遗存较丰富，但较难辨别。从地层关系和相关出土器物来看，相当于吴城第三期、天湖墓地第三、四组，与之相近的有团山第10层、大城墩第T4第4层、绣鞋墩第5层。因此，第二期晚段属殷墟三、四期，下限可能延续到西周初。需要指出的是，该段遗存叠压关系明显，时代也是明确前后关系的。前期相当于殷墟三期，后期相当于殷墟四期至西周初。

三、第三期的文化特征及相关比较

第三期遗存分为早、中、晚三段，前两段地层堆积和遗迹现象特别丰富，到晚段则变少，T08、T09、T10、T23和T24等探方的地层、遗迹较有代表性。

（一）第三期早段

1. 文化特征

遗存分布范围较第二期晚段有了明显扩大，发掘区的大部分探方均有分布，遗迹主要以灰坑的形式出现，体量变大。代表单位有T08③、T17④、T23④、T31⑥、H69③、H91和H102等（附表二）。灰坑数量较多，平面形状以椭圆形为主，其他有圆形和不规则。坑壁多斜壁，亦有直壁、坡壁和弧壁。坑底有平底、斜底和圜底三种。

第三期早段遗存中所发现的青铜器数量较少，器类有锥形器、削刀和鱼钩等。

玉器仅见1件，为串饰的其中一节。

石器数量不多，器类有锛、凿、铲、斧、镰、球和镞等。

---

[1] 北京大学考古学系 商周组、安徽省文物工作队：《安徽省霍邱、六安、寿县考古调查试掘报告》，《考古学研究（三）》，科学出版社，1997年，第295页，图四一，10。

[2] 北京大学考古学系 商周组、安徽省文物工作队：《安徽省霍邱、六安、寿县考古调查试掘报告》，《考古学研究（三）》，科学出版社，1997年，第295页，图四一，13。

[3] 北京大学考古学系 商周组、安徽省文物工作队：《安徽省霍邱、六安、寿县考古调查试掘报告》，《考古学研究（三）》，科学出版社，1997年，第295页，图四一，12。

[4] 河南省信阳地区文管会、河南省罗山县文化馆：《罗山天湖商周墓地》，《考古学报》1986年第2期，第177页，图二四，7。

[5] 河南省信阳地区文管会、河南省罗山县文化馆：《罗山天湖商周墓地》，《考古学报》1986年第2期，第177页，图二四，24。

[6] 江西省文物考古研究所、樟树市博物馆：《吴城》，科学出版社，2005年，第300页，图一八八，10。

原始瓷器有了小幅增多，器类主要为豆。

陶器以夹砂陶为主，所占比例为73.95%，其中67.75%为红褐陶，4.33%为黑陶，1.87%为灰陶；次为泥质陶，所占比例为22.76%，其中9.08%为红陶，5.21%为黑陶，8.47%为灰陶；另有较少硬陶器，所占比例为3.05%；原始瓷所占比例为0.23%。陶器多为素面，所占比例为57.79%。纹饰以绳纹最多，占29.51%；次为间断绳纹，所占比例为3.8%；再次为弦纹，所占比例为1.26%；其他有网纹、梯格纹、指捺纹、曲折纹、回纹、席纹、方格纹、附加堆纹、叶脉纹、云雷纹、复线回纹、窗格纹、刻划纹、篮纹、贝纹、穗状纹、戳印纹、三角填线纹和复线菱纹等。另存在一些组合纹饰，如绳纹+附加堆纹、绳纹+网纹、间断绳纹+附加堆纹、间断绳纹+乳钉纹、曲折纹+三角填线纹、曲折纹+网纹、弦纹+曲折纹、弦纹+乳钉纹、弦纹+绳纹、弦纹+三角填线纹、曲折纹+弦纹+三角填线纹、席纹+方格纹、回纹+复线菱纹、刻划纹+附加堆纹等。器类以鬲为主，所占比例为66.23%；其次是罐，所占比例为14.32%；其他依次为豆（6.01%）、甗（5.14%）、瓮（1.97%）、盆（1.75%）、鼎（1.31%）、钵（1.31%）、簋（1.09%）、刻槽钵（0.55%）碗（0.11%）和坛（0.11%）等；其他小件生产生活陶器有器盖、圆陶片和陶球。第三期早段遗存陶器较上期晚段文化特征有所继承，但变化也较明显。一是夹砂陶比例稍有下降，泥质陶比例上升；夹砂红陶微涨，夹砂灰陶比例小幅下降。硬陶器和原始瓷比例基本不变。二是主要装饰纹样所占比例基本未变，三角纹、乳钉纹、梯格纹等特色纹样仍继续存在，圆圈纹消失。三是主要器类比例上未见大的变化。鬲多连裆，或瘪裆，袋足瘦狭较深，足多粗锥状；鬲多方体，素面鬲或作高体；鼎为窄折沿，浅腹，圜底。簋鼓腹，圈足粗矮呈喇叭状。豆盘腹较深，豆柄粗矮者多。瓮、罐鼓腹者较多。硬陶见罐和器盖。原始瓷有豆和罐。本段较典型的陶器有瘦狭袋足鬲、矮圈足簋、中高柄深腹豆、浅腹刻槽钵等。

2. 第三期早段与其他遗址的比较

从出土器物看，五担岗遗址该段文化遗存与宁镇地区同时期其他遗址发展基本同步，甚至与长江以北沿岸地区的同时期遗存也存在联系，其中来自江淮东部与江淮西部的文化因素是有很大区别的。与五担岗相近的本段典型遗址有南京北阴阳营、江浦蒋城子、丹徒赵家窑团山、丹徒烟墩山、铜陵师姑墩、句容城头山、句容白蟒台、江阴花山、丹阳神河头、仪征胥浦甘草山、含山大城墩、肥东吴大墩、六安堰墩、霍邱堰台、霍邱绣鞋墩、寿县斗鸡台、姜堰天目山等。

五担岗Ａa型Ⅲ式素面鬲（H69③：1）与南京北阴阳营Ⅰ型鬲（T373②：83）[1]形态接近；五担岗Ⅲ式刻槽钵（T31⑥：1）与北阴阳营Ⅱ型研钵（H45：62）[2]相似，但腹深更浅。

五担岗Ｂb型Ⅱ式豆（T23④：3）与镇江赵家窑团山2式豆（T204(6)：2）[3]相似，但豆柄更高，口部略不同。

五担岗Da型Ⅱ式绳纹鬲（T23④：4）与铜陵师姑墩Ｂ型Ⅰ式刮面鬲（T6⑦：2）[4]相似。

[1]　南京博物院：《北阴阳营》，文物出版社，1993年，第156页，图六六，1。
[2]　南京博物院：《北阴阳营》，文物出版社，1993年，第156页，图六五，3。
[3]　团山考古队：《江苏丹徒赵家窑团山遗址》，《东南文化》1989年第1期，第93页，图二〇三，8。
[4]　安徽省文物考古研究所：《安徽铜陵县师姑墩遗址发掘简报》，《文物》2013年第6期，第13页，图二四，8。

五担岗3类Ａb型绳纹鬲口沿（T17④：6）与南京江浦蒋城子AⅡ鬲（T106(8a)：8）[1]形态相似，时代应略相当；五担岗2类D型素面鬲口沿（T34⑦：1）与蒋城子（T01（4）：8）[2]相似。

五担岗Ａa型Ⅲ式素面鬲（H69③：1）与含山大城墩Ⅱ式鬲（T3：4：17）[3]形态近似；五担岗Ａa型Ⅲ式绳纹鬲（H91：1）与大城墩Ⅰ式鬲（T7：4：1）[4]形态相似；五担岗Ｂa型Ⅱ式豆（H69③：2）与大城墩簋（T3：4：13）[5]形态几乎一致，但后者器表可见多道凸棱；五担岗Ａa型Ⅲ式大口斜弧腹盆（T23④：26）与大城墩盆（T5：4：6）[6]口、腹部特征相似；五担岗Ａb型Ⅰ式原始瓷豆（T23④：1、T23④：5）与大城墩原始瓷豆（T3：4：7）[7]相似，足略不同。

五担岗Ｄa型Ⅱ式绳纹鬲（T23④：4）与肥东吴大墩Ⅲ式鬲（T3⑥：54）[8]口、颈、腹部相似；五担岗3类绳纹鬲口沿（T23④：22）与吴大墩Ⅱ式鬲（T3⑥：55）[9]相似；五担岗Ａa型Ⅲ式鼓腹罐（T23④：10）与吴大墩Ⅰ式罐（T1⑥：81）[10]口、颈、腹部基本相似。

五担岗Ｄa型Ⅱ式绳纹鬲（T23④：4）与六安堰墩Ｂ型Ⅱ式鬲（T606⑦：24）[11]相似；五担岗Ｂ型Ⅱ式豆与堰墩Ａ型豆（T609⑬：3）[12]相似。

五担岗Ａb型Ⅱ式绳纹鬲（T23④：4）与霍邱堰台乙类Ｃ型Ⅰ式鬲（T0617⑤：1）[13]相似。

五担岗Ｂa型Ⅱ式鼓腹罐（T23④：25）与斗鸡台罐（T2②：5）[14]口、颈部相似，年代应相去不远。

五担岗2类Ｃb型素面鬲口沿（T23④：17）与姜堰天目山Ａ型Ⅱ式素面鬲（T4624⑧：9）[15]口、腹部相似；五担岗3类D型素面鬲口沿T08③：7与天目山Ａ型Ⅱ式素面鬲（T4424⑧：9）[16]口、腹部相似。

3. 年代

出现最大腹径偏上的微鼓腹鬲，肩部稍突出，是该段陶鬲的一大特征。陶器中由大宽沿向窄沿过渡，束颈不如上段厉害，肩部突出不再那么明显。鬲的袋足多较瘦狭，鬲足的形态则较多，但柱足仍较少见，这些特点在大城墩、斗鸡台、绣鞋墩、天目山等遗址中均可见到。五担岗第三期早段

[1] 南京市博物馆、南京大学历史系：《江苏江浦蒋城子遗址》，《东南文化》1990年Z1，第220页，图十二，4。
[2] 南京市博物馆、南京大学历史系：《江苏江浦蒋城子遗址》，《东南文化》1990年Z1，第223页，图十三，3。
[3] 安徽省文物考古研究所：《安徽含山大城墩遗址发掘报告》，《考古学集刊》第6集，第96页，图一〇，2。
[4] 安徽省文物考古研究所：《安徽含山大城墩遗址发掘报告》，《考古学集刊》第6集，第96页，图一〇，1。
[5] 安徽省文物考古研究所：《安徽含山大城墩遗址发掘报告》，《考古学集刊》第6集，第96页，图一〇，6。
[6] 安徽省文物考古研究所：《安徽含山大城墩遗址发掘报告》，《考古学集刊》第6集，第96页，图一〇，25。
[7] 安徽省文物考古研究所：《安徽含山大城墩遗址发掘报告》，《考古学集刊》第6集，第96页，图一〇，7。
[8] 张敬国、贾庆元：《肥东县古城吴大墩遗址试掘简报》，《文物研究》第一期，第20页，图五，7。
[9] 张敬国、贾庆元：《肥东县古城吴大墩遗址试掘简报》，《文物研究》第一期，第20页，图五，6。
[10] 张敬国、贾庆元：《肥东县古城吴大墩遗址试掘简报》，《文物研究》第一期，第21页，图五，18。
[11] 安徽省文物考古研究所、六安市文物管理所：《安徽六安市堰墩西周遗址发掘简报》，《考古》2002年第2期，第38页，图一五，7。
[12] 安徽省文物考古研究所、六安市文物管理所：《安徽六安市堰墩西周遗址发掘简报》，《考古》2002年第2期，第38页，图一五，14。
[13] 安徽省文物考古研究所：《霍邱堰台—淮河流域周代聚落发掘报告》，科学出版社，第261页，图一三六，1。
[14] 北京大学考古学系商周组、安徽省文物工作队：《安徽省霍邱、六安、寿县考古调查试掘报告》，《考古学研究》（三），科学出版社，1997年，第295页，图四一，3。
[15] 南京博物院等：《江苏姜堰天目山西周城址发掘报告》，《考古学报》2009年第1期，第139页，图一四，2。
[16] 南京博物院等：《江苏姜堰天目山西周城址发掘报告》，《考古学报》2009年第1期，第139页，图一四，3。

遗存与天目山第一期、斗鸡台第五期、大城墩T3第4层和T7第4层年代相近，属西周早期阶段。

（二）第三期中段

1. 文化特征

该段遗存延续了前段较大的分布范围，遗迹仅见灰坑，体量较大者多见。典型地层单位和遗迹有T08②、T09②、T10③、T22②、T23③、T24③、H1和H94等（附表二）。灰坑平面形状多为不规则，坑壁多弧壁或斜壁，坑底有平底和圜底两种。

第三期中段遗存中所发现的青铜器数量较少，器类可见锥形器、鱼钩和镞等。

玉器仅见1件，器类为锥形器。

石器器类为铲。

原始瓷器数量仍然较少，器类主要为豆。

陶器以夹砂陶为主，所占比例为75.33%，其中54.11%为红褐陶，15.98%为黑陶，5.24%为灰陶；次为泥质陶，所占比例为18.15%，其中7.2%为红陶，6.16%为黑陶，4.79%为灰陶；硬陶器较少，所占比例为6.16%；原始瓷所占比例为0.37%。陶器多为素面，所占比例为57.9%。纹饰以绳纹最多，占29.88%；次为复线回纹，比例为1.41%；其他依次为弦纹、回纹（1.14%）、梯格纹、间断绳纹（1.03）、附加堆纹、方格纹（0.34%）、菱形填线纹、席纹、指捺纹、复线回纹（1.41%）、网纹、云雷纹、窗格纹、三角填线纹、复线菱纹、曲折纹、刻划纹和叶脉纹等；组合纹饰有绳纹+附加堆纹（0.36%）、曲折纹+弦纹、曲折纹+刻划纹、曲折纹+回纹、弦纹+刻划纹、弦纹+方格纹、弦纹+绳纹、弦纹+席纹、弦纹+回纹、弦纹+附加堆纹、弦纹+三角填线纹、弦纹+复线菱纹、云雷纹+复线回纹、回纹+席纹、回纹+叶脉纹、回纹+复线菱纹、回纹+三角填线纹、复线回纹+窗格纹和复线菱纹+窗格纹等。器类以鬲为主，所占比例为54.53%；其次是罐，所占比例为23.33%；再次为甗（5.35%）、豆（4.9%）、鼎（4.16%）、盆（3.71%）、簋、瓮、刻槽钵、钵、盘和坛等，其他小件生产生活陶器有器盖、圆陶片、纺轮和陶球等。陶器的特点主要体现在几个方面：一是夹砂红陶比例下降较快，与之相对，夹砂黑陶、夹砂灰陶比例明显上升；泥质陶比例稍有下降；硬陶器比例上升，体型逐渐变大。二是素面、绳纹陶比例基本未变，鬲、罐的肩颈部流行宽弦纹的装饰方法，以回纹、菱纹作为母题的纹饰比例增大，纹饰组合也变得更加多样。三是器类仍以鬲和罐为主，但鬲的比例下降较快，鼎和罐的比例上升较大，豆的比例略有下降，其他变化不大。部分陶器沿外翻，或分沿面内凹，束颈明显，颈部有内斜倾向。鬲所见均为连联裆，最大腹径多居中，部分折肩；鼎少见，多折沿，腹深不大，多圜底。甗所见为斜腹，鬲部尖锥足外撇。豆多浅盘，多为粗大圈足。盆敞口者多浅腹，肩部突出者多深腹。瓮或罐沿下角较大，束颈明显，呈短弧颈的形态，肩部和腹部突出的状况依然流行。本段典型陶器有圆鼓腹鬲、斜腹外撇足甗、敛口钵、圆鼓腹盆、斜腹盆、圆鼓腹瓮和圆鼓腹罐等。

2. 第三期中段与其他遗址的比较

该段是在第三期早段的基础上稳定发展而来的，文化特征上逐渐稳定。与五担岗该段遗存同时且地理位置相近的典型遗址有南京江浦蒋城子、句容浮山果园、铜陵师姑墩、南陵千峰山、南陵龙头山、肥东吴大墩、霍邱堰台、霍邱绣鞋墩、寿县青莲寺、姜堰天目山等。

五担岗Bb型Ⅲ式素面鬲（H94②：2）与江浦蒋城子A型Ⅲ式鬲（T102（6）：8）[1]相似，但后者为绳纹矮实足鬲，体态偏瘦。

五担岗A型Ⅲ式鼎（H59③：1）与句容浮山果园Ⅲ式鼎（M6：7）[2]形态相似。

五担岗Ab型Ⅰ式鼎（H59③：1）与铜陵师姑墩晚期鼎（T11⑪：2）[3]形态上相似。

五担岗C型原始瓷豆（H69①：2）与南陵千峰山Ⅱ式原始青瓷豆（M4：1）[4]相似。

五担岗B型Ⅱ式硬陶罐（H1：1）与南陵龙头山硬陶盂（D28M1：1）[5]相似。

五担岗1类绳纹鬲口沿（T23③：25）与肥东吴大墩Ⅱ式鬲（T3⑤：15）[6]口、腹部相似；五担岗3类绳纹鬲口沿（H59①：4）与肥东吴大墩Ⅰ式鬲（T3④：3）[7]相近；五担岗Db型Ⅰ式弧腹盆（H1：10）与吴大墩Ⅲ式盆（T3⑤：43）[8]几乎相同。

五担岗1类绳纹鬲口沿（T23③：25）与霍邱堰台乙类Ba型Ⅱ式鬲（G2：2）[9]口、腹部相似；五担岗Aa型Ⅳ式鼓腹罐（T08②：6）、Ab型Ⅲ式罐（T23③：29）分别与堰台Ab型Ⅱ式罐（T0810⑦：6）[10]、Ab型Ⅲ式罐（T0813③：6）[11]口、腹部相似。

五担岗1类绳纹鬲口沿（T23③：25）与霍邱绣鞋墩鬲（T1④b：100）[12]口、腹部相似；五担岗Ac型鼓腹罐（H1：15）与绣鞋墩小口罐（T1④a：33）[13]相似。

五担岗2类C型鬲足（T09②：1）与寿县青莲寺Ⅰ式鬲足（T2⑤：55）[14]相似；五担岗Aa型Ⅳ式鼓腹罐（T08②：6）与寿县青莲寺B型罐（T2⑤：4）[15]口、腹部相似；五担岗Ab型Ⅲ式鼓腹罐（T23③：29）与青莲寺瓮（T2④：42）[16]器形相似。

[1] 南京市博物馆、南京大学历史系：《江苏江浦蒋城子遗址》，《东南文化》1990年第1、2合期，第220页，图十二，5。
[2] 南京博物院：《江苏句容县浮山果园西周墓》，《考古》1977年第5期，第294页，图二，2。
[3] 安徽省文物考古研究所：《安徽铜陵县师姑墩遗址发掘简报》，《考古》2013年第6期，第13页，图二四，4。
[4] 安徽省文物考古研究所：《安徽南陵千峰山土墩墓》，《考古》1989年第3期，第224页，图四，2。
[5] 安徽省文物考古研究所、南陵县文物管理所：《安徽南陵龙头山西周土墩墓群发掘简报》，《文物》2013年第10期，图一〇。
[6] 张敬国、贾庆元：《肥东县古城吴大墩遗址试掘简报》，《文物研究》第一期，第25页，图七，2。
[7] 张敬国、贾庆元：《肥东县古城吴大墩遗址试掘简报》，《文物研究》第一期，第25页，图七，1。
[8] 张敬国、贾庆元：《肥东县古城吴大墩遗址试掘简报》，《文物研究》第一期，第25页，图七，6。
[9] 安徽省文物考古研究所：《霍邱堰台—淮河流域周代聚落发掘报告》，科学出版社，第257页，图一三三，3。
[10] 安徽省文物考古研究所：《霍邱堰台—淮河流域周代聚落发掘报告》，科学出版社，第270页，图一四三，2。
[11] 安徽省文物考古研究所：《霍邱堰台—淮河流域周代聚落发掘报告》，科学出版社，第270页，图一四三，9。
[12] 北京大学考古学系商周组、安徽省文物工作队：《安徽省霍邱、六安、寿县考古调查试掘报告》，《考古学研究》（三），科学出版社，1997年，第247页，图六，2。
[13] 北京大学考古学系商周组、安徽省文物工作队：《安徽省霍邱、六安、寿县考古调查试掘报告》，《考古学研究》（三），科学出版社，1997年，第247页，图六，13。
[14] 北京大学考古学系商周组、安徽省文物工作队：《安徽省霍邱、六安、寿县考古调查试掘报告》，《考古学研究》（三），科学出版社，1997年，第275页，图二七，17。
[15] 北京大学考古学系商周组、安徽省文物工作队：《安徽省霍邱、六安、寿县考古调查试掘报告》，《考古学研究》（三），科学出版社，1997年，第275页，图二七，9。
[16] 北京大学考古学系商周组、安徽省文物工作队：《安徽省霍邱、六安、寿县考古调查试掘报告》，《考古学研究》（三），科学出版社，1997年，第275页，图二七，12。

五担岗Bb型Ⅲ式素面鬲（H94②：2）与姜堰天目山B型素面鬲（T4524④：14）[1]形态上接近，但裆略高；五担岗1类Ab型素面鬲口沿（T23③：2）与天目山A型Ⅲ式鬲（T4522⑥：14）[2]口、腹部相似；五担岗2类Aa型绳纹鬲口沿（T23③：1）与天目山A型绳纹鬲（T4623⑤：28）[3]相似；五担岗3类Ab型绳纹鬲口沿（T23④：6）与天目山A型绳纹鬲（T4525⑥：21）[4]相似。

3. 年代

该段遗存与绣鞋墩第二期、青莲寺第四期、天目山第二期及其他诸多遗址的同时期遗存保持了较多共性，年代也基本一致。因此，五担岗第三期中段遗存年代为西周中期或偏晚。从西周早期至中期，特别是鬲、罐、瓮的器形、装饰方法与江淮地区均是非常相似的。素面鬲除外，因为在江淮西部非常少见。

（三）第三期晚段

1. 文化特征

该段遗存延续了前段较大的分布范围，遗迹仅见灰坑和灰沟，体量较大者多见。典型地层单位和遗迹有T10②、G1、G23、H6、H7和H34等（附表二）。灰沟平面多呈不规则带状，平底或有起伏。灰坑平面多不规则，部分近椭圆形，多直壁平底、斜壁平底和弧壁圜底。

第三期晚段遗存中发现骨器，器类为梭形器和镞。

石器器类有锛、凿、刀、铲和镰等。

原始瓷器数量较少，器类主要为豆。

陶器以夹砂陶为主，所占比例为76.86%，其中62.0%为红褐陶，13.48%为黑陶，1.38%为灰陶；次为泥质陶，所占比例为17.72%，其中4.99%为红陶，3.18%为黑陶，9.55%为灰陶；硬陶器较少，所占比例为5.41%；未见原始瓷。陶器多为素面，所占比例为49.47%。纹饰以绳纹最多，占38.96%；其他依次为回纹（2.12%）、附加堆纹（2.12%）、间断绳纹（1.7%）、弦纹、复线回纹（0.64%）、方格纹（0.53%）、指捺纹、席纹、曲折纹、菱形填线纹（0.77%）、叶脉纹、刻划纹、网纹、三角填线纹、窗格纹等；组合纹饰有弦纹+绳纹、绳纹+附加堆纹、间断绳纹+附加堆纹、曲折纹+回纹、弦纹+绳纹、云雷纹+复线回纹和方格纹+窗格纹等。器类以鬲为主，所占比例为60%；其次是罐，所占比例为24.12%；再次为瓿（5.88%）、鼎（5.29%）、钵（2.94%）、簋（0.59%）豆（0.59%）和盆（0.59%）等。该段遗存陶器与前段相比特点如下：一是陶质上夹砂红褐陶比例小幅上升，夹砂灰陶比例下降，泥质灰陶比例小幅上升，泥质红陶、泥质黑陶比例下降。硬陶比例基本没发生变化。未发现原始瓷。二是绳纹的比例继续升高，其他纹饰则有明显下降，硬陶器纹饰组合变少趋于简单化。三是器类变化上主要体现为鬲所占比例的小幅增加，盆和豆比例则有了较明显的下降，其他器类变化不大。鬲的典型变化是肩部又开始突出，多表现为腹内斜，时代

[1] 南京博物院等：《江苏姜堰天目山西周城址发掘报告》，《考古学报》2009年第1期，第139页，图一四，12。
[2] 南京博物院等：《江苏姜堰天目山西周城址发掘报告》，《考古学报》2009年第1期，第139页，图一四，9。
[3] 南京博物院等：《江苏姜堰天目山西周城址发掘报告》，《考古学报》2009年第1期，第139页，图一四，16。
[4] 南京博物院等：《江苏姜堰天目山西周城址发掘报告》，《考古学报》2009年第1期，第139页，图一四，14。

越晚颈部越长。鼓腹鬲仍存在，部分呈鼓腹盆形。鼎的时代特征明显，多为垂腹圜底。圈足豆柄普遍不高。本段典型陶器有窄肩斜弧腹鬲、宽折沿圜底鼎、矮圈足钵形豆、宽卷沿鼓腹瓮和宽卷沿鼓腹罐等。

2. 第三期晚段与其他遗址的比较

与五担岗遗址本段时代相同地理位置相近的典型遗址有南京江浦曹王塍子、丹徒赵家窑团山、句容浮山果园、铜陵师姑墩、南陵千峰山、南京江浦蒋城子、含山大城墩、肥东吴大墩、六安堰墩、六安西古城、六安众德寺、霍邱堰台、霍邱绣鞋墩、寿县青莲寺、姜堰天目山等。

五担岗Ｅ型Ⅳ式弧腹盆（H34：4）与南京江浦曹王塍子Ⅰ式盆（T24B：49）[1]相似；Ａａ型Ⅴ式鼓腹罐（T10②：9）与曹王塍子Ⅱ式罐（T24A：42）[2]相似。

五担岗2类绳纹鬲口沿（G23：2）与丹徒赵家窑团山Ⅱ3式鬲（T205(4)：11）[3]口、腹部相似；五担岗2类Ｃ型鬲足（T09②：1）也体现出与该团山陶鬲足相似的特征，但比后者足窝更浅些；五担岗Ｂ型Ⅳ式鼎（T08②：8）与团山1式釜（T806(2B)：8）[4]口、腹部特征相似，但前者口沿更宽、沿下角更大，时代似略早一点。

五担岗3类Ｃｂ型鬲足（H34：6）与含山大城墩鬲足（T3：3：8）[5]相似；五担岗Ｅ型Ⅳ式弧腹盆（H34：4）与大城墩（T3：3：43）[6]口、腹部相似。

五担岗3类Ｃｂ型鬲足（H34：6）与霍邱绣鞋墩Ⅴ式鬲足（T1②：48）[7]相似；五担岗Ｂｂ型Ⅲ式豆（T10②：1）与绣鞋墩残圈足（T1②：107）[8]盘腹及圈足相似；五担岗Ｅ型Ⅳ式弧腹盆（H34：4）与绣鞋墩深腹盆（T1③：58）[9]相似；五担岗Ａａ型Ⅴ式鼓腹罐（T10②：1）与绣鞋墩小口瓮（T1③：36）[10]相似。

五担岗3类Ｃｂ型鬲足（H34：6）与寿县青莲寺Ⅳ式鬲足（T2③a：48）[11]形态相似；五担岗Ｂａ型豆盘（H67：3）与青莲寺豆盘（T2③a：21）相似，沿更窄一些；五担岗Ａａ型Ⅴ式鼓腹罐（T10②：1）与青莲寺B型罐（T2③b：31）[12]口、腹部相似。

[1] 南京博物院：《江浦县曹王塍子遗址试掘简报》，《东南文化》第二辑，第17页，图四，13。
[2] 南京博物院：《江浦县曹王塍子遗址试掘简报》，《东南文化》第二辑，第17页，图四，8。
[3] 团山考古队：《江苏丹徒赵家窑团山遗址》，《东南文化》1989年第1期，第80页，图十，6。
[4] 团山考古队：《江苏丹徒赵家窑团山遗址》，《东南文化》1989年第1期，第84页，图十四，3。
[5] 安徽省文物考古研究所：《安徽含山大城墩遗址发掘报告》，《考古学集刊》第6集，第97页，图一一，9。
[6] 安徽省文物考古研究所：《安徽含山大城墩遗址发掘报告》，《考古学集刊》第6集，第97页，图一一，5。
[7] 北京大学考古学系商周组、安徽省文物工作队：《安徽省霍邱、六安、寿县考古调查试掘报告》，《考古学研究》（三），科学出版社，1997年，第249页，图七，15。
[8] 北京大学考古学系商周组、安徽省文物工作队：《安徽省霍邱、六安、寿县考古调查试掘报告》，《考古学研究》（三），科学出版社，1997年，第249页，图七，7。
[9] 北京大学考古学系商周组、安徽省文物工作队：《安徽省霍邱、六安、寿县考古调查试掘报告》，《考古学研究》（三），科学出版社，1997年，第249页，图七，8。
[10] 北京大学考古学系商周组、安徽省文物工作队：《安徽省霍邱、六安、寿县考古调查试掘报告》，《考古学研究》（三），科学出版社，1997年，第249页，图七，10。
[11] 北京大学考古学系商周组、安徽省文物工作队：《安徽省霍邱、六安、寿县考古调查试掘报告》，《考古学研究》（三），科学出版社，1997年，第277页，图二八，14。
[12] 北京大学考古学系商周组、安徽省文物工作队：《安徽省霍邱、六安、寿县考古调查试掘报告》，《考古学研究》（三），科学出版社，1997年，第277页，图二八，4。

3.年代

五担岗第三期晚段遗存与绣鞋墩第三期、青莲寺第五期、天目山第三期基本同时，年代为西周晚期至春秋初。

四、第四期的文化特征及相关比较

第四期遗存分为早、中、晚三段，均未见明显的地层堆积。遗迹较分散，而且规模偏大。主要分布的探方有T13、T14、T21、T26、T27、T30、T35、T36、T37和T38等。

（一）第四期早段

1.文化特征

所发现第四期早段的地层堆积和遗迹均较少。地层主要分布在南侧发掘区的西部，遗迹种类相较单一，有灰坑和灰沟两种。代表单位有T19⑤、T20⑤、T21⑤、H37、H67、H88和G27③等（附表二）。灰坑均不完整，平面形状不规则。坑壁有斜壁和弧壁两种，坑底有平底和圜底两种。

第四期早段遗存所发现少量小件青铜器，可见器类为锅刀。

石器数量不多，器类有锛、斧和刀等。

原始瓷器仍然较少，器类主要为豆、碗、盘和罐等。

陶器以夹砂陶为主，所占比例为52.1%，其中32.18%为红褐陶，2.89%为黑陶，17.03%为灰陶；次为泥质陶，所占比例为44.75%，其中17.46%为红陶，4.71%为黑陶，22.58%为灰陶；硬陶器较少，所占比例为2.97%；原始瓷比例为0.17%。陶器多为素面，所占比例为40.23%。纹饰以绳纹最多，占18.32%；次为间断绳纹，比例为35.61%，再次为网纹、回纹（0.88）、菱形填线纹、附加堆纹、弦纹、复线回纹、梯格纹、刻划纹、席纹、曲折纹、圆圈纹和窗格纹等；组合纹饰主要有绳纹+附加堆纹、网纹+指捺纹及席纹+菱纹等。器类以鬲为主，所占比例为55.76%；其次是罐，所占比例为23.62%；再次为钵，所占比例为8.51%；其他依次为豆（4.08%）、瓿（3.12%）、盘（2.4%）、鼎（0.96%）、盆、碗、瓮、刻槽钵和盉等，其他小件生产生活工具有器座、器盖、纺轮、陶拍、圆陶片和角把等。该段陶器与三期晚段文化特征相比变化较大。主要体现在几个方面：一是夹砂陶比例大幅降低，其中的红褐陶、黑陶比例下降明显，灰陶比例明显上升；泥质陶比例剧升，灰陶比例上升明显；硬陶比例小幅下降。二是素面陶比例继续下降，以绳纹为母题的纹饰比例继续上升，间断绳纹比例首次超过绳纹成为比例最大的纹饰。其他类型纹饰变少，硬陶器的纹饰变得更单一。三是鬲、鼎、瓿等比例小幅下降，豆、盘和钵的比例上升。鬲多束颈，颈部多绳纹抹平呈短斜颈或弧颈状，裆部多较平。鼎多垂腹，浅腹圜底逐渐过渡到平底，鼎足剖面渐圆。瓿多深腹盆形。豆多高柄，流行喇叭形大圈足。瓮和罐多束颈，鼓腹者居多。原始瓷器数量仍然较少，但器类上增多，豆较少，碗、盘和罐较多。本段典型陶器有窄肩斜腹鬲、鼓腹鬲、宽折沿浅腹鼎、细高柄浅盘豆、高颈灰陶盉、浅腹敛口钵、圆肩弧腹盆、小口鼓腹瓮和圆肩弧腹罐等。硬陶器有直口折肩罐。原始瓷器有大口垂腹碗。

2. 第四期早段与其他遗址的比较

与五担岗遗址本段时代相同地理位置相近的典型遗址有丹徒赵家窑团山，丹徒断山墩，丹徒南岗山，镇江左湖，丹阳葛城，铜陵师姑墩，繁昌板子矶，南京江浦蒋城子，含山大城墩，霍邱堰台，霍邱青莲寺等。

五担岗绳纹鬲（G27③：35）与丹徒赵家窑团山Ⅳ1式鬲（H5(2)：47）[1]器形相似，但后者足略内勾；五担岗2类素面鬲（T21⑤：4）与团山Ⅲ3a式鬲（H5(1)：13）[2]口、腹部相似；五担岗A型Ⅴ式鼎（T21⑤：10）与团山Ⅱ2式鼎（T806(2B)：1）[3]口、腹部相似；五担岗Bb型Ⅰ式原始瓷碗（T21⑤：1）与团山原始瓷盏（H5(1)：12）形态接近，但腹更深、平底不凹，两者时代接近；五担岗Db型Ⅲ式钵（G27③：11）与团山5a式钵（H5(3)：64）[4]器形基本一致。

五担岗A型Ⅴ式鼎（T21⑤：10）与铜陵师姑墩鼎（T36②：1）[5]形态相似；五担岗Ａa型Ⅰ式原始瓷碗（T21⑤：12）与师姑墩原始瓷盘（T6③：1）[6]形态相似。

五担岗Ｂb型豆盘（G27③：65）与板子矶（H1⑥：9）[7]相似；五担岗Da型Ⅶ式鼓腹盆（G27③：75）与板子矶盆（T604⑧：4）[8]口、腹部特征相似；五担岗Bb型Ⅱ式圆肩弧腹瓮（H37：58）与板子矶罐（T703④：2）[9]口、腹部特征相似；五担岗Ｃb型Ⅰ式瓮（G27③：64）与板子矶罐（H1⑤：3）[10]口、腹部特征相似。

五担岗1类Db型绳纹鬲口沿（G27③：53）、3类Bb型绳纹鬲口沿（H37：40）与寿县青莲寺B型鬲（T2②：6）[11]口、肩部特征相似；五担岗F型绳纹鬲（H37：57）与青莲寺A型Ⅱ式罐（T2③a：22）[12]口、腹部特征相似，后者器类更可能是鬲；五担岗2类Ａb型绳纹鬲口沿（H15：12）、1类Ab型绳纹鬲口沿（H15：10）与青莲寺瓮（T2②：94）[13]口、腹部形态近似，仰折沿与短斜颈特征非常

[1]　团山考古队：《江苏丹徒赵家窑团山遗址》，《东南文化》1989年第1期，第81页，图十一，10。
[2]　团山考古队：《江苏丹徒赵家窑团山遗址》，《东南文化》1989年第1期，第81页，图十一，3。
[3]　团山考古队：《江苏丹徒赵家窑团山遗址》，《东南文化》1989年第1期，第83页，图十三，13。
[4]　团山考古队：《江苏丹徒赵家窑团山遗址》，《东南文化》1989年第1期，第97页，图二〇七，11。
[5]　安徽省文物考古研究所：《安徽铜陵县师姑墩遗址发掘简报》，《考古》2013年第6期，第13页，图二四，5。
[6]　[安徽省文物考古研究所：《安徽铜陵县师姑墩遗址发掘简报》，《考古》2013年第6期，第18页，图三二，4。
[7]　安徽省文物考古研究所、繁昌县文物管理局：《安徽繁昌县板子矶周代遗址发掘简报》，《文物》2013年第10期，第15页，图六，10。
[8]　安徽省文物考古研究所、繁昌县文物管理局：《安徽繁昌县板子矶周代遗址发掘简报》，《文物》2013年第10期，第15页，图六，7。
[9]　安徽省文物考古研究所、繁昌县文物管理局：《安徽繁昌县板子矶周代遗址发掘简报》，《文物》2013年第10期，第14页，图五，3。
[10]　安徽省文物考古研究所、繁昌县文物管理局：《安徽繁昌县板子矶周代遗址发掘简报》，《文物》2013年第10期，第14页，图六，6。
[11]　北京大学考古学系商周组、安徽省文物工作队：《安徽省霍邱、六安、寿县考古调查试掘报告》，《考古学研究》（三），科学出版社，1997年，第279页，图二九，1。
[12]　北京大学考古学系商周组、安徽省文物工作队：《安徽省霍邱、六安、寿县考古调查试掘报告》，《考古学研究》（三），科学出版社，1997年，第277页，图二八，5。
[13]　北京大学考古学系商周组、安徽省文物工作队：《安徽省霍邱、六安、寿县考古调查试掘报告》，《考古学研究》（三），科学出版社，1997年，第279页，图二九，6。

明显；五担岗Bb型Ⅱ式圆肩弧腹瓮（H37：58）与青莲寺瓮（T2②：10）[1]口、腹部特征相似。

3.年代

从五担岗出土陶器来看，在特征上与板子矶遗存接近；同时青莲寺第五期、团山H5也是与之年代接近的。因此，五担岗第四期早段遗存的年代为春秋早、中期。

（二）第四期中段

1.文化特征

所发现第四期中段的地层堆积和遗迹均较少。地层发现较少，遗迹较分散，数量较少。代表单位有T03②、H2、H15、H64、H83、G27②、J1K、J1Q⑥和J1Q⑤等（附表二）。灰坑多不完整，平面形状多不规则。坑壁有斜壁和弧壁两种，坑底有平底、斜底、圜底和不规整底四种。

第四期中段遗存所发现的青铜器较少，器类为残剑头和镞。

石器数量不多，器类有钺、锛、斧、砺石和镞等。

骨器发现1件，为残鹿角器。

原始瓷器发现较少，器类为碗和盘。

陶器以夹砂陶为主，所占比例为52.17%，其中35.09%为红褐陶，2.9 %为黑陶，14.18 %为灰陶；次为泥质陶，所占比例为42.12%，其中13.44%为红陶，5.53%为黑陶，23.15%为灰陶；硬陶器较少，所占比例为4.89%；原始瓷所占比例为0.83%。陶器多为素面，所占比例为46.55%。纹饰以间断绳纹最多，占29.33%；次为绳纹，比例为15.75%，再次为菱形填线纹（1.27%）、席纹（1.0%）、弦纹、附加堆纹、方格纹、回纹、网纹、云雷纹、刻划纹、指捺纹、梯格纹、复线菱纹、复线回纹、曲折纹、圆圈纹、窗格纹、三角填线纹、篮纹和涡纹等；组合纹饰主要有绳纹+附加堆纹、绳纹+指捺纹、弦纹+席纹、弦纹+曲折纹、弦纹+方格纹、弦纹+穗状纹、方格纹+菱形填线纹、方格纹+附加堆纹、席纹+附加堆纹、席纹+菱形填线纹、篮纹+附加堆纹、曲折纹+回纹、回纹+复线菱纹、回纹+窗格纹、菱纹+圈点纹和叶脉纹+席纹等。器类以鬲为主，所占比例为56.8%；其次是罐，所占比例为25.08%；再次为鼎，所占比例为4.28%；钵所占比例为3.73%；其他依次为豆、甗、刻槽钵、盘、盆、碗、坛、瓮、器盖和瓶等，其他小件生产生活工具有网坠、纺轮、陶拍、圆陶片和陶拍等。该段陶器较上段变化相对较小。一是在陶质上未见大的变化，硬陶、原始瓷仍然维持在较小的比例上。二是素面陶比例略有增加，绳纹、间断绳纹陶比例小幅下降，组合纹饰种类有增多迹象。三是鬲和罐仍然为最主要的器类，比例没什么变化，鼎、盘的比例有所上升，钵的比例下降。鬲最明显的变化是由早段的弧裆过渡到平裆，柱足逐渐外撇。鼎的腹部开始变直，腹深变浅。甗由之前的深腹逐渐过渡到浅腹，仍为细腰。罐的颈部开始变长，双耳罐变多。盆的类型较多，以肩部凸出或折肩的浅腹盆最有特色。该段典型陶器有平裆高柱足鬲、斜直浅腹鼎、窄肩浅腹盆、高颈双耳罐等。硬陶器有圆肩弧腹坛、矮直口弧腹罐。原始瓷器有盅式碗。

---

[1] 北京大学考古学系商周组、安徽省文物工作队：《安徽省霍邱、六安、寿县考古调查试掘报告》，《考古学研究》（三），科学出版社，1997年，第279页，图二九，8。

2. 第四期中段与其他遗址的比较

与五担岗遗址本段时代相同地理位置相近的典型遗址有南京江宁陶吴、镇江丹徒赵家窑团山、丹徒南岗山、丹徒四角墩、苏州新庄、上海金山戚家墩、宁波钱岙、绍兴里谷社、绍兴袍谷，铜陵师姑墩、繁昌板子矶等。

五担岗Ａb型Ⅲ式鼎（G27②：47）与南京江宁陶吴鼎（M42：5）[1]相似；五担岗B型Ⅲ式钵（G27②：25）与江宁陶吴钵（M44：1）[2]形态相似；五担岗Ｂb型Ⅲ式鼓腹罐（G27②：46）与江宁陶吴罐（K1：2）[3]相似；五担岗B型Ⅲ式钵（G27②：25）与江宁陶吴钵（M44：1）[4]形态相似。

五担岗B型Ⅲ式钵（G27②：25）与镇江丹徒南岗山钵（D13M3：5）[5]相似；五担岗D型Ⅴ式鼎（G27②：31）与丹徒南岗山三足盘（D7M1：7[6]）相似。

五担岗硬陶坛（H2：32）与镇江丹徒四角墩硬陶坛（D5M1：3）[7]器形一致；五担岗Ａc型Ⅰ式原始瓷碗（G27②：17）与四角墩B型原始瓷盅（D5M1：1）[8]相近。

五担岗Ｂa型Ⅰ式甗的甑部（H15：7）与含山大城墩平底盆（T3：3：14）[9]口、腹部特征相似。

五担岗Ca型绳纹鬲（H15：3）与繁昌板子矶陶器（T703③：7）[10]口、腹部特征相似；五担岗B型Ⅳ式甗的甑部（H15：7）；五担岗D型Ⅴ式鼎（G27②：31）与繁昌板子矶鼎（T703⑧：2）[11]局部相似，但后者腹深更大且足外撇，其窄斜沿的形态应由板子矶宽折沿的形态演变而来。

五担岗Ａa型Ⅲ式原始瓷碗（H2：19）与宁波钱岙AⅡ式原始瓷碗（T1①：89）[12]器形一致；五担岗Ac型Ⅰ式原始瓷碗（G27②：9）与BⅢ式原始瓷碗（T1①：101）[13]相似。

[1] 南京市博物馆、江宁区博物馆：《南京江宁春秋时期大型土墩墓发掘简报》，《东南文化》2011年第3期，第40页，图十三，1。
[2] 南京市博物馆、江宁区博物馆：《南京江宁春秋时期大型土墩墓发掘简报》，《东南文化》2011年第3期，第36页，图六，1。
[3] 南京市博物馆、江宁区博物馆：《南京江宁春秋时期大型土墩墓发掘简报》，《东南文化》2011年第3期，第43页，图十九，2。
[4] 南京市博物馆、江宁区博物馆：《南京江宁春秋时期大型土墩墓发掘简报》，《东南文化》2011年第3期，第36页，图六，1。
[5] 南京博物院：《江苏丹徒南岗山土墩墓》，《考古学报》1993年第2期，第226页，图二七，14。
[6] 南京博物院：《江苏丹徒南岗山土墩墓》，《考古学报》1993年第2期，第220页，图一八，10。
[7] 南京博物院、镇江博物馆：《江苏丹徒镇四角墩土墩墓第二次发掘简报》，《考古》2007年第10期，第18页，图八，1。
[8] 南京博物院、镇江博物馆：《江苏丹徒镇四角墩土墩墓第二次发掘简报》，《考古》2007年第10期，第18页，图八，10。
[9] 安徽省文物考古研究所：《安徽含山大城墩遗址发掘报告》，《考古学集刊》第6集，第97页，图一一，1。
[10] 安徽省文物考古研究所、繁昌县文物管理局：《安徽繁昌县板子矶周代遗址发掘简报》，《文物》2013年第10期，第15页，图六，6。
[11] 安徽省文物考古研究所、繁昌县文物管理局：《安徽繁昌县板子矶周代遗址发掘简报》，《文物》2013年第10期，第13页，图三，10。
[12] 宁波市文物考古研究所、鄞县文物管理委员会办公室：《宁波钱岙商周遗址试掘简报》，《东南文化》2003年第3期，第36页，图三，7。
[13] 宁波市文物考古研究所、鄞县文物管理委员会办公室：《宁波钱岙商周遗址试掘简报》，《东南文化》2003年第3期，第36页，图三，8。

3. 年代

从五担岗出土陶器来看，该段遗存的年代为春秋中期偏晚。

（三）第四期晚段

1. 文化特征

该段未见较明确的地层堆积，所见遗迹很少，类型仅见灰沟和水井。代表单位有G27①、J1Q④、J1Q③和J1Q②等（附表二）。

出土的遗物以陶器为主，还可见与取水有关的草编器，其他动植物遗存也发现不少。

陶器以泥质陶，所占比例为70.32%，其中2.48%为红陶，53.29%为黑陶，14.55%为灰陶；次为夹砂陶，所占比例为19.89%，其中8.56%为红褐陶，2.65 %为黑陶，8.68%为灰陶；硬陶器较少，所占比例为9.26%；原始瓷所占比例为0.54%。陶器素面较少，所占比例为22.24%。纹饰以间断绳纹最多，占64.08%；次为小方格纹，比例为5.0%，再次为绳纹，所占比例为2.19%；其他依次为弦纹（1.49%）、三角填线纹、菱形填线、席纹、曲折纹、云雷纹、篮纹、回纹、指捺纹、刻划纹、附加堆纹、复线回纹和方格纹等；组合纹饰主要有弦纹+多重圆圈纹、弦纹+曲折纹、弦纹+三角填线纹和间断绳纹+曲折纹等。器类以罐为主，所占比例为67.24%；其次是鬲，所占比例为13.3%；再次为壶，所占比例为5.67%；鼎所占比例为3.94%，其他依次为豆、碗、盆、瓿、钵和甗等，其他小件生产生活工具有网坠、纺轮和圆陶片等。该段陶器较四期中段的变化主要体现在几个方面：一是夹砂陶比例继续大幅下降至次要位置，其中红褐陶比例继续下降，灰陶比例缓降，黑陶比例变化不大；泥质陶所占比例骤升，黑陶成为主流；硬陶比例上升。二是间断绳纹比例首次超过绳纹成为比例最大的装饰纹样，其他纹饰较少；硬陶器多以类似麻布纹的小方格纹作为装饰。三是该段器类仍以鬲和罐为主，但鬲所占比例偏低，应是由于所出器物大部分来自水井的缘故。鬲多束颈，颈部多绳纹抹平呈短斜颈或弧颈状，裆部多较平。鼎多垂腹，圆底逐渐过渡到平底，鼎足剖面渐圆。甗多深腹盆形。豆多高柄，流行喇叭形大圈足。瓮和罐多束颈，鼓腹者居多。硬陶器较少，主要器类为个体比较小的罐。原始瓷器数量仍然较少，但器类上增多，豆较少，碗、盘和罐较多。本段较典型的陶器有窄肩斜腹鬲、鼓腹鬲、折沿垂腹鼎、矮圈足豆、高领壶、浅腹敛口钵、圆肩弧腹盆、小口鼓腹瓮和圆肩弧腹罐等。硬陶器有直口折肩罐、扁腹瓶。原始瓷器有直口垂腹碗。

2. 第四期晚段与其他遗址的比较

与五担岗遗址本段时代相同地理位置相近的典型遗址有丹阳神河头、仪征胥浦甘草山、苏州新庄、苏州木渎、上海马桥、上海金山戚家墩、绍兴里谷社、绍兴袍谷等。

五担岗印纹硬陶罐（J1Q③：37）与丹阳神河头A型印纹硬陶罐（K1④：23）[1]器形相似；五担岗印纹硬陶罐（J1Q②：4、J1Q②：6、J1Q②：11）等与神河头BⅡ式印纹硬陶罐（Q1：2）[2]器形、纹饰一致。

五担岗印纹硬陶小罐（J1Q②：23、J1Q②：24、J1Q②：25）与苏州木渎印纹硬陶罐（D33K1：19）[3]器形、纹饰相似。

---

[1] 南京博物院、丹阳市文化局：《江苏丹阳神河头遗址发掘简报》，《东南文化》2010年底5期，第39页，图十，2。
[2] 南京博物院、丹阳市文化局：《江苏丹阳神河头遗址发掘简报》，《东南文化》2010年底5期，第39页，图十，5。
[3] 中国社会科学院考古研究所、苏州市考古研究所：《江苏苏州市木渎春秋城址》，《考古》2011年第7期，图版八，4。

五担岗高领壶（J1Q③：32、J1Q③：34）等与苏州新庄壶[1]器形基本一致；五担岗印纹硬陶小罐（J1Q②：23、J1Q②：24、J1Q②：25）与新庄陶杯[2]相似。

五担岗高领壶（J1Q③：31）等与上海金山戚家墩Ⅳ式罐[3]（T5：2）相似；五担岗印纹硬陶瓿（J1Q②：6）与戚家墩Ⅵ式罐（M2：15）[4]相似；五担岗印纹硬陶瓿（J1Q③：1）与戚家墩Ⅲ式罐（M7：1）[5]相似，后者有宽耳。

五担岗罐（J1Q③：3、J1Q③：4）与绍兴袍谷Ⅱ式罐（T6③：15）[6]相似；五担岗罐（J1Q②：3）与袍谷Ⅲ式罐（H4：4）[7]近似。

五担岗罐（J1Q③：3、J1Q③：4）与绍兴里谷社Ⅱ式罐[8]相似；五担岗印纹硬陶小罐（J1Q②：23、J1Q②：24、J1Q②：25）与里谷社印纹硬陶杯[9]器形、纹饰一致。

3. 年代

该段时代特征明显，从J1Q④、J1Q③和J1Q②的叠压关系及出土的器物特征看，其时代上可以进一步细化为春秋晚期和春秋末期至战国初期两个时间段。因此，五担岗遗址第四期晚段的年代为春秋晚期至战国初期（参见图三五三～三七五）。

第二节 五担岗遗址早期遗存的分期意义

2009年五担岗遗址的考古发掘，为认识遗址早期遗存提供了良机。在经过数年的整理之后，我们把五担岗遗址商周时期的考古遗存共分为十二个时间段（在结语中暂时分为十个时间段），遗址自早至晚是延续的。第二期实际可分四段，第一段为花园庄阶段至殷墟一期、第二段为殷墟二期、第三段为殷墟三期、第四段为殷墟四期。后为方便表述起见，将第一段、第二段合并为早段，第三期、第四期合并为晚段。伴随着资料的整理及分期工作的进行，在报告临近出版阶段，我们对遗址中的T11⑦中的遗物有了新的认识。经过认真的比较研究后，我们认为T11⑦是五担岗遗址最早的地层，其时代最迟属二里岗下层二期。在遗址资料整理过程中，发现在以下几个方面较有意义。

一、遗址的时代上限问题

首先，从遗址最早的地层T11⑦来看，所出陶器的特征具有中原二里头三期偏晚至二

[1] 苏州市博物馆：《苏州新庄东周遗址试掘简报》，《考古》1987年第4期，第314页，图四，5。
[2] 苏州市博物馆：《苏州新庄东周遗址试掘简报》，《考古》1987年第4期，第315页，图五，2。
[3] 上海市文物保管委员会：《上海市金山县戚家墩遗址发掘简报》，《考古》1987年第4期，第21页，图七，10。
[4] 上海市文物保管委员会：《上海市金山县戚家墩遗址发掘简报》，《考古》1973年第1期，第21页，图七，13。
[5] 上海市文物保管委员会：《上海市金山县戚家墩遗址发掘简报》，《考古》1973年第1期，第21页，图七，24。
[6] 绍兴县文物保护管理所：《浙江绍兴袍谷遗址发掘简报》，《考古》1989年第9期，第801页，图四，4。
[7] 绍兴县文物保护管理所：《浙江绍兴袍谷遗址发掘简报》，《考古》1989年第9期，第801页，图四，5。
[8] 周燕儿、符杏华：《浙江绍兴县里谷社遗址再发掘》，《南方文物》1992年第3期，第16页，图四，8。
[9] 周燕儿、符杏华：《浙江绍兴县里谷社遗址再发掘》，《南方文物》1992年第3期，第16页，图四，19。

里头四期文化因素影响的痕迹，而部分器形的发展似乎已经进入二里岗下层二期阶段。在其它一些早期地层或遗迹中，则出土了一些时代更早的遗物。如T31⑨：7 、T17④：3、T25②：2的时代应在二里头三期前后，而H77：2的时代可能早至二里头二期。T31由于道路建设施工原因还有一层未发掘完毕，其时代至少比二里岗上层一期要早些。除此之外，也发现了具有更早时代特征的陶器，如H103：2，其时代可能早至龙山早中期。G26：6的时代，甚至可能会至崧泽晚期。有理由相信，遗址的时代上限要比二里岗下层二期更早。相信伴随着资料的丰富及研究的深入，对这个问题的认识也会加深。

二、遗址出土物所反映的"湖熟文化"时代上限问题

首先，我们认为遗址的第二期早段遗存是和一直以来所认识的湖熟文化早期阶段遗存的文化属性是接近的。在该段遗存的认识上，我们做了非常多的工作，将宁镇地区及相邻地域的同时期遗址出土物作了研究，如宁镇地区的典型遗址南京北阴阳营、南京江宁点将台、镇江丹徒赵家窑团山、句容城头山、金坛新浮、铜陵师姑墩等；江淮地区的典型遗址如含山大城墩、霍邱绣鞋墩等；太湖流域的典型遗址常熟钱底巷、江阴佘城、江阴花山、苏州绰墩、上海马桥、上海查山、上海亭林、湖州毘山、湖州钱山漾和湖州邱城等。除此之外，长江中游地区及传统的岳石文化区域同时期遗址，我们选择了很多典型器，也作了大量的对比。我们在五担岗遗址出土器物中选取了一些可以与以上遗址出土物可互见的典型器。发现一个问题，即五担岗与江淮一带遗址器物互见者多与太湖流域遗址器物经常不互见，反之亦然。发现的具有岳石文化特征的器物，很难单独将其时代确定得很精准。长江中游地区与太湖流域常见的小件硬陶器，可能会有分期，但难以与中原商文化的典型器相对应。经研究后我们认为，五担岗遗址第二期偏早阶段的文化遗存与北阴阳营第③层、点将台中文化层、团山H9及H13、城头山第二文化层、新浮第④层、大城墩T3第5A层等所反映的时代接近，时代上限已经进入洹北花园庄阶段。遗址该阶段受到了长江中游同时期商文化地方类型的强烈冲击，这与郑州地区的典型商文化因素有很大差异。

比这时代稍早些的是五担岗遗址第一期晚段遗存，堆积单薄，出土遗物少。与之相邻的大城墩遗址T17第6层、T3第5B层的部分出土物与五担岗该段遗存特征相似，两者时代应相近。五担岗遗址自一期晚段发展至二期早段的过程中，文化特征发生了重大变化，以绳纹陶为代表的文化因素是该变化发生的主因。二期早段虽然也延续了一期晚段的部分文化特征，但两者有了本质区别。

如果说以五担岗第二期早段的文化遗存作为目前所认知的最早的湖熟文化的话，那么湖熟文化的时代上限则在洹北花园庄阶段。但如果将五担岗第一期早段同样认为是湖熟文化，其时代上限则进入二里岗下层时期。

器类 / 型式 / 期段		原始瓷			
		豆			
期	段	Aa型	Ab型	B型	C型
一	早段（1）				
	晚段（2）				
二	早段（3）			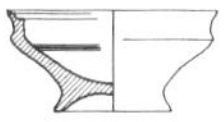 （T17⑤:4）	
	晚段（4）	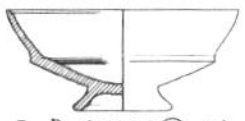 Ⅰ式（H100②:4） 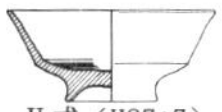 Ⅱ式（H87:7）			
三	早段（5）		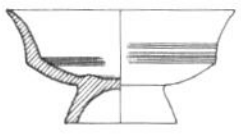 Ⅰ式（T23④:1）		
	中段（6）	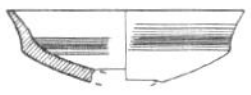 Ⅲ式（T10②:6） 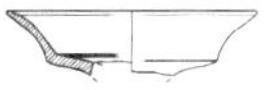 Ⅳ式（H1:12）	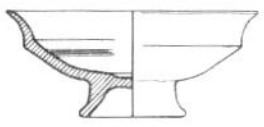 Ⅱ式（H1:6）		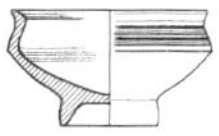 （H69①:2）
	晚段（7）				
四	早段（8）				
	中段（9）				
	晚段（10）				

图三五三　五担岗遗址原始瓷豆分期图

期	段	式	Aa型	Ab型	Ac型	Ba型
		器　　类	原始瓷			
		型	碗			
一	早段（1）					
	晚段（2）					
二	早段（3）					
	晚段（4）					
三	早段（5）					
	中段（6）					
	晚段（7）					
四	早段（8）		Ⅰ式（T21⑤:12）			Ⅰ式（G27③:31）
	中段（9）		Ⅱ式（G27②:1） Ⅲ式（H2:18）	Ⅰ式（G27②:20） Ⅱ式（H2:22）	Ⅰ式（G27②:17） Ⅱ式（H2:27）	Ⅱ式（G27②:18） Ⅲ式（H2:28）
	晚段（10）					

图三五四　五担岗遗址原始瓷碗分期图

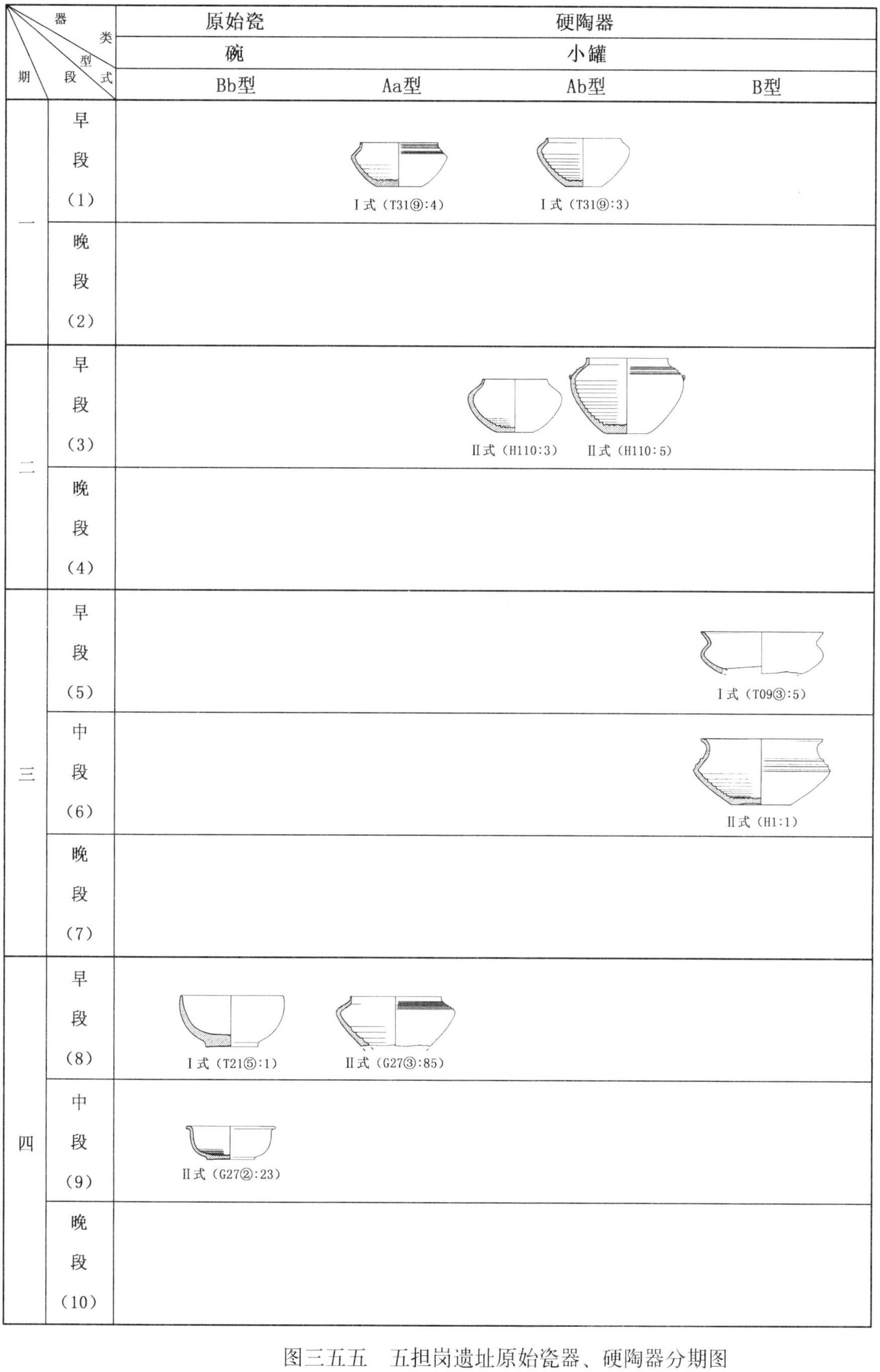

器类		原始瓷	硬陶器		
期	型式段	碗	小罐		
		Bb型	Aa型	Ab型	B型
一	早段（1）		I式（T31⑨:4）	I式（T31⑨:3）	
	晚段（2）				
二	早段（3）		II式（H110:3）	II式（H110:5）	
	晚段（4）				
三	早段（5）				I式（T09③:5）
	中段（6）				II式（H1:1）
	晚段（7）				
四	早段（8）	I式（T21⑤:1）	II式（G27③:85）		
	中段（9）	II式（G27②:23）			
	晚段（10）				

图三五五　五担岗遗址原始瓷器、硬陶器分期图

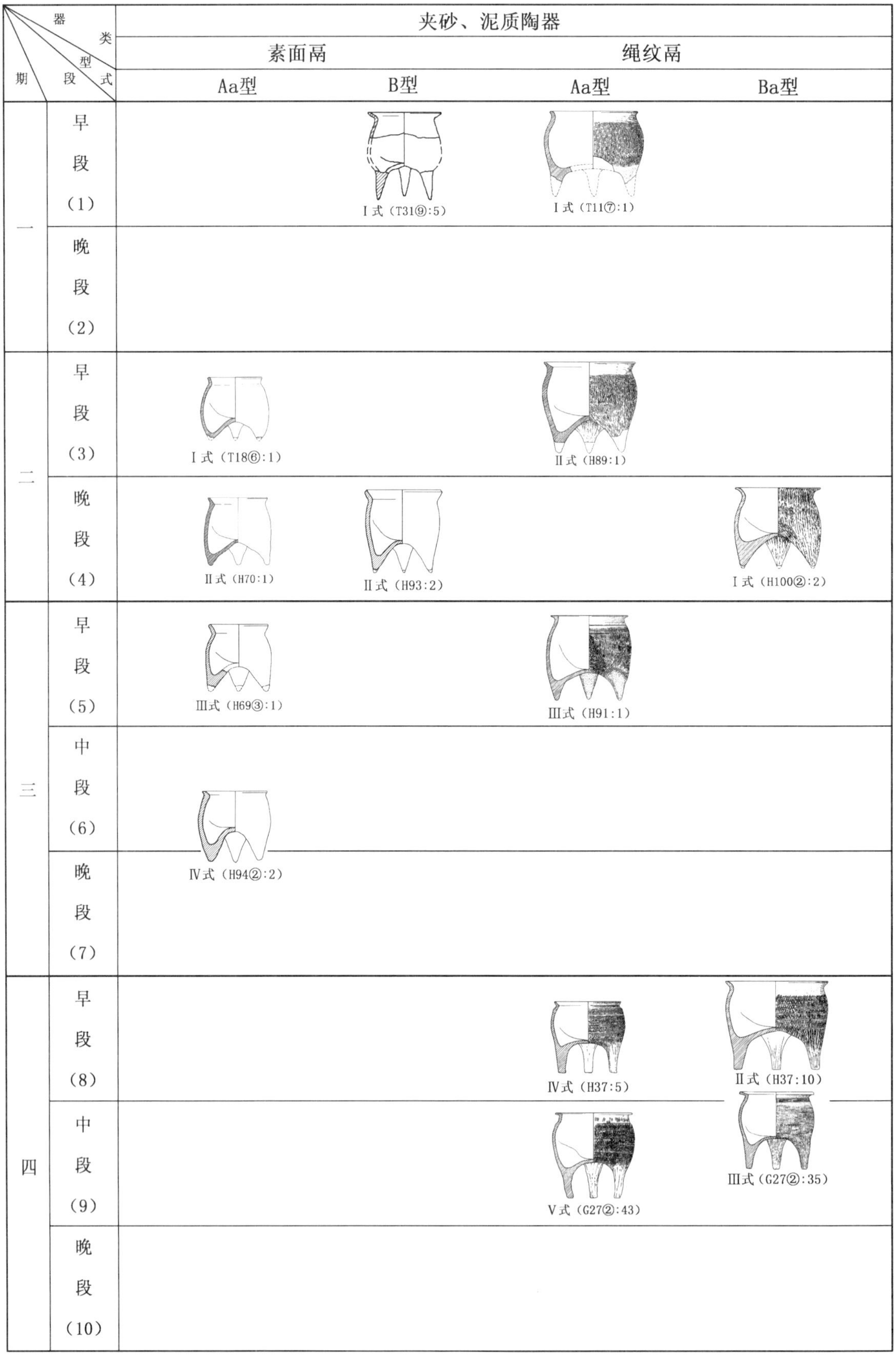

器类 期　段　型式	夹砂、泥质陶器			
	素面鬲		绳纹鬲	
	Aa型	B型	Aa型	Ba型
一 早段（1）		I式（T31⑨:5）	I式（T11⑦:1）	
一 晚段（2）				
二 早段（3）	I式（T18⑥:1）		II式（H89:1）	
二 晚段（4）	II式（H70:1）	II式（H93:2）		I式（H100②:2）
三 早段（5）	III式（H69③:1）		III式（H91:1）	
三 中段（6）	IV式（H94②:2）			
三 晚段（7）				
四 早段（8）			IV式（H37:5）	II式（H37:10）
四 中段（9）			V式（G27②:43）	III式（G27②:35）
四 晚段（10）				

图三五六　五担岗遗址陶鬲分期图

期	段式	夹砂、泥质陶器			
		绳纹鬲			鼎
		Da型	Db型	E型	A型
一	早段（1）				
	晚段（2）				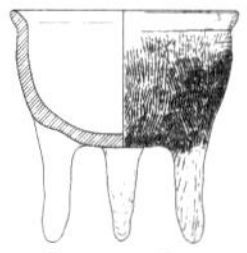 I 式（T32⑨:2）
二	早段（3）				 II 式（T24⑤:21）
	晚段（4）	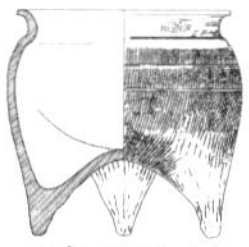 I 式（H52:1）	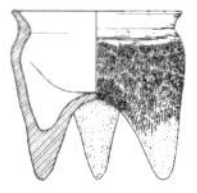 I 式（T11⑤:1）		
三	早段（5）	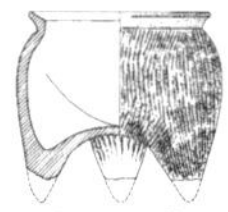 II 式（T23④:4）	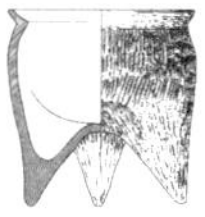 II 式（H69③:4）		
	中段（6）				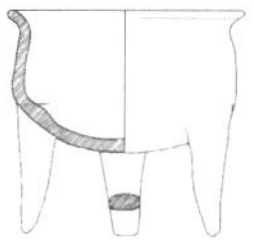 III式（H59③:1）
	晚段（7）				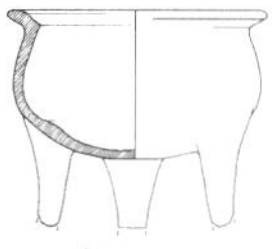 IV式（H55:1）
四	早段（8）	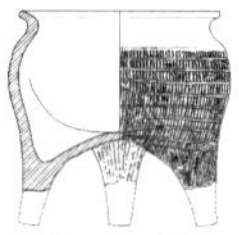 III式（G27③:7）		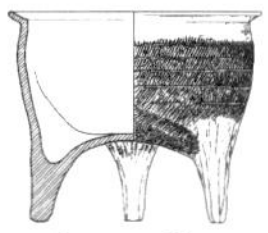 I 式（G27③:3）	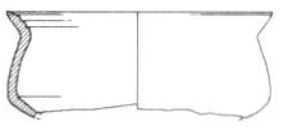 V 式（T21⑤:10）
	中段（9）	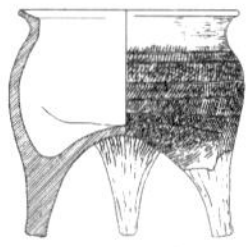 IV式（G27②:32）		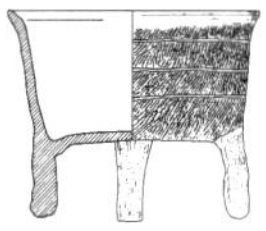 II式（H2:15）	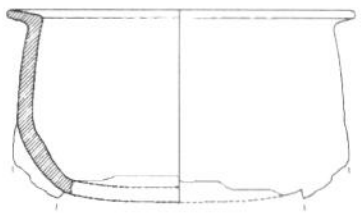 VI式（G27②:47）
	晚段（10）				

图三五七　五担岗遗址陶鬲、鼎分期图

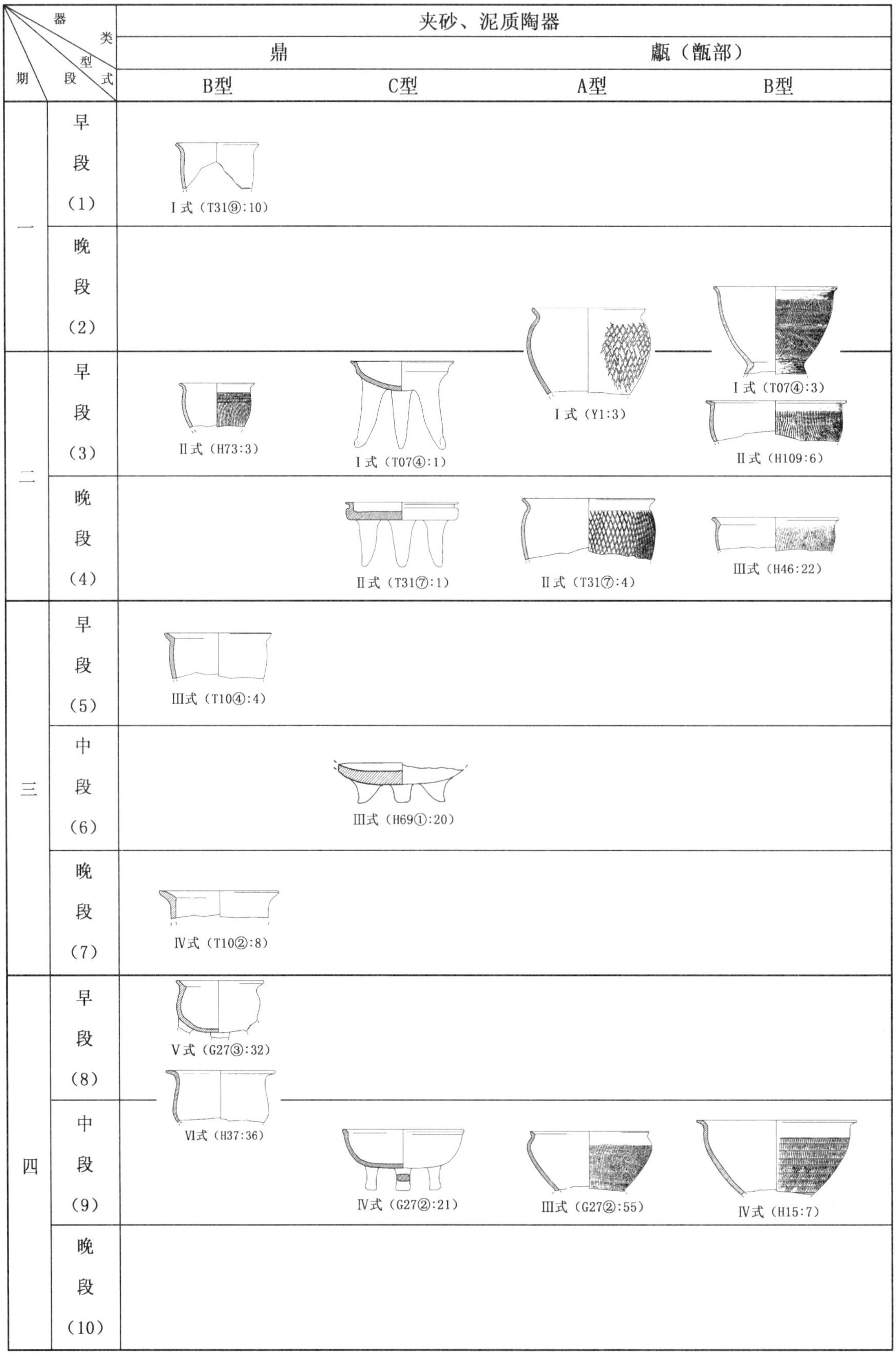

器类 型式 期　段	夹砂、泥质陶器			
	鼎		甗（甑部）	
	B型	C型	A型	B型
一　早段（1）	I式（T31⑨:10）			
一　晚段（2）			I式（Y1:3）	I式（T07④:3） II式（H109:6）
二　早段（3）	II式（H73:3）	I式（T07④:1）		
二　晚段（4）		II式（T31⑦:1）	II式（T31⑦:4）	III式（H46:22）
三　早段（5）	III式（T10④:4）			
三　中段（6）		III式（H69①:20）		
三　晚段（7）	IV式（T10②:8）			
四　早段（8）	V式（G27③:32）			
四　中段（9）	VI式（H37:36）	IV式（G27②:21）	III式（G27②:55）	IV式（H15:7）
四　晚段（10）				

图三五八　五担岗遗址陶鼎、甗分期图

器类 期 段 型式		夹砂、泥质陶器			
		甗（鬲部）	簋	豆	
		A型	B型	A型	Ba型
一	早段 （1）	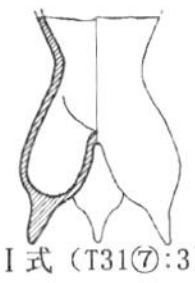 I式 (T31⑦:3)			
	晚段 （2）				
二	早段 （3）	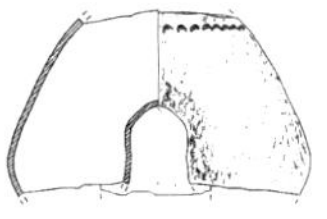 II式 (H110:9)		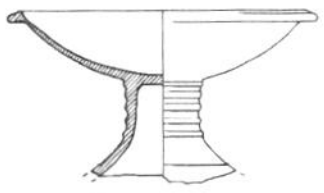 I式 (H110:11)	
	晚段 （4）	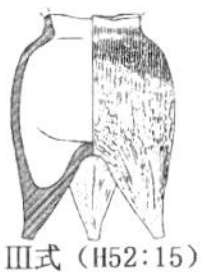 III式 (H52:15)	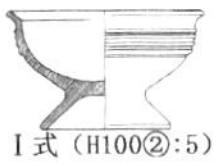 I式 (H100②:5) 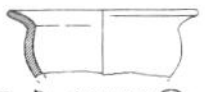 II式 (H100①:4)		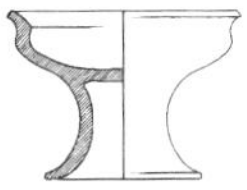 I式 (H93:3)
三	早段 （5）		 III式 (T24④:1)		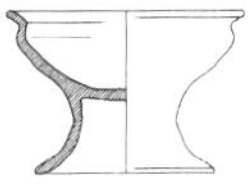 II式 (H69③:2)
	中段 （6）	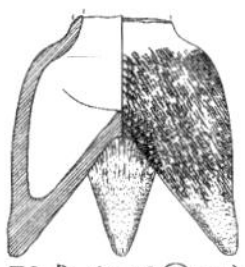 IV式 (H59①:5)			
	晚段 （7）		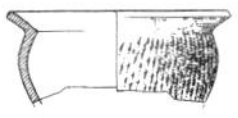 IV式 (G23:4)		
四	早段 （8）			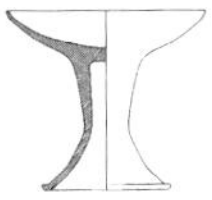 II式 (G27③:29)	
	中段 （9）				
	晚段 （10）				

图三五九 五担岗遗址陶甗、簋、豆分期图

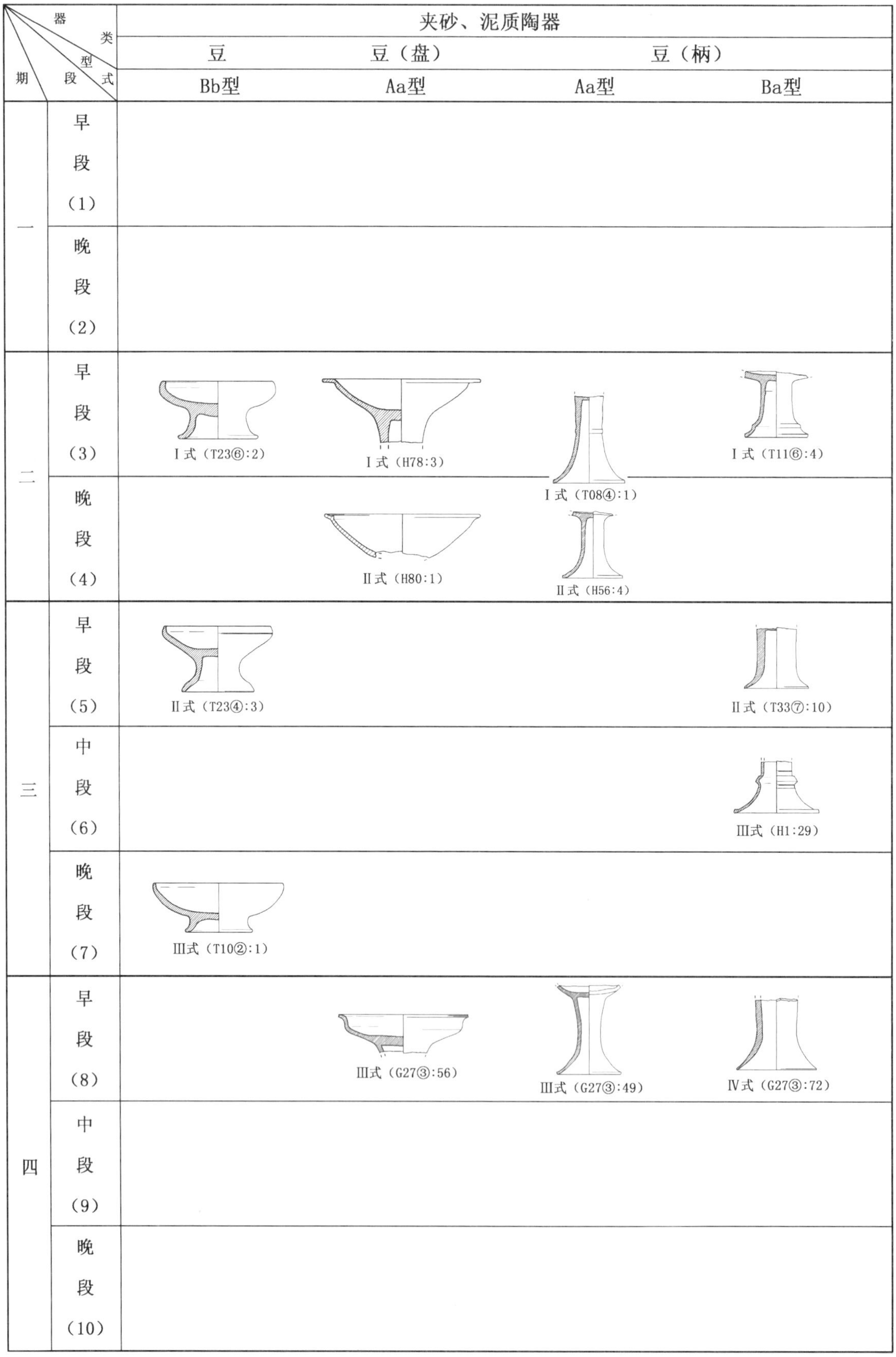

器类\型式\期\段	夹砂、泥质陶器			
	豆	豆（盘）	豆（柄）	
	Bb型	Aa型	Aa型	Ba型
一 早段（1）				
一 晚段（2）				
二 早段（3）	I式（T23⑥:2）	I式（H78:3）	I式（T08④:1）	I式（T11⑥:4）
二 晚段（4）		II式（H80:1）	II式（H56:4）	
三 早段（5）	II式（T23④:3）			II式（T33⑦:10）
三 中段（6）				III式（H1:29）
三 晚段（7）	III式（T10②:1）			
四 早段（8）		III式（G27③:56）	III式（G27③:49）	IV式（G27③:72）
四 中段（9）				
四 晚段（10）				

图三六〇　五担岗遗址陶豆分期图

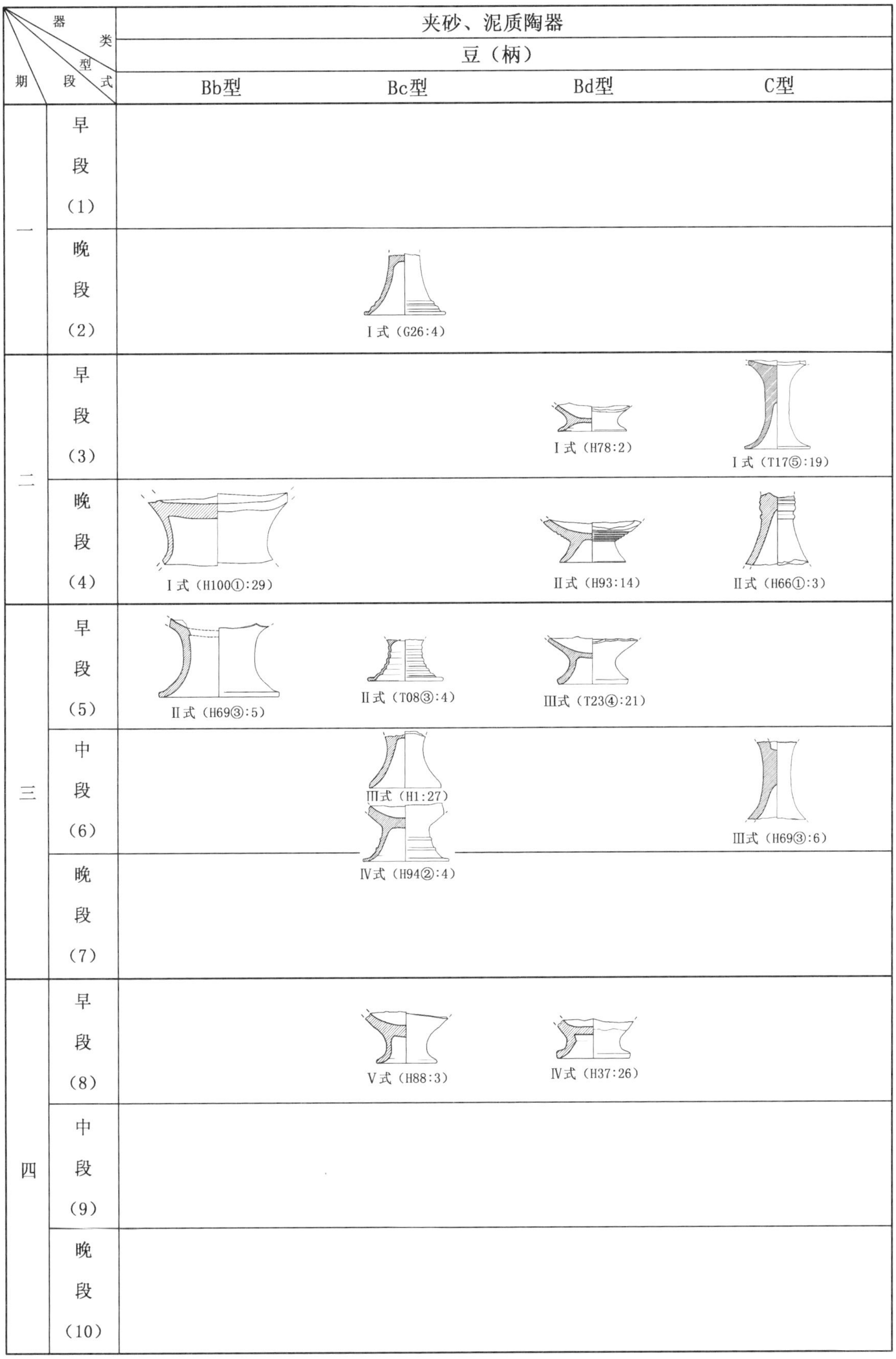

器类 / 型式 / 期段	夹砂、泥质陶器			
	豆（柄）			
	Bb型	Bc型	Bd型	C型
一 早段（1）				
一 晚段（2）		I式（G26:4）		
二 早段（3）			I式（H78:2）	I式（T17⑤:19）
二 晚段（4）	I式（H100①:29）		II式（H93:14）	II式（H66①:3）
三 早段（5）	II式（H69③:5）	II式（T08③:4）	III式（T23④:21）	
三 中段（6）		III式（H1:27） IV式（H94②:4）		III式（H69③:6）
三 晚段（7）				
四 早段（8）		V式（H88:3）	IV式（H37:26）	
四 中段（9）				
四 晚段（10）				

图三六一　五担岗遗址陶豆分期图

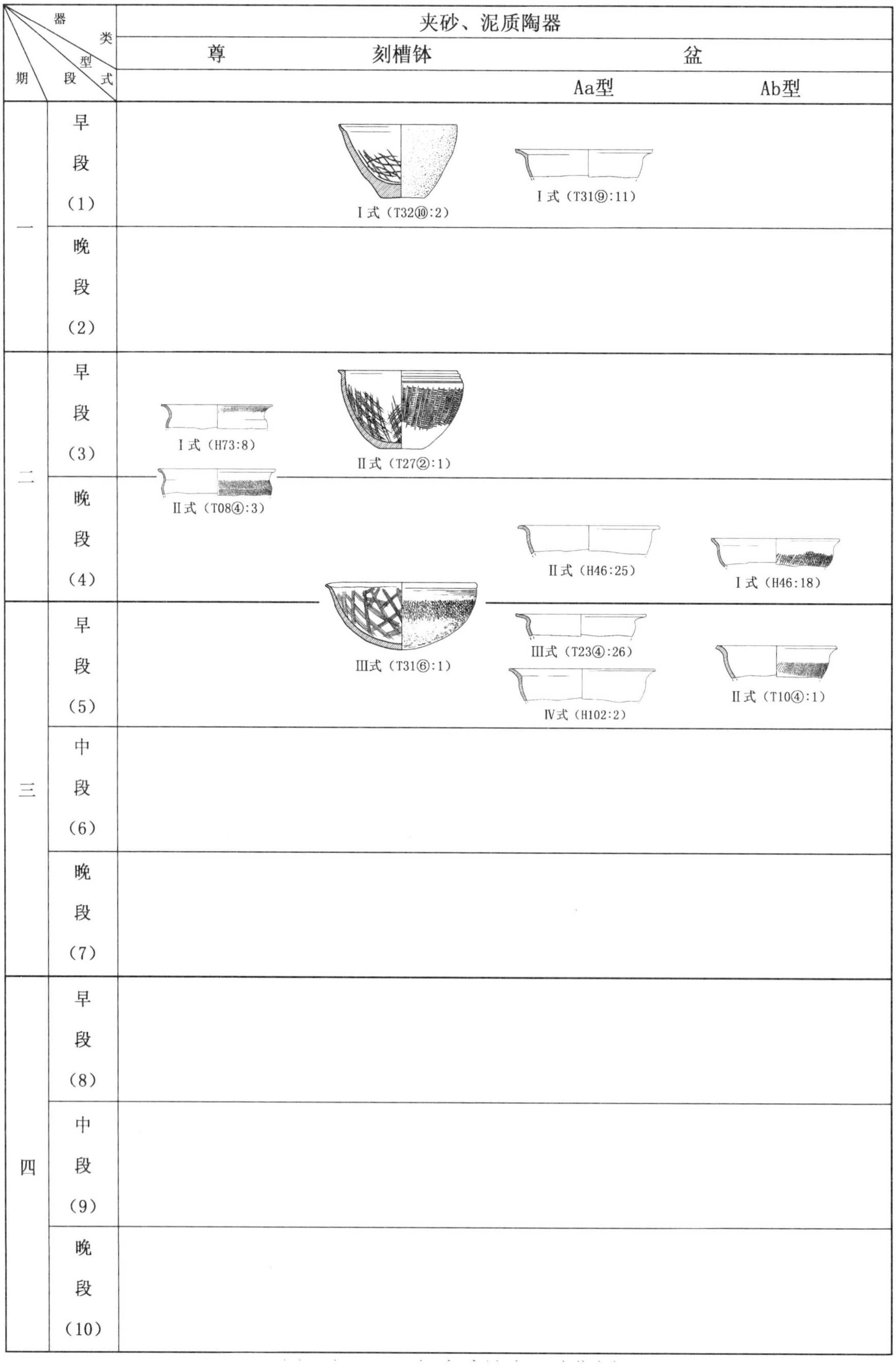

器类 期　段　型式	夹砂、泥质陶器			
	尊	刻槽钵	盆	
			Aa型	Ab型
一　早段（1）		I式（T32⑩:2）	I式（T31⑨:11）	
一　晚段（2）				
二　早段（3）	I式（H73:8）	II式（T27②:1）		
二　晚段（4）	II式（T08④:3）		II式（H46:25）	I式（H46:18）
三　早段（5）		III式（T31⑥:1）	III式（T23④:26） IV式（H102:2）	II式（T10④:1）
三　中段（6）				
三　晚段（7）				
四　早段（8）				
四　中段（9）				
四　晚段（10）				

图三六二　五担岗遗址陶尊、钵、盆分期图

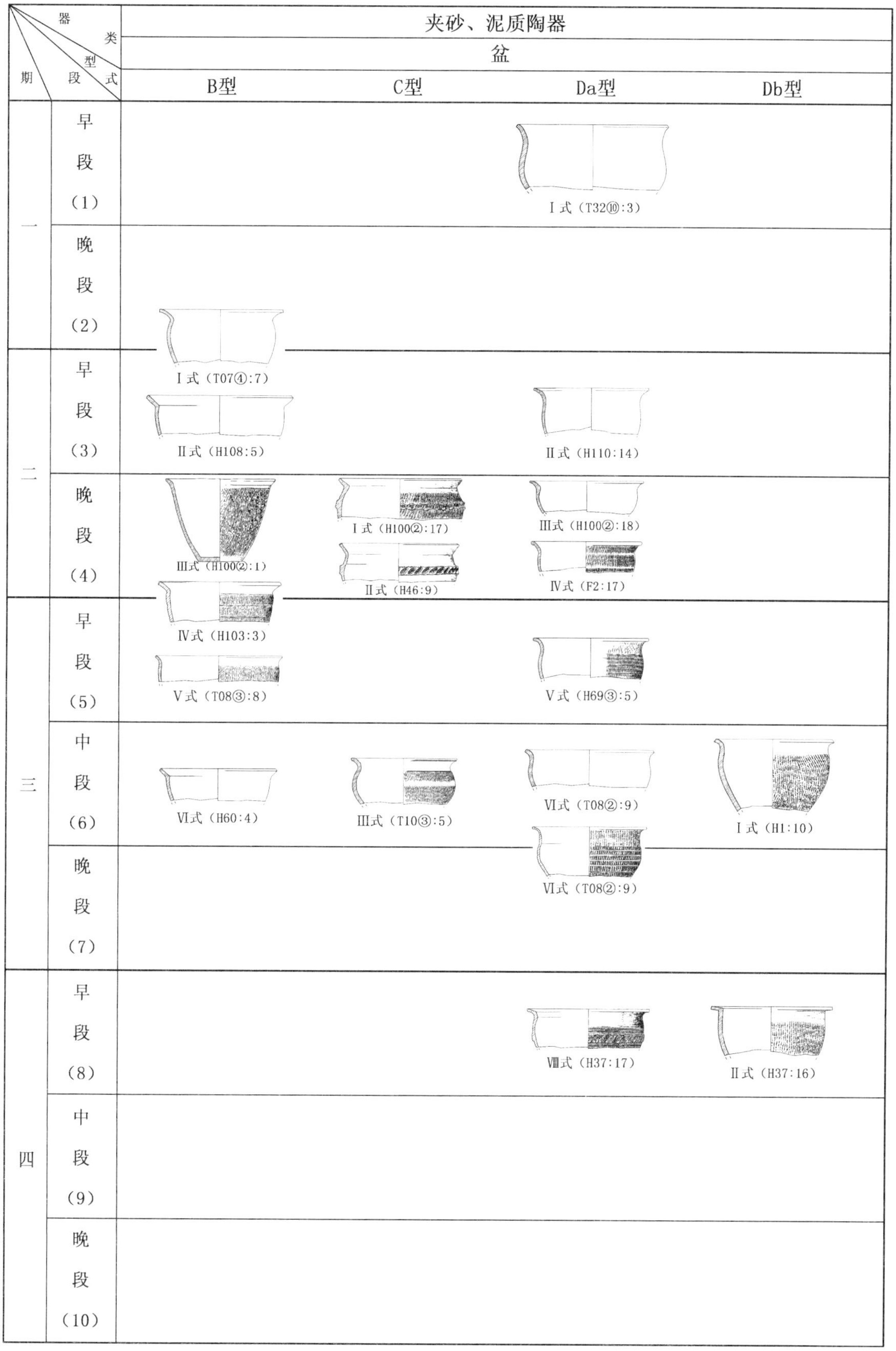

期	段	式	夹砂、泥质陶器			
			盆			
			B型	C型	Da型	Db型
一	早段（1）				I 式（T32⑩:3）	
	晚段（2）		I 式（T07④:7）			
二	早段（3）		II 式（H108:5）		II 式（H110:14）	
	晚段（4）		III式（H100②:1） IV式（H103:3）	I 式（H100②:17） II 式（H46:9）	III式（H100②:18） IV式（F2:17）	
三	早段（5）		V 式（T08③:8）		V 式（H69③:5）	
	中段（6）		VI式（H60:4）	III式（T10③:5）	VI式（T08②:9）	I 式（H1:10）
	晚段（7）				VI式（T08②:9）	
四	早段（8）				VIII式（H37:17）	II 式（H37:16）
	中段（9）					
	晚段（10）					

图三六三　五担岗遗址陶盆分期图

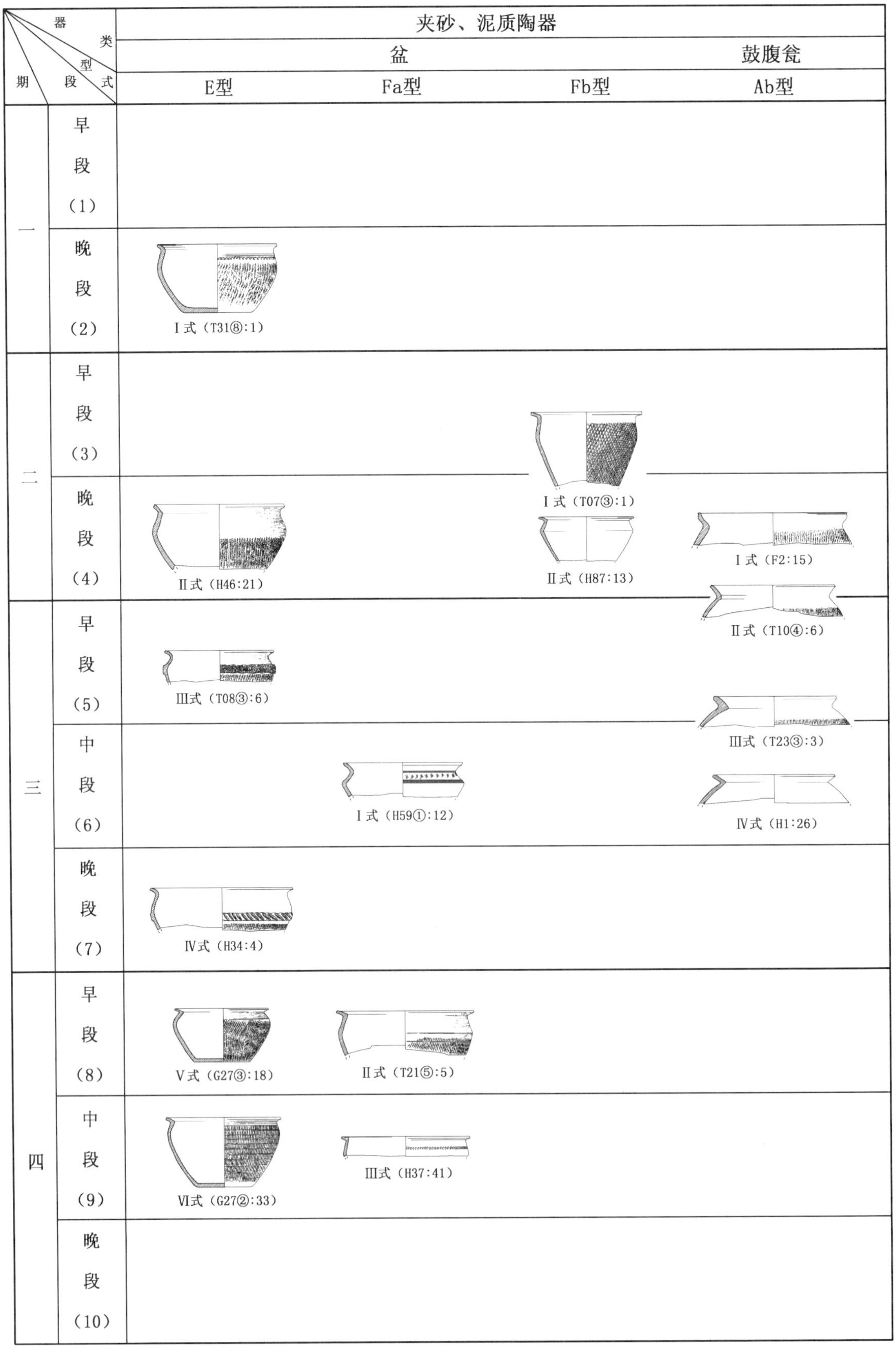

期	段	式	夹砂、泥质陶器			
			盆			鼓腹瓮
			E型	Fa型	Fb型	Ab型
一	早段（1）					
	晚段（2）		I式（T31⑧:1）			
二	早段（3）				I式（T07③:1）	
	晚段（4）		II式（H46:21）		II式（H87:13）	I式（F2:15）
三	早段（5）		III式（T08③:6）			II式（T10④:6）
	中段（6）			I式（H59①:12）		III式（T23③:3） IV式（H1:26）
	晚段（7）		IV式（H34:4）			
四	早段（8）		V式（G27③:18）	II式（T21⑤:5）		
	中段（9）		VI式（G27②:33）	III式（H37:41）		
	晚段（10）					

图三六四　五担岗遗址陶盆、瓮分期图

期	段式	夹砂、泥质陶器 鼓腹瓮			
		Ba型	Bb型	Ca型	Cb型
一	早段（1）				
	晚段（2）				
二	早段（3）	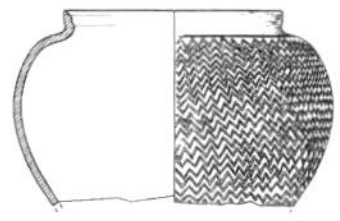 I式（T17⑤:15）			
	晚段（4）		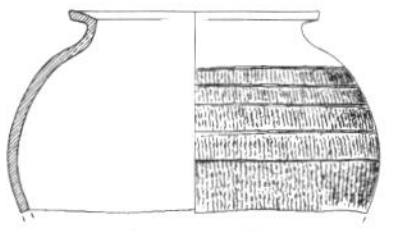 I式（T30⑤:5）		
三	早段（5）	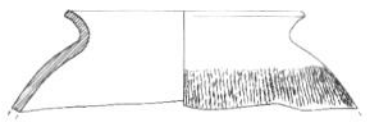 II式（T23④:9）	 II式（T08③:3）	 I式（T24④:2）	
	中段（6）	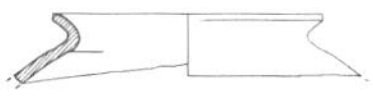 III式（H69①:24）	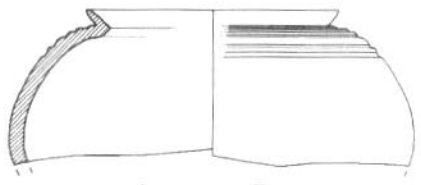 III式（H59①:15）	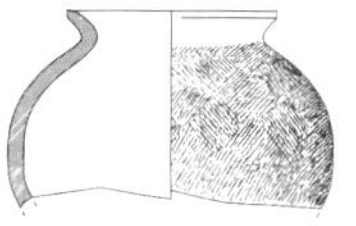 II式（H69①:48）	
	晚段（7）	 IV式（H40:2）			
四	早段（8）				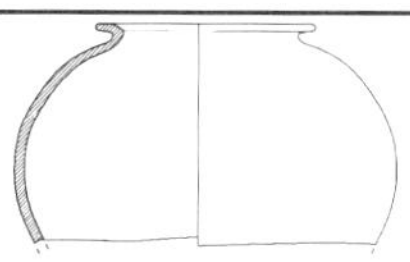 I式（G27③:88）
	中段（9）				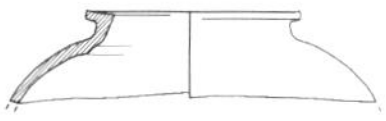 II式（G27②:90）
	晚段（10）				

图三六五　五担岗遗址陶瓮分期图

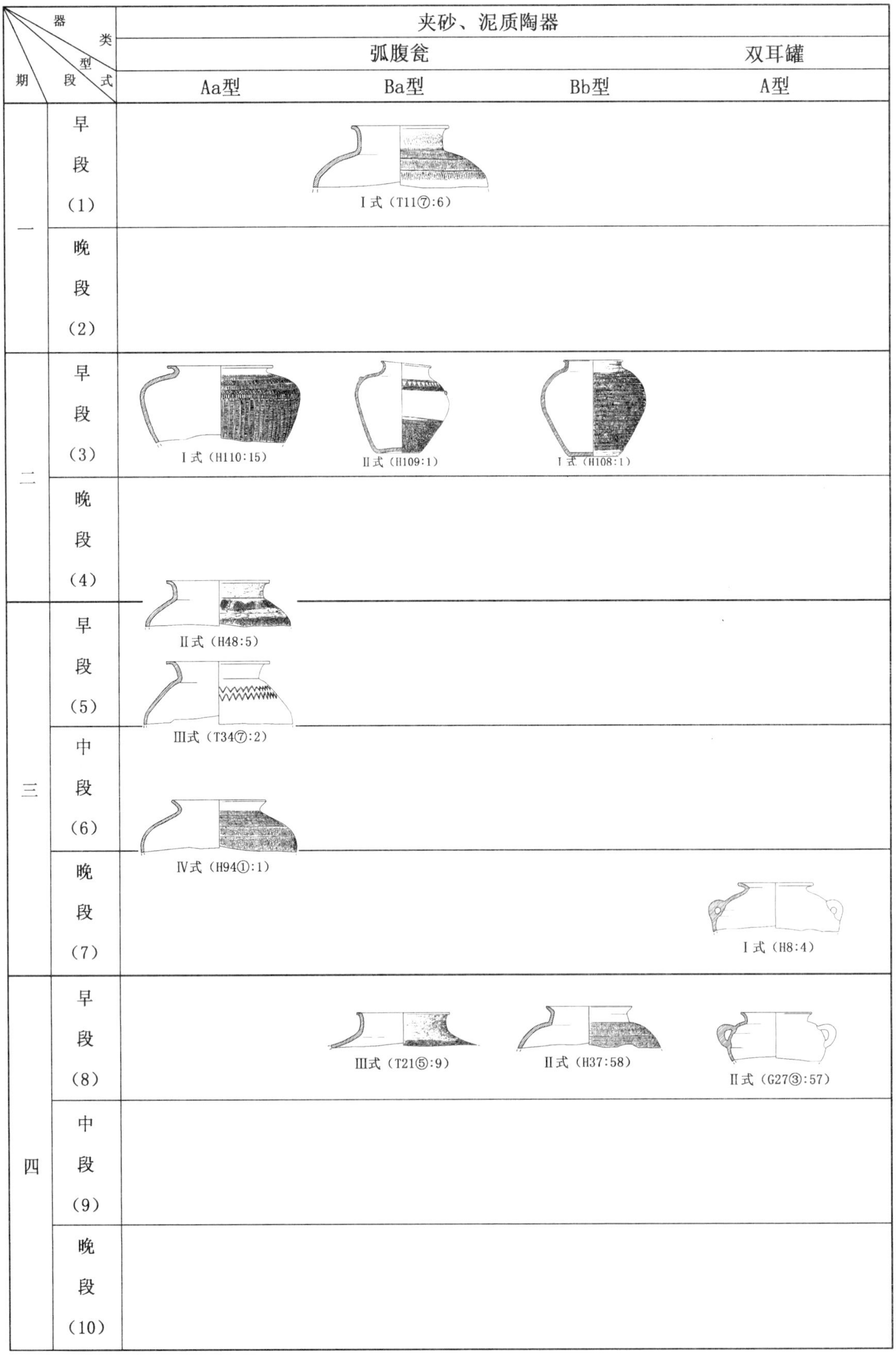

期	段 式	夹砂、泥质陶器			
		弧腹瓮			双耳罐
		Aa型	Ba型	Bb型	A型
一	早段（1）		I式（T11⑦:6）		
	晚段（2）				
二	早段（3）	I式（H110:15）	II式（H109:1）	I式（H108:1）	
	晚段（4）				
三	早段（5）	II式（H48:5） III式（T34⑦:2）			
	中段（6）	IV式（H94①:1）			
	晚段（7）				I式（H8:4）
四	早段（8）		III式（T21⑤:9）	II式（H37:58）	II式（G27③:57）
	中段（9）				
	晚段（10）				

图三六六　五担岗遗址陶瓮、罐分期图

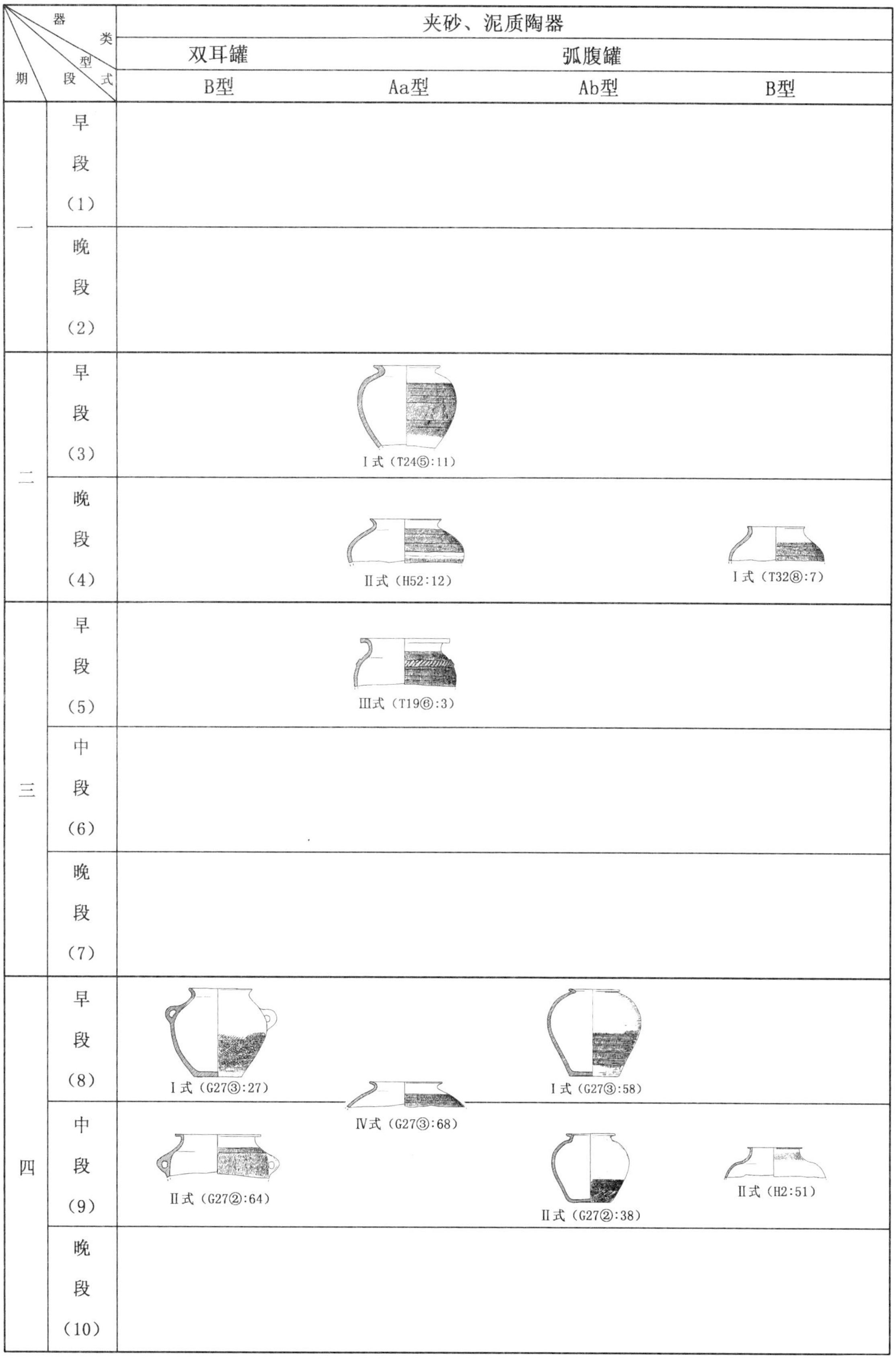

器类 型式 期 段	夹砂、泥质陶器			
	双耳罐	弧腹罐		
	B型	Aa型	Ab型	B型
一 早段(1)				
一 晚段(2)				
二 早段(3)		Ⅰ式 (T24⑤:11)		
二 晚段(4)		Ⅱ式 (H52:12)		Ⅰ式 (T32⑧:7)
三 早段(5)		Ⅲ式 (T19⑥:3)		
三 中段(6)				
三 晚段(7)				
四 早段(8)	Ⅰ式 (G27③:27)	Ⅳ式 (G27③:68)	Ⅰ式 (G27③:58)	
四 中段(9)	Ⅱ式 (G27②:64)		Ⅱ式 (G27②:38)	Ⅱ式 (H2:51)
四 晚段(10)				

图三六七 五担岗遗址陶罐分期图

器类 期　段　型式	夹砂、泥质陶器			
	鼓腹罐			
	Aa型	Ab型	Ac型	Ba型
一　早段（1）				
一　晚段（2）				
二　早段（3）	 I式（H109:7）			
二　晚段（4）	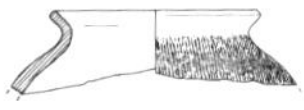 II式（H100①:13）	 I式（H100①:19）		 I式（H100①:12）
三　早段（5）	 III式（T23④:10）		 I式（T08③:9）	 II式（T23④:25）
三　中段（6）	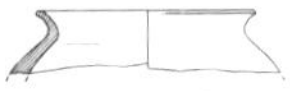 IV式（T08②:6）	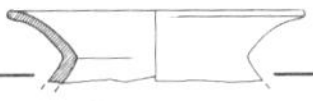 II式（H102:4）  III式（T23③:29） IV式（T08②:3）	II式（H1:15）	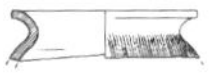 III式（H69①:18）
三　晚段（7）	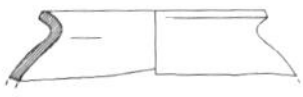 V式（T10②:1）	  V式（H8:1）		
四　早段（8）		VI式（G27③:63）		
四　中段（9）			III式（H15:11）	
四　晚段（10）				

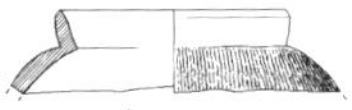

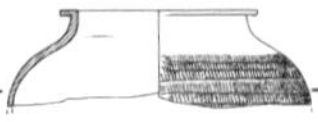

图三六八　五担岗遗址陶罐分期图

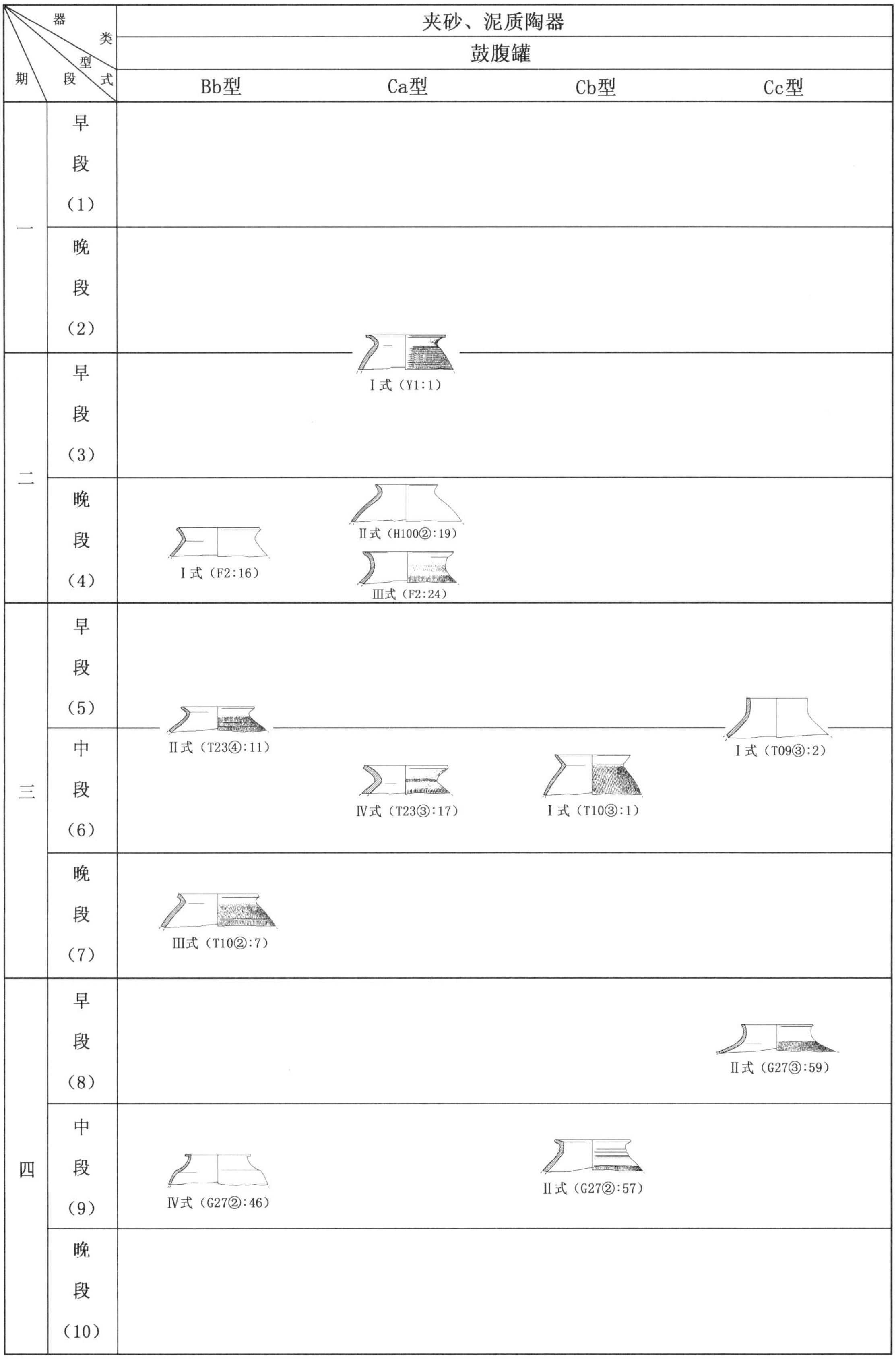

期	段式	夹砂、泥质陶器			
		鼓腹罐			
		Bb型	Ca型	Cb型	Cc型
一	早段（1）				
	晚段（2）		I式（Y1:1）		
二	早段（3）				
	晚段（4）	I式（F2:16）	II式（H100②:19） III式（F2:24）		
三	早段（5）	II式（T23④:11）			I式（T09③:2）
	中段（6）		IV式（T23③:17）	I式（T10③:1）	
	晚段（7）	III式（T10②:7）			
四	早段（8）				II式（G27③:59）
	中段（9）	IV式（G27②:46）		II式（G27②:57）	
	晚段（10）				

图三六九　五担岗遗址陶罐分期图

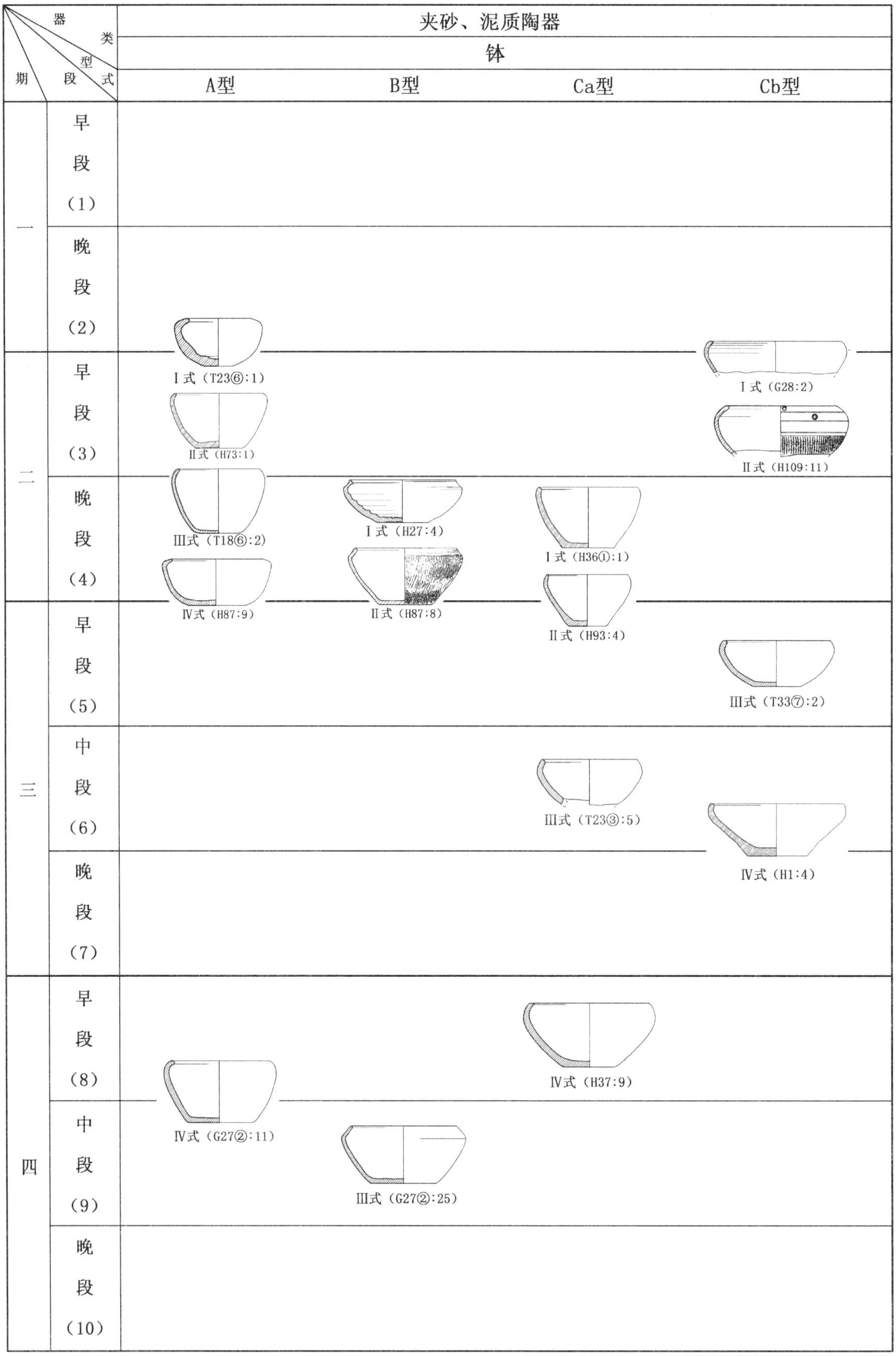

期	段	型式	夹砂、泥质陶器			
			钵			
			A型	B型	Ca型	Cb型
一	早段（1）					
	晚段（2）					
二	早段（3）		Ⅰ式（T23⑥:1） Ⅱ式（H73:1）			Ⅰ式（G28:2） Ⅱ式（H109:11）
	晚段（4）		Ⅲ式（T18⑥:2） Ⅳ式（H87:9）	Ⅰ式（H27:4） Ⅱ式（H87:8）	Ⅰ式（H36①:1） Ⅱ式（H93:4）	
三	早段（5）					Ⅲ式（T33⑦:2）
	中段（6）				Ⅲ式（T23③:5）	Ⅳ式（H1:4）
	晚段（7）					
四	早段（8）				Ⅳ式（H37:9）	
	中段（9）		Ⅳ式（G27②:11）	Ⅲ式（G27②:25）		
	晚段（10）					

图三七〇　五担岗遗址陶钵分期图

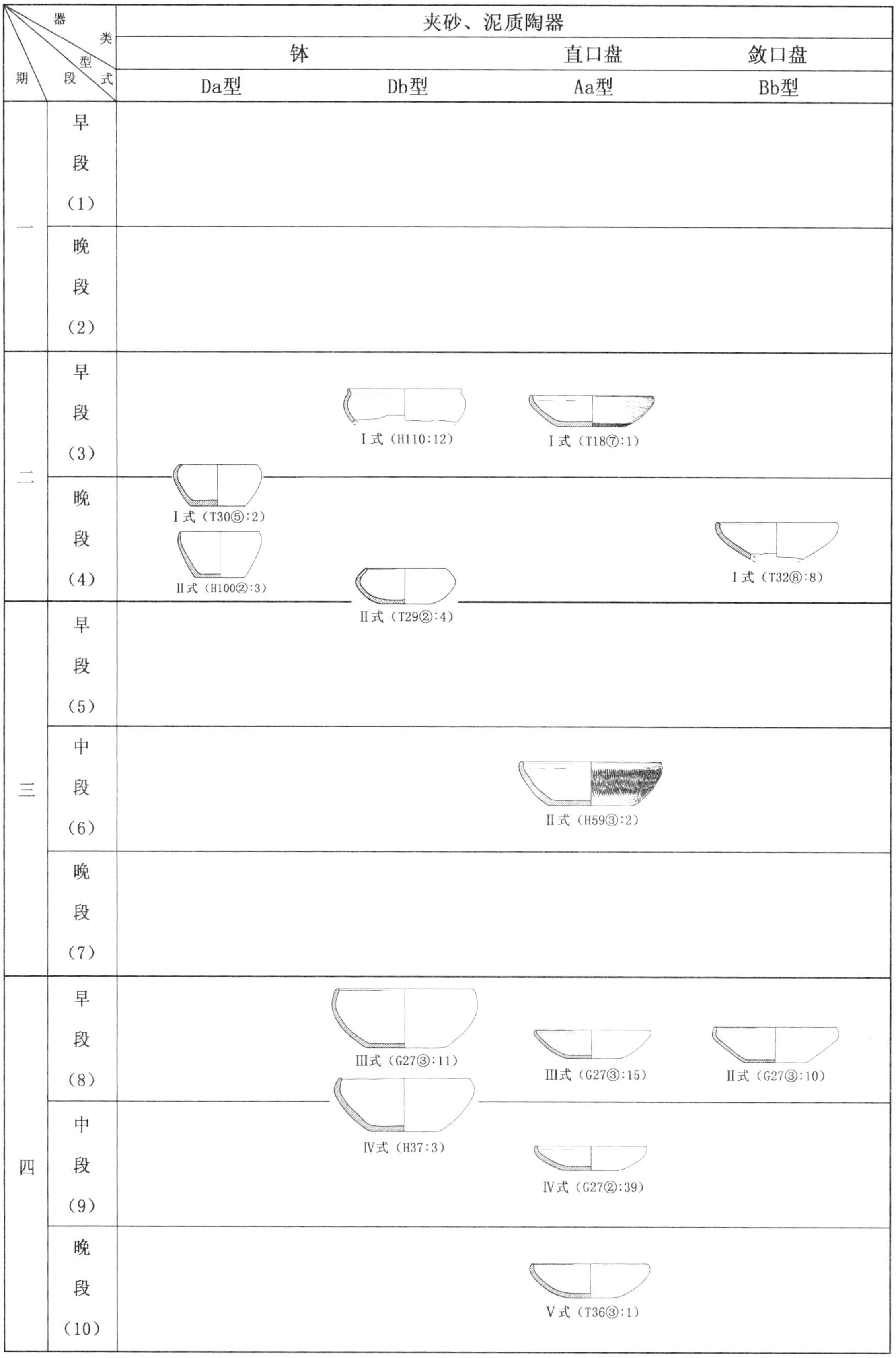

期	段式	器类型	夹砂、泥质陶器			
			钵		直口盘	敛口盘
			Da型	Db型	Aa型	Bb型
一	早段（1）					
	晚段（2）					
二	早段（3）			I式（H110:12）	I式（T18⑦:1）	
	晚段（4）		I式（T30⑤:2） II式（H100②:3）	II式（T29②:4）		I式（T32⑧:8）
三	早段（5）					
	中段（6）				II式（H59③:2）	
	晚段（7）					
四	早段（8）		III式（G27③:11）		III式（G27③:15）	II式（G27③:10）
	中段（9）		IV式（H37:3）		IV式（G27②:39）	
	晚段（10）				V式（T36③:1）	

图三七一　五担岗遗址陶钵、盘分期图

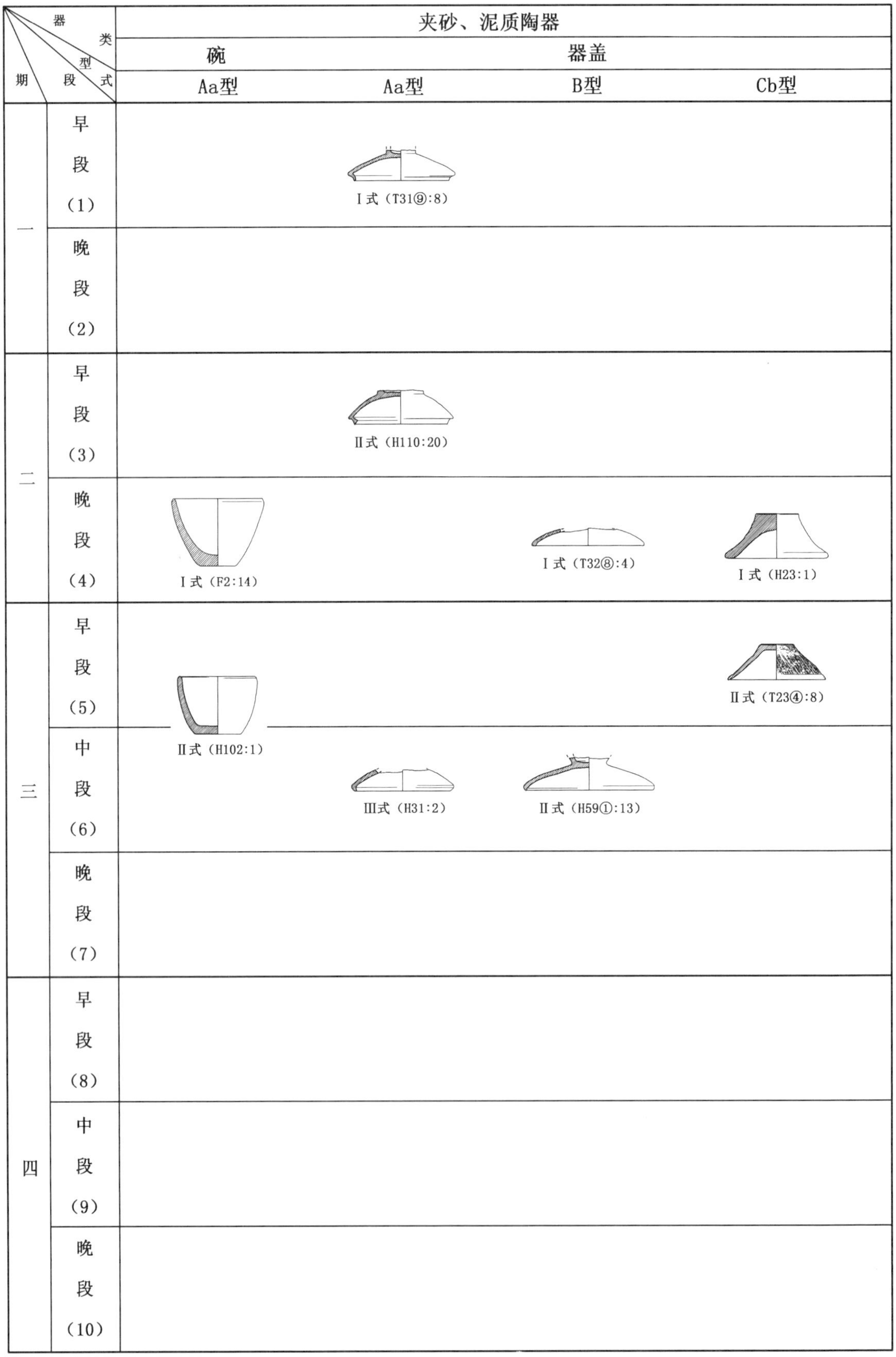

期	段式	碗 Aa型	器盖		
			Aa型	B型	Cb型
一	早段（1）		I式（T31⑨:8）		
	晚段（2）				
二	早段（3）		II式（H110:20）		
	晚段（4）	I式（F2:14）		I式（T32⑧:4）	I式（H23:1）
三	早段（5）	II式（H102:1）			II式（T23④:8）
	中段（6）		III式（H31:2）	II式（H59①:13）	
	晚段（7）				
四	早段（8）				
	中段（9）				
	晚段（10）				

图三七二　五担岗遗址陶碗、器盖分期图

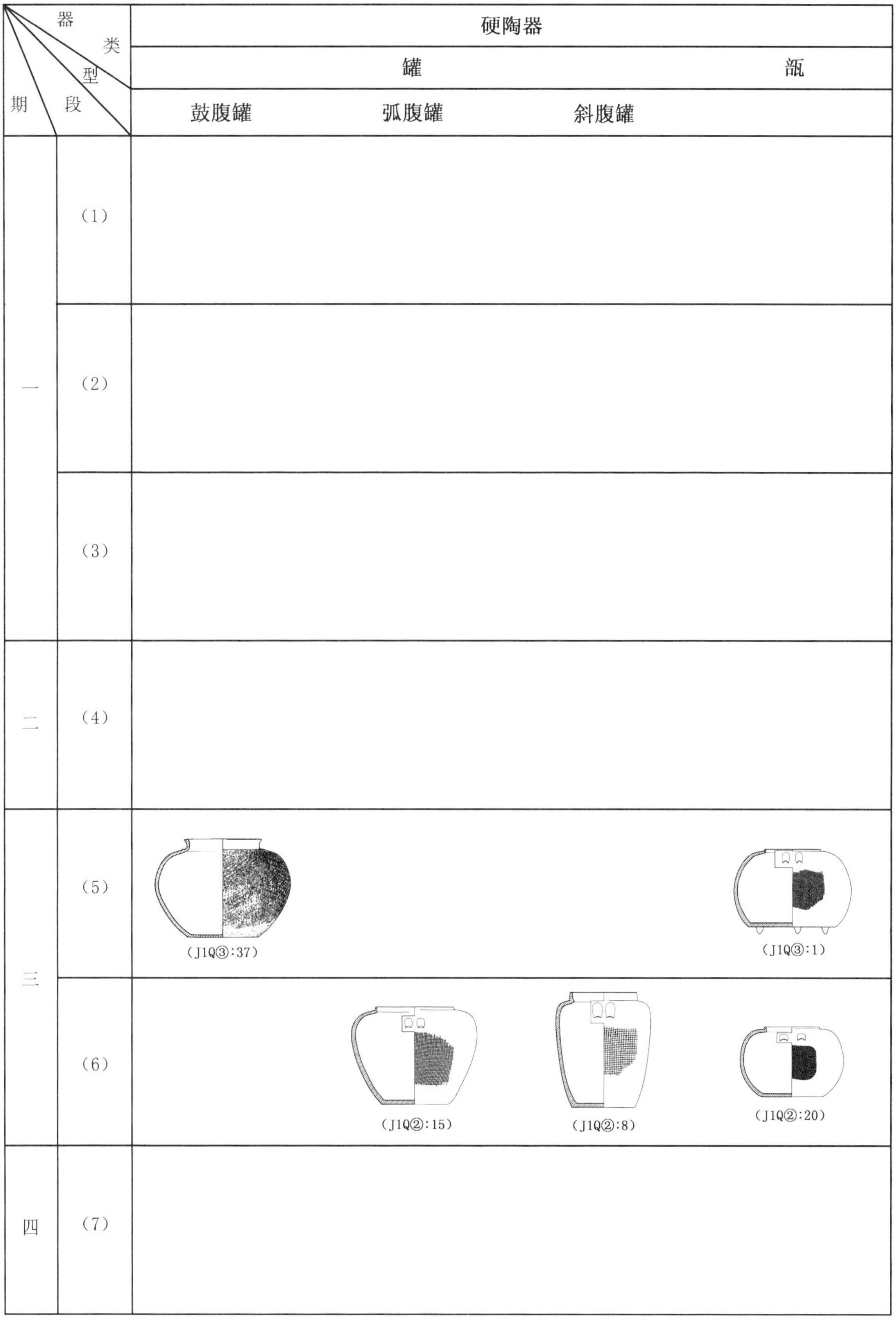

期	段	硬陶器			
		罐			瓿
		鼓腹罐	弧腹罐	斜腹罐	
一	（1）				
	（2）				
	（3）				
二	（4）				
三	（5）	 （J1Q③:37）			 （J1Q③:1）
	（6）		 （J1Q②:15）	 （J1Q②:8）	 （J1Q②:20）
四	（7）				

图三七三　五担岗遗址J1典型硬陶器分期图

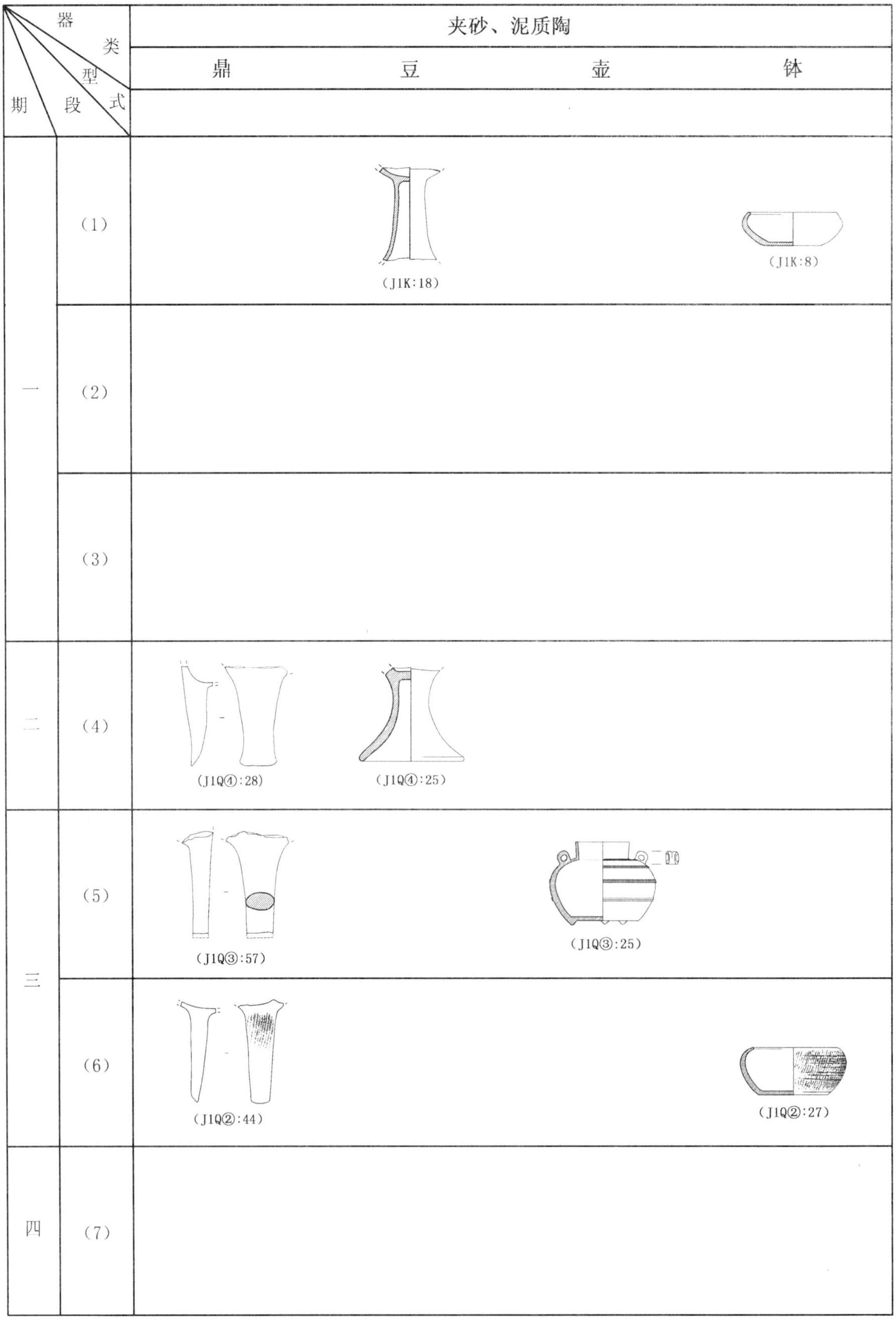

期	段 型式	夹砂、泥质陶			
		鼎	豆	壶	钵
一	(1)		(J1K:18)		(J1K:8)
	(2)				
	(3)				
二	(4)	(J1Q④:28)	(J1Q④:25)		
三	(5)	(J1Q③:57)		(J1Q③:25)	
	(6)	(J1Q②:44)			(J1Q②:27)
四	(7)				

图三七四　五担岗遗址J1典型陶器分期图

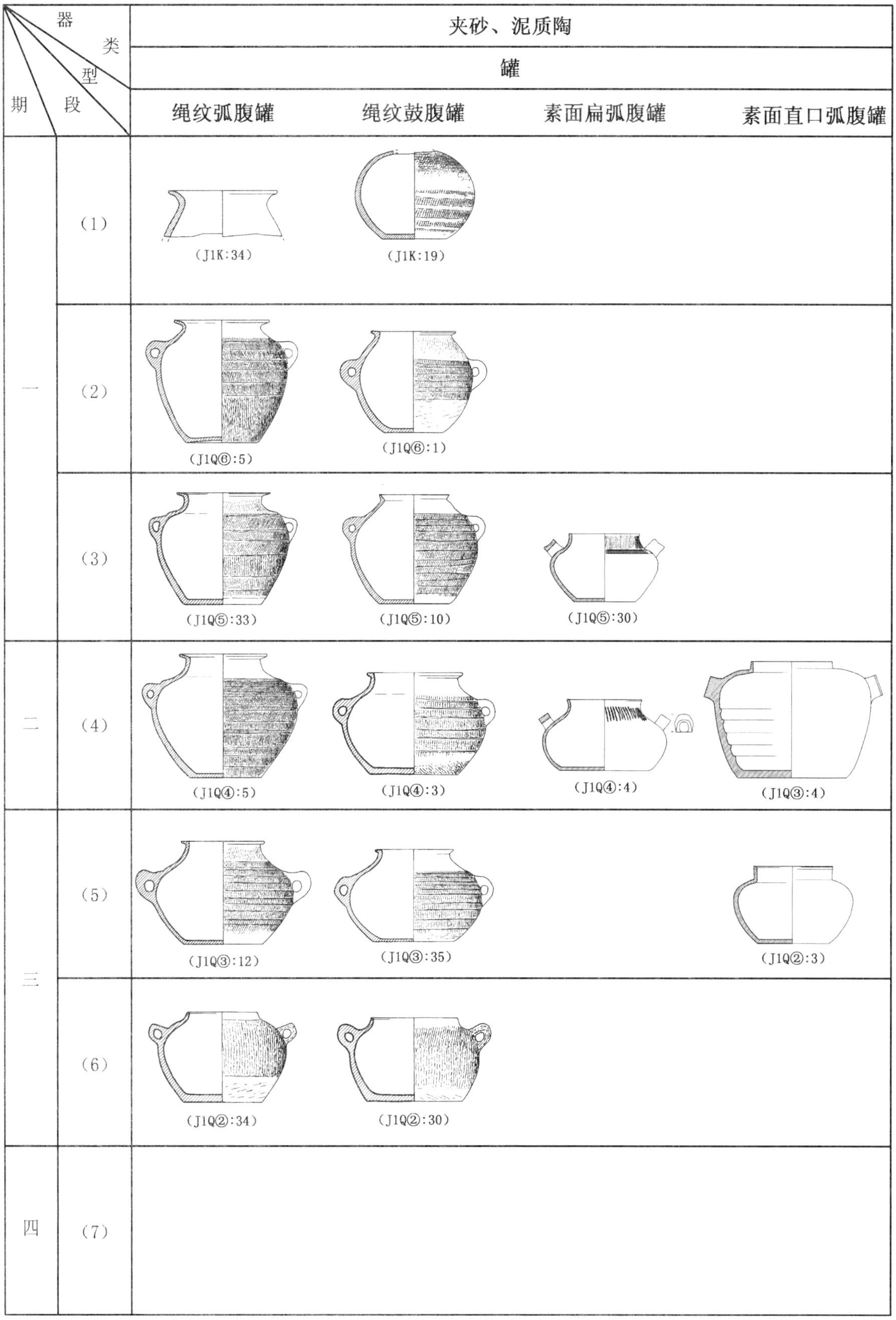

期	段	夹砂、泥质陶			
		罐			
		绳纹弧腹罐	绳纹鼓腹罐	素面扁弧腹罐	素面直口弧腹罐
	（1）	(J1K:34)	(J1K:19)		
一	（2）	(J1Q⑥:5)	(J1Q⑥:1)		
	（3）	(J1Q⑤:33)	(J1Q⑤:10)	(J1Q⑤:30)	
二	（4）	(J1Q④:5)	(J1Q④:3)	(J1Q④:4)	(J1Q③:4)
	（5）	(J1Q③:12)	(J1Q③:35)		(J1Q②:3)
三	（6）	(J1Q②:34)	(J1Q②:30)		
四	（7）				

图三七五　五担岗遗址J1典型陶器分期图

附　表

附表一　五担岗遗址典型地层关系图表

北 I 区典型层位关系

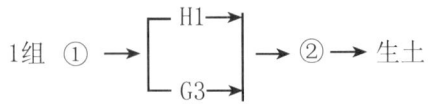

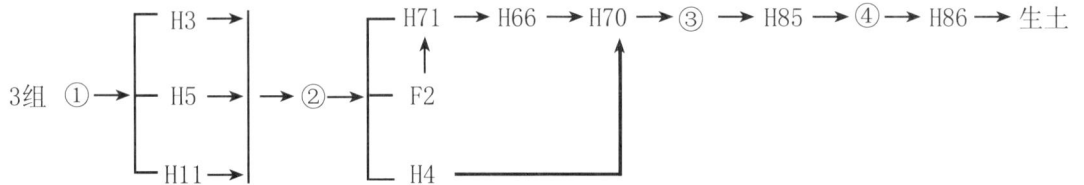

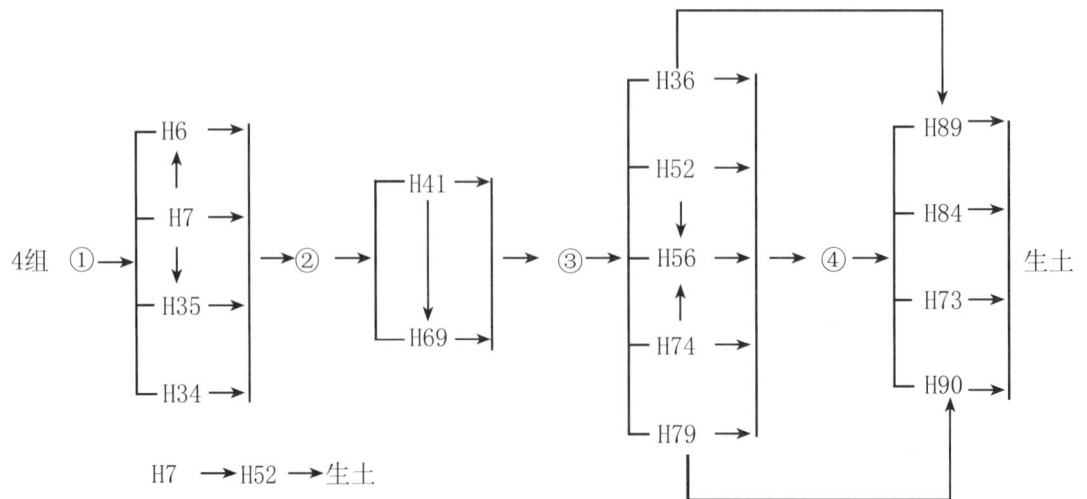

1组　①　→　┌ H1 →　┐　→　②　→　生土
　　　　　　└ G3 →　┘

2组　①　→　H80　→　②　→　生土

3组　①　→　┌ H3 →　┐　→　②　→　┌ H71 → H66 → H70 → ③ → H85 → ④ → H86 → 生土
　　　　　　├ H5 →　┤　　　　　　├ F2
　　　　　　└ H11 →┘　　　　　　└ H4

4组　①　→　┌ H6 →　┐　→　②　→　┌ H41 →┐　→　③　→　┌ H36 →┐　→　④　→　┌ H89 →┐　生土
　　　　　　├ H7 →　┤　　　　　　└ H69 →┘　　　　　　├ H52 →　┤　　　　　　├ H84 →┤
　　　　　　├ H35 →┤　　　　　　　　　　　　　　　　├ H56 →　┤　　　　　　├ H73 →┤
　　　　　　└ H34 →┘　　　　　　　　　　　　　　　　├ H74 →　┤　　　　　　└ H90 →┘
　　　　　　　　　　　　　　　　　　　　　　　　　　　└ H79

H7 → H52 → 生土

续附表一　五担岗遗址典型地层关系图表

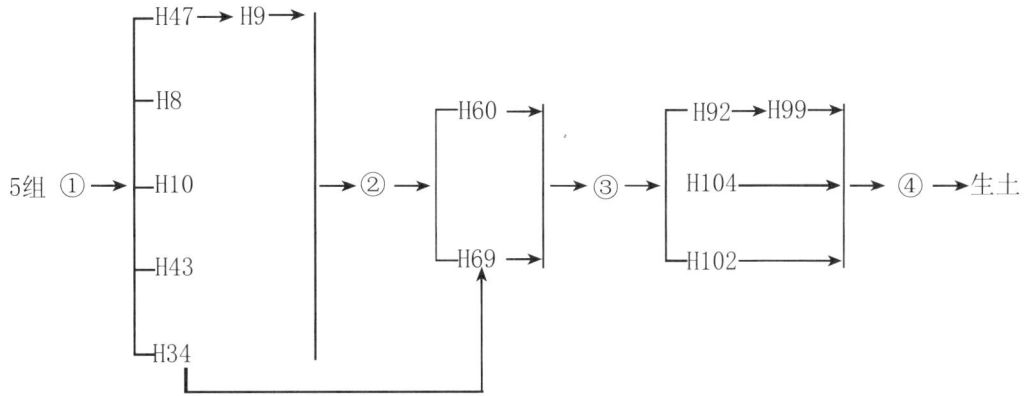

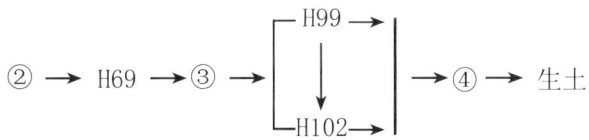

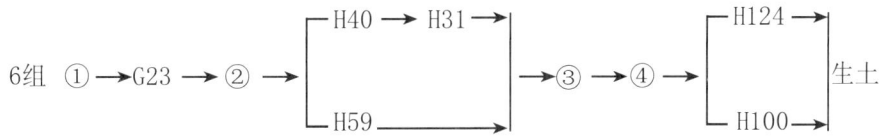

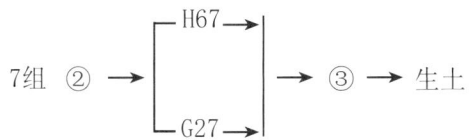

北Ⅱ区

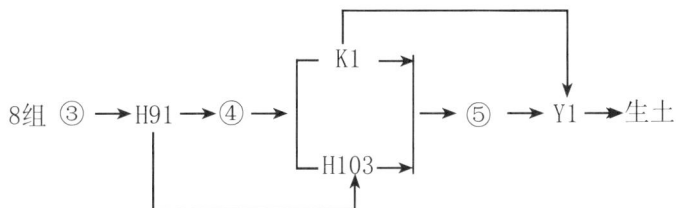

续附表一 五担岗遗址典型地层遗迹关系图表

南 I 区

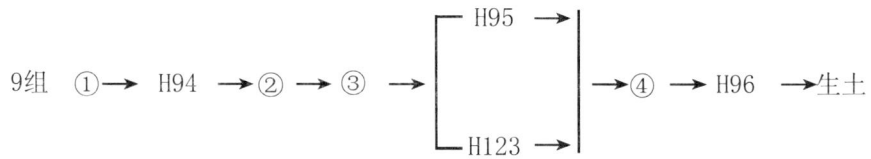

9组 ① → H94 → ② → ③ → [H95 → / H123 →] → ④ → H96 → 生土

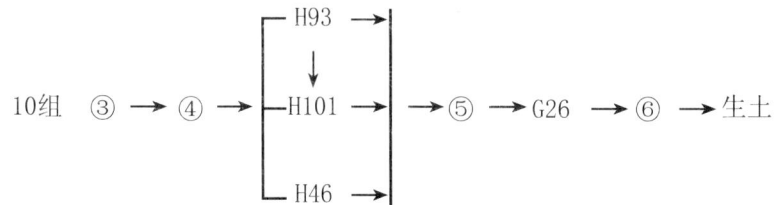

10组 ③ → ④ → [H93 → / ↓ / H101 → / H46 →] → ⑤ → G26 → ⑥ → 生土

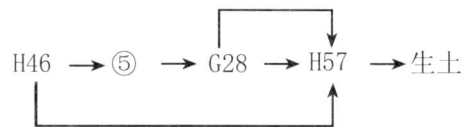

H46 → ⑤ → G28 → H57 → 生土

南 II 区

11组 ① → JI → 生土

12组 ③ → H78 → ④ → 生土

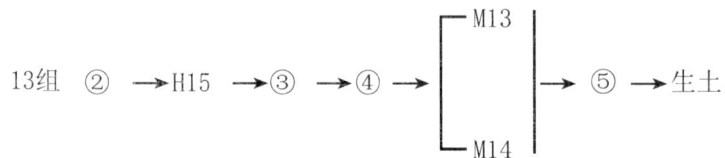

13组 ② → H15 → ③ → ④ → [M13 / M14] → ⑤ → 生土

续附表一　五担岗遗址典型地层关系图表

南Ⅲ区

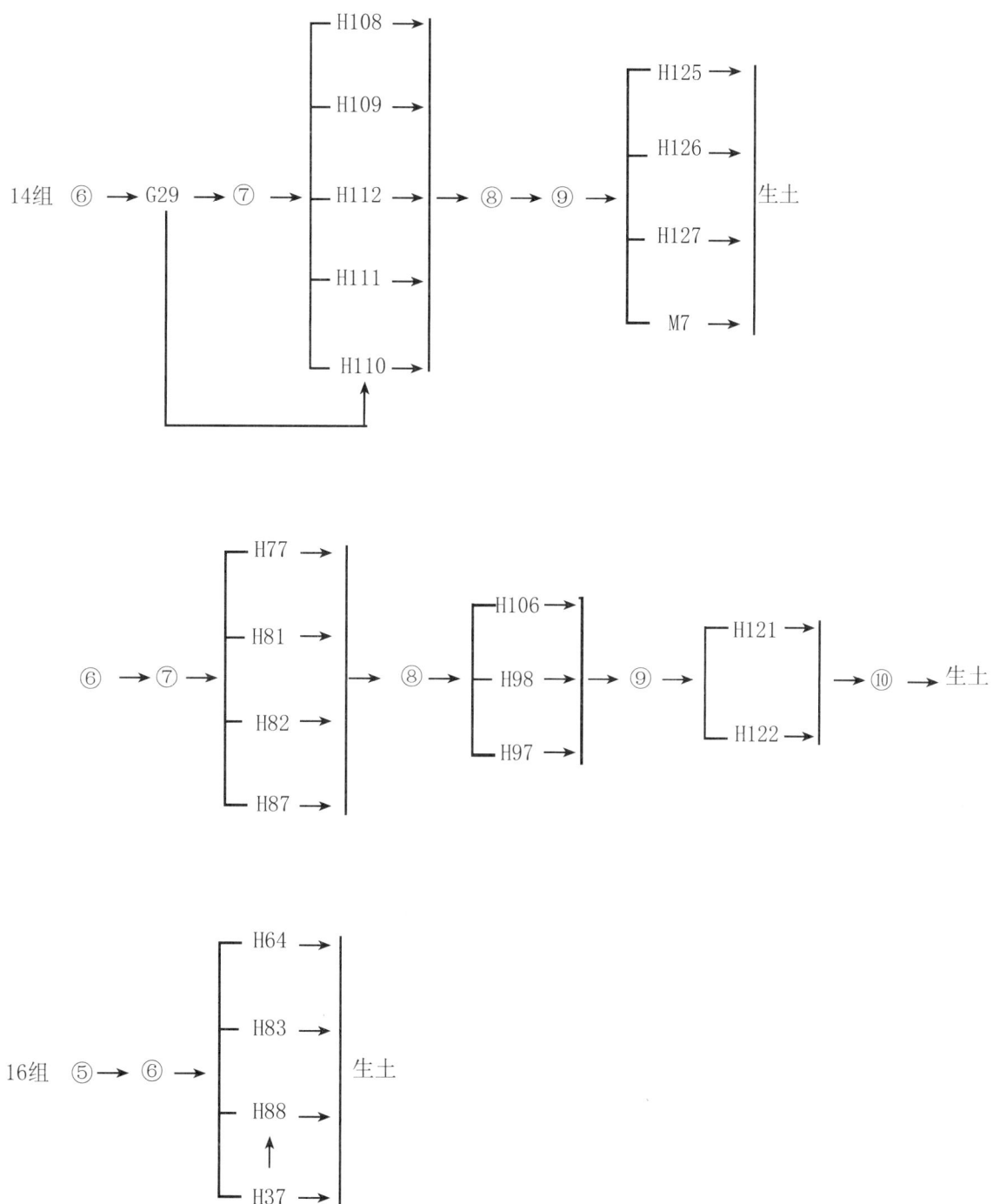

附表二　五担岗遗址早期典型地层、遗迹分期表

期段		典型地层遗迹	备注
一期早段		T11⑦、T28④、T31⑨、T32⑩、M7、H125、H126、H127、Z2、Z4	
一期晚段		T31⑧、T32⑨、H86、H57、G33、H121、H122、G26、G28、G30	
二期早段	偏早阶段	T07④、T17⑤、T18⑥、T18⑦、T23⑥、T29⑤、H73、H78、H84、H85、H89、H90、H108、H109、H110、H111、H112、H118、Y1	
	偏晚阶段	T11⑥、T23⑤、T24⑤、T28③、T29④、H101	
	不确定者	H96、H97、H98、H105、H106、H107、H113、H114、H115、H116、H117、H119、H120、G32	
二期晚段	偏早阶段	T07③、T08④、T22④、T30⑤、T31⑦、T32⑧、T33⑧、H22、H24、、H25、H26、H27、H28、H29、H56、H65、H66、H79、H80、H100②、H124、K1	
	偏晚阶段	T11⑤、H36、H46、H52、H70、H71、H74、H77、H81、H82、H87、H95、H100①、H103、H123、G29、F2、Z3	
	不确定者	H23、H39、H42、H51、H93	
三期早段		T08③、T09③、T09④、T17④、T20⑥、T22③、T23④、T24④、T31⑥、T32⑥、T32⑦、T33⑦、T34⑦、H58、H69③、H91、H92、H99、H102、H104	
三期中段		T05②、T08②、T09②、T10③、T17③、T22②、T23③、T24③、T27③、T33⑥、H1、H31、H40、H41、H59、H60、H69①、H69②、H94	
三期晚段		T10②、T19⑥、T20⑥、T21⑥、T34⑥、T35⑥、H3、H4、H5、H6、H7、H8、H9、H10、H11、H34、H35、H40、H43、H47、H55、G1、G23	
四期	早段	T20⑤、T21⑤、H37、H67、H88、G27③	
	中段	T03②、H2、H15 、H64、G27②、J1K、J1Q⑥、J1Q⑤	
	晚段	H53、G27①、G31、J1Q④、J1Q③、J1Q②	
	不确定者	H16、H17、H18、H19、H20、H21、H30、H49、H50、Z1	
其他不确定者		T11④、T16③、H61、H62、H63、H68、J1Q①	

附表三　五担岗遗址早期灰坑登记表

（单位：厘米）

灰坑号	探方号	期段	长	宽	深	陶器	原始瓷器	铜、玉、骨、石器		备注
								铜、玉	骨、石器	
1	T04 T05	三期中段	670		70	硬陶豆（柄），硬陶坛，高（足），C鼎（足），C II 瓶，簋（圈足），Bc III 豆（柄），刻槽钵（口沿），Db I 盆，Ac II 鼓腹罐，缸（口沿），Cb IV 钵，B II 硬陶小罐；D素面鬲	Aa I，Ab II，Ad豆		C石刀	主体位于T05
2	T03 T04	四期中段	930	900	140	硬陶坛，硬陶罐（口沿），E II 绳纹高（口沿），2类Bb绳纹高（口沿），3类Ba，Bb，Ca，Cb高（足），E鼎（足），甗（腰），刻槽钵（口沿），Aa III，豆（柄），Aa III，簋（圈足），豆（柄），Ab弧腹瓮，B II 弧腹罐，Ca III 小罐，缸（口沿），Ca III 钵，Bc微敛欹口盘，B拍，Ac，B纺轮，Aa，Ab，Bb网坠，B圆陶片	豆（柄），Aa III，Ab II，Ac II，Ba II 碗，B盘，盘（底）		Aa镞	主体位于T04
3	T07	三期晚段	100		53	高（足），鼎（足），豆（柄）				可分2层
4	T07	三期晚段	88	88	35	硬陶片，高（足），瓿（口沿）				
5	T07	三期晚段	80	70	33					
6	T08	三期晚段	436		16	硬陶片；高（足），鼎（足），罐				
7	T08	三期晚段	438		82	硬陶罐（口沿），硬陶罐（底），高（足），高（足），鼎（足），瓿（口沿），钵（口沿），窝形器		梭形骨器，骨镞，A石刀	Bb石锛	
8	T09	三期晚段	105		50	高（足），B瓶（腰），Ab V 鼓腹罐，A I 双耳罐				
9	T09	三期晚段	463	107	130	硬陶片；高（足），鼎（足），罐（口沿）				
10	T09	三期晚段	267		16	碎陶片				
11	T07	三期晚段	85	65	26					
15	T30	四期中段	200	120	52	硬陶罐（口沿）；Ca绳纹高（口沿），1类Ab绳纹高（口沿），2类Ab绳纹高（口沿），高（足），BIV甗（甑部），刻槽钵（口沿），盆（口沿），带角把陶器，瓮（口沿），B II 双耳罐，Ac III 鼓腹罐，罐（耳），钵（口沿），碗（口沿），器盖，B圆陶片等				

附表三（续1）

灰坑号	探方号	期段	长	宽	深	陶器	原始瓷器	铜、玉、骨、石器	备注
16	T12	四期	230	180	32	硬陶片；盆（口沿），罐（口沿）			
17	T12	四期	172	155	30	鬲（口沿）			
18	T12	四期	228		35	鬲（足），甗（腰），豆（柄）		Bb石镞	
19	T12	四期	58		33	碎陶片			
20	T12	四期	190		20	碎陶片			
21	T12	四期	520	175	51	硬陶片；甗（腰）			
22	T12	三期晚段	160		37	豆（柄），罐（口沿），CaⅡ钵			
23	T12	三期晚段	200		25	鬲（足），甗（腰），豆（圈足），罐（口沿），CbⅠ器盖			
24	T12	三期晚段	150		51	碎陶片			
25	T12	三期晚段	102		12	碎陶片			
26	T12	三期晚段	385	336	82	鬲（足），豆（盘），罐（口沿）			
27	T12	三期晚段	365	135	25	硬陶片；鬲（足），鬲（口沿），AbB深腹罐，BⅠ钵		Aa石斧，刮削器	
28	T12	三期晚段	145	95	22	硬陶片；碎陶片			
29	T12	三期晚段	250	130	36	硬陶片；豆（圈足），罐（口沿）			
30	T12	四期	250	150	40	甗（腰），豆（圈足）		A石铲，残石刀	
31	T10	三期中段	423	45	107	硬陶片；鬲（足），罐（口沿），钵（口沿），AaⅢ器盖			可分2层
34	T08 T09	三期晚段	646	626	155	2类B鬲（足），3类Cb鬲（足），EⅣ盆，钵（口沿）		A石凿	

附表三（续2）

灰坑号	探方号	期段	长	宽	深	出土遗物 陶器	出土遗物 原始瓷器	出土遗物 铜、玉、骨、石器	备注
35	T08	三期晚段	320	25	62	鬲（足）、瓿（腰）、罐（底）			
36	T08	二期晚段	377	103	70	硬陶片；3类Ba素面鬲（口沿），3类A)绳纹鬲（口沿），鬲（足），豆（盘），瓿（腰），罐（底），Ca I 钵，拍			可分2层
37	T35 T36	四期早段	980	323	123	硬陶罐（口沿）；AaⅣ、BaⅡ、F绳纹鬲、BⅥ鼎、BⅣ瓿、A瓿（腰），BdⅣ豆（柄），A I刻槽钵（口沿），DaⅧ、DbⅡ盆，BbⅡ鼓腹瓿，AbⅥ鼓腹罐，CaⅣ钵，A I敛口盘、器盖、C、F拍，B圆陶片等	AbⅡ豆	B铜销	可分3层
39	T24	二期晚段	75		21	硬陶片；鬲（足），罐（口沿）		Ab铜镞	
40	T10	三期晚段	220	78	37	鬲（足），C鼎（足），瓿（腰），豆（柄），盆（底），BaⅣ鼓腹瓿，盘（口沿）	碎片		
41	T08	三期中段	150	120	15	硬陶罐（口沿），鬲（口沿），鬲（足），鼎（足），罐（口沿），罐（底），B纺轮			
42	T24	二期晚段	158		25	鬲（口沿），鬲（足）			
43	T09	三期晚段	127		52				
46	T23 T24	三期晚段	447	353	60	硬陶罐（口沿）；1类E素面鬲（口沿），2类D素面鬲（口沿），1类B绳纹鬲（口沿），2类Bb、C绳纹鬲（口沿），3类Ba、Bb、E绳纹鬲（足），BⅢ瓿（瓿部），瓿（腰），Aa带角把陶器，A簋（足），豆（柄），AaⅡ、AbⅠ、CⅡ、EⅡ盆，罐（底），A圆陶片等	碎片	Aa石锛、A石凿、Ba石镞	
47	T09	三期晚段	167	131	70	鬲（足），豆（柄），罐（底）			
49	T29	三或四期	73		16	鬲（足），豆（柄）			
50	T29	三或四期	171	131	41	鬲（足），豆（圈足），罐（底）			
51	T24	二期晚段	435	130	30	硬陶片；鬲（口沿），罐（口沿）			

附表三（续3）

灰坑号	探方号	期段	尺寸 长	尺寸 宽	尺寸 深	出土遗物 陶器	原始瓷器	铜、玉、骨、石器	备注
52	T08	二期晚段	480	260	68	硬陶片；1类A素面鬲（口沿），DaⅠ绳纹鬲，1类A高（足），AⅢ瓿（高部），鼎（扁足），瓶（腰），Ab瓷（篦），AⅡ（足），A盆（口沿），罐（口沿），Aa瓦孤腹罐（底），钵（口沿），B纺专轮，AaⅡ孤腹罐（底），A圆陶片		Ba石锛，夯石	
53	T25	四期晚段	158		56	硬陶片；高（口沿），高（足），鼎（足）		A石凿	
55	T34	三期晚段	287	62	70	硬陶片，高（口沿），高（足），AⅣ鼎，瓶，瓿（盆）			
56	T08	二期晚段	680	161	78	硬陶片，Ab素面高，1类Bb素面高（口沿），2类Bb、Da绳纹高（口沿），3类Ab绳纹高（口沿），3类Ca高（足），瓶（腰），簋（圈足），AaⅡ豆（柄），罐（底）	碎片	Bb石锛	可分2层
57	T24	一期晚段	369	144	33	高（足），鼎（足）			
58	T34	三期早段	107	107	28	豆（柄），钵（口沿），CaⅡ器盖			
59	T09 T10	三期中段			90	C型硬陶大罐，硬陶罐（口沿）；3类Ab，Ba，C绳纹高（口沿），AⅢ鼎，AⅣ瓶（高部），簋（圈足），豆（盘），FaⅠ盆，BbⅢ鼓腹罐，BbⅡ鼓腹罐，钵（口沿），AaⅡ直口盘，BⅡ器盖	豆（柄）		可分3层
60	T09	三期中段	336	252	90	硬陶片，1类B绳纹高（口沿），2类Ab绳纹高（口沿），3类Aa，Ab绳纹高（口沿），1类C型高（足），BⅥ盆，罐（口沿）			
61	T28	四段以前	132	100	30	硬陶片；高（口沿），高（足），罐（底）			
62	T28	四段以前	208	126	28	硬陶片；高（口沿），高（足），鼎（足），豆（柄），罐（口沿）			
63	T28	四段以前	105	82	28				
64	T36	四期中段	73	47	50	罐（底）			
65	T12	二期晚段	220		54	豆（柄）			

附表三（续4）

灰坑号	探方号	期段	长	宽	深	陶器	原始瓷器	铜、玉、骨、石器	备注
			尺寸			出土遗物			
66	T07	二期晚段	390	172	62	1类Ａａ绳纹鬲（口沿），鬲（足），E鼎（足），CⅡ豆（柄），豆（盘），CaⅢ鼓腹罐，钵（口沿），Ab、Ba网坠			可分2层
67	T14	四期早段	388		45	1类A鬲（足），Ba豆（盘）		B石铲，Ab石镰	
68	T28	四段以前	120	70	28				
69	T08 T09	三段早、中段	1026	718	210	硬陶片；AⅢ素面鬲，1类D素面鬲（口沿），3类Ａｂ素面鬲（口沿），DbⅡ绳纹鬲，2类Ab、Db绳纹鬲（口沿），1类C鬲（足），2类B鬲（足），3类C鬲（足），3类Ba、Bb、Ca、CbⅢ鬲（足），CⅢ浅盘鼎，Ba、C鼎（足），A甗（腰），BaⅡ豆，BbⅡ、CⅡ豆（柄），DaⅤ盆，B盆（口沿），BaⅢ、CaⅡ鼓腹罐，BaⅢ鼓腹罐，Bb深腹罐，罐（底），B碗，缸（口沿），Ba、D、E拍，圆陶片	AbⅠ、AbⅡ、CⅡ豆		可分3层
70	T07	二期晚段	410		18	硬陶片；ＡａⅡ素面鬲，鬲（足），鬲（口沿），E鼎（足），AⅠ簋（足），豆（盘），罐（口沿）			
71	T07	二期晚段	430		70	硬陶片；鬲（足），瓶（腰），罐（口沿）			可分3层
73	T08	二期早段	200	200	51	鬲（口沿），1类B鬲（足），3类Cb鬲（足），瓶（腰），甗（足），BⅡ鼎，簋（圈足），I尊，盆（底），罐（口沿），垫	Aa石锛，A石锛		
74	T08	二期晚段	95	15	49	鬲（口沿），鬲（足），D鼎（足），Aa器（耳），AⅡ钵，罐（底）			
77	T33 T34	二期晚段	355	193	73	硬陶片；鬲（足），D鼎，豆（足），D鼎(足)，AaⅠ豆，豆（柄），CaⅠ器盖			可分3层
78	T28	二期早段	196		53	鬲（口沿），鬲（足），D鼎(足)，AaⅠ豆（盘），BdⅠ豆，罐（口沿），大口篮纹缸			
79	T08	二期晚段	215		50	硬陶片；3类Ａｂ绳纹鬲（口沿），鬲（足），豆（盘），豆（柄），罐（底），缸，B圆陶片			

附表三（续5）

灰坑号	探方号	期段	尺寸			出土遗物			备注
			长	宽	深	陶器	原始瓷器	铜、玉、骨、石器	
80	T07	二期晚段	316		42	硬陶片，带釉硬陶片，鬲（口沿），鬲（足），瓿（肩部），瓶（腹），AaⅡ豆（盘），罐（底）			
81	T33	二期晚段	72		22	鬲（足），盆（口沿）			
82	T33	二期晚段	425	180	48	鬲（足），盆（底）		A石凿，B石锛²	
83	T36	四期中段	240		108	鬲（足），瓿（腰），缸（口沿），钵（口沿）。			
84	T08	二期早段	215		60	硬陶片，鬲（口沿），鬲（足），鼎（足），豆（盘），罐（腹）	碎片		
85	T07	二期早段	110		33	鬲（口沿），鬲（足）			
86	T07	一期晚段	89		40				
87	T33	二期晚段	540		71	B硬陶大罐，硬陶罐（口沿），2类Ab绳纹鬲（口沿），鬲（足），豆（柄），罐（甲），FbⅡ盆，AⅣ，BⅡ钵，A拍，Aa纺轮，Cb网坠	AaⅡ豆	玉串饰，残石锛	
88	T36	四期早段	169		53	硬陶片，鬲（口沿），鬲（足），BcⅤ式豆（柄），A型敞口盆（口沿）			
89	T08	二期早段	700	256	92	硬陶片，AⅡ绳纹鬲，鬲（口沿），鬲（足），EⅢ鼎（足），豆（盘），豆（柄），盆（底），罐（口沿），窝形器，A、B圆陶片		Ba石锛	
90	T08	二期早段	170		45	硬陶片，鬲（口沿），鬲（足），盆（口沿），罐（口沿）			
91	T17	三期早段	224		27	AaⅢ绳纹鬲，鬲（足），罐（口沿）			
92	T09	三期早段	90		30	鬲（口沿），簋（残圈足），盆（口沿）			

附表三（续6）

灰坑号	探方号	期段	长	宽	深	陶器	原始瓷器	铜、玉、骨、石器	备注
93	T23	二期早段	566		68	硬陶罐（口沿）；BⅡ素面甂，1类B E绳纹甂（口沿），2类Ab B b绳纹甂（口沿），3类Aa、Ab绳纹甂（口沿），A、E鼎（足），Bd Ab鼎（足），瓿（腹），带角把陶器，A簋（腹），AⅣ刻槽钵（口沿），AbⅢ盆、罐Ⅱ豆（柄），器盖，CaⅡ钵（口沿），罐，圆陶片，BaⅠ豆（柄），罐（口沿），器盖，B纺轮，圆陶片	豆（盘）		可分2层
94	T22	三期中段偏晚	566		115	硬陶片，AaⅣ素面甂，甂（口沿），BcⅣ豆（柄），豆（盘），瓿（腹），AaⅣ弧腹瓿（底），罐（底），球			可分3层
95	T22	二期晚段	370		45	甂（口沿），鼎（足），盆（底），罐（底）			可分2层
96	T22	三期早段	255		57	碎陶片			
97	T32 T33	二期早段	352		95	甂（口沿），甂（足），瓿（口沿），罐（底）		Aa石锛	
98	T33	三期早段	65		64	甂（口沿），甂（足），鼎（足），盆（底）			可分2层
99	T09	三期早段	750		103	甂（足），盆（底），罐（口沿），盘（口沿）			
100	T10	二期晚段	725		240	硬陶罐（口沿），硬陶罐（底）；1类Bb素面甂（口沿），2类Ab素面甂（底），BaⅠ绳纹甂（口沿），1类Ab、B、C绳纹甂（口沿），2类Ba、C绳纹甂（口沿），3类Aa绳纹甂（口沿），1类B、C甂（足），3类Ba、Ca、Cb甂（足），瓿（腹），BI、BⅡ簋，BbⅠ豆（柄），BⅢ、CI、DaⅢ盆，AbⅡ、AbⅢ鼓腹瓿，AaI、BaI、CaⅡ鼓腹罐，Ba深腹罐，AaI、Ac小罐，CI、DaⅡ钵，盘（口沿），Aa器耳	AaⅠ豆		可分2层
101	T23	二期早段	405		63	碎陶片；甂（口沿），2类A甂（足），2类型甂（足），豆（柄），罐（口沿），罐（底）			
102	T09	三期早段	360		102	碎陶片；2类Ab绳纹甂（口沿），甂（足），瓿（腹），豆（柄），刻槽钵（口沿），AaⅣ盆，AbⅡ鼓腹罐，AaⅡ碗			
103	T17	二期晚段	174		31	硬陶瓿（口沿）；A鼎（足），豆（柄），BⅣ盆，罐（口沿），BbⅠ微敛口盘	豆（柄）		

附表三（续7）

灰坑号	探方号	期段	长	宽	深	陶器	原始瓷器	铜、玉、骨、石器	备注
104	T09	三期早段	145		86	碎陶片。			
105	T31	二期早段	127	68	42	硬陶罐（底）；鬲（足），甂（腰），豆（柄），罐（底）			
106	T32	二期早段	74	62	46	鬲（足），甂（腰）			
107	T31	二期早段	250		64	硬陶罐（底）；鬲（足），鼎（足），甂（腰），豆（盘），罐			
108	T31	二期早段	457		90	硬陶甂（底），硬陶罐（底），硬陶钵（口沿）；2类Ba绳纹鬲（口沿），1类A鬲（足），鼎，豆（盘），豆（柄），刻槽钵（口沿），BⅡ盆，BbⅠ弧腹甂，罐（口沿），罐（耳），钵（口沿），AbⅠ器盖，圆陶片	碎片		
109	T31	二期早段	342	232	102	硬陶罐（口沿），带釉硬陶罐（口沿）；2类Ba素面鬲（口沿），2类Ba，Bb绳纹鬲（底），3类Ba绳纹鬲（口沿），鬲（足），鼎，BⅡ甂（甑部），刻槽钵（口沿），BaⅡ弧腹盆，BⅡ弧腹甂，CbⅡ钵，器盖			
110	T31	二期早段	280	260	45	硬陶钵（口沿）；C素面鬲（口沿），Bb绳纹鬲，2类Ba绳纹鬲，3类Ab绳纹鬲（口沿），2类A，B网纹鬲（口沿），鼎（足），鬲（甑部），AⅡ甂，AⅠ豆，BⅠ刻槽钵（口沿），DaⅡ盆，AaⅠ弧腹甂，B折肩盆，B折肩甂，DbⅠ钵，AaⅡ器盖			
111	T31	二期早段	250		50	豆（柄），罐（底），鬲（口沿），AaⅡ器盖。			
112	T31	二期早段	150		77	硬陶豆（盘）；鬲（口沿），1类C鬲（足），匚矮足鼎（底），B甂（腰），BⅠ刻槽钵（口沿），BⅡ盆（腰），BaⅠ小罐，纺轮			
113	T31	二期早段	120	22	21				
114	T31	二期早段	68	46	15	碎陶片			

附表三（续8）

灰坑号	探方号	期段	尺寸 长	尺寸 宽	尺寸 深	出土遗物 陶器	出土遗物 原始瓷器	出土遗物 铜、玉、骨、石器	备注
115	T31	二期早段	263		66	碎陶片			
116	T31	二期早段	180	135	80	碎陶片			
117	T31	二期早段	94	63	30	碎陶片			
118	T31	二期早段	146		52	Aa纺轮			
119	T31	二期早段	78	74	34	碎陶片			
120	T31	二期早段	108	62	38	碎陶片			
121	T32	一期晚段	323		30	硬陶罐（底），硬陶钵（口沿）；鬲（足），E鼎（足），瓿（口沿），豆（盘），豆（柄），盆（口沿），罐（口沿），罐（底），钵（口沿），	钵		
122	T32	一期晚段	80	50	45	碎陶片			
123	T22	二期晚段	60	60	72	碎陶片			

附表四　五担岗遗址早期灰沟登记表

（单位：厘米）

灰沟号	探方号	期段	尺寸 长	尺寸 宽	尺寸 深	出土遗物 陶器	出土遗物 原始瓷器	出土遗物 铜、玉、骨、石器	备注
1	T08	三期晚段	600	26	20	硬陶片；鬲（口沿），鬲（足），鼎（足），瓿（腰），钵（口沿）			
23	T10	三期晚段	1580	46	54	硬陶罐（口沿），2类C绳纹鬲（口沿），3类Ba、Cb鬲（足），瓿（腰），BIV簋			
26	T23 T24	一期晚段	1240		95	硬陶罐（底）；1类Ba素面鬲（口沿），2类Ca素面鬲（口沿），鬲（足），瓿（腰），BcⅠ豆（柄），觚形杯，罐（口沿），罐（底）		Ba石锛，A石凿	
27	T13 T14	四期早、中段	900	890	310	第①层：硬陶罐，3类Ba鬲（足），3类Cb鬲（足），A敞口盆，硬陶瓮；第②层：硬陶瓿，硬陶罐（口沿），硬陶钵，硬陶器（底）；A、BaⅤ，Cb、DⅣ绳纹鬲高，2类Bb、Db绳纹鬲（口沿），3类Ab、Ba、D绳纹鬲（口沿），1类C网纹鬲（口沿），AⅥ，CⅣ鼎，AⅢ瓿（颈部），EⅥ盆，CbⅡ、C鼓腹瓮，AaⅣ，AbⅡ罐，AbⅥ，Ad，BbⅣ，CbⅡ，AV，AⅢ钵，AⅡ，AⅡ敞口盘，Aa Ⅳ，BaⅡ，BbⅡ直口钵，AaⅡ微敛口盘，AaⅡ，AbⅡ，BaⅡ敛口盘；第③层：AaⅡ硬陶钵，AaⅡ硬陶小罐，2类Aa素面鬲（口沿），Ab，BaⅢ，DaⅢ，EⅠ绳纹鬲高，1类B、Da、Db绳纹鬲（口沿），2类A1绳纹鬲（口沿），3类Ab，D绳纹鬲（口沿），A，C网纹鬲，BV鼎，AⅡ豆，AaⅢ，AbⅡ，Bb豆（盘），AaⅢ，BaⅣ豆（柄），泥质灰陶鼓腹盏，DaⅦ，EV盆，CbⅠ鼓腹瓮，AⅡ，BⅠ双耳罐，AaⅣ，AbⅠ弧腹罐，AbⅥ，CcⅡ鼓腹罐，AaⅡ小罐，AV，DbⅢ钵，AⅠ，BⅠ敞口罐，B侈口盘，AaⅢ，BbⅠ直口盘，AaⅠ，BbⅡ微敛口盘，Ba，BbⅡ敛口盘，Ab，Ac碗	第①层：碎片；第②层：罐（口沿），钵（口沿），碗（口沿），AaⅡ，BaⅡ，BbⅡ碗；第③层：Ac豆，BaⅠ碗、A盏，A、B罐	第②层：锥形骨器，砺石；第③层：B石刀	
28	T24	一期晚段	320	45	40	鬲（足），A型罐（底），CbⅠ式钵			

附表四（续1）

灰沟号	探方号	期段	尺寸			出土遗物			备注
			长	宽	深	陶器	原始瓷器	铜、玉、骨、石器	
29	T31	二期晚段	220	40	42	硬陶片；3类Ba簋（足），簋（圈足），罐（底）			
30	T32	一期晚段	90	42	28	碎陶片			
31	T16	四期晚段	200	34	18				
32	T31	二期早段	290	15	20				
33	T32	一期晚段	285	12	15	碎陶片			

附表五　五担岗遗址早期墓葬登记表　　（单位：厘米）

编号	探方	开口层位	期段	方向	形制	尺寸			人骨架				随葬物品	备注
						长	宽	深	数量	性别	年龄	葬式		
M7	T31	⑨层下	一期早段	120°	长方形竖穴土坑墓	100	20~30	37	1	不详	5~6	仰身直肢	无	
M12	T07	②层下	二期晚段	78°	长方形竖穴土坑墓	100	30	50~55	1	不详	4~5	仰身直肢	无	F2西南，处于同一踩踏路面
M13	T30	④层下	二期晚段	80°	长方形竖穴土坑墓	120	54	26	1	不详	2岁左右	仰身直肢	无	
M14	T30	④层下	二期晚段	80°	长方形竖穴土坑墓	194	40~57	21	1	男	30岁左右	仰身直肢	无	

附表六　五担岗遗址早期柱洞登记表　　　　　　　单位（厘米）

编号	所在探方	开口层位	期段	形状	尺寸					填土状况	备注
					口部		底部		深		
					长	宽	长	宽			
D1	T07	②层下	二期晚段	圆形，斜平底	24	24	20	20	25	黄花土，含红烧土颗粒，夯打	
D2	T07	②层下	二期晚段	圆形，圜底	25	25	19	19	20	黄花土，含红烧土颗粒和草木灰，夯打	
D3	T07	②层下	二期晚段	椭圆形，斜平底	31	26	22	20	25	黄花土，含红烧土颗粒，夯打	
D4	T07	②层下	二期晚段	圆形，圜底	26	25	19	19	22	灰褐土，含草木灰，夯打	
D5	T07	②层下	二期晚段	圆形，圜底	20	19	12	12	10	浅灰土，含草木灰	
D6	T07	②层下	二期晚段	圆形，斜平底	26	25	22	22	15	黄花土，含红烧土颗粒，夯打	
D7	T07	②层下	二期晚段	圆形，斜平底	23	23	20	20	30	黄花土，含红烧土颗粒，夯打	
D8	T07	②层下	二期晚段	梯形，斜平底	35	26~30	28	20	20	黄褐花土，含红烧土颗粒，夯打	
D9	T07	②层下	二期晚段	圆形，斜平底	50	50	42	42	15	黄土，含红烧土颗粒和碎陶片	
D10	T07	②层下	二期晚段	圆形，斜平底	31	31	26	26	15	黄花土，含红烧土颗粒，夯打	
D11	T07	②层下	二期晚段	圆角方形，斜平底	38	34	30	26	12	黄花土，含红烧土颗粒，夯打	
D12	T07	②层下	二期晚段	近圆形，斜平底	31	30	21	21	12	浅花土，含红烧土颗粒	
D13	T07	②层下	二期晚段	长方形，斜平底	44	35	40	27	21	黄褐花土，红烧土颗粒，夯打	
D14	T07	②层下	二期晚段	长方形，斜平底	27	25	24	22	12	浅花土，含红烧土颗粒，夯打	
D15	T07	②层下	二期晚段	椭圆形，斜平底	32	26	27	24	20	黄土，含红烧土颗粒，夯打	
D16	T07	②层下	二期晚段	近圆形，斜平底	39	35	32	32	10	黄花土，含红烧土颗粒，夯打	
D17	T07	②层下	二期晚段	圆形，圜底	17	17	15	15	5	灰土，含草木灰	

编号	所在探方	开口层位	期段	形状	尺寸					填土状况	备注
					口部		底部		深		
					长	宽	长	宽			
D18	T07	②层下	二期晚段	椭圆形，圜底	25	21	25	20	12	浅灰土，含草木灰	
D19	T07	②层下	二期晚段	近圆形，平底	37	34	20	20	18	黄花土，含红烧土颗粒	
D20	T07	②层下	二期晚段	圆形，圜底	22	22	18	18	7	黄花土，含红烧土颗粒	
D21	T07	②层下	二期晚段	近圆形，平底	26	24	20	18	16	黄花土，含红烧土颗粒，夯打	
D22	T07	②层下	二期晚段	圆形，平底	19	19	15	15	14	黄花土，含红烧土颗粒，夯打	
D23	T07	②层下	二期晚段	圆形，平底	18	18	15	15	13	黄花土，含红烧土颗粒，夯打	
D24	T07	②层下	二期晚段	近圆形，平底	28	26	20	19	18	黄花土，含红烧土颗粒	
D25	T07	②层下	二期晚段	近圆形，平底	25	24	20	18	15	黄花土，含红烧土颗粒，夯打	
D26	T07	②层下	二期晚段	近圆形，平底	20	19	16	14	15	黄花土，含红烧土颗粒，夯打	
D27	T07	②层下	二期晚段	近圆形，圜底	27	26	23	20	16	黄花土，含红烧土颗粒，夯打	
D28	T07	②层下	二期晚段	近圆形，圜底	14	13	12	10	13	黄花土，含红烧土颗粒，夯打	
D1	T09	②层下	三期中段	近圆形，圜底	44	36	31	23	28	灰褐土，内圈分层填入黄黏土、褐黏土；土质较硬，结构紧密	
D2	T09	②层下	三期中段	椭圆形，圜底	45	35	26	23	10	灰褐土，内圈分层填入黄黏土、褐黏土；土质较硬，结构紧密	
D3	T09	②层下	三期中段	椭圆形，圜底	42	34	30	26	20	灰褐土，内圈分层填入黄黏土、褐黏土；土质较硬，结构紧密	
D1	T22	③层下	二期晚段	近圆形，圜底	25	24	22	20	15	黄褐黏土，结构紧密	
D2	T22	③层下	二期晚段	近圆形，圜底	26	23	24	20	8	黄褐黏土，结构紧密	

附表七　五担岗遗址早期水井（J1）分层登记表

（单位：厘米）

层位	期段	尺度		出土遗物			备注
		深	厚	陶器	原始瓷器	铜、石、木、草编器等	
J1Q①	四期晚段以后	0～600	600	硬陶罐（口沿）；高（锥足），鼎（足），宽卷沿鼓腹盆、溜肩深腹盆、折腹罐	碗（口沿），碗（底）		出土陶片426块
J1Q②	四期晚段	600～900	300	矮直口深腹硬陶罐（平底无足），矮直口深腹硬陶罐（乳钉足），扁鼓腹双复系硬陶罐（小），扁鼓腹双复系硬陶瓿，敛口鼓腹硬陶罐，高柱足鼎（足），鼎（小），高（圆柱足），鼎（宽扁足），矮直口磨光黑陶罐，扁鼓腹大平底罐，环耳弧腹罐，环耳弧腹罐（深腹），矮直口磨光黑陶罐（扁腹），弧腹钵，折腹钵，网坠	碗（口沿）	石锛、石斧、石锤；兽牙器；草编器	可分3小层。②A层厚80；②B层厚180；②C层厚40。出土陶片217块
J1Q③	四期晚段	900～1000	100	微卷沿鼓腹硬陶罐、扁鼓腹双复系硬陶瓿（平底无足），高（高柱足），鼎（矮柱足），鼎（扁圆足），高、高领壶（平底无足），鼎（乳钉足），环耳弧腹罐（深腹），深弧腹圆底罐，深鼓腹大平底罐，敛口磨光黑陶罐，矮直口磨光黑陶罐，网坠	碗（口沿）		出土陶片963块
J1Q④	四期晚段	1000～1180	180	硬陶罐（口沿），高（高柱足），鼎（宽扁足），鼎（扁三角足），豆（柄），环耳弧腹罐（鼓腹），环耳弧腹罐（深腹），环耳弧腹磨光罐（扁腹），贯耳弧腹罐，贯耳扁腹磨光罐（乳钉足），环耳弧腹磨光罐（平底无足），贯耳扁腹磨光罐，无足弧腹罐（乳钉足），网坠、圆陶片	豆（口沿），豆（柄），碗（口沿）	石锛	出土陶片985块
J1Q⑤	四期中段	1180～1480	300	硬陶片；高（足），豆（盘），环耳弧腹罐（更深腹），环耳弧腹罐（深腹），环耳鼓腹罐、环耳弧腹鼓腹罐，贯耳鼓腹磨光罐（平底无足），贯耳扁腹磨光罐（平底无足），纺轮	碎片	铜剑（锋）；卜甲、鹿角器；木器；龟甲、兽牙器；菌类	出土陶片675块

出土遗物

层位	期段	尺度 深	尺度 厚	陶器	原始瓷器	铜、石、木、草编等器	备注
J1Q⑥	四期中段	1480~1580	100	硬陶罐（口沿）；高（足），环耳弧腹罐（深腹），环耳鼓腹罐	碎片。		出土陶片380块
J1K	四期中段	0~1660	1660	硬陶片；高（锥足），高（高柱足），高（中柱足），鼎（侧装三角按窝足），鼎（锥形足），甑（腰），细高柄弧腹豆（柄），刻槽钵（口沿），宽卷沿盆（口沿），折沿鼓腹罐（口沿），深弧腹罐（口沿），深折腹罐（口沿），鼓腹罐（口沿），小口鼓腹钵，敛口浅腹钵，纺轮，圆陶片	豆（柄），碗（底）	铜镞；石钺，石锛，石斧，石镞；木末。	可分3大层。其中第1大层为夯土层，可分43小层；层厚15~55；第2大层为夯土，砂粒混合层，石块，厚160，第3大层为砂粒层，厚80。坑壁有脚窝和凹槽。出土陶片1235块

附表八　五担岗遗址早期其他遗迹登记表

（单位：厘米）

遗迹号	探方号	期段	尺寸 长	尺寸 宽	尺寸 深	陶器	原始瓷器	铜、玉、骨、石器	备注
K1	T17	二期晚段	90	58~66	20	碎陶片			打破Y1
Z1	T12	三或四期	36	34	10				
Z2	T31	一期早段	68	34	10				
Z3	T33	二期晚段	76	40	15				
Z4	T31	一期早段	68	40	10~15				
Y1	T17	二期早段	350	150		高（足），A型Ⅰ式瓶（瓿部），A型Ⅰ式刻槽钵（口沿），Ca型Ⅰ式鼓腹罐			

附表九　五担岗遗址晚期墓葬登记表

（单位：厘米）

编号	探方	开口层位	时代	方向	形制	尺寸			数量	人骨架			随葬物品	备注
						长	宽	深		性别	年龄	葬式		
M1	T12	②层下	五代	30°	长方形竖穴土坑墓	250	90~103	105~120	1	不详	不详	胃渣、不详	单瓶1	双室并列
M2	T12	②层下	五代	39°	长方形竖穴土坑墓	223	71~80	75~85	1	不详	不详	胃渣、不详		
M3	T01	①层下	北宋	274°	长方形竖穴土坑墓	216	60	41~46		不详	不详	不详	釉陶罐1；铜钱1	双室并列
M4	T01	①层下	北宋	282°	长方形竖穴土坑墓	218	73~76	41~46	1	不详	不详	胃渣、不详	铜钱2	
M5	T01	①层下	北宋	284°	长方形竖穴土坑墓	237	82~92	59	1	不详	不详	不详	铜镜1	双室并列
M6	T01	①层下	北宋	285°	长方形竖穴土坑墓	238	68~70	68	1	不详	不详	不详	单瓶1；青瓷碗1	
M8	T02	①层下	北宋	288°	长方形竖穴土坑墓	230	81~87	26	1	不详	不详	不详	铜钱8	
M9	T02	①层下	北宋	291°	长方形竖穴土坑墓	240	70~80	85	1	不详	不详	不详	釉陶罐1；铜钱1	双室并列
M10	T02	①层下	近现代	19或341°	长方形竖穴土坑墓	325	170~190	62	1	不详	不详	不详		
M11	T02	①层下	北宋	286°	长方形竖穴土坑墓	211	67	24~30	1	不详	不详	不详		

附表一〇（1）　　第一期早段重要单位陶系统计表[1]　　　　　　（单位：块）

陶系\单位	夹砂			泥质			硬陶		合计
	红褐	黑	灰	红	黑	灰	褐	灰	
T28④	94			5	1	6	7		113
T31⑨	67	4	1		5	10	4	4	95
T32⑩	66	8			4	2		4	84
合计	227	12	1	5	10	18	11	8	292
百分比（%）	77.74	4.11	0.34	1.71	3.42	6.16	3.77	2.74	99.99
	82.19			11.29			6.51		

附表一〇（2）　　第一期早段重要单位陶系纹饰统计表　　　　　　（单位：块）

陶系\纹饰	素面	绳纹	间断绳纹	弦纹	网纹	梯格纹	曲折纹	指捺纹	云雷纹	篮纹	席纹	回纹	绳纹+附加堆纹	其他	合计
T28④	52	22	1	3		2	2	1	2		1	2	22	3	113
T31⑨	57	12	2	6	4	6	1	2		3	1			1	95
T32⑩	61	10		2	3	3	1	1						3	84
合计	170	44	3	11	7	11	4	4	2	3	2	2	22	7	292
百分比（%）	58.22	15.07	1.03	3.77	2.40	3.77	1.37	1.37	0.68	1.03	0.68	0.68	7.53	2.40	100

附表一〇（3）　　第一期早段重要单位主要陶器器类统计表　　　　　　（单位：块）

器类\单位	鬲	鼎	甗	豆	刻槽钵	盆	瓮	罐	合计
T28④	10	1						1	12
T31⑨	18	2	2	1		1	1	4	29
T32⑩	13	2	1	5	1	1		9	32
合计	41	5	3	6	1	2	1	14	73
百分比（%）	56.16	6.85	4.11	8.22	1.37	2.74	1.37	19.18	100

[1]　注：部分遗迹未能分层统计。

附表——（1）　　第一期晚段重要单位陶系统计表　　　　　（单位：块）

陶系 / 单位	夹砂			泥质			硬陶		原始瓷	合计
	红褐	黑	灰	红	黑	灰	褐	灰	黄绿	
T31⑧	53	1	1	21	2	1				79
T32⑨	244	15	14	5	11	23	6			318
G26	213	6	6	26	7	10	2			270
H78	60			3		2				65
H121	104	15	8	8	12	11	1	14	3	176
合计	674	37	29	63	32	47	9	14	3	908
百分比（%）	74.23	4.07	3.19	6.94	3.52	5.18	0.99	1.54	0.33	99.99
	81.49			15.64			2.53		0.33	

附表——（2）　　第一期晚段重要单位陶系纹饰统计表　　　　　（单位：块）

陶系 / 纹饰	素面	绳纹	间断绳纹	弦纹	梯格纹	曲折纹	篮纹	圆圈纹	回纹	方格纹	附加堆纹	绳纹+附加堆纹	绳纹+弦纹+指捺纹	其他	合计
T31⑧	52	14	1	1			2						1	8	79
T32⑨	265	13	5	3	7	1	6			6	4			8	318
G26	209	20		13	1		3	12	1	2	4	3		2	270
H78	60	1									1	1		2	65
H121	97	38	9	6	3	6	1		3	1		2	5	5	176
合计	683	86	15	23	11	7	12	12	4	10	9	6	5	25	908
百分比（%）	75.22	9.47	1.65	2.53	1.21	0.77	1.32	1.32	0.44	1.10	0.99	0.66	0.55	2.75	99.98

附表一一（3）　　第一期晚段重要单位主要陶器器类统计表　　　　（单位：块）

器类 / 单位	鬲	鼎	甗	豆	瓠形杯	钵	盆	缸	罐	合计
T31⑧	8						4		3	15
T32⑨	63	1	3	9					21	97
G26	13		2	1	1				6	23
H78	7	1		2				1		11
H121	35	4	2	8		4	2		10	65
合计	126	6	7	20	1	4	6	1	40	211
百分比（%）	59.72	2.84	3.32	9.48	0.47	1.90	2.84	0.47	18.96	100

附表一二（1）　　第二期早段重要单位陶系统计表　　　　（单位：块）

陶系 / 单位	夹砂			泥质			硬陶		硬陶（釉）		原始瓷	合计
	红褐	黑	灰	红	黑	灰	褐	灰	褐	灰	黄绿	
T07④	247	19	6			24	7				1	304
T17⑤	234	19	25	28	33	45	36				6	426
T24⑤	472	46	11	65	40	37	12	1				684
T28③	124	14		18	8	8	17					189
T29④	87	11		16	4	10	7					135
H73	158	30	20	14	15	16						253
H84	76	13	5	20	7	4	18					143
H89	440		20	22	26	69	2					579
H108	101	11	3	11	6	15	4	7			1	159
H109	145		1	40	17	12	1	7	2	2		227
H110	192	26	2	41	34	30	8	12				345
H112	109		4	6	3	5		8				135
合计	2385	199	87	281	193	275	112	35	2	2	8	3579
百分比（%）	66.64	5.56	2.43	7.82	5.39	7.68	3.13	0.98	0.06	0.06	0.22	99.97
	74.63			20.89			4.11		0.12		0.22	

附表一二（2）　　第二期早段重要单位陶系纹饰统计表　　　　　　（单位：块）

陶系\纹饰	素面	绳纹	间断绳纹	弦纹	网纹	梯格纹	云雷纹	曲折纹	方格纹	席纹	回纹	复线菱纹	绳纹+附加堆纹	其他	合计
T07④	172	87	17	5	6	3	2	1					2	9	304
T17⑤	231	48	19	10	7	7	2	7	8	6	5	64		12	426
T24⑤	455	169	30	8			2	2	3	1	6		1	7	684
T28③	124	26		1		1	6	2	1	6	4		4	14	189
T29④	72	32	2	3	3	2	1		3		4	1		12	135
H73	163	77	7	1					2					3	253
H84	82	31	7			2	2	1	3	1	5			9	143
H89	313	195	31	7				2			4		12	15	579
H108	95	29	7	3	4	3	3		1	3	3			8	159
H109	98	77	13	7	4	4	4	2	2	2			1	13	227
H110	181	56	6	13	15	32		18		3		1	1	19	345
H112	90	23	4		4	4	1						1	8	135
合计	2076	850	143	58	43	58	23	35	23	22	31	66	22	129	3579
百分比(%)	58.01	23.75	4.0	1.62	1.20	1.62	0.64	0.98	0.64	0.61	0.87	1.84	0.61	3.60	99.99

附表一二（3）　　第二期早段重要单位主要陶器器类统计表　　　　　　（单位：块）

器类\单位	鬲	鼎	甗	簋	豆	尊	刻槽钵	钵	盘	盆	瓮	缸	罐	合计
T07④	35	3	5		3					1			2	49
T17⑤	78	13	10	2	28		2		1	3	3		9	149
T24⑤	69		6	1	4			1		2	1	1	23	108
T28③	31				1					1	1		5	39
T29④	10				1	1							5	17
H73	25	1	2	1		1		1		1			3	35
H84	22	1			3								1	27
H89	13	3	9	1	6					1			12	45

单位														合计
H108	32	2	1		5			3		2	2		7	54
H109	40	3	1		2		2	1			3		8	60
H110	40	1	2		14		1	3		3	6		5	75
H112	20	1	2		1		1				1		6	32
合计	415	28	38	5	68	1	7	9	1	14	17	1	86	690
百分比（%）	60.14	4.06	5.51	0.72	9.86	0.14	1.01	1.30	0.14	2.03	2.46	0.14	12.46	99.97

附表一三（1）　　第二期晚段重要单位陶系统计表　　　（单位：块）

陶系 单位	夹　砂			泥　质			硬　陶		原始瓷	合计
	红褐	黑	灰	红	黑	灰	褐	灰	黄绿	
T07③	165	15	7	25	18	15				245
T08④	198	3		4	4	16	3			228
T22④	106		6	9	18	8				147
T31⑦	207	3	14	69	6	39		21	2	361
T32⑧	386	19	66	29	23	75	4	77		679
F2	816	144	28	173	61	63	11			1296
H36	240	4		26	3	33	5			311
H46	349	42	21	23	50	65	4		1	555
H52	264	12	138	42	63	49	3	1		572
H56	501	43	120	33	23	41	2		1	764
H70	113		13	10		14	7			157
H79	142	3	1	21	2	1	2			172
H87	1760		202	114	47	136	118		15	2392
H93	383	53	1	63	35	66	3		1	605
H100	849	326	3	31	23	44	25	17	4	1322
合计	6479	667	620	672	376	665	187	116	24	9806
百分比 （%）	66.07	6.80	6.32	6.85	3.83	6.78	1.91	1.18	0.24	99.98
	79.19			17.46			3.09		0.24	

附表一三（2）　　第二期晚段重要单位陶系纹饰统计表　　　　（单位：块）

陶系＼纹饰	素面	绳纹	间断绳纹	弦纹	网纹	梯格纹	云雷纹	指捺纹	三角填线纹	方格纹	回纹	附加堆纹	绳纹+附加堆纹	其他	合计
T07③	130	85	5	5	3	5	2	2		1		3		4	245
T08④	103	87	23	3	2	1	1			1			1	6	228
T22④	90	24	4	14				2		1			1	11	147
T31⑦	184	63	7	8	26	44				1		1		27	361
T32⑧	404	133	34	12	1	27			20	4	7		7	30	679
F2	722	479	30	12	10	3	7	6		5		5	6	11	1296
H36	155	131	13	2	1			1			1		2	5	311
H46	324	190	10	10		1		6		1		2	5	6	555
H52	282	219	41	8			1	7			1		10	3	572
H56	443	270	29	5	2	1		2		3	1	7		1	764
H70	85	37	17			4	2		2	1			2	7	157
H79	71	74	15	2		2	2	1					3	2	172
H87	1658	563	30	3			24	1		12	43	39		19	2392
H93	251	299	16	5			1	8			1	9	11	4	605
H100	766	487	1	9		4	4	7		2	26	3	1	12	1322
合计	5668	3141	275	98	47	92	43	42	22	32	80	69	49	148	9806
百分比（%）	57.80	32.03	2.80	1.0	0.48	0.94	0.44	0.43	0.22	0.33	0.82	0.70	0.50	1.51	100

附表一三（3）　　第二期晚段重要单位主要陶器器类统计表　　　　（单位：块）

器类＼单位	鬲	鼎	甗	簋	豆	尊	刻槽钵	钵	碗	盘	盆	瓮	缸	罐	合计
T07③	15		4	1	2						1			3	26
T08④	22		1		5	1					1			5	35
T22④	11	3	3		6			6						1	30
T31⑦	36	3	7		6		3				2			13	70

T32⑧	92	2	5		23		1	12		1		1		48	185
F2	94		6	2	1			1	1		3	1		9	118
H36	44		4		2			2						6	58
H46	70	1	7	2	3						6			24	113
H52	70	1	3	2	2			1			3	1		18	101
H56	102		2	3	9									17	133
H70	24	1		1	5						1			1	33
H79	7				2								1	2	12
H87	402				23			4			1			42	472
H93	94	1	11	2	6		1	1			5	1		54	176
H100	18	1	9	2	3			1		1	5	2		46	88
合计	1101	13	62	15	98	1	5	28	1	2	28	6	1	289	1650
百分比（%）	66.73	0.79	3.76	0.91	5.94	0.06	0.30	1.70	0.06	0.12	1.70	0.36	0.06	17.52	100.01

附表一四（1）　　第三期早段重要单位陶系统计表　　（单位：块）

陶系 ＼ 单位	夹　砂			泥　质			硬　陶		原始瓷	合计
	红褐	黑	灰	红	黑	灰	褐	灰	黄绿	
T08③	434	30	45	39	49	32	25	2	3	659
T17④	107	9	6	13	11	17	11		1	175
T23④	1383	134	28	276	135	254	19		4	2233
T31⑥	1206	10	6	98	46	92	82	4	3	1547
H91	41		4	4	2	2				53
H102	52	23		2	5	6	2			90
合计	3223	206	89	432	248	403	139	6	11	4757
百分比（%）	67.75	4.33	1.87	9.08	5.21	8.47	2.92	0.13	0.23	99.99
	73.95			22.76			3.05		0.23	

附表一四（2）　　第三期早段重要单位陶系纹饰统计表　　　　　　（单位：块）

陶系＼纹饰	素面	绳纹	间断绳纹	网纹	梯格纹	弦纹	曲折纹	方格纹	指捺纹	附加堆纹	绳纹+附加堆纹	回纹	席纹	其他	合计
T08③	323	243	35	2	2	6	2	2	6	11	1	8	4	14	659
T17④	88	38	7	5	2	10	5	7	1	2			2	8	175
T23④	1267	781	62	3		17		3	23		54	13		10	2233
T31⑥	990	315	69	32	39	21	12	2	3	2	3	2	15	32	1547
H91	24	6	5	4	1	2	9	1		1					53
H102	57	21	3	2	1	4		1						1	90
合计	2749	1404	181	48	45	60	28	16	33	16	58	23	21	75	4757
百分比（%）	57.79	29.51	3.80	1.01	0.95	1.26	0.59	0.34	0.69	0.34	1.22	0.48	0.44	1.58	100

附表一四（3）　　第三期早段重要单位主要陶器器类统计表　　　　　　（单位：块）

器类＼单位	鬲	鼎	甗	簋	豆	刻槽钵	钵	碗	盘	盆	瓮	罐	坛	合计
T08③	93	1	9	1	4	1				4	1	22		136
T17④	5	4	4		6	1				3		1		24
T23④	345	5	23	9	17		7		1	6	13	73	1	500
T31⑥	155	2	10		26	2	5			2	4	33		239
H91	3											1		4
H102	5		1		2	1		1		1		1		12
合计	606	12	47	10	55	5	12	1	1	16	18	131	1	915
百分比（%）	66.23	1.31	5.14	1.09	6.01	0.55	1.31	0.11	0.11	1.75	1.97	14.32	0.11	100.01

附表一五（1）　　第三期中段重要单位陶系统计表　　　　（单位：块）

陶系\单位	夹砂			泥质			硬陶		原始瓷	合计
	红褐	黑	灰	红	黑	灰	褐	灰	黄绿	
T08②	150	26	21	42	13	15	24			291
T09②	43	6	1	5	7	4	1			67
T10③	199	53	18	11	30	13	12	5		341
T22②	17	1		1	6					25
T23③	1087	131		72	63	116	18		8	1495
T24③	77	12	18	18	3	19	25		4	176
H1	1148	649	230	212	197	81	140	119	9	2785
H94①	58			6	11	4				79
H94②	259	19	6	37	16	17	2			356
合计	3038	897	294	404	346	269	222	124	21	5615
百分比（%）	54.11	15.98	5.24	7.20	6.16	4.79	3.95	2.21	0.37	100.01
	75.33			18.15			6.16		0.37	

附表一五（2）　　第三期中段重要单位陶系纹饰统计表　　　　（单位：块）

陶系\纹饰	素面	绳纹	间断绳纹	弦纹	方格纹	梯格纹	附加堆纹	指捺纹	回纹	席纹	菱形填线纹	复线回纹	绳纹+附加堆纹	其他	合计
T08②	167	64	17	9	3	1	7		2	1	3	1		16	291
T09②	34	23	1	2					2	1				4	67
T10③	149	153		4	4	1		5		6	1		8	10	341
T22②	17	5		1				2							25
T23③	956	434	20	18	4		18	9	8	5			7	16	1495
T24③	112	28	7	2	1			1	5	2	2	8	3	5	176
H1	1561	837		26	31	62	21	6	40	12	38	62		89	2785
H94①	53	15	1	4	1								4	1	79
H94②	202	119	12	6	3		1	2	1				6	4	356
合计	3251	1678	58	72	47	64	52	20	64	22	43	79	20	145	5615
百分比（%）	57.90	29.88	1.03	1.28	0.84	1.14	0.93	0.36	1.14	0.39	0.77	1.41	0.36	2.58	100.01

附表一五（3）　　第三期中段重要单位主要陶器器类统计表　　　　　（单位：块）

器类 单位	鬲	鼎	甗	簋	豆	刻槽钵	盆	钵	盘	瓮	罐	坛	器盖	合计
T08②	72	2	2		1		2				16			95
T10②	11		3		1			1			13			29
T10③	12	2	4		1		3			2	14			38
T22②	2	1												3
T23③	161	1	17		4		5	2		1	39		1	231
T24③	26		2		2						5			35
H1	40	19	6	5	14	5	14	1	2		63	2	1	172
H94①	3				4		1			1	1			10
H94②	40	3	2	1	6					2	6			60
合计	367	28	36	6	33	5	25	4	2	6	157	2	2	673
百分比（%）	54.53	4.16	5.35	0.89	4.90	0.74	3.71	0.59	0.30	0.89	23.33	0.30	0.30	99.99

附表一六（1）　　第三期晚段重要单位陶系统计表　　　　　（单位：块）

陶系 单位	夹　砂			泥　质			硬　陶		合计
	红褐	黑	灰	红	黑	灰	褐	灰	
T10②	162	47		8	5	21			243
G1	8	40	4	1		10	2	1	66
G23	33	24	3	4	1		5		70
H6	39	4	6	6	6		29		90
H7	320			20	18	55	13	1	427
H34	22	12		8		4			46
合计	584	127	13	47	30	90	49	2	942
百分比（%）	62.0	13.48	1.38	4.99	3.18	9.55	5.20	0.21	99.99
	76.86			17.72			5.41		

附表一六（2）　　第三期晚段重要单位陶系纹饰统计表　　（单位：块）

陶系\纹饰	素面	绳纹	间断绳纹	弦纹	云雷纹	方格纹	指捺纹	曲折纹	附加堆纹	席纹	回纹	复线回纹	菱形填线纹	其他	合计
T10②	108	129		2		1			2	1					243
G1	34	18	7				2		2					3	66
G23	24	36		3		2					3			2	70
H6	40	19	3		4	1		1			12	5	3	2	90
H7	228	156	4	2		1	3		16	2	5	1		8	427
H34	32	9	2					1	2						46
合计	466	367	16	7	4	5	5	3	20	5	20	6	3	15	942
百分比(%)	49.47	38.96	1.70	0.74	0.42	0.53	0.53	0.32	2.12	0.53	2.12	0.64	0.32	1.59	99.99

附表一六（3）　　第三期晚段重要单位主要陶器器类统计表　　（单位：块）

器类\单位	鬲	鼎	甗	簋	豆	钵	盆	罐	合计
T10②	11		3		1	1		13	29
G1	7	1	2			1			11
G23	6		2	1				7	16
H6	6	2						1	9
H7	69	6	3			2		20	100
H34	3					1	1		5
合计	102	9	10	1	1	5	1	41	170
百分比(%)	60	5.29	5.88	0.59	0.59	2.94	0.59	24.12	100

附表一七（1）　　第四期早段重要单位陶系统计表　　（单位：块）

| 陶系\单位 | 夹砂 | | | 泥质 | | | 硬陶 | | 原始瓷 | 合计 |
	红褐	黑	灰	红	黑	灰	褐	灰	黄绿	
G27③	784		629	611	55	735	109	1	3	2927
H37	705	135	167	199	162	313	27		5	1713
H88	15			6	3	7	2			33
合计	1504	135	796	816	220	1055	138	1	8	4673

百分比(%)	32.18	2.89	17.03	17.46	4.71	22.58	2.95	0.02	0.17	99.99
	52.1			44.75			2.97		0.17	

附表一七（2）　　第四期早段重要单位陶系纹饰统计表　　　　（单位：块）

陶系＼纹饰	素面	绳纹	间断绳纹	弦纹	网纹	刻划纹	梯格纹	附加堆纹	席纹	回纹	复线回纹	菱形填线纹	绳纹＋附加堆纹	其他	合计
G27③	1100	446	1212	11	39	6	5	29	5	33		24		17	2927
H37	759	406	447	11	35	2	4	1	2	7	11	5	16	7	1713
H88	21	4	5							1			1	1	33
合计	1880	856	1664	22	74	8	9	30	7	41	11	29	17	25	4673
百分比(%)	40.23	18.32	35.61	0.47	1.58	0.17	0.19	0.64	0.14	0.88	0.24	0.62	0.36	0.53	99.98

附表一七（3）　　第四期早段重要单位主要陶器器类统计表　　　（单位：块）

器类＼单位	鬲	鼎	甗	豆	刻槽钵	钵	碗	盘	盆	瓮	罐	合计
G27③	334	4	22	12		69	3	15	3	2	89	553
H37	128	4	4	21	1	2		5	3		108	276
H88	3			1					1			5
合计	465	8	26	34	1	71	3	20	7	2	197	834
百分比（%）	55.76	0.96	3.12	4.08	0.12	8.51	0.36	2.40	0.84	0.24	23.62	100.01

附表一八（1）　　第四期中段重要单位陶系统计表　　　　（单位：块）

陶系＼单位	夹砂			泥质			硬陶		硬陶（釉）		原始瓷	合计
	红褐	黑	灰	红	黑	灰	褐	灰	褐	灰	黄绿	
H2	1279	185	379	525	128	981	162	141	22		30	3832
H15	37	14	49	8	6	20					1	135
G27②	1458		951	710	136	701	140				52	4148
J1K	843	46	23	135	73	88	25				2	1235
J1Q⑥	1	30	34		70	234	11					380
J1Q⑤	33	27	39	20	162	385	7	1			1	675

合计	3651	302	1475	1398	575	2409	345	142	22		86	10405
百分比（%）	35.09	2.90	14.18	13.44	5.53	23.15	3.32	1.36	0.21		0.83	100.01
	52.17			42.12			4.68		0.21		0.83	

附表一八（2）　　第四期中段重要单位陶系纹饰统计表　　　　（单位：块）

陶系 ＼ 纹饰	素面	绳纹	间断绳纹	弦纹	网纹	方格纹	指捺纹	云雷纹	刻划纹	附加堆纹	席纹	回纹	菱形填线纹	其他	合计
H2	1903	745	660	63	2	62	4	23	5	8	99	30	74	154	3832
H15	43	19	63	1	1						3		4	1	135
G27②	1971	481	1496	14	35	3				55		27	51	15	4148
J1K	732	370	20	5	12	6	19	6	24	18		3	1	19	1235
J1Q⑥	115	23	230			1		7			2		1	1	380
J1Q⑤	80		579	1		1		2	2			1	1	8	675
合计	4844	1638	3048	84	50	73	23	38	31	81	104	61	132	198	10405
百分比（%）	46.55	15.74	29.29	0.81	0.48	0.70	0.22	0.37	0.30	0.78	1.0	0.59	1.27	1.90	100

附表一八（3）　　第四期中段重要单位主要陶器器类统计表　　　　（单位：块）

器类 ＼ 单位	鬲	鼎	甗	豆	刻槽钵	钵	碗	盘	盆	瓮	罐	坛	合计
H2	354	70	10	43	1	18	7	5	4	1	172	7	692
H15	94	1	11	7	1	1	1		5	1	54		176
G27②	562	10	6	18		51	7	13	5	1	102	2	777
J1K	93	4	14	9	17	4	1		2		22		166
J1Q⑥	11										30		41
J1Q⑤	14			2							118		134
合计	1128	85	41	79	19	74	16	18	16	3	498	9	1986
百分比（%）	56.80	4.28	2.06	3.98	0.96	3.73	0.81	0.91	0.81	0.15	25.08	0.45	100.02

附表一九（1）　　第四期晚段重要单位陶系统计表　　　　　（单位：块）

陶系＼单位	夹砂			泥质			硬陶		原始瓷	合计
	红褐	黑	灰	红	黑	灰	褐	灰	黄绿	
G27①	68		23	30	5	63	63		2	254
J1Q④	76	25	82	17	568	184	23	2	8	985
J1Q③	40	39	86	9	715	53	19		2	963
J1Q②	23		19	4	1	52	117		1	217
合计	207	64	210	60	1289	352	222	2	13	2419
百分比（%）	8.56	2.65	8.68	2.48	53.29	14.55	9.18	0.08	0.54	100.01
	19.89			70.32			9.26		0.54	

附表一九（2）　　第四期晚段重要单位陶系纹饰统计表　　　　　（单位：块）

陶系＼纹饰	素面	绳纹	间断绳纹	弦纹	云雷纹	曲折纹	篮纹	席纹	回纹	小方格纹	菱形填线纹	三角填线纹	弦纹+复线圆圈纹	其他	合计
G27①	108	42	41	6	3	2			2	4	17	27		2	254
J1Q④	178		769	17	2	2		8		1	3			5	985
J1Q③	234		673	13	1	5			9		2	3	21	2	963
J1Q②	18	11	67				4		1	114	2				217
合计	538	53	1550	36	6	9	4	17	3	121	25	27	21	9	2419
百分比（%）	22.24	2.19	64.08	1.49	0.25	0.37	0.17	0.70	0.12	5.0	1.03	1.12	0.87	0.37	100

附表一九（3）　　第四期晚段重要单位主要陶器器类统计表　　　　　（单位：块）

器类＼单位	鬲	鼎	甗	豆	钵	碗	瓿	盆	壶	罐	合计
G27①	38	1	2	8	3			4		10	66
J1Q④	8	5		3		4		3	2	127	152
J1Q③	6	7		2		2	2		21	97	137
J1Q②	2	3			2	1	4			39	51
合计	54	16	2	13	5	7	6	7	23	273	406
百分比（%）	13.30	3.94	0.49	3.20	1.23	1.72	1.48	1.72	5.67	67.24	99.99

附表二〇（1）　　T28④陶系纹饰统计表　　　　　（单位：块）

纹饰 \ 陶系	夹砂			泥质			硬陶		合计	百分比(%)
	红褐	黑	灰	红	黑	灰	褐	灰		
素面	44			3		4	1		52	46.43
绳纹	21					1			22	19.64
间断绳纹				1					1	0.89
弦纹	2					1			3	2.68
梯格纹	2								2	1.79
曲折纹	1			1					2	1.79
指捺纹	1								1	0.89
叶脉纹	1								1	0.89
席纹							1		1	0.89
云雷纹							2		2	1.79
回纹							2		2	1.79
绳纹+附加堆纹	21				1				22	19.64
绳纹+刻划纹	1								1	0.89
弦纹+三角填线纹							1		1	
合计	94			5	1	6	7		113	100
百分比(%)	83.93			4.46	0.89	5.36	5.36		100	

附表二〇（2）　　T28④陶器器类统计表　　　　　（单位：块）

器类 \ 陶系	夹砂			泥质			硬陶		合计	百分比(%)
	红褐	黑	灰	红	黑	灰	褐	灰		
鬲	10								10	76.92
鼎	1								1	7.69
罐	1						1		2	15.38
合计	12						1		13	99.99
百分比(%)	92.31						7.69		100	

附表二一（1）　　T31⑨陶系纹饰统计表　　　　　　　　（单位：块）

陶系 纹饰	夹 砂			泥 质			硬 陶		合计	百分比 (%)
	红褐	黑	灰	红	黑	灰	褐	灰		
素面	42	1			3	7	1	3	57	60
绳纹	10	2							12	12.63
间断绳纹	1	1							2	2.11
弦纹					2	2	1	1	6	6.32
网纹	3		1						4	4.21
梯格纹	5					1			6	6.32
曲折纹	1								1	1.05
指捺纹	2								2	2.11
篮纹	3								3	3.16
席纹								1	1	1.05
复线三角纹								1	1	1.05
合计	67	4	1		5	10	4	4	95	100.01
百分比 (%)	70.53	4.21	1.05		5.26	10.53	4.21	4.21	100	

附表二一（2）　　T31⑨陶器器类统计表　　　　　　　　（单位：块）

陶系 器类	夹 砂			泥 质			硬 陶		合计	百分比 (%)
	红褐	黑	灰	红	黑	灰	褐	灰		
鬲	18								18	58.06
鼎	2								2	6.45
甗	2								2	6.45
豆						1			1	3.23
盆	1								1	3.23
瓮	1								1	3.23
罐	2							2	4	12.90
器盖						1			1	3.23
圆陶片		1							1	3.23
合计	26	1				2		2	31	100.01
百分比 (%)	83.87	3.23				6.45		6.45	100	

附表二二（1）　　T32⑩陶系纹饰统计表　　（单位：块）

纹饰＼陶系	夹　砂			泥　质			硬　陶		合计	百分比(%)
	红褐	黑	灰	红	黑	灰	褐	灰		
素面	52	2			2	1		4	61	72.62
绳纹	8	2							10	11.9
弦纹		1		1					2	2.38
网纹	1	2							3	3.57
梯格纹	3								3	3.57
曲折纹						1			1	1.19
指捺纹		1							1	1.19
戳印纹	1								1	1.19
绳纹+戳印纹	1				1				2	2.38
合计	66	8			4	2		4	84	99.99
百分比(%)	78.57	9.52			4.76	2.38		4.76	99.99	

附表二二（2）　　T32⑩陶器器类统计表　　（单位：块）

器类＼陶系	夹　砂			泥　质			硬　陶		合计	百分比(%)
	红褐	黑	灰	红	黑	灰	褐	灰		
鬲	13								13	39.39
鼎	2								2	6.06
甗	1								1	3.03
豆	1				2			2	5	15.15
刻槽钵	1								1	3.03
盆	1								1	3.03
罐	7	1						1	9	27.27
器盖								1	1	3.03
合计	26	1			2			4	33	99.99
百分比(%)	78.79	3.03			6.06			12.12	100	

附表二三（1） T07④陶器纹饰统计表 （单位：块）

纹饰＼陶系	夹 砂			泥 质			硬 陶		原始瓷	合计	百分比(%)
	红褐	黑	灰	红	黑	灰	褐	灰	黄绿		
素面	141	8	5			16	1		1	172	56.58
绳纹	72	11				4				87	28.62
间断绳纹	13		1			3				17	5.59
弦纹	4					1				5	1.64
网纹	6									6	1.97
梯格纹	3									3	0.99
云雷纹							2			2	0.66
指捺纹	3									3	0.99
曲折纹	1									1	0.33
叶脉纹							1			1	0.33
复线回纹							1			1	0.33
绳纹+附加堆纹	2									2	0.66
曲折纹+绳纹	1									1	0.33
弦纹+席纹							1			1	0.33
复线回纹+圈点纹	1						1			2	0.66
合计	247	19	6			24	7		1	304	100.01
百分比(%)	81.25	6.25	1.97			7.89	2.30		0.33	99.99	

附表二三（2） T07④陶器器类统计表 （单位：块）

器类＼陶系	夹 砂			泥 质			硬 陶		原始瓷	合计	百分比(%)
	红褐	黑	灰	红	黑	灰	褐	灰	黄绿		
鬲	33	2								35	71.43
鼎	2					1				3	6.12
甗	4		1							5	10.20
豆	1		2							3	6.12
盆	1									1	2.04
罐			2							2	4.08
合计	41	2	5			1				49	
百分比(%)	83.67	4.08	10.20			2.04				99.99	

附表二四（1） T31⑧陶器纹饰统计表 （单位：块）

陶系 器类	夹 砂			泥 质			合计	百分比 (%)
	红褐	黑	灰	红	黑	灰		
素面	40			11		1	52	65.82
绳纹	9			5			14	17.72
间断绳纹				1			1	1.27
弦纹	1						1	1.27
网纹		1					1	1.27
刻划纹	1						1	1.27
篮纹	2						2	2.53
叶脉纹				1			1	1.27
绳纹+附加堆纹			1				1	1.27
间断绳纹+附加堆纹				2			2	2.53
绳纹+乳钉纹					1		1	1.27
弦纹+圆圈纹					1		1	1.27
弦纹+圆圈纹+绳纹				1			1	1.27
合计	53	1	1	21	2	1	79	100.03
百分比 (%)	67.09	1.27	1.27	26.58	2.53	1.27	100.01	

附表二四（2） T31⑧陶器器类统计表 （单位：块）

陶系 器类	夹 砂			泥 质			合计	百分比 (%)
	红褐	黑	灰	红	黑	灰		
鬲	7		1				8	53.34
盆				1	3		4	26.67
罐	3						3	20
合计	10		1	1	3		15	100.01
百分比 (%)	66.67		6.67	6.67	20		100.01	

附表二五（1） T32⑨陶器纹饰统计表 （单位：块）

纹饰 \ 陶系	夹 砂			泥 质			硬 陶		合计	百分比(%)
	红褐	黑	灰	红	黑	灰	红褐	灰		
素面	210	10	14	3	8	17	3		265	83.33
绳纹	9	1		1		2			13	4.09
间断绳纹	2	1				2			5	1.57
弦纹	1					1	1		3	0.94
梯格纹	7								7	2.20
刻划纹	1								1	0.31
指捺纹	2								2	0.63
叶脉纹					1				1	0.31
曲折纹						1			1	0.31
篮纹	6								6	1.89
方格纹	2	1		1	2				6	1.89
附加堆纹	3	1							4	1.26
菱形填线纹							1		1	0.31
复线回纹							1		1	0.31
绳纹+刻划纹	1								1	0.31
绳纹+指捺纹		1							1	0.31
合计	244	15	14	5	11	23	6		318	99.97
百分比(%)	76.73	4.72	4.40	1.57	3.46	7.23	1.89		100	

附表二五（2） T32⑨陶器器类统计表 （单位：块）

器类 \ 陶系	夹 砂			泥 质			硬 陶		合计	百分比(%)
	红褐	黑	灰	红	黑	灰	褐	灰		
鬲	61	2							63	62.38
鼎		1							1	0.99
甗	3								3	2.97
豆	3			1	5				9	8.91
罐	13	4			1	1	2		21	20.79
器盖				2		1	1		4	3.96
合计	81	7		3	6	2	3		101	100
百分比(%)	80.20	6.93		2.97	4.95	1.98	2.97		100	

附表二六（1）　　G26陶器纹饰统计表　　　　（单位：块）

纹饰 ＼ 陶系	夹　砂			泥　质			硬　陶		合计	百分比(%)
	红褐	黑	灰	红	黑	灰	红褐	灰		
素面	182	3	3	12	2	6	1		209	77.41
绳纹	9	1	3	5		2			20	7.41
弦纹	5	1		2	5				13	4.81
梯格纹						1			1	0.37
篮纹	1			2					3	1.11
乳钉纹	1								1	0.37
圆圈纹	12								12	4.44
方格纹				2					2	0.74
附加堆纹	2			2					4	1.48
回纹							1		1	0.37
绳纹+附加堆纹	1	1		1					3	1.11
弦纹+羽纹						1			1	0.37
合计	213	6	6	26	7	10	2		270	99.99
百分比(%)	78.89	2.22	2.22	9.63	2.59	3.70	0.74		99.99	

附表二六（2）　　G26陶器器类统计表　　（单位：块）

器类 ＼ 陶系	夹　砂			泥　质			硬　陶		合计	百分比(%)
	红褐	黑	灰	红	黑	灰	褐	灰		
鬲	13								13	56.52
甗	2								2	8.70
豆					1				1	4.35
觚形杯				1					1	4.35
罐	4			1			1		6	26.09
合计	19			2	1		1		23	100.01
百分比(%)	82.61			8.70	4.35		4.35		100.01	

附表二七（1）　H78陶器纹饰统计表　　　　（单位：块）

陶系 / 纹饰	夹砂			泥质			合计	百分比 (%)
	红褐	黑	灰	红	黑	灰		
素面	57			1		2	60	92.31
绳纹				1			1	1.54
指捺纹	1						1	1.54
方格纹				1			1	1.54
附加堆纹	1						1	1.54
篮纹+附加堆纹	1						1	1.54
合计	60			3		2	65	100.01
百分比（%）	92.31			4.62		3.08	100.01	

附表二七（2）　H78陶器器类统计表　　　　（单位：块）

陶系 / 器类	夹砂			泥质			合计	百分比 (%)
	红褐	黑	灰	红	黑	灰		
鬲	7						7	63.64
鼎	1						1	9.09
豆	1			1			2	18.18
缸	1						1	9.09
合计	10			1			11	100
百分比（%）	90.91			9.09			100	

附表二八（1）　H121陶器纹饰统计表　　　　（单位：块）

陶系 / 纹饰	夹砂			泥质			硬陶		原始瓷	合计	百分比 (%)
	红褐	黑	灰	红	黑	灰	褐	灰	黄绿		
素面	71	1	6	2	8	5		1	3	97	55.11
绳纹	24	10			1	3				38	21.59
间断绳纹	3		2	1	2	1				9	5.11
弦纹				2	1	1	1	1		6	3.41
梯格纹	3									3	1.70
曲折纹						1		5		6	3.41
云雷纹								2		2	1.14

纹饰										合计	百分比（%）
篮纹	1									1	0.57
方格纹								1		1	0.57
回纹								3		3	1.70
菱形填线纹	1							1		2	1.14
绳纹+附加堆纹				2						2	1.14
绳纹+弦纹+指捺纹	1	4								5	2.84
绳纹+指捺纹				1						1	0.57
合计	104	15	8	8	12	11	1	14	3	176	100
百分比（%）	59.09	8.52	4.55	4.55	6.82	6.25	0.57	7.95	1.70	100	

附表二八（2）　H121陶器器类统计表　　（单位：块）

陶系 器类	夹　砂			泥　质			硬陶		原始瓷	合计	百分比（%）
	红褐	黑	灰	红	黑	灰	褐	灰	黄绿		
鬲	28	1	6							35	53.85
鼎	1				2	1				4	6.15
甑	1	1								2	3.08
豆					5	3				8	12.31
盆				1		1				2	3.08
钵					1			1	2	4	6.15
罐	3	2		1		2	1	1		10	15.38
合计	33	4	6	2	8	7	1	2	2	65	100
百分比（%）	50.77	6.15	9.23	3.08	12.31	10.77	1.54	3.08	3.08	100.01	

附表二九（1）　H110陶器纹饰统计表　　（单位：块）

陶系 纹饰	夹　砂			泥　质			硬陶		合计	百分比（%）
	红褐	黑	灰	红	黑	灰	红褐	灰		
素面	131	9		7	11	10	7	6	181	52.46
绳纹	48	7	1						56	16.23
间断绳纹				1		5			6	1.74
弦纹				3	2	4	1	3	13	3.77
网纹	6	9							15	4.35
梯格纹	2			9	21				32	9.28
指捺纹	1								1	0.29

纹饰	红褐	黑	灰	红	黑	灰	褐	灰	合计	百分比(%)
曲折纹				5		11		2	18	5.22
穗状纹				12					12	3.48
席纹				3					3	0.87
复线菱纹								1	1	0.29
绳纹+附加堆纹			1						1	0.29
弦纹+云雷纹		1							1	0.29
弦纹+梯格纹	3								3	0.87
弦纹+梯格纹+网纹				1					1	0.29
贝纹+梯格纹	1								1	0.29
合计	192	26	2	41	34	30	8	12	345	100.01
百分比(%)	55.65	7.54	0.58	11.88	9.86	8.70	2.32	3.48	100.01	

附表二九（2）　　H110陶器器类统计表　　（单位：块）

陶系 / 器类	夹砂			泥质			硬陶		合计	百分比(%)
	红褐	黑	灰	红	黑	灰	褐	灰		
鬲	38	2							40	50.63
鼎	1								1	1.27
甗	2								2	2.53
豆				1	7	5		1	14	17.72
刻槽钵				1					1	1.27
钵	1				2				3	3.80
瓮	2			3		1			6	7.59
盆	2		1						3	3.80
罐	2		1				1	1	5	6.33
器盖							2	2	4	5.06
合计	48	2	2	5	9	6	3	4	79	100
百分比(%)	60.76	2.53	2.53	6.33	11.39	7.59	3.80	5.06	99.99	

附表三〇（1）　　T17⑤陶器纹饰统计表　　（单位：块）

陶系 / 纹饰	夹砂			泥质			硬陶		原始瓷	合计	百分比(%)
	红褐	黑	灰	红	黑	灰	褐	灰	黄绿		
素面	123	3	4	12	28	43	15		3	231	54.23
绳纹	18	5	8	12	3	2				48	11.27

间断绳纹	10	2	6	1					19	4.46
弦纹	1	1		1	2		2	3	10	2.35
网纹	6	1							7	1.64
梯格纹	3	1	2				1		7	1.64
云雷纹			1	1					2	0.47
指捺纹			1						1	0.23
曲折纹	1	4	1				1		7	1.64
叶脉纹							2		2	0.47
方格纹	3		1				4		8	1.88
附加堆纹	1	1							2	0.47
席纹	3						3		6	1.41
回纹							5		5	1.17
菱纹				1					1	0.23
复线回纹							3		3	0.70
复线菱纹	64								64	15.02
绳纹+网纹			1						1	0.23
间断绳纹+网纹	1								1	0.23
复线菱纹+网纹		1							1	0.23
合计	234	19	25	28	33	45	36	6	426	99.97
百分比（%）	54.93	4.46	5.87	6.57	7.75	10.56	8.45	1.41	100	

附表三〇（2）　　T17⑤陶器器类统计表　　　　（单位：块）

陶系 / 器类	夹　砂			泥　质			硬　陶		原始瓷	合计	百分比（%）
	红褐	黑	灰	红	黑	灰	褐	灰	黄绿		
鬲	69	4	5							78	52.35
鼎	3		1		3	6				13	8.72
甗	9	1								10	6.71
簋					2					2	1.34
豆				1	16	10			1	28	18.79
刻槽钵	2									2	1.34
盘						1				1	0.67
盆	3									3	2.01

瓮	3									3	2.01
罐	4	1	1	1			1		1	9	6.04
合计	93	5	8	2	21	17	1		2	149	99.98
百分比（%）	62.42	3.36	5.37	1.34	14.09	11.41	0.67		1.34	100	

附表三一（1）　　T24⑤陶器纹饰统计表　　　　　　　　（单位：块）

陶系〈br〉纹饰	夹 砂			泥 质			硬 陶		合计	百分比（%）
	红褐	黑	灰	红	黑	灰	褐	灰		
素面	361	22	4	29	21	15	3		455	66.52
绳纹	98	20	4	24	13	10			169	24.71
间断绳纹	8	3	2	6	6	5			30	4.39
弦纹	1	1	1	2		2		1	8	1.17
方格纹				1		2			3	0.44
曲折纹						2			2	0.29
叶脉纹							1		1	0.15
圆圈纹	1			1					2	0.29
指捺纹	2								2	0.29
云雷纹				1			1		2	0.29
回纹				1			5		6	0.88
席纹						1			1	0.15
菱形填线纹							1		1	0.15
绳纹+附加堆纹	1								1	0.15
曲折纹+回纹							1		1	0.15
合计	472	46	11	65	40	37	12	1	684	100.02
百分比（%）	69.01	6.73	1.61	9.50	5.85	5.41	1.75	0.15	100.01	

附表三一（2）　　T24⑤陶器器类统计表　　　　　　　　（单位：块）

陶系〈br〉器类	夹 砂			泥 质			硬 陶		合计	百分比（%）
	红褐	黑	灰	红	黑	灰	褐	灰		
鬲	63	5	1						69	62.16
甗	5	1							6	5.41
簋			1						1	0.90

豆	1					3		4	3.60
钵					1			1	0.90
盆	1					1		2	1.80
瓮	1							1	0.90
缸		1						1	0.90
罐	15	4	1	3				23	20.72
器盖							1	1	0.90
圆陶片				1		1		2	1.80
合计	86	11	3	4	1	5	1	111	99.99
百分比（%）	77.48	9.91	2.70	3.60	0.90	4.50	0.90	99.99	

附表三二（1）　　T28③陶器纹饰统计表　　　　　　　（单位：块）

陶系 纹饰	夹　砂			泥　质			硬　陶		合计	百分比 （%）
	红褐	黑	灰	红	黑	灰	褐	灰		
素面	96	9		9	1	8	1		124	65.61
绳纹	18	1		2	5				26	13.76
弦纹	1								1	0.53
梯格纹				1					1	0.53
云雷纹				1			5		6	3.17
刻划纹	5	3							8	4.23
曲折纹	1	1							2	1.06
叶脉纹	1								1	0.53
方格纹				1					1	0.53
席纹				4			2		6	3.17
回纹							4		4	2.12
窗格纹							5		5	2.65
绳纹+附加堆纹	2				2				4	2.12
合计	124	14		18	8	8	17		189	100.01
百分比（%）	65.61	7.41		9.52	4.23	4.23	8.99		99.99	

附表三二（2）　　T28③陶器器类统计表 　　　　　（单位：块）

器类 \ 陶系	夹 砂			泥 质			硬 陶		合计	百分比(%)
	红褐	黑	灰	红	黑	灰	褐	灰		
鬲	31								31	79.49
豆						1			1	2.56
盆	1								1	2.56
瓮	1								1	2.56
罐	3			1	1				5	12.82
合计	36			1	1	1			39	99.99
百分比（%）	92.31			2.56	2.56	2.56			99.99	

附表三三（1）　　T29④陶器纹饰统计表 　　　　　（单位：块）

纹饰 \ 陶系	夹 砂			泥 质			硬 陶		合计	百分比(%)
	红褐	黑	灰	红	黑	灰	褐	灰		
素面	47	4		8	3	10			72	53.33
绳纹	25	4		3					32	23.70
间断绳纹		1		1					2	1.48
弦纹	2	1							3	2.22
网纹	2			1					3	2.22
梯格纹	2								2	1.48
云雷纹							1		1	0.74
刻划纹				1					1	0.74
篮纹	6								6	4.44
附加堆纹	2	1							3	2.22
方格纹	1			1	1				3	2.22
回纹							4		4	2.96
复线菱纹							1		1	0.74
云雷纹+回纹							1		1	0.74
弦纹+绳纹+网纹				1					1	0.74
合计	87	11		16	4	10	7		135	99.97
百分比（%）	64.44	8.15		11.85	2.96	7.41	5.19		100	

附表三三（2）　T29④陶器器类统计表　（单位：块）

器类＼陶系	夹砂			泥质			硬陶		合计	百分比（%）
	红褐	黑	灰	红	黑	灰	褐	灰		
鬲	10								10	55.56
豆						1			1	5.56
刻槽钵				1					1	5.56
罐	3			1	1				5	27.78
圆陶片				1					1	5.56
合计	13			3	1	1			18	100.02
百分比（%）	72.22			16.67	5.56	5.56				

附表三四（1）　H73陶器纹饰统计表　（单位：块）

纹饰＼陶系	夹砂			泥质			合计	百分比（%）
	红褐	黑	灰	红	黑	灰		
素面	112	17	10	2	15	7	163	64.43
绳纹	41	11	8	8		9	77	30.43
间断绳纹	2	1	1	3			7	2.77
弦纹		1					1	0.40
指捺纹	1						1	0.40
方格纹	2						2	0.79
附加堆纹			1	1			2	0.79
合计	158	30	20	14	15	16	253	100.01
百分比（%）	62.45	11.86	7.91	5.53	5.93	6.32	100	

附表三四（2）　H73陶器器类统计表　（单位：块）

器类＼陶系	夹砂			泥质			合计	百分比（%）
	红褐	黑	灰	红	黑	灰		
鬲	24			1			25	69.44
鼎	1						1	2.78
瓢	2						2	5.56
簋						1	1	2.78

尊					1	1	2.78
钵				1		1	2.78
盆	1					1	2.78
罐	1	1			1	3	8.33
陶垫	1					1	2.78
合计	30	1		2	3	36	100.01
百分比（%）	83.33	2.78		5.56	8.33	100	

附表三五（1）　　H84陶系纹饰统计表　　　　　　（单位：块）

陶系＼纹饰	夹　砂			泥　质			硬　陶		合计	百分比（%）
	红褐	黑	灰	红	黑	灰	褐	灰		
素面	50	10		7	7	4	4		82	57.34
绳纹	18	3	5	5					31	21.68
间断绳纹	4			3					7	4.90
梯格纹	2								2	1.40
云雷纹							2		2	1.40
曲折纹				1					1	0.70
叶脉纹				1					1	0.70
方格纹							3		3	2.10
附加堆纹	2								2	1.40
席纹				1					1	0.70
回纹							5		5	3.50
菱纹							1		1	0.70
窗格纹				1			1		2	1.40
复线回纹							1		1	0.70
曲折纹+回纹							1		1	0.70
弦纹+复线回纹				1					1	0.70
合计	76	13	5	20	7	4	18		143	100.02
百分比（%）	53.15	9.09	3.50	13.99	4.90	2.80	12.59		100.02	

附表三五（2）　　H84陶器器类统计表　　（单位：块）

陶系\器类	夹　砂			泥　质			硬　陶		合计	百分比（%）
	红褐	黑	灰	红	黑	灰	褐	灰		
鬲	18	2	2						22	81.48
鼎	1								1	3.70
豆					2	1			3	11.11
罐				1					1	3.70
合计	19	2	2	1	2	1			27	99.99
百分比（%）	70.37	7.41	7.41	3.70	7.41	3.70			100	

附表三六（1）　　H89陶系纹饰统计表　　（单位：块）

陶系\纹饰	夹　砂			泥　质			硬　陶		合计	百分比（%）
	红褐	黑	灰	红	黑	灰	褐	灰		
素面	243		8	10	18	34			313	54.06
绳纹	147		12	9	2	25			195	33.68
间断绳纹	20			2	3	6			31	5.35
弦纹	6				1				7	1.21
指捺纹	8								8	1.38
刻划纹	2								2	0.35
曲折纹	2								2	0.35
回纹	2						2		4	0.69
绳纹+附加堆纹	7				1	4			12	2.07
绳纹+指捺纹	1								1	0.17
弦纹+梯格纹	1								1	0.17
弦纹+复线三角纹	1								1	0.17
弦纹+乳钉纹					1				1	0.17
弦纹+三角填线纹+乳钉纹				1					1	0.17
合计	440		20	22	26	69	2		579	99.99
百分比（%）	75.99		3.45	3.80	4.49	11.92	0.35		100	

附表三六（2）　H89陶器器类统计表　　　　　　（单位：块）

陶系 器类	夹砂			泥质			硬陶		合计	百分比(%)
	红褐	黑	灰	红	黑	灰	褐	灰		
鬲	13								13	27.08
鼎				1		2			3	6.25
甗	9								9	18.75
簋						1			1	2.08
豆				3	2	1			6	12.5
盆						1			1	2.08
罐	2	1		4	3	2			12	25
窝形器				1					1	2.08
圆陶片				2					2	4.17
合计	24	1		11	5	7			48	99.99
百分比(%)	50	2.08		22.92	10.42	14.58			100	

附表三七（1）　H108陶器纹饰统计表　　　　　　（单位：块）

陶系 纹饰	夹砂			泥质			硬陶		原始瓷	合计	百分比(%)
	红褐	黑	灰	红	黑	灰	褐	灰	黄绿		
素面	64	2	1	7	4	14	1	2		95	59.75
绳纹	17	7	1	3		1				29	18.24
间断绳纹	6		1							7	4.4
弦纹	3									3	1.89
网纹	2				1			1		4	2.52
梯格纹	3									3	1.89
刻划纹	1									1	0.63
云雷纹	1			1				1		3	1.89
叶脉纹	2									2	1.26
篮纹		2								2	1.26
方格纹	1									1	0.63
席纹							3			3	1.89
回纹								3		3	1.89
三角填线纹									1	1	0.63
弦纹+绳纹	1									1	0.63
弦纹+三角填线纹						1				1	0.63
合计	101	11	3	11	6	15	4	7	1	159	100.03
百分比(%)	63.52	6.92	1.89	6.92	3.77	9.43	2.52	4.4	0.63	100	

附表三七（2）　　H108陶器器类统计表　　　　　　（单位：块）

陶系 器类	夹砂			泥质			硬陶		原始瓷	合计	百分比(%)
	红褐	黑	灰	红	黑	灰	褐	灰	黄绿		
鬲	32									32	57.14
鼎	1					1				2	3.57
甗	1									1	1.79
豆				1	2	2				5	8.93
钵						2	1			3	5.36
盆	1	1								2	3.57
瓮						1	1			2	3.57
罐	1		1		1	2	2			7	12.5
器盖				1						1	1.79
圆陶片				1						1	1.79
合计	36	1	1	3	3	8	4			56	100.01
百分比(%)	64.29	1.79	1.79	5.36	5.36	14.29	7.14				100.02

附表三八（1）　　H109陶器纹饰统计表　　　　　　（单位：块）

陶系 纹饰	夹砂		泥质			硬陶		硬陶（釉）		合计	百分比(%)
	红褐	灰	红	黑	灰	褐	灰	褐	灰		
素面	71		17	1	5	1	3			98	43.17
绳纹	58	1	10	7	1					77	33.92
间断绳纹	6		5	1	1					13	5.73
弦纹			2	2	2		1			7	3.08
网纹				1	1			2		4	1.76
梯格纹	1		3							4	1.76
云雷纹			1				3			4	1.76
曲折纹	2									2	0.88
刻划纹	4		1	1						6	2.64
篮纹	2									2	0.88
方格纹				2						2	0.88
席纹								2		2	0.88
绳纹+附加堆纹	1									1	0.44

纹饰									合计	百分比（%）
弦纹+绳纹					1					1	0.44
弦纹+绳纹+乳钉纹			1							1	0.44
弦纹+复线三角纹+叶脉纹+乳钉纹				1	1					2	0.88
弦纹+圆圈纹+绳纹+乳钉纹				1						1	0.44
合计	145	1	40	17	12	1	7	2	2	227	99.98
百分比（%）	63.88	0.44	17.62	7.49	5.29	0.44	3.08	0.88	0.88	100	

附表三八（2）　　H109陶器器类统计表　　　　　　（单位：块）

陶系 / 器类	夹砂		泥质			硬陶		硬陶（釉）		合计	百分比（%）
	红褐	灰	红	黑	灰	褐	灰	褐	灰		
鬲	40									40	65.57
鼎				1	2					3	4.92
甗	1									1	1.64
豆					2					2	3.28
刻槽钵	2									2	3.28
钵			1							1	1.64
瓮			2	1						3	4.92
罐	2		1	1	2			1	1	8	13.11
器盖	1									1	1.64
合计	46		4	3	6			1	1	61	100
百分比（%）	75.41		6.56	4.92	9.84			1.64	1.64	100.01	

附表三九（1）　　H112陶器纹饰统计表　　　　　　（单位：块）

陶系 / 纹饰	夹砂		泥质			硬陶	合计	百分比（%）
	红褐	灰	红	黑	灰	灰		
素面	75	2	2	2	3	6	90	66.67
绳纹	20	1	1		1		23	17.04
间断绳纹	3	1					4	2.96
网纹	4						4	2.96
梯格纹	3		1				4	2.96
篮纹	1						1	0.74
云雷纹						1	1	0.74

指捺纹	1						1	0.74
叶脉纹				1			1	0.74
穗状纹			1				1	0.74
菱形填线纹						1	1	0.74
绳纹+附加堆纹	1						1	0.74
弦纹+网纹	1						1	0.74
弦纹+云雷纹+绳纹					1		1	0.74
弦纹+梯格纹+网纹+乳钉纹			1				1	0.74
合计	109	4	6	3	5	8	135	100.04
百分比（%）	80.74	2.96	4.44	2.22	3.70	5.93	99.99	99.99

附表三九（2）　H112陶器器类统计表　　　　　（单位：块）

陶系 / 器类	夹 砂			泥 质			硬 陶		合计	百分比（%）
	红褐	黑	灰	红	黑	灰	褐	灰		
鬲	20								20	60.61
鼎				1					1	3.03
甗	2								2	6.06
豆								1	1	3.03
刻槽钵				1					1	3.03
瓮	1								1	
罐	5		1						6	21.21
纺轮				1					1	3.03
合计	28		1	3				1	33	100
百分比（%）	84.85		3.03	9.09				3.03	100	

附表四〇（1）　　T07③陶器纹饰统计表　　　　　（单位：块）

陶系 / 纹饰	夹 砂			泥 质			合计	百分比（%）
	红褐	黑	灰	红	黑	灰		
素面	92	5	2	8	12	11	130	53.06
绳纹	58	9	4	7	5	2	85	34.69
间断绳纹	5						5	2.04
弦纹			1	3	1		5	2.04
网纹	1	1		1			3	1.22

梯格纹				5			5	2.04
指捺纹	2						2	0.82
刻划纹	2						2	0.82
方格纹	1						1	0.41
云雷纹						2	2	0.82
叶脉纹	1						1	0.41
附加堆纹	2			1			3	1.22
乳钉纹	1						1	0.41
合计	165	15	7	25	18	15	245	100
百分比（%）	67.35	6.12	2.86	10.20	7.35	6.12	100	

附表四〇（2）　　T07③陶器器类统计表　　　　　　　　（单位：块）

陶系 器类	夹　砂			泥　质			合计	百分比（%）
	红褐	黑	灰	红	黑	灰		
鬲	13	2					15	57.69
甗	4						4	15.38
簋	1						1	3.85
豆				1		1	2	7.69
盆	1						1	3.85
罐	3						3	11.54
合计	22	2		1		1	26	100
百分比（%）	84.62	7.69		3.85		3.85	100.01	

附表四一（1）　　T08④陶器纹饰统计表　　　　　　　　（单位：块）

陶系 纹饰	夹　砂			泥　质			硬陶	合计	百分比（%）
	红褐	黑	灰	红	黑	灰	褐		
素面	92			3	4	2	2	103	45.18
绳纹	77	1				9		87	38.16
间断绳纹	20	1		1		1		23	10.09
弦纹	1	1		1				3	1.32
网纹	1					1		2	0.88
梯格纹	1							1	0.44
刻划纹	2							2	0.88
方格纹						1		1	0.44

	夹砂			泥质			硬陶	合计	百分比
	红褐	黑	灰	红	黑	灰	褐		
云雷纹							1	1	0.44
绳纹+附加堆纹						1		1	0.44
绳纹+刻划纹	2							2	0.88
刻划纹+附加堆纹	1							1	0.44
弦纹+复线三角纹						1		1	0.44
合计	198	3		4	4	16	3	228	100.03
百分比（%）	86.84	1.32		1.75	1.75	7.02	1.32	100	

附表四一（2）　T08④陶器器类统计表　　　　　（单位：块）

陶系 器类	夹砂			泥质			硬陶	合计	百分比（%）
	红褐	黑	灰	红	黑	灰	褐		
鬲	22							22	62.86
甗	1							1	2.86
豆	2			2	1			5	14.29
尊						1		1	2.86
盆	1							1	2.86
罐	1					3	1	5	14.29
合计	27			2	1	4	1	35	100.02
百分比（%）	77.14			5.71	2.86	11.43	2.86	100	

附表四二（1）　T22④陶器纹饰统计表　　　　　（单位：块）

陶系 纹饰	夹砂			泥质			合计	百分比（%）
	红褐	黑	灰	红	黑	灰		
素面	78			2	7	3	90	61.22
绳纹	12		6	3	2	1	24	16.33
间断绳纹	1			2	1		4	2.72
弦纹	1			2	7	4	14	9.52
指捺纹	2						2	1.36
方格纹	1						1	0.68
篮纹	9						9	6.12
锥刺纹	1						1	0.68
绳纹+附加堆纹	1						1	0.68
三角镂孔纹					1		1	0.68
合计	106		6	9	18	8	147	99.99
百分比（%）	72.11		4.08	6.12	12.24	5.44	99.99	

附表四二（2）　　T22④陶器器类统计表　　　　（单位：块）

陶系\器类	夹砂			泥质			合计	百分比（%）
	红褐	黑	灰	红	黑	灰		
鬲	6	2	3				11	36.67
鼎	3						3	10
甗	3						3	10
豆				3	3		6	20
钵					6		6	20
罐	1						1	3.33
合计	13	2	3	3	9		30	100
百分比（%）	43.33	6.67	10	10	30		100	

附表四三（1）　　T31⑦陶器纹饰统计表　　　　（单位：块）

陶系\纹饰	夹砂			泥质			硬陶	原始瓷	合计	百分比（%）
	红褐	黑	灰	红	黑	灰	灰	黄绿		
素面	114			17	5	27	20	1	184	50.97
绳纹	42	1	7	12		1			63	17.45
间断绳纹	1			2		4			7	1.94
弦纹	2				1	4		1	8	2.22
网纹	18	1	7						26	7.20
梯格纹	13	1		30					44	12.19
方格纹	1								1	0.28
篮纹	7								7	1.94
穗状纹	7			5		1			13	3.60
附加堆纹	1								1	0.28
圆圈纹	1								1	0.28
夔纹				1					1	0.28
席纹				2		2	1		5	1.39
合计	207	3	14	69	6	39	21	2	361	100.02
百分比（%）	57.34	0.83	3.88	19.11	1.66	10.80	5.83	0.55	100	

附表四三（2）　T31⑦陶器器类统计表　　　　　（单位：块）

陶系 / 器类	夹砂 红褐	夹砂 黑	夹砂 灰	泥质 红	泥质 黑	泥质 灰	硬陶 灰	原始瓷 黄绿	合计	百分比(%)
鬲	35		1						36	50
鼎	2					1			3	4.17
瓿	6	1							7	9.72
豆				1		4	1		6	8.33
刻槽钵	1			2					3	4.17
盆	2								2	2.78
罐	9	1		1	1		1		13	18.06
器盖						1	1		2	2.78
合计	55	1	2	4	2	6	2		72	100.01
百分比(%)	76.39	1.39	2.78	5.56	2.78	8.33	2.78		100.01	

附表四四（1）　T32⑧陶器纹饰统计表　　　　　（单位：块）

陶系 / 纹饰	夹砂 红褐	夹砂 黑	夹砂 灰	泥质 红	泥质 黑	泥质 灰	硬陶 褐	硬陶 灰	合计	百分比(%)
素面	281		5	17	18	44	3	36	404	59.50
绳纹	61	14	50	3	1	4			133	19.59
间断绳纹	4	5	4			21			34	5.01
弦纹	1				3	2	1	5	12	1.77
网纹	1								1	0.15
梯格纹	22			4				1	27	3.98
方格纹			1			3			4	0.59
曲折纹	1							2	3	0.44
篮纹	4								4	0.59
叶脉纹			1						1	0.15
刻划纹	3		4						7	1.03
回纹								7	7	1.03
复线回纹	1			2				5	8	1.18
复线菱纹				2				1	3	0.44

三角填线纹								20	20	2.95
圆圈纹	1								1	0.15
绳纹+附加堆纹	4		1		1	1			7	1.03
绳纹+刻划纹	2								2	0.29
弦纹+绳纹				1					1	0.15
合计	386	19	66	29	23	75	4	77	679	100.02
百分比（%）	56.85	2.80	9.72	4.27	3.39	11.05	0.59	11.34	100.01	

附表四四（2）　　T32⑧陶器器类统计表　　　　　　（单位：块）

陶系 \ 器类	夹 砂			泥 质			硬 陶		合计	百分比（%）
	红褐	黑	灰	红	黑	灰	褐	灰		
鬲	88	2	2						92	48.68
鼎					2				2	1.06
甗	5								5	2.65
豆			1	6	4	8	2	2	23	12.17
刻槽钵	1								1	0.53
钵	1		1	4	2	1	1	2	12	6.35
盘			1						1	0.53
瓮						1			1	0.53
罐	27	2	2	2	3	5		7	48	25.40
器盖				1		2			3	1.59
圆陶片	1								1	0.53
合计	123	4	7	13	11	17	3	11	189	100.02
百分比（%）	65.08	2.12	3.70	6.88	5.82	8.99	1.59	5.82	100	

附表四五（1）　F2陶器纹饰统计表　（单位：块）

陶系 \ 纹饰	夹砂			泥质			硬陶	合计	百分比（%）
	红褐	黑	灰	红	黑	灰	褐		
素面	507	92	9	51	27	30	6	722	55.71
绳纹	272	52	17	79	32	27		479	36.96
间断绳纹	11		1	15	1	2		30	2.31
弦纹	2			10				12	0.93
网纹	7			3				10	0.77
梯格纹				1		2		3	0.23
指捺纹	6							6	0.46
方格纹	1			2	1	1		5	0.39
云雷纹	1			3			3	7	0.54
涡纹				1				1	0.08
附加堆纹	3			1		1		5	0.39
复线菱纹				1			2	3	0.23
绳纹+附加堆纹	4	1		1				6	0.46
间断绳纹+附加堆纹				4				4	0.31
刻划三角纹+乳钉纹	1							1	0.08
刻划纹+附加堆纹				1				1	0.08
绳纹+附加堆纹+乳钉纹	1							1	0.08
合计	816	144	28	173	61	63	11	1296	100.01
百分比（%）	62.96	11.11	2.16	13.35	4.71	4.86	0.85	100	

附表四五（2）　F2陶器器类统计表　（单位：块）

陶系 \ 器类	夹砂			泥质			硬陶	合计	百分比（%）
	红褐	黑	灰	红	黑	灰	褐		
鬲	94							94	74.60
瓿	6							6	4.76
簋					2			2	1.59
豆					1			1	0.79
三足器	1							1	0.79

钵	1						1	0.79
碗	1						1	0.79
盆	3						3	2.38
瓮	1						1	0.79
罐	4		2		1	2	9	7.14
纺轮				1			1	0.79
网坠				2			2	1.59
圆陶片				3			3	2.38
陶饰				1			1	0.79
合计	111		2	7	4	2	126	99.97
百分比（%）	88.10		1.59	5.56	3.17	1.59	100.01	

附表四六（1）　　H36陶器纹饰统计表　　　　　　　　（单位：块）

陶系 纹饰	夹 砂			泥 质			硬 陶	合 计	百分比（%）
	红褐	黑	灰	红	黑	灰	褐		
素面	129			17		8	1	155	49.84
绳纹	100	4		8	3	16		131	42.12
间断绳纹	5					8		13	4.18
弦纹						1	1	2	0.64
网纹	1							1	0.32
指捺纹	1							1	0.32
刻划纹	1							1	0.32
回纹							1	1	0.32
复线菱纹							1	1	0.32
绳纹+附加堆纹	1			1				2	0.64
绳纹+指捺纹	1							1	0.32
网纹+刻划纹	1							1	0.32
回纹+圈点纹							1	1	0.32
合计	240	4		26	3	33	5	311	99.98
百分比（%）	77.17	1.29		8.36	0.96	10.61	1.61	100	

附表四六（2）　　H36陶器器类统计表　　（单位：块）

器类＼陶系	夹砂			泥质			硬陶	合计	百分比（%）
	红褐	黑	灰	红	黑	灰	褐		
鬲	42	1					1	44	73.33
甗	4							4	6.67
豆						2		2	3.33
钵						2		2	3.33
罐				1	3	2		6	10
拍	2							2	3.33
合计	48	1		1	3	7		60	99.99
百分比（%）	80	1.67		1.67	5	11.67		100.01	

附表四七（1）　　H46陶器纹饰统计表　　（单位：块）

纹饰＼陶系	夹砂			泥质			硬陶		原始瓷	合计	百分比（%）
	红褐	黑	灰	红	黑	灰	褐	灰	黄绿		
素面	231	30	6	6	20	30			1	324	58.38
绳纹	105	9	14	13	21	28				190	34.23
间断绳纹	8					2				10	1.80
弦纹				2	5	3				10	1.80
梯格纹				1						1	0.18
指捺纹	4	1		1						6	1.08
方格纹							1			1	0.18
叶脉纹						1				1	0.18
附加堆纹	1				1					2	0.36
绳纹+附加堆纹		2			2	1				5	0.90
间断绳纹+附加堆纹			1							1	0.18
曲折纹+绳纹					1					1	0.18
曲折纹+回纹							3			3	0.54
合计	349	42	21	23	50	65	4		1	555	99.99
百分比（%）	62.88	7.57	3.78	4.14	9.01	11.71	0.72		0.18	99.99	

附表四七（2）　　H46陶器器类统计表　　　　　（单位：块）

器类 \ 陶系	夹　砂			泥　质			硬　陶		原始瓷	合计	百分比（%）
	红褐	黑	灰	红	黑	灰	褐	灰	黄绿		
鬲	66	4								70	60.34
鼎	1									1	0.86
甗	6		1							7	6.03
簋	1	1								2	1.73
三足器（甗或鬶）	1									1	0.86
豆					1	2				3	2.59
盆	4				2					6	5.17
罐	16				2	5	1			24	20.69
圆陶片				1						1	0.86
带把陶器（角把）	1									1	0.86
合计	97	4	1	1	5	7	1			116	99.99
百分比（%）	83.62	3.45	0.86	0.86	4.31	6.03	0.86			99.99	

附表四八（1）　　H52陶器纹饰统计表　　　　　（单位：块）

纹饰 \ 陶系	夹　砂			泥　质			硬　陶		合计	百分比（%）
	红褐	黑	灰	红	黑	灰	褐	灰		
素面	159	2	67	10	18	26			282	49.30
绳纹	91	7	62	18	27	14			219	38.29
间断绳纹	11	2	5	4	15	4			41	7.17
弦纹		1	1	3		3			8	1.40
云雷纹				1					1	0.17
指捺纹				5	2				7	1.22
曲折纹							1		1	0.17
回纹								1	1	0.17
复线回纹							2		2	0.35
绳纹+附加堆纹	3		3	1	1	2			10	1.75
合计	264	12	138	42	63	49	3	1	572	99.99
百分比（%）	46.15	2.10	24.13	7.34	11.01	8.57	0.52	0.17	99.99	

附表四八（2）　　H52陶器器类统计表　　　　　　（单位：块）

陶系 器类	夹砂			泥质			硬陶		合计	百分比（%）
	红褐	黑	灰	红	黑	灰	褐	灰		
鬲	65	5							70	67.31
鼎	1								1	0.96
甑	2	1							3	2.88
簋	1				1				2	1.92
豆					1	1			2	1.92
钵					1				1	0.96
盆	2				1				3	2.88
瓮						1			1	0.96
罐	10			1	2	5			18	17.31
纺轮	1			1					2	1.92
圆陶片				1					1	0.96
合计	82	6		3	6	7			104	99.98
百分比（%）	78.85	5.77		2.88	5.77	6.73			100	

附表四九（1）　　H56陶器纹饰统计表　　　　　　（单位：块）

陶系 纹饰	夹砂			泥质			硬陶		原始瓷	合计	百分比（%）
	红褐	黑	灰	红	黑	灰	褐	灰	黄绿		
素面	318	15	48	18	10	34				443	57.98
绳纹	167	19	66	5	13					270	35.34
间断绳纹	8	7	3	7		4				29	3.80
弦纹				1		2	1		1	5	0.65
网纹			2							2	0.26
梯格纹				1						1	0.13
指捺纹	2									2	0.26
附加堆纹	3	2	1			1				7	0.92
方格纹	3									3	0.39
席纹				1						1	0.13
回纹								1		1	0.13
合计	501	43	120	33	23	41	2		1	764	99.99
百分比（%）	65.58	5.63	15.71	4.32	3.01	5.37	0.26		0.13	100.01	

附表四九（2）　　H56陶器器类统计表　　　　　　　（单位：块）

陶系\器类	夹　砂			泥　质			硬　陶		原始瓷	合计	百分比（%）
	红褐	黑	灰	红	黑	灰	褐	灰	黄绿		
鬲	92	10								102	76.69
甗	2									2	1.50
簋				1	1	1				3	2.26
豆	1		1	3	3	1				9	6.77
罐	8	3	3	1	1	1				17	12.78
合计	103	13	4	5	5	3				133	100
百分比（%）	77.44	9.77	3.01	3.76	3.76	2.26				100	

附表五〇（1）　　H70陶器纹饰统计表　　　　　　　（单位：块）

陶系\纹饰	夹　砂		泥　质		硬　陶	合计	百分比（%）
	红褐	灰	红	灰	褐		
素面	63	5	4	13		85	54.14
绳纹	28	7	1	1		37	23.57
间断绳纹	13	1	3			17	10.83
梯格纹	2		1		1	4	2.55
刻划纹	2					2	1.27
云雷纹					2	2	1.27
方格纹	1					1	0.64
复线回纹					3	3	1.91
绳纹+附加堆纹	1		1			2	1.27
绳纹+刻划纹	3					3	1.91
弦纹+方格纹					1	1	0.64
合计	113	13	10	14	7	157	100
百分比（%）	71.97	8.28	6.37	8.92	4.46	100	

附表五〇（2）　　H70陶器器类统计表　　　　　　　（单位：块）

陶系 器类	夹砂		泥质		硬陶	合计	百分比（%）
	红褐	灰	红	灰	褐		
鬲	24					24	72.72
鼎	1					1	3.03
簋			1			1	3.03
豆				5		5	15.15
盆	1					1	3.03
罐					1	1	3.03
合计	26		1	5	1	33	99.99
百分比（%）	78.79		3.03	15.15	3.03	100	

附表五一（1）　　H79陶器纹饰统计表　　　　　　　（单位：块）

陶系 纹饰	夹砂			泥质			硬陶	合计	百分比（%）
	红褐	黑	灰	红	黑	灰	褐		
素面	47			21	2	1		71	41.28
绳纹	71	2	1					74	43.02
间断绳纹	14	1						15	8.72
弦纹	2							2	1.16
网纹	2							2	1.16
梯格纹	2							2	1.16
云雷纹							1	1	0.58
刻划纹	1							1	0.58
复线菱纹							1	1	0.58
绳纹+附加堆纹	3							3	1.74
合计	142	3	1	21	2	1	2	172	99.98
百分比（%）	82.56	1.74	0.58	12.21	1.16	0.58	1.16	99.99	

附表五一（2）　H79陶器器类统计表　（单位：块）

器类＼陶系	夹砂			泥质			硬陶	合计	百分比(%)
	红褐	黑	灰	红	黑	灰	褐		
鬲	6		1					7	53.85
豆			1			1		2	15.38
缸	1							1	7.69
罐	2							2	15.38
圆陶片				1				1	7.69
合计	9		2	1		1		13	99.99
百分比(%)	69.23		15.38	7.69		7.69		99.99	

附表五二（1）　H87陶器纹饰统计表　（单位：块）

纹饰＼陶系	夹砂			泥质			硬陶		原始瓷	合计	百分比(%)
	红褐	黑	灰	红	黑	灰	褐	灰	黄绿		
素面	1359		62	88	46	70	20		13	1658	69.31
绳纹	360		116	26		61				563	23.54
间断绳纹	19		6			5				30	1.25
弦纹					1				2	3	0.13
云雷纹							24			24	1.0
指捺纹	1									1	0.04
曲折纹							5			5	0.2
方格纹							12			12	0.5
附加堆纹	21		18							39	1.63
席纹							1			1	0.04
回纹							43			43	1.80
复线回纹							1			1	0.04
三角填线纹							2			2	0.08
菱形填线纹							10			10	0.42
合计	1760		202	114	47	136	118		15	2392	99.98
百分比(%)	73.58		8.44	4.77	1.96	5.69	4.93		0.63	100	

附表五二（2） H87陶器器类统计表 （单位：块）

器类 \ 陶系	夹砂			泥质			硬陶		原始瓷	合计	百分比(%)
	红褐	黑	灰	红	黑	灰	褐	灰	黄绿		
鬲				395		7				402	82.89
豆	4	11	6						2	23	4.74
钵	4									4	0.82
盆					1					1	0.21
罐	21	1	5	8			7			42	8.66
器盖		7								7	1.44
纺轮	1				1					2	0.41
陶拍	1									1	0.21
网坠				3						3	0.62
合计	31	19	11	406	2	7	7		2	485	100
百分比(%)	6.39	3.92	2.27	83.71	0.41	1.44	1.44		0.41	99.99	

附表五三（1） H93陶器纹饰统计表 （单位：块）

纹饰 \ 陶系	夹砂			泥质			硬陶		原始瓷	合计	百分比(%)
	红褐	黑	灰	红	黑	灰	褐	灰	黄绿		
素面	177	18	1	25	14	16				251	41.49
绳纹	184	31		26	20	38				299	49.42
间断绳纹	7	2		7						16	2.64
弦纹					1	3			1	5	0.83
云雷纹							1			1	0.17
指捺纹	8									8	1.32
刻划纹						2				2	0.33
附加堆纹	1	2				6				9	1.49
回纹							1			1	0.17
席纹							1			1	0.17
绳纹+附加堆纹	6			5						11	1.82
弦纹+绳纹						1				1	0.17
合计	383	53	1	63	35	66	3		1	605	100.02
百分比(%)	63.31	8.76	0.17	10.41	5.79	10.91	0.50		0.17	100.02	

附表五三（2）　H93陶器器类统计表　　　　　　　（单位：块）

陶系\器类	夹砂			泥质			硬陶		原始瓷	合计	百分比(%)
	红褐	黑	灰	红	黑	灰	褐	灰	黄绿		
鬲	88	6								94	52.22
鼎		1								1	0.56
甗	10	1								11	6.11
簋					2					2	1.11
豆				1	2	2			1	6	3.33
刻槽钵						1				1	0.56
钵				1						1	0.56
盆	3				1	1				5	2.78
瓮				1						1	0.56
罐	23			11	8	11	1			54	30
器盖					1					1	0.56
纺轮					1					1	0.56
圆陶片	1									1	0.56
带把陶器（角把）		1								1	0.56
合计	125	8	1	14	15	15	1		1	180	100.03
百分比（%）	69.44	4.44	0.56	7.78	8.33	8.33	0.56		0.56	100	

附表五四（1）　H100陶器纹饰统计表　　　　　　　（单位：块）

陶系\纹饰	夹砂			泥质			硬陶		原瓷瓷	合计	百分比(%)
	红褐	黑	灰	红	黑	灰	褐	灰	黄绿		
素面	539	170	1	14	19	16	1	3	3	766	58.07
绳纹	290	156	2	10	2	27				487	36.92
间断绳纹	1									1	0.08
弦纹	4				2	1	1		1	9	0.61
梯格纹	3			1						4	0.30
云雷纹					2		1	1		4	0.30
指捺纹	7									7	0.53
刻划纹	1									1	0.08

纹饰										合计	百分比(%)
曲折纹							2			2	0.15
方格纹				1			1			2	0.15
附加堆纹	3									3	0.23
回纹				2			16	8		26	1.97
席纹				1						1	0.08
复线回纹								3		3	0.23
绳纹+附加堆纹	1									1	0.08
曲折z							2			2	0.15
云雷纹+复线回纹								1		1	0.08
复线回纹+菱形填线纹								1		1	0.08
回纹+复线回纹+窗格纹							1			1	0.08
合计	849	326	3	31	23	44	25	17	4	1322	100.01
百分比(%)	64.22	24.72	0.23	2.35	1.74	3.34	1.90	1.29	0.23	100.02	

附表五四（2）　H100陶器器类统计表　　　　　　（单位：块）

陶系 / 器类	夹 砂			泥 质			硬 陶		原始瓷	合计	百分比(%)
	红褐	黑	灰	红	黑	灰	褐	灰	黄绿		
鬲	12	6								18	20.45
鼎	1									1	1.14
甗	5	4								9	10.23
簋	1			1						2	2.27
豆					2				1	3	3.41
钵				1						1	1.14
盘					1					1	1.14
盆	4				1					5	5.68
瓮	2									2	2.27
罐	19	7	1	5	2	4	8			46	52.27
合计	44	17	1	7	6	4	8		1	88	100
百分比(%)	50	19.32	1.14	7.95	6.82	4.55	9.09		1.14	100.01	

附表五五（1）　　T08③陶器纹饰统计表　　　　　（单位：块）

陶系 纹饰	夹　砂			泥　质			硬　陶		原始瓷	合计	百分比 （%）
	红褐	黑	灰	红	黑	灰	褐	灰	黄绿		
素面	251	11	7	11	29	7	4		3	323	49.01
绳纹	163	14	25	12	14	15				243	36.87
间断绳纹	7	3	11	6	3	5				35	5.31
网纹				2						2	0.30
梯格纹							1	1		2	0.30
弦纹	2				2	1	1			6	0.91
曲折纹						1	1			2	0.30
方格纹	1			1						2	0.30
叶脉纹							4			4	0.61
附加堆纹	5	2	2		1	1				11	1.67
指捺纹	5			1						6	0.91
云雷纹						1				1	0.15
席纹				3		1				4	0.61
回纹				2			6			8	1.21
复线回纹							7	1		8	1.21
绳纹+附加堆纹				1						1	0.15
弦纹+曲折纹+三角 填线纹							1			1	0.15
合计	434	30	45	39	49	32	25	2	3	659	99.97
百分比（%）	65.86	4.55	6.83	5.92	7.44	4.86	3.79	0.30	0.46	100.01	

附表五五（2）　　T08③陶器器类统计表　　　　　（单位：块）

陶系 器类	夹　砂			泥　质			硬　陶		原始瓷	合计	百分比 （%）
	红褐	黑	灰	红	黑	灰	褐	灰	黄绿		
鬲	87		4			2				93	66.91
鼎			1							1	0.72
甗	9									9	6.47
簋				1						1	0.72
豆					2	2				4	2.88

									合计	百分比
刻槽钵	1								1	0.72
盆			1	1	2				4	2.88
瓮						1			1	0.72
罐	6	6		2	3	4	1		22	15.83
圆陶片			1	1					2	1.44
陶球				1					1	0.72
合计	103	6	7	6	7	9	1		139	100.01
百分比（%）	74.10	4.31	5.04	4.31	5.04	6.47	0.72		99.99	

附表五六（1）　　T17④陶器纹饰统计表　　　　　　（单位：块）

陶系＼纹饰	夹砂			泥质			硬陶		原始瓷	合计	百分比（%）
	红褐	黑	灰	红	黑	灰	褐	灰	黄绿		
素面	55	3		8	6	11	4		1	88	50.29
绳纹	30	3	3	1		1				38	21.71
间断绳纹	2		2	1		2				7	4
弦纹	4	1	1		2	2				10	5.71
云雷纹							3			3	1.71
网纹	5									5	2.86
附加堆纹	2									2	1.14
曲折纹	2			1			2			5	2.86
梯格纹	2+1									2	1.14
叶脉纹	1									1	0.58
指捺纹	1									1	0.58
方格纹	1	2			1	1	2			7	4
席纹	2									2	1.14
窗格纹				1						1	0.58
复线菱纹				1	1					2	1.14
弦纹+乳钉纹					1					1	0.58
合计	107	9	6	13	11	17	11		1	175	100.02
百分比（%）	61.14	5.14	3.43	7.43	6.29	9.71	6.29		0.57	100	

附表五六（2）　　T17④陶器器类统计表　　　　　　（单位：块）

陶系\器类	夹砂			泥质			硬陶		原始瓷	合计	百分比(%)
	红褐	黑	灰	红	黑	灰	褐	灰	黄绿		
鬲	4		1							5	20.83
鼎	1					3				4	16.67
甗	4									4	16.67
豆						6				6	25
刻槽钵	1									1	4.17
盆	2					1				3	12.5
罐	1									1	4.17
带把陶器（角把）											
合计	13		1			10				24	100.01
百分比(%)	54.17		4.17			41.66				100	

附表五七（1）　　T23④陶器纹饰统计表　　　　　　（单位：块）

陶系\纹饰	夹砂			泥质			硬陶		原始瓷	合计	百分比(%)
	红褐	黑	灰	红	黑	灰	褐	灰	黄绿		
素面	908	54	10	117	72	101	3		2	1267	56.74
绳纹	412	70	15	119	45	120				781	34.98
间断绳纹	13	7	1	14	7	20				62	2.78
弦纹	3			4	5	3			2	17	0.76
方格纹				3						3	0.13
网纹	1			2						3	0.13
云雷纹				3	1		1			5	0.22
指捺纹	21	1	1							23	1.03
刻划纹			1							1	0.04
回纹				1			12			13	0.58
绳纹+附加堆纹	25	2		12	5	10				54	2.42
席纹+方格纹				1						1	0.04
弦纹+曲折纹							1			1	0.04
回纹+复线菱纹							2			2	0.09
合计	1383	134	28	276	135	254	19		4	2233	99.98
百分比(%)	61.93	6	1.25	12.36	6.05	11.37	0.85		0.18	99.99	

附表五七（2）　　T23④陶器器类统计表　　　　（单位：块）

器类＼陶系	夹砂			泥质			硬陶		原始瓷	合计	百分比（%）
	红褐	黑	灰	红	黑	灰	褐	灰	黄绿		
鬲	335	10								345	68.59
鼎					1	4				5	0.99
甗	21	1	1							23	4.57
簋	1				8					9	1.79
豆				5	4	6			2	17	3.38
盆	4					2				6	1.19
钵	2				5					7	1.39
盘				1						1	0.2
瓮	3		4	6						13	2.58
罐	18			24	15	16				73	14.51
坛							1			1	0.2
器盖	1									1	0.2
纺轮				1						1	0.2
陶拍			1							1	0.2
合计	385	11	6	37	33	28	1		2	503	99.99
百分比（%）	76.54	2.19	1.19	7.36	6.56	5.57	0.2		0.4	100.01	

附表五八（1）　　T31⑥陶器纹饰统计表　　　　（单位：块）

纹饰＼陶系	夹砂			泥质			硬陶		原始瓷	合计	百分比（%）
	红褐	黑	灰	红	黑	灰	褐	灰	黄绿		
素面	798	5	3	37	29	65	48	4	1	990	63.99
绳纹	280	3		18	5	9				315	20.36
间断绳纹	43			12	8	6				69	4.46
网纹	27				1		4			32	2.07
梯格纹	21			17		1				39	2.52
弦纹	6	1	2		1	2	7		2	21	1.36
曲折纹	10			1	1					12	0.78
方格纹							2			2	0.13
叶脉纹						6	4			10	0.65

纹饰									合计	百分比
云雷纹				2		1	1			4	0.26
刻划纹	2			2						4	0.26
篮纹	2									2	0.13
指捺纹	3									3	0.19
贝纹	1									1	0.06
戳印纹	1									1	0.06
穗状纹	3									3	0.19
附加堆纹	2									2	0.13
回纹							2			2	0.13
席纹				7		1	7			15	0.97
三角填线纹							5			5	0.32
复线菱纹				1		1	2			4	0.26
绳纹+附加堆纹	1	1	1							3	0.19
间断绳纹+附加堆纹	1									1	0.06
间断绳纹+乳钉纹				1						1	0.06
弦纹+绳纹	1									1	0.06
弦纹+三角填线纹					1					1	0.06
绳纹+网纹	2									2	0.13
曲折纹+网纹	1									1	0.06
刻划纹+附加堆纹	1									1	0.06
合计	1206	10	6	98	46	92	82	4	3	1547	99.96
百分比（%）	77.96	0.65	0.39	6.33	2.97	5.95	5.30	0.26	0.19	100	

附表五八（2）　　T31⑥陶器器类统计表　　　　　　（单位：块）

陶系 / 器类	夹砂			泥质			硬陶		原始瓷	合计	百分比（%）
	红褐	黑	灰	红	黑	灰	褐	灰	黄绿		
鬲	155									155	64.58
鼎	2									2	0.83
甗	10									10	4.17
豆				4	5	14		2	1	26	10.83
刻槽钵	1					1				2	0.83

钵	1			1		1		2	5	2.08
盆	2								2	0.83
瓮				1			3		4	1.67
罐	26			4	1	1	1		33	13.75
圆陶片				1					1	0.42
合计	197			10	7	17	4	4	1	240	99.99
百分比（%）	82.08			4.17	2.92	7.08	1.67	1.67	0.42	100.01	

附表五九（1）　H91陶器纹饰统计表　　　　（单位：块）

陶系 纹饰	夹　砂			泥　质			合计	百分比 （%）
	红褐	黑	灰	红	黑	灰		
素面	19			3	2		24	45.28
绳纹	5			1			6	11.32
间断绳纹	2		2			1	5	9.43
网纹	4						4	7.55
曲折纹	9						9	16.98
梯格纹	1						1	1.89
弦纹			1			1	2	3.77
方格纹	1						1	1.89
附加堆纹			1				1	1.89
合计	41		4	4	2	2	53	100
百分比（%）	77.36		7.55	7.55	3.77	3.77	100	

附表五九（2）　H91陶器器类统计表　　　　（单位：块）

陶系 器类	夹　砂			泥　质			合计	百分比 （%）
	红褐	黑	灰	红	黑	灰		
鬲	3						3	75
罐	1						1	25
合计	4						4	100
百分比（%）	100						100	

附表六〇（1）　　H102陶器纹饰统计表　　　　　　（单位：块）

陶系 纹饰	夹砂			泥质			硬陶	合计	百分比 (%)
	红褐	黑	灰	红	黑	灰	褐		
素面	39	10			4	4		57	63.33
绳纹	7	13				1		21	23.33
间断绳纹	2					1		3	3.33
网纹	2							2	2.22
梯格纹	1							1	1.11
弦纹	1			2	1			4	4.44
方格纹							1	1	1.11
复线菱纹							1	1	1.11
合计	52	23		2	5	6	2	90	99.98
百分比 (%)	57.78	25.56		2.22	5.56	6.67	2.22	100.01	

附表六〇（2）　　H102陶器器类统计表　　　　　　（单位：块）

陶系 器类	夹砂			泥质			硬陶	合计	百分比 (%)
	红褐	黑	灰	红	黑	灰	褐		
鬲	5							5	41.67
瓶	1							1	8.33
豆				1		1		2	16.67
刻槽钵	1							1	8.33
碗	1							1	8.33
盆	1							1	8.33
罐	1							1	8.33
合计	10			1		1		12	99.99
百分比 (%)	83.33			8.33		8.33		99.99	

附表六一（1） T08②陶器纹饰统计表 （单位：块）

纹饰 \ 陶系	夹砂			泥质			硬陶	合计	百分比（%）
	红褐	黑	灰	红	黑	灰	褐		
素面	116	16	2	12	9	5	7	167	57.39
绳纹	30	5	10	11	2	6		64	21.99
间断绳纹		3	5	7		2		17	5.84
弦纹			1	3	2	1	2	9	3.09
网纹			1					1	0.34
方格纹		1		2				3	1.03
梯格纹			1					1	0.34
云雷纹				4			2	6	2.06
附加堆纹	4	1	1			1		7	2.41
回纹				1			1	2	0.69
席纹				1				1	0.34
窗格纹							3	3	1.03
三角填线纹							3	3	1.03
菱形填线纹				1			2	3	1.03
复线回纹							1	1	0.34
曲折纹+回纹							3	3	1.03
合计	150	26	21	42	13	15	24	291	99.98
百分比（%）	51.55	8.93	7.22	14.43	4.47	5.15	8.25	100	

附表六一（2） T08②陶器器类统计表 （单位：块）

器类 \ 陶系	夹砂			泥质			硬陶	合计	百分比（%）
	红褐	黑	灰	红	黑	灰	褐		
鬲	66	5	1					72	75.79
鼎	2							2	2.11
甗	2							2	2.11
豆			1					1	1.05
盆	2							2	2.11
罐	7		3	2	4			16	16.84
合计	79	5	5	2	4			95	100.01
百分比（%）	83.16	5.26	5.26	2.11	4.21			100	

附表六二（1）　T09②陶器纹饰统计表　　　　　　（单位：块）

纹饰＼陶系	夹砂			泥质			硬陶	合计	百分比(%)
	红褐	黑	灰	红	黑	灰	褐		
素面	26	1		1	5	1		34	50.75
绳纹	15	5	1	1		1		23	34.33
间断绳纹					1			1	1.49
弦纹	1				1			2	2.99
云雷纹							1	1	1.49
刻划纹	1							1	1.49
回纹						2		2	2.99
席纹				1				1	1.49
复线菱纹				2				2	2.99
合计	43	6	1	5	7	4	1	67	100.01
百分比(%)	64.18	8.96	1.49	7.46	10.45	5.97	1.49	100	

附表六二（2）　T09②陶器器类统计表　　　　　　（单位：块）

器类＼陶系	夹砂			泥质			硬陶	合计	百分比(%)
	红褐	黑	灰	红	黑	灰	褐		
鬲		2						2	40
豆				1				1	20
罐	1					1		2	40
合计	1	2		1		1		5	100
百分比(%)	20	40		20		20		100	

附表六三（1）　T10③陶器纹饰统计表　　　　　　（单位：块）

纹饰＼陶系	夹砂			泥质			硬陶		合计	百分比(%)
	红褐	黑	灰	红	黑	灰	褐	灰		
素面	116	9	4	1	16	1		2	149	43.70
绳纹	77	44	13		9	10			153	44.87
弦纹	2				2				4	1.17
网纹					2				2	0.59
方格纹	1			3					4	1.17
梯格纹	1								1	0.29

								合计	百分比
附加堆纹	2	1			2				5	1.47
云雷纹							1		1	0.29
回纹				3			1	2	6	1.76
席纹				1					1	0.29
复线回纹							8		8	2.35
窗格纹				3					3	0.88
三角填线纹							1		1	0.29
曲折纹+刻划纹								1	1	0.29
曲折纹+回纹							1		1	0.29
弦纹+刻划纹						1			1	0.29
合计	199	53	18	11	30	13	12	5	341	99.99
百分比（%）	58.35	15.54	5.28	3.23	8.80	3.81	3.52	1.47	100	

附表六三（2）　　T10③陶器器类统计表　　　　（单位：块）

陶系＼器类	夹砂			泥质			硬陶		合计	百分比（%）
	红褐	黑	灰	红	黑	灰	褐	灰		
鬲	9	2	1						12	31.58
鼎	2								2	5.26
甗	3	1							4	10.53
豆						1			1	2.63
盆	2				1				3	7.89
瓮	2								2	5.26
罐	4	1	1		2	3	2	1	14	36.84
合计	22	4	2		3	4	2	1	38	99.99
百分比（%）	57.89	10.53	5.26		7.89	10.53	5.26	2.63	99.99	

附表六四（1）　　T22②陶器纹饰统计表　　　　（单位：块）

陶系＼纹饰	夹砂			泥质			合计	百分比（%）
	红褐	黑	灰	红	黑	灰		
素面	11	1			5		17	68
绳纹	4				1		5	20
弦纹					1		1	4
指捺纹	2						2	8

合计	17	1		1	6		25	100
百分比（%）	68	4		4	24		100	

附表六四（2）　　T22②陶器器类统计表　　　　　（单位：块）

陶系＼器类	夹砂			泥质			合计	百分比（%）
	红褐	黑	灰	红	黑	灰		
鬲	2						2	66.67
鼎	1						1	33.33
合计	3						3	100
百分比（%）	100						100	

附表六五（1）　　T23③陶器纹饰统计表　　　　　（单位：块）

陶系＼纹饰	夹砂			泥质			硬陶		原始瓷	合计	百分比（%）
	红褐	黑	灰	红	黑	灰	褐	灰	黄绿		
素面	762	67		24	35	60	5		3	956	63.99
绳纹	282	57		30	18	47				434	29.05
间断绳纹	4	4		4	4	4				20	1.34
弦纹	5			2	5	1			5	18	1.20
方格纹				3		1				4	0.27
附加堆纹	16			2						18	1.20
曲折纹	1						1			2	0.13
云雷纹							2			2	0.13
指捺纹	9									9	0.60
刻划纹				2						2	0.13
回纹							8			8	0.54
席纹				5						5	0.33
窗格纹							1			1	0.07
复线菱纹	8									8	0.54
曲折纹+回纹							1			1	0.07
绳纹+附加堆纹		3			1	3				7	0.47
合计	1087	131		72	63	116	18		8	1495	100.06
百分比（%）	72.76	8.77		4.82	4.22	7.76	1.14		0.54	100.01	

附表六五（2）　T23③陶器器类统计表　　　　　　（单位：块）

陶系／器类	夹砂			泥质			硬陶		原始瓷	合计	百分比（%）
	红褐	黑	灰	红	黑	灰	褐	灰	黄绿		
鬲	152	9								161	69.70
鼎	1									1	0.43
甗	17									17	7.36
豆									4	4	1.73
盆	5									5	2.16
钵					1	1				2	0.87
瓮	1									1	0.43
罐	12		1		12	9	5			39	16.88
器盖	1									1	0.43
合计	189	9	1		13	10	5		4	231	99.99
百分比（%）	81.82	3.90	0.43		5.63	4.33	2.16		1.73	100	

附表六六（1）　T24③陶器纹饰统计表　　　　　　（单位：块）

陶系／纹饰	夹砂			泥质			硬陶		原始瓷	合计	百分比（%）
	红褐	黑	灰	红	黑	灰	褐	灰	黄绿		
素面	65	8	4	8	3	14	6		4	112	63.64
绳纹	8	3	8	5		4				28	15.91
间断绳纹	2		5							7	3.98
弦纹							2			2	1.14
方格纹				1						1	0.57
云雷纹							1			1	0.57
指捺纹	1									1	0.57
叶脉纹				1						1	0.57
曲折纹							1			1	0.57
回纹							5			5	2.84
席纹							2			2	1.14
复线回纹				1			7			8	4.55
绳纹+附加堆纹	1	1	1							3	1.7
窗格纹						1				1	0.57
菱形填线纹				2						2	1.14

	红褐	黑	灰	红	黑	灰	褐	灰	黄绿	合计	百分比（%）
曲折纹+回纹								1		1	0.57
合计	77	12	18	18	3	19	25		4	176	100.03
百分比（%）	43.75	6.82	10.23	10.23	1.7	10.80	14.2		2.27	100	

附表六六（2）　　T24③陶器器类统计表　　　　　　（单位：块）

陶系 / 器类	夹　砂			泥　质			硬　陶		原始瓷	合计	百分比（%）
	红褐	黑	灰	红	黑	灰	褐	灰	黄绿		
鬲	25		1							26	74.29
甑	2									2	5.71
豆					1	1				2	5.71
罐	2	1	1	1						5	14.29
合计	29	1	2	1	1	1				35	100
百分比（%）	82.86	2.86	5.71	2.86	2.86	2.86				100.01	

附表六七（1）　　H1陶器纹饰统计表　　　　　　（单位：块）

陶系 / 纹饰	夹　砂			泥　质			硬　陶		原始瓷	合计	百分比（%）
	红褐	黑	灰	红	黑	灰	褐	灰	黄绿		
素面	920	265	81	173	65		24	25	8	1561	56.05
绳纹	202	358	102		105	70				837	30.05
弦纹	7	2	2		7	2	3	2	1	26	0.93
梯格纹	3	5	37	3	14					62	2.23
网纹	1	9	1		1	2				14	0.5
方格纹		1	5		2		19	3		31	1.11
附加堆纹	8	5	1		3	4				21	0.75
云雷纹							2	1		3	0.11
指捺纹	1	4	1							6	0.22
刻划纹	6					2				8	0.29
叶脉纹							1	4		5	0.18
曲折纹								1		1	0.04
席纹							7	5		12	0.43
回纹							27	13		40	1.44
复线回纹							22	40		62	2.23

三角填线纹							8	1		9	0.32
菱形填线纹				26			4	8		38	1.36
弦纹+三角填线纹							3	1		4	0.14
弦纹+席纹							1			1	0.04
弦纹+回纹							2			2	0.07
弦纹+复线菱纹							1			1	0.04
弦纹+曲折纹							1			1	0.04
曲折纹+回纹							2	1		3	0.11
回纹+席纹							1			1	0.04
回纹+叶脉纹				1			2			3	0.11
回纹+复线菱纹							1			1	0.04
回纹+三角填线纹				1						1	0.04
云雷纹+复线回纹							3			3	0.11
复线回纹+窗格纹				8			6	12		26	0.93
复线菱纹+窗格纹								2		2	0.07
合计	1148	649	230	212	197	81	140	119	9	2785	100.02
百分比（%）	41.22	23.3	8.26	7.61	7.07	2.91	5.03	4.27	0.32	99.99	

附表六七（2）　　H1陶器器类统计表　　　　　　（单位：块）

陶系\器类	夹砂			泥质			硬陶		原始瓷	合计	百分比（%）
	红褐	黑	灰	红	黑	灰	褐	灰	黄绿		
鬲	25	15								40	23.26
鼎	17		2							19	11.05
甗	3	2	1							6	3.49
簋	1			1	1	2				5	2.91
豆	1			5	2	3			3	14	8.14
刻槽钵	5									5	2.91
盆	2					2	6	4		14	8.14
钵				1						1	0.58
盘					2					2	1.16
罐	9	3		15	7	5	14	10		63	36.63
坛	1							1		2	1.16

										合计	百分比
器盖						1				1	0.58
合计	64	20	3	22	12	13	20	15	3	172	100.01
百分比（%）	37.21	11.63	1.74	12.79	6.98	7.56	11.63	8.72	1.74	100	

附表六八（1）　　H94①陶器纹饰统计表　　　　　　　　（单位：块）

陶系 / 纹饰	夹 砂			泥 质			硬 陶	合计	百分比（%）
	红褐	黑	灰	红	黑	灰	褐		
素面	42			4	7			53	67.09
绳纹	10				2	3		15	18.99
间断绳纹						1		1	1.27
弦纹	1			2	1			4	5.06
方格纹	1							1	1.27
弦纹+附加堆纹	1							1	1.27
绳纹+附加堆纹	3				1			4	5.06
合计	58			6	11	4		79	100.01
百分比（%）	73.42			7.59	13.92	5.06		99.99	

附表六八（2）　　H94①陶器器类统计表　　　　　　　　（单位：块）

陶系 / 器类	夹 砂			泥 质			硬 陶	合计	百分比（%）
	红褐	黑	灰	红	黑	灰	褐		
鬲	3							3	30
豆					4			4	40
盆	1							1	10
瓮						1		1	10
罐					1			1	10
合计	4				5	1		10	100
百分比（%）	40				50	10		100	

附表六九（1）　H94②陶器纹饰统计表　　　　（单位：块）

陶系\纹饰	夹砂			泥质			硬陶	合计	百分比(%)
	红褐	黑	灰	红	黑	灰	褐		
素面	173	9	1	12	1	5	1	202	56.74
绳纹	74	8	2	16	8	11		119	33.43
间断绳纹	1		2	4	5			12	3.37
弦纹	1			2	2	1		6	1.69
方格纹	3							3	0.84
指捺纹	2							2	0.56
刻划纹	1							1	0.28
附加堆纹			1					1	0.28
回纹							1	1	0.28
绳纹+附加堆纹	3	1		2				6	1.69
弦纹+附加堆纹	1							1	0.28
弦纹+绳纹		1						1	0.28
弦纹+方格纹				1				1	0.28
合计	259	19	6	37	16	17	2	356	100
百分比(%)	72.75	5.34	1.69	10.39	4.49	4.78	0.56	100	

附表六九（2）　H94②陶器器类统计表　　　　（单位：块）

陶系\器类	夹砂			泥质			硬陶	合计	百分比(%)
	红褐	黑	灰	红	黑	灰	褐		
鬲	37	3						40	65.57
鼎	2				1			3	4.92
甗	1		1					2	3.28
簋	1							1	1.64
豆	1			2	2	1		6	9.84
瓮					1	1		2	3.28
罐	4			2				6	9.84
陶球				1				1	1.64
合计	46	3	1	6	3	2		61	100.01
百分比(%)	75.41	4.92	1.64	9.84	4.92	3.28		100.01	

附表七〇（1）　T10②陶器纹饰统计表　　　　　（单位：块）

陶系＼纹饰	夹砂			泥质			合计	百分比（%）
	红褐	黑	灰	红	黑	灰		
素面	85	2		7	4	10	108	44.44
绳纹	73	45			1	10	129	53.09
弦纹	2						2	0.82
方格纹	1						1	0.41
附加堆纹	1					1	2	0.82
席纹				1			1	0.41
合计	162	47		8	5	21	243	99.99
百分比（%）	66.67	19.34		3.29	2.06	8.64	100	

附表七〇（2）　T10②陶器器类统计表　　　　　（单位：块）

陶系＼器类	夹砂			泥质			合计	百分比（%）
	红褐	黑	灰	红	黑	灰		
鬲	8	3					11	37.93
甗	2	1					3	10.34
豆					1		1	3.45
钵					1		1	3.45
罐	6	2			4	1	13	44.83
合计	16	6			6	1	29	100
百分比（%）	55.17	20.69			20.69	3.45	100	

附表七一（1）　G1陶器纹饰统计表　　　　　（单位：块）

陶系＼纹饰	夹砂			泥质			硬陶		合计	百分比（%）
	红褐	黑	灰	红	黑	灰	褐	灰		
素面	7	24				3			34	51.52
绳纹		15				3			18	27.27
间断绳纹			4			3			7	10.61

纹饰									合计	百分比(%)
指捻纹	1	1							2	3.03
叶脉纹								1	1	1.52
席纹				1			1		2	3.03
间断绳纹+附加堆纹						1			1	1.52
云雷纹+复线回纹							1		1	1.52
合计	8	40	4	1		10	2	1	66	100.02
百分比(%)	12.12	60.61	6.06	1.52		15.15	3.03	1.52	100.01	

附表七一（2）　　G1陶器器类统计表　　　　　（单位：块）

陶系 器类	夹　砂			泥　质			硬　陶		合计	百分比(%)
	红褐	黑	灰	红	黑	灰	褐	灰		
鬲	5		2						7	63.64
鼎	1								1	9.09
瓹	2								2	18.18
钵			1						1	9.09
合计	8		3						11	100
百分比(%)	72.73		27.27						100	

附表七二（1）　　G23陶器纹饰统计表　　　　　（单位：块）

陶系 纹饰	夹　砂			泥　质			硬陶	合计	百分比(%)
	红褐	黑	灰	红	黑	灰	褐		
素面	15	8			1			24	34.29
绳纹	18	16	2					36	51.43
弦纹				1			2	3	4.29
方格纹				2				2	2.86
网纹			1					1	1.43
刻划纹				1				1	1.43
回纹							3	3	4.29
合计	33	24	3	4	1		5	70	100.02
百分比(%)	47.14	34.29	4.29	5.71	1.43		7.14	100	

续附表七二（2）　　G23陶器器类统计表　　　　（单位：块）

器类＼陶系	夹砂			泥质			硬陶	合计	百分比（%）
	红褐	黑	灰	红	黑	灰	褐		
鬲	2	4						6	37.5
甗	2							2	12.5
簋	1							1	6.25
罐	3	1	1			1	1	7	43.75
合计	8	5	1			1	1	16	100
百分比（%）	50	31.25	6.25			6.25	6.25	100	

附表七三（1）　　H6陶器纹饰统计表　　　　（单位：块）

纹饰＼陶系	夹砂			泥质			硬陶	合计	百分比（%）
	红褐	黑	灰	红	黑	灰	褐		
素面	27			2	6		5	40	44.44
绳纹	12	2	5					19	21.11
间断绳纹		2	1					3	3.33
方格纹				1				1	1.11
云雷纹							4	4	4.44
曲折纹							1	1	1.11
回纹							12	12	13.33
复线回纹				2			3	5	5.56
三角填线纹							1	1	1.11
菱形填线纹							3	3	3.33
窗格纹				1				1	1.11
合计	39	4	6	6	6		29	90	99.98
百分比（%）	43.33	4.44	6.67	6.67	6.67		32.22	100	

附表七三（2）　　H6陶器器类统计表　　　　（单位：块）

器类＼陶系	夹砂			泥质			硬陶	合计	百分比（%）
	红褐	黑	灰	红	黑	灰	褐		
鬲	4	1	1					6	66.67
鼎	2							2	22.22
罐	1							1	11.11
合计	7		1	1				9	100
百分比（%）	77.78		11.11	11.11				100	

附表七四（1）　H7陶器纹饰统计表　　　　　　　（单位：块）

纹饰 \ 陶系	夹砂			泥质			硬陶		合计	百分比(%)
	红褐	黑	灰	红	黑	灰	褐	灰		
素面	190			1	18	16	3		228	53.4
绳纹	121			2		33			156	36.53
间断绳纹	1					3			4	0.94
弦纹						2			2	0.47
方格纹							1		1	0.23
指捺纹	3								3	0.7
附加堆纹	1			15					16	3.75
刻划纹						1			1	0.23
曲折纹				1					1	0.23
席纹							1	1	2	0.47
回纹							5		5	1.17
复线回纹							1		1	0.23
绳纹+附加堆纹	2								2	0.47
方格纹+窗格纹				1					1	0.23
曲折纹+回纹							2		2	0.47
弦纹+绳纹	2								2	0.47
合计	320			20	18	55	13	1	427	99.99
百分比(%)	74.94			4.68	4.22	12.88	3.04	0.23	99.99	

附表七四（2）　H7陶器器类统计表　　　　　　　（单位：块）

器类 \ 陶系	夹砂			泥质			硬陶		合计	百分比(%)
	红褐	黑	灰	红	黑	灰	褐	灰		
鬲	63	3		3					69	68.32
鼎	6								6	5.94
甗				1	2				3	2.97
钵				1	1				2	1.98
罐	12			2			6		20	19.8
窝形器				1					1	0.99
合计	81	3		8	3		6		101	100
百分比(%)	80.2	2.97		7.92	2.97		5.94		100	

附表七五（1）　　H34陶器纹饰统计表　　　　　　（单位：块）

陶系 纹饰	夹砂			泥质			合计	百分比（%）
	红褐	黑	灰	红	黑	灰		
素面	16	9		5		2	32	69.57
绳纹	6	1				2	9	19.57
间断绳纹				2			2	4.35
曲折纹		1					1	2.17
附加堆纹		1		1			2	4.35
合计	22	12		8		4	46	100.01
百分比（%）	47.83	26.09		17.39		8.70	100.01	

附表七五（2）　　H34陶器器类统计表　　　　　　（单位：块）

陶系 器类	夹砂			泥质			合计	百分比（%）
	红褐	黑	灰	红	黑	灰		
鬲	3						3	60
钵				1			1	20
盆		1					1	20
合计	3	1		1			5	100
百分比（%）	60	20		20			100	

附表七六（1）　　G27③陶器纹饰统计表　　　　　　（单位：块）

陶系 纹饰	夹砂			泥质			硬陶		原始瓷	合计	百分比（%）
	红褐	黑	灰	红	黑	灰	褐	灰	黄绿		
素面	424		88	284	54	240	10			1100	37.58
绳纹	163		101	124		58				446	15.24
间断绳纹	174		424	186		428				1212	41.41
弦纹	1		2	2	1	2		1	2	11	0.38
附加堆纹	17		3	9						29	0.99
网纹	5		11	6		2	15			39	1.33
梯格纹						5				5	0.17
曲折纹							4	1		5	0.17
刻划纹							6			6	0.20
回纹							33			33	1.13

									合计	百分比（%）
席纹						5			5	0.17
菱形填线纹						24			24	0.82
小方格纹						5			5	0.17
三角填线纹						1			1	0.03
窗格纹						1			1	0.03
弦纹+复线菱纹						1			1	0.03
回纹+窗格纹						1			1	0.03
菱形填线纹+叶脉纹						1			1	0.03
叶脉纹+席纹						1			1	0.03
弦纹+席纹						1			1	0.03
合计	784		629	611	55	735	109	1	3	2927	99.97
百分比（%）	26.79		21.49	20.87	1.88	25.11	3.72	0.03	0.1	99.99	

附表七六（2）　　G27③陶器器类统计表　　　　　　　　　　（单位：块）

器类 \ 陶系	夹砂			泥质			硬陶		原始瓷	合计	百分比（%）
	红褐	黑	灰	红	黑	灰	褐	灰	黄绿		
鬲	201		133							334	59.64
鼎	4									4	0.71
甗	10		12							22	3.93
豆				6	3	3				12	2.14
钵				19	14	36				69	12.32
碗				1	1				1	3	0.54
盘			1		12	2				15	2.68
盂						1				1	0.18
盆	1		1			1				3	0.54
瓮			1			1				2	0.36
罐	1		3	23	7	50	2	1	2	89	15.89
器座						1				1	0.18
纺轮	1									1	0.18
陶拍	2			1						3	0.54
圆陶片	1									1	0.18
合计	221		151	50	37	95	2	1	3	560	100.01
百分比（%）	39.46		26.96	8.93	6.61	16.96	0.36	0.18	0.54	100	

附表七七（1）　H37陶器纹饰统计表　　　　　（单位：块）

纹饰 / 陶系	夹砂			泥质			硬陶		原始瓷	合计	百分比(%)
	红褐	黑	灰	红	黑	灰	褐	灰	黄绿		
素面	406	26	12	96	90	119	7		3	759	44.31
绳纹	199	43	39	63	18	44				406	23.70
间断绳纹	81	64	108	27	33	134				447	26.09
弦纹	2	1		2		4			3	11	0.64
网纹	1		8	4	14	8				35	2.04
梯格纹				2		2				4	0.23
云雷纹						1				1	0.06
刻划纹	1				1					2	0.12
附加堆纹	1									1	0.06
圆圈纹				1	1	1				3	0.18
席纹				2						2	0.12
回纹							7			7	0.41
复线回纹				2	2		7			11	0.64
菱形填线纹						1	4			5	0.29
窗格纹							2			2	0.12
绳纹+附加堆纹	14	1				1				16	0.93
网纹+指捺纹						1				1	0.06
合计	705	135	167	199	162	313	27		5	1713	99.99
百分比（%）	41.16	7.89	9.75	11.62	9.46	18.27	1.58		0.29	99.99	100.02

附表七七（2）　H37陶器器类统计表　　　　　（单位：块）

器类 / 陶系	夹砂			泥质			硬陶		原始瓷	合计	百分比(%)
	红褐	黑	灰	红	黑	灰	褐	灰	黄绿		
鬲	106	6	15	1						128	45.71
鼎	4									4	1.43
甗		2	2							4	1.43
豆				6	6	7			2	21	7.5
刻槽钵	1									1	0.36

钵						2				2	0.71
盘	1		1	1		2				5	1.79
盆	3									3	1.07
罐	25	2	1	14	20	45		1		108	38.57
器盖						1				1	0.36
陶拍	2									2	0.71
圆陶片		1								1	0.36
合计	142	11	19	22	26	57		1	2	280	100
百分比（%）	50.71	3.93	6.79	7.86	9.29	20.36		0.36	0.71	100.01	

附表七八（1）　　H88陶器纹饰统计表　　　　　　　（单位：块）

陶系 纹饰	夹　砂			泥　质			硬　陶		合计	百分比 （%）
	红褐	黑	灰	红	黑	灰	褐	灰		
素面	10			4	3	3	1		21	63.64
绳纹	2					2			4	12.12
间断绳纹	1			2		2			5	15.15
回纹							1		1	3.03
绳纹+附加堆纹	1								1	3.03
席纹+菱纹	1								1	3.03
合计	15			6	3	7	2		33	100
百分比（%）	45.45			18.18	9.09	21.21	6.06		99.99	

附表七八（2）　　H88陶器器类统计表　　　　　　　（单位：块）

陶系 器类	夹　砂			泥　质			硬　陶		合计	百分比 （%）
	红褐	黑	灰	红	黑	灰	褐	灰		
鬲	3								3	60
豆				1					1	20
盆						1			1	20
合计	3			1		1			5	100
百分比（%）	60			20		20			100	

附表七九（1）　　H2陶器纹饰统计表　　　　　　（单位：块）

纹饰 \ 陶系	夹砂			泥质			硬陶		硬陶（釉）	原始瓷	合计	百分比（%）
	红褐	黑	灰	红	黑	灰	褐	灰	褐	黄绿		
素面	923	80	147	250	67	402	10	17	2	5	1903	49.66
绳纹	224	70	115	116	23	197					745	19.44
间断绳纹	73	30	110	84	30	333					660	17.22
弦纹	9	1		1	4	13		4	9	22	63	1.64
梯格纹				3		1					4	0.10
方格纹	2		2	16		12	23	5	2		62	1.62
篮纹	15			1							16	0.42
附加堆纹	7				1						8	0.21
曲折纹	1	1					1	2			5	0.13
刻划纹	5										5	0.13
云雷纹						1	1	21			23	0.60
叶脉纹				7							7	0.18
指捺纹	4										4	0.10
网纹	2										2	0.05
圆圈纹				2			3	7			12	0.31
复线圆圈纹				1							1	0.03
三角填线纹	1										1	0.03
回纹						1	24	5			30	0.78
复线回纹						11		5			16	0.42
席纹			1	3		2	71	16	6		99	2.58
窗格纹				10			5	4			19	0.50
菱形填线纹				22	2		14	36			74	1.93
绳纹+附加堆纹	9	3	4	4	1	4					25	0.65
弦纹+席纹							2	6	11	2	21	0.55
弦纹+曲折纹						2					2	0.05
弦纹+方格纹							1	4			5	0.13
弦纹+穗状纹										1	1	0.03
方格纹+菱形填线纹				4							4	0.10

											合计	百分比
方格纹+附加堆纹								1	2		3	0.08
席纹+附加堆纹							1		1		2	0.05
篮纹+附加堆纹	4										4	0.10
曲折纹+回纹				1			1	2			4	0.10
回纹+复线菱纹							1				1	0.03
菱纹+圈点纹								1			1	0.03
合计	1279	185	379	525	128	981	162	141	22	30	3832	99.98
百分比（%）	33.38	4.83	9.89	13.70	3.34	25.60	4.23	3.68	0.57	0.78	100	

附表七九（2）　　H2陶器器类统计表　　　　　　（单位：块）

陶系／器类	夹　砂			泥　质			硬　陶		硬陶（釉）	原始瓷	合计	百分比（%）
	红褐	黑	灰	红	黑	灰	褐	灰	褐	黄绿		
鬲	284	3	63			4					354	49.58
鼎	68					2					70	9.80
甗	7		3								10	1.40
簋						2					2	0.28
豆	1	1		11	8	16				4	41	5.74
刻槽钵	1										1	0.14
钵			1	3	2	12					18	2.52
盘	1					1				3	5	0.70
盆	4										4	0.56
瓮						1					1	0.14
罐	30	6	12	24	13	82	2	2	1		172	24.09
缸	2										2	0.28
坛							3	4			7	0.98
碗										7	7	0.98
陶拍	2										2	0.28
网坠	1			11	1						13	1.82
纺轮				1							1	0.14
圆陶片	1			3							4	0.56
合计	402	10	79	53	24	120	5	6	1	14	714	99.99
百分比（%）	56.30	1.40	11.06	7.42	3.36	16.81	0.70	0.84	0.14	1.96	99.99	

附表八〇（1） H15陶器纹饰统计表　　　　（单位：块）

纹饰 \ 陶系	夹 砂			泥 质			硬 陶		原始瓷	合计	百分比（%）
	红褐	黑	灰	红	黑	灰	褐	灰	黄绿		
素面	22	4	6		6	4			1	43	31.85
绳纹	4	6	5			4				19	14.07
间断绳纹	9	4	37	1		12				63	46.67
弦纹									1	1	0.74
网纹				1						1	0.74
圆圈纹	1									1	0.74
席纹			1	2						3	2.22
菱形填线纹				4						4	2.96
合计	37	14	49	8	6	20			1	135	99.99
百分比（%）	27.41	10.37	36.30	5.93	4.44	14.81			0.75	100.01	

附表八〇（2） H15陶器器类统计表　　　　（单位：块）

器类 \ 陶系	夹 砂			泥 质			硬 陶		原始瓷	合计	百分比（%）
	红褐	黑	灰	红	黑	灰	褐	灰	黄绿		
鬲	88	6								94	52.51
鼎		1								1	0.56
甗	10	1								11	6.15
豆				1	4	2				7	3.91
刻槽钵						1				1	0.56
钵				1						1	0.56
碗									1	1	0.56
盆	3				1	1				5	2.79
瓮				1						1	0.56
罐	23			11	8	11	1			54	30.17
器盖					1					1	0.56
圆陶片	1									1	0.56
带把陶器（角把）			1							1	0.56
合计	125	8	1	14	14	15	1		1	179	100.01
百分比（%）	69.83	4.47	0.56	7.82	7.82	8.38	0.56		0.56	100	

附表八一（1）　　G27②陶器纹饰统计表　　　　（单位：块）

陶系 纹饰	夹砂			泥质			硬陶		原始瓷	合计	百分比(%)
	红褐	黑	灰	红	黑	灰	褐	灰	黄绿		
素面	846		350	330	136	240	24		45	1971	47.52
绳纹	129		154	148		50				481	11.60
间断绳纹	448		432	216		400				1496	36.07
弦纹							7		7	14	0.34
附加堆纹	32		11	7		5				55	1.33
网纹	2		3			6	24			35	0.84
方格纹	1		1				1			3	0.07
梯格纹				9						9	0.22
曲折纹							4			4	0.10
回纹							27			27	0.65
菱形填线纹							51			51	1.23
回纹+窗格纹							1			1	0.02
席纹+菱形填线纹							1			1	0.02
合计	1458		951	710	136	701	140		52	4148	100.01
百分比（%）	35.15		22.93	17.12	3.28	16.90	3.38		1.25	100.01	

附表八一（2）　　G27②陶器器类统计表　　　　（单位：块）

陶系 器类	夹砂			泥质			硬陶		原始瓷	合计	百分比(%)
	红褐	黑	灰	红	黑	灰	褐	灰	黄绿		
鬲	402		160							562	71.78
鼎	9					1				10	1.28
甑	2		4							6	0.77
豆			1	6	3	8				18	2.3
钵				15		28	1		7	51	6.51
碗									7	7	0.89
盘		1	1	2	7	2				13	1.66
盆	3		1			1				5	0.64
瓮					1					1	0.13
罐	18	3	15	15	1	41	7		2	102	13.03

	红褐	黑	灰	红	黑	灰	褐	灰	黄绿	合计	百分比
坛							2			2	0.26
瓶					1					1	0.13
网坠	1									1	0.13
陶拍	1									1	0.13
圆陶片	3									3	0.38
合计	439	4	182	38	13	81	10		16	783	100.02
百分比（%）	56.07	0.51	23.24	4.85	1.66	10.34	1.28		2.04	99.99	

附表八二（1）　　　J1K陶器纹饰统计表　　　　　　　　（单位：块）

陶系 / 纹饰	夹　砂			泥　质			硬　陶		原始瓷	合计	百分比（%）
	红褐	黑	灰	红	黑	灰	褐	灰	黄绿		
素面	532	31	7	59	30	54	18		1	732	59.27
绳纹	230	12	16	55	33	24				370	29.96
间断绳纹	10			4	2	4				20	1.62
弦纹					2	2			1	5	0.40
网纹	10	1		1						12	0.97
曲折纹	1	1				1	1			4	0.32
云雷纹				2	3		1			6	0.49
刻划纹	15			6	2		1			24	1.94
指捺纹	17	1		1						19	1.54
涡纹				1						1	0.08
附加堆纹	18									18	1.46
方格纹	2			1		2	1			6	0.49
梯格纹	5			4						9	0.73
叶脉纹				1		1				2	0.16
圆圈纹				1						1	0.08
回纹							3			3	0.24
菱形填线纹	1									1	0.08
复线菱纹	1									1	0.08
绳纹+指捺纹	1									1	0.08
合计	843	46	23	135	73	88	25		2	1235	99.99
百分比（%）	68.26	3.72	1.86	10.93	5.91	7.13	2.02		0.16	99.99	

附表八二（2）　　J1K陶器器类统计表　　　　　　　　（单位：块）

陶系\器类	夹砂 红褐	夹砂 黑	夹砂 灰	泥质 红	泥质 黑	泥质 灰	硬陶 褐	硬陶 灰	原始瓷 黄绿	合计	百分比(%)
鬲	93									93	53.76
鼎	3				1					4	2.31
甗	13	1								14	8.09
豆	1				4	3			1	9	5.20
刻槽钵	17									17	9.83
盆	2									2	1.16
罐	5	4		7	1	5				22	12.72
钵						4				4	2.31
碗									1	1	0.58
器盖				1						1	0.58
纺轮				3						3	1.73
圆陶片	1			2						3	1.73
合计	135	5		13	6	12			2	173	100
百分比(%)	78.03	2.89		7.51	3.47	6.94			1.16	100	

附表八三（1）　　J1Q⑥陶器纹饰统计表　　　　　　　　（单位：块）

陶系\纹饰	夹砂 红褐	夹砂 黑	夹砂 灰	泥质 红	泥质 黑	泥质 灰	硬陶 褐	硬陶 灰	原始瓷 黄绿	合计	百分比(%)
素面		24	14		70	7				115	30.26
绳纹	1	6				16				23	6.05
间断绳纹			20			210				230	60.53
云雷纹							7			7	1.84
方格纹						1				1	0.26
席纹							2			2	0.53
菱形填线纹							1			1	0.26
复线菱纹							1			1	0.26
合计	1	30	34		70	234	11			380	99.99
百分比(%)	0.26	7.89	8.95		18.42	61.58	2.89			99.99	

附表八三（2）　　J1Q⑥陶器器类统计表　　　　　　（单位：块）

器类＼陶系	夹砂			泥质			硬陶		原始瓷	合计	百分比(%)
	红褐	黑	灰	红	黑	灰	褐	灰	黄绿		
鬲			11							11	26.83
罐		1	7	3		18	1			30	73.17
合计		1	18	3		18	1			41	100
百分比(%)		2.44	43.90	7.32		43.90	2.44			100	

附表八四（1）　　J1Q⑤陶器纹饰统计表　　　　　　（单位：块）

纹饰＼陶系	夹砂			泥质			硬陶		原始瓷	合计	百分比(%)
	红褐	黑	灰	红	黑	灰	褐	灰	黄绿		
素面	22	10	3	2	28	14			1	80	11.85
间断绳纹	11	17	36	18	130	367				579	85.78
弦纹						1				1	0.15
云雷纹							2			2	0.30
方格纹								1		1	0.15
圆弧纹					1					1	0.15
刻划纹						2				2	0.30
回纹							1			1	0.15
菱形填线纹							1			1	0.15
复线菱纹							2			2	0.30
弦纹+曲折纹					3	1				4	0.59
叶脉纹+席纹							1			1	0.15
合计	33	27	39	20	162	385	7	1	1	675	100.02
百分比(%)	4.89	4	5.78	2.96	24	57.04	1.04	0.15	0.15	100.01	

附表八四（2）　　J1Q⑤陶器器类统计表　　　　　　（单位：块）

器类＼陶系	夹砂			泥质			硬陶		原始瓷	合计	百分比(%)
	红褐	黑	灰	红	黑	灰	褐	灰	黄绿		
鬲	14									14	10.37
豆				1	1					2	1.48
罐	3	9	18	5	6	77				118	87.41
纺轮						1				1	0.74
合计	17	9	18	6	7	78				135	100
百分比(%)	12.59	6.67	13.33	4.44	5.19	57.78				100	

附表八五（1）　　G27①陶器纹饰统计表　　　　　　（单位：块）

陶系\纹饰	夹砂			泥质			硬陶		原始瓷	合计	百分比(%)
	红褐	黑	灰	红	黑	灰	褐	灰	黄绿		
素面	47		2	16	5	34	2		2	108	42.52
绳纹	12		11	4		15				42	16.54
间断绳纹	7		10	10		14				41	16.14
弦纹							6			6	2.36
云雷纹							3			3	1.18
小方格纹							4			4	1.57
曲折纹							2			2	0.79
附加堆纹	2									2	0.79
回纹							2			2	0.79
菱形填线纹							17			17	6.69
三角填线纹							27			27	10.63
合计	68		23	30	5	63	63		2	254	100
百分比(%)	26.77		9.06	11.81	1.97	24.80	24.80		0.79	100	

附表八五（2）　　G27①陶器器类统计表　　　　　　（单位：块）

陶系\器类	夹砂			泥质			硬陶		原始瓷	合计	百分比(%)
	红褐	黑	灰	红	黑	灰	褐	灰	黄绿		
鬲	28		10							38	57.58
鼎	1									1	1.52
瓶	2									2	3.03
豆				4	2	2				8	12.12
盆	4									4	6.06
罐			1		3	2	4			10	15.15
钵				1		2				3	4.55
合计	35		11	5	5	6	4			66	100.01
百分比(%)	53.03		16.67	7.58	7.58	9.09	6.06			100.01	

附表八六（1）　　J1Q④陶器纹饰统计表　　（单位：块）

陶系 纹饰	夹砂			泥质			硬陶		原始瓷	合计	百分比 (%)
	红褐	黑	灰	红	黑	灰	褐	灰	黄绿		
素面	31	6	14	3	84	37	3			178	18.07
间断绳纹	45	19	68	11	480	146				769	78.07
弦纹				2	2		5		8	17	1.73
云雷纹								2		2	0.20
曲折纹					1		1			2	0.20
指捺纹				1						1	0.10
刻划纹						1				1	0.10
席纹							8			8	0.81
小方格纹							1			1	0.10
复线回纹							1			1	0.10
菱形填线纹							3			3	0.30
弦纹+曲折纹					1					1	0.10
弦纹+三角填线纹							1			1	0.10
合计	76	25	82	17	568	184	23	2	8	985	99.98
百分比（%）	7.72	2.54	8.32	1.73	57.67	18.68	2.34	0.20	0.81	100.01	

注：拓片J1Q④：29、J1Q④：35未统计在内。

附表八六（2）　　J1Q④陶器器类统计表　　（单位：块）

陶系 器类	夹砂			泥质			硬陶		原始瓷	合计	百分比 (%)
	红褐	黑	灰	红	黑	灰	褐	灰	黄绿		
鬲	8									8	5.06
鼎	5									5	3.16
豆					1				2	3	1.90
盆					3					3	1.90
罐					122		5			127	80.38
壶					2					2	1.27
碗									4	4	2.53
纺轮					1					1	0.63
网坠					4					4	2.53
圆陶片					1					1	0.63
合计	13				134		5		6	158	99.99
百分比（%）	8.23				84.81		3.16		3.80	100	

附表八七（1）　　J1Q③陶器纹饰统计表　　　　　　　　（单位：块）

纹饰＼陶系	夹砂			泥质			硬陶		原始瓷	合计	百分比（%）
	红褐	黑	灰	红	黑	灰	褐	灰	黄绿		
素面				7	198	29				234	24.30
间断绳纹	40	39	86		484	24				673	69.89
弦纹				2	9				2	13	1.35
云雷纹							1			1	0.10
曲折纹					1		4			5	0.52
方格纹					1					1	0.10
小方格纹							2			2	0.21
席纹							9			9	0.93
菱形填线纹							3			3	0.31
间断绳纹+曲折纹					1					1	0.10
弦纹+复线圆圈纹					21					21	2.18
合计	40	39	86	9	715	53	19		2	963	99.99
百分比（%）	4.15	4.05	8.93	0.93	74.25	5.50	1.97		0.21	99.99	

附表八七（2）　　J1Q③陶器器类统计表　　　　　　　　（单位：块）

器类＼陶系	夹砂			泥质			硬陶		原始瓷	合计	百分比（%）
	红褐	黑	灰	红	黑	灰	褐	灰	黄绿		
鬲	6									6	4.29
鼎	7									7	5
豆					1	1				2	1.43
罐		9		4	77		3	4		97	69.29
壶					21					21	15
瓿							2			2	1.43
碗									2	2	1.43
网坠				3						3	2.14
合计	13	9		7	99	1	5	4	2	140	100.01
百分比（%）	9.29	6.43		5	70.71	0.71	3.57	2.86	1.43	100	

附表八八（1）　　J1Q②陶器纹饰统计表　　　　（单位：块）

纹饰＼陶系	夹　砂			泥　质			硬　陶		原始瓷	合计	百分比（%）
	红褐	黑	灰	红	黑	灰	褐	灰	黄绿		
素面	14		2	1					1	18	8.29
绳纹	1		6	4						11	5.07
间断绳纹	4		11			52				67	30.88
篮纹	4									4	1.84
回纹							1			1	0.46
小方格纹							114			114	52.53
菱形填线纹							2			2	0.92
合计	23		19	4	1	52	117		1	217	99.99
百分比（%）	10.60		8.76	1.84	0.46	23.96	53.92		0.46	100	

附表八八（2）　　J1Q②陶器器类统计表　　　　（单位：块）

器类＼陶系	夹　砂			泥　质			硬　陶		原始瓷	合计	百分比（%）
	红褐	黑	灰	红	黑	灰	褐	灰	黄绿		
鬲			2							2	3.77
鼎	2		1							3	5.66
罐			5			9	25			39	73.58
瓿							4			4	7.55
钵	1				1					2	3.77
碗									1	1	1.89
网坠				2						2	3.77
合计	3		8	2	1	9	29		1	53	99.99
百分比（%）	5.66		15.09	3.77	1.89	16.98	54.72		1.89	100	

附表八九（1）　　J1Q①陶器纹饰统计表　　　　（单位：块）

陶系\纹饰	夹砂			泥质			硬陶		原始瓷	合计	百分比(%)
	红褐	黑	灰	红	黑	灰	褐	灰	黄绿		
素面	39		26	48		28			1	142	33.33
绳纹	31		7			36				74	17.37
间断绳纹			19			124				143	33.57
弦纹			4			8			2	14	3.29
云雷纹							2			2	0.47
网纹	19									19	4.46
附加堆纹	23									23	5.40
回纹							1			1	0.23
复线回纹							1			1	0.23
小方格纹							4			4	0.94
菱形填线纹							2			2	0.47
窗格纹							1			1	0.23
合计	112		56	48		196	11		3	426	99.99
百分比（%）	26.29		13.15	11.27		46.01	2.58		0.70	100	

附表八九（2）　　J1Q①陶器器类统计表　　　　（单位：块）

陶系\器类	夹砂			泥质			硬陶		原始瓷	合计	百分比(%)
	红褐	黑	灰	红	黑	灰	褐	灰	黄绿		
鬲	30									30	19.11
鼎	17									17	10.83
甗	11									11	7.01
豆						13				13	8.28
刻槽钵	19									19	12.10
盆	1			1						2	1.27
罐	28		7			20	5			60	38.22
钵						2				2	1.27
碗									3	3	1.91
合计	106		7	1		35	5		3	157	100
百分比（%）	67.52		4.46	0.64		22.29	3.18		1.91	100	

附　录

马鞍山五担岗遗址植物遗存鉴定报告

安徽博物院　王育茜

五担岗遗址位于安徽省马鞍山市霍里镇丰收村。2009年南京大学历史学院考古文物系对该遗址进行了发掘，在发掘过程中采集到肉眼可见的植物标本，包括浸水的种子、果实以及木材，同年夏对出土的植物遗存进行了种属鉴定和分析。五担岗遗址作为长江下游一处规模较大、内涵丰富的商周时期大型聚落，植物遗存的鉴定和分析结果，为探讨聚落周围的植被和人类利用植物的方式提供了重要信息。

一、鉴定材料及方法

五担岗遗址植物遗存样品包括种子果实和木材两大类。种子果实标本4份，木材标本3份。

种子果实标本的处理方法是：将采集到的标本进行种属鉴定和分析，然后测量相关数据。种子果实的种属鉴定主要参考《植物考古：种子果实研究》[1]等著作。

木材标本的处理方法是：采用徒手切片，将标本做横、径、弦三个切面后，在江南ＢＭ2000生物显微镜下进行鉴定。种属鉴定主要参考现代木材标本及《中国木材志》[2]等专著。

二、鉴定结果

1. 植物种子果实

4份种子果实标本中1份浸水保存，3份干燥保存。共发现27个桃核（表1）。

表1 五担岗遗址桃核统计表

单位		数量（个）	保存状态[3]
J1Q⑤：92	（−12.3～14m）	1	干燥
J1Q⑤：70	（−13.3～13.6m）	1	干燥
J1Q⑤：71～76	（−13～15m）	6	干燥
J1Q②：46～64	（−6.0～9.0m）	19	浸水

[1] 刘长江、靳桂云等：《植物考古——种子与果实研究》，科学出版社，2008年。
[2] 陈俊卿等：《中国木材志》，中国林业出版社，1992年。
[3] 指样品送交鉴定时的保存状态。

桃（Amygdalus persica L.）[1]属于蔷薇科(Rosaceae)桃属(Amygdalus L.)。27个，形态完整。核呈椭圆形，略扁，双凸透镜状，平均长26毫米，宽19毫米，厚14毫米；顶端尖，基端钝；果疤位于核基部，椭圆形；表面较平滑，有短沟及孔穴；腹缝锐，窄翅状。

2. 木材

三份浸水保存的木材样品，共发现两种阔叶树种属，即柳属（Salix L.）和栎属（Quercus L.）（表2）。

表2　五担岗遗址阔叶树种属统计表

单位	种属	科
J1Q②∶65	柳属（Salix L.）	杨柳科(Salicaceae Mirb.)
J1Q②∶66	栎属（Quercus L.）	壳斗科(Fagaceae Dum.)
J1Q⑤∶96	栎属（Quercus L.）	壳斗科(Fagaceae Dum.)

柳属的显微结构特征：横切面生长轮略明显；散孔材，导管横切面为卵圆形及椭圆形，略具多角形轮廓，多为单管孔，少数呈径列复管孔（2～3个，稀4个）；散生；径切面不见螺纹加厚，单穿孔，卵圆及椭圆形，射线组织异形单列；弦切面单列射线（偶成对或至2列），多数高6～15细胞。

栎属的显微结构特征：横切面生长轮明显，环孔材，早材管孔略大，连续排列成明显早材带，早材至晚材急变。早材导管横切面为圆形及卵圆形，部分具侵填体。晚材导管横切面为圆形及卵圆形，略小，单管孔，径列，宽1～2个管孔。径切面不见螺纹加厚，单穿孔，卵圆至椭圆形，射线组织同形单列及多列。弦切面木射线分宽窄两类，窄木射线通常单列，多数高5～20细胞，宽木射线最宽宽至许多细胞，高许多细胞。

三、分析与讨论

1. 桃的食用及栽培

五担岗遗址出土了保存完整的桃核，表明春秋战国时期桃是人们重要的食物资源之一，聚落周围可能存在桃树的栽培。

桃树对土壤、气候的适应性强，目前除了黑龙江北部以外，全国各地均有分布。桃果营养丰富，果实成熟期从5月下旬至10月中旬[2]。桃树的广泛分布，以及较长的果实供应期，使之成为人们重要的食物来源。

从目前考古遗址出土的植物遗存来看，桃是较为常见的一种果类遗存。浙江萧山跨湖

[1]　桃[Prunus persica (L.) Batsch]，参见贾敬贤、贾定贤、任庆棉：《中国作物及其野生近缘植物　果树卷》，中国农业出版社，2006年，161页。

[2]　贾敬贤、贾定贤等：《中国作物及其野生近缘植物·果树卷》，中国农业出版社，2006年，163～184页。

桥[1]、湖南澧县八十垱遗址[2]桃核的发现，说明至少在距今8000年左右，长江中下游的居民已经选择桃作为重要的食物资源。至距今4000年左右，长江下游诸多考古遗址出土桃核，江苏海安青墩[3]、上海青浦崧泽[4]、浙江湖州钱山漾[5]、杭州水田畈[6]、余杭卞家山[7]、诸暨尖山湾[8]、宁波慈湖[9]等新石器时代遗址中桃核的出土，更说明该地区桃的广泛食用。

五担岗遗址出土的桃，形态上与野生桃有较大区别，可能已经是较为成熟的栽培种。该遗址共出土27个完整的桃核，平均长26毫米，宽19毫米，厚14毫米。与湖南澧县八十垱遗址的野生桃、萧山跨湖桥遗址的毛桃相比，尺寸都明显偏大[10]。河北藁城台西村商代遗址中发现的桃核长宽也仅为16×10毫米及20×12毫米[11]。根据比较可以发现，五担岗遗址出土的桃核与现代栽培桃核的尺寸（长22～32毫米、宽17～26毫米、厚13～19毫米）非常接近[12]。根据桃核的测量数据可以发现，五担岗遗址出土的桃在形态上与野生桃有较大差别，桃树可能已经进入较为成熟的栽培阶段。

桃原产于我国西部山区谷地，后逐步沿长江水系传播，并东传至黄河流域[13]。商周时期，伴随着园圃业的进一步发展，果树栽培已经越发成熟。《诗经·魏风·园中有桃》："园中有桃，其实之殽。"《诗经·周南·桃夭》："桃之夭夭，灼灼其华。""桃之夭夭，有蕡其实。"《左传·宣公二年》："赵穿攻灵公于桃园。"[14]根据文献记载可知，商周时期黄河流域的南北两岸，桃树的栽培已经较为成熟。周代更设有"场人"一职，专门管理政府经营的园圃，种植和收藏蔬菜瓜果，以供祭祀和宴会所需[15]。专人管理是园圃发展成

[1] 浙江省文物考古研究所、萧山博物馆：《跨湖桥》，文物出版社，2004年，第271页。
[2] 参见湖南省文物考古研究所：《彭头山与八十垱》，科学出版社，2006年，第521、536页。
[3] 下文化层（第六层）发现桃核，鉴定为野毛桃Prunus persica (L.) Batsch.。参考南京博物院：《江苏海安青墩遗址》，《考古学报》1983年第2期，第159、190页。
[4] 崧泽遗址桃核分别出土于T2，T3，经鉴定为野生型。参见叶长风、游修龄：《崧泽遗址古代种子鉴定报告》，载上海市文物保管委员会：《崧泽——新石器时代遗址发掘报告》，文物出版社，1987年，第129页。
[5] 发掘出土毛桃核，长2.1厘米，直径1.5厘米，大部尚未炭化。参见浙江省文物管理委员会：《吴兴钱山漾遗址第一、二次发掘报告》，《考古学报》1960年第2期，第73～91页。
[6] 遗址文化层和水井内均发现桃核。参见浙江省文物管理委员会：《杭州水田畈遗址发掘报告》，《考古学报》1960年第2期，第93～106页。
[7] 郑云飞、游修龄：《新石器时代遗址出土葡萄种子引起的思考》，《农业考古》2006年第1期，第156～168页。
[8] 郑云飞、游修龄：《新石器时代遗址出土葡萄种子引起的思考》，《农业考古》2006年第1期，第156～168页。
[9] 浙江省文物考古研究所、宁波市文物考古研究所：《宁波慈湖遗址发掘简报》，载《浙江省文物考古研究所学刊》，科学出版社，1993年，第104～118页。
[10] 跨湖桥遗址出土的桃核，主要为毛桃(Prunus persica)，桃核长19.75±2.33毫米，宽15.35±0.99毫米，厚13.55±0.89毫米。参见浙江省文物考古研究所、萧山博物馆：《跨湖桥》，文物出版社，2004年，第271页；八十垱遗址出土的桃，共7粒，长19～23毫米，宽12～17毫米，厚12～13毫米，根据测量数据，专家认为属于野生桃。参见湖南省文物考古研究所：《彭头山与八十垱》，科学出版社，2006年，第521、536页。桃中的普通桃[Prunus persica (L.) Batsch.，又称为毛桃。参见贾敬贤、贾定贤、任庆棉：《中国作物及其野生近缘植物·果树卷》，中国农业出版社，2006年，第183页。
[11] 河北省文物管理处台西考古队：《河北藁城台西村商代遗址发掘简报》，《文物》1979年第6期，第33～43页。
[12] 刘长江、靳桂云等：《植物考——种子与果实研究》，科学出版社，2008年，第121页。
[13] 贾敬贤、贾定贤等：《中国作物及其野生近缘植物·果树卷》，中国农业出版社，2006年，第174页。
[14] 陈文华：《中国农业通史（夏商西周春秋卷）》，中国农业出版社，2007年，第107～129页。
[15] 陈文华：《中国农业通史（夏商西周春秋卷）》，中国农业出版社，2007年，第107～129页。

熟的表现之一，同时也促进了果树栽培水平的进一步发展完善。

2. 木材利用

木材是人类生存所需要的主要原材料之一，建筑材料、木质工具、燃料以及葬具等都大量使用各种木材。木材的选择受植被分布、木材性质以及人类的使用习惯等多方面因素的影响。五担岗遗址出土木材，经鉴定来自柳属和栎属，暗示柳、栎可能作为工具的制作原料，特别是栎属是制作木器的原材料。受样品数量的限制，我们暂时无法对五担岗遗址周围植被的分布情况进行复原，因而这里仅从木材性质的角度分析人类对于木材的选择利用。

从木材性质上看，柳属和栎属都是制作木质器物的良好材料，特别是柳的枝条柔韧，可以用来编织篮筐等。柳属为落叶乔木或灌木，主要产于北半球温带地区，我国各地均有分布。喜水湿、容易插条繁殖，生长快，适宜种植于河堤或平地。木材纹理直，结构较细致，弹性好，不易开裂变形，用于制作家具、农具，枝条常用来编织篮筐、箱子等[1]。栎属为落叶或常绿，乔木或灌木，我国各地均有分布，是组成落叶阔叶林的重要森林树种。木材强度大，耐冲击，富有弹性，耐腐，适于制作屋架、枕木、坑木、农具柄、木桶、门框等[2]。

栎属作为人类利用的主要木材原料，在考古遗址中曾多次发现。湖南澧县八十垱遗址出土了麻栎的自然木材[3]，浙江萧山跨湖桥遗址发现麻栎制作的木器[4]。直至元明清时期，麻栎仍然是主要选用的木材，蓬莱水城小海三号古船的木栓[5]，以及北京玉河遗址堤岸西段河道内的木板均以麻栎为原料[6]。

四、结　语

人类社会发展中，由于自然环境的制约，人类不同的食物取向和人类获得食物的各种方法直接决定了人类的生活方式，并由此发展出不同的经济形态，而不同的社会经济形态是人类文化进化多样性和阶段性的主要因素之一[7]。植物考古的研究主要集中于复原古代生态环境和探索食物生产的起源和发展过程，通过对植物信息的逐步构建，推动考古学文化的理解，并加深对古代社会的认识。

根据五担岗遗址植物遗存的鉴定和分析，发现先民喜爱食用并栽培桃树，桃树的栽培可

[1] 成俊卿等：《中国木材志》，中国林业出版社，1992年，第583～586页。

[2] 成俊卿等：《中国木材志》，中国林业出版社，1992年，第290～301页。

[3] 湖南省文物考古研究所：《彭头山与八十垱》，科学出版社，2006年，第577～582页。

[4] 浙江省文物考古研究所、萧山博物馆：《跨湖桥》，文物出版社，2004年，第192～217、229～237页。

[5] 刘秀英等：《蓬莱水城小海古船材质状况及树种配置》，载山东省文物考古研究所、烟台市博物馆、蓬莱市文物局：《蓬莱古船》，文物出版社，第120～137页。

[6] 李华等：《北京玉河遗址出土木材材质分析》，载北京市文物研究所、北京市东城区文化委员会：《北京玉河》，科学出版社，2008年，第200～215页。

[7] 赵志军：《植物考古学概述》，《农业考古》，1992年第1期。

能已经较为成熟。柳属和栎属被选择用于器具等的制作。

此次五担岗遗址鉴定的样品仅7份，且非系统取样，因而得到的植物考古信息较为有限，就此探讨人类的行为方式存在着很大局限性。安徽地处暖温带落叶阔叶林和亚热带常绿阔叶林的过渡地带，植被分布和气候状况上都存在显著特点，这很大程度上影响着人类的食物取向和获得食物的方式，进而影响人类生存方式的选择。通过对遗址出土的植物遗存进行系统的取样和科学的鉴定，可以复原当时的植被状况，并在此基础上认识人类的行为模式，真正了解人类行为与植被的关系，并为考古学文化的研究提供多角度的新信息。

后　记

五担岗遗址从2009年3月开始田野发掘工作，到2016年3月考古报告完成，历时7年。遗址出土的陶片近6万片，整理工作的任务繁重，因此所消耗的时间较多。报告最终得以出版，与南京大学历史学院考古文物系（原南京大学历史学系考古专业）师生的共同努力是分不开的。参与本次发掘及整理的学生大部分为南京大学商周段博士、硕士研究生，前后有近二十人。受限于本地区商周时期遗址出土物易混难整的原因，后期工作多有反复，进行了数次修改与完善，分期经过了多次校正，在最大限度上还原了遗址早期的文化面貌。

南京航空航天大学考古与艺术研究所、南京师范大学社会发展学院文物与博物馆学系协助完成五担岗遗址的发掘及资料的初步整理工作。

安徽省文物局、安徽省文物考古研究所的杨立新、李虹、宫希成等诸位领导，及叶润清等专家多次亲赴发掘现场指导工作，并为本次报告的出版提供了全方位的帮助。

马鞍山市政府、市文化委员会、市重点工程建设管理局（原城建工程开发处）为本次发掘提供了大力支持，并为本次考古工作提供了所需全部经费，而且在协调地方关系、支持机械设备等方面积极协助、配合，做了大量工作。特别是姚生军主任等领导多次亲临现场帮助解决实际问题。

马鞍山市文物局王俊、栗中斌对发掘工作给予了热忱关怀，做了大量的协调工作。

马鞍山市博物馆为资料整理提供了场所，殷春梅、周雪梅等领导多次协调工作。

部分兄弟院校及同行专家也为五担岗遗址的发掘、整理提供了帮助，在诸多工作中也提出了较好的建议。

南京大学人文基金、南京大学历史学院为此次工作的顺利进行提供了保障，南京大学研究生院也为后续的科研工作提供了支持。对遗址早期遗存进行的分期工作，相信会是长江下游夏商周时期考古研究的有益补充。

本报告的编写、研究工作得到南京大学人文基金资助，得到教育部985工程专项南京大学研究生创新项目（项目编号：2012CL02）、南京大学优秀博士研究生创新能力提升计划B（项目编号：201401B002）、南京大学优秀博士研究生创新能力提升计划A（项目编号：201501A002）资助。

需要说明的是，五担岗遗址考古资料经过数次的整理，器物编排顺序及研究结论均发生过一些变化。此前发表的发掘资料与本报告有出入者，均以本报告为准。

1.2009年五担岗遗址发掘区（东南－西北）

2.2009年五担岗遗址发掘区完工照（西—东）

五担岗遗址2009年发掘区远景与完工照

1.发掘现场（东—西）

2.发掘现场（东北—西南）

发掘现场

1.T10北壁剖面

2.T10南壁剖面

T10北壁、南壁剖面

1.T31第⑦层下遗迹局部（西南—东北）

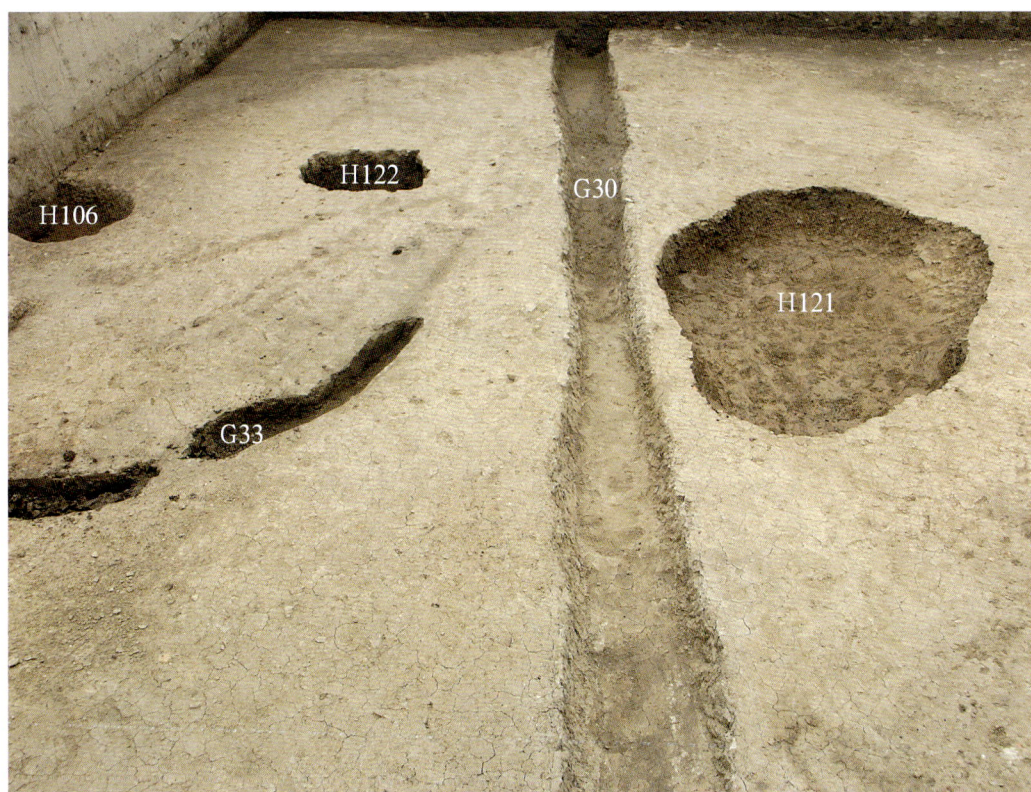

2.T32第⑨层下遗迹局部（西北—东南）

早期遗迹

1. H23（北—南）

2. H47（西南—东北）

早期灰坑

1.G27（南—北）

2.G27（北—南）

早期灰沟

2.Y1（西北—东南）

2.F2（北—南）

早期建筑遗存和窑址

1.J1发现初期平面照

2.J1发掘完成照

早期水井

1.水井出土草编器现场

2.水井出土陶器及动植物遗存现场

早期水井出土器物现场

1. M12（东南—西北）

2. M13（南—北）

早期墓葬

1. Aa型Ⅰ式硬陶小罐（T31⑨：4）

2. Ab型Ⅰ式硬陶小罐（T31⑨：3）

3. A型Ⅰ式甗鬲部（T31⑦：3）

4. Ⅰ式刻槽钵（T32⑩：1）

第一期早段陶器

1.绿松石圆形饰（T32⑨：9）

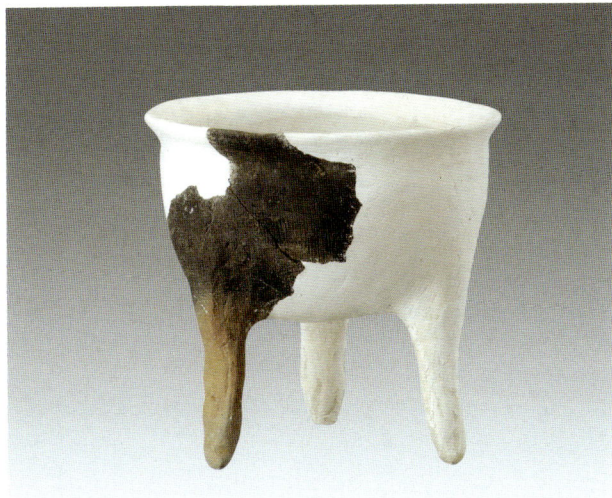

2.A型Ⅰ式陶鼎（T32⑨：2）

3.A型陶甗腰（T11⑦：5）

4.E型Ⅰ式陶盆（T31⑧：1）

第一期晚段玉器、陶器

1.B型原始瓷豆（T17⑤：4）

2.A型硬陶豆（H110：19）

3.Ab型Ⅱ式硬陶小罐（H110：3）

4.Ab型Ⅱ式硬陶小罐（H110：4）

5.Aa型Ⅰ式陶素面鬲（T18⑥：1）

6.C型陶素面鬲（H110：2）

第二期早段原始瓷器、陶器

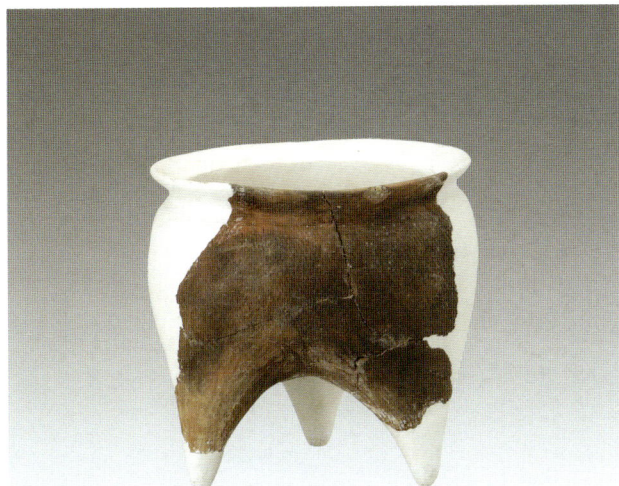

1.Aa型Ⅱ式绳纹鬲（H89∶1）

2.Bb型绳纹鬲类似篦纹（H110∶1）

3.B型网纹鬲（T17⑤∶2）

4.C型Ⅰ式鼎（T07④∶1）

5.B型Ⅰ式甗甑部（T07④∶3）

6.C型Ⅰ式甗甑部（T07④∶4）

第二期早段陶器

1.Bb型Ⅰ式豆（T23⑥：2）

2.Ba型Ⅱ式瓮（H109：1）

3.Bb型Ⅰ式瓮（H108：1）

4.Bb型Ⅰ式小罐（T18⑥：3）

5.A型Ⅱ式钵（H73：1）

6.A型Ⅲ式钵（T18⑥：2）

第二期早段陶器

1.玉串饰（H87：2）

2.Aa型Ⅰ式原始瓷豆（H100②：4）

3.Aa型Ⅱ式原始瓷豆（H87：7）

4.B型硬陶豆（T31⑦：5）

5.Ab型陶素面鬲（H56：3）

6.B型Ⅱ式陶素面鬲（H93：2）

第二期晚段玉器、原始瓷器、陶器

1.B型Ⅰ式绳纹鬲（H100②：2）

2.Da型Ⅰ式绳纹鬲（H52：1）

3.绳纹鬲（H100①：1）

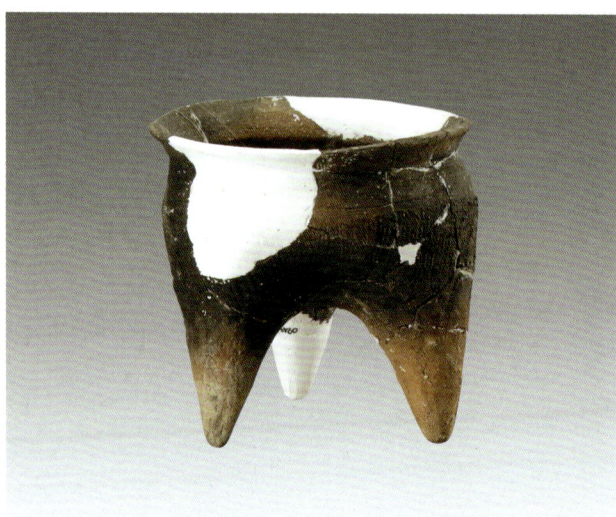

4.Db型Ⅰ式绳纹鬲（T11⑤：1）

5.C型Ⅱ式鼎（T31⑦：1）

6.Ba型Ⅱ式豆（H100②：5）

第二期晚段陶器

1.Ba型Ⅰ式豆（H93：3）

2.B型Ⅲ式盆（H100②：1）

3.Ba型深腹罐（H100②：24）

4.Aa型Ⅰ式小罐（H100②：6）

5.Aa型Ⅰ式碗（F2：14）

6.Ac型小罐（H100②：7）

第二期晚段陶器

1.B型铜鱼钩（T33⑦：7）

2.Ab型Ⅰ式原始瓷豆（T23④：1）

3.Ab型Ⅰ式原始瓷豆（T23④：5）

4.原始瓷豆柄（T31⑥：2）

5.Aa型Ⅲ式陶绳纹鬲（H91：1）

6.Db型Ⅱ式陶绳纹鬲（H69③：4）

第三期早段铜器、原始瓷器、陶器

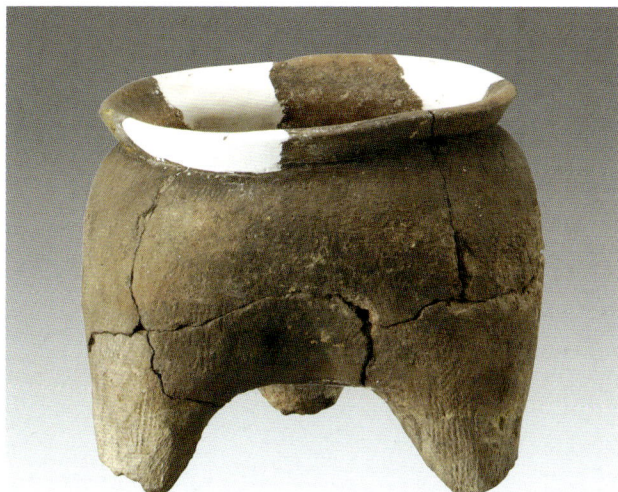

1.Da型Ⅱ式绳纹鬲（T23④：4）

2.Ba型Ⅱ式豆（H69③：2）

3.Bb型Ⅱ式豆（T23④：3）

4.Bb型深腹罐（H69③：3）

5.Ca型Ⅱ式小罐（T22③：1）

6.G型拍（T23④：7）

第三期早段陶器

1.玉锥形器（T08②：1）

2.C型原始瓷豆（H69①：2）

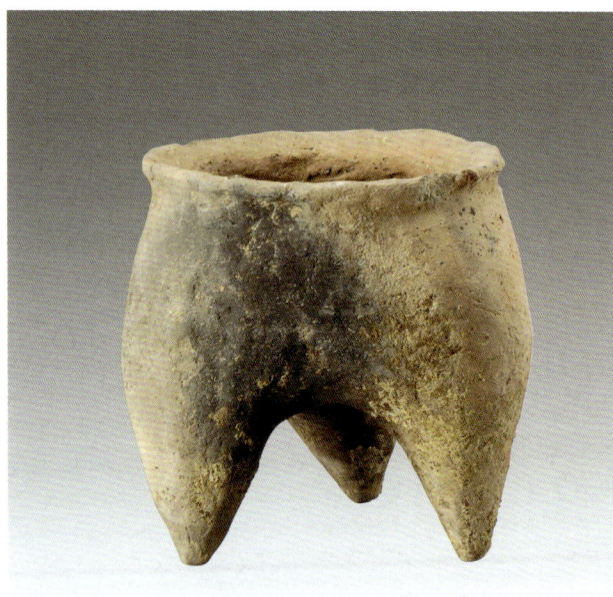

3.Aa型Ⅳ式陶素面鬲（H94②：2）

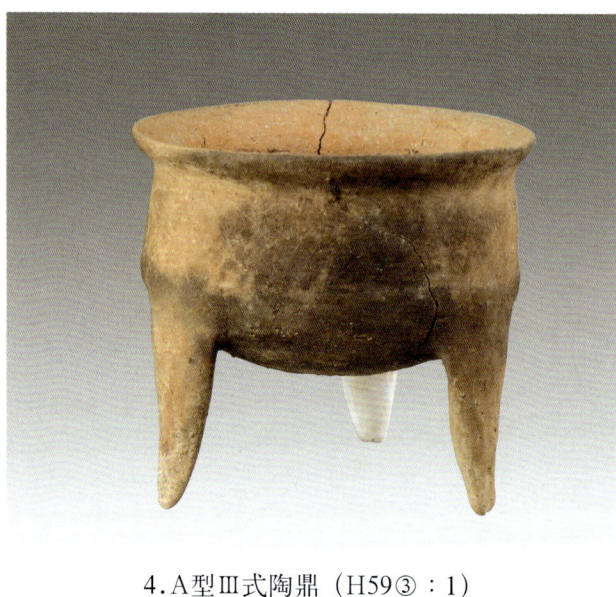

4.A型Ⅲ式陶鼎（H59③：1）

5.陶球（H94②：1）

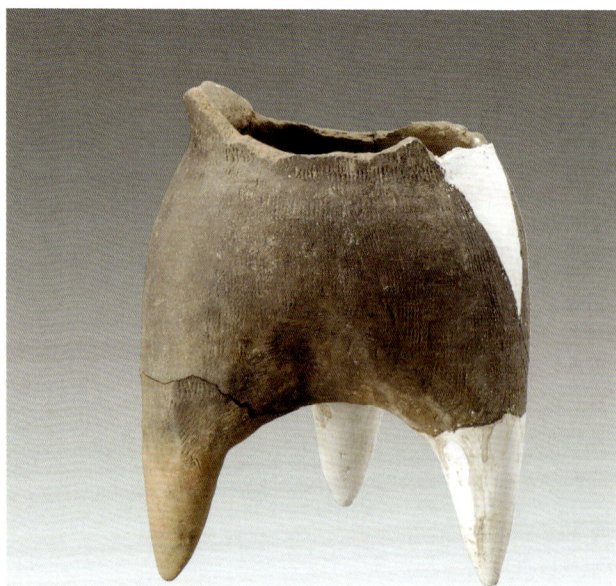

6.B型陶甗鬲部（T17③：1）

第三期中段玉器、原始瓷器、陶器

1.A型Ⅳ式陶鼎（H55：1）

2.Bb型Ⅲ式陶豆（T10②：1）

3.陶窝形器（H7：2）

4.A型铜削（G27③：26）

5.B型铜削（H37：1）

6.B型原始瓷罐（G27③：23）

第三期晚段、第四期早段铜器、原始瓷器、陶器

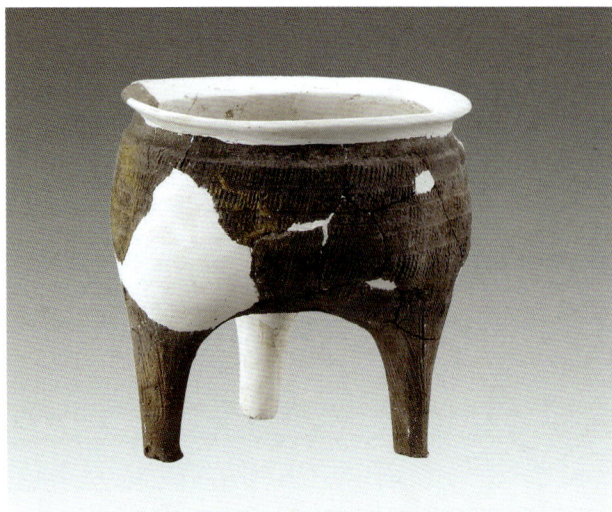

1.Aa型Ⅳ式绳纹鬲（H37∶5）

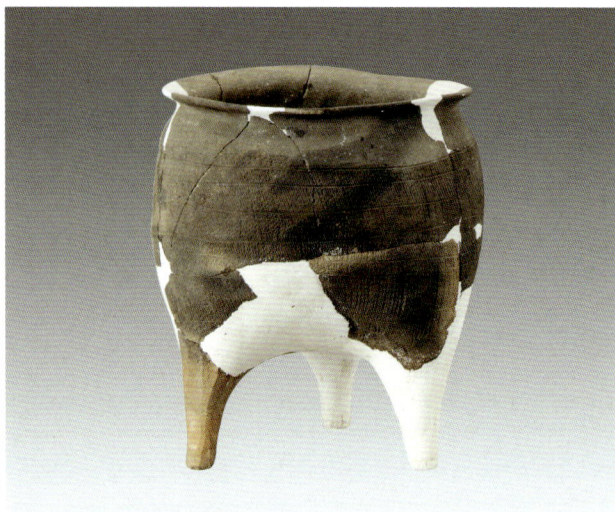

2.Ab型绳纹鬲（G27③∶39）

3.Ba型Ⅲ式绳纹鬲（G27③∶33）

4.绳纹鬲（G27③∶6）

5.E型Ⅰ式绳纹鬲（G27③∶3）

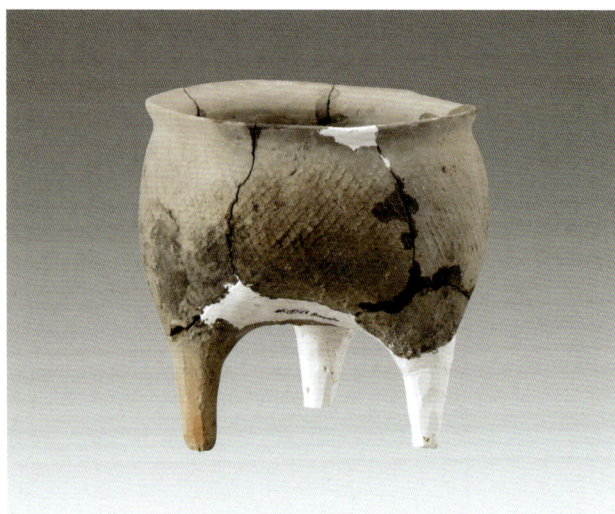

6.A型网纹鬲（G27③∶34）

第四期早段陶器

1.B型Ⅴ式鼎（G27③：32）

2.A型Ⅱ式豆（G27③：29）

3.盉（G27③：43）

4.E型Ⅴ式盆（G27③：18）

5.B型Ⅰ式双耳罐（G27③：27）

6.Ac型碗（G27③：19）

第四期早段陶器

1.Ab型Ⅰ式原始瓷碗（G27②：20）

2.Ab型Ⅱ式原始瓷碗（H2：22）

3.Ac型Ⅰ式原始瓷碗（G27②：17）

4.Ba型Ⅱ式原始瓷碗（G27②：18）

5.Ba型Ⅱ式原始瓷碗（G27②：22）

6.硬陶坛（H2：32）

第四期中段原始瓷器、硬陶器

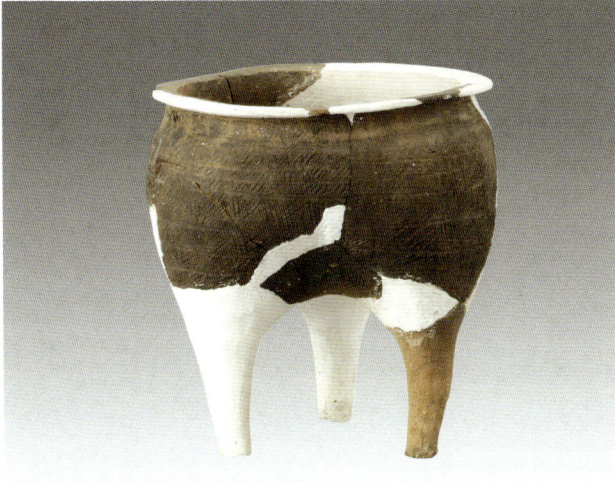

1.Aa型Ⅴ式绳纹鬲（G27②：43）

2.鼓腹绳纹鬲（G27②：24）

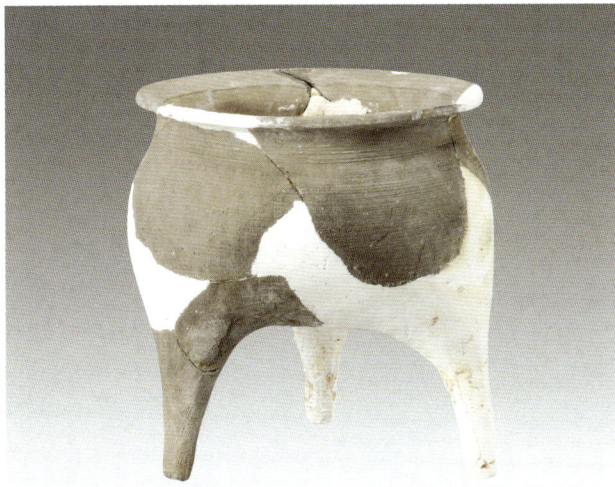

3.Ba型Ⅲ式绳纹鬲（G27②：35）

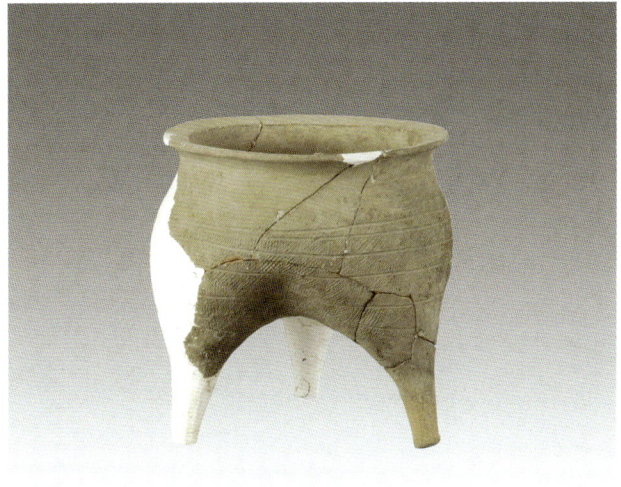

4.Da型Ⅳ式绳纹鬲（G27②：32）

5.E型Ⅱ式绳纹鬲（H2：15）

6.E型Ⅵ式盆（G27②：29）

第四期中段陶器

1.B型Ⅲ式钵（G27②：25）

2.罐（J1Q⑥：6）

3.罐（J1Q⑤：52

4.罐（J1Q⑤：50）

5.罐（J1Q⑤：12）

6.罐（J1Q⑤：36）

第四期中段陶器

1.瓿（J1Q③：8）

2.罐（J1Q③：37）

3.瓿（J1Q②：36）

4.罐（J1Q②：7）

5.罐（J1Q②：31）

6.罐（J1Q②：23）

第四期晚段硬陶器

1.罐（J1Q④：2）

2.罐（J1Q④：11）

3.罐（J1Q④：8）

4.壶（J1Q③：24）

5.罐（J1Q③：4）

6.罐（J1Q③：10）

第四期晚段陶器

1.罐（J1Q③：13）

2.罐（J1Q③：23）

3.罐（J1Q③：30）

4.罐（J1Q②：29）

5.罐（J1Q②：3）

6.罐（J1Q②：34）

第四期晚段陶器

1.地形测绘现场

2.金属探测现场

工作现场

1. H56（南—北）

2. H59（北—南）

早期灰坑

1. H60（东—西）

2. H59出土陶器现场（西—东）

早期灰坑

1.H69（北—南）

2.H77（西—东）

早期灰坑

1. H87（南—北）

2. H91出土陶器现场（北—南）

早期灰坑

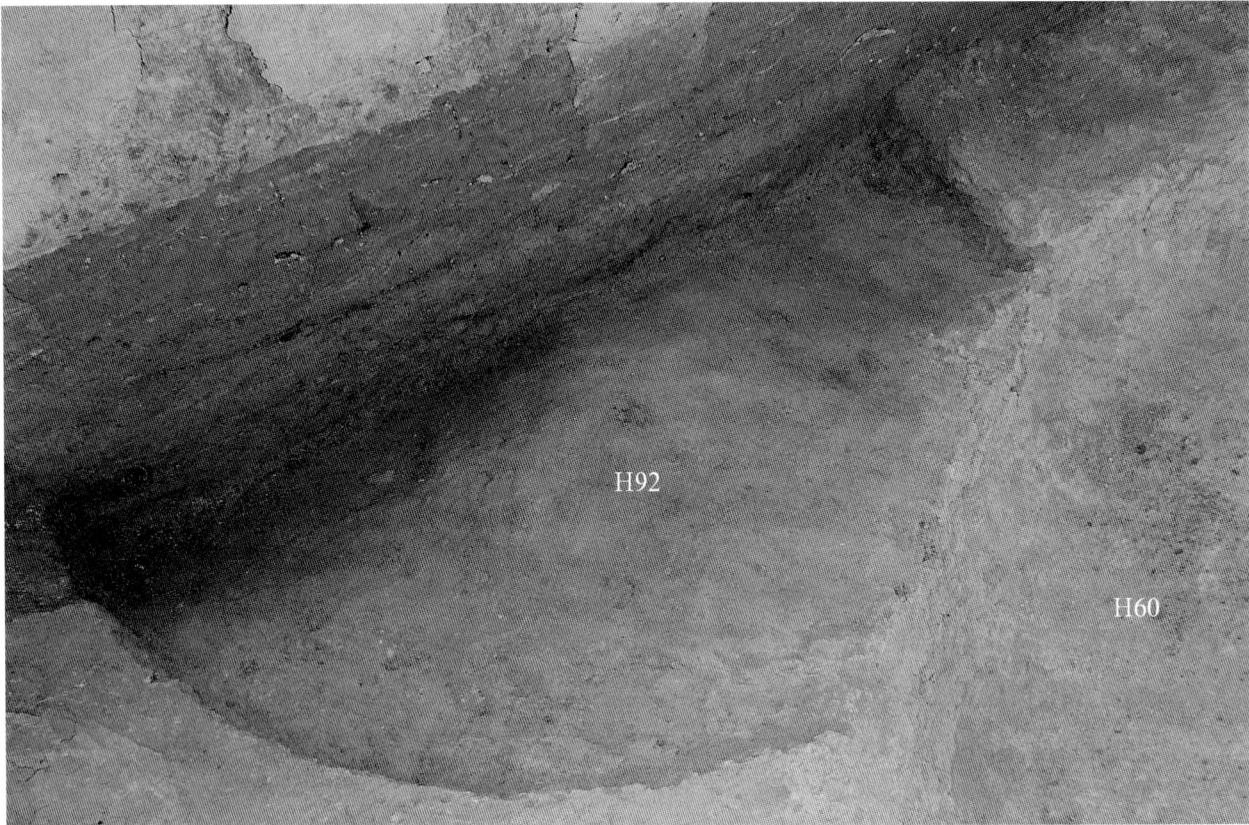

1.H92（东南—西北）

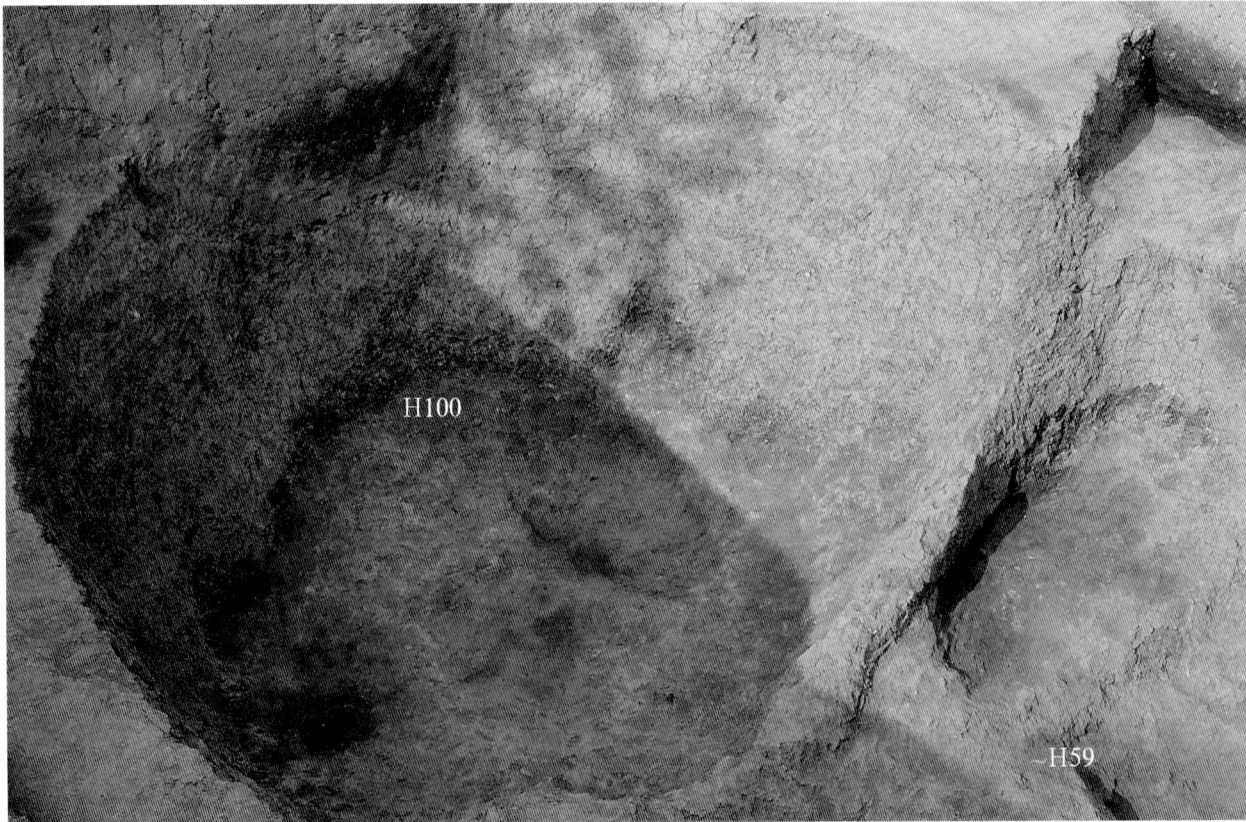

2.H100（西南—东北）

早期灰坑

1. H110（西—东）

2. H115（东—西）

早期灰坑

早期水井

1.JI平面(-1.2米)

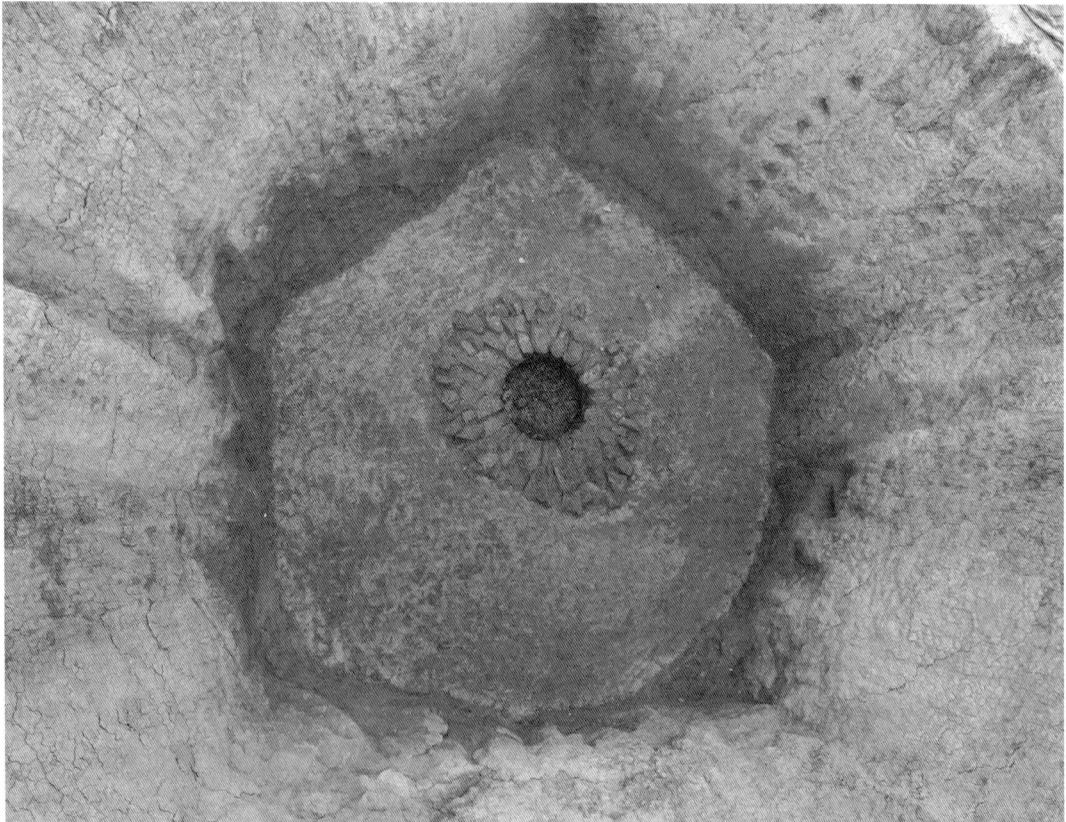

2.JI平面(-6.4米)

早期水井

1.JI平面（-8.2米）

2.JI平面（-9.0米）

早期水井

1.J1局部剖面（4.2—6.4米）

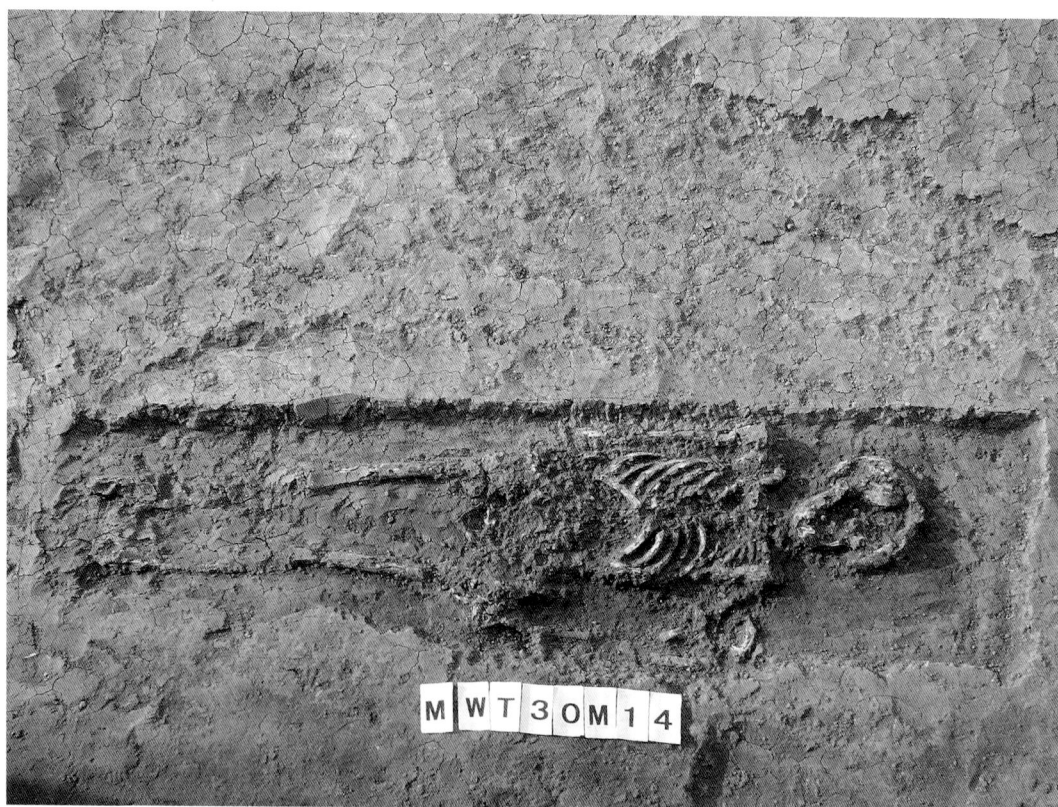

2.J1出土草编器现场

早期水井

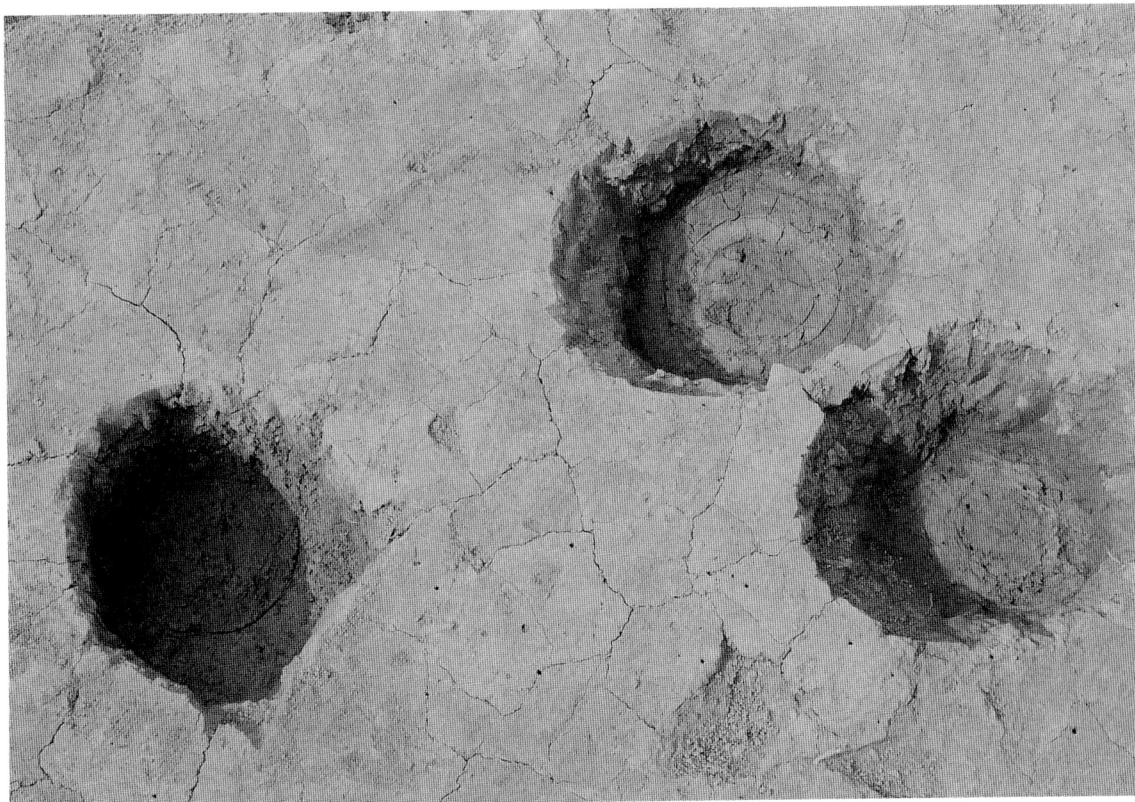

1. T09早期柱洞（西南—东北）

2. M14（南—北）

早期建筑遗存及墓葬

1.3类Ab型绳纹鬲口沿（H110：13）

2.2类B型网纹鬲口沿（H110：10）

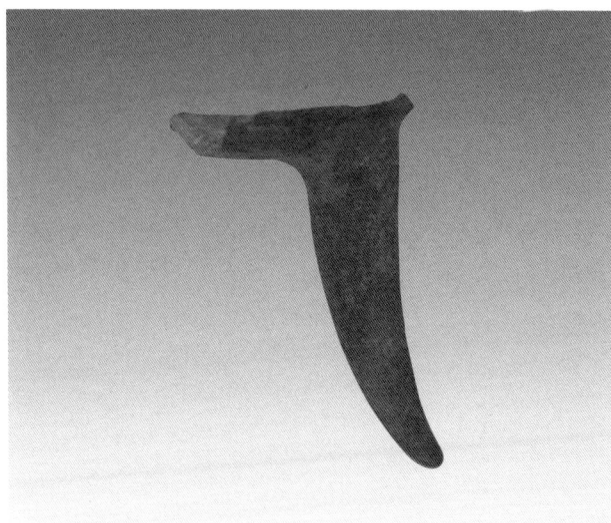

3.E型鼎足（T17⑤：11）

4.A型Ⅰ式甗甑部（Y1：3）

5.C型Ⅱ式甗甑部（T17⑤：1）

6.C型Ⅰ式豆柄（T17⑤：19）

第二期早段陶器

1. II式刻槽钵（T27②：1-1）

2. II式刻槽钵（T27②：1-2）

3. Da型II式盆（H110：14）

4. Ba型I式鼓腹瓮（T17⑤：15）

5. Ca型I式小罐（T29④：1）

6. Cb型I式小罐（T17⑤：3）

第二期早段陶器

1.Cc型小罐（T18⑥：4）

2.A型Ⅰ式钵（T23⑥：1）

3.Aa型Ⅰ式直口盘（T18⑦：1-1）

4.Aa型Ⅰ式直口盘（T18⑦：1-2）

5.Ab型Ⅰ式敛口盘（T17⑤：5）

6.Aa型Ⅱ式器盖（H110：20）

第二期早段陶器

1.Aa型Ⅱ式器盖（H111∶1）

2.Aa型Ⅱ式器盖（T28③∶1）

3.窝形器（H89∶4）

4.A型拍（T11⑥∶1）

5.A型拍（T11⑥∶2）

6.垫（H73∶2）

第二期早段陶器

1. Aa型Ⅱ式素面鬲（H70∶1）

2. 1类Aa型素面鬲口沿（H52∶7）

3. 2类Ba型绳纹鬲口沿（H46∶20）

4. A型Ⅱ式甗甑部（T31⑦∶4）

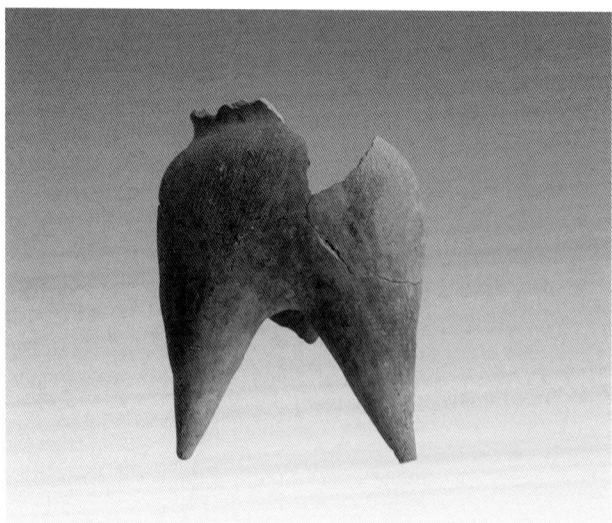

5. A型Ⅲ式甗鬲部（H52∶15）

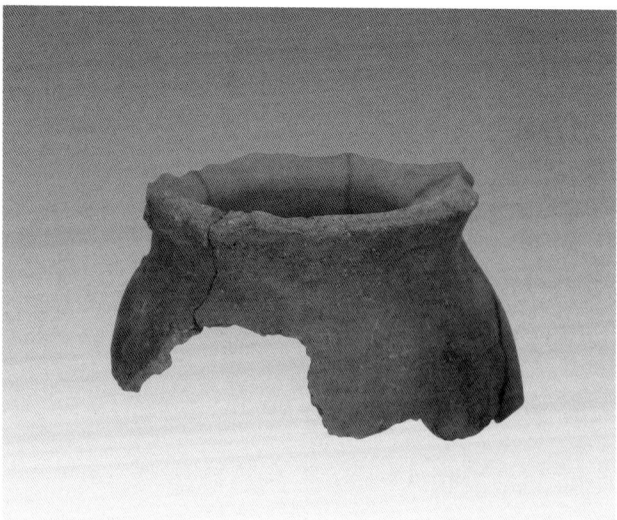

6. A型甗腰（F2∶18）

第二期晚段陶器

1.三足器（H46：19）

2.A型Ⅳ式钵（H87：9）

3.B型Ⅰ式钵（H27：4）

4.B型Ⅱ式钵（H87：8）

5.Ca型Ⅰ式钵（H36①：1）

6.Ca型Ⅰ式钵（H36①：2）

第二期晚段陶器

1. Ca型Ⅱ式钵（H22：1）

2. Ca型Ⅱ式钵（H93：4）

3. Da型Ⅰ式钵（T30⑤：2）

4. Da型Ⅱ式钵（H100②：3）

5. Bb型微敛口盘（H103：1）

6. Ca型Ⅰ式器盖（H77：1）

第二期晚段陶器

1.Ba型网坠（H66①：2）

2.A型圆陶片（F2：11）

3.A型圆陶片（H46：4）

4.Aa型Ⅲ式素面鬲（H69③：1）

5.3类D型绳纹鬲口沿（T08③：7）

6.Aa型Ⅱ式碗（H102：1）

第二期晚段、第三期早段陶器

1. Ⅲ式刻槽钵（T31⑥：1-1）

2. Ⅲ式刻槽钵（T31⑥：1-2）

3. Cb型Ⅲ式式钵（T33⑦：2）

4. Cb型网坠（T33⑦：3）

5. D型网坠（T33⑦：1）

6. A型圆陶片（T08③：1）

第三期早段陶器

1.Ab型Ⅱ式原始瓷豆（H1：6）

2.Ab型Ⅱ式原始瓷豆（H69①：1）

3.B型Ⅱ式硬陶小罐（H1：1）

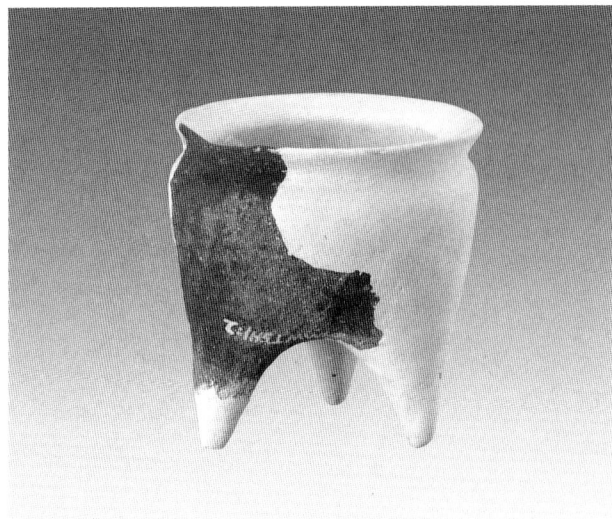

4.D型陶素面鬲（H1：2）

5.Cb型Ⅳ式陶钵（H1：4）

6.Aa型Ⅱ式陶直口盘（H59③：2）

第三期中段原始瓷器、陶器

1.Aa型Ⅰ式陶敛口盘（H1：3）

2.B型陶碗（H69②：1）

3.Ba型Ⅰ式原始瓷碗（G27③：31）

4.Bb型Ⅰ式原始瓷碗（T21⑤：1）

5.A型原始瓷盘（G27③：24）

第三期中段陶器、第四期早段原始瓷器

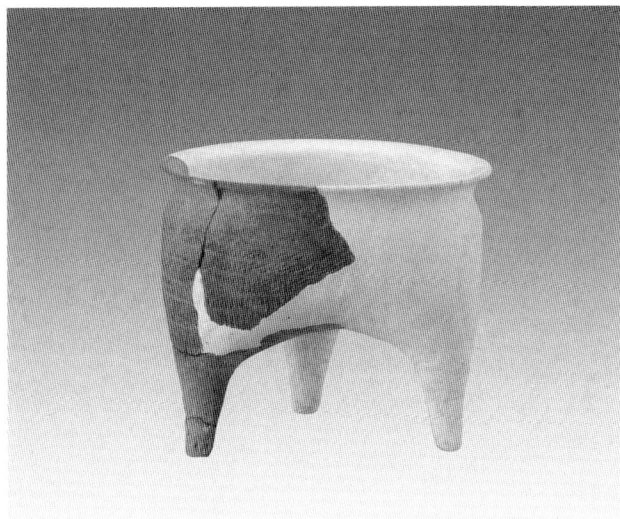

1.Ba型Ⅱ式绳纹鬲（H37∶10）

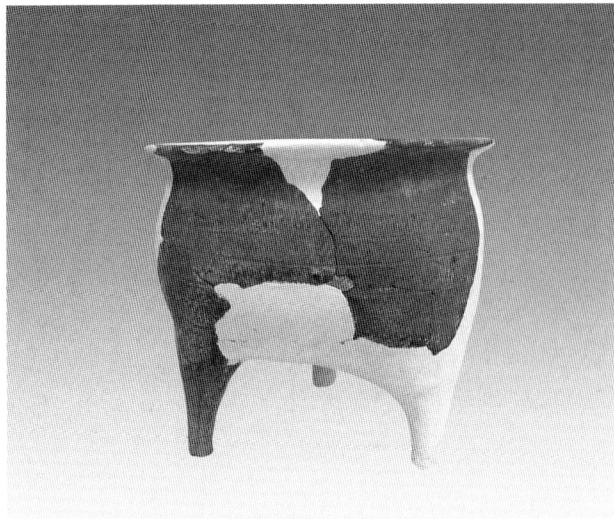

2.Ca型绳纹鬲（H15∶3）

3.Da型Ⅲ式绳纹鬲（G27③∶7）

4.鼓腹绳纹鬲（G27③∶35）

5.F型绳纹鬲（H37∶57）

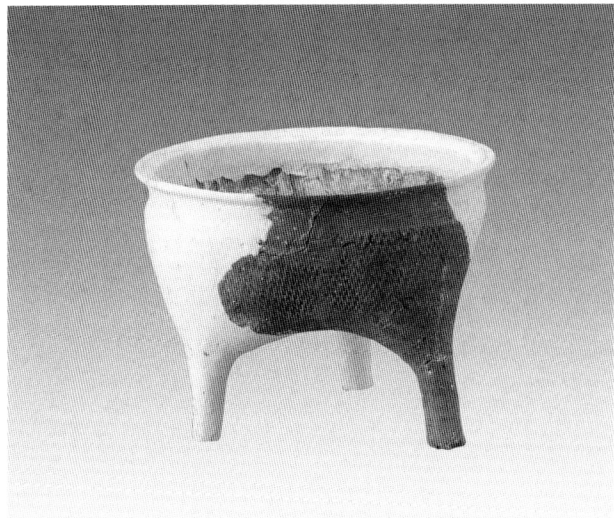

6.C型网纹鬲（G27③∶17）

第四期早段陶器

1.A型Ⅱ式豆（G27③：30）

2.Ab型Ⅱ式弧腹罐（G27③：37）

3.A型Ⅴ式钵（G27③：20）

4.Ca型Ⅳ式钵（H37：9）

5.Db型Ⅲ式钵（G27③：11）

6.A型Ⅰ式敞口盘（H37：6）

第四期早段陶器

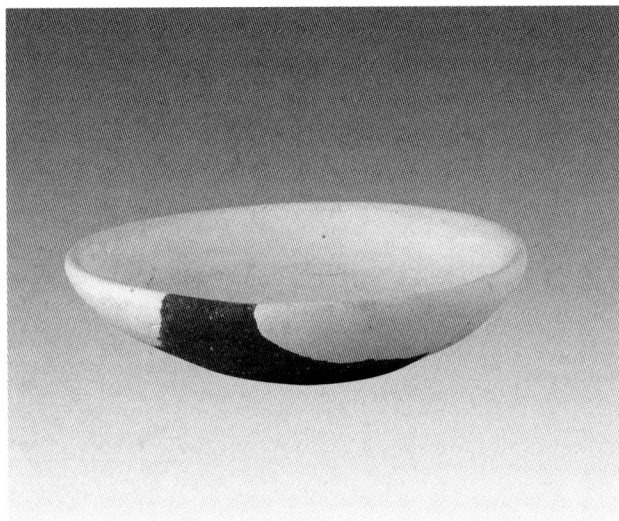

1. A型Ⅰ式敞口盘（G27③：38）

2. B型Ⅰ式敞口盘（G27③：4）

3. B型侈口盘（G27③：8）

4. Aa型Ⅲ式直口盘（H37：4）

5. Aa型Ⅲ式直口盘（G27③：15）

第四期早段陶器

1.Ab型直口盘（G27③：2）

2.Ac型直口盘（G27③：41）

3.Bb型Ⅰ式直口盘（G27③：14）

4.Aa型Ⅰ式微敛口盘（H37：7）

5.Aa型Ⅰ式微敛口盘（G27③：1）

6.Aa型Ⅰ式微敛口盘（G27③：12）

第四期早段陶器

1.Ab型微敛口盘（G27③：9）

2.Ab型微敛口盘（G27③：44）

3.Ba型微敛口盘（H37：11）

4.Bb型Ⅱ式微敛口盘（G27③：13）

5.Ba型敛口盘（G27③：16）

6.Bb型Ⅱ式敛口盘（G27③：10）

第四期早段陶器

1.Ab型碗（G27③：42）

2.A型拍（G27③：71）

3.B型拍（G27③：28）

4.B型拍（G27③：47）

5.F型拍（H37：2）

第四期早段陶器

1.Aa型Ⅱ式碗（G27②：1）

2.Aa型Ⅲ式碗（H2：18）

3.Aa型Ⅲ式碗（H2：19）

4.Ab型Ⅰ式碗（G27②：30）

5.Ab型Ⅱ式碗（H2：24）

6.Ac型Ⅱ式碗（H2：20）

第四期中段原始瓷器

1.Ac型Ⅱ式原始瓷碗（H2：27）

2.Ba型Ⅲ式原始瓷碗（H2：28）

3.Bb型Ⅱ式原始瓷碗（G27②：23）

4.B型原始瓷盘（H2：21）

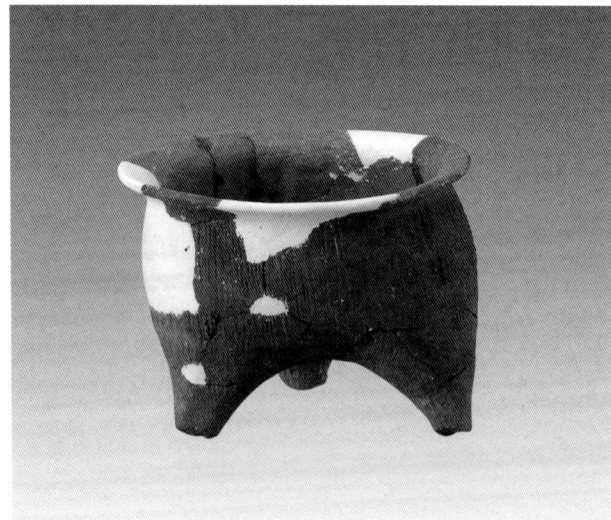

5.Cb型陶绳纹鬲（G27②：40）

6.C型Ⅳ式陶鼎（G27②：16）

第四期中段原始瓷器、陶器

1.C型Ⅳ式鼎（G27②：21）

2.E型Ⅵ式盆（G27②：33）

3.C型双耳罐（G27②：37）

4.Ab型Ⅱ式弧腹罐（G27②：38）

5.Ca型Ⅲ式小罐（H2：26）

6.A型Ⅴ式钵（G27②：11）

第四期中段陶器

1.A型V式钵（G27②：12）

2.钵（J1K：8）

3.A型Ⅱ式敞口盘（G27②：26）

4.A型Ⅱ式敞口盘（H2：30）

5.A型Ⅱ式侈口盘（H2：16）

第四期中段陶器

1.A型Ⅳ式直口盘（G27②：4）

2.A型Ⅳ式直口盘(G27②：39)

3.A型Ⅳ式直口盘(G27②：42)

4.Ba型Ⅱ式直口盘（G27②：31）

5.Bb型Ⅱ式直口盘（G27②：14）

6.Bb型Ⅱ式直口盘（G27②：34）

第四期中段陶器

1.Bc型直口盘（G27②：10）

2.Aa型Ⅱ式微敛口盘（G27②：15）

3.Aa型Ⅱ式微敛口盘（G27②：19）

4.Bb型Ⅲ式微敛口盘（H2：25）

5.Bc型微敛口盘（H2：23）

6.Aa型Ⅱ式敛口盘（G27②：9）

第四期中段陶器

1. Aa型Ⅱ式敛口盘（G27②：28）

2. Aa型Ⅱ式敛口盘（G27②：36）

3. Ab型Ⅱ式敛口盘（G27②：27）

4. Ba型敛口盘（G27②：41）

5. 瓿（G27②：8）

6. 器盖（J1K：9）

第四期中段陶器

1.罐（J1Q⑥：1）

2.罐（J1Q⑥：2）

3.罐（J1Q⑥：3）

4.罐（J1Q⑥：4）

5.罐（J1Q⑥：5）

6.罐（J1Q⑤：1）

第四期中段陶器

1.罐 (J1Q⑤：26)

2.罐 (J1Q⑤：29)

3.罐 (J1Q⑤：30)

4.罐 (J1Q⑤：35)

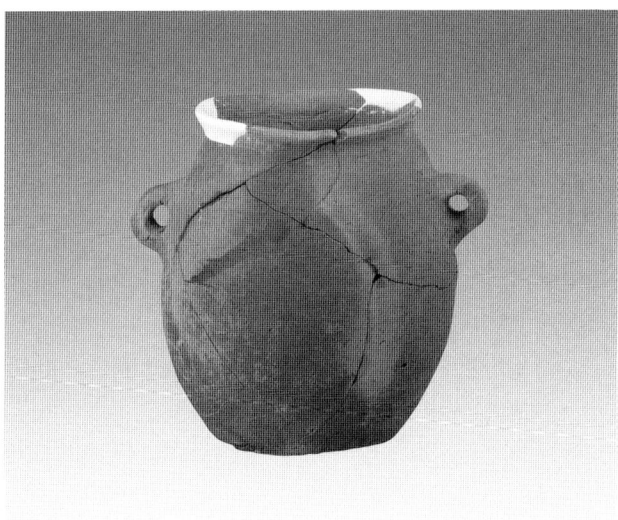

5.罐 (J1Q⑤：28)

6.罐 (J1Q⑤：46)

第四期中段陶器

1.罐（J1Q⑤：2）

2.罐（J1Q⑤：3）

3.罐（J1Q⑤：4）

4.罐（J1Q⑤：5）

5.罐（J1Q⑤：6）

6.罐（J1Q⑤：7）

第四期中段陶器

第四期中段陶器

1.罐（J1Q⑤：8）

2.罐（J1Q⑤：9）

3.罐（J1Q⑤：10）

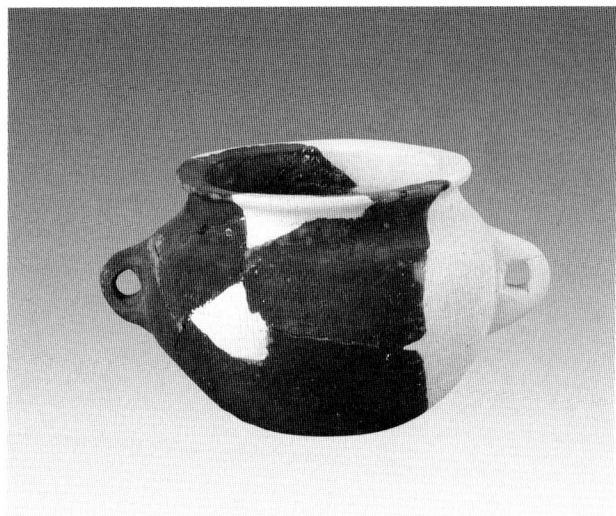

4.罐（J1Q⑤：13）

5.罐（J1Q⑤：14）

6.罐（J1Q⑤：15）

第四期中段陶器

1.罐（J1Q⑤：16）

2.罐（J1Q⑤：17）

3.罐（J1Q⑤：19）

4.罐（J1Q⑤：20）

5.罐（J1Q⑤：21）

6.罐（J1Q⑤：23）

第四期中段陶器

1.罐（J1Q⑤：24）

2.罐（J1Q⑤：25）

3.罐（J1Q⑤：27）

4.罐（J1Q⑤：31）

5.罐（J1Q⑤：32）

6.罐（J1Q⑤：33）

第四期中段陶器

1.罐（J1Q⑤：37）

2.罐（J1Q⑤：38）

3.罐（J1Q⑤：39）

4.罐（J1Q⑤：40）

5.罐（J1Q⑤：41）

6.罐（J1Q⑤：42）

第四期中段陶器

1.罐（J1Q⑤：43）

2.罐（J1Q⑤：44）

3.罐（J1Q⑤：45）

4.罐（J1Q⑤：47）

5.罐（J1Q⑤：48）

6.罐（J1Q⑤：49）

第四期中段陶器

1.罐（J1Q⑤：53）

2.罐（J1Q⑤：55）

3.罐（J1Q⑤：56）

4.C型拍（G27②：6）

5.Ac型纺轮（H2：13）

6.B型纺轮（H2：12）

第四期中段陶器

1.瓿 (J1Q③：1)

2.瓿 (J1Q②：19)

3.瓿 (J1Q②：20)

4.瓿 (J1Q②：35)

5.罐 (J1Q②：13)

6.罐 (J1Q②：14)

第四期晚段硬陶器

1. 罐 (J1Q②：15)

2. 罐 (J1Q②：26)

3. 罐 (J1Q②：8)

4. 罐 (J1Q②：12)

5. 罐 (J1Q②：16)

6. 罐 (J1Q②：17)

第四期晚段硬陶器

1.罐（J1Q②：4）

2.罐（J1Q②：5）

3.罐（J1Q②：9）

4.罐（J1Q②：11）

5.罐（J1Q②：21）

6.罐（J1Q②：22）

第四期晚段硬陶器

1.罐（J1Q②：32）

2.罐（J1Q②：33）

3.罐（J1Q②：1）

4.罐（J1Q②：24）

5.罐（J1Q②：25）

第四期晚段硬陶器

1.钵 (J1Q②∶2)

2.钵 (J1Q②∶27)

3.壶 (J1Q③∶22)

4.壶 (J1Q③∶25)

5.壶 (J1Q③∶26)

6.壶 (J1Q③∶31)

第四期晚段陶器

1.壶（J1Q③：32）

2.壶（J1Q③：34）

3.壶（J1Q③：7）

4.壶（J1Q③：9）

5.罐（J1Q④：4）

6.罐（J1Q④：3）

第四期晚段陶器

1.罐（J1Q④：1）

2.罐（J1Q④：5）

3.罐（J1Q④：6）

4.罐（J1Q④：7）

5.罐（J1Q④：9）

6.罐（J1Q③：2）

第四期晚段陶器

1.罐（J1Q③：12）

2.罐（J1Q③：14）

3.罐（J1Q③：15）

4.罐（J1Q③：17）

5.罐（J1Q③：18）

6.罐（J1Q③：19）

第四期晚段陶器

1.罐（J1Q③：28）

2.罐（J1Q③：29）

3.罐（J1Q③：35）

4.罐（J1Q③：36）

5.罐（J1Q③：21）

6.罐（J1Q③：6）

第四期晚段陶器

1.罐（J1Q③：3）

2.罐（J1Q③：20）

3.罐（J1Q②：30）

4.罐（J1Q②：37）

5.纺轮（J1Q④：13）

6.圆陶片（J1Q④：12）

第四期晚段陶器

1.B型铜钻（T33⑦：4）

2.Aa型铜镞（T36⑤：1）

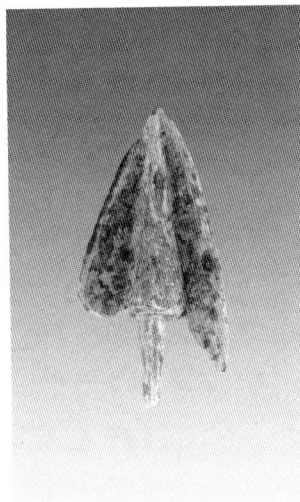

3.B型铜镞（T24②：1）

4.B型铜镞（T08②：2）

5.B型铜镞（T11④：1）

6.铜镞（J1K：2）

7.铜镞（J1K：4）

8.铜剑（J1Q⑤：57）.

9.锥形骨器（G27②：7）

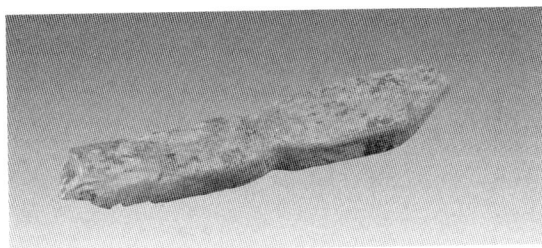

10.梭形骨器（H7：4）

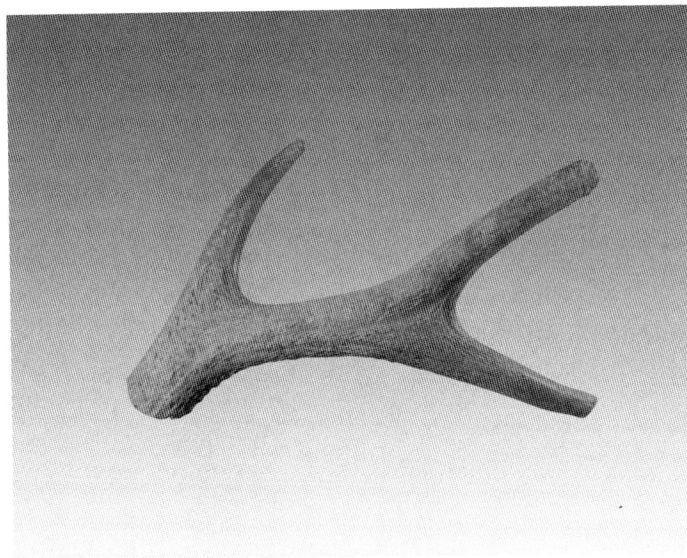

11.鹿角器（J1Q⑤：78）

早期铜器、骨器

1.Aa型锛（H46：2）

2.Aa型锛（G24：3）

3.Aa型锛（T24⑤：1）

4.Aa型锛（H97：1）

5.Aa型锛（F2：5）

6.Ba型锛（H12：1）

早期石器

1.Ba型锛（G26：1）

2.Bb型锛（H56：1）

3.A型凿（H34：2）

4.A型凿（H41：1）

5.A型凿（H46：3）

6.A型凿（H73：5）

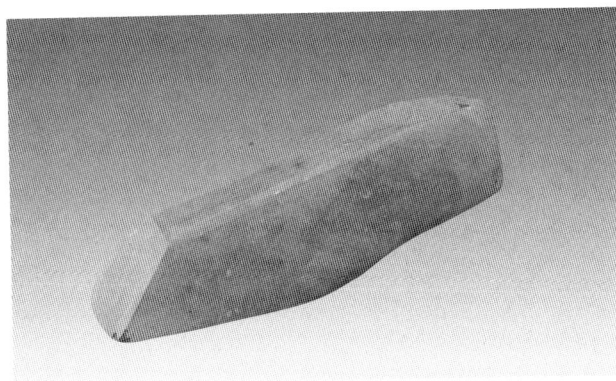

7.A型凿（G26：2）

8.A型凿（F2：3）

早期石器

1.A型凿（H53：1）

2.B型凿（T34③：1）

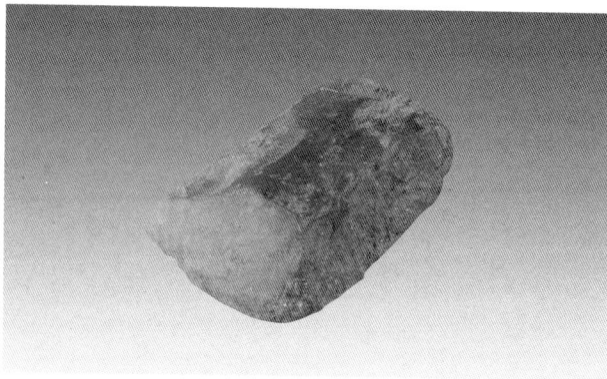

3.Aa型斧（H27：1）

4.Aa型斧（T19⑥：1）

5.Ab型斧（T26①：1）

6.Ab型斧（T29②：3）

7.Ba型斧（F2：4）

8.Ba型斧（F2：7）

早期石器

1.Bb型斧（H15：2）

2.斧（J1K：3）

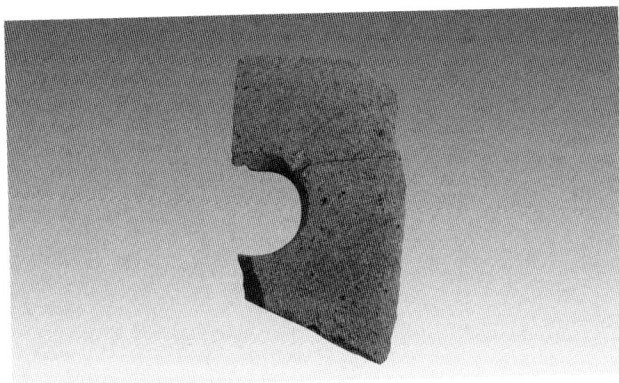
3.A型铲（H30：1）

4.B型铲（H67：2）

5.B型铲（H82：1）

6.C型铲（T33⑦：6）

7.钺（J1K：1）

8.A型刀（H7：1）

早期石器

1.Aa型镞（H2：14）

2.Aa型镞（T20⑤：1）

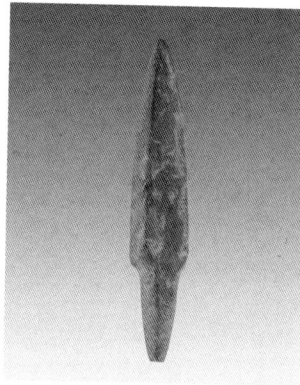

3.Ab型镞（H67：1）

4.Ba型镞（H46：1）

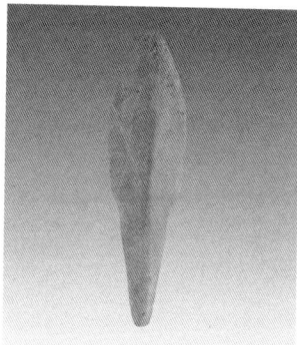

5.Bb型镞（T32⑧：1）

6.镞（J1K：6）

7.砺石（G27②：5）

8.球（T07④：2）

9.球（T24⑤：2）

10.B型刀（G27③：21）

11.C型刀（H1：5）

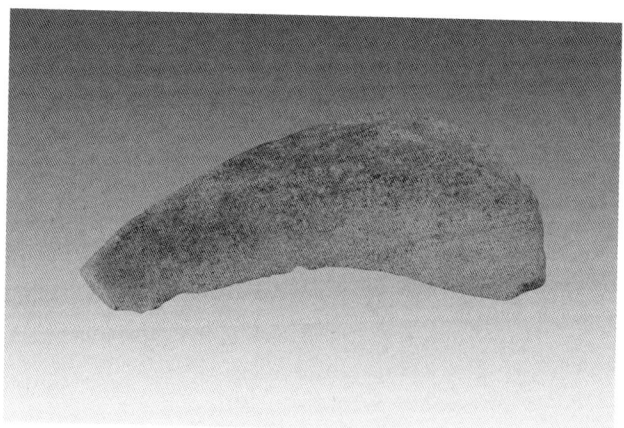

12.镰（T10②：2）

早期石器

1.石刮削器（G24：2）

2.石刮削器（H27：3）

3.残石器（H87：6）

4.残石器（T33⑤：2）

5.D型陶鼎（H77：2）

6.1类A型陶鬲足（H67：4）

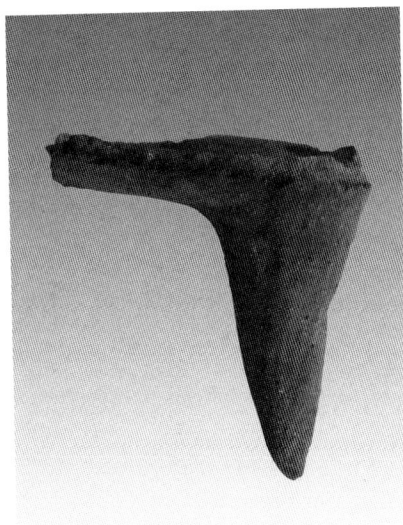

7.2类A型陶鬲足（T33⑦：9）

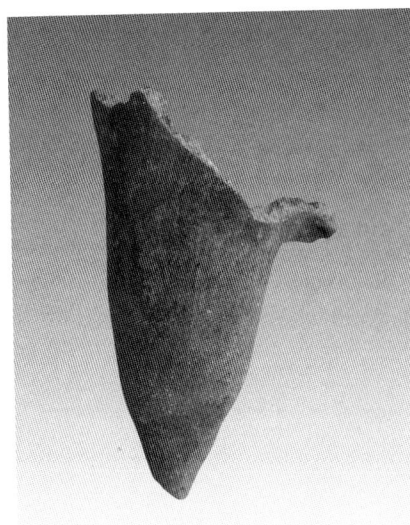

8.陶器足（采：1）

早期石器、陶器

1.瓠形杯（G26∶6）

2.斗（H38∶2-1）

3.斗（H38∶2-2）

4.斗（H38∶2-3）

5.Aa型Ⅴ式直口盘（T36③∶1）

6.Ba型敛口盘（T16③∶1）

早期陶器

1.Aa型纺轮（F2：13）

2.Aa型纺轮（H87：1）

3.Aa型纺轮（H87：5）

4.Aa型纺轮（H118：1）

5.Ab型纺轮（T23④：2）

6.Ac型纺轮（G27③：5）

7.Ac型纺轮（T33⑦：5）

8.B型纺轮（H27：2）

9.B型纺轮（H93：1）

10.纺轮（J1K：7）

11.纺轮（J1Q⑤：58）

12.Aa型网坠（H2：31）

早期陶器

1.Ab型网坠（H66②：1）

2.Ab型网坠（H2：6）

3.Ab型网坠（H2：7）

4.Ba型网坠（T07②：1）

5.Bb型网坠（H2：29）

6.网坠（J1Q④：15）

7.网坠（J1Q④：17）

8.网坠（J1Q③：38）

9.网坠（J1Q③：39）

早期陶器

1.网坠（J1Q②：38）

2.网坠（J1Q②：42）

3.圆陶片（J1K：5）

4.A型圆陶片（T29②：2-1）

5.A型圆陶片（T29②：2-2）

6.A型圆陶片（H48：3-1）

7.A型圆陶片（H48：3-2）

早期陶器

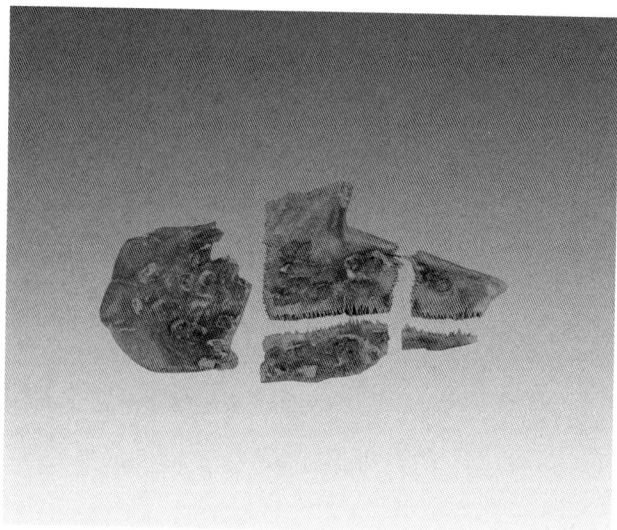

1.卜甲 (J1Q⑤：81-1)

3.兽牙 (J1Q⑤：91)

2.卜甲 (J1Q⑤：81-2)

4.兽牙 (J1Q②：46)

5.木器 (J1Q⑤：77)

J1出土早期遗物

1.木耒（J1K：37）

2.昆虫羽衣（J1Q②：56）

3.植物标本（J1Q②：65、J1Q②：66、J1Q②：96）

4.桃核（J1Q②：71-76）

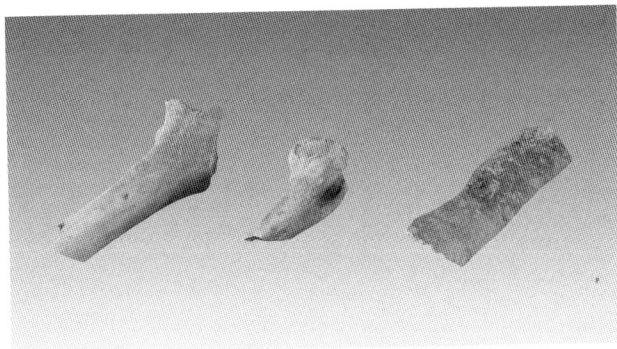

5.J1Q②动物骨骼

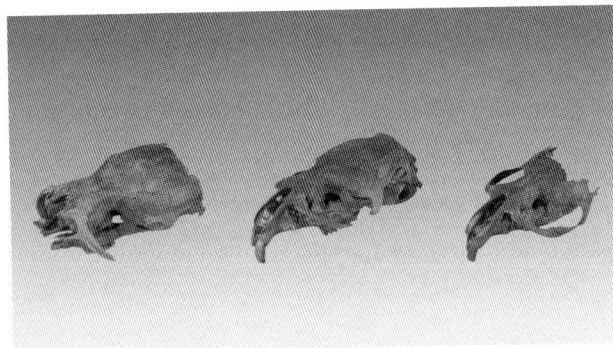

6.J1Q②动物头骨

J1出土早期遗物

1.釉陶瓮（H38：1）

2.A型陶韩瓶（M1：1）

3.B型陶韩瓶（M6：1）

4.A型陶罐（M9：1）

5.B型陶罐（M3：1）

6.铜镜（M5：1）

7.青瓷碗（M6：2）

8."元祐通宝"铜钱（M8：1）

9."至道元宝"铜钱（M9：2）

10."大观通宝"铜钱（T24②：1）

晚期遗物